Wilhelmi · Handbuch der Symbole

Christoph Wilhelmi

Handbuch der Symbole

in der bildenden Kunst
des 20. Jahrhunderts

Safari bei Ullstein

Umschlagentwurf Klaus Dempel, Stuttgart, unter Verwendung
eines Ausschnittes aus dem Gemälde 'Die Arche des Odysseus'
von Rudolf Hausner, mit freundlicher Genehmigung des Künstlers.
150 Wiedergaben und Ausschnitte von Kunstwerken
(Archiv Safari-Verlag und Künstler)

Safari bei Ullstein

Satz und Druck: Ernst Kieser GmbH, Augsburg
Buchbinder: Lüderitz & Bauer, Berlin
Printed in Germany 1980
ISBN 3-7934-1625-9

Inhalt

Alle Kunst ist zugleich
Oberfläche und Symbol.
Oscar Wilde

Vorbemerkung

In der Meinungsbildung über die moderne Kunst können die 70er Jahre wohl als Konsolidierungsphase betrachtet werden. Wurden vor und nach dem Zweiten Weltkrieg die Auseinandersetzungen um die zeitgenössische Kunst noch temperamentvoll ausgetragen (selbst Pablo Picasso wurde in den 60er Jahren angegriffen), hat sich heute ein gesicherter Bestand ergeben, der hin und wieder durch Übersichtsausstellungen (wie zur Kunst der 20er und 30er Jahre) weniger korrigiert als modifiziert wird. Insofern ist die Zeit für einen zusammenfassenden Überblick da.

Welchen Künstlern welcher Rang zukommt, ist heute gleichsam festgeschrieben; und das ist ein Vorgang, der wörtlich aufgefaßt werden kann: Die Publizierungsfreudigkeit über Werke der modernen Kunst war wohl zu keiner Zeit so groß wie in den letzten beiden Jahrzehnten. Von einigen bedauerlichen Lücken abgesehen, besteht ein breites Informationsangebot in Form von Monographien, Katalogen und Zeitschriftenaufsätzen. Entsprechend der Vielzahl der künstlerisch Tätigen ist das Material so umfangreich, daß es einem Liebhaber wohl kaum mehr möglich ist, sich alle diese Informationen anzueignen. Für ihn, aber auch für alle fachlich Interessierten, versucht dieses Handbuch ein Fazit zu ziehen, sofern es sich um die Bedeutung verschlüsselter Motive in Malerei und Plastik handelt.

Es ist eine eigentümliche Erscheinung, daß ein Großteil der Kunstliteratur sich mit den formalen Reizen beschäftigt und relativ wenige Autoren sich zur Frage des Bildinhalts und seiner Bedeutung äußern. Diese sehr verstreut auftauchenden Aussagen innerhalb der erreichbaren Sekundärliteratur sowie einiger Primärtexte finden sich nun – lexikalisch geordnet – als Originalzitate in diesem Handbuch versammelt. Über die genaue Quellenangabe ist es jederzeit möglich, das Umfeld der Kurzzitate rasch aufzufinden.

Inwiefern bringt nun eine Dokumentation von Interpretationstexten überhaupt etwas Neues? Das Novum an diesem Buch ist, daß nicht bloß eine Anthologie von Texten erstellt wurde, sondern daß die als aussagekräftig angesehenen Kurzzitate auch nach der Art einer Konkordanz verzeichnet werden. Durch diese Methode der Verzettelung entstehen gedankliche Querverbindungen, die vorher nicht erkennbar waren, und durch die alphabetische Einordnung der Verweise Vergleichsmöglichkeiten, die auf eine Ikonographie der Kunst des 20. Jahrhunderts hinarbeiten.

Es ist nicht von der Hand zu weisen, daß der Begriff des Symbols schillernd ist, Wandlungen unterlag und gegenwärtig durchaus keine einheitliche Verkehrsgeltung hat, obwohl er ständig benutzt wird. In Teil I wird deshalb versucht, den Begriff von allen Seiten her zu beleuchten, indem die einschlägige Literatur, auch der Nachbarwissenschaften, aufgeblättert wird.

Bewußt wurde auf die Möglichkeit verzichtet, der Vielzahl an Definitionen eine neue hinzuzufügen. Gearbeitet wird mit dem Symbolbegriff der Rezeption, d. h. mit einem pluralistischen. Die Pluralität der Meinungen wurde auch bei den Interpretationen respektiert. Dementsprechend kommen nicht nur Kunstwissenschaftler, sondern auch Publizisten, Literaten und Künstlerfreunde zu Wort. Dadurch werden zusätzliche Aspekte gewonnen.
Entgegen möglichen vorschnellen Vermutungen, mit dieser Sammlung solle wohl die Mystifizierung der zeitgenössischen Kunst auf die Spitze getrieben werden, wird sich dieses Handbuch eher als Beitrag zur Entmythologisierung der modernen Kunst erweisen. Auf jeden Fall macht es – ganz im Gegensatz zu mancher These von der geistigen Verarmung – das enorme künstlerische Ideenpotential des 20. Jahrhunderts deutlich sichtbar und eröffnet ein thematisches Panorama der Kunst seit 1900.

Im Januar 1979

Hinweise

Kernstück dieses Handbuches ist Teil II – ein Sachwörterbuch der Gegenstände und Figuren. Hierin sind Bildinterpretationen in Ausschnitten versammelt und unter dem wichtigsten Stichwort lexikalisch geordnet. Alle im zitierten Text enthaltenen, für wesentlich erachteten Stichwörter wurden lexikalisch verzettelt (in Teil II und III). Das Alphabet der Stichwörter ist jeweils nach dem Künstleralphabet untergliedert. Diese Art der Zusammenstellung ermöglicht einen direkten Vergleich eines bei mehreren Künstlern auftretenden Sujets. Damit stellt Teil II sozusagen ein ikonographisches Lexikon der modernen Kunst dar.
Alle wichtigen Begriffe und Vorgänge wurden bei der Verzettelung der Interpretationstexte ebenfalls herausgezogen und auf entsprechende Weise in Teil III registriert. Dadurch besteht für alle Benutzer, die am humanen Empfindungsbereich interessiert sind, die Möglichkeit, die bildende Kunst des 20. Jahrhunderts von der begrifflichen Abstraktion her aufzuschließen.
Das Verweissystem ist einfach. Ordnungswort eines Zitats ist der zentrale Begriff z. B. Widderschädel (bei Renato Guttuso). Unter »Bürgerkrieg, Spanischer« verweist ein Pfeil auf »Widderschädel« zurück, denn dieser ist symbolisch gleichzusetzen mit dem genannten Begriff, wie aus dem Zitat des Interpreten expressis verbis hervorgeht.
Überall, wo der Interpret sich vorsichtig äußert, Umschreibungen benutzt, im Kontext verwandte Begriffe einbezieht, wurde der Verweis mit »s. u. . . .« eingeleitet. Damit ist für den Leser klar, daß z. B. »entnervte Erotik« bei Giacomo Balla nicht unmittelbar in dem Bildsymbol »elektrische Lampe« enthalten ist, sondern der Begriff im zitierten Text vorkommt und nur zur Umschreibung der Symbolbedeutung herangezogen wird.
Die Verzettelung der in den Zitaten vorkommenden Begriffe führt – insbesondere wenn es sich um sozusagen blumig formulierte Erörterungen handelt – mitunter auch zu privatistischen Begriffen wie »Mondschein-Fabel« (bei Carlo Carrà). Der Herausgeber ist sich darüber im klaren, daß mit der Berücksichtigung solcher geringwertiger und kaum von einem Leser bewußt angesteuerter Begriffe Füllsel entstanden sind, die auch hätten ausgesondert werden können. Verfolgt man jedoch das Prinzip der Verzettelung von Begriffen, ist man gehalten, konsequent zu verfahren, sollen nicht subjektive Momente und eigenmächtige Wertung die Oberhand gewinnen.
Die Verzettelung des Wortmaterials »as found« hat vielleicht noch einen anderen Schönheitsfehler. Aus Übersetzungs- oder Stileigentümlichkeit treten vereinzelt umständlich erscheinende Wendungen im Begriffsregister auf, die über eine spezifische Aussagekraft verfügen, so daß auf sie nicht verzichtet werden konnte, wie z. B. »Macht der U.S.-Regierung, wachsende« oder »Schnittstelle zwischen dem Rationalen und dem Mystischen«.

Derartige Wortfolgen, deren Auffächerung notwendig ist, sperren sich eigentlich gegen lexikalische Einordnung, da bei der Einarbeitung nach Begriffen die Wortfolge z. T. umgestellt werden mußte. Die dadurch gelegentlich entstehende Schwerfälligkeit möge der Benutzer entschuldigen. Eine stärkere Aufspaltung der Wendungen hätte zur Auflösung des Sinnzusammenhanges geführt.
Hin und wieder wird der Benutzer bedauern, daß Adjektive und Tätigkeitsworte nicht in der substantivierten Form aufgenommen wurden. Alle mit männlich, weiblich, sozial, phantastisch etc. charakterisierten Gegenstände bzw. Begriffe fehlen unter Männlichkeit, Weiblichkeit etc. Ein Abgehen von der Regel, nur im zitierten Text vorkommende Stichwörter zu verwenden d. h. keine selbstgebildeten einzuschleusen, hätte eine beträchtliche subjektive Komponente eingebracht, die sich wahrscheinlich sinnentstellend ausgewirkt haben würde.
Bei den Zitaten wurde nach Möglichkeit der Bezug zum interpretierten Kunstwerk hergestellt, da die Interpretation eines Symbols oft nur für ein bestimmtes Bild oder eine begrenzte Phase im Schaffen des Künstlers gilt. Wo es der Kontext zu erkennen gab, wurde die Periode bzw. die entsprechende Jahreszahl eingesetzt. Wenn die zitierten Autoren ihre Interpretation für das jeweilige Oeuvre abgegeben haben, wurden keine Zusätze gemacht.
Es war begreiflicherweise nicht möglich, alle im Text erwähnten Kunstwerke abzubilden. Außerdem mußten die zitierten Bilder oft stark verkleinert oder im Ausschnitt wiedergegeben werden. Bei der Bildauswahl wurden einerseits zentrale Werke, die in verschiedenen Zitaten erwähnt werden, und andererseits wenig bekannte herangezogen, um die ganze Breite der Möglichkeiten erkennen zu lassen. Dabei zeigt es sich, daß Symbole in modernen Bildwerken nicht an bestimmte Richtungen gebunden sind.
Gewisse Schwierigkeiten bereitete die Einordnung von Stichwörtern, deren Zuordnung zu der Kategorie der Gegenstände oder der Begriffe schwankt wie z. B. Kreatur, Maschinerie, Tod u. ä. Sofern die gegenständliche Auffassung überwiegt, wurden die Stichwörter in Teil II eingeordnet, auch wenn es sich vom Sinn her z. T. um Abstraktionen bzw. Begriffe handelt. Auch die Farben sind in Teil II enthalten.
Das Interesse manches Sammlers konzentriert sich auf wenige Künstler. Diese Benutzer können sich das Handbuch über das Künstlerregister (Teil IV) erschließen, das jeweils in aufsteigender Zahlenfolge auf diejenigen Seiten verweist, auf denen sich Werkinterpretationen zu dem genannten Künstler befinden. Das Namenregister wurde angelegt, um auch die im Text von Teil I auftretenden Eigennamen (sowie die der zitierten Autoren von Teil I) zu verzeichnen.
Das Literaturverzeichnis (in Teil IV) nennt alle ausgewerteten Titel. Darüber hinaus wurden über 1000 Titel und Zeitschriftenaufsätze geprüft und – als für dieses Handbuch unergiebig – ausgeschieden. Manche Veröffentlichungen, die vielleicht vermißt werden, überschnitten sich in der Aussage mit anderen, so daß auf sie verzichtet werden konnte. Dabei kam es nicht auf die Priorität einer Interpretation, sondern auf die substantiellere Textstelle an.
Sicherlich wird es Veröffentlichungen geben, deren Auswertung sich für eine Neuauflage lohnen würde, die dem Herausgeber aber nicht vorlagen, oder die auch über den Leihverkehr nicht zugänglich waren. Für evtl. künftige Auflagen nimmt der Herausgeber deshalb gern Anregungen und Hinweise entgegen. Es kommt jedoch nur publiziertes Material in Frage.
Schließlich wird mancher Benutzer »seinen« Künstler nicht oder unterrepräsentiert finden. Dieser Umstand liegt zum einen an der nicht vorhandenen Parität der bisher vorliegenden Literatur, zum anderen daran, daß sich der Herausgeber im wesentlichen auf deutschsprachige Veröffentlichungen stützen mußte. Von daher ergibt sich unweigerlich eine Verschiebung zugunsten der prominenten Künstler der ersten Generation der Moderne. Daß das Oeuvre vieler wichtiger Künstler noch kaum oder nur unzulänglich interpretiert (hier im Sinne von publiziert) vorliegt, sollte dabei bedacht werden.

Einleitung

In der Geschichte der bildenden Kunst weisen zu keiner Zeit zwei Generationen eine solche Fülle von Stilelementen auf, wie in der Phase von 1900 bis heute. Eine kaum mehr zu überblickende Literatur ist damit beschäftigt zu sichten, zu interpretieren, einzustufen. Meist wird dabei nach ästhetisch-formalen Kategorien vorgegangen. Nach den Inhalten zu fragen, war bis vor kurzem keineswegs selbstverständlich, wie aus Udo Kultermanns Vorwort (1969) mittelbar hervorgeht: »Im Gegensatz zu den zahlreichen Ausflüchten, Fehlinterpretationen und Mißverständnissen gegenüber der zeitgenössischen Kunst soll hier grundsätzlich nach dem Inhalt gefragt werden, so unzulänglich die Antwort auch ausfallen mag.«
Aber selbst wer sich nur flüchtig mit der Kunst seit 1900 beschäftigt hat, wird bestätigen können, daß neben der stilistischen Vielfalt eine unerhörte Fülle von Themen angeschlagen wird. Das Spektrum der Motive ist jedoch zu breit, als daß es bisher jemals gelungen wäre, es ordnend in den Griff zu bekommen, es sei denn, man vereinfacht so stark wie Barbara Leuner (1976, S. 45): »Versuchen wir die moderne und zeitgenössische Kunst in psychoanalytischer Weise zu interpretieren, so erkennen wir, daß trotz der Vielfalt der Stile, also des Manifesten, trotz dieser Vielfalt der Konfliktlösungsprozesse, die latente Thematisierung relativ gleich ist. Die moderne Kunst macht infolgedessen einen Großgruppenprozeß deutlich mit einheitlichem 'sozialem Unbewußtem'.«
Dieses Handbuch will nun – in lexikalischer Ordnung – die Inhalte vermitteln, welche die Kunstliteratur beschäftigt haben. Darin würde kein nennenswerter Nutzen bestehen, wenn nur formal mitgeteilt werden könnte, daß beispielsweise eine Blume (wie die Calla bei Marc Chagall) zu einer bestimmten Zeit gemalt, eine Pomona auch von Marino Marini geformt worden wäre. Die statistische Erfassung der Häufigkeit des Vorkommens einzelner Motive ließe zwar gewisse Rückschlüsse auf die geistige Situation der Zeit zu. Es fragt sich aber, ob eine Motivforschung wesentliche neue Einsichten zutage fördern würde. Peter F. Althaus machte z. B. in Heft 1/73 der KunstNachrichten einen Versuch dazu, indem er 4000 graphische Blätter nach ihren Motiven statistisch auswertete.
Nun bedarf es keines Beweises, daß die moderne Kunst eine große Zahl von Motiven bzw. Bildelementen enthält, die vordergründig eindeutig sind, deren Umfeld aber vermuten läßt, daß der Künstler sie als Bedeutungsträger verwendet hat, d. h. als Hinweis auf eine nicht offen zutage liegende Bedeutung.
Hier geht es nicht darum zu ermitteln, was den Künstler bewogen haben mag, statt eines »Klartextes« eine Verschlüsselung zu wählen. Diese Frage mag in anderem Zusammenhang geklärt werden. Uns interessieren die Rätsel, welche derartige Bilder aufgeben, vorausgesetzt wir fragen nach dem Inhalt und begnügen uns nicht mit der ästhetisch-formalen Komponente der Bilder.
Wenn es um die verborgenen Bedeutungen geht, treffen wir auf Material von zweierlei Herkunft: Gegenstände und Figuren wie z. B. in Max Beckmanns Gemälden, die der Künstler als Symbole gelten ließ, und Gegenstände und Figuren wie z. B. bei M. Chagall, von denen der Künstler bestritt, daß es sich um Symbole handele. Betrachter und Interpreten, beide fassen sie aber als Hinweiszeichen auf. Auf dem Wege der Assoziation und mit Hilfe der Analogie werden dabei auch nennenswerte Ergebnisse in der Deutung als Hinweiszeichen erzielt.
Im Vorgriff auf die weiteren Ausführungen läßt sich sagen: Es handelt sich hierbei um einen Scheingegensatz. Dementsprechend führt es auch in der Sache nicht weiter, beide Materialien zu unterscheiden, wie es Alfred Hentzen versucht hat, indem er von »verstandesgeborenen Symbolen« spricht, im Gegensatz zu Symbolen der »gläubigen Phantasie und der Traum-

welt des Unterbewußtseins« (in: Wieland Schmied 1966, S. 132). Wer will im nachhinein fundiert beweisen können, welches Symbol welcher Quelle zuzuordnen ist? Einerseits ist das Empfinden des Künstlers viel zu komplex, als daß sich der Werdegang der Bildidee selbst bei Mithilfe des Künstlers ganz säuberlich rekonstruieren ließe, andererseits hat René Magritte recht, der sinngemäß fragte: »Ist nicht letztlich jede bildliche Wiedergabe Symbol?«
Um sich nicht in Spekulationen zu verlieren, ist es ratsam, sich auf den Untersuchungsgegenstand der Interpretation solcher Bildelemente zu einigen, deren Bedeutung verborgen ist. Damit stellt sich jedoch sofort die Frage nach der Qualifikation der Interpretation. Jeder wird einsehen, daß diese Arbeit nicht im Alleingang zu bewältigen ist; die Fülle des Materials verbietet ein derartiges Unterfangen. Wer eine Übersicht bewerkstelligen will, muß sich dabei selbstverständlich auf die Vorarbeit anderer, d. h. Interpretationen derjenigen stützen, die mit dem Werk der betreffenden Künstler vertraut sind.
Hier betreten wir nun sehr schwankenden Boden. Zwar ist die Affinität eines Autors zu einem Künstler noch nicht eo ipso mit der besten Einsicht gleichzusetzen; es mangelt gelegentlich an der kritischen Distanz. Dennoch ist die Kooperation Künstler/Kunstschriftsteller für die ersten Interpretationen eine wichtige Voraussetzung. Allen in diesem Handbuch zitierten Autoren – mag auch der Aussagewert ihrer Texte unterschiedlich zu beurteilen sein – ist immerhin der Wille gemeinsam, auf dem Wege des Interpretierens zu Einsichten zu gelangen.
Die auch an der Sprache deutlich ablesbare Subjektivität hätte sich vielleicht dadurch kompensieren lassen, daß alle aus der vorfindlichen Literatur entnommenen Zitate umgeschrieben worden wären. Auf diese Version wurde jedoch bewußt verzichtet, hätte die Umschreibung doch zu einer in doppelter Weise subjektiven und deshalb erst recht problematischen Textgestalt geführt. Der jetzt gewählte Weg kann bei der Kürze der Zitate unscharfe Stellungnahmen weitgehend vermeiden und erhält zugleich für die Gesamtinformation den sehr wesentlichen dokumentarischen Charakter. Ein weiterer Vorzug: Über die präzisen Literaturverweise kann jedes Zitat in seinem originalen Umfeld aufgesucht werden.
Unbestreitbar bleibt an den Texten das stilistische Ungleichgewicht und die uneinheitliche Terminologie haften. Über das erste kann man vielleicht mit der Bezeichnung »Schönheitsfehler« hinweggehen. Die uneinheitliche Terminologie stellte jedoch ein erhebliches Hindernis beim Erstellen des Handbuches dar, läßt sie sich doch beim besten Willen nicht kaschieren. Allerdings ist sie kein Zufallsergebnis. Sie spiegelt geradezu in aller Deutlichkeit die begriffliche Unsicherheit wider, die sich durch die gesamte Literatur zur Kunst des 20. Jahrhunderts zieht, eine Tatsache, die auf diese Weise offensichtlich wird. Die weiteren Kapitel nehmen zu diesem Thema von verschiedenen Positionen aus Stellung.
Wie es in der Terminologie keine Systematik gibt, so auch in der Aufarbeitung interpretierungswürdiger Gegenstände und Figuren. Zunächst ist eine Fülle von Literatur – man könnte sagen – zur Vätergeneration der modernen Kunst zu registrieren. Steigende Popularität einzelner Künstler hatte eine entsprechende Menge von Literatur zur Folge, wobei die Vielzahl der Titel längst nicht immer mit einer Ausweitung der Erkenntnis gepaart ist, im Gegenteil: Oft handelt es sich um unkritische und oberflächliche Wiederholungen. Außerdem sind manche Gebiete interpretatorisch ungenügend abgedeckt, wie Fritz Schmalenbach (1973, S. 44) beklagt: »Es fehlen in unserem Bezirk [Malerei der 'Neuen Sachlichkeit'] Monographien über die einzelnen Maler, d. h. zureichende (mit einem Ausdruck: wissenschaftliche), auch über die wichtigen Maler.«
Damit soll angedeutet werden, daß die Schwankungen im Material mit dem unterschiedlichen Angebot an publizierter Literatur zusammenhängen. Zweifellos fallen bei Proporzüberlegungen die Lücken bei den (zeitlich) nachrückenden Künstlern besonders auf. Diese konnten und sollten nicht durch subjektive Aussagen aufgefüllt werden. Schließlich setzt mit

dem Publizieren und der drucktechnischen Verbreitung von Interpretationen so etwas wie ein Objektivierungsprozeß ein, auf den hier einzuwirken sich verbietet.
Demnach kann das in Teil II ausgebreitete Material nur den augenblicklichen, ungleichgewichtigen Stand der interpretierenden Aufarbeitung wiedergeben. Dennoch ist damit ein Anfang mit einer Ikonographie der modernen Kunst gemacht.

01 DIE BEGRIFFLICHE BASIS DER INTERPRETATIONSLITERATUR

Welcher Art gegenwärtig die Situation des Symbolbegriffs ist, soll zunächst an einigen Textbeispielen erläutert werden.
»All die kleinen zärtlichen Marginalien, die Liebespaare, Fabeltiere und Musikanten, die er so gern an den Rand oder in den Grund seiner Blumenstücke, Landschaften und Bildnisse schreibt, sind solche Hinweiszeichen auf eine noch mögliche metaphorische Bedeutung.« So äußert sich der Kunsthistoriker Werner Haftmann (1974, S. 8) über M. Chagall, auffallend vorsichtig und in dem Bemühen, sich möglichst nicht festzulegen. Aufschlußreich an dieser Textstelle ist auch, daß W. Haftmann sich von M. Chagalls eigener kategorischer Ablehnung jeglicher symbolischer Bedeutung (s. S. 49) freimacht, eine metaphorische Bedeutung bzw. Deutung immerhin für möglich hält. Einer eigenen Aussage zu den Details geht er jedoch aus dem Wege (auch in seinem Standardwerk über die Kunst des 20. Jahrhunderts läßt er sich nur selten darauf ein, einen Bildinhalt als symbolisch gelten zu lassen). Dabei zieht er sich auf den schwächeren Begriff »Hinweiszeichen« zurück, der absichtlich unverbindlich ist. Offenbar wirkt noch nach, daß »die Verwendung des Wortes 'Symbol' . . . seit dem 19. Jahrhundert durch Mißbrauch kompromittiert ist« (Karl Ruhrberg 1976, o. S.).
Eine interessante Position nimmt André Breton (1967, S. 23) ein. In früheren Jahren (1928) lehnte er Symbole im Sinne von übersetzbaren Bildinhalten rundweg ab: »Besonders kommt es darauf an, die Kunst von allem zu befreien, was sie an schon Bekanntem enthält, alle Gegenstände, alle Symbole müssen beiseite geschoben werden . . .« Später (1941) vollzog er eine Schwenkung und äußerte sich – gleichfalls über M. Chagall – wie folgt (1967, S. 69): »Heute kann das Werk Chagalls mit mehr Gerechtigkeit beurteilt werden. Sein großer lyrischer Ausbruch ereignete sich um das Jahr 1911. In diesem Augenblick hielt die Metapher, allein durch Chagall, ihren triumphalen Einzug in die moderne Malerei. Um das bisherige räumliche Denken zunichte zu machen, was durch Rimbaud von langer Hand vorbereitet worden war, und zur gleichen Zeit den Gegenstand von Gesetzen der Schwerkraft und der lastenden Masse zu befreien, um die Schranken zwischen den verschiedenen Elementen und Hoheitsgebieten niederzureißen, findet diese Metapher von vornherein eine bildhafte Unterstützung in dem schlafwandlerischen und eidetischen, oder ästhetischen, Bild, die erst viel später beschrieben wurden, aber mit all den Eigenheiten, die Chagall ihnen zu geben wußte.«
A. Breton spricht bei M. Chagall vorsichtigerweise von Metaphern und meidet den als gewichtiger empfundenen Begriff Symbol. In diesem Zusammenhang ist es angebracht, Werner Hofmann (1970a, S. 39/40) zu zitieren, der den Begriff Metapher näher untersucht: »Die Metapher, wie wir sie verstehen, wurzelt in zwei korrespondierenden Bereichen: in der Anschaulichkeit und in der Vielschichtigkeit. Vielschichtigkeit entzieht sich der Anschaulichkeit, wenn sie sich auf ein Konglomerat von Attributen stützt, deren Auflösung auf ein Hieroglyphenlexikon angewiesen ist. Zeitgenössische Beispiele für allusive Esoterik bieten nicht wenige Werke des Surrealismus. Anschaulichkeit entbehrt der Vielschichtigkeit, wenn sie die 'vage Idee' und die 'formalen Notwendigkeiten' auf vordergründige Deutlichkeit und Unmißverständlichkeit regredieren läßt. Das belegt der Intensitätsverlust, den Picasso,

Braque und Gris in Kauf nehmen mußten, als sie sich aus dem Kubismus zurückzogen. Was ihre Schöpfungen an Lesbarkeit gewannen, büßten sie meist an Vielschichtigkeit ein. Die formale Konzentration ging verloren, an ihre Stelle trat Verbindlichkeit.«

Diese Zitatzusammenstellung könnte suggerieren, es bestünde unter den namhaften Interpreten eine weitgehende Übereinkunft darüber, die Bezeichnung »Metapher« anzuwenden. Das täuscht, hängt aber wohl mit der Wertschätzung der Semantik zusammen, denn bei Susanne K. Langer (1965, S. 150) heißt es: »Die Metapher ist das Wachstumsprinzip jeder Semantik«.

Doch dem ist nicht so. Sieht man sich in der deutschsprachigen Fachliteratur um, stellt man einen Begriffspluralismus fest. Die in Umlauf befindlichen Begriffe sind Legion. Da ist von Paradigma, Parabel, Verkörperung die Rede. Andere Autoren erweisen sich als erfinderisch und bringen immer neue Substitute hervor wie: Chiffre, Zeichen, Gleichnis, Formel, Hieroglyphe, Bildvokabel, Bedeutungsträger, Hinweiszeichen und – nach wie vor im Sinne Goethes – »inhaltsschwere Signaturen«. Für Synonyme scheint kein Ende abzusehen zu sein. In der DDR hat sich (1977/78) eine Diskussion in der Zeitschrift 'Bildende Kunst' über die zutreffende Bezeichnung entwickelt, da – wie Peter Feist (in: Bildende Kunst 1976, S. 411) festgestellt hat – der metaphorisch-allegorische Charakter in der aktuellen bildenden Kunst zugenommen hat. Mit gewissen Vorbehalten wird der von Helga Möbius (Bildende Kunst 1977, S. 427) vorgeschlagene Sammelbegriff »Sinnbild« akzeptiert.

Wie in der Chirurgie eine Vielzahl von Methoden für ein und dieselbe Operation mangelnde Erfolgssicherheit signalisiert, zeigt die Unzahl der Synonyme zum Begriff Symbol zweierlei an:

1. Eine übereinstimmende Auffassung, was als Symbol gelten soll, gibt es gegenwärtig nicht. Man akzeptiert im allgemeinen die freie Konvertierbarkeit von Begriffswährungen unterschiedlicher Prägung und bedauert gelegentlich, daß es keine exakte Definition gibt.
2. Der Begriff Symbol ist bei vielen Interpreten durch die Nähe zum Symbolismus des ausgehenden 19. Jahrhunderts suspekt (s. o.). Wir befinden uns aber lt. Rainer Volp (1971, S. 180) »auf dem Weg zu einem neuen Symbolverständnis«.

Diese Situation ist gewiß alles andere als günstig für das Zustandekommen eines Handbuches, wie es jetzt vorliegt. Das »Hantieren mit Symbolen« scheint in der Tat »ein Spiel ohne Regeln« zu sein (Gustav René Hocke 1963, S. 25). Der Versuch einer Klärung der Nomenklatur erscheint daher dringend erwünscht.

Zu den wenigen, die sich ausführlich mit der Problematik beschäftigt haben, gehört Rainer Volp, wie sein 1966 vorgelegtes Werk »Das Kunstwerk als Symbol« belegt. Darin räumt er im Kapitel »Definitionsversuche und Wesensbestimmungen« (S. 15) radikal mit dem Bemühen auf, einen griffigen Symbolbegriff entwickeln zu können: »Es ist für die Klärung des Problems ziemlich aussichtslos, den überaus zahlreichen und sich oft widersprechenden Definitionsversuchen noch weitere hinzuzufügen. Entweder läßt man sich von formalen Abgrenzungen leiten: Man ordnet alles dem Symbolbegriff zu, was etwa an einem Zeichen, einer Metapher oder Allegorie abgeht, ohne zu bedenken, daß diese alle auch als Symbole gesehen werden können. Oder man hält sich einen Spiegel des eigenen Systems vor und läßt die gemeinte Gestalt weit hinter sich zurück. Insbesondere besteht die Gefahr, sich durch ein philosophisches Schema von Idee und Erscheinung, Eigentlichkeit und Uneigentlichkeit, Hintergrund und Vordergrund oder anderen dialektisch begründeten Polaritäten verführen zu lassen. Zuletzt hat Stephan Wisse (Das religiöse Symbol, 1963) das Symbol als 'ein sinnfälliges Ausdrucks-Zeichen für erlebtes Transzendentes' bezeichnet. Selbst diese in einer fleißigen Untersuchung als Quersumme gewonnene Definition leidet unter den scholastischen Vorentscheidungen des Verfassers.«

Damit erscheint das Dilemma vollständig und jeder Versuch, zu einer begrifflichen Basis zu kommen, aussichtslos. Es bietet sich die groteske Situation dar, daß einerseits niemand recht weiß, wie er den Begriff handhaben soll, andererseits tut sich eine Fülle von sogenannten Symbolen vor uns auf, die auch eifrig interpretiert werden. Kein Wunder also, daß vorsichtige Autoren auf Synonyme ausweichen. Konrad Farner (1973, S. 208) bekennt selbstkritisch, was dabei herauskommt: »In der ersten Fassung dieses Vortrages war 'Mythos' zu lesen, in der zweiten 'Symbol', in der dritten 'Exempel', in der vierten 'Signifikation'. Nun bin ich anläßlich der fünften Fassung zum Begriff 'Symbol' zurückgekehrt. Ich lasse diese Sache jedoch offen, da wir einerseits in unserer Zeit des Umbruchs inmitten der Suche nach neuen Begriffen sind ... und wir andererseits aber keine Angst haben sollten, alte, verbrauchte oder mißbrauchte Begriffe mit neuem Inhalt zu füllen. – Dies nur nebenbei. Bleiben wir beim 'Symbol'.«

In diesem Zustand allgemeiner Begriffsunsicherheit bietet sich nur folgendes an:

1. zu akzeptieren, daß gegenwärtig ein Begriffspluralismus herrscht, der sich an der Ausflucht in Synonyme zeigt.
2. sich zu erinnern, daß sich philosophische Begriffe von Generation zu Generation, von Schule zu Schule, gewandelt haben; rückwirkend gesehen hat es immer einen Begriffspluralismus gegeben (es sei denn, eine Schule konnte vorübergehend ihr Deutungsinstrument auf autoritäre Weise für allgemeingültig erklären).
3. sich in Vermeidung »ideologischer Klimazonen« (R. Volp) für eine pragmatische Lösung zu entscheiden, die gegensätzliche Auffassungen sanft korrigiert und abweichende Begriffe durchaus nebeneinander toleriert.

Es zeigt sich nämlich – je mehr Definitionen man Revue passieren läßt–, daß hinter aller Wortklauberei und komplizierten Umschreibungen im Grunde an einem gemeinsamen Nenner, etwa im Sinne von Walter Winkler (1949, S. 91) festgehalten wird: »In der Kunstgeschichte spricht man von symbolischen Darstellungen dann, wenn etwas in übertragenem Sinn zum Ausdruck gebracht wird, wenn also hinter der gebotenen Fassade noch ein tieferer Sinn steckt, den nur der Eingeweihte ganz verstehen kann und der auch nur dem Eingeweihten etwas bedeutet.«

Daß von einigen Interpreten große Anstrengungen unternommen werden, zumindest für einzelne Künstler maßgeschneiderte neue Definitionen in Gebrauch zu nehmen, dafür findet sich ein Beispiel bei Friedhelm W. Fischer (1972a, S. 35) in bezug auf Max Beckmann: »Was in dem Werk von 1918/19 ['Die Nacht'] vermutet wurde, bestätigte sich: diese Gegenstände wirken nicht nur bedeutsam, in ihnen konzentriert sich etwas, sie verkörpern mehr als ihren Gebrauchswert und ihre Ästhetik. So ist es nicht leicht, ein passendes Wort für diese Gegenstände zu finden. Es sind nicht nur Attribute oder allegorische Vehikel, sie haben aber auch nicht die mythische Kraft von Symbolen; das konkret Dinghafte an ihnen ist sehr wichtig. Wir möchten daher den Ausdruck 'Dingsymbol' verwenden.«

Ob diese Differenzierung tatsächlich weiterführt, sei dahingestellt. Daß gelegentlich bei der Vermeidung der Bezeichnung Symbol Verdrängung mit im Spiel sein kann, belegt die Äußerung von W. Sandberg/H. L. C. Jaffé (1961, o. S.) »... Zeichen und Symbole ..., wie wir sie heute nicht mehr gerne hören wollen, weil sie an die frühere Verzweiflung erinnert.«

Gegenüber den Differenzierungsbemühungen eine pragmatische Lösung anzustreben, hat natürlich etwas Kompromißhaftes an sich. Es spricht allerdings einiges für eine praktikable Formel, die einen gewissen Verkehrswert besitzt. So ist es in den Naturwissenschaften üblich, zunächst mit einem unscharfen Begriff anzufangen, um überhaupt erst einmal eine vorläufig gültige Aussage zu ermöglichen. Außerdem ist es ratsam, sich folgendes vor Augen zu führen.

Worauf sich das Material dieses Handbuches stützt, geht aus dem Literaturverzeichnis hervor. Es nennt Titel und Autoren, die überwiegend zu den angesehenen Kunstpublizisten und

Kunsthistorikern zählen. Eine Markierung zu ziehen, wer der einen, wer anderen Gruppen zuzuordnen ist, läßt sich schlechterdings nicht durchführen.

Für die Kunstwissenschaft aber gilt, daß sie eine Erfahrungswissenschaft ist und sich demzufolge mit einer wissenschaftlichen Terminologie schwertut. Die Quellen der Aussagen über Kunst sind persönliche Äußerungen und subjektive Wahrnehmungen, für die es kaum eine objektive Nachprüfbarkeit geben kann. Bei einer derart subjektabhängigen Basis leuchtet ohne weiteres ein, daß ein Pluralismus der Begriffe sich wie selbstverständlich einstellt. Im übrigen ist die Pluralität der Ideologien für unser Jahrhundert ein bekanntes Charakteristikum. In der Kunstliteratur fand offenkundig eine Tendenzmischung ihren Niederschlag. R. Volp (1966, S. 25) hat daher weitgehend recht, wenn er resümiert: »Vielfach werden die Begriffe Bild, Zeichen oder Allegorie dem Symbolbegriff gegenüber mehr oder weniger scharf abgegrenzt. Es gilt jedoch einzusehen, daß man *das Symbol nicht in einer formalen Kategorie einfangen kann.* Mit ihm markiert man eine Gestalt, die durch Sinngebung und Wertung unsere Erkenntnis erweitert.«

Wenig später fährt er fort: »Sobald ein Kunstwerk nicht mehr innerhalb seines ursprünglichen Zusammenhanges wahrgenommen wird, ist auch seine Symbolik nicht mehr aus sich selbst evident. Seine Sprache bedarf der Übersetzung.«

Kaum jemand wird von der Hand weisen, daß es übertragene Bedeutungen gibt und diese der »Übersetzung« bedürfen. Daß ein starkes Interesse dafür besteht, zeigen u. a. auch Äußerungen von W. Grohmann und W. Hofmann.

So bietet sich nur eine Formel entsprechend dem kleinsten gemeinsamen Vielfachen – etwa im Sinne von Aniela Jaffé (1968, S. 264) – an: ». . . das Symbol ist immer ein Inhalt der bekannten Welt, welcher auf ein Unbekanntes hinweist.«

Gewiß keine imponierende Erkenntnis. Aber schon Hans H. Hofstätter (1971, S. 180) hatte bemerkt: »Seit dem ‘Augenblick’, da der Mensch sich seiner selbst bewußt wurde, scheint er das Bewußtsein von der Bedeutung des Symbols besessen zu haben. Diese Symbole haben sich erstaunlicherweise kaum verändert, sondern sind im Laufe der Kulturentwicklungen nur verschieden motiviert und interpretiert worden . . . beinhaltet diese . . . Weiterverwendung der Symbole ihre Anerkennung und durch diese bleiben sie auch heute . . . aktuell und verbindlicher als ihre jeweils zeitgebundenen Ausformungen.«

Für manchen Systematiker mag es bedauerlich sein, daß sich für die Kunst unseres Jahrhunderts bislang kein strengerer Symbolbegriff herauskristallisiert hat. Selbstverständlich ist diese Sachlage für das weitere Vorgehen hinderlich. Beachtlich dagegen ist – und diese Tatsache erscheint eigentlich von ungleich höherer Bedeutung – die Fülle der Symbolträger in der Kunst dieses Jahrhunderts, obwohl die Künstler, wie wir noch sehen werden (s. Kap. 09) dazu neigen, Symbolbildungen abzustreiten. Wie aus dem nachfolgenden lexikalischen Teil ersichtlich, handelt es sich dabei z. T. um Anlehnungen an das klassische Repertoire, überwiegend jedoch um neue Bildungen.

Irgendwann stößt man wieder auf Charles Baudelaires Äußerung »Tout est hiéroglyphique«, eine Formel, die für unser Vorhaben zu allgemein gehalten ist. Eine gewisse Abgrenzung ist auf jeden Fall beim Hinweischarakter zu suchen. Bloße, offen zutage liegende Bildinhalte bedürfen schließlich nicht der Interpretation. Werner Schmalenbach (1959, S. 8/9) wendet zwar ein: »Denn das Symbol beruht auf dem Konsensus einer Gemeinschaft, und eine solche Gemeinschaft gibt es nicht mehr.«

Damit hat er formal gesehen recht. Die Kommunikation zwischen Kunstwerk und betrachtenden Personen ist gegenwärtig aber erstaunlich rege; die publizierte Literatur der letzten Jahrzehnte ist ein schlagender Beweis dafür. Daß mit wechselnden Begriffen gearbeitet wird, mag ein Schönheitsfehler sein. Ein lebhafter Ideen- und Informationsaustausch aber existiert offensichtlich, wenn auch über die Begriffsdefinition kein Konsensus erzielt wurde.

Mit dem Zustand der Unentscheidbarkeit müssen wir uns abfinden. Daher darf auf keinen Fall so argumentiert werden: Weil kein Konsensus besteht, gibt es auch keine Symbole. Symbole werden von Individuen gesetzt und erlangen durch die »Gemeinschaft« ihren Stellenwert. Das hängt mit dem ganzheitlichen Empfinden des Künstlers zusammen, der komplexen Idee, die sich im Bild manifestiert. Des Künstlers Gegenüber, der Betrachter, beginnt sich dann mit dem gesetzten Symbol zu beschäftigen. Daß dem Betrachter sehr viel, dem Künstler überhaupt nichts an der Analyse oder gar Ausdeutung seiner Symbole liegt, hat Max Beckmann in 'Drei Briefe an eine Malerin' (Vorlesung Febr. 1948 im Stephens College/Columbia USA; in: G. Busch 1960, S. 8) wohl am treffendsten formuliert: »Es ist sicher das törichtste und unzulänglichste Unternehmen, Dinge über Kunst in Worte oder Schrift fassen zu wollen, denn ob man will oder nicht, spricht jeder doch nur pro domo seiner eigenen Seele, und eine absolute Objektivität oder Gerechtigkeit ist nicht möglich. Außerdem sind gewisse letzte Dinge nur durch Kunst an sich auszudrücken, sonst brauchten sie nicht gemalt, geschrieben oder musiziert zu werden.«

M. Beckmann hat bis zu gewissem Grade recht damit. Dennoch ist der Erfahrungsaustausch über Kunst ein wichtiger Vorgang, wenn er auch manches Mal in die Irre geht. Dieses Handbuch versteht sich dementsprechend im Sinn von Camille Bourmiquel (1975, S. 27), der das Symbol nur als »Markstein, ein Zeichen auf dem Weg zur Erkenntnis« ansieht, als Erkenntnishilfe für den Betrachter und versucht, die relevante Literatur für ihn aufzublättern.

02 DAS REPERTOIRE DER SYMBOLE

Als der Gedanke zu einer Konkordanz der Symbole auftauchte, war zunächst nicht im einzelnen zu übersehen, welche Teile der Kunstliteratur für eine Auswertung in Frage kommen würden. Im Frühstadium des Projektes erschien für kurze Zeit eine Version alle Vorzüge für sich zu haben, die darin bestand, vorwiegend Eigeninterpretationen der Künstler heranzuziehen. Sehr bald mußte diese verlockend erscheinende Idee fallengelassen werden, denn von vielen einflußreichen Persönlichkeiten der modernen Kunst liegen keine oder nur sporadische Eigeninterpretationen vor. Eine repräsentative Textsammlung hätte sich aus diesem Material nicht ergeben.

Als Ausgleich für die Lücken wäre denkbar gewesen, eine Umfrage bei den lebenden Künstlern zu veranstalten. Sie hätte bei der Vielzahl jedoch nur sehr schematisch verfahren können und mit hoher Wahrscheinlichkeit ein unzureichendes Ergebnis erbracht. Künstler leugnen zumeist eine offenkundig in ihrem Werk vorhandene Symbolik (s. S. 49f). Bei einem persönlichen Gespräch brach z. B. Friedrich Meckseper die Unterhaltung einfach ab, als er bemerkte, daß das Gespräch zu einer Befragung nach seiner Symbolik überleiten sollte. Auf eine schriftliche Umfrage würden viele Künstler gewiß nicht kooperativer reagieren.

Auch läßt sich nicht verheimlichen, daß Künstleraussagen in der Terminologie oft unpräzis sind und sich nur in wenigen Fällen zur vergleichenden Ikonographie eignen. Soweit zugänglich und aussagekräftig, wurden sie jedoch erfaßt.

Mit gewissem Recht warnt auch Mircea Eliade (1958, S. 26): »Dann ist man nicht einmal dazu berechtigt, sich festzulegen auf das, was die Künstler über ihr eigenes Werk dachten ... Denn eine Tatsache bleibt es, daß in den meisten Zeitaltern ein Autor den Sinngehalt seines Werkes nicht selber erschöpfend zu Ende denkt.«

So verlagerte sich die Materialsammlung ganz von selbst auf die reichhaltige Sekundärliteratur, ohne dabei geeignete Beiträge von W. Baumeister, R. Hausner, W. Kandinsky, K. Klapheck, F. Marc, M. Marini, H. Moore u. v. a. auszulassen.

Insgesamt wurden rd. 1650 Veröffentlichungen durchgesehen, von denen sich rd. 650 für die

Themenstellung als ergiebig erwiesen. Bei der Durchsicht dieser Titel ergaben sich 2200 informative Textstellen, die den Kern von Teil II und III bilden. Die Sichtung dieses Literaturvolumens, bestehend aus deutschsprachigen Titeln, Übersetzungen sowie einigen noch unübersetzten Veröffentlichungen, kann für eine repräsentative Quellensammlung wohl als ausreichende Grundlage angesehen werden.

Es wäre nun ein reizvolles Unternehmen, die katalogisierten Motive mit den Mitteln der Statistik zu untersuchen. Mit Rücksicht auf den Buchumfang können hier jedoch nur einige Gesichtspunkte berührt werden.

Geht man von dem Bilderfundus der antiken Mythologie und der christlichen Symbolik aus, der in den gegenwärtig greifbaren Symbollexika enthalten ist, wird man feststellen, daß etliche Bestandteile davon durchaus auch im 20. Jahrhundert vorkommen (z. B. bei A. Campendonk, W. Gilles, E. Mataré); der »Teufel« allerdings ist selten geworden. Doch kaum ein Künstler ist bei dem überlieferten Kanon stehengeblieben (illustrative Darstellungen einmal ausgenommen; auch die zahlreichen Auftragsarbeiten für kirchliche Gebäude zählen bei dieser Überlegung nicht, da das ikonographische Programm dazu meist nicht vom Künstler bestimmt wird). Man kann auch sagen, daß mythologische Zitate im allgemeinen aus individuellen Impulsen abgewandelt werden (Paradebeispiel: 'Guernica'). Insofern bestätigt sich die Feststellung von Walter Schulz (1972, S. 704): »Wirklichkeit ist das Wechselgeschehen von Subjekt und Objekt. Das bedeutet, daß der Mensch in das Vorgegebene eingreift und eingreifen muß. Es ist hierbei zu bedenken, daß er, ebenso wie er das Geschehen vermittelt und gestaltet, von diesem vermittelt und gestaltet wird.« Die künstlerische Welt ist dementsprechend eine Welt offenen Spielraums, ein Wechselgeschehen von Subjektivem und Objektivem. In diesem Zusammenhang ist auch die These C. G. Jungs vom kollektiven Unbewußten zu sehen bzw. die Tatsache, daß bei vielen prominenten Künstlern die Kenntnis Jungscher Schriften eine wichtige Rolle spielte (s. S. 37f).

Einen nicht zu unterschätzenden Faktor stellt übrigens die gegenseitige Beeinflussung der Künstler untereinander dar, z. B. innerhalb der Pariser Surrealistengruppe. So kommt es zeitweilig zur Wiederholung bestimmter Motive wie z. B. der Junggesellenmaschine, des Roboters, der Gliederpuppe, des Minotaurus u. a. Auch der Begriff des Kristalls war Anfang des Jahrhunderts für viele Künstler zeitweilig bestimmend (in Paris um 1915); bei den Kubisten wurden gern Buchstaben »zitiert«.

Auffällig ist, wie wenig Künstler technische Apparaturen zu Symbolen erhoben haben, obwohl die Maschine eigentlich erst im 20. Jahrhundert durch ihre massenweise Verbreitung ihren Siegeszug antrat. Selbstverständlich gibt es im Laufe des Jahrhunderts prominente Ausnahmen (zunächst die Futuristen, M. Duchamp und später K. Klapheck, M. Medek u. a.). Es überrascht aber doch, daß Technik-Symbole einen unbedeutenden Minderheitenanteil haben, und ein Thema, wie das der Fabrik, selten vorkommt, obwohl es an vehementen Äußerungen zur Ablösung überkommener Symbole zugunsten technischer Errungenschaften gewiß nicht gefehlt hat (in neuerer Zeit z. B. bei V. Takis, S. 49).

Während als Folge von Renaissance und Aufklärung Motive aus dem irrationalen Bereich deutlich als rückläufig erkennbar waren, wurde durch Sigmund Freud und die Psychoanalyse eine Tendenz ausgelöst, die auch nach dem kriegsbedingten Abschluß des Pariser Surrealismus in den letzten Jahrzehnten außerordentlich virulent ist, zumal sie im Gegensatz zu den dreißiger Jahren auf interessierte Sammler stößt: die surreal-phantastische. Ohne hier auf die Varianten einzugehen, kann festgestellt werden, daß zahlreiche Symbole aus dieser Sphäre stammen. Davon ist auch bei G. R. Hocke (1963, S. 18/9) die Rede: »Seit der Tiefenpsychologie des 20. Jahrhunderts kann man von einer Symbolik geradezu irregulärer Zwangsvorstellungen sprechen.« Der Anteil ist jedoch nicht prozentual zu ermitteln, da die mit Verweischarakter versehenen Bestandteile der Alltagswelt entnommen sind.

Nachdem jahrzehntelang in der bildenden Kunst ästhetische Kategorien absoluten Vorrang vor Bildinhalten hatten, ist neuerdings ein Wandel eingetreten: Die Wertschätzung allegorisch bestimmter Werke hat beträchtlich zugenommen; im literarischen Sektor scheint ein vergleichbarer Prozeß in Gang gekommen zu sein. Eigentümlich daran ist: Diese Tendenz trifft für beide gesellschaftspolitisch konträren Lager in Europa zu. Werden bei uns S. Bak, R. Hausner, F. Meckseper u. a. diskutiert, sind es in der DDR W. Mattheuer, W. Tübke und einige andere, die bei uns noch nicht hervorgetreten sind. Zur Begründung der Wertschätzung dieser vorwiegend altmeisterlich gemalten, anspielungsreichen Bildwerke kann bei uns u. a. das schichtenspezifisch verbreitende Wissen von der Psychoanalyse herangeführt werden, das sowohl beim Künstler (z. B. R. Hausner) als auch beim Publikum vorhanden ist. Für die DDR hat dieses Argument wohl keine Relevanz. Helga Möbius (1977, S. 429) vermutet daher, daß die Ursache für diese Wandlung in der bislang konsequent verfügten Realitätszuwendung liegt, sensiblen Naturen aber zunehmend bewußt wird, daß der gesellschaftliche Prozeß nicht so simpel verlaufe, wie bisher angenommen wurde. »Möglich, daß dies zusammenhängt mit den höheren geistigen Ansprüchen des Publikums, aber wohl auch mit der Verwissenschaftlichung unseres gesamten Lebens.« Ob diese Begründung ausreicht, mag dahingestellt bleiben.

An den Bildern der 'Leipziger Schule' (eine echte Gruppe dieses Namens existiert übrigens nicht) fällt aber doch auf, daß mit Vorliebe der Weg des Zitats gewählt wird. Oft wirkt es aufgesetzt (z. B. bei Arno Rink). Bei W. Tübke hat Irma Emmrich (1976, S. 22) die Herleitung eines Motivs offengelegt: »Es bedarf kaum eines Hinweises, daß die Symbolfunktion der Taube in einer Anzahl von Arbeiten Tübkes – bewegendes Zeichen der Integrität, aber auch der Schutzbedürftigkeit – einer langen ikonographischen Tradition verpflichtet ist. Vom antiken Sinnbild der Unschuld und Liebe führt der Weg zum christlichen Symbol des Heiligen Geistes und dann zum gegenwärtigen Zeichen der um Frieden und Freiheit kämpfenden Völker.«

So läßt sich mit Bezug auf Künstler dieser Richtung die Maxime M. Chagalls anwenden, die Werner Haftmann (1975 b, S. 33) anführt: »Man muß nicht mit dem Symbol anfangen, sondern zum Symbol kommen. Man darf keine Bilder *mit* Symbolen machen. Wenn ein Kunstwerk ganz und gar authentisch ist, gibt es von selbst Symbolisches her.«

Dies ist in der Tat ein wichtiges Kriterium für künstlerische Eigenständigkeit. Es konnte allerdings beim Exzerpieren der Texte nicht berücksichtigt werden.

Gegenwärtig ist die Neigung zu modischer Übernahme nicht selbst erfahrener Symbole auffällig. Dieser Tendenz läßt sich eine Äußerung Max Bills (in: Konrad Farner 1960, S. 41) zuordnen. Er meint, Kunst schaffe heute neue Symbole, »die wohl ihren empfindungsmäßigen Grund schon in der Antike haben, die aber, wie kaum eine andere Ausdrucksmöglichkeit des Menschen, die Gefühlswelt unserer Zeit erfüllen können. . .«

Zweifellos gibt es zahlreiche Bemühungen in dieser Richtung. Hier wären z. B. die vielen Objekte von Hans Arp bis Valeriano Trubbiani und eigene Arbeiten von Max Bill zu benennen. Bei ihnen taucht eine Schwierigkeit auf, die noch nicht angesprochen werden konnte: die Unmöglichkeit der Verbalisierung eines Objektes, für das es auf der Sprachebene noch keinen lexikalisch erfaßbaren Begriff mit Verkehrsgeltung gibt, weil die Form ein Novum darstellt. Infolgedessen häufen sich zum Begriff »Form« die Stichwörter; differenziert werden sie durch Zuordnung von Adjektiven. In anderen Fällen erfolgte die Einordnung unter dem vom Künstler entworfenen Titel (z. B. 'Montaru', 'Ekbatana' etc.), oder den vom Interpreten gebildeten Wortkombinationen wie »Formzacken«, »Raumkörper« u. ä., um diese Wortfindungen dennoch erfassen zu können.

Nach Herbert Read (1958 b, S. 16) wird »Der Künstler . . . zum Erschaffen neuer Bilder und Symbole gedrängt, weil die Bewußtseinslage, welche sie ausdrücken, bis dahin so nicht bestanden hatte, weder in der Entwicklung des menschlichen Bewußtseins noch in der Geschichte der Kunst.« Diese Situation trifft auch für die Zeit des Tachismus zu; die damals entstandenen Bildwerke bzw. deren Inhalte haben vielfach symbolischen Charakter, zumal sie subjektive Stimmungen darstellen. Auch hier fehlt es an Sprachmaterial, das eine Berücksichtigung erlauben würde. In diesem Zusammenhang soll eine kritische Stimme nicht zurückgehalten werden: »Ja, im Zentrum der nicht realistischen Modelle, also der fiktiven, falschen Symbole steht heute die Flucht aus dem individuellen und gesellschaftlichen Dasein und Sosein, die Flucht in die romantische Idylle, in das 'interesselose Wohlgefallen' . . . Man flüchtet, weil man sich gefangen fühlt oder weil man wirklich gefangen ist, weil man der Entfremdung nicht zu begegnen weiß . . . Der Fluchtwege sind viele, der Flüchtlinge unzählige, und nicht wenige Künstler werden dabei zu Money makers, weil Flucht-Bilder in den heutigen schwierigen Zeiten einer überaus starken Nachfrage entgegenkommen, weil die nichtrealistischen Symbole gegenüber den realistischen Symbolen in der großen Mehrzahl sind und zugleich bequemer, bekömmlicher. Denn der echten realistischen Symbole sind nicht viele: es ist das Wissen um die stete Veränderung des Menschen und der Welt als Emanzipation des Menschen, es ist die Selbsterklärung des Menschen, als geschichtsbewußtes, geschichtsänderndes Wesen, es ist die Durchstoßung gesellschaftlicher Tabus, es ist der Versuch der Identifikation von äußerer und innerer Realität, von Erscheinung und Wesen, von Existenz und Essenz. Es ist vor allem die Große Hoffnung, und zwar als anthropologisches Prinzip und nicht als gesellschaftlicher Zweckoptimismus.« (Konrad Farner 1973, S. 209/10). Diese Forderung an den hier gesammelten Symbolinterpretationen zu überprüfen, könnte zu einer reizvollen Aufgabe für den Benützer werden.

Hier ist noch die Feststellung von Belang, daß sich das Repertoire der Symbole erheblich erweitert hat, jedoch noch längst nicht alles aufgearbeitet ist trotz einer »riesigen Kommentarliteratur« (Arnold Gehlen 1960, S. 97). Infolgedessen spiegelt dieses Handbuch das Repertoire der bisher interpretierten Motive wider.

Auf Grund der »veränderten Welt« (Walter Schulz) unterscheidet sich dieses Handbuch von allen bisherigen Symbollexika, die das mythologische Material des vergangenen Jahrtausends ausbreiten und nur sporadisch Beispiele des 20. Jahrhunderts (wie J. E. Cirlot) mit hereinnehmen. Aus einem Vergleich ergibt sich aber gerade die für unsere Zeit interessante Fragestellung: Inwiefern sind Verschiebungen innerhalb des Motivrepertoires eingetreten? Zum Vergleich wurden Gerd Heinz-Mohr 'Lexikon der Symbole' (1971) und Juan Eduardo Cirlot 'A Dictionary of Symbols' (1962) herangezogen. Den Vergleich beeinträchtigt leider, daß die Aufgabenstellung aller drei Lexika voneinander abweicht. Insofern hat eine zwangsläufig schematisch verfahrende, quantitative (d. h. zahlenmäßige) Auswertung ihre Probleme, abgesehen vom geringen Stichwortvolumen bei J. E. Cirlot und G. Heinz-Mohr, die ohne Bindung an Literaturzitate übergeordnete Schlagworte einsetzen konnten.

Während G. Heinz-Mohr relativ wenig anthropomorphe Gestalten aufgenommen hat (10%), kommt der C. G. Jung verpflichtete J. E. Cirlot auf 23% und liegt damit näher an den 27,8% des vorliegenden Handbuches. Der hohe Anteil hier rührt offenbar von der stark zunehmenden Eigenbeobachtung der Künstler und der differenzierteren Rollenverteilung in der heutigen Gesellschaft her, denn mythologiegeschichtliche Figuren treten (außer bei M. Beckmann) relativ wenig in der Kunst des 20. Jahrhunderts auf.

Die menschlichen Körperteile als Symbole finden bei G. Heinz-Mohr mit 6%, J. E. Cirlot mit 4 % und dem Buch mit 7,3% beinahe gleichbleibende Beachtung.

Bei G. Heinz-Mohr fällt der hohe Anteil an Tiersymbolen auf (21%), denn J. E. Cirlot weist nur 12% aus, das vorliegende Buch sogar nur 8,9%. Auch der Anteil der Pflanzensymbolik ist bei G. Heinz-Mohr mit 11% (J. E. Cirlot 8%, das Handbuch 3,2%) ungewöhnlich, wohl aber aus der Schwerpunktbildung (Mittelalter) erklärlich.

In einem Bereich, in dem man für das 20. Jahrhundert eine Konzentrierung vermuten würde, den vom Menschen geschaffenen Gegenständen (vom Handwerkszeug bis zur Maschine), ist eine Verlagerung, prozentual gesehen, offenbar nicht eingetreten. 41,4% (einschließlich der Maschinen) stehen in diesem Handbuch 35% bei J. E. Cirlot und 42% bei G. Heinz-Mohr gegenüber.
Damit erweist sich eines mit großer Deutlichkeit: In den Bereichen der modernen Kunst, in denen Figuren und Gegenstände eine übertragene Bedeutung haben, steht der Mensch in seinen Funktionen (als Arbeiter, Büglerin, Reiter etc.), in seinen Rollen (Drehorgelspieler, Harlekin u. a.) und in seinen psychischen Zuständen (Trinker, Stürzender u. a.) im Zentrum der Symbolthematik (27,8%). Daß J. E. Cirlot eine vergleichbar hohe Quote (23%) aufweist, hängt mit der Häufung mythologischer Gestalten zusammen, die seit C. G. Jungs mythenbezogener Forschung wieder eine Rolle spielen (G. Heinz-Mohr nennt lediglich 10%).
Im Bereich der Natur und des Kosmos ist – von G. Heinz-Mohr aus gesehen – eine rückläufige Entwicklung gegeben (7 zu 4,8% beim Handbuch). Doch Carola Giedion-Welcker (1973 a, S. 98) hat wohl noch Recht damit, wenn sie konstatiert: »Diese ewige Hinneigung des Menschen zum Transzendenten und Mystischen spiegelt auch – nach einer zum Teil primär religiös orientierten Vergangenheit – die Kunst unserer durchaus säkularisierten Gegenwart wider.«

03 SYMBOLE UND MEHRDEUTIGKEIT

Mit gewissem Recht meint Rainer Volp (1971, S. 180), »das Wort 'Symbol' gewährt viel unkontrollierten Spekulationen Unterschlupf«. Von einigen Autoren wird in der Tat mit diesem Begriff und seinen Synonymen fast wahllos hantiert, beispielsweise wenn Klaus Lankheit (1961, S. 15) über Franz Marc schreibt: »Hier ist ein Bildzeichen geprägt, das im 'Turm der blauen Pferde' zum Symbol gesteigert werden sollte«, ohne daß dadurch die Information intensiviert würde.
Da es sich gezeigt hat, daß die begriffliche Abgrenzung Schwierigkeiten macht, daß vor allem der Begriff die verschiedensten Bedeutungen erfährt, nimmt es nicht wunder, wenn es auch zu differierenden Ausdeutungen kommt. Es empfiehlt sich, die divergierenden Aussagen nebeneinander stehenzulassen und der Urteilsfähigkeit des einzelnen zu überlassen, welcher Interpretation er als Entschlüsselung eines Symbols den Vorrang gibt.
Daß der Künstler nicht schon von sich aus die Definition liefert, dafür nimmt Joachim Büchner (1972, S. 84) den Maler Walter Wörn in Schutz: »Gerade Wörns Lebenswerk macht deutlich, daß die Sprache des bildenden Künstlers zuallererst die der bildnerischen Mittel ist, daß er in Bildfiguren und in Bildsymbolen statt in Begriffen und Manifesten argumentiert und 'denkt'. Aus diesem Grunde ist es dem Künstler nicht anzulasten, wenn er keine begrifflichen Definitionen für seine Bildformen und Bildformeln, für seine Erfindungen lieferte, liefern wollte oder konnte. Seine Kunst richtete sich allein auf die Wirklichkeit, in der er lebte, die er erlebte, die er sich vorstellte. Insofern erscheint es müßig, am Beispiel Walter Wörns über das Problem der Selbstinterpretation des Künstlers weiter zu reflektieren.«
Was hier ausgesagt wird, dürfte für die Mehrzahl der Künstler Geltung besitzen. Eigeninterpretatorisch tätige Künstler wie R. Hausner, W. Kandinsky, E. L. Kirchner und P. Klee gehören bekanntlich zu den Ausnahmen.
Wenn uns nun aber die Künstler sozusagen keine Richtlinien hinterlassen, welche Motive als Symbole aufzufassen sind – der Gedanke daran erregt bei den meisten Künstlern Wider-

willen –, ist der »metaphorisch stilisierten Kunstsprache« (K. Thomas 1971, S. 355) keine Grenze gesetzt. Die Autorin liefert selbst ein problematisches Beispiel (S. 282/84), indem sie z. B. über Karl Fred Dahmen äußert: »Dabei zeigt sich, daß diese Totalisierung des objet trouvé zur Existenz außerhalb des zivilisatorischen Zwangsapparates neue informelle Potenzen aus dem fossilen Materialreiz mit pathetisch-magischer Gebärdenintensität erscheinen läßt, die ihrerseits in der künstlichen verschnürten Konservierung aggressive Raumaktivität im Hinblick auf ihre nutzdeterministische Umgebung auslösen.«
Hieran läßt sich leicht demonstrieren, wie eine von der Autorin beabsichtigte Entschlüsselung von ihr selbst durchkreuzt wird, weil durch die verbale Chiffrierung zwar Informationsübermittlung vorgetäuscht, in Wirklichkeit aber verhindert wird. Deutung wird so zu einem Glasperlenspiel von schillernder Vieldeutigkeit.
Hierher gehört auch Rudolf Arnheims (1964, S. 20) Feststellung: »Die Suche nach der zutreffenden Deutung kompliziert sich durch die Tatsache, daß jedes Kunstwerk von Natur aus symbolisch ist. Die auf der Oberfläche erscheinenden Formen, Farben, Gegenstände und Ereignisse beziehen sich auf Bedeutungsschichten, die eine Stufenleiter zunehmender Abstraktheit bilden. So wird eine bestimmte Landschaft oder ein Stilleben eine allgemeine Gestimmtheit der menschlichen Seele und darüber hinaus kosmische Grundkräfte widerspiegeln.«
Demnach kommt es darauf an, die Bedeutungsschichten freizulegen und auf diese Weise Schritt für Schritt eine wirklich fundierte Deutung zu erzielen. Als besonders beispielhaft kann hier die differenzierte Deutung der mythologischen Bilder Max Beckmanns durch Friedhelm W. Fischer angesehen werden, der über M. Beckmanns Tagebuch und die handschriftlichen Vermerke in der von ihm benutzten mythologischen Literatur den Weg zur Entstehung der Bildideen zurückverfolgt hat und über den Einblick in die von M. Beckmann benutzte Literatur zu überzeugend fundierten Entschlüsselungen gelangt ist.
Mit welcher Umsicht F. W. Fischer (1972a, S. 78/9) zu Werke gegangen ist, veranschaulichen seine Überlegungen. Hier ein Ausschnitt: »Etwas nämlich sollte zuerst klar werden, und darauf will unsere Betrachtung hinführen: nicht *so* liegen die Dinge, daß die Kerze etwas anderes metaphorisch bezeichnet, und wir dies Andere benennen müßten. Das Verhältnis ist umgekehrt. Alles, was wir angesichts der Kerze sagen und erfassen, ist nur Metapher. Das Andere, Unbekannte, jenes Rätselobjekt, an dem unsere Gedanken abgleiten wie an einem Panzer, das ist das Dingsymbol selbst. Wenn hier nach etwas zu suchen ist, so nach einem Ausdruck für die Identität dieses Objekts – man wird ihn nicht finden. So viele Aspekte dem Kerzensymbol auch abzugewinnen sind, es ist mit keinem identisch und hat eine eigene, unergründliche Realität. Man wird hier [z. B. in: 'Stilleben mit brennender Kerze', 1921] durchaus von einem Symbol in mythischem Sinne sprechen dürfen, und es wird nun klar werden, weshalb vorhin von der mythischen Gestalt und Existenz des Dingsymbols die Rede war.«
F. W. Fischer führt damit an den schwierigsten Punkt weg von der Klischeevorstellung, daß das Dingsymbol eine bloße Vokabel für einen anderen Gegenstand oder Begriff sei. Wie eine Vokabel auch mehrere Wortbedeutungen haben kann, je nachdem, in welchem textlichen Umfeld sie angetroffen wird, so stellt die eindeutige Übersetzung des Symbols in vielen Fällen eine unzulässige Einengung dar. An der von Bild zu Bild sich wandelnden Bedeutung des Stiers in Picassos Bildern läßt sich dieser Sachverhalt wohl am besten erläutern. Wie Günter Busch (1968, o. S.) berichtet, verhielt sich M. Beckmann zu Auslegungen seiner Ikonographie abwartend, »deren Deutung im einzelnen er selbst gern dem Betrachter überließ. Deutungsvorschläge hörte er sich mit Interesse an. Doch dem um Bestätigung Fragenden antwortete er allenfalls mit einem 'Vielleicht'.«
Die Ambivalenz der Symbolbedeutung erschwert zwar den Versuch einer Kodierung, muß

aber stets im Auge behalten werden, sollen Irrtümer und vor allem Simplifizierungen vermieden werden. Die Interpretation ist deshalb eine verantwortungsbelastete Tätigkeit, der eine genaue Motivforschung vorausgehen sollte.
In Anlehnung an Roland Barthes meint deshalb auch Robert L. Delevoy (1965, S. 118): »Das Symbol (Zeichen) kann nur sinnvoll werden, wenn es zureichend, wenn es angemessen ist, anders ausgedrückt: es kann von seinen seelischen Ursprüngen her beurteilt werden und hat nur dann 'Ausdruckswert', wenn es seiner Motivation genau entspricht.«
Es darf daher nicht irritieren, wenn widersprüchliche Deutungen (auf mehrere Künstler bezogen) oder differierende Interpretationen (bei einem Künstler) auftauchen – das Symbol kann vieldeutig sein. Gerade deshalb ist es in Bildform präsent. Bei Mircea Eliade (1958, S. 16) heißt es dazu: »Die Bilder sind sogar ihrer Struktur nach *vielwertig.*«
Insofern behält C. G. Jung (1960, S. 49) recht, wenn er meint: »Das intellektuelle Urteil sucht natürlich immer ihre Eindeutigkeit festzustellen und gerät damit am Wesentlichen vorbei, denn was vor allem als das einzige ihrer Natur Entsprechende festzustellen ist, das ist ihre Vieldeutigkeit, ihre fast unübersehbare Beziehungsfülle.«.
Da der Künstler mit seinen Bildern weder ein Gesetz noch ein Dogma verkünden will, haben die in den Bildwerken enthaltenen Symbole Modellcharakter. Das Modell hat gegenüber dem endgültigen Objekt allemal den Vorzug des ersten Wurfs ohne Festlegung auf jedes Detail. Dazu äußert Konrad Farner (1973, S. 207): »Nein, die forschende und entdeckende Beziehung zur Welt besitzt ein anderes Grundkriterium: beispielhafter Entwurf der Wirklichkeit zu sein. – Entwurf der Wirklichkeit! Das bedeutet, auf die Wissenschaft bezogen: Modell als Analogie; auf die Kunst bezogen: Modell als Symbol, als ein nicht durch die experimentelle Methode verifizierbares 'Modell', als ein Modell in Anführungszeichen; Symbol als ein außerwissenschaftliches Modell.«

04 PHILOSOPHIE UND SYMBOL

Sofern Philosophie auch Zeitanalyse (Walter Schulz) ist, kann von ihr eine Aussage zum Begriff des Symbols in unserem Jahrhundert erwartet werden.
An die antike Wortfindung (συμβαλλειν = zusammenfügen zweier Bruchstücke bzw. charakteristischer Paßstücke) braucht wohl nur erinnert zu werden. Das Symbol war zunächst ein Erkennungszeichen. Das eine Paßstück weist auf das andere hin, ohne das es eine Einheit nicht bilden, also nicht verstanden werden kann.
In seiner Schrift 'Die Aktualität des Schönen' geht Hans-Georg Gadamer (1977, S. 42/3) von der Philosophie Platons aus und differenziert den Begriff für den Klassizismus, indem er feststellt: »Die eigentliche Funktion von Verweisen geht auf etwas anderes, auf etwas, das man auch auf unmittelbare Weise haben oder erfahren kann. Wäre es so, dann wäre das Symbol das, was wir mindestens seit dem klassischen Sprachgebrauch Allegorie nennen ... Das Symbol dagegen, das Erfahren des Symbolischen meint, daß sich dies Einzelne, Besondere wie ein Seinsbruchstück darstellt, das ein ihm Entsprechendes zum Heilen und Ganzen zu ergänzen verheißt, oder auch, daß es das zum Ganzen ergänzende, immer gesuchte andere Bruchstück zu unserem Lebensfragment ist.« Damals ging es also um »die Beschwörung einer möglichen heilen Ordnung«.
Nun ist sich H.-G. Gadamer nicht so sicher wie G. W. F. Hegel, den er zitiert, ob man den Sinngehalt der Kunst so ohne weiteres begrifflich einholen könne, wovon die Philosophen damals noch überzeugt waren. Indem er sich auf Martin Heidegger bezieht, stellt er (S. 45) fest, daß »die Verbergung ... Teil der Endlichkeit des Menschen ist.« Der idealistischen Auffassung setzt H.-G. Gadamer (S. 44) entgegen, »daß das Symbolhafte, und insbesondere das

Symbolische der Kunst, auf einem unauflöslichen Widerspiel von Verweisung und Verbergung beruht.« Damit empfiehlt H.-G. Gadamer eine passive Haltung zu künstlerischen Problemstellungen. Für die letzten Jahrzehnte formal-ästhetischer Kunstbetrachtung ist diese Auffassung wohl als dominant anzusehen, kann man sich auf philosophischer Ebene damit begnügen? H.-G. Gadamer (S. 50) fügt im weiteren Verlauf seiner Schrift zwar an, daß »in jedem Falle eine eigene Aufbauarbeit von uns verlangt« werde, äußert sich aber nicht konkret, wie diese methodisch vorsichgehen soll.

Die wichtigsten historischen Etappen nachzeichnend, kommt H.-G. Gadamer (S. 22) auf Alexander Baumgarten und damit auch auf die Anfänge der philosophischen Ästhetik zu sprechen bzw. auf die »menschliche Kommunikation« in Rhetorik und Poetik, »die selbst heute noch unser gesellschaftliches Leben unvergleichlich viel tiefer bestimmt als die Wissenschaft«. Auch hier beläßt er (S. 22) es bei einer Andeutung und mutmaßt: »Darin liegt ein wichtiger Hinweis darauf, daß die sprachlichen Künste vielleicht für die Lösung unserer Aufgaben . . . eine besondere Funktion besitzen.«

Daß Kommunikation der Sprache bedarf, ist eine Selbstverständlichkeit, nicht jedoch wie diese Kommunikation funktioniert. Der von Henri Bergson herkommende englische Kunstwissenschaftler Herbert Read (1963, S. 13) nimmt z. B. an: »Die Wissenschaft funktioniert innerhalb der Grenzen ihres Zeichen-Systems, das heißt sie muß sich auf den kognitiven Inhalt ihrer besonderen Art von Sprache beschränken; aber jenseits dieses wissenschaftlichen Zeichensystems gibt es, völlig getrennt von ihm, das symbolische System der Kunst, das auch eine besondere Art von Sprache mit einem kognitiven Inhalt ist.«

Wie auch H.-G. Gadamer faßt H. Read die Gesamtheit der bildnerischen Vorgänge in der Kunst als symbolisch auf und traut sich deshalb zu, die Kunst ganz pauschal zu einem Sprachsystem sui generis zu erklären. In Kapitel 08 wird auf dieses Problem näher eingegangen.

Solch ganzheitliche Vorstellung, die ja nicht nur von seiten der Kunstinterpreten, sondern auch von seiten der Künstler (z. B. bei W. Kandinsky, von B. Spinoza inspiriert) vertreten wird, hat sich aber empirisch nicht bestätigen lassen. Zwar hatte es nach dem »totalen Sieg der Abstraktion« in den 50er Jahren zeitweilig den Anschein, als ob damit eine einheitliche Sprache der Kunst zustande gekommen wäre. Auf der Höhe dieser Entwicklung veröffentlichten 1958 G. Poensgen und L. Zahn den programmatischen Titel 'Abstrakte Kunst. Eine Weltsprache'. Die neuen Tendenzen seither zerstörten aber den künstlich polierten Schein rasch und gründlich. In der damaligen Euphorie weltumspannender Kommunikation ohne Bindung an den Gegenstand in der Kunst riskierten es nur wenige, die 'Heilige Fläche' (Kurt Leonhard) in ihrer philosophischen Verankerung zu lockern. Der materialistische Philosoph Konrad Farner (1960, S. 40) machte sich ironisch Luft: »Und wie Schelers irrlichternde 'Wesensschau' herangezogen wird, so Bergsons irrationale Lebensphilosophie: 'Die Zeit ist die emotionale Bewegung im Raume', schreibt Pevsner, um seine Konstruktionen zu rechtfertigen; die 'innere Notwendigkeit entscheidet' bei Bergson wie bei Kandinsky, die Intuition allein erfaßt die 'Ganzheit' – bei Bergson und bei Othmar Spann wie bei Kandinsky. Und es ist diese 'erfühlte Gewissensklarheit', die es jetzt ermöglicht, vom Abbild und Vorbild über das Sinnbild zum 'Urbild' durchzustoßen, die 'Urelemente' zu fassen, das 'Urmodell' zu sichten, bis zum 'Urphänomen' vorzudringen und sogar der natura naturans vorzugreifen.«

Nachdem in den 60er Jahren neue Tendenzen Platz gegriffen hatten, war es begreiflicherweise leichter, auch neue Erkenntnisse zu vermitteln. 1971 schrieb Rainer Volp (S. 181): »Man braucht sich nicht zur 'sprachlosen Intelligenz' (K. M. Michel) zu rechnen, um einen schmerzlichen, durch politische wie theologische Fronten gehenden Riß zu bemerken. Er taucht auf, sobald vom 'Symbol' die Rede ist. In den angelsächsichen Ländern war er offen am Tage, als – nach einem Vortrag von Sir Charles Snow im Jahre 1959 ('Rede lecture') – allenthalben um das Thema 'Die zwei Kulturen' gestritten wurde: literarische oder naturwissenschaftliche Kultur? Metaphysik oder Rationalität? Ontische oder thetische (gemachte) Symbole? Als der Streit über Riesman, Russell, Oppenheimer und Huxley in den deutschsprachigen Raum gelangte, gab es schon eine weltanschaulich verfestigte Kluft. Spiritualität und Mythos auf der einen Seite, Fortschritt und Rationalität auf der andern – war es nicht Leibniz, der schon den philosophischen Sekten der Formalsymboliker wie der Tiefensymboliker (Platoniker) bescheinigte, sie hätten 'in einem guten Teile dessen, was sie positiv behaupten, recht, weniger aber in dem, was sie leugnen'? Eigentümlich in unseren Tagen: das Schimpfwort von der 'Hinterwelt' prägt ein Kybernetiker, der den Rationalismus für 'trostlos', wenngleich notwendig und Gott als unserer Wirklichkeit zugrunde liegend ansieht. Wer experimentiert und analysiert, will die Zusammenhänge finden. Dazu braucht's Zeichen, die es erlauben, 'auf diesem unendlichen Meer menschlicher und wissenschaftlicher Fragen weiterzukommen' (SIAC-Kongreß 1969).«

Die Entwicklung ist weitergegangen. Während Karl Jaspers noch in der Nachwirkung des idealistischen Denkansatzes von der »Kunst als metaphysische Chiffrenschrift« sprach und damit – wie selbstverständlich – eine nicht verifizierbare Sprache voraussetzte, hat sich von der angelsächsischen Philosophie her – ausgelöst durch Ludwig Wittgenstein – eine stark naturwissenschaftlich orientierte, analytische Denkweise durchgesetzt. Grunderkenntnis ist für Susanne K. Langer (1965, S. 29) das »metaphorische Denken« bzw. »die überraschende Wahrheit, daß unsere Sinnesdaten in erster Linie Symbole sind«.

Während M. Heidegger noch die Betonung auf die »Verhüllung« legte, bezieht S. K. Langer (1965, S. 33) Gegenposition: »Im fundamentalen Begriff der Symbolisierung . . . liegt der Schlüssel zu aller menschlichen Existenz. Er impliziert einen neuen Begriff des 'Geistes', der geeignet sein kann, Licht auf die Probleme des Lebens und des Bewußtseins zu werfen, anstatt sie zu verdunkeln, wie dies durch die traditionellen 'wissenschaftlichen Methoden' geschehen ist.«

Während früher Verschlüsselung gemeint war, wenn vom Symbol die Rede war, und angenommen wurde, ein Sachverhalt werde vom Künstler symbolisiert (nach klassizistischer Auffassung eine Allegorisierung und kein Symbol), stellt sich nun heraus: »Wenn nämlich Symbole das Material des Denkens sind, dann muß der denkende Organismus fortwährend symbolische Übersetzungen seiner Erfahrungen liefern, um die Bewegung des Denkens zu unterhalten. Tatsächlich ist Symbolisierung nicht *der* wesentliche Denkakt, sondern ein dem Denken wesentlicher Akt und geht diesem voraus.« S. K. Langer (1965, S. 49).

Damit fällt uns ganz plötzlich die Klärung für das Problem zu, daß Künstler oft ihre eigenen Symbole nicht zu analysieren bzw. auf die sprachliche Ebene (also zu einer Übersetzung) zu bringen vermögen. Dazu ein aktuelles Beispiel.

Als 'Hommage à Adolf Wölfli' fertigte Daniel Spoerri 1976 ein 'Nature morte' und schrieb dazu einem Bekannten: »Was es mit Wölfli zu tun hat, weiß ich nur intuitiv . . . Wie auch immer, ich weiß noch nicht, was ich von meinem Objekt halten soll, und einen Titel habe ich auch noch nicht gefunden.«

Wie zutreffend S. K. Langers Erkenntnis ist, findet sich in einer frühen Eigenaussage von Oto Gutfreund (1912/13) bestätigt: »Der Künstler braucht die Metapher, nicht nur um sich zu äußern, er braucht die Metapher, um den Zustand seiner Seele selbst zu erkennen. Er erkennt seine eigenen Gefühlsbewegungen nur auf dem Umweg über die Sinne. Ohne den Spiegel der durch die Sinnen begreifbaren Welt würden wir unser Bild nicht kennen. Desgleichen wäre ohne den Künstler, der schaut, kein Bild im Spiegel. Die Sinne übertragen die Gefühlsbewegungen in die eigenen Sphären und bilden begreifbare Bilder und Worte. Selbst mit uns selbst können wir nicht ohne Worte und Metaphern sprechen. Jedes mit den

Sinnen aus der Wirklichkeit aufgenommene Bild ist Symbol und Gefühlsbewegung. Die Sinne sind für den Künstler der einzige Mittler zwischen dem eigenen Ich und der Welt.«

S. K. Langers Feststellung liefert aber auch den Schlüssel zu weiteren Erklärungen. Wenn Symbolisierung dem Denken vorausgeht, wird auf einmal plausibel, daß es bedeutende Kunstwerke auch von nicht eigentlich intellektuellen Künstlern gibt und daß eine Vielzahl von Symbolen (vgl. Teil II) enorme individuelle Abweichungen aufweist. Obwohl mit dieser Einsicht bereits eine ganz wesentliche Bresche in die diffuse – und wie wir noch sehen werden –, vielen Spekulationen offenstehende Problematik der Symbolik geschlagen ist, lohnt es sich, auf einige weitere Denkoperationen S. K. Langers einzugehen.

Sie sieht sich einer uferlosen Menge von »Bedeutungen« gegenüber und sagt dazu (S. 61): »Bedeutung hat sowohl einen logischen wie einen psychologischen Aspekt. Psychologisch betrachtet muß alles, was Bedeutung haben soll, als Anzeichen oder Symbol verwendet sein; das heißt, es muß Anzeichen oder Symbol *für* jemanden sein. Logisch betrachtet muß es fähig sein, Bedeutung zu vermitteln, es muß so beschaffen sein, daß es als Anzeichen oder Symbol verwendet werden kann.«

Vorwiegend auf die Musik bezogen, aber dennoch allgemeingültig, sieht S. K. Langer »Bedeutung als Funktion, nicht als Eigenschaft von Termini« an. Damit gelingt ihr ein wichtiger Einblick in die Interpretationsproblematik (S. 69): »Symbole sind nicht Stellvertretung ihrer Gegenstände, sondern Vehikel für die Vorstellung von Gegenständen . . . und die Vorstellungen, nicht die Dinge, sind das, was Symbole direkt 'meinen'.«

Somit ist anscheinend einer Interpretationsvielfalt das Wort geredet. Die Aussage deckt sich durchaus mit der Realität, die schwankende bzw. divergierende Deutungen verschiedener Symbole aufweist. Es scheint allerdings von der Qualität der Symbole abzuhängen, welcher Spielraum für subjektive Abweichungen besteht (S. 79/80): »Die Fähigkeit, Symbole zu verstehen, d. h. alles an einer sinnlichen Gegebenheit als irrelevant anzusehen außer einer bestimmten in ihr verkörperten Form, ist der charakteristischste Wesenszug des menschlichen Geistes. Er äußert sich in einem unbewußten, spontanen Abstraktionsprozeß, der fortwährend im Geist vor sich geht: ein Prozeß, der den Begriff in jeder der Erfahrung begegnenden Gestalt erkennt und zur Bildung einer entsprechenden Vorstellung führt.«

Zu diesem Resultat, das menschliche Bewußtsein als einen Prozeß der ständigen symbolischen Transformation von psychophysischen Inhalten anzusehen, ist S. K. Langer durch ihre Beschäftigung mit Ernst Cassirer (s. S. 36) sowie der konsequenten Weiterentwicklung mit Hilfe der Denkoperationen der analytischen Philosophie gelangt. Dabei fühlt sie sich L. Wittgenstein und der Sprachphilosophie nicht bedingungslos verpflichtet; die Beschränkung auf Sprache als Untersuchungsgegenstand erscheint ihr zu einseitig. Während sie sich mit Rudolf Carnaps 'Logische Syntax der Sprache' auseinandersetzt, macht sich der prinzipielle Unterschied bemerkbar (S. 93): »Dieses logische 'Jenseits', welches Wittgenstein das 'Unsagbare' nennt, sehen Russell wie auch Carnap als die Sphäre der subjektiven Erfahrung, der Emotion, des Fühlens und Wünschens an, aus der nur Symptome in Form von metaphysischen und künstlerischen Phantasien zu uns gelangen. Die Erforschung solcher Hervorbringungen ist ihnen zufolge Sache der Psychologie, nicht der Semantik. Und eben dies ist der Punkt, wo ich radikal von ihnen abweiche.«

Sie fährt fort: »Wir haben es hier [in Dichtung und Metaphysik] mit Symbolismen zu tun, und was sie ausdrücken, ist oft von hoher Intellektualität. Nur sind Form und Funktion solcher Symbolismen nicht identisch mit denen, die die Logistik unter dem Titel 'Sprache' erforscht. Das Feld der Semantik reicht weiter als das der Sprache, das haben Philosophen wie Schopenhauer, Cassirer, Delacroix, Dewey, Whitehead und andere entdeckt. Der Zugang zu ihm aber ist uns versperrt durch die beiden soeben erörterten grundlegenden Lehrmeinungen der heutigen Erkenntnistheorie.«

S. K. Langer (1965, S. 99) entdeckt u. a. – und man wundert sich, wie die früher zitierten Autoren dieses Feld der Semantik außer acht lassen konnten – das Bild wieder: »Visuelle Formen – Linien, Farben, Proportionen usw. – sind ebenso der Artikulation, d. h. der komplexen Kombination fähig wie Wörter. Aber die Gesetze, die diese Art von Artikulation regieren, sind von denen der Syntax, die die Sprache regieren, grundverschieden. Der radikalste Unterschied ist der, daß visuelle Formen nicht diskursiv sind. Sie bieten ihre Bestandteile nicht nacheinander, sondern gleichzeitig dar . . .«.

Damit führt S. K. Langer an wichtige Differenzierungen heran: Mit diskursiver Symbolik ist der artikulierte Symbolismus der Sprache gemeint. Zur präsentativen Symbolik gehört alles, was dem »logischen Jenseits«, dem Bereich des »Unsagbaren« (L. Wittgenstein) zuzurechnen ist, vor allem die bildende Kunst, Musik etc. Denjenigen, die Sprachphilosophie zusehr auf »Sprache« einschränken, wirft die Autorin (S. 100) vor: ». . . . verallgemeinert man den sprachlichen Symbolismus zum Symbolismus überhaupt, so läuft man Gefahr, alle anderen Typen mißzuverstehen . . .«

Da sie sich von diesem Standpunkt freigemacht hat, gelingt ihr neue Einsicht (S. 191): »Der präsentative Symbolismus zeichnet sich dadurch aus, daß eine Vielzahl von Begriffen in einen einzigen totalen Ausdruck zusammengezogen werden kann, ohne daß diesen einzelnen Begriffen durch die den Gesamtausdruck konstituierenden Teile jeweils entsprochen wird.«

S. K. Langer ist darauf gefaßt, daß ihre Erkenntnisse nicht nur Zustimmung finden. Vergegenwärtigen wir uns den bis in die Gegenwart reichenden Strang philosophischer Hermetik, so werden ihre Äußerungen von manchen sozusagen als ketzerisch empfunden werden. Der Fortschritt im Denken kann für sie aber nicht im Umschreiben bzw. neuerlichen Chiffrieren liegen, sondern im Gegenteil: in der Aufklärung durch Analyse. Mit großer Zuversicht schreibt sie (S. 107) daher: »Das Bedeutungsproblem vertieft sich mit jeder neuen Wendung. Je länger wir seine Schwierigkeiten zu ergründen suchen, umso komplexer erscheint es. Bei einem zentralen philosophischen Begriff aber ist dies ein Zeichen von Gesundheit.«

05 PSYCHOANALYSE UND SYMBOL

Kunstwerk und Wesen des Künstlers hängen eng zusammen. Wie die Psychoanalyse kann die Kunstinterpretation bis zu einem gewissen Grade auch »Aufarbeitung der Lebensgeschichte« (Alfred Lorenzer) sein. Dabei hat die Psychoanalyse der Kunstinterpretation voraus, über ein konsequentes Instrumentarium zu verfügen. Am Beispiel G. Braques, M. Chagalls und R. Magrittes werden wir noch feststellen (S. 49), daß prominente Künstler des 20. Jahrhunderts eine symbolische Ausdeutung ihrer Bilder ablehnen, vermutlich weil sie eine Bloßlegung ihres innersten Bereiches fürchten. Doch es gibt auch gegenteilige Beispiele wie etwa Antoine Pevsners Plastik 'Colonne symbolisant la Paix', 1954.

Bezeichnenderweise heißt eines der wichtigsten Bilder von Jackson Pollock 'Suche nach einem Symbol' (datiert 1943). Wie Oskar Bätschmann (1970, S. 20) in seiner Pollock-Monographie schreibt, »geht Pollock nicht von einem literarischen Thema oder von Gegenständen aus, die er darstellen will, sondern vom Malen [als Vorgang], das nach seiner Ansicht ein 'Weg des Suchens im Unbewußten' ist und das in Symbole einmündet, in denen das Unbewußte freigelegt ist . . . Im weiteren Verlauf des Malprozesses wird das Symbol des Unbewußten mitgetragen und geklärt, aber nicht eindeutig festgelegt.«

Aus dem Begriffschatz dieses Zitats geht hervor, daß der Begriff des Symbols in der bildenden Kunst des 20. Jahrhunderts nicht ohne Erörterung des Symbolbegriffs der

Psychoanalyse verwendet werden kann, zumal Pollock mit seiner Auffassung nicht allein steht. So berichtet Wieland Schmied (1973a, S. 297) z. B.: »Dali . . . hat auch . . . (lt. Thr. Soby) seine Bilder systematisch angefüllt und aufgeladen (und vielleicht auch überladen) mit einem ganzen Arsenal von Symbolen und Fetischen, wie er sie etwa in den Krankengeschichten eines Krafft-Ebing (den er ebenfalls früh studiert hat) und in obskuren Traumbüchern fand. Er hat seine eigene Paranoia künstlich angeheizt mit Elementen aller anderen Geisteskrankheiten, Verdrängungen und Zwangsvorstellungen, derer er irgendwie habhaft werden konnte. Ihre Klischees wurden ihm zu fixen Ideen.

Dalis Bilder enthalten die ganze Ikonographie der Psychoanalyse: Was immer er an Symbolen des Unterbewußtseins in der Literatur fand, machte er seinen eigenen Zwängen dienstbar. Er verwendete sie, aber verfremdete zugleich die diesen Fetischen und Klischees anhaftenden Bedeutungen, verdunkelte sie, verkehrte sie, löschte ihren Symbolcharakter weitgehend und versuchte ihnen einen willkürlichen Sinn aufzuerlegen. Er behandelte diese übernommenen Zwangsbilder nicht anders als alle Elemente der Realität, integrierte sie in den disparaten Zusammenhang seiner Kompositionen, so daß oft schwer zu entscheiden bleibt, was bei ihm eigenes und was angeeignetes Trauma ist.«

Die Kenntnis psychoanalytischer Symbolforschung wird somit zum Verständnis der künstlerischen Absicht unerläßlich.

Zunächst ist anzumerken, daß der Symbolbegriff der Psychoanalyse einen von der bildenden Kunst abweichenden Ausgangspunkt hat. Das ist insofern nicht verwunderlich, als er vom Traumgeschehen ausgeht, das in der Therapie analysiert werden soll. Der Vorgang des Malens ist jedoch dem Traumverlauf nicht gleichsetzbar, trotz aller vehementen Anstrengungen der Surrealisten um A. Breton (mit den Experimenten *écriture automatique, cadavre exquis* etc.). Dazu teilt František Šmejkal (1974, S. 12) mit: »In Wahrheit war jedoch die unmittelbare Inspiration durch den Traum bei den surrealistischen Malern sehr selten, und die meisten Werke, die Breton zu ihr zählt, können dem Konto der aktiven, wachen Imagination zugeschrieben werden.« Der Malvorgang bleibt also ein zu ganz wesentlichem Teil vom Bewußtsein des Künstlers kontrollierter Vorgang. Daß S. Dalis Traumgemälde niemals im Zustand des Träumens gemalt wurden, dürfte hinlänglich bekannt sein. Schon die handwerkliche Präzision erfordernde altmeisterliche Technik verlangt dem Malenden ab, daß er sich im vorhinein völlig über die Programmierung des Bildes im klaren zu sein hat. Im Gegensatz dazu befanden sich eher einige Tachisten, wie neuerdings ermittelt wurde, während des im allgemeinen relativ kurzfristigen Malprozesses in Situationen, die Trance, Hypnose oder Rauschzuständen vergleichbar sind.

Da der Traum ein vom Ich unkontrolliertes Geschehen wiedergibt, können also Traumsymbole – vom Es inszeniert – nicht deckungsgleich mit den Symbolen der bildenden Kunst sein, die zwar aus dem Unbewußten gespeist werden, aber nicht ohne einen Akt des Bewußtmachens zustandekommen. Diesen Zusammenhang kann vielleicht eine Äußerung von Lucio Fontana aus dem 'Weißen Manifest' (in: Guido Ballo 1971, S. 189) erhellen: »Eine Kunst, deren Formen vom Unterbewußtsein geschaffen und von der Vernunft kontrolliert werden, stellt den Ausdruck des wirklichen Seins und eine Synthese des historischen Augenblicks dar.«

Schließlich steht noch die Statik des gemalten Bildes in Widerspruch zum rasch abrollenden Traumgeschehen. Unbestritten bleibt jedoch, daß der Vorgang des Malens durch Vorgänge im Traumbereich in Gang gesetzt werden kann, da er Bildideen erzeugt.

Der Malvorgang wird aber immer seinen eigenen Verlauf nehmen. In den Malvorgang können sich allenfalls – ungewollt und damit unbewußt – Bildelemente einschleichen, die durch die Kontrolle des Ich geschlüpft sind. Die Bemühungen der Surrealisten, von denen die Rede war, stellen also Versuche dar, die Ratio zu überlisten. Aber »die Fixierung der Traumvorstellungen« unterliegt »den Gefahren der Interferenz rationaler Eingriffe und ästhetischer Retuschen«, wie F. Šmejkal (1974, S. 12) meint. Heute sind diese Vorgänge lediglich von kunsthistorischem Interesse.

Festzuhalten bleibt: Es finden sich Bestandteile des Unbewußten – im Traum stärker, im Bild geringer –, die symbolischen Charakter annehmen können. Ob und wie sie zu deuten sind, mag hier offenbleiben. Im allgemeinen fühlen sich die Künstler selbst teils nicht in der Lage, teils sind sie nicht willens (einer möglichen Entzauberung wegen), dazu Erklärungen abzugeben. Da aber sowohl die sog. Traumbilder als auch die im kontrollierten Malprozeß entstandenen Bildelemente ihre Wurzeln im Unbewußten haben, ist das Traumgeschehen mit dem Ursprung des Bildes verwandt. Von daher ist es aufschlußreich, sich die Wandlung des Symbolbegriffs der Psychoanalyse vor Augen zu führen.

S. Freud begann mit der primären Definition als Erinnerungssymbol ohne inhaltlichen Bezug; »er wird strikt als *zeitliche Markierung* benutzt« (A. Lorenzer 1970, S. 14). Bei Walter Winkler (1949, S. 92) liest sich die Problemstellung noch relativ einfach und erscheint eigentlich geklärt: »Nun unterscheiden die psychoanalytischen Schulen aber zweierlei Arten von Symbolen. Die einen sind sozusagen 'Privatsymbole'. Sie stammen aus der Erlebniswelt und der Lebensgeschichte des einzelnen. Man muß sie von Fall zu Fall als Symbole diagnostizieren und individuell deuten. Bei der anderen Art von Symbolen handelt es sich um allgemein gültige Metaphern, die man genau so gut an den Mythen der Vorfahren studieren kann. Nach C. G. Jung entspringen die einen Symbole dem persönlichen, die anderen dem kollektiven Unbewußten.«

Aus dieser Feststellung geht nicht hervor, welche heftigen Auseinandersetzungen sich innerhalb der psychoanalytischen Forschung in den zurückliegenden Jahrzehnten abgespielt haben. Die Symbolproblematik nahm nämlich innerhalb der psychoanalytischen Theorie von Anfang an einen zentralen Platz ein. Dementsprechend dauern die unterschiedlichen Auffassungen bzw. teilweise unüberbrückbaren Gegensätze bis heute an.

Die Richtungskämpfe im einzelnen zu referieren, würde im Rahmen dieser Abhandlung zu weit führen. Für den an der Entwicklung der psychoanalytischen Theorie Interessierten bietet sich die einschlägige Studie von A. Lorenzer, 'Kritik des psychoanalytischen Symbolbegriffs', an, in welcher die maßgeblichen Theorien der divergierenden Richtungen im Zusammenhang dargestellt sind. In Anlehnung an diese Studie soll nur insoweit auf Differenzierungen des Begriffs eingegangen werden, als sie für das Verständnis des Symbolbegriffs der bildenden Kunst beitragen können.

S. Freud selbst korrigierte seine anfängliche Auffassung (S. 21) der »eigentlichen« Symbolik, die durch Konstanz und überindividuelle Bedeutung gekennzeichnet ist, mit seiner Methode der »freien Assoziation«, die J. H. Phillips als »Revolution« in der Traumdeutung (nur der »kopernikanischen Revolution« I. Kants in der Philosophie vergleichbar) darstellt. A. Lorenzer (1970, S. 21/2) schreibt über diese Entwicklung: »Die Traumdeutung stützt sich mit den Mitteln der freien Assoziation nicht nur auf die Mitarbeit des Patienten, sondern sie läßt sich ihre Beobachtungen ausschließlich (oder doch vorwiegend) von dem untersuchten Subjekt selbst vorschreiben. Freud gab diesem Verfahren sein Profil in Frontstellung gegen alle alten Traumdeutekünste, deren Fehlerhaftigkeit nach seiner Meinung in der Willkür der Intuition der Traumdeuter und der ganz vom Individuum absehenden Dechiffriermethode lag.«

Demgegenüber stellte W. Stekel fest (in: A. Lorenzer 1970, S. 22): »Doch der Einfall versagt manchmal. Dem Träumer fällt wiederholt aus Gründen innerer Widerstände gar nichts ein. Über diesen toten Punkt hilft uns die Kenntnis der Traumsprache und der Symbolismen hinweg. Hier zweigen meine Forschungen von Freud ab . . . Ich habe Zusammenhänge gefunden (z. B. die Symbolik des Todes), die ich nie und nimmer von den Einfällen des Träumers erfahren hätte. Ich habe die Traumdeutung unabhängiger vom Willen des Analysierten gemacht.«

Dieser Antagonismus der Lehrmeinungen ist bis heute nicht aufgehoben; er ist durch Ausbau und Differenzierung der Forschung nur vielgestaltiger geworden. Einen entscheidenden Einwand gegen die Stekelsche Linie formuliert A. Lorenzer (1970, S. 23) selbst folgendermaßen: »Das Symbol – deutlich wird das beim Traumsymbol – gewinnt in jenem Auffassungsrahmen einen Offenbarungscharakter, der alle Traumdeutung und jede psychologische Deutung überhaupt in den Rang einer unkritischen Exegese verweist. Psychoanalyse würde, folgte sie diesem Zug, mit derselben Wendung aus dem Bereich der Naturwissenschaften wie der Sozialwissenschaften zugleich ausgeschlossen.«

S. Freuds Intention bestand übrigens in der Zielsetzung, »Psychologie eines Tages in Physiologie auflösen zu können« (A. Lorenzer 1970, S. 24), also gerade in die Naturwissenschaften zu integrieren. Aus naturwissenschaftlicher Sicht mußten sich aus den Symbolen ergebende Offenbarungen als »metaphysische« Aussagen verstehen lassen, »die Konstruktionen wie dem kollektiven Unbewußten Jungs den Boden bereitet« (A. Lorenzer 1970, S. 25) haben.

Die Zielvorstellung Carl Gustav Jungs liest sich in seinem Werk 'Symbolik des Geistes' (1972, S. 351) so: »Es lag mir daran, zu zeigen, daß die archetypischen Ideen zu den unzerstörbaren Grundlagen des menschlichen Geistes gehören. Mögen sie auch noch so lange vergessen und verschüttet sein, immer kehren sie wieder, oft in seltsamen Verkleidungen und persönlichen Verrenkungen oder in vernunftgemäßen Entstellungen, wie die arianische Christologie und Homoiousie, immer stellen sie sich in neuen Formen wieder her, als eine zeitlose, der menschlichen Natur eingeborene Wahrheit.«

Wie wir noch sehen werden, hatte und hat diese idealistische Auffassung großen Einfluß auf maßgebliche Interpreten wie auch auf Künstler (z. B. J. Pollock und auch Antoni Tàpies, der 1975 (S. 13) äußerte: »Im menschlichen Unterbewußtsein gibt es immer gewisse Konstanten, das, was man die Archetypen nennt, jene Symbole, die sich immer wiederholen zu allen Zeiten und in allen Kulturen, weil sie Schöpfungen unserer Natur sind, des 'kollektiven Unbewußten'.«)

Auf den Konflikt der psychoanalytischen Richtungen können wir uns hier nicht weiter einlassen, zumal er durch die Arbeit von Ernest Jones 'Die Theorie der Symbolik' (1916) relativiert wurde. Über die Eigenschaften schreibt er (1978, S. 61): »*Die konstante Bedeutung.* Die hier mitgeteilte Feststellung bedarf einer Abänderung. Ein bestimmtes Symbol kann zwei oder gelegentlich auch mehr Bedeutungen haben« (S. 62). »*Die Unabhängigkeit von individuellen Bedingungen* . . . Statt 'unabhängig' sollte es besser heißen 'nicht allein abhängig von individuellen Bedingungen'.«

Damit ist nach A. Lorenzer »die Tendenz zu einer Ontologisierung von Symbol und Unbewußtem noch einmal zurückgewiesen. Das 'Objektive' ist zurechtgerückt zu dem soziokulturell vorgegebenen Gehalt, der immer erneut angeeignet werden muß.«

Die Aneignung spielt übrigens – nun wieder bezogen auf die bildende Kunst – in der Tat eine große Rolle, wie das Beispiel Max Beckmann zeigen wird (s. S. 39). Doch an dieser Stelle sollte vielleicht noch nachgetragen werden, um welches Material es sich eigentlich bei der psychoanalytischen Forschung handelt. Joachim Scharfenberg (1974, S. 333/34) referiert darüber: »Die frühe Psychoanalyse war nun tatsächlich der Meinung, daß es sich so verhalten müsse. Neben den individuell gebildeten Symptomen und Traumsymbolen gibt es zweifelsfrei Symbolbildungen überindividueller Art, die nicht jedesmal neu geschaffen werden, sondern gleichsam bereitliegen, die ein für allemal fertig sind, deren sich das Individuum nur bedient. Der ersten Psychoanalytikergeneration sprang geradezu ins Auge, daß diese kollektiven Symbole fast ausschließlich mit der Sexualität zu tun hatten. Das ließ den Schluß zu, daß der Mensch den Umgang mit seiner eigenen Sexualität vornehmlich in verschlüsselter Form vornimmt.«

Dabei ist es mit einem unkritischen Symbolbegriff nicht mehr getan, und J. Scharfenbergs (1976, S. 335) Formulierung »Symbole sind gespeicherte Bedeutung« reicht nicht aus. Auch Lawrence S. Kubies Definition von 1958 bleibt ziemlich allgemein: »Der symbolische Vorgang stellt stets eine Verdichtung von bewußten, vorbewußten und unbewußten Symbolwerten dar.« (in: A. Lorenzer 1970, S. 61).

Sandor Ferenczi (in: A. Lorenzer 1970, S. 28) schränkt stärker ein und stellt fest: »Nicht alles, was für etwas anderes steht, ist ein Symbol. Ursprünglich mag das Sexuelle sowohl im eigentlichen wie auch im übertragenen Sinne im Bewußtsein vertreten sein; die Sexualität freut sich gleichsam, sich in allen Dingen der Außenwelt wiederzufinden, 'das All wird sexualisiert'. Zum Symbol im Sinne der Psychoanalyse wird ein solches Gleichnis erst vom Moment an, wo die Zensur die ursprüngliche Bedeutung des Gleichnisses ins Unbewußte verdrängt. Darum kann z. B. der Kirchturm nach der einmal vor sich gegangenen Verdrängung wohl einen Phallus, nie mehr aber der Phallus einen Kirchturm 'symbolisieren'.«

Die Symbolbildung von Verdrängung abhängig zu machen, wurde jedoch im Laufe der fortschreitenden Entwicklung der Psychoanalyse immer problematischer. Dazu noch einmal J. Scharfenberg (1974, S. 334): »Die daraus [aus der Urhordentheorie Freuds] sich ergebenden Konsequenzen für die Symboltheorie blieben jedoch über Jahrzehnte hinweg Allgemeingut der psychoanalytischen Theorie. Sie lassen sich auf die kurze Formel bringen: Nur was verdrängt ist, bedarf der Symbolisierung – das Symbol ist das Ergebnis eines menschheitsgeschichtlichen Verdrängungsvorgangs. Das hieß aber in der Konsequenz, die Vorstellung von seelischer Gesundheit mit der Abwesenheit von Symbolen zu verbinden.«

Hier sind wir auf die entscheidende Abweichung des psychoanalytischen Symbolbegriffs von dem der bildenden Kunst gestoßen. Deren Symbole kommen zumeist als Folge des gedanklich vorbereiteten Malvorgangs zustande (W. Morgenthaler nahm an, daß dem Triebhaften eine *normative* und eine *formale* Funktion gegenüberstehen, vgl. Leo Navratil 'Schizophrenie und Kunst' 1965, S. 112) und wohl selten als Produkt der Verdrängung, im Gegenteil: der Malvorgang ist ein Prozeß des Hervorkehrens. Allerdings fragt es sich, ob das Abstreiten vieler Künstler, ihre Malerei enthielte Symbole, eine Form der Verdrängung ist. Träfe das zu, wäre A. Lorenzers (1973, S. 110) These übertragbar, die er für die Sprachsymbole konzipiert hat: »Die verschleiernden Sprachformeln stehen mit den verdrängten Interaktionsformen in Korrespondenz, sie sind Kompromißbildungen und in das Geschehen so einbezogen, daß sie privatistisch verzerrt aufs Verborgene verweisen. Gerade ihre privatistische Verzerrung ist ein Wegweiser zu den verdrängten Inhalten . . . In der Deutung wird schrittweise der Zusammenhang mit den verpönten Interaktionsformen hergestellt, womit zugleich der Konflikt aufgearbeitet wird. Interaktionsformen und Sprachfiguren müssen aufgefunden und zusammengebracht werden . . . ist eine noch so treffende Formulierung wertlos, solange sie nicht, der konkreten Lebensgeschichte des Individuums entsprechend, mit den Interaktionsformen lebensgeschichtlich exakt verknüpft wird.« (Weitere Ausführungen über die Interaktionstheorie A. Lorenzers in Kap. 10).

Dieser Denkanstoß von seiten der modernen Psychoanalyse ist für die Symbolinterpretation der bildenden Kunst des 20. Jahrhunderts in mehrfacher Hinsicht ergiebig, auch wenn vielleicht nicht jeder sprachliche und malerische Inhalte gleich zu behandeln bereit ist.

Zunächst einmal wird eine Erklärung gegeben für – prima vista – unverständliche Bildinhalte, die offenbar verschlüsselt sind. Darüber hinaus wird mit den »privatistischen Verzerrungen« eine Erklärung angedeutet, warum sich in vielen Fällen der Generalschlüssel der Archetypen des kollektiven Unbewußten als untauglich erwiesen hat.

Schließlich weist A. Lorenzer auf einen besonders wunden Punkt hin, an dem ein Großteil

der Interpretationsliteratur krankt (auch wenn er nicht die der bildenden Kunst, sondern der Psychoanalyse meint, hat er recht). Sie ist oft ein Tummelplatz gekonnter Formulierungen, vor allem dort, wo man Quellenforschung glaubt vernachlässigen zu können, indem man auf die »kosmischen Zusammenhänge« verweist. Eine aus diesem Denken resultierende Feststellung trifft Herbert Read (1959, S. 156) über P. Picasso (überraschenderweise, denn hinsichtlich Henry Moore gibt es z. B. sehr fundierte Aussagen von ihm): »Es erübrigt sich, die Bedeutung der Symbole aufzuzeigen: sie wirken in ihrer geheimen Integrität am stärksten. Sie kommen aus dem Unbewußten und sprechen zum Unbewußten. Wenn wir sie rational zu erfassen suchen, geschieht dies auf eigene Gefahr.«
A. Lorenzer verweist statt dessen erfreulicherweise auf die Lebensgeschichte und die Aufklärung der stattgehabten Interaktionen hin. Daß nur auf diesem Wege eine verantwortungsvolle und profunde Symboldeutung möglich ist, hat Friedhelm W. Fischer am Beispiel Max Beckmann vorbildhaft unter Beweis gestellt (s. S. 39).

06 MYTHOLOGIE UND SYMBOL

»Werden wir fertige Symbole, gewachsen auf exotischem Boden, durchtränkt mit fremdem Blut, gesprochen in fremden Zungen, genährt von fremder Kultur, gewandelt in fremder Geschichte, anziehen können wie ein neues Kleid«, fragte C. G. Jung 1934 (1960, S. 23) skeptisch.
C. G. Jung zielt damit auf den Kern einer Problematik, die nach wie vor strittig ist. Obwohl nicht direkt angesprochen, hat er offenbar eines der bemerkenswertesten Ereignisse in der Geschichte der modernen Kunst im Auge: die Entdeckung und Adaption außereuropäischer Mythen und Figuren. Holzplastiken Innerafrikas und Masken der Südsee lösten – noch vor dem Kubismus – an verschiedenen Punkten des Kontinents fast gleichzeitig (in Paris bei A. Derain, M. Vlaminck und danach bei P. Picasso, in Dresden bei den Brücke-Künstlern) eine enthusiastische Begeisterung unter der Avantgarde aus.
Wie dieses Phänomen zu bewerten ist, darüber gehen bis heute die Meinungen weit auseinander. Obwohl C. G. Jung (1960, S. 16) sich nicht an der Diskussion beteiligt hat, bietet er mit seiner Ausführung über unsere heutige, aus seiner Sicht symbolarme Zeit eine Erklärung an: »Daß man diesen ewigen Bildern erliegt, ist eine an sich normale Sache. Dafür sind diese Bilder ja vorhanden. Sie sollen anziehen, überzeugen, faszinieren und überwältigen. Sie sind ja aus dem Urstoff der Offenbarung . . .«
Darin befindet er sich auch in Übereinstimmung mit Franz Marc, der am 14. 1. 1911 an A. Macke schrieb: »Ich finde es so selbstverständlich, daß wir in diesem Frührot künstlerischer Intelligenz [gemeint: die Schnitzereien der Kameruner in Berlin] die Wiedergeburt unseres Kunstfühlens suchen und nicht in Kulturen, die schon eine tausendjährige Bahn durchlaufen haben . . .«
C. G. Jungs Einfluß erwies sich als nachhaltig. Von seinem Denken beeinflußt zeigten sich viele Interpreten (Oto Bihalji-Merin, Erich Neumann, Herbert Read u. a.) und auch Künstler, z. B. Jackson Pollock (»Wir sind alle von Freud beeinflußt, glaube ich. Ich selbst bin seit langem ein Anhänger von Jung«; KunstNachrichten H. 11/12 1973, o. S.). C. G. Jungs Gedankenführung ist auch sehr einleuchtend. Die Rückkoppelung an die Archetypen scheint die Problemstellung wie selbstverständlich zu lösen. In der Anwendung von O. Bihalji-Merin (1962, S. 13) liest sich die Erklärung so: ». . . folgte der Versuch, . . . durch das Eintauchen in die Tiefen der Seele zu Ursprüngen und Quellen zurückzufinden, zu jenen Archetypen, die das Einzelerlebnis der Seele mit dem Kollektivtraum der Menschheit verbinden.«

O. Bihalji-Merin (1962, S. 13) führt zur Ergänzung eine Äußerung Joan Mirós an: »Wir sind der Zivilisation müde und empfinden eine tiefe Sehnsucht nach einem einfachen und freien Leben. Ich fühle mich selbst stark verwurzelt im Boden. Und daher auch in dem in mir ruhenden Unterbewußtsein. Das Unterbewußte finde ich vor allem in der Kunst der Urzeit verkörpert, weil die Lebensformen, denen solche Kunst entstammt, unbewußter, undifferenzierter, freier – im biologischen wie im geistigen Sinne – gewachsen waren. So sind auch die Kunstformen früher Epochen reiner als die der späteren; darum ziehen sie mich an . . .«
Vergleicht man dieses Zitat mit O. Bihalji-Merins (hier stark verkürzt wiedergegebenen) Ausführungen, so fällt eine wichtige Differenz auf: J. Miró sieht zwar einen Zusammenhang zwischen Unterbewußtem und der Kunst der Urzeit. Während O. Bihalji-Merin (1962, S. 13) aber davon spricht: »Die seelisch latenten, unbewußten Urbilder sind eine Art mnemonischer Engramme – Eingravierungen in die Gehirnstruktur, welche die Grunderfahrungen und Kollektiverlebnisse der Menschheit aufbewahren« und sich damit eine physiologisch doch wohl sehr fragwürdige Hypothese aneignet, drückt sich J. Miró vergleichsweise sehr vorsichtig aus und betont den Gefühlszusammenhang. Selbst wenn er sagt, »das Unterbewußte finde ich vor allem in der Kunst der Urzeit verkörpert«, bedeutet es für ihn längst noch nicht, daß über Jahrhunderte wirksame Eingravierungen in der Gehirnstruktur wirksam wären. J. Miró möchte ganz einfach die Entsprechungen hervorheben: einmal das freie Leben und unbewußte Schaffen der Menschen der Urzeit, außerdem die Sehnsucht des heutigen Künstlers, der seinen Vorläufer um die unverdorbene, reine Kreativität beneidet.
Daß es bei den Künstlern um das Bestreben ging, in einen der früheren Kulturstufe vergleichbaren Zustand zu gelangen, bestätigt Gerhard Wietek (1972, S. 101) in seiner Untersuchung von K. Schmidt-Rottluffs Graphik: »Solche Arbeiten gelten als Belege für das 'Afrikanische' in Schmidt-Rottluffs Kunst . . . das aber zu keiner Zeit Nachahmung oder sogar Kopie, sondern geistige Erfahrung von Zuständen gewesen ist, aus denen die überpersönliche, magisch-dämonische Kunst primitiver Kulturen geboren wurde.«
Neuerdings beginnt eine andere Auffassung Platz zu greifen, die sich auf Forschungsergebnisse der Völkerkunde beruft. Aus dieser Sicht äußert Manfred Schneckenburger (1975, S. 21/2): »Dabei wird von dem europäischen Künstler die afrikanische Plastik weitgehend aus ihrem kultischen, magischen Zusammenhang gelöst und auf sein eigenes ästhetisches Problem reduziert: eine wichtige Tendenz in der Begegnung mit der 'primitiven' Kunst.
Die Träger der magischen Macht, die verwandelnden Masken und helfenden Ahnengeister werden ästhetisch domestiziert wie byzantinische Ikonen oder gotische Reliquiare.«
Zunächst einmal: Ob ästhetische Domestizierung überhaupt und gerade ein Anliegen derjenigen Künstler war, die zu Beginn des Jahrhunderts außerhalb der damals geltenden Kunstnormen standen und sich als Oppositionelle fühlten, erscheint sehr fraglich und sollte erst einmal empirisch belegt werden. Wenn man sich nämlich die Vielzahl der damals entstandenen Werke – allein bei M. Pechstein und E. Nolde – in Erinnerung ruft, läßt sich eine so lebhafte Reaktion auf die sog. primitive Kunst nicht allein ästhetisch-formal erklären.
Kann der Mythos als eine von profaner Zeit freigestellte, prinzipielle und nicht aus dem *logos* stammende Aussage über die Zusammenhänge der Welt mit der eigenen Existenz definiert werden, ist eine stärkere Entsprechung zwischen Objekt und Subjekt zu vermuten, als eine bloß ästhetische. Für E. Nolde hat Martin Urban (1970, S. 5) festgestellt: »Die 'Reste einer Urvolkskultur' waren für ihn Zeugnisse einer versinkenden Urvölkerkunst, die ihm in seiner eigenen Suche nach Ursprünglichkeit und Uranfänglichem behilflich waren, das Eigene gegenüber dem Verwandten abzugrenzen.« Parallelen finden sich auch in der Literatur, z. B. bei Gottfried Benn: »O daß wir unsere Ururahnen wären« (aus: 'Gesänge', 1913).
Hans Hess (1959, S. 50) weist auf einen anderen interessanten Aspekt hin: »Es gab noch

einen anderen Ausweg, der aus der bürgerlichen Gesellschaft herausführte, einen Weg, den Picasso und die deutschen Expressionisten gingen. Zur Maske der Primitiven, zur schrecklichen anderen Möglichkeit außerhalb der Zivilisation. Dieser Weg war Feininger verschlossen.«

Und Françoise Gilot (/Carlton Lake 1965, S. 252) läßt P. Picasso sagen: »Die Menschen schufen diese Masken und all die anderen Gegenstände zu geheiligten Zwecken, zu magischen Zwecken, als eine Art Vermittler zwischen ihnen selbst und den unbekannten bösen Mächten, die sie umgaben, um ihre Furcht und ihren Schrecken zu überwinden, indem sie ihnen Form und Gestalt verliehen. In diesem Augenblick erkannte ich, daß dies und nichts anderes der Sinn der Malerei ist. Malerei ist kein ästhetisches Unterfangen, sie ist eine Form der Magie, dazu bestimmt, Mittler zwischen jener fremden feindlichen Welt und uns zu sein.«

M. Schneckenburger ist jedoch nicht der einzige, der einen tieferen Zusammenhang zwischen primitiver und moderner Kunst ablehnt. Charles Wentinck (1974, S. 5) behauptet unvermittelt: »Es gibt keine grundlegende Beziehung zwischen der Kunst des 20. Jahrhunderts und der sogenannten Primitiven.« Der Allgemeinheit wirft er (S. 5) – wohl nicht ganz zu Unrecht – vor: »Für das heutige Europa ist die Kunst der Primitiven nichts anderes als Exotismus . . .« Er stellt zugleich das künstlerische Wollen in Frage: ». . . und wo Nachahmung stattfindet, beruht sie auf einem Mißverständnis.« Obwohl er mit der Verwendung des Begriffes »Nachahmung« jede positive Einschätzung zunichte macht, konzediert er immerhin: »Wo Verwandtschaft sichtbar wird, ist es oft nur ein tragisches Heimweh nach Ursprünglichkeit« und kommt damit den Feststellungen von H. Hess und M. Urban immerhin nahe.

Trotz seiner einleitenden Pauschalurteile versteht C. Wentinck im Verlauf seiner Ausführungen zu differenzieren, wobei er auf einzelne Künstler eingeht (S. 26): »Nolde wurde von der Überzeugung geleitet, daß in jedem von uns die entfernteste Vergangenheit der Menschen ruht; er war überzeugt, daß wir in unserem Unterbewußtsein noch teilhaben am Erwachen des menschlichen Bewußtseins und daß in der Gottesvorstellung 'der Wilden' die Göttlichkeit selbst transparent wird.«

C. Wentinck erwähnt ferner, daß W. Kandinsky von »der Ähnlichkeit in den moralischen und geistigen Richtungen« (S. 27) und »der Ähnlichkeit des inneren Klimas« gesprochen hat, während »ein Maler des 'Blauen Reiter' wie H. Campendonk dagegen versuchte, wie ein primitives oder naives Wesen zu denken . . . Ihm geht es darum, sich völlig mit den Primitiven zu identifizieren« (S. 28). Ein problematischer Versuch, wie sich schon an Paul Gauguin gezeigt hat. Wenn damit auch Ansatzpunkte für eine Annäherung der Standpunkte aufscheinen, wird die Problematik insgesamt kontrovers diskutiert. Es erscheint daher ratsam, ihn auch die Auffassung der Nachbarwissenschaft referieren zu lassen.

C. Wentincks (1974, S. 14) Äußerungen fußen auf Claude Lévi-Strauss, von dem er schreibt: »Diese Kunst [gemeint ist die oben geschilderte Phase] läuft auf das hinaus, was Levy-Strauss [richtig: Lévi-Strauss] eine Pseudosprache nennt – eine Karikatur der Sprache, ein Trugbild, eine Art infantilen Spiels über das Thema Sprache –, die aber nicht zur eigentlichen Bedeutung führt.« Und er fährt fort: »Die Kunst der primitiven Gemeinschaften zeigt einen großen symbolischen Reichtum. Jeder Gegenstand, selbst der nützlichste, ist eine Art Sammelbecken von Symbolen, die nicht allein dem Schöpfer zugänglich sind, sondern allen Benutzern. Das Kunstwerk hat eine kollektive Funktion. Der Auftrag ist noch da, kein Auftrag im metaphysischen Sinn, sondern im Sinn einer Theorie der Verständigung. Diese Verständigung ist streng gebunden an ein System von Zeichen, die gleiche Bedeutung für den Künstler wie für die Gruppe haben, an die er sich wendet. Außerhalb dieser Gemeinschaft dieser Symbole gibt es keine mögliche Sprache zur Verständigung.

Nach Levy-Strauss ist folglich die europäische Einschätzung der Negerkunst zu einem oberflächlichen Ästhetizismus verdammt.«
Diese harte Verurteilung kann nicht unwidersprochen bleiben, weil offensichtlich über das Maß an Identifikation nicht einmal diskutiert werden soll. Schließlich handelt es sich bei den Künstlern nicht um Gebrauchsgraphiker, die modische Elemente aufnehmen. Alfred Hrdlicka (1973, S. 92) – als Person aktuelles Beispiel für einen Künstler, der modische Tendenzen mit eruptiver Vitalität durchbricht – äußerte sich bei seiner Auseinandersetzung 'Roll over Mondrian' folgendermaßen: »Dem gegenübergestellt sei etwa eine so durch und durch physische Kunst wie die Kunst der Neger, die nicht zufällig in diesem Jahrhundert entdeckt wurde. Kein bemühtes Environment-Arrangement, sondern totale Einheit von Wirklichkeit und Vorstellungswelt, die ihren bildnerischen Willen dem menschlichen Körper wie dem Bildwerk aufzwingt . . .«
Lázló Glózer (1974, S. 105) ist in seiner Studie über P. Picasso den Auswirkungen des Surrealismus nachgegangen und kommt dabei zu einer Feststellung, die in diesem Zusammenhang aufschlußreich ist: »Dieses Einfühlen in die Rolle der Leidensfigur ist einzigartig. Aber es ist eben Picassos Fähigkeit, sich in mythische Rollen einzufühlen. Der Künstler, der sich auf diese Weise auserwählt begreift, identifiziert sich mit den Zentralfiguren der Mythen.«
L. Glózer (1974, S. 95) untersucht auch die Beziehung P. Picassos zur afrikanischen Kunst und kommt dabei zu folgendem Ergebnis: »Außenwelt und Innenwelt rücken näher zusammen, die spontanen Entscheidungen des Malers transportieren jetzt mehr Subjektives, aber auch mehr zeitgenössisches Bewußtsein und Gedankensubstanz. Das geht so weit, daß Picasso sich für die *moderne* Synthese des Tanzes eines Zitats bedient, indem er den Kopf der linken Tanzfigur [in: 'Tanz', 1925] einer wohl afrikanischen Maske aus seinem eigenen Besitz nachbildet. Dies ist nun nicht mehr die formenerneuernde Rezeption der sogenannten primitiven Kunst, wie zu Zeiten der kubistischen Anfänge, sondern eine dezidiert inhaltliche Anwendung. Das ethnographische Material wurde nun für Picasso als solches interessant, zumal die Surrealisten ihre psychologisierende Mythenforschung auf diese Bereiche ausdehnten.«
Damit nimmt L. Glózer eine Mittelposition zwischen den gegensätzlichen Standpunkten ein, indem er Einzelfälle benennt, in denen die sog. primitive Kunst nicht bloß ästhetisches Material für die Künstler darstellte. Vorwiegend sieht er in der ersten Begeisterung für überseeische Kultgegenstände allerdings eine »formenerneuernde Rezeption«. Erst später, in der Gruppe um A. Breton, sei die Entwicklung darüber hinausgegangen.
Nach František Šmejkal (1974, S. 43/4) geht Wilfredo Lam noch einen Schritt weiter: »Im Gegensatz zu Picasso, der sich am Anfang des Jahrhunderts vorwiegend aus den formalen Merkmalen der Negerplastiken inspiriert hatte, drang Lam in das lebendige Zentrum der primitiven, magischen Mentalität ein, die ja am Grunde des Bewußtseins in jedem von uns schlummert. Auf Lams Zeichnungen erscheint eine völlig neue mythologische Welt primitiver Götter, Idole, Totemtiere und sonderbarer Wesen, mit denen er die triebhaften, mythisch geladenen Kräfte seiner Seele ausdrückte. Diese Arbeiten sind nicht aus einer ethnographischen Inspiration entstanden, sondern aus den wiederentdeckten Quellen einer archetypischen Imagination, denen ja auch die authentischen Gottheiten in den primitiven Kulturen entstammen.«
Die Thematik kann abgeschlossen werden mit der Bemerkung Hermann Brochs (1974, S. 293): ». . . wahrscheinlich gibt es keine rationale Begriffsbildung, die nicht in irgendeiner Form auf die Natursymbolik der Primitiven zurückginge.«

In welcher Beziehung stehen nun Mythos und Symbol? Grundlegende Erkenntnisse in diesem Bereich hat Ernst Cassirer vermittelt. Von ihm stammt das maßgebliche Werk 'Der Begriff der symbolischen Form im Aufbau der Geisteswissenschaften' (1921/22). Darin kommt er zu dem Schluß, Religion, Mythos und Kunst als symbolische Formen anzusehen (was Karl Kerényi bestritten hat). »Unter einer 'symbolischen Form' soll jede Energie des Geistes verstanden werden, durch welche ein geistiger Bedeutungsgehalt an ein konkretes sinnliches Zeichen geknüpft und diesem Zeichen innerlich zugeeignet wird. « (1956, S. 175). Die von E. Cassirers Denken beeinflußten Kunsthistoriker, u. a. Herbert Read und René Huyghe, betonen daher die vorgeschichtliche und ethnologische Forschung und setzen ihre Ergebnisse in Beziehung zur Kunst des 20. Jahrhunderts. Sie sehen gerade in der Hinwendung einiger prominenter Maler zur Kunst primitiver Völker eine Bestätigung ihrer Auffassung. So meint R. Huyghe (1962, S. 147): »Aber das Symbol ist alles andere als ein ständiges geistiges Versteckspiel. Es ist vor allem eine Sprache – und zwar die älteste Sprache des Menschen . . . Der Primitive konnte das Unsichtbare nur mit Hilfe des Sichtbaren bezeichnen. Er mußte also zwischen dem Unbekannten und dem Bekannten Analogien finden, um durch den Rückgriff auf das Konkrete Dinge zu erfassen, die sich der Formulierung durch die Alltagssprache entziehen. So entstand das Symbol und mit ihm der Mythos.«

An der Wiederentdeckung des Mythos und der Aufarbeitung für unsere Zeit hat zweifellos C. G. Jung den entscheidenden Anteil. In seinem Vorwort zur Taschenbuchausgabe von 'Bewußtes und Unbewußtes' von 1957 stellt Eugen Böhler (S. 8) fest: »Die seelischen Inhalte, die bisher nur in der gebundenen Form des Mythos, der Dichtung, und der Religionen zugänglich waren, sind jetzt der bewußten Integration zugänglich gemacht worden« und fährt fort: »Damit werden Psychologie und Geisteswissenschaft – zusammen mit den Künsten – im Grunde zur Traumdeutung der Menschheit . . .« (S. 9)

C. G. Jung (1960, S. 161) entdeckte Entsprechungen zwischen den archetypischen Symbolen in den Tiefenschichten analysierter Personen und überlieferten Mythen und folgerte daraus die bekannte These vom 'kollektiven Unbewußten'. »Unsere moderne Psychologie weiß, daß das persönliche Unbewußte nur eine Oberschicht ist, die auf einem ganz anders gearteten Fundament ruht. Dieses wird als *kollektives Unbewußtes* bezeichnet. Der Grund zu dieser Bezeichnung ist der Umstand, daß unähnlich dem persönlichen Unbewußten und dessen rein persönlichen Inhalten die Bilder des tieferen Unbewußten von ausgesprochen *mythologischem* Charakter sind. Das will besagen, daß sie nach Form und Inhalt mit jenen allverbreiteten Urvorstellungen, wie sie den Mythen zugrunde liegen, übereinstimmen. Sie sind nicht mehr persönlicher, sondern rein überpersönlicher Natur und darum allen Menschen gemeinsam.«

Diese These wurde von der Annahme gestützt, daß alle Menschen die gleichen Stadien der Bewußtseinsentwicklung durchlaufen. Von C. G. Jung vorgelegte Auswertungen von Traumphantasien scheinen dieselben Ausdrucks- und Gestaltungsprinzipien widerzuspiegeln.

Wir wollen uns hier nicht auf den Streit einlassen, ob C. G. Jung damit recht hat. Hier sei nur auf eine interessante Bemerkung Hermann Brochs (1974, S. 294) aufmerksam gemacht: »Bei allem platonischen Charakter des Symbols ist nicht zu erwarten, daß es ab ovo in der menschlichen Seele geboren werde . . ., vielmehr muß hier, wie überall in der Begriffs- und Bewußtseinsbildung, ein Zusammenwirken empirischer und idealistischer Elemente stattfinden . . . Daß er es aber sieht, daß er es aus der Umwelt heraushebt, daß es für ihn den besonderen Bedeutungsgehalt bekommt, das muß aus seiner eigenen psychischen und logischen Struktur hervorgehen.«

Für unser Thema ist an C. G. Jungs Auffassung Verschiedenes von Interesse: Einerseits betont er das gemeinsame Reservoir des kollektiven Unbewußten, an das anscheinend alle von ihm Analysierten angeschlossen waren, andererseits beklagt er »die zunehmende Verarmung an Symbolen« (S. 23). Leider hat sich C. G. Jung mit der Kunst seiner Zeit kaum beschäftigt. Das in Teil II erwähnte Bildmaterial war ihm infolgedessen nicht bekannt, und insofern kann er uns bei der Aufklärung des Zusammenhanges zwischen Symbolik in der Kunst des 20. Jahrhunderts und Mythologie nicht weiterhelfen. Von der Geisteswissenschaft der damaligen Zeit geprägt waren seine Forschungen nach rückwärts gewandt, »denn die Religionsgeschichte . . . (inkl. Mythologie) stellt das Schatzhaus archetypischer Gestaltungen dar« (S. 86). Daß er sich seinen Zeitgenossen (den Künstlern unter ihnen) nicht beobachtend zuwandte, mag in einer Zeitstimmung begründet sein, die Oskar Schlemmer am 26. 10. 1930 in einem Vortrag so beschreibt: »Wir Heutigen, denen die großen Symbole und Anschauungsweisen der Alten mangeln, weil wir uns in einer Zeit des Verfalls, der Umschichtung und, vielleicht, der Erneuerung befinden, was können wir im Augenblick anderes tun, als schlicht zu sein, einfach in der Darstellungsweise, offen allem, was sich an Bewußtem und Unbewußtem in uns sammelt, um es allmählich Gestalt werden zu lassen?«

Aus seiner profunden Kenntnis kulturgeschichtlicher Details gab es für C. G. Jung keinen Zweifel, daß mythische Bilder und archetypische Symbole (Analogien des Unbewußten) Bestandteile eines kollektiven Unbewußten sind, in denen sich Menschheitserfahrungen niederschlagen.

Curt Seckel (1967, S. 142/43) sekundiert ihm gewissermaßen: »Den Malern der großen, mythisch und religiös bestimmten Kulturen ging es nicht um die Darstellung einer realen Welt. Ihr Ziel, das Sichtbarmachen einer magischen oder göttlichen Weltordnung, konnte die Dinge zwar benutzen, der wahre Ausdruck für eine den Menschen übersteigende Wirklichkeit aber war das Symbol. Symbol und Zeichen verlangen nicht nach Raumillusion.«

Die oben erwähnte Entdeckung der sog. primitiven Kunst blieb keine Einzelerscheinung in der modernen Kunst. Ein aktuelleres Beispiel gibt Jackson Pollock, der unter dem Einfluß der sich in den USA rasch durchsetzenden Psychoanalyse Jungscher Prägung 1943 ein Bild 'Suche nach einem Symbol' betitelte. Um diese Zeit beschäftigte sich J. Pollock intensiv mit der indianischen Mythologie und den Totemfiguren. In diesem Zusammenhang berichtet Oskar Bätschmann (1970, S. 14) in seiner Pollock-Monographie: »Aufgrund der ihm vermittelten Erkenntnisse betrachtete Pollock die Mythologie – ähnlich wie andere amerikanische Maler der Zeit – als die Vergegenständlichung der Archetypen des kollektiven Unbewußten. Deshalb gehört die Mythologie nicht allein dem bestimmten Volk zu, das sie hervorgebracht hat, sondern sie gehört als Ausdruck des kollektiven Unbewußten jedem Menschen zu und hat demzufolge universelle Basis. Die Malerei hat nicht die Aufgabe, Szenen aus der Mythologie, die ja bereits Symbole für das Unbewußte enthält, zu illustrieren. Die Verbindung von Malerei und Mythologie besteht vielmehr in einer Analogie: wie die Mythologie soll die Malerei vom Unbewußten hervorgebracht werden und Symbole für das Unbewußte enthalten. Pollock betrachtete zweifellos die indianische Malerei als eine Kunst, in der dies alles noch lebendig und ursprünglich vorhanden war.« Diese Auffassung scheint mir symptomatisch für zahlreiche Künstler zu sein und gibt Anstoß zu verschiedenen Überlegungen.

Die These vom kollektiven Unbewußten übt starke Überzeugungskraft auf Künstler aus, kompensiert sie doch die gesellschaftliche Isolierung, in der sich die neuen, noch ungekannten Auffassungen zustrebenden Künstler erfahrungsgemäß befinden, in erheblichem Maße. Im Zustand der Isolierung nimmt die Vorstellung vom kollektiven Unbewußten die Bedeutung eines Anschlusses an ein weltumspannendes, menschheitsverbindendes Kommunikationssystem an. Sie liefert das für den Künstler in dieser Situation wichtigste: Bestätigung, während sich im Umkreis des Künstlers meist nur Verständnislosigkeit ausbreitet. In diesem Sinne äußert sich auch W. Hofmann (1966b, S. 30): »Die Verankerung im Mythos bietet dem Künstler Halt in einer Welt, deren platter, vordergründiger Funktionalismus ihn unbefriedigt läßt.«

Nach der von O. Bätschmann überzeugend vertretenen Interpretation J. Pollocks steht zwar die Malerei in Analogie zur Mythologie. Überblickt man aber die neuere Kunstgeschichte, so hat es allerdings den Anschein, als funktioniere die Jungsche Kausalkette umgekehrt: Nicht die Impulse des Unbewußten führen zur Entwicklung von Figuren, die denen sog. primitiver Künstler entsprechen, sondern – stark vereinfacht gesagt – die angelesene Mythologie wird in Bilder rückübersetzt. Neben vielen anderen wäre Heinrich Eichmann zu nennen (s. Fritz Billeter 1971, o. S.). Bis zu einem gewissen Grade läßt sich auch Max Beckmann dafür als Beispiel anführen. Wie es sich mit ihm verhält, darauf werden wir noch eingehen (s. S. 39).

Nun wäre es allerdings ein Kurzschluß anzunehmen, die Mythologie sei heutzutage mit einem vollen Kleiderschrank zu vergleichen, aus dem man sich beliebig einkleiden könne, wie es in einer Äußerung von Mark Rothko klingt: »Die Mythen [sind] die ewigen Symbole, auf die wir zurückgreifen können, um die grundsätzlichen psychologischen Ideen auszudrükken« (in: G. Celant 1973, S. 19). Zweifellos erlagen und erliegen viele Maler geringeren Talents der schematisch vereinfachenden Anwendung von Symbolen im Sinne eines Vokabulars. Auch S. Dali konnte sich dieser Versuchung nicht entziehen. Über ihn berichtet William S. Rubin (1972, S. 217): »In seinen ersten surrealistischen Gemälden hat Dali offenbar die Bildelemente teilweise aus ganz persönlichen Quellen wie Kindheitserinnerungen und Träumen bezogen; auf unerwartete und poetische Weise fügen sie sich ineinander und in das Bildganze. Von 1931 ab wurden sie jedoch mehr und mehr einem allgemeinen Vokabular von Symbolen entnommen. Visionen, zu denen er durch die Lektüre von psychiatrischen Büchern angeregt wurde, begannen die Erlebnisinhalte seiner eigenen Psyche zu verdrängen« (vgl. S. 28).

Wenn es um den künstlerischen Rang geht, kommt es in der bildenden Kunst nicht darauf an, Mythen zu rezipieren. Erst die Fähigkeit, Mythen und Symbole zu schaffen, zeichnet einen Künstler aus. Inwieweit dies J. Pollock gelungen ist, bleibt fraglich. Auch die Versuche in Verbindung mit der Ausstellung 'Kunst und Mythos' (9. Ausstellung des Deutschen Künstlerbundes, Wiesbaden 1959) blieben schemenhaft. Dagegen verfocht Herbert Read diese Eigenschaft bei Henry Moore mit allem Nachdruck. H. Moore (1957, S. 26) selbst hat eine wichtige, die Fragestellung klärende Aussage gemacht: »Bedeutung und Sinn der Form selbst hängen wahrscheinlich von den zahllosen Gedanken-Verflechtungen der Menschheitsgeschichte ab«.

Es wird heute wohl nicht mehr angenommen, Künstler könnten etwa aus sich heraus ein eigenes Weltbild schaffen, ohne Vorwissen, ohne Zutun anderer, wie es die frühere Vorstellung vom Genialischen behauptete. Die Findung des eigenen Stils ist allemal ein komplizierter Prozeß der Auseinandersetzung mit dem Überlieferten. Insofern berührt es sympathisch, daß H. Moore den Assoziationen einen wesentlichen Anteil am Zustandekommen des neuen Kunstwerks einräumt. Verallgemeinernd gesagt, scheint es sich bei den Künstlern selten so zu verhalten, daß die Symbole als solche aus dem Unbewußten hervortreten, sondern beim schöpferischen Prozeß ist das Bewußtsein insofern aktiv beteiligt, als es aus der Kenntnis der kulturgeschichtlichen Vorgänge mythologische Gestalten und Gegenstände auswählt und zur Veranschaulichung der Bildidee einsetzt. Dabei sollen gewisse psychische Grundmuster nicht abgestritten werden, denen zufolge sich erhebliche Übereinstimmungen ergeben.

Werner Haftmann (1957, S. 120) äußert sich zu diesem Vorgang: »Dinge zu Emblemen zu machen, das gelingt nur, wenn man alles von ihnen weiß, sie hundertfältig gesehen hat, bis sie nicht mehr zu unterscheiden sind von uns selbst. Dann stehen sie in uns auf in ganzer Fülle, als gebündeltes Zeichen. Neue Objekte, nie gesehene, die aber in sich die ganze äußere Realität gleichnishaft enthalten, sie verwandeln in eine innere Realität, die wir Imago, Emblem, Typus oder Gestalt nennen mögen. Aber was ist im Sinn des Bildnerischen das Imago?«

In seiner Ernst Wilhelm Nay-Monographie beantwortet er (1960, S. 131) die selbstgestellte Frage: »Aus dem Motiv wird ein Imago, das aus den mythischen, weitgehend unterbewußten Schichten ein Sinnzeichen heraufhebt, das eine bestimmte angerührte Lebensempfindung in einer Gestalt sammelt. Das erklärt die eigentümliche Entrücktheit und Abgelöstheit aus der menschlichen Sphäre, die Ferne, die wir am 'Hirten' bemerkten. Deshalb ist es schwer, diesem Bild in unserer säkularisierten Kunstgesellschaft wirklich einen passenden Ort zuzuweisen. Es gehörte eigentlich in einen Festraum von nahezu kultischem Charakter, in dem die Festformen und der dionysische Tanz Andachtsformen sein müßten.

Nay bezeichnete damals die Methodik dieses Vorganges der formalen Heraufzüchtung des Imago gern als 'deduktive Methode'. Er hatte diesen Begriff von Juan Gris übernommen, der ihn 1924 in einem Vortrag in der Sorbonne, der die eigentliche abschließende Charta des synthetischen Kubismus ist, verwandt hatte. Dort stellte Juan Gris der 'induktiven Methode' des analytischen Kubismus, die aus der formalen Analyse der Gegenstände eine die Dingwelt deutende und verwandelnde Bildfigur entwickelt, seine 'deduktive Methode' gegenüber, die umgekehrt von einer reinen Konstruktion aus formalen Elementen ausgeht und erst abschließend diese ganz abstrakte Figuration in dieser oder jener Richtung gegenständlich qualifiziert. 'Die bildnerischen Rapporte zwischen den farbigen Formen', sagt Juan Gris, 'legen mir gewisse verborgene Rapporte zwischen den Elementen einer vorgestellten Wirklichkeit nahe . . . Die Qualität oder die Dimension einer Form oder einer Farbe suggeriert mir die Bezeichnung oder die Eigenschaft des Gegenstandes.' Das Imago wird also in der ordnenden Tätigkeit mit den bildnerischen Mitteln gefunden – oder vielmehr wiedergefunden als ein Sinnzeichen, das in den vom Bewußtsein ferner liegenden Schichten fest eingeprägt ist und durch die künstlerische Tätigkeit Schritt für Schritt in das bildnerische Bewußtsein gehoben wird und sich als Idee in der sich entwickelnden Architektur des Bildes so beharrlich durchsetzt, bis es als hermetisches Gestaltzeichen zur Anschaulichkeit gelangt. So weiß der Maler im voraus nie genau, welcher Gegenstand und welcher Inhalt nun im Zusammenklang der Farbformen zur Erscheinung kommen wird. 'Erst als mein eigener Betrachter', sagt Juan Gris in seinem Vortrag, 'ziehe ich den Gegenstand aus meinem Bild. Bis zur Vollendung des Bildes weiß ich nicht, welche Modifikation es gerade ist, die dem Bild seinen Charakter gibt.'«

Bemerkenswert dabei ist das »wiedergefunden«, denn nur so läßt sich die teilweise offensichtliche Zitierung von Gestalten der antiken Mythologie erklären, die ein Künstler wie P. Picasso dann aber in eigenwilliger Weise für seine Bildidee ummünzt wie z. B. in 'Guernica'.

Erst recht auffällig ist die heterogene Häufung mythischer Figuren im Werk von Max Beckmann, die Mischformen zwischen antikisch-griechischer und indischer Mythologie aufweist – ein besonderer Fall anthropomorpher Vorstellung. Nach seinen Tagebüchern zu urteilen empfand er sie sogar wie leibhaftige Gestalten, die ihn bedrohten. Den Zugang zu dieser Welt, die auch die indischen Figuren einschloß, die sonst in der abendländischen Malerei nicht anzutreffen sind, eröffnete M. Beckmann einschlägige mythologische Literatur, wie Friedhelm W. Fischer (1972a) nach Einsicht in die von Beckmann benutzten Bücher überzeugend nachweisen konnte.

Max Beckmann hat sich diese Gestalten als Akteure auf seine »Bühne« geholt, genauer: sein »Welttheater«, wie er selbst formulierte. Dorthin jedoch nicht, damit sie die angestammte Rolle spielen. M. Beckmanns Ensemble ist eigenwillig neuartig zusammengestellt und die Regie, die er führte, im einzelnen nur schwer zu durchschauen. Seine starke Disposition für mythisches Geschehen ließ ihn auch in uns fremd erscheinende Welten eindringen.

Hierzu sagt uns C. G. Jung (1960, S. 98): »Dem geistigen Wesen eignet erstens ein spontanes Bewegungs- und Tätigkeitsprinzip, zweitens die Eigenschaft der freien Bildererzeugung jenseits der Sinneswahrnehmung, und drittens die autonome und souveräne Manipulation der Bilder.« Für diese Feststellung C. G. Jungs, verbunden mit der zwischen den Mythen bestehenden Wesensverwandtschaft, ist das Beckmannsche Oeuvre lebhafter Beweis. Doch sein Werk bleibt eine Ausnahme. Es findet sich nichts Vergleichbares in der modernen Kunst.

Unzählige neue Symbole treten auf. Es mögen zwar vorwiegend persönliche Symbole sein; die Fülle aber läßt nicht erkennen, daß wir, wie C. G. Jung glauben machen wollte, in einer symbolarmen Zeit leben (s. S. 36).

Es verwundert daher nicht, wenn C. G. Jungs Thesen starker Kritik ausgesetzt sind. So warnt Hans-Eckehard Bahr (1965, S. 105) vor allzu schematischer Einordnung aus psychologischer Sicht und schreibt: »Die Zurückverlagerung der künstlerischen Schau in diese wesenhaft überpersönlichen Schichten des kollektiven Unbewußten, wie sie Carl Gustav Jung vornimmt, involviert eine entscheidende Verkürzung: Die unvertauschbar einmaligen Anstöße des Künstlers, die streng individuellen Beweggründe eines jeden Kunstwerks sind hier von einem vorpersonal Kollektiven absorbiert. Das Unwiederbringliche der künstlerischen Situation ist jetzt entmächtigt zum bloßen Anlaß der Objektivation archetypischer Bilder. Wir müssen uns jedoch hüten vor der psychologischen Fehlbestimmung wie jeder Verstehensweise, die die Problematik des Künstlerischen einengt auf eine isolierte Subjektivität. Die Existenz des Künstlers ist ja immer ein Dasein *in der Welt.*«

Rainer Volp (1966, S. 204) formuliert seine Ablehnung Jungscher Vorstellungen härter, da ihm die bruchlose Übertragung früherer Strukturen auf die Gegenwart fragwürdig erscheint: »Wer von Symbolen spricht, dem ist die Welt als eine lebendige Einheit wichtig. Das bedeutet gerade nicht, sich in einem See pansymbolischer Erleuchtungen zu ertränken. Ebensowenig sollte man der pseudowissenschaftlichen Wahrheit nachgeben, daß sich die Welt aus einer Kette von Ur-Symbolen aufbaut. Religionsphänomenologische, ethnologische und tiefenpsychologische Erkenntnisse kann man nicht ohne weiteres verallgemeinern.« Darauf gilt es zu achten. Zu welch kurzgeschlossenen Folgerungen nämlich Interpreten in der C. G. Jung-Nachfolge kamen, zeigt vielleicht das Beispiel von Eberhard Ruhmer (1965, S. 31) in seiner Hanna-Nagel-Monographie: »Alles in allem: Die dämonologische Tiersymbolik der Antike, Spätantike und des Mittelalters, die heute so oft und unterschiedslos berufen wird, erlebt hier, im dunklen Werk dieser meditativen Frau, eine Wiedergeburt in unverbrauchter Kraft.«

So einfach macht es sich die neuere Forschung allerdings nicht immer. Das »persönliche Unbewußte« (C. G. Jung) und in seiner Auswirkung die Individualsymbolik – geprägt von Erleben und Erkenntnis – scheinen bei den Künstlern unserer Zeit eine erheblich größere Rolle zu spielen, als ihnen bisher zugestanden wurde. Aus dem Bereich der neueren Psychoanalyse steuert A. Lorenzer (1973, S. 94) eine wichtige Differenzierung bei: » . . . zusätzlich zur Erfassung des allgemeinverständlichen Sinnes bedarf es der Erkundung des je privaten Bedeutungsgefüges.« Ohne diesen Standpunkt gekannt zu haben, schreibt F. W. Fischer (1972a, S. 11) in seiner eingehenden Analyse von M. Beckmanns Oeuvre, durch die viele bisher im Dunklen liegenden Zusammenhänge verständlich gemacht werden: »Die einzelnen gegenständlichen Bestandteile, mögen sie auch in der Bildform ihren festen Bezugspunkt haben, bleiben Chiffren eines unbekannten Textes. So muß man zwar stets von der künstlerischen Struktur des Werkes ausgehen und diese als Kriterium bei jeder Frage im Auge behalten. Zu den einzelnen Bildmotiven gehört aber gleichwohl nicht nur ein formaler, sondern auch ein inhaltlicher Kontext, der nicht mitgegeben ist, rekonstruiert werden muß und durch Hilfsmittel in der Tat erschlossen werden kann.«

Für die Gesamtheit der Künstler muß offenbleiben, und diese Frage kann allenfalls im Einzelfall mit Hilfe des Künstlers selbst analysiert werden, welche Verknüpfung mit den Archetypen des Unbewußten und welcher Zusammenhang mit dem Schatz der Mythen besteht. Allerdings hilft auch eine geistreiche Formulierung wie die von Dora Vallier (1975, S. 68): »Der Mythos wurde zum Katalysator für die Erinnerung« nicht weiter. Eher ist Werner Scholz zu glauben, der von sich sagte: »Der Mythos ist nicht etwas, woran wir uns erinnern können wie an ein Gewesenes, in ihm findet sich vielmehr das, was uns anfänglich ausmacht und in uns dadurch gegenwärtig wirkt.« (H.-G. Gadamer 1968, S. 36).
Ähnlich, mit dem Schwerpunkt der Weltverbundenheit, äußert sich Leszek Kolakowski (1973, S. 148): »Der Mythos verschafft uns Zugang zur Welt, in der unsere Existenz, unser Denken und Verlangen, zusammen mit der Welt, auf eine unbedingte Ordnung bezogen werden, und können dadurch diese nicht nur erkannt, sondern auch verstanden werden.«
Im übrigen erweist sich, daß der vorsichtige Brockhaus recht hat, der unter dem Stichwort 'Mythologie' anmerkt: »Die Kriterien werden meist von den geistesgeschichtlichen Strömungen der jeweiligen Gegenwart bestimmt.«

07 STRUKTURALISMUS UND SYMBOL

Unter dem Titel 'Zeichen der Freiheit' hat Günther Schiwy (1971, S. 167ff) 'Strukturalistische Beobachtungen zu Bild und Symbol' durchgeführt. Zur Ergänzung des hier vorgenommenen Literaturüberblicks sollten einige seiner Informationen nicht fehlen.
G. Schiwy erläutert zunächst (S. 167) kurz die Semiologie, die von dem französischen Strukturalisten F. de Saussure entwickelt wurde, als »eine Wissenschaft, welche das Leben der Zeichen im Rahmen des sozialen Lebens untersucht ... Nach strukturalistischer Auffassung besteht das Zeichen in jedem Fall aus dem Bedeutungsträger (signifikant: Bezeichnendes, Bedeutendes) und der Bedeutung (signifié: Bezeichnetes, Bedeutetes).«
Mit Zeichen ist im Strukturalismus aber zunächst die Sprache allein gemeint, und G. Schiwy (S. 167) stellt daher in seinem Artikel auch die Frage nach der Übertragbarkeit auf das Symbol in der bildenden Kunst. »Für das Symbol hat de Saussure selbst bereits eine Einschränkung gemacht: 'Beim Symbol ist es nämlich wesentlich, daß es niemals ganz beliebig ist; es ist nicht inhaltlos, sondern bei ihm besteht bis zu einem gewissen Grade eine natürliche Beziehung zwischen Bezeichnung und Bezeichnetem. Das Symbol der Gerechtigkeit, die Waage, könnte nicht etwa durch irgendetwas anderes, z. B. einen Wagen, ersetzt werden.' Trotzdem bleibt auch beim Symbol bestehen, daß seine Bedeutung ihm durch soziale Übereinkunft gegeben worden ist bzw. daß die Gesellschaft aus den verschiedenen Zeichen, die eine natürliche Beziehung zur gemeinten Sache haben, ein bestimmtes ausgewählt hat. In unserem Beispiel könnte auch ein Gesetzbuch die Gerechtigkeit symbolisieren. So gilt auch für das Symbol die beim sprachlichen Zeichen angemerkte Gefahr bzw. Chance der Vieldeutigkeit.«
Der Strukturalismus bzw. die Kommunikationswissenschaft unterscheiden zwischen Kode und Nachricht. Wenn die Nachricht, die via Symbol weitergegeben wird, verstanden werden soll, muß der Kode beherrscht werden, auf die Kunst bezogen also eine Übereinstimmung auf der Begriffsebene zwischen Künstler und Betrachter herrschen. Dazu führt G. Schiwy (S. 167) aus: »Aber wenn die Kommunikation scheitert, wenn Mißverständnisse oder völlige Uninteressiertheit gegenüber einem Bild oder Symbol auftreten, müßte die Reflexion darüber einsetzen, woher die Kommunikationsschwierigkeit kommt. Ist hier nur ein einzelner 'Satz' mißlungen oder verstehen die Adressaten die ganze 'Sprache' nicht, in der man sich durchaus richtig artikuliert hat? Wenn wir davon ausgehen, daß die Kommunika-

tion mittels Bild und Symbol eine menschliche Notwendigkeit ist, die auch durch die diskursive Symbolik der Sprache im engeren Sinne nicht überflüssig wird, und wenn wir voraussetzen, daß die Bild und Symbol schaffenden bzw. gebrauchenden Sprecher durchaus kompetent sind in der Anwendung eines entsprechenden Regelsystems, dann könnte ein Mißlingen der Kommunikation daher rühren, daß man nicht die dem Adressaten angemessene Bild- und Symbolsprache gefunden hat.

Denn ebensowenig wie in der Sprache kann bei Bild und Symbol davon ausgegangen werden, daß ein für alle gültiges und funktionierendes Bild- und Symbolsystem existiert. Es ist eher zu vermuten, daß wir in einem Pluralismus . . . leben.«

Nach G. Schiwys Vermutung ist dieser Pluralismus historisch, kulturell, vom Milieu, vom Beruf, von der Generation und von der sozialen Schicht her bedingt. So kommt er zwangsläufig zu der Ermittlung von »Sprachbarrieren«, wie sie die Sprachsoziologie kennt, d. h. konkret: Einem Arbeiter fehlen die gesellschaftlich bedingten Voraussetzungen, an dem Dialog mit Künstlern aktiv teilzunehmen. »Diese Sprachsperre ist eine sehr entscheidende Ursache für das 'ohne mich' der Arbeiterschaft«, referiert G. Schiwy (S. 168) und fährt fort: »Denn so wie Wort, Satz und Text ihre Bedeutung erst aus dem Gesamtzusammenhang empfangen, der dadurch gestiftet wird, daß die Kommunikationsteilnehmer ihren individuellen und gruppenspezifischen Kode einbringen, werden auch Bild- und Symbolelemente nur aus dem ihnen vom Sprecher zugedachten Kontext heraus richtig verstanden, wozu wesentlich ein bestimmter Bild- und Symbolkode gehört.«

Damit stellt sich nachdrücklich die Frage nach dem »Übersetzer«: Wer ist in der Lage und bereit zu transponieren? Unausgesprochen geht G. Schiwy dabei noch davon aus, daß der Kode der Künstler ein sozusagen schichtenspezifisch einheitlicher sei. Doch das Problem ist besonders komplex – und dafür liefert Teil II das Beweismaterial –, weil diese Annahme allem Anschein nach nicht zutrifft. Es liegen vom Herkommen und eigenem Erleben geprägte individuelle Kodes vor, so daß nicht einmal die gesellschaftliche Schicht, an die sich der Künstler primär wendet – die überdurchschnittlich verdienende Mittelklasse –, seinen Kode versteht. Um das Absatzrisiko zu verringern, haben Kunsthändler es allerdings verstanden, die formalen Eigenschaften der Kunstwerke herauszustellen (neue Techniken, neue Formate, neue Materialien, neue Stile) und dafür zu sorgen, die inhaltliche Botschaft als unerheblich anzusehen.

In der zweiten Hälfte seines Beitrages geht G. Schiwy (S. 169) auf die »poetischen« Bedeutungsträger ein, denen nach der strukturalistischen Theorie »eine fundamentale Offenheit für mehrere Bedeutungen eigen ist«: »Bemüht sich der Kode der normalen Umgangssprache, auch der normalen Nachrichtenübertragung durch Bild und Symbol, diese Vieldeutigkeit einzudämmen und zur Eindeutigkeit zu kommen, so besteht der künstlerische Kode in Sprache, Bild und Symbol gerade darin, diese Vieldeutigkeit zum Prinzip zu machen, d. h. Bedeutungsträger ausdrücklich so anzulegen, daß sie einen Bedeutungspluralismus ergeben.«

G. Schiwy führt zum Beweis eine Aussage von Roland Barthes an, wonach die Sprache der literarischen Werke ihrer Struktur nach eine plurale Sprache sei. Seine Auffassung berührt sich mit der Meinung, die auch Werner Hofmann (1970 a, S. 7/8) vertritt: ». . . man sollte kunstkritische Urteilssprüche dem naiven Unfehlbarkeitsanspruch entziehen und der Selbstkorrektur aussetzen. Da unsere Fragen dem Kunstwerk schon bestimmte Antworten in den Mund legen, sollte man jeden Dialog immer nur als einen von vielen möglichen gelten lassen. Diese Einsicht basiert auf der Tatsache, daß die potentielle Vielstimmigkeit des Kunstwerkes von *jeder* Deutung eingeengt und beschnitten wird, weshalb allen Aussagen über künstlerische Fakten etwas Vorläufiges anhaftet.« Dieses Vorzeichen sollten alle Benutzer von Teil II und III stets vor Augen haben!

Zur »Vielstimmigkeit« bemerkt G. Schiwy (1971, S. 170): »Der künstlerische Bedeutungsträger zeichnet sich also dadurch aus, daß er es vermag, viele Bedeutungen aufzunehmen. Daher rührt auch die 'erlösende' Wirkung, die von der Begegnung mit dem künstlerischen Wort, Bild und Symbol ausgeht: jedes Publikum hat den Eindruck, daß *seine* Erfahrung, *seine* Weltdeutung 'zur Sprache kommt', und innerhalb einer Gruppe fühlt sich jeder einzelne noch einmal 'angesprochen'.«

Damit gelangen wir an einen interessanten Punkt, den wir in Kapitel 10 (S. 58) unter dem Stichwort »Wirkungsästhetik« streifen: »Das Bekenntnis einzelner zu demselben Symbol ist zunächst und vor allem eine Übereinstimmung auf der Ebene des Bedeutungsträgers, nicht der Bedeutung. Kunst entwirft 'gültige' Bedeutungsträger, nicht Bedeutungen. Letztere entstehen erst aus der Kommunikation des Bedeutungsträgers mit dem Leser bzw. Betrachter und können sich bei gleichbleibendem Bedeutungsträger ändern«, wie G. Schiwy (S. 170) sagt. Mit einfacheren Worten: Wie Bilder ausgelegt werden, ist ein eigengesetzlicher Vorgang. Wir sehen nicht nur auf der Bühne ständig wechselnde Inszenierungen (z. B. von Becketts 'Warten auf Godot'), sondern erleben auch in der Kunstgeschichte sich wandelnde Auffassungen. Klassisches Beispiel – durch die großen Ausstellungen einleuchtend dokumentiert – Caspar David Friedrich. Aktuelle Beispiele: Ernst, Klinger, Kollwitz, Munch u. a. »Wiederentdeckungen« vollziehen sich zumeist unter Vorschaltung eines neuen Kode, der bei großen Ausstellungsereignissen regelrecht vorher ausgegeben wird, damit die Nachrichtenübermittlung funktioniert (ob es sich dabei um ägyptische Plastiken aus der Zeit der Herrschaft Echnatons handelt, oder um die »maßgeblichen« Ausstellungen russischer Realisten, S. Dalis oder anderer).

Dem betrachtenden Publikum wird vorgegeben, nach welchem Kode es mit den präsentierten Bedeutungsträgern zu kommunizieren hat. Selten versagt dieses Arrangement wie z. B. bei der großen M.-Beckmann-Ausstellung in Paris 1968.

G. Schiwy (S. 170) meint, wissenschaftlich formuliert, das gleiche: »Gruppensymbole funktionieren dann, wenn es ihnen gelingt, die individuellen Erfahrungen deutend aufzunehmen und darzustellen.« Möglicherweise war sich die Ausstellungsleitung seinerzeit über diesen Sachverhalt bei der Beckmann-Ausstellung nicht im klaren.

R. Barthes, den G. Schiwy in seinem Beitrag heranzieht, sagt (in: 'Rhetorik des Bildes', 1964) nun allerdings: »Indes variieren die Lesungen bzw. die Betrachtungsweisen nicht willkürlich. Diese Schwankungen hängen von dem unterschiedlichen in das Bild investierten Wissen (praktisches, nationales, kulturelles, ästhetisches Wissen) ab, und dieses Wissen kann klassifiziert und typologisiert werden. Es ist, als ob das Bild von verschiedenen Personen gelesen würde, und diese Personen können in einem einzigen Individuum koexistieren« (in: G. Schiwy, 'Der französische Strukturalismus' 1969, S. 163).

R. Barthes meint damit wohl, daß entsprechend der Vielschichtigkeit der künstlerischen (kreativen) Persönlichkeit sich je nach Situation und Erfahrung mehrere Bedeutungen in einem Bedeutungsträger spiegeln können, sich jedenfalls im Laufe der Zeit Verschiebungen ergeben und eine Mehr- oder sogar Vielzahl von Ausdeutungen möglich sind. Die Erfahrung mit Kunstwerken schließt diese Möglichkeit nicht aus.

Lucy R. Lippard (1968, S. 52) sieht sich in dieser Situation völlig entmutigt: »Da der moderne Künstler um die Mehrdeutigkeit seiner Schöpfungen weiß, kann er sich nicht mehr darauf verlassen, daß seine Absichten richtig erkannt, seine Zeichen in seinem Sinn gedeutet werden. Abstrakte wie figurative Darstellungen unterliegen gleichermaßen der Spekulation, können höchst unterschiedliche Reaktionen hervorrufen.«

Es wäre allerdings zu untersuchen, ob die Vielzahl der Deutungen, die sich z. T. untereinander zu widersprechen scheinen, je nachdem welches Weltbild hineinprojiziert wird, nicht irgendwo einen Punkt erreicht, bei dem eine Verzerrung beginnt. Bei Bühneninszenierun-

gen ist eine solche »Umfunktionierung« nicht ganz unbekannt. Werke der bildenden Kunst scheinen in der Publizistik von vornherein dieser Willkür ausgesetzt zu sein, so daß man über allzu eigenwillige Ausdeutungen weniger erregt hinwegsieht.
G. Schiwys Beitrag endet etwas abrupt, indem er – wohl in Anlehnung an Heinrich Rombachs 'Strukturontologie' (1971) – in der Vieldeutigkeit des Symbols ein Merkmal der Freiheit erkennt. Soweit G. Schiwy stark einseitige Interpretationen meint, kann ihm zugestimmt werden. Eine individuell-willkürliche Ausdeutung, ohne Berücksichtigung der Vorgabe durch den Künstler, dürfte aber gleichermaßen fragwürdig sein, da sie evtl. zu einer Entstellung führen kann. Die Deutung sollte sich vielmehr an der Begriffsübereinstimmung zwischen Künstler und Betrachter orientieren (s. Kap. 12). Insofern sind alle Mitteilungen aus dem persönlichen Umkreis des Künstlers von Wichtigkeit, es sei denn, sie wären lediglich aus einer Art Persönlichkeitskult motiviert. Daß diese Orientierung zu bemerkenswerten Ergebnissen und damit Informationen führen kann, die unverrückbare Gültigkeit besitzen, zeigt die fundierte Untersuchung von F. W. Fischer über M. Beckmann. Erst das Quellenstudium der von M. Beckmann benutzten Literatur öffnete den Zugang zur hermetischen Figurenwelt dieses Künstlers.
So erfreulich Fortschritte in dieser Weise sind – einen Idealzustand mit perfekter Auflösung aller Chiffrierungen und womöglich einer Aufklärung aller Deutungsdifferenzen wird es wohl zu keiner Zeit geben. Dan Sperber (1975, S. 33) meint dazu: »Jedenfalls liegt es auf der Hand, daß kein explizit oder implizit geteiltes Wissen es erlaubt, jedem Symbol seine Interpretationen, jeder Interpretation ihre Symbole zuzuweisen, kurz, eine Gesamtheit von Paaren zu setzen, um dann ihre Struktur abzusondern.«

08 SYMBOLE IN DER MODERNEN KUNST – EIN SYSTEM VON ZEICHEN?

»Die bildenden Künste beim Eintritt in das neue Jahrhundert« lautet die Überschrift zu einem Artikel von Wilhelm von Bode, den er 1899 in der Zeitschrift 'Pan' (5. Jahrg. S. 264f) veröffentlichte. Darin findet sich folgende Äußerung: »Allegorische, symbolistische und selbst biblische und mythologische Darstellungen sind nur dann erträglich und berechtigt, wenn ihr Inhalt zugleich Gemeingut der Beschauer ist, wenn er sofort jedem verständlich ist und ein Ausdruck der Anschauungen und Empfindungen der Zeit darin gegeben wird. Unsere prosaische und kritische Zeit hat aber die alten Begriffe, die alten Symbole über den Haufen geworfen. . .«
Diese Äußerung resultiert offenbar aus einem Gefühl des Überdrusses und entstammt einer Zeit, die vom Symbolismus frustiert war. Sie nimmt bereits einen Zustand vorweg, der eigentlich erst nach dem Ersten Weltkrieg erreicht wurde, jedenfalls im Bewußtsein der Allgemeinheit.
Was ist an dieser Behauptung heute noch aktuell? Gelten lassen würden wir ohne weiteres den Passus »Ausdruck der Anschauungen und Empfindungen der Zeit«. Er ist jedoch gekoppelt mit der Auflage, »wenn ihr Inhalt zugleich Gemeingut der Beschauer ist«. Immerhin sagt W. von Bode nicht: der Allgemeinheit. Dennoch ist seine Forderung ziemlich hoch angesetzt. Ob z. B. die doch recht verschlungenen Heiligenlegenden auf Kirchenfenstern und Altarflügeln wirklich einmal Gemeingut aller sozialen Schichten waren – es ist üblich, wie selbstverständlich davon auszuzugehen –, sei mit gewisser Skepsis angefragt. Welche Situation nämlich zur Zeit der Renaissance bestand, erfahren wir bei M. Francastel (in: Peinture et Societé, 1951, S. 43): »Die Kunst der Renaissance ist ein System konventioneller Zeichen, das nur für jene gültig ist, die in der Gesamtheit der Postulate einer Zivilisationsepoche eingeweiht sind, die gleichzeitig gläubig und intellektuell, religiös und

rationell war. Diese Kunst ist also dem Nichteingeweihten nicht ohne weiteres zugänglich, und es muß der Zeitpunkt kommen, an welchem sie den Erfahrungen einer neuen Epoche nicht mehr entspricht.«

Doch kommen wir auf W. von Bodes Äußerung zurück und ersetzen »Betrachter« durch »Interessierte«, so mag er für die damalige Zeit wohl recht gehabt haben. Ob heute seine Behauptung – auf die Gegenwart übertragen – noch bejaht werden kann, darf angezweifelt werden. Was hat sich geändert? Dazu nur ein paar Stichworte.

Die künstlerische Szene hat sich enorm erweitert und ist – das kreative Potential einmal zusammengenommen – weltweit unübersehbar geworden. So sehr sich einige Promoter sowie der Kunsthandel bemühten: Ein Gleichtakt ließ sich nicht herbeiführen (denken wir z. B. an die Aktivität der Wiener Schule schon zur Zeit des Tachismus). Es besteht nicht nur ein Internationalismus, sondern zugleich ein Stilpluralismus. Weder die Fülle des Produzierten noch die auseinanderlaufenden Tendenzen lassen es menschenmöglich erscheinen, daß der Inhalt »Gemeingut der Interessierten« ist. Deshalb herrscht bei vielen Interessierten (besser vielleicht: bei den Sammlern) Spezialisierung vor. Die Kommunikation funktioniert aber offenbar: Es gab wohl zu keiner Zeit eine derart umfangreiche Interpretationsliteratur, und wohl noch nie war das Sammeln von zeitgenössischer Kunst so populär (die zweifelhaften Seiten daran mögen hier unerörtert bleiben).

Daraus folgt immerhin, daß der Dialog zwischen Kunstwerk und Betrachter intensiv ist. Ob der Künstler auch immer verstanden wird, kann daraus nicht ohne weiteres gefolgert werden. Zumindest beim Sammeln herrschen wohl formale Motive vor.

Wie hat sich Herbert Read (1963, S. 19) zu dieser Thematik geäußert? Er schreibt: »Ich kann mir in der Wissenschaft kein Kriterium für die Wahrheit denken, das nicht mit gleicher Gültigkeit auf die Kunst anwendbar wäre. Die Kunst hat ihre Symbolsprache, während die Wissenschaft eine Zeichensprache hat, aber auch eine Symbolsprache hat ihr exaktes auf Übereinkunft beruhendes System von Regeln. Die schöpferische Einbildungskraft hat eine nicht weniger zwingende Logik, als die Logik der wissenschaftlichen Argumentation, und beide Tätigkeiten vertreten dasselbe Ideal der Klarheit.«

Daß es sich bei den bildnerischen Mitteln um Zeichen handelt, wird wohl nicht bestritten. Daß H. Read völlig selbstverständlich von einem »symbolischen System der Kunst« (vgl. Kap. 04) spricht, überrascht. Schließlich setzt ein System eine festumrissene Ordnung voraus. H. Read läßt aber nicht verlauten, wo und wie sich diese Ordnung abzeichnet. So kann nur vermutet werden, daß er diese Gewißheit aus seiner Anlehnung an die Jungsche Vorstellung der Archetypen als Analogien bezog. Diese Gewißheit kann aber heute nicht mehr ohne weiteres akzeptiert werden (s. S. 40).

Kehren wir noch einmal zur Malerei der Jahrhundertwende zurück. Rückblickend schreibt Wilhelm Hausenstein (1949, S. 19): »Es wurde die Formel gefunden: Vom Abbild zum Sinnbild«. Verbal schien damit alles geklärt; doch bald taucht die Diskrepanz zwischen der früher (angeblich) so festen Ordnung und den im Vagen bleibenden neuen Symbolen auf (S. 20): »Nicht die Dinge sollten gemalt werden, sondern ihre *Bedeutungen* – wobei nun freilich unklar blieb, für *was* die Symbole eigentlich standen, da man von der Bedeutung der Dinge keinen festen, geordneten Begriff mehr besaß, wie ihn die Theologie des Mittelalters allerdings besessen hatte. Bewegte sich der Symbolismus im Vagen, so vollends die neue Kunst des frühen zwanzigsten Jahrhunderts.«

Diese Äußerung über die Zeit vor 1914 mag für damalige Verhältnisse zutreffend gewesen sein, heute wäre sie nur noch bedingt gültig, da mittlerweile ein Großteil interpretatorisch aufgearbeitet ist. Von diesem Vorgang ist auch bei André Breton (1967, S. 154) die Rede; er gelangt zu interessanten Weiterungen: »Wie die ganze intellektuelle Entwicklung dieser letzten zwanzig Jahre nötig war, um hinter Chiricos geheime Absichten zu kommen – die

ohne Zweifel dem Maler jener Arkaden, Türme und Schornsteine, jener Gliederpuppen und Zwiebäcke selbst verborgen blieben –, bin ich überzeugt, daß auch die sichtbaren Elemente der Malerei von Tanguy, die vorläufig noch unausgedeutet bleiben und unter denen folglich der Erinnerung eine Auswahl schwerfällt, sich zum Besten der zukünftigen Möglichkeiten des Geistes aufhellen werden. Es sind Worte einer Sprache, die man noch nicht versteht, die man aber bald lesen und sprechen und von der man feststellen wird, daß sie am weitesten den neuen Veränderungen angemessen sein wird.«
Diese Aussage überrascht, zumal der Wechsel auf die Zukunft, den A. Breton hier ausstellt, auch heute noch immer nicht eingelöst ist. A. Breton läßt geschickt offen, ob es sich um eine von Yves Tanguy entwickelte Sondersprache oder eine Sprache von allgemeiner Anwendbarkeit handelt. Wer sich eingehender mit dem Surrealismus beschäftigt hat, wird aber wohl mehr zu der Annahme gelangen, daß bei aller Weltveränderung, die die Surrealisten anstrebten und zu der sie eine allgemeinverständliche Verkehrssprache gebraucht hätten, hier doch wohl eine Sprache für Eingeweihte gemeint ist.
Wie es sich mit der Sprache der Surrealisten verhielt, teilt H. L. C. Jaffé (in: W. Sandberg/H. L. C. Jaffé 1961, o. S.) mit: »Die Sprache dieser Malerei [des Surrealismus] hat auch heute noch einen großen Einfluß, da ihre Form, ihre Symbole und ihre Atmosphäre aus dem Reich des Unbewußten stammen, uns allen vertraut und fremd zugleich. Hier gelang es der modernen Kunst wieder einmal, eine allgemeine Sprache der Zeichen und Symbole zu schaffen. . .«
Trotz einer bis in die Konsumwerbung reichenden Popularität surrealistischer Elemente bzw. Verfremdungseffekte kann diese Behauptung wohl keine Verbindlichkeit beanspruchen. Tatsache ist vielmehr, daß ein Großteil der von Surrealisten geschaffenen Bilder zwar formal durch große Ausstellungen in allen Kunstzentren akzeptiert wurde, jedoch längst nicht von allen Betrachtern im Sinne einer Aufschlüsselung verstanden worden ist.
So scheint die Wahrheit doch näher bei H. H. Hofstätters (1969, S. 157) Auffassung zu liegen, daß die »Bildzeichen . . . auftauchen, sich verhüllen, sich verändern«. Der Kontext dazu lautet: »Wir verwenden das Wort 'magisch' auch hier nur als Hilfswort für die Erscheinung in der Malerei, die durch zwei Elemente näher zu charakterisieren ist: Einmal durch die Setzung von Zeichen, die entweder von gegenständlichen Bildungen abstrahiert oder frei – aus inneren Erfahrungen – erfunden oder gefunden werden (Paul Klee spricht vom 'Bilder-Finden'). Zum anderen durch den traumartig-schwebenden Charakter, den diese Bildzeichen im Bildraum einnehmen, in dem sie auftauchen, sich verhüllen, sich verändern. Letzteres hängt deutlich mit dem Surrealismus zusammen, während die Zeichensetzung als solche durchaus mit der konstruktiven Kunst in Beziehung stehen kann, indem diese Zeichen etwa geometrischen Charakter tragen.«
Während jedenfalls für die Gruppe um A. Breton und die ihr Nahestehenden noch eine ideelle Übereinstimmung gegolten haben mag (ein Verstehen untereinander), hat es gegenwärtig jedoch den Anschein, als seien die meisten Künstler unabhängig voneinander bemüht, eine individuelle Zeichensprache zu entwickeln. Was G. R. Hocke (1975, S. 179) über Gerhard Hoehme berichtet, deutet in diese Richtung: »Der maßgebende Kritiker zeitgenössischer Kunst in Italien, der Kunsthistoriker Giulio Carlo Argan, schrieb in seiner neuen Geschichte der 'modernen' Kunst zwischen 1770 und 1970, Hoehme gehe über Wols, Klee und Kandinsky, Bissier und Baumeister hinaus, da für ihn alles zum 'Zeichen' werde. Sein Universum ist ein Universum von Zeichen. Das Bild ist nur ein provisorisches Zwischenstück (diaframma), auf dem die umherschweifenden Zeichen sich niederlegen und sich sichtbar machen.«
Zunächst hat es den Anschein, als sei mit dem universellen Aspekt das Gegenteil zu beweisen. Es ist aber deutlich von »seinem Universum« die Rede, also einer individuellen

Zeichensprache, bei der nicht ausgeschlossen wird, daß bisher gebräuchliche (»umherschweifende«) Zeichen einbezogen werden.
Juliane Roh (1971, S. 115) hat sich in ihrem Band 'Deutsche Kunst der 60er Jahre' mit der noch andauernden Situation beschäftigt und kommt zu dem Ergebnis: »Bei vielen Gestaltern ist die Künstlichkeit und Indirektheit unserer Wahrnehmungsweise Anlaß, Zeichen und Signale zu tragenden Elementen ihrer Bildwelt zu machen. Das Zeichen wird vielfach wichtiger als das Bezeichnete, insofern es genügt, um unser Handeln zu bestimmen. Wir schließen von Meßdaten und Signalen auf reale Verhältnisse, auf bestimmte Vorgänge, ohne diese selbst ins Auge fassen zu müssen. Bestes Beispiel: der Blindflug eines Piloten. Er kann seine Aufmerksamkeit auf sein Armaturenbrett beschränken. Die Zeichen geben ihm bessere Informationen als der Blick durchs Fenster. Diese indirekte Form der Wahrnehmung interessiert heute viele Künstler. Manche verzichten sogar darauf, den Bedeutungshorizont der Zeichen überhaupt noch mitzuliefern (Conceptional Art). Für andere hingegen ist es gerade reizvoll, die Zeichen und ihre Bedeutung optisch zur Deckung zu bringen oder aber den Spannungsbezug zwischen Zeichen und Realität bewußt zu machen. Die Realität erscheint dann eingefangen im Raster von Meßblättern oder auch eingedeicht durch Folien: verkleinert, vergrößert, entfernt oder nahe gerückt, in jedem Falle anders als dem unbewaffneten Auge. Der Zusammenhang wird im Ornamentalen gefunden, d. h. in einer Harmonie des schönen Scheins, welche die merkwürdige Diskrepanz zwischen Zeichen und Bezeichnetem, Sender und Signal poetisch überspielt.«
Dieser Textausschnitt ist in mehrfacher Hinsicht von Interesse. Zwei Gesichtspunkte verdienen hervorgehoben zu werden.

1. »Manche Künstler verzichten sogar darauf, den Bedeutungshorizont der Zeichen überhaupt noch mitzuliefern« – ein Symptom geistiger Absonderung und damit einer deutlichen Absage an ein allgemeinverbindliches System. Wie es dazu kam, beschreibt C. Giedion-Welcker in ihrer Brancusi-Monographie (1958, S. 18): »Da wir uns heute in einer Kulturphase befinden, in der eine durchgehende Glaubens- und Lebensgemeinschaft fehlt und daher eine sinngeladene und allgemeinverständliche Zeichensprache verloren gegangen ist, mußte bei den Künstlern, bei den Malern, Bildhauern und auch den Dichtern eine vorläufig noch individuelle Symbolsprache einsetzen, deren Aufnahme sich beim Publikum auf der Basis einer selbstverständlichen kulturellen Konvention noch nicht vollziehen konnte, wie es in den großen Epochen der Vergangenheit möglich war. Das Vokabular dieser künstlerischen Sprache scheint sich daher im Gegensatz zu einer kollektiven Auswirkung in früheren Epochen, die heute noch bei allen archaischen Völkern existent ist – aus den verschiedenen künstlerischen Einzelzellen heranzubilden und zu begegnen. Gerade dieses Phänomen mag auf die Entstehung eines neuen geistigen Weltbildes hindeuten . . .«
   Immerhin kommt die Autorin zu einer optimistischen Aussage, indem sie die Möglichkeit eines »neuen geistigen Weltbildes« andeutet.
2. »Der Zusammenhang wird im Ornamentalen gefunden, d. h. in einer Harmonie des schönen Scheins« – ein gesellschaftspolitisch bedeutsames Symptom.
   Die Unverbindlichkeit des Ornamentalen ermöglicht zwar vielen Zugang und Wertschätzung, ein inhaltlicher Kontakt bzw. eine Bindung kommt aber über das Ornamentale nicht zustande.

In seiner Studie 'Auf dem Weg zu einem neuen Symbolverständnis' liefert R. Volp (1971, S. 183) zugleich auch eine Sichtung wichtiger Literatur. Dabei führt er aus: »In diesem Zusammenhang sei angemerkt, wie die Märchenforschung die Aufgabe des Symbols erhellen kann: *Ortrud Stumpfe* hat eine Untersuchung vorgelegt, in der die innere Landschaft typischer Zentralmotive bis hinein in die gesellschaftlichen Verästelungen hin abgesucht wird (Die Symbolsprache der Märchen, 1969). Danach sind Symbole keineswegs generalisierbar: die kulturelle Farbe der Handlungsabläufe entspricht persönlichen Werdestufen, auf denen sich die wesentlichen Grundkräfte spezifisch herausformen und abgrenzen. Auch die jüngste Entwicklung der Freud-Schule tendiert in diese Richtung. Während Freud mit Ernest Jones meinte, nur das Verdrängte bedürfe der symbolischen Darstellung, um regressiv etablierte Hemmungen zu überwinden, gehören nach *David Beres* Symbole wie Bilder zur Grundkomponente des Bewußtseins als 'ubiquitäre seelische Repräsentanzen' (Psyche, 12/70). Sie ermöglichen es, 'die Gegenwart mit der Vergangenheit und Zukunft zu verknüpfen, das abwesende Objekt heraufzurufen und bewußt zu erinnern'. *Alfred Lorenzer* (1970) sieht noch schärfer das Unbewußte als bloßes Reiz-, das Ich dagegen als Organisationszentrum an: dieses bilde die Symbole. Nur, soweit sie imstande sind, für alle Mitglieder einer gesellschaftlichen Gruppe den gleichen Sinn zu geben, führen sie zu einem Sprachsystem.«

Wenn es an diesem letzten Satz die Realität im Bereich der bildenden Kunst zu überprüfen gilt, kann die Antwort nur negativ ausfallen, denn von einem »Sprachsystem« kann wohl kaum die Rede sein; auch ein übereinstimmendes Weltbild ist nicht zu erkennen.

Unbestritten bleibt für jeden einzelnen die Fähigkeit zur Symbolbildung. Wie die amerikanische Philosophin S. K. Langer sie bewertet, darüber referiert R. Volp (1971, S. 183): »*S. K. Langer* . . . sieht in dem fundamentalen Begriff der Symbolisierung den 'Schlüssel zu aller menschlichen Existenz' (S. 33), der Sprache der Wissenschaft wie der Kunst, der Sozialisierung wie der Religion. Und dies nicht bloß, weil das menschliche Bewußtsein in einem dauernden Prozeß psychophysische Impulse der Symbolisierung transformiert, sondern weil durch Symbole der Mensch konstruktiv, nicht passiv antwortend reagiert.«

Abschließend noch ein Blick auf die neuere Entwicklung. Im Zusammenhang mit der documenta 5 kam der Begriff »Individuelle Mythologie« en vogue, und einer ihrer Organisatoren, Harald Szeemann, stellte die Behauptung auf, daß, »was subjektive Aussage ist, am meisten Brücken schlägt«.

Mit dieser paradoxen These hat sich Peter F. Althaus (1972, o. S.) auseinandergesetzt: »Für mich ist der bildnerische Ausdruck unter anderm stets eine Sprachform, mittels der ein Mitteilungsbedürfnis mit seiner näheren und weiteren Umgebung zu kommunizieren versucht. Grundbedingung einer brauchbaren Sprache ist die Übereinkunft zwischen 'Sendendem' und 'Empfangendem' über die Bedeutung der verwendeten Laute oder Zeichen (informationstheoretisch: die beidseitige Kenntnis des Codes).«

Damit bewegt sich P. F. Althaus auf dem Boden der Erkenntnisse des Strukturalismus (vgl. Kap. 07). Des weiteren berührt sich sein Standpunkt mit dem J. Rohs, indem er fortfährt: »Vermutlich wird die allgemeine Kommunikation von vielen Künstlern auch gar nicht angestrebt; sie ziehen sich vielmehr bewußt oder unbewußt auf sich selber, in ihre subjektive Vorstellungswelt und damit auf eine kleine esoterische Gruppe zurück, in der sie sich in ein – selbstgeschaffenes – Ordnungssystem integrieren und in der sie sich sicherer fühlen, als in einer wenig transparenten, manipulierten Umwelt.«

Hier ist von dem Optimismus der Generation C. Giedion-Welckers nichts mehr zu spüren. Die Realität scheint P. F. Althaus recht zu geben, denn die Interpreten tun sich in aller jüngster Gegenwart sichtlich schwer mit der Aufarbeitung von Verschlüsselungen, beispielsweise der Objektkunst. Rolf Wedewer (in: L. Romain/R. Wedewer 1972, S. 19) stellt in bezug auf Joseph Beuys fest: »Das Objekt wird zu einem Erinnerungshinweis vor dem Horizont nicht so sehr der Erfahrung als des Begreifens. Insofern kann man den Symbolismus des Faktischen als eine Metapher deuten, die jedoch weniger inhaltlich als methodisch bestimmt ist. Folgerichtig läßt sich das einzelne Faktum, nämlich das Objekt, auch nicht interpretieren im gewohnten Sinne, sondern nur der methodische Ansatz und seine Entfaltung, wie er in der Geste der Darbietung deutlich wird.« Diese Einschränkung ist aus der Sicht der Kommunikation Kunstwerk/Betrachter wohl nur zu bedauern.

09 KÜNSTLER UND SYMBOL

Zunächst hat es den Anschein, als ob das Verhältnis des Künstlers zum Symbol keiner Klärung bedürfe, da die Fähigkeit des Künstlers, Symbole zu finden, von den Kunstinteressierten nicht in Frage gestellt wird. Äußerungen wie die von C. G. Jung (s. S. 40) gelten eigentlich als selbstverständlich. Wer sich jedoch umhört, welchen Standpunkt die Künstler selbst einnehmen, wird erstaunt sein, welch schroffe Ablehnung ihm entgegenschlägt, vor allem von einigen Prominenten. »Meine Malerei mit bewußtem oder unbewußtem Symbolismus gleichzusetzen heißt ihre wahre Natur verkennen«, läßt R. Magritte (in: S. Gablik 1971, S. 11) verlauten und bei M. Chagall (in: H. Demisch 1959, S. 68/9) heißt es: »Ich will keine Romantik und keinen Symbolismus! Wenn man schließlich ein Symbol in meinem Bilde entdeckt, so habe ich das nicht gewollt. Es ist ein Ergebnis, das ich nicht gesucht habe.«
Georges Braque hat sich die Deutung seiner Vogelbilder (seit 1950 entstanden) regelrecht verbeten, wie Georg Schmidt (1966) berichtet, und Naum Gabo (Kat. Mannheim 1965, o. S.) wehrte ab: »In meinen Arbeiten ist nichts Symbolisches.«
Die Radikalität solcher Äußerungen erklärt sich wohl aus der existentiellen Situation des Künstlers. Er ist infolge seiner ideellen Entscheidung überwiegend außerhalb des rationalen Bereichs tätig und zwar als Einzelkämpfer. Im Gegensatz zum Naturwissenschaftler ist ihm das planvolle Forschen wesensfremd. Das hängt mit dem ganzheitlichen Empfinden zusammen, dem jeweiligen Bild der Welt, von dem der Künstler erfüllt ist. Insofern liegt dem Künstler nichts an detaillierter Analyse.
Außerdem ist nicht auszuschließen, daß die Künstler instinktiv spüren, was C. G. Jung (1967, S. 253) über die Auflösbarkeit des Symbols ermittelt hat: »Ein Symbol verliert seine sozusagen magische . . . Kraft, sobald seine Auflösbarkeit erkannt ist. Daher muß ein wirkendes Symbol eine unangreifbare Beschaffenheit haben . . . es muß dem Begreifen so ferne stehen, daß dem kritischen Intellekt alle Mittel fehlen, um es gültig auflösen zu können, und schließlich muß seine ästhetische Form dem Gefühl überzeugend entgegenkommen, so daß auch keine gefühlsmäßigen Argumente sich dagegen erheben.«
So kann nicht verwundern, wenn wir die strikte Ablehnung, je nach Temperament, sogar noch gesteigert antreffen. V. Takis (1966, o. S.) z. B. schleuderte folgendes heraus: »Wir haben die heiligen Symbole in die Wüste gejagt und sie durch elektrische Augen ersetzt.«
Interessant an dieser Bemerkung ist, daß hier von Ersatz die Rede ist. Die Ablösung von den tradierten Symbolen ist für den heutigen Künstler offenbar von vorrangiger Bedeutung. Unausgesprochen wird durch die »elektrischen Augen« bestätigt, daß es dem Künstler darauf ankommt, *zeitgemäße* Symbole zu setzen. Die überlieferten Symbole jedoch erscheinen – und das geht aus vielen Äußerungen hervor, die hier nicht alle zitiert werden können – verständlicherweise als eine Zwangsjacke, die den Künstler an einer kreativen Fortentwicklung hindert. Insofern muß er – wie V. Takis – die Nabelschnur zur traditionellen Symbolik (vgl. W. von Bode, S. 44) durchschneiden.
In seinem Buch über Rudolf Hoflehner kommt Werner Hofmann (1965b, S. VIII/IX) auf die besondere Fähigkeit des modernen Künstlers zu sprechen und führt aus: »Überhaupt zählt ja zu den wichtigsten und weitestreichenden Errungenschaften des Kubismus der Nachweis, daß die künstlerische Wirklichkeitsaneignung nicht nur den Weg der Nachahmung, sondern auch den der Erfindung von Wirklichkeit einzuschlagen vermag. Damit wird der Künstler

der Botmäßigkeit des Illusionismus entlassen, mit Eigenmacht und *symbolsetzender Autorität* [Hervorhebung des Hrsg.] ausgestattet.«
Diese Erklärung ist insofern wichtig, als sie den uns interessierenden Zeitraum – angefangen beim Kubismus – betrifft und die genuin künstlerische Fähigkeit zur Symbolsetzung auch für die heutigen Künstler bestätigt. Daß sich manche Künstler verbal so stark gegen die Registrierung von Symbolen in ihren Bildern wehren, liegt in der Hauptsache wohl darin, daß sie die Vorstellung eines allgemeingültigen Symbolkanons schreckt, dem sie sich vermeintlich unterordnen müßten. Wenn J. Bissier 1947 in seinem Tagebuch notiert (in: W. Schmalenbach 1974, S. 80): »Immer wieder die Entdeckung, daß ich über die eigentlichen, die eindeutigen Symbole hinaus bin«, läßt das die Folgerung zu, daß von den Künstlern nicht ihre Fähigkeit, Symbole zu setzen, bestritten wird, sondern ihre Identifizierung mit den »eigentlichen« Symbolen (hier ist wohl der übliche, tradierte Kanon gemeint). In einer anderen Tagebuchstelle (1944) sieht J. Bissier das Ziel folgerichtig in »einem überaugenblicklichen, überpersönlichen, ja außer-menschlichen Standpunkt«, der seiner Meinung nach »zur Metapher führt und zum Symbol«.
J. Bissier betrachtet es offenbar als großen Fortschritt, geradezu als »Entdeckung«, daß er die Grenze des Üblichen überschritten hat und zu neuen Symbolen gelangt ist. Sein Oeuvre weist in der Tat einen reichen Symbolfundus auf.
M. Chagall hat übrigens (in: H. Demisch 1959, S. 69) später eingeräumt: »Natürlich hinterher mag man es als symbolisch erleben, das ist etwas anderes!« Wie sehr er danach trachtete, von der symbolistischen Auffassung der Jahrhundertwende wegzukommen, bestätigt sein Ausspruch (in: W. Schmalenbach 1968, S. 92): ». . . so im Grünen Juden, den ich umgeben von hebräischen Worten und Buchstaben malte (das ist kein Symbolismus, ich habe das so gesehen, das ist die eigentliche Atmosphäre, die ihn umfängt) . . . Ich glaube, daß ich auf diese Weise das Symbol erreiche, ohne symbolistisch oder literarisch zu sein.«
Auch R. Magritte blieb nicht verborgen, daß seine Bilder analysiert und auf Symbole hin untersucht wurden. Die Betrachter ließ er wissen (in: S. Gablik 1971, S. 11): »Menschen, die nach einer symbolischen Bedeutung suchen, gehen an der Poesie und dem Mysterium vorbei, die einem Bild innewohnen.« Denen, die seine Bilder zu deuten versuchten, pflegte er mit Bezug auf S. Mallarmé zu sagen: »Sie haben mehr Glück als ich.«
Hier empfiehlt es sich, das Symbolverständnis der Pariser Surrealistengruppe um A. Breton etwas zu beleuchten, der auch R. Magritte zeitweilig angehörte. Ihr Leader äußerte sich betont energisch (in: E. Crispolti 1974, S. 13): »Gegenständliches, Ideen, vorgestellte Gedanken, Symbole – das alles muß ausgeschieden werden.« L. Glózer (1974, S. 77) behauptet allerdings das Gegenteil, indem er feststellt: »Der Surrealismus geht vom Primat des Symbols aus. Das surrealistische Objekt rechnet von vornherein mit dem Symbol-Wert.«
Nach Auffassung der Surrealisten selbst sowie der Mehrzahl der Interpreten steht das Bild als Symbolträger konträr zu der von den Surrealisten propagierten psychischen Automation. Indirekt wird mit dieser Äußerung die Auffassung vertreten, in der Geschichte der Malerei sei es erstmalig den Surrealisten gelungen, Bilder ohne vorgefaßte Konzeption zu malen, eine Fähigkeit, die C. G. Jung allen »geistigen Wesen« als Punkt 2 (s. S. 40) konzediert. E. Crispolti (1974, S. 8), der A. Breton zitiert, folgerte: »Das surrealistische Bild kann also nicht interpretiert werden, indem man es mit Hilfe einer Übereinstimmung von Symbolwerten oder noch unpassender mit Hilfe einer allegorischen Beziehung zu entschlüsseln sucht, sondern vielmehr kraft eigener vollkommener Willkür und kraft der erzeugten sinnlichen Vorstellungen, die ein solcher Willkürakt hervorzurufen imstande ist . . .«
Hier soll nicht bestritten werden, daß sich die Bilder der Surrealisten in der Tat weitgehend einer Ausdeutung entziehen bzw. bisher entzogen haben. Doch Max Ernsts Vogelfiguren lassen z. B. deutlich persönliche Bezüge erkennen; auch hat er selbst Interpretationshilfen

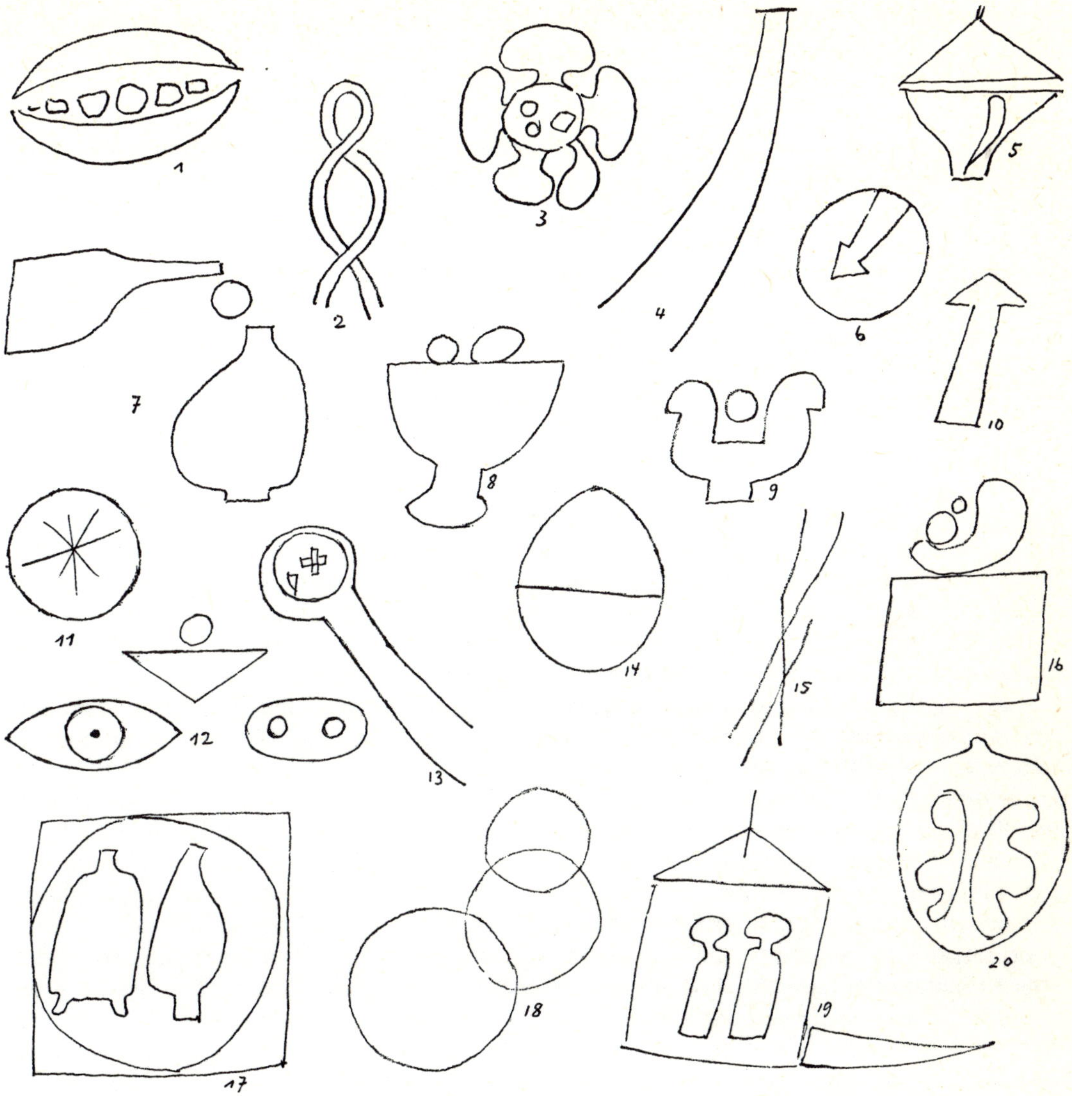

Symbolformen, die im Werk *Bissiers* häufig auftreten
(nach Werner Schmalenbach: Julius Bissier. 1974, S. 78)

1 Muschel
2 Oknosschlinge
3 Lotosblüte
5 brennende Ampel
6 Kreislaufsymbol
7 gebend und empfangend
8 Cistamotiv
9 Cistamotiv
10 der aufsteigende Pfeil
11 das Rad
12 drei verschiedene Schreckaugensymbole
13 Kopf mit Schweif – Anfang und Ende
14 das zweigeteilte Ei
15 die sich überschneidenden Fäden
16 Cista oder auch Kypsela
17 Einheit bildende Gegensatzpaare
18 die drei Kreise
19 Zwillinge (Zwillingswagen)
20 die Nuß

gegeben. Ferner taucht bei R. Magritte sehr häufig die Balustersäule *(bilboquet)* auf, so daß auf ein personales Symbol geschlossen werden kann. Es war Max Ernst, der mit der Verbal-Collage »Phallustrade« eine einleuchtende Deutung lieferte. R. Magritte (in: M. Jean 1961, S. 185) blieb allerdings zeitlebens bei der Schutzbehauptung: »Der Gedanke drängt sich auf, daß die Beziehungen zwischen einem Gegenstand und dem, was ihn darstellt, nur gering sind.«
Um diese offene Frage einer Klärung zuzuführen, hat Wieland Schmied (1969 b, S. 21) einen beachtenswerten Vorschlag gemacht, der allerdings meines Wissens noch nicht realisiert wurde: »Unabhängig von ihnen [Alphabet der Figuren] lohnt es sich, 'Alphabet' und 'Vokabular' Magrittes systematisch zu katalogisieren und seiner 'Grammatik' nachzugehen, nach der er aus diesem Vokabular den 'Satz' des einzelnen Bildes formt.«
Warum R. Magritte zeitlebens – etwas banal gesagt – dieses Versteckspiel trieb, meint George Melly herausgefunden zu haben. Geistreich formuliert er (in: W. Schmied 1969 b, o. S.): »Er ist Geheimagent, und seine Sache ist es, den Apparat der bürgerlichen Realität in Verruf zu bringen. Wie alle Saboteure vermeidet er es, erkannt zu werden, indem er sich wie jedermann kleidet und verhält.«
Nun hat Arnold Gehlen (1960, S. 78) eine bemerkenswerte Feststellung gemacht, bei der er sich wiederum auf D.-H. Kahnweiler bezieht: »Er sieht im Kubismus die Kunstwende, in der die Malerei der Verpflichtung überhoben wurde, die sichtbare Welt nachzuahmen. Sie strebte jetzt die Schaffung von aus sich selbst und in sich selbst existierenden Kunstwerken an und konnte nun 'gleichsam von innen her ein Gefüge von Zeichen schaffen, die aus dem Wesen des Werkes selbst hervorgehen und dennoch die Außenwelt bezeichnen' . . . In dieser Auffassung des Bildes liegt etwas tief Dialektisches: Das Bild soll einerseits eine Schöpfung eigenauthentischer Art sein, kein 'Abbild', sondern eine souveräne Gestaltung, und andererseits doch die Außenwelt eindeutig 'bedeuten' . . .«
Diese dialektische Situation findet sich auch bei zahlreichen anderen Künstlern. Als Beispiel für die Kunst der Gegenwart mag Bernd Krimmels (1974, o. S.) Ausführung über Pierre Alechinsky gelten: »Alechinskys Malerei ist nicht 'symbolisch'. Sie geht weder vom Symbol aus, noch hat sie das Symbol als Ziel. Sie strömt aus den Quellen einer vielschichtigen Persönlichkeit und trägt in der Fülle ihrer Formbewegungen und Farbflüsse persönliche und überindividuelle Bilder mit. Im Sog der schöpferischen Eruption werden auch die fossilischen Figurationen aus den Tiefen menschlicher Erfahrungsablagerungen mitgerissen und mit den Keimen neuer Visionen vermischt.«
Mit den »fossilischen Figurationen aus den Tiefen menschlicher Erfahrungsablagerungen« können nur die Archetypen gemeint sein, schimmert also Jungsches Denken hindurch, und es fällt schwer, vor diesem Hintergrund ein Dementi jeglicher Symbolik zu akzeptieren. Mit dieser Aussage zeichnet sich ab, daß Künstler und ihnen nahestehende Interpreten angestrengt bemüht sind, statt der üblichen Symbole »persönliche und [zugleich] überindividuelle Bilder« zu schaffen, ein aus dem Selbstwertgefühl des Künstlers heraus erklärliches Tun.
Diese Fähigkeit gilt unter Interpreten als eine der höchsten Auszeichnungen, die einem Künstler gegeben werden kann. W. Schmied (1975, S. 31) gesteht sie z. B. Friedrich Schröder-Sonnenstern zu: »Die Geschlechtlichkeit seiner Figuren ist die von Phantasiewesen, nicht die des Menschen, ist die Erotik von Lemuren und Mondbewohnern, von engelhaften und teuflischen Wesen, für die er – zeichnerisch unbeholfen und doch signifikant, überhöht von komplexer Farbigkeit – schlüssige, nie zuvor gesehene Symbolzeichen findet.«
Werner Haftmann (1974, S. 35) schreibt diese Fähigkeit auch Marc Chagall zu und teilt zum Thema der 12 Stämme Israels mit: »Um diese Grundembleme erfindet sich Chagall eine ganz persönliche Ikonographie. Die Thora, der Davidstern, der siebenarmige Leuchter, Schriftzeichen, Pflanzen und Getier füllen die Fläche. Sie folgen dem assoziativen Spiel der

Phantasie und lassen vielfältige Deutungen zu, die den Geist des Betrachters zum Mittun anregen. Chagall hatte in seinen Bildzeichen stets nach der dichterischen Ausdruckskraft des Emblems gesucht und hatte in Bildern wie dem 'Engelssturz' diese zeichenhafte Kraft auch erreicht. In den Jerusalemfenstern aber kommt, getragen durch die sakrale Aufgabe und die Eigenheit des Glasfensters, diese Kunst der Emblematik zu ihrer Höhe. Hier wird das einzelne Zeichen wahrhaft stellvertretend für ganze Vorstellungsräume und erhält im Lichtraum der heraldischen Farbe bedeutende meditative Kraft.«
Dieses Zitat ist zugleich eine Bestätigung für die von C. G. Jung als Punkt 3 erwähnte Fähigkeit der »autonomen und souveränen Manipulation der Bilder«. Wie diese Manipulation – ein gegenwärtig sonst meist negativ belasteter Begriff – ablaufen kann, berichtet Françoise Gilot (/Carlton Lake 1965, S. 306) sehr einleuchtend, indem sie P. Picasso sagen läßt: »Die Menschen haben seit Jahrhunderten gesagt, die Hüften einer Frau seien geformt wie eine Vase. Das ist nicht mehr poetisch, es ist längst zum Klischee geworden. Ich nehme eine Vase und mache aus ihr eine Frau. Ich nehme die alte Metapher, lasse sie in entgegengesetzter Richtung wirken und gebe ihr dadurch neues Leben. So war es zum Beispiel mit dem Brustkorb der Ziege. Ein Brustkorb sieht ohne Zweifel so aus wie ein geflochtener Weidenkorb. Ich gehe den Weg zurück vom Korb zum Brustkorb: von der Metapher zur Realität. Ich mache die Realität sichtbar, weil ich die Metapher gebrauche. Die Form der Metapher mag abgenutzt oder zerbrochen sein, ich nehme sie trotzdem, wie abgenutzt sie auch immer sein mag, und gebrauche sie auf eine so unerwartete Weise, daß sie ein neues Gefühl im Geist des Beschauers auslöst, weil sie im Moment des Anschauens seine gewohnte Weise stört, das Gesehene zu identifizieren und zu definieren. Es wäre sehr leicht, diese Dinge mit traditionellen Methoden zu schaffen. So kann ich jedoch den Geist des Betrachters in einer Richtung fesseln, die er nicht vorausgesehen hat, und ihn Dinge neuentdecken lassen, die er längst vergessen hatte.«
Der Text läßt an Anschaulichkeit nichts zu wünschen übrig, erklärt er doch, wie auch die abgenutztesten Gegenstände vom Künstler neu geformt, vom Betrachter neu begriffen werden können. Diese Sicht deckt sich mit der Auffassung von Willi Baumeister (1967, S. 139): »Der Künstler wird nur jene Formen erkennen, die ihm zu einer Aussage dienen. Das Adäquate im Menschen, das, worin er ein Symbol seiner selbst findet.« Daß allerdings der Weg in den Elfenbeinturm einer spezifisch persönlichen und damit hermetischen Symbolik sehr problematisch verlaufen kann, bestätigt Paul Vogt (1972, S. 81) mit seiner als Synthese anzusehenden Erfahrung: »Nur dort, wo es gelingt, eine gültige künstlerische Form zu finden, wo eine Einordnung persönlicher Erfahrungen in universellere geistige Zusammenhänge möglich ist, kann das Bild über die unfruchtbare Selbstdarstellung hinaus zum verbindlichen Symbol nicht allein des schöpferischen Individuums, sondern auch seiner Zeit werden.«

10 GESELLSCHAFT UND SYMBOL

Die Feststellungen von Juliane Roh über Tendenzen in der Kunst der 60er Jahre (s. S. 47) setzen für diesen Abschnitt zunächst einmal ein negatives Vorzeichen. Die Diskrepanz zwischen Zeichen und Bezeichnetem und die »Harmonie des schönen Scheins« sind als alarmierende Symptome für eine Gesellschaft anzusehen, die sich einen funktionierenden Informationsfluß zwischen Kunstwerk und Betrachter wünscht und gegenwärtig einen lebhaften Zeichenaustausch zwischen Vorstellungswelt des Künstlers und Intellekt des Sammlers vorzuspiegeln vermag.
In seiner 'Geschichte der modernen Plastik' versucht H. Read (1966b, S. 57/8) über die

nicht erst Ende der 60er Jahren aufgetretene Diskrepanz hinwegzutrösten, indem er schreibt: »Zwar trieb die Revolution der modernen Kunst im selben Maße, wie sie fortschritt, ihre Energien in verschiedene Richtungen vor, aber sämtliche an ihr beteiligten Künstler ließen sich weiterhin von demselben Willen leiten: Symbole zu finden, um ihre inneren Gefühle, die sie mit allen Menschen teilen, zeichenhaft darzustellen.
Daß ihre Suche oft ins Esoterische geriet, ist leicht zu verstehen. Eine symbolische Kunst, eine Kunst freier Setzung, hatte lange Zeiten.«
Daß H. Read sich auf lange Zeiten einrichtet – gemeint ist hier wohl die Frist zwischen Entstehung eines Kunstwerkes (und damit möglicher neuer Zeichen), ihrer Entschlüsselung und deren Veröffentlichung –, ist durchaus pragmatisch und realitätsnah gedacht. Hinsichtlich der Aufarbeitung bestehen immer noch große Lücken (s. S. 12).
Nicht so gewiß wie H. Read sind wir uns mit den »Gefühlen, die sie mit allen Menschen teilen« (hier ist der Einfluß Jungschen Denkens unverkennbar). Zu Beginn des Jahrhunderts mag daran noch weniger Zweifel bestanden haben. Dafür ein Beispiel: In seinem, 'Skizzenbuch' (1960, S. 167) geht Werner Haftmann auf Franz Marc ein und schreibt: ». . . erkennt er als den höchsten Auftrag des Malers in seiner Zeit, 'Symbole zu schaffen, die auf die Altäre der kommenden geistigen Religion gehören' [Marc]. So fand sich Marc eingebunden in einen ganz umfassenden Auftrag und vor der Vision einer großen Epoche neuer geistiger Kultur. Diese Vision suchte er zu illustrieren.«
Das sozusagen aus der »Menschheitsdämmerung« herrührende, pantheistisch gefärbte Pathos F. Marcs ist durch die beiden Weltkriege so gut wie aufgerieben. Zumindest hat sich gezeigt, daß der kulturelle Überbau nur wenig, fast nichts vermag, um die Entfesselung geschürter Aggressionen zu verhindern.
Insofern ist es verwunderlich, wenn 1955 H. Read (1961, S. 153), stark idealistisch geprägt, schreiben kann: »Die Kunsttypen, die wir bisher betrachtet haben, sind immer als symbolische Ausdrucksweisen aufgefaßt worden, als die Erschaffung einer Form zur Bezeichnung eines Gefühls. Aber Cassirer [in: 'An Essay on Man', New York 1953, S. 212/13], der beste Vertreter dieser symbolischen Kunsttheorie, hat ausdrücklich betont, daß die Kunstformen außerdem 'eine bestimmte Aufgabe im Aufbau und der Organisierung menschlicher Erfahrung erfüllen'. Im Reich von Formen zu leben, bedeutet nicht ein Ausweichen vor den Fragen des Lebens, es bedeutet im Gegenteil die Verwirklichung einer der höchsten Energien des Lebens. Wir können von der Kunst nicht als von etwas 'Außermenschlichem' oder 'Übermenschlichem' sprechen, ohne einen ihrer Grundzüge, ihre formende Kraft bei der Gestaltung unseres menschlichen Daseins, zu übersehen.«
Wie es scheint, wird hier versucht, den Kulturoptimismus des 19. Jahrhunderts in eine veränderte Welt hinüberzuretten. Hans H. Hofstätter (1965, S. 212) hat nämlich ermittelt: »Ziel des bürgerlichen 19. Jahrhunderts ist die Verwirklichung eines irdischen Paradieses, das auf bürgerlichem Wohlstand, seiner Vermehrung durch wirtschaftlichen Fortschritt, öffentlicher Wohlfahrt und polizeilich geregelter Ordnung beruht. Dieses Ziel wird von den Symbolisten in Frage gestellt, verworfen und schließlich angegriffen, weil es – neben unbestreitbaren Annehmlichkeiten – Wohlbefinden in bürgerlicher Banalität, Scheinmoral und geistige Horizontlosigkeit bedeutet.«
Landläufig wurde die Kunst also als Möglichkeit der Harmonisierung verstanden, so daß Künstler, die psychische Abgründe und menschliche Konflikte aufzeigten, von der Mehrheit der Gesellschaft abgelehnt wurden (manipuliertes, aber resonanzstarkes Beispiel: die Ausstellung 'Entartete Kunst').
In welcher Situation befindet sich nun der heutige Künstler? Angesichts der Fülle der künstrisch Tätigen ist es problematisch, nur ein Beispiel herauszugreifen; doch es scheint zumindest für den Bereich der in diesem Band vertretenen Künstler durchaus symptomatisch zu sein:

Karl Fred Dahmen. Über ihn äußert Juliane Roh (1971, S. 13): »Bei Dahmen wird jeder Bildgegenstand unweigerlich zur Chiffre, die über diesen selbst und seine Herkunft hinausweist. Damit aber steht er in der Tradition jener Leitlinie unseres Jahrhunderts, in der Kunst über die Chiffre Zusammenhänge sichtbar macht, deren wir zur seelischen Bewältigung eines antinomisch überlasteten Daseins bedürfen. Eine solche Kunst der Sublimierung auch des Umheimlichen und des Abstoßenden versöhnt letztlich mit ihrem Gegenstand. Sie ist zutiefst tolerant und unfähig, Revolutionen anzuheizen.«
Diese Beobachtung zeigt fast schon analytische Begabung (»Zusammenhänge . . ., deren wir zur seelischen Bewältigung eines antinomisch überlasteten Daseins bedürfen«), reicht sie doch an das heran, was z. B. der Analytiker Tilman Moser als Ziel bezeichnet hat: »Psychoanalyse ist ein Stück Versöhnungsarbeit mit der eigenen Abkunft.« ('Lehrjahre auf der Couch' 1974, S. 28).
Bei R. Volp (1971, S. 183) findet sich die Stelle: »So wäre also das Symbol Verkörperung, die zur Sprache wird? Vielleicht sollte man es zunächst negativ formulieren: Abbau der Dissonanzen und Disfunktionen; Vermitteln von Vorstellungen, an denen wir uns freuen und aufrichten.« Also Versöhnungsarbeit auch hier.
Nun ist zur Kommunikation Sprache erforderlich. Kommen wir deshalb noch einmal auf das Übermittlungsproblem zu sprechen, wie es Robert L. Delevoy (1965, S. 118) beschäftigt hat: »Aber wie können Zeichen, die entwickelt wurden, um die Wesenszüge der Bildwelt des 20. Jahrhunderts zu skizzieren, jenseits aller Konvention das Bild mitteilbar machen, eine Information tragen, die empfangen, verstanden werden kann? Wenn das Zeichensystem nicht von der Gemeinschaft anerkannt worden ist – befinden wir uns dann noch innerhalb der Ordnung der Sprache? Wenn es kein Lexikon gibt, das dem Betrachter ermöglicht, das Bild zu entschlüsseln – hat dann die Kunst noch eine Berechtigung, trägt sie dann nicht dazu bei, jenes 'Archipel von Einsamkeiten' sich ausdehnen zu lassen, von dem Jules Romains spricht? Wird die Malerei der Gegenwart zum 'Idiolekt' zusammenschrumpfen, d. h. zu einer Sprache, die nur ein einziges Individuum oder eine winzige Gemeinschaft 'spricht'?« (vgl. S. 47).
Angesichts dieser Ratlosigkeit ist es vielleicht statthaft, sich auf einem Umweg dem Problem zu nähern und auf Überlegungen einzugehen, die A. Lorenzer (1973, S. 102) in seiner Darstellung von 'Sprache und Interaktion' angestellt hat. Darin setzt er sich zunächst mit verschiedenen, aus seiner Sicht ahistorisch orientierten Richtungen der Psychoanalyse auseinander, indem er ihnen u. a. mangelndes gesellschaftliches Denken vorwirft, und zwar aus szientistischen, positivistischen und idealistischen Gründen. Danach führt er im Kapitel 'Sprachfiguren und Interaktionsformen' ein eigenes Denkmodell vor. Dem Neugeborenen räumt er unterschiedliche Anlage ein, berücksichtigt aber zugleich die gesellschaftlich bedingte, spezifische Entwicklung des Kindes.
»Was wir bei der Untersuchung erheben, sind allemal schon Körperbedürfnisse als Produkte einer Real-Dialektik zwischen Kind und sozialisierender Umwelt. Denn der Körperbedarf verwandelt sich im Ablauf der Szene von Schritt zu Schritt zu Körperbedürfnissen, die schon nach der ersten Rückantwort ein gesellschaftliches Moment enthalten. Die mütterlichen Gesten, von den Körperbewegungen, die sich dem intrauterinen Organismus mitteilen, bis zum postnatalen Repertoire an fürsorglicher Betreuung sind als Antworten dabei nicht willkürlich, sondern bilden ein in sich abgestimmtes Profil einer *Praxis,* deren besondere Form sich bestimmt je nach der Lage der Mutter in bestehenden gesellschaftlichen Verhältnissen, d. h. je nach der Art und Weise, in der sie selbst an der materiellen Auseinandersetzung des Menschen mit äußerer Natur teilhat. Diese Feststellung schließt nicht nur ein, daß die mütterliche Praxis ihre Formbestimmung in *konkreten gesellschaftlichen Bedingungen* hat, sondern auch, daß die Antworten der Mutter auf die Bedürfnisse des Kindes die

Interaktionsstruktur der Mutter – erworben in ihrer eigenen primären wie sekundären Sozialisation – widerspiegelt – entsprechend ihrer Position in realen Interaktionskreisen, die als Gruppen, Schichten, Klassen die Organisationsformen menschlichen Handelns sind.«
Mancher mag diesen Einschub als befremdlich empfinden und auf den ersten Blick keinen Ansatz zur Analogie entdecken. Leider ist für eine detaillierte Darstellung von A. Lorenzers These hier nicht der Raum. Ergänzt werden kann daher nur, daß es sich bei A. Lorenzer um Sprache im umfassenden Sinn (also auch der Gesten) bei den Interaktionsfiguren handelt. Weswegen auch in diesem Kapitel noch einmal auf die Psychoanalyse als »Parallelaktion« eingegangen wird, verdeutlicht vielleicht das Folgende.
Bekanntlich ist Psychoanalyse eine »Untersuchung der *Bedeutung* von Sprachsymbolen«, und A. Lorenzer (1973, S. 96) fügt anhand eines Beispiels hinzu: ». . . bewegt sich die Bemühung der Analytikerin in der Schicht der *Symbole,* ist sie ein Versuch, privatistische Sprachfiguren in die Kommunikation hereinzuholen. . .«
In dem von R. L. Delevoy konstatierten Dilemma bringt es uns weiter, wenn wir das Lorenzersche Modell der Interaktionsformen auf den sprachlichen Verständigungsprozeß Kunstwerk/Betrachter zu übertragen versuchen. Auch hier haben wir es mit Symbolen zu tun. Auch hier muß Kommunikation erst mühsam hergestellt werden. Auch hier handelt es sich (wie in der Psychoanalyse) um »ein Verfahren, das sich seinem Gegenstand im Medium der (Sprachlichkeit ausmachenden) Kommunikationssymbole nähert« (S. 92). Lediglich die Rollenverteilung ist anders, d. h. anscheinend zweistufig.
Der ahnungslose Betrachter befindet sich sozusagen in der Rolle des Kindes und wird vom Interpreten bzw. den Medien, die dieser benutzt, in den Interaktionsformen eingeübt. Einigung – das Ziel der Analyse – ist hier keineswegs selbstverständlich, denn es zeigt sich, daß bei dem Interaktionsvorgang die gesellschaftlichen Verhältnisse eine gravierende Rolle spielen. Der Zugang zum Verständnis (Kunsterziehungsunterricht, Fachbücher, Vorträge, Zeitschriftenaufsätze etc.) ist weitgehend einer privilegierten Schicht vorbehalten. Die übrigen, bei denen eine Interaktion nur sporadisch bzw. völlig bruchstückhaft vorkommt, sammeln aus Mißverständnissen fast nur Vorurteile an. Aber selbst der privilegierten Schicht ist eine kontinuierliche Interaktion nicht möglich, da es für eine systematische Arbeit in diesem Sinne keine Voraussetzungen gibt. Folglich befinden sich auch von diesen viele im Zustand des Unbefriedigtseins.
Für die gesellschaftlich Privilegierten stellt sich das Verhältnis Künstler/Kunstwerk und Interpret wie folgt dar: Der Interpret übernimmt die Rolle des Analytikers. Da der Direktkontakt Künstler/Betrachter erfahrungsgemäß selten ist, können wir ihn vernachlässigen. Damit kommt dem Analytiker-Interpreten eine hohe, leider nicht immer erreichte Verantwortung zu. Als Analytiker kann und soll er den »Patienten«-Betrachter natürlich zur Mitarbeit heranziehen, d. h. er kann auf dessen mythologisches Vorwissen und dessen Assoziationsfähigkeit zurückgreifen, um günstigere Interaktionsergebnisse zu erzielen. Ob die Interaktion auf dem Wege des Vortrags, des Zeitungsberichts, der Werkmonographie oder bei Vernissagen erfolgt, ist gleichgültig. Die hermeneutische Analyse wird nur dort erfolgreich sein, wo die Kommunikation funktioniert, d. h. auch hier gibt es wieder gesellschaftlich bedingte Einschränkungen.
Damit kommen wir zur zweiten, chronologisch eigentlich vorausgehenden Stufe: die Interaktion Künstler/Interpret. Wie der Psychoanalytiker ist hier der Analytiker-Interpret in Bereitschaft, um im Kontakt mit dem Künstler die zusammenhanglosen Einzeläußerungen und -informationen miteinander in Beziehung zu bringen. Ähnlich dem Patienten in der Analysestunde sagt der Künstler ja selten im Klartext, was ihn bewogen hat, warum er zu dieser oder jener Verschlüsselung gelangt ist, sondern er benutzt – wie A. Lorenzer für die Analyse sagt – Kompromißformeln. Dabei bedient sich der Künstler einer privatistischen

Sprache bzw. Symbolik. Bei A. Lorenzer (1973, S. 101) heißt es dazu: »Privatistische Sprache ist Ausdruck privatisiert-isolierter Interaktionsformen«.
Diese aus dem Bereich der Analyse stammende Feststellung läßt sich ohne weiteres für den künstlerischen Bereich adaptieren, denn fast jeder Künstler lebt relativ isoliert und bewegt sich auf äußerst privaten Gedankenbahnen. Deswegen ist eine spontane, komplikationslose Verständigung Künstler/Betrachter heute auch so selten. Die psychologische Begründung dafür liegt zunächst bei dem spezifischen Talent, ist dann aber vor allem Ergebnis der Dialektik Mensch/sozialisierende Umwelt, bei der sich besondere Interaktionsformen herausbilden. Der Künstler spiegelt besondere Interaktionskreise wider. Nur so ist es auch zu erklären, daß

1. neuartige Symbole neben traditionellen auftreten,
2. die Symbolskala der Gesamtheit der Künstler enorm breit, bei einzelnen Künstlern aber auffallend schmal ist (z. B. bei A. von Jawlensky),
3. die von den Symbolen widergespiegelte Thematik außerordentlich divergierend ist.

Beispielsweise kommt es bei der Interaktionsfigur »Kindheitserinnerung« zu völlig verschiedenen Resultaten: M. Ernst – der Vogel, L. Feininger – das Segelschiff, L. Fini – der Eisenbahnwagen, R. Hausner – der Matrosenanzug, J. Kolář – der Apfel.
Ein einleuchtendes Textbeispiel für eine zum Symbol führende Interaktion liefert Erich Brauer mit dem Stichwort 'Engel'. Aus ihm geht eindeutig hervor, daß die gesellschaftlichen Bedingungen für die Interaktionsform ausschlaggebend sind. Auch auf das Oeuvre von Marc Chagall ist das Lorenzer-Modell anwendbar: Die in der Kindheit geprägte Interaktionsstruktur befähigte ihn zu seiner besonderen poetischen Thematik.
Es war von der Verantwortung des Interpreten die Rede. Sie liegt insbesondere im sprachlichen Bereich. Es ist keine Frage, daß hier enorme Niveauschwankungen vorliegen. Denn woraus setzt sich die vorliegende Literatur zusammen? Über moderne Kunst wird auf den verschiedensten intellektuellen und sprachlichen Ebenen publiziert. Von Freunden des Künstlers, die sich zum Sprachrohr seiner Auffassung machen; von Redakteuren, die ihre Kritik oft aus recht oberflächlicher Information heraus abfassen – nicht ganz zu Unrecht spricht Georg Schmidt (1966, S. 190) von »berufsmäßigen Begriffsjongleuren«; von Kunstwissenschaftlern, denen überwiegend immer noch die Scheu anhaftet, sich in die Arena der aktuellen Kunst zu wagen. František Šmejkal (1974, S. 9) hat es riskiert, einen Prominenten zu kritisieren: »Das ganze Buch [Breton: 'Surrealismus und Malerei'] ist allerdings in dem für Breton typischen exaltierten Essaystil geschrieben, der die exakte Analyse durch dichterische Evokationen ersetzt und jeder bindenden Definition aus dem Wege geht.«
So besehen besteht die Szene eigentlich aus Zufälligkeiten; die auf Bestellung des Kunsthandels entstandenen Interpretationen können vernachlässigt werden. Das Material differiert im sprachlichen Niveau erheblich. Ein typisches Beispiel für Mystifikation statt Information liefert A. M. Hammacher (1973, S. 152): »In den Figuren mythischer Frauen [bei Zadkine], die sich aus dem Material lösen und deren einfache Köpfe aus großen Flächen aufgebaut sind, ist Mythos genug, um ihnen Atem zu geben, den freien Flug einer dichterischen Seele, aber nicht genug, um den Glauben an die Wirklichkeit zu zerstören.«
Auch der Informationsstandard liegt weit auseinander (man vergleiche die Auslassungen G.-L. Buchheims und F. W. Fischers über Max Beckmann). Derartiges Textmaterial dennoch zu einem Lexikon nach Delevoyscher Vorstellung zusammenzufügen, um die Kommunikation von Symbol und Gesellschaft auf breiter Ebene zu ermöglichen, war zweifellos ein problematisches Unterfangen. Ein Mittel zur Textangleichung bestand in der redaktionellen Straffung auf aussagekräftige Kernsätze. In Fällen spekulativen Denkens wie bei Klaus Berger (1964, S. 37) blieb nur der Verzicht auf die Aufnahme in den lexikalischen

Teil: »An die Stelle eines dämonischen Symbolismus ist ein magischer getreten. Wir folgen damit dem Lexikon, das Magie als diejenige Kunst bezeichnet, die 'Wunder an Phänomenen produzieren kann, die eigentlich auf natürliche Ursachen zurückgehen' (Petit Larousse). Ob Redon sich nun der weißen oder schwarzen Magie bedient, ob er mit göttlichen oder mit bösen Mächten sich eingelassen hat, müssen wir dahingestellt sein lassen. Die Ergebnisse sind auf jeden Fall die Leistung eines Zauberers«.

Vielleicht hatte Mircea Eliade (1958, S. 16/7) ähnliche Passagen vor Augen, als er äußerte: »Ein Bild zu übersetzen in eine konkrete Begriffssprache ... – das ist ein noch verderblicheres Beginnen als selbst seine Verstümmelung: das bedeutet die Vernichtung, die Aufhebung seines Wertes, ein Mittel der Erkenntnis zu sein.« Ansonsten wäre seine Polemik unbrauchbar.

Da sich leider die wenigen Beispiele ohne Mühe vervielfachen ließen, kommt die Frage auf, ob den Interpreten überhaupt eine besondere Mittlerrolle zufällt. Wie Lawrence Alloway (1971, S. 10) berichtet, besteht nach Marcel Duchamp ('The Creative Act', 1966) »die Funktion des Publikums [darin], durch verschiedene Akte des 'Entschlüsselns und Interpretierens' im Nachhinein die spätere Bedeutung des Werkes zu bestimmen«.

Und er fährt fort: »Wittgenstein trifft hier ins Schwarze mit seiner Bemerkung: 'Man kann für eine *große* Klasse von Fällen der Benützung des Wortes 'Bedeutung' – wenn auch nicht für *alle* Fälle seiner Benützung – dieses Wort so erklären: Die Bedeutung eines Wortes ist sein Gebrauch in der Sprache'. Wenn dem so ist, dann ist analog auch die Bedeutung eines Kunstwerkes dem Wandel unterworfen. Daß auf diese Weise die Verantwortung für die Bedeutung vom Künstler aufs Publikum übergeht, ist weder jenen Künstlern willkommen, die ihr Werk längerfristig unter Kontrolle behalten möchten, noch jenen Schriftstellern, deren Genugtuung im Erhalten der 'absoluten Werte' besteht, die sie propagiert haben.«

Mit dem »Wandel« kommt eine große Verantwortung auf die Interpreten zu. Hier soll nicht untersucht werden, inwieweit sie dieser Verantwortung gerecht geworden sind, sondern nur erwähnt, daß darin ein Stück »Wirkungsästhetik« steckt. Was haben die Betrachter aus den Bildern gemacht? Die Tatsache, daß in der Rezeption nicht immer das zutage gefördert und kolportiert wurde, was den Künstler primär beschäftigt hat, wäre einer eigenen Untersuchung wert. Das Dilemma, in dem sich die Interpreten gelegentlich sehen, zeigt Alfred H. Barr (in: H. Read 1959, S. 97) an einem Beispiel auf: »Diese Gegenstände, sowohl die dargestellten Menschen wie die Dinge, stammen stets aus dem Lebensbereich der Künstler-Bohème und sind eine Ikonographie der Ateliers und der Caféhäuser. Man kann darüber streiten, ob damit nur ganz einfach die Lebenswelt des Künstlers dargestellt ist oder ob dadurch in einer positiveren, aber zweifelsohne unbewußten Weise die Isolierung des Künstlers von der menschlichen Gesellschaft symbolisiert ist.«

11 SYMBOLE UND REZEPTION

Von allen künstlerischen Ausdrucksmöglichkeiten verfügt die bildende Kunst wohl über das umfangreichste verbale Echo, gemessen an den vorliegenden Publikationen. Das ist bemerkenswert. Diese Literatur ist allerdings heterogen, denn zur Rezeption zählen die Aussagen des Publikums ohne Unterschied der Herkunft.

Sobald die formal-ästhetische Plattform der Diskussion zur bildenden Kunst verlassen wird, hat sich jeder Autor mit dem Inhalt und damit dem Ja oder Nein, Für oder Wider einer Symbolik in der bildenden Kunst des 20. Jahrhunderts auseinanderzusetzen.

Die couragierte Bemerkung W. von Bodcs (s. S. 44): »Unsere prosaische und kritische Zeit hat aber die alten Begriffe, die alten Symbole über den Haufen geworfen«, hat manche

Nachfolger gefunden. Mehr oder weniger konsequent wird heute eine symbolische Funktion vieler Bildwerke bzw. einzelner Bedeutungsträger bestritten. Manche halten es mit dem Satz von Bertolt Brecht: »Ich kann nicht viel anfangen mit Symbolik . . .« (Schriften zur Literatur und Kunst Bd. 3, 1967). Andere argumentieren wie Werner Schmalenbach (1974, S. 75), daß die Übereinkunft, die den Symbolen Gültigkeit verschafft, fehlt und ergo die Symbole wirkungslos seien: »Der Symbolgehalt ist für den Betrachter, wird er nicht darauf hingewiesen, oft nicht nachvollziehbar, da durch die individuelle Natur der Zeichen ihre 'objektive' Geltung als Symbole entkräftet ist. Das Symbol beruht auf dem konventionellen Konsensus einer Gemeinschaft, und eine solche geschlossene Gemeinschaft gibt es nicht mehr.«

W. Schmalenbach macht eine interessante Einschränkung: »der Betrachter wird nicht darauf hingewiesen«. Er erwartet damit quasi eine Anleitung für eine evtl. doch mögliche Rezeption des Bildes.

Ähnliche Auffassungen vertraten schon früher andere Autoren. So sprach Alfred Hentzen 1949 in seiner Eröffnungsrede zur Gilles-Ausstellung in der Kestner-Gesellschaft von »dem, der vor den Chiffren und Symbolen der modernen Kunst oft ratlos steht« (in: W. Schmied 1966, S. 131).

Aus dieser kurzen Bemerkung geht dreierlei hervor: A. Hentzen, bekannter Kunsthistoriker und zu seiner Amtszeit einer der namhaften Ausstellungsorganisatoren, räumt ohne Einschränkung ein, daß für einen Großteil des kunstinteressierten Publikums der Prozeß des Verstehens neuer Kunstwerke sehr problematisch ist. A. Hentzen konstatiert außerdem, daß die moderne Kunst mit Symbolen versehen ist. Er stellt den Symbolen einen verwandten Begriff zur Seite, die Chiffren.

Eine Schlüsselfigur für den Informationsfluß zwischen Künstler, Kunstwerk und Publikum in der Bundesrepublik der 50er und 60er Jahre, Will Grohmann (1953, S. 198), äußerte: »Man brauchte eine Konkordanz der von überall sich einstellenden Symbole und Allegorien . . .«

Auch W. Grohmann leugnet also nicht die Tatsache einer künstlerischen Symbolik, er geht soweit (1953, S. 21) zu sagen: »Damit waren wir bei dem Problem der Symbolik, die in der Kunst seit 1900 eine so bedeutende Rolle spielt, daß man cum grano salis ihre gesamte Entwicklung unter diesem Gesichtspunkt betrachten könnte.« Er betont sogar, daß sich die Symbole von überall her einstellen. Auffallenderweise stellt er den Symbolen ebenfalls einen zweiten Begriff an die Seite, die Allegorien.

Während A. Hentzen die Ratlosigkeit vor Augen hat, bietet W. Grohmann immerhin einen Ausweg aus dem Verstehensdilemma an: eine Konkordanz der Symbole.

Es zeugt von der Schwierigkeit der Materie, daß W. Grohmann seine eigene Idee nicht verwirklicht hat, obwohl ihm für seine Publikationen die namhaften Kunstverlage offenstanden. Daß W. Grohmann keinen Versuch zur Realisierung dieses Projektes unternommen hat, kann in der erdrückenden Materialfülle begründet liegen, die ihn zeitlich zu sehr gebunden hätte. Gerade zu der Zeit von W. Grohmanns publizistischer Aktivität erweiterte sich der Horizont des kunstinteressierten Publikums im Hinblick auf die internationale Szene rapide, und eine Fülle von Bildwerken tauchte in Ausstellungen auf, die der Interpretation bzw. Deutung bedurft hätten. Es war die Phase, in der außer den großen Künstlermonographien Übersichtsdarstellungen in Form von Sammelbänden zu erscheinen begannen.

Für eine noch nicht existente Rezeptionsforschung im Bereich der bildenden Kunst wäre es von Interesse, einmal den Gründen gewissenhaft nachzugehen, aus denen in der Kunstliteratur die Monographie, d. h. die Oeuvrebeschreibung bevorzugt wurde. Hier kann nur vermutet werden, daß zum einen der Markt (der Kunstmarkt verlangt nach Stilisierung überragender Künstlerpersönlichkeiten und trachtet infolgedessen mehr nach Nimbus als nach Erkenntnis) dafür ausschlaggebend war, zum anderen die Motiv- bzw. Symbolforschung durch die tradierte Abneigung gegen den Symbolismus (vgl. Zitat W. von Bode, S. 44) suspekt erschien. Man beließ es bei Andeutungen und ging tiefergehenden Analysen aus dem Wege.

'Psychoanalyse und Kunst' in Verbindung zu bringen, scheint – von W. Winkler einmal abgesehen – ohnehin erst ein Bemühen der 70er Jahre zu sein, wie der gleichlautende Titel von Barbara Leuner (1976) besagt. Diese sehr knappe und leider rasch in Pauschalurteile einmündende Studie besagt für die geistige Situation unserer Zeit (nicht nur für die Künstler, wie sie meint) aber insofern etwas Wichtiges, indem sie (S. 47) immer wieder konstatiert: »Resignation und Banalisierung folgen der Entmachtung der Außenwelt durch fehlende Introspektion.

Die äußere Welt wird jedoch durch Ausschaltung der Introspektion nicht nur verlockend greifbar, sondern sie stellt sich auch irritiert und deformiert dar.« Diese These sucht die Autorin an einigen aktuellen Beispielen zu beweisen.

Des weiteren spricht sie (S. 46) von den unlösbaren Widersprüchen und der Gesetzmäßigkeit der Verdrängung und führt dazu aus: »Die Entscheidung zur Verdrängung bewirkt jedoch nicht nur ein Verschwinden des inhaltlich Widerspruchsvollen, sondern auch einen Verlust der bildhaften und sprachlichen Symbole für das Verdrängte; die verpönten Zusammenhänge werden 'exkommuniziert, desymbolisiert'.«

Hierfür zieht sie R. Magritte als Kronzeugen heran und versucht, von der Ausnahme eine Regel abzuleiten. Indem sie einen untypischen Fall herausgreift, bezeugt sie leider wenig Übersicht und gibt zu erkennen, daß ihr die Vielgestaltigkeit der künstlerischen Produktion nicht geläufig ist. Die Kunst des 20. Jahrhunderts läßt sich aber nicht schematisch bewerten.

Schlägt bei B. Leuners Ausführungen wieder die These C. G. Jungs von der »Verarmung an Symbolen« durch, so reagiert René Huyghe (1962, S. 169/70) voller Komplexe auf die Vorstellung, Symbole seien etwa wie Schlüssel zu handhaben: »Die Anwendung vorfabrizierter Schlüssel, die sich wie Lexika handhaben lassen, und die weitverbreitete Sensationsgier führen zu rüden Beleidigungen des Geistes. In diesem Punkt haben sich Schriftsteller schuldig gemacht, die sich trotz ihrer sonstigen Fähigkeiten nicht enthalten konnten, statt nach dem Wesen der Dinge zu forschen in den sexuellen Niederungen ihrer Opfer zu wühlen. Wie stark mögen hier schlecht unterdrückte Triebe mitsprechen, die derartige 'Forscher' unter dem Mantel wissenschaftlicher Unerbittlichkeit abreagieren. Im übrigen soll die Analyse eines Kunstwerks ja doch dem Kunstwerk und nicht der Analyse dienen.«

Obwohl erst 1960 in Paris veröffentlicht, schwingt bei dieser Attacke – so will es jedenfalls scheinen – noch einiges vom Bild des Künstlers als Wunderkind bzw. Übermensch mit, von dem mittlerweile Abschied genommen wurde.

Eine ausgewogene und unaffektive Sicht zeigt Herbert Read (1966, S. 87/8): »Die Kunst ist immer eine symbolisierende Tätigkeit gewesen, und wenn auch in der Vergangenheit eine solche Tätigkeit auf die Sphäre des Mythos und der Religion beschränkt blieb, so dauert sie in unserem materialistischen Zeitalter doch unvermindert fort. Die Menschheit hat ein unstillbares Verlangen nach Bildern, Zeichen, Symbolen, Emblemen, Losungen, nach Darstellungen und Metaphern jeglicher Art. Es überrascht daher nicht, daß das kennzeichnendste Merkmal unserer Zivilisation – die Maschine – selbst ein Symbol werden sollte: ein Symbol der Kraft, der Dynamik, der Geschwindigkeit – all der idealen Begriffe unserer mechanisierten Lebensweise.« H. Read hat keinen zeitgebundenen – und damit engen – Standpunkt, da er den Gesamtablauf im Blick hat, und so kommt seiner Feststellung Gültigkeit zu.

Für die deutsche Kunstwissenschaft wird H. Read von Werner Hofmann (1966a, S. 451) sekundiert: »Es geht nun darum, die symbolischen Formen der modernen Kunst – wir verstehen darunter die verschiedenen Modalitäten der Verdinglichung – in größere Geschichtsräume zu stellen.«

Hier ist wieder die große Zurückhaltung zu spüren, den substantivierten Begriff zu verwenden, wie wir schon verschiedentlich bemerkten. Weswegen vor allem in der deutschen Literatur die Synonyme vorgezogen werden, läßt Rudolf Arnheim (1964, S. 15) durchblicken: »Diese wahrnehmende Weisheit des Künstlers könnte man als symbolhaftes Verhalten bezeichnen, wenn das Wort 'Symbol' nicht bis zur Unkenntlichkeit entstellt wäre.« Mit diesem Zitat ist vielleicht die indifferente Situation des Begriffs Symbol in der Kunstwissenschaft am besten belegt.

Wie aber kommt es eigentlich zur Symbolübernahme? Lektüre ist wohl als der wichtigste Vermittlungsweg anzusehen, und deshalb wird hier ausführlich die Sekundärliteratur herangezogen. Darin ist aber im allgemeinen von Symbolen die Rede, als gäbe es keinerlei Probleme, Gegenstände oder Figuren als Symbole zu *erfahren.* Wie es zu einer Symbolübernahme kommen kann, hat meines Wissens nur Hermann Broch (1974, S. 294) nachzuvollziehen versucht. »Damit also das Symbol 'erlebt' werde, muß der Mensch in irgendeine Konstellation geraten, in der er dieses Symbols tatsächlich in der empirischen Welt ansichtig werde.« Er fährt nach Exemplifizierung einiger Fälle fort (S. 295): »Denn die irrationale Sphäre, in der sich solches vollzieht, ist die Gesamtpersönlichkeit als solche, in ihr wird die Aufnahme, Verarbeitung, Fixierung des Symbols vorgenommen, und an ihr ist die ganze physische, psychische und logische Totalität des Menschen beteiligt.« Das klingt zweifellos recht abstrakt und ist wohl nur durch einen Zusatz verständlich, in dem H. Broch von der Erschütterung spricht, »die die menschliche Seele überfällt, wenn sie einer derartigen Ur-Erkenntnis innewird, . . . wie es ihr plausibel wird in der Totalität ihres Seins, in einer Totalität, in der das rationale Bewußtsein von dem Geschehen nur eine sehr geringe Rolle spielt.«

Es ist an dieser Stelle leider keine Gelegenheit, H. Brochs These zu diskutieren. Seine Aussage hat aber vor allem deshalb Gewicht, weil er das Erfahrungsmoment ins Spiel bringt (im Gegensatz zu den Engrammen, s. S. 33). Diese Form der Symbolerfahrung (einer spezifisch betroffenen Individualität) ist in unserer informations- und reizüberfluteten Gegenwart wohl nur selten bzw. wenigen Sensiblen gegeben. Das Medium Fachliteratur spielt bei der Symbolübernahme – auf dem Wege der bloßen Assimilierung – quantitativ die größere Rolle. Wahrscheinlich wird es dabei in unzähligen Fällen zu Surrogatvorstellungen kommen. Die Nachfrage nach Interpretationshilfen ist aber gerade durch die intensive Ausstellungstätigkeit in den letzten Jahrzehnten außergewöhnlich gestiegen.

Oben brachten aber schon W. Grohmann und A. Hentzen die Sprache darauf, daß der Betrachter – und die Anzahl derer ist durch die publikumswirksamen Großausstellungen unübersehbar geworden – dringend Entschlüsselungen erwartet. Darauf hat die umfangreiche Kunstliteratur bisher nur relativ wenig Rücksicht genommen. Die wort- und bildreichen, aber (bezogen auf Bildinhalte) vielfach informationsarmen Publikationen herrschen noch vor. Seit das ernsthafte Kunstinteresse im Publikum den sorgfältig gemachten Katalog bzw. eine entsprechende Dokumentation über den Künstler schätzt und honoriert (höhere Auflagen im Vergleich zu konventionell hergestellten Kunstbüchern), können Beispiele wie der Max-Ernst-Katalog (Stuttgart) von 1970, besser noch die T.-Osterwold-Veröffentlichung 'Paul Klee. Die Ordnung der Dinge' (1975) vielleicht als Symptom dafür angesehen werden, daß dem Betrachter an möglichst authentischer Interpretation außerordentlich gelegen ist. T. Osterwold hat hier die Form des Katalogs mit einer kompletten Bilddokumentation so abgewandelt, daß thematisch zusammengehörige Bilder zusammengefaßt werden. Ihnen hat er Kurzzitate aus Klee-Schriften zugeordnet, in denen P. Klee selbst Grundsätzliches über die betreffenden Bilder aussagt. Wo diese Äußerungen nicht verfügbar waren, hat T. Osterwold die aus der Literatur herauskristallisierten Entschlüsselungen referiert. Damit stehen auf engem Raum Bild und Bildinterpretation beisammen, Symbol und Entschlüsselung präsentiert, etwa im Sinne von Horst Jürgen Helle (1971, S. 165): »Symbole sind stets nur ein Angebot; demjenigen, der sie nicht verstehen will, kann man sie nicht aufdrängen.«

T. Osterwold scheut sich nicht, die Texte knapp zu halten, vergleichbar den hier in Teil II gelieferten Zitaten. Er hält den Betrachter für so mündig, daß er sich auf Grund des Materialangebots selbst eine Meinung bilden kann. Damit wird erreicht, daß fundierte Interpretationen sich durchsetzen und nicht Spekulationen kolportiert werden. Walter Kambartel (1977, S. 137) wäre damit vermutlich nicht einverstanden, denn er hat – etwas polemisch – formuliert: »Die Kunstkritik [vorher setzt er Kunstkritik und Kunstvermittlung gleich] liefert Muster für Identifikationen des Einzelnen und befriedigt so ein Autonomiebedürfnis ihres Publikums.« Walter Kambartel hat dabei vermutlich nicht bedacht, wie rasch es ohne die Vorarbeit der Kunstkritik zu fatalen Irrtümern kommen kann. Zur Rezeption gehört ja auch, daß der unvorbereitete Betrachter Symbolen – oder was er dafür hält – gefühlsmäßige Bedeutungen zulegt, und zwar aus eigenem Ermessen, sofern ihm nicht fundiertes, d. h. Quellenmaterial vorgelegt werden konnte. Je geringer der Informationsfluß ist, desto eher kann es also zu Fehldeutungen kommen.

Ein amüsantes Beispiel solch problematischer Vereinnahmung von bildnerischen Symbolen referiert Alfred Neumeyer (1961, S. 87) aus der Sowjet-Union: »Auf der amerikanischen Kunstausstellung in Moskau 1959 wurde das surrealistische Gemälde von Peter Blume ‘The Eternal City’ [s. S. 283] gezeigt. Nach der Aussage eines Gewährsmannes (Time, 19. August 1959) erweckte es Mißfallen, bis diese beißende Traumsatire auf Mussolinis Rom ein Begleitschild erhielt, auf dem ‘Antifaschist’ zu lesen stand. Von da an gefiel das Bild. Der Vorgang ist typisch und ließe sich seit den Tagen van Goghs und Gauguins hundertfach ähnlich belegen. Trotz der seither vergangenen siebzig Jahre und einer fortschreitenden Abkehr von der Wirklichkeit beharrt das Publikum weithin darauf, im Bild eine Wiederholung der eigenen Sinneseindrücke und der eigenen Erfahrungen sehen zu wollen. Erst durch ein wohlbekanntes Schlagwort findet die Phantasieschöpfung eines Peter Blume eine Verknüpfung mit dem Erfahrungsbereich des Durchschnittsbetrachters. Nichts hat sich an dem Gemälde geändert, aber mit einemmal ist es ‘eingängig’ geworden. So leben zwei ‘Wirklichkeiten’ unverknüpft nebeneinander: der Wirklichkeitsanspruch der Massen dem Kunstwerk gegenüber und die Kunstwirklichkeit, um die es dem Schaffenden geht.«

Rezeption kann also als eine Übertragung auf das eigene Verständniveau bezeichnet werden. Je nach den geistigen Voraussetzungen – das gilt nicht nur für das allgemeine Publikum, sondern auch für die Kunstkritik – glückt diese Übertragung resp. Aneignung oder nicht. Insofern hat Gabriel Laub recht (1978, S. 36), wenn er lapidar feststellt: »Der Künstler hat das Recht, die Welt nach seiner Vorstellung zu modellieren. Der Betrachter hat das Recht, seine Bilder so aufzunehmen, wie er sie sieht.«

Rezeption ist immer auch eine neue Auffassung, abhängig von den persönlichen Erfahrungen des Rezipierenden wie der gesellschaftlichen Faktoren. Ein anschauliches Beispiel dafür ist der Wandel in der Interpretation der ‘Büglerin’ von P. Picasso (s. Teil II). Auch der ‘Gekreuzigte’ von Giacomo Manzù wäre zu nennen. Es wird also vermutlich auch im Bereich der Symboldeutung nicht immer und für alle Zeit gleichbleibend gesicherte Erkenntnisse geben. René Magritte – sonst recht ablehnend, was Interpretationen seiner Bilder anging – hat, so überliefert es Harry Torczyner (1977, S. 82), vermittelnd gesagt: »*Später,* wenn das Bild gemalt ist, mag man an die möglichen Bezüge denken, die es zur Sprache und zu Ideen hat. Das ist kein Widerspruch: denn die Bilder-Sprache und Ideen sind nur die verschiedenen Formen für das *eine,* das Denken.«

12 BEGRIFFSÜBEREINSTIMMUNG ZWISCHEN KÜNSTLER UND BETRACHTER?

Wie wir sahen, grenzen sich viele Künstler scharf vom Standpunkt der Betrachter ab. Nicht alle gehen soweit wie kürzlich Paul Wunderlich (1979): »Ich habe keine Botschaft; was immer Sie an Botschaft zu finden meinen, es ist die Ihre.« M. Chagall ließ mit seiner Äußerung (»... hinterher mag man es als symbolisch erleben ...«) erkennen, daß er Verständnis für den Vorgang der Rezeption und dessen Eigengesetzlichkeit aufbringen kann. Das widerwillige Einlenken M. Chagalls macht auch deutlich, daß sich das Erlebnis eines neuen eigenen Bildes für den Künstler erheblich anders als für den Betrachter abspielt. Als Kronzeugen lohnt es sich, D.-H. Kahnweiler (1968, S. 64) heranzuziehen, der durch seine frühe und enge Freundschaft mit den Kubisten Einblick in den Entstehungsvorgang ihrer Bilder hatte. »Das geistige Bild, das in der Phantasie des Künstlers entstanden ist, existiert also nur für ihn. Erst wenn es eine Gestalt annimmt, existiert es auch für andere. Die wahre Schlacht wird ausgetragen, wenn sich das zunächst verschwommene, fließende 'innere Bild' in ein klar konturiertes 'äußeres Bild' verwandelt, das auf einer ebenen Fläche von bestimmter Abmessung für alle sichtbar ist.

So wird einem Bild zum Sein verholfen, es ist also, wie bei allen Kunstwerken, ein neuer Gegenstand entstanden, der niemals zuvor existiert hat und einmalig bleibt. Dieses Gebilde ist zweifach definiert: Es existiert als Gegenstand autonom in sich, durch sich und für sich selbst; aber es hat zugleich eine Existenz außerhalb seiner selbst, es bedeutet etwas. Seine Linien und seine Formen sind da, um Zeichen zu bilden, und so stellt die Malerei Gedanken durch graphische Zeichen bildlich dar, sie besitzt den Charakter einer *Schrift.* In der Tat sucht der Maler durch diese Zeichen dem Betrachter sein Erlebnis zu übermitteln: Er fordert den Betrachter auf, in seiner Vorstellung das geistige Bild wiederherzustellen, das vorher dem Maler erschienen war. Wenn der Betrachter das Bild 'liest', so 'sieht' er, was der Maler darstellen wollte, er identifiziert das Zeichen mit dem Bezeichneten.

Ein Gedanke oder ein geistiges Bild konnte erst übermittelt werden, als die Möglichkeit einer solchen Identifikation, auf der die Malerei und alle anderen Schriften ebenso beruhen wie die Sprache, entdeckt war.«

Die sprachliche Übermittlung und die Identifikation scheinen aber nicht befriedigend zu funktionieren, wenn sich Künstler gegen die über ihre Bilder publizierten Äußerungen z. T. recht vehement zu wehren versuchen. D.-H. Kahnweiler (S. 71) argumentiert: »Der *Maler* entwirft das Zeichen, das für ihn 'Baum' bedeutet. Es wäre nicht ganz gerecht zu behaupten, daß dieses Zeichen überhaupt keinen allgemeinverbindlichen Wert besitzt, denn wenn nicht die geringste Übereinkunft vorhanden ist ..., dann wird das Zeichen zunächst nicht verstanden. Der allgemeinverbindliche Wert ist indessen nicht genau definiert, und der Künstler hat die Freiheit, ihn nach seinem Belieben abzuwandeln und anzureichern ...

Das Zeichen löst eine Flut von Eindrücken aus. Was der Betrachter liest, ist nicht ein Wort, sondern ein Bild mit seinen vielfältigen Möglichkeiten. Als Schrift teilt die Malerei Bilder mit, nicht Worte. Was der Maler übermitteln will, sind Bilder; diese Bilder hat der Betrachter gelesen und verwandelt sie dann in Begriffe. Die Botschaft geht also folgenden Weg:

Schriftzeichen
Bild
Lautzeichen
Begriff

Das Bild wird beim Lesen des Schriftzeichens vom Bewußtsein des Betrachters aufgenommen, wird in ein Wort übersetzt und als Begriff fixiert.«

Zunächst wäre zu fragen, ob die »Zeichensprache« des Künstlers schon impliziert, aufgenommen und verstanden zu werden. »Spricht« nicht der Künstler zunächst einen Monolog, bestehend aus ihm selbst noch nicht ganz einsichtigen Zeichen, und zwar im Wunsch, verstanden zu werden? »Hörer« müssen sich aber erst finden, um ihn versammeln, sich in seine Diktion einhören.

Im engeren Kreis um den Künstler finden sich hin und wieder auch Interpreten. Teilweise sucht der Künstler auch bewußt den Weg zu Interpreten, um sie als Sprachrohr für seine neue Ausdrucksweise zu gewinnen. Sie sollen Verständnis für sein Werk (seine Botschaft aus Zeichen) anbahnen.

Damit setzt ein schwieriger Prozeß ein: der der Übersetzung von optischen Zeichen in Worte. Hierbei hat Johann Jakob Bachofens Feststellung (in: W. Hofmann 1970a, S. 37) Aktualität: »Das Symbol erweckt Ahnung, die Sprache kann nur erklären. Das Symbol schlägt Saiten des menschlichen Geistes zugleich an, die Sprache ist genötigt, sich immer nur einem einzigen Gedanken hinzugeben. – Nur dem Symbol gelingt es, das Verschiedenste zu einem einheitlichen Gesamteindruck zu verbinden.«

Diejenigen nun, die ihre Erkenntnis über Bildinhalte weitertragen (seien es Freunde des Künstlers oder Galeristen, Publizisten, Kunsthistoriker) setzen mit ihren Texten eine Übersetzung in Gang. Die Kahnweilersche Entstehungskette ist einleuchtend; das kritische Glied besteht jedoch in der Übersetzung in Wörter. Dabei sind Mißverständnisse nicht auszuschließen, besonders wenn der Künstler als Korrektor nicht mehr zur Verfügung steht. Dementsprechend enthält Teil II auch einige sich widersprechende Interpretationen desselben Symbols, die bewußt nebeneinander gestellt sind.

Wie manche Künstler zum »Übersetzungsproblem« stehen, hat beispielsweise Max Beckmann in den 'Drei Briefen an eine Malerin' unverblümt deutlich ausgesprochen (s. S. 17). Nun ist von literarischen Übersetzungen her bekannt, daß sich sprachliche und sachliche Irrtümer einschleichen, wie das mittlerweile berühmt gewordene Beispiel der Goyertschen Ulysses-Übersetzung zeigt. Sie können bestenfalls verbale Annäherungen sein. Wer sich mit Übertragungen beschäftigt, muß sich allemal im klaren sein, daß sie nur Hilfskonstruktionen auf dem Wege zur persönlichen Erfahrung mit dem Kunstwerk sein können. Der lexikalische Teil dieses Handbuches versucht, diese Erfahrung vorzubereiten.

Da gerade von literarischen Übersetzungen die Rede war, ist es vielleicht angebracht, auf einen Künstler hinzuweisen, eine Doppelbegabung, die auch als Literat hervorgetreten ist. Wie Kurt Leonhard (1967, S. 23) berichtet, setzt er gleichsam ein Fragezeichen: »Die besondere Erfahrung Henri Michauxs am Scheidewege zwischen den Künsten liegt darin, daß er sich schon seit den ersten Anfängen seiner literarischen Tätigkeit gefragt hat, ob die irrationalen Prozesse des Unterbewußten oder Vorbewußten (nicht des Unbewußten – er sagt fast immer subconscient oder preconscient, nur ungern inconscient) durch den Umweg über das begriffsbildende, worteformende Bewußtsein nicht verfälscht würden.«

Eduardo Paolozzi (1975, S. 24) hat sich ebenfalls zu dieser Problemstellung geäußert und kommt in seiner herben Abrechnung mit den Kunstkritikern zu der Feststellung: ». . . die Kluft zwischen der geschriebenen Betrachtung und dem sichtbaren Bild ist noch nicht überbrückt. . . Aber der Kunstkritiker hat (oder sollte) hier eine Rolle (zu) spielen, die nach dem Beitrag des Künstlers an zweiter Stelle steht.«

Dazu bedarf es wichtiger Voraussetzungen wie Antoni Tàpies (1978, o. S.) meint: »Die Bereitschaft zum Mitmachen ist in Wirklichkeit der erste und entscheidende Schritt der Analyse. Sie gleicht der Vorbehaltlosigkeit, die einer mitbringen muß, der einer Zaubervorstellung oder einer magischen Beschwörung beiwohnen will.«

Dafür bietet dieses Handbuch das Material an.

II Gegenstände und Figuren

A

Abdachungen
bei Jean Dubuffet: s. u. Vogel, majestätischer

Abel
bei Giacomo Manzù: »Die Paneele für diese Türen [für den Petersdom in Rom, 1964] sind teilweise sehr eindrucksvoll. M. bediente sich der auf Donatello zurückgehenden Technik des äußerst flachen Reliefs mit sehr großer Sensibilität und Geschicklichkeit. Das Bildprogramm [Abels Tod] – eine leidenschaftliche Verurteilung von Grausamkeit und Ungerechtigkeit – spricht den Betrachter direkt an.«
Edward Lucie-Smith (1970, S. 208)

Abendstern
bei Klaus Vogelgesang: s. u. Sheriff-Stern

Abenteurer
bei George Grosz: »Der 'Abenteurer' [um 1916] war die Symbolgestalt des ganzen Kontinents: ein Abkömmling indianischer Mischrasse spannte seine mächtigen Glieder diagonal durch das ganze Bild mit zwei drohend erhobenen Revolvern, und rings um ihn, sichtbar auch durch seine gläserne Konstitution hindurch, schossen Andeutungen von Wolkenkratzern, Palmen, wildem Volkstreiben aus amerikanischen Städten mit farbigen Kristallen zusammen – das Monument einer friedlosen Welt in simultaner Durchdringung von Wirklichkeit und Phantasie.«
Paul Ferdinand Schmidt (1952, S. 227)

Abfallspulen
bei Rudolf Hausner: Kinderspielzeug (s. u. Spulen)

Absätzen, Schuhe mit unnatürlich hohen
bei Allen Jones: s. u. Beine in Nylonstrümpfen

Absalom
bei Albert Weisgerber: »Sein 1914 entstandenes Werk 'Absalom' symbolisiert die Gefangenschaft des Menschen in seinen eigenen Leidenschaften.« Wilhelm Weber (1968, S. 741)

Abteil
bei Leonor Fini: s. u. Eisenbahnwagen

Abundantia
bei Henry Moore: s. u. liegende Figuren

Abzeichen des Skatvereins
bei Franz Radziwill: s. u. Bleistift, spitzer

Achse
bei Hans Arp: s. u. Linie, waagerechte
bei René Magritte: s. u. Kreis

–, durchstoßende
bei Henri Laurens: männliche Geschlechtspotenz (s. u. Brüste)

Achsen, Schnittpunkt der
bei Manfred Graef: Ich (s. u. Schnittpunkt der Achsen)

Achsenkreuz
bei Antoni Tàpies: s. u. Kreuz aus Zeitungspapier

8 [Acht]
bei Fritz Genkinger: »Die Mystifizierung zum Kultgegenstand erreicht einen vorläufigen Höhepunkt in den Ineinanderkompositionen mehrerer Spieler [z. B. 'Vier Spieler ineinander II', 1969], wo – wie bei einer indischen Mandala – immer eine größere Figur eine kleinere rahmend umschlingt. Im Zentrum steht eine 8 als Symbol des Zusammenspiels, und darüber geht in konzentrischen Farbringen die Sonne des Fußballs auf.« Juliane Roh (1971, S. 54)

–, liegende
bei Ernst Wilhelm Nay: »Symbolische Form war die liegende Acht – das Zeichen für Unendlich –, die Welle, die in sich zurückläuft. In diesem Zeichen glaubte N. die Formel zu sehen, die die beiden Grundhaltungen des Zeitgenössischen ausdrückt: Dynamik und Ganzheit.«
Werner Haftmann (1960, S. 133)

Acker
bei Jean Carzou: s. u. Pflug

Ackerland, saatenempfangendes
bei Julius Bissier: → Viereck

Adam
bei Constantin Brancusi: s. u. Eva
bei Rudolf Hausner: »Manchmal bleibt Adam im Hintergrund. Einerseits ist Adam für mich ein unentbehrliches Ventil, meinen inneren Monolog abzugeben. Andererseits enthält Adam eine zum Allgemeinen zielende Tendenz. Durch ihn kann ich auch allgemeine Verhaltensweisen beschreiben.« Rudolf Hausner (1971, o. S.)
»Adam ist das Symbol des mit sich identischen und an dieser sich ausdehnenden und dann wieder schrumpfenden Identität leidenden Menschen in den verschiedensten Situationen und Rollen. Doch bleibt er sich immer gleich, eingefangen und eingezwängt in seine Persönlichkeitsstruktur, verurteilt zur unverkennbaren aber auch unentrinnbaren Individualität.«
Friedrich Hacker (1974, S. 8)
»Die Adam-Bilder sind Stationen, die das Zwiespältige Adams versinnbildlichen: einmal, wenn Adam mit seinem Zwillingsbruder erscheint, beide die gleiche Matrosenmütze auf dem Kopf inmitten des baumbepflanzten Dampfers, das

andere Mal, wenn in Adam Eva erscheint, die weibliche Komponente seines Wesens. Evas Hand hält die große Nadel, die sie in ihre Brust, die zugleich Adams Herz ist, stößt. Adam selbst also ist es, der sich quält.«

Wieland Schmied (1964, S. 28)

s. u. Kinderspielplatz, baumbestandener; s. u. Maschinist; s. u. Stecknadel; vgl. Odysseus

bei Wassily Kandinsky: s. u. Linien, zwei violette und rote

–, der helle

bei Rudolf Hausner: »Vor einem Himmel, welcher, wie so oft bei H., in den Farben des Spektrums verläuft, sind 'Adam und sein Maschinist' (1963) zu sehen. Adam, der helle, vernünftige, rationale, ist Kapitän des Lebensschiffes. Der dunkle Adam in dem Doppelbild, der Maschinist (der affektive, triebhafte Adam), hat Feuer in den Kesseln entzündet, damit das Schiff auch fahren kann.« Johann Muschik (1974, S. 75)

–, Kopf des

bei Rudolf Hausner: Abfall des Menschen von der 'Ebenbildlichkeit Gottes' (s. u. Kopf des Adam); s. u. Turm

'– nach dem Sündenfall'

bei Rudolf Hausner: s. u. Maschine, Stück einer

– und Eva

bei Marc Chagall: »Adam und Eva [in: 'Zu Ehren Apollinaires', 1911/12] verlassen das irdische Paradies, um ihr Glück auf dem Rade der Fortuna zu versuchen. Was werden sie finden? Rot, Weißgrün und Blau, die das Feuer, die Erde und das Meer bedeuten. Alles das ist unwirklich wie in einem Traume, nur angedeutet, nicht geschildert, und der Reiz des Bildes ist, daß man hinter seiner farbigen Symbolkraft leise das Verhängnis fühlt.« Lionello Venturi (1956, S. 38/9)

s. u. Urmensch, zweigeschlechtiger; s. u. Weltenuhr

– und sein Maschinist

bei Rudolf Hausner: s. u. Doppelgänger

–, zweiter

bei Paul Klee: Christus (s. u. Spirale)

Adams Alternative

bei Rudolf Hausner: s. u. Christus[kopf] des Holbein; s. u. Organe mit Schlauchleitungen

Adams Haupt

bei Rudolf Hausner: Atompilz (s. u. Atomwolke)

Adler

bei Max Ernst: »Im Korb des Lumpensammlers [in: 'Le Lion de Belfort', B.9, 1934] finden sich Adlerflügel, ein Hinweis, daß der oft als Adler dargestellte Geist (väterliches Prinzip) bereits der Vernichtung anheimgefallen ist.«

Dieter Wyss (1949, S. 68)

bei Fidus: s. u. Bedeutungsachse, vertikale

bei Oskar Kokoschka: Kraft der Überwindung (s. u. Drache)

bei Johannes Molzahn: »In der Frage der Stoffwahl zu einem Zeichen für die 3. Deutschen Kampfspiele, Breslau 1930, gab es im wesentlichen nur zwei Möglichkeiten: Einmal den 'Adler' als idealistisches Prinzip des Kampfes – als Symbol der Energie, Auslese, Tapferkeit, Gewandt-

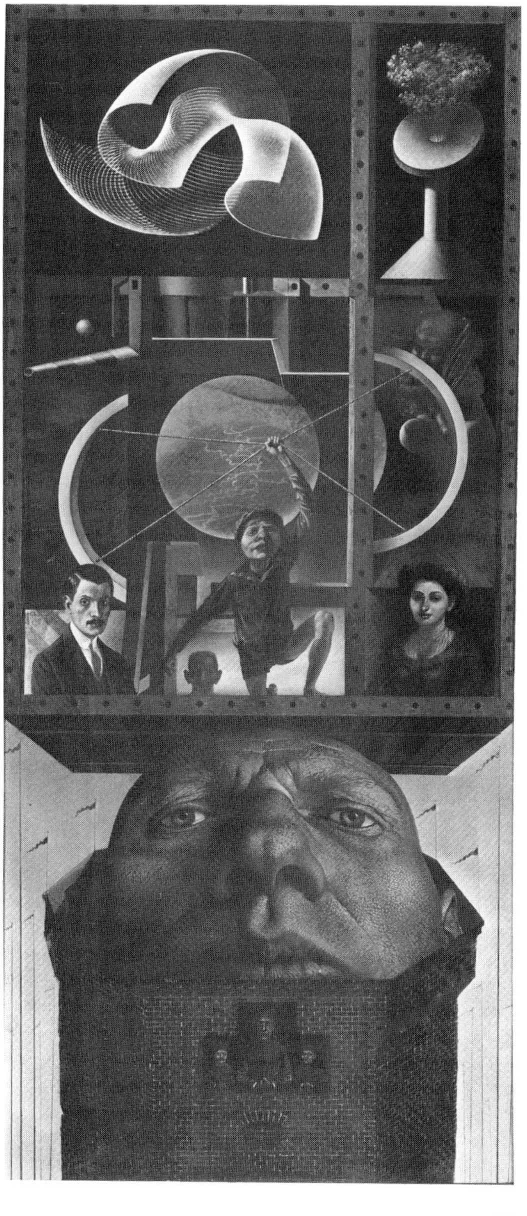

Rudolf Hausner: Adam und seine Richter, 1965

heit – heraldisch der Sonne zugeordnet. Zweitens 'Der Sieger' als egoistisches Prinzip des Kampfes. Für mich konnte nur der erstere Stoff der Idee entsprechen . . .« Johannes Molzahn (1929, o. S.)

Adler, Mann mit dem
bei Jacques Lipchitz: Initiative (s. u. Mann mit dem Adler)

Adlerflügel
bei Max Ernst: s. u. Adler

Adler-Helmzier
bei Hans Thoma: s. u. Michael

Ähren
bei Conrad Felixmüller: »Resignation erfüllt noch 1926 das bedeutsame Gemälde 'Arbeitsloser im Regen', in dem F. sich anschickt, die Formschwächen des Expressionismus energisch zu überwinden. . . Das vor finstrem Gewittergrau aufleuchtende saftige Grün des Getreideschlages steckt nicht nur voll malerischer Frische, diese heranreifenden Ähren lassen sich auch deuten als Sinnzeichen der Hoffnung und Unbesiegbarkeit 'trotz alledem'.« Dieter Gleisberg (o. J., S. 31)

Äpfel, grüne
bei René Magritte: s. u. Flasche, bemalte

Alfred Kubin: Affe, um 1900

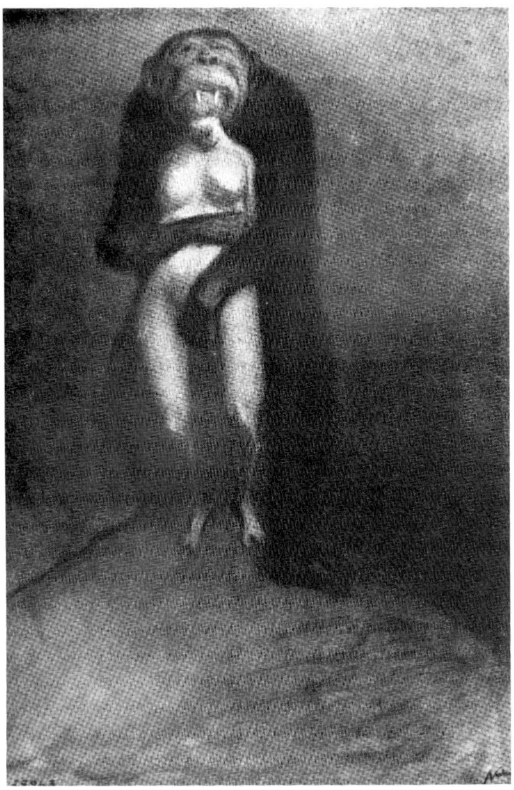

Ärmste, der
bei Ernst Barlach: → Bettler auf Krücken

Äskulap
bei Gustav Klimt: s. u. Hygieia

Äste
bei Hans Arp: s. u. Ovale, bewegte

–, unbelaubte
bei Hanna Nagel: s. u. Baum

Ätna
bei Werner Knaupp: s. u. Rauchpilze

Affe
bei Alfred Kubin: »So begegnen wir dem Ödipuskomplex in veränderter Form z. B. in einer Zeichnung 'Der Affe' [1903–06], die einen sodomitischen Akt wiedergibt. Das virile Sexualprinzip wird hier schlechthin als das bestialisch-animalische Element erlebt, wogegen in dem weiblichen Sexualprinzip nur das Element der leidenden Hingabe und absoluter Passivität gesehen wird.« Walter Winkler (1949, S. 233)
bei Pablo Picasso: »Schließlich nimmt der Affe, das Symbol des Instinktes oder der räuberischen List, den Platz des Malers an seiner Staffelei ein [in: 'Im Atelier', 1954], und die Schöne heißt ihn willkommen . . .« Jean Leymarie (1971, S. 151)
sexuelle Triebhaftigkeit (s. u. Spiegel/W. Wiegand)
bei Friedrich Schröder-Sonnenstern: »Zugleich aber glaubt S. an eine unbesiegbar vitale Natur, an die Praxis des Lebens – der Affe, der aus dem Baum herabpinkelt, auf den armen, von der Geschichte geschlagenen fröstelnden Napoleon, steht für die Natur, die sich am Menschen zu rächen versteht, die über den Menschen triumphiert.« Wieland Schmied (1975, S. 30)

Affengesicht, fanatisiertes
bei Werner Tübke: »Sie [die verschiedenen Fassungen der 'Lebenserinnerungen des Dr. jur. Schulze II, III, VII'] zeigen Symbole des Entmenschten: das scharf geschnittene, lederartige Antlitz des Schulze im Bild der Hallenser Galerie [II, 1965], das gesichtslose, zum primitiven Idol gewordene Haupt der Berliner Fassung [III, 1965] und das fanatisierte Affengesicht, gleich einem lebenden Totenschädel, aus dem Leipziger Gemälde [VII, 1967].«
Irma Emmrich (1976, S. 33)

Affenmensch
bei Eduardo Paolozzi: s. u. Gestalten, anthropomorphe

Afrika
bei HAP Grieshaber: s. u. Raketenmensch

Akrobatenfamilie
bei Pablo Picasso: »Die Personen selbst sind mit-

einander nicht so sehr als Zirkustruppe verbunden, sondern vielmehr als Glieder einer Familie. 'La Famille des Saltimbanques' [1905] ist der Titel des Bildes. Die Urform menschlicher Gemeinschaft, die Vereinigung von Eltern und Kindern: das ist der Bildgegenstand.
In einer auseinandergebrochenen und vereinzelten Welt mag eine Akrobatenfamilie tatsächlich die letzte Möglichkeit menschlicher Gemeinschaft symbolisieren . . .«
Peter H. von Blanckenhagen (1951, S. 43)

Akt

bei Marcel Duchamp: »Es genügte dann, die 'Chronophotographie' des Abstiegs [in: 'Akt, eine Treppe hinabsteigend', 1912], jenseits seiner Freudschen Symbolik, als Anspielung auf die Unerbittlichkeit der Zeit aufzudecken, so wird der Akt unter anderem zu einer Uhr der neueren Zeit und spiegelt D.s pessimistische Auffassung der Zeitlichkeit.« Robert Lebel (1962, S. 25)
→ Maschinen in voller Bewegung

bei Gustav Klimt: »In K.s Deckenbildentwurf 'Medizin' [1901] bilden menschliche Körper ein enges Geflecht von Beziehungen. Der Akt als Symbol des Menschlichen, alle Lebensalter umspannend, steht in Verbindung mit der ewigen Bewegtheit des Weltenraums, dem Aufsteigen, Erblühen und dem Verfall, dem Niedersinken.«
Hans H. Hofstätter (1965, S. 171/72)
vgl. Hygieia

bei Walter Wörn: s. u. Leib

–, eine Treppe hinabsteigend

bei Marcel Duchamp: »Das Bild ['Akt, eine Treppe hinabsteigend', 1912] entheiligt unzüchtig die verborgensten menschlichen Impulse: wie die Psychoanalyse lehrt, ist der Traum vom Gehen über eine Treppe als Symbol des Liebesaktes zu interpretieren.«
Marcel Jean (1961, S. 32)

–, schwebender

bei Max Ernst: weibliches Geschlecht (s. u. Mond)

–, sitzender

bei Henry Moore: »Das Lastende und Schwere der Physis [in: 'Sitzender Akt' (Pinsel), 1933] beherrscht den Umriß. Dennoch, bei aller ausgesprochenen Leibhaftigkeit, fehlt vollkommen die Verdumpfung ins Vulgäre und Animalische. Die Fülle ordnet sich zu einem Sinnbild ruhenden Daseins, dem es nicht an natürlicher Würde fehlt. Rhythmische Gelassenheit ist das Wort. welches die Daseinsmitte dieser mythischen Gestalten trifft.« Werner Hofmann (1959, S. 68)

–, weiblicher

bei Marc Chagall: »C. hat sein ganzes Bild 'Das hohe Lied', 1957, in das glühend wabernde Rot getaucht, das in vielen seiner Arbeiten wiederkehrt. Er liebt die sinnliche Glut dieser Farbe und ihre erotische Faszination. Die Technik des Farbauftrages zeigt eine zarte Verschmelzung der verschiedenen Rots, der Formen untereinander und der Figuren mit dem Grund. C. arbeitet außerdem mit erotischen Symbolen. Der schwebend liegende weibliche Akt ist in eine Uterusform eingebettet.« Curt Seckel (1967, S. 170/71)

bei Tom Wesselmann: »Auffallend ist seine Behandlung des weiblichen Akts unter dem traumatischen Aspekt der Hygiene, deren Überbetonung in aller Werbung man nur verstehen kann, wenn man einmal die Kehrseite an Ort und Stelle erlebt hat. Mit der gleichen Selbstverständlichkeit, mit der er den geöffneten Mund malt, aus dem kein Lächeln kommt, malt er immer wieder Mädchen mit gespreizten Beinen, die keine Erwartung ausstrahlen, sondern nur zum alsbal-

Marcel Duchamp: Akt, eine Treppe hinabsteigend, 1912

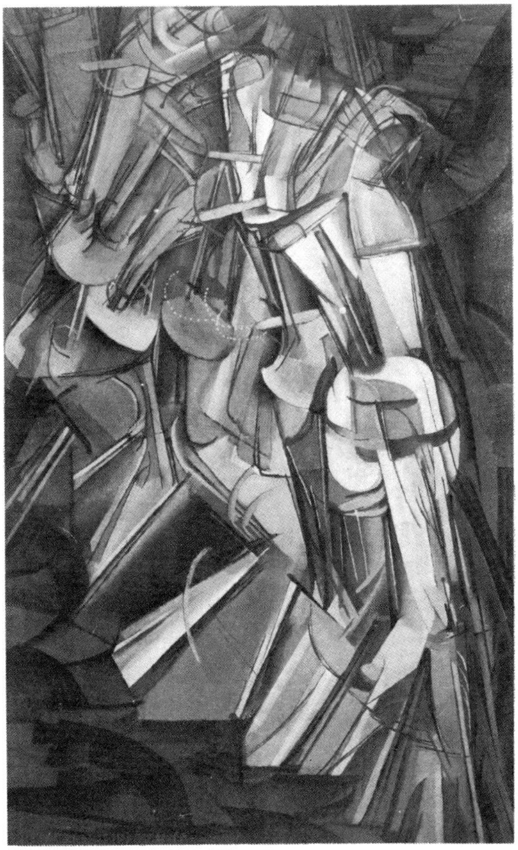

digen Gebrauch im Sinne der Sexualhygiene bestimmt sind.
Kein nacktes Weib, sondern der Typus eines Wesens, für das nichts anderes als 'Show' und 'make up' die eigentliche Wirklichkeit ausmachen, hinter der das Individuum zurücktritt.«
Hans H. Hofstätter (1969, S. 276)

Akteur
bei Paul Klee: s. u. Violett

Akteure, symbolische
bei Germaine Richier: s. u. Insekten

Alembicum
bei Marcel Duchamp: »Ein Detail, das in den beiden im Sommer 1912 in München ausgeführten Bildern anzutreffen ist ('Der Übergang von der Jungfrau zur Braut' und 'Braut') demonstriert eine der schönsten Übereinstimmungen der alchemistischen Ikonographie mit der D.s. Mitten im Zentrum beider zu vergleichender Bilder ist ein Alembicum zu erkennen, das klassische alchemistische Symbol für Androgynie. Das androgyne Wesen der Braut wird daneben noch ein weiteres Mal bestätigt. D. schreibt, daß die Wirbelsäule der Braut arbor-typisch ist (baumförmig), und der Baum ist . . . ein typisches Symbol für Androgynie. Die Braut verkörpert hier die Verwirklichung der Wünsche, die Hauptgestalten am 'Jüngling und Mädchen im Frühling' [1911] ausdrücken.« Arturo Schwarz (1973, S. 20)
s. u. Flüssigkeitsstrahl, feiner; s. u. Glaskugel, transparente

Alexander
bei Jean-Robert Ipoustéguy: »Eines seiner jüngeren Werke, 'Alexander vor Ekbatana', 1965, zeigt die zunehmende Komplexität seiner Raumaufteilung und sein Interesse am großen historischen Thema. Der Eroberer Alexander vor den Toren von Ekbatana, der Hauptstadt des Königreiches der Meder, ist ein riesiges Symbol unersättlicher Machtgier. Sein dreifaches Gesicht guckt unter einer Art von Helm hervor, der buchstäblich auseinandergerissen zu sein scheint. Die Stadt wird symbolisch durch eine Landschaftsskulptur dargestellt, die dem Eroberer schon völlig unterworfen ist.«
H. Havard Arnason (1970, S. 531)

Alleen, dunkle
bei Paul Delvaux: s. u. Frauengestalten

Alliierten, Einmarsch der
bei Renato Guttuso: s. u. Leichenhaufen

Alphorn
bei Ernst Ludwig Kirchner: s. u. Gestalt, winzige

Altar
bei Marc Chagall: Gegenstandszeichen für den Stamm Levi (s. u. Schafe)
bei Paul Klee: s. u. Tisch (mit querverlaufender Scheide)

Altarbild
bei Otto Ritschl: s. u. Gelb

Alte der Tage, der
bei Marc Chagall: s. u. Kind mit dem Bart

–, die
bei Michail Sowizki: s. u. Partisanenfrau

–, fatale
bei Max Beckmann: Verkörperung des Feindlichen (s. u. Zwerg, unangenehmer)

alter ego
bei R. Hausner: → Maschinist; s. u. Doppelgänger

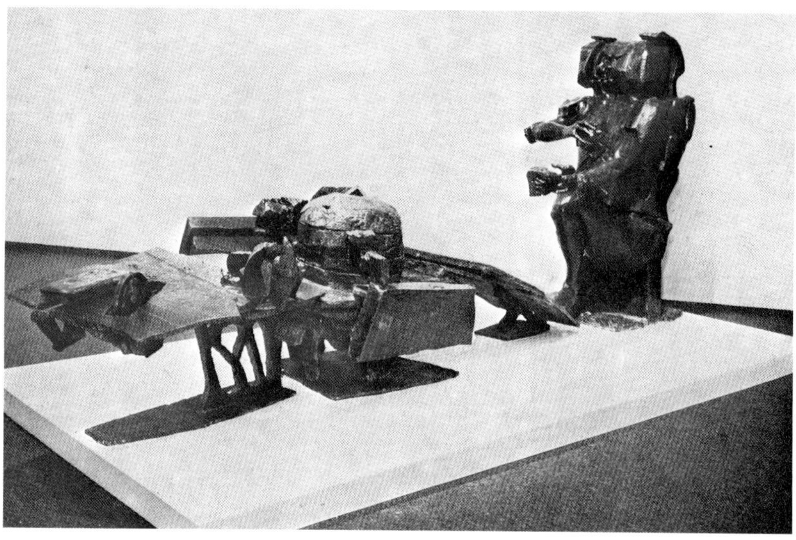

Jean-Robert Ipoustéguy:
Alexander vor Ekbatana, 1965

Aluminiumfahnen
bei Heinz Mack: s. u. Kreuz
Amazonen, ruhende
bei Albert Weisgerber »Die Gestalten der ruhenden – nicht der kämpfenden – Amazonen werden zur 'sinnfälligen Ganzheit und Einheit eines in sich ruhenden Seins'« [in: 'Amazonenrast', 1913]. Wilhelm Weber (1966, S. 8)
Ambo
bei Otto Herbert Hajek: s. u. Gold, Rot und Blau
Ameisen
bei Salvador Dali: s. u. Ameisenbär; s. u. Löwenkopf
bei Germaine Richier: Monstren (s. u. Insekten); s. u. Menschengebilde, skelettartige
Ameisenbär
bei Salvador Dali: »D. entwarf für die seltenen Bücher André Bretons eine Vignette 'André Breton, der Ameisenbär'; zweifellos gefiel es dem Autor von 'Nadja', dem Verführer, der zugleich als der große Unerwünschte gelten wollte, sich durch jenes struppige und krallenbewehrte Tier symbolisiert zu sehen, das die Ameisen mit der Zunge anzieht, um sie zu fressen.«
Marcel Jean (1961, S. 209/10)
Amerika
bei Edward Hopper: → Laden, noch nicht geöffneter
'Amphion'
bei Henri Laurens: s. u. Musikinstrument
Andere, der
bei Marc Chagall: → Maskierte, der
Andreaskreuz
bei Antoni Tàpies: s. u. Kreuz aus Zeitungspapier
Andromache
bei Giorgio de Chirico: s. u. Hektor und Andromache
Anführer
bei Edvard Munch: s. u. Kinder
Angehörige
bei Willi Sitte: s. u. Gekreuzigter
Angeklagter, gemarterter
bei Serge Vandercam: → Mann von Tollund
Angelschnur
bei Max Beckmann: s. u. Fische mit Menschenköpfen
bei Mikuláš Medek: Wasser (s. u. Aschenhaufen)
'Angelus' von Millet
bei Salvador Dali: sexuelle Verdrängung (s. u. Hostie, Profanierung der)
Angler
bei Max Beckmann: »Die Angler selbst [in: 'Die Angler', 1949?] sind nun recht deutlich als Symbolfiguren gekennzeichnet. Neben zwei üppigen, nackten Frauen sitzt ein König mit Krone und Hermelin. Ganz offensichtlich gesellt sich damit zur Anreizung sexueller Begierde die Lockung durch Macht, irdischen Glanz und Reichtum. Wen das eine nicht zum Anbeißen verleitet, dem wird das andere zum Verhängnis werden.«
Friedhelm W. Fischer (1972a, S. 128)
Angstfiguren, versteinerte
bei Willibald Kramm: s. u. Röhre der Wartestation
Angsttier
bei Hanna Nagel: → Fisch, der durch das Blatt stößt
Anhänger der Republik, Gruß der
bei Pablo Picasso: 'salud', → Faust, geballte
Anker
bei Jackson Pollock: Zeichen einer schwankenden Verfestigung (s. u. Stäbe, blaue)
bei Gino Severini: Krieg (s. u. Kanone)
Anrufer der Allmacht Gottes
bei Ludwig Meidner: → Propheten
Antenne
bei Rudolf Hausner: Sinnesorgan (s. u. Laokoon/W. Schmied)
Antichrist
bei Ernst Barlach: → Löwe
Antifaschist, aufgeknüpfter
bei Giacomo Manzù: s. u. Gekreuzigter
Antlitz
bei Alexej von Jawlensky: »Die Themenstellung seiner Malerei änderte sich nicht mehr. Sie kreiste auch fortan um das große Leitmotiv, das ihn seit 1917 beschäftigte: das Antlitz als Spiegel und Gleichnis des Göttlichen, das Bild als Kultzeichen, als Meditationsübung, als Metapher mystischen Geschehens, an dem die vergeistigte Farbe einen gravierenden Anteil besitzt.«
s. u. Kopf Paul Vogt (1972, S. 264)
– des verzweifelten, aber auch des zuversichtlichen Menschen
bei André Verlon: → Masken
–, gequältes
bei Rudolf Hausner: » . . . drängt sich das häßliche und gequälte Antlitz . . . als Ausdruck menschlicher Aggressionsdisposition gewaltsam und gewalttätig, grell und schrill immer wieder in den Vordergrund. Es gibt kein Entkommen und Ausweichen; der Mensch ist sich selbst und seiner ursprünglich selbstzerstörerischen Aggressionsneigung unweigerlich, wenn auch nicht hilflos, ausgesetzt.« Friedrich Hacker (1974, S. 8)
–, lederartiges
bei Werner Tübke: Entmenschter (s. u. Affengesicht, fanatisiertes)

Antlitz, menschliches
bei James S. Ensor: → Maske, böse
bei Max Ernst: göttliche Herkunft (s. u. Kugel, stählerne)
Antonius
bei George Segal: s. u. Penis, künstlicher
Anubis, Gott
bei Horst Egon Kalinowski: kreuzförmige Waage (s. u. Kasten, erdfarbener, geschlossener)
Anzug, schwarzer
bei Max Beckmann: s. u. Smoking
Apache
bei Max Beckmann: »... ein Jason oder eine andere mythische Gestalt wird dieser Pariser Apache [in: 'Apachentanz', 1938] vor unseren Augen: Urbild des Siegers und Entführers, absolute Verkörperung des männlichen Prinzips, wie es in der Kunstgeschichte unter den verschiedensten mythologischen Einkleidungen als Darstellungstypus des Raptus immer wieder erscheint.«
Günter Busch (1960, S. 65)
Apfel
bei Janez Bernik: »Am suggestivsten vielleicht der nun immer wieder auftauchende Apfel, verführerisch an- und aufgeschnitten, im gläsernen Gehäuse, auch angefressen und verfault, als uraltes Symbol der Versuchung.«
Yvonne Friedrichs (1973, S. 77)
bei Marc Chagall: »Das fertige Bild ['Hommage à Apollinaire', 1911/12] zeigt den Abschluß dieser auf das Wesentliche und Universale gerichteten Bemühung. Die paradiesische Szenerie ist verschwunden, übriggeblieben ist allein noch das Symbol des Sündenfalls, der Apfel.«
Werner Haftmann (1974, S. 78)
»So bedeutet ... der Apfel [in: 'Paar am Tisch', 1909] die biblische Versuchung ...«
Franz Meyer (1961, S. 72)
bei Renato Guttuso: »Das 'Totenmahl' [1973] hat nicht die weltfreundliche Sinnlichkeit des 'Gastmahls', es ist ein Bild voller Andacht und Trauer. Zur Tafelrunde tritt Cranachs Eva mit dem Apfel, ein Symbol des Lebens ... Doch der Maler gibt ihm neben dem Gelb ein intensives Grün – in der Farbsymbolik G.s die Farbe der Trauer.« Lothar Lang (1975a, S. 11)
bei Jiří Kolář: »Er ist für mich ein mythologischer Gegenstand. ... Aber der Apfel spielt für mich auch eine persönliche Rolle: meine Eltern pflanzten ein Apfelbäumchen bei meiner Geburt.«
Jiří Kolář in: M. Lamač/D. Mahlow (1968, S. 16)
s. u. Kunststoff-Apfel
Apis
bei Pablo Picasso: s. u. Stier (A. Blunt)

Apostel, Einheit der zwölf
bei Salvador Dali: → Nadeln, zwölf diamantene
– Paulus, Bekehrung des
bei Marino Marini: s. u. Pferd, stürzendes
Apparat
bei Edgar Ende: zur Vereisung (s. u. Menschen, eisüberkrustete)
–, geisterhafter
bei Paul Klee: → Zwitschermaschine
Apparate
bei Otto Dix: s. u. Kriegskrüppel
bei Gerd van Dülmen: Integration des Menschen (s. u. Bienen in der Retorte)
– des täglichen Lebens
bei Konrad Klapheck: Stellvertreter ihrer menschlichen Benutzer (s. u. Schreibmaschine/J. Roh)
Apparatur, emotionsfrei reagierende
bei Joachim Bandau: »Die Anklänge anthropomorpher Formen, wie sie unverhüllt oder auch bisweilen höchst chiffriert auftreten [z. B. 'Großes silbernes Monstrum', 1970/71], erscheinen dem entsprechend nicht so sehr als formale Reduktion, sondern als eine wiederum primär inhaltlich zu verstehende Formulierung des 'technischen' Menschenbildes, elegant aber seelenlos, der Mensch als emotionsfrei reagierende Apparatur; Keimfreiheit als vorprogrammierte Glücksverheißung.«
Rolf Wedewer (1972, S. 15/6)
–, technische
bei Rudolf Hausner: s. u. Kopf des Adam
Apparaturen
bei Alexander Calder: s. u. Mobiles
bei Hans Jürgen Diehl: s. u. Schläuche
–, bewegliche
bei Marcel Duchamp: s. u. Leuchtgas
–, Welt technischer
bei Wilhelm Loth: s. u. Labialrelief
–, zweckentbundene
bei Oscar Dominguez: unbewußte Wunschvorstellungen (s. u. Maschinen, zweckentbundene)
Arabeske
bei Jackson Pollock: s. u. Wölfin
–, biomorphe
bei Joan Miró: »Die einfache biomorphe Arabeske wird zum Symbol der rhythmischen Naturmetamorphose, die aus dem unaufhörlichen Wechsel des organischen Auflebens und Vergehens stets neue gestaltliche Profilierungen aus den Tiefen ihres unbewußten Automatismus gebiert.« Karin Thomas (1971, S. 158/59)
–, pflanzenhafte
bei Pablo Picasso: »Stilleben mit Blumensträu-

ßen sind nicht häufig in P.s Werk . . . Doch gleichen sie den figürlichen Bildern durch ihre bizarre und fast barocke Geste. Kleine Knollen und Stengel paraphrasieren en miniature Gesichts- und Körperformen [um 1969]. Ihre pflanzenhafte Arabeske steht bildhaft für animalische Bewegtheit.« Klaus Gallwitz (1971 b, S. 48)

Arabesken
bei Gustav Klimt: s. u. 'Kuß'

–, vegetabile
bei Hans Schmithals: » . . . doch entwickelte S. seine Bildformen nicht als Reproduktionen des Gewachsenen, sondern ließ sie als vegatabile Arabesken parallel zur Natur entstehen, als Symbole des Wachsens, als Stationen einer Bewegung, umgeschmolzen zum beherrschenden Bildornament, das oft von drängender Kraft, von erregtem und bewegtem Fluß der Konturen ist.«
Paul Vogt (1972, S. 26)

Arbeitende
bei Käthe Kollwitz: Bauern (s. u. Gestalt, behelmte)

Arbeiter
bei Max Beckmann: s. u. Smoking
bei Umberto Boccioni: s. u. Zugpferde
bei Georg Brendler: waghalsige Konstrukteure (s. u. Bauarbeiter)
bei Heinrich Hoerle: wesenloser Roboter (s. u. Mensch)
bei Ludwig Meidner: s. u. Schädel
bei Kurt Schwitters: »Mehr noch als das 'Sternenbild' erweckt das 'Arbeiterbild' [1919] den Anschein, eine politische Manifestation sein zu wollen. Zwischen Latten, Deckeln und Drahtgeflecht steht in roter Zeitungsschrift das Wort 'Arbeiter', das im Verein mit den verrotteten Materialien dieser 'arte povera' wie ein rebellischer Aufruf wirkt.«
Werner Schmalenbach (1971, S. 5)

– des Meeres, ewiger
bei Tadeusz Kulisiewicz: »Die auf Grundlage dieser Skizzen entstehenden Zeichnungen aber streifen ihre exotischen Besonderheiten, ihre allzu große Individualität ab und repräsentieren eine bestimmte Typik oder Problematik in vielfach überlokalem und über-zeitlichem Maß. Der Fischer aus Burano [1958] wird so zum ewigen Arbeiter des Meeres, das ihn ernährt wie den Bauern die Erde. José Álvaro Cavieh als 'Sitzender Mann' [1957] ist zum Bild eines erschöpften Bauern geworden, der sich ausruht.«
Irena Jakimovicz (1977, S. 9)

–, heimkehrende
bei Edvard Munch: »Jedenfalls fühlt man sich versucht, einen Teil von M.s Bildern als Solidaritätserklärungen mit der neuen Gesellschaftsklasse zu deuten. Dies gilt in erster Linie für das Bild 'Heimkehrende Arbeiter' [1915]: Aus einer tiefen, saugenden Perspektive strömen Menschengruppen hervor, die am Betrachter vorbei aus dem Bild herauszutreten scheinen. Die Figur vorne rechts, durch den unteren Bildrand abgeschnitten, von schräg oben gesehen, scheint mit Kopf und Schulter vorzuschießen: eine Bewegung, der durch die nächste stark verkürzte Figur mit dem großen dominierenden Gesicht und dem schweren vorgebeugten Oberkörper . . . noch mehr Stoßkraft verliehen wird . . . So wird eine scharf beobachtete Straßenszene zur symbolischen Aussage erhoben. Hier erscheint die Arbeiterklasse unaufhaltsam auf dem Vormarsch!«
Johan H. Langaard/Reidar Revold (1963, B. 35)

–, junger
bei Wolfgang Mattheuer: Atlas (s. u. Kugel)
bei Constantin Meunier: neues Menschenbild (s. u. Lastträger)

Arbeiterbild
bei Otto Dix: »So wies in einem 'Arbeiterbild' [1921] die sinnbildliche Form auf Zusammenhang mit sozialer Tendenz. Ein ausgemergeltes Arbeitstier, eine graue, zerfurchte Menschenruine ragte vor giftroten Fabrikgebäuden auf, die dergestalt mit höhnischem Trompetenton ihren Triumph über den Sklaven demonstrierten. In der Unerbittlichkeit des farbigen Kontrastes von Elendsgrau zu schmetterndem Zinnober offenbarte sich die soziale Symbolik.«
Paul Ferdinand Schmidt (1952, S. 230)

Arbeitsloser
bei Conrad Felixmüller: s. u. Ähren

Arbeitsstädte
bei Gerd Winner: s. u. Feuerleiter

Arbeitstier, ausgemergeltes
bei Otto Dix: s. u. Arbeiterbild

Arche
bei Rudolf Hausner: »Die Arche [in: 'Arche des Odysseus', 1948–56] – ein Symbol der Ablösung aus dem Chaos – wird gleichzeitig zum Spiegelbild unserer 'Raum'-Erfahrung, denn er wird vom Künstler durch Wände markiert (man kann nicht sagen: umgrenzt), die bald ein 'Innen', bald ein 'Außen' bewußt machen. Das Chaos droht aus beiden Bezirken zugleich. Die Stationen dieser 'Odyssee' liegen sowohl im seelischen Bereich des Individuums wie im Katastrophenbereich des Kollektivs, der die nukleare wie die traditionelle Weise der Zerstörung kennt.«
Max Peter Maass (1965, S. 227)

Ich (s. u. Wasser); s. u. Kopf des Odysseus
bei Edwald Mataré: Rettung (s. u. Regenbogen)

Arche des Odysseus

bei Rudolf Hausner: »Odysseus erschien ihm in früheren Fassungen zu exaltiert und attraktiv. Er aber wollte ihn gewöhnlich. Ursprünglich hatte Odysseus Eierschalen unter der Haut des Gesichts, sie sind bis auf die letzte Spur getilgt worden. Desto komplexer sich das Bildgeschehen in der Arche ['Arche des Odysseus', 1948–56] enthüllte, desto einfacher und normaler mußte die Odysseusfigur werden. Denn die Arche ist, in wörtlichem wie im übertragenen Bildsinn, der andere Leib des Odysseus. Was in ihr sichtbar wird, ist sein Bewußtseinsraum.«
Wieland Schmied (1970, S. 28)

Architektur

s. Teil III

Archonten

bei Max Beckmann: → Monstren, blauhäutige; s. u. Gestalt, gepanzerte

Arena

bei Oscar Dominguez: s. u. Stier

–', 'die gelbe

bei René Auberjonois: Stierkampfarena (s. u. Stier, der erschöpfte)

Ariadne

bei Giorgio de Chirico: »Zwei Jahre vorher [um 1915] malt C. eine Reihe von Bildern, in deren Mittelpunkt eine antike Statue steht, die römische Kopie einer schlafenden 'Ariadne' aus hellenistischer Zeit. Zweifellos ist es das verlorene Paradies von Mythos und Antike . . .«
Werner Schmalenbach (1968, S. 16)
bei Henri Laurens: s. u. Arm, abgewinkelter

Ariadnefaden

bei Leonor Fini: s. u. Fadenwicklerinnen

Arkaden

bei Carlo Carrà: s. u. Haus, leeres
bei Giorgio de Chirico: »Wenn, wie André Breton annimmt, das Spiel der Türme und Arkaden Beziehungen des männlichen Geschlechts zum weiblichen ausdrückt, 'rechtfertigen jene die Titel, welche die Sehnsucht, diese, welche das Rätselhafte betonen'; es scheint allerdings, als wiesen die Arkaden eher auf einen Mutterkomplex hin . . . als sei der Autor, der Kind-Maler, gerade geflohen und habe seine ultrazivilisierten Spielzeuge zu Füßen der drohenden Arkaden liegen lassen.« Marcel Jean (1961, S. 50)
s. u. Erinnerung an die Mutter; vgl. Bahnhof; vgl. Gliederpuppen

Arm

bei Jacques Hérold: s. u. Kristallwürfel
bei Pablo Picasso: s. u. Faust, geballte

–, abgewinkelter

bei Henri Laurens: »Ähnlich verhält es sich mit der Kopf-Zone [in: 'Knieende mit erhobenem Arm', 1926]: das fließende Band der Haare, intermittierende Begleitstimme des abgewinkelten Armes, lenkt ins Dekorative ab. Die Arme variieren einen traditionellen Gestus, der seit der berühmten römischen Ariadne als Pathosformel eines Ausdrucksbereiches verwendet wird, in dem regungslose Passivität in schlafbefangenes Erwachen übergeht.«
vgl. Band Werner Hofmann (1970a, S. 16)

–, ausgestreckter

bei Marc Chagall: s. u. Wanduhr, altmodische

–, fassen am

bei Issai Kulvianski: »Der Vater, vom Gottes-

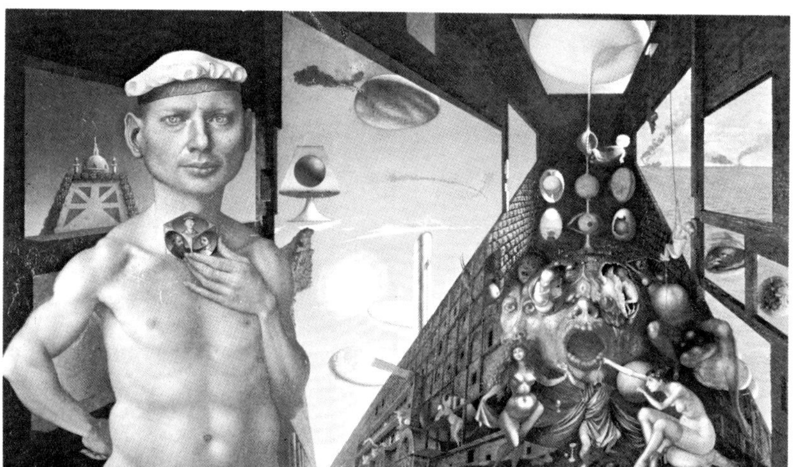

Rudolf Hausner: Die Arche des Odysseus, 1948–56

dienst gekommen, faßt die Mutter, die sich von ihrem Sitz erhebt [in: 'Meine Eltern', 1925], behutsam am Arm, ein Gleichnis elterlicher Würde.« Eberhard Roters (1974, o. S.)

–, lampentragender
bei Pablo Picasso: Anima (s. u. Kopf mit Arm und Lampe)

–, linker
bei Marino Marini: s. u. Gaukler
bei Henry Moore: s. u. Krieger

–, schwarzer
bei Leo Haas: s. u. Hand, weiße behandschuhte

Armatur
bei Konrad Klapheck: »Die Armatur ist die üppige Schöne, die Dusche der kleine Begleiter mit dicker Brieftasche« [in: 'Die Sexbombe und ihr Begleiter', 1963]. José Pierre (1970, S. 45)
vgl. Badezimmerarmatur

Arme
bei Henri Laurens: s. u. 'Rosa'
bei Fritz Wotruba: s. u. Hockender

–, ausgebreitete
bei Ernst Barlach: Gnade (s. u. Heiliger)

–, ausgreifende
bei Rolf Nesch: → Gottvater

–, beide
bei Henri Laurens: s. u. Brüste

–, erhobene
bei Emil Nolde: »Die Himmelfahrt war ja die endgültige Rückkehr Christi aus der irdischen Stoffeswelt in die höhere Welt jenseits des Todes. Wenn man das in Betracht zieht, dann darf man sagen: In N.s Gemälde 'Himmelfahrt' [1912] taucht – aus den Untergründen des künstlerisch-imaginativen Schaffens – jenes uralte Symbol der rechtwinklig erhobenen Arme genau seinem Sinn entsprechend auf: als Signum todlosen Lebens.«
Heinz Demisch (1959, S. 112)
bei Pablo Picasso: s. u. Kind mit hochgehaltenem Licht

–, emporgestreckte
bei Ossip Zadkine: »Die Gebärde der emporgestreckten Arme als Ausdruck des Leides ist im Werk von Z. selbst seit langem vorgeformt. Sie begegnet uns hier bereits in der Skulptur der 'Niobe' von 1928. Der Schmerz dieser Frau, die wehrlos dem grausamen Tod ihrer eigenen Kinder zusehen muß, hat sich in lautlose Trauer verschlossen.« Johannes Langner (1963, S. 17)

–, geöffnete
bei Marino Marini: s. u. Reiter (M. Marini)

– hoch
bei Alberto Giacometti: Kapitulation (s. u. Gräberfeld)

–, hochgeworfene
bei Walter Wörn: s. u. Tänzer, dreibeiniger

–, im Orantengestus
bei Marc Chagall: s. u. Bäuerin mit Kopftuch

–, menschliche
bei Marc Chagall: s. u. Fisch mit Schnabel, der blaue

– ohne Rümpfe
bei Alberto Giacometti: Lähmung der menschlichen Handlungsfreiheit (s. u. Rümpfe ohne Arme)

Armee, Auflösung einer ganzen
bei Alfred Kubin: Soldat, schlotteriger

– von Hasen
bei Friedensreich Hundertwasser: s. u. Hase

Armen am Meer, die drei
bei Pablo Picasso: »Die 'Drei Armen am Meer' [1903], von stummer Verzweiflung zerrüttete Gestalten mit dem Kind, dessen Händchen ins Leere greifen, bedeuten vielleicht die drei Lebensalter, und auf dem vom ewigen Schaum der Fluten gesäumten Gestade verkörpern sie in aller Schlichtheit die Qual jedes menschlichen Daseins.« Jean Leymarie (1971, S. 2)

–, Australien der
bei Werner Tübke: → Einwanderergruppe, arbeitslose

–, Karyatiden mit glatt abgeschnittenen
bei Auguste Rodin: s. u. Mädchen, die Dichterin flankierende

armloses Grundmodell
bei Ernest Trova: »T. operiert in seinen Plastiken mit einem gesichtslosen, geschlechtslosen und armlosen Grundmodell, dem – als Idol der modernen Anpassung dank seiner glattpolierten, widerstandslosen Fassade – die vollständige Identifikation mit dem Arbeitsprozeß der Maschine ohne Komplikationen gelingt.«
Karin Thomas (1971, S. 324)

Armstümpfe
bei Auguste Rodin: Passivität (s. u. Mädchen, die Dichterin flankierend)

Artischocke
bei Giorgio de Chirico: vaginales Symbol (s. u. Turm)

Artist
bei Pablo Picasso: Künstlertum (s. u. Harlekin); s. u. Gaukler (W. Wiegand)

Arzt
bei Alfred Hrdlicka: s. u. Brief verkehrt

Aschenhaufen
bei Mikuláš Medek: »Wenn eine Wand und der Himmel Elemente der Natur repräsentieren – Erde und Luft –, wenn Wasser ausgedrückt wird

durch eine Angelschnur und Feuer durch einen Aschenhaufen, symbolisiert das ganze Gemälde ['Das Geräusch der Stille', 1950] die Nichtigkeit des Lebens, welche in einem Zustand ständiger Wiedergeburt innerhalb des Kosmos ist.«

Bohumír Mráz (1970, S. 22)

Aschenputtel

bei Fabius von Gugel: s. u. Gliederpuppe

Asien

bei Joseph Beuys: s. u. Kreuzteilung

Ast

bei Yves Tanguy: Pflanzenwelt (s. u. Turm)

Astarte

bei Paul Klee: s. u. 'Fußsohle'

Astronauten, Raumerfahrung der

bei Norbert Kricke: s. u. Form, spitzwinklige

Asylsäle

bei Eberhard G. Willikens: Zimmer der Öffentlichkeit (s. u. Säle)

Aszendent

bei Jean Clareboudt: s. u. Stier, Kampf mit dem

Atelierfenster

bei Renato Guttuso: s. u. Widderschädel

Athene

bei Oskar Kokoschka: s. u. Eule

Athenekopf, herabgeschlagener

bei Pablo Picasso: »Den tiefen Fall der Kultur im Kriege versinnbildlicht er (am 20. August) [in: 'Blätter aus einem Schreibheft', 1952] durch den von einer archaischen Statue herabgeschlagenen Athenekopf . . .« Wilhelm Boeck (1955, S. 305)

Atlas

bei Wolfgang Mattheuer: junger Arbeiter (s. u. Kugel)

bei Franz Metzner: s. u. Heros, nackter

Atmungsschlauch

bei Heinz Zander: s. u. Tod

Atombombe

bei Salvador Dali: s. u. Madonna, Auferstehung der

–, Explosion einer

bei Henry Moore: s. u. Atompilz

Atompilz

bei Rudolf Hausner: Adams Haupt (s. u. Atomwolke)

bei Henry Moore: »Die Gestaltung dieser Skulptur ['Atompilz', 1964] wurde angeregt durch die Wolke, die sich nach der Explosion einer Atombombe erhebt – einer schönen Form, wie dies oft bei Formen der Fall ist, die mit üblen oder mörderischen Zwecken verknüpft sind, Speeren etwa Äxten, Schwertern und so weiter. Dieses Paradoxon, in welchem sich Gutes und Schlechtes, Schönheit und Gewalt in einem Symbol vereinigen, ist voll verwirklicht in diesem ungewöhnlichen Werk . . .

Der *Atompilz* symbolisiert jene Kräfte, die der moderne Mensch für seine Zwecke freigegeben hat, die noch außerhalb unserer Vorstellungskraft liegen, im Augenblick aber jedenfalls mit allgemeiner Vernichtung gleichgesetzt werden.«

Herbert Read (1967, S. 246, 248)

Atomwolke

bei Rudolf Hausner: »Adams Haupt [in: 'Adam, warum zitterst Du?', 1970] ist zum Atompilz explodiert. Ich verwendete den Umriß der Atomwolke, weil diese für unsere Zeit zum intensivsten und von allen verstandenen Zeichen der Bedrohung des Menschen durch den Menschen geworden ist.« Rudolf Hausner (1974, S. 75)

Aufbegehrende

bei Renato Guttuso: s. u. Helme

Aufbegehrender, gegen Gott

bei Erich Heckel: Künstler (s. u. Schmerzensmann)

Aufblickender

bei Otto Meyer-Amden: s. u. Lehrer

Aufgerichtete

bei Jo Jastram: ». . . Trägerteile verweisen in ihrer Anordnung auf das alte Symbol des Kreuzes, dessen Last eine gebeugte Gestalt auf sich nimmt [in: Relief 'Entwicklungsgeschichte der Menschheit', Berlin, 1974–76] . . . das Schlußmotiv des Reliefs – eine Menschengruppe mit Fahne, in der sich der Gebeugte erhebt und die Aufgerichteten als Symbol kollektiver Befreiung und menschlicher Selbstverwirklichung stehen . . .« Hannelore Gärtner (1976, S. 178)

Aufrührer

bei Fidus: s. u. Luzifer

bei Franz Marc: → Wölfe (M. P. Maas)

Aufschauender

bei Otto Meyer-Amden: s. u. Hirte, guter

Aufseher, bewaffnete

bei Diego Rivera: s. u. Sklaven bei der Zuckerrohrernte

Aufständische

bei Renato Guttuso: s. u. Helme

Augapfel

bei Max Ernst: Ei (s. u. Auge)

Augarten

bei Rudolf Hausner: s. u. Kinderspielplatz, baumbestandener

Auge

bei Max Ackermann: s. u. Form, fischblasenartige

bei Max Ernst: »Als E. als Junge gefragt wurde, was seine Lieblingsbeschäftigung sei, antwortete er: 'Sehen'. 1929 verband er die Idee des Sehens und die Idee des Vogels in einer Reihe ovaler Gemälde mit dem Titel 'Das innere Gesicht. Ei'. Wie im 'Vogeldenkmal' [1928] und in 'Nach uns die Mutterschaft' [1927] hat die zentrale Gruppe der Mutter mit den Kindern etwas von der traditionellen Ikonographie der Heiligen Familie. Das Ei entspricht hier dem Augapfel und der Vogel infolgedessen mittelbar den Bildern, die das Auge aufnimmt. Diese Gemälde scheinen ein Versuch, die Vorstellungen von Raub und Verlust zu überwinden, die E. seit der Kindheit mit seinem Freund, dem Vogel verknüpfte. Auge und Vogel sind eins, das heißt, das Auge läßt den Vogel entstehen, und der Herr des Auges – mit anderen Worten, der Künstler – ist deshalb auch Herr der Vögel. Von 1928 an erscheint in vielen Bildern das 'Totemtier' des Künstlers: Loplop, der Oberste der Vögel, der Vogelobere Hornebom.« John Russell (1966, S. 98)

bei Klaus Fußmann: s. u. Fenster

bei Rudolf Hausner: Flugkörper (s. u. Laokoon/R. Hausner)

bei Konrad Klapheck: Schraube (s. u. Schreibmaschine mit gotischen Buchstaben); s. u. Bohrmaschine, große

bei Paul Klee: »... seine Kunst [ist] – so zeigen es zum Beispiel die Selbstbildnisse – eine Möglichkeit, durch äußere Erscheinungsbilder (Gesicht) innere Vorgänge sichtbar zu machen; dabei ist das Auge Beobachter, Fühler, Symbol für Innenschau.« Tilman Osterwold (1975, S. 23)

bei René Magritte: »Sehr interessant ist außerdem die Art, wie die Ägypter das Auge definieren – genauer den Kreis der Iris mit der Pupille als Zentrum – nämlich als 'die Sonne im Mund' (oder das schöpferische Wort). Der Surrealist M. hat denselben Zusammenhang zwischen Sonne und Mund in einem seiner besonders faszinierenden Bildern hergestellt.«

Juan Eduardo Cirlot (1962, S. 99)

bei Henry Moore: Restsymbol für den ganzen Kopf (s. u. Kopf)

bei Pablo Picasso: s. u. Birne, elektrische

bei Friedrich Schröder-Sonnenstern: s. u. Phallusohren

bei Joe Tilson: »Auch für ihn ist die Kommunikation ein vordringliches Anliegen und das Symbol die Hauptsache. 'Nine Elements' [1963] offenbart den Prozeß der Umsetzung einer Idee ins Bild. Das Thema kann ein Gemeinplatz sein: ein Auge auf dem Fernsehschirm in Großaufnahme mit der Bezeichnung *Look* (Blick), ein offener Mund mit Ausrufezeichen darin, genannt *Vox*.«

Alan Bowness (1966, S. 90)

bei Alberto Trevisan: »Auf T.s Bild ['Vision des Spanischen Platzes'] ist die alte Sonnenuhr durch ein Auge ersetzt ...

Wenn gewisse manieristische Techniken, so vor allem die Illusionsperspektive, raumvernichtend sind, so erfolgt diese Ver-Nichtung im Auge und durch das Auge sowie in einem getäuschten Zeitgefühl. Nicht die Augen, sondern der Blick, symbolisiert durch das Auge, richtet sich als Symbol des 'inneren' Blickpunkts fasziniert auf eine labil gewordene Welt der Vergänglichkeit ...«

Gustav René Hocke (1957, S. 79)

bei Adolf Wölfli: s. u. Vögeli-Ornament

–, Andeutungen von Nase und

bei Joan Miró: s. u. Nase und Auge, Andeutungen von

–, 'anstößiges'

bei Friedrich Schröder-Sonnenstern: »Was in diesem Bilde ['Die moralische Praxis oder die Lebenszauberungselevin', 1959] hingegen den unvorbereiteten Beschauer sofort frappiert ..., ist das 'anstößige' Auge in der Schamgegend, weil dieses obszöne Assoziationen hervorzurufen fähig ist. Für S. aber, wie für viele schizophrene Zeichner, ist gerade dieses Auge alles andere als obszön, repräsentiert es doch als 'warnendes Auge' eben die Selbstzensur des Bildners!«

Alfred Bader (1972, S. 73)

–, geometrisches

bei Dieter Tucholke: »In dem als morbid gezeichneten Kopf ['Kopf mit alter Welt', 1974'] wird nur das rechte Auge entgegen den weichen und verfließenden Formen in geometrisch strengen Formen gezeichnet. Dazu noch einmal der Künstler: »Das geometrische unorganische Auge, unorganisch mindestens als (herausfallendes) Gestaltungsmittel, ist lediglich Zeichen einer – in diesem Fall – traurigen Unzerstörtheit und Brutalität, Sinnbild ständig sich erneuernder Bedrohung'.« Hans-Ulrich Lehmann (1974, S. 213)

– Gottes

bei Pavel Sukdolák: → Dreieck

–, großes

bei Marc Chagall: »Das dreieckige Giebelfeld des Bauernhauses im Hintergrund [in: 'Das Haus mit dem grünen Auge', 1944] ist durch ein gewaltiges Auge ausgefüllt ... Ich habe den Eindruck, daß das große Auge hier auf dem Hausgiebel an die Allgegenwart des Göttlichen erinnert, das insbesondere nach chassidischer Auffassung auch in den unscheinbaren Verrichtungen des Alltags waltet.« Heinz Demisch (1971, S. 153)

– nach innen

bei Max Ernst: das Rund (s. u. Oval)

Auge, physisch blindes
bei Max Ernst: s. u. Gestalt, ummauerte weibliche
–, rechtes
bei Dieter Tucholke: s. u. Auge, geometrisches
–, schreckhaft geöffnet
bei Marc Chagall: s. u. Mater Dolorosa
–' 'Stachel ins
bei Alberto Giacometti: s. u. Keule, phallische
–, weinendes
bei Konrad Klapheck: → Öffnung mit Fadenführer
–, weit geöffnetes
bei Marc Chagall: s. u. Kopf der Frau vom Leibe getrennt
Augen
bei Ernst Barlach: s. u. Gestalt, schwebende
bei Alexej von Jawlensky: Strich (s. u. Kopf)
bei Paul Klee: s. u. Quadrat auf Beinen
bei Jacques Lipchitz: s. u. 'Mutter und Kind'
bei René Magritte: s. u. Monstranz
bei Henry Moore: »Die Augen [in: 'Helmkopf Nr. 2', 1950], die aus diesem Helm spähen, sind nicht mehr Menschenaugen, sie sind zu gespenstischen Periskopen geworden, die die von außen drohende Gefahr beobachten.«
Walther Krüger (1972, S. 89)
bei Rainer Wittenborn: s. u. Profilkopf, schematischer
–, angstvolle
bei Otto Dix: s. u. Streichholzhändler
–, aufgerissene
bei Edvard Munch: »Bei M. sind aufgerissener Mund und Augen Sinnbilder der Angst und Verzweiflung.« Hans H. Hofstätter (1965, S. 201)
–, die offen stehen
bei Paul Klee: Natur (s. u. Quadrat auf Beinen)
–, durchdringende
bei Rudolf Hausner: ». . . fangen die durchdringenden Augen das Sonnenlicht ein [in: 'Adam-Triptychon', 1974]. Ein Symbol nicht für Tod und Auferstehung, sondern wohl aber für Zuversicht nach einer Weltkatastrophe (Verlust des Paradieses) und vielleicht vor einer neuen Weltkatastrophe, etwa atomarer Art . . .«
Gustav René Hocke (1974, S. 121)
–, eingeritzte
bei Pablo Picasso: s. u. Kopf
–, fehlende
bei Giorgio de Chirico: s. u. Gliederpuppen
–, geschlossene
bei Gustav Klimt: »Bei K. sind geschlossene Augen und halbgeöffneter Mund Symbole der Entrückung und Selbstaufgabe.«
Hans H. Hofstätter (1965, S. 201)
–, fragende
bei Georges Rouault: s. u. Harlekin
–, geschlossene
bei Pablo Picasso: s. u. Totenmaske
–, große
bei Georges Rouault: Schmerz und Leid (s. u. Zwerg)
–, Jüngling mit verbundenen
bei Max Beckmann: träumerische Hoffnung und selbstverlorene Illusion (s. u. Jüngling mit den verbundenen Augen)
–, schreckerfüllte
bei Pablo Picasso: s. u. Menschengesicht, von Schmerz aufgelöstes
–, starrende
bei Henry Moore: s. u. Liegende (E. Neumann)
–, vorstehende
bei Salvador Dali: s. u. Löwenkopf, zähnefletschender
Augenbinde
bei Franz Radziwill: »Die Augenbinde [in: 'Deutschland', 1944] ist ein Sinnbild der Blindheit vieler Menschen in den Jahren der Hitlerdiktatur, für das Nicht-Sehen-Wollen der tatsächlichen Wirklichkeit da draußen. Krieg und Barbarei haben auch das Drinnensein, die Geborgenheit des Menschen erschüttert. Die Schönheit der Dinge (der Krug) ist zerborsten im Chaos des Krieges . . .« Roland März (1975, S. 40)
Augenhöhle
bei Alberto Giacometti: s. u. Keule, phallische
Augenpaar
bei Pablo Picasso: s. u. Flügel, herabhängende
Auges, Gegensatz des offenen und geschlossenen
bei Victor Brauner: »Wieder [in: 'Mythomanie', 1942] begegnen wir dem Gegensatz des offenen und geschlossenen Auges, Metapher der doppelten, dem Innen und Außen verpflichteten, Blickrichtung des 'Sehers'.«
Werner Hofmann (1965a, S. 53)
Auseinandergefallenen, Einswerden des
bei Marc Chagall: Geschlechtsmysterium (s. u. Urmensch, zweigeschlechtiger)
Ausgang
bei Friedrich Gerlach: s. u. Panzer
bei Mikuláš Medek: s. u. Labyrinth
Ausgebeutete
bei Pablo Picasso: → Plätterin
Ausgesetzter
bei Marino Marini: → Gaukler
bei Pablo Picasso: s. u. Fahrende
Ausgestoßene
bei Otto Mueller: → Zigeuner (R. Ruhrberg)

bei Pablo Picasso: Bettler und Hilflose (s. u. Gitarrenspieler)

Außentreppen

bei Gerd Winner: Angst (s. u. Feuerleiter)

Austausch-Person

bei Günther Uecker: s. u. Nagel (D. Helms)

Auster, die eine Perle birgt

bei Baruch Elron: s. u. Finger, gereckter

Australien der Armen

bei Werner Tübke: → Einwanderergruppe, arbeitslose

Auto

bei Corsin Fontana: (s. u. Schläuche)

bei Richard Hamilton: »Diese Kombination von Styling und Sex erscheint wieder in 'Hers Is a Lush Situation', 1957, H.s zweitem Auto-Pop-Art-Bild . . . Scheinwerfer, Kotflügel, Lüftungsklappen und ein gebogener Reflex des UN-Gebäudes in der Windschutzscheibe symbolisieren eine mechanomorphe Erotik, die durch die in den Mittelpunkt gestellten Lippen der Dame am Steuer ihre Pointe findet.«

Lucy R. Lippard (1968, S. 41)

bei Edward Kienholz: »So stellte er z. B. das Auto als Hölle der Leidenschaften dar [in: 'Back Seat Dodge-38', 1964].«

Lucy R. Lippard (1968, S. 140)

bei Filippo Tommaso Marinetti: »Die antike Skulptur als der Inbegriff überholter, statischer Wertvorstellungen – das Automobil als das Symbol der technischen, vom Menschen der Gegenwart hergestellten Welt und zugleich als Träger einer neuen Schönheitsdimension: der Schönheit der Geschwindigkeit.«

Werner Hofmann (1966, S. 297)

Autobahndenkmal

bei Peter Brüning: alles beherrschender Verkehr (s. u. Straßenmal)

Autobahnen

bei Peter Brüning: Metapher für Landschaft (s. a. Landkarte)

Automat, vollkommener

bei Marcel Duchamp: Kaffeemühle (s. u. Schokoladenquetsche)

Automobils, Dynamik des

bei Giacomo Balla: s. u. Dreiecke

Autoreifen

bei Hannah Hoech: s. u. Mädchen', 'Das schöne

Autowrack

bei César: »Sein Werk ging von der Entdeckung aus, was man in der Skulptur mit einem Autowrack machen konnte: Hier fand der heutzutage alltägliche Unfall sein Symbol. C.s Fund sublimierte den Unfall; seine Reaktion war typisch ästhetisch. Die vernichtende Gewalt des Lebens zerstört die Gestalt, der Zusammenprall ist das Ergebnis weitreichender entgegengesetzter Bewegungen, die in Formlosigkeit enden. C. hat die Unheilsdrohung im Leben gespürt und sie objektiviert, seine Plastiken machen daraus ein Sinnbild und kommentieren es.«

A. M. Hammacher (1979, S. 317)

César: Kompression, 1960

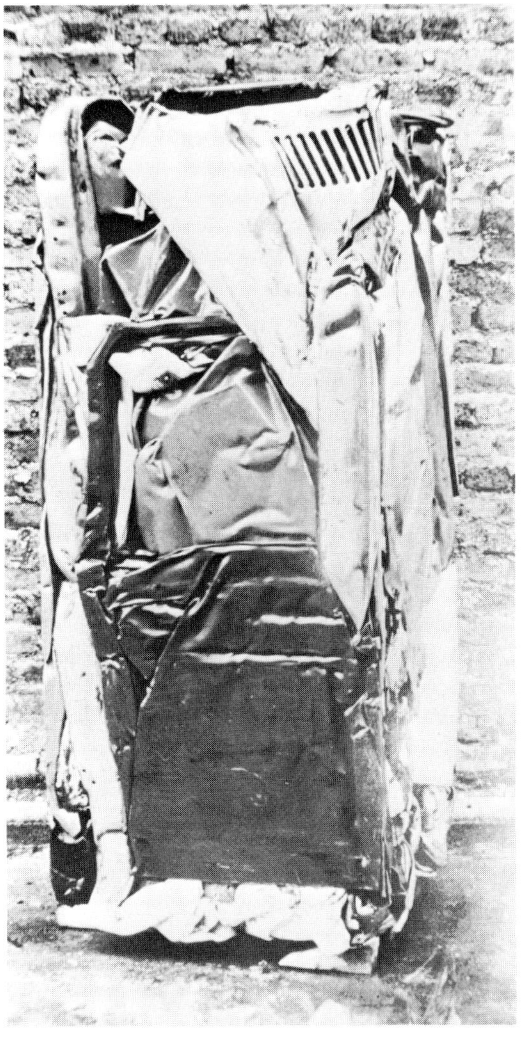

B

Babies aus Kautschuk
bei Tetsumi Kudo: s. u. Thermometer
Babylonischer Turm
bei Friedrich Meckseper: 'Geist des Abendlandes' (s. u. Maßstab)
bei Mikuláš Medek: s. u. Turm, babylonischer
Bacchus
bei Max Ernst: Capricorn (s. u. König)
Backwerk
bei Horst Antes: s. u. Dampedei
Badchen
bei Marc Chagall: Spaßmacher (s. u. Klesmer)
Badebecken
bei Walter Wörn: s. u. Jünglinge, nackte
Badende
bei Max Beckmann: s. u. Fisch (F. W. Fischer)
bei Otto Mueller: melancholisches Paradies (s. u. Paare, schmale)
Badezimmer, weiße
bei Jacques Monory: Kälte (s. u. Fingernägel, lackierte)
Badezimmerarmatur
bei Konrad Klapheck: »Badezimmerarmatur. Die Frau als Lehrmeisterin der Liebe« [in: 'Die Maitresse', 1964]. José Pierre (1970, S. 88)
Bänke, Ordnung der
bei Otto Meyer-Amden: »Die strenge Ordnung der Bänke im Schulraum [in: 'Eintritt in Klasse'/Gesamtfassung I, 1918] wird von einem bestimmten Knaben (er heißt M. – vielleicht Meyer?) als Sinnbild empfunden; sie weist über sich hinaus auf eine höhere Ordnung, die wir uns als dem Bereiche der neutestamentlichen Gedankenwelt angehörig vorstellen dürfen.«
Carlo Huber (1968, S. 40)
Bäuerin, hockende
bei Jacques Lipchitz: »Eine hockende Bäuerin, unter deren Schoß 'mütterlich behütet' ein Lamm kauert [in: 'Das Opfer', 1949–1957], wird – während sie einen Gockel schlachtet – zur Priesterin der schlingenden Gorgo. Bukolisches läßt L. in nackten Armen mörderische Formen annehmen. Eine brachiale Faust umklammert die Gurgel des schreienden Vogels, die andere zückt den Stahl.«
Max Peter Maass (1965, S. 225)
– mit Kopftuch
bei Marc Chagall: »Ganz links [in: 'Das Begräbnis', 1909–1914] steht, en face gegen den Betrachter gerichtet, eine Bäuerin mit Kopftuch, die Arme im Orantengestus seitwärts erhoben. Im Anklang an mythische Bilder bezeichnet sie den Ursprung des Lebens.«
Franz Meyer (1961, S. 127)
Bäuerinnen
bei Max Beckmann: »Neben dem Bildsinn 'Schnitter des Todes' [in: 'Zwei hackenschwingende Bauern und zwei kartoffelnlegende Bäuerinnen', 1915] scheint mit der Darstellung der Bäuerinnen, die Kartoffeln in den gerafften Kleidern halten, so daß der Schoß betont wird, auch ein Sinnbild von Mutterschaft und Fruchtbarkeit intendiert zu sein.«
Stephan von Wiese (1978, S. 103)
Bäumchen, rosafarbenes
bei Max Beckmann: s. u. Knospen, überdimensionale
Bäume
bei Paul Klee: »Während die beiden ebenso struppigen wie buschigen BÄUME [in: 'Bebende Kapelle', 1924] als Sinnbilder ursprünglicher Menschenpaare zum 'Kehrt in die Natur zurück' bereit sind, saust auf der anderen Seite die Fruchtbarkeits-GRANATE der neuen Urzellen-Theoretiker . . .« Walter Ueberwasser (1963, S. 75)
bei Rudolf Hausner: s. u. Parks, Plan des
bei Piet Mondrian: männliches Prinzip (s. u. Linie, vertikale)
– im Halbschatten
bei René Magritte: Zwischengeschoß des Ichs (s. u. Meer)
–, riesige
bei Rudolf Hausner: s. u. Kontinente, zwei
–, rituelle
bei Constantin Brancusi: Ursäulen (s. u. Säulen, endlose)
Bahnhof
bei Giorgio de Chirico: » . . . die berühmten Lokomotiven und die Uhren, die immer Bahnhofsuhren gleichen. Diese Symbole beeinflussen sogar die mütterlichen: alle Gebäude mit Arkaden erinnern etwas an einen Bahnhof. Picasso nannte einmal früher C. . . .'Maler der Bahnhöfe'.« Marcel Jean (1961, S. 53)
vgl. Arkaden; vgl. Lokomotive
bei Karl Völker: s. u. Masse Mensch
– von Sarajewo
bei Rudolf Hausner: s. u. Schornstein einer Lokomotive
Bahren
bei Walter Pichler: kranke Gesellschaft (s. u. Wagen, eiserner)

Bajonett
bei Marcel Duchamp: »'Die Schokolade der Walzen [in: 'Junggesellenmaschine', 1915–23], die von werweißwoher stammt', schreibt D., 'würde sich nach Zerreibung der Milchschokolade absetzen . . .' Er fügt hinzu, die kreisende Bewegung der Reihe erkläre sich durch 'das Spontaneitäts-Sprichwort: 'Der Junggeselle zerreibt seine Schokolade selbst.'
Es scheint wohl, daß in diesem Apparat die mechanische Darstellung des männlichen Geschlechts zu sehen ist, in dem Reiben der Schokolade die Sekretion des Spermas, die für die meisten ein geheimnisvoller Vorgang ist. Das Bajonett, ein hinreichend deutliches Symbol, da wir uns in der Zeit vor 1914 befinden, ist der Phallus, der in der Richtung der Neuvermählten zeigt, aber bezeichnenderweise nur bis zur Schere reicht, was den Junggesellen dazu bewegen dürfte, 'seine Schokolade selbst zu reiben'.«
Robert Lebel (1962, S. 39)
vgl. Schokoladenquetsche
Balken
bei Oscar Dominguez: Erde (s. u. Segel)
–, rote vertikale
bei Antoni Tàpies: katalonische Fahne (s. u. Stoffbündel, vier aus rotem Stoff gerissene)
–, schwere
bei Johannes Itten: Sperre (s. u. Kreuz, schwarzes)
bei Paul Klee: s. u. runenhafte Zeichen
Balkone
bei Wols: s. u. Linien, miniaturhafte
Ball
bei Carlo Carrà: s. u. Tennisspielerin
bei Rudolf Hausner: Kindheitserinnerung (s. u. Seifenblasen)
bei Johannes Itten: Spielzeug (s. u. Strauch, blühender)
bei Walter Wörn: s. u. Spielfeld
Ballon
bei Max Beckmann: »Auch in unserem Bild ['Die Mühle', 1947] gibt es ein Symbol der Hoffnung. Es ist vergleichsweise unscheinbar, aber der Maler setzt es nahezu ins Zentrum des Bildes. Wir meinen den im Hintergrund aufsteigenden Ballon. Zwischen dem Gehäuse des Käfigs und dem düsteren Bau der Mühle erblickt man ihn. Schwebend steigt er über den Horizont empor, hebt er sich ruhig vom Blau des Himmels ab. Allerdings erscheint dies Symbol der Freiheit gleichzeitig und im Zusammenhang mit den Zeichen der Weltkatastrophe. Flut und Feuer zerstören ringsum die Schöpfung.«
Friedhelm W. Fischer (1972 a, S. 185)
bei Gerd van Dülmen: Bauchgegend (s. u. Männer, kopflose, nackte)
bei Rudolf Hausner: »Wo ist Rettung? Embryonen [in: 'Die Arche des Odysseus', 1948–56] klettern aus einem in Verwesung begriffenen Janus-Schädel zu einer Art Ballon empor, den man ebenso als eine Luftblase (von Projekten) wie auch als eine Symbolisierung reinen Denkens begreifen kann.« Max Peter Maass (1965, S. 227)
–, schwebender
bei Max Ernst: »Die Freiheit, symbolisiert im oben schwebenden Ballon [in: 'Oedipus Rex', 1922], scheint in dieser gepreßten Innenwelt unerreichbar.« Günther Metken (1977, S. 246)
Balustersäule
bei René Magritte: »Diese kleinen Balustersäulen [in: 'Der geheime Spieler', 1926] gehören zu einer Reihe von praktisch unerklärbaren, aber häufigen Motiven, die stetig im Werk M.s wiederkehren.
Max Ernst hat seinerzeit – in der Art einer verbalen Collage – ein Wort erfunden, das wunderbar geeignet ist, diese Objekte zu beschreiben: 'Phallustrade'. Nach Ernst bedeutet das Wort Phallustrade ein alchemistisches Produkt, das sich zusammensetzt aus Autostrada, Balustrade und einer bestimmten Phallusqualität.
Offenbar bedeutet diese Geländersäule (oder bilboquet, wie M. sie nannte) auf einer vielleicht unbewußten Ebene ein komplexes Gedankengebilde, das durch gefühlsmäßige Glieder verbunden war . . .« Suzi Gablik (1971, S. 27)
Balustrade
bei Max Ernst: »E. stellt 1920 in Köln ein Objekt 'Falustrata' aus, das im Titel die Form der Balustrade als Phallussymbol ausweist.«
Uwe M. Schneede (1973 b, S. 78)

René Magritte: Der geheime Spieler, 1926

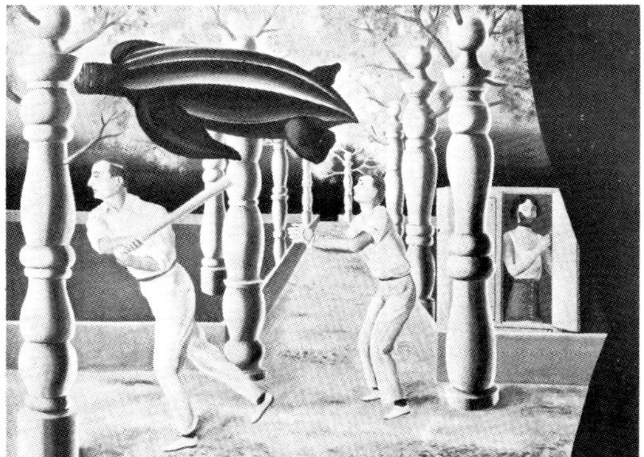

Bambusstab, spitzer
bei Antoni Tàpies: s. u. Tuch
Bananen
bei Oscar Dominguez: »Auf der Zeichnung [1938] erhebt sich inmitten unendlicher Gewässer vor einer riesigen flüssigen Wand eine Frau mit einem Kopfputz aus Bananen – die Frucht der Kanarischen Inseln –, eine symbolische Gestalt als Mahnmal an ein seismisches Ereignis auf den Inseln.« Marcel Jean (1961, S. 269)
Band, das
bei Henri Laurens: »Der Titel – 'Das Band' [1937] – gibt einen Fingerzeig auf den metaphorischen Gehalt der Plastik, wie man ihn sich nicht deutlicher wünschen könnte. Was das Band, das Flechtband, für die Vorstellungswelt des Mythos bedeutet, hat als erster Bachofen in seiner Studie über Oknos, den Seilflechter, nachgewiesen. Im Band ist die Tätigkeit der bildenden, formenden Naturkraft dargestellt, welche der menschlichen Schöpferkraft als Vorbild dient: '. . . die Arbeit der großen stofflichen Urmutter wird mit dem kunstreichen Flechten und Wirken verglichen.' Das Oknos-Symbol stellt den menschlichen Gestaltungsakt als dem Naturgeschehen analog dar und verweist überdies auf die Stufe 'tellurischer Zeugung', wenn man mit Bachofen annimmt, daß der Flechter Sumpfpflanzen für sein Seil verwendet. Solcherart erinnert das geflochtene Band an den ewigen Kreislauf der Sumpfvegetation, 'dem auch die Tier- und Menschenwelt unterliegt'.«
Werner Hofmann (1970a, S. 20)
Band der Haare
bei Henri Laurens: s. u. Arm, abgewinkelter
Band Goethe
bei George Grosz: »Im Vordergrund [in: 'Deutschland, ein Wintermärchen', 1918] sind ein scheinheiliger Pfarrer und ein arroganter Junker dargestellt, rechts daneben ein selbstzufriedener Bürger, vielleicht ein Schulmeister, der als Symbol seiner Bildung einen Band Goethe unter dem Arm trägt und einen Stock mit einer Marionette schultert.« Bernard S. Myers (1957, S. 286)
Bandagen, blutgetränkte
bei Alberto Burri: Erlebnisse des Todes (s. u. Säcke mit Farbe)
Banner
bei Richard Lindner: »Das Banner in 'On' [1968] mit der Darstellung der Freiheitsstatue wird zu einer Phallus-Attrappe, mittels welcher die nackten Silhouetten eines Mannes und einer Frau, die einander offensichtlich nicht kennen, miteinander vereint sind.« Hilton Kramer (1975, S. 22)

bei Pablo Picasso: Kirche (s. u. Polyp); s. u. Sonne
Barlach, Ernst
bei Käthe Kollwitz: »Nirgendwo hat das Mitleid erschütternder Ausdruck gefunden als in einer Zeichnung des verfemten Bildhauers 'Ernst Barlach auf dem Totenbett', 1938; nirgendwo gibt es ein so entmaterialisiertes Symbol für die Auflösung des Körpers und die Unsterblichkeit des Geistes.« Bernard S. Myers (1957, S. 24)
Barett
bei Claes Oldenburg: Attribut des Künstlers (s. u. Eisbeutel)
Barrikade
bei Renato Guttuso: s. u. Helme
Barrikadenkämpfer
bei Ludwig Meidner: »Doch bei M. gibt es kein Gutes, das siegt, und kein Schlechtes, das unterliegt; es gibt nur eine leidende Kreatur. Und so wird denn die anscheinend so sieghafte Zentralfigur [des Barrikadenkämpfers, in: 'Revolution' (Barrikadenkampf), um 1913] ein Symbol des Leids, sie wird ein einzigartiger Schrei, der gesammelte Schrei aller.« Hans-Günther Sperlich in: Thomas Grochowiak (1966, S. 73)
s. u. Schädel
Bart, Kind mit einem
bei Marc Chagall: s. u. Kind mit einem Bart
Basisschale
bei Rudolf Belling: »Für eine Siedlung in Hamburg schuf B. 1966/67 eine weitere Großbronze, das 'Symbol der Gemeinsamkeit'. Ein großer, ein mittlerer und ein kleiner Formzacken bilden Raumkörper, indem sie in kreisender Bewegung eine Basisschale umgreifen.«
J. A. Schmoll (1971, S. 16/7)
Bau
bei Joseph Beuys: s. u. Hase
Bauarbeiter
bei Georg Brendler: »Ganz anders symbolisierend zeichnete B. die Bauarbeiter [in: 'Baustelle', 1970] in der Innenschale des Berliner Fernsehturms. In der Untersicht und ihrer fast artistischen Balance erscheinen die Arbeiter als die waghalsigen Konstrukteure bisher unerhörter gesellschaftlicher Perspektiven.«
Richard Hiepe (1973, S. 127)
Bauch
bei Max Ernst: »Sie betrachten die grotesken Dimensionen des geheimrätlichen Bauches [in: 'Le Lion de Belfort', B. 4, 1934], in dessen schillernder Mitte als Zeichen hochsommerlicher Üppigkeit eine Sonnenblume aufglänzt – vielleicht ist die Deutung einfacher als es den

Anschein hat, und könnte sich mit den biblischen Worten "ihr Bauch ist ihr Gott" begnügen und den Bauch, der in Träumen gerne als Sitz libidinöser Triebe symbolisiert wird, eindeutig als einen solchen in überdimensionaler Hypertrophie kennzeichnen.« Dieter Wyss (1949, S. 66)
bei Alberto Giacometti: s. u. Körper, großer
bei Yves Klein: s. u. Abdrücke weiblicher Körper
– des Fakirs
bei Bohumil Kubišta: Zentrum der Macht (s. u. Schlange)
'– von Paris'
bei André Masson: s. u. Labyrinth, blaues
Bauer
bei Jean Carzou: s. u. Pflug
–, alter
bei Ernst Ludwig Kirchner: »Der alte Bauer, in der früheren Schweizer Kunst oft ein Symbol für die zeitlose Kraft des Bauernvolkes schlechthin, wird in K.s Deutung [in: 'Alter Bauer', 1919/20] zum zerbrechlichen, nervösen, von der Zeit gezeichneten Jedermann.«
Donald E. Gordon (1968, S. 122)
bei David Šterenberg: »Der alte Bauer [in: 'Das Alte', 1927], ikonenhaft und streng frontal in die hellblaue, Schnee und Winter assoziierende, Bildfläche gesetzt, die nur durch eine winzige Birke in ihrer aseptischen Reinheit 'gestört' ist, wird so in seiner plastisch ornamentalen Wirkung zur eindrucksvollen Symbolfigur der durch Revolution und Industrialisierung zum Untergang verurteilten alten Lebensweise.«
Eckhart Gillen (1977, S. 217)
–, aufständischer
bei Horst Sakulowski: »Schlüsselfigur [in: 'Konfrontation', 1975] ist das zerschlissene Gewand eines aufständischen gerichteten Bauern in der Haltung eines Gekreuzigten. Er verkörpert die revolutionäre Kraft, die die finsteren Gewalten der Vergangenheit . . . überwand . . .«
Helga Möbius (1976, S. 233)
–, erschöpfter
bei Tadeusz Kulisiewicz: sitzender Mann (s. u. Arbeiter des Meeres, ewiger)
–, pflügender
bei Werner Peiner: »Der pflügende Bauer [in: 'Deutsche Erde', 1933] vertritt den Mythos vom einfachen Leben in der 'Bindung an die Mutterscholle', die nicht nur in der nationalsozialistischen Blut-und-Boden-Mythologie zu Hause ist.« Hans H. Hofstätter (1969, S. 111)
Bauern
bei Käthe Kollwitz: s. u. Bauernkrieg; s. u. Gestalt, behelmte
bei Paula Modersohn-Becker: »Für sie symbolisierten diese Bauern und ihr einfaches Leben die Nähe zur Natur, von der sie ein Teil zu sein schienen.« Bernhard S. Myers (1957, S. 54)
Bauernhaus
bei Marc Chagall: s. u. Auge, großes
'Bauernhof'
bei Joan Miró s. u. Leiter
Bauernstuben, russische
bei Wassily Kandinsky: s. u. Ecke, rote
Bauersfrau, spanische
bei Julio Gonzalez: » . . . die große schmiedeeiserne und geschweißte Gestalt 'Montserrat', 1936/37, die heroische Figur einer spanischen Bauersfrau, Symbol für den Widerstand des spanischen Volkes gegen den Faschismus.«
H. Havard Arnason (1970, S. 396)
Baugrube
bei Franz Radziwill: s. u. Sarg
Bauherren
bei Willi Sitte: → Menschen
Baum
bei Max Beckmann: s. u. Vogelmenschen, blonde
bei Marcel Duchamp: »Ein Baum, dessen Zweige sich zwischen dem Paar ausbreiten [in: 'Jüngling und Mädchen im Frühling', 1911], scheint zugleich zu fördern und zu verhindern, daß sich

Marcel Duchamp: Jüngling und Mädchen im Frühling, 1911

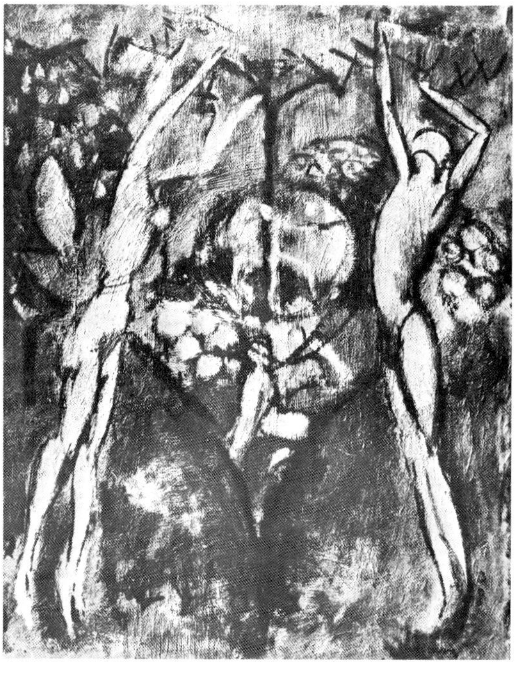

beide treffen. Der Baum als Symbol bietet eine Vielzahl von Bedeutungen an.
Vor allem versinnbildlicht der Baum den Vorstoß zu kosmischer Totalität und zwar im Entstehen und Werden. Dann ist er auch das Urbild der Hermaphroditen, der Synthese der zwei Geschlechter. Als *axis mundi* kann er auch als Vermittler zwischen Erde (Frau) und Himmel (Mann) fungieren. Er erinnert an die Verlängerung des menschlichen Lebens. Der Baum gilt auch als Sinnbild für den Paradiesbaum, den Baum der Erkenntnis, der die widerstreitende und doch komplementäre Vorstellung vom Baum des Lebens und des Todes verkörpert: der Lebensbaum (der grünende Baum) hat seine Wurzeln im Firmament versenkt . . . Obwohl die Zweige des Baumes im Bild überaus trocken sind (sie erinnern an den Baum des Todes), sind sie dennoch von einer grünen Wolke eingefaßt (dem Laub des Lebensbaumes).«

Arturo Schwarz (1973, S. 18)

Androgynie (s. u. Alembicum); s. u. Glaskugel, transparente; s. u. Verkleidung

bei Alberto Giacometti: »Es muß einer jener Zufälle gewesen sein, die durch ihre Fruchtbarkeit Bedeutung gewinnen, daß G. für das Bühnenbild von 'En attendant Godot' ausgerechnet einen Baum [1963] machen mußte. Der gipserne Baum, den er aufrichtete, war mehr als nur ein Ort der Handlung: Etwas von einer Weltachse liegt in ihm – denn 'vor dem Baum' sollen Wladimir und Estragon auf Godot warten –, aber er ist auch der Baum aus dem Paradies, das den Menschen verschlossen ist: Estragon und Wladimir könnten eine Erlösung darin sehen, wenn sie sich am Baum erhängten, aber sie erreichen die Erlösung ebensowenig, wie G.s schreitende Männer und blickende Köpfe die stehenden Frauengestalten [vgl. Frauen] erreichen.«

Reinhold Hohl (1971, S. 209)

aufregende Stele (s. u. Hohlkugel, halbe)

bei Friedensreich Hundertwasser: → Spirale (W. Grohmann)

bei René Magritte: »Aus der Erde der Sonne entgegenwachsend, ist der Baum das Abbild sicheren Glückes.«

René Magritte in: Suzi Gablik (1971, S. 28)

s. u. Landschaftsausschnitt

bei Piet Mondrian: das Männliche (s. u. Vertikale)

bei Edvard Munch: s. u. Kinder

bei Hanna Nagel: »Man erkennt, wenn man die betreffenden Zeichnungen überblickt [nach 1947], daß es der Stamm und die Wurzeln, mitunter noch die unbelaubten Äste sind, die für die Zeichnerin Bedeutung haben; nicht die Frühlingsgestalt des Baumes mit dem Lichtwunder der sich entfaltenden Blätter, auch nicht das Lodern und Verwehen im Herbst, der Baum allein als Verwirklichung des starken, ganz in sich ruhenden und schweigend-ernsten Lebens, des Wachstums aus tausend feinsten in die Tiefe gesenkten Wurzeln. Wenn der Baum wie ein Geliebter umfangen wird, dann ist es dieses Leben, und Umfangen heißt wirklich Einswerden mit ihm: Identifizierung – 'Wenn ich tot bin, will ich ein Baum sein'« ['Chopin-Prélude Nr. 19 Es-Dur', 1945/46].

Klaus Mugdan (1977, S. 25)

bei Karl Schmidt-Rottluff: ». . . so unterscheidet es ['Leuchtturm an der Ostsee', 1913] sich doch durch die unerhörte Kühnheit, die mit dem Pathos einer feierlichen Geste die sonst üblichen Landschaftselemente in den Hintergrund verweist, um vor ihnen beherrschende Sinnbilder aufzurichten, Symbole der im Baum verkörperten gestaltenbildenden Schöpferkraft der Natur.«

Gerhard Wietek (1963, S. 11/2)

bei Friedrich Schröder-Sonnenstern: s. u. Affe

bei Ernst Steiner: »Der Baum [u. a. in 'Schnekkenlandschaft (Fremde Boten)', 1965] wird bei ihm Kreuz und als solches in einer alten Bedeutung nicht nur Sinnbild des Leidens, sondern auch eines vollen, runden Lebens. Er kann phallischen Charakter annehmen.«

Johann Muschik (1974, S. 130)

bei Walter Wörn: Natur (s. u. Rosen, blühende); s. u. Torso

Baum, aufrechter

bei Henry Moore: »Der aufrechte Baum [in: Holzfassung der 'Inneren und äußeren Formen', 1951] ist sowohl Sinnbild der männlichen Potenz als auch des gebärenden, sich öffnenden Mutterleibes. (Im griechischen Mythus geht Adonis aus einem Baumspalt hervor.)«

Werner Hofmann (1959, S. 93)

–, blauer

bei Marc Chagall: s. u. Sonnenrad

– der Erkenntnis

bei Marcel Duchamp: → Baum

bei Paul Klee: s. u. Spirale (M. Huggler)

–, der grünende

bei Marcel Duchamp: Lebensbaum (s. u. Baum)

– des Lebens

bei Marc Chagall: Unsterblichkeit (s. u. Lebensbaum)

bei Salvador Dali: → Kreuz aus Korallen

bei Johannes Itten: → Strauch, blühender

– des Lebens und des Todes

bei Marcel Duchamp: → Baum

–, gespaltener
bei Max Pechstein: »Ein vom Blitzschlag gespaltener Baum [in: 'Gestürzter Baum', 1921] wird zum dissonierend anklagenden Schrei.«
Hans Tintelnot (1964, S. 118)

–', 'Jungfrau im
bei Paul Klee: Liebesunfähigkeit (s. u. 'Jungfrau im Baum')

–, kahler
bei Werner Heldt: »H. zeigt uns (nach 1945) die Chiffren der Vergänglichkeit: die leere Stadt, den kahlen Baum, die brüchigen Fassaden, die schwarzen Fenster, den toten Vogel.«
Wieland Schmied (1975, S. 19)

–, stürzender
bei Ernst Ludwig Kirchner: »Den Baum fällen, das ist eine nüchterne Tat. Der stürzende Baum aber verbreitet Grauen. Der Blick der Holzfäller [in: 'Holzfäller', 1925/26] weitet sich im Grauen . . . Sie ist das kurze lähmende Bewußtwerden der Not – der Not des Menschen, von dem das Leben in der Natur zerstört wird, und ist die Not der außermenschlichen Natur, die ihr Leben dem Menschen opfert.«
Lothar Schreyer (1954, S. 464)

–, verdorrter
bei Werner Tübke: »Ein verdorrter Baum mit gespenstischem Leben [in: 'Lebenserinnerungen des Dr. jur. Schulze III', 1965], Symbol des Faschismus, greift einem Kraken gleich mit einem seiner Arme in die Waagschale des Todes . . .« Irma Emmrich (1976, S. 40)

– von Guernica
bei Pablo Picasso: s. u. Stier (R. Arnheim)

–', 'Zerschmetterter
bei Otto Dix: »Seine Bilder 'Zerschmetterter Baum' [1941] oder 'Gewitter' sind in der Farbe, Darstellungsart und Technik Symbole des Chaos . . .« Herbert Minte (1946, S. 104)

Baumbüsche, blaue
bei Marc Chagall: s. u. Liebende

Baumes im Wind, Sublimation eines
bei Alexander Calder: → Mobiles (lt. M. Duchamp)

Baumformen, phantastische
bei Graham Sutherland: naturhafte hinterhältige Bosheit (s. u. Stechginsterlabyrinthe)

Baumstämme
bei Piet Mondrian: s. u. Holzpfähle, senkrechte

Baumstammformen
bei Ossip Zadkine: s. u. Gestalten, männliche

Baumstumpf
bei Ossip Zadkine: »Mit der rechten Hüfte berührt die Figur ['Die zerstörte Stadt', 1953] einen Baumstumpf. Z. benutzt mit dem Stamm in dieser Funktion ein Hilfsmittel, das seit der Antike, vor allem an Marmorstatuen, geläufig ist. Aber auch dieses Motiv wird hier in die Aussage des Denkmals einbezogen. Der verstümmelte Strunk erscheint als ein weiteres Symbol grausamer Verletzung und Zerstörung.«
Johannes Langner (1963, S. 12)

Bauwerke, alte
bei Friedrich Meckseper: Überdauerndes und Zeitloses (s. u. Labyrinth)

Baumwurzel
bei Max Klinger: s. u. Heros, sitzender nackter

Bedrohter
bei Julio Gonzalez: s. u. Foltergerät

Befehlsgeber
bei Louise Nevelson: → Gold

Begleiter
bei Marc Chagall: s. u. Geiger (H. Keller)

– mit dicker Brieftasche
bei Konrad Klapheck: Dusche (s. u. Armatur)

Begrabene
bei Henry Moore: fast die Geborgenen (s. u. Tuch)

Beherrscher
bei Oscar Dominguez: s. u. Stier

Beil
bei Rudolf Hoflehner: der Mann (s. u. Messer)
bei Paul Klee: »Das Beil [in: 'Komposition auf schwarzem Grund', 1939/40] ist abbauende, zerstörende Kraft und Bild des Todes . . .«
Max Huggler (1969, S. 219)

Bein
bei Henri Laurens: Signal männlicher Erregung (s. u. 'Rosa')

–, drittes
bei Jean-Robert Ipoustéguy: »Man hat viel über das dritte Bein des *Homme* [1963] gerätselt. Es ist der 'Hinkefuß' des Menschen, der ihn von Gott unterscheidet . . . Fortschritt aber ist der Versuch des Menschen, sein 'Hinkebein' zu überwinden.« Bernd Krimmel (1969, S. 8f)

– sich abstoßend, Frau mit einem
bei Pablo Picasso: Entschwinden in die Unendlichkeit (s. u. Frau mit einem Bein sich abstoßend)

–, rechtes
bei Graham Sutherland: Säge (s. u. Grille)

–, weibliches
bei Marc Chagall: »Links unten [in: 'Meiner Braut gewidmet', 1911] ein weibliches Bein, nichts als zeichenhaftes Emblem für ein erschrecktes Fortstürzen . . .«
Werner Haftmann (1974, S. 16)

Beinchen
bei Gertrude Degenhardt: s. u. Bündel, schwarzes
Beine
bei Rudolf Hoflehner: »Die Formfindung verfährt zeichenhaft und zögert nicht, sich über anatomische Legitimationen hinwegzusetzen und den Senkrechten der Beine den gesamten Körper zu unterwerfen – hier hat das später herausgegriffene Thema der 'Spaltung', des Gespaltenseins, seinen Ursprung. Überdies machen die ausgesparten Binnenräume die symbolische Funktion der Beine deutlich: ihre 'Klammer' dient zugleich der Betonung und der Bewahrung eines Kernraumes, dessen Inhalt unausgesprochen bleibt.«
Werner Hofmann (1965 b, S. XII)
bei Pablo Picasso: s. u. Nagel
–, festgerammte
bei Rudolf Hoflehner: s. u. Keil
–, gespreizte
bei Max Ernst: s. u. Kreisel
–, gestreckt
bei Salvador Dali: s. u. Obelisk
–, Gewimmel der
bei Renato Guttuso: Angst (s. u. Leichenhaufen)
– in Nylonstrümpfen
bei Allen Jones: »Seine kühn gemalten Beine in Nylonstrümpfen [z. B. in: 'Triffic', 1966] und Schuhen mit unnatürlich hohen Absätzen sehen aus wie vorbereitende und genau ausgeführte Entwürfe für Beine seiner Frauengestalten in Fiberglas. Sie bilden eine wohlüberlegte Kombination von Covergirls, Starlets, Mannequins und Striptease-Girls und bieten eine ideale Version des Mädchens unseres Jahrhunderts, das nur als Sexualobjekt angesehen wird. J. symbolisiert ihre beschränkte sexuelle Funktion, indem er sie in erotische Ausrüstung umwandelt. Die stehende Figur ist mit engen, bis zu den Oberschenkeln reichenden, dunkelroten Stiefeln ausstaffiert und mit einem gleichen Lederharnisch.«
Robert Melville (1970, S. 189/90)
–, Kopf und
bei Enrico Baj: s. u. Olo, Il Signor
–, schmale
bei Rudolf Hoflehner: s. u. Messer
–, Spreizhaltung der
bei Max Beckmann: »Darüber hinaus ist die Spreizhaltung der Beine das Erkennungszeichen für den Typus der 'ungezähmten Muttergottheit', nicht nur in Indien und Mesopotamien, sondern auch im kleinasiatischen und mittelmeerischen Bereich. . . . Darstellungen der 'magna mater' in Spreizhaltung begegnen nicht selten in Verbindung mit der Totenbestattung. Sie weisen so recht deutlich auf die Symbolik des verschlingenden oder aufnehmenden Schoßes hin.
B. hat das uralte Motiv, von dem er zweifellos Kenntnis hatte, nicht nur wieder aufgenommen, er hat es auf unheimliche Weise gesteigert. Unterrock, Schenkel und Sitztrommel bilden in unserem Bild ['Columbine', 1950] eine zwingende Konfiguration von zeichenhafter Kraft . . . Wie ein Vorhang, hinter dem das Geheimnis wartet, bedeckt der Unterrock den Leib der Göttin.«
Friedhelm W. Fischer (1972 a, S. 218)
Beinen, Mädchen mit gespreizten
bei Tom Wesselmann: s. u. Akt, weiblicher
–, Quadrat auf
bei Paul Klee: der kleine Mensch (s. u. Quadrat auf Beinen)
–, Säule mit zwei
bei Fritz Wotruba: Stehen (s. u. Röhre)
Bekämpfer des Bösen
bei Hans Thoma: → Michael
Bekleidung
bei Marcel Duchamp: »Das 'Gewand der Ehefrau' wird von drei parallelen Linien symbolisiert, die das Bild ['Junggesellenmaschine', 1915–23] in zwei übereinanderliegende Abschnitte teilen (das Gewand sollte ursprünglich das einzige Stück aus Glas sein, die 'Kühlvorrichtung' für die . . . männliche Leidenschaft); es trennt das Reich der Junggesellen von dem oberen der Ehefrau.«
Marcel Jean (1961, S. 103)
vgl. Schokoladenquetsche
bei Rudolf Hausner: s. u. Matrosenkleidung
bei Christian Schad: »Die Form rückt ins Gleichnishafte, hinter der Illusion des schönen Scheins lauert der Verfall. Bekleidung wird zur Entblößung, zum Signal für sexuelle Enthemmung, das Gesellschaftsbild zur Fassade für eine makabre Scheinwelt« [z. B. in: 'Graf St. Génois d'Anneaucourt', 1927]. Paul Vogt (1972, S. 229)
Beleuchtungskörper
bei Pablo Picasso: s. u. Birne, elektrische
Belgiens, deutsche Besetzung
bei René Magritte: s. u. geflügelter Mann
Bellona
bei Hugo Behr: »Den 'Krieg', der sich am besten durch das 1903 in Berlin ausgestellte Gipsmodell vergegenwärtigen läßt, hat er als Bellona personifiziert, die eine Brandfackel in der Linken und ein aufgestütztes Schwert in der Rechten hält und auf einem Ungeheuer mit mehreren Schlangenhälsen steht.« Siegmar Holsten (1976, S. 37)
Belvedere
bei Rudolf Hausner: Zone des Menschen (s. u. Park)

Benachteiligte
bei Pablo Picasso: → Plätterin
Benito
bei Georges Rouault: Person des Zirkus (s. u. Zwerg)
Benjamin
bei Marc Chagall: 'reißender Wolf' (s. u. Schafe)
Beobachter
bei Paul Klee: s. u. Auge
–, unsichtbarer
bei Antoni Tàpies: → Brille
Bergarbeiter
bei Henry Moore: s. u. Frau, sitzende; s. u. Mutterleib, der archetypische
Berge
bei Antonio Calderara: s. u. Mutter
Bergende
bei Henry Moore: Große Göttin (s. u. Liegende Figur)
Bergstädtchen
bei Hanna Nagel: »In dieser Zeit [1933–35] beginnt die Zeichnerin auch mit den vielfältig ausdrucksvollen Kopfbedeckungen, zusätzlichen Organen des Wachsens und Greifens der Gestalten in den Raum . . . Im Bild 'Der Städtebauer' wächst gleichzeitig mit den vom geflügelten Mann zwischen die Berge und in den Schoß der Frau gesetzten Bergstädtchen auch eine solche aus deren Kopf empor. Wie hier, wo offenbar das Glück schöpferischer Werkzeugung und das der Liebeserfüllung sich nahe in der einen symbolischen Bildgestalt berühren, muß auch in manchen anderen dieser Formerfindungen die Dimension des Geschlechtlichen als wichtiges Element wahrgenommen werden.«
Klaus Mugdan (1977, S. 18/19)
Bergstadt
bei Marc Chagall: s. u. Liebende
Bergtal
bei Alfred Kubin: s. u. Soldat, schlotteriger
Beschützer
bei Ernst Barlach: → Josef
Beschützerin des Landes
bei Antonio Calderara: → Mutter
– des Lebens
bei Eugen Hoffmann: → Mutter
Besen
bei Marc Chagall: s. u. Straßenkehrer
bei Alfred Kubin: s. u. Schicksal
Besiegte, niedergetretene
bei Franz Wacik: s. u. Rittergestalt, übergroße
Bestie
bei David Alfaro Siqueiros: s. u. Zentaur
Beton, Blumentöpfe mit
bei Jean-Pierre Raynaud: Symbole des Infragesetzens (s. u. Blumentöpfe mit Beton)
Bett
bei Edward Kienholz: s. u. Glasscheibe
bei Edvard Munch: »Ein ausgemergelter, knochendürrer Mann tritt aus einem sonnigen Raum [in: 'Selbstporträt zwischen Standuhr und Bett', 1940/42] in sein Schlafzimmer und hält inne zwischen Uhr und Bett. Das Bett mit den roten und schwarzen Streifen, hinreißend gemalt in der simpelsten und packendsten Weise, ist Attribut des Lebens. Die schmale Standuhr, deren Zifferblatt keinen Stundenweiser mehr hat, ist Attribut des Todes.« Richard Biedrzynski (1965)
Bettelmusikant
bei Pablo Picasso: s. u. Gitarrenspieler
Bettler
bei Ernst Barlach: »Der innere Vorgang bedeutet das Ausgesetztsein der Menschen in dieser Welt. Die Gestalt des Bettlers ist hiefür das Paradigma und durchschreitet denn auch B.s ganzes Werk. Er fühlte sich zu ihm hingezogen, weil er die Not des Menschen unmittelbar ausdrückt.«
Walter Nigg (1961, S. 169)
bei Pablo Picasso: Opfer der Gesellschaft (s. u. Gitarrenspieler)
– auf Krücken
bei Ernst Barlach: »Die mittlere Figur [im Fries der Lauschenden, 1930], der zuerst vollendete 'Bettler auf Krücken' . . . ist eine ergreifende Verkörperung menschlicher Gebrechlichkeit, ein Geschlagener, der Ärmsten einer.«
Carl D. Carls (1968, S. 118)
–', 'Der göttliche
bei Ernst Barlach: s. u. Sonne
Bevölkerung
s. Teil III
Bewacher
bei Lovis Corinth: → Ritter
Bewahrer von Gesetz und Überlieferung
bei Marc Chagall: → Thoraträger
Bezwinger
bei Ernst Barlach: s. u. Gestalt mit angezogenen Knien
Bibelleser, eifriger
bei Marc Chagall: der Künstler selbst (s. u. Lebensbaum)
Bidets
bei Lambert Maria Wintersberger: »Die 'Bidets' von 1967/68 sind drohende Gegenstände, öffnen sich wie Münder, zeigen ihr Gebiß, drohen den, der sich ihrer bedient, zu verschlingen. Zugleich sind sie Opfer: Diese Münder sind aus Qual

geöffnet wie zum Schrei, der freilich in der perfekt-hygienischen Welt der Kosmetik unhörbar bleibt, 'wegretuschiert' ist.«

Wieland Schmied (1975, S. 38)

Bienen in der Retorte

bei Gerd van Dülmen: »Seine Phantasie kreist um eine symbolische Erfassung des Menschseins heute, um bildliche Metaphern, die Gültiges über ihn aussagen. Auch bei ihm wird die Integration des Menschen in ein System von Apparaten und Prothesen, seine Anpassung an die Dimensionen der Technik, zum zentralen Thema. Da gab es zunächst die Bienen in der Retorte ['Ohne Titel', 1970], ein scheinbar chaotisches Gewimmel, das sich selber steuert.« Juliane Roh (1971, S. 243)

Bienenstachel

bei Konrad Klapheck: Nadel (s. u. Bohrmaschine, große)

Bierseidl-Turm

bei Paul Flora: s. u. Raben

bilboquet

bei René Magritte: s. u. Balustersäule

Bild

bei Alexej von Jawlensky: Kultzeichen, Meditationsübung, Metapher mystischen Geschehens (s. u. Antlitz)

bei René Magritte: s. u. Landschaftsausschnitt

Samuel Bak: Pyramide, 1974

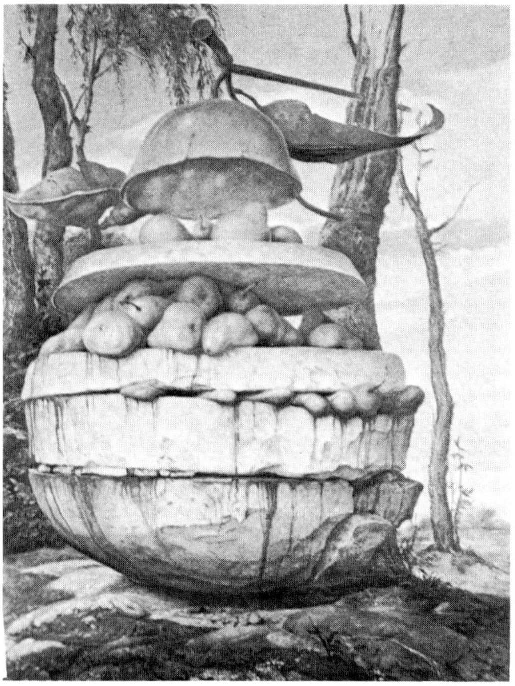

bei Piet Mondrian: → Rechteck, weißes; s. u. Rauten

– des Geheimnisses

bei Godwin Ekhard: s. u. Maske

– des Lebens

bei Max Beckmann: indische Kali bzw. Muttergottheit Devi (s. u. Frauengestalten, rätselhafte)

–, zentralisiertes

bei Mark Rothko: »Das auf diese Weise [mittels abstrakter Rechtecke] gewonnene zentralisierte Bild [z. B. 'Schwarz, Rosa und Gelb über Orange', 1951/52] ist in gewisser Hinsicht Symbol – der Gleichheit, Ganzheit oder transzendenten Einheit . . .« Barbara Rose (1969, S. 204)

Bildhauer

bei Jorge Castillo: s. u. Paravent

–', 'Sisyphos als

bei Wolfgang Mattheuer: Herr der Situation (s. u. 'Sisyphos als Bildhauer')

Billardkugeln

bei Rudolf Hausner: Kugelbäume (s. u. Kindheitserinnerung)

Billardspieler

bei Rudolf Hausner: »'Adam Billard' [1975/76] kann als Symbol der Einsamkeit, der Vergeblichkeit verstanden werden. Der Billardspieler, der das Ziel anpeilt und dabei immer wieder auf Hindernisse stößt, die er sich selber schafft, ist aber auch, wenn man H. fragt, ein Sinnbild für die Existenz des Künstlers.«

Gottfried Sello (1976, S. 34)

Billardtisch

bei Max Ernst: s. u. Leiche

Binde, schwarze

bei Jacques Monory: Anonymität (s. u. Revolver/W. Sauré)

Birke, winzige

bei David Šterenberg: s. u. Bauer, alter

Birne

bei Samuel Bak: »Wir sprechen über seine Stilleben und ihren besonderen Star, die Birne [z. B. 'Pyramide', 1974] . . . Für ihn ist es vor allem die Frucht an sich, die Leben, Wachstum, Schöpferkraft verkörpert . . . Man kann sie als Metapher des menschlichen Zustandes verstehen.«

Rolf Kallenbach (1977, S. 22)

–, elektrische

bei Pablo Picasso: »Verglichen mit der Kraft der Öllampe wirkt der große Beleuchtungskörper an der Decke [in: 'Guernica', 1937] beinahe leblos . . . Er ist Lampe, Sonne und Auge, aber diese Bedeutungen stehen einander mehr im Weg, als daß sie sich bekräftigen. Diese Sonne ist nichts als eine Lampe, die Pupille dieses Auges ist nichts als eine elektrische Birne; es ist die Kälte einer wirkungslosen Macht, deren ziemlich zerzauste Strahlen isoliert im Dunkel stehen und Schatten werfen, als wären sie aus Papier geschnitten . . . So haben wir es hier mit einem Symbol indifferenter 'Kenntnisnahme' zu tun, einer zwar informierten, dabei aber unbeteiligten Welt . . . eines Wissens ohne Gewissen.«

Rudolf Arnheim (1964, S. 24)

Bisons, zwei kämpfende

bei Alfred Kubin: »Gefährliche Macht wird vor allem unter dem Bild des Raubtiers gesehen, das Menschen oder Tiere reißt. Sie kann auch im Bild eines Insektenschwarmes erscheinen, der einen flüchtenden Menschen verfolgt. Macht kann aufeinanderprallen wie in zwei kämpfenden Bisons [1920], die sich miteinander messen.«

Günther Rombold (1978 b, S. 83/84)

Blätter

bei Hanna Nagel: s. u. Baum

bei Graham Sutherland: s. u. Kopf

–, spindelartige

bei Paul Klee: »Etwas von dieser Weiträumigkeit hat auch die 'Landschaft mit Accenten' [1934]. Ein vergleichsweise kunstloses, beinahe prosaisch überschaubares Gewächs, das sich nach oben und zugleich – in der Art der Kriechpflanzen – in die Raumtiefe verästelt, so daß die Blätter manchmal aus Wegen (= Zweigen) hervorzuwachsen scheinen. Diese spindelartig zulaufenden Blätter tauchen immer wieder im Werk von K. auf: manchmal züngeln sie wie kleine Flämmchen empor, dann legen sie sich zur Seite, werden zu Schlitzaugen [in: 'Versunkenheit', 1919], zum Rand eines Blütenkelches [in: 'Heißblühendes', 1927] oder zu Lippen, die man auch als Schamlippen deuten kann. Dahinter steht immer die Vorstellung eines Geheimnisses, das sich nicht preisgeben will – Metaphern des Versiegeltseins.«

Werner Hofmann (1964, o. S.)

–, stengelförmige

bei Max Beckmann: Phallussymbol (s. u. Trompete)

Blättern, Kranz von Früchten und

bei Max Ernst: s. u. Gestalt mit Früchten

Blasinstrumente

bei Max Beckmann: »Blasinstrumente, vor allem Trompeten, stehen für den unbeständigen Ruhm der historischen Persönlichkeit [z. B. in: 'Fasnacht', 1920].

. . . ließe sich vielleicht auch die Anwesenheit des mächtigen Blasinstrumentes erklären, eines Dingsymbols, mit dem B. gelegentlich auf seine Bedeutung als Künstler hinwies, [in: 'Großes Stilleben mit Fernrohr', 1927].«

Friedhelm W. Fischer (1972 b, S. 23, 45)

Blatt

bei Salvador Dali: s. u. Schere

bei Ewald Mataré: s. u. Weinrebenmuster

bei Hanna Nagel: s. u. Fisch, der durch das Blatt stößt

bei Walter Wörn: Natur (s. u. Rosen, blühende)

Blau

bei Julius Bissier: der irdischen Realität verpflichtet (s. u. Gold)

bei Antonio Calderara: s. u. Mutter

bei Marc Chagall: Meer (s. u. Rot)

bei Yves Klein: »Blau ist als das All durchdringend, die eigentliche Verwirklichung des Immateriellen, des Geistigen. – Blau ist immer.«

Yves Klein in: Dietrich Mahlow (1969, o. S.)

»Doch diese Leute kannten kaum die Mühe, die sich K. mit seinem Metier gibt; wieviele Versuche er mit Bürsten, Pinseln, Walzen und Tampons gemacht hat, wie er neue Techniken erprobt und wie er seine Farbträger hin und her wendet und bearbeitet. Ihre Unruhe wird schließlich zur Freude werden, wenn sie sich daran erinnern daß der verborgene Sinn der Farbe Blau die Regeneration ist.« Jean-Philippe Talbot

in: Dietrich Mahlow (1969, o. S.)

Geist (s. u. Rot); das Geistige u. a. (s. u. Gold); s. u. Schwamm

bei Franz Marc: »Blau ist das männliche Prinzip, herb und geistig.« Franz Marc an August Macke

in: Werner Haftmann (1954, S. 182)

»Der 'Turm der Blauen Pferde' [1913], blaue durchscheinende Flächen, aneinander stoßend wie in bunten Glasfenstern, darüber zinnoberrot ein Regenbogen. Blau ist die Farbe des Glaubens, der Unendlichkeit, der Hintergründigkeit, Nachhall der 'Blauen Blume' der deutschen Romantik . . . M. nähert sich der Vision.«

Will Grohmann (1953, S. 147)

bei Otto Meyer-Amden: s. u. Rot

bei Jacques Monory: » . . . M. malt die Wirklichkeit [um 1968] als Illusion, in traumhaft erstarrten Bildsequenzen und in einem monochromen Blau, das Gottfried Benn einmal die 'Farbe der Introvertierten' nannte. Für M. ist Blau, diese kunst- und geistesgeschichtlich belastetste aller Farben, 'eine Möglichkeit der Distanzierung, der Trennung. Vielleicht in einem Sinne des verlorenen Paradieses'.« Peter Sager (1973 b, S. 106)

bei Robert Motherwell: Himmel bzw. Meer (s. u. Fenster)

bei Pablo Picasso: »Seine damalige Gemütslage spiegelt sich deutlich in dem 'Alten Gitarrenspieler' [1903], welcher die erste der zahlreichen Phasen verdeutlicht, die P.s Kunst durchlaufen hat. Das Gemälde ist fast ganz in Blau gehalten, in der Farbe der Schwermut, nach französischer Auffassung. Dies verstärkt das Gefühl der Hoffnungslosigkeit und macht das Bild des ausgehungerten Musikanten noch erschütternder.«

Horst W. Janson/Dore J. Janson (1957, S. 279)

vgl. Gitarrenspieler

»P.s berühmtes Blau ist das Blau des Elends – der kalten Finger, der Frostbeulen, der blutleeren Lippen, des Hungers. Es ist das Blau der Verzweiflung, der endlosen melancholischen Sonntage und Montage, das Blau des Blues.«

Helen Kay (1966, S. 43)

bei Christian Rohlfs: »Die Farbe [in: 'Austreibung aus dem Paradies', 1933] symbolisierte das Geschehen parallel zur Form: nichts kann endgültiger die Scheidung ausdrücken, als das strenge, große, mit Schwarz untermalte Blau vor der lichteren Tönung des Hintergrundes.«

Paul Vogt (1967, S. 28)

Blau des Himmels

bei Max Beckmann: Freiheit (s. u. Ballon)

– des Meeres

bei Marc Chagall: s. u. Schafe

–, dunkles

bei Edvard Munch: »Ihr Thema [der wichtigsten Schaffensjahre] summarisch gesagt, die Lebensangst, die Furcht vor dem Tod, das Eingebundensein in eine bedrückende, beängstigende Welt, der das Heitere, Lichte, die schöne menschliche Freiheit fremd sind. Violett und dunkles Blau, Gefährten der lebensfeindlichen Nacht [z. B. in: 'Nordstrand bei Oslo', 1901], beherrschten seine Palette, und das Gegenständliche wurde immer mehr auf eine symbolträchtige, zeichenhafte Form zurückgeführt.« Bodo Cichy (1970, S. 74)

–, Gold, Rot und

bei Otto Herbert Hajek: die Heilige Dreifaltigkeit (s. u. Gold, Rot und Blau)

–, romantisierendes

bei Lyonel Feininger: 'gotische' Emotionalität (s. u. Turm, spitzer)

–, Rot und Gelb

bei Max Ackermann: »Zur monumentalen Chiffre gestaltet A. dann auch das Thema der Freude. Er wählt dazu den Dreiklang von Blau, Rot und Gelb in der Reinheit der Spektralfarben. In den Bildern 'Komposition 16. XII. 1966', 'Komposition 8. I. 1967' und 'Komposition 11./12. I. 1967' ist das Aufsteigen bzw. Aufschwingen und das gleichzeitige In-sich-Ruhen dreimal variiert. Das Aufsteigen, betont durch die vertikalen Formen, kommt durch die eingebauten Kreis- und Quadratformen wieder zur Ruhe und wird zum statischen Zeichen.«

Maria Velte (1967, S. XXVII)

–, Rot und Gold

bei Yves Klein: »Eine entscheidende Eigenmächtigkeit nimmt Y. sich dabei heraus: Er wandelt das Gelb infolge seines Symboldenkens konsequenterweise in Gold um. Durch sein Symboldenken und durch seine Art der Anwendung der gleichen Farben wie bei Mondrian sowie durch die bewußte Herausstellung der drei Farben im Sinne Hegels werden Blau, Rot und Gold bei ihm zur strahlenden Mächtigkeit. Dies deckt sich mit der Praxis der Anwendung der Farben in allen Kulturen . . .« Paul Wember (1969, S. 21)

–, wogendes

bei Carlo Carrà: s. u. Wiese, duftende

Blauer Reiter

bei Wassily Kandinsky: s. u. Reiter

Bleche, zerquetschte

bei John Chamberlain: »C. bastelt makabre Monumente der Destruktion aus zerquetschten Blechen.« Karl Ruhrberg (1965, S. 418)

Blechtrommeln, rotierende

bei Günther Uecker: Terror (s. u. Nagel/D. Helms)

Bleistift, spitzer

bei Franz Radziwill: »Aus seiner Jacke [in: 'Einer von den vielen des XX. Jahrhunderts', 1927], die das Abzeichen des Skatvereins ziert, ragt ein spitzer, dünner Bleistift empor wie eine scharfe, tötende Waffe, die über das Schicksal von Menschen entscheiden kann. Er ist das pointierte Attribut für den Bürokraten.«

Roland März (1975, S. 28)

Blinde

bei Max Beckmann: Behinderung (s. u. Schwebende)

Blindenfarben

bei Ernst Fuchs: Gelb und Schwarz (s. u. Flugzeug)

Blinder

bei Constantin Brancusi: → Ei, schlafendes

bei Pablo Picasso: »Die in Spanien überaus häufige Erblindung ist natürlich das Gebrechen, das der Maler am meisten fürchten muß und von dem sich P. in den Jahren der Armut und Krankheit sicher bedroht fühlte. Die Blindheit ist auch ein Zeichen des inneren Wissens, wie Dichter es besitzen, vor allem wenn sie die Erfahrung des hohen Alters erwarben . . . Die Gestalt des Blinden [in: 'Der Greis mit dem Kind', 1904] tritt zur gleichen Zeit auch in den Druckgraphiken und Bildwerken P.s auf.«

Jean Leymarie (1971, S. 11)

Blitz

bei Paul Klee: »Als Blitz verkündet dies Symbol [Pfeil] das Wirken magischer Kräfte im 'Zaubertheater' [1923], als unabwendbares Schicksalszeichen bedroht es vom Himmel her menschliche Gemeinschaft in 'Ansicht der schwer bedrohten Stadt Pinz', 1915, in 'Betroffener Ort', 1922, und in 'Betroffene Stadt', 1936.«

Christian Geelhaar (1972, S. 52)

bei Franz Marc: »Wenn er aber die Bedrohung der Tierwelt durch die moderne Welt, besonders durch die Technik, darstellen wollte, malte er Bilder, in denen Strahlen, Blitz und Kraftlinien vorkamen, um die vernichtenden Kräfte zu symbolisieren, wie im berühmten Gemälde 'Tierschicksale' (1913) oder in anderen Bildern ('Wald mit Eichhörnchen' 1913–14).«

Alexander Gosztonyi (1970, S. 63)

– und Donner

bei Wassily Kandinsky: s. u. Kreis, roter

Blitze, künstliche

bei Günther Uecker: Terror (s. u. Nagel/D. Helms)

Block, würfelförmiger

bei Friedrich Gräsel: s. u. Rohrstücke

Blöcke

bei Rudolf Hoflehner: s. u. Keil

Blondine, üppige

bei Max Beckmann: »Links von dem Leierkastenmann [in: 'Der Leiermann', 1935] sitzt eine üppige Blondine. Man wird sie als die Verkörperung unreflektierter Sinnlichkeit ansprechen dürfen.« Friedhelm W. Fischer (1972b, S. 58)

Blüte

bei Constantin Brancusi: → Eva

bei Christian Rohlfs: »Für R. war die Blüte Gegenstand und Symbol zugleich, Sinnbild für gesteigerte visuelle Empfänglichkeit und unzerstörbare Totalität, wie er sie mit zunehmendem Alter immer eindringlicher empfand.«

Paul Vogt (1972, S. 223)

bei Walter Wörn: Natur (s. u. Rosen, blühende)

–, gefährdete

bei Alberto Giacometti: surrealistisches Schaumodell eines Krisenmomentes (s. u. Schleuder, gespannte)

–, kelchförmige

bei Max Beckmann: Yoni-Aspekt (s. u. Knospen, überdimensionale)

bei Rudolf Belling: » . . . eine über 6 Meter hohe kelchförmige abstrakte Blüte, Symbol des neuen Lebens, das aus den Ruinen erwächst, ein Friedensmal« [1967/71]. J. A. Schmoll (1971, S. 17)

–, nächtliche

bei Wols: s. u. Fragmente, erotische

Blüten

bei Max Beckmann: s. u. Knospen überdimensionale

–, Beginn aller

bei Paul Klee: → Spirale (M. Huggler)

–, lebensverheißende

bei Hung Lam: → Lotosblüten

Blütenbaum

bei Séraphine de Senlis: s. u. Blumenbaum

Blütenblätter

bei Georgia O'Keefe: s. u. Zeugungskraft

Blütengeschöpfe, technische

bei Alexander Calder: C. hat die polemische Phase der Moderne hinter sich gelassen. Seine technischen Blütengeschöpfe wurzeln nicht allein im Erdreich der Vernunft, sie sind Formen und Zeichen für seelische Konzentration und geistige Wachsamkeit, verwandt den Dingzeichen des Fernen Ostens . . .«

Oto Bihalji-Merin (1962, S. 83)

Blütenkelch

bei Max Ernst: »Das folgende Bild [5 von 'Le Lion de Belfort', 1934] dramatisiert bereits das Geschehen: eine Frau, mit den Insignien der Weiblichkeit, Blütenkelch, Stempel, Fruchtblätter und einem geöffneten Schmuckkästchen angetan, befindet sich auf der Flucht . . .«

Dieter Wyss (1949, S. 66/7)

bei Paul Klee: s. u. Blätter, spindelartige

Blütenkelche

bei Max Beckmann: »Neben der rechten Säule [in: 'Cabins', 1948] sitzt eine Frau, auf dem Schoß ein Bild, vor dem Bild ein Strauß Feuerlilien . . . zum anderen stellen die beiden Blütenkelche über dem Bildrand – abgesehen von ihrer Bedeutung als Blumen – Explosionen dar.«

Wolf-Michael Pauseback (1975, S. 49)

Blütenrad

bei Erich Brauer: s. u. Honigverkäuferin

Blütenzweig

bei Wols: → Streben nach Höherem

Blume

bei Albert Giacometti: gefährdete Blüte (s. u. Schleuder, gespannte)

bei Max Gubler: s. u. Distel

bei Piet Mondrian: »Seuphor erzählt die ganz charmante Geschichte, daß er sich als einen symbolischen Ersatz des weiblichen Elements immer eine Blume hielt, in der Blume sah er die Voll-

kommenheit der 'äußeren', der weiblichen Schönheit. Diese Blume, eine Tulpe, war jedoch künstlich, und selbst das genügte ihm nicht: Das künstliche grüne Blatt hatte er weiß angestrichen.« Arnold Gehlen (1960, S. 125)
bei Emil Nolde: s. u. Sonnenblume

Blume, geöffnete
bei Fidus: »In diesem Bild ['Ewigkeitskreuz', 1931] ist zugleich ein anderes Symbol verwendet: die geöffnete Blume als Sinnbild des weiblichen Schoßes, in dem aus dem Umkreis des Kreuzes die gefiederten Samenfäden herabschwingen, die – ornamental verwendet – auch in den Rahmen anderer Bilder vorkommen.«
J. Frecot/J. F. Geist/D. Kerbs (1972, S. 276)

– im Knopfloch
bei Francis Bacon: »Die Blume im Knopfloch [in: 'Painting 1946'], lässig getragenes Accessoire des feinen Herrn, ist hier ähnlich wie bei Siqueiros' 'Diktator' (aus dem Wandgemälde 'Das Gesicht der Bourgeoisie', 1939) zum Zeichen der Täuschung der Massen durch das demagogische Wort geworden. Zugleich ruft sie die alte Verbindung von Blume und Tod wach.«
Alexander Dückers (1971, S. 26)

Blumen
bei Max Beckmann: s. u. Blütenkelche
bei Marc Chagall: sichtbarer Ausdruck der Gefühle (s. u. Callablüten)
bei Georgia O'Keefe: s. u. Zeugungskraft
bei Werner Scholz: s. u. Tiere

–, Bruder der
bei Marc Chagall: → Engel

–, Mädchen mit den
bei Pablo Picasso: Marie-Théerèse (s. u. Mädchen mit den Blumen)

–, sternförmige
bei Max Ernst: s. u. Hand, blumengeschmückte

– und Licht, Kind mit
bei Pablo Picasso: schöpferische Seele (s. u. Kind mit Blumen und Licht)

Blumenarrangement
bei Rudolf Hausner: s. u. Parks, Plan des

Blumenbaum
bei Séraphine de Senlis: »Ein Paradies öffnete sich, ein Blumenbaum erwuchs mit magischen Blättern und üppigen Früchten, aus denen seraphische Augen schauten, und der Lust des Augenblickes fielen auch die dunkleren Zeichen des delirischen Zustandes zu, Symbole des Erotischen, die einen luziferischen Schimmer dem erträumten Paradiese gaben. Als Uhde die S. mit den ersehnten großen Leinwänden und Farben versorgte, läßt sie ihren Blütenbaum in große Dimensionen wachsen. Dieser Baum, das ist ihr einziges Thema, Meditationsbild ihrer auch die sinnlichen Bereiche aufwühlenden religiösen Ekstase.« Werner Haftmann (1954, S. 231)

Blumenemblem
bei Franz Radziwill: s. u. Lutherrose

Blumensträußchen
bei Pablo Picasso: »Furchtlos blickt sie [die kindliche Seele] dem drohend herannahenden Minotaurus [in: 'Minotauromachie', 1935] entgegen. In der Rechten hält sie artig ein Blumensträußchen, ein unschuldiges Geschenk in diesem furchtbaren Reich, aber ein zartes Symbol der sanften Bindung großer Gewalten.«
Curt G. Seckel (1950, S. 26)

Blumensträuße
bei Pablo Picasso: s. u. Arabeske, pflanzenhafte
bei Pavel Sukdolák: s. u. Steine, drei

Blumenstrauß
bei Marc Chagall: » . . . werden wir sehen, daß der Blumenstrauß [in: 'Brücken der Seine', 1953] über dem Schoß der Frau nicht als Konzession an bürgerliche Schicklichkeit gemeint sein kann, sondern auch hier als Symbol vegetativer Kräfte fungiert.« Heinz Demisch (1971, S. 150)
»Dieser überdimensionale, buchstäblich märchenhafte Blumenstrauß [in: 'Blumenstrauß der Liebenden', 1930] ist eine Imagination für das Sprossen und Erblühen der Lebenskräfte des liebenden Paares.« Heinz Demisch (1959, S. 69)
vgl. Callablüten
bei Pablo Picasso: s. u. Kind mit hochgehaltenem Licht; s. u. Kopf mit Arm und Lampe

Blumentöpfe mit Beton
bei Jean-Pierre Raynaud: »Mit seinen rot-weißen Meßstäben, den Straßenzeichen, den knall-roten Töpfen und Kindersärgen wurde R. (Jahrgang 1939) auch in Deutschland bekannt. Sie heißen Psycho-Objekte und vermitteln die Aggressivität ihrer realen Bedeutung und die schlichte Poesie von Industrieformen. Wenn R. die Blumentöpfe mit Beton füllt, nimmt er ihnen ihre Identität. Sie werden zu Symbolen des Infragesetzens. Das Objekt als Gegenüber wird Träger unserer Projektionen, Ängste und Wünsche.«
Wolfgang Sauré (1974 a, S. 41)

Blumenwiese
bei Gustav Klimt: s. u. 'Kuß'

Blut
bei Joseph Beuys: »So wirken die blutgetränkten Tücher (1958) zwar schon durch das Material intensiv, zugleich aber wird diese Schock-Intensität durch die besondere Verabreichung des Blutes (als sich verwandelnde, fahl verfallende Farbe

in den sorgfältig zusammengenähten Tüchern) zu einer ästhetisch hochwertigen Gesamtgestalt gebracht, sublimiert zum Träger einer hyper-sensiblen Lebens-Metapher.« Lázló Glózer in: Lothar Romain/Rolf Wedewer (1972, S. 14)
bei Marc Chagall: Masse von Rot (s. u. Engelssturz)
bei Yves Klein: Rot (s. u. Gold)
bei Leherb: s. u. Uhren, surrealistisch verfremdete
bei René Magritte: »Es entstehen 'Die Erinnerung/Le memoire' (1948): aus der Schläfe eines Marmorkopfes sickert Blut – ein verletztes Gedächtnis!–...« René Passeron (1975, S. 190)
bei Edwald Mataré: s. u. Weinrebenmuster
–, das im Kreise fließt
bei Friedensreich Hundertwasser: → Spirale (W. Grohmann)
–, gestocktes
bei Joseph Beuys: s. u. Environments
Blutegelkopf Francos
bei Pablo Picasso: »In Großaufnahme [in: 'Traum und Lüge Francos', 1937] sind der Blutegelkopf Francos und das strahlende Haupt des Stiers aneinandergerückt, so wie sich an den Fronten des Bürgerkrieges die Soldateska der Monopolisten, Klerikalen und Großgrundbesitzer und das bewaffnete spanische Volk Auge in Auge gegenüberstanden . . .
Damit schafft P. eine überzeugende Metapher des fortschrittsfeindlichen Charakters der faschistischen 'Revolutionen' und charakterisiert sie als einen Versuch, das Rad der Geschichte rückwärts zu drehen . . .« Diether Schmidt (1968, S. 35)
Blutes, Farbe des
bei Pablo Picasso: → Rot
Blutfleck
bei René Magritte: »Der Blutfleck, der die Schläfe einer Marmorplastik [in: 'Die Erinnerung', 1948] zeichnet, ist eine Wunde der Erinnerung.«
René Passeron (1971, S. 56)
Blutsaugende
bei Edvard Munch: → Vampyr
Boden hockende Frau, am
bei Max Beckmann: Martyrium der Seele (s. u. Schwebende)
– nach einem Atomkrieg
bei Jean Carzou: Wüste (s. Pflug)
– Stürzender, zu
bei Waldemar Grzimek: Ermordung Zehntausender (s. u. Stürzender, zu Boden)
Bodenkammer, Leda in der
bei Max Beckmann: gute Magd (s. u. Geige, große)

Bögen
bei Friedrich Gerlach: »Die beiden Bögen [in: 'Nächtliches Gespräch', 1966] symbolisieren die Gegenwart, in der ich stehe. Die Straße führt in die Zukunft. Die Steine sind die Fakten, um die das Gespräch sich dreht. Es sind dies Zukunft und Gegenwart des Menschen.«
Friedrich Gerlach (1973, o. S.)
–, konzentrische
bei Ernst Ludwig Kirchner: »So gliedert K. in einer 'Herbstlandschaft' von 1936 den Himmel in konzentrischen Bögen von kühner Farbe, um dadurch die höhere Ordnung einer pantheistischen Natur zu symbolisieren.«
Donald E. Gordon (1968, S. 152)
Bogen
bei Constantin Brancusi: »Auch der 'Bogen', 1917, sein verwittertes graues Holz, seine primitive klassische Form, ist ein Sinnbild dafür, daß menschliches Werk im natürlichen Verwesungsprozeß eingeschlossen ist . . .«
David Lewis (1958, S. 27)
bei Marc Chagall: s. u. Kuh, weiße
bei Giorgio de Chirico: »C.s Glaube an die Bedeutung der Erscheinung stützte sich auf Schopenhauer und Böcklin, seine Begeisterung für Turin geht auf Nietzsche zurück und seine Überzeugung von der emotionalen Kraft bestimmter architektonischer Formen, des Bogens z. B. mit seinem drohenden Charakter, auf den österreichischen Philosophen Otto Weininger.«
vgl. Arkaden John Russell (1966, S. 61)
bei Paul Klee: »Noch im Bogen ['Revolution des Viadukts', 1937], dem Sinnbild des Statischen, spürt K. die Bewegung des Punktes, der zur Linie wurde.« Hans Platte (1957, S. 136)

René Magritte: Die Erinnerung, 1948 (Ausschnitt)

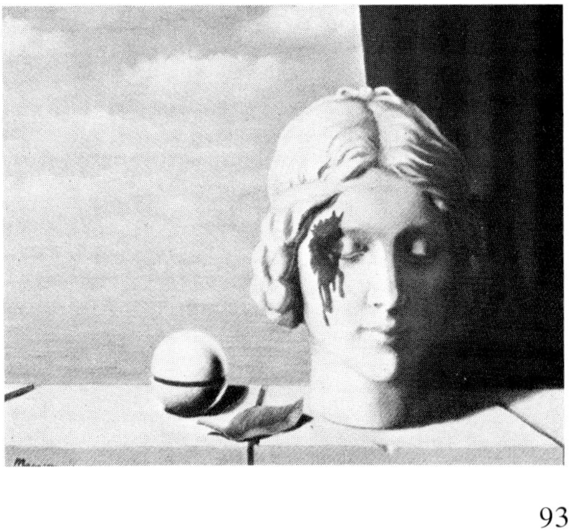

Bogen, gespannte
bei Alberto Giacometti: erotisch-sadistische Angriffslust (s. u. Keil)
Bohnenschoten
bei Julius Bissier: »Bohnenschoten, Nüsse und Muscheln – das neugeborene Kind, in verschlossenem Kasten dem Meer anvertraut« [in Anlehnung an J. J. Bachofen].
Werner Schmalenbach (1974, S. 79)
Bohrer
bei Dorothee Conrady: menschliche Problematik (s. u. Werkzeuge)
Bohrmaschine, große
bei Konrad Klapheck: »Große Bohrmaschine. Assoziationen: Schraube = Auge, Lichtkegel = Himmel einer Kinderwiege, Hebel mit Schaltern = Brust [in: 'Die Supermutter', 1969].
Über die Nadel, welche die Rolle des Bienen- oder Wespenstachels übernimmt, hat die Nähmaschine, manchmal bedrohlich ('Soldatenbräute', 1967) zur Bohrmaschine geführt, die oft zerstörerisch ist ('Der Krieg', 1965; 'Die gefräßige Zeit', 1967), wenn sie nicht wie in 'Die Supermutter', 1969, eine mütterliche Anmut annimmt«. José Pierre (1970, S. 19, 94)
vgl. Nähmaschine
Bojen
bei Reinhard Drenkhahn: s. u. Strandläufer
Bollwerke
bei Rudolf Hausner: s. u. Parks, Plan des

Konrad Klapheck: Die Supermutter, 1969

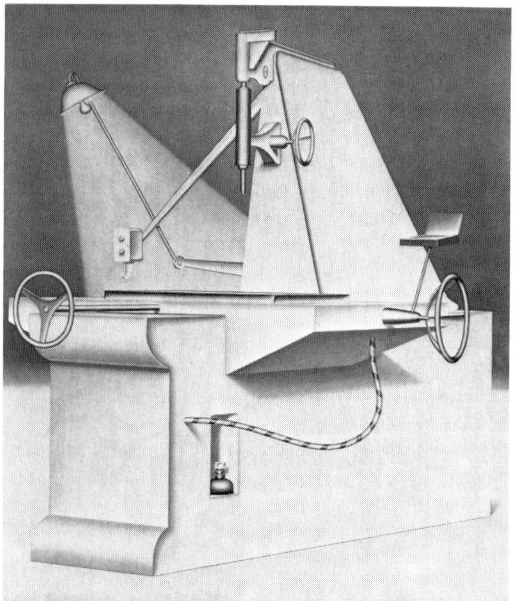

Bomben
bei Modesto Cuixart: s. u. Puppen
Bombenflugzeug
bei Wolfgang Mattheuer: s. u. Kain
Bonanza-Serie
bei Karl Fred Dahmen: s. u. Seilschlingen
Boot
bei Max Beckmann: s. u. Kind (L.-G. Buchheim); s. u. König
bei Oskar Kokoschka: s. u. Windsbraut (W. Hütt)
bei James Rosenquist: Prestigefunktion im Fernsehen (s. u. Segelboot)
–, Fisch im
bei Max Beckmann: Vishnu und die erneuerte Lebenskraft (s. u. Fisch im Boot)
– im Fluß
bei Marc Chagall: »Der untere Teil der Bildfläche [in: 'Kalvarienberg', 1912] wird durch den Fluß begrenzt, auf dem ein Mann in einem Boot rudert. Für die Juden bedeutet der Fluß die Grenze, die Scheidelinie zwischen dem Bekannten und Unbekannten, dem Erforschbaren und dem Dunkel, das mit der Ferne des Ursprungs identisch ist. Sie glauben, daß sie *von der anderen Seite des Flusses* kommen, was dahinterliegt, wissen sie nicht; vielleicht sind es die grünenden Hügel des gelobten Landes, nach denen sie sich aus der immerwährenden Verbannung sehnen.«
Walter Erben (1957, S. 50)
– mit den Geretteten
bei Max Beckmann: s. u. Fisch im Boot
Boote
bei Paul Klee: »Eine Ausnahme machen die Schiffe und Boote, die sich häufiger von den frühen zwanziger Jahren an finden und zu Symbolen der Ferne, des Abenteuerlich-Wunderbaren, zu Zeichen des Reisens und Erlebens werden« [in: 'Erinnerung an ein insulares Abenteuer', 1920].
Werner Schmalenbach (1964, S. 149)
Bootes, Rumpf eines
bei Pavel Sukdolák: s. u. Halbkreis mit krummer Linie
Borsten
bei Pablo Picasso: s. u. Nagel
Bote einer höheren Welt
bei Alberto Giacometti: → Wanderer, einsamer
Boulevard-Blatt
bei Herbert Kaufmann: s. u. Zeitungsmaterial
Bowler, Mann mit dem
bei René Magritte: Darstellung der Gruppenseele (s. u. Mann mit dem Bowler)
Bräutigam, Braut und
bei Marc Chagall: s. u. Mann und Frau

'La Branche'
bei Fernand Léger: »'La Branche' (1952) gewinnt ihre Zweideutigkeit aus der Tatsache, daß diese Bronze mehr an tierische als an pflanzliche Welt erinnert. Es scheint eine Familie mit Kind zu sein, die Gesten der Eltern schützen gemeinsam das Kind. In diesem Werk wollte L. gleichzeitig kräftige und zarte plastische Beziehungen darstellen und mit diesen ein Bildsymbol schaffen, das frei von Anekdotischem ist.«
André Verdet (1969, S. 42)

Brandfackel
bei Hugo Behr: s. u. Bellona

Braun
bei Julius Bissier: der irdischen Realität verpflichtet (s. u. Gold)
bei Robert Motherwell: Erde (s. u. Fenster)

–, erdhaftes
bei Pablo Picasso: »Auch das schwere, erdhafte Braun des Zimmers [in: 'Die drei Musikanten', 1921] weist, genauso wie das brandige Rot der Philadelphia-Fassung, auf chthonische Bereiche.« Curt Seckel (1967, S. 44)

Braun, Wernher von
bei Mikuláš Medek: Turm (s. u. Porträt)

Brausen
bei Joachim Bandau: s. u. Installationsteile

Braut
bei Marc Chagall: s. u. Liebespaare; s. u. Mann und Frau; s. u. Stuhl der Braut
bei Marcel Duchamp: Verwirklichung der Wünsche (s. u. Alembicum); s. u. Verkleidung
bei Konrad Klapheck: → Nähmaschine
bei Henry Moore: s. u. Drähte

– Salomons
bei Marc Chagall: s. u. Gesichter, sich ineinander küssend

–, Stuhl der
bei Marc Chagall: s. u. Stuhl der Braut

– und Bräutigam
bei Marc Chagall: s. u. Mann und Frau

Brautkleider
bei Konrad Klapheck: s. u. Nähmaschine

Brautpaar
bei Marc Chagall: »Im Bild 'Die drei Kerzen' [1939] schwebt ein Brautpaar, C.s altes ikonographisches Emblem für das von Liebe getragene menschliche Zusammensein, zur Himmelszone hinauf . . .« Werner Haftmann (1974, S. 26)
s. u. Klesmer

–, überlängtes
bei Marc Chagall: »Rechts [in: 'König David', 1962/65] schwebt ein eigentümlich manieristisch überlängtes Brautpaar, das schon 1947 in der Gestaltenwelt C.s als Zeichen sehnsüchtiger Liebe aufgetaucht war . . .«
Werner Haftmann (1974, S. 142)

Brautschleier
bei Henry Moore: → Drähte

Bresthafte
bei Gustav Klimt: Bestandteil im Gleichnis alles Geschehens (s. u. Hygieia)

Breton, André
bei Salvador Dali: → Ameisenbär

Brief verkehrt
bei Alfred Hrdlicka: ». . . und jetzt kommt eine Realität, die dem psychisch Erkrankten fast so viel zu schaffen macht wie seine Erkrankung, die der Klinik. Der Arzt [in: 'Doktor, Tod und Teufel', 1968] hält den Brief verkehrt, in dem ihm die Krankengeschichte mitgeteilt wird – tatsächliche Begebenheit und Sinnbild für die, um es populär zu sagen, autoritären Strukturen unserer psychiatrischen Kliniken, in denen der Arzt und das Pflegepersonal alles, der Patient nichts ist.«
Alfred Hrdlicka (1973, S. 198)

Briefschreiberin
bei Max Ernst: s. u. Brust, entblößte

Brieftasche, Begleiter mit dicker
bei Konrad Klapheck: Dusche (s. u. Armatur)

Brille
bei Antoni Tàpies: »Die Brille, Zeichen des unsichtbaren Beobachters, taucht in der gleichen Zeit in 'Vier rote Striche' (1966) und in dem Bild 'Brille' wieder auf.«
Věra Linhartová (1972b, S. 15)

Britannia
bei Oskar Kokoschka: → Weib, gealtertes

Brötchen
bei Christiane Maether: »Die Dinge täglichen Umgangs, täglicher Beschäftigung, das Selbstverständliche, das ohne sonderliche Prätention sich im Haushalt einstellt, wird bei M. zum poetischen Objekt stilisiert. Das Brötchen [in: 'Milchbrötchen', 1967] ist nicht nur Eßware, sondern auch erotische Form.«
Rolf-Gunter Dienst (1970, o. S.)

Bronze[figure]n
bei Eduardo Chillida: »Die Gestik des kalligrafischen Signums monumentalisiert sich plastisch in den Bronzen des Spaniers C., die sich als grafische Kürzel einer spontanintuitiven Innenbewegung zu dynamischen Symboltorsi menschlichsensibler Spiritualität ausweiten.«
Karin Thomas (1971, S. 293)

Bronzeplatten, wellenförmige
bei Giò Pomodoro: ». . . die Plastiken P.s wirken ganz betont sinnlich. Die Sexualität wird nicht

nur in dem Vaginalsymbolismus deutlich, sondern vor allem aus den wellenförmigen, organischen und reflektierenden Oberflächen der großen Bronzeplatten.«
H. Havard Arnason (1970, S. 581)

Bronzestücke
bei Barbara Haeger: Verfall u. a. (s. u. Kunstharz, tiefschwarz)

Brooklyn Bridge
bei Joseph Stella: »Für die italienischen Futuristen waren die Vereinigten Staaten ein Traumland, eine neue Welt voller Tatkraft und unbegrenzter Möglichkeiten. In diesem romantischen Licht sah S. New York. Meisterwerke sind seine verschiedenen Versionen der 'Brooklyn Bridge' [ab 1917/18], jener herrlichen Konstruktion, die zum Symbol New Yorks geworden war.«
H. Havard Arnason (1970, S. 417)

Brot
bei Salvador Dali: »Mein Brot [in: 'Brot und Eier', 1938] war heftig antihuman. Es symbolisierte die Rache einer Luxus-Phantasie am Nützlichkeitsdenken des praktischen Lebens.«
Salvador Dali in: Klaus Gallwitz (1971a, S. 146)
Vollkommenheit (s. u. Ei)
bei Renato Guttuso: s. u. Widderschädel

Brotlaib
bei Emilio Scanavino: »Während Wände, Decke und Fußboden, Tische, Stühle auf die direkteste Art die Funktionen eines Malerateliers ausweisen, ist die Tür mit verschiedenartigen und merkwürdigen Objekten wie ein heiliger Schrein mit Devotionalien versehen. Zuoberst ist eine Kinderzeichnung angeheftet . . . Neben dem oberen Riegel klebt zwischen Tesastreifen das Foto eines Brotlaibes. Es ist ein Brot in der Form wie es im mittelmeerischen Raum gebacken wird; ein Fruchtbarkeitssymbol, das vaginal das Geheimnis der Pforte andeutet und zugleich in der Nähe des Kreuzes auf das Mysterium der Eucharistie hinweist.« Elisabeth Krimmel (1973, o. S.)

Bruchstücke
bei Paul Klee: Gewesenes (s. u. Mauerzüge)

Bruder der Blumen
bei Marc Chagall: → Engel

– des vereinsamten Menschen
bei Pablo Picasso: Tier bzw. Lamm (s. u. Mann mit dem Lamm/A. Henze)

Bruder-Schwester-Paar
bei Marcel Duchamp: Sonne und Mond (s. u. Halbkreis)

Bruder-Schwester-Paares, Vereinigung des
bei Marcel Duchamp: alchemistische Hochzeit (s. u. Flüssigkeitsstrahl, feiner)

Brücke
bei Lyonel Feininger: s. u. Kirche (W. Schmied)
bei Friedrich Gerlach: »Dieses Traumbild ['Die Brücke', 1965] ist das Problem des Alterns. Unten der Strom des Vergessens, darüber die Brücke der Zeit, über die die Menschen gehen. Hinter der dargestellten Figur ist die Brücke bereits geborsten. Ein Symbol des Nicht-Mehr-Zurückkönnens und gleichzeitig das Symbol des Schrumpfens der Welt im Alter.«
Friedrich Gerlach (1973, o. S.)
bei René Magritte: »Geht der Mann mit der Melone [in: 'Die Träumereien des einsamen Spaziergängers', 1926–27] nach hinten und benutzt die Brücke, wie man wohl erwarten könnte (es ist bekannt, daß diese Brücke zwischen den Menschen die Kunst ist), so wird er dieser erhabene Tote, den er in seinem Schatten trägt. 'Der einsame Spaziergänger', er ist gestorben für die Welt, gestorben für sich selbst, gestorben für die gesellschaftlichen Eitelkeiten, gestorben für die Kunst.« René Passeron (1971, S. 42)
s. u. Rose

– vom Mann zur Frau
bei Henry Moore: Kinder (s. u. Sitzende)

Brücken, Berner
bei Paul Klee: »Im oft mißverstandenen 'Aufbruch [Revolution] des Viaduktes' [1937] (der Hamburger Kunsthalle) haben sich die Brückenjoche verselbständigt, ja ihre gemeinsamen Aufgaben total vergessen. Jedes Joch drängt vor das andre. Es maß sich grellere Farben zu und stellt dem Kompagnon womöglich ein Bein. Fürchterliche 'Konkurrenz' wird alle guten Zusammenhänge der Welt zerstören. Als warnende Gleichgewichtssymbole sind die Berner Brücken [in: 'unter dem Viaduct', 1937] über der tiefen Aaare K.s 'Endor' gewesen.«
Walter Ueberwasser (1963, S. 89)

Brückenbogen, dunkler
bei Werner Tübke: s. u. 'Tod in Venedig'

Brückenschiffe
bei K. R. H. Sonderborg: s. u. Pontons

Brünne
bei Ernst Müller: s. u. Schwert', 'Des Reiches

Brüste
bei Paul Klee: s. u. 'Fußsohle'
bei Henri Laurens: »Wir wissen, daß Brüste aus dem Leib hervorwachsen; jene der 'Mutter' [1935] leugnen das und verbünden sich, anatomisch unmotiviert, mit den beiden Armen. . . . Und es braucht eine körperliche Umwanderung dieser Achse, ein Gegengewicht. Deshalb verbünden sich Arme und Brüste zu einer drei-

gliedrigen Ranke, deshalb übernehmen die Arme von den Brüsten die zweifache Schwellung. Ohne in Spekulation zu verfallen, kann man diesen Dialog so charakterisieren: im wulstigen Zentrum der 'Ranke', in den Brüsten, steckt die weibliche Geschlechtspotenz, in der sie durchstoßenden Achse die männliche.«
s. u. 'Rosa' Werner Hofmann (1970a, S. 22)
bei Henry Moore: s. u. Weib
bei Hanna Nagel: s. u. Fisch, großer
bei Ernst Wilhelm Nay: s. u. Mensch
bei Niki de Saint-Phalle: s. u. Figur, liegende
bei Pablo Picasso: s. u. Kopf mit Arm und Lampe
–, weibliche
bei Henry Moore: das Weibliche (s. u. Fruchtkugeln)
Brunnen
bei Giorgio de Chirico: das Weibliche (s. u. Türme)
bei Heinz Mack: s. u. Kreuz
– der Ewigen Jugend
bei Salvador Dali: s. u. Delphine
–', 'Drei Frauen am
bei Pablo Picasso: → Mutter
Brust
bei Ernst Barlach: s. u. Gestalt, schwebende
bei Baruch Elron: s. u. Finger, gereckter
bei Rudolf Hausner: s. u. Adam (W. Schmied); s. u. Stecknadel; s. u. Würfel, medaillonartige
bei Konrad Klapheck: Hebel mit Schaltern (s. u. Bohrmaschine, große)
bei Yves Klein: s. u. Abdrücke weiblicher Körper
bei Henri Laurens: s. u. Kopf, auf die Brust gesenkt
bei Joan Miró: s. u. Kreis
bei Henry Moore: »Die Fixierung des Kindes an die mütterliche Brust [in: 'Familiengruppe', 1946] scheint aber für die Ausdrucksstärke dieses Weiblichen nicht genug zu sein. Indem die andere Brust als Öffnung die ganze Körperhöhle aufschließt, setzt sie alle die Assoziationen in Bewegung, auf die es M. ankommt, und der Hintergrund des Weiblichen als Gefäß, als Höhle, als Schlucht, als Bergendes, Enthaltendes und Gebärendes ist mit diesem Motiv der Brust als Loch 'eröffnet'.« Erich Neumann (1961, S. 58)
s. u. Kopf
bei Pablo Picasso: → Formen, runde; s. u. Mutter
–, bloße
bei Salvador Dali: s. u. Mann, bärtiger
– drückend, Mutter, ein Kind an ihre
bei Pablo Picasso: s. u. Paar, entkleidetes
– entblößt
bei Marc Chagall: s. u. Mater Dolorosa
–, entblößte
bei Max Ernst: »Charakteristische Züge der 'Liebesbriefe einer portugiesischen Nonne' wurden schon vor E. von Malern oder Schriftstellern aufgegriffen. Sein Phantasieporträt ['Die portugiesische Nonne', 1950] der Briefschreiberin aber verbindet in seiner Weise das Halbfigurenbild strenger europäischer Tradition mit einer vorwiegend erotischen Auffassung des Themas . . . Die linke entblößte Brust, auf die das Licht fällt, symbolisiert die nur mühsam gezügelte Sinnlichkeit.«
John Russell (1966, S. 146)
–, Kreuz vor der
bei Friedensreich Hundertwasser: s. u. Hase
–, Schnappen nach der
bei Henry Moore: Tantalus-Situation (s. u. Kind vogelhaftes)
–, Suchen nach der
bei M. Medek: Atavismus (s. u. 'Hühner-Esser')
Buch des Lebens
bei Elmar Hillebrand: s. u. Taube
– mit Lesezeichen
bei Giorgio de Chirico: »Vielleicht müssen wir in diesem Fall [in: 'Il cervello del fanciullo'/'The Child's Brain', 1914] die weiträumige Theorie akzeptieren, daß das Buch mit dem Lesezeichen des Vaters Verlangen und der Mutter Ergebung symbolisiert. Die Theorie wird bestärkt durch die

Giorgio de Chirico: Il cervello del fanciullo/The Child's Brain, 1914

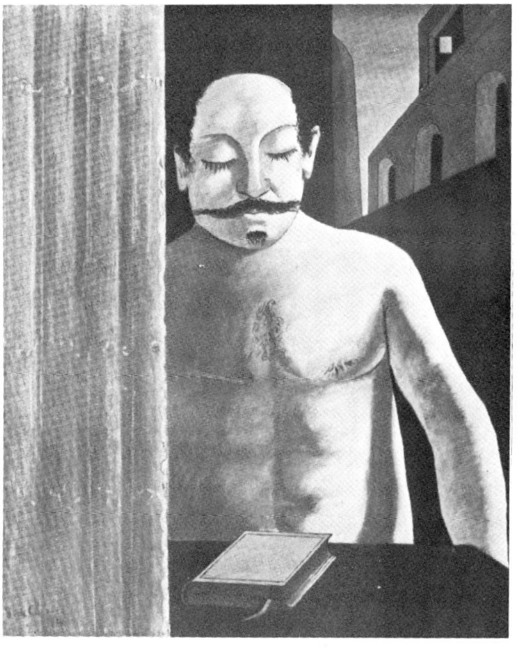

Plazierung des Lesezeichens bzw. seines Verhältnis zum Torso.«
James Thrall Soby (1966, S. 74/5)

Buch mit zusammengeklebten Seiten
bei Jiří Kolář: »Schon am Beginn der neuen Manipulation mit dem Bild schuf K. symbolische Objekte: ein totgeschwiegenes Buch mit zusammengeklebten Seiten.« Miroslav Lamač in: M. Lamač/D. Mahlow (1968, S. 27)

–, totgeschwiegenes
bei Jiří Kolář: s. o.

Buchenwald
bei Leon Golub: → Menschen', 'Verbrannte

Buchstabe
bei Janez Bernik: ordnender Geist gegen Chaos (s. u. Schrift)
bei Georges Braque: »Der typographisch eingefügte Buchstabe wird von jetzt an [um 1911] ein Mittel der Kubisten, prosaische Wirklichkeit ihren Bildern zu integrieren, wobei der Buchstabe oder eine Buchstabenfolge das einzig Fixierte, unmittelbar Reale und Feststehende in dem Bild zu sein scheinen. Gleichzeitig wirken diese Buchstaben wie eine Grundformel des Bildes, denn sie fügen sich völlig den vier Grundrichtungen, die auch das Kompositionsschema des Ganzen bestimmen.« Hans H. Hofstätter (1969, S. 70)
bei Paul Klee:». . . Ziffern und einzelne Buchsta-Ideogramm einer Schrift war, erscheint noch einmal, aber völlig umgebildet, in Werken wie dem 'Pastorale' von 1927, hier aber ist der Buchstabe reines Zeichen geworden, das sich sozusagen vom Alphabet in eine Hieroglyphe, in das Urbild einer Schrift zurückverwandelt hat . . .«
Nello Ponente (1960a, S. 86)

– M
bei Ingo Kirchner: s. u. M

– S im Rechteck
bei Paul Klee: Ohr (s. u. S im Rechteck)

– T
bei Julius Bissier: s. u. T

– Y
bei Rudolf Hausner: s. u. Y

Buchstaben
bei Hannah Hoech: s. u. Zahl Fünf
bei Paul Klee: ». . .Ziffern und einzelne Buchstaben . . . werden zu Symbolen für das Rätselhafte des Weltzusammenhangs.«
Rolf Wedewer (1963, S. 33)

–, Schreibmaschine mit gotischen
bei Konrad Klapheck: sitzender Herrscher (s. u. Schreibmaschine mit gotischen Buchstaben)

Buddha
bei Max Beckmann: s. u. Ohren, riesige
bei Odilon Redon: »Die ersten Krisenzeichen der westlichen Kultur, von der das Aufsteigen der modernen Kunst ja ein heilsames Symptom ist, lassen die Blicke oft zu den Quellen sich richten. Buddha ist für unseren Symbolisten [z. B. in: 'Buddha unter den Blumen wandelnd', 1905] ein geliebtes Symbol des Lebens, der Wiedergeburt, des Schöpferischen.« Klaus Berger (1964, S. 98)

Bücher
bei Renato Guttuso: s. u. Widderschädel

– Mose, Schriftrolle der fünf
bei Marc Chagall: → Thora, blaue

Bügeleisen
bei Konrad Klapheck: »Wenn die Bügeleisen, welche dieselbe Funktion für die Kleider wie die Schuhspanner sie für die Schuhe ausüben, die Gesetze des häuslichen Herdes mit ihren weniger angenehmen Begleiterscheinungen verkörpern . . .« [z. B. in: 'Die Schwiegermutter', 1967]. vgl. Schlüssel José Pierre (1970, S. 19)

–, bulliges
bei Konrad Klapheck: »Das bullige Bügeleisen läßt als Schwiegermutter gewaltigen Dampf ab, steht aber auch – von der Energie eines Kabels umwickelt – mit schußbereitem Stecker wie ein Panzer zum Einsatz bereit.«
Juliane Roh (1971, S. 211)

–, mit Nägeln bespicktes
bei Man Ray: ». . . seine Objekte [sind] Teile einer dramatischen Geschichte und Elemente einer manchmal polemischen Aktion gegen die Welt. Sie verkörpern eine neue Sprache oder eine Art Grammatik des Dadaismus und Surrealismus, sie sind die Waffen der Vernunft im Kampf gegen den Wahnsinn. Diese Objekte sagen immer etwas aus, das ihren Ursprung widerlegt: etwa das mit Nägeln bespickte Bügeleisen ['Cadeau', 1921–1972], das seine Stacheln drohend ausstreckt – wildes Tier und Monument zugleich.« Janus (1973, S. 17)

Büglerin
bei Pablo Picasso: »Die indifferente graublaue Farbe, die die Unterschiede von Mensch und Raum, von Leinen, Eisen und menschlichem Inkarnat auflöst, entrückt den Vorgang aus dem Bereich der Episode und macht ihn zum Symbolon einer schwer zu beschreibenden seelischen Verlorenheit. P. schildert eine menschliche Ruine.« Heinz Demisch (1959, S. 50)
»In der Haltung der abgemagerten, eigentümlich geschlechtslos wirkenden Gestalt [in: 'Büglerin', 1904] mit hart ins Profil gesetzten Zügen, deren Gestus fast völlig die oberen zwei Drittel der Bildfläche füllt, ist die ganze Mühsal der tägli-

chen Fronarbeit inkarniert. Ein Symbol hoffnungsloser Traurigkeit, eine säkularisierte imago pietatis.
P. machte die Büglerin – freilich ohne jenes vordergründige 'politische Engagement' mancher Akteure von heute – zur symbolischen Figur des ausgebeuteten Weibes im Sinne von Karl Marx, der die Lohnarbeit im Zeitalter des Kapitalismus Prostitution nannte.«

Erich Steingräber (1974, S. 47)

Bühne
bei Carlo Carrà: s. u. Haus, leeres
bei Paul Thek: s. u. Pyramide

Bündel, schwarzes
bei Gertrude Degenhardt: »Eine amorphe Masse Mensch in schwarzen Bündeln zusammengehalten, mit lächerlichen Beinchen . . . ist eine unabhängige Formulierung des offenbar urmenschlichen militanten Unsinns, der das Individuum tilgt.« Hans H. Hofstätter (1969, S. 109)

–, willenloses
bei Max Beckmann: s. u. Weib

Bürger, brutalisierter
bei George Grosz: s. u. Flasche und Glas

–, selbstzufriedener
bei George Grosz: s. u. Band Goethe

Bürokraten
bei Franz Radziwill: s. u. Bleistift, spitzer

Bürsten
bei Yves Klein: s. u. Blau (J.-P. Talbot)

Büste Evas
bei Rudolf Hausner: die weibliche Komponente seines Wesens (s. u. Stecknadel)

Büstenhalterformen
bei Richard Hamilton: s. u. Sexualsymbole

Buick, alter
bei César: »C. preßt einen alten Buick zur Säule der Vergänglichkeit zusammen. Er formt ein Erinnerungsmal an die erstorbene Bewegung der Maschine.« Oto Bihalji-Merin (1969, S. 46)

Bullauge
bei Max Beckmann: s. u. Frau beim Kämmen
bei Friedensreich Hundertwasser: s. u. Fenster
bei Konrad Klapheck: runde Formen (s. u. Schellen)

Bulle
bei Alfred Kubin: »Auf dem gewaltigen Bullen [in: 'Europa und der Stier', 1950], auch er eines der Symbole des K.schen Werks – Symbol der Kraft wie bei den alten Ägyptern – reitet splitternackt und fröhlich die Dame Europa davon.«

Wolfgang Schneditz (1956, S. 40)

Bundes-Anstecknadel
bei Wilhelm Schwaner: s. u. Hakenkreuz, goldenes

Bundesmiliz
bei John Steuart Curry: »Das Justizministerium der dreißiger Jahre hätte kaum eine passendere Ehrung erfahren können als durch das . . . Wandbild ['Das Gesetz siegt über die Lynchjustiz', 1937]. Dargestellt ist ein erschöpft zu Füßen eines Bundesrichters niederfallender Verfolgter, während ein maskierter Lyncher, hinter sich eine wütende Meute, mit einem zur Schlinge geknüpften Strick nach vorn drängt. Der Richter gebietet der Menge mit ausgestrecktem Arm Einhalt, während die Bundesmiliz die wachsende Macht der U.S.-Regierung symbolisiert, dem Recht überall im Lande Geltung zu verschaffen.«

Time-Life-Redaktion (1973, S. 75)

Bunkerzeichnungen
bei Henry Moore: s. u. Mutterschoß

Bursche
bei Max Beckmann: s. u. Krone

Byzanz
bei Joseph Beuys: Ost (s. u. Kreuzteilung)

Pablo Picasso: Die Büglerin, 1904

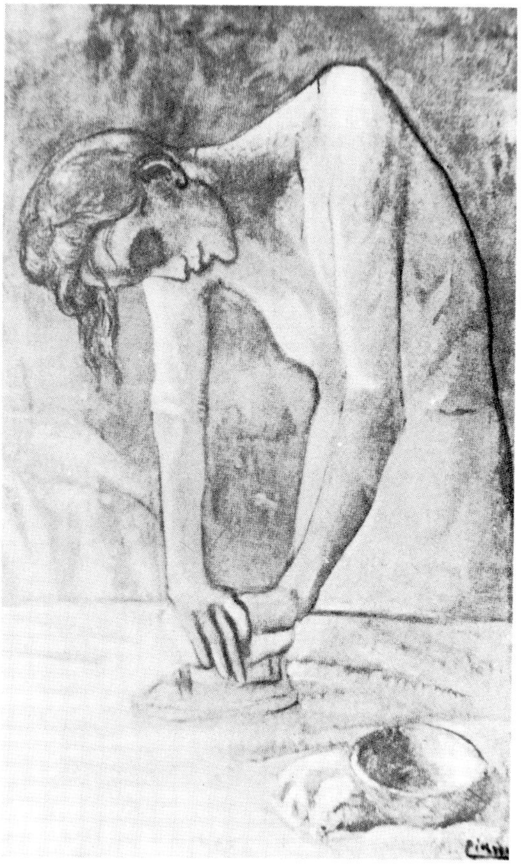

C

Café
bei Leonor Fini: s. u. Kreideumriß eines Mannes
Caféhaus-Tische
bei Pablo Picasso: s. u. Frau', 'Brütende
'Caissons'
bei Horst Egon Kalinowski: s. u. Leder
Callablüten
bei Marc Chagall: »In den Bildern C.s haben die Blumen eine analoge Bedeutung wie die Tiere: sie sind sichtbarer Ausdruck der Gefühle, Stimmungen und Leidenschaften der Menschen, die mit ihnen leben. Der 'Blumenstrauß der Liebenden' [1930], dessen Callablüten die Szene des Bildes überwuchern, ist eine märchenhafte 'Imagination für das Sprossen und Erblühen der Lebenskräfte des liebenden Paares'.«
Hans H. Hofstätter (1965, S. 210)
Camelienzweig
bei Paula Modersohn-Becker: »Der von der nur andeutend umrissenen Rechten [in: 'Selbstbildnis mit Camelienzweig', 1907] vor der Brust gehaltene Camelienzweig weist als ein Symbol des Lebens auf das Kommende hin.«
Bodo Cichy (1970, S. 84)

Max Ernst: Capricorn, 1948

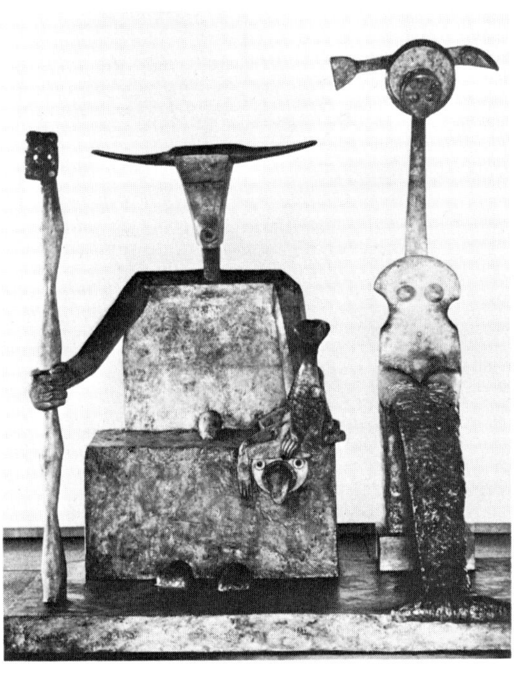

Campo
bei Elmar Hillebrand: s. u. Taube
Cancelleria
bei Renato Guttuso: s. u. Fallschirmjäger, deutscher
Canna indica
bei Christian Rohlfs: »So behält die 'Canna indica' [1935] die ganze ursprüngliche Kraft und Reinheit des Blühens, wie ein Symbol für die Unzerstörbarkeit des Lebens.«
Paul Vogt (1967, S. 44)
'Capricorn'
bei Max Ernst: »Im 'Capricorn' [1948], dem majestätischen und schützenden Gebilde aus Stein, ist dieses Stürmische und Feierliche vereinigt. Das Paar aus Zement mit seinen hybriden Attributen verkörpert das Animalische und transzendiert es durch klare menschliche Gestalt, die nicht dargestellt, sondern nur angedeutet wird . . . Die Ornamente, die ihn umgeben – Quadrate, Geraden, Parallelen – symbolisieren das Meer, die Wolken, Tage und Jahreszeiten.«
Patrick Waldberg (1976, S. 61)
Metamorphose u. Wiedergeburt u. a. (s. u. König)
Casa de Juntas
bei Pablo Picasso: s. u. Stier (R. Arnheim)
Caudillo
bei Pablo Picasso: s. u. Sonne
Champagner
bei Max Beckmann: s. u. Sekt 'ROI'
Charon
bei Paul Klee: s. u. Steuermann
Charonsnachen
bei Paul Klee: »Charonsnachen [in: 'Finstere Bootsfahrt', 1940] – das war das alte mythische Bild für die Fahrt ins dunkle Nirgend, für das Sterben.« Werner Haftmann (1957, S. 166)
Cherub
bei Heinrich Altherr: Richtengel (s. u. Engel)
Chiantiflaschen
bei Antonio Calderara: »Die symbolische Durchdringung der Realität setzt im Frühwerk an den Gegebenheiten der unmittelbaren Umwelt an, bei den Gestalten der Eltern . . . bei den kleinen Dingen des Alltags, z. B. den Chiantiflaschen [in: 'Natura morta', 1946], die zu Symbolen der Introversion, des Erfülltseins und Bewahrens werden.« Reiner Jochims (1972, S. 37)
Chimären
bei Max Ernst: »Zahlreich sind die Begleiter der Mutter Natur. Die Chimäre, die Windsbraut,

Horden [1927], der Hausengel [1937]. Meist sind es menschenähnliche Gestalten, 'anthropomorphe Figuren', Verwandte von Loplop. Aus jeder Verkleidung, aus jedem Trugbild brechen menschliche Triebe hervor, Fleischeslüste, die Verzückung und Aggressionen, die Vernichtung bringen. Alles ist in Verwandlung, die Formen zerfließen, die Gestalten sind vieldeutig.« Helmut R. Leppien (1970, S. 29)
vgl. Loplop

Christ
bei Georges Rouault: s. u. Harlekin

Christen
bei Heinrich Campendonk: → Fisch

Christi, Entkleidung
bei Otto Meyer-Amden: Martyrium (s. u. Kleider)

–, Geistigkeit
bei Otto Meyer-Amden: s. u. Kleider

–, Gesicht
bei Salvador Dali: s. u. Engels, Gesicht des

–, Leib
bei Fritz Koenig: Hostie (s. u. Figur im Rahmen)

–, Leiden
bei Willy Jaeckel: → Soldat, toter

–, Rückkehr
bei Emil Nolde: s. u. Arme, erhobene

–, Tod
bei Leo Breuer: s. u. Kreisform

Christus
bei Heinrich Campendonk: → Fisch
bei Marc Chagall: »Als es ['Kalvarienberg', 1912] 1949 zum erstenmal in Paris gezeigt wurde, sagte C.: 'Die symbolische Figur von Christus war mir immer sehr vertraut, und ich war entschlossen, ihr aus der Vorstellung meines jungen Herzens heraus Gestalt zu geben. Ich wollte Christus als unschuldiges Kind zeigen . . .'
Für ihn ist Christus ein großer Poet, dessen Lehre die moderne Welt nicht begriffen und befolgt hat.« Walter Erben (1957, S. 49/50)
»Hier [in: 'Der gekreuzigte Maler', 1938/40] ist Christus nicht mehr, wie zwei Jahre zuvor bei der 'weißen Kreuzigung' ein überpersönliches Leidenssymbol, in dem vielfältiges menschliches Schicksal sich spiegelt, sondern, ins Persönliche gewendet, ein Symbol für die Verinnerlichung und Vertiefung des Leidens jedes einzelnen, erlebt am Leiden des Malers selbst, aus der Teilnahme am Schicksal seines Volkes, am Grauen des Krieges, aber auch – in Verbindung damit und getragen davon – dem Leiden an der Gestaltung. Denn von dieser Zeit an erlebt der Künstler immer nachdrücklicher den Doppelaspekt des eigenen Schaffens.«
Franz Meyer (1961, S. 434/36)
der verfolgte Jude schlechthin (s. u. Kruzifix); s. u. Gekreuzigter; s. u. Kind am Kreuz; s. u. Leiter
bei James S. Ensor: »Die Christusdarstellungen, die in dem grandiosen Gemälde 'Christi Einzug in Brüssel' ihren Höhepunkt finden [und in: 'Szenen aus dem Leben Christi', 1912/21], werden als blasphemisch und provozierend empfunden. Dabei geht es in ihnen gar nicht um die Banalisierung der Christus-Thematik, sondern um ihn selbst, um E.: Christus als aktualisiertes Symbol für das Leiden an der Umwelt und für das Bespottetwerden.« Uwe M. Schneede (1972b, S. 8)
bei Ernst Fuchs: s. u. Einhorn
bei Wassily Kandinsky: Retter (s. u. Reiter, die durch den Himmel fliegen)
bei Paul Klee: s. u. Spirale
bei Yves Klein: Rot (s. u. Gold)
bei Giacomo Manzù: »Mit der Rückkehr zum Kriegsthema erfährt dieser Zyklus [Basrelief des aufgehängten 'Partisanen', 1956] eine höchst dramatische Wiederbelebung. Christus ist, wie M. sagt, Partisan geworden.«
s. u. General Gabriele Mucchi (1960, S. 8)
bei Mikuláš Medek: rote Farbe (s. u. Kreuz)
bei Pablo Picasso: s. u. Matador
bei Odilon Redon: s. u. Sonne
bei Georges Rouault: s. u. Harlekin
bei Ossip Zadkine: nach Erlösung Strebender (s. u. Gestalten, männliche)

– als guter Hirte
bei Pablo Picasso: s. u. Mann mit dem Lamm (W. Wiegand)

– am Kreuz
bei Germaine Richier: »Jetzt [1950] gestaltet sie den leidenden Christus am Kreuz für die Kirche zu Assy, diesen wahrlich ungeheuerlich christlichen Christus einer unchristlichen Gegenwart, der sowohl das Verlassensein von Gott als auch vom Menschen als letztmögliches Alleinsein zur Bestürzung und Beklemmung der Gläubigen symbolisiert: der Helfergott hat sich verflüchtigt und der Samaritermensch ist verschwunden – die Verlorenheit ist umfassend.«
Konrad Farner (1973, S. 160/61)

–, entfliehender
bei Pablo Picasso: s. u. Luzifer

–, erhöhter
bei Odilon Redon: → Sonne, leuchtende

–, gekreuzigter
bei Marc Chagall: s. u. Kruzifix

Christus, verbrannter
bei Germaine Richier: s. u. Kruzifix
–, [weißer]
bei Marc Chagall: »Der Christus der 'Weißen Kreuzigung' [1938] leidet keine körperlichen Schmerzen mehr. Er verharrt regungslos am Stamm; die Existenz dieses Leidenden in dem Tumult einer aus den Fugen geratenen Welt steht sinnbildhaft für das Faktum einer unerbittlich sich erfüllenden Weissagung.«
Walter Erben (1957, S. 115)
Christusbild
bei Pablo Picasso: s. u. Matador
Christus-Bildnis
bei Marc Chagall: s. u. Kind mit dem Bart
Christus[kopf] des Holbein
bei Rudolf Hausner: »Das Fenster gibt den Blick frei zurück auf eine ferne Landschaft [in: 'Adams Alternative', 1969]; vor ihr liegt der Christus des Holbein aus der Predella der Basler Tafel, ein Finger kommt von oben herab und verweist auf seinen Tod.
Adams Alternative: das sind die beiden Möglichkeiten, die sich dem Menschen mit der fortschreitenden Entwicklung der Technik, der Biologie, der Medizin eröffnen: von den sich anbietenden Manipulationen und operativen Veränderungen des Lebens Gebrauch zu machen; oder sein Schicksal als aus der Transzendenz bestimmtes, metaphysisch unabweisbares Fatum anzunehmen.« Wieland Schmied (1970, S. 38)
vgl. Organe mit Schlauchleitungen
Christuskopf, Holbeinscher
bei Rudolf Hausner: »Den bewußten, wachen, modernen Menschen kann weder die Religion (Holbeinscher Christuskopf) noch der Leonardosche warnende und deutende Zeigefinger (charakteristisch nicht nach oben, sondern in die Tiefe gerichtet) [in: 'Adams Alternative', 1969], noch die Aussicht auf genetische oder hirnverändernde Eingriffe erlösen.«
Friedrich Hacker (1974, S. 8)
Chrom
bei Fritz Köthe: s. u. Sportwagen, 'rassiger'
Chromstangen, Gerüst von
bei Rudolf Hausner: s. u. Organe mit Schlauchleitungen
Chronist
bei Heinrich Altherr: s. u. Felsblöcke, herabrollende
Chthon
bei Louise Nevelson: fruchtbare Erde (s. u. Schwarz)
Cista
bei Julius Bissier: Mutterleib (s. u. Faß)
Clown
bei Joan Miró: → Nase, weiße
bei Pablo Picasso: Symbol des Künstlertums (s. u. Harlekin/W. Wiegand)
bei Georges Rouault: »Der Clown hingegen leitet das Spiel, er ist weit davon entfernt, ihm unterworfen zu sein; der Clown ist die Weisheit oder ihre Parodie: die Torheit. Er besitzt eine mitunter furchtbare Ironie und ein ewiges Lachen. Der Clown der Clowns, das ist der Totenkopf.« André Suarès in: Giuseppe Marchiori (1966, S. 18)
Christ (s. u. Harlekin)
–, tragischer
bei Georges Rouault: »Der tragische Clown [in: 'Alter Clown', 1917], nach außen hin fröhlich, im Herzen traurig, ist den meisten von uns nicht fremd; unter den Händen von R. wurde er zu einem Symbol für die Leiden der ganzen Menschheit.«
Horst W. Janson/Dore J. Janson (1957, S. 288)
Coca-Cola-Flasche
bei Marisol: »Eindeutig als sexuelle Anspielung verwendet M. die Flasche 'Love', 1962. Weit ist der Mund geöffnet, so daß der Flaschenhals tief eindringt . . . Spielerisch vertauscht die Coca-Cola-Flasche in phallischer Funktion ihren eigentlichen Symbolgehalt, den des weiblichen Genitals.« Volker Kahmen (1972, S. 19)
Cockpit
bei Rainer Wittenborn: funktionales Menschsein (s. u. Profilkopf, schematischer)
Colaflaschen
bei Fritz Köthe: s. u. Sportwagen, 'rassiger'
Collage
bei Herbert Kaufmann: s. u. Zeitungsmaterial
Collagematerial
bei Johannes Schreiter: s. u. Papier, Verbrennen des
Columbine
bei Max Beckmann: »Insofern ist die dargestellte Gestalt ['Columbine', 1950] nicht nur Todesgöttin, sondern tatsächlich Gaia, Repräsentantin chtonischer Mächte und des biologischen Prozesses, Zeichen alles dessen, was B. einmal als 'scheußliche vegetative Körperlichkeit' bezeichnet hat.« Friedhelm W. Fischer (1972a, S. 220)
Todesgöttin (s. u. Stürzender); s. u. Kreuze, schwarze; vgl. Beine, Spreizhaltung der; vgl. Gamma
Comic Held
bei Roy Lichtenstein: s. u. Flugzeug

Condor
bei Jacques Lipchitz: s. u. Stier (H. H. Arnason)
Corpus
bei Salvador Dali: Mensch (s. u. Engels, Gesicht des)
Covergirl
bei Allen Jones: s. u. Beine in Nylonstrümpfen
Cowboys
bei John Steuart Curry: s. u. Präriebrand

D

Dach
bei Marc Chagall: s. u. Geiger (W. Haftmann)
– der Hütte
bei Marc Chagall: s. u. Kuh (M. Chagall)
Dachau
bei Leon Golub: → Menschen', 'Verbrannte
Dachluke
bei Piet Mondrian: s. u. Rauten
Dada
»Im Deutschen bedeutet Dada kindliches Stammeln, manchmal soviel wie 'Auf Wiedersehen'; im Französischen: 'Marotte, fixe Idee' oder auch in der Kindersprache: 'Hottepferdchen'; im Russischen und Rumänischen: 'Jaja'; und nach Tzara (Manifeste Dada 1918) 'nennen die Krou-Neger den Schwanz einer heiligen Kuh: Dada'.«
Marcel Jean (1961, S. 92)
Dächer
bei Marc Chagall: »Dächer, Kamine und altmodische Russenmützen, Symbole der Sicherheit, des heimischen Herds und der unvergessenen Heimat, sind wiederkehrende Motive in C.s Werk. Auf der undatierten Federzeichnung 'Hinter dem Haus' lugt der junge Marc über ein Dach in seiner Heimatstadt Witebsk.«
Roy Mac Mullen (1968, S. 78)
–', 'Rote
bei Marc Chagall: s. u. Liebespaare
Dächern, Figuren über den
bei Marc Chagall: Flucht aus der harten Realität (s. u. Figuren über den Dächern)
Dämon in Tiergestalt
bei Ernst Barlach: s. u. Geistkämpfer
Dämonen
bei Gustav Klimt: s. u. Mädchen, hochschwangeres
bei Alfred Kubin: »Seine Dämonen sind nicht 'gebannt', sind losgelassene Sinnbilder der zerstörenden Kräfte einer verluderten Welt. Die frühen Blätter bis etwa 1905 sind die unheimlichsten in der Beschwörung des Grauens.«
Max Peter Maass (1965, S. 58)
bei Emil Nolde: »Denn die Gespenster in seinem Werk sind da, aber sie gewinnen nicht Gewalt über ihn. Es sind auch nicht die Dämonen, denen wir später als Sinnbildern einer Enthumanisierung begegnen; sie sind mythischen Ursprungs, sind Naturgeister, wie sie aus der heidnischen Zeit noch in den Marschen umgehen.«
Max Peter Maass (1965, S. 56)
Dänemark
bei Serge Vandercam: s. u. Mann von Tollund
Däubler, Theodor
bei Otto Dix: s. u. Säulenreihe
Dame am Steuer
bei Richard Hamilton: s. u. Auto
– auf dem Spieltisch
bei Max Beckmann: »Zugleich drängt sich auf, daß in dem Bild ['Traum von Monte Carlo', 1939–43] die Jagd nach Geld und Gewinn gleichgesetzt wird mit der Faszination durch ein Idol, wobei die Verkörperung des Idols, eben jene erregende Frau, lediglich als Objekt und wie eine Ware betrachtet wird. Beide Aspekte mögen richtig sein. Die herausfordernde und zugleich lauernde Haltung der Dame, ihre sexuell attraktive Stilisierung, vor allem aber die merkwürdige Plazierung auf dem Spieltisch legen den Gedanken nahe, sie selbst sei der Einsatz, um den das Spiel geht.« Friedhelm W. Fischer (1972b, S. 64)
– Europa
bei Alfred Kubin: s. u. Bulle
–, üppige
bei Richard Lindner: s. u. Uniform
Dampedei
bei Horst Antes: »A. hat für die menschliche Kreatur, die aus der Verstümmelung hervorgeht, eine Schlüsselfigur geschaffen, ein Männchen oder 'Dampedei', wie man in der Karlsruher Heimat von A. sagt und womit angedeutet sein soll, daß eine solche Figur bereits mit einem aus dem volkstümlichen Mythos bezogenen Namen belegt wird und damit auch bereits eine ethnologische Bezeichnung aufweist. Dort sind diese Dampedeis Figuren aus Backwerk, in der Vorweihnachtszeit hergestellt und mit dem Winter- oder Sonnenwendemythos der vorchristlichen Zeit verbunden. Die Figuren von A. ... erscheinen uns aber weniger als Mythos der Vergangenheit denn als ein solcher der Zukunft: Seltsame

Wesen, die die Erde zu einem Zeitpunkt bevölkern, da die heutigen Lebensbedingungen nicht mehr existieren, und die sich neuen Bedingungen anpassen mußten . . .
Obwohl eher utopisch als mythisch sind es Archetypen eines intellekt-betonten, von Körper und Natur entfremdeten Menschseins.«
Hans H. Hofstätter (1969, S. 284)

Dampf ablassen
bei Konrad Klapheck: s. u. Bügeleisen, bulliges

Dampfer
bei Rudolf Hausner: s. u. Doppelgänger
bei Friedensreich Hundertwasser: s. u. Fenster

–, baumbepflanzter
bei Rudolf Hausner: s. u. Adam (W. Schmied)

Dampfhammerteil
bei Rudolf Hoflehner: der Mann (s. u. Messer)

Daphne
bei Salvador Dali: »Die weibliche Profilgestalt [in: 'Brennende Giraffe', 1937/38] rechts symbolisiert als Daphne Naturkraft und pflanzenhaftes Wachstum, wurzelt am Boden und strahlt Lebensfülle in den Kosmos aus.«
Doris Wild (1950, S. 245)

Daumen
bei César: »'Le pouce de César', 1965, [Varianten seit 1964] ist der monumentale Abguß eines Daumens, und zwar der des Künstlers. Daß der Finger, besonders aber der Daumen seit je als Penissymbol fungiert, versteht sich aus der formalen Assoziation der beiden Glieder.«
Volker Kahmen (1972, S. 149)

–, abgespreizter
bei Emil Nolde: ». . . wie Patriarchen sehen nun [1951] die Pharisäer aus, behutsame Lehrer, die sich geduldig dem Kinde zuwenden und mit geöffneter Hand, nicht mehr [in: 'Der zwölfjährige Christus', 1911] . . . mit abgespreiztem Daumen, dem Symbol der Rechthaberei, argumentieren.« Walter Jens (1974, S. 99)

Daumennagel, Kerbe im
bei Lambert Maria Wintersberger: »So wörtlich diese Bilder [nach 1969] nichts vorführen als die Kerbe im Daumennagel oder den Einschnitt in der Fingerkuppe, so suggerieren sie doch den Hinweis auf das beschädigte und reduzierte Dasein in der kosmetisch geschönten Umwelt einer Gesellschaft, die ihre Repressionen in Silberfolie zu verpacken weiß.«
Wieland Schmied (1975, S. 39)

David
bei Jean-Robert Ipoustéguy: »Hier nun erscheint David [in: 'David und Goliath', 1959] als Sinnbild der wehrhaften Kraft. Er ist geharnischt – wo er doch nach allen Darstellungen keinen Panzer tragen konnte.« Bernd Krimmel (1969, S. 8)

–, Saul und
bei Otto Dix: Menschheit (s. u. Saul und David)

Davidgesicht, bärtiges
bei Marc Chagall: »Mit seinem erhobenen, lorbeerbekränzten Orpheusgesicht und seinem nachdenklichen, bärtigen Davidgesicht [in: 'Quellen der Musik', 1966] symbolisiert dieser Mann auf einer Bedeutungsebene die griechischen oder europäischen und die semitischen Musiktraditionen.«
Roy Mac Mullen (1968, S. 248)

Decke
bei René Magritte: → Kerze
bei Henry Moore: »Während der bergend-positive Charakter mit dem Symbol der Hülle des Gewandes und der Decke verbunden ist, ist der

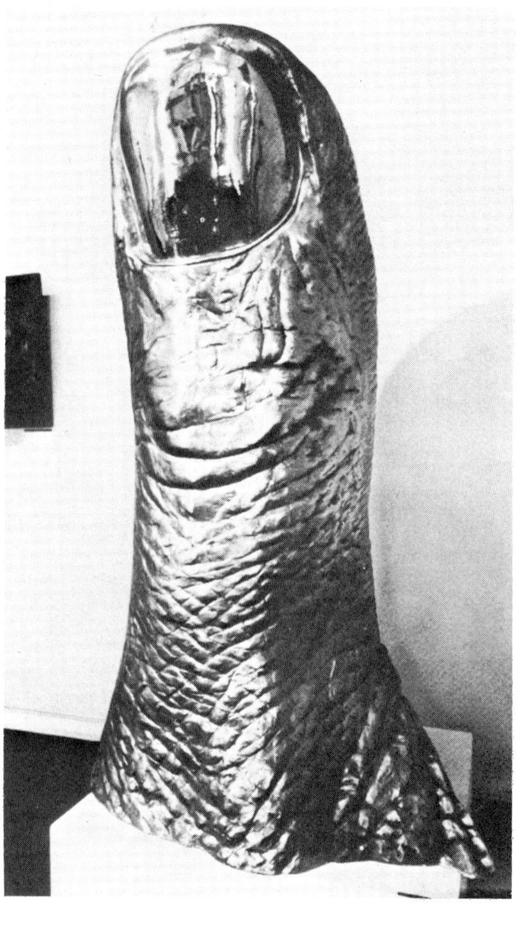

César: Der Daumen, 1967

Ausdruck seines tödlich-zerstörenden Gegensatzes die Kahlheit und Nacktheit, die Reduktion auf das Mechanisch-Geisterhafte des aller organischen Fülle entkleideten Skelettes. Das hervorragendste Beispiel dieser Gestaltung der Todesgöttin ist die von uns schon besprochene Liegende Figur des Jahres 1939.«
Erich Neumann (1961, S. 81/82)
vgl. Liegende Figuren

Deckel
bei Kurt Schwitters: s. u. Arbeiter

–, beweglicher
bei Alberto Giacometti: Grab und Sarg (s. u. Gräberfeld)

Deckelgriff der Kanne
bei Paul Klee: männliches Zeichen (s. u. Herzblatt)

Deckschicht synthetischer Farbe
bei Andy Warhol: s. u. Farbe, Deckschicht synthetischer

Décollage
bei Mimmo Rotella: »Das Neue an der 'Décollage' ist die Verwendung der idealisierten Plakatfiguren und -formen nicht wie bei der Pop-art in fabrikneuer Makellosigkeit, sondern in zerissenem und durchlöchertem Zustand, wo ein Bild sich in das andere hineinschiebt [in: 'Ohne Titel', Décollage, 1963]. Sie gilt als eine Art symbolischer Revolte gegen die allgemeine Kommerzialisierung.« H. Havard Arnason (1970, S. 613)
bei Wolf Vostell: »V.s Décollagen gehören zur 'Destruction in Art'-Bewegung. Sie sind Sinnbilder der Selbstzerstörung des Menschen, des Künstlers und seiner Produkte: Parallelen und Parabeln zur stattfindenden seelischen Vernichtung in der Gesellschaft und der materiellen Vernichtung in Katastrophen und Kriegen.«
Oto Bihalji-Merin (1969, S. 66)

Delphine
bei Salvador Dali: »Die D.schen Symbole vom Brunnen der Ewigen Jugend sind die Nixen und die Delphine [in: 'Delphine und Nixen', vor 1956] – die intelligentesten Säugetiere nach dem Menschen.« Salvador Dali
in: Klaus Gallwitz (1971 a, S. 334)

Demagogen, Folge von Bildern politischer
bei Ronald B. Kitaj: »K. dokumentiert mit einer aneinandergereihten Folge von Bildern politischer Demagogen, Diktatoren und Partisanen ('Junta', 1968/69) die Banalität des Bösen.«
Karl Ruhrberg (1965, S. 419)

Demiurg Jehova
bei Max Beckmann: s. u. Schlangenwesen

Denkmäler
bei Giorgio de Chirico: das Männliche (s. u. Türme)

Denkmaschine
bei Jean Tinguely: mechanisches Gespenst (s. u. Maschine, hochgezüchtete)

Dessous
bei Richard Lindner: s. u. Weib, allmächtiges

Deutschland des Jahres 1914
bei Marden Hartley: s. u. Flagge, deutsche

Devi, Muttergottheit
bei Max Beckmann: s. u. Frauengestalten, rätselhafte

Devotionalien
bei Emilio Scanavino: s. u. Brotlaib

Diabolo
bei Rudolf Hausner: Kindheitserinnerung (s. u. Seifenblasen)

Diabolospieler
bei George Grosz: »G. malte damals auch Bilder wie den schon erwähnten 'Diabolospieler' [1920], einen gesichtslosen, von Maschinen umgebenen Roboter in einem kalten, luftleeren Raum. Hier symbolisiert er die Abkehr von der Welt ebenso wie in dem Porträt ein bisher unbekanntes Gefühl der Resignation zum Ausdruck kommt.« Bernard S. Myers (1957, S. 288)

Diamant
bei André Masson: »Der Diamant präsentiert sich, wie sich in vielen Zeichnungen der späten dreißiger Jahre zeigt, als die Einheit der Gegensätze: farblos enthält der doch alle Farben. Er kann alles schneiden, doch nichts ihn. Aufgebaut aus denselben Atomen wie Kohle oder Graphit bedeutet er in der Übertragung das konkrete Symbol der Metamorphose einer Substanz in die andere.« Carolyn Lanchner (1976, S. 159)

George Grosz: Diabolospieler, 1920

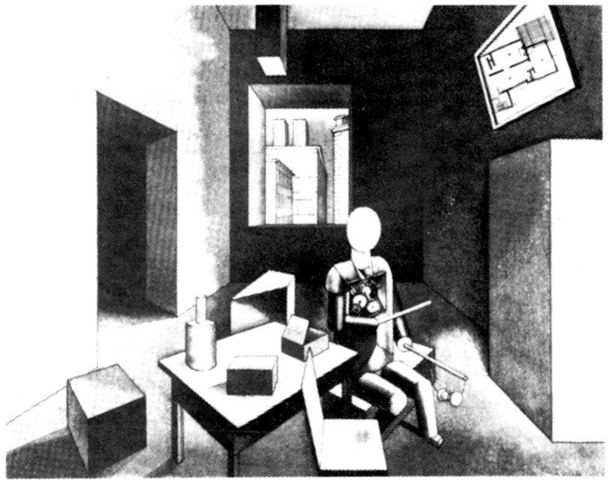

Diamant, gigantischer
bei Lew Nusberg u. a.: »Junge Moskauer Maler von der Gruppe 'Bewegung' propagieren kinetische Farbmusik ... Passiert man die Schloßbrücke [in Leningrad, 1966], so bewundert man das märchenhaft funkelnde, meridiane Feuer der kinetischen Kunst. Ein gigantischer Diamant, der das Wunder der Chemie symbolisiert, dreht sich und strahlt in vielfarbenem Feuer.«
Prawda (1968, S. 38)

Diana
bei Max Ernst: → Gestalt mit Früchten

Dichterin
bei Auguste Rodin: Sappho (s. u. Mädchen, die Dichterin flankierend)

Diener der Maschine
bei Rudolf Hausner: s. u. Kopf des Adam

Dienerin des Bösen
bei Alfred Kubin: Weib (s. u. Urmutter)

Diktator
bei Konrad Klapheck: Schreibmaschine mit eckigen Tasten (s. u. Schreibmaschine mit gotischen Buchstaben)

–, römischer
bei Max Ernst: Über-Ich (s. u. Hund)

Diktatoren, Folge von Bildern politischer
bei Ronald B. Kitaj: Banalität des Bösen (s. u. Demagogen, Folge von Bildern politischer)

Dimensionsdeuter
bei Oskar Schlemmer: → Figur

Dinge
s. Teil III

Disque
bei Robert Delaunay: »In diesem Sinne war für D. der *Disque,* eine *forme mobile totale,* gleichbedeutend mit der Realität in ihrer Gesamtheit, er war für ihn die Zelle, aus der er die Darstellung des Kosmos im großen *(Soleil-Lune)* wie auch eine neue Struktur für die Darstellung des individuellen Einzelfalles im kleinen ableiten konnte *(Nature morte).*« Gustav Vriesen (1967, S. 61)

Distel
bei Max Gubler: »Immer weniger Fleisch, immer mehr Knochen. Ein Totentanz im Lebensfries.
Die Blume aus dieser Spannung [in: 'Disteln im Glas', 1956] ist die Distel, die Skelettblume ... Und daß er die Distel feierte, das war bei ihm eine weitere Strophe zum Bericht und dem Leiden an der Unabsehbarkeit der Passion.«
Werner Weber (1975, S. 18)

Doge
bei Werner Tübke: »All dies hat T. in seinem Sinnbild vom bedrohten Venedig [in: 'Tod in Venedig', 1973] nicht konkret sichtbar gemacht. In der Beschwörung eines ehemaligen Oberhauptes der Inselrepublik, eines Dogen, der als Tod mit Satansflügeln das Verderben symbolisiert, ist der gesellschaftliche Hintergrund von heute, das Nichtbewältigen der Folgen eines zivilisatorischen Problems angedeutet.«
Günter Meißner (1974, S. 20)

Dolch, doppelschneidiger
bei Pablo Picasso: »Sie zeigen das sagenhafte Tier [in: 'Minotaurus'-Zeichnungen, 1933], wie es einen phallischen, doppelschneidigen Dolch schwingt oder gleich einem Zepter in der Hand hält.« Jean Leymarie (1971, S. 90)

Dollar
bei Franco Angeli: s. u. Macht, Symbole der

Dom
bei Ewald Mataré: »Inmitten der Flammen [in: Südportal des Kölner Domes, 1953] steht unversehrt der Dom, Zeichen der 'Unzerstörbarkeit' der Kirche.«
Hanns Theodor Flemming (1955, S. 49)

'Domengel'
bei Ernst Barlach: s. u. Gestalt, schwebende

Domkuppel, Halbkreis der Berliner
bei Werner Heldt: Element zeitloser Urbilder der großen Stadt (s. u. Häuserwände, kahle)

Donaudampfer, alte
bei Rudolf Hausner: s. u. Kinderspielplatz, baumbestandener

Doppeldecker
bei Helmut Kies: »Der etwas windige Doppeldekker in 'Flug der Geschlechter' [1963] symbolisiert natürlich den Mann. Die Frau bleibt der festen Erde verbunden.« Johann Muschik (1974, S. 123)

Doppelgänger
bei Rudolf Hausner: »Hatte H. bisher seine Existenz analysiert, in dem er in ihr zwei Wesenselemente nachwies, eine männliche und eine selbstquälerische weibliche Komponente, so ist er dieses Mal [in: 'Adam und sein Maschinist', 1963] den umgekehrten Weg gegangen und hat nicht zwei Personen deckungsgleich in eine gemalt, sondern die Gespaltenheit der Person beim Wort genommen und sie in eine Tag- und Nachtexistenz zerlegt. Adam und sein Maschinist: in diesem Doppelbildnis verkörpern sich die Gegensatzpaare der menschlichen Psyche, Intellekt und Trieb, Logik und Intuition, Ratio und Emotion, Bewußtes und Unbewußtes.
Sein alter ego, der Maschinist ist es, der den Dampfer treibt; hält Adam das Steuer?«
Wieland Schmied (1970, S. 34)
vgl. Stecknadel; s. u. Maschinist
bei René Magritte: s. u. Melone, Subjekt unter der

Doppelgesicht
bei Armodio: s. u. Ei
Doppelkreuz, slawisches
bei Alexej von Jawlensky: »Der orthodoxe Russe J. hinterlegt seinen vielen mystischen Gesichtern, aus dem Schweißtuchmotiv erwachsen, im geheimen das Zeichen des slawischen Doppelkreuzes.« Rainer Volp (1966, S. 123)
Schema des menschlichen Antlitzes (s. u. Kopf)
Doppelwelle
bei Fernand Léger: »Ein reich gegliedertes Gerüst aus Senk- und Wagrechten spannt sich nun über die Fläche, in das Figuren und Dinge, kubistisch zerlegt, sich einfügen. Eine elementare Stofflichkeit mit gleichsam feststehenden symbolischen Zeichen: Ein Kreis die Rundung eines Gesichtes, eine abwärts fließende Doppelwelle Frauenhaar . . .« Hans Hildebrandt (1924, S. 395)
Dorf
bei Marc Chagall: »Nicht nur, weil das Grün des Menschenhauptes und das Rot des Kuhkopfes den Grundakkord vielstimmiger, naturferner Farbenharmonien bilden. Auch weil sie das Gemälde ['Ich und das Dorf', 1911] beherrschen und dennoch so gar nicht real dastehen, aufgelöst in Teilflächen, deren Umriß sich nicht mit dem Umriß der Gegenstandsformen deckt, und weil sie, deren Farben in die Umgebung hinüberspielen, aus dieser wiederum alle möglichen Dinge hereinziehen, durchschimmernd wie die Köpfe des Russen Burljuk, deren Züge sich mit Wolken und Bergen der Heimat mischen. Das halbe Dorf hat Platz in ihrer Erscheinung, die zum Symbol der Heimat und der Zugehörigkeit des Malers zu ihr wird. Ein verzaubertes Dorf . . .«
Hans Hildebrandt (1924, S. 420)
–, indisches
bei Tadeusz Kulisiewicz: s. u. Mutterschaft
–, rumänisches
bei Constantin Brancusi: s. u. Säule, Endlose (M. Deac)
Dorfkirche
bei Lyonel Feininger: »Die unscheinbare Dorfkirche [in: 'Gelmeroda VIII', 1921] diente dem Künstler zum Anlaß für eine Metapher, in der das Wesen der gotischen Architektur zur Vision gesteigert erscheint.«
Eberhard Roters (1977 a, S. 222)
s. u. Turm, spitzer
Dornbusch, brennender
bei Oskar Kokoschka: s. u. Sphinx
Dornen
bei Alfred Manessier: »Es handelt sich um ein außerordentlich bewegtes Bild ['Couronne d'Epines', 1954], dessen Dramatik in starken Farb- und Formkontrasten in die Augen springt. Die Dornen sind hier nun nicht mehr gegenständlich gegeben. Sie sind als Durchkreuzungen des in sich ruhenden großen Kreises, der die einzig stille Bewegung vollzieht, gedacht. Dieser hat sich gleichzeitig das gegenwärtig hervorragende Sonnenmotiv zu eigen gemacht, so daß die Dornen auch als Strahlen fungieren. Die schweren peitschenartigen und unruhig andringenden Formen auf der Seite sorgen dafür, daß das Bildganze nicht zur Ruhe kommt und trotz dieses für unsere Generation wieder hinlänglich bekannten Motivs dennoch unser bleibender Schmerz auf das Kreuzesgeschehen hin transparent wird.«
Rainer Volp (1966, S. 184)
bei Graham Sutherland: »Dornen sind das Leitmotiv dieses Bildes ['Kreuzigung Christi', 1945] und anderer religiöser und profaner Darstellungen aus jener Zeit; Dornen ergeben den Doppelsinn von überhöhter Wirklichkeit und Metapher, deren immanente Spannung den Gegenstand ins Phantasmagotische steigert: Dornen, die er nach der Natur zeichnet, erfahren 'eine seltsame Veränderung'. Bei aller Wahrung ihres eigenen Lebens in dem von ihren Stacheln gebildeten Raum ordnen sie sich um und werden etwas anderes – eine Art Paraphrase der Kreuzigung

Marc Chagall: Ich und das Dorf, 1911

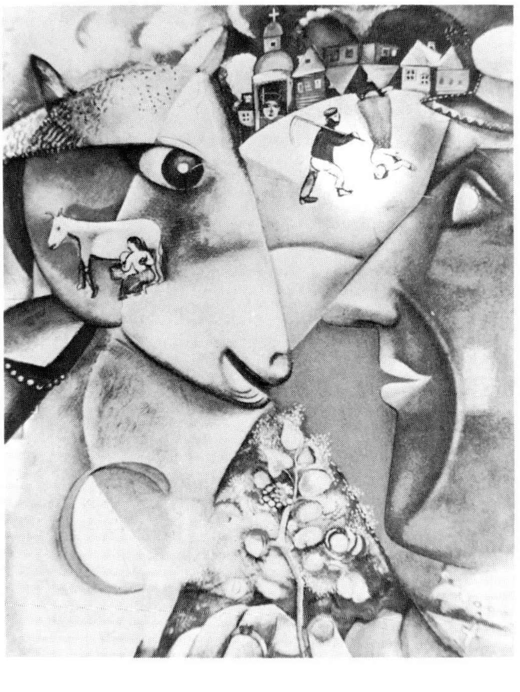

und des gebeugten Hauptes . . . die Essenz der Grausamkeit.« Herbert Read
in: Friedrich Bayl (1966f, Bd. V, S. 461)
»Zu meinen Dornenbildern ist zu sagen, daß ich an die 'Kreuzigung' gedacht habe (ich wollte gerade mit der Arbeit an dem Thema beginnen) und daß mich der Gedanke an Dornen beschäftigte – an Wunden, die von Dornen stammen. Ich begann, auf dem Land Dornenbüsche und die Struktur der Dornen zu beobachten, wie sie die Luft in allen Richtungen durchbohren, während ihre Spitzen die Grenzen des Luftraumes abstekken. Ich machte ein paar Zeichnungen, und da trat plötzlich eine merkwürdige Veränderung ein. Obwohl sie ihr normales Leben im Raum beibehielten, ordneten sich die Dornen anders an und wurden zu etwas Neuem – zu einer Art von Paraphrase der 'Kreuzigung' und des 'Dornenhauptes', zur Grausamkeit schlechthin.«
Graham Sutherland (1953, S. 149)
»Hier wird evident [in: 'Dornenbäume', 1946], daß die Dornen für S. das sind, wozu sie der Mensch, ihren ursprünglichen Schutzsinn pervertierend, gemacht hat: zum selbstzwecklichen Mittel, Schmerzen zu bereiten. So werden die Dornen S.s zur Chiffre für die stetig zunehmende Aggressions- und Grausamkeitstendenz der Zeit nach dem zweiten Weltkrieg.«
Walther Krüger (1972, S. 133/34)

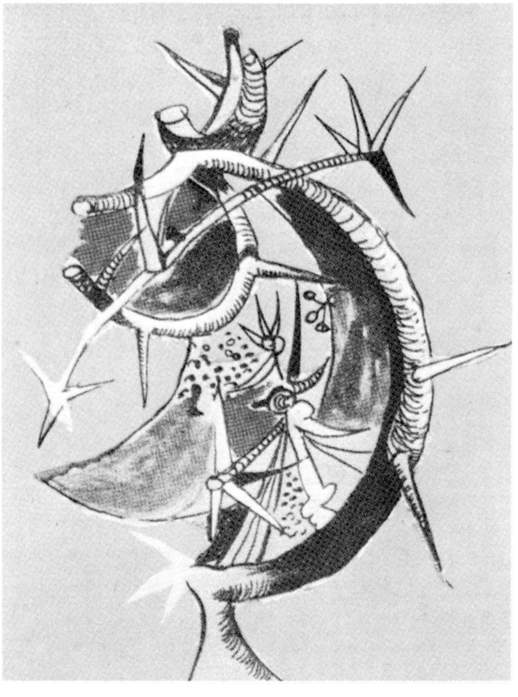

Dornen', 'Nackter in den
bei Mikuláš Medek: »Das Motiv des 'Nackten in den Dornen' [1957] drückt eigentlich eine extreme menschliche Anspannung aus und eine eingeschränkte Form der Bedrohung, die in reduzierter Form bereits in 'Vorgang I [- Ein Ei', 1955/56] auftaucht und zwar als 'elektrische Entladung zwischen den Eierschalenhälften.«
Bohumír Mráz (1970, S. 34)

'Dornenbäume'
bei Graham Sutherland: s. u. Säulen, glatte

Dornenkrone
bei Baruch Elron: s. u. Ei
bei Giacomo Manzù: s. u. Gekreuzigter

Dotter und Eiweiß, Teilung von
bei Mikuláš Medek: Teilung der embryonalen von der nährenden Substanz (s. u. Eier zerschlagen)

Drache
bei Oskar Kokoschka: »Der Drache ist der Geist des Wechsels und deshalb das Leben. K. verwendet das Symbol [in: 'Bachkantate', 1914] in einem christlich-überchristlichen Sinne als Kraft der Versuchung, mit dem Adler auf einem weiteren Blatt als der sieghaften Kraft der Überwindung.« Joseph Paul Hodin (1968, S. 198)

–, erschlagener
bei Hans Thoma: s. u. Michael

Drachen
bei Fidus: s. u. Bedeutungsachse, vertikale
bei Wassily Kandinsky: Materialismus (s. u. Georg, heiliger)
bei Ernst Müller: s. u. Schwert', 'Des Reiches

'Drachenbrunnen'
bei Jacques Lipchitz: s. u. Form, aufgerissene

Drachenmaschine
bei Reinhard Drenkhahn: s. u. Strandläufer

Drähte
bei Henry Moore: »Der surreale Bildwitz der Plastik ['Die Braut', 1940] ist leicht zu entschlüsseln. Die Drähte spielen auf den Brautschleier an, sie verwandeln ihn in eine schützende, obgleich durchsichtige Vergitterung, in ein Zwischending aus Helmgitter und Keuschheitsgürtel.
Wer über diese Zusammenhänge hinwegsieht, findet davon sein Erlebnis kaum geschmälert, denn noch ausdrücklicher kann hier von einem 'Klangkörper' gesprochen werden, der keiner gegenständlichen Interpretation bedarf.«
Werner Hofmann (1959, S. 78)
dynamische Kraftströme (s. u. Faden-Figuren)
bei Wladimir E. Tatlin: s. u. Konter-Reliefs

Graham Sutherland: Dornenhaupt, 1946

Draht
bei Francis Bacon: s. u. Käfig
bei Hans Erni: Knechtung (s. u. Papier)
Drahtgebilde
bei Oskar Schlemmer: s. u. Köpfe
Drahtgeflecht
bei Kurt Schwitters: s. u. Arbeiter
Drahtgitter
bei Harry Kramer: s. u. Unruh
Drahtzieher des Sündenfalls
bei Fidus: s. u. Luzifer
Dreck
bei Heinrich Eichmann: s. u. Gold
– der Straße
bei Fritz Köthe: s. u. Sportwagen, 'rassiger'
Drehorgel
bei Max Beckmann: s. u. Musikant, blinder
Drehorgelspieler, blinder
bei Max Beckmann: »Daß die Kombination Gottvater, Rollstuhl und Drehorgel [in: 'Beginning',1949] selbst eine makabre Kuriosität bedeutet, läßt sich ja trotz des suggestiven und geheimnisvoll überzeugenden Eindruckes des Ganzen gar nicht leugnen. Die Frage, was B. hinter der Hieroglyphe für einen Sinn sah, stellt sich damit um so dringlicher.
Es handelt sich hier offenbar um denselben 'Gott', dem B. schon 1918 in dem Bild 'Die Nacht' die Schöpfung vorwarf und den Kampf ansagte. In der Rolle des blinden Drehorgelspielers wird seine Tätigkeit zum makabren Gleichnis für die Monotonie des Lebensliedes und die unbarmherzige Umdrehung des Lebensrades.«
Friedhelm W. Fischer (1972a, S. 204/05)
Drei, Zahl
bei René Magritte: männliches Genital (s. u. Nest)
Dreieck
bei Giorgio de Chirico: »In der Vergangenheit wurden geometrische Figuren oft als unheimliche Symbole einer höheren Realität interpretiert. In der Antike z. B. und jetzt in der theosophischen Doktrin wird das Dreieck als mystisch-magisches Symbol aufgefaßt. Fraglos weckt es im Betrachter – gerade wenn er seine Bedeutung nicht kennt – ein Gefühl der Besorgnis, vielleicht sogar der Furcht.« Giorgio de Chirico
in: James Thrall Soby (1966, S. 79)
bei Auguste Herbin: Luft, Licht (s. u. Kreis)
bei Paul Klee: »Aus höheren, übermenschlichen Schichten bricht [in: 'Betroffener Ort', 1922] ein Pfeil herein; das Dreieck an seiner Spitze wurde bereits 1917 in dem Blatt 'mit dem schwarzen Blick' als Symbol der Vernichtung dargestellt.«
Rolf Linnenkamp (1965, III. S. 625)
s. u. Punkt im Halbkreis
bei Franz Marc: »Dreieck ist Sinnbild des Strahls [in: 'Turm der blauen Pferde', 1913], die Sichelform Sinnbild der Schale. Die Schale, das Gefäß, nimmt das Licht auf und gießt es aus.«
Lothar Schreyer (1954, S. 480)
bei Pavel Sukdolák: »Er veranschaulicht schon nicht mehr die Welt, wie er sie sieht, sondern wie er sie auffaßt. Und er faßt sie als Situation auf, als Beziehung zum Innenleben des Menschen. S.s Phantasie bezieht in seine Ausdrucksmittel Symbole ein, die allgemein und eingelebt sind: ein Dreieck, das auf der Grundlinie steht als Symbol des Feuers, doch auch als allsehendes Auge Gottes, ein Dreieck auf seiner Spitze stehend als Symbol des Wassers, des Unbewußten; durchkreuzte Dreiecke, die einen sechszackigen Stern bilden, als kosmologisches Symbol des Weltalls.«
Jan Baleka (o. J., S. 6)
bei Munio Weinraub (Gitai): Mann (s. u. Halbkreis)
Dreiecke
bei Giacomo Balla: »Ein weiteres deutliches Symbol 'merkurischer' Konjunktion haben wir im engeren Sinne in dem Bild 'Merkurdurchgang vor der Sonne' [1914], das B. 1914 in verschiedenen Versionen malt und in dem er den astronomischen Vorgang mit Kreisen und Dreiecken so interpretiert, daß das Bild als eine abstrakte Anspielung auf die Dynamik des Automobils verstanden werden kann. Das Dreieck ist die dynamische Form schlechthin, die durchdringende Form.« Maurizio Calvesi (1975, S. 11)
– der Kirchtürme, spitzwinklige
bei Werner Heldt: Element zeitloser Urbilder der großen Stadt (s. u. Häuserwände, kahle)
–, sphärische
bei Erich Hauser: s. u. Stahlplatten, elastische
Dreiecksformen
bei Leo Breuer: Leichentücher (s. u. Kreisform)
Drescher von Masuren', 'Der
bei Ernst Barlach: »Das Blatt 'Der Drescher von Masuren' [1915] ist dem Bildtypus des Rächers zugeordnet, weil es über die bloß personale Bedeutung hinausgeht und entsprechend dem Willen B.s, nicht Männer zu zeichnen, 'sondern die Gestalt ihres Tuns', zugleich den Krieg selbst als Rachekampf symbolisiert.«
Siegmar Holsten (1976, S. 50)
Druckerei, geheime/Druckmaschine
bei Renato Guttuso: s. u. Hektographiermaschine
Dschungels, Farbe des
bei Asela Pérez: Grün (s. u. Gewehr, grünes)

Dünen
bei Piet Mondrian: s. u. Holzpfähle, senkrechte
Dukatenfalter
bei Werner Tübke: Käuflichkeit (s. u. Goldfasan)
Dulder
bei Marino Marini: → Gaukler
Durieux, Tilla
bei Franz von Stuck: s. u. Frau
Dusche
bei Konrad Klapheck: Begleiter mit dicker Brieftasche (s. u. Armatur); Vertraute des Physischen im Menschen (s. u. Wasserhähne/K. Klapheck); zurückgestaute Liebesenergie (s. u. Wasserhähne/J. Roh)
Dwina
bei Marc Chagall: s. u. Hausierer

E

Ea
bei Max Beckmann: → Meerwesen
Ecke, rote
bei Wassily Kandinsky: »Zur Erinnerung dieser Reise gehört auch das dunkle Rot, das die Köpfe der großen rechten Figurengruppe füllt. Die 'rote Ecke' des Bildes ['Improvisation 19', 1911] ist Anklang an eine Einrichtung der russischen Bauernstuben: 'Die 'rote Ecke' ('Rot' ist altrussisch gleich 'schön') dicht und ganz mit gemalten und gedruckten Heiligenbildern bedeckt, davor eine kleine rotbrennende Hängelampe . . .« Dieses leuchtende Rot der ewigen Lampe glüht auch auf dem Bild in einer Ecke wie in den russischen Stuben: Russische Kirche und Erlösungshoffnung.«
Curt Seckel (1967, S. 74)
Ehefrau
bei Marcel Duchamp: s. u. Bekleidung; s. u. Leuchtgas; s. u. Maschinen in voller Bewegung
Ehefrau-Motor
bei Marcel Duchamp: Imaginationsmaschine (s. u. Motor)
Ei
bei Armodio: »An erster Stelle bei seinen Figuren findet man das Ei, für welches A. eine besondere Liebe zu bekunden scheint. Einmal ist es der Ei-Spiegel, in dessen Innerem sich ein Doppelgesicht abzeichnet, und zum anderen ist es der Ei-Kopf, worin ein menschlicher Kopf gedeiht und atmet, unter den Blicken eines fremdartigen Vogels der Familie der Spechte. Nun wissen wir, daß für die Meister der Geheimwissenschaften das Ei die Anfangsmaterie ist – Quecksilber, Schwefel, Salz – aber auch, daß es Behältnis zugleich ist, d. h. die Natur selbst und die Dinge, die es einschließt.« Patrick Waldberg (1972, S. 16)
bei Hans Arp: »Die Grundformen, von denen A. ausgeht, sind das Ei, das Samenkorn, die Wolke und der Nabel. Es lebt in ihm etwas, wie die kindliche Lust, Unwahrheiten zu gestalten, die zugleich große Geheimnisse sind: das Ei, das für die Hermetiker die Welt ist, das Samenkorn, das das Prinzip der Identität verkörpert, die Wolke, die das Wasser auf Urlaub ist und der mondhafte, kosmische Nabel, der an paradiesischen Schlaf erinnert.« Patrick Waldberg (1976 b, S. 51)
bei Julius Bissier: »Das Ei – Symbol für Fülle und Reichtum« [in Anlehnung an. J. J. Bachofen].
Werner Schmalenbach (1974, S. 79)
tellurisches Symbol (s. u. Schlange); vom Leib befreite Seele (s. u. Seelenvogel)
bei Constantin Brancusi: »In der so einfachen und vollkommenen Gestalt des Eies [z. B. in: 'Der Weltenanfang', 1924] nämlich als kosmisches Ei, als Gestirn des Universums, drückte der Künstler das Symbol des Ursprungs der Welt in der gewagtesten und künstlerischsten Form aus, die je von einem Künstler erdacht worden ist.«
Mircea Deac (1976, S. 74)
bei Marc Chagall: s. u. Mutter, Große
bei Fabrizio Clerici: »Er liebt die elliptische Form, weist immer wieder das doppeldeutige Ei-Symbol vor, Hinweis auf Ursprung, Fruchtbarkeit, Geschichte, Natur, legt es ins Straußennest [in: 'Die Straußen und das Ei', 1953], versteckt es in den Architekturen erstorbener Städte . . .«
Wieland Schmied (1973 a, S. 348)
bei Joseph Cornell: »Zwei Jahre später [1938] hat C. den Kasten mit Glaswänden unterteilt und damit die einzelnen Dinge isoliert und ihnen ihren endgültigen unveränderbaren Platz angewiesen. Oben befinden sich, teils mit Reproduktionen alter Stiche beklebt, vier kleine Zylinder – sie repräsentieren, wie C. erklärt, seine Familie, der auf einem Podestchen rechts stehende Puppenkopf bedeutet die Anwesenheit des Künstlers selbst. Links steht ein Weinglas, in das ein Ei gelegt ist – Symbol des Lebens –, im Zentrum liegt vor einer Mondkarte eine kleine Tonpfeife, wie sie Kinder zum Spiel mit Seifenblasen verwenden. Der Mond, die Welt – Seifenblasen.«
Wieland Schmied (1973 a, S. 318)

Leben (s. u. Glas)
bei Salvador Dali: »Sehen Sie, der Faden folgt den Senkrechten der wesentlichsten Elemente des Bildes ['Madonna von Port Lligat', 1948, 1950], die von oben bis unten das Kreuz bilden: Das Haupt der Madonna, das Brot im Hohlraum des Körpers des Jesuskindes und das Ei versinnbildlichen die Vollkommenheit. Im frühesten Altertum betrachtete man die Ellipse als die vollkommenste unter den von der Natur hervorgebrachten Formen.'« Salvador Dali in: Manuel del Arco (1959, S. 26)
Ellipse (s. u. Muschel)
bei Baruch Elron: »Doch findet man im Vordergrund [in: 'Hiob 73', 1974] das Symbol der Auferstehung, das Ei, mit einer Dornenkrone umgürtet.« Gustav René Hocke (1975, S. 48)
bei Max Ernst: »Drei vogelartige Schnabeltiere sind in einer ovalen Fläche untergebracht [in: 'Das innere Gesicht', 1929]: wir blicken in ein Ei. Das Ei ist ein weitverbreitetes Symbol der Weltschöpfung. E. verwendet es hier als Metapher des vom Künstler gesetzten Gestaltungsaktes . . .« Werner Hofmann (1970b, S. 14)
Augapfel (s. u. Auge)
bei Rudolf Hausner: s. u. Hermaphrodit, umgekehrter
bei Paul Klee: »Das Ei als Symbol der Fruchtbarkeit der Natur wird im letzten Symbolbild ['Komposition auf schwarzem Grund', 1939/40] wiederkehren.« Max Huggler (1969, S. 203)
vgl. Welt-Ei; Werden (s. u. Kristall)
bei Mikuláš Medek: »Die anfängliche Vorstellung von Vorgängen auf Gemälden wurde dann durch weitere Parabeln angereichert, indem er die symbolbildende Kraft des Motivs nutzte: Das Ei – Symbol für Leben und Fruchtbarkeit« [1955/56]. Bohumír Mráz (1970, 33f)
bei Ulo Sooster: »Ein oft wiederkehrendes Motiv seiner Bilder ist das Ei, das er als kosmisches Symbol verstanden wissen will, als Zeichen der Geburt und Erneuerung.« Jindřich Chalupecký (1978, S. 173)
bei Adolf Wölfli: s. u. Eiform

–, rotes oder schwarzes
bei Leonor Fini: s. u. Frauen als Hüterinnen

–, schlafendes
bei Constantin Brancusi: »Das 'Leben' (gleichzeitig im Stein und im Bildhauer vorhanden), noch ungeboren, erwacht langsam aus seinem immerwährenden Zustand des Wartens zum Bewußtsein. Das 'Neugeborene' [1915] hat das Licht der Welt erblickt. Die 'Skulptur für den Blinden' [1924] wurde zu einem sanft schlafenden Ei, das wohl eines Tages erweckt werden soll.« David Lewis (1958, S. 17)

Eiche
bei Franz Radziwill: s. u. Vögel, schwarze

Eichel
bei Max Ernst: s. u. Hut

Eichenzweig
bei Fritz Klimsch: s. u. Reiter mit griechischem Helm

Eidechse
bei Max Ernst: »Die Hand in 'Au premier mot limpide' ['Beim ersten klaren Wort', 1923] hält einen Faden. Am Ende dieses Fadens klettert eine Mischung aus Eidechse und Insekt die Wand hoch. Es ist nicht schwer, dieses Bild als Symbol erotischen Erhaschens zu interpretieren.« Werner Spies (1971a, S. 53)

Eier
bei Fabrizio Clerici: Botschaften aus dem Jenseits (s. u. Steine)
bei René Magritte: s. u. Nest
bei Valeriano Trubbiani: s. u. Objekte

–, drei
bei René Magritte: s. u. Kerze, brennende

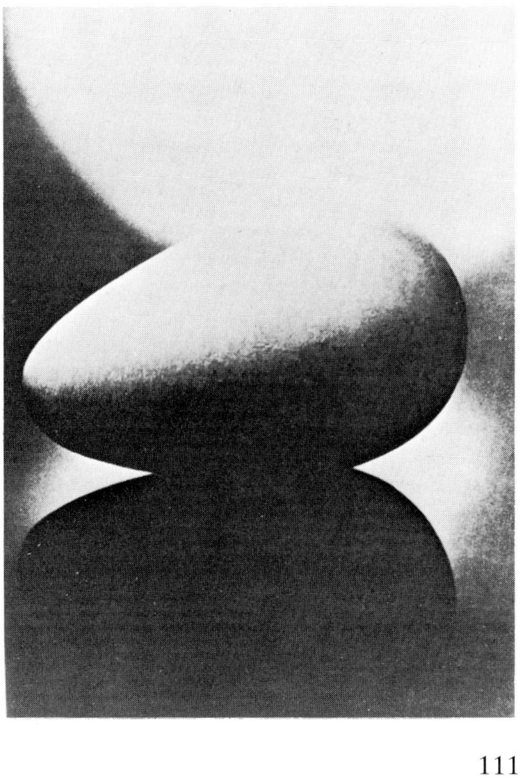

Constantin Brancusi: Der Weltanfang, 1924

Eier zerschlagen
bei Mikuláš Medek: »Eier zerschlagen – Lebensvernichtung, Töten, die Teilung von Dotter und Eiweiß [in: 'Vorgang I – Ein Ei', 1955/56] als Teilung der embryonalen von der näheren Substanz . . .« Bohumír Mráz (1970, S. 34)

Eierschalen
bei Rudolf Hausner: s. u. Arche des Odysseus

Eierschalenhälften
bei Mikulás Medek: s. u. Dornen', 'Nackter in den

Eiffelturm
bei Marc Chagall: »Die Ravel-Strawinski-Abteilung [der Pariser Operndecke, 1964] ist um einen riesigen, schwankenden, vielfarbigen Eiffelturm herum aufgebaut, das Symbol für C.s Übersiedlung nach Paris, die ihn von seiner Heimat abschnitt und ihn zu einem sowohl französischen als auch russischen Künstler werden ließ.«
Roy Mac Mullen (1968, S. 227)
bei Robert Delaunay: »Auch D. hat sich an der Schönheit des Technischen begeistert, doch wenn er den Eiffelturm malte, wurde daraus eine fragile Himmelsleiter, die das Auge in die immateriellen Zonen des Lichts entführt.«
Werner Hofmann (1966a, S. 289/90)

Robert Delaunay: Eiffelturm, 1910/11

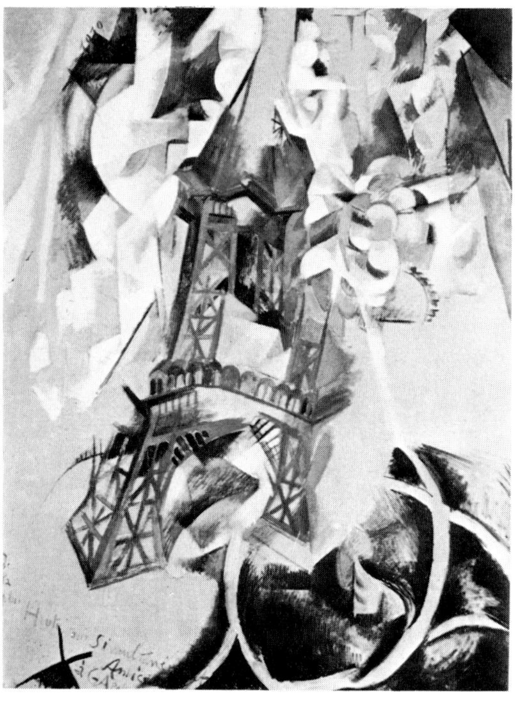

»1910 ist der Eiffelturm nach allgemeiner Ansicht immer noch das Symbol der modernen Technik, deren Möglichkeiten dem Stolz der europäischen Ingenieure und Denker als unbegrenzt gelten.« Michael Hoog (1976, S. 110)
vgl. Turm
bei Max Ernst: ». . . der Eiffelturm und das Empire State Building als Symbole der beiden seine Arbeit bestimmenden Kulturkreise« [in: 'Vox Angelica', 1943].
Giuseppe Gatt (1969, S. 43)

Eiform
bei Constantin Brancusi: »Zur makellosen Eiform gerundet [in: 'Muse' II, 1909/10] an der nur wenige Spuren das Antlitz charakterisieren, bietet sich der Stein als Symbol des Ursprünglichen dar.« Werner Hofmann (1958, S. 102/03)
»Die Plastiken von B. zeigen fast durchweg die Eiform, die er als Symbol des Lebensprinzips auffaßt.« Walter Winkler (1949, S. 96)
bei Fabrizio Clerici: »Die Ei-Form, die Ellipse, wird für ihn zum Symbol der 'irregulären', von Ängsten gepeitschten Welt von heute.«
Gustav René Hocke (1963, S. 24)
bei Fidus: »Die Bilder sind durchweg klar komponiert. . . ., daß sie auf den ersten Blick überschaubar sind: Mittelfeld und zwei begleitende Randfelder, Kreis oder Eiform einbeschrieben ins Rechteck, Oval mit ornamental ausgefüllten Ecken. Bei vielen Bildern unterstreicht eine herz- oder eiförmige Ausgrenzung des Hauptbedeutungsfeldes die sexuelle Symbolik.«
J. Frecot/J. F. Geist/D. Kerbs (1972, S. 272)
bei Henry Moore: Eltern (s. u. Sitzende)
bei Wilhelm Morgner: »Alle Anregungen verschmelzen zur Einheit einer kosmisch-anthropomorphen Landschaft [in: 'Astrale Komposition I', 1913], in der M.s Grundthema von Geburt und Mutterschaft variiert wird: als kosmische Geburt der Sterne, als Geburt der Venus und – links oben – als archetypische Figur einer in Eiform geschlossenen Mutter.«
Manfred Schneckenburger (1977, S. 156)
bei Adolf Wölfli: »Ein weiteres, dem Mandala verwandtes Motiv, das sich da und dort in W.s Bildern findet, ist die Ei-Form. Das Ei, als Rundes mit Zentrum, als ein vollkommenes, das gleichzeitig neues Leben bringt, ist, wie der Mandala, das Symbol einer lebendigen Ganzheit.«
Heinrich K. Fierz (1976, S. 112)

Ei-Formen
bei Rudolf Hausner: »Aus Ei-Formen [in: 'Die Arche des Odysseus', 1948–56], die verschie-

dene Fruchtbarkeitsstadien versinnbildlichen, werden Welten und Menschen geboren.«

Johann Muschik (1974, S. 74)

Ei-Kopf

bei Armodio: s. u. Ei

Eindringling

bei Rudolf Hoflehner: → Keil

Eingeweide

bei Corsin Fontana: →Schläuche

bei Pablo Picasso: s. u. Pegasus

Einhorn

bei Ernst Fuchs: »So ist vielleicht die Bedeutung des Einhorns [in: 'Die Hochzeit des Einhorns', 1952–60] nicht sogleich einzusehen, das für ihn das große 'Tier' ist, indes wir Signum und Insignien des auferstandenen und nicht auferstandenen Christus, des Engels des Todes und des ewigen Lebens, der Heiligen in Versuchung und triumphierend über das Tier, das Mysterium Marias und des Kindes, Satan und seinen Bereich und die Erde mit ihren Zwitterwesen leichter zu entziffern vermögen. Wenn es ein 'Ich', ein 'Selbst' in seinen Bildern gibt, dann ist es das Einhorn: es ist sein Talent, seine Begabung, und die oft bis zum Fluch hin drückende Verpflichtung, es auszuüben. Es symbolisiert die Triebkräfte, die ihn vorwärts bringen, die ihn aber auch oft hinabzuziehen drohen. Hohes und Niedriges, Engelhaftes und Dämonisches kommen im Einhorn zusammen, – wie im Menschen.«

Wieland Schmied (1964, S. 18)

bei Hanna Nagel: »Auf ihrer Stirn wächst ein großes, von blassem Rot überlaufenes 'Einhorn' [in: 'Der Orlik', 1931–33]. Dieses ist deutlich Gegenform zur Feder des Mannes, und es ist gewiß Zeichen einer äußersten Entfernung von ihm in märchenhafter Verwunschenheit. Es besteht kein Grund, Deutungen abzuwehren, die hier ein phallisches Symbol erkennen. Die Verabsolutierung dieser Deutung wäre freilich falsch.«

Klaus Mugdan (1977, S. 10)

Einsame, der

bei Edvard Munch: → Selbstbildnis

Einsiedler

bei Luigi Spazzapan: »Der 'Einsiedler' [1948] . . . ist ein Komplex sonnenhaft strahlender Gebilde, die sein übernatürliches Wesen symbolisieren.« Bernhard Degenhardt (1956, S. 52)

Einstein, Albert

bei Hannah Hoech: s. u. Gesichtsfragmente

Einwanderergruppe, arbeitslose

bei Werner Tübke: »In figurenreichen Szenen der Doppeltafeln stellte er die fortschrittlichen und die reaktionären Kräfte eines Kontinents gegenüber. Das Australien der Armen [in: 'Australien', 1958] wird durch den Ausschnitt einer offenbar arbeitslosen Einwanderergruppe versinnbildlicht.« Günter Meißner (1974, S. 12)

Einzelhaus

bei Max Ernst: s. u. Festung

Einzelne, der

bei Walter Wörn: geht unter (s. u. Gestalten)

Eisbär

bei Max Ernst: s. u. Maiskolben

Eisbeutel

bei Claes Oldenburg: »Der Eisbeutel auf dem Kopf [in: 'Symbolic self-portrait with equals', 1969] zeigt an, daß mir etwas im Kopf herum-

Ernst Fuchs: Die Hochzeit des Einhorns, 1952–60

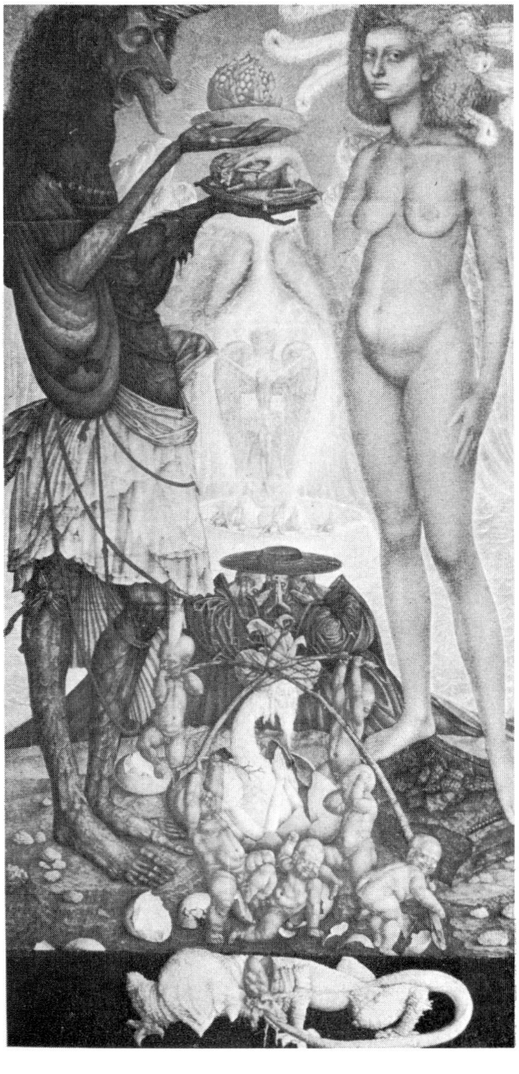

ging. Er krümmt sich wie ein Barett – das Attribut des Künstlers.«
Claes Oldenburg (1971, S. 131)

Eisenbahn
bei Umberto Boccioni: s. u. Lokomotive
bei Franz Wilhelm Seiwert: unmenschliche Arbeitswelt (s. u. Fabrik)

Eisenbahnlinie, Bau einer
bei Giorgio de Chirico: s. u. Lokomotive

Eisenbahnlinien
bei Peter Brüning: Metapher für Landschaft (s. u. Landkarte)

Eisenbahnwagen
bei Leonor Fini: »Die Eisenbahnwagen, die 1965 im Werk der F. auftauchen, kommen noch aus den Tiefen der kindlichen Erinnerungen. 'Ich liebe wirklich nicht das Reisen mit dem Zug', sagt sie zu Monegal, 'ich finde das beängstigend'. 'Aber als ich klein war, gefiel mir der Zug sehr. Er schien mir wie ein Theater voller Abenteuer, ein Platz unerwarteter Begegnungen.'
Der Zug, oder vielmehr die Abteile des Zuges, die L. malt, ähneln Theaterlogen . . .
Diese Züge kommen nicht aus der Realität, doch sind sie auch nicht willkürlich entstanden.«
Constantin Jelenski (1968, S. 36)

Eisengerüst
bei Barbara Haeger: s. u. Kunstharz, tiefschwarzes

Eisenplatte
bei Joseph Beuys: »Die Eisenplatte auf dem Boden [in: 'Sibirische Symphonie', 1966 Kopenhagen] ist ein Metapher – es ist schwer zu gehen, und die Erde ist gefroren. Die drei Unterbrechungen auf dem Rückweg bedeuten die Elemente: Schnee, Kälte und Wind. All das ist nur zu verstehen, wenn man das Stichwort 'Sibirisch' bekommt.« Jürgen Morschel (1972, S. 253)

Eisentüren, verriegelte
bei Jean-Pierre Raynaud: Tod (s. u. Psycho-Objekte)

Ei-Spiegel
bei Armodio: s. u. Ei

Eiweiß, Teilung von Dotter und
bei Mikuláš Medek: Teilung der embryonalen von der nährenden Substanz (s. u. Eier zerschlagen)

Ekbatana
bei Jean-Robert Ipoustéguy: Hauptstadt des Königreichs der Meder (s. u. Alexander)

Elbe
bei K. R. H. Sonderborg: s. u. Pontons

Electric Chair
bei Andy Warhol: s. u. elektrischer Stuhl

Elegua
bei Wilfredo Lam: »Menschliches und Pflanzliches scheint miteinander vertauscht und verwachsen. Die tropischen Regenwälder haben in ihrem Humus hybride Wesen ausgebrütet, sie schlingen sich um Bäume, stechen in die Luft. In den Bildern L.s ist aber stets auch der kleine Kopf Eleguas, eines freundlichen Hausgeistes mit zwei kleinen Hörnern anwesend [in: 'Le Noces'/Hochzeit, 1947] dessen Blick alle bösen

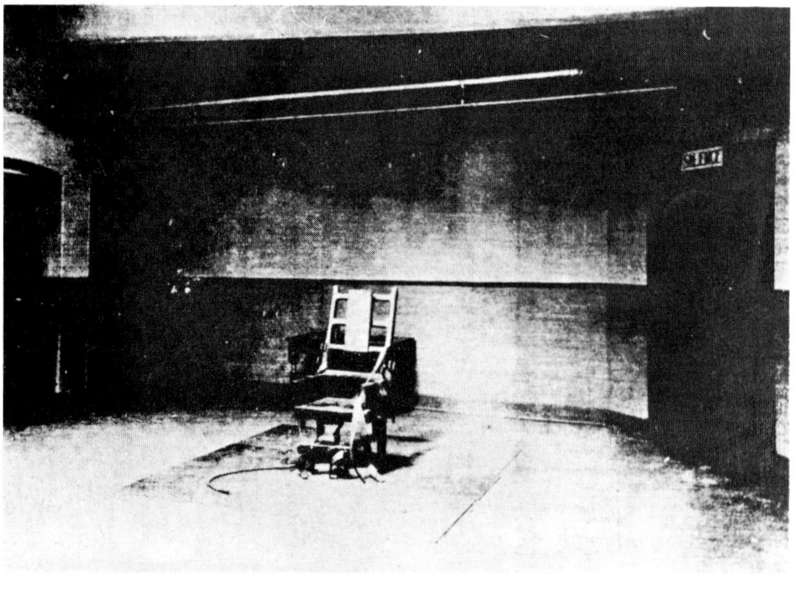

Andy Warhol:
Elektrischer Stuhl, 1965

Kräfte durch seine Magie zu bannen weiß und durch zeremonielle Opfer versöhnt.«
Wieland Schmied (1973a, S. 307)

elektrischer Stuhl
bei Andy Warhol: »Das sichtbare Zeichen 'Silence!', das bei der Exekution aufleuchtet, potenziert die Sinnlosigkeit des elektrischen Stuhls als Institution. Der 'Electric Chair' [1965] steht hier als Symbol des Mißbrauchs staatlicher Autorität, als offenes Eingeständnis gesellschaftlicher Fehlentwicklungen.«
Rainer Crone (1970, S. 30)

Elektrokocher
bei Renato Guttuso: menschliche Wärme und Kameradschaft (s. u. Hektographiermaschine)

Elektronengehirn
bei Jean Tinguely: s. u. Maschine, hochgezüchtete

Element
s. Teil III

Elendsgrau
bei Otto Dix: s. u. Arbeiterbild

Ellipse
bei Fabrizio Clerici: 'irreguläre 'Welt von heute (s. u. Ei-Form)
bei Salvador Dali: s. u. Ei; s. u. Muschel

– / elliptische Form
bei Fabrizio Clerici: s. u. Ei

Ellipsoid
bei Rudolf Hausner: s. u. Laokoon (R. Hausner)

Elohim
bei Max Beckmann: → Wesen mit den langen Ohren, groteske

Eltern
bei Antonio Calderara: s. u. Chiantiflaschen
bei Marc Chagall: s. u. Joseph und Maria
bei Anton Heyboer: → Ziffern 2 und 3
bei Pablo Picasso: s. u. Akrobatenfamilie

Elternhaus
bei Rudolf Hausner: s. u. Mädchen mit der Wespentaille

Elternpaar
bei Rudolf Hausner: s. u. Würfel, medaillonartiger
bei Henry Moore: s. u. Sitzende

Emaille
bei Mikuláš Medek: s. u. Reißverschluß

Embryo
bei Raoul Hausmann: »Im 'Dada Cino' [1920] von H. wird diese Möglichkeit [simultaneistisches Verfahren, bei dem alle historischen Bedingtheiten aufgehoben sind] vorbildlich durch ein Embryo visualisiert. Dieses Sinnbild zielt auf die Rückverwandlung der zivilisatorischen Erstarrnis in Natur.« Hanne Bergius (1977, S. 3/14)

–, kauernder
bei Henry Laurens: s. u. Kopf, auf die Brust gesenkt

Embryonen
bei Rudolf Hausner: s. u. Ballon

Empfangsapparate
bei Erich Brauer: → Mischgewächse

Empire State Building
bei Max Ernst: s. u. Eiffelturm

Empörer
bei Fidus: s. u. Luzifer

–, potentielle
bei Carlo Schellemann: s. u. Felsenhaupt

Engel
bei Heinrich Altherr: »Die schwebenden Gestalten auf seinen Bildern beweisen allein schon den visionären Charakter von A.s Kunst ... Alle diese durch die Luft fahrenden Gestalten sind eindeutig Engel ... Die in rote Gewänder gekleideten Gestalten sind Richtengel, sie haben das Verdammungsurteil zu vollstrecken und unterscheiden sich nicht wesentlich vom Cherub mit dem flammenden Schwert, der den Eingang des Paradieses zu bewachen hatte.«
Walter Nigg (1961, S. 306/07)
bei Ernst Barlach: »Der Engel wiederum ist nach der Idee der Rolandsfiguren gestaltet, die in mittelalterlicher Zeit ein Symbol der städtischen Freiheit gewesen sind ... In B.s Engel [in: 'Geistkämpfer', 1928] ist mehr angesagt: zuerst die Furchtlosigkeit ... Dann die unerschütterliche Sicherheit des Guten ... das höhere Recht des Geistes über die Sinnlichkeit, der Freiheit über den Zwang, des Himmlischen über das Irdische.
Daher ist das Kieler Ehrenmal ein monumentales Selbstbildnis des Meisters, wie er sich selbst als geistige Existenz verstanden hat.«
Kurt Badt (1959, S. 36)
das Geistige (s. u. Gestalt mit angezogenen Knien); s. u. Geistkämpfer; s. u. Gestalt, schwebende; s. u. Seraphim, stehender
bei Erich Brauer: »Mein Wille begann unsicher zu flattern. Da stand im dritten Stock hinter einem vergitterten Gangfenster ein etwa fünfzehnjähriges Mädchen. Sie schien eines jener zahlreichen ungarischen Jugendkinder zu sein, die mager ins Lager kamen, einige Wochen blieben und dann wieder verschwanden. In Wirklichkeit aber war sie ein Engel. Die Haare standen ihr wie krause Flügel ums Gesicht, und sie hatte eine geheimnisvolle Kraft, mit ihrem Lächeln meine schwindenden Kräfte immer wieder zu erneuern ... Sie hat nicht überlebt, aber die flügel-

artigen Kraushaare wurden ein wichtiges Element in meiner Malerei.«
Erich Brauer (1963, S. 15/6)
bei Marc Chagall: »Diesem Engel [in: 'Die Erscheinung', 1917] darf man einen Namen geben: Es ist die Inspiration, die den Künstler heimsucht. Anderen Charakter besitzen die Engel, die in den Bildern aus den zwanziger Jahren ... auftreten ... Jetzt bedeutete der Engel nicht mehr den Einbruch des traumhaft Überirdischen ins Leben. Als sanfter Bruder der Blumen und aller Dinge unter dem Licht wurde er zum Genius der neuen naturverbundenen Malerei. [in: 'Engel mit der Palette', 1927] ... Einen anderen Sinn erhielt der Engel in den Radierungen zur 'Bibel' ... Fast immer da, wo nach dem biblischen Text Gott selbst spricht, läßt C. den Engel auftreten.« Franz Meyer (1964, S. 5/6)
s. u. Leitern; s. u. Thoraträger
bei Salvador Dali: »Der Engel und der Choral [in: 'Pax vobiscum', 1959] sind die Symbole der kosmischen Unverderbtheit.» Salvador Dali in: Klaus Gallwitz (1971 a, S. 333)
bei Wassily Kandinsky: → Reiter, die durch den Himmel fliegen
bei Paul Klee: »Neben die infernalischen Visionen und erschütternden Bekenntnisse des Ringens um Leben und Tod treten als Sinnbilder der Hoffnung und Läuterung die Engeldarstellungen, heraufbeschwört aus weitgespannten, bis zu den Blatträndern sich reckenden Linienzügen. Diesen geflügelten Wesen eignen noch humane Schwächen: *vergeßlicher Engel, zweifelnder Engel, altkluger Engel.* Kämpferische, mit Pfeilspitzen Bewehrte finden sich unter ihnen ['Angelus militans', 1939] und immer wieder im Werden und Vervollkommnen Begriffene – *Engel-Anwärter, unfertiger Engel, mehr Vogel (als Engel), Engel, noch weiblich* [1939], *noch häßlich, noch tastend.*« Christian Geelhaar (1975, S. 26)
»Der Engel symbolisiert K.s Nähe zur Schöpfung (Nähe zu Gott und Nähe zum Tod) in menschlichen Haltungen« [z. B. 'Vergeßlicher Engel', 1939]. Tilman Osterwold (1975, S. 62)
bei Jacques Lipchitz: s. u. Jakob
bei Henri Rousseau: » ... am Himmel schwebt die Engelsfigur [in: 'Einweihung des 22. Salon des Indépendants', 1906] als Symbol der Freiheit.« H. Havard Arnason (1970, S. 286)

Engel, demiurgische
bei Max Beckmann: → Wesen mit den langen Ohren, groteske

– des Geistes
bei Ernst Barlach: s. u. Tier (K. Badt)

–, flammender
bei Marc Chagall: »Zudem ist der flammende Engel [in: 'Engelssturz', 1923–33, 1947] eine Frau im Vollbesitz ihrer Weiblichkeit, und die Sinnlichkeit ihres blühenden Körpers, den elementare Leidenschaft bewegt, ist der Ausdruck des Dämonischen, das die Geistigkeit des Mannes zu verschlingen droht.«
vgl. Thoraträger Franz Meyer (1964, S. 18)

– des Todes
bei Ernst Fuchs: s. u. Einhorn

–, machtvoller
bei Oscar Dominguez: s. u. Stier

– mit dem Flammenschwert
bei Christian Rohlfs: »Das Gemälde ['Austreibung aus dem Paradies', 1933] übernimmt die Funktion der Paradiespforte, der Rahmen bildet das Tor, in dem der Engel mit dem Flammenschwert steht ...
... eine dritte Tafel mit der Austreibung aus dem Paradies, ein Symbol am Beginn einer schweren Zeit.« Paul Vogt (1967, S. 28)

– ruhender
bei Werner Gilles: s. u. Figur mit der Leier, weibliche

Engeln, Nähe der Menschen zu den
bei Marc Chagall: → Leitern

Engels, Bewegung des
bei Edgar Ende: Absurdität (s. u. Löwenengel)

–, Gesicht des
bei Salvador Dali: »Danach kommt der Mensch, dargestellt durch den Corpus [in: 'Das Engelskreuz', ca. 1959], und schließlich das Geistige, für das nicht länger das Gesicht Christi steht, sondern das Gesicht des Engels. Wenn der Mensch sich vollkommen von seiner materiellen Umgebung befreien kann ... von seiner menschlichen Umgebung ... dann erreicht er den Status des Engels.« Salvador Dali in: Klaus Gallwitz (1971 a, S. 324)

Englein
bei Henri Rousseau: s. u. Hund

Enkel
bei Paul Klee: s. u. Punkt im Halbkreis

Entblößte
bei Marcel Duchamp: s. u. Luftzugkolben

Enten
bei Edvard Munch: s. u. Kinder

Entführer
bei Max Beckmann: → Apache

Enthaltende
bei Henry Moore: Große Göttin (s. u. Liegende Figur)

Entkleidende, sich
bei Michael Schoenholtz: s. u. Liegende, in Tücher eingewickelt
Entlüftungsklappe
bei Jean-Pierre Raynaud: Beklemmung (s. u. Psycho-Objekte)
Entmenschter
bei Werner Tübke: → Affengesicht, fanatisiertes
Entrechtete
bei Otto Mueller: → Zigeuner (K. Ruhrberg)
Erbsenschoten
bei Toyen: »In 'Werden der Freiheit' (1946) bedeckt sie eine Frau mit Erbsenschoten, Symbol für Konsum und Fruchtbarkeit.«
René Passeron (1975, S. 248)
Erdäpfel
bei Raoul Michau: s. u. Kartoffel
Erdball
bei Max Heilmaier: s. u. Tod, reitender
Erdbraun
bei Ernst Wilhelm Nay: männlich (s. u. Rosa, hektisches)
Erde
s. Teil III
Erdgöttin
bei Henry Moore: → Liegende (W. Hofmann); → Liegende Figuren; das Große Weibliche (s. u. Figuren, drei stehende / E. Neumann)
Erdhöhle, Göttin der
bei Henry Moore: Große Göttin (s. u. Liegende Figur)
Erdkugel, brennende
bei Rolf Nesch: s. u. Gottvater
Erdlöcher
bei Philipp C. Curtis: Schutzsuche (s. u. Feuerwehrhelm)
Erdmutter
bei Richard Lindner: s. u. Weib, allmächtiges
bei André Masson: s. u. 'Organe', pflanzenartige
– der Griechen
bei Max Beckmann: s. u. Gamma
–, flechtende Tätigkeit der
bei Julius Bissier: → Oknos
–, gebärende
bei Otto Dix: s. u. Tänzerinnen, korybantische
Erdoberfläche
bei Yves Klein: s. u. Kugeln, blau gefärbte
Erhängte
bei Antoni Tàpies: → Stoffbündel, vier aus rotem Stoff gerissene
Erhängter
bei Georges Rouault: Brudermord (s. u. Skelett)
Erhebung, dünenartige
bei Joan Miró: s. u. Sonnenrad
Erinnyen
bei Francis Bacon: → Figuren zu Füßen des Kreuzes
–, grausame, besessene
bei Oskar Kokoschka: → Figuren, weibliche
Erkrankter, psychisch
bei Alfred Hrdlicka: s. u. Brief verkehrt
Erlösende, der
bei Pablo Picasso: archetypisches Bild des → Weisen
Erlöser
bei Rudolf Hoflehner: s. u. Leib, gespalten
bei Ewald Mataré: Gott (s. u. Hand Gottes)
Eroberer
bei Lovis Corinth: s. u. Ritter
bei Jean-Robert Ipoustéguy: s. u. Alexander
Ersilia
bei Marino Marini: »In dieser nicht aufbrechbaren Verschlossenheit [in: 'Ersilia', 1930–1949] erscheint die äußere Ruhe als Sinnbild der inneren Bewegungslosigkeit und damit der Unveränderlichkeit. Die erdhafte Dumpfheit und die Dauer machen die 'Ersilia' zu einem mythischen Archetypus der Frau. Wir werden später diesen Archetypus zusammen sehen müssen mit dem andern, auf den schon der 'Kleine Akt' [1943] angespielt hat: Die Frau als Fruchtbarkeitsgöttin.« Oskar Bätschmann (1969, S. 12)
Ertrinkende
bei Max Beckmann: s. u. Leiche mit dem Kopf nach unten
Ertrinkender
bei Marc Chagall: s. u. Fisch (R. Volp)
Erwachsene
bei Lyonel Feininger: → Männer im Zylinder
Erwachsener in Windeln
bei Francis Bacon: Papst (s. u. Röcke, weiße)
Erwachsenen, Ruhelosigkeit des
bei Rudolf Hausner: → Matrosenanzug
Erwecker
bei Max Ernst: → Pelikan
Erzengel, gepanzerter
bei Hans Thoma: → Michael
Escorial
bei Salvador Dali: »Der Escorial [in: 'Die Versuchung des heiligen Antonius', 1946] ist wohl, da er auf einer Wolke schwebt, als das ideale Pendant zu lesen: nicht Pervertierung geistlicher Herrschaft durch weltliche, sondern Symbol der Vereinigung von weltlicher und geistlicher Herrschaft.« Uwe M. Schneede (1973 a, S. 94)
Esel
bei Marc Chagall: »Urbild des Tieres ist für C. der Esel – bekanntlich das Tier des Messias. Die

Liebenden, die durch seine Bilder geistern, sind ebenfalls paradiesische Vorstellungen.«
Mircea Eliade (1975, S. 17)

stumm leidende Kreatur (s. u. Ziege)

Eselskarren

bei Erich Brauer: s. u. Honigverkäuferin

Eselskopf

bei George Segal: s. u. Penis, künstlicher

Estragon

bei Alberto Giacometti: s. u. Baum

Eule

bei Oskar Kokoschka: »In der rechten Ecke, ganz am Rande, sitzt die Eule, das Symbol der Weisheit, sonst über dem Kopf der Athene schwebend dargestellt [in: 'Die Prometheussaga', 1950], die letzte Inkarnation der Muttergöttin auf diesem Gemälde.« Joseph Paul Hodin (1963, S. 152)

bei Pablo Picasso: »Die Eule [z. B. 'Die weiße Eule', 1952], ein Vogel, den er besonders liebt, kann ihr Aussehen von einem kreischenden Raubvogel bis zu einem Symbol allesverstehender Weisheit verändern.«
Roland Penrose (1961, o. S.)

Eulen, kämpfende

bei Johan Thorn Prikker: »Wenn man die Eulen als Symbole der Weisheit gelten läßt, so deuten die kämpfenden Eulen [in: 'Reifes Leben', 1923] den Kampf über die Schicksalsfrage jenseits des Grabes an.« Paul Wember (1966, S. 119)

Gustav Klimt: Jurisprudenz, 1903

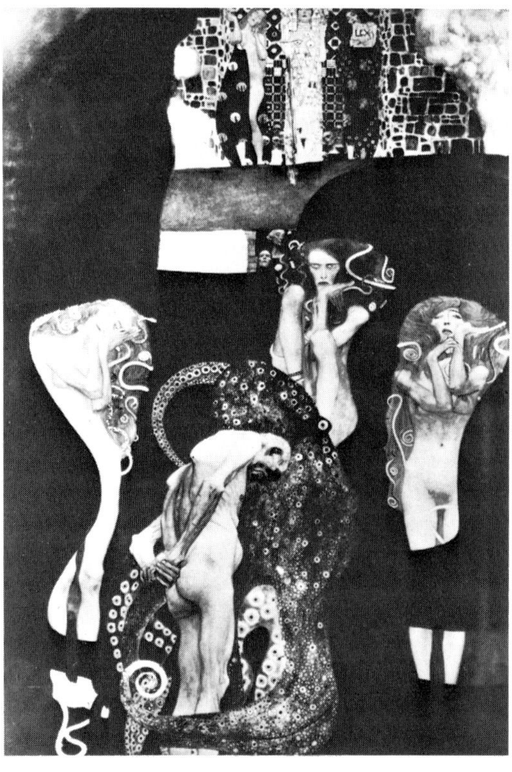

Eumeniden

bei Gustav Klimt: »Darin [in: 'Jurisprudenz', 1903] steht der Verbrecher, von einem vielfarbigen, vieläugigen, phosphoreszierenden Polypen umgriffen; drei unheimliche Eumeniden als zwanghafte Sinnbilder quälender Seelenzustände lauern dämonisch, wie ein Alpdruck, über ihm: entsetzt-starrendes Grauen, gequälte Angst und das schlummernde Gewissen.«
Emil Pirchan (1956, S. 29)

Europa

bei Alfred Kubin: s. u. Bulle

bei Richard Lindner: s. u. Ludwig von Bayern, König

bei Jacques Lipchitz: → Frau und Stierkopf; s. u. Stier (K. Herding)

bei Pablo Picasso: s. u. Minotaurus (H. L. C. Jaffé)

–, unterjochtes

bei Max Beckmann: → Vogelmenschen, blonde

– vergewaltigt, Stier, der

bei Pablo Picasso: → Stier, drohender

–, wiedervereinigtes

bei Joseph Beuys: halbes Kreuz (s. u. Kreuzteilung)

Europas, Ängste von der Auflösung

bei Jacques Lipchitz: → Stier (A. M. Hammacher)

–, Genius

bei Friedrich Gerlach: »Der Genius Europas [in: 'Europäische Vision oder an der Straße der Zukunft', 1963/64] halb Mönch halb Grieche, schaut von der Gegenwart in die Zukunft. Die Steine sind die Möglichkeiten, die auf ihn zukommen, die jedoch erst dann erkennbar werden, wenn sie Gegenwart geworden sind. Der Genius des Abendlandes ist alt geworden . . . All die Ungeheuer, die am Horizont aufsteigen, sind die Verkörperung des Atomzeitalters. Wird er mit ihnen fertig werden? Dieses Bild ist kein Traumbild, sondern die symbolische Zusammenschau des ganzen Problems . . .«
Friedrich Gerlach (1973, o. S.)

Euter

bei Marc Chagall: s. u. Himmelsziege

Eva

bei Max Beckmann: s. u. Schlangenwesen

bei Constantin Brancusi: »'Adam und Eva', 1921, wurden ursprünglich als zwei getrennte Skulpturen geschaffen, *Eva* aus Kastanienholz, *Adam* aus

alter Eiche, und wurden später zu einer Plastik verschmolzen. Als wir über dieses Werk diskutierten, sagte B.: 'Eva ist oben, Adam unten. Evas Aufgabe liegt in der Fortpflanzung. Sie ist reizend und unschuldig. Sie ist die Fruchtbarkeit, die Blüte, die sich öffnet, die knospende Pflanze. Adam darunter beackert den Boden. Er müht sich ab und schwitzt.'« David Lewis (1958, S. 25)
bei Marc Chagall: s. u. Adam und Eva
bei Rudolf Hausner: Anima (s. u. Stecknadel); weibliche Komponente seines Wesens (s. u. Adam / W. Schmied)
bei Wassily Kandinsky: s. u. Linien, zwei violette und rote
bei Ewald Mataré: »Daß er seiner Eva [in: 'Eva mit Schlange', ca. 1935] idolhafte Züge verleiht, ist sicher kein Zufall. Eva wird als Idol aufgefaßt, als Verkörperung des Urweiblichen und der Fruchtbarkeit.«
Hanns Theodor Flemming (1955, S. 35)
bei Henri Rousseau: Sünde (s. u. Schlange)
–, Adam und
bei Marc Chagall: s. u. Urmensch, zweigeschlechtiger; s. u. Weltenuhr
–, Ankunft der
bei Wolfgang Mattheuer: s. u. Horizont
– mit dem Apfel
bei Renato Guttuso: s. u. Apfel
'Ewigkeitskreuz'
bei Fidus: s. u. Kreuz
Exkremente
bei S. Dali: s. u. Trapez aus leprösem Gebein

F

Fabeltier, Monster-
bei Niki de Saint-Phalle: s. u. Nana
Fabelwesen
bei Lynn Chadwick: s. u. Gestalten, frierende
bei Jacques Lipchitz: s. u. 'Mutter und Kind'
Fabelwesens, Kopf des
bei Karl Hofer: dämonische Macht (s. u. Kopf des Fabelwesens)
Fabrik
bei Franz Wilhelm Seiwert: »Fabrik, Schornstein, Treibrad, Eisenbahn, Schiff stehen für die unmenschliche Arbeitswelt [in: 'Die Arbeitsmänner', 1925], die schematisierten Köpfe und Körper für die Endindividualisierung. . . . haben die Zeichen auch eine antizipatorische Bedeutung. Die Industrie verweist auf die künftig vom Proletariat schöpferisch zu nutzende Produktivkraft; die anonymisierten Figuren bekräftigen die Forderung nach Solidarität und Kollektivität, die als Basis einer neuen Gesellschaft verstanden werden.« Uwe M. Schneede (1977 a, S. 261/62)
bei Gino Severini: Krieg (s. u. Kanone)
'Fabrikarbeiter im Regen'
bei Conrad Felixmüller: »Das große Gemälde 'Fabrikarbeiter im Regen' wurde 1922 geradezu zum Symbol für den Mißmut, den das Fehlschlagen der Revolution hervorrief . . . Carl Sternheim, der das Entstehen des Gemäldes miterlebte und unwillkürlich zu dem Maler äußerte: 'Das ist das Bild vom Ende der Revolution. Aus den vom strömenden Regen niedergedrückten Massen der Industriearbeiter, die aus den Fabriken quellen, spricht das Leiden, die Enttäuschung und Ernüchterung über die Niederlage ihres begeistert begonnenen revolutionären Kampfes.'«
Dieter Gleisberg (o. J., S. 30/1)
Fabriken
bei George Grosz: s. u. Gliederpuppe
Fabrikgebäude, giftrotes
bei Otto Dix: s. u. Arbeiterbild
Fabrikschornstein
bei Rudolf Hausner: »Eine Tür geht auf – und ein Knabe im Matrosenanzug läuft ins Bild ['Forum der einwärtsgewendeten Optik', 1948], das Wort 'Espoir' auf die Mütze geschrieben. Er trägt schon unverkennbar die Züge des Malers: sein erstes Selbstbildnis im Bild. Hinter der Tür verengt sich ein schmaler Gang, und durch den verbleibenden Spalt sieht man einen Fabrikschornstein, der in ungeheurer Eruption glühende Samen verschleudert. Zeugung, Geburt, der Knabe im Matrosengewand seiner Kindheit: die Welt ist geschaffen.«
vgl. Schornstein Wieland Schmied (1970, S. 26)
Fackel, gelöschte
bei Werner Tübke: s. u. Kerze, qualmende
Fackeln
bei Friedrich Gerlach: »Die Fackeln [in: 'Die Höhle', 1969] sind Symbol für ein wenig Licht, das die Vernunft ausstrahlt.«
Friedrich Gerlach (1973, o. S.)
Fackelträgerin
bei Aage Storstein: »Die Idee der Freiheit in der Verkörperung einer Fackelträgerin erweckt die Prinzessin im Berge, das Sinnbild des norwegischen Volkes« [im Rathaus von Oslo, 1950].
Walther Müller (1954, S. 56)

Faden
bei Erich Brauer: s. u. Vögel
bei Salvador Dali: s. u. Ei
bei Max Ernst: s. u. Eidechse
Faden-Figuren
bei Henry Moore: ». . . wie in den Faden-Figuren [um 1938] dynamische Kraftströme der Beziehung tast- und sichtbar werden und als Schnüre und Drähte die strukturellen Massen inhaltlich miteinander in Verbindung setzen.«
Erich Neumann (1961, S. 68)
s. u. 'setting' von kahlen Mauern
Fadenführer, Öffnung mit
bei Konrad Klapheck: s. u. Öffnung mit Fadenführer
Fadenwicklerinnen
bei Leonor Fini: »Man kann in den Profilen dieser beiden 'Fadenwicklerinnen' (1954) das schöne, ernste Gesicht der Malerin nicht verkennen. In diesem Bild sehe ich einen bedeutenden Schlüssel zum Werk der F. Vor allem ist hier erstmals das Thema der Dualität direkt veranschaulicht. Unbewußt hat sie sich selbst dargestellt, wie ihr Wesen durch einen unsichtbaren Faden mit diesem Doppelten verbunden ist, das in ihren Bildern immer wieder sichtbar wird. Es ist aber auch ein ängstlich festgehaltener Ariadnefaden auf dem Weg durch das Labyrinth, Verbindung zum ersten Beginnen, zur ersten Unschuld.«
Constantin Jelenski (1968, S. 5)
Fächer
bei Pablo Picasso: s. u. Stier (A. Blunt)
–, pfauenfederähnlicher
bei Max Ernst: s. u. Kugel, stählerne
Fähnchen
bei Mario Mafai: »Das Erlebnis des Krieges wird in erregte Paraphrasen dazu, in unheimliche Bewegtheit, expressionistische Symbolik umgesetzt: Mit Fähnchen, die statt der Köpfe auf den Leibern sitzen [in: 'Kriegs-Märtyrer', 1941/42], dokumentieren sich die Angehörigen beider Parteien als mechanische Werkzeuge des Leidens und Leidenmachens.«
Bernhard Degenhardt (1956, S. 49)
Fäuste, drei riesige
bei HAP Grieshaber: »Seine Holzschnitte [für die Griechenland-Nummer der Zeitschrift 'Spektrum', 1973] symbolisieren Gewalt, Ohnmacht, Widerstand, Hoffnung. . . . Die griechischen Studenten in Paris machen das Blatt, auf dem die Vielen, die angeblich Schwachen, solidarisch stark werden und symbolhaft drei riesige Fäuste in den Himmel strecken, zum Zeichen ihres Kampfes. Dem Künstler schreiben sie: 'Wir finden nichts, das unseren Widerstand besser symbolisiert, als dieses Blatt.'«
Rudij Bergmann (1978, S. 91)
Fahne
bei Max Beckmann: s. u. Wasser
bei Emile Bourdelle: s. u. Kämpfer, voranstürmender
bei Jo Jastram: s. u. Aufgerichtete
bei Paul Klee: s. u. Rohre
bei Ludwig Meidner: s. u. Schädel
bei Gino Severini: Krieg (s. u. Kanone)
– Kataloniens
bei Antoni Tàpies: rote vertikale Balken (s. u. Stoffbündel, vier aus rotem Stoff gerissene)
–, rote
bei Renato Guttuso: Flagge der Hoffnung und der Freiheit (s. u. Wolke, rote); s. u. Helme
bei Antoni Tàpies: s. u. Tuch
Fahnen, wehende
bei Käthe Kollwitz: s. u. Figur, über die wehenden Fahnen hinwegfliegende männliche
Fahnenträgerin
bei Gerhard Bondzin: »Innerhalb des Flusses von konkreten und sinnbildhaften Elementen erhält die Fahnenträgerin [um 1967] als jugendliche Frauengestalt zentrale Bedeutung, da sie den Sieg der Arbeiterklasse in der Deutschen Demokratischen Republik verkörpert und zugleich getragen ist von der weiteren siegreichen Entwicklung des sozialistischen Internationalismus.«
Hans-Ulrich Lehmann (1974, S. 37)
Fahrende
bei Marino Marini: »Diese Fahrenden [Gaukler, Akrobaten und Tänzerinnen] sind Sinnfiguren eines ursprünglichen, noch nicht beheimateten Menschseins.« Werner Hofmann (1958, S. 75)
bei Pablo Picasso: »P. stellt seine Fahrenden vor den spirituellen Farbgrund wie vor eine Hohlform. Es ist wie die bildnerische Ausprägung des in der modernen Seinsdeutung immer wiederkehrenden Gleichnisses vom Leben als des Ausgesetzten vor einem unbestimmbaren hohlen Fond . . .
In diese Harlekine P.s ist das seelische und geistige Lebensgefühl des modernen Menschen eingeschrieben, die existentielle Heimatlosigkeit und ihre melancholische Freiheit.«
Werner Haftmann (1954, S. 142)
Fahrenden, Risiko des
bei Rudolf Hausner: s. u. Matrosenanzug
fahrendes Volk
bei René Auberjonois: »Die Welt des fahrenden Volkes, Zirkus, Theater und Ballett. Auch hier ging es ihm nicht um die oberflächlich-plakative

Wirkung; vielmehr wurden ihm diese Bilder zu Symbolen für Ungebundenheit und persönliche Freiheit, die seiner Natur entsprachen.«

Herbert Read (1964 f, Bd. I, S. 148)

Fahrradklingeln

bei Konrad Klapheck: »K. hat mehrere Serien zu einzelnen Motiven gemalt: . . . und die Fahrradklingeln (das Familien- und Gesellschaftsleben).«

Sarane Alexandrian (1973 a, S. 533)

Fahrrad-Rad

bei Joseph Beuys: »Obwohl ein höchst banaler Gebrauchsgegenstand und also mühelos zu identifizieren, vermag das *Fahrrad-Rad* unversehens ein Bedeutungsfeld des Unvertrauten aufzubauen, plötzlich umzuschlagen zu einem Symbol des Irrationalen. Umgekehrt scheint es dem Betrachter, der vom ursprünglichen Gebrauchswert des Gegenstandes absieht, gleichsam als Form an sich.« Rolf Wedewer

in: Lothar Romain/Rolf Wedewer (1972, S. 17)

Fahrradschellen

bei Konrad Klapheck: »Bei K. aber treten die aus den Fahrradschellen entstandenen Elemente häufig, wenn sie isoliert sind, als Wassertropfen auf, verbunden mit der Idee des Zeugens und der Vererbung. ('Die Nachfahren', 1959; 'Die Letzten', 1960; 'Die Erben', 1961). Von da aus ist der Weg nicht weit zu der Vorstellung, daß es sich hier um Spermatropfen handelt.«

vgl. Propeller José Pierre (1970, S. 16)

Fakirs, Bauch des

bei Bohumil Kubišta: Zentrum der Macht (s. u. Schlange)

Falke

bei Dieter Asmus: freiheitliches Gegenstück zum → Fußball, gigantischer

Falken und Tauben

bei Rainer Wittenborn: » . . . die Verkehrszeichen als chiffrierte Verhaltensmodi bezeichnen die Verkümmerung der Wirklichkeit auf ihre Symbole. 'Hawks & doves' [1972], Falken und Tauben, als Chiffren der Macht, die die amerikanischen Krisen auslösen, verschärfen und seltener lösen, sitzen einträchtig nebeneinander und überwachen das geordnete Chaos.«

Gabriele Forberg (1972, S. 103)

Falle

bei Günther Uecker: Nagelrechen (s. u. Nagelwände)

Fallen

bei Valeriano Trubbiani: s. u. Objekte

bei Günther Uecker: s. u. Nagel (W. Schmied)

'Fallgrube'

bei Günther Uecker: s. u. Nagel (W. Schmied)

Fallschirmjäger, deutscher

bei Renato Guttuso: »An eine finstere Vorahnung erinnert er sich [in: 'Metaphysische Nacht zum 1. Januar 1940 (Brand der Cancelleria Apostolica) und Fallschirmjäger', 1966]. In der Neujahrsnacht 1940 brannte die Cancelleria in Rom, das einst Bramante zugeschriebene Meisterwerk der römischen Renaissance. Vor den züngelnden Flammen fiel ihm die Unterschrift zu einer Radierung Goyas ein: 'Traurige Vorahnung dessen, was sich ereignen wird'. Die rechte Seite des Bildes zeigt einen deutschen Fallschirmjäger, der wie ein Todesengel aus den Wolken fällt und den Brand der Welt einleitet.«

Werner Haftmann (1973 a, S. 33)

–, springender

bei Renato Guttuso: Mahnzeichen (s. u. Katze, die einen Vogel reißt)

Falte

bei Friedensreich Hundertwasser: s. u. Spirale (F. Bayl)

Falten des Rockes

bei Hanna Nagel: s. u. Schlangen

Falter

bei Hanna Nagel: »Falter, seit alters die licht verwandelten Seelen gestorbener Kinder, umflattern den ihnen von der großen Nonne dargereichten Teller [in: 'Chopin-Prélude Nr. 9 E-Dur', 1945/46]. Im F-Dur-Blatt ['Chopin-Prélude Nr. 23 F-Dur', 1945/46] breiten sich die Flügel des großen blauen Traumtiers wie sanfte Todesbedrohung über dem schlafenden Kind.«

Klaus Mugdan (1977, S. 24)

Konrad Klapheck: Meine sechzehn Ängste, 1958

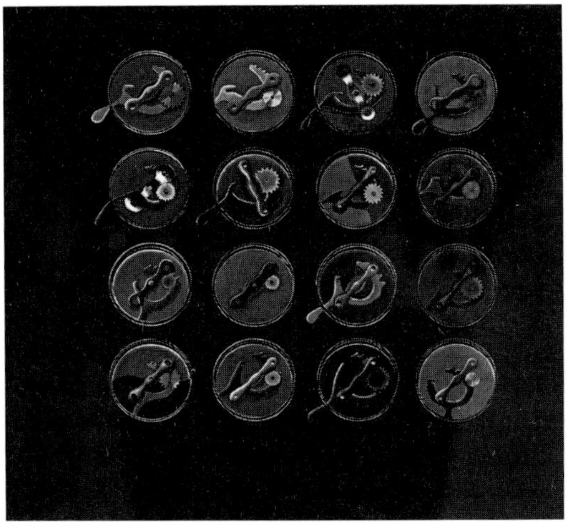

bei Giuseppe Zigaina: »Einmal ließ sich ein Nachtfalter auf ihnen nieder, legte seine Eier ab und wurde zum Gleichnis für Nacht und Tod und die obszöne Reproduktion des Lebens aus Schutt der vergangenen und verdorbenen Geschlechter ... Einige tragen den Titel 'Der Falter vom 4. November' [1972]. Unschwer ist der Falter zu erkennen – als riesiger nächtlicher Schatten, der wie ein Schicksalszeichen den Kern der Bilder ausmacht ... Die bildnerische Entsprechung liefert das vergrößerte Herauszeichnen des Falters zum Schreck- und Schicksalssymbol und die nächtliche, in kostbaren Phosphoreszenzen aufleuchtende Farbe.«

Werner Haftmann (1973 b, o. S.)

Familie
bei Joseph Cornell: vier Zylinder (s. u. Ei)
bei Alberto Giacometti: s. u. Mann, hockender
bei Rudolf Hausner: s. u. Patria-Figur

Karl Fred Dahmen: Polsterbild, 1968

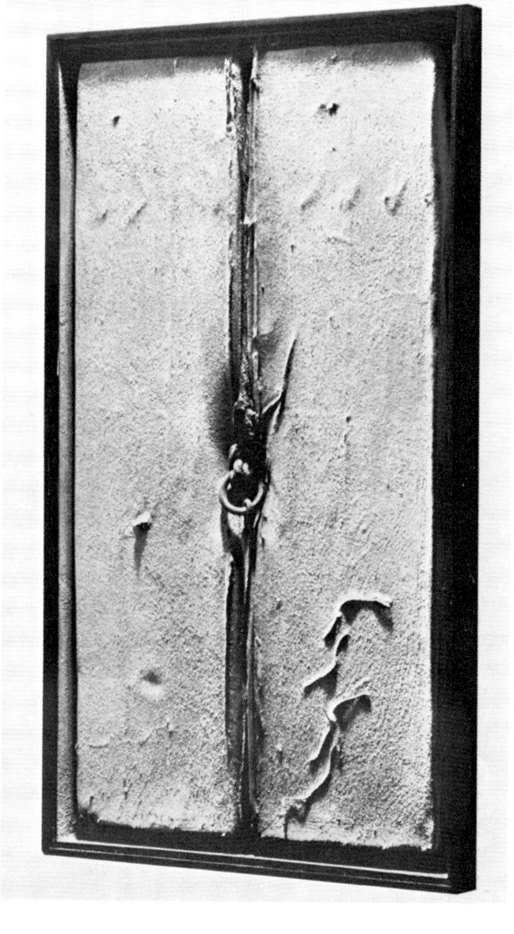

bei Konrad Klapheck: → Rad, sonnenartiges (mit herabhängenden Schläuchen)
bei Henry Moore: s. u. Sitzende
bei Pablo Picasso: s. u. Akrobatenfamilie
– des Künstlers
bei Joseph Cornell: vier Zylinder (s. u. Glas)
–', 'Heilige
bei Marc Chagall: s. u. Hand, zeigende
bei Max Ernst: s. u. Auge
– mit Kind
bei Fernand Léger: s. u. 'La Branche'
Farbblöcke
bei Mark Rothko: »Seit 1948 malt R. daher das 'tableau' des Menschen, der kein Thema hat: zwei oder drei Farbblöcke auf monochromem Grund – das Symbol für die absolute Symbollosigkeit offenbart, 20 Jahre lang unablässig repetiert, die Tatsache, daß es letztlich nichts mehr zu malen gibt. Zunächst sind es noch Farben von beschwörender Leuchtkraft.«

Robert Kudielka (1971, S. 173)

Farbe
bei Max Beckmann: s. u. Fisch (A. Kowalski-Plouda)
bei Marc Chagall: s. u. Leiter
bei Karl Fred Dahmen: »Polster werden nun auch zu Farbträgern. Farbe ist bei D. von jeher das schlechthin andere, nicht den Objekten Innewohnende. Sie symbolisiert eine Art jenseitige Lebensmacht im Felde der steingrauen und lehmblassen Welt des Ruinösen.«
s. u. Grün — Juliane Roh (1971, S. 13)
bei Robert Indiana: s. u. LOVE
–, abgesplitterte
bei Rudolf Hausner: Abgeschnittensein von der menschlichen Totalität (s. u. Kopf des Adam)
–, Armut der
bei Pablo Picasso: »Die Armut der Farbe [in: 'Selbstbildnis', 1903] ist das Symbol seiner materiellen Armut, die Schwere der Form das Symbol seiner ideellen Schwere. Es ist die Schwere von Wissen und Leid ...«

Konrad Farner (1973, S. 141)

–, aufleuchtende
bei Giuseppe Zigaina: s. u. Falter
–, blaue
bei Mikuláš Medek: Jungfrau Maria (s. u. Kreuz)
–, Deckschicht synthetischer
bei Andy Warhol: »Die Bilder werden immer endlos in photographischer Vergrößerung wiederholt, W. trägt diese Vergrößerungen mittels Siebdruck auf die Leinwand auf. Die einzige Abwandlung ist eine Deckschicht grob aufgetragener synthetischer Farbe. Wiederholung und

Farbe sind Instrumente absichtlich herbeigeführter moralischer und ästhetischer Leere.«
Edward Lucie-Smith (1970, S. 162)

– der Introvertierten
bei Jacques Monory: → Blau
– des Blutes
bei Pablo Picasso: → Rot
– des Dschungels
bei Asela Pérez: s. u. Gewehr, grünes
– des Irdischen
bei Otto Meyer-Amden: → Rot
– des Lebens
bei Asela Pérez: Grün (s. u. Gewehr, grünes)
– des Überirdischen
bei Julius Bissier: → Gold
–, explosive
bei Markus Prachensky: → Rot
–, Geburt der
bei Johannes Itten: → Kristall
–, grüne
bei Heinz Kreutz: Hoffnung (s. u. Licht, ewiges)
bei Edvard Munch: → Eifersucht
–, Kontrastverhältnis der
bei Edvard Munch: »Im Jahr 1902 malte M. 'Junge Menschen am Strand', auch das ein altes Thema in neuer Form – der Abstand zwischen den Geschlechtern, symbolisiert durch das Kontrastverhältnis der Farbe und wieder durch die melancholisch ausdrucksvolle Strandlinie.«
Johan H. Langaard/Reidar Revold (1963, B. 43)
–, reine
bei Yves Klein: »K. arbeitet nicht mit dem Pinsel sondern mit Rolle und Spachtel oder der Hand. K. will den Zustand der Farbe erhalten, der reinen Farbe. Nur so, sagt er, empfände er die totale Freiheit.« Dietrich Mahlow (1969, o. S.)
bei Ernst Wilhelm Nay: »N. organisiert die reine Farbe zu musikalisch-dialogischen Proportionalakkorden, die sich als intuitive Symbole eines metaphysischen Kosmos der Harmonie darstellen.« Karin Thomas (1971, S. 275)
–, rostrote
bei Renato Guttuso: s. u. Landkarte Siziliens
–, rote
bei Franz Marc: s. u. Ovalformen, liegende
bei Mikuláš Medek: Christus (s. u. Kreuz)
–, Säcke mit
bei Alberto Burri: s. u. Säcke mit Farbe
Farben
bei Johannes Itten: s. u. Strauch, blühender
bei Ernst Ludwig Kirchner: »Die Schwarzplatte [von 'Peter Schlemihls Begegnung mit dem Schatten', 1915/16] gibt das Dramatische in Zakken, Splitterformen und Bündeln von Stegen, die ins Gelb oder Grün eindringen. Auch die Farben suggerieren Erregung: Aufsplitterung des Menschen durch zersplitterte Form, welche jedoch nicht auseinanderbricht oder zerfällt, sondern durch die Hand des Meisters zu vollkommener Festigkeit geführt wird, zur Verzahnung eines jeden Elements in der Fläche.«
Lothar Lang (1975b, S. 41)
bei André Masson: s. u. Diamant
bei Piet Mondrian: s. u. Rechteck, weißes
bei Jackson Pollock: s. u. Wölfin
bei Eberhard G. Willikens: s. u. Säle
–, aktive
bei Wassily Kandinsky: s. u. Grau
–, das Blühende der
bei Wassily Kandinsky: → Eros
– der Landschaft
bei Albert Weisgerber: s. u. Mädchenakt
– des Spektrums
bei Rudolf Hausner: s. u. Adam, der helle
–, Gefühlscharakter der
bei Wassily Kandinsky: s. u. Gelb
–, glühende
bei Franz Ringel: s. u. Fleisch
–, Harmonie der
bei Giacomo Balla: → Regenbogen
–, lodernde
bei Walter Wörn: »Hier [in: 'Landschaft mit rotem Weg', 1928/30] steht W. den Landschaftsschilderungen der Expressionisten ganz nahe; die lodernden Farben werden zu Chiffren der Hingabe und des Gefühls, dem er sich selbst überantwortet.« Joachim Büchner (1972, S. 96)
–, Reduzierung der
bei Karl Georg Pfahler: s. u. Asymmetrie
–, spektrale
bei Rudolf Hausner: s. u. Laokoon (R. Hausner)
–, Verschmelzung der
bei Wassily Kandinsky: → Eros
Farbflächen
bei Mark Rothko: »R. gelangt zur völligen Verwirklichung seiner selbst und seiner geistigen Welt in der Gestaltung der farbigen Flächen, deren Intensität gerade durch die Freiheit der Materie betont wird, die sich nicht zu einem Schema verdichtet, sondern sich ungehemmt im Körper der großen Formen mit höchster Lebenskraft und offen für jede Wandlung, für jeden Bruch ausbreitet.«
Nello Ponente (1960b, S. 142)
–, breite
bei Franz Radziwill: das Unheimliche (s. u. Lampe)

Farbflächen, Verklammerung der
bei Jackson Pollock: s. u. Flächenmuster
Farbkreis, spektraler
bei Paul Klee: »Symbol dieses ruhig-bewegten Zustandes im Farbenreich ist der spektrale Farbkreis ...« Werner Haftmann (1957, S. 87)
Farbmassen, graue
bei Mark Tobey: »In seinem ... Gemälde ['Neues Leben (Auferstehung)', 1957] symbolisieren die grauen Farbmassen "alte Erde, vor der und auf der die elementaren Gestaltwerdungen neuen Lebens tanzen".«
Time-Life-Redaktion (1973, S. 131)
Farbsäckchen
bei Niki de Saint-Phalle: s. u. Gerinnsel
Farbspektrum, dreieckiges
bei Rudolf Hausner: »Einen anderen Weg weist die Hand im Reifen [in: 'Ich bin Es', 1948]: sie deutet auf ein dreieckig zugespitztes Farbspektrum. Ein neuer Horizont öffnet sich hier: die Malerei.« Wieland Schmied (1970, S. 26)
Farbstreifen
bei Fritz Genkinger: s. u. Rückennummern
Faschistenjunge
bei Renato Guttuso: Mahnzeichen (s. u. Katze, die einen Vogel reißt)
Faß
bei Julius Bissier: »Faß, Urne, Kiste (Cista) – Mutterleib, Symbol der Frau« [in Anlehnung an J. J. Bachofen].
Werner Schmalenbach (1974, S. 79)
Fassade, brüchige
bei Werner Heldt: Vergänglichkeit (s. u. Baum, kahler)
Fassaden, umgedrehte
bei Max Ernst: »'Der bethlehemitische Kindermord' [1920/21] kann mit seinen umgedrehten (Zerstörung symbolisierenden) Fassaden, den fliehenden Gestalten und dem Flugzeug als Reminiszenz an die Luftkämpfe des 1. Weltkriegs gedeutet werden.«
Uwe M. Schneede (1972 a, S. 40)
Fastnachtstute
bei Max Beckmann: »Nach 1924 schwanden sowohl Grammophon als auch Fastnachtstute allmählich aus dem Repertoire der Dingsymbole. An ihre Stelle trat vor allem das Saxophon. Damit war eine Art Universalsymbol gefunden. Konnte schon die Fastnachtstute je nach Stellung und Ausdruck Lingam und Yoni zugleich vorstellen, so vermochte das Saxophon die Kombination des männlichen und des weiblichen Aspekts an einem Ding noch viel lebhafter anschaulich zu machen.« Friedhelm W. Fischer (1972 a, S. 85)
vgl. Grammophon; vgl. Saxophon; s. u. Musikant, blinder
Faune
bei Pablo Picasso: s. u. Stiere
bei Franz von Stuck: verdeckte Leidenschaften (s. u. Satyrn)
–, archaische Gestik der
bei Ernst Wilhelm Nay: Verfolgung (s. u. Rosa, hektisches)
Faust
bei Wolfgang Mattheuer: s. u. Sisyphos
–, brachiale
bei Jacques Lipchitz: s. u. Bäuerin, hockende
–, geballte
bei Henry Moore: »Aber die wichtigste Idee ist vielleicht jene, die M. häufig als Symbol plastischer Form vorgeschwebt war: die geballte Faust mit den blutentleerten, glatten Knöcheln und der ihr innewohnenden Vorstellung von Schlagkraft.« Herbert Read (1967, S. 246)
bei Pablo Picasso: »Auf der linken, genau neben dem Stier [in der Vorstudie zu 'Guernica' vom 9. Mai 1937], taucht ein anderer Arm auf, aus einem Fenster herausgestoßen. Doch seine Bedeutung unterscheidet sich [von dem vorigen Arm]. Das auf den Himmel hin verlängerte Ende des Arms ist eine geballte Faust, das Symbol für 'salud', den Gruß der Anhänger der Republik.«
Anthony Blunt (1969, S. 34)
bei Giuseppe Spagnulo: → Halbzylinder
– im Nacken
bei Käthe Kollwitz: s. u. Gestalt, behelmte
–, rote
bei Asela Pérez: s. u. Gewehr, grünes
Fausthandschuhe
bei André Breton: s. u. Laterne
Feder des Mannes
bei Hanna Nagel: s. u. Einhorn
–, Reisehut mit der
bei Max Beckmann: Attribut des Hermes-Merkur (s. u. Krücke)
Federboa
bei Ernst Ludwig Kirchner: erotisches Rufzeichen (s. u. Kokotte)
Federmaske, gelbe
bei George Segal: s. u. Penis, künstlicher
Federn
bei Otto Dix: s. u. Kriegskrüppel
bei Pablo Picasso: s. u. Nagel
Fee
bei René Magritte: s. u. Frau
Feind böser Geister
bei Ewald Mataré: → Hahn

– des Pferdes
bei Pablo Picasso: Minotaurus (s. u. Frau, tot in der Landschaft)
Feinde
bei Otto Mueller: s. u. Kreuz und Schlange
bei Alfredo Rostgaard: s. u. Rose
–, erschlagene
bei Erich Erler: s. u. Gestalt, gepanzerte
–, unsichtbare
bei Pablo Picasso: s. u. Reiter
Feld
bei Johannes Itten: »Die Aufteilung der Natur in Felder ist Menschenwerk ... Das Feld ist ein Zeichen für das Bild, das sich der Mensch vom Erdenplan gemacht hat, und zwar lange vor der Zeit, als er feststellte, daß die Erde eine Kugel sei.« Eberhard Roters (1971, o. S.)
Feldmessermaße
bei Giorgio de Chirico: s. u. Reißschienen
Felsblock, riesiger
bei Henry Moore: s. u. Mutter, schreckliche
Felsblöcke, herabrollende
bei Heinrich Altherr: »Die Situation hat sich verschlimmert [in: 'Der Chronist unserer Tage', 3. Fassung, 1926]: aus dem Geschichtsschreiber ist ein Warner geworden. Das Buch ist zugeklappt, und drohend erhebt der Chronist seine Hand zum Himmel, während die neben ihm herabrollenden Felsblöcke die beginnende Katastrophe symbolisieren.« Walter Nigg (1961, S. 297)
Felsbrocken, schwere
bei Franz Radziwill: Tod (s. u. Gestalt, von einem Reif umgeben)
Felsen
bei Salvador Dali: s. u. Krücke (W. Schmied); s. u. Ornament
bei Max Ernst: Capricorn (s. u. König)
bei Henry Moore: Drohen dunkler Kräfte (s. u. Knochen)
–, unbewohnte
bei Victor Brauner: Einsamkeit (s. u. Kaimauern)
Felsenhaupt
bei Carlo Schellemann: »Als krönende bildnerische Idee [in: 'Der Staat', 1957] setzt S. dem Staatsfelsen ein Felsenhaupt auf und eine gegen das ärmliche Ufer drohende Hand. Es sind die von Lenin ausführlich bedeuteten 'staatserhaltenden Ideen', die hier von der Höhe des Staatsbewußtseins herab moralisierend und transzendierend gegen potentielle Empörer eifern.«
Richard Hiepe (1970, o. S.)
Felsenschlucht, enge
bei Max Ernst: weibliches Sexualsymbol (s. u. Schlucht)
Felsküste
bei Oscar Dominguez: Prismen (s. u. Segel)
Felsmassen, stürzende
bei Rudolf Jettmar: »J. hat das überzeugendste Symbol des verlorenen Paradieses geschaffen: in den zusammenstürzenden Felsmassen, die den Rückweg versperren.«
Hans H. Hofstätter (1965, S. 193)
Felsunterlage
bei Reginald Butler: s. u. Turm
Felswand
bei Salvador Dali: s. u. Ornament
'femme fatale'
bei Max Beckmann: »Die 'femme fatale' steht im Werk B.s aber nicht nur symbolisch für das Todeskarussell der Begierde, das heißt, sie verkörpert [u. a. 'Columbine', 1950] nicht nur den Kausalzusammenhang zwischen Lockung und Verderben. Als Phänomen gibt sie die Frage auf, wie es möglich sein kann, daß Faszination und Kälte sich miteinander paaren ... Die Begegnung mit der 'femme fatale' symbolisiert für B. eine Gefahr, in der Schlimmeres droht als der physische Tod, nämlich Selbstverlust und Selbstentfremdung.«
Friedhelm W. Fischer (1972a, S. 216)
verhängnisvolle Frau (s. u. Herzsymbol, schwarzes); s. u. Spielkarten
bei Oskar Kokoschka: → Sphinx
bei Richard Lindner: s. u. Weib, allmächtiges
Fenster
bei Peter Ackermann: s. u. Kranz
bei Giorgio de Chirico: s. u. Reißschienen
bei Marcel Duchamp: s. u. Glas
bei Max Ernst: s. u. Pfeil
bei Rolf Escher: »Das Fenster [in: 'Auszug 2', 1977], als Zone des Übergangs von Raum zu Raum auch möglich als Symbol der Hoffnung (Eröffnung eines Ausblickes einer Zukunft) –, ist nur tote Öffnung, ein Gegenstand wie die Koffer!« Klaus Ertz (1977, S. 13)
bei Klaus Fußmann: »Das Fenster [u. a. in: 'Atelier Käuzchensteig', 1975] trennt und verbindet die beiden Welten [Innenraum und Außenraum], es ist dem Auge verwandt, wird zum Gleichnis für jedes geistige Abenteuer und damit auch zum Kunstsymbol.«
Helmut Börsch-Supan (1976, o. S.)
bei Friedensreich Hundertwasser: »Von Anfang an waren seine Bilder übersät von Fenstern. Die ersten Fenster waren klein, rechteckig und undifferenziert; dann kamen die runden Bullaugen hinzu, von denen die Dampfer ein gutes Dutzend für jeden Schornstein besaßen, dann die schma-

len hohen Fenster mit angedeuteten Rundgewölben aus seiner Zeit in Rom 1954, und schließlich die endgültige Form des Fensters, die 'Wärmeflaschenfenster'. Er nannte sie Wärmeflaschenfenster, weil sie ihn, wie die meisten der von ihm entwickelten Chiffren in ihrer formalen Ambivalenz an verschiedene Dinge zugleich erinnerten, an Wärmeflaschen und an jene Wiener Fenster in den Miethäusern aus den Gründerjahren, die alle eine Art Krone oder Mütze aus Stuck aufhatten . . . Es gab also Fenster.«

Wieland Schmied (1967, S. 54/5)

bei René Magritte: »Ein Fenster bezeichnet die Grenze zwischen innen und außen; die Tür übt eine ähnliche Funktion aus.«

Suzi Gablik (1971, S. 99)

s. u. Landschaftsausschnitt; s. u. Meer

bei Piet Mondrian: M.s Bilder (s. u. Rauten)

bei Robert Motherwell: »Auch der Zyklus der 'Open-Bilder', dieser weiten, offenen, horizontalen Landschaften, ist essentiell geprägt von einem der Hauptsymbole der Romantik, dem Fenster . . . Zwar öffnet es den Blick nach Draußen, fordert auf zum Gang in eine andere, freie Welt, aber nur gelegentlich noch steht es als heller rechteckiger Fleck auf dunklem Grund.

Die 'Open-Bilder' bilden den totalen Gegensatz zu den Elegien. Sie sind leer und leicht und stellen die Idee von Freiheit und Ungebundenheit derjenigen von Zwang und Triebhaftigkeit gegenüber. Ihre Farben sind die der Natur, so daß jeder Betrachter sie wiedererkennen kann – auch hier Erinnerungen –, Blau steht für Himmel und Meer, Grün für Wald und Wiesen, Braun und Ocker für die Erde.«

Marie Luise Syring (1977, S. 7)

bei Edvard Munch: s. u. Figur, dunkelgekleidete; s. u. Schnee

bei Pablo Picasso: s. u. Kopf mit Arm und Lampe; s. u. Lampe

bei Wols: s. u. Linien, miniaturhafte

Fenster, aufgehendes

bei Marc Chagall: »Das Bild vom aufgehenden Fenster [in: 'Der Abend am Fenster', 1950] wird zur Metapher der sich in die unbehinderten Freiräume des Traums öffnenden Phantasie.«

Werner Haftmann (1975 b, S. 148)

–, durchsichtiges

bei Marcel Duchamp: → Glas', 'Großes

–, geschlossenes

bei Pablo Picasso: s. u. Stierschädel

–, offenes

bei Max Beckmann: »Ein charakteristisches Raumsymbol der Romantik, dessen Wirkung bis zum 20. Jahrhundert, bis B. nachgezeichnet werden könnte: das offene Fenster. 'Die Architektur des Fensters ist eines der bedeutendsten Symbole des faustischen Tiefenerlebnisses und gehört ihm allein. Hier wird der Wille fühlbar, aus dem Inneren ins Grenzenlose zu dringen', schreibt Spengler, um den Gegensatz zur Geschlossenheit des antiken Baukörpers zu charakterisieren. Die romantische Darstellung des offenen Fensters gestaltet betont den Gegensatz von Drinnen und Draußen.« Hans H. Hofstätter (1965, S. 163)

bei Giorgio de Chirico: s. u. Schornstein, roter

bei Renato Guttuso: s. u. Wolke, rote

–, schwarze

bei Werner Heldt: Vergänglichkeit (s. u. Baum, kahler)

– zur Wirklichkeit

bei René Magritte: Malerei (s. u. Leinwand)

Fensteröffnungen in großer Höhe

bei Henry Moore: s. u. Mauern, kahle

Fensterrahmen

bei Franz Radziwill: s. u. Lampe

Fensterscheiben

bei Marcel Duchamp: s. u. Glas

Fernrohr

bei Max Beckmann: »Das Fernrohr selbst wird zum Zeichen der Bemühung um transzendente Erkenntnis, die Stille der Morgenstunde zum Gleichnis für Meditation und einsame Erfahrung angesichts der Herrlichkeit unendlichen Raumes« [in: 'Sonnenaufgang', 1929].

Friedhelm W. Fischer (1929 a, S. 67)

Symbol des Forschens (s. u. Himmelsfernrohr)

–, astronomisches

bei Max Beckmann: »Das Verhalten zum Raum, dem Element des Geheimnisses, wird hier [in: 'Stilleben mit Fernrohr und verschleierter Figur', 1938] durch das astronomische Fernrohr recht deutlich auf die Unendlichkeit des Weltraumes übertragen. Ein komplexes Symbol, wenn man bedenkt, daß damit nicht nur das Moment des Suchens im Dunkeln, sondern auch das der Abhängigkeit vom Geheimnis in eindrucksvoller Weise angedeutet wird.«

Friedhelm W. Fischer (1972 a, S. 118)

Fernsehschirm

bei Joe Tilson: s. u. Auge

Fernsehturm, Berliner

bei Georg Brendler: s. u. Bauarbeiter

'Ferri spezzati'

bei Giuseppe Spagnulo: ». . . Diese 'Ferri spezzati' [1974] bedeuten in meiner Sicht Symbole für das Zerbrechen von geometrischen und von vornherein festgelegten Gleichgewichten (Krei-

sen), oder Kraft-Linien, welche Ebenen oder Barren diagonal durchqueren und so zu Symbolen der Spannung und der befreienden Energie werden innerhalb eben der Materie (Diagonale, Grande Curva).
Der Sinn dieser Arbeiten ist (wie mir scheint) nicht eine vitalistische Geste, sondern eine kühle Bestimmtheit: Symbole der gesellschaftlichen Perfektion zu zerbrechen.«

Giuseppe Spagnulo (1978, S. 31, 29)

Fessel
bei Edvard Munch: → Haar (R. Biedrzynski)

Fesseln
bei Max Beckmann: Sklaverei (s. u. Kandare)
bei Michael Schoenholtz: s. u. Liegende, in Tücher eingewickelt

– gesellschaftlicher Verantwortung
bei Rudolf Hausner: s. u. Laokoon (G. Engelhard)

Festung
bei Max Ernst: »Bildmotiv ist hier [in: 'Zitadelle', 1928] nicht das Einzelhaus, sondern ein Gebäudekomplex, eine sich vollkommen von der Außenwelt abschließende Festung, die in abgewandelter Form später, 1929 und 1939 als 'ganze Stadt' bzw. als 'versteinerte Stadt' im Schaffen von E. wiederkehrt. Diese Bilder wirken wie Chiffren einer Einigelung: wie der Igel, wenn er eine Gefahr wittert, sich zusammenrollt, zu einer stacheligen Kugel wird, so werden die Städte von E. in toto zur Festung.«

Walther Krüger (1972, S. 76)

bei Rudolf Hausner: s. u. Parks, Plan des

Festungsturm
bei Hung Lam: s. u. Lotosblüte

Fetisch
s. Teil III

Fett
bei Joseph Beuys: »Fett: 'Es ist eine amorphe, ungeschlachte Masse, die unter bestimmten Temperatureinflüssen sogar verfließt, ihren amorphen Charakter (Chaos) gleichwohl auch dann bewahrt, wenn sie durch einige Einwirkungen von außen in eine gewisse Gestalt (Form) gebracht worden ist. In den berühmten Fettecken von B. wird dieses immanente dualistische Prinzip demonstriert . . . Doch Fett verkörpert nicht bloß eine quasi-abstrakte Analogie zum energetischen Potential; es handelt sich vielmehr um eine ganz konkrete Kategorie. Denn Fett ist verbrannte Energie. Das macht: B. verankert seine künstlerischen Strategien in der erfahrbaren Wirklichkeit'.« Klaus Honnef

in: Lothar Romain/Rolf Wedewer (1972, S. 14)

– und Filz
bei Joseph Beuys: »Es sind Materialien, die auf Energie verweisen: Fett und Filz, Fett in eine Ecke gestrichen, von Filz eingewickelt; Filz gestapelt, etwas umhüllend – das eine als Vergegenwärtigung energetischen Potentials, das andere als Energiespeicher verstanden.«

Jürgen Morschel (1972, S. 254)

Feuer
bei Max Beckmann: s. u. Ballon
bei Marc Chagall: → Rot; s. u. Hahn (F. Meyer)
bei Rudolf Hausner: s. u. Adam, der helle
bei Auguste Herbin: → Kreis
bei Hannah Hoech: s. u. Maske
bei Heinz Kreutz: s. u. Licht, ewiges
bei René Magritte: ». . . die Tuba, eine stets wiederkehrende Bildvorstellung, manchmal, wie hier [in: 'Die schöne Gefangene', 1947], in Flammen dargestellt. Feuer ist immer ein Bild ursprünglicher Sexualität; es ist ein apokalyptisches Phänomen – das einzige, dem die gegensätzlichen Werte von Gut und Böse gleichzeitig zugeschrieben werden können. Auf diese Weise kann es sich selbst widersprechen; es ist eine Grundlage universaler Erklärung. Das Feuer im Werk M.s ist immer ein Element der Transzendenz, des Übergangs zwischen dem Unbelebten und dem Belebten, eines der kosmischen Mysterien.«

Suzi Gablik (1971, S. 100)

bei Mikuláš Medek: → Aschenhaufen
bei Henry Moore: s. u. Mutterleib, der archetypische
bei Pavel Sukdolák: → Dreieck
bei Fritz Winter: »Das Feuer als eine der beständigen Mächte des natürlichen Prinzips ist in dieser Bildfiktion verwirklicht. Aber nicht irgendein Feuer, das wir sehen können, das irgendwo brennt, ist gemeint, denn wieder bleibt alle Form vollständig unabhängig vom Vorbild eines geschauten Gegenstandes. Eher erinnert sie an das Zeichen, mit dem Klee versucht, sich dem 'Urgrund der Schöfung' zu nähern.«

Hans Platte (1957, S. 291/92)

bei Fritz Wotruba: s. u. Röhre

–', 'Bengalisches
bei Yves Klein: → Erwartung

–, Erde, Wasser, Luft
bei Paul Thek: → Pyramide

–, Flut und
bei Max Beckmann: Zeichen der Weltkatastrophe (s. u. Ballon)

–, meridiane
bei Lew Nusberg u. a.: s. u. Diamant, gigantischer

Feuerbilder
bei Yves Klein: s. u. Körperabdrücke
Feuer-Hahn
bei Marc Chagall: solares Sinnbild (s. u. Hahn/F. Meyer)
Feuerleiter
bei Gerd Winner: »... und die Feuerleitern, die Notausgänge, die Außentreppen in nicht wenigen seiner Bilder akzentuieren die Gegenwärtigkeit von Angst in den Wohn- und Arbeitsstädten, in den Ballungszentren ... Mauern, leere Straßenzüge und U-Bahn-Röhren können zudem Klaustrophobie (Angst vor geschlossenen Räumen, vor dem Eingesperrtsein) oder Agoraphobie (Angst auf und vor freien Plätzen) signalisieren bzw. evozieren.« Werner Rhode (1975, S. VIII)
Feuerlilien
bei Max Beckmann: s. u. Blütenkelche
Feuerlöschschlauch
bei Konrad Klapheck: »Feuerlöschschlauch in Metallkasten [in: 'Angst', 1971]. 'Für mich steckt in dem zusammengerollten Wesen mit dem zylinderförmigen Kopf die Wachsamkeit der bedrohten Schlange'.« Konrad Klapheck in: Remilde Hammacher - van den Brande (1974, S. 178)
bei Robert Rauschenberg: s. u. Kitschkapitell
Feuermelder
bei Jean-Pierre Raynaud: s. u. Rot
Feuerofen
bei Jakob Steinhardt: s. u. Jeremias
Feuers, Kraft des
bei Marc Chagall: s. u. Hahn
–, Turm des
bei Johannes Itten: s. u. Kristall
Feuertier, apokalyptisches
bei Marc Chagall: s. u. Kopf eines Pferdes, brandroter
Feuerwehrhelm
bei Philipp C. Curtis: »C. stellt neun Personen dar [in: 'Der Feuerwehrhelm', 1965], die in Erdlöchern hocken. Daß es sich um Chiffren der Schutzsuche vor Bedrohung handelt, wird zusätzlich durch den Feuerwehrhelm evident, den der Mann links im Vordergrund trägt, ferner durch den aufgespannten Regenschirm, den der Mann in der rechten Bildhälfte hält.« Walther Krüger (1972, S. 83/4)
Fifth Avenue
bei John Marin: s. u. Verkehrschaos
Figürchen, wanderndes
bei Paul Klee: kleiner Mensch (s. u. Quadrat auf Beinen)

Figur
bei Oskar Schlemmer: »Ihre malerische Form ... wird von konstruktiven Ideen gebildet, die Figur funktioniert im Raum als Dimensionsdeuter, als Gradmesser von Höhe, Tiefe und Breite und steht an sich ohne Ausdruck und ohne Individualität da, unpersönliches Symbol einer heiligen Ordnung.« Paul Ferdinand Schmidt (1950, S. 14)
Bewegung (s. u. Figurine)
–, Abhängigkeit der
bei Malte Sartorius: außer Umhüllungen der menschlichen Existenz (s. u. Torso, bekleideter)
–, archetypische
bei Wilhelm Morgner: s. u. Eiform
–, bandagierte
bei Jürgen Brodwolf: »Kleines Welttheater: ... In einem kaum genau nachvollziehbaren Prozeß der Form- und Bedeutungsassoziation werden die Bestandteile solcher Montagen aufeinander bezogen: Die stehenden, liegenden, hockenden, manchmal gefesselten Figuren deuten durch ihre Präsenz und Haltung das ihnen zugesellte, ihnen verbundene Objekt um. Andererseits suggeriert das Objekt durch seinen Formausdruck oder die noch erkennbare ursprüngliche Funktion die bestimmte Lebenslage, in der sich die Figur befindet. Die stehend auf einem Weberschiffchen montierte, wachsummantelte Figur evoziert 'Lebensfahrt', die liegend auf dem Weberschiffchen festgebundene, bandagierte Figur erinnert an das 'Totenschiff', an die letzte Fahrt.« Willy Rotzler (1976, o. S.)
–, den Regenbogen tragende
bei Horst Antes: geistige Anregungen (s. u. den Regenbogen tragende Figur)
– des Stürzenden
bei Max Beckmann: »Die Figur des Stürzenden [in: 'Der Stürzende', 1949/50] mag ihm zum Zeichen geworden sein für den Ausbruch aus dem Verlies der Existenz und die Überantwortung an den Raum.« Friedhelm W. Fischer (1978, S. 64)
–, dunkelgekleidete
bei Edvard Munch: »'Ungebetene Gäste' [1935] zeigt vermutlich eine Episode nach diesem Kampf [Handgemenge mit einem Kollegen] ... Das Fenster bildet einen strengen Rahmen um Karstens weiße, marionettenhafte Gestalt und um die dunkelgekleidete Figur hinter ihm, vermutlich Verkörperung seines bösen Ichs, sein Mephisto – Einfluß des Faust-Motivs, mit dem sich M. um diese Zeit eingehend beschäftigte.« Johan H. Langaard/Reidar Revold (1963, B. 23)
–, durchbohrt
bei Jacques Lipchitz: s. u. Öffnung, runde

–, entseelte
bei Francis Picabia: mechanisierter Mensch (s. u. Maschinenteile)

–, [gefesselte]
bei Käthe Kollwitz: Not der Frau (s. u. Zertretene)

–, gebeugte
bei Max Ernst: Vater (s. u. Kreisel)

–, Gleichgewicht der stehenden
bei Gustav Seitz: s. u. Figuren, fußlose, dünnbeinige

– im Rahmen
bei Fritz Koenig: »Die Idee der Monstranz führte K. 1959 zu den sogenannten 'Votiven'. Daß in einem Gehäuse oder Kranz das Sacramentum sichtbar wird, die Hostie, die den Leib Christi bedeutet, ließ in ihm den Gestaltauftrag 'Figur im Rahmen' heranreifen, oder – ins Symbolische gewendet: 'der Mensch im Kosmos'.«
Juliane Roh (1967, S. 26)

–, kopflose
bei Alberto Giacometti: Kapitulation (s. u. Gräberfeld)

–, liegende
bei Niki de Saint-Phalle: »N.s bunte ostereierfarbene, liegende Figur ist als Archetypus der Frau gedacht; den Mutteridolen der Vorgeschichte verwandt. Bestimmend ist die Region der Leibhöhle und der Brüste, der Kopf ist nahezu ungestaltet. Die Unförmigkeit der Schwangerschaft gibt der Figur die Schwere. Der weibliche Körper wird hier auf die primär vitalen Funktionen zurückgeführt.«
Oto Bihalji-Merin (1969, S. 75)

–, männliche
bei Max Ernst: → König

–, menschliche
bei Max Ackermann: s. u. Form, gegenstandslose
bei Francis Bacon: s. u. Strukur, käfigartige
bei Jürgen Brodwolf: Tubenfigur (s. u. Zinntube)
bei Massimo Campigli: »Ob das nun Flaschen oder Krüge sind, wie bei Morandi, oder die wenigen Varianten einer einzigen menschlichen Figur wie bei C. – sie symbolisieren die Beziehung zwischen Sein und Ordnung und zwar an Hand der Dialektik von Objekt, Form und Raum. C. wählte die archaische, kretische Schlangenpriesterin zur Grundfigur seiner Bilder.«
Juliane Roh (1964, S. 38)
bei Yves Klein: s. u. Abdrücke weiblicher Körper
bei Oskar Schlemmer: Schnittstelle zwischen dem Rationalen und dem Mystischen (s. u. Mensch)

– mit der Geste des Überredens
bei Käthe Kollwitz: Prostitution (s. u. Zertretene)

– mit der Leier, weibliche
bei Werner Gilles: »Feierlich und ernst, ein Höhepunkt im Werk der Jahre zwischen 1925 und 1930, ist das Bildsymbol für 'Musik' (1928). Jeder Bezug zur Realität ist aufgehoben in der Begegnung zweier raumloser Zonen. Links, auf blaugrüner Fläche, ist die im Schweben leicht zurückgeneigte Gestalt eines ruhenden Engels dargestellt; rechts kommt aus nachtdunklen Gründen, die sich in der unteren Bildhälfte aufhellen, die Erscheinung der Musik: zeichnerischer Umriß einer weiblichen Figur mit der Leier. Beide Gestalten sind anonyme Boten einer überwirklichen Welt, menschenfern und ohne Individualität.« Karl Ruhrberg (1962, S. 15)

–, nackte weibliche
bei Max Ernst: s. u. Kreisel

–, stehende
bei Allen Jones: s. u. Beine in Nylonstrümpfen

–, tragische
bei Marino Marini: → Reiter (E. Trier/H. Lederer)

–, über die wehenden Fahnen hinwegfliegende männliche
bei Käthe Kollwitz: »K. hat bereitwilligst ein Titelbild ['Fahnen', 1925] entworfen, dessen impulsiv vorwärtsstoßende, über die wehenden Fahnen hinwegfliegende männliche Figur Symbol unserer Idee ist.« [Vorwort zum Liederbuch des Deutschen Arbeiter-Sängerbund, 1925]
»Gorki spricht in einem Aufsatz aus der ersten Zeit der Sowjet-Republik von dem Fliegen 'Sohlen nach oben'. Dieses Fliegen im Sturmwind glaube ich in Rußland zu spüren. Um dieses Fliegen, um die Glut ihres Glaubens habe ich die Kommunisten oft beneidet.« Käthe Kollwitz
in: Georg Bussmann u. a. (1973, S. 157)

–, wachsummantelte
bei Jürgen Brodwolf: 'Lebensfahrt' (s. u. Figur, bandagierte)

–, weibliche
bei Ernst Barlach: »An der Grabespforte wachend steht [in: Grabmal Familie Möller-Jarke, Hamburg-Ohlsdorf, 1900] ohne alle allegorische Kennzeichnung eine weibliche Figur, welche das rein menschliche Gefühl schmerzlicher Erinnerung verkörpert. In Haltung und Gebärde soll sich ein Lauschen ins Innere des Grabes . . . aussprechen.« Ernst Barlach
in: Hans Frank (1961, S. 195)
bei Rolf Szymanski: »Nicht umsonst ist es immer wieder die weibliche Figur als Symbol organischer Naturwüchsigkeit und eines chthonischen

Eros, die seinen biomorphen Gebilden die unverhüllte Sinnlichkeit aufprägt.«
Ekkehard Mai (1975, S. 85)

Figuren

bei Duane Hanson: »Die Figuren sind Ausdruck der Geistlosigkeit und Vulgarität amerikanischer Lebenskultur.« Sam Hunter (1978, S. 192)

bei Henri Michaux: s. u. Erscheinungen, isolierte

–, anonymisierte

bei Franz Wilhelm Seiwert: s. u. Fabrik

–, bekleidete

bei Dieter Krieg: s. u. Kleiderstaffage

– der bäuerlichen Wirklichkeit

bei Giacomo Manzù: »Die Figuren [zu den Basreliefs 'Variationen über ein Thema', 1955–65] sind aus der einfachen bäuerlichen Wirklichkeit genommen und werden zum Symbol des Schmerzes und des Freiheitskampfes. Die in den Mantel des Schmerzes und des Elends gewickelte Mutter im Gespräch mit dem Sohn, den der Tod überraschte . . .« Salvatore Quasimodo (1969, o. S.)

–, fußlose, dünnbeinige

bei Gustav Seitz: »S. tastet indes vorsichtig weiter, indem er das klassische Gleichgewicht der stehenden Figur aufhebt. Die ausgesprochene Kopflastigkeit seiner fußlosen, dünnbeinigen Figuren erschüttert symbolisch die Sicherheit des Homo sapiens.«
H. Havard Arnason (1970, S. 544)

–, drei stehende

bei Henry Moore: »Die drei stehenden Figuren [1950] sind die Schicksalsgöttinen. In der Mondsichel erkennt man ein altes Symbol für die Rätselhaftigkeit des Weibes. Die linke Gestalt variiert den Gedanken der Doppeldeutigkeit im Januskopf, der sich bei der rechten in das Fühlerpaar verwandelt. In jeder steckt etwas von einer Sphinx.« Werner Hofmann (1959, S. 89)

»Die Entfaltung des archetypischen Motivs der Schicksalsfrauen gipfelt in den 'Drei Stehenden Figuren' vom Jahre 1946/48. In ihrer einfachen und unheimlichen Monumentalität sind sie die großartigsten Darstellungen der Schicksalsgöttin, welche die Skulptur kennt . . . Das Große Weibliche ist nicht mehr nur gebärende und schützende Mutter und Erdgöttin, aber es ist auch nicht mehr nur die grauenhafte Göttin des Todes und der Gräber. Hier ist die Geist-Ebene des archetypischen Weiblichen erreicht und gestaltet, eine Mitte des Numinosen . . . Die Gemeinsamkeit dieser aufmerksam die Zukunft erforschenden Dreiheit ist so stark, daß sie, bei aller Verschiedenheit im Einzelnen, doch völlig wie eine Einheit wirken. Leben und Tod ist in ihnen überwunden, sie gestalten aus dem Gegensatzpaar von Leben und Tod ein Drittes, das, was man als Schicksal oder auch als Sinn bezeichnet . . .«
Erich Neumann (1961, S. 97/8)

–, geometrische

bei Giorgio de Chirico: s. u. Dreieck

–, historische

bei Valeriano Trubbiani: s. u. Objekte

– in den Wolken

bei Marc Chagall: s. u. Figuren über den Dächern

–, komische

bei Lyonel Feininger: Erinnerungen an die Kindheit (s. u. Männer im Zylinder)

–, liegende

bei Henry Moore: Erde bzw. Erdgöttin (s. u. Liegende Figuren)

–, männliche

bei Edward Hopper: »Die Figuren (besonders die männlichen) sind steif bis zur Verkrampfung. Ihre psychische Erstarrung mag – darauf wurde oft hingewiesen – die Unzulänglichkeiten sozialer und persönlicher Beziehungen in Amerika symbolisieren, ist aber sicherlich auch bezeichnend für H.s eigenes Entfremdetsein.«
William C. Seitz (1972, S. 19)

–, menschliche

bei Frits van den Berghe: → Monstren

bei Fernand Léger: »Alle menschlichen Figuren nehmen bei ihm die roboterhaften Züge von mechanisierten Gliederpuppen an, die alles Geschehen an einen stereotypen, d. h. unabänderlichen Ablauf binden« [z. B. in: 'La Noce', 1910–11]. Hans H. Hofstätter (1969, S. 79)

– über den Dächern

bei Marc Chagall: »Das fliegende, entschwebende Element der 'Hingabe' durchzieht auch das Werk von C. Seine Figuren in den Wolken und über den Dächern bedeuten eine Art Flucht aus der harten Realität, eine Wendung von der Erde weg in ein erträumtes Reich. In der Regel verbindet er das Schweben mit dem Eros, dem stärksten Urbild in ihm [in: 'Das Hohe Lied', 1957]. So entsteht das Gefühl träumender erotischer Hingabe in einem irrealen Bereich der Sehnsucht.« Curt Seckel (1967, S. 167)

–, Verdoppelung und Verdreifachung der

bei August Macke: »Unter der Vorherrschaft der 'Verwandtschaft' steht das ganze Werk von M. Auf seinem Bild 'Der Abschied' [1914] fällt die Verdoppelung und Verdreifachung der Figuren auf, die uniforme Kleidung, die gleiche Neigung und Haltung der Gestalten. Auf vielen seiner Gemälde lehnen sich Menschen, ähnlich wie hier, über ein Geländer und träumen hinaus. Die

ruhige Unterhaltung, der Gleichklang der Stimmung, alles kündet vom Gefühl für Gemeinsamkeit und Zusammengehörigkeit.«
Curt Seckel (1967, S. 181)

–, voluminöse
bei Richard Lindner: anonyme Bedrohlichkeit (s. u. Roboter, grellfarbige)

–, weibliche
bei Oskar Kokoschka: »Weibliche Figuren sind bei K. [um 1914] wütende, unerbittliche Idole und grausame, besessene Erynnyen [Erinnyen].«
Giuseppe Gatt (1970, S. 26)

–, zersprungene antike
bei Franz Radziwill: Memento-mori-Symbol (s. u. Säulen, umgekippte)

– zu Füßen des Kreuzes
bei Francis Bacon: »Seine Figuren zu Füßen des Kreuzes [in: 'Drei Studien zu Figuren zu Füßen einer Kreuzigung', 1944] sind nicht die aus der biblischen Erzählung bekannten Heiligen, sondern die Erin[n]yen der griechischen Mythologie.« Alexander Dückers (1971, S. 9)

Figurengruppen
bei Franz von Stuck: menschliche Empfindungen und verdeckte Leidenschaften (s. u. Satyrn)

Figurenkreuz
bei Otto Meyer-Amden: s. u. Stab

Figurine
bei Oskar Schlemmer: »S. löst diese Probleme von der Bewegung her, vom Tanz im weitesten Sinne, dem er sich ganz verschrieben hat und dessen Bewegungsabläufe wiederum zu selbständigen Figurationen im Raum führen. Die Figur schafft nicht nur Bewegung, sondern die Bewegung selbst wird auch Figur . . . Er entindividualisiert seine Gestalten zu anonymen Figurinen mit einem räumlich agierenden Mechanismus.«
s. u. Puppe Hans H. Hofstätter (1969, S. 80)

–, blinde
bei Carlo Carrà: Rätselhaftigkeit menschlicher Existenz (s. u. Tennisspielerin)

– mit dem eigenen Sockel
bei Alberto Giacometti: s. u. Frauen

Filmschauspieler
bei Andy Warhol: s. u. Schuhe

Filmstar
bei Andy Warhol: s. u. Züge, maskenhafte

Filz
bei Joseph Beuys: Vergegenwärtigung energetischen Potentials (s. u. Fett und Filz)

Finger
bei César: s. u. Daumen
bei Rudolf Hausner: s. u. Christus[kopf] des Holbein

– an den Lippen
bei Joe Tilson: »Wenn der Finger an die Lippen gelegt wird, so bedeutet das Geheimnis, das sich verbirgt, dann nicht nur die Geste des Stillschweigens, sondern assoziativ den Hinweis auf die geschlechtliche Vereinigung: 'Secret', 1963, von T., zumal da die Lippen das weibliche Geschlecht umschreiben.« Volker Kahmen (1972, S. 149)

–, bedrohter menschlicher
bei Alberto Giacometti: s. u. Hand, gefährdete

–, drei
bei Max Ernst: s. u. Pfeil

–, gereckter
bei Baruch Elron: »Auf der Brust des Mädchens [in: 'Marina', 1973] befindet sich, wie ein Schmuck, eine offene, saftige Auster, die eine Perle birgt. Der gereckte Finger berührt die Schale, um sie offenzuhalten. Zweifellos ein erotisches Symbol, doch ein 'autistisches'?«
Gustav René Hocke (1975, S. 50)

–, gespreizte
bei Ossip Zadkine: s. u. Loch im Rumpf

–, kalte
bei Pablo Picasso: s. u. Blau (H. Kay)

–, sieben
bei Marc Chagall: »Die sieben Finger der linken Hand [in: 'Selbstbildnis mit sieben Fingern', 1912] sind ein Symbol jüdischen Rituals.«
H. Havard Arnason (1970, S. 287)

–, spinnendürre
bei Horst Janssen: s. u. Traumfuchs

Fingerhutblüten, Stengel mit
bei Max Beckmann: s. u. Weib, lässig dasitzendes

Fingerkuppe, Einschnitt in der
bei Lambert Maria Wintersberger: beschädigtes und reduziertes Dasein (s. u. Daumennagel, Kerbe im)

Fingern, Hand mit drei
bei Osvaldo Licini: Amputation (s. u. Hörner)

Fingernägel, lackierte
bei Jacques Monory: »Gern zeigt er Frauen mit lackierten Fingernägeln. Diese sind für ihn Zeichen der Aggressivität und Kälte, wie es jene eisig weißen Badezimmer, Krankenhäuser oder Schwimmbäder sind, in deren Szenerie sich anonyme Morde abspielen.«
Wolfgang Sauré (1974 b, S. 158)

Fisch
bei Max Beckmann: »Es wird aus dem Bildzusammenhang heraus recht deutlich, daß der Fisch hier [in: 'Der Wels', 1929] nicht nur als befremdliches Meerwesen aufgefaßt wird. Mächtig beherrscht er die Bildachse. Seine geheimnisvolle

Vitalität scheint den sexuellen Kraftgestus des Fisches auszulösen, und das Erschrecken der Badenden gilt vermutlich beidem. Man muß nicht Tiefenpsychologe sein, um in der Darbietung des gewaltigen Fisches eine Demonstration phallischer Kraft zu sehen. Fast läßt sich die Reaktion des Fischers auf den glücklichen Fang als eine improvisierte Fruchtbarkeitszeremonie auffassen.« Friedhelm W. Fischer (1972a, S. 83)

»Ihm, dem Fisch [in: 'Cabins', 1948], dem Symbol verborgener Weisheit, ist die Bedeutung der Farbe am meisten zugemessen. Helligkeit, Licht und Schönheit verweisen auf das Göttliche, auf den Ursprung des Lebens. Der Fisch wiederum verweist auf das Meer und seine Weite, auf die Freiheit, ohne die er nicht existieren kann.«

Almut Kowalski-Plouda (1975, S. 47)

s. u. Orgelspieler, blinder

bei Georges Braque: »Eine Tabernakeltür in Assy [vor 1950] wurde von B. mit dem Fischmotiv bedacht. Die Inschrift sichert die dogmatische Bedeutung, doch ist diese ganz im visiblen Sinne gedacht. Der Fisch ist für den Künstler ein in sich ruhendes kreatürliches Wesen, das einerseits über dem Abgrund des Meeres zu schweben scheint, andererseits jedoch auch die Vorstellung suggeriert, als halte die Schöpfung Speise genug bereit.« Rainer Volp (1966, S. 172)

bei Heinrich Campendonk: »Der Fisch ist ein Symbol Christi. Fische sind Symbole der Christen. Das Fangen der Fische im Netz oder in der Reuse, einer korbartigen Fischfalle aus Netzwerk, ist ein Symbol der Taufe. Eine solche Reuse ist auf dem Glasgemälde ['Symbol der Taufe', 1937] dargestellt.«

Lothar Schreyer (1954, S. 498)

bei Marc Chagall: »Der Fisch erscheint in C.s Werk erst in den dreißiger Jahren. In: 'Zeit hat keine Ufer', 1930–39, ist er beherrschendes Motiv, gefiedert und Geige spielend. In: 'Die Barke und die zwei Fische', 1952, fliegen diese der Sonne entgegen. Wie aus dem Bild: 'Der Durchzug durch das rote Meer', 1954/55, hervorgeht, scheint das Erlebnismoment der Sehnsucht nach Befreiung mitzuspielen. In anderen Bildern dagegen ist die Fülle des Lebens selbst mehr im Vordergrund der Vorstellung (vgl. 'Der blaue Zirkus', 1950–52) . . . In 'Kreuzigung in Gelb', 1943, strecken sich Ertrinkende nach ihm aus, er wird hier gleichsam zum Erlösungssymbol. Es braucht dabei keineswegs angenommen zu werden, daß C. das Akrostichon Ichthys kannte.«

Rainer Volp (1966, S. 172)

»Nur als erlegtes Opfer des Fischers gehört der Fisch in die unmittelbare menschliche Umwelt. Die Wassertiefe, in der sich sein Leben abspielt, ist, wie die Tiefe der menschlichen Seele, ein fremdes Reich, und der Fisch vertritt als Sinnbild Kräfte, die fern dem Bewußtsein am Werke sind. Daß dieses Tier [in: 'Die Zeit hat keine Ufer', 1930] den Himmel durchsegelt, bedeutet somit einen gewaltsamen Einbruch aus der Tiefe in die Welt über Tag.« Franz Meyer (1961, S. 381)

Geist (s. u. Mensch); s. u. Huhn und Fisch; s. u. Schafe; vgl. Hahn

bei Max Ernst: s. u. König

bei Paul Klee: »Im hier wiedergegebenen Bild ['Um den Fisch', 1926] erscheint der Fisch als Zentrum eines magischen Zusammenhangs: Der Fisch, Symbol für das Christentum, bewegt sich in seinem ureigensten, dem Menschen nur bedingt zugänglichen Lebensmedium, dem Wasser – Gleichnis des Unbewußten. Er bezeichnet die Mitte, um die sich der Kreislauf von Tod und Wiedergeburt bewegt.«

Eberhard Roters (1977a, S. 223)

bei Alfred Kubin: s. u. Reiher

bei André Masson: »Der Fisch [in: 'Still Life with Candle', 1922/23] erscheint in einer Rolle analog der des Vogels: Es ist das Geschöpf der See wie der Vogel der Luft. In M.s Welt, in der jedes Ding mit dem anderen verbunden ist, sind beide die Stätten für des Menschen Seele, sein Körper

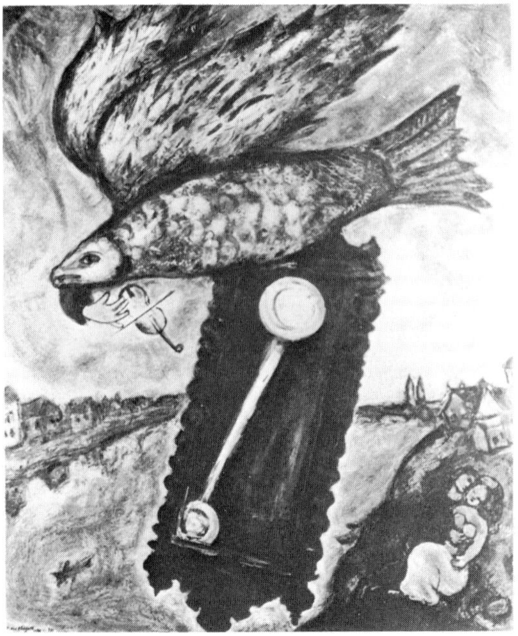

Marc Chagall: Die Zeit hat keine Ufer, 1930–39

und sein Schicksal. Beide sind häufig Opfer des Messers.« Carolyn Lanchner (1976, S. 95)
bei Silvio Mattioli: s. u. Raubfische
bei Hanna Nagel: »Die Imagination flüchtet sich in die transzendente Sphäre der Symbole, über deren tieferes Wesen und spezifische Bedeutung wir die Künstlerin schon gehört haben. Da ist die Schlange, die ängstigt und tödlich bedroht. Da ist immer wieder der Fisch: die unhörbar klagende, wehrlos ausgelieferte Kreatur, mit der die Brutalität allzu leicht fertig wird. Der Fisch, urchristliches Sinnbild und goethischer Inbegriff elementarer Lebensseligkeit.«
Eberhard Ruhmer (1965, S. 31)
bei Walter Wörn: »Die Darstellung ['Knabe mit Goldfischen', 1958] gewinnt . . . eine weitere, allgemeinere, übertragene Bedeutung: Der Fisch, uraltes Symbol des Lebendigen, des Eros auch, wird wieder seinem Element, hier dem im Garten künstlich geschaffenen Wasserbecken, durch die Hand des Menschen zurückgegeben.«
Joachim Büchner (1972, S. 60)

–, der durch das Blatt stößt
bei Hanna Nagel: »Ist ihr der Fisch, der auf dem Bild ['Der Durchbruch', nach 1947] durch das leere, von der Zeichnerin hochgehaltene Blatt stößt, schließlich zum erschreckenden großen Ungeheuer geworden? Und hat er in dieser seiner Bedrohlichkeit entscheidend aus dem Tiefenbereich des Geschlechtlichen Gestalt und Funktion? – Oder ist es ganz anders – so, wie die Zeichnerin es gesagt hat: er wäre das Angsttier, und hier die riesengroß gewordene Angst. Was da geschieht – der Durchbruch durch das leere, weiße Papier – hieße, daß alles Zeichnen vergebens war. Die Angst war nicht zu bannen. Sie wuchs und wuchs, und sie bricht nun durch das Blatt . . .« Klaus Mugdan (1977, S. 31/2)

–, fliegender
bei André Masson: Penis (s. u. Klinge, blaue)

–, goldener
bei Paul Klee: »'Der goldene Fisch' [1925/26] ist ein Zeichen für das unbekannte, bunte und doch etwas unheimliche Leben in der Tiefe des Wassers, ein König in seinem Reich.«
Hans Platte (1957, S. 134)

–, großer
bei Max Beckmann: »Der Folterknecht [in: 'Abfahrt/Departure', 1932/33–35] hat zwei Fische im Netz und wird sie in mächtigem Schwunge zu Boden schlagen und töten. Fisch gleich Fruchtbarkeit, Leben, zu setzen, ist deutlich. Der große Fisch im Boot des Mittelteiles symbolisiert das Glück des Fanges in der Tiefe des Meeres, Reichtum.« Erhard Göpel (1976, S. 9)
bei Hanna Nagel: »Denn der große, zwischen den Brüsten gehaltene Fisch [in: 'Scherzender Tod', 1932] ist ganz gewiß auch, so wie es die Zeichnerin selber ausgesprochen hat, die todbedrohte stumme Kreatur: 'Neben dem, was Angst macht, zeichne ich das, was Angst hat, zum Beispiel viele Fische. Das war immer mein Thema: der Fisch mit dem aufgesperrten Maul als Inbegriff der Angst, als Ausdruck des Materiellen, dem es nie gelingt, 'den Mond zu erreichen'.«
Klaus Mugdan (1977, S. 11)
Licht (s. u. Stier und großer Fisch); s. u. Geier

–, Huhn und
bei Marc Chagall: Gegenwart der naturhaften seelischen Kräfte (s. u. Huhn und Fisch)

– im Boot
bei Max Beckmann: »B. konzentrierte sich hier [in: 'Abfahrt', 1932/33] auf die Vergegenwärtigung des letzten Aktes: Die Flut hat ihren Höhepunkt erreicht. Man sieht das Boot mit den Geretteten, und der Glanz des neuen Morgens liegt über der unendlichen Wasserfläche. Mit feierlicher Geste vollzieht der König den Akt der Wiedereinsetzung des Lebens: aus seinem Netz entläßt er einen Schwarm kleiner Fische ins

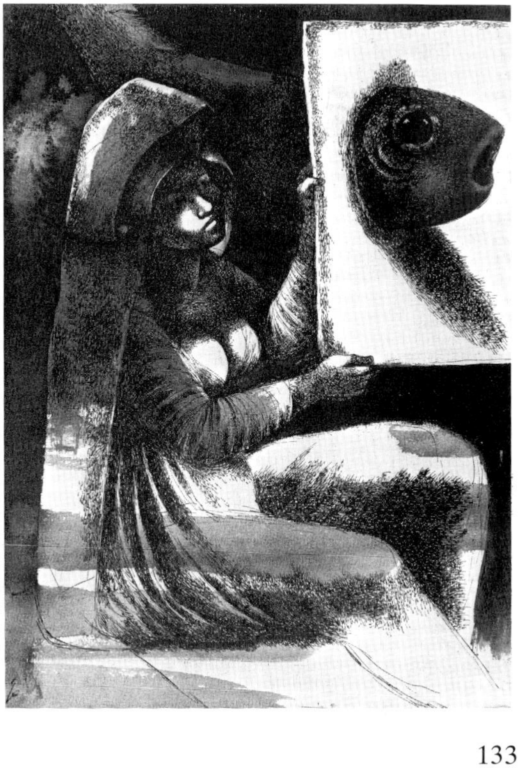

Hanna Nagel: Der Durchbruch, nach 1947

Blau des Elements. Der mächtige Fisch im Boot aber bedeutet zugleich Vishnu und die erneuerte Lebenskraft.« Friedhelm W. Fischer (1926, S. 52)

Fisch mit Schnabel, der blaue

bei Marc Chagall: »Der blaue Fisch mit Schnabel [in: 'Landschaft mit blauem Fisch', 1962], menschlichen Armen und einem eigentlich nicht zu ihm passenden Strauß kann gedeutet werden als traumartiges Verschmelzen oder Verdichten des bekannten Witebsker Herings mit dem Künstler, seiner Palette und der dicken Mondsichel, eine seiner bevorzugten 'abstrakten' Formen.« Roy Mac Mullen (1968, S. 90)

– ohne Kopf

bei Ernst Wilhelm Nay: »Da ist ein Bild mit dem Titel 'Fisch und Muschel' [1932]. N. beschrieb es mir so: 'Da ist die helle männliche Welt, da die dunkle weibliche. Ein Querstrich in der Mitte des Bildes – oben weiß –, im Material spürbar gemacht, unten schwarz. Da unten schwimmt ein Fisch (Penis) ohne Kopf. Senkrecht eine braune Muschelform (Vagina). Oben ein schräger Stab (Penis). Dazu Muschel in Spirale (Vagina): Definition der männlichen universalen Welt gegen die weibliche universale Welt und die Möglichkeit, sich zu verbinden. Nett', so setzte N. hinzu, 'daß der Mann-Fisch keinen Kopf hat! Die Ironie hat auch noch Platz . . .'«

Werner Haftmann (1960, S. 46)

–', 'Reise auf dem

bei Max Beckmann: Beziehungen zwischen Mann und Frau (s. u. Fische, übergroße)

Fische

bei Max Beckmann: »Eigentümlich und neu ist vor allem, daß die Fische in unserem Bild ['Die Reise auf dem Fisch', 1934] Vehikel für die Lebensreise abgeben. Sie erscheinen gleichsam als Träger der Existenz. Jedem der beiden Menschenkinder ist ein Fischwesen als Leittier zugewiesen. Dabei charakterisiert der Maler die Fische keineswegs nur als dienende Kräfte, sie veranschaulichen durchaus etwas Eigenständiges, Schicksalhaftes.«

Friedhelm W. Fischer (1972a, S. 123)

bei Marc Chagall: die große Natur (s. u. Schafe)

bei Salvador Dali: »D. ist von Fischen fasziniert. 'Nichts gleicht einer militärischen Einheit mehr als die Fische auf ihren Schwärmzügen. Sie schwimmen alle in einer Richtung, mit gleichem Abstand und genau parallel. Das läßt sich auf den Zentimeter genau nachprüfen, sie berühren sich nicht.'« Klaus Gallwitz (1971a, S. 184)

bei Paul Klee: »So erlebte er die Fische in ihrer bunten Phantastik und ihrer lautlosen Dämonie: als hätten abgeschiedene Seelen in ihren schillernden Körpern Wohnsitz genommen. Hier, in den 'durchsichtig-seelischen' Lebewesen, fand für ihn die geistige Transparenz der irdischen Welt, die er überall und unter allen Formen erlebte, ihr unmittelbares Gleichnis.«

Werner Schmalenbach (1958, S. 5)

– am Haken

bei Max Gubler: »Wenn G. Fische malte – Fische am Haken, mit aufgerissenem Maul; Fische am Haken, mit aufgesperrtem Leib [in: 'Hängender Fisch vor blauem Grund', 1951] – dann malte er kein Küchenstück, dann malte er ein Leiden an der Unabsehbarkeit. . . . Wir dürfen an den Ichthys [Fisch] erinnern und sagen: da geht es um Leiden an der Unabsehbarkeit der Passion aus Schuld, Sühne und Erlösung.«

Werner Weber (1975, S. 17)

– aus dem Netz

bei Max Beckmann: Wiedereinsetzung des Lebens (s. u. Fisch im Boot)

–, kämpfende

bei André Masson: »Wieder klingt in den Metaphern von kämpfenden Fischen [um 1930] und verwundeten Tieren die leidvolle Erfahrung vom Mißklang der Welt.«

Werner Haftmann (1954, S. 400)

– mit Menschenköpfen

bei Max Beckmann: »Die eine Zeichnung 'Women fishing', stammt aus dem Jahre 1949. . . . Am Ufer eines Flusses, in einer Schlucht, angeln Frauen nach Fischen. Einige Opfer werden an den Angelschnüren soeben aus dem Wasser gezogen. Durch zwei Motive ist der Vorgang in spezieller Weise charakterisiert. Befassen wir uns zunächst mit dem ersten: die Fische haben Menschenköpfe! Damit erfährt unsere Annahme, es handle sich bei den Fischen – hier wie im Bild von 1939 ['Kinder des Zwielichts'] – um Seelentiere, eine wesentliche Bekräftigung. Außerdem wird der Vorgang des Anbeißens und Herausziehens nun in einer unmittelbar schmerzhaften Weise mit Menschlichem in Verbindung gebracht.« Friedhelm W. Fischer (1972a, S. 128)

–, Schwarm

bei Max Beckmann: Wiedereinsetzung des Lebens (s. u. Schwarm Fische); s. u. König

–, sich mordende

bei André Masson: »Er malt 1927 einen 'Fisch-Vogel-Kampf', 1929 'Sich mordende Fische'. Fast scheint es, als ob M. seine Ängste und Besenheiten auf Tiere abreagierte, was eine Art Totemismus bedeutete. Es sind grausame Bilder.« Will Grohmann (1953, S. 191)

–, übergroße
bei Max Beckmann: »Die 'Reise auf dem Fisch' [1934] ist eine sehr eigenwillige, psychoanalytische Durchleuchtung der Beziehungen zwischen Mann und Frau . . . Bei B. sind der Mann und die Frau unlösbar aneinander und an die übergroßen Fische, die Geschlechtssymbole, gekettet (vergleiche Chagall).«
Bernard S. Myers (1957, S. 302)
–, zwei
bei Marc Chagall: für den Stamm Sebulon (s. u. Schafe)
–, zwei kleine
bei Edward Kienholz: s. u. Glasscheibe
Fischer
bei Max Beckmann: s. u. Fisch (F. W. Fischer)
bei Marc Chagall: s. u, Fisch (F. Meyer)
– aus Burano
bei Tadeusz Kulisiewicz: → Arbeiter des Meeres, ewiger
Fischerkönig
bei Max Beckmann: Satyravata (s. u. Meerwesen)
Fischers, Kopf eines
bei Jacques Hérold: s. u. Kristallwürfel
Fischfalle
bei Heinrich Campendonk: s. u. Fisch
Fischgerippe
bei Bernard Buffet: »Fischgerippe, geschundene Insekten, gerupfte Vögel und die mageren Früchte der Erde werden bei B. zu Stilleben der Kargheit und Sinnbildern des Verlusts. Die Leere der Welt, die Verbrauchtheit der armen Alltagsdinge, die geringe Gestalt des ausgesetzten Menschen zu poetischen Sinnzeichen.«
Oto Bihalji-Merin (1962, S. 58)
Fischlein
bei Max Beckmann: s. u. Meerwesen
Fischnetz
bei Max Beckmann: Attribut des Saturn (s. u. Krücke)
Fischwesen
bei Max Beckmann: Leittier (s. u. Fische)
Fjordinsel, Oval der
bei Edvard Munch: ». . . einem Stück Natur gleich, hängt das Oval der Fjordinsel [in: 'Nordstrand bei Oslo', 1901] gefährlich über ihm. Eine vollendete Darstellung der Ausweglosigkeit des Menschen.« Bodo Cichy (1970, S. 74)
Fläche, magnetische
bei Alfred Jensen: s. u. Orakeltisch
–, ovale
bei Max Ernst: s. u. Ei
–, rote
bei Renato Guttuso: s. u. Wolke, rote
–, schwarze
bei Pol Bury: »Eine schwarze Fläche, also das Nichts. Diese Fläche, dieses Nichts ist Vordergrund. Einzig sichere Tatsache. Dasselbe Nichts aber durchbrochen von Loch-Konstellationen. Möglichkeiten im Nichts . . .«
Daniel Spoerri in: Konrad Farner (1960, S. 45)
bei Paul Klee: »Diese gegenstandslose Formation ['Das Tor zur Tiefe', 1936] konkretisiert die Realität des Blickes, der Öffnung in eine schwarze Fläche als Bild- und inneres Ziel. Sie symbolisiert zum Beispiel Endlosigkeit, Jenseitigkeit, Endzeit und ist am Ende selbst undurchschaubar.«
Tilman Osterwold (1975, S. 147)
bei Edvard Munch: s. u. Mond
Flagge, chilenische
bei Werner Tübke: »Ein anderes Symbol, die chilenische Flagge [in: 'Chilenisches Requiem', 1974], als Leichentuch gebreitet, stellt das Bildgeschehen in den konkreten Zusammenhang von Raum und Zeit . . .« Irma Emmrich (1976, S. 23)
– der Hoffnung und der Freiheit
bei Renato Guttuso: rote Fahne (s. u. Wolke, rote)
–, deutsche
bei Marsden Hartley: »Seine 'Deutsche Flaggen'-Serie, die er um 1914 malte, waren seine wirkungsvollsten Abstraktionen, beeinflußt vom Kubismus und von den Abstraktionen Delaunays, jedoch mit anderer Aussage. Es ist eigent-

Max Beckmann: Die Reise auf dem Fisch, 1934

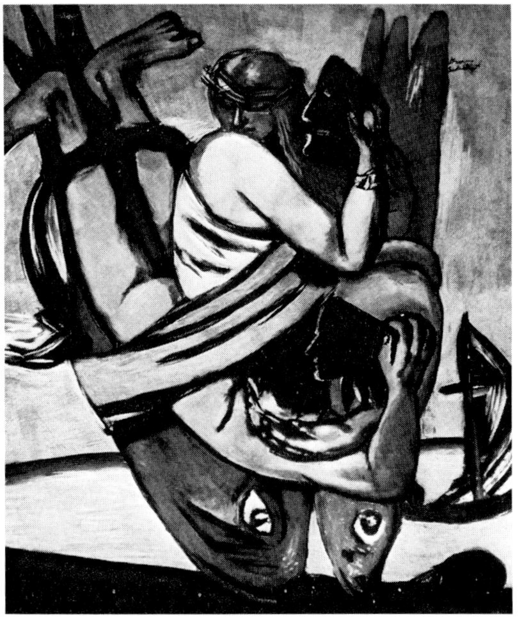

lich nicht ganz richtig, sie als Abstraktionen zu bezeichnen; H. benutzte die tatsächlichen Farben und Bilder der deutschen Flagge, wenn auch in aufgelösten und neu geordneten Formen, um den kriegerischen Geist im Deutschland des Jahres 1914 zu symbolisieren ('Porträt eines deutschen Offiziers', 1914).«
H. Havard Arnason (1970, S. 414)

Flamme
bei Albert Hahn: s. u. General, riesenhafter

–, verzehrende
bei André Masson: »Die verzehrende Flamme [in: 'Still Life with Candle', 1922/23] symbolisiert sowohl des Künstlers Ringen um Selbstfindung und ist die visuelle Parallele zu Rimbauds Glaube, daß der Künstler notwendigerweise sich selbst opfert, um zur Selbsterfahrung zu gelangen.« Carolyn Lanchner (1976, S. 94)

Flammen
bei Bruno Krauskopf: s. u. Sonne
bei Ewald Mataré: s. u. Dom

– aufsteigender Mensch, durch die
bei José Clemente Orozco: Überwindung durch Leiden (s. u. Mensch, durch die Flammen aufsteigender)

– der brennenden Tuba
bei René Magritte: s. u. Leinwand

–, gelbe
bei Marc Chagall: s. u. Sonnenrad

–, züngelnde
bei Renato Guttuso: s. u. Fallschirmjäger, deutscher

Flammenschwert
bei Christian Rohlfs: s. u. Engel mit dem Flammenschwert

Flammenspitzen
bei Joan Miró: s. u. Sonnenrad

Flasche
bei Henri Laurens: »Die 'Flasche' [in: 'Flasche und Glas', 1919] ist nicht nur eine Metapher dessen, was die Tiefenpsychologie den Gefäßcharakter des Weiblichen nennt – als schmal geöffneter Schrein, der ein Geheimnis zu bergen scheint, erinnert sie an die *Vierges ouvrantes* des Spätmittelalters, in deren Innern die Trinität angebracht war.« Werner Hofmann (1970a, S. 38)
bei Wols: weibliche Form (s. u. Schnapsflasche)

–, bemalte
bei René Magritte: »Auch steht dort [in: 'La Dame', 1943] die bemalte Flasche, die sich zu einer nackten Frau mit langem Haar verwandelt hat. 'Ja, das ist die dritte Dimension' sagt M. Eine zweite Flasche [1960] ist mit einem Wolkenhimmel bemalt.« Volker Kahmen
in: Wieland Schmied (1969b, S. 29)

– in der Luft
bei Marc Chagall: s. u. Kopf nicht auf dem Rumpf

– und Glas
bei George Grosz: »Auf einer Zeichnung von G. ['The 4 Avo', ca. 1916] trägt der brutalisierte Bürger . . . einen Revolver aufs Jackett geheftet . . . Zwischen den Fingern eine Zigarette, vor sich eine verkorkte Flasche mit Glas. Flasche und Glas sind weibliche Genitalsymbole, der Korken aber, mit seiner aggressiven Spitze ein männliches . . .« Volker Kahmen (1972, S. 18)

–, zerbrochene
bei Max Beckmann: s. u. Sekt 'ROI'

Flaschenhals
bei Marisol: s. u. Coca-Cola-Flasche

Flechtband
bei Henri Laurens: formende Naturkraft (s. u. Band, das)

Flechter
bei Henri Laurens: s. u. Band, das

Flecken, hellrote
bei Antoni Tàpies: s. u. Tuch

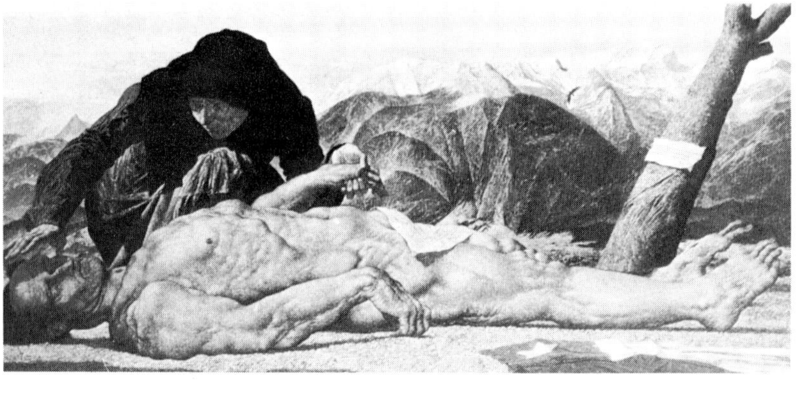

Werner Tübke: Chilenisches Requiem, 1974

–, rote/schwarze
bei Niki de Saint-Phalle: s. u. Gerinnsel
Fledermäuse, große
bei Hanna Nagel: »Tiere, wie sie bisher nicht zu finden waren, erscheinen in den neuen Blättern [1945/46]: große Fledermäuse, Inbegriff des lautlos einfallenden Schwermut-Dunkels (D-Dur), ferner merkwürdige Hunde mit unbewegten Augen, in denen stumpfe Sinnlichkeit lauert (A-Dur)« [Chopin-Préludes].
Klaus Mugdan (1977, S. 24)
Fledermausdämon
bei Friedrich Schröder-Sonnenstern: »Der 'Fledermausdämon' [1953] aber ist bei näherem Zusehen nicht nur die große, allumfassende Mutter, sondern auch zugleich und unzweifelhaft selbst ein geflügelter Phallus.«
Alfred Bader (1972, S. 102)
Fleisch
bei Max Gubler: s. u. Distel
bei Yves Klein: Rot (s. u. Gold)
bei Franz Ringel: »In der Direktheit des Ausdrucks seiner erotischen Besessenheit geht er über seine Vorbilder hinaus. R. ist penetrant, aber nicht pornographisch. Seine Farben glühen, brennen wie entzündete Wunden. Alles Fleisch, das er malt, ist eine offene Wunde: eine Welt, an der er leidet, die er liebt, von der er nicht loskann. Bilder einer totalen Enthemmung als Befreiung.« Wieland Schmied (1975, S. 66)
– des Mannes
bei Francis Bacon: »Die 'Zwei Figuren' [1953] kopieren vor allem etwas, von dem B. zugibt, daß es von Michelangelo stammt, und das mir seither nie wieder denselben Grad von Vollkommenheit erreicht zu haben scheint: Es ist das Element der männlichen Wollust. Diesen Punkt veranschaulicht er auf ganz spezifische Weise: Man entdeckt, daß das Fleisch des Mannes ungewöhnliche Ausdruckskraft besitzt.« John Russell (1971, S. 76)
Fleischmonstren, dickleibig-blasse
bei Fernando Botero: »B. malt, in dem er ... dickleibig-blasse Fleischmonstren und verwesungsnahe wäßrige Superfrüchte in starrer Monumentalität als Blasphemien einer degenerierten Kolonialbourgeoisie figuriert.«
Karin Thomas (1971, S. 322)
Fleischwucherungen
bei Salvador Dali: s. u. Trapez aus leprösem Gebein
Flora
bei Werner Tübke: »Da wird 'Flora' [in: 'Sizilianische Flora', 1972], die auf prächtigem antiken Kapitell vor einer dämmerigen arkadischen Landschaft kniende römische Göttin der Blumen und des erwachenden Lebens im Frühling, durch die Fragilität ihres Leibes im Verein mit dem aus dem Marmor herauswachsenden widerlichen Getier zur Personifikation bedrohter Dekadenz.«
Günter Meißner (1975, S. 27)
Flügel
bei Max Beckmann: positives Sinnzeichen (s. u. Musikinstrumente)
bei Julius Bissier: vom Leib befreite Seele (s. u. Seelenvogel)
bei Hanna Nagel: s. u. Falter
bei Karl Rössing: »... vor allem aber und immer wieder der Schmetterling – das zerbrechliche Flügelwesen, der Flügel als Zeichen für rhythmischen Ablauf, pulsierende Bewegung, Verletzbarkeit und Wandlung –: All diese ein Zerbrechen, Zerfallen, Abbröckeln andeutenden, aus den Schatten hervortretenden archetypischen Erinnerungen fügen sich zu aleatorischen Bildern zusammen und spiritualisieren die Materie.«
Kristian Sotriffer (1974, S. 8)
bei Paul Thek: s. u. Schwan
–, herabhängender
bei Pablo Picasso: »... die zackig gebrochene

Karl Rössing: Flügelflug, 1972

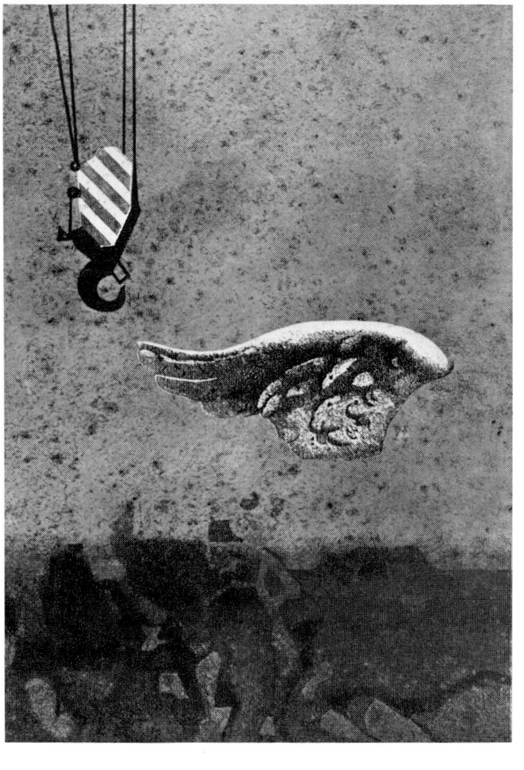

Linie des herabhängenden Flügels [in: 'Stilleben mit totem Huhn', 1942], durch die rote Zickzacklinie mit dem Kopfe und dem zeichenhaft angeordneten Augenpaar verbunden, symbolisiert das grausame Ende.« Wilhelm Boeck (1955, S. 96)

Flügel, übereinandergelegte
bei Ernst Barlach: s. u. Seraphim, stehender

–, windschiefe
bei Wladimir E. Tatlin: s. u. Konter-Reliefs

Flügelformen
bei Bernhard Heiliger: »Formal und motivisch in ihre Nähe ['Schwebend', 1958] gehören noch der 'Vogeltod' von 1961 und die drei Fassungen des 'Phönix' von 1961/62. Auch sie bilden reich modulierte Metamorphosen von Körper- und Flügelformen, die sich voller Dramatik entfalten, einmal als Ausdrucksfigur des Schmerzes und Betroffenseins verwundet schräg nach unten gerichtet, das andere Mal in aufbegehrender Drehung diagonal emporstrebend, als Verkörperung von Lebenswillen, Aufstieg und Sphärenflug.«
Hanns Theodor Flemming (1962, S. 113)

–, durchschluchtete
bei Bernhard Heiliger: »Zuvor war 1963 bereits die 'Flamme' am Ernst-Reuter-Platz in Berlin entstanden ... Aus zwei auseinandergefalteten und zugleich vielfältig durchschluchteten Flügelformen ... entwickelt sich eine vorwärtsstürmende Flügelgestalt, die von ferne an die Nike von Samothrake erinnert – wegweisend und doch in der Tradition wurzelnd, das Konzentrische und das Ausstrahlende in sich vereinend, ein allein aus seiner Form heraus verständliches und überzeugendes Symbol für den Geist der Freiheit, der die Stadt seit jeher kennzeichnet und in die Zukunft wirkt.«
Hanns Theodor Flemming (1975, S. 12)

Flügeln, Knochen mit den
bei Oskar Kokoschka: Auferstehung (s. u. Knochen mit den Flügeln)

–, Tiergestalt mit
bei Pablo Picasso: Seele des Pferdes (s. u. Tiergestalt mit Flügeln)

Flügelwesen
bei Max Beckmann: »... sondern eine Reihe winziger, ganz zart angedeuteter Flügelwesen dicht neben der blauen Kugel [in: 'Jupiter (Das Gewitter)', 1949]. Wir möchten diese Wesen als Seelenträger oder Seelensymbole ansprechen, nicht willkürlich, sondern auf Grund von Bildvergleichen. Sowohl in dem Bild 'Hôtel L'Hambre' von 1949, in dem es um das Schattendasein der Seele geht, wie in dem noch zu besprechenden Werk 'Stürzender' von 1950 kommen ganz ähnliche geflügelte Wesen als Seelenträger oder Seelenvögel vor.«
Friedhelm W. Fischer (1972a, S. 196)

–, fünf häßliche
bei Werner Gilles: → Harpyen

–, zerbrechliches
bei Karl Rössing: s. u. Flügel

Flüssigkeit
bei Marcel Duchamp: s. u. Leuchtgas

Flüssigkeitsstrahl, feiner
bei Marcel Duchamp: »Ein anderes Detail bekräftigt unsere Hypothese ebenfalls. Bei genauerem Hinsehen bemerkt man [in: 'Der Übergang von der Jungfrau zur Braut', 1912], wie ein feiner Flüssigkeitsstrahl sich in das Alembicum ergießt. Dieser Vorgang ist wiederum ein Symbol für die alchemistische Hochzeit, für die Vereinigung des Bruder-Schwester-Paares.«
Arturo Schwarz (1973, S. 20)

Flugapparate, schwerfällige
bei Erich Brauer: → Vögel

Flugblätter
bei Renato Guttuso: s. u. Hektographiermaschine

Flugkörper
bei Rudolf Hausner: Auge (s. u. Laokoon/R. Hausner); trojanisches Pferd (s. u. Laokoon/W. Schmied)
bei Wladimir E. Tatlin: s. u. Konter-Reliefs

Flugzeug
bei Max Ernst: Luftkämpfe (s. u. Fassaden, umgedrehte)
bei Ernst Fuchs: »Ein Flugzeug in den Blindenfarben Gelb und Schwarz (die blinde Vernichtung symbolisierend) liegt ihm ['Johannes von Patmos', 1948] auf den Knien.«
Johann Muschik (1974, S. 72)
bei Rudolf Hausner: s. u. Laokoon (R. Hausner); s. u. Spule
bei Hannah Hoech: s. u. Treppe
bei Roy Lichtenstein: »Flugzeuge gibt es etwa in L.s 'Tex' von 1962 oder 'Hot Shot' von 1964, wo sie aber eher das neuzeitliche Environment des Comic Helden symbolisieren.«
Udo Kultermann (1969, S. 43)
bei Jurij Pimenov: s. u. Sport
bei Gino Severini: Krieg (s. u. Kanone)
bei Rainer Wittenborn: s. u. Profilkopf, mechanischer

Flugzeuge
bei Alfred Kubin: s. u. Insekten, riesige
bei Franz Radziwill: »Die Flugzeuge faszinierten den Knaben nicht nur; diese damals noch so harmlos erscheinenden Dinger bekamen für ihn ein unheimliches Gesicht; sie ängstigten ihn, wie

andere Kinder sich vor schwarzen Männern und dem bösen Wolf ängstigten. 'Als Werkzeuge des Verderbens jagten sie durch meine Vorstellungen, wie sie später durch meine Bilder geisterten'.« Waldemar Augustiny (1964, S. 7)

–, abgestürzte

bei Paul Nash: »N.s abgestürzte Flugzeuge sind Symbole eines gescheiterten Versuchs, das Leben zu mechanisieren.« Herbert Read (1958a, S. 21)

Fluß

bei Marc Chagall: Grenze (s. u. Boot im Fluß)

bei Conrad Felixmüller: »Ebenso zuversichtlich wirkt das . . . 'Liebespaar von Dresden' [1928]. Der Maler verstand diese Selbstdarstellung mit seiner Frau als Ausdruck einer über ihn selbst hinaussteigenden 'Kraft des Glücksgefühls' . . . Auch an die alte Symbolbedeutung des Flusses als Sinnbild ewigen Ablaufes wird der Betrachter erinnert.« Dieter Gleisberg (o. J., S. 38)

–, dunkler

bei Darrel Austin: »Nicht minder aufschlußreich für seinen Malstil ist das Bild 'Dunkler Fluß' [o. J.], dessen unwirkliche Fluß- und Uferszene vielfältige gedankliche Assoziationen heraufzubeschwören vermag. Ob man die Gemälde nur als gespenstisch erhellte Landschaft betrachtet, ob man in ihm eine Vision der Jakobsleiter oder andere, märchenhafte Bezüge sehen will, – in jedem Fall scheint auch hier jene innere Einsamkeit Gestalt gewonnen zu haben . . .«
Herbert Read (1964f, Bd. I, S. 154)

–, schäumender

bei Markus Prachensky: s. u. Rot

Flusses, andere Seite des

bei Marc Chagall: s. u. Boot im Fluß

–, Ufer eines

bei Max Beckmann: s. u. Fische mit Menschenköpfen

Flußkies

bei Jean Dubuffet: s. u. Vögel

Flußläufe

bei Peter Brüning: Metapher für Landschaft (s. u. Landkarte)

Fluß-Ungeheuer, mütterliche

bei Salvador Dali: → Pferdefrauen

Föderierten, Mauer der

bei Ludwig Mies van der Rohe: s. u. Mauer

Foetus

bei Marc Chagall: s. u. Mutter, Große

–, Lage des

bei Marc Chagall: s. u. Halbmond

Foltergerät

bei Julio Gonzalez: ». . . so verklammert G. das Foltergerät mit dem Gefolterten zu einem unauflösbaren Gebilde. Dem Bedrohten ist die Bedrohung in den Skelettleib gezeichnet, er ist mit dem Apparat der Gewalttätigkeit identisch geworden.« Werner Hofmann (1958, S. 146)

Folterknecht

bei Max Beckmann: s. u. Fisch, großer

Folterräume

bei Günther Uecker: → Nagelwände

Folterstacheln

bei Graham Sutherland: s. u. Säulen, glatte

Folterwerkzeuge

bei Hans-Jürgen Breuste: → Ketten u. a.

bei Mikuláš Medek: Zangenkonstruktionen u. a. (s. u. Maschinen)

Football-Spieler

bei Dietmar Ullrich: »U. bevorzugt Sportthemen. Hier findet er eine differenzierte, extreme Bewertungsskala, die realistisch motiviert ist, zugleich aber aus ihrem Funktionszusammenhang gelöst werden kann zu grotesker oder symbolischer Wirkung. Seine Football-Spieler simulieren kein zusammenhängendes Spiel, sondern einzelne Haltungen; diese wiederum sind konkrete Chiffren für Isolation und Aggression.
U. strebt vom fotografischen Abbild zum Sinnbild, zum Exemplarischen einer Geste oder einer Situation.« Peter Sager (1973b, S. 145)

Forke

bei Salvador Dali: s. u. Erde

Form

bei Massimo Campigli: s. u. Figur, menschliche

– an sich

bei Joseph Beuys: s. u. Fahrrad-Rad

–, aufgerissene

bei Jacques Lipchitz: »Selbst der 'Drachenbrunnen' [1962] oder 'der wütende Arno' [in: 'Der Ponte Vecchio', 1967] sind trotz ihrer aufgerissenen Form – Chiffre des Affekts – von dem einen Gefühlsinhalt der Raserei bestimmt, nicht von zwei einander bekämpfenden oder gar miteinander unvereinbaren Elementen.«
Klaus Herding (1970, S. 24)

–, bewegte

bei Hans Arp: Leben (s. u. Linie, waagerechte)

– des Leibes

bei Ernst Wilhelm Nay: s. u. Mensch

–, dynamische

bei Giacomo Balla: → Dreiecke

– einer Frau

bei Pablo Picasso: s. u. Gitarre

–, elliptische

bei Fabrizio Clerici: s. u. Ei (W. Schmied)

–, erotische

bei Christiane Maether: → Brötchen

Form, eruptiv sich entladende
bei Peter Brüning: »Die eruptiv sich entladende Form bedeutete die absolute Freiheit. Ein Anarchismus des Beliebigen auf der Fläche der Leinwand aber hätte sie wieder aufs Spiel gesetzt« [um 1959]. Rolf-Gunter Dienst (1973, S. 10)
–, fischblasenartige
bei Max Ackermann: »Durch diese Linie [in: Zeichnung, 1940] entstand innerhalb des rechten Ovals eine fischblasenartige Form, in die A. ein Auge gezeichnet hat, das nun beiden Bereichen angehört, dem des Frontalgesichts und dem des Profils. So sind die Polaritäten zugleich getrennt und verbunden, Tag- und Nachtgesicht in einem, Symbol des ständigen Wechsels sich ergänzender Elemente. A. hat diese Symbolfigur in mehreren Varianten [1941] weitergeführt und vereinfacht.« Hans H. Hofstätter (1972, S. 32)
–, gegenstandslose
bei Max Ackermann: »... auch wenn die menschliche Figur der gegenstandslosen Form weicht, letztere jedoch als direktes Symbol menschlicher Erfahrung verstanden werden kann.« Hans H. Hofstätter (1972, S. 17)
–, geometrische
bei Hans Arp: Frieden u. a. (s. u. Linie, waagerechte)
–, gerundete
bei Hans Arp: Transformation und Dauer (s. u. Linie, waagerechte)
–, innere und äußere
bei Henry Moore: s. u. Formen', 'Innere und äußere
–, klassische
bei Constantin Brancusi: s. u. Bogen
–, kristalline
bei Walter Gropius: »Die kristalline Form [in: 'Denkmal der Märzgefallenen', Weimar 1922] stand als Zeichen von Ursprünglichkeit und Anfang, Licht und Reinheit. Sie sollte das Streben zu einer 'besseren' Gesellschaft und dem Neuanfang nach dem Ersten Weltkrieg anzeigen.« Rolf Peter Baacke/ Michael Nungesser (1977, S. 290)
–, kristallinische
bei Lyonel Feininger: s. u. Kirche (K. Ruhrberg)
–, nukleare
bei Salvador Dali: s. u. Madonna, Auferstehung der
–, phallische
bei Rudolf Hausner: → Spule
–, spitzwinklige
bei Norbert Kricke: »Im Gegensatz dazu erscheint die 'Geschwindigkeit' der in den Raum schießenden spitzwinkligen Form [in den Plastiken von 1950–54] durch das ungebrochene Weiß gesteigert. Heute neigt man leicht dazu, diese Plastiken als Symbole für Weltraumraketen zu sehen; als sie entstanden, gab es jedoch noch keinen Sputnik und keine Venussonde. Der Künstler gestaltete intuitiv die neue Raumerfahrung der Astronauten ...« John Anthony Thwaites (1964, S. 28)
–, vollkommene
bei René Magritte: Kreis
–, weibliche
bei Wols: Flasche (s. u. Schnapsflasche)
–, zersplitterte
bei Ernst Ludwig Kirchner: Aufsplitterung des Menschen (s. u. Farben)
Formblüten, makroskopische
bei Willi Baumeister: Weltgeist (s. u. Montaru)
Formeln, mathematische
bei Karl Bohrmann: »Der Abstraktion des Raumes dienen auch die zuweilen verwendeten mathematischen Formeln [in: 'Ohne Titel', 1966] oder Vektoren, die in das Blatt eingezeichnet sind (...): Sie stehen als Symbol für eine Realität, die ihrem eigentlichen Wesen nach eher der begrifflich-gedanklichen als der unmittelbar sinnlich angeschauten Welt entstammt.« Wolfgang Wunderlich (1973, o. S.)
Formen, abgeschliffene
bei Hans Arp: s. u. Holzstücke, angetriebene
–, Ähnlichkeit der
bei Wassily Kandinsky: Verwandtschaft (s. u. Kreis/C. Seckel)
–, animalische
bei Joan Miró: »Von der linken und rechten unteren Seite [in: 'Bildnis der Madame K.', 1924] stoßen animalische und vegetative Formen zum Zentrum der so sensiblen Architektur vor, Gebilde, die die Bedrohungen und Verführungen des Sexus symbolisieren.« Walter Erben (1959, S. 118)
–, anthropomorphe
bei Joachim Bandau: 'technisches' Menschenbild (s. u. Appartur, emotionsfrei reagierende)
–, [biomorphe]
bei Rudolf Hoflehner: s. u. Geschlechtsorgan, männliches; s. u. Sisyphos
–, geometrische
bei Rudolf Hausner: »Geometrische Formen stehen in meinen Bildern als Zeugen rationaler Disziplin.« Rudolf Hausner (1971, o. S.)
–, gerundete
bei Henri Matisse: s. u. Lothringerstuhl

–', 'Innere und äußere
bei Henry Moore: »Die 'Inneren und äußeren Formen' [1951] verkörpern eine mythische Daseinsstufe, auf der das Männliche noch unlösbar mit dem Weiblichen verbunden ist und mit ihm ein Ganzes bildet.
So verschmilzt auch in M.s Schöpfung der Akt der Befruchtung mit dem der Geburt, die Begattung mit der Mutterschaft. Noch deutlicher enthüllt sich diese ambivalente Symbolik in der Holzfassung der 'Inneren und äußeren Formen'.
Werner Hofmann (1959, S. 93)

–, kristalline
bei Oscar Dominguez: s. u. kristalline Formen

–, lemurenartige
bei Pierre Dimitrienko: »Etwas Archaisches und Anonymes, etwas Außermenschliches und Distanziertes teilen diese rätselhaft lemurenartigen Formen [seit 1959] mit. Als Metaphern von menschlicher Kommunikationslosigkeit könnten sie eine malerische entsprechung zu Texten von Samuel Beckett darstellen.«
Wolfgang Sauré (1975, S. 47)

–, oval-runde
bei Constantin Brancusi: → Fruchtbarkeit

–, phantastische
bei Jorge Castillo: s. u. Paravent

–, runde
bei Pablo Picasso: »Wollte man ein Lexikon dieser frühkubistischen Formen aufstellen, so könnte man unter 'runder Form' die Bedeutungen Haar, Brust, Frucht eintragen. Eine Formvokabel kann eine Vielfalt von Bezeichnungen ausdrücken. Im Verlauf der analytischen Periode des Kubismus hat P. die Mehrdeutigkeit gleicher Formen innerhalb eines Bildes oder einer Plastik geradezu zum Gestaltungsprinzip erhoben.«
Werner Spies (1971 c, S. 26)

–, schlaffe
bei Salvador Dali: s. u. Löwenkopf

–, sich wiederholende
bei C. Brancusi: s. u. Säule, endlose (D. Lewis)

–, technoide
bei Rudolf Hausner: Ersatz für das Trojanische Pferd (s. u. Laokoon/R. Hausner)

–, übertrieben weibliche
bei Rudolf Hausner: s. u. Anima

–, Unmasse gleicher und ähnlicher
bei Max Ernst: »Das Gefühl für 'Verwandtschaft' kann sich auch durch Gruppen- und Scharbildung ausdrücken. Für die letztere steht hier die 'Möwenschule' [1958] von E. Bei der Scharbildung ist es die Unmasse gleicher und ähnlicher Formen.« Curt Seckel (1967, S. 183)

–, vegetative
bei Joan Miró: Bedrohungen und Verführungen des Sexus (s. u. Formen, animalische)

–, verrenkte
bei Paul Wunderlich: »Der Weltschmerz findet oft seinen Ausdruck in Gefügen von verrenkten Formen, die seelisches Leiden widerspiegeln.«
Riva Castleman (1973, S. 94)

–, vertikale
bei Max Ackermann: s. u. Blau, Rot und Gelb

–, zerrissene
bei Jackson Pollock: Streit-Formen (s. u. Pfähle, blauschwarze)

–, zersplitterte
bei Jackson Pollock: Streit (s. u. Linien, spitzige)

–, zuckende
bei Erich Brauer: s. u. Mischgewächse

Formzacken
bei Rudolf Belling: s. u. Basisschale

Forts
bei Rudolf Hausner: s. u. Parks, Plan des

Fortuna, Rad der
bei Marc Chagall: s. u. Adam und Eva

Fossilien
bei Marino Marini: → Reiter; s. u. Reittiere

Fotografie, abgemalte
bei Gerhard Richter: »R. erreicht in seinen gemalten fotografischen Schnappschüssen äußerste technische Raffinesse, seine 'Geöffnete Tür' [in: 'Fünf Türen', 1967] vermittelt in ihrer lichtreflexiven Echtheit die suggestive Wirkung realer Objektgegenwart im Raum. In der Konkretion der totalen Illusion liefert R. mit seinen abgemalten Fotografien zugleich hintergründige Symbole unserer modernen kapitalistischen Realität.«
Karin Thomas (1971, S. 315)

Frack
bei Max Beckmann: s. u. Smoking

Fragment
s. Teil III

Franco
bei Pablo Picasso: »Entsprechend gerät Franco auch auf den Radierungen ['Traum und Lüge Francos', 1937] zur phallischen Karikatur monströs entarteter Männlichkeit, die nur Leid und Verwüstung zeugt.«
Wilfried Wiegand (1973, S. 105)
Monster-Rübe (s. u. Rübe)

Francos, Blutegelkopf
bei Pablo Picasso: fortschrittsfeindlicher Charakter der faschistischen 'Revolutionen' (s. u. Blutegelkopf Francos)

Frankreich
bei Max Beckmann: → Sphinxe (F. W. Fischer)

Frankreichs, Besetzung
bei Pablo Picasso: s. u. Totenkopf (R. Penrose)
Fratzen, negroide
bei Pablo Picasso: Magie der Verzweiflung (s. u. Gestalt, den Vorhang aufreißende)
Frau vgl. Weib
bei Max Beckmann: »Auf dem rechten Flügel des Triptychons ['Karneval', 1943] fehlt jeder negative Akzent im Verhältnis zwischen Mann und Frau. Der Vertriebene hat die Last offenbar freiwillig auf sich geladen. Es scheint, als sei die Frau das einzige Gut, welches ihm bleibt. Man könnte demnach die Deutung des Triptychons hypothetisch wie folgt skizzieren: nach der Vertreibung aus dem Paradies kommt der Frau eine besondere Aufgabe zu. Sie zügelt die beiden verhängnisvollen Triebe der ins Elend verstoßenen Menschheit: den Aggressions- und den Todestrieb.« Friedhelm W. Fischer (1972a, S. 166)
s. u. Herz-As; s. u. Kind (L.-G. Buchheim); s. u. Knabe, weißgoldener; s. u. Paternoster
bei Hans Bellmer: »1933 konstruierte B. eine Gliederpuppe, die er später variiert und die ihm in ihrer Vieldeutigkeit als Modell dient, an dessen zeichnerischer Wiedergabe er sich abreagiert.
Alle Frauen, die B. zeichnet, sind Vervielfältigungen eines fetischbedingten Erlebnismoments; die Wirklichkeit der männlichen und weiblichen Erlebniswelt durchdringen sich gegenseitig, und jedes Moment bricht mehrfach aus dem gleichen Moment hervor.«
Hans H. Hofstätter (1969, S. 184/85)
bei Julius Bissier: → Faß (u. a.)
bei Constantin Brancusi: s. u. Tod
bei Erich Brauer: s. u. Honigverkäuferin; s. u. Turm
bei Marc Chagall: »Die Frau [in: 'Mutterschaft', 1913], die nun einen blumenübersäten Rock trägt . . ., schaut geradeaus . . . Die Figur, vom Rot wie von nährendem Lebenssaft umflossen, besitzt neben ihrer engeren Mutterbedeutung den allgemeinen Sinn des Wachsenden und Wirkenden. Sie ist ein Sinnbild der Fruchtbarkeit, verwandt den großen Mutterfiguren alter Kulturen . . .« Franz Meyer (1961, S. 204/05)
s. u. Schwangerschaft
bei Lovis Corinth: erotisches Glück u. a. (s. u. Ritter)
bei Paul Delvaux: »Während sich im Mythos der Bildhauer in seine weibliche Statue verliebt und sie zum Leben erweckt, erlöst bei D. [in: 'Pygmalion', 1939] die Frau durch ihre Umarmung den Jüngling aus der Starre des Steins. Daß er noch dazu als Torso, sie jedoch in üppiger Rubens und Permeke entlehnter Fleichlichkeit dargestellt ist, läßt darauf schließen, daß für D. die Frau als Zentrum des Lebens, der Mann jedoch unvollkommen und von ihr abhängig ist.«
Günther Metken (1977, S. 181)

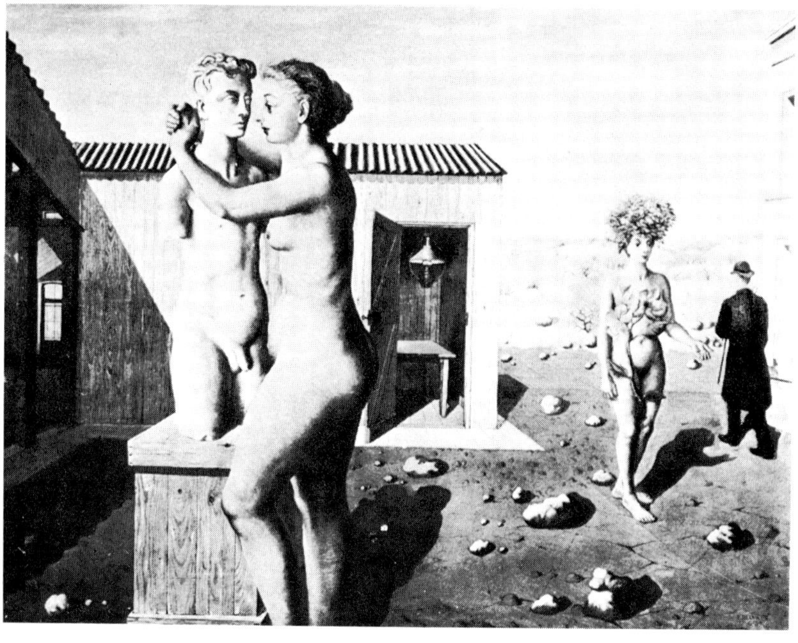

Paul Delvaux: Pygmalion, 1939

bei Marcel Duchamp: Erde (s. u. Baum)
bei Conrad Felixmüller: s. u. Fluß
bei Fidus: s. u. Kreuz
bei Alberto Giacometti: Eintiefung (s. u. Kugel); Kegelform (s. u. Hohlkugel, halbe); s. u. Löffelfrau; s. u. Palastinsel
bei Allen Jones: s. u. Sexmobiliar
bei Helmut Kies: s. u. Doppeldecker
bei Ernst Ludwig Kirchner: »Und doch überwiegt für K., im Gegensatz zu der klassisch höfischen Weise, in der Picasso in seinem Bild ['Les Saltimbanques', 1905] der Frau gegenübertritt, das dämonische Wesen der Frau. Die Frau als kindliche Jungfrau, die Frau als erotisch aggressives Symbol und die Frau als altes Weib bilden hier K.s dominierendes Trio. Unbewußt die 'Drei Lebensalter' der Frau von Munch widerspiegelnd, gibt uns K. in der 'Straße' [um 1908/09] einen zeitlosen Mythos in modernem Gewand.«
Donald E. Gordon (1968, S. 61)
bei Konrad Klapheck: Lehrmeisterin der Liebe (s. u. Badezimmerarmatur)
bei Oskar Kokoschka: s. u. Sphinx; s. u. Windsbraut (W. Hütt)
bei Willem de Kooning: »Er wurde einer der Propheten eines neuen Stils, einer neuen, intensiven Form der Expression. Jetzt führte ihn seine Neigung zur Figur zu seinen berühmten Frauenbildern [ab 1950]. Es sind überwältigende, manchmal abstoßende, immer aber hypnotische Evokationen der Frau als Sexsymbol, Fruchtbarkeitsgöttin und – in der Tradition von Edvard Munch – als blutsaugender Vampir.«
H. Havard Arnason (1970, S. 502)
bei Richard Lindner: s. u. Banner
bei René Magritte: »M.s Blick auf die Frau gibt Sartre recht, es ist ein Blick, der 'den Tod des anderen ersinnt'. Er tötet die Person, um den Gegenstand zu rühmen. Er geht so weit, den Gegenstand zu versteinern, zu foltern, zu zerschneiden, um quer durch das schönste Wesen der Welt das Mittelwesen, die Fee, die Quelle des Wunderbaren, seinen vertikalen Hohn und aggressiven Sinn für das Absurde hervortreten zu lassen. Aber, und das ist ein, ist einer der Widersprüche dieses Mannes, M. liebt die Frau. Mit nüchterner Höflichkeit erhebt er sie auf ihren Platz im Zentrum des Mysteriums. Sie ist rätselhaft und schön. Ihr Körper und ihr Gesicht zeigen oft die gleiche unbewegte Ruhe. Eine Taube auf der Schulter, eine subtile Wendung der Hüfte, die Andeutung einer Geste verwandeln die Frau in eine Magierin.« René Passeron (1971, S. 57)
s. u. Melone, Subjekt unter der
bei André Masson: »Das Bild der Frau drängt in den Vordergrund [ab 1925], in mythischer Weise, als Eroszeichen, als Muttergöttin, als Versucherin im Kampf der Geschlechter, als ewige Zeugungslockung.« Werner Haftmann (1965, S. 7)
bei Joan Miró: Lebensprinzip (s. u. V-Form)
bei Piet Mondrian: s. u. Vertikale
bei Edvard Munch: → Mörderin
bei Hanna Nagel: s. u. Mann; s. u. Schleier, roter
bei Pablo Picasso: Musikinstrument (s. u. Mandoline); Pferd (s. u. Stier/A. Henze); s. u. Spiegel (W. Wiegand)
bei Zlatko Prica: »Auch P. betrachtet die Frau als traditionelles Symbol der Fruchtbarkeit [in: 'Früchte der Erde I', 1949], einer in der Zeit des Leidens und der Ängste des XX. Jahrhunderts traurigen Fruchtbarkeit.«
Zoran Kržišnik (1963, S. V)
bei Franz von Stuck: »In den mindestens vier Gemälden, die Tilla Durieux als Circe [um 1913] zeigen, hat der durch die hintergründigen Frauendarstellungen von F. Khnopff beeindruckte St. die Frau zum Symbol einer vernichtenden Erotik erhoben.« Nello Ponente (1977, S. 125)
bei Rolf Szymanski: »Immer sind es weibliche Gestalten, die 'Synagoge' heißen . . . oder einfach 'Stehende weibliche Figur' – die Frau als Inbegriff des Lebens in ihrer Fruchtbarkeit und ihrem Schicksal als Trauernde an den Stätten von Zerstörung und Tod.« Jürgen Morschel (1972, S. 21)
bei Munio Weinraub (Gitai): → Halbkreis

–, abgearbeitete
bei Tadeusz Kulisiewicz: »Die abgearbeitete Frau aus dem Dorf [in: 'Mutterschaft', 1936], vom benachbarten Bauernhof, wird zu einem Denkmal der Mutterschaft, zu einem Symbol schützender Kraft, die die Fortdauer des Lebens garantiert.« Irena Jakimowicz (1977, B. 4)

– als Objekt/Ware
bei Max Beckmann: → Dame auf dem Spieltisch

–, alte
bei Rolf Escher: s. u. Gardinen, fehlende
bei Edvard Munch: s. u. Mond

–, alternde
bei Edvard Munch: »M.s alternde Frau rechts im Bild seines 'Tanzes in der Sommernacht', versinnbildlicht die Melancholie im Zurückschauen auf den 'Tanz des Lebens' [1899/1900], den das Bild eigentlich meint. Melancholie und Erinnerung sind ein zwingendes Begriffspaar.«
Hans H. Hofstätter (1965, S. 62)

–, am Boden hockende
bei Max Beckmann: Martyrium der Seele (s. u. Schwebende)

Frau am Meeresufer sitzend
bei Pablo Picasso: » . . . P. hat – nach einem längeren Aufenthalt im nordfranzösischen Seebad Dinard – Bilder gemalt mit Figuren, die aufeinandergesetzten Steinmonumenten gleichen. Zu diesen Bildern gehört die berühmte 'Frau am Meeresufer sitzend' [bzw. 'Badende am Strand', 1929], ein Monument aus sich verklammernden Formen, das die Einsamkeit einer vor die Weite von Meer und Himmel ausgesetzten Kreatur versinnblildlicht.« Walter Erben (1959, S. 136)
–, Apotheose der
bei Konrad Klapheck: → Nähmaschine mit Ornament
–, Archetypus der
bei Marino Marini: Fruchtbarkeitsgöttin (s. u. Ersilia)
bei Niki de Saint-Phalle: → Figur, liegende
–, beim Kämmen
bei Max Beckmann: »In dem oberen rechten Bullauge [in: 'Cabins', 1948] erkennen wir eine Frau. Sie scheint sich zu kämmen. In der Symbolsprache B.s bedeutet dies die Eitelkeit oder die Vanitas, der Vergänglichkeit.«
Wolf-Michael Pauseback (1975, S. 49)
–', 'Brütende
bei Pablo Picasso: »P.s 'Brütende Frau' [1904?] ist ein solches [träumendes] Geschöpf. Sie stammt von den Gestalten an den trostlosen Caféhaus-Tischen ab, deren abgestumpfte Regungslosigkeit wenige Jahre früher von Degas und Toulouse-Lautrec entdeckt worden war. Darin steckte, noch milieugebunden, eine symbolische Aussage über die Verlassenheit der Kreatur. P. geht weiter: er verzichtet darauf, Ort und Stunde festzulegen, das soziale Klima zu kommentieren. Er will den Prototyp herausschälen. Die Gestalt hat etwas von der drohenden Passivität der Sphinx, die ihren Opfern auflauert und zugleich die Gefangene ihrer eigenen Rätselhaftigkeit ist. In den Farbnebeln, die sie umhüllen, findet der Pinsel ein vielschichtiges Gleichnis für die andringenden Bilder des Wachtraumes, die totale Ungewißheit und die Bodenlosigkeit des Alleinseins.« Werner Hofmann (1966b, S. 34)
–, Brücke vom Mann zur
bei Henry Moore: Kinder (s. u. Sitzende)
–, der spitzig-hackige Kopf der
bei Henry Moore: furchtbare Mutter (s. u. Kopf der Frau, der spitzig-hackige)
–, dunkelgekleidete
bei Edvard Munch: Alter und Hoffnungslosigkeit (s. u. Frauengestalten)
–, Eroberung einer
bei Marcel Duchamp: s. u. Verkleidung
–, erregende
bei Max Beckmann: Objekt bzw. Ware (s. u. Dame auf dem Spieltisch)
–, Form einer
bei Pablo Picasso: s. u. Gitarre
–, Gesicht einer
bei Andy Warhol: Exibitionismus amerikanischer Gefühlswerte (s. u. Gesicht einer Frau)
–, Gesicht seiner
bei Marc Chagall: familiäre Umwelt (s. u. Gesicht seiner Frau)
–, Gestalt der schwebenden
bei Max Beckmann: Freiheit (s. u. Schwebende)
–, Haar der
bei Edvard Munch: das Bindende (s. u. Haar/A. Moen)
–, halbverschleierte
bei Max Beckmann: indische Todesgöttin Kali (s. u. Gesicht, pechschwarzes)
– im Vollbesitz ihrer Weiblichkeit
bei Marc Chagall: → Engel, flammender
– im Wind
bei Ernst Barlach: → Lauschende
– in 'Solitaire'
bei Richard Lindner: »Für L. ist das Bewußtsein die umfassendste der erogenen Zonen, Angelpunkt aller Reize und Phantasien. Daraus beziehen seine Gemälde von Paaren ihre besondere Eindringlichkeit, ihren Schein unüberwindlicher Einsamkeit, denn jeder dieser 'Partner' befindet sich in der Lage der in 'Solitaire' – Patience – (1973) dargestellten Frau und spielt wie sie ein Spiel einsamer Selbstbefriedigung. Der Körper ist dargestellt wie eine Maschine, als anonyme Konstruktion aus beweglichen Teilen, die während der erotischen Transaktionen den jeweiligen Wünschen des Bewußtseins gemäß ausgewechselt werden können.« Hilton Kramer (1975, S. 30)
–, junge
bei Max Beckmann: kreatürliches Leiden (s. u. Hund, zähnefletschender)
bei Hans Erni: s. u. Papier
bei Giacomo Manzù: »Halb sitzend, halb sich an einen unbestimmten Hintergrund lehnend und ihre Glieder gelöst ausstreckend, erscheint die junge Frau [Signora Lampugnani als 'Dame im Morgenrock', 1946] wie ein Sinnbild entspannten Träumens.« John Rewald (1966, S. 46)
bei Ernst Müller: s. u. Schwert', 'Des Reiches
–, katalonische
bei Julio Gonzalez: → 'La Montserrat'

–, Körper der
bei Aristide Maillol: »Bei M. dagegen ist der Körper der Frau mit seinen Furchen, den fließenden Haaren, den geschwungenen Linien und Erhebungen geradezu ein Symbol der Natur. In ihm stellt er erhabene und vertraute Landschaften, majestätische und liebliche Gärten dar.«
Denis Chevalier (1971, S. 72)
–, Leib der
bei Max Ernst: s. u. Geburtsgeheimnis
–, Leib seiner
bei Rudolf Hausner: s. u. Patria-Figur
–, liegende
bei Max Beckmann: »In dem mittleren Bullauge [in: 'Cabins', 1948] erkennen wir eine liegende Frau: die Verführung.«
Wolf-Michael Pauseback (1975, S. 49)
bei Max Klinger: s. u. Heros, sitzender nackter
–, Mann und
bei Max Beckmann: 'Reise auf dem Fisch' (s. u. Fische, übergroße); s. u. Frau; s. u. Knospen, überdimensionale
bei Constantin Brancusi: s. u. Liebende; s. u. Tod
bei Marc Chagall: Ganzheit im Gefühlsleben (s. u. Mann und Frau); s. u. Liebespaare
bei Alberto Giacometti: Distanz der Geschlechter (s. u. Frauen)
bei Marino Marini: Volk (s. u. Mann und Frau)
bei Henry Rousseau: ewige Helden (s. u. Hund)
bei Munio Weinraub (Gitai): sich nach oben öffnender → Halbkreis und Dreieck
– mit abgetrenntem Kopf
bei Marc Chagall: s. u. Magd (mit abgetrenntem Kopf)
– mit angepreßten Händen
bei Alberto Giacometti: Distanz der Geschlechter (s. u. Frauen)
–, mit einem Bein sich abstoßend
bei Pablo Picasso: »Die eine der Figuren [in: 'Drei Frauen', 1923] versinnbildlichte das Entschwinden in die Unendlichkeit: mit einem Bein sich abstoßend, flog sie, zerrspiegelartig verkürzt, so weit ins Endlose, daß Kopf und Hand in der Luft sich auflösten.«
Paul Ferdinand Schmidt (1952, S. 142)
– mit langem Haar, nackte
bei René Magritte: 'dritte Dimension' (s. u. Flasche, bemalte)
– mit riesenhaftem Profil
bei Pablo Picasso: s. u. Lampe
–, mythischer Archetypus der
bei Marino Marini: → Ersilia
–, nackte
bei René Magritte: s. u. Flasche, bemalte

–, Not der
bei Käthe Kollwitz: → Zertretene
–, reife
bei Henry Moore: s. u. Frau, sitzende
–, Schoß der
bei Marc Chagall: s. u. Blumenstrauß (H. Demisch)
bei Hanna Nagel: s. u. Bergstädtchen
–, schwangere
bei Pablo Picasso: Archetyp der Fruchtbarkeit (s. u. Ziege); Fruchtbarkeit (s. u. Schwangere)
–, Schmerz dieser
bei Ossip Zadkine: s. u. Arme, emporgestreckte
–, schwebende
bei Max Beckmann: Bild mystischer Ekstase (s. u. Schwebende)
–, sitzende
bei Henry Moore: »Wir blieben in einer Art Hain stehen, wo sein riesenhafter Bronzeakt, 'Sitzende Frau' genannt, von jungen Bäumen und Büschen umgeben ist. Wie unwillkürlich oder einem alten Brauch gehorchend, strich M. mit der Hand über den Rücken der Figur.
"Wissen Sie, jedesmal, wenn ich diese Figur sehe, denke ich an etwas, das sich während meiner Knabenzeit ereignete und das zum Entwurf dieser Figur beitrug. Ich wurde als jüngstes von den 7 Kindern eines Bergarbeiters geboren, und meine Mutter war nicht mehr jung. Sie litt an Rheumatismus, und oft, wenn ich aus der Schule nach Hause kam, sagte sie: 'Henry, mein Junge, komm und reib mir den Rücken ein!' Dann rieb ich ihr den Rücken mit einer Salbe ein. Als ich diese Figur modellierte, die eine reife Frau darstellt, entdeckte ich, daß unwillkürlich unter meiner Hand

Richard Lindner: Solitaire, 1973

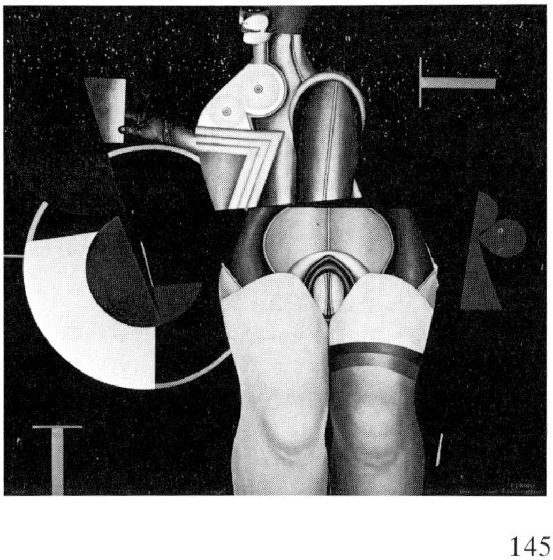

die Form des Rückens entstanden war, den ich als Junge so oft eingerieben hatte."«

Edouard Roditi (1960, S. 120/21)

bei George Segal: s. u. Penis, künstlicher

Frau, starre

bei Paul Delvaux: → Kontaktlosigkeit

–, tote

bei Pablo Picasso: » . . . ein unter der Drohung des Minotaurus [in: 'Minotauromachie', 1935] sich aufbäumendes Pferd beobachtet, auf dessen Rücken eine offenbar tote Frau ausgestreckt liegt . . . das Opferpferd, das auf seinem Rücken die überwältigte Libido trägt . . .«

Herbert Read (1963, S. 78)

s. u. Kind mit hochgehaltenem Licht

–, tot im Gelände

bei Pablo Picasso: »Die 2. Szene [der 2. Platte von 'Traum und Lüge Francos', 1937] beschreibt die Figur einer Frau, die tot im Gelände liegt. Vermutlich haben wir es mit einer Reminiszens Goyas zu tun, dessen Radierung 'Murio la Verdad' ('Die Wahrheit ist tot') aus den 'Desastres' eine ähnliche Figur im Vordergrund hat. Der Zusammenhang ist nicht nur ein formeller, weil P.s Figur beinahe mit Sicherheit für die Wahrheit steht, getötet von den bösen Mächten der Insurgenten.« Anthony Blunt (1969, S. 12)

–, tot in der Landschaft

bei Pablo Picasso: »Im zwölften [Bild: 'Traum und Lüge Francos', 1937] liegt ein weißes Pferd offenbar tot am Boden; unter ihm schaut der Oberkörper eines Mannes mit dem bärtigen Kopf des Mannes auf der Leiter in der 'Minotauromachie' hervor. Bemerkenswert ist, daß in ersichtlicher Parallele zu dieser Szene in der vorhergehenden eine Frau tot in der Landschaft liegt; auch hier werden also Pferd und Frau wieder gleichgesetzt.

Da im übrigen der Minotaurus in mehreren bildhaften Zeichnungen von 1936 geradezu als Feind und Vernichter des Pferdes erscheinen wird, so findet die Gleichsetzung Weib–Pferd, wie sie schon früher im 'Chef d'oeuvre inconnu' angedeutet ist, im Rahmen des Minotaurus-Themas eine erneute Bestätigung.«

Wilhelm Boeck (1955, S. 213, 220)

–, trauernd gebeugte

bei Werner Tübke: s. u. Taube

– und Kind, Mann,

bei Pablo Picasso: s. u. Gaukler (A. Henze)

– und Schlange

bei Alfred Kubin: »In K.s Traumvorstellung haben sich Frau und Schlange zu einem einzigen Wesen verbunden, das für ihn die wilde, arglistige, tierische Natur des Weibes symbolisiert und so eine tief eingewurzelte Angst vor dem Sex ausdrückt.« František Šmejkal (1974, S. 17)

– und Stierkopf

bei Jacques Lipchitz: »Das Doppelbildnis von Frau und Stierkopf bringt L. [in: 'Mutter und Kind II', 1941–45] mit dem Mythos von Europa und dem Stier in Zusammenhang und bezeichnet es als ein Symbol des teils verzweifelten, teils hoffenden, teils besiegten Europa.«

A. H. Barr jr./W.S. Liebermann (1956, S. 95)

–, verhängnisvolle

bei Max Beckmann: Femme fatale (s. u. Herzsymbol, schwarzes)

– vom Leibe getrennt, Kopf der

bei Marc Chagall: 'leibfreie' Seelenerfassung (s. u. Kopf der Frau vom Leibe getrennt)

–', 'Weinende

bei Ernst Barlach: Not und Elend (s. u. Mädchen', 'Frierendes)

bei Pablo Picasso: s. u. Menschengesicht, von Schmerz aufgelöstes

– Welt

bei Max Beckmann: blondes Weib (s. u. Jüngling, nackter)

bei Alfred Kubin: → Weib als Rückenakt, nacktes

'–', Wunschbild

bei Maurice Hirshfield: → Mannequin-Göttinnen, nackte

Frauen

bei Alberto Giacometti: »Mann und Frau [in: 'Der Käfig', 1950] – der Mann nur als Büste mit sehr langem Hals und etwas zurückgelegtem Kopf, im Profil gesehen, wenn man die Frauenfigur frontal vor sich hat; die Frau mit angepreßten Händen reglos auf einem Sockel stehend –: Natürlich ist da die Distanz der Geschlechter, die unmögliche Erlösung nach der Vertreibung aus dem Paradies zu sehen. Aber die Figurine mit dem eigenen Sockel kann auch als 'Kunstwerk im Kunstwerk' gemeint sein; als Kunstwerk Metapher für das, was stehende Frauen bei G. seit 1932 (schreitend, schwanger, auf Karren und Rädern) immer ausdrücken: das kontinuierende Leben; Metapher für die einzige dem Mann verliehene Schöpferkraft innerhalb der Wirklichkeit: das visionäre Weltverständnis und seine Formulierung im Kunstwerk.«

Reinhold Hohl (1971, S. 140)

bei Werner Gilles: s. u. Harpyen

bei Ernst Ludwig Kirchner: s. u. Kriegerwitwen

bei Richard Lindner: unerschöpfliche Lebenskraft (s. u. Weib, allmächtiges)
bei Jacques Monory: s. u. Fingernägel, lackierte
bei Henry Moore: s. u. 'setting' von kahlen Mauern
bei Pablo Picasso: »Es trifft zu, daß Guernica zur Zeit des Angriffs weitgehend eine Stadt von Frauen und Kindern war: die meisten Männer kämpften an der Front. Aber P.s Wahl hat mehr zu bedeuten. Die Frauen machen aus 'Guernica' [1937] ein Sinnbild der unschuldigen, wehrlosen Menschheit, die hingeschlachtet wird. Auch sind Frauen und Kinder oftmals von P. als letzte Vollendung des Menschen dargestellt worden.«
s. u. Corrida Rudolf Arnheim (1964, S. 24)
bei Kosta Angeli Radovani: »R.s *Badende* [1950] gehört zu einem Zyklus elementarer Frauengestalten, die dem doppelten Klima mediterraner Verklärung und afrikanischer Urwüchsigkeit entstammen. Die breithüftig, kurzbeinigen, der Materie ihres Fleisches verhafteten Frauen sind Inkarnationen der Fruchtbarkeit und Reife, sie entstammen einer überfeinerten und intellektuellen Sensibilität.« Oto Bihalji-Merin (1962, S. 36)
bei Alfred Stieglitz: animalische Geistigkeit (s. u. Pferde)
– als Hüterinnen
bei Leonor Fini: »Nach einer Periode, in der sie das Prinzip des Mütterlichen durch Frauen, die als Hüterinnen eines heiligen roten oder schwarzen Eies dargestellt waren, zum Ausdruck brachte, entstanden Bildnisse einsamer nackter sylphidenhafter Wesen . . .«
Sarane Alexandrian (1973 a, S. 31)
– am Brunnen', 'Drei
bei Pablo Picasso: → Mutter
– angeln
bei Max Beckmann: s. u. Fische mit Menschenköpfen
–, die auf ihre Beute harren
bei Paul Klee: → Häuser
–, die ihr Haar trocknen
bei John Sloan: »Die drei Frauen, die vor der Kulisse von Schornsteinen und Mietskasernen ihr Haar in der Sonne trocknen [in: 'Sonntag, Frauen trocknen ihr Haar', 1912], können als Symbolfiguren jenes auch in der gleichzeitigen amerikanischen Literatur, etwa bei Th. Dreiser, spürbaren sozialkritischen Engagements gelten, das mit realistischen Mitteln im Flüchtigen und Episodischen nach gleichnishaftem Ausdruck sucht.«
Nello Ponente (1977, S. 139)
–, drei
bei Reginald Butler: s. u. Turm
– mit breiten Hüften
bei Marino Marini: Fruchtbarkeit (s. u. Pomonas)
–, nackte
bei Paula Modersohn-Becker: »Die grobknochigen, aber monumentalen nackten Frauen, die ihre Kinder halten, sind poetische Sinnbilder für Erdennähe und Fruchtbarkeit.«
Bernard S. Myers (1957, S. 54)
–, Ruhe der
bei Paul Delvaux: s. u. Straßenbahnzug
–, stehende
bei Alberto Giacometti: das kontinuierende Leben (s. u. Frauen)
–, üppige, nackte
bei Max Beckmann: Anreizung sexueller Begierde (s. u. Angler)
– und Kindern, Zug von
bei Albert Lüthi: »Bemerkenswert ist das dreiteilige Glasfenster 'Der wehrhafte Friede', das L. für die Halle des deutschen Hauses auf der Pariser Weltausstellung von 1900 fertigte. Es zeigt als Hauptfigur einen geharnischten Ritter zu Pferde mit einem Palmzweig in der Rechten, begleitet von einem Zug von Frauen und Kindern, die den Ackerbau, das Handwerk und die Künste symbolisieren.« Siegmar Holsten (1976, S. 21)
–, zwei
bei Max Beckmann: s. u. Gesicht, pechschwarzes
Frauenantlitz
bei Peter Klasen: s. u. Spritze
Frauenbein, mit Strumpf und hochhackigem Schuh bekleidetes
bei Allen Jones: »Das mit Strumpf und hochhakkigem Schuh bekleidete Frauenbein [in: 'La Sheer', 1968] [wird] zum Sinnbild des erotischen Reizes, der sich zum Sex-Appeal-Fetischismus steigert.« Karin Thomas (1971, S. 310)
Frauenfigur, reglose
bei Alberto Giacometti: s. u. Gräberfeld
Frauenfiguren in Lebensgröße
bei Paul Harris: »Wie Oldenburg aus Gips und bemalter Leinwand Ersatzmahlzeiten formt, näht H. Frauenfiguren in Lebensgröße. Aus Stoffen geformt, elegant gekleidet, auf das Sofa ausgestreckt oder an Kunstblumen riechend, sind diese Frauengestalten mit leeren Stoffgesichtern, stereotypen Gesten und Haltungen keine Persönlichkeiten, sie sind Prototypen ihrer Umwelt.«
Oto Bihalji-Merin (1969, S. 83)
Frauengesicht
bei Salvador Dali: s. u. Krug mit Henkel
–, lüsternes
bei Salvador Dali: s. u. Löwenkopf, zähnefletschender

Frauengestalt
bei Ernst Barlach: s. u. Gestalt, schwebende
bei André Masson: s. u. 'Organe', pflanzenartige
–, jugendliche
bei Gerhard Bondzin: s. u. Fahnenträgerin
Frauengestalten
bei Reginald Butler: Zeugen (s. u. Richtstätte, käfigartige)
bei Paul Delvaux: »Die schönen, nackten und sinnlichen, dabei aber unzugänglichen Frauengestalten sind nicht von dieser Welt. Es sind Geschöpfe, die in unseren Träumen erscheinen, auf Plätzen unwirklicher verlassener Städte, in dunklen Alleen, Wartesälen oder in Begleitung gleichgültiger, voll bekleideter Männer . . . In Wahrheit sind es jedoch nur die endlosen Abwandlungen eines einzigen Wachtraumes aus seiner Kindheit, des Traumes seiner unerfüllten pubertalen Sehnsucht. Denn alle diese Frauen sind die unterbewußte Inkarnation der Mutter des Malers – darum sind sie so verführerisch, zugleich aber unzugänglich, darum sind sie zu endlosem Warten und zur Unberührbarkeit verurteilt . . .« František Šmejkal (1974, S. 35)
bei Alberto Giacometti: »Diese großen und kleinen Frauengestalten [nach 1945] sind in der hieratischen Unbeweglichkeit der Götzen erstarrt; aber von weitem sehen sie aus wie Silhouetten, als würden sie sich, ihrer Persönlichkeit beraubt, in Schatten wandeln: Symbole der Jahre des Schreckens, der Angst und der Verzweiflung.«
Giuseppe Marchiori (1970, S. 46)
bei Allen Jones: s. u. Beine in Nylonstrümpfen
bei Joan Miró: »Die Frauengestalten, die zu dieser Zeit entstehen [z. B. 'Frauenkopf', 1938], sind die grausamsten Geschöpfe der surrealistischen, der sadomasochistischen Vorstellung: 'Femme assise' [1939], 'Tête de femme' (1938) wären groteske Ungeheuer, wenn man sie als gegenständliche Abbilder betrachten würde; sie sind aber Sinnbilder oder Bildzeichen. Sie vereinigen in sich alle aggressiven Ängste, die der Maler vor den Greueln in der europäischen Gesellschaft jener Zeit empfindet: vor dem Spanischen Bürgerkrieg, vor der Münchner Konferenz, vor den schneidenden Stiefeln, vor dem Rassismus.« René Passeron (1975, S. 207)
bei Edvard Munch: »Der 'Tanz des Lebens', 1899/1900 von M., nimmt in der Gruppe der 'pilosophisch geprägten Tanzdarstellungen' eine Sonderstellung ein. An einem vom M.s typischen Sonnenzeichen beleuchteten Meeresstrand begegnen wir tanzenden Paaren und einzelnen Frauengestalten, Verkörperungen verschiedener Lebensstadien und Erfahrungen: Jugend und Erwartung – linkes, hellgekleidetes Mädchen –, Alter und Hoffnungslosigkeit – rechte, dunkelgekleidete Frau –, Liebe und Zusammengehörigkeit – mittleres Paar –, Gier und wilde Lust – rechtes Paar; im Hintergrund tanzende, 'gesichtslose' Paare. Die einzelnen Gestalten und Figurengruppen werden durch ein isolierendes Linienspiel von einander abgesetzt und getrennt. Die Verbindung zueinander wird aufgehoben. Der 'Tanz des Lebens' bezeichnet im übertragenen Sinne die Einsamkeit und Verlorenheit der

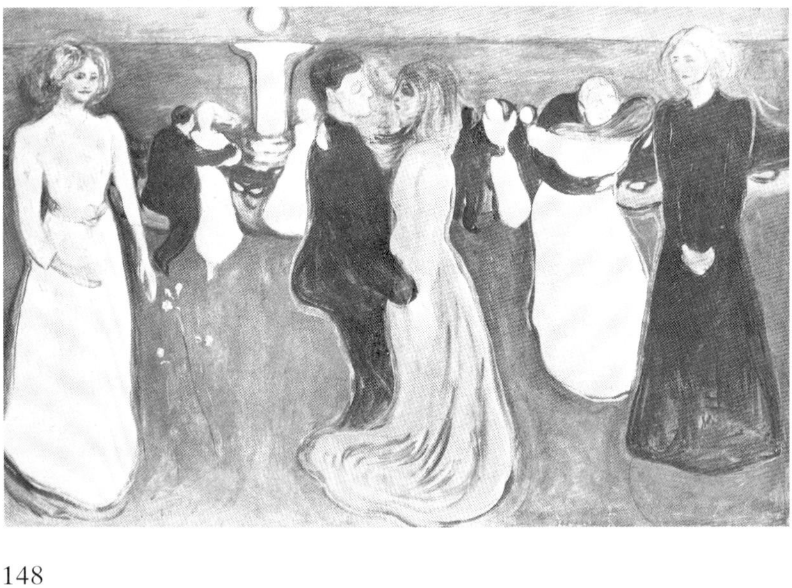

Edvard Munch: Der Tanz des Lebens, 1899/1900

menschlichen Existenz, die nur in wenigen Augenblicken überwunden werden können.«
Christine Farese-Sperken (1969, S. 45/6)

–, rätselhafte
bei Max Beckmann: » . . . die rätselhaften Frauengestalten auf dem oberen Rang aber blieben ganz unerkannt . . . [in: 'Der Leiermann', 1935]. Es handelt sich hier um ein Bild der indischen Kali, jener schwarzen Göttin, die den zerstörerischen Aspekt des Lebens verkörpert und die wilde, blutgierige Natur der indischen Göttermutter und Muttergottheit Devi personifiziert. Folgerichtig ist ihr links eine Personifikation der erhaltenden, schützenden und gebärenden Devi zugeordnet. Beide Aspekte gehören nach indischer Auffassung zum Wesen der Muttergottheit, und beide zusammen vermitteln erst ein Bild des Lebens.«
Friedhelm W. Fischer (1972a, S. 133/34)

–, riesige hierarchische
bei Leonardo Cremonini: »Die Reiche der Menschen, im männlichen Prinzip reduziert, werden zu einer matriarchalischen Ordnung. Diese ist ganz und gar von den riesigen hierarchischen Frauengestalten beherrscht, die, von Kindern umgeben [z. B. 'Donne tra le rocce', 1954/55] oder alleine, stets archaisierende Mutterschaft verkörpern; Mutter-Göttinnen, die in einer bis auf die Strukturen freigelegten Mittelmeerlandschaft gemalt sind.«
Pierre Gaudiberti (1970, o. S.)

Frauenhaar
bei Fernand Léger: → Doppelwelle

Frauenhüften
bei Ernst Wilhelm Nay: s. u. Mensch

Frauenkörper, hohle
bei Gaston Lachaise: »Schwungvoll geblähte, aber innerlich hohle Frauenkörper modellierte der aus Frankreich stammende Amerikaner L. Er schuf mit seinen athletischen Fruchtbarkeitsidolen eine Art 'Überweib' und damit ein weiteres Symptom für die gefährliche Verflachung vom Humanismus zum Sensualismus.«
Werner Hofmann (1958, S. 61)

–, nackter
bei Max Ackermann: s. u. Pflanze, stilisierte

–, unförmige
bei Jean Dubuffet: »1950 beginnt dann die Serie 'Corps de dames', unförmige Frauenkörper, die aus dem erdigen Grund hervortreten wie Verkörperungen einer fruchtbaren Erde, vergleichbar den prähistorischen Fruchtbarkeitsidolen.«
Werner Haftmann (1970, S. 46)

Frauenleib
bei Alberto Giacometti: Muldenform (s. u. Löffelfrau); s. u. Körper, großer

Frauenleiber
bei Ernst Wilhelm Nay: s. u. Rosa, hektisches

Frauentorsi, posierende
bei Paul Wunderlich: »W. zeigt die Konsequenz dieses totalen Getriebenseins, indem er kunstvoll verstümmelte oder mondän geputzte, posierende Frauentorsi konstruiert, die das perfekte Eingespanntsein in den Mechanismus des erotischen Triebes vergegenwärtigen, zugleich aber in ambivalenter Hintergründigkeit wiederum die Illusion als solche transparent machen, da sie als manieriert künstliche Wesen der Außenwelt enthoben scheinen.« Karin Thomas (1971, S. 175)

Frauentorso
bei René Magritte: s. u. Kreis

Freiheitsstatue
bei Richard Lindner: s. u. Banner

Fremde
bei Lyonel Feininger: → Männer im Zylinder

–, der
bei Max Beckmann: s. u. Krücke

Freunde
bei Ernst Ludwig Kirchner: »Die 'Freunde' [1923] sind zum Symbol menschlicher Zweiheit geworden . . .« Will Grohmann (1926, S. 47)

Friedensbringerin
bei Theo Balden: s. u. Taube und Raubvogel

Friedensbrecher
bei Pablo Picasso: Stier (s. u. Kopf mit Arm und Lampe)

Friedensfürsten, Ruhe des
bei Ernst Barlach: s. u. Drängen, verführerisches

Friedenstaube
bei Ewald Mataré: »Beide Symbole [Hahn und Pelikan] kennzeichnen das Wirken der Kirche. Sie beziehen sich auf die Friedenstaube im Papstwappen [der Kölner Domtüren, 1948], die zugleich auch die Taube des Heiligen Geistes darstellt. Der Heilige Geist, symbolisiert im Papsttum, wirkt als Kraft der Wachsamkeit und Liebe im geistigen Prinzip der Kirche fort – das soll in der Zusammenordnung der drei Embleme ausgesagt werden.«
Hans Theodor Flemming (1975, S. 44)
bei Pablo Picasso: s. u. Vogel (R. Arnheim)
bei Werner Tübke: » . . . Vielzahl von Anspielungen [in: 'Lebenserinnerungen des Dr. jur. Schulze III', 1965] durchsetzt, die von leicht verständlichen Symbolen wie der Friedenstaube oder der Sanduhr als einem Zeichen der Ver-

gänglichkeit bis zu kaum entschlüsselbaren Details reichen.« Renate Hartleb (1976, S. 8)

Friedhof

bei Lyonel Feininger: s. u. Kirche (W. Schmied)
bei Franz Radziwill: Tod (s. u. Hafen)

–, rumänischer

bei Constantin Brancusi: s. u. 'Säule ohne Ende'

Frosch', 'Hängender

bei Reinhard Drenkhahn: Leiden und Sterben der Kreatur (s. u. Leitermann)

Frostbeulen

bei Pablo Picasso: s. u. Blau (H. Kay)

Frucht

bei Rudolf Hausner: → Kugel, rote
bei Paul Klee: »Diese Grundbewegung [des Wachstums] ist die erste Vorstufe zur Spirale. Auf künstlerischer Ebene begegnen wir ihr wieder in dem Bild von K. 'Die Frucht', 1932. Der Künstler verwandelt die einfache Spirale hier zu einem Gebilde von keimender, wachsender, reifender Bewegung, die, Schalen bildend, zu einer fülligen Frucht wird. Ihr Umriß ergibt, ebenfalls typisch für das 'Wachstum', den abgewandelten Kreis.« Curt Seckel (1967, S. 177)
bei Gustav Klimt: s. u. Mädchen, hochschwangeres
bei Henri Laurens: → Körper, weiblicher
bei Pablo Picasso: → Formen, runde

– an sich

bei Samuel Bak: → Birne

–, orangerote

bei Paul Klee: Kreislauf der Natur, zusammen mit → Samenkapsel

–, rote

bei André Masson: → Granatapfel

Fruchtbarkeitsgöttin

bei Willem de Kooning: → Frau
bei Marino Marini: die Frau (s. u. Ersilia)

Fruchtblätter

bei Max Ernst: Weiblichkeit (s. u. Blütenkelch)

Fruchtboden

bei Emil Nolde: s. u. Sonnenblumen

Fruchtfleisch

bei André Masson: s. u. Granatapfel

Fruchtkugeln

bei Henry Moore: »In der Entfaltung des Weiblichen als dem großen Gegenüber, dessen natürliche Entsprechung das kindlich Kleine ist, gerät M. über den Bezirk des Umfassens und Enthaltens, Schützens und Bergens auch an den, in welchem das Weibliche als das fruchthaft Runde und Gewölbte erscheint, dessen Inbegriff die weiblichen Brüste sind. Am deutlichsten wird dieses Motiv im 'saugenden Kind' vom Jahre 1930, bei dem das Weibliche überhaupt auf die Fruchtkugeln von Brüsten reduziert ist. In der Mutter-

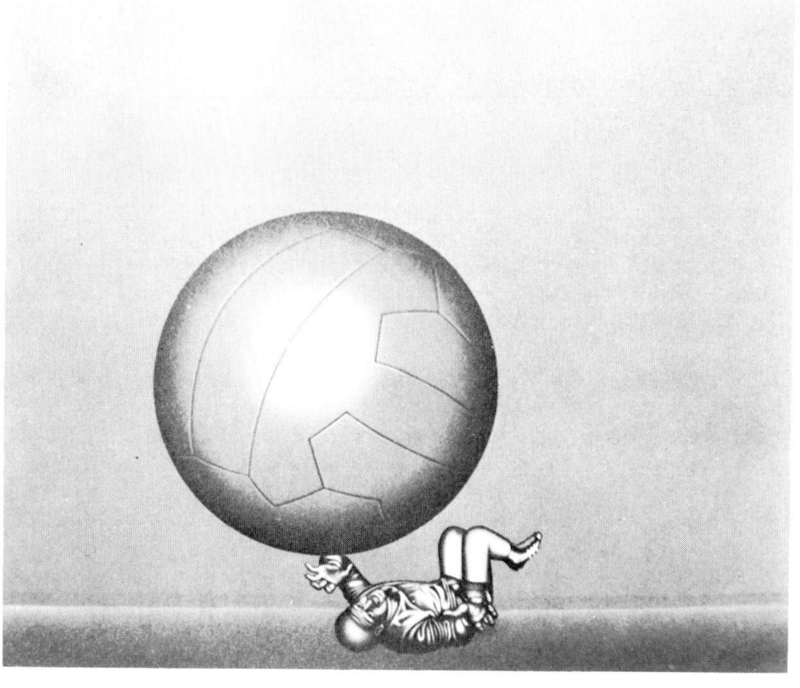

Dieter Asmus:
Torwart, 1970

und-Kind-Plastik des gleichen Jahres wird das Runde zum formalen Prinzip an sich, welches nicht nur durch die Brüste der Mutter, sondern ebenso durch Ihren Kopf, die Knie des Kindes und dessen Kopfrundung vertreten wird. Schon hier zeigt sich das Weibliche mit seinem Kind – noch im Anschaulich-Repräsentativen festgehalten – als ein Fruchtbüschel des Lebendigen, in dem die schöpferische Natur sich als mütterlich Weibliches manifestiert.«

Erich Neumann (1961, S. 21)

Früchte

bei Max Beckmann: s. u. Knospen, überdimensionale

bei Marc Chagall: s. u. Huhn und Fisch

– der Erde

bei Bernard Buffet: Verlust (s. u. Fischgerippe)

– mit harten Schalen

bei Julius Bissier: Quitten, Nüsse, Granatäpfel (s. u. Quitten)

Fuchses, Vlies eines

bei Fabrizio Clerici: »Unter dem phantastischen 'Magnetfeld' [Mesmerische Phänomene, 1974] in der Zeichnung C.s liegt das Vlies eines Fuchses, 'Sinnbild' der List, der List der Geschichte . . .«

Gustav René Hocke (1957, S. 141)

Fühlerpaar

bei Henry Moore: s. u. Figuren, drei stehende (W. Hofmann)

Führer, politische

bei Marc Chagall: der Stamm Juda (s. u. Schafe)

Furchen

bei Karl Fred Dahmen: → Leiden, schweres

bei Aristide Maillol: s. u. Frau, Körper der

Fusionsbombe

bei Germaine Richier: s. u. Loch

Fuß, rechter

bei Marino Marini: s. u. Pomona

bei Henry Moore: s. u. Krieger

–, riesiger

bei Alfred Kubin: → Schicksal

Fußball

bei Fritz Genkinger: s. u. 8 (acht)

–, gigantischer

bei Dieter Asmus: »Der in einsamer Bläue stehende Falke, aus der Fläche gestanzt wie ein Juwel, wirkt wie das freiheitliche Gegenstück zum gigantischen Fußball, der als riesiger Himmelskörper den kleinen Torwart unter sich begräbt, Symbol des uns beherrschenden Objektzaubers und seiner zwanghaften Überlegenheit.«

Juliane Roh (1973, S. 70)

Fußballspieler

bei Fritz Genkinger: s. u. Rückennummern

Fußeisen

bei Max Beckmann: Sklaverei (s. u. Kandare)

'Fußsohle'

bei Paul Klee: »Damit ist die durch die beigefügten 'Zwei Punkte' als weiblich bezeichnete 'Fußsohle' [in: 'Prinz Sau vor der Erlösung', 1938] als 'Astarte' geklärt. Mit den beiden Brüsten und der dreifach spitzen Zackenreihe scheint K. die aphrodisischen Züge der ursprünglich phönizischen, in Babylonien Ischtar genannten Göttin der Liebe und Fruchtbarkeit hervorzuheben. Die Fußsohle (mit angedeuteten Zehen sowie zwei merkwürdigen 'Augen') hat die erotische Natur zu betonen. Der schwere Block rechts oben mag als phallischer Stein des Tempels gelten.«

Walter Ueberwasser (1965, o. S., B. 22)

Fußspitzen

bei Rudolf Hausner: s. u. Patria-Figur

Fußspur

bei Georg Meistermann: s. u. Spur

Futteral

bei Walter Pichler: s. u. Wagen, eiserner

G

Gabel

bei Konrad Klapheck: »Die Gabel, die den schlaffen Schlauch stützt [in: 'Unfreiwillige Tugend', 1960] scheint eine Verwandte der Krücken Dalis und der Titel eine humorvolle Umschreibung der Impotenz zu sein.« Remilde Hammacher-van den Brande (1974, S. 72)

Gärten

bei Aristide Maillol: s. u. Frau, Körper der

–, fruchtbare

bei Baruch Elron: s. u. Kornfrucht

Gärtner

bei Otto Meyer-Amden: s. u. Maiglöcklein

Gäste

bei Marc Chagall: s. u. Klesmer

Gaia

bei Max Beckmann: → Columbine; s. u. Gamma

Gala

bei Salvador Dali: »Für Salvador, der vor Alphons XIII. die Knie beugte, für den DALI jenes Spanien, das die Monarchie wagt, mußte es ein monarchistisches Symbol geben: Es wird

GALA mit ihrer Autorität und ihrem Sinn für Ordnung sein.« Salvador Dali (1972, S. VI)

Gala und Dali

bei Salvador Dali: »Gala und D. zusammen bilden das Gefühlsmonstrum« [in: 'Die Erfindung der Ungeheuer', 1937]. Salvador Dali in: Klaus Gallwitz (1971 a, S. 129)

'Galleria Umberto'

bei Max Beckmann: s. u. Leiche mit dem Kopf nach unten; s. u. Wasser

Gamma

bei Max Beckmann: »Der Buchstabe, das griechische Gamma [in: 'Columbine', 1950], ist in der 'Geheimlehre' [von H. P. Blavatsky] als Sigel mehrmals abgebildet. Er wird dort als Zeichen für Gaia, die magna mater oder Erdmutter der Griechen verwendet und weiter ausgedeutet. Da B. dieses Siegel [Sigel] also kannte, und dessen Bedeutung schlagend mit unserer Interpretation übereinstimmt, fällt es schwer, nicht an einen Zusammenhang zu glauben.

Das Siegel wird in der 'Geheimlehre' auch als Zeichen für ewiges Leben verwendet. Dahinter steht (neben Buchstabenspielereien) der alte Gedanke, daß der Durchgang durch das 'dunkle Tor', den Schoß der Mutter- und Todesgöttin, nur als Krisis verstanden wird, auf die eine Wiedergeburt zu neuem, höheren Dasein folgt.« Friedhelm W. Fischer (1972 a, S. 219)

Gardinen, fehlende

bei Rolf Escher: »Die alte Frau blickt aus einem leeren Raum [in: 'Ausblick', 1972] – fehlende Gardinen, nackte Wände sind Symbole der Verlassenheit – in die Leere des Dunkels.« Klaus Ertz (1977, S. 13)

Garn, würgendes

bei Edward Munch: → Haar (R. Biedrzynski)

Garten

bei Rudolf Hausner: Festung (s. u. Parks, Plan des)

bei Paul Klee: »Besonders beheimatet ist K. in allen Zwischenreichen. Im Zwischenreich der Verwandlung der Nacht in den Tag und des Tags in die Nacht. Im Zwischenreich zwischen dem Gebauten und dem Gewachsenen, dessen von K. besonders geliebtes Symbol der Garten ist – dieses seltsame Wesen zwischen dem Geregelten und dem Regellosen, zwischen dem Zweckhaften und dem Zwecklosen, zwischen dem Gezähmten und dem Verwildernden, dieses seltsame Produkt der Sehnsucht des Menschen nach dem Geformten und der Angst des Menschen vor dem Entfesselten, und zugleich der Sehnsucht nach dem Befreiten und der Angst vor dem Gefangenen.« Georg Schmidt (1966, S. 213/14) s. u. Violett

bei Walter Wörn: s. u. Fisch

–, barocker

bei Rudolf Hausner: »Der barocke Garten, der hinter Odysseus erschien, taucht hier [in: 'Zwei Kontinente', 1963], sehr viel komplexer gegliedert, wieder auf. Er ist Sinnbild der Ratio, der Ordnung, aber auch der Gebote, die Ordnung nicht zu verletzen, die vorgeschriebenen Wege einzuhalten, die Rasenflächen nicht zu betreten. Es ist die Struktur der frustierten Gesellschaft, die sich hier spiegelt.«

vgl. Park Wieland Schmied (1970, S. 33)

– Eden

bei Max Beckmann: s. u. Schlangenwesen

bei Paul Klee: s. u. Spirale (M. Huggler)

Gartenlaube

bei Rudolf Hausner: s. u. Park

Gasse

bei Renato Guttuso: s. u. Helme

–, schachtartige

bei César Klein: »Zweimal bringt der Hintergrund einen landschaftlichen Ausschnitt [in: 'Das Heilige Abendmahl', 1915]: zur Rechten eine tiefe und schachtartige Gasse, die in bedrohliches Rot und Grün getaucht ist – Symbol der Unausweichlichkeit vor dem Geschick.« Rudolf Pfefferkorn (1962, S. 11)

Gatter, verfallenes

bei Wols: »Da wurden dann [in den Jahren des 2. Weltkriegs] aus dem verfallenen Gatter eines Weidezaunes mythische Barrieren, Grenzgitter, die zu brennen begannen und sagten: Hier kommt keiner durch! Dichterische Formeln für das Umstelltsein, für die undurchdringlichen Barrieren, die das Spielfeld des Menschen umstellen.« Werner Haftmann (1970, S. 32)

Gaukler

bei Marino Marini: »Der Gaukler [1946] greift nicht in den Raum aus (wie es die Arme zeigen könnten), er erobert nicht den Raum mit einer tänzerischen Bewegung, er ist nicht aktiv, sondern passiv. Er erscheint als der Leidende, der in diesen Raum Ausgesetzte: die Krümmung seines Körpers wird von außen, durch die Kräfte des umgebenden Raumes erzeugt. Sein Stillstehen ist Betroffenheit, als Ausgesetzter ist er Dulder . . .

Auch dieser [von 1938] hat keinen Stand-Ort, er steht nicht, sondern er lehnt sich an die Wand, den linken Arm hat er erhoben und die Hand vor die Stirne gelegt: eine Gebärde der Erschöpfung wie auch des Sich-Schützens. Wenn der Gaukler

der ausgesetzte und wurzellose Mensch ist, so ist sein weibliches Gegenstück, die Tänzerin, das Gegenteil: sie wird nicht ausgesetzt, eher sie stellt sich aus.« Oskar Bätschmann (1969, S. 24)
bei Pablo Picasso: »Zerbrechlich und grazil, gesättigt mit stiller Schwermut, schreiten Mann, Frau und Kind in das berühmte Bild 'Die Gaukler' ['Les Saltimbanques', 1905], das Rainer Maria Rilke im Haus der Frau von König in München sah und in seinen Duineser Elegien besang. Das Leitbild des verlorenen Menschen auf der Wanderschaft, das die späteren Jahrzehnte des 20. Jahrhunderts so schrecklich bestätigten, gewinnt frühe Gestalt im Bild der fahrenden Heimatlosen, die Rilke auf 'verlorenem Teppich im Weltall' sah.« Anton Henze (1959, S. 15)
»Das Hauptwerk der Rosa Periode ist das Gemälde 'Les Saltimbanques' (Die Gaukler) aus dem Jahre 1905. Es hat den Mythos des verkannten Künstlers mit dem Symbol der Lebensreise verbunden . . .
Die Artisten der Rosa Periode verkörpern nicht eine auf das Jenseits gerichtete Hoffnung, sondern eine für dieses Leben gemeinte Utopie.«
Wilfried Wiegand (1973, S. 56)
bei Georges Rouault: religiöse Existenz des Christen (s. u. Harlekin)
– Gottes
bei Georges Rouault: → Harlekin
de Gaulle, Charles
bei Max Beckmann: s. u. Spinxe (F. W. Fischer)
Geäst
bei Renato Guttuso: s. u. Totenschädel
–, dürres
bei Paul Klee: Unfruchtbarkeit (s. u. 'Jungfrau im Baum')
Gebärende
bei Bernhard Hoetger: Mutter (s. u. Tod)
bei Edward Kienholz: s. u. Pfeile, sieben
Gebärerin
bei Antonio Calderara: → Mutter
Gebärmutter
bei René Magritte: → Schelle
bei André Masson: → Granatapfel
–, göttliche
bei Jacques Lipchitz: → Steine, durchbohrte
Gebäude
bei Giorgio de Chirico: »Diese Gebäude, Hallen und Türme, die so oft überdimensionale Formen annehmen, denen gegenüber der Mensch zu einem winzigen Gebilde verdämmert, sind ebenso oder vielmehr noch Ausdruck der ungeheuren, überwältigenden Mächte des Unbewußten, des 'Es'.« Dieter Wyss (1949, S. 62)
–' 'Gebombte
bei Henry Moore: s. u. Liegende Figur; s. u. Tuch
Gebäudekomplex
bei Max Ernst: s. u. Festung
Gebein, Trapez aus leprösem
bei Salvador Dali: Entmenschlichung (s. u. Trapez aus leprösem Gebein)
Gebeinkammern
bei Karin Raeck: Unterreich (s. u. Grabkammer/Paul Thek)
Gebetsmantel
bei Marc Chagall: s. u. Jude im Gebetsmantel
Gebilde vgl. Gestalten; vgl. Wesen
–, biomorphe
bei Rolf Szymanski: s. u. Figur, weibliche
–, böse
bei Joan Miró: »Schon 1932/33 drängen sich oft böse Gebilde auf die Tafel, stachlige, schleimige, borstenbewachsene Formwiderlinge obszöner Prägung – abstoßende, verletzende, wuterregende Dinge, die die Surrealisten 'objets désagréables' nennen –, Ausprägungen des Entsetzens und Unbehagens.«
Werner Haftmann (1954, S. 407)
–, doppelköpfiges
bei Germaine Richier: s. u. Loch
–, insektenhafte
bei Roberto Echaurren Matta: s. u. Laboratorium
–, kreisförmige
bei Wassily Kandinsky: Wachstum (s. u. Kreis/C. Seckel)
–, kugelartige
bei Rudolf Hoflehner: »Zu diesen männlichen Symbolen kommen kugelartige Gebilde auf einem steilen, schlanken Unterbau, archaische, urtümliche Zeichen der Weiblichkeit, wiewohl in einem sehr modernen Material, in Eisen, mit dem Schneidbrenner geformt.«
Johann Muschik (1970, S. 87)
–, kristallinisches
bei Oskar Schlemmer: s. u. Mensch
–, phallisches
bei Rudolf Hausner: Schornstein (s. u. Anima)
–, prismatische
bei Oscar Dominguez: der Tod in kristallinischer Gestalt (s. u. kristalline Formen)
–, strahlende
bei Luigi Spazzapan: s. u. Einsiedler
– technischer Zivilisation
bei Mikuláš Medek: s. u. Mensch
–, totemistische
bei William Baziotes: »B. hielt an seinen totemistischen Gebilden, die er gegen einen vagen Hintergrund von subtilen Tonstufen setzte, fest.

Seine Formen sind evokative Symbole des Bewußtseins und sehnsüchtiger Träumerei.«
Sam Hunter (1958, S. 309/10)
Gebilde von pilziger Wucherung
bei Yves Tanguy: »Auch T.s Objekte – weiche amorphe Gebilde von pilziger Wucherung, die manchmal eine überraschende Nähe zu den plastischen Objekten von Hans Arp haben – haben dies abgeschlossene ihrer Art. Sie sind geheimnisvolle Vegetation, die aus dem magischen Raumgrund sprießt.«
Werner Haftmann (1954, S. 393)
Gebiß
bei Lambert Maria Wintersberger: s. u. Bidets
–, weiß leuchtendes
bei Max Beckmann: Attribut der indischen Todesgöttin Kali (s. u. Gesicht, pechschwarzes)
Geborgene
bei Henry Moore: fast die Begrabenen (s. u. Tuch)
Gebotstafel
bei Marc Chagall: Gegenstandszeichen für den Stamm Levi (s. u. Schafe)
Gedichtobjekt
bei André Breton: s. u. Laterne
Gefährte für seine kleinen Kinder
bei Pablo Picasso: → Hund (2)
Gefällter
bei Wilhelm Lehmbruck: → Krieger', 'Sterbender
Gefäß
bei Gerhard Altenbourg: s. u. Tonkrug
bei Franz Marc: Schale (s. u. Dreieck)
bei Henry Moore: → Weib; das Weibliche (s. u. Brust)
bei Pablo Picasso: vitales Prinzip (s. u. Hund)
–, alchemistisches
bei Marcel Duchamp: s. u. Kreis
Gefäßcharakter des Weiblichen
bei Henri Laurens: → Flasche
Gefäße
bei Salvador Dali: weibliche Symbole (s. u. Krug mit Henkel)
'Gefäßweib'
bei Henry Moore: Krug mit Halsöffnung (s. u. Weib)
Gefängnis
bei Otto Meyer-Amden: Klassenzimmer (s. u. Nacktheit); → Schlafsaal
bei Fritz Wotruba: Leib (s. u. Hockender)
'– des Königs'
bei Marcel Duchamp: → Glaskugel, transparente
– des Körpers
bei Max Beckmann: → Käfig
– des Todes
bei Jean-Robert Ipoustéguy: → Gehäuse, stereometrisches
Gefängnismauer
bei Werner Tübke: s. u. Taube
Gefängnisse, unsichtbare
bei Francis Bacon: → Vergitterungen
–, Wände unserer
bei Lucio Fontana: s. u. Löcher
Gefängnisses, Zelle des
bei Eberhard G. Willikens: Saal im kleinen (s. u. Säle)
Gefängniswand
bei Werner Tübke: »Ausgezehrt, in verkrampften Stellungen liegen die Toten im Vordergrund eines sandigen Hofes [in: 'Requiem', 1965] der von der Gefängniswand im Hintergrund vollkommen abgeschlossen wird; ein Sinnbild gewaltsamen Sterbens vieler in unentrinnbarer Gefangenschaft.« Günther Meißner (1974, S. 14)
Gefängniszelle
bei Antoni Tàpies: s. u. Mauer
Gefallene
bei Ernst Barlach: s. u. Gestalt, schwebende
bei Emil Nolde: s. u. Reiter
bei Munio Weinraub (Gitai): s. u. Halbkreis
Gefangene
bei Max Beckmann: s. u. Käfig
bei Ossip Zadkine: s. u. Phönix
–', 'Schöne
bei René Magritte: s. u. Leinwand
– ihrer eigenen Rätselhaftigkeit
bei Pablo Picasso: → Frau', 'Brütende
Gefangener
bei Bernhard Heiliger: »Wie sehr es H. auf das Prägnante, Zeichenhafte seiner symbolhaften Darstellung ankommt, zeigen die späteren Fassungen des 'Gefangenen' aus den Jahren 1956 und 1960, in denen er das Gerüst immer mehr zu einem Bestandteil der Figur werden läßt. Figur und Gitter verschmelzen ineinander und verdichten sich zu einem nunmehr schräg in den Raum aufragenden plastischen Signet. Einem Signet, in dem der Aufschrei der gequälten Kreatur zum stummen Mahnzeichen wird.
Mit seinem 'Unbekannten politischen Gefangenen' hat H. ein gültiges Zeichen für die Bedrängnis des Menschen unserer Zeit geprägt. In einem kaum vermuteten Maße wurde H.s Entwurf deshalb von vielen sogleich verstanden – als Zeichen, als Mahnmal, als Kruzifixus des Menschen unserer Tage.«
Hanns Theodor Flemming (1962, S. 17/8)
bei Christian Rohlfs: »Gegen Ende des Ersten

Weltkriegs schuf R. seinen vielleicht bekanntesten Holzschnitt. 'Der Gefangene [1918], ein Werk, das sich den zuvor entstandenen Arbeiten von religiöser Thematik eng anschließt . . . Er wird zu einem Symbol gegen alle Unfreiheit, die auf Erlösung wartet, in realem, wie in übertragenem Sinne.« Paul Vogt (1967, S. 66)

bei Antoni Tàpies: Künstler (s. u. Mauer)

bei Ossip Zadkine: nach Erlösung Strebender (s. u. Gestalten, männliche)

– der Gesellschaft

bei Rudolf Hausner: der Maler selbst (s. u. Turm)

–, politischer

bei Reginald Butler: s. u. Richtstätte, käfigartige

–, unbekannter

bei Reginald Butler: s. u. Turm

Gefesselte

bei Max Beckmann: s. u. Held, blonder

Gefolterter

bei Julio Gonzalez: s. u. Foltergerät

bei Willi Sitte: s. u. Gekreuzigter

Gegenstände

bei Jean Dubuffet: »D.s Gegenstände haben oft den Charakter und die Eigentümlichkeiten von Reliquien, Reliquien einer vernichteten Welt; mit ihrer Hilfe schaffen wir daraus eine neue Welt, die die alte übertrifft.«

Georges Limbour (1965, S. 145)

bei Konrad Klapheck: fünf Sinne (s. u. schwarzer Hintergrund)

bei Mikuláš Medek: s. u. Porträt

–, drohende

bei Lambert Maria Wintersberger: → Bidets

Gegenstand

bei Malte Sartorius: »Die Dialektik des Formalen, wie sie weitgehend die abstrakte Kunst dominiert, findet bei S. eine Entsprechung in einer ambivalenten Setzung des Gegenstandes mit seinen komplexen Bedeutungen. Wir erfahren nicht mehr nur was der Gegenstand als solcher ist, sondern begreifen den Gegenstand als Symbol und als Ersatz für den Menschen, der ihn für bestimmte Zwecke benutzt, mit ihm agiert [u. a. in: 'Die Tür', 1969] und für sich in Anspruch nimmt.« Rolf-Gunter Dienst (1970, o. S.)

–, abgenutzter

bei Torsten Renquist: s. u. Rundfunkgerät, altes

–, mythologischer

bei Jiři Kolář: → Apfel

–, ritueller

bei Marc Chagall: → Leuchter

Gegner

bei Thomas Theodor Heine: erschlagene Tiere (s. u. Georg, reitender)

Gehäuse

bei Hans-Jürgen Breuste: s. u. Ketten

–, stereometrisches

bei Jean-Robert Ipoustéguy: » . . . ein Thema, das in Plastiken des Jahres 1966 sinnfälligen Ausdruck findet: das stereometrische Gehäuse als Gefängnis des Todes.«

Bernd Krimmel (1969, S. 5)

Geheimdienstler

bei ›Equipo Cronica‹: s. u. Paket, aufgerissenes

Gehirn

bei Rudolf Hausner: s. u. Organe mit Schlauchleitungen

bei René Magritte: Verlängerung der äußeren und wahrhaft wirklichen Welt (s. u. Hantel)

bei Rainer Wittenborn: s. u. Profilkopf, schematischer

– des Kindes', 'Das

bei Salvador Dali: s. u. Mann, bärtiger

–, erleuchtetes

bei Hannah Hoech: → Glühbirne

–, menschliches

bei Victor Grippo: s. u. Kartoffeln

–, nacktes

bei Max Ernst: s. u. Offizier

Gehölz

bei René Magritte: Zwischengeschoß des Ichs (s. u. Meer)

Gehörgang

bei Rudolf Hausner: Krümmungen der Schnecke (s. u. Schneckenhaus)

Gehwege

bei Rudolf Hausner: s. u. Parks, Plan des

Geier

bei Jacques Lipchitz: Dunkelheit, Unkenntnis (s. u. Prometheus)

bei Hanna Nagel: »Die Selbstgestalt der mit römischen Erinnerungsmotiven umgebenen zeichnenden Maria [in: 'Maria versucht nachts heimlich zu zeichnen', nach 1933] erscheint, wenig verändert, im Bild 'Der Gefährte', nun aber einem mächtigen Geier gegenüber, dessen Klauen tief in das Zeichenbrett der trostlos Sinnenden geschlagen sind. Ihr Gesicht ist abgewandt, ihr Schauen erfüllt von der unentrinnbaren Gegenwart des großen Vogels, in dem alle dunkle Bedrohung ihres Lebens verkörpert zu sein scheint. Ihre Hand hat den Fisch, das Tier ihrer Angst, aufs Papier gezeichnet.«

Klaus Mugdan (1977, S. 20)

Geige

bei Marc Chagall: s. u. Kuh, weiße

–, große

bei Max Beckmann: »Für ihre tolpatschige Phantasie verkörpert sich der Trubel und Radau des Maskenballs [in: 'Traum', 1921] zu dem Symbol der brummvergnügten großen Geige, von deren Schrammelbaß die gute Magd – als Leda in der Bodenkammer – sich mannesmächtig überkommen fühlt.« Wilhelm Fraenger (1977, S. 277)

Geige, sich selbst spielende

bei Marc Chagall: »Die sich selbst spielende Geige ist in C.s Werken eine Bildvokabel dafür, daß etwas 'erklingt', daß etwas in nicht-physischen Bereichen vor sich geht.«

Heinz Demisch (1959, S. 71)

Geiger

bei Marc Chagall: »Für ihn war der Geiger [1912/13] auch stellvertretend für die Figur des Künstlers als der einzelnen, durch das Besondere und Geheimnisvolle ihrer Kunst isolierten Individualität, deren Existenzbedingung die Einsamkeit war und die entrückte Kommunikation mit den Jenseitsmächten, die die dumpfe Wärme des jüdischen Gemeinschaftslebens spürbar, aber unberührbar umgaben. Dafür hatte er schon 1908 in seinem Bild 'Der Tote' ein gleichnishaftes Bild gefunden, den Geiger auf dem Dach, das in merkwürdiger Gleichsetzung der metaphorischen Figur mit ihrem Schöpfer zu einer Art von Synonym für C. selbst werden sollte – als 'Fiddler on the roof'.« Werner Haftmann (1974, S. 88)

»Wie hier der Geiger [in: 'Geiger im Schnee', 1912] der freundliche, nicht sehr melodisch kratzende Begleiter der Stationen menschlichen Daseins ist oder einfach das Sinnbild der Lebensmelodie, jedem Anlaß angepaßt, so wird die Musik für C. von hier an zur eigenen Lebensfaszination.« Horst Keller (1975, S. 52)

Geisel

bei Jean Fautrier: »Seine erste Nachkriegsausstellung (1945) in der Galerie Drouin – die Serie *Otages* (Geiselbilder) – war von großer Bedeutung für die Zukunft. Das Thema waren die Massendeportationen während des Krieges. Die Bilder betonen aber stark die taktilen Werte der vom Maler verwendeten Materialien und die suggestive Qualität der Oberflächen.«

Edward Lucie-Smith (1970, S. 70/4)

Geißeln

bei Erich Brauer: Unruhe (s. u. Mischgewächse)

Geister

bei Max Beckmann: s. u. Spiegel (S. Kaiser)

bei Paul Klee: »So begegnen dem Geist im überirdischen Bereich die Geister als Symbole der Verunsicherung und des Ungewissen, des Überirdischen und Ungelösten.«

Tilman Osterwold (1975, S. 87)

–, Feind böser

bei Ewald Mataré: → Hahn

–, tyrannische

bei Max Beckmann: s. u. Wesen mit den langen Ohren, groteske

Geistfiguren, überhöhte

bei Alberto Giacometti: »G.s durchsichtig überhöhte Geistfiguren sind Symbolzeichen der Verlassenheit und der Ausgesetztheit des Menschen.« Oto Bihalji-Merin (1969, S. 41)

Geistkämpfer

bei Ernst Barlach: »Ein Jahr nach dem 'Güstrower Ehrenmal' vollendete B. den 'Geistkämpfer' [1928], eine Bronzegruppe, fast fünf Meter hoch, für einen Platz an der Universitätskirche in Kiel. Sie stellt einen Engel dar, der hoch aufgerichtet in streng fallendem Gewand, die Flügel zusammengefaltet, auf einem Dämon in Tiergestalt steht, in den Händen ein steil erhobenes Schwert. Diese Arbeit, eine der wenigen, in denen B. auf ein oft abgewandeltes allegorisches Motiv zurückgegriffen hat, ist vielleicht nicht ganz frei von einem gewissen Manierismus, aber andererseits ist nicht zu bestreiten, daß in dieser Gruppe,

Jean Fautrier: Sarah (aus der Serie 'Geiseln'), 1943

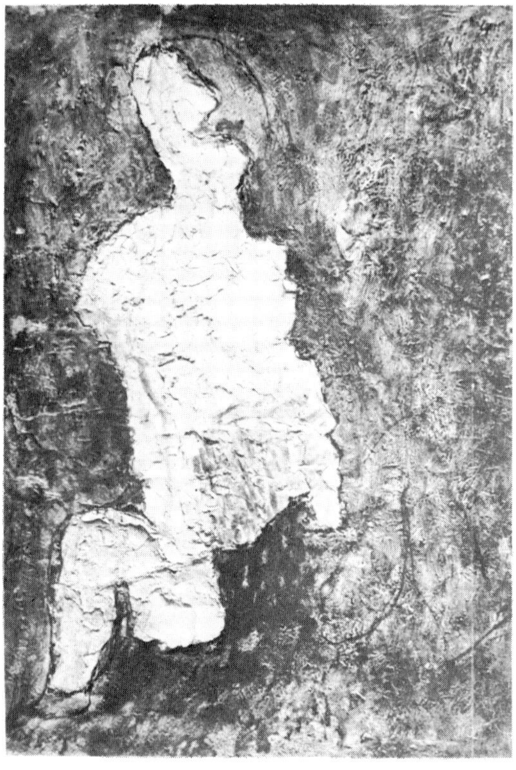

die den Sieg des Geistes über die niederziehende Gewalt dämonischer Kräfte symbolisiert, eine weithin wirkende, dem Standort angemessene monumentale Form erreicht worden ist . . .«

Carl D. Carls (1968, S. 101)

Geistkämpfergruppe

bei Ernst Barlach: s. u. Dualismus des Menschseins

Gekreuzigten, Haltung eines

bei Horst Sakulowski: s. u. Bauer, aufständischer

Gekreuzigter vgl. Christus

bei Marc Chagall: »Hier im 'Engelssturz' [1923–33, 1947] erhebt sich der Gekreuzigte, das Sinnbild für das Aufsichnehmen der totalen Ungeborgenheit, gerade neben der Verkörperung mütterlicher Geborgenheit, herauswachsend wie diese aus der Kindheitswelt der Häuser von Witebsk.« Franz Meyer (1964, S. 11)

»In der Mitte [von: 'Die weiße Kreuzigung' 1938] unter einem weißen Lichtband steht riesengroß das Bild der Gekreuzigten, nicht als der Heilsbringer, sondern als Symbol des gemarterten jüdischen Menschen.«

Werner Schmalenbach (1968, S. 118)

s. u. Leiter

bei Reinhard Drenkhahn: → Leitermann

bei Rudolf Hoflehner: s. u. Leib, gespalten

bei Giacomo Manzù: »Da auch die Dornenkrone fehlt [in: 'Cristo nella nostra umanità', 1938/39], erscheint der Gekreuzigte (der übrigens in einigen Reliefs dieser Serie an einem Arm hängt, welcher ans Kreuz gebunden oder genagelt ist) schlechthin als Symbol menschlichen Duldens. Wenn Gläubige unfehlbar den Sohn Gottes erkennen, mögen andere an einen aufgeknüpften Antifaschisten denken.«

John Rewald (1966, S. 35)

bei Silvio Mattioli: s. u. Macht

bei Willi Sitte: »Der Gekreuzigte, ein uraltes Symbol des Leidens unter der Unmenschlichkeit, taucht bei S. erstmalig 1968 in einer kleinen Ölstudie auf . . . In der Studie von 1968 ist der Kopf zugleich der Teil einer Zielscheibe. S. greift im vorliegenden Blatt ['Gefolterter', 1973] auf das Motiv des Heiligen Sebastian zurück und läßt den an einen Pfahl gebundenen Leidenden herabsinken, die gefesselten Hände halten den Körper noch etwas aufrecht. Wie ein Stück aufgeklebtes Papier wirkt die Gruppe der sechs Köpfe auf der Stelle des Kopfes des Gefolterten. Damit erweitert S. die Aussage: in das Leiden und Sterben werden die Angehörigen des Gefolterten einbezogen, letztlich das gesamte chilenische Volk.« Hans-Ulrich Lehmann (1945, S. 204)

Gekröse

bei Max Ernst: männliches Geschlecht (s. u. Mond)

Geländersäule

bei René Magritte: s. u. Balustersäule

Gelb

bei Max Ackermann: s. u. Blau, Rot und Gelb

bei Wassily Kandinsky: »'Jedermann weiß, daß Gelb, Orange und Rot Ideen der Freude, des Reichtums, einflößen und darstellen', welches aus einer Schrift von Delacroix stammt, zeigt schon, in welcher Richtung K. die Farbtheorie aufbaut, nämlich in Richtung des 'Gefühlscharakters' der Farben.«

s. u. Eros Walter Winkler (1949, S. 203)

bei Ernst Ludwig Kirchner: s. u. Farben

bei Paul Klee: »Eindringlich verraten die Farben die Bedeutung des dargestellten Vorganges [in: 'vor den Toren von Kairuan, 1914], ist doch ihr Symbolwert auch dem allgemeinen Sprachgebrauch geläufig: Gelb bedeutet Neid, rot Gefahr, schwarz Tod. Diese Zeichen des Untergangs stehen wie zur Bekräftigung des bereits Vermittelten vor einem bleiernen, drückenden, bedeckten Himmel.«

Rolf Linnenkamp (1965, Bd. III, S. 619)

Ernst Barlach: Geistkämpfer, 1928

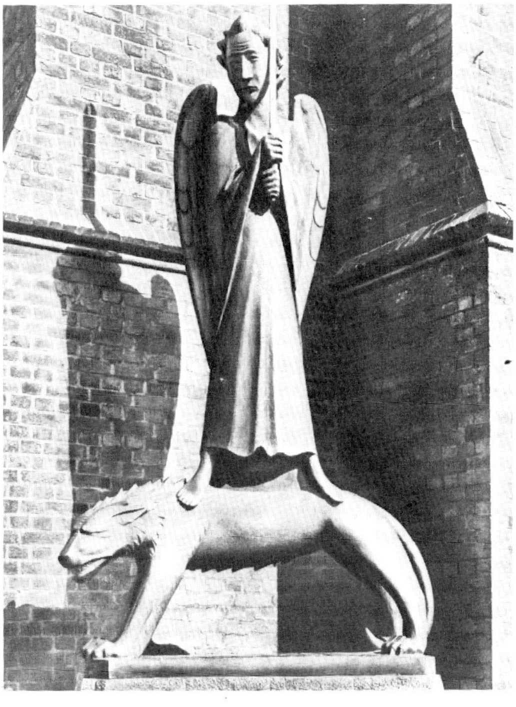

bei Yves Klein: s. u. Blau, Rot und Gold
bei Franz Marc: »Gelb [ist] das weibliche Prinzip, sanft, heiter, sinnlich.« Franz Marc an August Macke in: Werner Haftmann (1954, S. 182)
bei Mikuláš Medek: Trauer (s. u. Schwarz)
bei Otto Ritschl: »Es ist das 'Altarbild' [1962] von R. Aber auch ohne diesen Titel tut sich hier die alte Symbolik des Gelb kund. Man wird in eine Weihestimmung versetzt, man spürt die ganze sakrale Ausstrahlung dieses gelben Zentrums, das ein unvergängliches Leuchten eingefangen hat und den Betrachter den Weg zu seinem eigenen Inneren finden läßt.«
Kurt Herberts (1966, S. 210)
Gelb, elfenbeinernes
bei Marc Chagall: »Während dieser Periode der Qual vor dem Weltgeschehen [während des 2. Weltkriegs], dessen Deutung er sucht, hat C. mehrere Kreuzigungen gemalt, große, mit vielen Gestalten und Symbolen beladene Kompositionen, wie der 'Märtyrer' (1940). Der Körper des Gemarterten ist von elfenbeinernem Gelb, das für C. die Farbe des Todes ist, und die er durch das weiße und schwarze Tuch betont.«
Lionello Venturi (1956, S. 88)
–, loderndes
bei Emil Nolde: s. u. Maria Ägyptica
– und Schwarz
bei Ernst Fuchs: Blindenfarben (s. u. Flugzeug)
Gelbtöne, Rot- und
bei Franz Radziwill: s. u. Lampe
Geld
s. Teil III
Geldsack
bei Erich Brauer: s. u. Honigverkäuferin
Geldstücke
bei Fernandez Arman: »Aber Geld ist tatsächlich weniger als ein Objekt, denn es ist ein symbolisches Objekt – etwas das gewisse Objekte vertreten kann. Geldstücke sind Objekte, die zum Zwecke der Akkumulation entworfen wurden, um angehäuft zu werden ['Money Piece', 1969]. Diese Tatsache, daß diese symbolischen Objekte mit Erfolg angehäuft werden können und zwar zum Zwecke der Befriedigung von Bedürfnissen, bedeutet nicht zwingend, daß auch dieselben Vorgänge mit den anderen Objekten durchgeführt werden können, die gemäß ihrer Struktur für andere Zwecke entworfen wurden.«
Henry Martin (1973, S. 36)
Geliebte
bei Oskar Kokoschka: s. u. Windsbraut (W. Hütt)
Geliebter
bei Hanna Nagel: → Baum
'Gelmeroda'
bei Lyonel Feininger: s. u. Kirche (K. Ruhrberg)
Gemarterter
bei Marc Chagall: s. u. Gelb, elfenbeinernes
Geminikapsel
bei Rudolf Hausner: Trojanisches Pferd (s. u. Laokoon)
Generäle, komische
bei Enrico Baj: 'Ultrakörper (s. u. Olo, Il Signor)
General
bei Giacomo Manzù: »Als 1939 das erste Basrelief entstand, 'Kreuzigung mit General', das einen gekreuzigten Mann darstellt, einen Christus in der klassischen Positur . . . und zu seiner Rechten einen 'General' . . . mit einem preußischen Helm und einer Lanze in der Hand, war die Anklage gegen den Hitler-Krieg offensichtlich.«
Gabriele Mucchi (1960, S. 8)
–, löwenköpfiger
bei Max Ernst: Über-Ich (s. u. Löwin)
–, riesenhafter
bei Albert Hahn: »So hat A. in seiner Karikatur ['De Wereldbrand', 1914] den Krieg als riesenhaften General in der Art eines Gulliver symbolisiert, der mit dem Rücken zum Betrachter die Trümmer einer Kirche überragt und mit beiden Händen Bündel winziger Menschenleiber in die Flammen einer brennenden Stadt schleudert.«
Siegmar Holsten (1976, S. 89)
Generalsmütze
bei Max Beckmann: siegreicher Charles de Gaulle (s. u. Sphinxe/F. W. Fischer)
Genital, männliches
bei Max Ernst: Schirm (s. u. Maiskolben)
bei René Magritte: Zahl Drei (s. u. Nest)
–, weibliches
bei Konrad Klapheck: → Öffnung mit Fadenführer
bei Alfred Kubin: das Anziehende und Verderbenbringende (s. u. Höllentor)
bei Marisol: s. u. Coca-Cola-Flasche
bei André Masson: Herz bzw. Pik (s. u. Spielkarten)
bei Meret Oppenheim: → Tasse, pelzüberzogene
bei Man Ray: → Kugel, gläserne
Genitalien in der Flasche
bei Wols: sexuelle Zeichen (s. u. Schnapsflasche)
Genitals, Präsentieren des
bei Alfred Kubin: völlige Unterwerfung (s. u. Vater)
Genius
s. Teil III
Genosse, schwarzbärtiger
bei Marc Chagall: » . . . der schwarzbärtige

Genosse [in 'Krieg den Palästen', 1918], Symbol des revolutionären Volkes, das im Begriff ist, einen kleinen 'aristrokratischen' Pavillon zu zerschmettern, mit der Inschrift 'Krieg den Palästen'.« Franz Meyer (1961, S. 266)

Genossen

bei Ludwig Mies van der Rohe: s. u. Mauer

Georg, heiliger

bei Wassily Kandinsky: »In einem Bild K.s, einer Darstellung des hl. Georg mit dem Drachen [1917], läßt sich die symbolische Bedeutung noch weiterführen ... In der neuen Deutung wird aus dem hl. Georg der abstrakte Künstler. Er rettet die Prinzessin – das Geistige in der Kunst –, indem er den Drachen – den Materialismus des 19. Jahrhunderts – tötet.«

Kenneth C. Lindsay (1976, S. 67)

bei Oskar Kokoschka: Künstler (s. u. Sphinx)

–, reitender

bei Thomas Theodor Heine: »Selbst aus dem Bereich der Karikatur lassen sich während des Krieges Beispiele nachweisen, die noch stärker zur Feindhetze beigetragen haben. Charakteristisch ist das 1914 im 'Simplizissimus' erschienene Blatt 'Durch!', auf dem H. versucht hat, die deutsche Wehrkraft als reitenden Georg zu verherrlichen und die Gegner in Gestalt erschlagener Tiere lächerlich zu machen.«

Siegmar Holsten (1976, S. 38)

Geräte, liturgische

bei Leherb: s. u. Uhren, surrealistisch verfremdete

–, vertraute

bei Renato Guttuso: menschliche Wärme und Kameradschaft (s. u. Hektographiermaschine)

Gerätschaften, abgenutzte

bei Hans-Jürgen Breuste: »Bei dem deutschen Künstler B. dient die Technik der Akkumulation von abgenutzten Gerätschaften aus den verschiedenen Arbeitsbereichen dem sozialkritischen Hinweis auf die rohe Realität der Alltagswelt, so daß die Dinge mit ihren spezifischen Abnutzungsmerkmalen zu Dingsymbolen des vom physischen Arbeitsprozeß total beanspruchten Menschen werden und somit gesellschaftspolitische Aussagekraft gewinnen.«

Karin Thomas (1971, S. 114)

– der Technik

bei Rune Mields: s. u. Röhren und Kegel

Gerettete

bei Max Beckmann: s. u. Meereshorizont

Geretteten, Boot mit den

bei Max Beckmann: s. u. Fisch im Boot

Gerinnsel

bei Niki de Saint-Phalle: »Die leidenschaftliche Pop-Künstlerin N., die ihre mit flüssigen Farben gefüllten Säckchen auf Leinwände applizierte, mit einem Gewehr beschoß, um mit schwarzen, farbigen und roten Flecken das Gerinnsel – als Symbol der Schändung und der Vergewaltigung – über die Leinwand laufen zu lassen, gestaltet in den letzten Jahren heiter-aggressive Frauenfiguren.« Oto Bihalji-Merin (1969, S. 73/4)

Gerippe eines Toten

bei Alberto Giacometti: s. u. Gräberfeld

–, fleischlose

bei Rolf Escher: Memento mori (s. u. Teller, zerbrochene)

Germania

bei Fidus: preußisch-deutsches Prinzip (s. u. Michael)

bei Oskar Kokoschka: → Weib, gealtertes

Geschenke

bei Marc Chagall: s. u. Klesmer

Geschlagener

bei Ernst Barlach: → Bettler auf Krücken

Geschlecht

s. Teil III

Geschlechtsapparat, weiblicher

bei Marcel Duchamp: → Spund

Geschlechtsorgan

bei Salvador Dali: s. u. Schere

–, geschlossenes weibliches

bei Salvador Dali: s. u. Mund, ohne

–, männliches

bei Rudolf Hoflehner: »Das Geschlechtsorgan wird zum pars pro toto. Die Krieauer Kreaturen [1969] sind sexuelle Marionetten. Hier dürfen wir nochmals auf die Topographie des H.schen Ateliers zurückkommen: es liegt im Wiener Exil. Damit meine ich, daß H.s sexuelle Welt vor allem im Gegensatz zu der Stadt lebt, die das christlich-europäische Schuldgefühl dem Leib gegenüber zum Thema raffinierter kultureller, psychologischer Bloßstellung gemacht hat. Die Überhöhung des Sexuellen durchs Symbolische, Erotische bestimmt die Wiener Kunst bis heute ... Wir meinen, daß H. wie kein Künstler seiner Zeit – nicht das Erotische – sondern das Sexuelle zum Thema erklärt hat. H. erklärt einen Teil des Körpers zur Totalität ... Das männliche Geschlechtsorgan wird gleichbedeutend mit pulsierendem Leben, mit Herz ... Es handelt sich dabei nicht um eine Symbolisierung des Sexuellen, sondern um Verallgemeinerung und Totalisierung.« Werner Spies (1971 b, S. 20)

Geschlechtsorgane
bei Pablo Picasso: s. u. Kopf
Geschlechtspartner
bei Henri Laurens: s. u. 'Rosa'
Geschlechtsteil
bei Salvador Dali: s. u. Schere
'Geschlechtszylinder'
bei Marcel Duchamp: s. u. Motor
Geschöpf, geflügeltes
bei Pablo Picasso: »Zwar ist das kleine geflügelte Geschöpf [in: Kompositionsstudie 2 zu 'Guernica', 1937] durch Berührung und Haltung dem Stier nahe, doch von der Gattung her ist es eher mit dem Pferde verwandt. Hierbei ist die Sinndeutung nicht minder altehrwürdig: es ist die Psyche des Mädchens mit den Schmetterlingsflügeln. Es ist in der Tat die Seele des Pferdes, die auf dem Rücken des Stieres sitzt – eine weitere Bestätigung der engen Verbindung zwischen Stier und Pferd. Das Pferd ist zu Leiden und Untergang verurteilt, aber es ist auch – dank der Hilfe des Stieres – unsterblich und unberührbar.« Rudolf Arnheim (1964, S. 36)
–, künstliches
bei Friedensreich Hundertwasser: s. u. Mannequin
–, träumendes
bei Pablo Picasso: → Frau', 'Brütende
Geschöpfe, grausamste
bei Joan Miró: → Frauengestalten
–, traumverlorene junge
bei Otto Mueller: melancholisches Paradies (s. u. Paare, schmale)
Geschütz mit Tierbeinen
bei Frans Masereel: »Bei einer Variante dieses Bildtypus erscheint die Kriegspersonifikation als riesenhaftes Geschütz mit Tierbeinen. Das wichtigste Beispiel hierfür ist M.s Zeichnung 'Le Vainqueur' [vor 1920], die die Schrecken des Krieges auf eine knappe Formel bringt. Vor dem Hintergrund einer friedlichen Industriestadt ragt das Ungeheuer, das die Überreste eines Menschen niedertritt . . . hat M. mit diesem auch formal reduzierten Motiv den Krieg als tierisch angeprangert.« Siegmar Holsten (1976, S. 95)
Geschwüre
bei Salvador Dali: s. u. Trapez aus leprösem Gebein
Gesetzestafeln, zerstörte
bei Ossip Zadkine: menschliche Kultur (s. u. Tafeln, ausgebrannte)
Gesetzgeber
bei Konrad Klapheck: → Schreibmaschine (J. Roh)

Gesicht
bei Max Beckmann: s. u. Schwerter
bei Marc Chagall: s. u. Thoraträger
bei Salvador Dali: s. u. Hand, rechte
bei Heinrich Hoerle: s. u. Mensch
bei Paul Klee: s. u. Auge
bei Fernand Léger: Kreis (s. u. Doppelwelle)
bei Pablo Picasso: s. u. Kopf
bei Walter Wörn: s. u. Spieler
– des Engels
bei Salvador Dali: das Geistige (s. u. Engels, Gesicht des)
–, dreifaches
bei Jean-Robert Ipoustéguy: s. u. Alexander
–', 'das innere
bei Max Ernst: s. u. Auge
– einer Frau
bei Andy Warhol: »Sie [die Jackie-Kennedy-Bilder] sind sämtlich kurz vor, während und kurz nach der Ermordung John F. Kennedys im November 1963 entstanden und zeigen 'The Week That Was' in dem Gesicht einer Frau, die und deren Gefühle seit dieser Zeit so sehr zum Massenartikel geworden sind, daß sich kein besseres historisches Dokument über den Exhibitionismus amerikanischer Gefühlswerte herstellen ließ als dieses: *The Week That Was* – die zum Objekt gewordenen Emotionen, Trauer, deren Repetition nur den Eindruck des Objekthaften verstärkt.« Rainer Crone (1970, S. 29)
–, erschreckendes
bei Ernst Barlach: Not und Elend (s. u. Mädchen', 'Frierendes)
–, geblendetes
bei René Magritte: s. u. Körper, Gesicht und
–, gerädertes
bei HAP Grieshaber: »Und Jerg Ratgeb . . . G. hat dessen Ermordung, die Vierteilung, die grausamste aller Grausamkeiten, die sich ein krankhaftes Hirn ausdenken kann, geschnitten [1976]. So einen Schrei, man hat so einen Schrei bislang weder gehört noch gesehen, wie diesen Schrei. Dieses gequälte, dieses geräderte Gesicht. Den waagerecht zerreißenden Körper, eingespannt zwischen den apokalyptischen Wesen, die Kreatur, bedroht vom Schwarz des Todes, von seinen Schergen . . . Ein gewaltiges Werk hat G. geschaffen, das vom konkreten Ausgangspunkt sich hinbewegt zu figürlichen und intellektuellen Allgemeinheit.« Rudij Bergmann (1978, S. 98)
–, grünes
bei Marc Chagall: s. u. Grün
bei Edvard Munch: stummer Schmerz der → Eifersucht

–, im Profil und frontal
bei Pablo Picasso: »Die schon früher gefundene Form der Zusammenfügung von Seitenansicht und Frontalansicht wird hier [in: 'Guernica', 1937] zum Ausdruck des Zerrissenen, Geschüttelten, zur Steigerung in der Häßlichkeit des Schmerzes.« Hans H. Hofstätter (1969, S. 105)

–, knochiges
bei Paul Klee: Charon (s. u. Steuermann)

–, menschliches
bei Alexej von Jawlensky: »Das menschliche Gesicht wurde reduziert zu einem Symbol der Tragik, sowohl der persönlichen als auch der allgemeinen.« James T. Demetrion
in: Clemens Weiler (1970, S. 131)
bei René Magritte: s. u. Körper, Gesicht und

–, pechschwarzes
bei Max Beckmann: »Man erkennt zwei Frauen [in: 'Der Leiermann', 1935]. Die linke ist halb verschleiert und hält ein kleines Kind, offenbar ein Neugeborenes, im Arm. Die rechte hat ein blutiges Schwert in der Hand. Ihr Schleier ist teils schwarz, teils weiß und mit Blut befleckt. Um wen es sich handelt, zeigt das pechschwarze Gesicht mit dem weiß leuchtenden Gebiß: so wird Kali, die indische Todesgöttin, dargestellt . . .
Man wird nun die beiden mythischen Gestalten als allegorische Verkörperung von Geburt und Tod betrachten. Das ist auch richtig, aber nicht genug. In den beiden Frauen werden nämlich nur verschiedene Aspekte ein und derselben Gottheit dargestellt. Kali ist nach indischer Lehre nicht nur Todesgöttin, sondern auch Muttergottheit und Lebensspenderin. Sie verschlingt, was sie selbst hervorgebracht hat. Mit ihren verschiedenen Gesichtern symbolisiert sie eine illusionslose Vorstellung vom Lebenszyklus: die Menschen werden geboren, um zu sterben.«
Friedhelm W. Fischer (1972b, S. 58)

– seiner Frau
bei Marc Chagall: »Es ist die heimelige Traumsphäre des Malers selbst – seine familiäre Umwelt, die er immer gern mit der Abbreviatur des Gesichtes seiner Frau kennzeichnet . . .« [in: 'Das blaue Gesicht', 1967].
Werner Schmalenbach (1968, S. 148)

–, stummes/taubes
bei René Magritte: s. u. Körper, Gesicht und

– verbirgt, Mann, der sein
bei Salvador Dali: Onanie (s. u. Hand, rechte)

–, Zweites
bei Marcel Duchamp: s. u. Glas', 'Großes

Gesichter
bei Francis Bacon: s. u. Vergitterungen
bei Karl Hofer: s. u. Maske, fratzenhafte
bei Paul Klee: s. u. Quadrat auf Beinen

– auf einem Kopf, zwei
bei Marc Chagall: Ganzheit im Gefühlsleben (s. u. Mann und Frau)

–, beide
bei Marc Chagall: »Die beste Beschreibung der beiden Gesichter als Symbol junger Liebe – als visuelle Metapher – gibt uns wohl eine Strophe aus dem Gedicht von C. ['Mein einziges Land'] . . .

"Es war eine Zeit, da hatte ich zwei Köpfe,
Es war eine Zeit, da war das doppelte Antlitz
Bedeckt vom Tau der Liebe
Und schmolz wie der Duft einer Rose." «

Roy Mac Mullen (1968, S. 154)

–, maskenartige
bei André Verlon: s. u. Masken

–, mystische
bei Alexej von Jawlensky: s. u. Doppelkreuz, slawisches

–, sich ineinander küssend
bei Marc Chagall: »C. malte die weiße Gespenstigkeit der Braut Salomons unter dem roten Honigmond [in: 'Doppelgesicht im Mondschein', 1950], bei ihm küssen sich die Gesichter ineinander – Sinnbild seelischer Vermählung mit dem Ewigen.« Walter Nigg (1961, S. 408)

–, zwei
bei Friedensreich Hundertwasser: »'Contretemps – das ist für mich das Verfehlen in der Zeit, die Gegenzeit und die Zeit-gegen-einen-selbst – wenn man einen Menschen liebt, und er liebt einen wieder, aber später, wenn die eigene Liebe erloschen ist, oder umgekehrt –', sagt H. Er hat das dadurch auszudrücken versucht, daß die beiden Gesichter einander nicht ansehen; er schaut zu ihr, und sie blickt aus dem Bild heraus.«
s. Strahlengürtel Wieland Schmied (1967, S. 60)

Gesichtern, Katzentiere mit menschlichen
bei Maurice Hirshfield: Wunschbild Frau (s. u. Mannequin-Göttinnen, nackte)

Gesichtes, Deformierung eines
bei Jackson Pollock: Streit (s. u. Linien, spitzige)

–, Rundung des
bei Fernand Léger: Kreis (s. u. Doppelwelle)

Gesichtsfarbe, blauviolette
bei Max Beckmann: Trompetengeister (s. u. Wesen mit den langen Ohren, groteske)

Gesichtsformen
bei Pablo Picasso: Knollen (s. u. Arabeske, pflanzenhafte)

Gesichtsfragmente
bei Hannah Hoech »Beherrschend im Zentrum [in: 'Kubus', 1926] die Augen Albert Einsteins, darunter Gesichtsfragmente außereuropäischer Rassen, die Einheit alles Menschlichen ankündigend.« Peter Krieger (1976, S. 19)

Gespenst
bei Alberto Giacometti: s. u. Wanderer, einsamer

'– des Sex-Appeals'
bei Salvador Dali: s. u. Knochen, großer

–, mechanisches
bei Jean Tinguely: Denkmaschine (s. u. Maschine, hochgezüchtete)

Gespenster
bei Peter Ackermann: s. u. Kranz
bei Emil Nolde: Naturgeister (s. u. Dämonen)

–, dämonische
bei Adolf Frohner: »... als Darsteller einer makabren Frauenwelt, die immer wieder von seinen Säuren und seinen fasrig angreifenden Nadelstichen angegangen wird. Aggressiv, zeitkritisch gesehen, erscheint sie in fragwürdiger Leiblichkeit, verwesende und vergängliche Fleischlichkeit betonend, weniger als Opfer denn als laster- und lustverseuchte Verschwörung dämonischer Gespenster.« Claus Pack (1969, S. 50)

Francis Bacon: Drei Studien für eine Kreuzigung, 1962 (rechter Flügel)

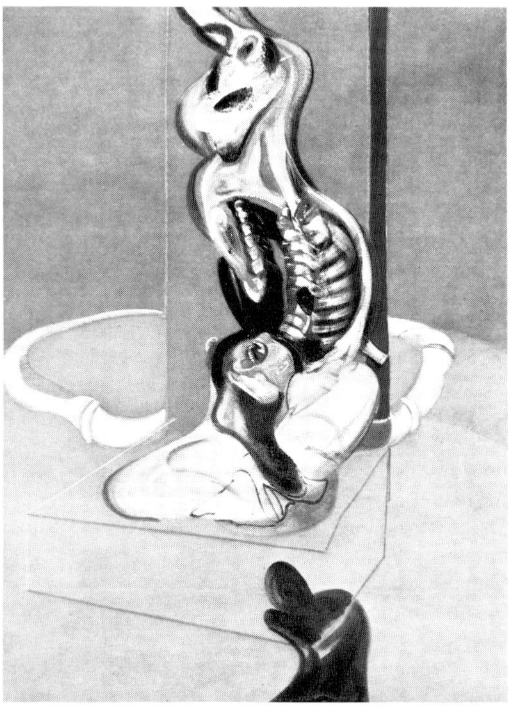

Gestalt am Kreuz
bei Francis Bacon: »Die rechte Tafel [des Triptychons 'Drei Studien für eine Kreuzigung', 1962] basiert auf Cimabues 'Kreuzigung' und ist der Versuch, mit anderen Ausdrucksmitteln ein Äquivalent für die wellenförmig nach unten sich krümmende Gestalt am Kreuz zu finden, für den 'Wurm, der am Kreuz herunterkriecht', wie es B. sieht. Aber natürlich steht hinter der Darstellung auch B.s Überzeugung, daß 'wir alle Kadaver sind', sei es nun früher oder später.«
John Russell (1971, S. 90)

–, bärtige
bei Marc Chagall: s. u. Thora, blaue

–, behelmte
bei Max Beckmann: »Die esoterische Bedeutung der behelmten Gestalt [in: 'Abfahrt', 1932/33–35] läßt sich mit ziemlicher Sicherheit aus dem Vorhergegangenen [s. u. Meerwesen] erschließen. Aller Wahrscheinlichkeit nach handelt es sich um Yama, den Sohn des Vaivavatu-Manu.«
Friedhelm W. Fischer (1972 a, S. 109)
bei Käthe Kollwitz: »Diese frühe Version des Themas 'Pflüger' ['Pflugzieher', um 1902] zeigt eine übergroße behelmte Gestalt, die den Arbeitenden die Faust in den Nacken setzt: der Adel, der die Bauern niederhält und unterdrückt. Die symbolische Formulierung des Themas wird später zugunsten einer realistischen fallen gelassen.«
Georg Bussmann u. a. (1973, S. 39)

–, brutale
bei Ernst Barlach: s. u. Drängen, verführerisches

–, den Vorhang aufreißende
bei Pablo Picasso: »Diese negroiden Fratzen [in: 'Demoiselles d'Avignon', 1907] drücken die Magie der Verzweiflung aus: der fragende Blick, über die Schulter auf den Bildbetrachter geheftet, oder die den Vorhang aufreißende Gestalt im Hintergrund, die den Tod bedeuten sollte.«
Hans H. Hofstätter (1969, S. 63)
vgl. Totenmaske

– der schwebenden Frau
bei Max Beckmann: Freiheit (s. u. Schwebende)

–, drohend aufgerichtete
bei Salvador Dali: s. u. Mann, bärtiger

–, gebeugte
bei Jo Jastram: s. u. Aufgerichtete

–, geflügelte
bei Julius Diez: »Die hymnischen Verse [von Maurice von Stern] rühmen den Heldentod als höchste Erfüllung des Lebens, da er die Unsterblichkeit garantiere und den Menschen noch über die Götter erhebe. Zur bildlichen Umsetzung dieses Gedankens hat D. [in: Illustration zu

'Triumph der Vergänglichkeit', 1900/01] eine Personifikation gewählt, die Krieg, Schicksal, Ruhm und Unsterblichkeit zugleich verkörpert: eine riesengroße geflügelte Gestalt, die mit geschultertem Schwert über einer vergleichsweise winzigen, friedlichen Küstenlandschaft aus dem Meer aufragt, hinterfangen von einer aufgehenden Sonne und einem Sternenzelt.«
Siegmar Holsten (1976, S. 78)

–, entrückte
bei Ernst Barlach: → Lauschende

–, geometrische
bei Ernst Wilhelm Nay: »Wie eine deutende Hieroglyphe ist in diese dramatischen Formentfaltungen [in: 'Lofotenlandschaft', 1938] ein Mensch-Zeichen eingefügt. Klein in der Mächtigkeit der brandenden Formen, aber in seiner festen geometrischen Gestalt deutlich als Wesen anderer Herkunft gezeichnet, hält es sich in die kosmischen Entfaltungen hinein und schwingt in ihnen wie eine Membrane mit. Dies Signet ist wie ein Schlüsselwort. Es macht die mythische Metapher vom Eingefügtsein des Menschen in den großen kosmischen Zusammenhang lesbar. Vom handelnden Maler her gesehen, ereignete sich da nichts als eine reine Formentfaltung über das Thema bestimmter Formchiffren, die die Natur anbot, und die in einer Art von halluziniertem Weiterspinnen in ganz abstrakte Ordnungen gerieten – gesehen aber vom Erreichten, vom Bild als abgelöstem strophischen Bericht wird es zur Metapher des Seins- und Weltverhältnisses des Malers selbst.« Werner Haftmann (1960, S. 83)

–, gepanzerte
bei Max Beckmann: »Es scheint also in der gepanzerten Gestalt ... [in: 'Versuchung', 1936/37] ein junger Mensch dargestellt zu sein, der sich angelegen sein läßt, alle Begierde mit Stumpf und Stil auszurotten. Dieser konsequente Akt der Verweigerung erfolgt unter den Augen des düster dreinschauenden Archonten ... Der Umstand, daß man die Gestalt keinem Geschlecht eindeutig zuordnen kann, mag auf eine Gefahr hindeuten, die allzu bemühter Keuschheit leicht droht: der Verlust der Männlichkeit.« Friedhelm W. Fischer (1972a, S. 147)
bei Erich Erler: »Zu Beginn des Ersten Weltkrieges wurde der Typus zur nationalen Selbstüberhöhung eingesetzt. E. verwendete ihn z. B. auf dem Blatt 'Der Eiserne' seines 1915 entstandenen Zyklus 'Krieg'. Hier erscheint der Heros als riesenhafte, gepanzerte Gestalt, die triumphierend über die erschlagenen Feinde hinwegschreitet.« Siegmar Holsten (1976, S. 20)

–, geschlechtslos wirkende
bei Pablo Picasso: s. u. Büglerin

–, hermaphroditische
bei Allen Jones: »Die hermaphroditische Gestalt verkörpert symbolisch-euphorisch die geschlechtliche Paarung ...« Karin Thomas (1971, S. 310)

–, knochenlose
bei Max Ernst: s. u. Vogel/Schlange

–, lagernde
bei Henry Moore: s. u. Mutter, schreckliche

–', 'lautlose, ausgelieferte, gefährdete
bei Karl Rössing: → Schmetterling

–, männliche
bei Germaine Richier: »R. ist nicht so sehr am Problem der Realität interessiert als vielmehr an der Darstellung visueller Methaphern. Im 'Wirbelsturm' [1948/49] zum Beispiel wird eine männliche Gestalt zum drohenden Sturm, die Form löst sich vor unseren Augen auf. Im wesentlichen ist das eine moderne Variante der barocken Allegorie.«
Edward Lucie-Smith (1970, S. 195)

–, menschliche
bei René Magritte: s. u. Hantel
bei Silvio Mattioli: »Am Ende dieser Einheit [Fries, 1968/70] hebt sich eine menschliche Gestalt heraus, das Zeichen für den prometheischen, tätig-forschenden Menschen. Diese Gestalt tritt mit dem dynamischen Anfang, den M. selbst als Genesis, als Symbolstruktur des Schöpfungsprozesses deutet, in einen sinnvollen Zusammenhang.« Fritz Billeter (1975, S. 27)

– mit angezogenen Knien
bei Ernst Barlach: »Schon der erste Entwurf [zum 'Geistkämpfer'] vom 22. März 1927 kündet mit erregender Offenheit das Grundthema an ...
Kaum vom Erdboden erhöht hocken drei menschliche Träger, auf denen eine waagerecht liegende ungeheuerliche Gestalt mit angezogenen Knien lastet, die als dumpf bewegte Masse die Schwere des Leiblichen, das Chaotische der Triebe verkörpert. Auf ihr steht breitbeinig, in der Pose des Bezwingers und Wächters, ein Schwert in den Händen erhoben, aus klaren und geraden Linienstrahlen gebildet, ein Engel als Sinnbild des Geistigen.
Die nächsten Entwürfe variieren das Motiv und vereinfachen es. ... der liegende Unmensch [wird] zu einem löwenartigen Tier, dessen Kopf gequälte menschliche Züge trägt.«
Claus Virch (1953, S. 10)

– mit Früchten
bei Max Ernst: »Dahinter [in: 'Die Schöne Gärtnerin', 1923] zeichnen sich die schemenhaften

Konturen einer knapp über dem Boden schwebenden Gestalt ab. Um den Hals hängt ein Kranz mit prallen Früchten. Ein zweiter größerer Kranz von Früchten und Blättern bedeckt die Lenden. – Wir deuten diese so schemenhafte Gestalt als eine moderne Parallele zu der alten Imagination der Diana als der Herrin der kosmisch-ätherischen Lebenskräfte. Auch die beiden üppigen Früchtekränze sind Kennzeichen einer Diana-Imagination. Im Bereich der imaginativen Schilderung kommt es ja nicht auf die buchstäbliche Übereinstimmung an, sondern auf die Identität der Motive. Das heißt hier: daß eine menschliche Gestalt offensichtlich die Kräfte des Vegetativen und Fruchtenden symbolisiert.«

Heinz Demisch (1959, S. 107)

Gestalt, riesige
bei Alfred Kubin: s. u. Tod

–, schwebende
bei Ernst Barlach: »Das erste Totenmal schuf B. für den Dom zu Güstrow [1927]. Die horizontal schwebende Gestalt in Bronze wird oft als Engel bezeichnet, obwohl der Künstler diese Benennung ausdrücklich abgelehnt hat, wennschon er einmal in einem Brief vom 'hiesigen Domengel' schrieb . . .
Das Schwebende symbolisiert die bereits erfolgte Entrücktheit der irdischen Bedingtheit, der unbeflügelte 'Domengel' hat sich über die Gefallenen erhoben. Diese Frauengestalt, die Hände über der Brust gekreuzt und die Lippen und Augen in innerer Schau geschlossen, verkörpert die stumme Klage und das ewige Leid.«

Walter Nigg (1961, S. 175)

Max Ernst: Die Schöne Gärtnerin, 1923

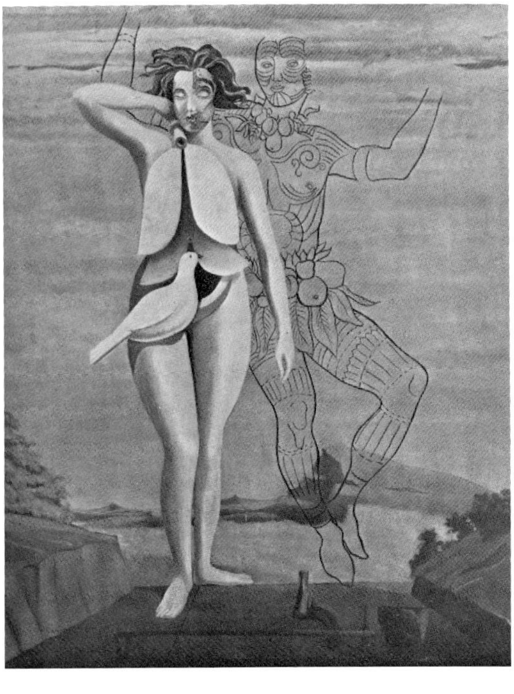

–, schwebende menschliche
bei Ernst Barlach: »Im Güstrower Ehrenmal [1927] wurde die schwebende menschliche Gestalt, die ihn seit der 'Vision' von 1912 immer wieder beschäftigt hatte, auf eine letzte Formel gebracht, gewandelt zu neuer Bedeutung. Sie wurde in der strengen metallischen Form zu einer monumentalen Schicksalsfigur, zu einem unvergeßlichen Symbol ewigen Schweigens.«

Carl D. Carls (1968, S. 99)

–, seherhafte weibliche
bei Paul Klee: s. u. Nabel

–, spärlich bekleidete
bei Willi Geiger: Krieg (s. u. Zweihänder)

–, übergroße
bei Alfred Kubin: → Schicksal

–, ummauerte weibliche
bei Max Ernst: »Im Motiv der ummauerten weiblichen Gestalt [in: 'Die heilige Cäcilie', 1923] macht E. die surrealistische Suche nach der Veranschaulichung des Unbewußten, Visionären zum Thema. Die Gestalt ist gehindert, die Umwelt auf natürlichem Weg zu erfahren. Dem sehenden Auge ist das physisch blinde Auge der Imagination konfrontiert. Daß die Panzermauer Augen hat, heißt angesichts der physischen Blindheit: Selbst wer nicht zu sehen in der Lage ist, hat seine Visionen, und wer die Augen der Phantasie besitzt, den schauen die Gegenstände an . . . Diese Verflechtung wird thematisch, wird symbolisiert in den Bildern mit dem Motiv der ummauerten weiblichen Figur.«

Uwe M. Schneede (1972 a, S. 52)

–, vollkommene
bei Constantin Brancusi: s. u. Ei (M. Deac)

–, von einem Reif umgeben
bei Franz Radziwill: »Tod bedeuten die verschneite Küstenlandschaft [in: 'Verlorene Erde', 1939], die Kriegsmaschinerie als ein 'Werkzeug des Verderbens' (R.), die Soldatengräber mit ihren Kreuzen, vor allem aber die schweren Felsbrocken, die an [C. D.] Friedrichs Hünengräber erinnern. In dem mittleren dieser Steine ist eine schemenhafte menschliche Gestalt eingezeichnet, von einem Reif umgeben, – symbolischer Hinweis darauf, daß der Tod den Menschen nicht wieder aus seinen Fängen läßt.«

Roland März (1973, S. 154)

–, weibliche
bei Konrad Klapheck: s. u. Telephon mit Schnur
bei Oskar Kokoschka: s. u. Stockrose
bei Ossip Zadkine: s. u. Loch im Rumpf

–, winzige
bei Ernst Ludwig Kirchner: »In der Mitte des Vordergrundes [in: 'Amselfluh', 1923] bläst eine winzige Gestalt das Alphorn; sie symbolisiert auf eine neue Weise, wie klein der Mensch vor der Natur ist.« Bernard S. Myers (1957, S. 133)

–, zentrale
bei Marcel Duchamp: »Unmittelbar unter der zentralen transparenten Glaskugel befindet sich eine andere Gestalt, die gegen die Person im Gehäuse blickt . . . [in: 'Jüngling und Mädchen im Frühling', 1911]. Die Gestalt kniet genau zwischen Erde (Frau) und Himmel (Mann). In dieser zentralen Gestalt ist die ganze Bedeutung des Bildes eingefangen, nämlich die Erfüllung von drei ursprünglichen und nur scheinbar widersprüchlichen Wünschen. Diese Wünsche stellt D. im Stadium ihrer Erfüllung künstlerisch dar. Der alchemistische Inzest schafft die Grundvoraussetzungen zur Befriedigung dieser Wünsche, die da sind: das Streben nach Rekonstitution der ursprünglichen Einheit, nach Erlangen der Individuation und das Streben nach Unsterblichkeit. Auch hier zielt die *coniunctio oppositorum* im Bruder-Schwester-Inzest darauf ab, die Gegensätze von männlich und weiblich aufzulösen, um die androgyne, ursprüngliche Einheit und Ganzheit zu erlangen, und zugleich ewige Jugend und Unsterblichkeit.« Arturo Schwarz (1973, S. 19)

–, zerlumpte
bei Max Beckmann: s. u. Krone

Gestalten vgl. Gebilde; vgl. Wesen
bei Rudolf Hoflehner: »Viele seiner Gestalten werden zu aggressiven Abbreviaturen des Geschlechtlichen.« Werner Spies (1971b, S. 14)
vgl. Geschlechtsorgan, männliches
bei Walter Wörn: »So verdichtet sich im 'Amerikanischen Fußballspiel' von 1957/58 die Turbulenz des Kampfes zu einem grandiosen, hektisch erregten Wirbel aus Gliedmaßen und Köpfen, geht das Einzelne, der Einzelne in der dynamischen Aktion des Ganzen unter. Die Menschengestalt scheint nicht allein in dem kollektiven Sturm des Geschehens zu zerbrechen, sondern auch infolge der eigenen, aktiven Beteiligung am Wettstreit. Die Gestalten sind einerseits Ausdrucksträger der angespannt ausgreifenden Aktivität. Und sie bilden andererseits formelhafte Zeichen des ohnmächtigen Ausgeliefertseins an die wilde Dynamik. Erst aus solcher Polarität erwachsen Sinn und Konzeption des Bildes, das von einer für W. fast erschreckenden Brutalität ist.« Joachim Büchner (1972, S. 74)

–, anthropomorphe
bei Eduardo Paolozzi: »Diese anthropomorphen Gestalten [1959/60] erwecken leicht den Eindruck, sie seien Roboter, die imstande sind, die Sprache eines Schwitters oder Helms zu sprechen. Die zerfetzten, mit wilden Anhäufungen übersäten Oberflächen dieser Schöpfungen sind Sinnbilder unserer technisierten und mechanisierten Welt. Ihr archetypischer Charakter wird auch durch die Titel deutlich: Jason, Affenmensch, griechischer Held . . . « Rolf-Gunter Dienst (1962, S. 25)

–, chimärische
bei Rolf Nesch: s. u. Gottvater

–, flaschenförmige
bei Hans Arp: »Bei A. kehren die gleichen flaschen- oder kegelförmigen Gestalten als Symbole einer Urform aller Substanz immer wieder.« Walter Winkler (1949, S. 96)

–, fliehende
bei Max Ernst: s. u. Fassaden, umgedrehte

–, frierende
bei Lynn Chadwick: »Seine frierenden Gestalten – halb Tier, halb Mensch und obendrein noch mit der Erinnerung an Fabelwesen verquickt – sind Sinnfiguren der Gewalttätigkeit.« Werner Hofmann (1958, S. 160)

–, hünenhafte
bei Ludwig Meidner: → Propheten

–, irdische
bei Enrico Baj: s. u. Olo, Il Signor

–, kleine
bei Albert Weisgerber: s. u. Mädchenakt

–, mächtige nackte
bei Max Beckmann: s. u. Knospen, überdimensionale

–, männliche
bei Ossip Zadkine: »Die männlichen Gestalten, die er in Baumstammformen leben sah, sind die nach Erlösung Strebenden: ein Christus, ein Gefangener, ein Sklave, ein Sebastian [1929].« A. M. Hammacher (1954, o. S.)

– mit dem Kind, zerrüttete
bei Pablo Picasso: Armen am Meer, die drei

–, nächtliche
bei Wilfredo Lam: »Die Mythen der Primitiven Afrikas und Südamerikas erfahren durch L. ihre zeitgenössische Formulierung. Der Fetischismus des 'object desagréable' ist auch jenseits der Jahrhundertmitte noch immer am Werk. L.s nächtliche Gestalten sind – allerdings künstle-

risch nicht immer überzeugende – Symbole des gefährlichen Lebens inmitten einer von Kriegsgeschrei erfüllten, von Katastrophen bedrohten Welt.« Karl Ruhrberg (1965, S. 235)

Gestalten, spukhafte
bei Franz Radziwill: s. u. Lampe
–, schwebende
bei Heinrich Altherr: → Engel
bei Otto Meyer-Amden: s. u. Hirte, guter
–, sitzende weibliche
bei Henri Laurens: s. u. Schalloch
–, von Unruhe erfüllte
bei Edvard Munch: → Jagd nach dem Glück
–, weibliche
bei Henry Moore: Schicksalsbotinnen (s. u. Mutter, schreckliche)
–, zarte
bei August Macke: → Mädchen,
Gestein
bei Salvador Dali: s. u. Ornament
Gestell
bei Alberto Giacometti: s. u. Herz, in einem Gestell hängend
Gestirn
s. Teil III
Gethsemane
bei Paul Klee: s. u. Spirale (M. Huggler)
Getier
s. Teil III
Gewächs
s. Teil III
Gewänder, rote
bei Heinrich Altherr: von Richtengeln (s. u. Engel)
'Gewand der Ehefrau'
bei Marcel Duchamp: drei parallele Linien (s. u. Bekleidung)
–, herabfließendes
bei Pablo Picasso: s. u. Paar, entkleidetes
– mit Sternen
bei Marc Chagall: s. u. Mater Dolorosa
–, zerschlissenes
bei Horst Sakulowski: s. u. Bauer, aufständischer
Gewandes, Hülle des
bei Henry Moore: bergend-positiver Charakter (s. u. Decke)
Gewehr
bei Rudolf Hoflehner: der Mann (s. u. Messer)
–, grünes
bei Asela Pérez: »Auf violettem Grund erscheint die rote, aus dem Kontinent hervorwachsende Faust, die sich um den Schaft des Gewehrs zum proletarischen Gruß formt [in: Plakat zur 'Woche der Internationalen Solidarität mit Lateinamerika', 1970]. Das Gewehr ist grün: die Farbe des Lebens und des Dschungels, der die Verstecke für die Partisanen bietet.«
Richard Hiepe (1973, S. 92)
Gift
s. Teil III
Gipsroboter
bei George Segal: »S.s Gipsroboter sind ganz wörtlich leere Hülsen ohne soziale Kritik. Ihre 'Botschaft' besteht in ihrer inszenierten Präsenz und ihrem Illusionscharakter inmitten einer Umweltsituation. Empfindungslos und unmotiviert existieren sie, wie Gegenstände existieren. Jede Aktion verneinend, versinnbildlichen sie das zwecklose Leben des Kunstwerks.«
Sam Hunter (1966, S. 33)
Giraffe, brennende
bei Salvador Dali: »Die brennende Giraffe [bedeutet] das männliche kosmische Ungeheuer der Apokalypse« [in: 'Die Erfindung der Ungeheuer', 1937]. Salvador Dali
in: Klaus Gallwitz (1971 a, S. 129)
Gitarre
bei Jean Carzou: »Das zweigeteilte Bild ['Der Schrecken', 1945] zeigt links ein Zimmer, das durch sein Inventar – im Vordergrund eine Gitarre – als Chiffre der intakten Kultur bezeichnet werden darf.«
Walther Krüger (1972, S. 119/20)
bei Pablo Picasso: »1901 versucht er, diese Bewegung [anarchistisch orientiert, El Greco und Nietzsche verehrend] nach Madrid zu bringen, er gründete die 'aufrichtige' Zeitschrift *Arte Joven,* in der, neben überspannten Erklärungen, Goethes herrliche Worte über die Universalharmonie und das Reich der Mütter sowie eine bedeutende Studie über die Psychologie der Gitarre erscheinen, 'des Symbols der Volksseele und des Gefühls: und daher hat sie vielleicht auch die Form einer Frau'.« Jean Leymarie (1971, S. IX)
–', 'Mann mit
bei Jacques Lipchitz: s. u. Öffnung, runde
–, weibliche
bei Henri Laurens: s. u. Schalloch
Gitarrenspieler
bei Pablo Picasso: »in seiner sogenannten Blauen Periode malte er fast ausschließlich Bilder von Bettlern und Hilflosen – Ausgestoßenen oder Opfern der Gesellschaft, die wie 'Der alte Gitarrenspieler' [1903] des Künstlers eigene Einsamkeit widerspiegeln. Aber nicht völlige Verzweiflung, viel mehr poetische Melancholie spricht aus diesen Gestalten. Der Bettelmusikant trägt sein

Schicksal fast mit der Entsagung eines Heiligen.«
Horst W. Janson (1968, S. 509)

Gitter

bei Hans-Jürgen Breuste: s. u. Ketten

bei Lea Grundig: s. u. Lichtbahnen

bei Leo Haas: s. u. Hand, weiße behandschuhte

bei Bernhard Heiliger: s. u. Gefangener

bei Paul Klee: »Während bei der allegorischen Todesdarstellung [z. B. 'Der Teppich', 1940] das Gitter der sich schneidenden Linie ein Hades-Gitter ist, ist es beim Narren [in: 'Kleiner Narr in Trance', 1927/29] der Weg seines ekstatischen Tanzes.« Will Grohmann (1954, S. 260)

Gitterwerk gerader Linien

bei André Masson: s. u. 'Organe', pflanzenartige

Gladiatoren der öffentlichen Gewalt

bei Renato Guttuso: Rundschilde, → Helme

Gläubige

bei Germaine Richier: s. u. Christus am Kreuz

Glas

bei Francis Bacon: s. u. Käfig

bei Joseph Cornell: »Symbole wie Tonpfeifen, Gläser, Gravüren, Spiegel, Landkarten und astrologische Karten kehren in der persönlichen Sprache C.s immer wieder. Diese Objekte können ganz plausibel interpretiert werden: Das Ei als ein Symbol des Lebens, das Glas [in: 'Seifenblasen', Folge 1936, 1953] als Wiege des Lebens, die vier Zylinder repräsentieren die Familie des Künstlers, der Puppenkopf ist C. selbst. Der Mond über der Tonpfeife ist eine Seifenblase und gleichzeitig die Welt, die Ebbe und Flut dirigiert.«

Diane Waldmann in: Lil Picard (1967, S. 63)

bei Marcel Duchamp: »Das 'Große Glas' [1915–23] wäre also ein Symbol seiner Trennung von den anderen und vom Kosmos, während, nach Michel Carrouges, die 'Junggesellen-Maschine' die Illustration seiner Unfähigkeit zu lieben wäre.

Das Glas wäre also für ihn insbesondere die 'Mannbarkeitsmaschine'. Seine dauernde Anspielungen auf den Voyeurismus könnten diese These unterstützen, auch auf die Fensterscheiben, durch die man nichts sieht, auf die immer vernagelten und trübe gewordenen Fenster (im Gegensatz zu den 'mythischen', durchsichtigen Fenstern, die Carrouges bei Kafka feststellte).« Robert Lebel (1962, S. 69/70)

bei George Grosz: weibliches Genitalsymbol (s. u. Flasche und Glas)

bei Wladimir E. Tatlin: s. u. Turm, spiralenförmiger

–', 'Großes

bei Marcel Duchamp: »Das 'Große Glas' [1915–23] ist weniger ein Bild als ein durchsichtiges Fenster, das eine Synthese zwischen der inneren Welt der Absichten des Künstlers (die in das Glas graviert ist) und der äußeren Welt, die durch das Glas sichtbar ist, bildet. Es ist ein mystisches Erlebnis, bei dem verschiedene, aber einander entsprechende Ebenen der Realität in einem erleuchteten Bereich des Bewußtseins zusammenfallen und dem Betrachter ein zweites Gesicht verleihen.« Suzi Gablik (1971, S. 101)

Glasglocke

bei Hannah Hoech: s. u. Treppe

Glashaus, kugelförmiges

bei Marcel Duchamp: alchemistisches Gefäß (s. u. Glaskugel, transparente)

Glaskolben, zylindrische

bei Oskar Schlemmer: s. u. Röhrensystem, rotfarbenes

Glaskugel

bei Max Beckmann: s. u. Kristallkugel

bei Otto Meyer-Amden: »Bevor M.-A. sich für das Thema der Knaben in den Kirchenbankreihen entschied [1924], hat er in mehreren Entwürfen die Glaskugel des kindlichen Marmelspiels als Symbol des Lebens im christlichen oder kosmischen Sinne abgewandelt.«

Georg Schmidt (1966, S. 243)

–, in der zwei Goldfische schwimmen

bei Edward Kienholz: »Andererseits ist K. Träger eines gewissen Mitgefühls, denunziert die Stel-

Joseph Cornell: Pavilion (Seifenblasengarnitur), 1953

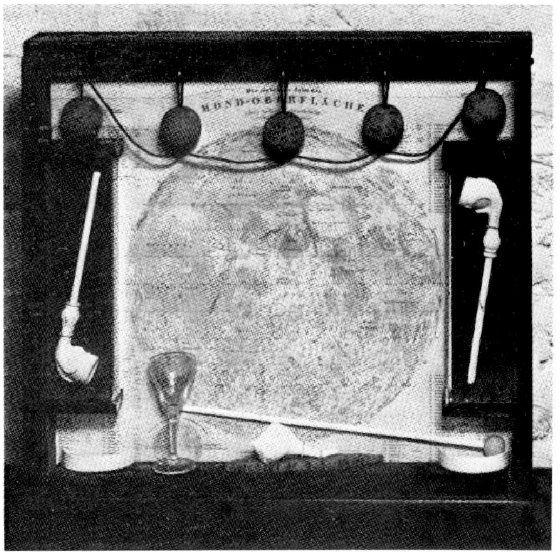

lung des isolierten Menschen in der heutigen Welt. Einsam wie die Frau des 'Birthday' [1964], die in den Wehen der Geburt von ihrem Manne allein gelassen wird, weil er unbedingt einem Freund einen Besuch abstatten sollte. Sie liegt nun auf dem Operationstisch des kalten und anonymen Krankenhauses. Ihr Mund stößt einen Schrei in Form einer Glaskugel aus – in der zwei Goldfische schwimmen – währenddem die Wehen, durch Plastikpfeile symbolisiert – aus ihrem geplagten Leibe herausragen.«
vgl. Pfeile, sieben Jacques Outin (1970, S. 51)

Glaskugel, transparente
bei Marcel Duchamp: »Der Baum in diesem Bild ['Jüngling und Mädchen im Frühling', 1911] wächst aus einem Kreis hervor, oder besser aus einer transparenten Glaskugel, die man als Alembicum – das alchemistische Gefäß – ansehen könnte, auch kugelförmiges Glashaus genannt . . ., oder auch 'Gefängnis des Königs'.«
Arturo Schwarz (1973, S. 18)
s. u. Gestalt, zentrale; vgl. Kreis

Glasscheibe
bei Edward Kienholz: »Eine leuchtende Plastikröhre [in: 'The State Hospital', 1966] in Form der Sprechblase eines Comics, die seinem Kopf entsteigt, enthält sein getreues Ebenbild einschließlich des Bettes. Dieses Ebenbild ist wie er gefesselt, wie er zeigt es statt eines Gesichtes eine Glasscheibe, hinter der zwei kleine Fische schwimmen. Es versinnbildlicht so seine Einsamkeit und Verlorenheit in dieser Zelle und ist Ausdruck der trost- und hoffnungslosen Identität eines Selbst mit seinem Zustand, aus dem er auch mit der Kraft seiner Phantasie nicht mehr ausbrechen kann.«
Wolfgang Wunderlich (1970, S. 476)
bei René Magritte: → Leinwand

–, senkrechte
bei Alf Lechner: s. u. Stahlrahmen, schräg gestellter

Glaswände
bei Joseph Cornell: s. u. Ei

Gleitgehäuse
bei Marcel Duchamp: s. u. Leuchtgas

Glied
bei René Magritte: → Schlüssel, schwebender

–, männliches
bei Max Ernst: s. u. Hut
bei René Magritte: s. u. Wasserkran

Glieder, gespreizte
bei Paul Klee: s. u. 'Jungfrau im Baum'

–, künstliche
bei Heinrich Hoerle: s. u. Roboter

–, mächtige
bei George Grosz: s. u. Abenteurer

Gliedermann
bei Alberto Giacometti: männliche Aggressivität (s. u. Herz, in einem Gestell hängend)

Gliedern, Verlust von
bei Heinrich Hoerle: → Torso

Gliederpuppe
bei Max Beckmann: s. u. Weib
bei Hans Bellmer: s. u. Frau
bei Gottfried Brockmann: »Die Gliederpuppe, der manechino, der auch als Hauptakteur auf Chiricos magisch-leeren Plätzen auftaucht, bei Grosz, Hoerle, Seiwert und anderen Malern der zwanziger Jahre den unpersönlichen, amputierten Zeitgenossen ohne eigenen Charakter und Ausdruck symbolisiert, prägt viele B.-Bilder.«
Peter Winter (1976, S. 86)
bei Jürgen Brodwolf: »Kunstfigur: Was zunächst lediglich die Funktion einer selbstgebastelten Gliederpuppe, eines 'manichino', hatte, wird immer mehr zur manipulierbaren, verfügbaren 'Kunstfigur' . . .
An und mit dieser Tubenfigur wird menschliches Schicksal in allen seinen Facetten veranschaulicht. Der eigentliche Fund B.s – oder besser gesagt: seine Leistung – besteht darin, daß er diese in der Regel 'kopflose' Tubenfigur [um 1970] weit über alles Anekdotische, Puppentheaterhafte hinaus zur aussagefähigen Chiffre menschlicher Situation zu steigern vermag. Dabei gewinnt sogar der Prozeß der Tubenformung gleichnishaft Bedeutung: die Figuren sind dem Zugriff ausgesetzt, sie erleiden ihre Formung und Verformung, sie 'werden gelebt'.«
Willy Rotzler (1976, o. S.)
bei Giorgio de Chirico: »Schon in Kleists Aufsatz 'Über das Marionettentheater' erscheint das Paradox der seelenlosen, bewußtseinslosen Gliederpuppe als die höchste Form des Tänzerischen, eben jener Gliederpuppe, die in C.s Bildern um 1910 zum Sinnträger des Widersinnes wird.
Die Gliederpuppe, Symbol eines gott- und sinnlosen Daseins, regiert eine Welt von äußerster Formenstrenge. In dieser Strenge und Einheitlichkeit der Vision beruht ihre verwandelnde Kraft. Eine solche Nachbarschaft von Nihilismus und Ästhetizismus, nämlich Kunst als Erlösung, wurd von C. in ausdrücklicher Berufung auf Schopenhauer und Nietzsche ausgesprochen.«
Alfred Neumeyer (1961, S. 125, 127)
»Der Mensch erscheint als 'manichino' als Gliederpuppe, zur Statue erstarrt, aus Dingen zusammengesetzt und hat so auf einer anderen Ebene,

kalt, tot, unpersönlich, wiederum den gleichen Seincharakter wie die Dinge.«
Wieland Schmied (1969a, S. 46)
s. u. Troubadour
bei George Grosz: »Aus der Pittura Metafisica übernimmt er die Gliederpuppe des Manichino [in: 'Ohne Titel', 1920], deren Gesichtslosigkeit für ihn Ausdruck der Anonymität des einzelnen in unserem Zeitalter der Technik, der Industrie, der Massengesellschaft wird und die er auf einen Sockel vor die bauklötzchenhafte Würfelarchitektur der Fabriken stellt.«
Wieland Schmied (1969a, S. 46)
bei Fernand Léger: → Figuren, menschliche
bei Oskar Schlemmer: »Halb Gliederpuppe, halb archaische Gottheit vereinen sich in dieser Gestalterfindung ['Homo, Figur T', 1920] uralte Wunschvorstellungen des Menschen: die schwebende Schwerelosigkeit und Transparenz der Marionette mit dem hieratischen Kanon, der 'Strenge und Größe' ägyptischer Pharaonenbilder, Konstruktion und Intuition, Rationales und Irrationales, Mathematik und Metaphysik berühren sich hier in ihren Extremen . . .«
Karin v. Maur (1978, S. 66)
bei Werner Tübke: s. u. Marionette
–, mechanisierte
bei Heinrich Hoerle: → Mensch
–, robengeschmückte
bei Werner Tübke: »Die dritte von insgesamt sieben Fassungen der 'Lebenserinnerungen des Dr. jur Schulze' [1965] – ein fiktiver Name stellvertretend für den Typus – stellt den Höhepunkt der symbolisch verdichteten Aussage dar . . . Im Zentrum sitzt der Richter, kein Mensch mehr, sondern eine seelenlose Maschine des Tötens, in Gestalt einer robengeschmückten Gliederpuppe, die nur von den Seilen der Macht gehalten wird.«
Günter Meißner (1974, S. 14)
Gliederpuppen
bei Giorgio de Chirico: »Um 1915 stellen sich die 'Mannequins' ein, in der meditativen und beunruhigenden Haltung von Gliederpuppen, die in den Ateliers als Modelle für Bewegungsstudien dienen. Einzeln oder paarweise stehen sie mit glatten und eiförmigen Köpfen ohne Sinnesorgane – manchmal ersetzt das mathematische Zeichen für das Unendliche die fehlenden Augen – auf Fußböden, deren Ritzen in perspektivischer Ordnung zu den fernen Arkaden fliehen . . . Sie sind Träumereien eines Müßiggängers in einer antiken Stadt, in der einige Objekte der neuen Zivilisation wie Geistererscheinungen überraschend auftauchen.« Marcel Jean (1961, S. 47, 49)
bei Fabius von Gugel: » . . . Gliederpuppen, wie sie G. in Luft verpuffen läßt. Die Thematik der Trionfie nimmt G. wieder auf und läßt sie zum Hohn der Selbstherrlichkeit der Menschen wieder vor uns aufflammen. Poetisch erzählt der Dichter G. das Aschenputtel-Märchen und spiegelt in Exkursen das Schicksal der Kreatur, die er mit den Werkzeugen der Vernichtung identifiziert – Satire und Angsttraum zugleich.«
Hans H. Hofstätter (1969, S. 185)
–, mechanisierte
bei Fernand Léger: → Figuren, menschliche
Gliedmaßen
bei Henri Laurens: s. u. Schalloch
bei Walter Wörn: s. u. Gestalten
–, parallele
bei Rudolf Hoflehner: s. u. Leib, gespalten
–, Winkelung der
bei Wilhelm Lehmbruck: Kennzeichnung eines spirituell getragenen Expressionismus (s. u. Jüngling', 'Emporsteigender)
Globus
bei Hannah Hoech: Riesenspielzeug (s. u. Treppe)
Glocke
bei Leherb: s. u. Uhren, surrealistisch verfremdete

Giorgio de Chirico: Troubadour, um 1950

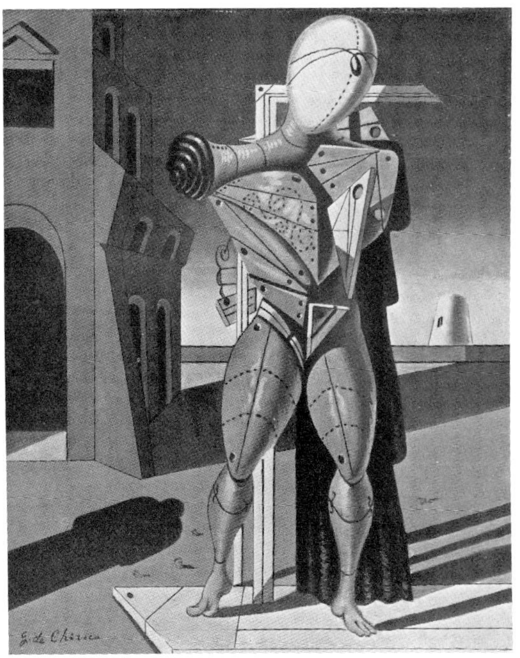

Glöckchen
bei Marc Chagall: s. u. Ziege, lustige
Gloriole
bei Gustav Klimt: s. u. 'Kuß'
–, herzförmige
bei Jacques Lipchitz: s. u. Jungfrau, die barmherzige
Glücksrad
bei Marc Chagall: s. u. Kreis
Glühbirne
bei Jorge Castillo: »Über ihm baumelt an langer Schnur die winzige armselige Glühbirne ['Glühbirne', 1962] wie ein trostloses Dingzeichen für Elend und Verlöschen.«
Werner Haftmann (1975 a, S. 26)
bei Hannah Hoech: »Zwischen Pneureifen und Maschinenkolben thront 'Das schöne Mädchen' [1919], dessen erleuchtetes Gehirn eine Glühbirne symbolisiert.«
Herta Wescher (1968, S. 142)
s. u. Mädchen', 'Das schöne
–, elektrische
bei Pablo Picasso: Gegenwart (s. u. Kerze)
Glühbirnen
bei Peter Klasen: medizinische Apparatewelt (s. u. Spritze)
–, leuchtende
bei Atsuko Tanaka: s. u. Kreis
Glühlampen
bei Francis Picabia: Gleichgültigkeit (s. u. Maschinenteile)
Glutäen
bei Ewald Mataré: s. u. Fruchtbarkeit, nackte

Horst Antes: Landschaftsbild (Paar), 1967/68

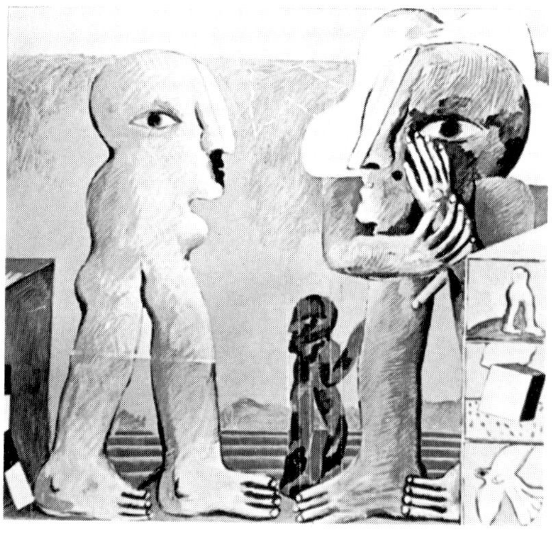

gnomhafte Relieffigur
bei Horst Antes: »Für A. ist die immer wiederkehrende gnomhafte Relieffigur stigmatisches Symbol der totalen Isolation, dem physisch und psychisch die Last des fatalistischen Erleidens von gegenwärtigem Geschehen auferlegt wird. Diese monolithische, archetypische Menschinkarnation chiffriert sich zum magischen Pseudonym des künstlerischen Ich.«
Karin Thomas (1971, S. 341)
Gockel
bei Jacques Lipchitz: s. u. Bäuerin, hockende
Godot
bei Alberto Giacometti: s. u. Baum
Götter, falsche
bei Max Beckmann: → Sphinxe (B. S. Myers)
Götterbild, archetypisches
bei Horst Antes: Kunstfigur (s. u. Kopffüßler)
Göttermutter, indische
bei Max Beckmann: Devi bzw. Kali (s. u. Frauengestalten, rätselhafte)
Göttin
bei Erich Brauer: → Honigverkäuferin
– der Blumen
bei Werner Tübke: s. u. Flora
– der Erde/Erdhöhle
bei Henry Moore: Große Göttin (s. u. Liegende, Liegende Figur)
– der Gräber
bei Henry Moore: → Liegende (E. Neumann)
– der Liebe
bei Paul Klee: s. u. 'Fußsohle'
– der Sinnlichkeit, freie
bei Marino Marini: → Pomona
–, grauenhafte
bei Henry Moore: s. u. Figuren, dreistehende (E. Neumann)
–, Große
bei Henry Moore: Bergende, Schützende und Enthaltende (s. u. Liegende Figur)
–, Leib der
bei Max Beckmann: s. u. Beine, Spreizhaltung der
– Maat
bei Horst Egon Kalinowski: Ordnung u. a. (s. u. Kasten, erdfarbener, geschlossener)
–, römische
bei Werner Tübke: s. u. Flora
–, schwarze
bei Max Beckmann: indische Kali (s. u. Frauengestalten, rätselhafte)
Götzen
bei Alberto Giacometti: s. u. Frauengestalten (, große und kleine)

Gold
bei Armodio: → Vogel
bei Julius Bissier: »Es gibt kein beherrschendes Blau, Grün oder gar Braun. Diese Farben sind zu sehr der irdischen Realität verpflichtet und werden darum nicht verwendet. Dagegen kommt Gold als Farbe des Überirdischen häufig vor.«
Karl Ruhrberg (1965, S. 372)
bei Heinrich Eichmann: »'Dreck' nannte er das erdhaltige Polyment, mit dem der Bildträger in geduldiger Arbeit grundiert werden mußte [1963/64], bis er bereit war, die Goldfolien aufzunehmen. So senkte sich das Gold (als Ausdruck vergeistigter Psyche, des geläuterten Unbewußten) in die noch unerlöste Erde.«
Fritz Billeter (1971, S. o. S.)
bei Yves Klein: »Gold ist das Unnahbare, das Hohe, das was seit dem Alten Bund als das Höchste gilt; Gold ist das Gesetz und der Vater Gott. Rot ist Liebe und Fleisch und Blut, gegründet in Golgatha, symbolisiert das Christentum und ist deswegen als Verkörperung des Neuen Bundes Gottsohn, der Christus. Blau ist als das All durchdringend die eigentliche Verwirklichung des Immateriellen, des Geistigen. Blau ist immer; vor dem Gold, vor dem Rot, mit dem Gold und mit dem Rot. Blau ist der Geist Gottes.« Paul Wember (1969, S. 24)
das Absolute (s. u. Rot); s. u. Blau, Rot und Gold
bei Louise Nevelson: »Das Gold ist Träger eines authentisch 'geistigen' Symbolismus, 'das Gold ist Unsterblichkeit', bestätigen die indianischen Texte . . .
In der goldenen Periode, die mit dem Jahr 1960 beginnt, befreit sie sich in ihrer bildhauerischen Arbeit von den letzten Unreinheiten und verwirklicht die endgültige Verwandlung der gewöhnlichen Elemente in edle Elemente, so daß die Holzensembles eine fürstliche, königliche Art annehmen ('Royal Tide I', 'Royal Tide II' und 'Royal Tide IV', 1960/61), denn Gold ist gleichzeitig auch das Symbol der Herrschaft und des Befehlsgebers.« Germano Celant (1973, S. 16)
bei Fritz Winter: »In unserer säkularisierten Welt steht Gold in W.s Frühwerk als identisch mit Raum, im Werk von 1953 mit raumgreifender Aktion. Hier treten verschüttete Quellen zutage. Sicher ist jedenfalls, daß W. hier Gold als Mittel zur Darstellung von Raumwerten angenommen hat.« Karlheinz Gabler (1968, S. 4)

–, Rot und Blau
bei Otto Herbert Hajek: »Gold, Rot und Blau, in der auf der Spitze stehenden Farbfigur im Zentrum des Altarraums [in der Heilig Geistkirche, Lemgo, 1965–68] ineinander vereint, sind die Symbolfarben für die Heilige Dreifaltigkeit. Folgerichtig erscheint das Rot wieder am Tabernakel (Hinweis auf Gottsohn), das Blau aber am Ambo, dem Ort der Verkündigung (Heiliger Geist).« Ulrich Weisner (1971, o. S.)

Goldfarbe, Rundform in
bei Yves Klein: Kontemplationszentrum (s. u. Rundform in Goldfarbe)

Goldfasan
bei Werner Tübke: »Liebe lernte der angehende Nazifunktionär [in: 'Lebenserinnerungen des Dr. jur. Schulze, III', 1965] (Symbol des Goldfasans) nur in pervertierter Form (der Dukatenfalter im Haar der Kokotte als Hinweis für die Käuflichkeit) kennen . . .« Günther Meißner (1974, S. 14)

Goldfisch
bei Walter Wörn: s. u. Fisch

Golgatha, Opfer von
bei Mikuláš Medek: s. u. Kreuz

Gomorrah
bei Renato Guttuso: s. u. 'Tilgung Sodoms'

Gorgo, schlingende
bei Jacques Lipchitz: → Bäuerin, hockende

Gott
bei Max Ackermann: s. u. Sphinx
bei Ernst Barlach: → Sonne
bei Max Beckmann: s. u. Smoking
bei Marc Chagall: s. u. Engel
bei Anton Heyboer: umrandete Zahlen (s. u. Ziffern 2 und 3)
bei Jean-Robert Ipoustéguy: s. u. Bein, drittes
bei Pablo Picasso: s. u. Leichenhaufen
bei Germaine Richier: s. u. Christus am Kreuz

–, abgetakelter
bei H. R. Giger: → Urinoir

– Anubis
bei Horst Egon Kalinowski: kreuzförmige Waage (s. u. Kasten, erdfarbener, geschlossener)

'– der Weisheit und der Tiefe'
bei Max Beckmann: s. u. Meerwesen

–, mystische Vereinigung in
bei Salvador Dali: s. u. Madonna, Auferstehung der

–, Nähe zu
bei Paul Klee: → Engel (T. Osterwold)

– Suchender
bei Erich Heckel: Künstler (s. u. Schmerzensmann)

–, Vereinigung der Seele und
bei Marc Chagall: Hochzeit (s. u. Stuhl der Braut)

Gottes', Abfall des Menschen von seiner 'Ebenbildlichkeit
bei Rudolf Hausner: → Kopf des Adam

Gottes, Auge
bei Pavel Sukdolák: → Dreieck
–, Gaukler
bei Georges Rouault: s. u. Harlekin
–, Geist
bei Yves Klein: Blau (s. u. Gold)
–, Hand
bei Ewald Mataré: Schöpfung u. a. (s. u. Hand Gottes)
–', 'Reich
bei Wassily Kandinsky: s. u. Reiter, die durch den Himmel fliegen
–, Werkzeug
bei Dorothee Conrady: Mensch (s. u. Werkzeuge)
–, Zeugen der Allmacht
bei Ludwig Meidner: → Propheten
Gottesanbeterin
bei Salvador Dali: Gefressenwerden (s. u. Heuschrecke)
Gotteshaupt, schöpferisches
bei Marc Chagall: → Sonnenrad
Gottesmann
bei Marc Chagall: bettelnder Wanderprediger (s. u. Hausierer)
Gottheit
bei Max Beckmann: En-Soph (s. u. Spiegel mit Horizont); s. u. Kind (L.-G. Buchheim)
bei Ewald Mataré: → Stier
bei Friedrich Meckseper: → Sonnenuhr
–, archaisierende
bei Oskar Schlemmer: s. u. Gliederpuppe
Gott-Sohn
bei Marc Chagall: s. u. Kind am Kreuz
bei Otto Herbert Hajek: Rot (s. u. Gold, Rot und Blau)
bei Yves Klein: Rot (s. u. Gold)
Gottvater
bei Max Beckmann: s. u. Drehorgelspieler, blinder
bei Rolf Nesch: »'Gottvater', ein vierteiliger Druck von je drei Platten, ist ein apokalyptisches Nachtstück, sicherlich nicht zufällig in der Zeit schwerster Bedrängnis, 1941/42, entstanden, eine dunkle Vision von merkwürdiger Ambivalenz, die zugleich flammenden Untergang und Geburt aus dem Chaos, oder beides zusammen darstellen kann. Gottvater ist fern jeder überlieferten Bildform dargestellt. Ihn symbolisieren zwei über alle vier Platten ausgreifende Arme in monumentaler, geradezu gewalttätiger Deformierung. Die rechte Hand hält die zerbrechende, brennende Erdkugel, drei Finger der linken weisen über den Bildrand hinaus ins Unendliche, darunter treiben chimärische animalische Gestalten ihr unheimliches Wesen.« Karl Ruhrberg (1973, S. 23)

Grab
bei Ernst Barlach: s. u. Figur, weibliche
bei Alberto Giacometti: s. u. Gräberfeld
bei Henry Moore: Höhle (s. u. Mutterschoß)
bei Hanna Nagel: s. u. Tücher
–', 'Bewegliches
bei Mikuláš Medek: »'Bewegliches Grab- [1973] ist sein letztes Bild . . . – ein imaginäres Selbstbildnis eines Menschen, der sich auf den Tod vorbereitet.« Jindřich Chalupecký (1978, S. 174)
–, offenes
bei Alberto Giacometti: Schauplatz des Sterbens (s. u. Körper, großer)
– und Sarg
bei Alberto Giacometti: s. u. Gräberfeld
Grabbauten, italienische
bei Werner Gilles: s. u. Harpyen
Grabeshöhle
bei Henry Moore: s. u. Liegende (E. Neumann)
Grabfiguren
bei Alberto Giacometti: s. u. Mann, hockender
Grabkammer
bei Paul Thek: »Auffallendstes Merkmal seiner Kunst ist die Grabkammer. Dieses von der Phantasie geschaffene Unterreich als bewußte Abkapselung von der als feindlich empfundenen Außenwelt zieht sich als wandlungsfähiges Symbol in Motiven von Grotten, Kugeln und Unterwasserwelten durch die gesamte symbolistische Literatur und Malerei und wirkt heute auffallend nicht nur in den Environments von T. fort, sondern auch in denen von Jean Clareboudt, Michael Buthe und in den Gebeinkammern und Grabstätten von Karin Raeck. . .
Symptomatischer allerdings als diese Motive des Wegtauchens, zuweilen auch des Wegfliegens sind die der Höhle. Und dieses Reich der geheimen Entsprechungen hat T. bezeichnenderweise in eine Grabkammer verlegt: die Pyramide.«
vgl. Pyramide Barbara Catoir (1974a, S. 33)
Grabkreuz
bei Werner Scholz: »Man spürt die formale Inspiration, die in dem Motiv liegt [in: 'Grabkreuz', 1933]: wie das christliche Symbol als Grabkreuz in die Vegetation versinkt und selber wie ein aus dem Pflanzenhaften herausblühendes Stück Natur seine Symbolkraft auf eine neue Weise aussagt. Das Grabkreuz bleibt das Kreuz des Todes und der Auferstehung, es bleibt ein Symbol der Vergänglichkeit und ein Symbol des Lebens zugleich. Aber es ist der Einklang mit dem Sterben und Leben der Natur – und nicht der Osterglaube –, was ihm seine Symbolkraft verleiht.« Hans-Georg Gadamer (1968, S. 31)

Grabplatte
bei Ernst Ludwig Kirchner: ovale Tischplatte (s. u. Auszehrung, innere)
Grabsäulen
bei Constantin Brancusi: s. u. 'Säule ohne Ende'
Grabstätte
bei Karin Raeck: Unterreich (s. u. Grabkammer – bei Paul Thek)
Grabsteine
bei Jacob Lawrence: »Der farbige Maler L. kannte sich gut in der Wirklichkeit des Gettolebens aus, als er diese Straßenszene ['Grabsteine', 1942] in Harlem malte. Auf diesem Bild liefert L. durch die Einbeziehung einer Steinmetzwerkstatt im Kellergeschoß einen symbolischen Kommentar; . . . die Grabsteine stellen ständige Mahnung an den Tod dar.«
Time-Life-Redaktion (1973, S. 93)
Grabtumben, steinerne
bei André Masson: s. u. Kurvaturen
Graburne
bei Henry Moore: s. u. Liegende (E. Neumann)
'Gräben'
bei Karl Fred Dahmen: s. u. Riemen, mürbe
Gräber
bei Henry Moore: s. u. Figuren, drei stehende (E. Neumann); s. u. Liegende Figur; s. u. Tuch
–, antike
bei Carlo Schellemann: s. u. Häupter, geborstene
–, aufgebrochene
bei Oskar Kokoschka: Auferstehung (s. u. Mahler, Gustav)
–, Göttin der
bei Henry Moore: → Liegende (E. Neumann)
Gräberfeld
bei Alberto Giacometti: »'Das Spiel ist aus' (1932) enthält Todes-Geschehen. Im Mittelfeld sind die Gräber bereit, im einen sieht man das Gerippe eines Toten liegen, Grab und Sarg sind mit einer verblüffenden plastischen Kurzform zusammengefaßt und durch einen beweglichen Deckel zu schließen. Runde Krater links und rechts des Gräberfeldes deuten Kriegsschauplätze an. Auf der einen Seite steht inmitten einer Vertiefung eine reglose Frauenfigur. Auf dem anderen Kraterfeld hebt eine kopflose Figur die Arme hoch: Kapitulation; man ergibt sich, man spielt nicht mehr mit, das Spiel ist aus, vielmehr: Hier hört das Spiel auf, mit dem Tod ist es ernst.«
Reinhold Hohl (1971, S. 83)
Gräser
bei Hans Arp: s. u. Ovale, bewegte
Grätenwälder
bei Max Ernst: s. u. Mondringe

Grammophon
bei Max Beckmann: »In dem Bild 'Die Nacht' von 1918/19 wird das Motiv des Trichters dem der Kerze gegenübergestellt. Der rote Schlund des Grammophons suggeriert dabei ebenso Unheil wie das gestürzte Lebenslicht. Doch scheint die gemeinsame Totenklage nicht der einzige Sinn der Zuordnung zu sein. Die beiden Gegenstände stehen wohl auch stellvertretend für die Ursymbole Lingam und Yoni, Phallus und Schoß.« Friedhelm W. Fischer (1972a, S. 85)
Granatäpfel
bei Julius Bissier: Früchte mit harten Schalen, dem Mond verwandt (s. u. Quitten)
Granatapfel
bei André Masson: »In 'The Repast' [1922], ganz leicht links von der unteren Mitte, ist eine rote Frucht, offen, mit heraushängendem Fruchtfleisch, umklammert gehalten von einer kranken Hand. Für M. ist der Granatapfel zunächst ein Symbol für Leben und Tod. Als Gebärmutter ist es die Inkarnation von Fruchtbarkeit und Leben, und, als Erinnerung ans Schlachtfeld, eines Soldatenkopfes – oben aufgeplatzt wie ein Granat-

Karin Raeck: Grabkammer, 1973

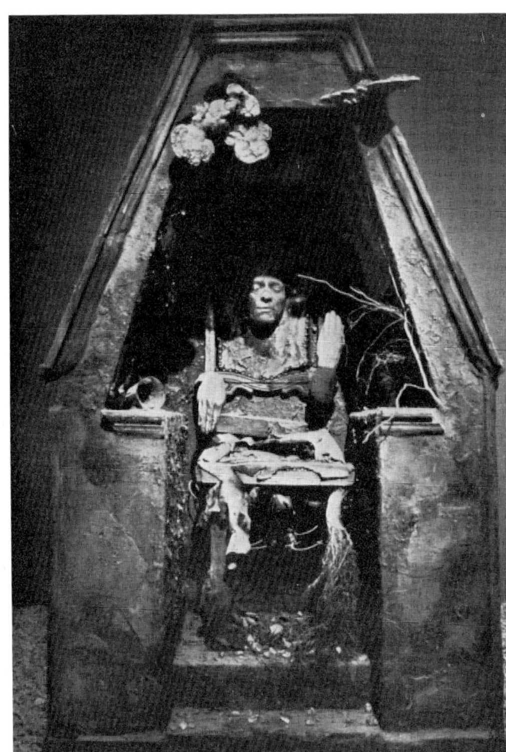

apfel – ist es der Tod ... und auch Menstruationsblut.« Carolyn Lanchner (1976, S. 92)

Granaten

bei Heinz Zander: s. u. Tod

Grashüpfer

bei Salvador Dali: Gefressenwerden (s. u. Heuschrecke)

Grashüpferkind

bei Salvador Dali: Kindheitsphantasie D.s (s. u. Heuschrecke)

Grau

bei Alberto Giacometti: »Im Verlauf der Arbeit habe ich eine Farbe nach der anderen ausscheiden müssen, nein: hat sich eine Farbe nach der anderen ausgeschaltet, und was zurückgeblieben ist: Grau! Grau! Meine Erfahrung: daß ich die Farbe, die ich erlebe, die ich sehe, die ich wiedergeben will, ja?, die für mich das Leben selber bedeutet, ganz zerstöre, wenn ich absichtlich eine andere Farbe hinsetze.« Alberto Giacometti in: Reinhold Hohl (1971, S. 212)

bei Wassily Kandinsky: »*Grau ist klanglos und unbeweglich. Diese Unbeweglichkeit ist aber eines anderen Charakters wie die Ruhe des Grün,* welches zwischen zwei aktiven Farben liegt und ihr Produkt ist. Das Grau ist deswegen die *Unbeweglichkeit, die trostlos ist.* Je dunkler dieses Grau wird, desto mehr Übergewicht bekommt das Trostlose ...« Wassily Kandinsky (1952, S. 99)

Gleichgewicht der Farben (s. u. Schwarz)

bei Fritz Winter: »Von allen Malern seiner Generation hat nur W. diese Vorliebe für die Schwarz-Grau-Skala, obwohl er zu den heiteren Temperamenten zählt. 'Ich bin froh, rot und gelb zu sein, aber ich sehne mich nach Grau, dem Unendlichen' (Tagebuch), es ist für ihn eine nicht determinierte Farbe und dem Weiß verwandt.« Will Grohmann (1958a, S. 168)

–, monochromes

bei Pablo Picasso: s. u. Pferd, wendendes

–, winterliches

bei Marc Chagall: s. u. Kopf eines Pferdes, brandroter

Grazien, die drei

bei Robert Delaunay: »Mit der Wiederaufnahme dieses banalen Themas ['Die drei Grazien', 1911] scheint D. einer avantgardistischen Mode nachzugeben ... Bei D. behält der Vorwurf seine traditionelle Bedeutung: weibliche Anmut und Eleganz, das ziemlich konventionelle Symbol der Hauptstadt.« Michael Hoog (1976, S. 120)

Greis

bei René Magritte: s. u. Monstranz

Grenzgitter

bei Wols: → Gatter, verfallenes

Grenzscheiden, steinerne

bei Oton Gliha: »In unzähligen verfeinerten Varianten dieses einzigen Motivs tritt die gesamte bezwungene Leidenschaft und das gedämpfte, zurückgehaltene Gefühl dieses Künstlers zutage, der die Gefangenschaft des menschlichen Daseins veranschaulicht, poetisiert und analysiert und durch die steinernen Grenzscheiden, durch die kargen Erdflecken in seinen 'Steinhaufen' symbolisiert.« Zoran Kržišnik (1963, S. XVII)

Grieche

bei Friedrich Gerlach: s. u. Europas, Genius

Griechen, Erdmutter der

bei Max Beckmann: s. u. Gamma

Griechenland

bei Giorgio de Chirico: s. u. Lokomotive

Grille

bei Graham Sutherland: »Auch in der Malerei begegnen Rieseninsekten, so ... in dem 1948 entstandenen Ölbild 'Grille' von S. Diese wieder wie ein Mensch aufgerichtete Grille ist Chiffre der Aggression gegen den Menschen.« Walther Krüger (1972, S. 144)

Grillen

bei Germaine Richier: Monstren (s. u. Insekten)

Große Göttin

bei Henry Moore: Bergende, Schützende und Enthaltende (s. u. Liegende Figur)

'Große Musikerin'

bei Henri Laurens: s. u. Musikinstrument

Große Mutter

bei Marc Chagall: zum Vorstellungsbereich gehören die Kuh u. a. (s. u. Mutter, Große)

bei Max Ernst: s. u. Vogel, entschwebender

bei Rudolf Hoflehner: s. u. Kugel

bei Henry Moore: s. u. Liegende (E. Neumann)

Große Runde, die

bei Rudolf Hoflehner: s. u. Kugel

'Großes Glas'

bei Marcel Duchamp: s. u. Glas', 'Großes

Großgrundbesitzer

bei Pablo Picasso: s. u. Blutegelkopf Francos

bei Diego Rivera: s. u. Sklaven bei der Zuckerrohrernte

Großmarkt

bei André Masson: Leben (s. u. Labyrinth, blaues)

Großstadt

bei Herbert Kaufmann: s. u. Zeitungsmaterial

bei Ernst Ludwig Kirchner: s. u. Kokotten

bei Maria Vieira da Silva: unkontrollierbar gewordene Welt (s. u. Metrostationen)
–, Leben der
bei Mark Tobey: s. u. kalligrafische Kontur
–, moderne
bei Mikuláš Medek: natürliche Umwelt (s. u. Mensch)
Großstadthure, archetypische
bei Richard Lindner: die neue Welt (s. u. Ludwig von Bayern, König)
Großstadtmenschen, Misere des
bei George Tooker: → Menschen, die sich ängstlich umblicken
Großvater
bei Rudolf Hausner: s. u. Kessel
Grotte
bei Paul Thek: s. u. Grabkammer; s. u. Unterwasserwelt
Grotten
bei Louise Nevelson: s. u. Schwarz
Grübelnde
bei Gustav Klimt: s. u. Kopf, klarer
Grün
bei Julius Bissier: der irdischen Realität verpflichtet (s. u. Gold)
bei Marc Chagall: »Das grüne Gesicht – und Grün bedeutet für C. immer etwas Erleuchtetes und Halluziniertes – ist durchaus der Kern des Bildes« ['Bildnis Vava', 1966, auch: 'Der Jude in Grün', 1914].
Werner Schmalenbach (1968, S. 144)
des Menschenhauptes (s. u. Dorf); der Weinranken (s. u. Schafe); s. u. Kopf eines Pferdes, brandroter
bei Karl Fred Dahmen: »Grün scheint für D. das Sinnbild der Landschaft schlechthin zu werden, eine irdische Sensation zwischen dem leeren Unendlichen einerseits und der erstorbenen Materie andererseits ... Wie alles bisher, gerät ihm auch die Landschaft zum Symbol eines Umfassenderen.« Juliane Roh (1971, S. 13)
»Auf den älteren 'Telelandschaften' [um 1967] ist der Polstergrund, der als scheinbar weiches, amorphes Gebilde die Materialien umschließt, von einem saftigen Grün. Oftmals markiert ein Wulst eine horizontale Bewegung. Hier unterstützt der Titel die Intension, die Farbe als Chiffre für 'unbegrenzte Landschaft' oder 'fruchtbare Leere' werten zu wollen. Es werden aber auch Vanitas-Vorstellungen evoziert.«
Paul Otto Schulz (1969, S. 75)
bei Renato Guttuso: Trauer (s. u. Apfel)
bei Wassily Kandinsky: Ruhe (s. u. Grau); s. u. Eros
bei Ernst Ludwig Kirchner: s. u. Farben
bei Robert Motherwell: Wald bzw. Wiesen (s. u. Fenster)
–, absolutes
bei Wassily Kandinsky: »Die Passivität ist die charaktervollste Eigenschaft des absoluten Grün, wobei diese Eigenschaft von einer Art Fettheit, Selbstzufriedenheit parfümiert wird. Deshalb ist das absolute Grün im Farbbereich das, was im Menschenbereich die sogenannte Bourgeoisie ist: es ist ein unbewegliches, mit sich zufriedenes, nach allen Richtungen beschränktes Element.«
Wassily Kandinsky in: Rainer Volp (1966, S. 110)
Gruppe
s. Teil III
Guerilla, schwarze amerikanische
bei Giuseppe Spagnulo: → Halbzylinder
Guernica
bei Pablo Picasso: baskische Stadt (s. u. Frauen); s. u. Pferd und Stier; s. u. Statue
–, Baum von
bei Pablo Picasso: s. u. Stier (R. Arnheim)
Guillotine
bei Rudolf Hausner: → Staffelei
bei René Magritte: s. u. Kreis
Gußeisen
bei René Magritte: s. u. Hantel
Gute Mutter
bei Henry Moore: Große Göttin (s. u. Liegende Figur)

H

Haar
bei Edvard Munch: »Das Haar als Liebesband, ein uraltes Symbol der Minne, gilt ihm als Fessel [in: 'Die Brosche', 1903], als würgendes Garn, als Todesschlinge. Er macht daraus sein Jugendstilmotiv, das ihn vor der Ehe warnt.«
Richard Biedrzynski (1965)
»Das Haar ist Symbolzeichen des erotischen Schicksals. M.s Vampyre umgarnen mit ihren Haaren wie mit Polypenarmen das Opfer. Die wogenden Wellen des Haares begleiten den Rhythmus der körperlichen Liebe, sie umhüllen die Paare M.s und Klimts.«
Hans H. Hofstätter (1965, S. 203)

»Daß M. sich selbst, in Eva Mudoccis Haare eingehüllt, [in: 'Salome', 1903] abgebildet hat, ist ein sehr interessanter Zug, denn in einer Reihe anderer Arbeiten ist das Haar der Frau ein Sinnbild des Bindenden. In mehreren Lithographien, unter anderen 'Befreiung' I und II und 'Zuneigung' I und II, beide aus dem Jahre 1896, hat das aufgelöste Haar eine solche symbolische Bedeutung.« Arve Moen (1957, S. 22)
bei Pablo Picasso: → Formen, runde; s. u. Nagel

Haar, nackte Frau mit langem
bei René Magritte: 'dritte Dimension' (s. u. Flasche, bemalte)

–, strähniges
bei Pablo Picasso: s. u. Menschengesicht, von Schmerz aufgelöstes

– trocknen
bei John Sloan: s. u. Frauen, die ihr Haar trocknen

–, zurückgewehtes
bei Pablo Picasso: s. u. Kopf mit Arm und Lampe

Haare
bei Maxime van de Woestijne: s. u. Kiste

–, Band der
bei Henri Laurens: s. u. Arm, abgewinkelter

–, fließende
bei Aristide Maillol: s. u. Frau, Körper der

–, wallende
bei Dorothea Tanning: »Die eine der im 'Dunklen Buch' [in: 'Fatala', 1946] kenntlichen Figur ist ein Puppenkopf mit langer Perücke – die langen, wallenden Haare weisen wahrscheinlich auf die erwachende Triebhaftigkeit und die damit verbundene Reifesymbolik.«
Dieter Wyss (1949, S. 85)

Haaren, Knaben und Mädchen mit langen
bei Leonor Fini: androgynes Ideal (s. u. Mädchen mit langen Haaren)

Haarsträhnen
bei Joan Miró: s. u. V-Form

Hades-Gitter
bei Paul Klee: s. u. Gitter

Hadeswächter
bei Pablo Picasso: Zerberus (s. u. Hund, dunkler)

Hälse, hohe
bei Wilhelm Lehmbruck: Welt des Mystischen (s. u. Jüngling', 'Emporsteigender)

Hände
bei Ernst Barlach: s. u. Gestalt, schwebende
bei Jacques Lipchitz: s. u. 'Mutter und Kind'

–, angepreßte
bei Alberto Giacometti: s. u. Frauen

–, gefesselte
bei Willi Sitte: s. u. Gekreuzigter

–, offene
bei Ernst Barlach: Gnade (s. u. Heiliger)

–, strahlende
bei Ernst Barlach: s. u. Sonne

–, zugreifende
bei Bert Heller: »Sieben Jahre später [1966] malte H. das Bild 'Enttrümmern in Berlin', welches symbolisch das Ziegelreichen in mehrfach hintereinander gestaffelten Diagonalen der zugreifenden Hände zeigt.«
Hans-Ulrich Lehmann (1974, S. 35)

Hängematte
bei Diego Rivera: s. u. Sklaven bei der Zuckerrohrernte

Häupter, geborstene
bei Carlo Schellemann: »Eine kalte Sonne, bedrängt vom Gewölke der vergangenen Kämpfe, bescheint sie [die Revolutionäre, in: 'Revolution', 1957]. Unter ihnen die Symbole der zerstörten Staatsmacht: die geborstenen Häupter der alten Kaiser, Monstranz und Schwurhand, Polizist und Zeitungsstreifen, vereinigt mit dem Inventar antiker Gräber: die Geschichte als Scherbenhaufen.«
Richard Hiepe (1957, o. S.)

Häuser
bei Paul Klee: » . . . auf der rechten Seite aber warten [in: 'Oberwiesenfeld', 1910] leuchtend schmucke Einzelhäuser. Und Häuser, weiß man, repräsentieren bei K. immer die auf ihre Beute harrenden, geliebten Frauen!«
Walter Ueberwasser (1963, S. 68)

–, brennende
bei Max Beckmann: s. u. Perseus
bei Ragnvald Blix: s. u. Tod, resigniert zusammengekauerter

–, festgefügte
bei Karl Hofer: » . . . festgefügte Häuser, die wie eine Sehnsucht nach Dauer, nach Schutz des Umbauten wirken.«
Hans H. Hofstätter (1969, S. 98)

–, tote
bei René Magritte: Abgrund eines Lebens (s. u. Meer)

–, verschneite
bei Alfred Kubin: s. u. Tod

Häuserwände, kahle
bei Werner Heldt: »Die Melancholie der großen Stadt wird von H. auf herbe, unsentimentale Weise in Farbe und Form übersetzt. Die Merkmale der persönlichen 'Handschrift' verschwinden, das Individuelle tritt zurück gegenüber dem gesteigerten Symbolwert der Farbe; die konsequent zweidimensionale Geometrie kahler Häu-

serwände, die spitzwinkligen Dreiecke der Kirchtürme, der Halbkreise der Berliner Domkuppel, Kreis und Oval werden zu Elementen zeitloser Urbilder der großen Stadt.«

Karl Ruhrberg (1965, S. 407)

Hafen

bei Giorgio de Chirico: s. u. Segelschiffe

bei Paul Klee: »Die Schiffe, Marinen, Häfen dieser Jahre [um 1917] nehmen den Charakter des Sinnbildes für Bewegung und Schicksal an.«

Will Grohmann (1954, S. 149)

bei Franz Radziwill: » . . . ebenso eine Neigung zu moralisierenden Bildvorstellungen, welche die melancholische Gestimmtheit der Romantiker wiederaufnehmen und dabei deren Motivik verwenden, wie Hafen für Abschied, Friedhof für Tod, Ruine für Vergänglichkeit alles Menschenwerks, und andere Vanitas-Symbole, wie sie die Stillebenmalerei seit dem 15. Jahrhundert kennt . . .« Rainer W. Schulze (1975, S. 119)

– von Hanoi

bei Hung Lam: s. u. Lotosblüte

Hafens, Sicherheit des

bei Rudolf Hausner: s. u. Matrose

Hagal-Rune

bei Fidus: »Das Runenzeichen, welches am häufigsten und an prominentester Stelle in den Bildern [z. B. in: 'Aufschwung', 1911, und 'Gnadennacht', 1912] auftaucht, ist die Hagal-Rune (Mal des Menschen, der sich aus sich selbst heraus durch die Kraft der Zeugung erhält – lt. W. Blachetta, 1941) – mit ihr scheint F. sich weitgehend identifiziert zu haben, sie scheint auch *seine* Privatrune gewesen zu sein.«

J. Frecot/J. F. Geist/D. Kerbs (1972, S. 275/76)

Hahn

bei Constantin Brancusi: »Fast gleichzeitig, 1924–1943, wurden die Themen 'Hahn, die Sonne begrüssend' entwickelt, eine Ode an die Lebensfreude, an den Triumph des Lebens.«

David Lewis (1958, S. 20)

bei Marc Chagall: »Daß der Hahn bei C. Aggressivität symbolisiere, trifft manchmal zu, ist aber allgemein nicht haltbar. Eher ist er ein Bild der Leidenschaft, wie man gesagt hat. Ich will es noch vorsichtiger ausdrücken: der C.sche Hahn taucht gern dort auf, wo menschliche Egoität im Spiele ist.« Heinz Dehmisch (1971, S. 149)

»Die Psychoanalyse . . . erklärt uns auch, warum der Hahn und das Pferd, denen von jeher eine Beziehung zum Jenseits zugeschrieben wird, seit Bellas Tod so oft neben deren Bild auftauchen . . .« René Huyghe (1962, S. 169)

»Der Hahn besitzt als Sinnbild selbstverständlich eine andere und viel fremdartigere Natur als die dem Menschen doch näher verwandten Vierfüßer. Seit Jahrtausenden spielt er als Verkörperung von Kräften der Sonne und des Feuers im religiösen Ritual der verschiedensten Völker eine Rolle. Diese Symbolbedeutung klingt bei C. nach, und wo der Hahn im Werk erscheint, spricht aus ihm elementare seelische Kraft. Hahn und Fisch gehören in gegensätzlicher Weise zusammen: Der Feuer-Hahn steht dem Wasser-Fisch, das solare dem lunaren Sinnbild gegenüber.« Franz Meyer (1961, S. 381)

»Der Hahn – das Bild der gefürchteten und bejahten Sinnlichkeit –.«

Georg Schmidt (1966, S. 235)

»In den angstvollen Visionen dieser Kriegszeit spielt der Hahn als Symbol der Angriffslust eine wichtige Rolle.« Lionello Venturi (1956, S. 91)

s. u. Mann mit dem Kopf eines Hahns; s. u. Sonnenrad

bei Edward Kienholz: Wollust u. a. (s. u. Pfeile, sieben)

bei Ewald Mataré: » . . . sein Hahn [ist] nicht nur Hahn, sondern auch Seelenbegleiter und Feind böser Geister, Zeichen weitblickender Wachsamkeit auf den Kirchturmspitzen, von wo er den Teufel verscheucht.«

Hanns Theodor Flemming (1955, S. 21)

bei Pablo Picasso: »Tiere werden zu Zeichen der Bedrohung ['Hahn', 1938, und 'Katze mit Vogel', 1939] oder der Vitalität (etwa in den 1937 begonnenen 31 Aquatinta-Radierungen zu Buffons 'Naturgeschichte')«

Wielfried Wiegand (1973, S. 114)

bei Werner Tübke: Morbidität und Verfall (s. u. Tiere, ekelerregende)

–, emporfliegender

bei Oskar Kokoschka: junger Künstler (s. u. Mahler, Gustav)

Hahnenkopf, roter

bei Edward Kienholz: s. u. Pfeile, sieben

Hahns, Mann mit dem Kopf eines

bei Marc Chagall: Hochmut (s. u. Mann mit dem Kopf eines Hahns)

Hain, dunkler

bei Renato Guttuso: s. u. Totenschädel

Haken

bei Mikuláš Medek: s. u. Rasiermesser

–, Fische am

bei Max Gubler: Leiden an der Unabsehbarkeit (s. u. Fische am Haken)

Hakenkreuz

bei Franco Angeli: s. u. Macht, Symbole der

Hakenkreuz, goldenes
bei Wilhelm Schwaner: »S. wird Lehrer und kommt unter dem Einfluß Egidys 'Ernsten Gedanken' zu reformerischen Ansätzen . . . S. entwirft [vermutlich 1905] die Bundes-Ansteck-nadel [für den 'Bund deutscher Volkserzieher']: Goldenes Hakenkreuz auf blauem Grund, Symbol des Sonnenrades über dem Himmelsbogen.«
J. Frecot/J. F. Geist/D. Kerbs (1972, S. 94)
–, Sarg mit
bei Andreas Paul Weber: Katastrophe des Kriegsendes (s. u. Sarg mit Hakenkreuz)
Hakenkreuzgürtel
bei Fidus: s. u. Schwert
Halbbogenfenster
bei Werner Tübke: s. u. Mönch in roter Kutte
Halbkreis
bei Marcel Duchamp: »Die zwei jungen Menschen [in: 'Jüngling und Mädchen im Frühling', 1911] befinden sich in zwei voneinander getrennten Welten. Das zeigen die zwei Halbkreise an, von welchen aus sie zueinanderstreben. Der Halbkreis, auf dem der Jüngling steht, strahlt ein gelbliches Licht aus, was wahrscheinlich die Sonne versinnbildlichen soll. Der andere Halbkreis, wo das Mädchen steht, ist dunkler und zeigt ein silbriges Weiß, Symbol des Mondes. Analog wird in der alchemistischen Symbolik das Bruder-Schwester-Paar, das in einer Inzestverbindung steht, durch Sonne und Mond versinnbildlicht.«
Arturo Schwarz (1973, S. 17)
bei Auguste Herbin: Wasser (s. u. Kreis)
bei Munio Weinraub (Gitai): »In einem 15 m hohen Denkmal für Gefallene in Beth Shan verwendet der Künstler die altjüdischen Symbole für Mann und Frau: ein sich nach oben öffnender Halbkreis und ein Dreieck.«
Claire Lachmann (1970, S. 178)
– der Berliner Domkuppel
bei Werner Heldt: Element zeitloser Urbilder der großen Stadt (s. u. Häuserwände, kahle)
– mit krummer Linie
bei Pavel Sukdolák: »Er schafft Systeme eigener Symbole: für seine Gefühle und Empfindungen: in einem Halbkreis, der auf einer krummen Linie ruht, ahnen wir den Rumpf eines Bootes, doch er ist es nicht mehr und bedeutet es gar nicht, er bedeutet eben nur Labilität. Ein Halbkreis mit nach oben gewölbter krummer Linie drückt im Gegenteil Stabilität aus . . .«
Jan Baleka (o. J., S. 6)
Halbmond
bei Marc Chagall: »Der Halbmond ist der Archetypus jedes Menschen; er stellt die Lage des Fötus dar, den Neumond und das jahrhundertealte Symbol des Wachstums, der Nacht und des weiblichen Prinzips im Weltall. Wahrscheinlich ist er trotzdem weniger allgemein bedeutsam als der Kreis, eine weitere grundlegende Form des Malers.« Roy Mac Mullen (1968, S. 99)
bei Osvaldo Licini: → Hörner
Halbsäulen, stählerne
bei Erich Hauser: »Acht stählerne Halbsäulen [Säulenwand in Sao Paulo, 1969] symbolisieren ein Kräftespiel von Raum, Zeit und Energie. Die ineinandergleitenden Metallmäntel besänftigen die Brutalität des Stahls, dieses beliebtesten Materials für die Aktionen der Macht.«
Hans-Jürgen Müller (1976, S. 135)
Halbzylinder
bei Giuseppe Spagnulo: »Hier [in: 'Black Panther', 1968] symbolisiert der Halbzylinder die geballte Faust der schwarzen amerikanischen Guerilla. Mit einem linguistischen Sprung, der sich innerhalb des skulpturalen Bereichs vollzieht, macht S. aus einer abstrakten Form ein politisches Symbol und zwar in einem Moment, in dem dieses Symbol höchst aktuell ist.«
Max Imdahl in: Giuseppe Spagnulo (1978, S. 19)
Hallen
bei Giorgio de Chirico: Mächte des Unbewußten u. a. (s. u. Gebäude); das Weibliche (s. u. Türme)

Giuseppe Spagnulo: Black Panther, 1968

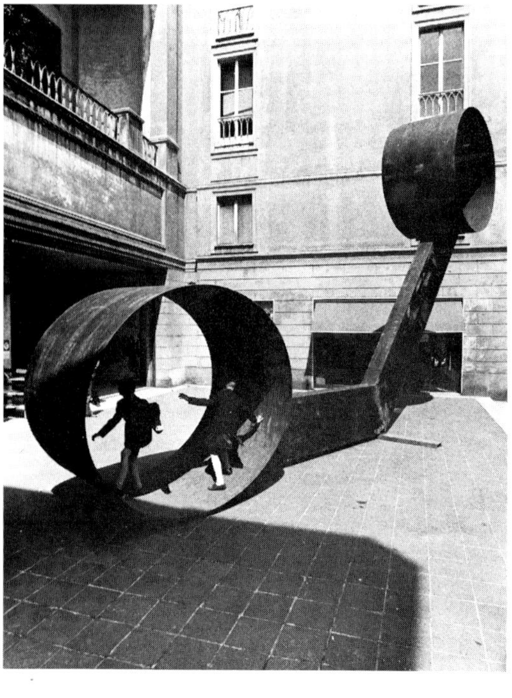

bei André Masson: → Labyrinth, blaues

Hals

bei Rudolf Hausner: s. u. Kopf des Adam

– des Mädchens

bei Rudolf Hausner: Kindheitserinnerung (s. u. Seifenblasen)

– des Pferdes

bei Pablo Picasso: s. u. Kopf des Pferdes

–, hoher

bei Wilhelm Lehmbruck: s. u. Jüngling, emporsteigender

– und Kopf des Pferdes

bei Marino Marini: »Beim 'Reiter' von 1947 in Zürich und besonders beim 'Reiter' von 1948 in der Sammlung Jesi sind Hals und Kopf des Pferdes Symbole der Geschlechtsbegierde, sie stellen einen riesigen Phallus dar. Im 'Großen Holzreiter' von 1949/50 trat das Phallische völlig unverhohlen auf, der *phallus erectus* des Reiters fiel aber der Prüderie, die auf Entfernung drang, zum Opfer.« Oskar Bätschmann (1969, S. 29)

Halsöffnung, Krug mit

bei Henry Moore: 'Gefäßweib' (s. u. Weib)

Hammel

bei Pablo Picasso: s. u. Schädel (K. Gallwitz)

–, abgezogener

bei Oskar Kokoschka: »Beim Malen trägt er die irisierenden Farben ganz dünn auf, und sie bedeuten etwas anderes als den Gegenstand, den abgezogenen Hammel [in: 'Stilleben mit dem toten Hammel, um 1909], die Kröte, und die Hyazinthe auf dem 'Stilleben', alles Todeszeichen.« Will Grohmann (1953, S. 71)

Hammer und Sichel

bei Antoni Tàpies: schwarze Zeichen (s. u. Tuch)

Hampelmann, Kind mit

bei Henri Rousseau: Kindheit (s. u. Kind mit Hampelmann)

Hand

bei Max Beckmann: s. u. Kerze

bei Max Ernst: s. u. Eidechse

bei Alberto Giacometti: s. u. Hand, gefährdete; s. u. Mannequinhand

bei Albert Mertz: »Die Balken- und Raumperspektiven sind heftig, von Drohung und Schreck geladen. Hände erheben sich als Warnzeichen plötzlicher Angst.«

R. W. D. Oxenaar (1966, S. 151)

bei Pablo Picasso: s. u. Kopf mit Arm und Lampe; s. u. Lampe

–, ausgreifende

bei Emil Pottner: »Dadurch daß der Schatten des Viergespanns [in: 'Thors Schatten', um 1914] als ausgreifende Hand über fremdem Territorium erscheint, hat P. den deutschen Angriff als von götterlicher Kraft gelenkt symbolisiert.«

Siegmar Holsten (1976, S. 43)

–, blumengeschmückte

bei Max Ernst: »Links steigt ein Vogel in die Höhe. Er fliegt nicht, sondern scheint seine eige-

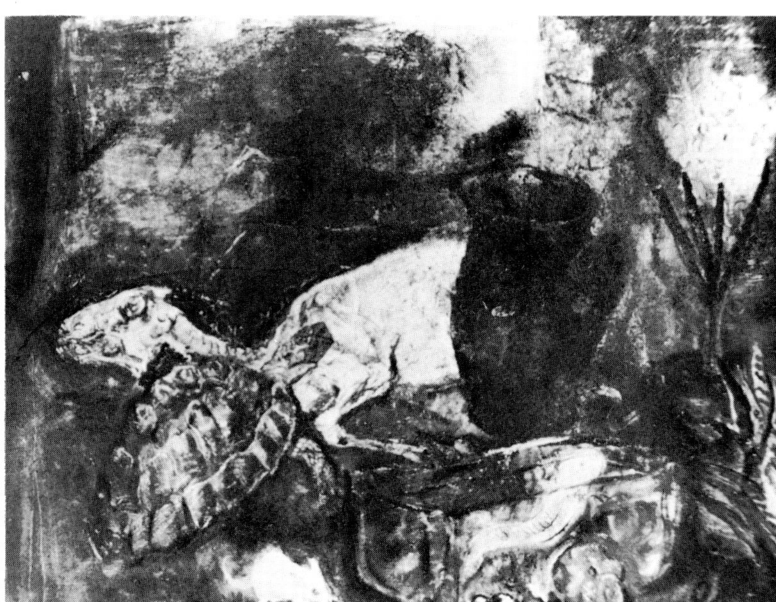

Oskar Kokoschka: Stilleben mit totem Hammel, um 1909

nen Fußstapfen als Leiter zu benützen. Unten auf dem Boden greift eine kleine Hand aus einem Loch. Sie hält einen kleinen Stengel mit drei sternförmigen Blumen. Ein Bild [eine der Collagen zu Eluards 'Répétitions', 1922], das jede Deutung zurückzuweisen scheint. Wir können den Vogel als Vogel der Freiheit definieren und ihm die kleine, blumengeschmückte Hand als Symbol der Gefangenschaft entgegenhalten . . .«

Werner Spies (1975, S. 46)

Hand des Menschen

bei Walter Wörn: s. u. Fisch

–, drohende

bei Carlo Schellemann: staatserhaltende Ideen (s. u. Felsenhaupt)

–, erhobene

bei Josef Bramer: s. u. Löwenzahn

–, fluchende

bei Renato Guttuso: s. u. Zitronen

–, gefährdete

bei Alberto Giacometti: »Auch die vom drehbaren Räderwerk bedrohten menschlichen Finger der 'Gefährdeten Hand' (1932) drücken mit sehr naturnaher Gestaltung mehr als bloß das Thema des Schmerzes aus; durch seinen ursprünglichen Titel 'Courrounou U-Animal' definierte das Werk den Menschen (es ist ja deutlich eine Menschenhand dargestellt) als die zornige (courroux = Zorn), dem 'Getriebe' ausgelieferte (courroie = Transmissionsriemen) Kreatur.«

Reinhold Hohl (1971, S. 82)

–, geöffnete

bei Emil Nolde: s. u. Daumen, abgespreizter

– Gottes

bei Ewald Mataré: »Die Hand Gottes [Südportal der Kölner Domtüren, 1954] symbolisiert nicht nur die Schöpfung, sie versinnbildlicht zugleich auch die Vertreibung aus dem Paradies . . . Sie deutet gleichzeitig aber auch versöhnlich auf die bevorstehenden Zeichen, mit denen Gott sich später als Erlöser zu erkennen gibt.«

Hans Theodor Flemming (1955, S. 47)

–, greifende

bei Jorge Castillo: s. u. Paravent

– im Reifen

bei Rudolf Hausner: s. u. Farbspektrum, dreieckiges

–, kleine

bei Max Ernst: Gefangenschaft (s. u. Hand, blumengeschmückte)

–, kranke

bei André Masson: s. u. Granatapfel

–, menschliche

bei Max Ernst: s. u. Pfeil

– mit drei Fingern

bei Osvaldo Licini: Amputation (s. u. Hörner)

–, rechte

bei Salvador Dali: »Die Vorstellung, beim Geschlechtsakt verschlungen zu werden [vgl. Heuschrecke], führt zu der solipistischen Sicherheit der Onanie, die im 'Großen Masturbator' [1929] ausdrücklich gemeint ist, während sie in der zweiten häufig wiederkehrenden Form von D.s Selbstdarstellung nur indirekt angedeutet wird: einem jungen Mann, der sein Gesicht verbirgt oder sich schamvoll abwendet. Diese Gestalt steht in den 'Erleuchteten Vergnügen' [1929] rechts von dem größten 'Kasten'. Er ist im 'Grausigen Spiel' [1929] als Chiricoeske Statue auf dem Sockel dargestellt, deren rechte Hand – wegen ihrer speziellen Funktion – halb so groß ist wie der ganze Körper.«

s. u. Muschel William S. Rubin (1972, S. 226)

bei Rolf Nesch: s. u. Gottvater

– vor die Stirne

bei Marino Marini: Gebärde der Erschöpfung (s. u. Gaukler)

–, weiße behandschuhte

bei Leo Haas: »Die Unterdrückung und ständige Diskriminierung der farbigen Bevölkerung in den USA ist jener allergische Punkt, den die herrschende Klasse mit Eifer zu verschweigen bestrebt ist. Die weiße behandschuhte Hand [in: 'Bewegung und Gegenbewegung', 1971] versucht krampfhaft zuzudecken, was der schwarze Arm bloßlegt: die inneren Zustände im Lande des Sternenbanners, seine Gitter. Für diese Tatsache, die ein Zustand, kein einmaliges Ereignis ist, findet H. eine Metapher, in einer einprägsamen, künstlerischen Form, die über jede illustrative Auffassung hinausreicht.« Gertraude Lippold

in: Hans-Ulrich Lehmann (1972, S. 79)

–, zeigende

bei Marc Chagall: »Ein anderes Motiv, die zeigende Hand, bewahrt unabhängig von seinem literarischen einen anderen, auf echte Weise symbolischen Sinn. Schon früher in der 'Beschneidung' [1909] und später wiederum in der 'Heiligen Familie' [1909] spielt das Motiv eine Rolle als hieratischer Gestus von echtem und vielfältigem Symbolcharakter.«

Franz Meyer (1961, S. 81)

Handschellen

bei Max Beckmann: Sklaverei (s. u. Kandare)

bei Lea Grundig: s. u. Lichtbahnen

Han-i

bei Willi Baumeister: »Im Juli 1955, wenige Wochen vor dem Sterben dieses großen Malers,

entstanden die letzten beiden Variationen von Han-i. Diese festlich-geheimnisvollen Chiffren, die gestrafften Segeln zu vergleichen wären, können als Ideogramme der unaufhörlichen Fahrt von Werden und Vergehen gelesen werden.«
Oto Bihalji-Merin (1966, o. S.)

Hanoi, Hafen von
bei Hung Lam: s. u. Lotosblüte

Hansestadt
bei Rudolf Belling: s. u. Schiffahrt

Hantel
bei René Magritte: »Auf dem Bild – man wundert sich nicht, daß es 'Perpetuum mobile' [1934] heißt – hebt eine menschliche Gestalt eine Hantel in die Höhe des Kopfes, der von einer der beiden Kugeln gebildet wird. Hier ist die Welt eine Verlängerung dessen, was in unserem Kopf vorgeht. Oder umgekehrt: unser Gehirn ist nur eine Verlängerung der äußeren und wahrhaft wirklichen Welt (und nebenbei erhebt sich die Frage, ob das Hirn eines Meisters im Gewichtheben nicht aus Gußeisen ist).« Marcel Jean (1961, S. 183)

Harfe
bei Willi Baumeister: «Sonderbarerweise erstreckt sich der Formenkanon der afrikanischen Reihe über eine Anzahl gleichzeitiger Bilder, die man 'Harfen' genannt hat. Das erste ist von 1944 und zeigt deutlich die unheimlichen Formfragmente der afrikanischen Szenen; erst um die Mitte der vierziger Jahre wird das Schema mit der Harfenform lockerer, und die 'Schwarze Harfe' von 1950 ist eher ein dekoratives Bild mit gestreuten, freien Zeichen, mit einer Harfe als Symbol einer klingenden, nicht sichtbaren Welt.«
Will Grohmann (1963, S. 100)
bei Henri Laurens: s. u. Musikinstrument
bei Jacques Lipchitz: »In die gleiche Reihe gehört der 'Gesang der Vokale' [1931–33], entstanden aus dem Eindruck, den die Harfen in der Salle Pleyel zu Paris auf ihn gemacht hatten. Auch hier hat der Bildhauer tief die uralte symbolische Bedeutung der Harfe nachgefühlt. Ihm schwebte ein altes ägyptisches Gebet vor, dessen Titel er übernahm. Die Symbolik der Harfe ist noch vielschichtiger . . . Es scheint nicht zufällig, daß der Bildhauer als Motiv gerade einen wortlosen, unübersetzbaren Klangjubel wählte. Auch hier suchte er unbewußt ein Gegengewicht zu den Schrekken von Dasein und Welt. Wieder schuf er eine neue, organische Form, in der Mensch, Harfe und Vokale zu einer geflügelten Einheit werden.«
A. M. Hammacher (1960, S. 50)

Harke
bei Joan Miró: »Nach unten senkt sich der Strich [in: 'Karneval der Harlekine', 1924/25] gleich dem Stiel einer Harke, deren fünf gewellte Zinken das Symbol des schütteren Kinnbartes bilden.« Walter Erben (1959, S. 120)

Harkenhände
bei Pablo Picasso: »Schöpflöffel und Harkenhände [in: 'Figur', 1935] verweisen auf eine psychologische Haltung des Menschen: Man könnte sie als Ausdruck der Unersättlichkeit und Raffgier interpretieren.« Werner Spies (1971 c, S. 142)

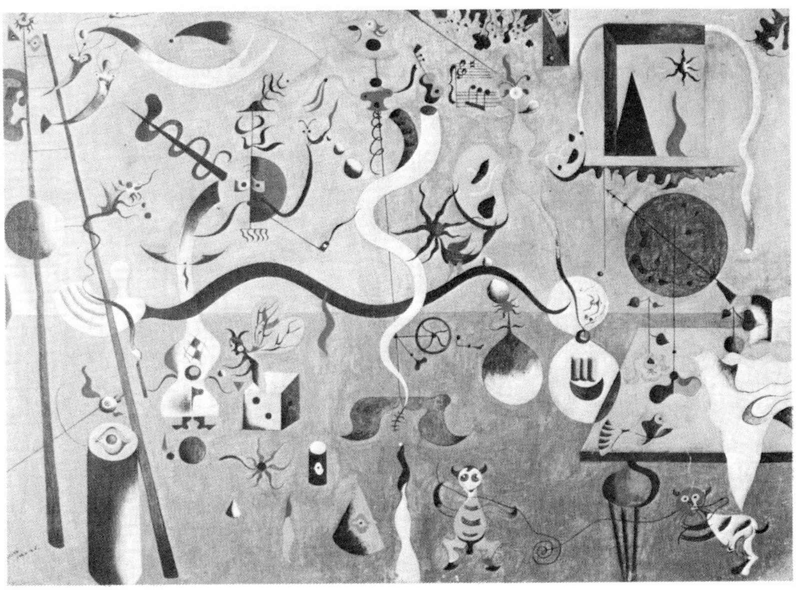

Joan Miró : Karneval der Harlekine, 1924/25

Harlekin
bei Pablo Picasso: »Gerade für diese menschliche Haltung scheuer und verwundbarer Annäherung an die Welt scheint der Harlekin [in: 'Im Wirtshaus Lapin Agile', 1904] ein treffendes Symbol. Wie immer P.s Kunst, wächst schon in diesem früheren Bildthema Form und Farbe zu einem sinnvollen Ganzen zusammen.«
Hans L. C. Jaffé (1964, S. 72)
»Der Harlekin kommt als einziges Motiv sowohl in der Blauen wie auch in der Rosa Periode mehrmals vor, und einmal hat P. sich selbst als Harlekin gemalt. Selbstporträts, wenngleich verschlüsselte, sind aber alle diese Bilder, denn die Schauspieler und Artisten, Harlekine und Clowns wurden damals allgemein als Symbole des Künstlertums verstanden.«
Wilfried Wiegand (1973, S. 55)
s. u. Fahrende; s. u. Spiegel (W. Wiegand)
bei Georges Rouault: ». . . R. hat . . . einzelnen Clowns die gleichen Gesichtszüge zu leihen [versucht] wie seinen Christusbildern. Clown und Christus berühren sich bei R. Der Harlekin ist für den Künstler ein Sinnbild des Christlichen. Die Gaukler Gottes schauen den Betrachter an, mit einem wehmütigen, durchdringenden Blick, mit fragenden Augen, die beinahe durch ihn hindurchsehen, erfassen sie ihn . . .
Der Christ, der wie ein Clown durch das Leben geschritten ist, [gemeint ist R. selbst] und dem der Gaukler zum Symbol für die religiöse Existenz geworden war, . . .«
Walter Nigg (1961, S. 242, 245)
– mit der Maske
bei Pablo Picasso: »Der Harlekin mit der Maske [in: 'Die drei Musikanten', 1921] bedeutet nunmehr das absurde Spiel mit dem Unheimlichen.«
Curt Seckel (1967, S. 44)
Harlekinskleid, blaues
bei Max Beckmann: s. u. Jüngling mit den verbundenen Augen
Harlem
bei Jacob Lawrence: s. u. Grabsteine
Harpyen
bei Werner Gilles: »Sechs italienische Grabbauten umstehen [in: 'Die bösen Zungen', 1931] einen mit dürrem Gestrüpp bewachsenen Platz, auf dem fünf häßliche Flügelwesen, halb Frauen, halb Vögel, herumstehen, Harpyen als Sinnbilder für böses Geschwätz.«
Alfred Hentzen (1960, S. 63)
Hase
bei Joseph Beuys: »In dem . . . Interview mit Hagen Lieberknecht sagt B.: Der Hase [1965/66] hat direkt eine Beziehung zur Geburt. Eine Beziehung in die Erde, nach unten. Für mich ist der Hase ein Symbol für die Inkarnation. Das ist mir übrigens andeutungsweise passiert. Denn der Hase macht das ganz real, was der Mensch nur in Gedanken kann. Er gräbt sich ein, er gräbt sich einen Bau. Er inkarniert sich in der Erde. Und das allein ist wichtig. So kommt er bei mir vor.«
Joseph Beuys
in: Lothar Romain/Rolf Wedewer (1972, S. 31)
s. u. Kreuzteilung
bei Friedensreich Hundertwasser: »Den Hasen mit dem Maschinengewehr [in: 'Hase im Krieg', 1965] habe ich gemalt, weil ich einmal ein Kinderbuch ['Die Welt der Tiere', ca. 1910] hatte, in dem die Tiere in den Krieg zogen – eine Armee von Hasen in napoleonischen Uniformen, und alle hatten ein Kreuz vor der Brust. Einer stand auf einem Hügel und erteilte Befehle. Ich habe dieses Buch später überall gesucht und nicht wiedergefunden. Da habe ich dieses Bild gemalt.«
Friedensreich Hundertwasser
in: Wieland Schmied (1967, S. 64)
Hathor
bei Ewald Mataré: Göttin der Liebe und Freude (s. u. Kuh)
Haumesser
bei José Aguilera: s. u. Machete
Haupt
vgl. Kopf
–, Adams
bei Rudolf Hausner: Atompilz (s. u. Atomwolke)
– der Madonna
bei Salvador Dali: Vollkommenheit (s. u. Ei)
– des Stieres
bei Pablo Picasso: s. u. Blutegelkopf Francos
– eines Lauernden
bei Pablo Picasso: » . . . gleich einem bedrohlichen Zeichen taucht über dem Meer das riesenhafte Haupt eines Lauernden auf [in: 'Beim Baden', 1937]. Bald werden sich die Katastrophen überstürzen, die Barbarei wird hereinbrechen und wie ein Lauffeuer um sich greifen.«
Jean Leymarie (1971, S. 64)
– eines Stiers
bei Alejandro Obregón: s. u. Kondor
–, gebeugtes
bei Graham Sutherland: s. u. Dornen
–, gespaltenes
bei Henry Moore: s. u. Krieger
–, mundloses
bei Henry Moore: s. u. Liegende (E. Neumann)
Haus
bei Julius Bissier: »Haus und Zimmer – die Erd-

materie in ihrer Mütterlichkeit« [in Anlehnung an J. J. Bachofen].

Werner Schmalenbach (1974, S. 79)

bei Lyonel Feininger: s. u. Kirche (W. Schmied)
bei Friedensreich Hundertwasser: s. u. Spirale
bei Paul Klee: additive Glücksform (s. u. Unendlichkeits-Zeichen); s. u. Häuser
bei René Magritte: »Ein Haus [z. B. in: 'Die sechs Elemente', 1928] bedeutete für M. immer vielerlei; es war nicht nur eine Unterkunft, nicht nur eine Rahmenstruktur, sondern auch ein Zentrum, von dem aus er die Dialektik zwischen den 'Innen' und dem 'Außen', dem Endlichen und dem Unendlichen erfuhr.«

A. M. Hammacher (1975, S. 82)

bei Mikuláš Medek: »Gegenwärtig [Ende der 60er Jahre] ist eine gewisse Analogie gegeben zwischen Mensch und Haus: Das Haus ist bewohnt – der Mensch als biologisches Wesen ist ebenfalls 'bewohnt' von lebendigen Organismen.« Bohumír Mráz (1970, S. 55/6)
s. u. Mensch

'– des Herzens'
bei André Breton: → Laterne

–, grünes
bei Marc Chagall: s. u. Wasserträger

–, häßliches altes
bei Edward Hopper: Amerika (s. u. Laden, noch nicht geöffneter)

–, leeres
bei Carlo Carrà: »Die Bühne [in: 'Das Mädchen aus dem Westen', 1919]: ein leeres Haus mit nichts als Arkaden, das das verlorene Paradies italienischer Historie symbolisiert.«

Werner Schmalenbach (1970, S. 68)

–, verlassenes
bei René Magritte: »Dieses Thema des verlassenen Hauses [in: 'Panorama populaire', 1926], in dem man eine Anspielung auf den Tod der Mutter sehen kann, finden wir später wieder, z. B. in 'Révélation du present' (1936).«

René Passeron (1975, S. 188)

Hausengel
bei Max Ernst: s. u. Chimären

Hauses, Modell eines
bei René Magritte: s. u. Meer

–, Trümmer seines
bei Otto Dix: s. u. Hiob

Hausgeist, freundlicher
bei Wilfredo Lam: → Elegua

Hausgiebel
bei Marc Chagall: s. u. Auge, großes

Hausierer
bei Marc Chagall: »Wenn es C. gelang, in der hautnahen Wirklichkeit, immer wieder den legendären Kern zu entdecken, der aus dem Hausierer mit seinem Sack [z. B. in: 'Über Witebsk', 1914] das mythische Bild des wandernden Juden machte, aus dem bettelnden Wanderprediger ['Der Jude in Grün', 1914] das Bild des Gottesmannes, aus der Stadtlandschaft von Witebsk jenseits der Dwina eine wahrhaft jenseitige Vision [in: 'Das blaue Haus', 1917], so hing dies aufs innigste mit der halluzinatorischen Fähigkeit zusammen, die ihm aus diesem sorgsam bewahrten und umhegten Kern seiner poetischen Menschlichkeit zufiel.«

Werner Haftmann (1974, S. 10)

Hausiererin, göttliche
bei Erich Brauer: → Honigverkäuferin

Haut
bei Horst Egon Kalinowski: → Leder

Hautpanzer, metallischer
bei Ernesto de Fiori: s. u. Soldat

Hebel
bei Konrad Klapheck: das weibliche Element (s. u. Propeller)
bei Roberto Echaurren Matta: s. u. Laboratorium
bei Francis Picabia: dynamisches erotisches Symbol (s. u. Kolben)

– mit Schaltern
bei Konrad Klapheck: Brust (s. u. Bohrmaschine, große)

'Heilandsgesichter'
bei Alexej von Jawlensky: s. u. Kopf

Heilige
bei Francis Bacon: s. u. Figuren zu Füßen des Kreuzes
bei Ernst Fuchs: s. u. Einhorn

'– Familie'
bei Marc Chagall: s. u. Hand, zeigende

Heiligen Stadt, Fundamente der
bei Salvador Dali: s. u. Nadeln, zwölf diamantene

Heiliger
bei Ernst Barlach: » . . . und zwischen ihnen [in: Entwurf 'Bettler – Pilger – Heiliger', 1927] der Heilige, mit ausgebreiteten Armen vermittelnd, mit den offenen Händen Gnade empfangend und Gnade austeilend, Symbol des Menschen, der an das Kreuz geschlagen wurde: eine moderne Kreuzesgruppe von tiefer, menschlicher Bedeutung.« Claus Virch (1953, S. 24)

– Geist
bei Elmar Hillebrand: s. u. Taube
bei Ewald Mataré: Kraft der Wachsamkeit (s. u. Friedenstaube)
bei Otto Meyer-Amden: s. u. Knaben, 'erwartende'

Heilsbringer
bei Marc Chagall: → Gekreuzigter (W. Schmalenbach)
Heimatlose
bei Paul Klee: 'Frau als Zelt' (s. u. Rock)
–, fahrende
bei Pablo Picasso: s. u. Gaukler (A. Henze); vgl. Fahrender
Heizplatte, elektrische
bei Renato Guttuso: s. u. Widderschädel
Hektographiermaschine
bei Renato Guttuso: »Eine alte Hektographiermaschine, auf der die römische Widerstandsgruppe ihre Flugblätter vervielfältigte, rief in G. das Bild des Kellers, in dem sich die geheime Druckerei befand, wieder zurück [in: 'Die Geheimdruckerei', 1966]. Wieder sind es einzelne, einprägsame Dinge, die den Bericht tragen: die scharfleuchtende Karte von Rom hinter dem rohen Stuhl, die Wendeltreppe und die von der Lampe grell beleuchtete Druckmaschine. Jedes dieser prägnant gezeichneten Realitätsstücke übernimmt eine bestimmte symbolische Funktion. Wie der grelle Stadtplan für Rom steht, so die Wendeltreppe und das vom scharfen Licht der Lampe zerrissene Dunkel, in dem die Verschwörergruppe sich verbirgt, für die Stimmung der Konspiration. Die vertrauten Geräte – Stuhl, Elektrokocher, Thermosflasche – vermitteln das Gefühl von menschlicher Wärme und Kameradschaft. Im Zusammenwirken dieser verschiedenen durch die Dingzitate mehr aufgerufenen als bezeichneten inhaltlichen Bezüge stellt sich die Gesamterfahrung dieser besonderen Wirklichkeitssituation als Bild her.«
Werner Haftmann (1973a, S. 34/5)
Hektor und Andromache
bei Giorgio de Chirico: »'Hektor und Andromache' [1917] sind für C. die klassischen Helden eines anachronistischen Humanismus, Mannequins ohne lebendige Substanz, vereint in der hohlen Gebärde einer geometrisierten Umarmung: man könnte sie von den kubischen Bizarrerien ableiten, die der Cartesianismus des 17. Jahrhunderts Jean-Baptist Bracelli eingab. Sie sublimieren einen Protest und drücken insofern eine mythische Haltung aus, gleich der, die Marcel Duchamp die Form der Ironie und der Burleske wählen läßt, um die Wirkungen der Mechanisierung zu geißeln, ihre Wirkungen auf die geistige Haltung, das Verhalten und das, was das Leben an Widerstandsfähigstem und Universalstem besitzt: die Liebe.«
Robert L. Delevoy (1965, S. 38)

Held
bei Friedensreich Hundertwasser: s. u. Spirale (F. Bayl)
bei Heinz Zander: Entgleisen ins Unmenschliche (s. u. Mann', 'Panzerbrechender – bei Willi Sitte); s. u. Tod
–, blonder
bei Max Beckmann: »Der 'Perseus', 1941, verkörpert die Befreiung von tödlicher Gefahr durch den landenden blonden Helden, der das Ungeheuer erschlug, die Gefesselte befreite.«
Erhard Göpel (1976, S. 9)
–, galoppierender
bei Wassily Kandinsky: s. u. Reiter
–, gepanzter
bei Max Beckmann: s. u. Kopffüßler
–, griechischer
bei Eduardo Paolozzi: s. u. Gestalten, anthropomorphe
–, leidender
bei Marino Marini: → Reiter (E. Trier/H. Lederer)
– mit Prothesen
bei Otto Dix: »'Die Kriegskrüppel' [1920] gaben ein Symbol der Folgen, nicht eine Darstellung der Greuel selber. Vier entsetzlich zusammengestauchte Helden marschierten über die leere Bühne, jeder mit Prothesen ausgestattet, die einem Hohn auf menschliche Hilfsbereitschaft gleichsahen; in ihren Verstümmelungen so spitzfindig ausgesucht, daß jede Menschenähnlichkeit, jeder vernünftige Gebrauch ihrer Glieder sich der Vorstellung versagte.«
Paul Ferdinand Schmidt (1952, S. 230)
–, schwertzückender
bei Gerhard Marcks: » . . . die 1936–38 entstandene Gruppe 'Krieg und Frieden' erwähnt, in der M. den Krieg als schwertzückenden Helden symbolisierte und den Frieden, der durch einen Lorbeerkranz mit dem Siegesbegriff verbunden ist, als sich an diesen lehnenden zarten Jüngling verkörperte.« Siegmar Holsten (1976, S. 25)
–, tragischer
bei Francis Bacon: → Papst
Helden
bei Tatjana Nasarenko: → Narodowolzen
– des technischen Zeitalters
bei Constantin Meunier: Arbeiter (s. u. Lastträger)
–, ewige
bei Henri Rousseau: Mann und Frau etc. (s. u. Hund)
–, gefallene
bei Ludwig Gies: s. u. Kopf, herabgeneigter

–, klassische
bei Giorgio de Chirico: → Hektor und Andromache
–, Opfer der
bei José Clemente Orozco: → Kämpfer, drei
Heldenkind
bei Pablo Picasso: → Kind mit hochgehaltenem Licht
Heldin, negative
bei George Segal: Pussy Galore (s. u. Penis, künstlicher)
Helfergott
bei Germaine Richier: s. u. Christus am Kreuz
Helfershelfer der Archonten
bei Max Beckmann: → Monstren, blauhäutige
Helm
bei Max Beckmann: »Das Bild ['Stilleben mit Helm und rotem Pferdeschwanz', 1944] vereint drei Gegenstände: einen Kriegerhelm, offenbar auf Mars hindeutend, ein Horn und einen ovalen Spiegel, aus dem ein strahlenförmiges Gebilde herausragt . . . Der emblematische Charakter der Darstellung ist ebenso deutlich, wie ihr Sinn rätselhaft erscheint. Der Helm dürfte ein Zeichen für den seit Jahren andauernden Krieg sein, das Horn könnte auf den Künstler selbst hindeuten, benutzte er dies Instrument doch auf Selbstbildnissen als Attribut.«
Friedhelm W. Fischer (1972 a, S. 66)
bei Jean-Robert Ipoustéguy: s. u. Alexander
bei Georg Kolbe: s. u. Kriegergestalt
bei Henry Moore: »Der Helm ist durch einen doppelpoligen Formcharakter gekennzeichnet, denn er ruft gleichzeitig den Eindruck der Bedrohung wie den der schützenden Umhüllung hervor.« Werner Hofmann (1959, S. 78)
s. u. Augen; s. u. Sitzende
–, griechischer
bei Willi Geiger: s. u. Zweihänder
–, Reiter mit griechischem
bei Fritz Klimsch: siegreiche Wehrkraft (s. u. Reiter mit griechischem Helm)
– und Schwert
bei Georg Schreyögg: »Der 'Krieg' [1908] zur Linken [Barbarabrunnen, Koblenz] ist durch Helm und Schwert als Wehrkraftpersonifikation gekennzeichnet, und der Friede verkörpert aufgrund des Lorbeerkranzes zugleich den Sieg.«
Siegmar Holsten (1976, S. 28)
–, preußischer
bei Giacomo Manzù: s. u. General
Helme
bei Renato Guttuso: »Vollends einsichtig wird die Umsetzung eines gegenwärtigen Erlebnisses in ein emblematisches Vorstellungsbild in dem 5 m breiten Hauptwerk des Jahres 1968, das den Aufstand der Pariser Studenten im Mai 1968 zum Thema hat. In diesem Bild verdichten sich die Hauptpunkte der Aktion – die von roten Fahnen überwehte Gruppe der Aufbegehrenden, die angreifende Polizei, das Sperrgerümpel der Barrikade – zu kraftvollen Bildzeichen. Die abkürzende, emblematische Weise der Darstellung ergreift jedes Detail. Rundschilde, Helme, absurde Zeichen für Kriegsmaschinen stehen für die kompakte Gruppe der Gladiatoren der

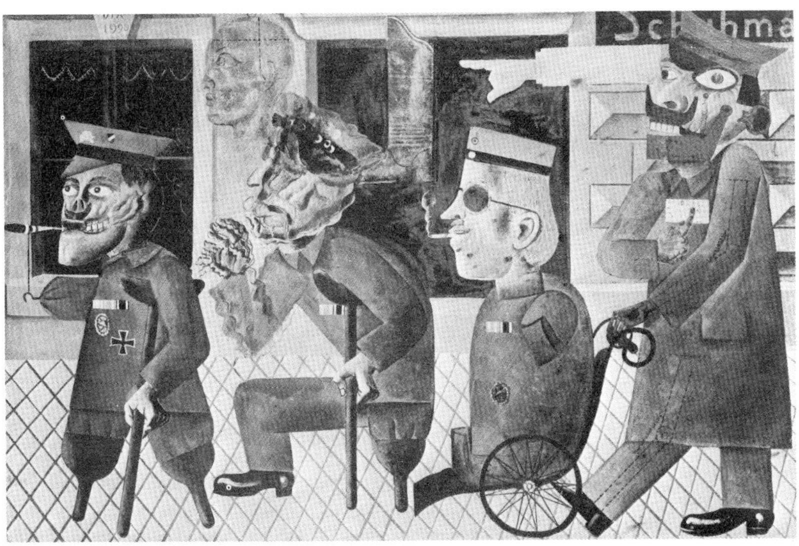

Otto Dix: Die Kriegskrüppel, 1920

öffentlichen Gewalt. Der harte Würfel dahinter, das geometrische Zickzack der Mauer, die die Gasse des aggressiven Ausfalls markiert, sind die abstrakten Zeichen für die organisierte Gewalt. Davor, wie ein böses Insekt, die groteske technische Form eines Rennwagens, die auf die Aufständischen zielt. Diese bilden eine offene und dadurch verwundbare Form.«

Werner Haftmann (1973 a, S. 36/7)

Helmgitter
bei Henry Moore: s. u. Drähte

Helm-Kopf
bei Hans Arp: »'Helm-Kopf' I [1959] gehört zu einer Reihe von 'Köpfen' aus demselben Zeitraum, in denen straff gespannte Flächen, Grate und Kanten den Eindruck von Härte vermitteln. Das Thema des menschlichen Kopfes in seiner Verschmelzung mit dem Helm als Symbol des menschlichen Zerstörungswillens wird mehrfach in der Bildhauerei des 20. Jahrhunderts behandelt, so z. B. bei Belling und bei Moore.«

Stefanie Poley (1976, S. 20)

bei Henry Moore: s. u. Kopf

Hemd bekleideter Mann, mit einem
bei Alfred Kubin: s. u. Schlangen umgeben, von

–, geöffnetes
bei Peter Klasen: s. u. Spritze

– mit Zinnplatten
bei Walter Pichler: kranke Gesellschaft (s. u. Wagen, eiserner)

Hengste
bei Marino Marini: männliche Animalität (s. u. Pferde)

Henkel, Krug mit
bei Salvador Dali: weibliches Symbol (s. u. Krug mit Henkel)

–, steile
bei Gerhard Altenbourg: Phallisches (s. u. Tonkrug)

Henker
bei Serge Vanderkam: s. u. Mann von Tollund

Henkersgerüst
bei Rudolf Hausner: → Staffelei

Herd, heimischer
bei Marc Chagall: Kamine (s. u. Dächer)

Herde
bei Alfred Kubin: s. u. Weib als Rückenakt, nacktes

Herdes, Gesetze des häuslichen
bei Konrad Klapheck: → Bügeleisen

Hering, Witebsker
bei Marc Chagall: s. u. Fisch mit Schnabel, blauer

Herkules
bei René Magritte: s. u. Keule und Netz

Hermaphrodit
bei Rudolf Hausner: »Die interessanteste Gestalt aber, aufschlußreich auch für den künftigen Weg, ist ein zweites Mal der Künstler selbst. Er zeigt sich als Hermaphrodit [in: 'Forum der einwärts gewendeten Optik', 1948] und offenbart damit einen Blick in den Bereich seiner geheimen Wünsche: Alles, was ihn fasziniert, so auch das eigene Geschlecht und das des begehrten anderen, möchte er selbst verkörpern – um damit das größte Maß der Unabhängigkeit und persönlichen Freiheit zu gewinnen.«

Günter Engelhard (1975, o. S.)

–, umgekehrter
bei Rudolf Hausner: »Rechts vom Vater [in: 'Forum der einwärtsgewendeten Optik', 1948] erscheinen zwei Männer: beides sind Wunschbilder. Da ist der 'Nur-Mann', muskulös braungebrannt, einer body-building-Zeitschrift entsprungen. Der andere ist interessanter: ein umgekehrter Hermaphrodit mit dem asketischen Kopf eines buddhistischen Mönches, glattgeschoren, mit heller, blaßblauer Haut, schmalhüftig, fleischlos, erlöst aus dem Kampf der Geschlechter. Und er kann zaubern: mit dem Zeigefinger und dem kleinen Finger der rechten Hand balanciert er ein Ei. Die Stellung der Finger ergibt so die Lettera Y, das neuplatonische Symbol des Menschen am Scheideweg.«

Wieland Schmied (1970, S. 27)

Hermaphroditen, Urbild des
bei Marcel Duchamp: → Baum

Hermelin
bei Max Beckmann: Lockung durch Macht u. a. (s. u. Angler)

Hermes Trismegistos
bei Max Beckmann: Bindeglied zwischen Hermes und Saturn (s. u. Schlüssel); → Schlüsselträger, langbeiniger

-Merkur
bei Max Beckmann: s. u. Krücke; s. u. Schlüssel

Hermetiker
bei Hans Arp: s. u. Ei

Herodes
bei Salvador Dali: Staatsgewalt (s. u. Johannes)

Heros
bei Erich Erler: → Gestalt, gepanzerte

–, nackter
bei Franz Metzner: »Ein bezeichnendes Beispiel ist das 1905 von M. ausgeführte Relief 'Kampf'. Es stellt einen fast nackten Heros in der Haltung eines Atlanten dar, der eine um seine Beine gewundene Schlange würgt und zertritt. Daß die inschriftlich bezeugte Bedeutung 'Kampf' im

militärischen Sinne gemeint ist, ergibt sich aus der Tatsache, daß das Werk als Kriegerdenkmal bestimmt war.« Siegmar Holsten (1976, S. 20)

–, sitzender nackter

bei Max Klinger: »Es stellt als Hauptfigur einen am Boden sitzenden nackten Heros dar, der eine Baumwurzel als Waffe ausreißt. Um die Bedeutung der Gestalt als Kampf für etwas zu unterstreichen, modellierte K. darunter eine liegende Frau, die in der ersten Fassung als von einem Pfeil getroffen gekennzeichnet war... Die 1904 vollendete Skulptur weicht vom Modell nur darin ab, daß an der Schmalseite eine zweite, jüngere Frauengestalt hinzugefügt ist, die die Verwundete stützt. Daß die Gruppe einen heroischen Freiheitskampf symbolisiert, und zwar mit aktuellem Bezug auf den Burenkrieg, bezeugt K. selbst. Er wollte zeitweilig die Worte 'Belli Boerorum Imago' in den Block meißeln, verzichtete jedoch schließlich auf die Inschrift und bevorzugte um der Allgemeingültigkeit willen den Titel 'Das Drama'.« Siegmar Holsten (1976, S. 24/5)

Herr der Vögel/des Auges

bei Max Ernst: der Künstler (s. u. Auge)

– im bürgerlichen Zivil

bei Otto Meyer-Amden: s. u. Nacktheit

– K.

bei Victor Brauner: »Der Mensch wird plastisch modelliert, mit lockerem Pinselstrich gemalt oder auch auf ein Strichmännchen reduziert. Einige Bilder dieser Serie [1934] sind einem 'Herrn K.' gewidmet, einem schmerbäuchigen, schnurrbärtigen Symbol der abstoßenden Bourgeoisie, der in einer Zeichnung von 1934 mit Alfred Jarrys 'Ubu' identifiziert wird.«

William S. Rubin (1972, S. 310)

Herrin der Luftschutzkeller

bei Henry Moore: Große Göttin (s. u. Liegende Figur)

– über Leben und Tod

bei Joan Miró: s. u. Nase und Auge, Andeutungen von

Herrn, Accessoire des feinen

bei Francis Bacon: s. u. Blume im Knopfloch

Herrschender

bei Francis Bacon: s. u. Schirm, baldachinartiger

Herrscher

bei Max Ernst: s. u. Wald (L. Fischer)

bei Konrad Klapheck: → Schreibmaschine (J. Roh)

– der neuen Gesellschaft

bei W. A. Serow: Arbeiterklasse (s. u. Stahlwerker)

–, sitzender

bei Konrad Klapheck: → Schreibmaschine mit gotischen Buchstaben

Herz

bei Rudolf Hausner: s. u. Organe mit Schlauchleitungen

bei R. Hoflehner: → Geschlechtsorgan, männliches

bei Jacques Lipchitz: s. u. Stier (K. Herding)

bei André Masson: weibliches Genital (s. u. Spielkarten)

–, Adams

bei Rudolf Hausner: s. u. Adam (W. Schmied)

– des Verstorbenen

bei Horst Egon Kalinowski: s. u. Kasten, erdfarbener, geschlossener

–, dornenumkränztes

bei Max Ernst: »In Abbildung 12 [von 'Le Lion de Belfort', 1934] spielt der Löwenmensch der Anima zum Tanz auf, die, als Ausdruck des Verzichtes (Verzicht, sich vom Ich integrieren zu lassen), vor der Schamgegend ein dornenumkränztes Herz trägt.« Dieter Wyss (1949, S. 68/9)

–, in einem Gestell hängend

bei Alberto Giacometti: »Die gleiche [vgl. Keule, phallische] männliche Aggressivität erkennt man an dem Gliedermann in 'Die Stunde der Spuren' [1930/31]; räumlich von ihm getrennt, hängt in dem Gestell, auf dem er steht, ein Herz; diese 'Stunde, die Spuren hinterläßt', ist der Moment von Zeugen und Sterben. Beiden Werken ist diese unbegreifbare und doch notwendige Polarität gemeinsam.« Reinhold Hohl (1971, S. 82)

– und Gehirn

bei Rudolf Hausner: s. u. Organe mit Schlauchleitungen

Herz-As

bei Max Beckmann: »Halb lässig, halb lauernd nimmt sie eine eigentümliche Haltung ein... Diese Frau hält den Trumpf in der Hand [in: 'Traum von Monte Carlo', 1939–43], und ihre Überlegenheit zeigt sich in messender Kälte. Ein Herz-As symbolisiert das erreichte Ziel – aber das Herz ist schwarz und nach unten gerichtet; es wird zum Todeszeichen.«

Friedhelm W. Fischer (1972a, S. 156)

Herzblatt

bei Paul Klee: »Das Herzblatt [in: 'Komposition auf schwarzem Grund', 1939/40], gegenständlich Deckelgriff der Kanne, kommt im Werk mehrfach als männliches Zeichen vor, am deutlichsten in 'Erzengel' [1938].«

Max Huggler (1969, S. 219)

Herzblut, rotes

bei Ewald Mataré: s. u. Pelikan

Herzen von Spiralnebeln
bei Roberto Echaurren Matta: kataklysmische Erfahrungen (s. u. Spiralnebel)
Herzens', 'Haus des
bei André Breton: → Laterne
Herzkarte
bei Max Beckmann: s. u. Spielkarten
Herzsymbol, schwarzes
bei Max Beckmann: »Man darf folgern, daß die Begehrlichkeit der im Raum anwesenden Männer dieser Karte gilt [in: 'Traum von Monte Carlo', 1939–43]. Entschlossen, das Spiel nicht zu verlieren, geht ihre Absicht dahin, das fragliche Objekt durch List oder Gewalt an sich zu bringen. Aber was bedeutet die Karte wirklich? Offenbar enthält das schwarze, nach unten gerichtete Herzsymbol eine ganze Reihe von Bezüglichkeiten. Man könnte vermuten, daß hier sowohl ein Wechsel auf Liebe wie auf Tod ausgestellt ist, und es scheint mir in der Tat so, als sei von B. das Thema von der 'Femme fatale', der verhängnisvollen Frau, ins Spiel gebracht.«
Friedhelm W. Fischer (1972 b, S. 64)
Herzzone, Adams
bei Rudolf Hausner: Evas Brust (s. u. Stecknadel)
Heuchler, konzessionierter
bei Francis Bacon: Mann in → Uniform
Heuschrecke
bei Salvador Dali: »Das Insekt, das D. abwechselnd als Grashüpfer, Heuschrecke oder Gottesanbeterin bezeichnete, erscheint auch als Nebenmotiv auf D.s Kopf im 'Bildnis Paul Eluards' (1929) und in einem der frei geformten Ausschnitte direkt oberhalb des D.-Kopfes in den 'Erleuchteten Vergnügen' [1929]. Die Assoziation stammt aus einer Kindheitsphantasie, in der D. sich als 'Grashüpferkind' sah, und spielt – wie er selber sagt – auf den köstlichen knusprigen Geschmack von Heuschrecken an. Als Junge hatte D. oft Angst, gefressen zu werden; der synonyme Gebrauch von Heuschrecke und Gottesanbeterin spiegelt diese Furcht wider, da die männliche Gottesanbeterin gleich nach dem Geschlechtsakt vom Weibchen verschlungen wird, wie D. es bei Eluard, der eine große Sammlung Gottesanbeterinnen besaß, beobachtet hatte.« William S. Rubin (1972, S. 226)
Heuschrecken
bei Germaine Richier: Monstren (s. u. Insekten)
Hexe, Aufstand der
bei Leonor Fini: Empörung gegen alles, was im Mann in gesellschaftlicher Hinsicht steckt (s. u. Kreideumriß eines Mannes)

Hieroglyphen
s. Teil III
Hilflose
bei Pablo Picasso: Opfer der Gesellschaft (s. u. Gitarrenspieler)
Hilfreiche, der
bei Pablo Picasso: archetypisches Bild des → Weisen
Himmelsfernrohr
bei Max Beckmann: ». . . mußte sich ihm die Entschleierung des Weltgeheimnisses als eine Art Forschung darstellen. Ein Symbol des Forschens könnte sehr wohl das Himmelsfernrohr [in: 'Stilleben mit Fernrohr und verschleierter Figur', 1938] in unserem Bilde sein. Zu allen Zeiten wurde der Sternenhimmel als Hieroglyphe des Weltgeheimnisses angesehen. Auch für B. war neben dem Ich, dem Mikrokosmos, das Weltall, der Makrokosmos, das wichtigste Geheimnis.«
Friedhelm W. Fischer (1972 a, S. 63)
vgl. Fernrohr
Himmelsgöttin, kuhgestaltige
bei Ewald Mataré: Hathor (s. u. Kuh)
Himmelskörper, riesiger
bei Dieter Asmus: → Fußball, gigantischer
–, rotglühende
bei Max Beckmann: »Das Himmelsgeschehen [in: 'Argonauten', 1950] läßt sich unter dem theosophischen Gesichtspunkt jedenfalls sehr leicht erklären. Die Abfolge der Globen entspricht einschlägigen Diagrammen der 'Geheimlehre' [Blavatsky]. Demnach wäre die entscheidende Wende in der Entwicklung einer Planetenkette dargestellt. Der Tiefpunkt, welcher in diesen Diagrammen stets durch eine schwarze Kugel bezeichnet wird, ist überwunden, und der aufsteigende, 'leuchtende' Bogen kündigt sich in Gestalt der jungen rotglühenden Himmelskörper an. Fassen wir die aufsteigende Planetenkette als Sinnbild auf, so besagt sie nichts anderes als die Leiter. Sie wird damit Symbol eines Zusammenhanges, der in der Religionsgeschichte bisweilen mit dem Begriff des 'Überganges' bezeichnet wird. Im Grunde meinen Leiter und Himmelserscheinung wohl etwas Ähnliches wie die zahllosen Symbole der Übergangsriten: sie weisen auf das Geheimnis des Weges.«
Friedhelm W. Fischer (1972 a, S. 226/27)
Himmelskuh
bei Marc Chagall: s. u. Kuh, grüne
Himmelsscheibe
bei Alfred Jensen: s. u. Orakeltisch
Himmelsziege
bei Marc Chagall: »Eine Himmelsziege [in: 'Die

Ziege vor der Kirche', 1926/27], offenbar riesengroß, denn an ihren Eutern saugt der kleine Kopf eines schlafenden Mannes – ein mythisches Tier . . . als Symbolzeichen für die Wärme der irdischen Zone vor der fernen Rätselhaftigkeit der kosmischen Ereignisse.«
Werner Haftmann (1975 b, S. 86)

Hinkefuß
bei Jean-Robert Ipoustéguy: Fortschritt (s. u. Bein, drittes)

Hintern
bei André Masson: → Kurven

Hiob
bei Otto Dix: »D. malte damals [1946] den 'Hiob', einen alten Mann in den Trümmern seines Hauses, als Sinnbild des Leids und der Verlassenheit, in seiner dunklen Melancholie weit entfernt von den Kriegskrüppeln der zwanziger Jahre.« Paul Vogt (1972, S. 457)

Hirn
bei René Magritte: s. u. Hantel

Hirnwindungen
bei Rudolf Hausner: Krümmungen der Schnecke (s. u. Schneckenhaus)
bei Paul Klee: s. u. Ratte

Hiroshima
bei Yves Klein: s. u. Körperabdrücke

Hirte, Christus als guter
bei Pablo Picasso: s. u. Mann mit dem Lamm (W. Wiegand)

–, guter
bei Otto Meyer-Amden: »Durch seinen Blick ist der Aufschauende [in: 'Eintritt in Klasse', Federstudie, 1918] als Individuum aus der anonymen Gruppe hervorgehoben. Der Blick charakterisiert andererseits sein Verhältnis zu den schwebenden Gestalten, die damit als Vision verständlich werden: ihren Inhalt bilden ein Kruzifixus und ein guter Hirte, die Symbole von Martyrium und Rettung.« Carlo Huber (1968, S. 26)
s. u. Lehrer

– und Lamm
bei Pablo Picasso: »Ende der vierziger Jahre entstehen zwei symbolhaft-humane Skulpturen *Hirte und Lamm,* Sinnbild des Bewahrenden und Schützenden in einer Welt kriegerischer Massaker und Zerstörung . . .«
Oto Bihalji-Merin (1962, S. 35)

Hirtin', 'Schlafende
bei Franz Marc: s. u. Weib

Hochzeitszug
bei Marc Chagall: s. u. Straßenfiedler, jüdischer

Hockender
bei Fritz Wotruba: »Aber es kann auch . . . zum Knoten vergessener und künftiger Geheimnisse werden.
Als einen solchen Knoten möchte ich die Figur des *Hockenden* [1950] bezeichnen . . .
Der *Hockende* ist wie ein prähistorisches Monument aus harten und flachen Quadern aufgebaut. Die beiden Arme lasten als Platten auf den Knien und decken so den Eingang zu einem Innenraum, der vom Leib des Hockenden selbst gebildet wird. Es ist der Eingang zu einem archaischen Tempelraum. Der Leib, dieses erste und eigentliche Gefängnis, wird so auch zum ersten Tempel . . . Der Hockende denkt oder schaut nach innen und lädt die Höhlung, die sein Leib bildet, mit dem, was sonst als Hunger und Erwartung nach außen geht. Das Eigentliche der Welt ist innen . . . Er hat sich selbst als Gefängnis hingekauert; wer es wagt, kann ihn betreten, aber ihn, der selber Gefängnis ist, wird es nicht befreien.«
Elias Canetti (1977, S. 96)

Hockfigur
bei Alberto Giacometti: s. u. Mann, hockender

Höfe, dunkle
bei Giorgio de Chirico: das Weibliche (s. u. Türme)

Höhenlinien
bei Peter Brüning: Metapher für Landschaft (s. u. Landkarte)

Höhle
bei Karl Hofer: »Später aber, nach der Jahrhundertmitte, wird die Höhle bei H. zur zukunftsvisionären Chiffre der Schutzsuche vor Bedrohung, so im Ölbild 'Die Irrenden' (1953).«
Walther Krüger (1972, S. 82/3)
bei Henry Moore: → Mutterschoß; das Weibliche (s. u. Brust); s. u. Kopf; s. u. Liegende (E. Neumann)
bei Paul Thek: s. u. Grabkammer; s. u. Unterwasserwelt

Höhlung
bei Fritz Wotruba: Leib (s. u. Hockender)

– und Wölbung
bei Henry Moore: »Die Abfolge von Höhlung und Wölbung [u. a. in: 'Family Group', nach 1936] soll Sinnbild des einheitlichen Familiengefüges sein, das seinerseits dem sozialen Gefüge verbunden ist.« Elda Fezzi (1972, S. 36)

Höhlungen, leere
bei Pablo Picasso: s. u. Totenkopf (R. Penrose)

Höllentor
bei Alfred Kubin: »In einer anderen Werkgruppe dominiert das Höllentor, in das die Menschen – magisch angezogen – [z. B. in: 'Zurück zum Schoß', ca. 1903] in langen Zügen hineinziehen.

Man wird darin wohl auch eine Anspielung auf das Tor des Venusberges sehen – das Thannhäuser-Motiv – und auf das weibliche Genital, das für den jungen K. Inbegriff des Anziehenden und Verderbenbringenden ist.«

Günter Rombold (1978b, S. 83)

Hörner

bei Osvaldo Licini: »Zuweilen hat 'Amalas[s]unta' [1950 bzw. 1952] Hörner. Sie sind Zeichen für den Halbmond, Symbole der totalen astralen Evolution. Die Hand mit den drei Fingern ist ein Phänomen von Amputation, von Minderung des Gestirns.«

Zeno Birolli (1974, o. S.)

–, kleine

bei Wilfredo Lam: s. u. Elegua

Hof, sandiger

bei Werner Tübke: s. u. Gefängniswand

Hoffende

bei Gustav Klimt: s. u. Kopf, klarer

Hohlkugel, halbe

bei Alberto Giacometti: »In diesem Platzprojekt von 1932 ['Modell für einen Platz'] ist der Sündenfall mit einfachen Mitteln figuriert: Kegelform für 'Frau', auftragende Stele für 'Baum', halbe Hohlkugel für 'Kopf' (also für Erkenntnis, Reflexion, für das, was die Integration des Menschen in die Natur verhindert und was zwischen Mann und Frau gekommen ist).«

Reinhold Hohl (1971, S. 79)

Hohlraum

bei Silvio Mattioli: s. u. Mischwesen

Holbein

bei Rudolf Hausner: s. u. Christus[kopf] des Holbein

Holz

bei Constantin Brancusi: »So wird das Holz für B. zum Sinnbild des Lebenskampfes, des physischen Ringens, der Fruchtbarkeit und des Todes – der Herausforderung und der Niederlage, des zuversichtlichen Vertrauens und des tragischen Verrates.

Holz faszinierte B. und er erkannte darin beides, Wachstum und Verfall. Z. B. die Idee zu 'Torso eines jungen Mannes', 1922, lag im Material verborgen.« David Lewis (1958, S. 24)

bei Louise Nevelson: Sicherheit (s. u. Spiegel)

–, gemasertes

bei René Magritte: »Überdies versetzt die ungewöhnliche Idee des in der Haut erscheinenden gemaserten Holzes [in: 'Decouverte', 1927] – so etwas wie der Beginn einer unmittelbar bevorstehenden Verwandlung – diesen Akt in das Reich des Halbtraumes. Dem möchte ich ohne Zögern – und im Bewußtsein dessen, daß M. eine psychoanalytische Interpretation ablehnte – hinzufügen, daß Freud eine Verbindung von Holz und der Idee des Weiblichen, der Mutter, sah.«

A. M. Hammacher (1975, S. 86)

–, rohes

bei Louise Nevelson: s. u. Kasten, isolierter

–, verbranntes

bei Alberto Burri: s. u. Sack

–, verwittertes

bei Constantin Brancusi: natürlicher Verwesungsprozeß (s. u. Bogen)

Holzabfälle

bei Louise Nevelson: s. u. Kasten, isolierter

Holzblöcken, Tuch zwischen

bei Wolfgang Gäfgen: namenlose Folter (s. u. Tuch zwischen zwei Holzblöcken)

Holzbüste

bei André Breton: s. u. Laterne

Holzfäller

bei Ernst Ludwig Kirchner: s. u. Baum, stürzender

Holzhäuser

bei Hannah Hoech: s. u. Treppe

Holzkörper, polierte

bei Louise Nevelson: » . . . und in 'Night Presence IV', 'Night Presence V' und 'Night Presence VI' [ca. 1955], wo die sinnlichsten und widersprüchlichsten und polierten Holzkörper die ungeordneteren, geheimnisvollen und phantastischen Welten symbolisieren, in denen die weibliche Ambiguität herrscht.«

Germano Celant (1973, S. 14)

Holzpfähle, senkrechte

bei Piet Mondrian: »Das breit hingelagerte Meer symbolisiert für ihn [in den Bildern nach 1910] das weibliche Element, die Reihe der senkrechten Holzpfähle, die im Meer stehen und die Dünen vor den Wellen schützen, verkörpern das männliche Prinzip. Stellt man sich die Pfähle zu Baumstämmen verlängert vor, so erhält man das Bild eines im Meer stehenden Waldes; seine vertikalen Stämme schneiden in rechten Winkeln die horizontalen Linien der Wellen. Dieser Dualismus im Gegeneinander von Waagerechter und Senkrechter bildete später die Grundlage für den Neo-Plastizismus, dessen Ästhetik ausschließlich auf dem rechten Winkel und auf dem Kontrast der Horizontalen und Vertikalen beruht.«

Michel Seuphor (1962, S. 37)

Holzskulpturen

bei Constantin Brancusi: »B.s gesamtes Lebenswerk ist zweipolig . . . Diese Gestalten rechnen mit einem unerbauten Glaubensdenkmal. An den Rändern des heiligen Bezirkes sollten, gleich den Wasserspeiern der Kathedralen, die fratzenhaft verwunschenen Holzskulpturen stehen, in seiner Mitte die Form gewordenen Wesenheiten. Die verworrenen, holzgeschnitzten Figuren meinen die Befangenheit der niederen Kreatur, ihre anfängliche Verwirrung und Unsicherheit ('Der erste Schritt', 1913), sie richten dämonische Idole einer primitiven Sinnenlust auf ('Adam und Eva', 1925) und zeigen den Menschen in der Ausweglosigkeit der gefangenen Kreatur.«

Werner Hofmann (1958, S. 103)

Holzstücke, angetriebene
bei Hans Arp: »Am Ufer der Schweizer Seen sammelte A. angetriebene Holzstücke, Strandgut und Steine und zeichnete ihre abgewetzten und abgeschliffenen Formen. 'Schließlich vereinfachte ich diese Formen und vereinigte ihre Essenz zu beweglichen Ovalen, Symbolen der Metamorphose und des körperlichen Werdens.'«

Marcel Jean (1961, S. 66/7)

Homo sapiens, Sicherheit des
bei Gustav Seitz: s. u. Figuren, fußlose, dünnbeinige

Honig, Milch und
bei Erich Brauer: s. u. Honigverkäuferin

Honigmond, roter
bei Marc Chagall: s. u. Gesichter, sich ineinander küssend

Honigverkäuferin
bei Erich Brauer: »Du kannst sie ganz deutlich sehen, wenn die Frau auftaucht in der kleinwimmelnden Landschaft; denn auch ihr kann man in Wirklichkeit begegnen, ihr, der Honigspenderin, und ihr Geldsack ist schon halb voll. Es ist, wie Du schon gemerkt hast, nicht nur eine Honigverkäuferin [in: 'Honigverkäuferin', 1965], sondern es ist eigentlich die Schirmherrin in jenem Land, in dem Milch und Honig fließt, eine Göttin, eine göttliche Hausiererin mit einem Eselskarren, an dem sich das Blütenrad dreht.«

Alfred Schmeller in: Erich Brauer (1963, S. 45)

Horde
bei Max Ernst: »Das Thema der 'Horde' charakterisiert das ganze Jahr 1927, kommt aber auch in der Folgezeit vor. Dieses Thema kann kraft der Doppeldeutigkeit verschiedene Titel haben und bleibt dennoch in seinem figurativen Gehalt und in der Bildsubstanz unverändert und kann in verschiedenen Lesarten interpretiert werden: Es kann das Symbol des Irrational-Barbarischen meinen, das von Ost nach West marschiert, um die rationale Struktur des Abendlandes zu bedrohen und mit sich fortzureißen, entsprechend den Vorstellungen Antonin Artauds. Es kann in der verwickelten und formlosen Spielart die besessene Rückkehr in die Wälder der Kindheit (em-

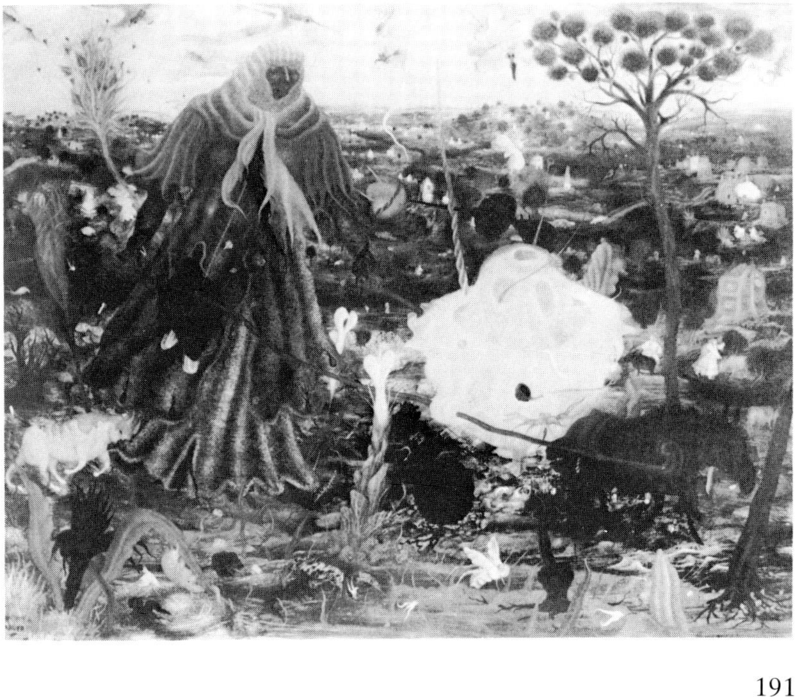

Erich Brauer: Die Honigverkäuferin, 1965

bryonales Leben, Schutz im Mutterleib) bedeuten, das Andenken an eine pflanzliche Welt, die bereit ist zum nahtlosen Übergang in die tierische Welt und immer mehr allesfressenden Ungeheuern ausgeliefert ist, die aus einer im fiebrigen Delirium stehenden Phantasie entstanden. Es kann räuberische Feindseligkeit gegen die moderne Welt bedeuten, die der Künstler durch Gegensätze und Metaphorik in antitechnologische, unförmige Visionen übersetzt, gleich dem Menschenmaterial unserer Tage, das bereit ist, eine amorphe Masse, eine unbestimmte Menge zu werden.« Giuseppe Gatt (1969, S. 40)
s. u. Chimären; s. u. Vogel (G. Gatt)

Horn

bei Max Beckmann: Zeichen der Künstlerschaft (s. u. Musikinstrumente); s. u. Helm

Hornebom

bei Max Ernst: der Vogelobere (s. u. Auge)

Hosenträger

bei Dieter Krieg: »Der Gegenstand wird symbolisiert und überschreitet seine begrenzte Bedeutung. Die Distanz, die hier am Werke ist, dirigiert kritisch die starken emotionalen Inhalte aus der Sphäre der beschädigten menschlichen Kreatur. ... Ein Hosenträger hängt als seltsames Gerät

Mikuláš Medek: Hühner-Esser I, 1952

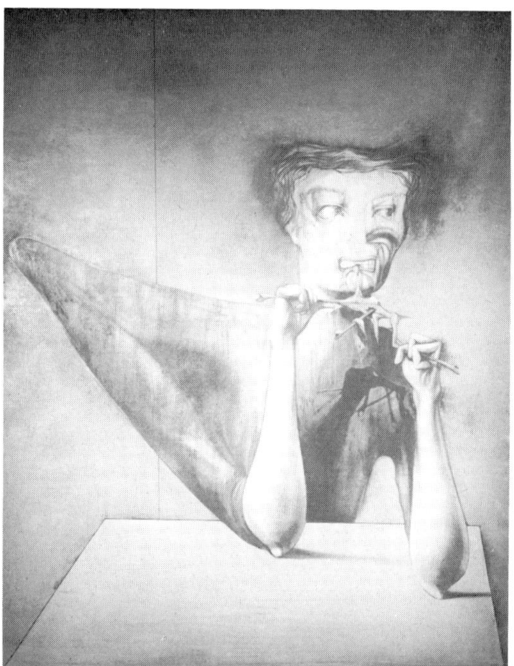

vom oberen Rand einer Leinwand [in: '4/28', 1969]. Scheinreliefierungen geben diesen Dingen Plastizität, ihre surreale Monumentalisierung verleiht ihnen eine neue Gegenständlichkeit.«
Rolf-Gunter Dienst (1970, o. S.)

Hostie

bei Fritz Koenig: s. u. Figur im Rahmen

–, Profanierung der

bei Salvador Dali: »Das Werk ... umfaßt auch die umstrittenen Themengebiete von Sex und Religion. Als Beispiele wären 'Das Phantom des Sex-Appeals' (Figueras) von 1932-34, die Profanierung der Hostie im 'Heiligen Gral', seine neue Interpretation von Millets 'Angelus' als Symbol der sexuellen Verdrängung oder 'Wilhelm Tell' als Legende der inzestuösen Verstümmelung zu nennen.« Herbert Read (1964f. Bd. II, S. 13)

Hotelboy

bei Max Beckmann: s. u. Krone

Hudson

bei Marc Chagall: s. u. Lebensbaum

Hüften, Frauen mit breiten

bei Marino Marini: Fruchtbarkeit (s. u. Pomonas)

Hügel

bei Friedensreich Hundertwasser: s. u. Hase
bei Yves Tanguy: Landschaft (s. u. Turm)

–, grünende

bei Marc Chagall: des gelobten Landes (s. u. Boot im Fluß)

'Hühner-Esser'

bei Mikuláš Medek: »Der Vorgang des Essens wird zur brutalen Auseinandersetzung mit bzw. um Essen. Wenn der 'Hühner-Esser' [1952] M.s fixe Idee vom Essen ausdrückt (nämlich: früher Atavismus – Suchen nach der Brust), dann reflektiert der Künstler im Gemälde 'Große Mahlzeit' [1956] das Fühlen der Absurdität, die ihn beim Blick ins Restaurant ergriff, wo nur gegessen wurde.« Bohumír Mráz (1970, S. 32)

Hühnerfedern

bei Juan Martinez: »Sie haben auf der Treppe, die zu Ihrem Environment [1974] führt, und auf dem Boden innerhalb der Käfigwände Hühnerfedern ausgebreitet. Was bedeuten diese Federn für Sie?«
Martinez: »In diesem besonderen Fall ist es die Moral der Menschen, die auf der Erde liegt. Es ist ein Bild. Je weiter man in einer Konsumgesellschaft fortschreitet und je mehr Probleme einen umgeben, desto mehr muß man die Moral 'an der Garderobe' lassen. Symbol für den Verlust der Vernunft.« Ursula Perrucchi-Petri (1974, o. S.)

Hüllen

bei Max Beckmann: s. u. Nacktheit

Hülse
bei Fritz Wotruba: Mensch (s. u. Röhre)
Hülsen, leere
bei George Segal: → Gipsroboter
Hündin
bei Max Ernst: s. u. Löwenkopf, romanischer
Hünenleibern, Kolosse von
bei Ludwig Meidner: s. u. Propheten
Hüte, überwimpelte
bei Ernst Ludwig Kirchner: erotische Rufzeichen (s. u. Kokotten)
Hüterin des Geheimnisses
bei Ewald Mataré: → Katze
Hüterinnen
bei Leonor Fini: Prinzip des Mütterlichen (s. u. Frauen als Hüterinnen)
Hütte, Dach der
bei Marc Chagall: s. u. Kuh (M. Chagall)
Huhn und Fisch
bei Marc Chagall: »... und die Früchte sind ersetzt durch ein Huhn [in: 'Der Trinker', 1911/12], mit dem Fisch zusammen Sinnbild für die Gegenwart der naturhaften seelischen Kräfte.« Franz Meyer (1961, S. 139)
Hund
bei William Theo Browns: »B.s 'White Dog' von 1966 zeigt den Hund als ein Angst und den Wunsch nach Flucht ausdrückendes Zeichen in einer weiten Landschaft.«
Udo Kultermann (1969, S. 30)
bei Max Ernst: »... die Mächte des Triebes und des Über-Ich, durch Hund und römischen Diktator [in: 'Le Lion de Belfort', B.18, 1934] symbolisiert, sind zum Angriff übergegangen.«
Dieter Wyss (1949, S. 70)
bei Pablo Picasso: »Wer es liebt, in den Tieren und Dingen auf P.s Bildern jener Epoche Zeichen zu sehen, die auf Allgemeineres, Beständigeres weisen, mag den Hund [in: 'Knabe mit Hund', 1905] als Symbol der Treue verstehen, die Taube als Symbol des Lebens ('Kind mit Taube', 1901) und das Gefäß ebenfalls als Sinnbild des vitalen Prinzips ('Le Gourmet', 1901; 'La Soupe', 1902).« Helen Kay (1966, S. 45)
»In späteren Jahren [um 1923] begann P. wieder, den Hund als Symbol des Schutzes, als Gefährten für seine kleinen Kinder darzustellen, so wie auf seinen Zirkusbildern das Tier die Treue symbolisiert hatte.« Helen Kay (1966, S. 101)
bei Henri Rousseau: »Wie die akademischen Maler wollte er eine abstrakte Idee darstellen und entwarf das 'Glückliche Quartett' [1902] als eine Allegorie auf die Liebe mit ihren ewigen Helden, Mann und Frau, dem üblichen Englein und dem Hund als Symbol der Treue.«
Dora Vallier (1961, S. 141)
–, dunkler
bei Pablo Picasso: »Auch den Zerberus nimmt er auf. Der dunkle Hund unter dem Tisch [in: 'Die drei Musikanten', 1921] dürfte mit seinem seltsam maskierten Kopf dem Hadeswächter näherstehen als die Hunde, die P. sonst gezeichnet hat.« Curt Seckel (1967, S. 43/4)
–, fischgeschwänzter
bei Max Ernst: s. u. König
–, hungernder
bei Alberto Giacometti: »In den fünfziger Jahren wandelte G. das Thema [dürre Figur] gelegentlich ab, wie in der Studie des hungernden Hundes [1956], in dem er sich selbst sah. ('Das bin ich. Eines Tages sah ich mich geradeso auf der Straße. Ich war der Hund.')«
H. Havard Arnason (1970, S. 400)
–, zähnefletschender
bei Max Beckmann: »Im Vordergrund [in: 'Die Hunde werden größer', 1947] eine junge Frau, einen Schrei ausstoßend, von einem riesigen, zähnefletschenden Hund gewalttätig um die Hüfte gepackt ... Das Paar links gibt wahrscheinlich einen Hinweis auf die Deutungsmöglichkeiten der sinnbildlichen Darstellung: aggressives Verschlingen und kreatürliches, animalisches Leiden als zwei Seinsformen des Männlichen.«
Ulrich Weisner (1977, S. 75)
Hunde, merkwürdige
bei Hanna Nagel: s. u. Fledermäuse, große
Hundekopf
bei Theodore J. Roszak: »Eine extreme Chiffre der Versehrung gestaltet R. als Stahlplastik 1959 und nennt sie 'Eiserner Schlund'. ... Aber dieser Hundekopf hat nichts mit Symbolik zu tun, sondern ist Chiffre der Ausgebranntheit, wie sie in der bildenden Kunst nach dem zweiten Weltkrieg vielfältig – auch in bezug auf den Menschen – begegnet.« Walther Krüger (1972, S. 141)
Hure
bei Richard Lindner: s. u. Weib, allmächtiges
– Babylon
bei Alfred Kubin: → Urmutter
Husarenuniform
bei Max Beckmann: Militärisches (s. u. Landsknechtstrommel, rote)
Hut
bei Max Ernst: »Der Hut bedeckt den Kopf. In 'Der Hut macht den Mann' [1920] bedeckt er offenbar die Eichel eines männlichen Gliedes. Er stellt einen Schutzfaktor dar, eine Bedeckung,

einen Zivilisationsschirm, der die Handlungen des Unterbewußten verdeckt.«
Lucy R. Lippard (1976, S. 166)
bei Pablo Picasso: » . . . um die Schöne zu porträtieren, die vor dem Spiegel Toilette macht oder stolz ihren Hut zur Schau trägt [in: 'Akt mit Hut im Atelier', 1954]. Beides sind Situationen, die P. wiederholt als bezeichnend für die weibliche Eitelkeit vergegenwärtigt hat. Insbesondere der Hut vertritt bei ihm Mode und Luxus schlechthin.« Wilhelm Boeck (1955, S. 325)
bei Werner Scholz: »Sehr markant ist der Hut, der auf der Tischplatte liegt [in: 'Witwer', 1927] . . . In ihm, diesem Vorzugsgegenstand männlicher Unbeholfenheit, von dem man nie weiß, wo ihn lassen, ist die Nichthingehörigkeit und Verlegenheit, die das ganze Bild durchatmet, zusammengefaßt.«
Hans-Georg Gadamer (1968, S. 19)

Hut, breitrandiger
bei Ernst Barlach: s. u. Pilger

–, ovaler
bei Julius Bissier: »Der ovale Hut – Symbol der geschlechtlichen Ungebundenheit« [nach J. J. Bachofen]. Werner Schmalenbach (1974, S. 79)

–, schreiender
bei Pablo Picasso: s. u. Menschengesicht, von Schmerz aufgelöstes

Hyazinthe
bei Oskar Kokoschka: Todeszeichen (s. u. Hammel, abgezogener)

–, blühende
bei Max Beckmann: »Naturkraft im floralen Bereich symbolisiert die blühende Hyazinthe« [in: 'Selbstbildnis mit Saxophon', 1930].
Ulrich Weisner (1975, S. 17)

Hydra
bei Germaine Richier: » . . . um die Bedeutung des zweiten und dritten Hydrakopfes der Plastik von R. ['Hydra', 1954] zu erhellen, einer Plastik, die als Beispiel für die 'Leidenschaft der Künstlerin für das Experimentelle' interpretiert worden ist [H. H. Arnason], während diese faktisch die Hybris menschlichen Experimentierens chiffrehaft darstellt!« Walther Krüger (1972, S. 22)
s. u. Loch

Hygieia
bei Gustav Klimt: »Ein wogendes Gefühl, eine wuchernde Häufung in einem breiten in Genuß und Leiden drängenden Strom [in: 'Medizin', 1901] spukhaft dahintreibender bräutlicher, noch ungeborener, kindlicher, mütterlicher, greisenhafter Gestalten in verharrender Schwebe, michelangelesk in verwegenen Gebärden, Sieche und Bresthafte, Fruchtbarkeit bis zur Dürre und zum knöchernen Tod, ein malerisch bewältigtes Gleichnis alles Geschehens. Die Schale und goldene Schlange Äskulaps wird von der bildlichen Transfiguration der Hygieia getragen.«
vgl. Akt Emil Pirchan (1956, S. 25)

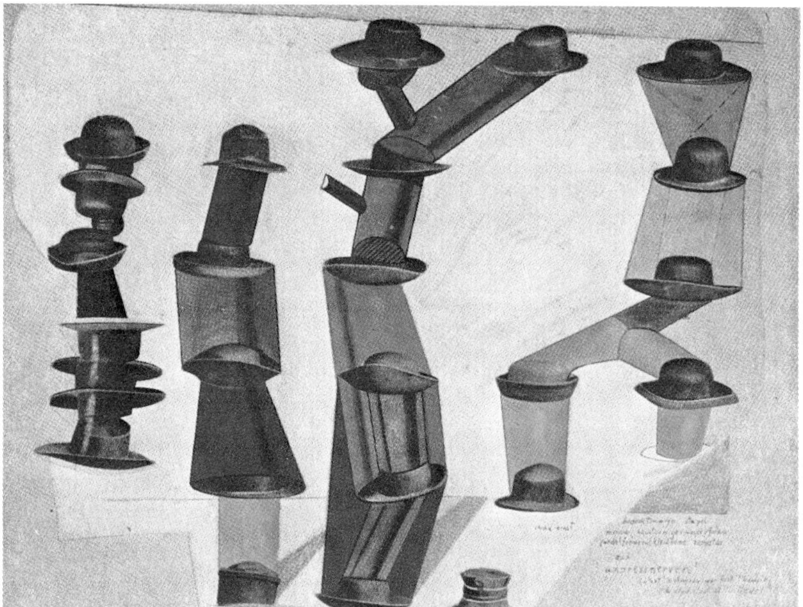

Max Ernst: Der Hut macht den Mann, 1920

I

Ichthys
bei Max Gubler: s. u. Fische am Haken
Ikarus
bei Silvio Mattioli: »In der Phase von 1958–65 vermehren sich die Beispiele des Todes und Sterbens: ein gestürzter 'Ikarus' von 1960 und das gemarterte Profil eines Studienkopfes zu dieser Arbeit . . . Solchen Mahnmalen des Scheiterns und Sterbens stehen aus der gleichen Epoche die auftrumpfenden Torwächter, vor allem aber der dickwanstige, lebensstrotzende 'Roi Ubu' [1965] (Freizeitzentrum Buchegg, Zürich) gegenüber.
Ikarus bedeutet auch Abschied vom Heldentum. An dessen Stelle ist heute vergesellschaftete Arbeit, technisches Potential und wissenschaftlicher Forschergeist getreten. Aber diese zeitgenössischen Mächte werden durch die Ikarus-Figur ebenfalls relativiert. Die griechische Sagengestalt steht ja gleichnishaft für die Überheblichkeit der Technik: Sie wollte sich fliegend zu den Göttern erheben und stürzte ab.«
Fritz Billeter (1975, S. 16, 24)
Indianer
bei George Grosz: s. u. Gestalt mit zwei Revolvern
Indiomutter mit dem Kind
bei David Alfaro Siqueiros: »Die wie ein Standbild wirkende Indiomutter mit dem Kind auf dem Arm [in: 'Bauernmutter', 1930] ist nahe an den Betrachter herangerückt. Barfüßig zwischen Kakteen auf der ausgedorrten Erde stehend, wird sie zu einem bedrängenden Symbol des mexikanischen Lebens.«
Ida Rodriguez Prampolini (1977, S. 286)
Indios
bei Diego Rivera: → Sklaven bei der Zuckerrohrernte
Individuum
s. Teil III
Industriearbeiter
bei Conrad Felixmüller: s. u. 'Fabrikarbeiter im Regen'
Industriestadt, friedliche
bei Frans Masereel: s. u. Geschütz mit Tierbeinen
Ingenieur
bei Rudolf Hausner: s. u. Leuchtturm
– aus Thessalien
bei Giorgio de Chirico: wissenschaftliche Utensilien (s. u. Reißschienen); s. u. Erinnerung an den Vater
Ingenieurs', 'Sohn des
bei Giorgio de Chirico: s. u. Lokomotive
Ingénue
bei Richard Lindner: s. u. Weib, allmächtiges
Injektionsnadeln
bei Peter Klasen: medizinische Apparatewelt (s. u. Spritze)
bei Tetsumi Kudo: s. u. Thermometer
Innenraum
bei Fritz Wotruba: Leib des → Hockenden
Innozenz X.
bei Francis Bacon: Mann in → Uniform (s. u. Rock, weißer); s. u. Papst
Inschriften, Wände mit
bei Julián Pacheco: ärmste Vorstadtviertel (s. u. Wand mit Inschriften)
Insekt
bei Salvador Dali: s. u. Heuschrecke
bei Max Ernst: s. u. Eidechse
–, böses
bei Renato Guttuso: Rennwagen (s. u. Helme)
Insekten
bei Germaine Richier: »R.s 'Monstren' [um 1946] sind Insekten: grausame Zikaden, Grillen, Heuschrecken und Ameisen. Figuren eines bitteren Surrealismus, symbolische Akteure einer beunruhigenden Zeit des Geistes und der Kunst.« Giuseppe Marchiori (1970, S. 46/7)
–, geschundene
bei Bernard Buffet: Verlust (s. u. Fischgerippe)
–, Porträts parasitärer
bei Joan Miró: s. u. Kreis
–, riesige
bei Alfred Kubin: »'Der Verfolgte' ist ein Mann in einer Landschaft, der in Todesangst dahinstürmt, gejagt von riesigen Insekten, die den Himmel in Scharen verdunkeln. Sie haben die Form großer Flugzeuge. Aus ihren pfeilenden Schattenleibern schreit die Unerbittlichkeit des Todes für den Verfolgten. Eine symbolisch eindeutigere Darstellung des Luftkrieges, wie wir ihn im zweiten Weltkrieg erlebt, kann nicht gedacht werden – 1902!«
Wolfgang Schneditz (1956, S. 24)
insektenartiger Wesen, Invasion
bei Godwin Ekhard: »Und so lieferte sich dieser 'Pittore' aus der Steiermark, der Anzeichen für neue Untergänge Roms durch eine Invasion insektenartiger Wesen [in: 'Alle Sonnen baden sich in den römischen Brunnen', 1966] zu symbo-

lisieren versucht, ... einer unideologischen Rom-'Drift' aus.«
Gustav René Hocke (1975, S. 89/90)

Insektenschwarm
bei Alfred Kubin: gefährliche Macht (s. u. Bisons, zwei kämpfende)

Insel
bei Antonio Calderara: s. u. Mutter

–, unglückliche, fehlentworfene Geschichte der
bei Renato Guttuso: → Landkarte Siziliens

Inselrepublik, Oberhaupt der
bei Werner Tübke: s. u. Doge

Installationsteile
bei Joachim Bandau: »Zuweilen werden Installationsteile hinzugefügt – Schläuche, verchromte Verbindungsstücke, Brausen –, die wie ein System von Kontrollgeräten für die Sinne erscheinen« ['Gelbe vierarmige Figur', 1969].
Jürgen Morschel (1972, S. 153)

Instrument auf Vogelkopf
bei Max Ernst: genetische Tiermanipulierung (s. u. Pfeil)

Insurgenten, Mächte der
bei Pablo Picasso: s. u. Frau, tot im Gelände

Internatssäle
bei Eberhard G. Willikens: Zimmer der Öffentlichkeit (s. u. Säle)

'Intrigantin'
bei Konrad Klapheck: → Nähmaschine

Introvertierten, Farbe der
bei Jacques Monory: → Blau

Invaliden
bei Heinrich Hoerle: s. u. Roboter

Invasionstruppen, Befreiung durch
bei Max Beckmann: → Perseus

Iris
bei René Magritte: s. u. Auge

Irrende
bei Karl Hofer: s. u. Höhle

Irrfahrer
bei Rudolf Hausner: Odysseus (s. u. Wasser); s. u. Würfel, medaillonartiger

Ischtar
bei Paul Klee: s. u. 'Fußsohle'

Israelis, Sehnsucht der
bei Baruch Elron: → Kornfrucht

Israels, Stämme der Kinder
bei Salvador Dali: → Nadeln, zwölf diamantene

Ithaka
bei Rudolf Hausner: fernes Ziel (s. u. Matrosenanzug); Selbstfindung (s. u. Odysseus)

–, Sehnsucht nach
bei Rudolf Hausner: → Matrosenanzug

J

Jachten vgl. Yacht
bei Lyonel Feininger: s. u. Segelboot

Jacke
bei Franz Radziwill: s. u. Bleistift, spitzer

Jackett
bei George Grosz: s. u. Flasche und Glas

Jackie [Kennedy]
bei Andy Warhol: s. u. Gesicht einer Frau

Jahrmarkt
s. Teil III

Jakob
bei Marc Chagall: s. u. Schafe
bei Jacques Lipchitz: »Ein anderes Thema, von dem er besessen war, ist die Umarmung, die er einerseits als leidenschaftliche Vereinigung, andererseits als Kampf mit dem Tode sieht. In 'Jakobs Kampf mit dem Engel' [1932] kämpfen die Figuren in einer Ambivalenz von Liebe und Tod.« H. Havard Arnason (1970, S. 194)

Jakobinerhaube
bei Max Beckmann: s. u. Sphinxe (F. W. Fischer)

Jakobinermütze
bei Mieczysław Berman: »Jakobinermütze [in: Zyklus 'Die rote Kappe', 1969] als Symbol der Revolution und Narrenschellen als Symbol der satirischen Kunst. Das Ganze als Tarnung gewissermaßen vor dem Unverstand. B.s Schellen wollen hindeuten auf Dummheit, Brutalität und Unrecht, aber sie klingen musikalisch.«
Herbert Sandberg (1973, S. 90)

Jakobs Traum
bei Marc Chagall: s. u. Leitern

Jakobsleiter
bei Darrel Austin: s. u. Fluß, dunkler

Janusbüste
bei Max Beckmann: »Im Triptychon 'Schauspieler' von 1942 hat B. eine ähnliche Musikergruppe noch deutlicher unten angelegt, nämlich unter den Bühnenboden gestopft, während sich oben wiederum eine junge Schöne befindet, die Zwiesprache mit einem Spiegel und mit einer Janusbüste, Symbol der höheren Kultur, hält.«
Christian Lenz (1976, S. 27)

Januskopf
bei Henry Moore: Doppeldeutigkeit (s. u. Figuren, drei stehende/W. Hofmann)
Janus-Schädel
bei Rudolf Hausner: s. u. Ballon
Jardin du Luxembourg
bei Man Ray: s. u. Riesenmund
Jason
bei Max Beckmann: s. u. Apache
bei Eduardo Paolozzi: s. u. Gestalten, anthropomorphe
Jedermann, nervöser
bei Ernst Ludwig Kirchner: → Bauer, alter
Jehova, Demiurg
bei Max Beckmann: s. u. Schlangenwesen
Jeremias
bei Jakob Steinhardt: »S.s Propheten sprechen hingegen vom Feuerofen einer schrecklichen Epoche: Sie sind ein Menetekel in einer tauben und wie sinnlos besessenen Welt. Jeremias [um 1957] ist zusammengesunken auf den Trümmern, die er einstmals prophezeit hatte: Symbol der Selbstzermarterung eines Sehers, dessen mahnende Stimme doch nicht ausreichte, um die Menschen zu bekehren und vom Wahnsinn abzubringen.« Rudolf Pfefferkorn (1967, S. XXIV/V)
Jerusalem
bei Marc Chagall: s. u. Schafe
Jerusalems, Tore des neuen
bei Salvador Dali: → Nadeln, zwölf diamantene
Jesuskind
bei Salvador Dali: Vollkommenheit (s. u. Ei)
Jesusknabe
bei Salvador Dali: s. u. Muschel
Joch
bei Marc Chagall: s. u. Wasserträger
bei Paul Klee: s. u. Brücken, Berner
Johannes
bei Salvador Dali: »Allgemeineren Gesichtspunkten folgend ist es wohl symbolhaft, daß die drei Köpfe sich in einem quadratischen Raum befinden [in: 'Herodiade'], dessen Bodenmitte von einem Kreuz geteilt wird, die Mächte der Religion (Johannes), der Erotik (Salome) und der Staatsgewalt (Herodes) sind enthauptet – im Tode entpuppen sie sich als Gummischemen, denen jede wichtigere Bedeutung fehlt.«
Dieter Wyss (1949, S. 80)
Jo-Jo-Virtuose
bei Walter Wörn: s. u. Spieler
Jonas
bei Ewald Mataré: »Der ringförmige Türgriff im unteren Feld des rechten Flügels [Südportal der Kölner Domtüren, 1948] zeigt den Propheten Jonas im Schlunde des Walfischs, aus dem er gerade ausgespien wird, ein mit dem Pelikan lose zusammenhängendes Symbol des Erbarmens.«
Hanns Theodor Flemming (1955, S. 45)
Josef
bei Ernst Barlach: »In der Plastik 'Ruhe auf der Flucht' [1924] arbeitete er die schützende Rolle des Josef mit unübersehbarer Deutlichkeit heraus. Er hat das Gefühl der Sicherheit, welches die Frau beim Manne sucht, deutlich festgehalten. Das ist kein Abgleiten in eine säkularisierte Auffassung. Der Mann Marias hatte vornehmlich die Funktion des Beschützers, Symbol für die höhere Geborgenheit, auszuüben.«
Walter Nigg (1961, S. 167)
– und Maria
bei Marc Chagall: »Am Fuße dieses Strahlenstammes (in: 'Kalvarienberg', 1912] stehen Joseph und Maria. Für dieses Vater- und Muttergleichnis dienten ihm die Eltern als Modell.«
Walter Erben (1957, S. 50)
Judas
bei Marc Chagall: s. u. Leiter
Jude, der seine Thora umarmt
bei Marc Chagall: »Eine Figur taucht im Spätwerk immer wieder auf, wie ehemals der Jude mit dem Sack, der als Symbolfigur der ahasverischen Existenz durch die Kompositionen der Frühzeit wandert. Das ist der Jude, der seine Thora umarmt [in: 'Jude mit der Thorarolle', um 1955] . . . Diese Figur hat selbstbildhaften Charakter. Die Thora, – darin empfindet C. auch

Walter Wörn: Zwei Menschen, 1922

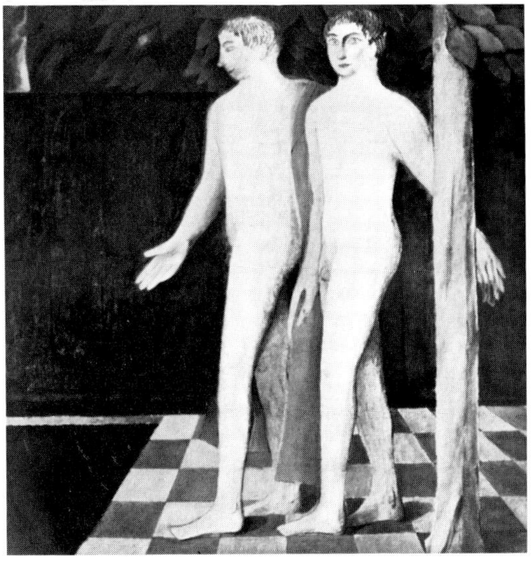

seine Kunst eingeschlossen, wie die Gebetsstreifen in der ummantelnden frommen Hülle. Wie der Jude seine Thora, so trug auch er seine Kunst sorglich durch alle Zusammenbrüche einer vom Übergewicht des Politischen verwüsteten Zeit und rettete sie treulich über alle Gefahr. Seine Kunst ist seine Bilderrolle . . .«

Werner Haftmann (1975b, S. 152)

Jude im Gebetsmantel

bei Marc Chagall: »Dargestellt ist ein alter Jude im Gebetsmantel [in: 'Festtag', 1914], der in der rechten Hand eine Zitrusfrucht, in der linken einen Palmwedel hält: Insignien des jüdischen Laubhüttenfestes.«

Werner Schmalenbach (1968, S. 13)

– schlechthin, verfolgter

bei Marc Chagall: → Kruzifix

–, wandernder

bei Marc Chagall: → Hausierer

Judenkind, ungarisches

bei Erich Brauer: → Engel

Jünger, Gemeinschaft der

bei Otto Meyer-Amden: → Knaben, 'erwartende',

Jüngling

bei Marc Chagall: s. u. Liebespaare

bei Paul Delvaux: s. u. Frau

bei Marcel Duchamp: s. u. Halbkreis; s. u. Verkleidung

–', 'Emporsteigender

bei Wilhelm Lehmbruck: »Aber dann längen sich die Proportionen seiner Figuren . . . Die scharfe Winkelung der Gliedmaßen, deutliche Kennzeichnung eines spirituell getragenen Expressionismus, zeigt ausgeprägter noch der 'Emporsteigende Jüngling' von 1913. Büsten und sinnierende Köpfe auf schmalen Schultern und hohen Hälsen verkörpern eine Welt des Mystischen, im mittelalterlichen Sinne 'Entwordenen'.«

Hans Tintelnot (1964, S. 52)

–, kniender

bei Georg Kolbe: Frieden (s. u. Kriegergestalt)

– mit den verbundenen Augen

bei Max Beckmann: »Der Jüngling mit den verbundenen Augen im blauen Harlekinskleid [in: 'Der Leiermann', 1935] ihr gegenüber [einer üppigen Blondine] ist vielleicht eine Verkörperung träumerischer Hoffnung und selbstverlorener Illusion.«

Friedhelm W. Fischer (1972b, S. 58)

–, nackter

bei Max Beckmann: »Der nackte Jüngling ganz vorn [in: 'Blindekuh', 1945] verkörpert sichtlich eine Idee vom apollinischen Griechentum. Sein dralles Gegenstück, das lässig hingelagerte

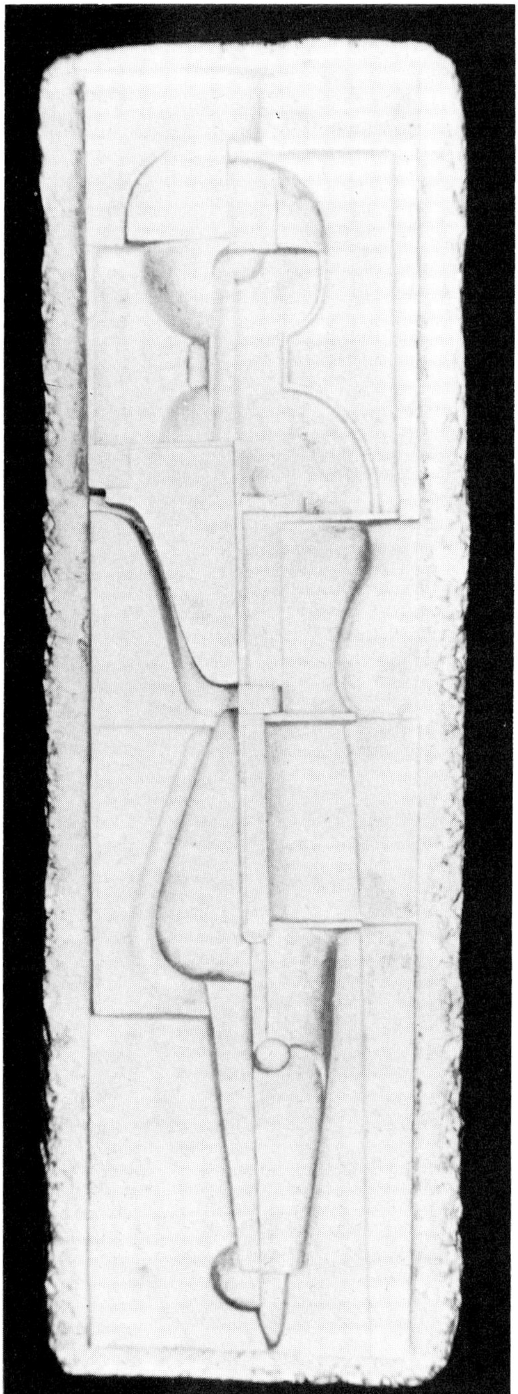

Oskar Schlemmer: Bauplastik R (Gipsmodell), 1919

blonde Weib im Hintergrund, ist unschwer als 'Frau Welt' zu erkennen. Sie bläst auf einer mächtigen lachsroten Flöte.«

Friedhelm W. Fischer (1972 a, S. 170)

–, zarter

bei Gerhard Marcks: Frieden (s. u. Held, schwertzückender)

Jünglinge

bei Max Beckmann: s. u. Leiter

–, nackte

bei Walter Wörn: »Der Verzicht auf alles Unwesentliche, Zufällige, die ebenso monumentale wie emotionslose Erfassung des Physischen [in: 'Zwei Menschen', 1922] entheben diese Gestalten der Alltäglichkeit und Widersprüchlichkeit des Hier und Heute. Sie verleihen ihnen den Charakter des Überindividuellen, des allgemein Gültigen. Das Abbild wird kraft der künstlerischen Verwandlung zum Sinnbild freier menschlicher Verwirklichung, der Übereinstimmung von sinnlicher Verwirklichung und geistiger Existenz. Indem W. das Motiv der zum Badebecken schreitenden nackten Jünglinge wählt, versichert er sich der vollen Realität, und er gibt ihnen zugleich jenen höchsten Grad an immer nur möglicher Idealität.« Joachim Büchner (1972, S. 58/59)

Jünglingsfigur, nach rechts gewendete

bei Oskar Schlemmer: »So gipfelt die Reihe der Reliefs von 1919 in der *Bauplastik R,* mit der S. nicht nur die Polychromie, sondern weitgehend auch die Flächengebundenheit verläßt. Auf der Vertikalachse seines schmalen Hochrechtecks erhebt sich eine nach rechts gewendete Jünglingsfigur, deren schlanke Umrisse auf elementare geometrische Grundformen reduziert sind . . .
Ein Sinnbild war geschaffen für den Menschen als Maß der Kunst, als Maßgeber einer vom Menschen und für den Menschen bestimmten Architektur.« Karin von Maur (1972, S. 27)

Jünglingsgestalt, nackte

bei Otto Meyer-Amden: »Die griechischen Kouroi scheinen in der zentralen Gestalt [in: 'Gärtnerbild', 1911] nun vollends lebendig geworden zu sein: in ihrer unbefangenen Nacktheit drückt sich eine freudige Bejahung der eigenen Körperlichkeit aus, ausgestattet mit den Vorzeichen apollinischer Geistigkeit. Alle Elemente der Komposition – die aufgehende Sonne, der Frühling, die jungen Tannen der Baumschule – sind Symbole der Jugend und wirken zusammen zur Verherrlichung der nackten Jünglingsgestalt.«

Carlo Huber (1968, S. 63)

Jugendfreund

bei Pablo Picasso: s. u. Schattenprofil

Jugendlichen, Partner des

bei Peter Phillips: Maschine (s. u. Motorrad)

Junge im Matrosenanzug

bei Salvador Dali: s. u. Knochen, großer

Jungen

bei Ewald Mataré: s. u. Pelikan

Jungfrau, die barmherzige

bei Jacques Lipchitz: »Der Optimismus in diesen Werken wird in allen Arbeiten der letzten 20 Jahre deutlich, insbesondere in der Statue 'Notre Dame de Liesse' [1948] und ähnlichen Werken, an denen er seit 1948 arbeitete. L. war zutiefst bewegt, als er – wie er sagte 'ein Jude, treu dem Glauben seiner Vorfahren' – gebeten wurde, eine Mutter-Gottes-Plastik zu schaffen . . . Die barmherzige Jungfrau wird durch ihre Verschmelzung mit der Gloriole zum Symbol für die Verwandlung des Fleisches und des Geistes.«

H. Havard Arnason (1970, S. 194)

'– im Baum'

bei Paul Klee: »Diese Tradition [der 'femme fatale'] führt auch noch K. weiter in seinen Radierungen 'Ein Weib, Unkraut säend' oder 'Jungfrau im Baum' [bzw. 'träumend', 1903], dem Symbol der Liebesunfähigkeit.
. . . die mit gespreizten Gliedern in das dürre Geäst verspannt ist, Sinnbilder der Unfruchtbarkeit, des Abgestorbenseins.«

Hans H. Hofstätter (1965, S. 196, 211)

–, kindliche

bei Ernst Ludwig Kirchner: → Frau

– Maria

bei Pablo Picasso: s. u. Polyp

Jungfrauen

bei Marcel Duchamp: → Maschinen in voller Bewegung

Paul Klee: Jungfrau im Baum, 1903

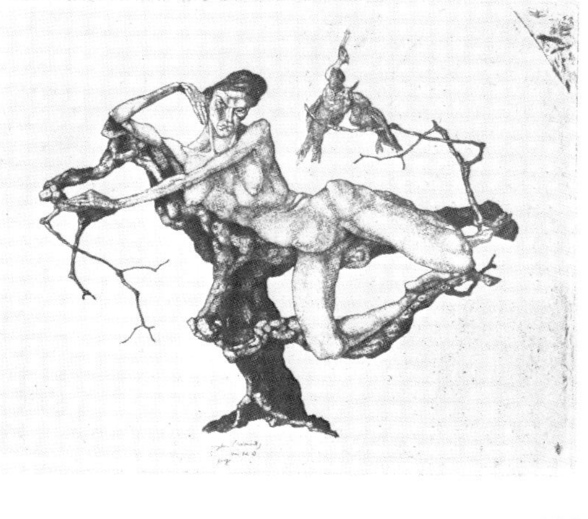

Junggeselle
bei Marcel Duchamp: → Schokoladenquetsche; s. u. Bekleidung
bei Alberto Giacometti: → Mann, hockender
Junggesellen-Maschine
bei Marcel Duchamp: Illustration seiner Unfähigkeit zu lieben (s. u. Glas, Großes); s. u. Motor; s. u. Schokoladenquetsche
Junker, arroganter
bei George Grosz: s. u. Band Goethe
Justizministerium
bei John Steuart Curry: s. u. Bundesmiliz
Jute
bei Barbara Haeger: s. u. Kunstharz, tiefschwarzes

K

Kabbala
s. Teil III
Kabel
bei Konrad Klapheck: Energie (s. u. Bügeleisen, bulliges)
Kabelschnur
bei Max Ernst: s. u. Pfeil
Kadaver
bei Francis Bacon: s. u. Gestalt am Kreuz
–, blutiger
bei Francis Bacon: »Der blutige Kadaver [in: 'Painting 1946'] mag im Zusammenhang mit der Aggressivität des Redners als Enthüllung des wahren Bildes der Herrschaft gesehen werden, er ist zugleich, mit Blick auf die leidende Kreatur zu seinen Füßen, das vollkommene Bild der Vernichtung, der das lebende Wesen unausweichlich anheimgegeben ist. Die Schau der Einbildungskraft, die Perspektive der Verletzung, die Obsession, der Mensch sei potentielles Schlachtfleisch, werden im Antrieb zur Identifikation von Kreatur und Kadaver sichtbare Gegenwart.«
Alexander Dückers (1971, S. 27)
Kadmium
bei Paul Klee: s. u. Rot
Käfer
bei Silvio Mattioli: s. u. Mischwesen
bei Germaine Richier: s. u. Menschengebilde, skelettartige
Käfig
bei Francis Bacon: »Immer aber scheinen die Gestalten seiner Bilder, ob nun Mensch oder Tier, sich gleichsam aufzulösen oder zu zersetzen; sie sind eingefangen in ein Gerüst von Linien, das an einen großen Käfig aus Glas oder Draht erinnert und die Unfreiheit aller Existenz sichtbar werden läßt.« Alan Bowness (1964, S. 175)
bei Max Beckmann: »Die Vermutung, es bestehe ein Zusammenhang zwischen dem orphischen Gleichnis, der Anstreichung in Neugebauers Buch [Platonische Mystik] und unserem Bild ['Die Mühle', 1947] bedarf wohl keiner weiteren Begründung. Die Beziehung scheint mir evident zu sein. Der Käfig mit den Gefangenen deutet auf die Einkerkerung der Seele. B. entwirft hier wiederum ein erschütterndes Bild von der Bedingtheit der menschlichen Existenz.«
Friedhelm W. Fischer (1972 a, S. 182)
»Allerdings ist der Käfig [in: 'Versuchung', 1936/37] vermutlich nicht nur ein Symbol der Isolation, sondern darüberhinaus eine Metapher für das Schmachten der Seele im Gefängnis des Körpers. In diesem Sinne wird das Motiv jedenfalls in einem wichtigen Bild der vierziger Jahre verwendet« ['Die Mühle', 1947].
Friedhelm W. Fischer (1972 a, S. 148)
Sklaverei (s. u. Kandare); s. u. Ballon; s. u. Vogelmenschen, blonde
bei Max Ernst: s. u. Tauben; s. u. Vögel, gefangene; s. u. Vogel (U. M. Schneede)
Käfige
bei Hans-Jürgen Breuste: s. u. Ketten
bei Jorge González Mir: »G. versucht eine Neubewertung zwischen Menschen- und Tierwelt zu erreichen . . . G. demonstriert mit seinen Käfigen gegen die Gefangenschaft der Tiere und – im übertragenen Sinn – die Vereinsamung der Menschen.« Jochen Kronjäger (1978, S. 42/3)
Käfigs, Wände eines
bei Max Beckmann: → Spiegel (S. Kaiser)
Käfigwände
bei Juan Martinez: s. u. Hühnerfedern
Kälbchen
bei Marc Chagall: s. u. Liebende; s. u. Stier
Kämpfer
bei Ernst Barlach: s. u. Schwertzieher', 'Der
bei HAP Grieshaber: s. u. Rad
–, drei
bei José Clemente Orozco: »Das Fresko 'Schützengraben' [1926] ist ein Teil eines Zyklus, in dem der Künstler die revolutionäre Ideologie interpretiert: Die drei Kämpfer personifizieren das Opfer der Helden. O. vermeidet dabei jede Glorifizierung der Revolution, er entwickelt eher

ein Sinnbild ihrer Vergeblichkeit, ihres Scheiterns.« Ida Rodriguez Prampolini (1977, S. 289)

–, voranstürmender

bei Emile Bourdelle: »Zwar handelt es sich um eine Figurengruppe [Kriegerdenkmal in Montauban 1903], aber deren Einzelgestalten folgen einem einheitlichen, durch Wiederholung gesteigerten Typus eines voranstürmenden Kämpfers, der Schwert oder Fahne emporhält. Das Werk symbolisiert nicht nur den auf der Inschrifttafel genannten [Deutsch-Französischen] Krieg, der durch antikische Bewaffnung oder Nacktheit der Figuren ins Heroische entrückt ist, sondern vermittelt zugleich, unterstrichen durch die wie rasend bewegte Formensprache, einen Revancheruf.« Siegmar Holsten (1976, S. 48)

Kästchen, abgeschlossene

bei Rudolf Hausner: »Die einzelnen gegeneinander abgeschlossenen Kästchen [in: 'Adam und sein Richter', 1965] enthalten isoliert die Elemente der 'zusammengesetzten' Existenz.«

Hans H. Hofstätter (1969, S. 191)

Kaffeemühle

bei Marcel Duchamp: vollkommener Automat (s. u. Schokoladenquetsche)

Kahn

bei Alfred Kubin: s. u. Reiher

Kaimauern

bei Victor Brauner: »Das Meer, die unbewohnten Felsen und die abrupt endenden Kaimauern [z. B. in: 'Mittelmeerische Landschaft', 1932] – das sind Metaphern für die Einsamkeit und unfreie Ortlosigkeit des Subjekts.«

Werner Hofmann (1965 a, S. 48)

Kain

bei Wolfgang Mattheuer: »Kain hat jetzt [in: 'Kain', 1965] die aerodynamischen Formen eines schwerlastigen Bombenflugzeugs angenommen und stürzt als menschliche Mordmaschine auf eine friedlich im Tal liegende Stadt los, ihm voraus fällt sein länderverdunkelnder Schatten.«

Heinz Schönemann (1977, S. 15)

– und Abel

bei Giacomo Manzù: s. u. Abel

Kaiser, alte

bei Carlo Schellemann: zerstörte Staatsmacht (s. u. Häupter, geborstene)

Kakteen

bei David Alfaro Siqueiros: s. u. Indiomutter mit dem Kind

Kaktusmann

bei Julio Gonzalez: »'Kaktusmann' [1939/40] ist, wie der Name sagt, ein stacheliges, aggressives Individuum, das eine neue Kraft im Schaffen des Künstlers andeutete.«

H. Havard Arnason (1970, S. 396)

Kali, indische

bei Max Beckmann: Todesgöttin und Lebens-

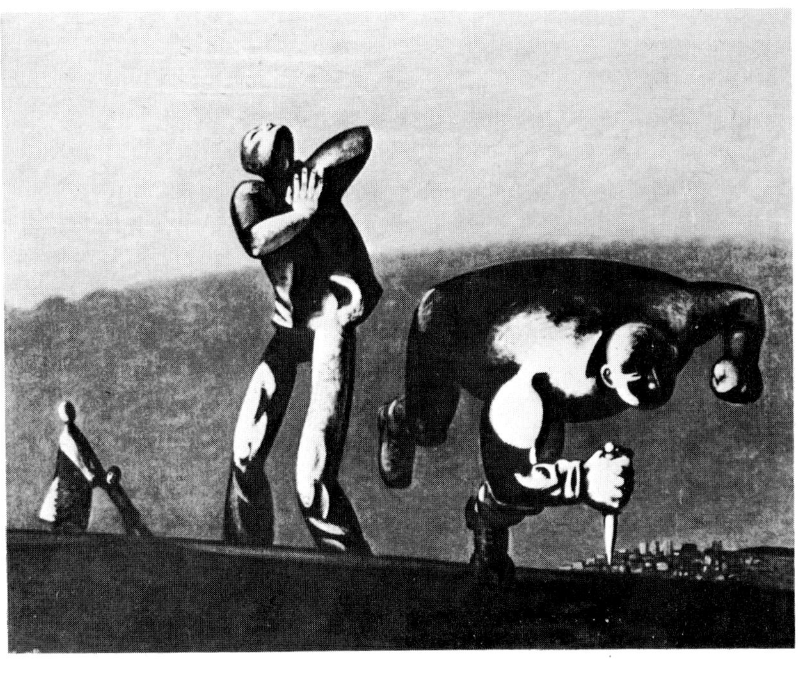

Wolfgang Mattheuer:
Kain, 1965

spenderin (s. u. Gesicht, pechschwarzes); zerstörerischer Aspekt des Lebens (s. u. Frauengestalten, rätselhafte)

Kalypso

bei Max Beckmann: »So wie auf der 1943 entstandenen Darstellung 'Odysseus und Kalypso' jede Figur Sinnbild ist, geriet ihm auch jede andere Gestalt zur Parabel, jede Szene erhielt letztlich aktuellen Gegenwartsbezug; denn natürlich steht Kalypso nicht nur für die Verführung, sondern auch für alle Gefahren und Schicksalschläge, die dem von Odysseus verkörperten Menschen immer und überall drohen.«

Herbert Read (1964f, Bd. I, S. 267)

Kamera

bei Friedensreich Hundertwasser: s. u. Kasten, schwarzer

Kamine

bei Marc Chagall: Symbole des heimischen Herds (s. u. Dächer)

Kanal

bei Max Ernst: s. u. Person, männliche

Kanarische Inseln

bei Oskar Dominguez: s. u. Bananen

Kandare

bei Max Beckmann: »Symbole der Sklaverei finden sich auf allen drei Tafeln des Triptychons ['Versuchung', 1936/37]. Sie sind nicht zu übersehen und ergeben so etwas wie ein Leitmotiv. Wir bemerken Handschellen, Fußeisen, Fesseln, Ketten, einen Käfig und, als schärfste Formulierung des Themas, eine ins Fleisch einschneidende Kandare.«

Friedhelm W. Fischer (1972a, S. 142)

Max Beckmann: Versuchung/Temptation, 1936/37 (Mitteltafel)

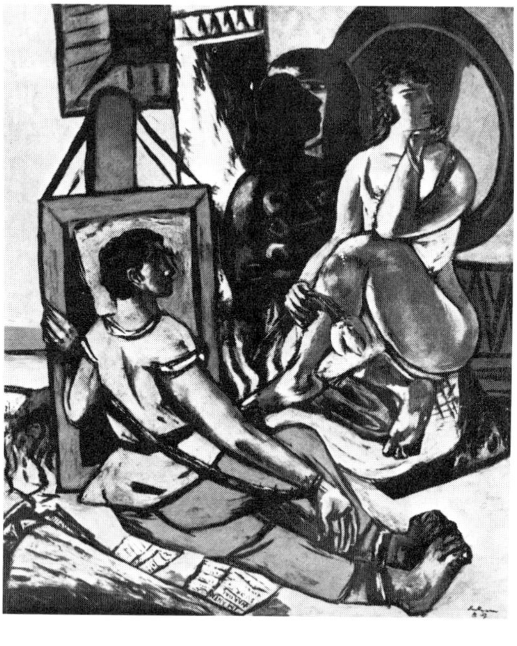

Kanne

bei Paul Klee: »Die Kanne [in: 'Komposition auf schwarzem Grund', 1939/40] steht für Pflege und Wachstum, ihre grüne Farbe ist komplementär zum roten Todesbeil – zugleich verkörpert sie das männlich tätige neben dem weiblichen Prinzip.«

Max Huggler (1969, S. 219)

–, Deckelgriff der

bei Paul Klee: s. u. Herzblatt

Kanneluren

bei Henri Laurens: s. u. Musikinstrument

Kanone

bei René Magritte: »Die Kanone [in: 'An der Schwelle der Freiheit', 1929] weist ins Freie, bedeutet aber meist Unfreiheit; ihr Einsatz kann zur Befreiung oder Unterdrückung führen.«

Günter Metken (1977, S. 251)

bei Gino Severini: »Ich habe versucht [seit 1914], die Idee 'Krieg' durch ein plastisches Ensemble wiederzugeben, das aus folgenden realen Elementen besteht: Kanone, Fabrik, Fahne, Mobilmachungsbefehl, Flugzeug, Anker. Entsprechend unserer Konzeption des 'ideistischen Realismus' vermag eine mehr oder weniger naturalistische Beschreibung von Schlachtfeldern oder Gemetzel die Synthese der Idee 'Krieg' besser zu vermitteln als die Objekte, die seine leibhaftigen Symbole sind.« Gino Severini (1916)

Kanonen

bei Otto Dix: s. u. Schiff, taumelndes

–, zerstörte

bei Ragnvald Blix: s. u. Tod, resigniert zusammengekauerter

Kanonenrohr

bei Rudolf Hoflehner: der Mann (s. u. Messer)

Kante in eckigen Stufen

bei Alberto Giacometti: Rückgrat (s. u. Körper, großer)

Kanten

bei Hans Arp: Härte (s. u. Helm-Kopf)
bei Oscar Dominguez: männlich (s. u. Segel)

Kapitän des Lebensschiffes

bei Rudolf Hausner: → Adam, der helle

Kapitell, antikes

bei Werner Tübke: s. u. Flora

Kapseln

bei Roberto Echaurren Matta: s. u. Laboratorium

Karikaturen

s. Teil III

Karl V.
bei Salvador Dali: s. u. Schwein
Karlskirche
bei Rudolf Hausner: s. u. Schönbrunner Park
Karren
bei Alberto Giacometti: s. u. Frauen
Karrenrad
bei Otto Mueller: »Das Karrenrad, das er seiner Zigeunermadonna [1928] als profanen Nimbus gegeben hatte, ist wie ein Sinnbild auch seiner eigenen Wandersucht.«
Lothar-Günther Buchheim (1963, S. 266)
Karte
bei Max Beckmann: Spielkarte (s. u. Herzsymbol, schwarzes)
–, alte
bei Renato Guttuso: Menetekel der unglücklichen, fehlentworfenen Geschichte der Insel (s. u. Landkarte Siziliens)
– von Rom
bei Renato Guttuso: s. u. Hektographiermaschine
Karten, astrologische
bei Joseph Cornell: s. u. Glas
Kartoffel
bei Raoul Michau: »Eine leicht verständliche Allegorie: die Kartoffel mit Spießen und Stangen [in: 'Die Schlacht der Erdäpfel', 1948] formieren sich zur Phalanx, zu einem Bauernkrieg der Erdäpfel unter gewittrigem Himmel . . . Anzumerken bleibt, daß die Bewaffnung der Erdäpfelhaufen Wurzelschößlinge bilden, die im Dunklen, im Keller, austreiben, in jenem Stockwerk, in das die Surrealisten so gerne hinabsteigen.«
Alfred Schmeller (1956, S. 52)
Kartoffeln
bei Max Beckmann: s. u. Bäuerinnen
bei Victor Grippo: »In unterschiedlichen Arrangements einzelner und mehrerer Kartoffeln, die mit Spannungsmessern verbunden sind, demonstriert G. sein Anliegen, die Existenz von Energie in Kartoffeln nachzuweisen. Das Aufspüren dieser Energie soll zwei Tatsachen vermitteln: 1. Die Kartoffel ist lateinamerikanischen Ursprungs und hat sich über die ganze Welt verbreitet. 2. Die Energie der Kartoffel ist der des menschlichen Gehirns vergleichbar, da beide der Vermittlung von Bewußtsein dienen sollen.
Fazit: Mit dieser Metapher soll in doppelter Hinsicht auf die Vitalität des lateinamerikanischen Subkontinents verwiesen werden . . .«
Jochen Kronjäger (1978, S. 40/1)
Karussell
bei Paul Klee: s. u. Rock

Karyatide
bei Fritz Koenig: »Der bisherige Rahmenblock verwandelt sich [ab 1965] in einen geschlossenen Kubus, die 'Schlüsselfigur' des Menschen im Innern tritt nun nach außen und schiebt sich als Karyatide unter den Block. Wieder wird auf einer neuen Ebene, nun in chiffrierter Form, das Thema Stütze und Last aufgenommen, Symbol zum Inhalt: der Mensch und seine Bürde.«
Juliane Roh (1967, S. 26)
Karyatiden mit glatt abgeschnittenen Armen
bei Auguste Rodin: s. u. Mädchen, die Dichterin flankierende
Kasernensäle
bei Eberhard G. Willikens: Zimmer der Öffentlichkeit (s. u. Säle)
Kasserole
bei Pablo Picasso: s. u. Leichenhaufen
Kasten
bei Joseph Cornell: s. u. Ei
–, erdfarbener geschlossener
bei Horst Egon Kalinowski: »Der Künstler selbst spricht gelegentlich von einer magischen Präsenz seiner Objekte und gibt ihnen Titel wie 'Die Waage des Anubis' [1964]. Hier symbolisiert der erdfarbene geschlossene Kasten das Reich der Toten und ihre Unerlöstheit; die sich aus ihm

Paul Klee: Komposition auf schwarzem Grund, 1939/40

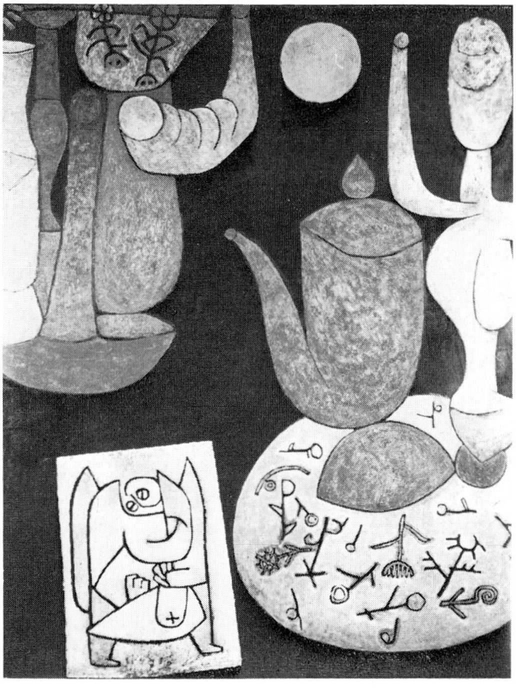

herauslösende kreuzförmige Waage stellt ein Abbild des im Titel zitierten Gottes dar, der über den Weg zur Verklärung entscheidet, indem er das Herz des Verstorbenen gegen eine Figur der Göttin Maat, die Ordnung, Wahrheit und Gerechtigkeit versinnbildlicht, aufwiegt.«
Hans H. Hofstätter (1971, S. 179)

Kasten, isolierter
bei Louise Nevelson: »Dieses architektonische Wandbild ['Sky Cathedral I', 1958], das aus Ansammlungen von Schachteln und Kästen besteht, die mit Stücken von Möbeln, Rahmen, Spielzeug, Kleinkram, rohem Holz, Holzabfällen usw. gefüllt sind, die alle mit einem einheitlichen Schwarz überzogen sind, ist, wie die gotische Kathedrale, das Bild des Anfanges von 'allem' ... Der isolierte Kasten verkörpert das Schweigen der Elemente, die allein sein wollen, während die Anhäufung von Kästen sie zur Diskussion stellt.«
Germano Celant (1973, S. 15)

Lyonel Feininger: Die Kathedrale des Sozialismus, 1919

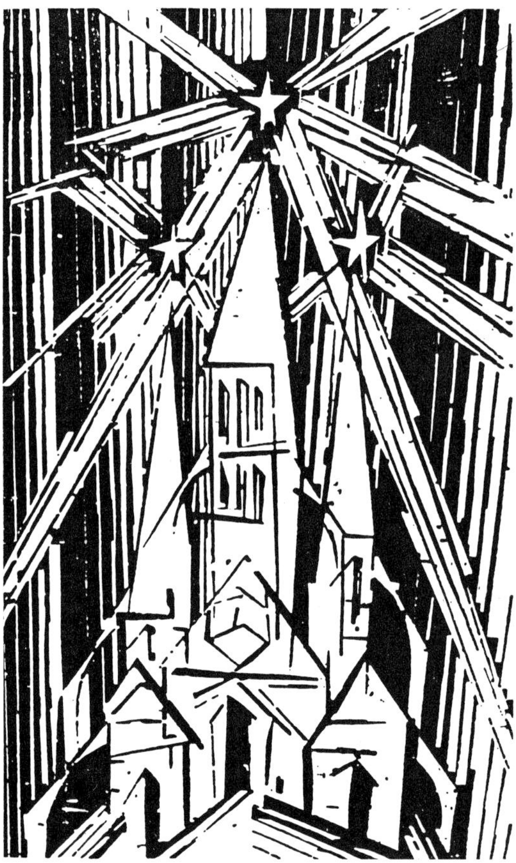

– mit Rundfenstern
bei Jean-Pierre Raynaud: Einsperrung und Tod (s. u. Psycho-Objekte)

–, schwarzer
bei Friedensreich Hundertwasser: »Die Photographen sind der Tod des Mannequins: ihr Körper wird von ihren Lampen verbrannt, von ihren Scheinwerfern zerschnitten, von ihren Kameras zerrissen, er ist voll Wunden. Die Photographen wollen nicht ihr Bild, sie wollen ihre Maske, sie wollen die Puppe; da hat das Kameraauge etwas vom bösen Blick, den ihm die Indianer in ihrem Glauben an Magie zuschrieben ... Mit dem Abbild, so meinten sie, verlören sie die Seele, die dann im 'schwarzen Kasten' bliebe. In H.s Bild ['Der Tod des Mannequins – Die Photographen', 1966] hat der 'schwarze Kasten' etwas von Kamera, Scheinwerfer und Laterna magica in einem.« Wieland Schmied (1967, S. 62)
vgl. Mannequin

–, verschlossener
bei Julius Bissier: s. u. Bohnenschoten

Kataloniens, Fahne
bei Antoni Tàpies: rote vertikale Balken (s. u. Stoffbündel, vier aus rotem Stoff gerissene)

Kathedrale
bei Albert Gleizes: »Für G. war die Kathedrale [in: 'Die Kathedrale von Chartres', 1912] Symbol einer intakten, schöpferischen menschlichen Gemeinschaft. Wie sie hier mit der Stadt eins erscheint, sie zusammenfaßt und über sich hinausführt, das dürfte auch sinnbildlich gemeint sein.« Johannes Langner (1977, S. 189)

'– des Sozialismus'
bei Lyonel Feininger: »F. begann seine Tätigkeit als erster Meister am Bauhaus 1919 mit dem Entwurf eines Titels für das im gleichen Jahr erscheinende Manifest, einem Holzschnitt 'Die Kathedrale des Sozialismus', symbolisches Signet und romantisches Ideal zugleich.«
Paul Vogt (1972, S. 254)

–, gotische
bei Louise Nevelson: Anfang von allem (s. u. Kasten, isolierter)

Katze
bei Max Beckmann: »Vorn ist eine statuarisch dasitzende Katze im Bild [in: 'Die Synagoge', 1919], das bedeutungsvolle Attribut der Wahrsagerinnen.«
Lothar-Günther Buchheim (1959, S. 69)
bei Hannah Hoech: »Üppiger Vegetation [in: 'Kubus', 1926] steht die Technik gegenüber, verbunden durch die Katze als Sinnbild des Kreatür-

lichen. Alle Bereiche überwölbt ein strahlender Regenbogen.« Peter Krieger (1976, S. 19)
bei Oskar Kokoschka: s. u. Tiere
bei Ewald Mataré: » . . . seine Katze [ist] nicht nur Katze, sondern auch Hüterin des Geheimnisses . . .« Hanns Theodor Flemming (1955, S. 21)
bei Pablo Picasso: »Die Katze [in: 'Katze und Vogel', 1939], die einen Vogel zerreißt, versinnbildlicht die unbarmherzigen und unveränderlichen Gesetze der Natur, doch das zweimal behandelte Motiv gewinnt kurz vor Kriegsbeginn eine dämonische Kraft.«
Jean Leymarie (1971, S. 109)
Bedrohung (s. u. Hahn)
–, die einen Vogel reißt
bei Renato Guttuso: »Als letzte dieser 'Kopien' erscheint Picassos 'Katze, die einen Vogel reißt' [in: 'Achse Rom-Berlin', 1966], ein als Tierfabel verkleidetes Signet der Gewalttätigkeit. Als Photomontage fügt G. einen springenden Fallschirmjäger und einen Faschistenjungen hinzu als realistische Mahnzeichen an die Wirklichkeit jener Jahre, über der das Katzentier Picassos als passendes astrologisches Tierzeichen hätte stehen können.« Werner Haftmann (1973 a, S. 34)
–, getigerte
bei Max Beckmann: »Die getigerte Katze, die links im Bild ['Selbstbildnis mit steifem Hut', 1921] in steil aufgerichteter Reglosigkeit wie eine ägyptische Katzenplastik hockt, ist für B. das Symbol introvertierter Unnahbarkeit.«
Lothar-Günther Buchheim (1959, S. 105)
katzenartiges Tier
bei Max Beckmann: » . . . ebenso das katzenartige Tier [in: 'Odysseus und Kalypso', 1943] [erscheint] als märchenhafte Verdeutlichung der zurückhaltenden weiblichen Aktivität.«
Hans Platte (1957, S. 232)
Katzenengel
bei Salvador Dali: »Der Katzenengel ist das göttliche heterosexuelle Ungeheuer« [in: 'Die Erfindung der Ungeheuer', 1937].
Salvador Dali in: Klaus Gallwitz (1971 a, S. 129)
Katzenkopf
bei André Masson: »Der Katzenkopf überragt den Totem [in: 'Meditation on an Oak Leaf', 1942] und symbolisiert in gewisser Weise das Reich der Fauna . . .«
William S. Rubin (1976, S. 61)
Katzenplastik, ägyptische
bei Max Beckmann: s. u. Katze, getigerte
Katzentiere mit menschlichem Gesicht
bei Maurice Hirshfield: Wunschbild 'Frau' (s. u. Mannequin-Göttinnen)

Kegel
bei Umberto Boccioni: s. u. Pferde
bei Alberto Giacometti: Kampffeld (s. u. Körper, großer)
bei Fernand Léger: s. u. Roboter
bei Rune Mields: latente explosive Bedrohung (s. u. Röhren und Kegel)
bei Wladimir E. Tatlin: s. u. Turm, spiralenformiger
Kegelform
bei Alberto Giacometti: Frau (s. u. Hohlkugel, halbe)
Keil
bei Alberto Giacometti: »Keile, Pfeile, Spitzen und gespannte Bogen bezeichnen erotisch-sadistische Angriffslust« [in den Werken um 1930].
Günter Metken (1970, S. 46)
bei Rudolf Hoflehner: »Protektive Blöcke, auf festgerammten Beinen sitzend, umklammern den diagonalen Keil, doch ihr Umklammern wird von dessen Sprengkraft zugleich in Frage gestellt – man kann es auch als Verletzung auffassen. Der Keil als Eindringling . . .
Ein solcher Deutungshinweis soll dem 'Keil' nichts von seiner Vielsinnigkeit nehmen. Die aufgereckte Form ist nicht nur mit dem Phallus zu identifizieren. Vergleicht man sie z. B. mit einem Vogelmotiv, das eine afrikanische Tempelstätte schmückt, so wird offenbar, daß man die Deutung auf die Bereiche von Wachsamkeit, Überlegenheit, Würde und Potenz schlechthin ausdehnen kann.« Werner Hofmann (1965 b, S. XIV)
s. u. Kugel
–, roter
bei El Lissitzky: »Berühmtes Beispiel für das Engagement der formalistischen Richtungen der 'Linken' ist diese Farbgraphik ['Roter Keil', 1919] von L. In ihr formiert sich die Oktoberrevolution in geometrischer Symbolik: durch die Trümmer der alten Welt stößt die Volksmacht ins Herz der Reaktion. Aber dem frühen L. und den Anhängern der verschiedenen linken Kunstrichtungen war dieses politische Symbol gleichzeitig eine Absage an die realistische Darstellung dieser Kämpfe und ihrer Repräsentanten.«
Richard Hiepe (1973, S. 11)
Keller
bei Renato Guttuso: s. u. Hektographiermaschine
bei Raoul Michau: s. u. Kartoffel
Kennedy, John F.
bei Andy Warhol: s. u. Gesicht einer Frau [Jakkie]
Kentaur
bei Jacques Lipchitz: s. u. Stier (K. Herding)

bei Pablo Picasso: s. u. Stiere

Kentauren

bei Franz von Stuck: verdeckte Leidenschaften (s. u. Satyrn)

Kern

s. Teil III

Kerze

bei Max Beckmann: »Das Symbol der Kerze [in: 'Blindekuh'-Triptychon, 1945] verbindet sie beide [Jüngling rechts, Mädchen links]: sie brennt in seiner Hand und vor ihrem Schoß.«

Hans H. Hofstätter (1969, S. 96)

Lebenslicht (s. u. Grammophon)

bei Pablo Picasso: »... P.s Guernica-Bild [1937], das mit seinen drei Arten der Beleuchtung, die gleichzeitig bestehen, die Simultaneität von einst und jetzt ankündigt: Die Kerze – die Vergangenheit; die elektrische Glühbirne – die Gegenwart; und das grelle Sonnenlicht – die ewig waltende Natur.«

Carola Giedion-Welcker (1973 a, S. 384)

–, brennende

bei Max Beckmann: »Ich gehe davon aus, daß die auf dem roten Leuchter brennende Kerze [in: 'Stilleben mit brennender Kerze', 1921] auf ein aktives Leben verweist, das wegen der Kürze des Schaftes zeitlich bemessen ist.«

Klaus Kowalski (1975, S. 20)

Vergänglichkeit (s. u. Petroleumlampe, verloschene)

bei Marc Chagall: »Über ihm [einem bärtigen Juden in: 'Der gehäutete Ochse', 1947] droht die brennende Kerze zu verlöschen, das alte C.sche Zeichen für Frieden, Wärme und Heimeligkeit.«

Werner Schmalenbach (1968, S. 130)

bei René Magritte: »M. zeigt auf einer Gouache von 1948 ['La folle du logis'] in einem Vogelnest zwischen drei Eiern eine brennende Kerze ... der Penis als Kerze. M. vermeidet Eindeutigkeit. Sein 'inspirierter Gedanke' setzt den Bezug, hält ihn zugleich aber in der Schwebe.«

vgl. Nest Volker Kahmen (1972, S. 13)

bei Pablo Picasso: »Die brennende Kerze in seiner Hand [in: 'Minotauromachie', 1935] ist das Sinnbild des höchsten Eros, der die Finsternis leuchtend durchdringt und den die Riesenhand des Minotaurus vergeblich abwehrt.«

Wilhelm Boeck (1955, S. 219)

–, gestürzte

bei Max Beckmann: Tod (s. u. Kerzen, brennende)

–, offene

bei Pablo Picasso: s. u. Kopf mit Arm und Lampe

–, qualmende

bei Werner Tübke: »Die letzte symbolische Spur [in: 'Requiem (Tod meines Vaters)', 1966] des zu Ende gegangenen Lebens, eine qualmende Kerze, die einen Atemzug vorher gelöscht wurde, transportiert das antike Motiv der am Boden gelöschten Fackel ins Alltäglich-Triviale.«

Irma Emmrich (1976, S. 24)

–, stehende und gestürzte

bei Max Beckmann: »Das Beieinander der stehenden und gestürzten Kerze [in: 'Fasnacht', 1920] wäre dann im Sinne der Vanitasthematik zu deuten. Vanitas heißt Eitelkeit, und der Hinweis auf den Tod meint in diesem Zusammenhang: vergiß nicht, daß Du sterben mußt und alle irdischen Dinge eitel sind. Damit wird auch klar, warum der Spiegel, das klassische Attribut der Eitelkeit, im Vanitasstilleben seinen Platz hat. Aber nicht nur Kerze, Spiegel und Totenkopf, auch Musikinstrumente gehören zum Ensemble jener Stilleben. Saiteninstrumente weisen dabei auf Gesang und Spiel, den Ausdruck vergänglicher Lebensfreude, hin.«

Friedhelm W. Fischer (1972 b, S. 23)

–, umgestürzte

bei Max Beckmann: Tod (s. u. Kerzen)

Kerzen

bei Max Beckmann: »Was die Kerzen angeht, so haben sie vermutlich schon hier [in: 'Die Nacht', 1918/19] eine symbolische Bedeutung. Man kann sie als Lebenslichter auffassen. Eines ist umgestoßen und verloschen, das andere scheint zu schwanken, ist gefährdet.

In dem Bild 'Die Nacht' von 1918/19 schienen uns die stehende und die umgestürzte Kerze ein direkt verständliches Emblem für Leben und Tod.« Friedhelm W. Fischer (1972 a, S. 16, 72)

s. u. Zimmerpflanze

bei Marc Chagall: Gegenstandszeichen für den Stamm Levi (s. u. Schafe); s. u. Brautpaar; s. u. Leuchter, großer

–, brennende

bei Max Beckmann: »Die brennenden Kerzen im Vordergrund [in: 'Gestürzte Kerze', 1930] sind hier – wie in der einschlägigen Bildtradition – als Metaphern unseres Lebens und der uns zugemessenen Lebenszeit aufzufassen, die gestürzte Kerze gibt einen zusätzlichen Hinweis auf das Ende, den Tod.«

Friedhelm W. Fischer (1978, S. 60)

Kessel

bei Rudolf Hausner: »In der Sphäre des Mannes, in der sowohl der Großvater als auch der Vater und der Knabe erscheinen [in: 'Adam und seine

Richter', 1965] herrschen Insignien der technischen Welt und des Intellekts. Über dem Vater der Teil eines Kessels mit verschiedenen Öffnungen, Stangen, Rohren ...«
Wieland Schmied (1970, S. 36)
s. u. Adam, der helle

Ketten

bei Max Beckmann: Sklaverei (s. u. Kandare)

bei Hans-Jürgen Breuste: »Gitter, Käfige, Gehäuse, Ketten und Seile, oder Ketten mit Kugeln, die Folterwerkzeugen gleichen, deuten immer wieder Gefangenschaft, Unterdrückung, Gebärden des Schutzes an« [u. a. 'Kugelwald', 1969]. Jürgen Morschel (1972, S. 195)

Kettenringe

bei Werner Gilles: s. u. Schwein

Ketzerhut

bei Rudolf Hausner: → Narrenhut

Keule, phallische

bei Alberto Giacometti: »Bezeichnend ist der ursprüngliche Titel für die Komposition, die auch 'Stachel ins Auge' (1932) heißt: 'Sich auflösende Beziehungen'. Sie ist ebenfalls ein Schaumodell: Auf gemeinsamer Sockelplatte, aber durch eine eingetiefte Mittellinie getrennt wie auf einem Tennisplatz, stehen sich eine phallische Keule und ein Skelett aus Rückgrat, Rippenspangen und Schädel so gegenüber, daß die Keulenspitze gegen eine der Augenhöhlen zielt: ein optischer Schock, der in extremer Direktheit das seelische Erlebnis einer unmöglich gewordenen und doch noch immer potenten Liebesbeziehung ausdrückt.« Reinhold Hohl (1971, S. 82)
s. u. Herz, in einem Gestell hängend

– und Netz

bei René Magritte: »Keule und Netz [in: 'Der bedrohte Mörder', 1926] sind als Mythenparodie gemeint. Die phallische Keule erinnert an Herkules, mit dem Netz wird der bei Venus liegende Mars von Vulkan gefangen. Beide Attribute spielen wohl auf die übermenschliche Kraft und List der Polizei an.« Günter Metken (1977, S. 251)

Keuschheitsgürtel

bei Henry Moore: s. u. Drähte

Kieselsteine

bei Ben Shahn: s. u. Wesen, menschliches

Kind

bei Max Ackermann: »Doch während der Vater seinen Arm um das Kind [in: 'Familie', 1926] legt und die Konturen der Köpfe sich vereinigen, hält

Max Beckmann: Abfahrt/Departure, 1932/33–35

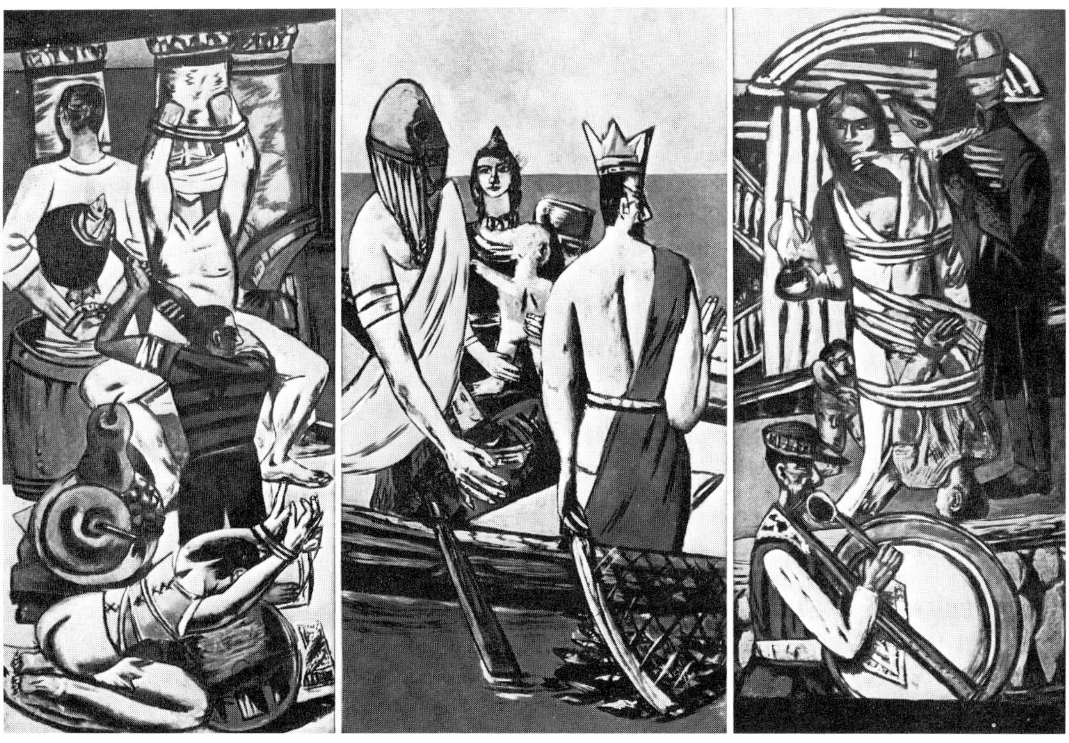

die Mutter hinter der Gruppe ihren Mantel schützend ausgebreitet. Das Kind soll als Symbol einer Entwicklung verstanden werden: die Mutter verkörpert die Nachtseite, der Vater mit der hinter ihm aufwachsenden Sonnenblume die Tagseite.«

Hans H. Hofstätter (1972, S. 28)

bei Max Beckmann: »Eine Frau, die ein Kind, das Pfand der Gottheit und Sinnbild der Hoffnung, als kostbare Fracht dieser Überfahrt bewahrt, ['Abfahrt'/'Departure', 1932/33] steht mitten im Boot dem Beschauer voll zugekehrt.«

Lothar-Günther Buchheim (1959, S. 112)

»Im Grunde sieht wohl jeder mythisch erlebende Mensch im Kind das Symbol des Neubeginns und der Zukunft.

So gehört die Erscheinung des blondgelockten Knaben auf dem Mittelbild des Triptychons ['Abfahrt', 1932/33] durchaus notwendig, oder jedenfalls selbstverständlich, in den Vorstellungszusammenhang, aus dem heraus die Gesamtkonzeption des Werkes allem Anschein nach erwachsen ist. Die Erneuerung der Zeit und die Wiederherstellung der Hoffnung hätten nicht klarer und ursprünglicher zum Ausdruck kommen können als im Symbol des lichtvollen und unbefangenen Kindes.« Friedhelm W. Fischer (1972 a, S. 110)

s. u. Gesicht, pechschwarzes; s. u. Trompete

bei Lyonel Feininger: s. u. Männer im Zylinder

bei Rudolf Hausner: s. u. Patria-Figur

bei Konrad Klapheck: Zahnrad (s. u. Propeller)

bei Paul Klee: »Auch das Kind war für K. symbolisch in das Verhältnis des Menschen zur Schöpfung eingegliedert, kein dämonisches Symbol wie das Tier, sondern ein Symbol von Reinheit und Ursprungskraft« [Arbeiten zwischen 1905 und 1908]. Tilman Osterwold (1975, S. 70)

bei Emil Nolde: s. u. Daumen, abgespreizter

bei Michail Sowizki: s. u. Partisanenfrau

Kind am Kreuz

bei Marc Chagall: »Wenn C. erklärt: "Nur ein Kind hatte Platz am Kreuz, und es genügte mir", wird man sich nicht leicht damit zufrieden geben. Man darf nämlich einerseits die Kindergestalt [in: 'Christus gewidmet', 1912] – ganz in C.s Sinn – als Ausdruck der Unschuld und jugendlichen Kraft jener Wahrheit deuten, die das Aufsichnehmen des Leidens durch Christus verkündet. Zugleich aber verweist das Kind am Kreuz auf Vorstellungen, die ihren Ursprung in den Mythen der Frühmenschheit besitzen. Das Kreuzsymbol erwächst aus demjenigen des Lebensbaums, und mit diesem als Gleichnis weiblicher Urkraft verbindet sich wiederum das Bild des Gott-Sohns.«

Franz Meyer (1961, S. 173)

s. u. Christus; s. u. Mater Dolorosa

– an ihre Brust drückend, Mutter, ein

bei Pablo Picasso: s. u. Paar, entkleidetes

–, Familie mit

bei Fernand Léger: s. u. 'La Branche'

–, göttliches

bei Pablo Picasso: Träger eines höheren Bewußtseins (s. u. Kind mit hochgehaltenem Licht); s. u. Kopf mit Arm und Lampe

–, Indiomutter mit dem

bei David Alfaro Siqueiros: mexikanisches Leben (s. u. Indiomutter mit dem Kind)

–, kleines

bei Marc Chagall: s. u. Kind mit dem Bart

bei Hannah Hoech: s. u. Treppe

–, lauschendes

bei Jorge Castillo: »Es ['Hockendes Kind', 1970] zeigt den Maler als lauschendes Kind vor einem riesigen Schalltrichter. In einem ganz irrationalen, enggefaßten Raum lauscht er gespannt auf die Stimmen, die aus einem unerkennbaren Draußen auf ihn einflüstern und deren rhythmische Botschaft er mit seinen Händen schon nachzuformen scheint. Diese Metapher von ausgeliefertem Hineinhorchen auf die aufklingenden inneren Stimmen findet wieder ihre Ergänzung in einem Aquarell ['Selbstbildnis', 1972] . . .«

Werner Haftmann (1975 a, S. 10)

–, lichttragendes

bei Pablo Picasso: s. u. Kind mit hochgehaltenem Licht

–, Mann, Frau und

bei Pablo Picasso: s. u. Gaukler (A. Henze)

– mit Blumen und Licht

bei Pablo Picasso: »Die ausschlaggebende Rolle des Kindes mit Blumen und Licht [in: 'Minotauromachie', 1935] wird richtig erfaßt, wenn man es mit dem besten, unberührten Teil im Menschen, mit seiner schöpferischen Seele, identifiziert.«

Wilhelm Boeck (1955, S. 214)

– mit einem Bart

bei Marc Chagall: »Warum stellte C. das Kind auf den Knien des Vaters mit einem Bart dar [in: 'Die Heilige Familie', 1910]? Wollte er etwas lächerlich machen? Das Gegenteil ist der Fall. Das Buch Daniel (7, V. 9, 13 und 22) spricht vom 'Alten', der auf dem himmlichen Thron Gericht hält. Dieser 'Alte der Tage', wie er in russischen Texten hieß, wurde auch auf Ikonen gefeiert, zum Beispiel auf der 'Verkündigung von Ustjug' [12. Jahrh.].

Mir scheint, eben das hat C. dargestellt: ein kleines Kind mit dem für die Christus-Bildnisse typischen Bart.« Heinz Demisch (1971, S. 163)

– mit Hampelmann
bei Henri Rousseau: »Ähnlich ist es bei dem 'Kind mit Hampelmann' [1903], das weit über ein Bildnis hinausgeht und zu einem wunderbaren Symbol der Kindheit wurde.«
Dora Vallier (1961, S. 141)

– mit hochgehaltenem Licht
bei Pablo Picasso: »Der Schauplatz, den der Weise verläßt, zeigt den Minotaurus [in: 'Minotauromachie', 1935] mit erhobenen Armen auf ein Kind zuschreitend, das, mit einem hochgehaltenen Licht in der einen Hand und einem Blumenstrauß in der anderen, ein unter der Drohung des Minotaurus sich aufbäumendes Pferd beobachtet . . .
. . . und ihnen gegenüber das göttliche Kind, den Kulturträger, den Lichtbringer, das Heldenkind, das furchtlos den Mächten der Dunkelheit als Träger eines höheren Bewußtseins entgegentritt.
Dieses Material zeigt, daß die konstituierenden Symbole des Bildes – der Stier, das Pferd, die tote Frau, das lichttragende Kind, die die geopferte Republik darstellende Gestalt – in P.s Geist von Anfang an als für sich bestehende Phänomene vorhanden waren.« Herbert Read (1963, S. 78)
s. u. Minotaurus (H. Read)

–, Mutter mit
bei Fritz Skade: optimistisches Leben (s. u. Mutter mit Kind)

–, Mutter und
bei Eugen Hoffmann: s. u. Mutter
bei Wilhelm Lehmbruck: menschliche Verbundenheit (s. u. Mutter und Kind)
bei Jacques Lipchitz: das Dämonische der Lebenstriebe (s. u. 'Mutter und Kind')
bei Käthe Kollwitz: beschütztes Dasein (s. u. 'Mutter und Kind')
bei Henry Moore: Fruchtbüschel des Lebendigen (s. u. Fruchtkugeln); Schaukel (s. u. Sitzende); s. u. Tuch; vgl. Weib

–, neugeborenes
bei Julius Bissier: → Bohnenschoten (u. a.)

–, nicht embryonales
bei Marc Chagall: s. u. Schwangerschaft

–, saugendes
bei Henry Moore: s. u. Fruchtkugeln

–, schlafendes
bei Hanna Nagel: s. u. Falter

–, totes
bei Pablo Picasso: s. u. Reiter

–, ungeborenes
bei Hanna Nagel: s. u. Mann

–, unschuldiges
bei Marc Chagall: → Christus (W. Erben)

–, verkrüppeltes
bei Nikolaus Störtenbecker: »Dadurch charakterisiert sich das Verhältnis der Kirche zur Kunst als eine Frage der Interpretation: das verkrüppelte Kind (S.) . . . werden zu Symbolen der Hilflosigkeit und des menschlichen Ausgeliefertseins und rufen zum Erbarmen auf.«
Hans H. Hofstätter (1971, S. 175)

–, vogelhaftes
bei Henry Moore: »Das Schnappen des vogelhaften Kindes [in: 'Mutter und Kind', 1953] nach der Brust ist ein Formmotiv, dessen Tragik darin besteht, daß der aufgesperrte Schnabel des Kindes das Ersehnte niemals erreicht . . . Es ist die grausige Tantalus-Situation, in welcher ein gierig Kindliches das Ersehnte immer vor sich hat, ohne es je erreichen zu können.«
Erich Neumann (1961, S. 117/19)

–, zerrüttete Gestalten mit dem
bei Pablo Picasso: s. u. Armen am Meer, die drei

Kinder
bei Leonardo Cremonini: s. u. Frauengestalten, riesige hierarchische
bei Eugen Hoffmann: s. u. Mutter
bei Paul Klee: s. u. Punkt im Halbkreis
bei Henry Moore: physische Brücke vom Mann zur Frau (s. u. Sitzende)
bei Edvard Munch: »Hier [in: 'Dorfstraße', 1905] werden die Kinder nicht individuell erfaßt, sondern als kontrastierende Gruppen von Knaben und Mädchen – symbolische Andeutung des Gegensatzes zwischen Männlichem und Weiblichem. Die Knaben in dunkler Kleidung stehen dicht beieinander hinter ihrem Anführer, schroff gegen die Enten und gegen uns gekehrt; die Mäd-

Pablo Picasso: Minotauromachie, 1935

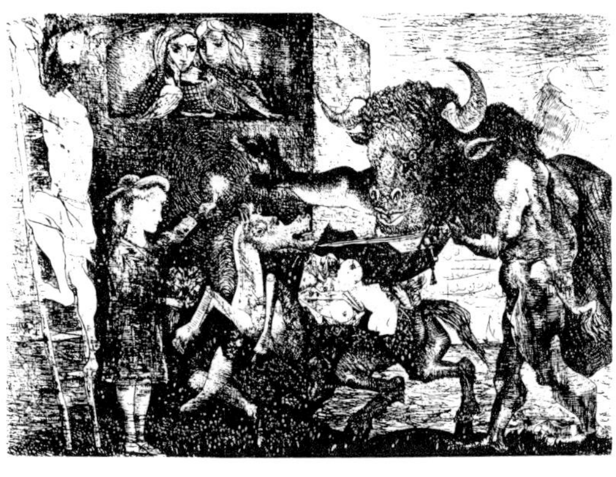

chen, farbenfroh gekleidet, zurückgezogen und beobachtend unter dem Baum.«
Johan H. Langaard/Reidar Revold (1963, B. 26)
bei Pablo Picasso: s. u. Akrobatenfamilie
Kinder, blühende
bei Pablo Picasso: s. u. Orange
–, Frauen und
bei Pablo Picasso: letzte Vollendung des Menschen (s. u. Frauen)
–, Gefährte für seine kleinen
bei Pablo Picasso: → Hund (2)
–, gestorbene
bei Hanna Nagel: → Falter
–, grausamer Tod ihrer eigenen
bei Ossip Zadkine: 'Niobe' (s. u. Arme, emporgestreckte)
– Israel, Stämme der
bei Salvador Dali: → Nadeln, zwölf diamantene
Kinderbuch
bei Friedensreich Hundertwasser: s. u. Hase
Kindergestalt
bei Marc Chagall: s. u. Kind am Kreuz
Kinderkleidung
bei Rudolf Hausner: → Matrosenkleidung
Kindermädchen
bei Richard Lindner: s. u. Weib, allmächtiges
Kindern, Leichname von
bei Modesto Cuixart: s. u. Puppen
–, Mutter mit den
bei Max Ernst: s. u. Auge
–, Zug von Frauen und
bei Albert Lüthi: Ackerbau, Handwerk und Künste (s. u. Frauen und Kindern, Zug von)
Kindersärge
bei Jean-Pierre Raynaud: Psycho-Objekte (s. u. Blumentöpfe mit Beton)
Kinderspielplatz, baumbestandener
bei Rudolf Hausner: »Adam befindet sich auf der Fahrt in einem Meer [in: 'Adam unterwegs', 1963]. Mit sich führt er in seinem kleinen überschaubaren Bereich des Bewußten – den baumbepflanzten Kinderspielplatz im Augarten, und Zeichen der beherrschbaren technischen Welt, die Schornsteine und das Schaufelrad der alten Donaudampfer.« Wieland Schmied (1970, S. 34)
Kinderspielzeug
bei Rudolf Hausner: → Narrenhut; s. u. Seifenblasen; s. u. Spule
Kinderspielzeuge, monumentale
bei Eduardo Paolozzi: s. u. Pop-Figuren, tragisch archaische
Kinderwiege, Himmel einer
bei Konrad Klapheck: Lichtkegel (s. u. Bohrmaschine, große)
Kinderzeichnung
bei Emilio Scanavino: s. u. Brotlaib
Kindes, Fixierung des
bei Henry Moore: s. u. Brust
–, Geburt des
bei Christian Rohlfs: s. u. Könige, die Heiligen Drei
Kind-Frau
bei Hans Bellmer: s. u. Puppe (U. M. Schneede)
'Kind-Weib'
bei Pablo Picasso: surrealistischer → Luzifer
Kinnbart, schütterer
bei Joan Miró: fünf gewellte Zinken (s. u. Harke)
Kinohäuser, palastartige
bei Edward Hopper: s. u. Platzanweiserin
Kiosk
bei Renato Guttuso: s. u. Zeitungskiosk
Kirche
bei Lyonel Feininger: »Die Kirche, die Mühle, die Brücke, das Haus – und der Friedhof – haben mich von Kindheit auf mit tiefen, andächtigen Gefühlen erfüllt. Sie sind sämtlich sinnbildlich . . .« Lyonel Feininger
in: Wieland Schmied (1975, S. 145)
»F. steigert im Laufe der Jahre Ausdruck und Form ins Monumentale; die dreizehn 'Gelmeroda'-Gemälde aus den zwanziger Jahren, Sinnbilder der ins Licht strebenden Kirche, ins Endliche kristallinischer Form übersetzte Gleichnisse der Sehnsucht nach dem Unendlichen, . . . bezeichnen den Höhepunkt der Entwicklung.«
Karl Ruhrberg (1965, S. 259)
bei Ewald Mataré: s. u. Friedenstaube
bei Pablo Picasso: s. u. Polyp
–, katholische
bei Mark Rothko: s. u. Purpur-Rot-Violett
–, russische
bei Wassily Kandinsky: s. u. Ecke, rote
–, Trümmer einer
bei Albert Hahn: s. u. General, riesenhafter
–, Unzerstörbarkeit der
bei Ewald Mataré: → Dom
Kirchen
bei Franz Radziwill: s. u. Säulen, umgekippte
Kirchengestühl
bei Otto Meyer-Amden: s. u. Glaskugel; s. u. Nacktheit
Kirchtürme, spitzwinklige Dreiecke der
bei Werner Heldt: Element zeitloser Urbilder der großen Stadt (s. u. Häuserwände, kahle)
Kirchturmspitzen
bei Ewald Mataré: s. u. Hahn
Kissen, farbiges
bei Gotthard Graubner: »Es leuchtet unmittelbar

ein, daß ein farbiges Kissen von G. in seiner prallen Fülle nichts anderes meint, als den menschlichen Torso, und zwar den weiblichen: 'Farbleib auf silbergrauem Grund', 1964/65.«
Volker Kahmen (1972, S. 148)

Kissenüberzüge
bei Otto Meyer-Amden: s. u. Schlafsaal

Kiste
bei Julius Bissier: Mutterleib (s. u. Faß)
bei Maxime van de Woestijne: »Man ist eingesperrt, fliegt und lastet gleichzeitig (die Kiste [in: 'Selbstporträt', 1951] ist ja nur Synonym für 'Last') und bedrückt wieder jemanden anderen. Die Haare rauchen heraus und bilden eine Figur. Die Gesamtstimmung ist die des 'Labilen'.«
Alfred Schmeller (1956, S. 50)

Kitschkapitell
bei Robert Rauschenberg: »So mutet das Werk ['Allegory', 1959/60] als Allegorie des Gleichgewichts an, das der Künstler zwischen verschiedenen Aggregatzuständen herstellt. Weniger komplexe Arbeiten stellen direkte Bezüge zum Titel her. So ... 'Wall Street' [1961] als ironischer Concetto. Es enthält Tafeln und Lappen wie zum Wegwischen der Börsenkurse, ein Kitschkapitell als Symbol konservativer Bankierskreise, einen sich zum Boden ringelnden Feuerlöschschlauch, weil sich Geld gegen Bedrohung zu schützen weiß.«
Günter Metken (1968, S. 77)

Klammern, spannungsreiche
bei Fabrizio Clerici: → Sicherheitsnadeln

Klasse
s. Teil III

Klassenzimmer
bei Otto Meyer-Amden: Gefängnis (s. u. Nacktheit)

Klauen
bei Hanna Nagel: s. u. Geier

Kleid, festlich-rosafarbenes
bei Werner Tübke: s. u. Studentin, tänzerisch-bewegte

–, gestreiftes
bei Pablo Picasso: s. u. Mutter

Kleider
bei Otto Meyer-Amden: »Der fast leuchtend helle, zart modellierte Körper [in: 'Knabenakt, in Kirchenbänken stehend', um 1925] bietet sich offen dar, hier offenbar als ein spontanes Miterleben der Entkleidung Christi im Martyrium, das jedoch nicht primär als menschliches Leiden empfunden ist, sondern vor allem als Läuterung von der menschlich-körperlichen Befangenheit. Von den Kleidern als vom Symbol des Zwanges, den die Kollektivität dem einzelnen auferlegt, befreit, stellt sich der wie von geistigem Licht leuchtende Körper dar im Einklang mit der höheren Geistigkeit Christi und tritt so auch durch das individuelle Bekenntnis aus der Anonymität der Gruppe.«
Carlo Huber (1968, S. 92)

–, Artistik der
bei Ernst Ludwig Kirchner: s. u. Kokotten

–, enge
bei Heinrich Maria Davringhausen: s. u. Einsamkeit

–, zerfetzte
bei Friedrich Schröder-Sonnenstern: s. u. Männchen, unrasiertes

Kleiderfalten
bei Erich Brauer: s. u. Turm

Kleidern, Tausch von
bei Marcel Duchamp: s. u. Verkleidung

Kleiderstaffage
s. Teil III

Kleidung, dunkle
bei Edvard Munch: s. u. Kinder

–, uniforme
bei August Macke: Gemeinsamkeit (s. u. Figuren, Verdoppelung und Verdreifachung der)

Kleidungsstücke
bei Richard Lindner: s. u. Weib, allmächtiges

Kleopatra
bei George Segal: s. u. Penis, künstlicher

Klepper
bei Alfred Kubin: s. u. Pferd; s. u. Soldat, schlotteriger

Robert Rauschenberg: Wall Street, 1961

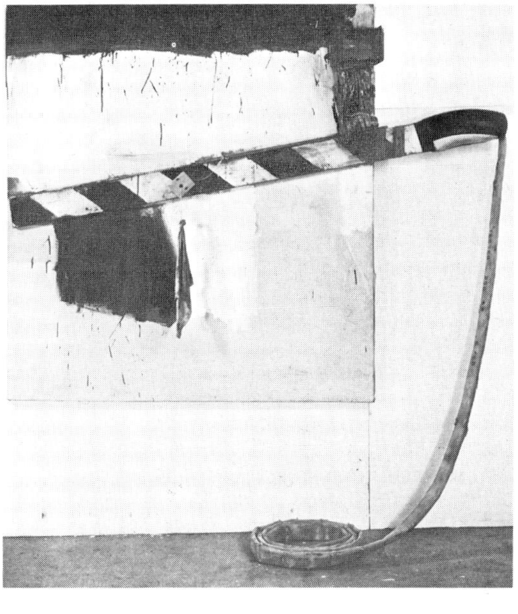

Klerikale
bei Pablo Picasso: s. u. Blutegelkopf Francos
Klesmer
bei Marc Chagall: »Der Klesmer ist der Spielmann oder Musikant. Der Badchen übernimmt die Rolle des Spaßmachers, der nicht nur die Gäste musikalisch begrüßt, sondern auch witzige Verse über sie oder das Brautpaar vorträgt und bei einer Hochzeit die Geschenke ausruft.«
Curt Grützmacher (1978, S. 81)
Kletterer, verstümmelter
bei Max Beckmann: Behinderung (s. u. Orgelspieler, blinder)
Klinge, blaue
bei André Masson: »Eine blaue Klinge, M.s 'Sexualmesser', befindet sich [in: 'The Constellations', 1925] nahe der Brust . . . Die Form dieses Objekts macht es zur Analogie eines Messers sowie eines fliegenden Fischs (ein M.-Symbol für den Penis, ebenso Anspielung auf Bretons Text 'Poisson soluble').«
Carolyn Lanchner (1976, S. 112)
Kliniken, psychiatrische
bei Alfred Hrdlicka: s. u. Brief verkehrt
Klippe
bei Oscar Dominguez: s. u. Schreibmaschine

Otto Meyer-Amden: Eintritt in Klasse (9). Gesamtfassung III. Um 1920

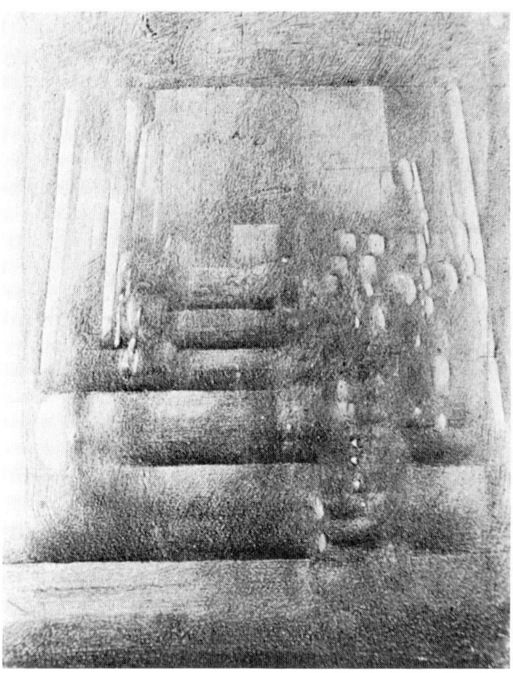

Klöppel, zwei
bei Paul Klee: s. u. Paukenspieler
Klumpen
bei David Alfaro Siqueiros: s. u. Stein anstelle des Kopfes
Knabe
bei Rudolf Hausner: s. u. Fabrikschornstein; s. u. Kessel
bei Richard Lindner: s. u. Uniform
bei Georges Minne: »Wenn der Künstler dazu [als Modell] häufig einen schlanken, jungen Knaben wählt, so hat das etwas mit seinem Drang nach Vergeistigung zu tun: die hageren Glieder des Jünglingskörpers, aus dem die Kindheit floh und in den die sinnliche Reife noch nicht einkehrte, werden ihm zum Sinnbild einer von der körperlichen Existenz losgelösten geistigen Sehnsucht« [in: 'Brunnen mit fünf knienden Knaben', Essen, 1898–1905].
Frederik Adama van Scheltema (1960, S. 241)
bei Franz Radziwill: s. u. Lampe
–, blondgelockter
bei Max Beckmann: Erneuerung der Zeit und Wiederherstellung der Hoffnung (s. u. Kind/F. W. Fischer)
–, emporsteigender
bei Fritz Skade: optimistisches Leben (s. u. Mutter mit Kind)
–, entkleideter
bei Otto Meyer-Amden: »Die Vision, ein entkleideter Knabe vor einem Kreuze schwebend [in: 'Eintritt in Klasse'/Gesamtfassung I, 1918], hat eine doppelte Bedeutung: die Martyriumsvorstellung wird im Kreuz anschaulich; in der Knabengestalt dagegen ist weniger die Idee des Duldens ausgesprochen als der zuversichtliche Erlösungsgedanke, der jetzt gefühlsmäßig zur Entkleidung gehört: nicht mehr Bedrohung sondern Befreiung.« Carlo Huber (1968, S. 40)
–, geharnischter
bei Werner Tübke: »Ein geharnischter Knabe mit sanftem Antlitz [in: 'Tanz ums Goldene Kalb', 1975] symbolisiert, den Worten des Künstlers zufolge, den ewig jungen Krieg.«
Irma Emmrich (1976, S. 50)
– im Matrosenanzug
bei Richard Lindner: »Die Kindheit des Künstlers ist in der Gestalt des Knaben im Matrosenanzug dargestellt [in: 'The Meeting', 1953], für sein neues Leben stehen die Bildnisse seiner Künstlerfreunde Saul Steinberg . . .«
Hilton Kramer (1975, S. 37)
– mit Goldfischen
bei Walter Wörn: s. u. Fisch

–, weißgoldener
bei Max Beckmann: »Eine Frau hält – genau im Zentrum des Triptychons ['Aufbruch', 1932/33 bis 35] – einen zarten, weißgoldenen Knaben, ein ergreifendes Sinnbild der Hoffnung.«
Stephan Lackner (1956, S. 7)

Knaben
bei Otto Meyer-Amden: s. u. Glaskugel
bei Edvard Munch: s. u. Kinder

–, 'erwartende'
bei Otto Meyer-Amden: »Und da die festgestellten Abweichungen alle die gleiche Tendenz haben, das pfingstliche Geschehen aus dem historischen Zusammenhang zu lösen und zu einem allgemein-menschlichen Gleichnis umzudeuten, sind die 'erwartenden' Knaben [in: 'Erwartung', 1925] Sinnbild für die Gemeinschaft der Jünger, auf die sich der Heilige Geist ausgießen wird.«
Carlo Huber (1968, S. 79)

– mit langen Haaren
bei Leonor Fini: androgynes Ideal (s. u. Mädchen mit langen Haaren)

Knabengestalt
bei Otto Meyer-Amden: s. u. Knabe, entkleideter

Knäuel der Spieler
bei Walter Wörn: s. u. Spielfeld

Knie
bei Henry Moore: s. u. Fruchtkugeln
bei Fritz Wotruba: s. u. Hockender

– des Vaters
bei Marc Chagall: s. u. Kind mit einem Bart

–, gebogene
bei Max Ernst: s. u. Kreisel

Knien, Gestalt mit angezogenen
bei Ernst Barlach: das Chaotische der Triebe (s. u. Gestalt mit angezogenen Knien)

Knochen
bei Fabrizio Clerici: Botschaften aus dem Jenseits (s. u. Steine)
bei Max Gubler: s. u. Distel
bei Barbara Haeger: Verfall u. a. (s. u. Kunstharz, tiefschwarzes)
bei Henry Moore: »Die großen, bronzenen Knochen und Felsen der sechziger Jahre erwachsen im anthropologischen Raum, stehen auf der Erde und füllen die Umwelt wie Gebilde einer neuen geologischen Apokalypse. Ihre Bedeutung ist beunruhigend: Ihre dickhäutige, 'metaphysische' Konzentration gerade im menschlichen Bereich verdeutlicht das Drohen dunkler Kräfte in der Welt und dem menschlichen Schicksal, gegen die man vergebens ankämpft.«
Elda Fezzi (1972, S. 43)

–, abgenagte
bei André Masson: s. u. Landschaft

–, großer
bei Salvador Dali: »Im 'Grausigen Spiel' [1929] reicht ein muskulöser Neger dem Jungen anstelle des fehlenden Phallus einen großen Knochen, nach D. ein 'Geschlechtsfossil', das er in dem Bild 'Gespenst des Sex-Appeals' [1934] als kleiner Junge im Matrosenanzug, 'in Betrachtung des Ewig-Weiblichen' versunken, vor sich hin hält.«
William S. Rubin (1972, S. 226)

– mit den Flügeln
bei Oskar Kokoschka: »Und ebenso wie auf ihrem Lebenswege Mann und Weib verschiedenen Gestalten des Todes begegnen (u. a. der Knochen mit den Flügeln, ein Symbol der Auferstehung [Fußnote]), indem der Mann stirbt, der kein Geisteswerk hinterlassen hat, das Weib jedoch als Weib unsterblich ist wie das Leben selbst . . .« [in: 'Bachkantate', 1914].
Joseph Paul Hodin (1968, S. 197)

Knochenmann, satansgeflügelter
bei Werner Tübke: Untergang (s. u. 'Tod in Venedig')

Knöchel
bei Henry Moore: s. u. Faust, geballte

Knollen
bei Pablo Picasso: Gesichtsformen (s. u. Arabeske, pflanzenhafte)

Knopf
bei Henry Moore: Restsymbol für den ganzen Kopf (s. u. Kopf)

Knopfloch, Blume im
bei Francis Bacon: Täuschung der Massen (s. u. Blume im Knopfloch)

Knospen, überdimensionale
bei Max Beckmann: »Die mächtigen nackten Gestalten von Mann und Frau [in: 'Mann und Frau', 1932] werden nach einem einfachen Kontrapostsystem als liegende und stehende Körper, als Vorder- und Rückenakt dem Betrachter vorgeführt. Links steht ein kurioses rosafarbenes Bäumchen, dessen überdimensionale Knospen eindeutig phallischen Charakter haben. Rechts steht ein Pendant mit Blüten oder Früchten, deren plastisch eingetiefte dunkle Löcher nicht weniger deutlich auf die korrespondierende Funktion des Schoßes anspielen. Zu allem Überfluß hält die Frau noch eine kelchförmige Blüte mit kompaktem Rumpf in der Hand, ein Dingsymbol ähnlicher Art wie das Saxophon von 1930, freilich mit dem Akzent auf dem Yoni-Aspekt.« Friedhelm W. Fischer (1972a, S. 91)

Knoten
bei Johannes Schreiter: »An einigen Stellen [in: Fensterentwurf zur Johanneskirche in Sindelfingen] verdichten sich die Flächen zu Knoten, die an die in den Collagen entwickelten Wesenheiten denken lassen: gerade dort, wo der Schmerz am stärksten empfunden wird, offenbart sich seine Überwindung, und wo das Leben sterbend wahrgenommen ist, wird seine Verwandlung transparent. Das Organische wird zu einem Symbol der Gestalt, die nicht vordergründigem Glücksstreben nachgeht, sondern in der Tiefe des eigenen Opfers die Welt erlösen kann.«
Rainer Volp (1966, S. 185)
bei Fritz Wotruba: s. u. Hockender
–, endloser
bei André Masson: → Stern, fünfzackiger
Koch, indonesischer
bei Max Beckmann: s. u. Ohren, riesige
König
bei Max Beckmann: »Zur Konzeption des Triptychons ['Abfahrt', 1932/33–35] paßt außer den allgemeinen Aspekten der Sintflutsage, daß hier ein König, Xisuthros (Zisudra), die Hauptrolle spielt. An Xisuthros ergeht die göttliche Weisung, sich ein Boot zu bauen. Der König besteigt es beim Herannahen der Flut mit seiner Familie und den besten Freunden. Er birgt darin den 'Samen des Lebens' . . . Der 'Samen des Lebens' läßt sich übrigens auf den Schwarm kleiner Fische beziehen, den der König mit feierlicher Geste ins Meer entläßt.«
Friedhelm W. Fischer (1972 a, S. 106)
Lockung durch Macht u. a. (s. u. Angler); s. u. Fisch im Boot; s. u. Schwarm Fische
bei Max Ernst: »Die monumentale Gruppe ['Capricorn', 1948] ist eine Art Familienporträt mit apotropäischem Charakter und zugleich ein Resümee seiner bildhauerischen Tätigkeit. Auf archaische Weise verschmilzt E. mittelalterliche astrologische Vorstellungen mit dem psychologischen Gebrauchsgut seiner Tage. "Die männliche Figur ist nicht nur der 'König' des Schachspiels, sondern auch der symbolische Bulle und der Steinbock des Tierkreiszeichens. Metamorphose und Wiedergeburt werden mit Capricorn assoziiert, ebenso Fruchtbarkeit, Bacchus und Felsen (einschließlich Zement) . . . E. benutzte, bewußt oder unbewußt, das astrologische Fisch-Motiv im fischgeschwänzten 'Hund' auf dem Arm des Königs und in der Nixenform der Königin, deren 'Knochen'-Kopfputz ebenfalls ein Fisch ist" (Lippard).« Uwe M. Schneede (1972 a, S. 187)
s. u. Wald (L. Fischer)
–, geheimnisvoller
bei Max Beckmann: s. u. Meerwesen
– in seinem Reich
bei Paul Klee: → Fisch, goldener
– Lear
bei Werner Gilles: s. u. Wolke, vogelartige
– Ludwig von Bayern
bei Richard Lindner: Dekadenz und Extravaganz Europas (s. u. Ludwig von Bayern, König)
– Ubu
bei Wim T. Schippers: s. u. Stuhl', 'Lila
– und Königin
bei Marcel Duchamp: »Der Titel 'König und Königin' ['von schnellen Akten durchquert', 1912] weist noch auf das Schauspiel hin, aber die Spieler von 1911 haben sich in unpersönliche Roboter verwandelt, die aneinander gefesselt sind durch die Polarität ihres Geschlechts. Es sind gleichsam Zeugungsmaschinen, über deren totemhafte Festigkeit die turbulente Nachkommenschaft herfällt . . .
Es ist wohl ein bildgewordener Ödipuskomplex.«
Robert Lebel (1962, S. 29)
Könige
bei Marcel Duchamp: → Maschinen in voller Bewegung
–, die Heiligen Drei
bei Christian Rohlfs: »Denn der König [in: 'Die Heiligen Drei Könige', um 1924] beugt seine Knie vor ihm in der Tiefe, den Blick auf das dem Betrachter nicht mehr sichtbare Kind gerichtet, das der Künstler nicht mehr malen mußte, um die Szenerie faßbar werden zu lassen. Denn hierin erhebt R. seine Schilderung der Erzählung, steigert sie zu allgemeiner Gültigkeit: Die Geburt des Kindes vollzieht sich symbolhaft in uns und für die Dauer.« Paul Vogt (1967, S. 24)
Königin
bei Max Ernst: s. u. König
–, König und
bei Marcel Duchamp: s. u. König und Königin
Königinnen
bei Marcel Duchamp: → Maschinen in voller Bewegung
Königs', 'Gefängnis des
bei Marcel Duchamp: → Glaskugel, transparente
Köpfe
bei Salvador Dali: s. u. Krücke (W. Schmied)
bei Mario Mafai: s. u. Fähnchen
bei Henri Michaux: s. u. Erscheinungen, isolierte
bei Pablo Picasso: s. u. Leichenhaufen
bei Germaine Richier: s. u. Loch
bei Oskar Schlemmer: »So werden in diesen elementar vereinfachten, durchsichtigen und auf

Stäben über der Sockelzone schwebenden Drahtgebilden [1921–23] die Köpfe zu paradigmatischen Sinnbildern des Geistes.«
Karin von Maur (1972, S. 68)
bei Walter Wörn: s. u. Gestalten
–, drei
bei Salvador Dali: s. u. Johannes
–, eiförmige
bei Giorgio de Chirico: s. u. Gliederpuppen
–, nebeneinander
bei Friedensreich Hundertwasser: s. u. Gesichter, zwei
–, schematisierte
bei Franz Wilhelm Seiwert: Entindividualisierung (s. u. Fabrik)
–, sinnierende
bei Wilhelm Lehmbruck: Welt des Mystischen (s. u. Jüngling', 'Emporsteigender)
–, skelettierte
bei Rudolf Schoofs: »Die skelettierten Köpfe und Körper [in: 'Israel und Vietnam – Die Schrecken des Krieges – Hommage à Goya', 1967] erscheinen wie gespalten, Werkzeuge und Opfer der Vernichtung zugleich. Die schreckliche Schizophrenie des Geschehens kommt hier über die Metapher der Form überzeugend zum Ausdruck.« Juliane Roh (1971, S. 238)
Körper
bei Horst Antes: s. u. Dampedei
bei Antonio Calderara: s. u. Erde, Meer und Himmel
bei Richard Lindner: Maschine (s. u. Frau in 'Solitaire'); s. u. Schmuck
bei André Masson: s. u. Fisch
bei Michael Schoenholtz: s. u. Liegende, in Tücher eingewickelt
–, Abdrücke weiblicher
bei Yves Klein: Idee der Fruchtbarkeit (s. u. Abdrücke weiblicher Körper); vgl. Körperabdrücke
– der Frau
bei Aristide Maillol: Natur (s. u. Frau, Körper der)
– des Menschen
bei Alberto Giacometti: s. u. Mannequinhand
–, eiförmiger
bei Henry Moore: s. u. Sitzende
–, entblößter
bei Alfred Kubin: »Man hat das Erotische als das Dynamische in der Kunst bezeichnet, das sich selbst die ästhetischen Grundformen gibt und sinnlos wäre ohne die menschliche, vom Individuum aber losgelöste Begierde. Im sexuellen Akt ist das Ich-Erlebnis am eindringlichsten, es reicht bis an die Grenze von Sein und Vergehen. Jeder entblößte Körper wird zur Frage nach dem Woher und Wohin, zum Symbol für die Beharrlichkeit des Sexus.«
Wolfgang K. Müller-Thalheim (1970, S. 24)
–, Fragilität der
bei Ernst Ludwig Kirchner: s. u. Kokotten
–, Gesicht und
bei René Magritte: »Die Nacktheit ihres Körpers ist heilig. Von daher muß das Bild 'Vergewaltigung' [1945] verstanden werden. Wer der Person höchste Bedeutung beimißt, versenkt sich gern in Betrachtungen über das menschliche Gesicht, und der Mann, der sich in eine Frau verliebt, vereinigt sich zunächst mit ihr durch den Austausch von Blick und Atem. Man findet zur Liebe durch das Gesicht, und die Liebe erfüllt sich im Körperlichen. Darum wendet sich die 'wunderbare Liebe' an die ganze Frau, an Gesicht und Körper als eine Einheit, die in sich doch unvertauschbar ist, an sie ganz und gar. Dagegen ist diese Verschiebung des Rumpfes auf das Gesicht weit davon entfernt, die Sublimierung des Körpers zu sein . . ., es ist die Schändung des zum sexuellen Objekt gewordenen, geblendeten, tauben und stummen Gesichts.« René Passeron (1971, S. 56)
–, großer
bei Alberto Giacometti: »In frühen und späteren Abbildungen hat diese Plastik ['Das Leben geht weiter/La Vie continue', 1932] auch andere Benennungen erhalten, doch liegt im aufgeschriebenen Satz der Schlüssel zum inhaltlichen und formalen Verständnis: Der große Körper, der auf der mit Vertiefungen versehenen Platte steht, ist ein schwangerer Leib; zuoberst ist halbkugelförmig der Kopf angegeben; auf der einen Seite fällt die Kante in eckigen Stufen ab: das Rückgrat; auf der anderen Seite wölbt sich der Bauch. Der weibliche Körper steht mit dem Rükken zu einem Schauplatz des Sterbens: Gerade hinter ihm liegt ein offenes Grab, die übrige Plattenfläche scheint mit zwei Kegeln und einem Krater ein Kampffeld darzustellen, wie die Kraterfelder von 'Das Spiel ist aus' [1932]. Der wichtigste Teil der Plastik ist jedoch der das fortdauernde Leben in sich tragende Frauenleib.«
Reinhold Hohl (1971, S. 83)
–, kopfloser
bei Marcel Duchamp: »Der zurückgeworfene Kopf des Mädchens [in: 'Jüngling und Mädchen im Frühling', 1911] erinnert an diese Puppen [von Jahrmarktbuden, die oft Gestalten einer Hochzeit darstellen]. Ein kopfloser Körper ist nicht nur ein Symbol der Kastration. In der esote-

rischen und alchemistischen Terminologie vertritt er das Konzept der Schöpfungsordnung des Kosmos, das der Unordnung des Chaos gegenübersteht.« Arturo Schwarz (1973, S. 18)

Körper, leuchtend heller

bei Otto Meyer-Amden: s. u. Kleider

–, menschliche

bei Hannah Hoech: s. u. Maske; s. u. Podeste

bei Gustav Klimt: s. u. Akt

–, nackter weiblicher

bei Henry Moore: »Nicht von ungefähr nimmt die Darstellung des nackten weiblichen Körpers im Schaffen M.s eine zentrale Stellung ein: Das Weibliche als Symbol der Fruchtbarkeit und der Geborgenheit unseres Daseins wird von M. nicht als ästhetisches Phänomen (im Sinne von weiblicher Schönheit) aufgefaßt, sondern als Sinnbild der Urmaterie, aus der alles Leben kommt und in die alles Leben eingeht.«

Werner Hofmann (1959, S. 2)

–, schemenhafte

bei Louis Soutter: » . . . malte er, weil ihm das Geld für das Handwerkszeug fehlte, mit den Fingerkuppen seltsame, gelegentlich farbig akzentuierte Schwarz-Weiß-Bilder: schemenhafte, glasfensterartig konturierte oder lapidar nach Art von Schattenspielfiguren hingestrichene Körper und Tupfen: Symbolformen menschlichen und göttlichen Leidens.«

Karl Ruhrberg (1965, S. 413)

–, schillernde

bei Paul Klee: s. u. Fische

–, Verzauberung durch den weiblichen

bei Hans Bellmer: → Puppe (S. Alexandrian)

–, weiblicher

bei Alberto Giacometti: s. u. Körper, großer

bei Horst Janssen: s. u. Traumfuchs

bei Henri Laurens: »L. war nicht der erste, der den weiblichen Körper als Frucht, als Inbegriff der Fruchtbarkeit sah, aber er vermochte dieser Vorstellung neue Sinnschichten zu erschließen. Gerade das erschwert die verbale Interpretation, denn 'das Symbol schlägt alle Saiten des menschlichen Geistes zugleich an, die Sprache ist genötigt, sich immer nur einem einzigen Gedanken hinzugeben' [J. J. Bachofen].
Dieser Körper [in: 'Der Abschied', 1941] ist nicht nur ein Paradigma des Sitzens und der selbstgenügsamen Blockhaftigkeit, er ist ein Gleichnis organischer Lebensfülle, in dem die Kräfte des Wachsens und Bewahrens einander die Waage halten. Ganz und gar dem Instinkt verhaftet, will diese Vitalität sich sättigen, verdichten und abrunden. Sättigung ist auf Erfüllung gerichtet, auf eine beglichene Form, die eine Summe zieht. Der Titel scheint in diese Richtung zu weisen.« Werner Hofmann (1970 a, S. 27)

vgl. Kopf auf die Brust gesenkt

bei Pablo Picasso: Musikinstrument (s. u. Mandoline)

bei Niki de Saint-Phalle: primär vitale Funktionen (s. u. Figur, liegende)

–, weiche

bei Salvador Dali: s. u. Krücke

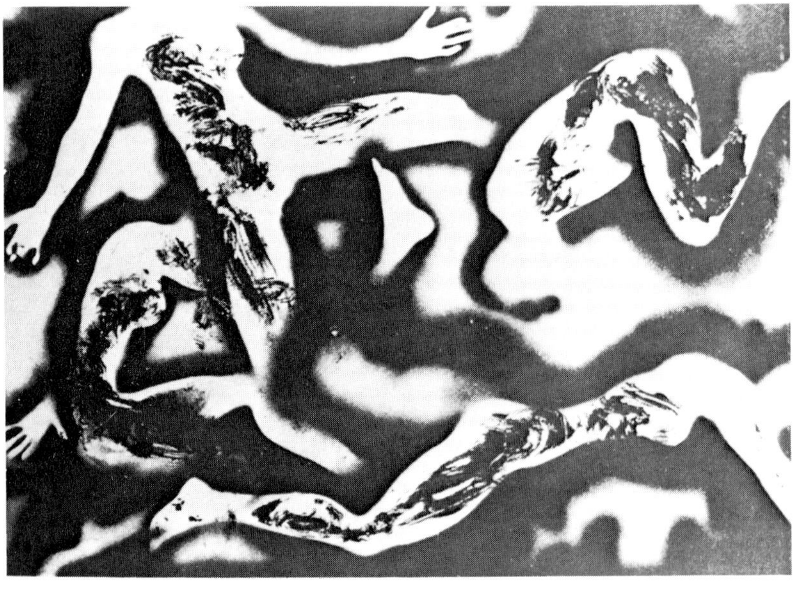

Yves Klein: Anthropometrie (Ant. 63)

–, Werden der
bei Hans Arp: → Ovale, bewegte
–, zerreißender
bei HAP Grieshaber: s. u. Gesicht, gerädertes
–, zerrissener
bei Pablo Picasso: s. u. Pferd (R. Arnheim)
Körperabdrücke vgl. Teil III
bei Yves Klein: »Die stärkste Wirkung hatte auf ihn die Nachricht von Hiroshima ausgelöst: Schatten auf dem durch Atomkraft verwüsteten Erdboden bewiesen die Anwesenheit von Menschen, die nicht mehr existierten.
Dadurch kam K. zu seinen Feuerbildern und Körperabdrücken. Er brannte den Umriß des Menschen als Zeichen auf die Leinwand: Fanal, Hoffnung, Utopie.« Dietrich Mahlow (1969, o. S.)
vgl. Abdrücke weiblicher Körper
Körperformen
bei Bernhard Heiliger: s. u. Flügelformen
bei Pablo Picasso: Stengel (s. u. Arabeske, pflanzenhafte)
–, Vollkommenheit der
bei Salvador Dali: s. u. Nashorns, Horn des
Körperhöhle
bei Henry Moore: s. u. Brust
Körpers, Auflösung des
bei Käthe Kollwitz: → Barlach, Ernst
–, Funktionen des
bei Oskar Schlemmer: s. u. Röhrensystem, rotfarbenes
–, Gefängnis des
bei Max Beckmann: → Käfig
–, Krümmung des
bei Marino Marini: s. u. Gaukler
–, Sprache des
bei Egon Schiele: s. u. Teilstücke
–, Sublimierung des
bei René Magritte: s. u. Körper, Gesicht und
–, Verschwinden des
bei Ernst Ludwig Kirchner: → Auszehrung, innere
Körperstück
bei Carlo Carrà: »Das geisterhaft, wie vom Mond beschienene Körperstück – hier [in: 'Einsamkeit', 1917] als medizinisches Lehrobjekt vorgeführt und ironisiert – weist mit phrasenloser Eindringlichkeit auf das Fragmentarische und Bedrohte der menschlichen Existenz hin und wird hier zum Symbol der Einsamkeit, Verwundbarkeit und physischen Unzulänglichkeit erhoben.«
Carola Giedion-Welcker (1973a, S. 135)
Körperteile
bei Heinrich Hoerle: Prothesen (s. u. Mensch)
Koffer
bei Rolf Escher: s. u. Fenster
Kohlengrube
bei Henry Moore: Labyrinth (s. u. Mutterleib, der archetypische)
Kokon, Phallus und
bei Tetsumi Kudo: Metamorphose (s. u. Phallus und Kokon)
Kokotte
bei Werner Tübke: s. u. Goldfasan
Kokotten
bei Ernst Ludwig Kirchner: »Die großartigen Berliner Bilder mit den Kokotten [1912/13], die die Gehsteige entlang flanieren, ihre Gesichter wie im unguten Zwang den Vorübergehenden oder dem Reiz modischer Auslagen zugekehrt. Im Schmuck ihrer Federboen und ihrer überwimpelten Hüte sehen sie aus wie unruhige Vögel. Eine krankhaft rufende, sich ausstellende Erotik flackert in der Fragilität ihrer Körper und der Artistik ihrer Kleider. In der Großstadt ist die Mode das phantastische Ausdrucksmittel der kollektiven Schauspielerei der Gesellschaft; in ihr wird das kollektiv gewollte Menschenbild wie ein Zeichen sichtbar. Gerade diese Zeichen nahm nun K. und schrieb damit die Hieroglyphik seines Bildes. Er schiebt die ganze Natürlichkeit beiseite und verwandelt die Hinweise des Erscheinungsbildes in zuckende Schriftzeichen, deren hektischer Duktus sich immer wieder an den erotischen Rufzeichen formal erregt. Und es gelingt ihm in seiner dichten splissigen Schrift diese Zeichen zu einer so gleichnishaften Kraft zu verdichten, daß sie stellvertretend für die menschliche Lage einer ganzen Großstadt werden: Kurfürstendamm 1913.«
Werner Haftmann (1954, S. 131)
s. u. Kriegerwitwen
Kolben
bei Marcel Duchamp: s. u. Luftzugkolben
bei Francis Picabia: »Auch P. ist Maschinen-Fetischist. Die Maschine provoziert neue Mythen. Die 'sexuelle Raserei' ihrer Kolben und Hebel wird zum dynamischen erotischen Symbol.«
Karl Ruhrberg (1965, S. 216)
weibliches Wesen, das ganz von Männern geschaffen wurde (s. u. Räderwerk)
–, vorgestoßene
bei Jean Tinguely: s. u. Maschine
Kolbenstangen
bei Hannah Hoech: s. u. Mädchen', 'Das schöne
Kolbenteil
bei Rudolf Hoflehner: der Mann (s. u. Messer)

Koloß
bei W. A. Serow: s. u. Stahlwerker
–, muskulöser
bei David Alfaro Siqueiros: s. u. Stein anstelle des Kopfes
Kolosse von Hünenleibern
bei Ludwig Meidner: s. u. Propheten
Komet
bei René Magritte: s. u. Schlüssel, schwebender
Kondor
bei Alejandro Obregón: »Hier [in: 'Torocóndor', 1963] ist das mächtige Haupt eines Stiers als Basis gegeben, über dem sich, stärker abstrahiert und lichter, als Sinnbild Lateinamerikas der Kondor erhebt.« Jorge Romero Brest (1978, S. 207)
Kongo
bei Alberto Giacometti: s. u. Mann, hockender
Konstrukteure, waghalsige
bei Georg Brendler: s. u. Bauarbeiter
Konter-Reliefs
bei Wladimir E. Tatlin: »1915 beginnt er mit den 'Konter-Reliefs', die an Drähten gespannt quer über die Raumecken aufgehangen waren. Sie bilden seltsame, phantastische Flugkörper mit windschiefen Flügeln, Stegen und Schlingen: Symbole des Zeitalters der Technik, das eher bedrohlich als verheißungsvoll wirkt.«
Herta Wescher (1968, S. 98)

Kontinent
bei George Grosz: s. u. Abenteurer
Kontinente, zwei
bei Rudolf Hausner: Ein Hauptwerk H.s ist sein Bild 'Zwei Kontinente', das er 1963 vollendet hat. Gemeint sind die zwei Kontinente unseres Bewußtseins und Unterbewußtseins, eine triebhafte, naturhafte Sphäre und die andere, kühle, die vom Logos geprägt ist. Die Natur scheint unwegsam, pilzartig, löwenzahnähnlich wachsen riesige Bäume in den Himmel, von denen einer zwei ungeheure Schmetterlingsflügel trägt.«
Wieland Schmied (1970, S. 33)
Kontrastformen
bei Adolph Gottlieb: »Die beiden Kontrastformen, die *bursts* genannt wurden [seit 1957] und in allen seinen Bildern zu finden sind, beschwören jede Art von Dualität: Erde und Sonne oder Mond, das Greifbare und das Körperlose, das Explosive und das Ruhige, die freie Geste und das Kontrollierte . . . Die zentralisierten Elemente werden als symbolische Formen wahrgenommen.« Irving Sandler (1970, S. 59)
Kontrollgeräte
bei Joachim Bandau: s. u. Installationsteile
Konzentrationslager
bei Werner Tübke: s. u. Sanduhr
–, deutsche
bei Pablo Picasso: s. u. Leichenhaufen
Kopf vgl. Haupt
bei Salvador Dali: s. u. Ornament
bei Max Ernst: s. u. Kugel, stählerne
bei Alberto Giacometti: → Hohlkugel, halbe; → Polyeder
bei Karl Hartung: s. u. Mensch mit ösenartigen Öffnungen
bei Hannah Hoech: s. u. Mädchen', 'Das schöne
bei Alexej von Jawlensky: »1917 stößt J. endlich auf sein eigenes erfüllendes Thema . . .: das menschliche Antlitz, auf dem der ferne Abdruck des Göttlichen zeichenhaft erkennbar ist. Die Serien dieser Köpfe tragen Namen wie 'Heilandsgesichter', 'Mystische Köpfe', 'Abstrakte Köpfe'. Reine Gegenstände religiöser Meditation reduzieren sie das Bild des menschlichen Antlitzes auf ein einfaches geometrisches Schema – Strich der Augen, Strich der Nase, Strich des Mundes –, dem im geheimen das Zeichen des slawischen Doppelkreuzes unterliegt. «
Werner Haftmann (1954, S. 193/94)

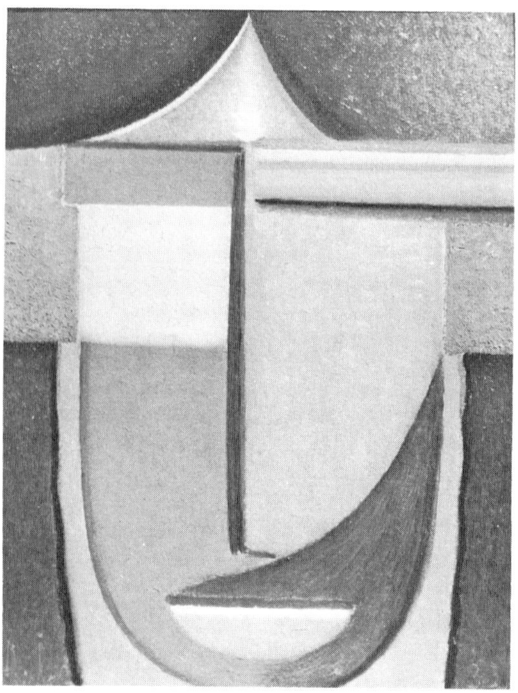

Alexej von Jawlensky: Karma, 1953

bei Paul Klee: s. u. Rohre
bei René Magritte: s. u. Hantel
bei Joan Miró: s. u. Linien, drei
bei Henry Moore: »Schon 1931 finden wir die Reduktion des Kopfes auf einen Auswuchs mit einem Kreissymbol, das Auge, Mund und Rundheit in einem bedeutet. In der Zeit der abstrakten Betonung tritt dieses Rundsymbol des Kopfes auch als Loch auf, als erstes Symptom des Eindringens in den Kopf, dessen Volumen wie die Brust ebenso als Kugel wie als Höhle erfaßt werden kann. Punkt, Knopf, Kreis, Loch, Auge, Mundhöhle als Restsymbole für den ganzen Kopf oder Punktverdoppelung führen schließlich zu den seltsamen Gebilden des gespaltenen Kopfes oder später des Kopfsattels mit einer auf ihm ruhenden Kugel [1945].«
Erich Neumann (1961, S. 100)
s. u. Fruchtkugeln
bei Hanna Nagel: s. u. Bergstädtchen
bei Pablo Picasso: »Der Entsprechung oder Vertauschung der Zeichen des Gesichtes und der Geschlechtsorgane, die in der neolithischen und vor allem in der ozeanischen Kunst gang und gäbe sind, bedient sich P. in der großen Plastik aus Boisgeloup [1932], dem 'Kopf', einer wahren Metapher der sexuellen Vereinigung, mit seiner phallischen Nase, seinem vaginalen Mund und seinen auf den Schenkelrundungen eingeritzten Augen.« Jean Leymarie (1971, S. 53)
s. u. Totenmaske
bei Niki de Saint-Phalle: s. u. Figur, liegende
bei Willi Sitte: s. u. Gekreuzigter
bei Graham Sutherland: »Sogar *The Head,* der Kopf, der in seiner Malerei wie ein Wahnbild als ein Ausdruck der Qual immer wiederkehrt, tritt jetzt [1963] aus einer Krone großer Blätter hervor, die in jenem schwierig zu definierenden tiefen Grün gehalten sind . . .«
Francesco Arcangeli (1974, S. 20)
bei Leslie Thornton: Metallring (s. u. Armlosigkeit)
bei Dieter Tucholke: s. u. Auge, geometrisches

–, abgetrennter
bei Marc Chagall: Entrückung, Erstaunen; s. u. Magd (mit abgetrenntem Kopf)

– Adams
bei Rudolf Hausner: s. u. Turm

–, asketischer
bei Rudolf Hausner: s. u. Hermaphrodit, umgekehrter

–, auf die Brust gesenkt
bei Henri Laurens: »In sich gekehrt und in ihrer Fülle versunken, scheint die Gestalt [in: 'Der Abschied', 1941] sich auf die embryonale Lebensstufe zurückzubilden, Endgültigkeit gegen Anfänglichkeit zu vertauschen. Indes: ihre dumpfe Befangenheit ist nicht einfach die eines kauernden Embryos – sie wirkt trächtig, als brüte sie, obgleich selber Frucht, unendlich langsam eine dem Blick entzogene Leibesfrucht aus. Noch ein dritter Lebensvorgang ist im *'Abschied'* verschlüsselt: die Stillung. Doch diese Stillung hat keinen Partner, sie ist kein mütterlicher Akt. Der auf die Brust gesenkte Kopf stillt sich selbst, er nährt sich von seiner eigenen Fülle. Gebend und empfangend ist dieses Geschöpf mit sich selbst beschäftigt und zugleich Parabel des Lebenskreislaufes. 'Abschied' bedeutet sonach: das Leben noch einmal als Ganzes umfangen und an seine Quellen zurückkehren.«
Werner Hofmann (1970a, S.27)
vgl. Körper, weiblicher

–, aufgestützter
bei Ragnvald Blix: s. u. Tod, resigniert zusammengekauerter

–, beschmierter
bei Ronald B. Kitaj: »Der beschmierte Kopf von 'The Murder of Rosa Luxemburg' (1960) wiederholt sich in 'Urban Old Man' (1964) und findet sich als Darstellung eruptiver Gewalt in den früheren Arbeiten von Phillips und Jones wieder.«
Lucy R. Lippard (1968, S. 58)

– der Frau, der spitzig-hackige
bei Henry Moore: »Der spitzig-hackige Kopf der Frau [in: 'Mutter und Kind', 1953] verstärkt noch

Henry Moore: Helmkopf Nr. 2, 1950

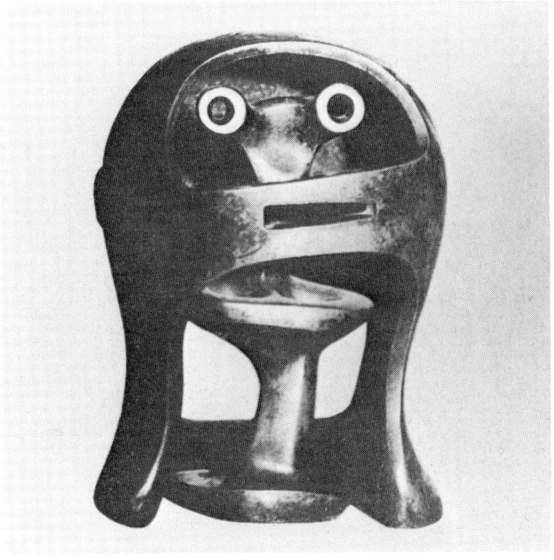

das Negative ihrer Haltung [vgl. Kind, vogelhaftes]. Es ist das Bild der furchtbaren Mutter, ein Bild der negativen Urbeziehung, die auf ewig fixiert bleibt.« Erich Neumann (1961, S. 119)

Kopf der Frau vom Leibe getrennt

bei Marc Chagall: »Der Kopf der Frau [in: 'Rußland, den Eseln und den anderen', 1911] ist vom Leibe getrennt, er zeigt aber einen starken seelischen Ausdruck: . . . Daß sich der Kopf vom Leibe löst, geschieht öfters auf C.s Bildern. Sowohl im Frühwerk wie in den Arbeiten der Spätzeit ist zu beobachten, daß damit der Zustand einer gewissen Entrückung, eine bis zu einem gewissen Grade 'leibfreie' Seelenverfassung geschildert wird.« Heinz Demisch (1959, S. 76/7)

– des Adam

bei Rudolf Hausner: »In das Gestänge einer technischen Apparatur hat H. das Bild des 'Adam' [in: 'Adam nach dem Sündenfall', 1957] hineingeblendet, der nicht durch die Maschine bedient wird, sondern zu ihrem Diener geworden ist. Dieser Kopf ist Chiffre für den totalen Abfall des Menschen von seiner "Ebenbildlichkeit Gottes", in der völligen Unterentwicklung der Stirn, der die Überentwicklung der unteren Kopfhälfte gegenübersteht. Am Hals stellt der Künstler gleichsam abgesplitterte Farbe dar: Chiffre für das Abgeschnittensein von der menschlichen Totalität.« Walther Krüger (1972, S. 117)

– des Fabelwesens

bei Karl Hofer: »Chiffre ist auf diesem Bild ['Atomserenade', 1947] nur der Kopf des Fabelwesens in der Mitte des Bildvordergrundes, Chiffre der dämonischen Macht, die die prima causa der jähen Atomkatastrophe darstellt.«
Walther Krüger (1972, S. 89)

Henri Laurens: Der Abschied, 1941

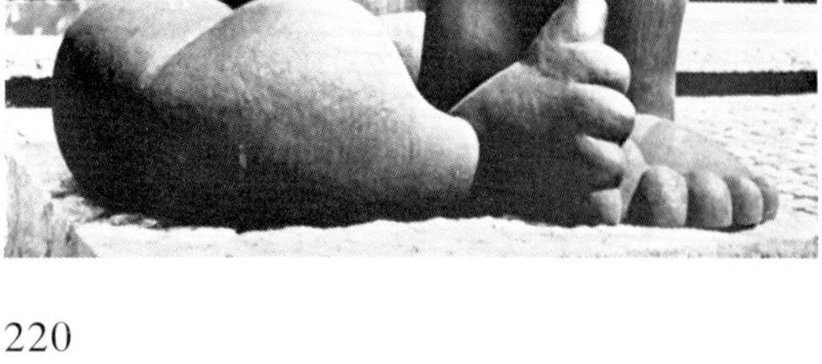

– des Odysseus

bei Rudolf Hausner: »Darüber, in der Mitte der Arche, der Kopf des Odysseus, mit aufgerissenem Mund, wie schreiend. Durch ihn geht der ganze Prozeß des Bildes, hier spielt sich noch einmal, konzentriert das ganze Geschehen ab. Die Lippen seines Mundes stülpen sich auf: es sind Schamlippen. Der ganze Kopf ist mit Attributen der Anal- und Genitalsphäre beschrieben: alle Formen leiten sich her aus dem Thema des Bildes, sind poetische Metaphern der Geburt.«
Wieland Schmied (1970, S. 29)

– des Pferdes

bei Pablo Picasso: »Diese beiden Skizzen zum Kopf des Pferdes stehen offensichtlich in engerer Beziehung zu der vorliegenden Aufgabe ['Guernica', 1937]. Bis jetzt war das Pferd jeweils in zwei Haltungen vorgekommen. Mit dem nach unten gebogenen Kopf und Hals war es ganz und gar ein Opfer unter Opfern, das die Gesellschaft des toten Kriegers teilte und außerhalb jeden Kontaktes mit den höheren Mächten von Stier und Lichtträgerin stand. Mit dem Kopf nach oben gerichtet stellte es den Aufschrei der Verzweiflung, des Flehens und der Anklage dar, der passender den menschlichen Gesichtern überlassen bliebe.« Rudolf Arnheim (1964, S. 86)

– des Pferdes, Hals und

bei Marino Marini: Geschlechtsbegierde (s. u. Hals und Kopf des Pferdes)

– des Rehs

bei Franz Marc: grenzenlose Opferbereitschaft (s. u. Reh)

– eines Fischers

bei Jacques Hérold: s. u. Kristallwürfel

– eines Hahns, Mann mit dem

bei Marc Chagall: Hochmut (s. u. Mann mit dem Kopf eines Hahns)

– eines Pferdes, brandroter

bei Marc Chagall: »In der Gouache 'Der Winter' [1950] steht als Schicksalszeichen vor dem finsteren Himmel der riesige brandrote Kopf eines Pferdes wie ein apokalyptisches Feuertier über dem winterlichen Grau der Dorflandschaft . . . Es ist der Bericht vom Geworfensein des menschlichen Daseins in den Kreis des Kreatürlichen, den eine jenseitige Schicksalsmacht von draußen lenkt und in dem das Kreatürliche durch seine Einbeziehung in den Ring der Natur zum stellvertretenden Zeichen für jene Schicksalsmacht werden kann und dann als Drohzeichen über der Welt des Menschen, der aus diesem Ring herausfiel, erscheinen kann.«
Werner Haftmann (1975 b, S. 148/50)

– eines schlafenden Mannes
bei Marc Chagall: s. u. Himmelsziege
–, Fisch ohne
bei Ernst Wilhelm Nay: Penis (s. u. Fisch ohne Kopf)
–, fürchterlicher
bei Ernst Ludwig Kirchner: »Sein Krieg [in: Georg Heym, 'Umbra vitae', 1924] ist ein fürchterlicher Kopf, der das Maul zum Schrei geöffnet hat, alles um ihn her ist im furiosen Wirbel, Gestalten knacken weg wie berührt von einem unsichtbaren, tödlichen Hauch.«
Lothar Lang (1975 b, S. 44)
–', 'Geschundener
bei Pablo Picasso: s. u. Totenkopf (R. Penrose)
–, gesenkter
bei Henri Laurens: stillt sich selbst (s. u. Kopf, auf die Brust gesenkt)
–, gespaltener
bei Henry Moore: s. u. Kopf
–, halbkugelförmiger
bei Alberto Giacometti: s. u. Körper, großer
–, herabgeneigter
bei Ludwig Gies: »Vor erschütternder Drastik ist bei der Gestaltung des Todeskampfes [in: 'Kruzifixus', 1921] nicht zurückgeschreckt, alles scheint auf Schmerzen und Qual gestellt und doch hat in dem mitleidig helfend herabgeneigten Kopf ... der Opfergedanke so unabweislich Gestalt gewonnen, daß Leid und Leidüberwindung zum grandiosen Sinnbild der Erlösung sich vereinen. Schwerlich kann ein Symbol gefunden werden, das gewaltiger und tiefer den Sinn des Weltkriegs und seiner gefallenen Helden der Nachwelt vor Augen hielte.« Carl Georg Heise (1960, S. 8)
– im Turm
bei Rudolf Hausner: s. u. Turm
–, kindlicher
bei Rudolf Hausner: s. u. Seifenblasen
–, klarer
bei Gustav Klimt: »In großgeschauter Vision zieht ein Schemenstrom [in: 'Philosophie', 1900] dicht aneinander, übereinander, durcheinander gedrängter Gestalten, Grübelnde, in Gedanken Versunkene, Verzweifelnde und Hoffende, ein menschliches Mysterium, voll mystischer Verschwommenheit vor dem dunklen gestirnten Firmament, aus dem sich das ewige Nebelwesen der Sphinx wie aus Weltenstaub aufbaut. Und die endliche Erlösung symbolisiert ein klarer Kopf der triumphierenden Philosophie.«
Emil Pirchan (1956, S. 24)
–, kleiner
bei Wilfredo Lam: → Elegua
–, männlicher
bei Alberto Giacometti: → Kugel
–, maskierter
bei Pablo Picasso: s. u. Hund, dunkler
–, menschlicher
bei Armodio: s. u. Ei
bei Hans Arp: s. u. Helm-Kopf
– mit Arm und Lampe
bei Pablo Picasso: «Der eigentliche Gegenspieler des Stiers [in: 'Guernica' 1937] ist aber die große tragische Maske, die damit einen doppelten Sinn erhält. P. verbindet sie nämlich mit einem Körper, zeigt die Hand zwischen die Brüste gelegt und läßt sie aus dem Fenster mit einem langen, lampentragenden Arm dem Stier erschrokken entgegenfahren. Die Quellen zu dieser Figur, die sie uns deuten lassen, liegen in den frühen Arbeiten P.s zu seiner 'Minotauromachie'. Mit ähnlich zurückgewehtem Haar wie in 'Guernica' hält sie dort eine Taube, einen Blumenstrauß oder eine offene Kerze in der Hand, die sie dem drohenden Minotaurus zur Besänftigung seiner blindwütigen Leidenschaften entgegenstreckt. Dort tritt sie als Personifikation der 'Anima' auf, der jungfräulichen Retterin, oder als 'göttliches Kind', das unschuldig mit seinen symbolischen Zeichen die ewigen Gegensätze von Blut und Geist zu schöpferischer Eintracht ruft. So

Marc Chagall: Rußland, den Eseln und den anderen, 1911

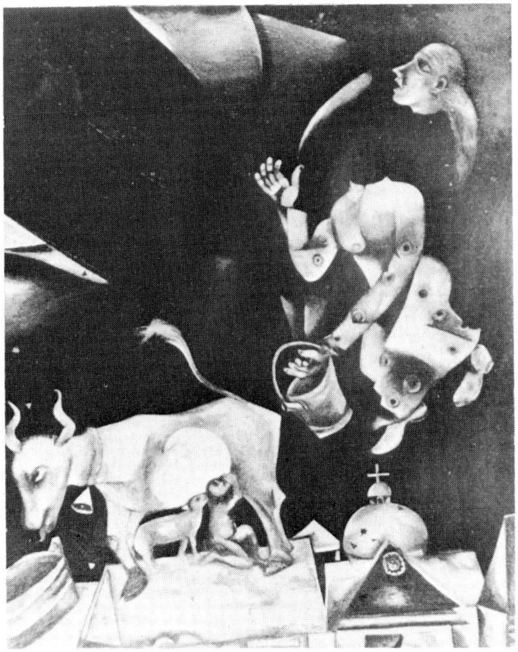

versucht sie auch in 'Guernica' als Vertreterin der Ordnung, der Gerechtigkeit und des Friedens als einzig rettende Macht mit ihrem Lichtsymbol dem triumphierenden Friedensbrecher entgegenzuwirken.« Curt Seckel (1967, S. 253)

Kopf nach oben
bei Pablo Picasso: Aufschrei der Verzweiflung (s. u. Kopf des Pferdes)

– nach unten
bei Pablo Picasso: Opfer unter Opfern (s. u. Kopf des Pferdes)

– nicht auf dem Rumpf
bei Marc Chagall: »Sein Kopf aber sitzt nicht auf dem Rumpf [in: 'Der Trinker', 1911/12], sondern ist seitlich davon in den Raum verschoben und wendet sich mit gierigem Profil einer Flasche zu, die in der Luft schwebt . . . Jedoch bedeutet die Abtrennung, wie wir eben sahen, auch Entthronung der Vernunft, und der gleiche Tatbestand darf ebenso sinnbildlich gesehen werden. Kopf und Flasche sind nämlich näher aufeinander bezogen als Kopf und Rumpf, fast als wollte C. sagen: Wer den Körper verloren hat, sucht sich einen fiktiven Körper in der primitiven Lustbefriedigung.« Franz Meyer (1961, S. 139)

–, phallischer
bei Henri Laurens: s. u. 'Rosa'

–, unbeweglicher
bei Pablo Picasso: s. u. Tränen, strömende

– und Beine
bei Enrico Baj: s. u. Olo, Il Signor

–, verdrehter
bei Walter Wörn: s. u. Tänzer, dreibeiniger

–, versteinerter
bei Wolfgang Mattheuer: das Alte und Erstarrte (s. u. Sisyphos)

–, zerplatzter
bei Salvador Dali: »Dieser zerplatzte Kopf [in: 'Raffaelskopf, zerborsten', 1951] symbolisiert das Ende einer Vorstellungswelt, nämlich des Mariakultes.« Joseph Paul Hodin (1954, S. 54)

–, zurückgebogener
bei Pablo Picasso: »Der zurückgebogene Kopf der Gestalt zur Rechten [in: 'Badende', 1932] drückt die opferbereite Haltung der sexuellen Hingabe aus, die P. oft wieder aufnimmt.« Jean Leymarie (1971, S. 87)

–, zurückgeworfener
bei Marcel Duchamp: s. u. Körper, kopfloser

–, zwei Gesichter auf einem
bei Marc Chagall: Ganzheit im Gefühlsleben (s. u. Mann und Frau)

–, zylinderförmiger
bei Konrad Klapheck: s. u. Feuerlöschschlauch

Kopfbedeckungen
bei Max Beckmann: s. u. Sphinxe (F. W. Fischer)
bei Hanna Nagel: zusätzliche Organe des Wachsens und Greifens (s. u. Bergstädtchen)

Kopfes, Stein anstelle des
bei David Alfaro Siqueiros: Zwang nach privater Aneignung (s. u. Stein anstelle des Kopfes)

Kopffüßler
bei Horst Antes: »Die Kopffüßler nehmen Kontakt zu ihrer Umgebung auf, zum Raum, zu Dingen, zu Zeichen – und schließlich sogar zum Menschen als zu einem sich fragmentarisch manifestierenden Gegenüber [z. B. 'Figur mit Fenster und Leiter', 1968]. Damit wird die Kunstfigur eindeutig als ein archetypisches Götterbild apostrophiert, das vom Menschem mit einer Leiter vermessen und durch ein Glas betrachtet werden kann.« Juliane Roh (1971, S. 50)
bei Max Beckmann: »Nicht ganz so einfach läßt sich die entsprechende Chiffre des linken Flügels ['Versuchung', 1936/37] erfassen. Hier ist ein widerwärtiger Kopffüßler von einem gepanzerten Helden besiegt worden. Hinsichtlich des Kopffüßlers läßt sich auf das im letzten Kapitel besprochene Bild 'Tod' von 1938 verweisen. Dort befindet sich unter den Wesen, die begehrliche Gedanken und triebhafte Wünsche darstellen, ein ähnlicher Kopffüßler. Schiff sieht das Wesen, seiner psychologischen Terminologie zufolge, als Verkörperung 'unausgelebter Begierden' an und meint damit wohl etwas Ähnliches.« Friedhelm W. Fischer (1972 a, S. 147)

Kopfhälfte, Überentwicklung der unteren
bei Rudolf Hausner: s. u. Kopf des Adam

Kopfkugel
bei Erich Brauer: s. u. Turm

Kopflose, der
bei Marc Chagall: vegetatives Leben (s. u. Wasserträger)

Kopfputz
bei Oskar Dominguez: s. u. Bananen
bei Max Ernst: s. u. König

Kopfsattel
bei Henry Moore: s. u. Kopf

Kopftuch, Bäuerin mit
bei Marc Chagall: Ursprung des Lebens (s. u. Bäuerin mit Kopftuch)

'Kopfuhr'
bei Mac Zimmermann: »Die 'Kopfuhr', die Fähigkeit des Menschen, zu einem bestimmten Zeitpunkt aus dem Schlaf zu erwachen, ist in der Schlaf- und Traumphysiologie noch immer ein großes Rätsel. Der Münchner Surrealist Z. hat 1960 diesen Traum gemalt und damit fast

gespenstisch und graziös verspielt das Phänomen der 'Kopfuhr' gleichnishaft erfaßt.«
Herbert Gottschalk (1963, S. 53)

Kopfzier
bei Silvio Mattioli: s. u. Raubfische

Korallen, Kreuz aus
bei Salvador Dali: pflanzenhafte Welt (s. u. Kreuz aus Korallen); s. u. Nadeln, zwölf diamantene

Kornfrucht
bei Baruch Elron: »Und wieder das 'Erlösungs-Ei' [in: 'Die Schweigende Muse', 1973], das jedoch jetzt eine Kornfrucht hervorbringt, ein 'Symbol' für die Sehnsucht der Israelis, ihre Wüsten in fruchtbare Gärten zu verwandeln.«
Gustav René Hocke (1975, S. 49)

Korsetts, verzwickte
bei Richard Lindner: s. u. Weib, allmächtiges

Kostüme
bei Richard Lindner: Macht (s. u. Weib, allmächtiges)

Kotflügel
bei Richard Hamilton: mechanomorphe Erotik (s. u. Auto)

Kouroi, griechische
bei Otto Meyer-Amden: s. u. Jünglingsgestalt, nackte

Krachmaschinen
bei Günther Uecker: Terror (s. u. Nagel/D. Helms)

Kraftprotz
bei Jean Tinguely: → Maschine

Krakeeler
bei Reiner Schwarz: »Der Krakeeler [in: 'Bildnis eines Krakeelers', 1965] ist Sinnbild unvernünftiger und verantwortungsloser Artikulation, seine Vielfüßigkeit potenziert seine Verführungsmöglichkeiten ... Das Bild ist die erschreckende Allegorie politischer Unvernunft ...«
Angela Horbach (1973, S. 94)

Krakelüren, schwarze
bei Wassily Kandinsky: »Um die Wirkung zu steigern, setzt K. [in: 'Schwarze Striche Nr. 189', 1913] schwarze Krakelüren als aggressive *Streitformen* über die Farbe. Sie fahren kreuz und quer durch das Bild, begegnen sich in scharfen Spitzen, überschneiden sich und wirken wie Nadelspuren, die sich in die Oberfläche einkratzen. Diese Krakelüren sind K. so wichtig, daß er das Bild nach ihnen 'Schwarze Striche' genannt hat. Sie greifen die Farbflächen an und schaffen einen fühlbaren Kontrast zu ihrer Zartheit.«
Curt Seckel (1967, S. 189)

Kraken
bei Werner Tübke: s. u. Baum, verdorrter

Krankenhäuser
bei Jacques Monory: Kälte (s. u. Fingernägel, lackierte)

Krankenhaus
bei Edward Kienholz: s. u. Glaskugel, in der zwei Goldfische schwimmen

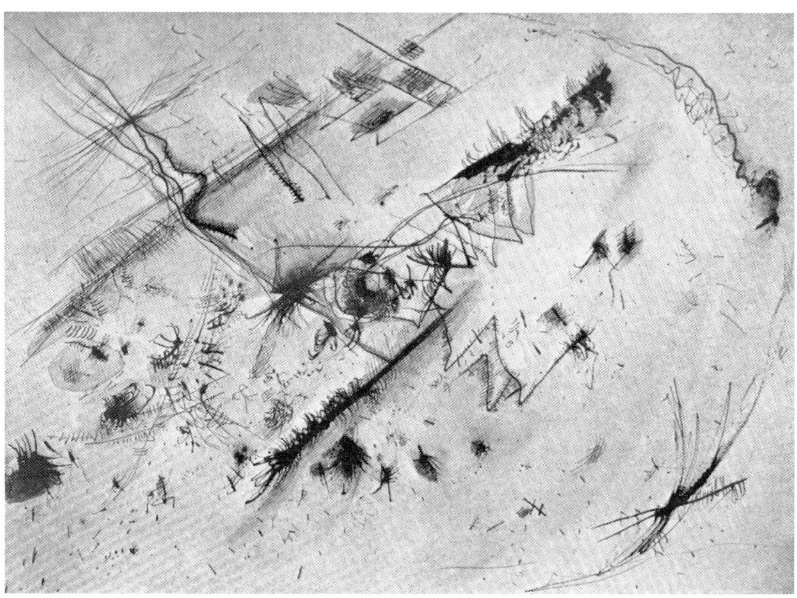

Wassily Kandinsky:
Schwarze Striche
Nr. 189, 1913

Kranz
bei Peter Ackermann: »An der brüchigen Wand ist ein Kranz aufgehängt [in: 'Die Junta', 1965], Symbol der Vanitas, an der Wand eines Mausoleums, an dessen Fenster sich die Gespenster zeigen, die als einzige noch nicht wissen, daß sie bereits der Vergangenheit zugehören.«
Eberhard Roters (1973, S. 22)
– von Früchten und Blättern
bei Max Ernst: s. u. Gestalt mit Früchten
Krater
bei Alberto Giacometti: Kampffeld (s. u. Körper, großer)
–, runde
bei Alberto Giacometti: Kriegsschauplatz (s. u. Gräberfeld)
Kraterfeld
bei Alberto Giacometti: Kampffeld (s. u. Körper, großer)
Kratzer
bei Karl Fred Dahmen: → Leiden, schweres
Kraushaare, flügelartige
bei Erich Brauer: s. u. Engel
Krawatte
bei Allen Jones: »Die Krawatte wird zum phallischen Zeichen der männlichen Potenz.«
Karin Thomas (1971, S. 310)
Kreatur
bei Max Ernst: s. u. Vogel/Schlange
–, Aufschrei der gequälten
bei Bernhard Heiliger: → Gefangener
–, ausgelieferte
bei Hanna Nagel: → Fisch
–, ausgesetzte
bei Pablo Picasso: → Frau am Meeresufer sitzend
–, beschädigte menschliche
bei Dieter Krieg: s. u. Hosenträger
–, gefangene
bei Pablo Picasso: s. u. Vogelkäfig
–, geflügelte
bei Max Ernst: → Vogel (G. Gatt)
–, geopferte
bei Marc Chagall: s. u. Kreatur, gekreuzigte
–, geschundene, gequälte, malträtierte
bei Friedrich Schröder-Sonnenstern: → Löwe, blinder, betender u. a.
–, lebendige
bei Constantin Brancusi: → Vogel (C. Giedion-Welcker)
–, Leiden und Sterben der
bei Reinhard Drenkhahn: 'Hängender Frosch' (s. u. Leitermann)
–, leidende
bei Francis Bacon: Vernichtung (s. u. Kadaver, blutiger)
bei Marc Chagall: → Ziege und Esel
bei Ludwig Meidner: s. u. Barrikadenkämpfer
–, menschliche
bei Horst Antes: → Dampedei
–, niedere/gefangene
bei Constantin Brancusi: s. u. Holzskulpturen
–, Schicksal der
bei Fabius von Gugel: s. u. Gliederpuppen
–, stumm leidende
bei Marc Chagall: → Ziege u. a.
–, todbedrohte
bei Hanna Nagel: → Fisch, großer

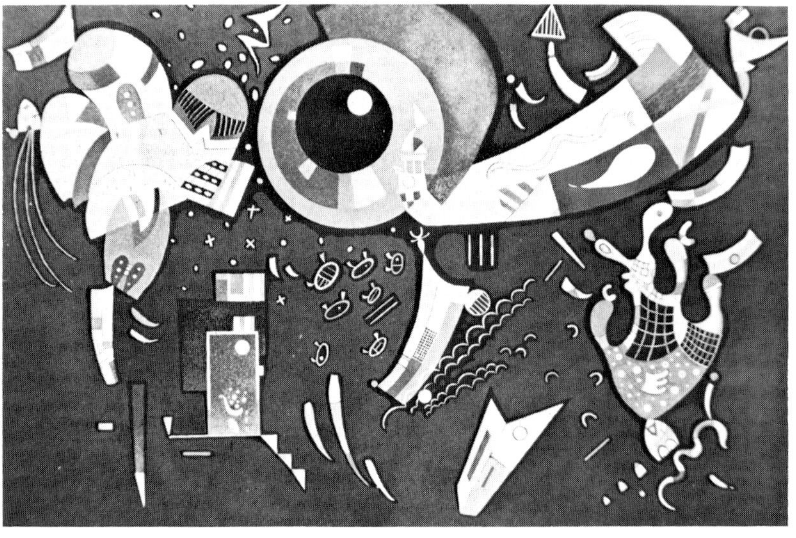

Wassily Kandinsky:
Um den Kreis, 1940

–, unschuldig leidende
bei Pablo Picasso: → Pferd (W. Boeck)
bei Franz Radziwill: → Pferde, springende
–, Verlassenheit der
bei Pablo Picasso: → Frau', 'Brütende
–, Verletzung der
bei Francis Bacon: »Geht man davon aus, daß die Darstellung von Bewegung nicht nur das Lebendig-Sein der Kreatur veranschaulicht, sondern gleichzeitig auch Darstellung ihres transitorischen, ihres vergänglichen Charakters ist, so erscheint die Doppelsinnigkeit der nicht-illustrativen Form als das Äquivalent zu diesem doppelten Sinn. Die durch die nicht-illustrative Form bewirkte Verletzung des Abbilds meint dann Verletzung der Kreatur unter der Perspektive ihrer Vergänglichkeit.«
Alexander Dückers (1971, S. 21)
–, Verlorenheit der
bei Alfred Kubin: → Reiher
–, zornige
bei Alberto Giacometti: → Hand, gefährdete
Kreaturen
bei Rudolf Hoflehner: s. u. Geschlechtsorgan, männliches; s. u. Sisyphos
–, vegetierende
bei Rudolf Hoflehner: »Diese liegenden, kriechenden, in einer abstrakten Landschaft aus Horizont, Berg und Schlamm vegetierenden Kreaturen stehen Beckett nahe, vor allem dem Beckett des 'Comment c'est'. Es sind Opfer, die sich nicht wehren können, nicht wehren wollen.«
Werner Spies (1971b, S. 17)
Kreideumriß eines Mannes
bei Leonor Fini: ». . . das Bild mit dem Titel 'Die vollendete Tatsache' [1967], auf dem in einem Café voll von Mädchen in Kreide auf dem Boden die Umrisse eines Mannes gezeichnet sind, wie es die Polizei macht, um die Lage einer Leiche zu markieren. 'In dieser Zeichnung' so sagt sie, 'drückt sich der Aufstand der Hexe aus, die Empörung gegen alles, was im Mann in gesellschaftlicher Hinsicht steckt; nämlich konventionelle Verlogenheit und Schmutz, all das, was die Mädchen auf diesem Bild nicht an sich haben.'«
Constantin Jelenski (1968, S. 14)
Kreis
bei Hans Arp: »Eine Viola-Form erinnert an einen weiblichen Torso; und da die glatte Oberfläche betont werden sollte, schnitt er in der Mitte ein Loch aus – den Nabel. Um 1920 bezeichnete A. jeden Kreis als Nabel.«
H. Havard Arnason (1970, S. 305)
bei Allen Atwell: »In diesem Triptychon [1971] . . . ist ein tibetanisches Meditationsdiagramm dargestellt, das Mandala. Es symbolisiert in Kreis und Rechteck die Einheit der Welt.«
Charles Wentinck (1974, B. 32)
bei Rudi Baerwind: geheimnisvolle Schöpferkraft (s. u. Kugel)
bei Julius Bissier: »Der Kreis – umschließt beide Pole, zwischen denen sich die Schöpfung bewegt. Auch Zeichen der Naturkraft, die Leben und Tod in sich schließt« [in Anlehnung an J. J. Bachofen].
Werner Schmalenbach (1974, S. 79)
bei Marc Chagall: »Der Kreis als beherrschendes Motiv steht auch in Beziehung zum Thema der anderen Werke von 1911, sowohl in formaler als in symbolischer Hinsicht.
Symbolisch entspricht der Kreis der Ganzheit und wird auf neuer Ebene zum Sinnbild der Einheit von Geist und Seele, von Bewußtem und Unbewußtem, von Verwurzelung und Aktivität, ähnlich der Spiegelung in der Verbindung von Mensch und Tier.« Franz Meyer (1961, S. 161)
»Auf dem Gemälde 'Leben' [1964] ist der Kreis das große Sonnenrad, die Obertöne sind primitive Sonnenmythen, das Glücksrad, von dem alle Geschöpfe abhängen . . .
All diese Kreise enthalten wenigstens einen Teil der Bedeutung, die sie für unsere Vorfahren fast überall auf der Welt gehabt hätten; sie sind noch entzifferbar als Symbole für das runde Firmament der Himmel, für Transzendenz, Vollkommenheit und Ewigkeit – für die Schlange Zeit, die sich in den Schwanz beißt.«
s. u. Sonnenrad Roy Mac Mullen (1968, S. 99)
bei Fabrizio Clerici: s. u. Ellipse
bei Salvador Dali: Kugel (s. u. Muschel)
bei Robert Delaunay: ». . . neben einem flüchtigen Interesse für eine neue Technik läßt D. in 'Landschaft mit Scheibe' [1906–07] zwei beständige Elemente seiner Kunst erkennen: den Farbkontrast als poetische Sprache und den Kreis als formales Element und kosmisches Symbol.«
Michael Hoog (1976, S. 88)
bei Marcel Duchamp: »Schließlich betont noch die Kreisform des alchemistischen Gefäßes auf dem Bild ['Jüngling und Mädchen im Frühling', 1911] das Streben nach der ursprünglichen Einheit. Das alchemistische Begriffszeichen für das 'Eine und Ganze' ist ein Kreis, also eine Linie bzw. Bewegung, die in sich selbst Anfang und Ende hat. In der antiken alchemistischen Lehre bezeichnet der Kreis sowohl das Universum wie auch das 'Große Werk' . . . Tatsächlich ist die Quelle der Jugend die Frucht des Lebensbaumes

und zugleich auch in synonymer Bedeutung das 'Große Werk'.« Arturo Schwarz (1973, S. 19)
s. u. Glaskugel, transparente
bei Max Ernst: s. u. Oval
bei Fidus: s. u. Eiform
bei Werner Heldt: Element zeitloser Urbilder der großen Stadt (s. u. Häuserwände, kahle)
bei Auguste Herbin: »In ganz anderer Weise [als Robert Delaunay] bringt uns H. die Formensprache des Universums in Erinnerung, indem er die Symbole für die vier Elemente kompositionell anordnet: Kreis (Feuer), Dreieck (Luft, Licht), Halbkreis (Wasser), Quadrat (Erde): 'Luft – Feuer', [1944].« Kurt Herberts (1966, S. 118)
bei Horst Egon Kalinowski: »Es sind überaus subtil und diszipliniert gearbeitete Graphiken [Anfang der 60er Jahre], die vorerst ihr Material selber zur Darstellung bringen, aber auch mit wenigen elementaren Symbolen – Kreis als Sonnenfigur, Zahlen und Lettern als magischen Signa – angereichert sind.«
Hanno Reuther (1964, S. 46)

Joan Miró: Umkehrbare Personnages, 1949

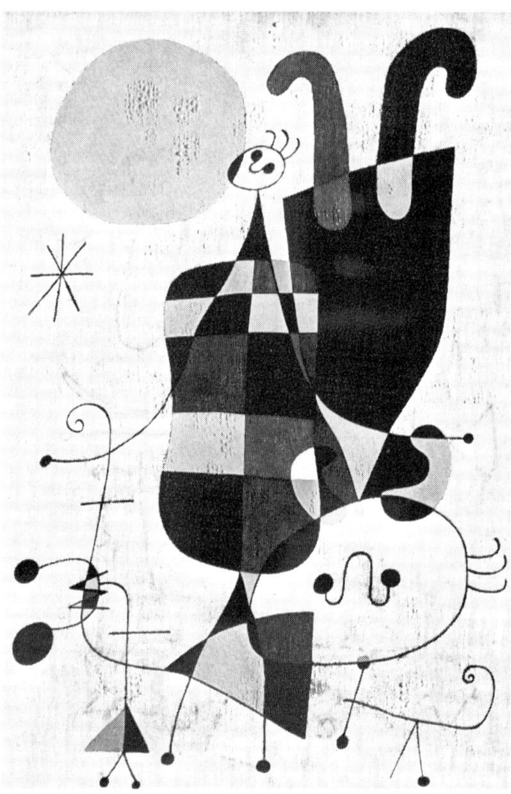

bei Wassily Kandinsky: »Ich meine, der Kreis symbolisiert bei K. eine schöpferische Kraft, die völlig frei ist von irdischen Dingen.«
Kenneth C. Lindsay (1976, S. 68)
»Die gedrängte Fülle der kreisförmigen Gebilde ist K.s Ausdruck für das Gefühl des *Wachstums.* Zu ihm gehören der Kreis und das Runde, beides Wachstumsformen, die in seinem Gesamtwerk eine Rolle spielen. Wiederholt sich das Kreisförmige so oft wie hier [in: 'Schwarze Striche No. 189', 1913], daß man an ein Bündel bunter Luftballons denken könnte, so weist die Ähnlichkeit der Formen auf das Urbild *Verwandtschaft* hin.«
Curt Seckel (1967, S. 189)
»Die einzelnen Kreise ändern zwar ihre syntaktische, d. h. strukturelle Funktion je nach ihrer örtlichen Norm, aber sie werden an keiner Stelle über den Rahmen ihrer bloßen Gestaltfunktion hinausgehoben. Sie bleiben Kreise und nehmen nur die ihnen ausdrücklich von K. zugeordnete Bedeutung ein: Ausdruck der in sich ruhenden Harmonie.« Rolf Wedewer (1963, S. 53)
s. u. Sonne, Kraft ausstrahlende
bei Paul Klee: »Der Kreis ist weder ausschließlich Gestalt, noch abstraktes Symbol oder Gegenständliches anpeilende Chiffre. Man mag ihn als Sonne oder Mond interpretieren oder in gleicher Weise in seiner Übersichtlichkeit die Chiffrierung des Unerreichbaren sehen, – niemals wird diese Form nur unter einem Aspekt auszufüllen sein.«
Rolf Wedewer (1963, S. 52)
bei Fernand Léger: Rundung des Gesichtes (s. u. Doppelwelle)
bei René Magritte: »Das tödliche Werkzeug, die einen beseelt-entseelten Frauentorso zerschneidende Guillotine [in: 'La confidence capitale', 1927], wird somit zur Achse einer Waage, auf deren Schalen jeweils das sichtbare Zeichen einer vollkommenen Form – der Kreis – so wie die embryonale Schrift – Bild eines zögernden, stotternden und unvollständigen Kommunikationsversuchs – lasten.«
Věra Linhartová (1972 a, S. 85)
bei Joan Miró: »Eines der Lieblingsmotive M.s war der Kreis, der möglicherweise auf das orale Stadium hinweist, jene Epoche des Kindes, in der es fast ganz auf die Nahrungsaufnahme beschränkt ist, auf den Mund (daher oral) und von der Außenwelt nur die Mutter, oder besser die Brust der Mutter kennt. Die orale Existenz der frühen Kindheit hat beim Menschen die besondre Form des Parasitismus: der Säugling ist gewissermaßen Parasit seiner Mutter. Viele Bilder M.s scheinen richtige Porträts parasitärer

Insekten zu sein, beträchtlich vergrößert, manchmal burlesk, manchmal bedrohlich.«

Marcel Jean (1961, S. 153)

bei Henry Moore: Reduktion des → Kopfes; Restsymbol für den ganzen Kopf (s. u. Kopf)

bei Ernst Wilhelm Nay: »Ein zarter Kreis zeichnet sich durchsichtig in den dunklen Grund [in: 'Schwarzer Diamant', 1932] und bestimmt als magisches Grundsymbol des Kosmischen das Endliche in ihm.«

Werner Haftmann (1960, S. 50)

s. u. Rund, blaues

bei Otto Piene: »Außerdem hat der Kreis [in: 'Schwarzes Volumen im roten Rechteck', 1962] für P. symbolische Bedeutung: Er "ist die sichtbare Form der Konzentration, die sich aus der Isolierung der Einzelkraft aus einem Kraftfeld . . . ergab" (Piene).«

Ursula Prinz (1978, S. 154)

bei Pavel Sukdolák: »Der Kreis [in: 'Signal I', o. J.] ist nicht die Sonne, sondern das Absolute und die Verschlossenheit, welche die größten Gegensätze versöhnt.« Jan Baleka (o. J., S. 6)

bei Atsuko Tanaka: »Um 1958 begann sie, Leinwände mit Kreisen in leuchtenden Schmelzfarben zu bemalen. Die Kreisgruppen, die wie dynamische Tänzer wirken, gehen auf die Skizzen für die Anordnung der bunten Glühbirnen zurück; die 'elektrisierten' Kreise strahlen reine Poesie aus, eine zarte, tiefe Sensibilität. Sie sind wohl nicht zu Unrecht mit dem Begriff 'Mandala' in Verbindung zu bringen, der symbolischen Darstellung des Persönlichkeitszentrums im alten Fernen Osten.« Yoshiaki Tono (1966, S. 180)

bei Adolf Wölfli: s. u. Lebensbaum

Kreis, abgewandelter

bei Paul Klee: → Frucht

–, einfacher

bei Rupprecht Geiger: »Aber wie kann man Vereinfachung, Einfachheit erklären? Sie ist nicht Armut oder Leere; sie bedeutet im Gegenteil Erfüllung, Vollkommenheit, wie in der ZEN-Philosophie. Der einfache Kreis ist das Symbol der Erleuchtung.« Herbert Read (1966a, o. S.)

–, großer

bei Alfred Manessier: s. u. Dornen

–, roter

bei Wassily Kandinsky: »Roter Kreis – sitzt fest, behauptet seine Stelle, ist in sich vertieft. Aber gleichzeitig wandert er, da er alle übrigen Stellen für sich haben möchte – so strahlt er über alle Hindernisse bis in die weiteste Ecke. Blitz und Donner zusammen. Leidenschaftliches 'Ich bin da!'.« Wassily Kandinsky (1955, S. 168)

–, schwarzer

bei Wassily Kandinsky: »Schwarzer Kreis – entfernter Donner, eine Welt für sich, die sich scheinbar um nichts kümmert, ein Sich-insich-Hineinziehen, ein Abschluß auf der Stelle. Ein langsam kühlgesagtes '*Ich* bin da'.«

Wassily Kandinsky (1955, S. 168)

Kreise

bei Giacomo Balla: s. u. Dreiecke

bei Gustav Klimt: s. u. Totenkopf

bei Fernand Léger: s. u. Maschine

bei Mikuláš Medek: s. u. Kugeln

bei Giuseppe Spagnulo: Gleichgewichte (s. u. 'Ferri spezzati')

–, magische

bei Max Ernst: kosmische Symbole (s. u. Mondringe)

Kreisel

bei Max Ernst: »Die gebeugte Figur links stellt den Vater dar [in: 'weib, greis und blume I', 1923], wie E. ihn sah, mit Schnurrbart, gespreizten Beinen, gekrümmtem Rumpf, gebogenen Knien und jenem leisen Klang von Obszönität, mit der er sich mit einer nackten weiblichen Figur auf dem Arm an die Holzplatte lehnte. Auf der anderen Seite der Platte ist der riesige Kreisel zu sehen, der in E.s Traum die lüsternen Gedanken seines Vaters verkörperte.«

John Russell (1966, S. 67)

Kreisform

bei Leo Breuer: »Im 'Karfreitag' [1952] ist auf tiefblauem Grund links das Kreuz angedeutet, an dem sich zwei langgestreckte Dreiecksformen hochziehen. Die Assoziation zu Leichentüchern liegt nahe und ist erlaubt. Rechts neben dem Kreuz, auf einem etwas helleren blauen Grund, eine violett-blau-schwarze, geometrisch aufgegliederte Kreisform, die Sonnenfinsternis symbolisierend. Darunter zwei Rechteckformen, eine horizontal, die andere vertikal gegliedert, für B. Zeichen des Disputes und gegensätzlicher Meinungen, die der Tod Christi auslöste.«

Maria Velte (1968, S. XV)

Kreisformen

bei Max Ackermann: s. u. Blau, Rot und Gelb

Kreisring, halbiert

bei Max Beckmann: s. u. Spiegel mit Horizont

Kreissägen

bei Valeriano Trubbiani: s. u. Objekte

Kreuz

bei Franco Angeli: s. u. Macht, Symbole der

bei Ernst Barlach: »In der Mitte [vom Ehrenmal zu Magdeburg, 1929] steht das Kreuz, das allein dem Menschen im allerschwersten Geschehen einen inneren Halt gibt und das zugleich das zeitlose Symbol des Opfers ist.«

Walter Nigg (1961, S. 176)

s. u. Heiliger; s. u. Löwe

bei Leo Breuer: s. u. Kreisform

bei S. Dali: s. u. Ei; s. u. Johannes; s. u. Muschel

bei Fidus: »Wenn neben den verschiedenen Runen auch das Kreuz häufig auftaucht, so ist das in der Regel nicht als christliche Symbolik zu verstehen. Äußerungen von F. lassen darauf schließen, daß er sein 'männliches Dasein' (Beruf, Existenzkampf, Vorträge, Kunstproduktion, geistige Arbeit und politische Auseinandersetzung) als 'Kreuz' empfand, daß er sich ans 'Kreuz der Tat' geschlagen fühlte. Auf seinen Bildern ist das Kreuz häufig mit dem Licht und dem männlichen Geist-Prinzip verbunden, vor dem die Frau kauernd oder zusammengesunken leidet. So z. B. in dem Bild 'Ewigkeitskreuz' [1931], in dem die Lichtquelle (Sonne) hinter der Kreuzesmitte steht.«

J. Frecot/J. F. Geist/D. Kerbs (1972, S. 276)

s. u. Blume, geöffnete

bei Jo Jastram: s. u. Aufgerichtete

bei Paul Klee: »Das Kreuz zum Beispiel als auslöschendes, durchstreichendes Symbol [in: 'Von der Liste gestrichen', 1933], als Zerstörer von Hoffnung, wird zu einer ungeheuren Realität, gerade weil es auch als Sinnbild der Gemeinsamkeit, der Verbindung bezeichnet werden könnte.« Tilman Osterwold (1975, S. 150)

s. u. Rohre; s. u. Spirale (M. Huggler)

bei Heinz Mack: »Die Sahara war sein Ort Zero. Wenn er dort seine Aluminiumfahnen zu einem gewaltigen Kreuz auslegt – in dem sich tiefblau das Firmament spiegelt, ein Brunnen im tunesischen Sand –, dann markiert er das, was der Konzeptkünstler Ben Vautier mit dem kleinen schwarzen Kreuz auf der Stirn bezeichnet: das Zentrum der Welt. Die Orte entsprechen einander.« Wieland Schmied (1975, S. 27)

bei Giacomo Manzù: s. u. Gekreuzigter

bei Mikuláš Medek: »Inhalt und Thema des Bildes [Altar in Jedovnice, 1963] ist das Kreuz . . . Das Bild vergegenwärtigt das Opfer von Golgatha nicht durch eine nachahmende Szene, sondern durch ein eindeutig verständliches und vielseitig bedeutungsvolles Symbol – als das Werkzeug der Demütigung und des Leidens, der Erhöhung und Verherrlichung . . . In der Harmonie der roten und blauen Farbe aktualisiert sich die Symbolik des Christus und der Jungfrau Maria, die uralte Verbindlichkeit hat.«

Antonín Hartmann (1969, S. 95)

bei Otto Meyer-Amden: s. u. Knabe, entkleideter; s. u. Lehrer

bei Piet Mondrian: »Wenn wir auf Grund unserer Kenntnis des Hilversumer Bildes [1931] das Kreuz als Landschaft interpretieren wollen, die Waagerechte als Horizont, die Senkrechte als Mond und seine Reflexe, . . .«

Michel Butor (1970, S. 81)

bei Hanna Nagel: Leiden (s. u. Nonnentracht)

bei Pablo Picasso: s. u. Matador

bei Germaine Richier: s. u. Kruzifix

bei Emilio Scanavino: s. u. Brotlaib

bei Ernst Steiner: Leiden (s. u. Baum)

bei Adolf Wölfli: s. u. Lebensbaum

Kreuz aus Korallen

bei Salvador Dali: »Das Kreuz aus Korallen [in: 'Das Engelskreuz', ca. 1959] – der Baum des Lebens – ist die pflanzenhafte Welt.«

Salvador Dali
in: Klaus Gallwitz (1971 a, S. 324)

– aus Zeitungspapier

bei Antoni Tàpies: »Vor einem rauchgeschwärzt aquarellierten Hintergrund schwebt ein Kreuz aus Zeitungspapier [in: 'Kreuz aus Zeitungspapier', 1946/47] . . . Dieses Ursymbol menschlicher Orientierung aus der mythischen Geographie, das, bevor es christlich motiviert, die Himmelsrichtungen noch eng mit Mythen verband, bekommt bei T. einen ambivalenten Symbolwert. In seiner Außenform ist es ein Ursymbol, das, wie das ebenfalls bei T. häufig vorkommende Andreaskreuz, geschichtlich am Anfang auch der christlichen Ikonographie steht. In der Innenstruktur aber ist es aktualisiert zum dogmatischen Zeichen; denn das aus zwei gleichlangen Balken bestehende Achsenkreuz ist aus einem kirchlichen Nachrichtenblatt mit Todesanzeigen herausgerissen.« Barbara Catoir (1977, o. S.)

–, christliches

bei Paul Klee: s. u. Pforte

'– der Tat'

bei Fidus: s. u. Kreuz

– des Todes

bei Werner Scholz: → Grabkreuz

–, Gestalt am

bei Francis Bacon: s. u. Gestalt am Kreuz

–, halbes

bei Joseph Beuys: wiedervereinigtes Europa (s. u. Kreuzteilung)

–, Kind am

bei Marc Chagall: Unschuld (s. u. Kind am Kreuz); s. u. Mater Dolorosa

–, magisches

bei Paul Klee: »Das Ganze geteilt durch ein

magisches Kreuz, feststehend, Symbol des Gesetzes, vertikal geneigt, verschoben, dadurch Beängstigung auslösend, Verwirrung stiftend, zugleich Illusion der Höhe und Gefahr . . .« [in: 'Der Seiltänzer', 1923].

Hans-Friedrich Geist (1948, S. 27)

–, schwarzes

bei Johannes Itten: »Ein 1965 entstandenes Blatt I.s heißt 'Tod'. Die schweren Balken eines schwarzen Kreuzes stehen gleich einer Sperre vor einem dunklen Grund . . . Das Kreuz ist nicht das Zeichen des Todes, sondern das der Überwindung des Todes.« Eberhard Roters (1971, o. S.)

bei Ben Vautier: Zentrum der Welt (s. u. Kreuz – bei Heinz Mack)

– und Schlange

bei Otto Mueller: »Auf diesem Bild ['Selbstbildnis mit Pentagramm', 1922] hat M. in der linken oberen Ecke auf einer tellerrunden Scheibe, außer seinen Initialen und der von einem Gloriolensegment überdachten Jahreszahl 22, Kreuz und Schlange angebracht, nach altem Symbolglauben: 'Sei glücklich – ohne Feinde'.«

Lothar-Günther Buchheim (1963, S. 10)

– vor der Brust

bei Friedensreich Hundertwasser: s. u. Hase

–, weißes

bei Paul Klee: »Das Gesetz, als dessen Symbol das große weiße Kreuz unvermittelt in Erscheinung tritt [in: 'Seiltänzer', 1923], ist gleicherweise das Gesetz der Schwerkraft wie das des Raumgefühls im Menschen selbst.

Die Funktion der Kräfte, mit denen sich der Mensch im Raum orientiert, verläuft sowohl in der Senkrechten wie in der Waagerechten, Das heißt, es entsteht ein unsichtbares Kreuz. Und dieses Kreuz hat K. auf dem Blatt 'Seiltänzer' sichtbar gemacht!« Heinz Demisch (1959, S. 81)

Kreuze

bei Gerhard Hoehme: s. u. Linien

bei Gustav Klimt: s. u. Totenkopf

bei Walter Pichler: kranke Gesellschaft (s. u. Wagen, eiserner)

bei Franz Radziwill: s. u. Gestalt, von einem Reif umgeben

–, schwarze

bei Max Beckmann: »Indem er dem Bild standhielt ['Columbine', 1950], bekannte sich B. zu diesem Risiko. Das wurde durch ein bemerkenswertes Detail noch vollends deutlich gemacht. Ich meine damit die Spielkarten auf der Sitzfläche vor dem Schoß der Columbine: Es handelt sich da um einen anscheinend nachlässig hingestreuten Kartenwurf, aber mir scheint kein Zweifel daran, daß mit diesem Kartenwurf auf das Schicksal angespielt und eine mögliche Entscheidung ins Auge gefaßt wird. In diesem Sinne stellt es der Maler wohl auch anheim, die flüchtigen schwarzen Kreuze auf den beiden letzten, zum Schenkel hin liegenden Karten als Todeszeichen anzusehen.« Friedhelm W. Fischer (1972 b, S. 86)

–, sieben

bei Paul Klee: »Schon die sieben, bald kleinen und kleinsten, bald riesengroßen Kreuze [in: 'Friedhof', 1939], werden in K.s Sprache zu Maßstäben des Glaubens.«

Walter Ueberwasser (1965, o. S., B. 26)

Kreuzes, Figuren zu Füßen des

bei Francis Bacon: Erinyen (s. u. Figuren zu Füßen des Kreuzes)

Kreuzesform, schwarze

bei Julius Bissier: »Oder die schwarzen Kreuzesformen auf vielen Tuschen: selbst wenn sie ursprünglich als männlich-weibliche Symbole entstanden sind, können sie kaum anders als ein –

Paul Klee: Seiltänzer, 1923

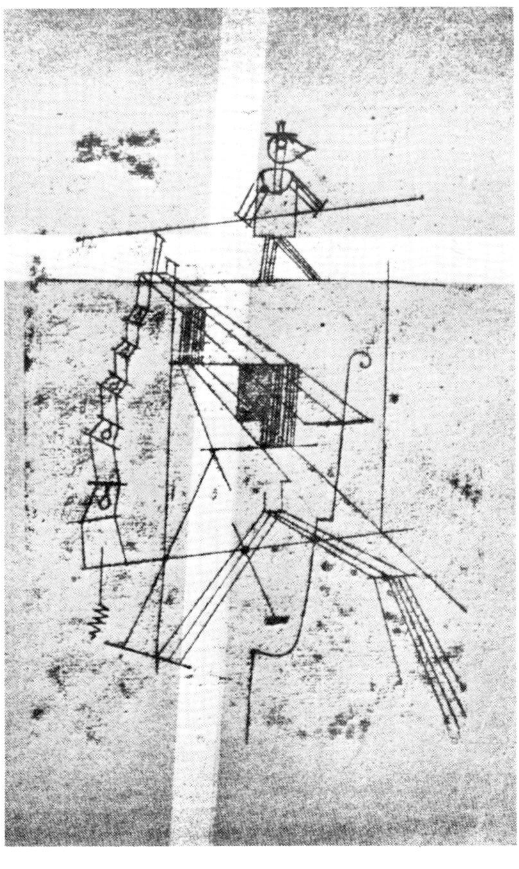

durchaus nicht christlich zu deutendes – Memento Mori gelesen werden.«

Werner Schmalenbach (1974, S. 114)

Kreuzigung
s. Teil III

Kreuzworträtsel
bei Tetsumi Kudo: s. u. Thermometer

Krieger
bei Oskar Kokoschka: »Symbolischer, literarisch-autobiographischer Charakter der Komposition ist auch in einem anderen Bilde von 1915, 'Der irrende Ritter', deutlich. Es handelt sich um ein Selbstbildnis in Rüstung. Der 'Krieger' lagert in einer apokalyptischen Landschaft, von dunklen Vorboten des Schreckens umstellt.«

Giuseppe Gatt (1970, S. 27, 29)

bei Henry Moore: »Diesem wohl seltsamsten und grauenhaft tragischsten Krieger ['Krieger mit Schild', 1953/54], den jemals ein Künstler geschaffen hat, fehlt der linke Arm, der rechte Fuß und die Hälfte des linken Beins. Er ist das Symbol des in jedem Sinne Verstümmelten. Sein rechter Arm hält nicht etwa das Schwert, sondern – in ratloser und trostloser Verteidigung – den Schild. Abwehr ist das Einzige, was ihm – dem Widerstrebenden, der sich vergeblich gegen das Negative zu verteidigen sucht, geblieben ist. Das wie gespaltene Haupt, der von Schnitten durchkreuzte Mund – das Bild der Angst und Wehrlosigkeit ist am deutlichsten, wenn ihm auch der Schild noch geraubt wird. Dieser Krieger ist das ergreifendste Bild eines überpersönlichen 'Kastrationskomplexes', das die Kunst kennt, es ist die Darstellung der völligen Kapitulation vor der Übermacht der verschlingenden Mächte.«

Erich Neumann (1961, S. 119/21)

bei Pablo Picasso: »Der Krieger [in: 'Guernica', 1937] ist ein zerbrochenes Ideal, geschlagen, abgedankt. Doch da er eine Plastik ist, vertritt er nicht bloß die materielle Niederlage oder den Schmerz über sie, sondern mehr noch die abstrakte Tatsache und Idee der Niederlage. Stein leidet nicht, wie Pferde es tun. Die Verwandlung des Kriegers in eine Statue kühlt die Hitze der physischen Katastrophe ab. Sie verstärkt die Abstraktheit der Wirklichkeitsebene in dem ganzen Bilde. Doch auch auf der mehr abstrakten Ebene bleibt der Unterschied zwischen Pferd und Statue bestehen – der Unterschied zwischen dem Krieg als gefühltem Leiden und als militärischer historischer Tatsache. Und während das Leiden in dem Todeskampf des Pferdes am Leben ist, liegt die Statue tot da.«

Rudolf Arnheim (1964, S. 51)

–', 'fallender
bei Henry Moore: »'Fallender Krieger' 1956/57, ist das makabre und tragische Symbol einer Welt, die darauf besteht, sich selbst zu zerstören.«

H. Havard Arnason (1970, S. 522)

–, sterbender
bei Wilhelm Lehmbruck: »Der 'Sterbende Krieger' (1915–16) ist zum Sinnbild einer Generation geworden, deren Reihen sich im Kampflärm lichteten. Das ist kein Stürzender schlechthin, sondern ein Gefällter . . .«

Werner Hofmann (1958, S. 70/1)

Pablo Picasso: Guernica, 1937

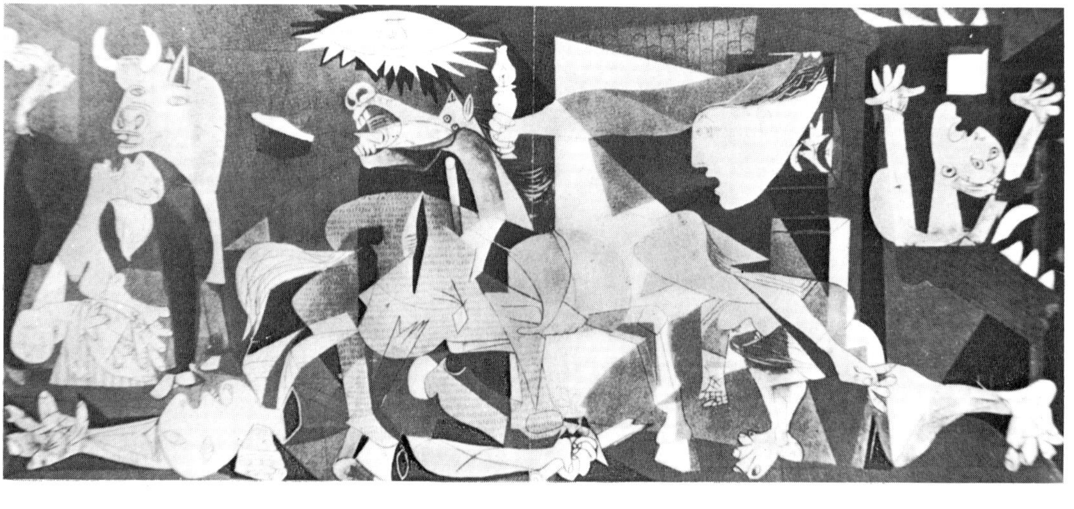

–, zerschmetterter
bei Pablo Picasso: s. u. Reiter
Kriegerdenkmal
bei Franz Metzner: → Heros, nackter
Kriegergestalt
bei Georg Kolbe: »Die Schwert und Helm tragende Kriegergestalt [in: 'Kriegergruppe', Brunnen auf dem Bahnhofsvorplatz in Wuppertal-Elberfeld, 1916] scheint wiederum den Krieg als Wehrkraft zu symbolisieren und der davor kniende Jüngling den Frieden.«
Siegmar Holsten (1976, S. 25)
Kriegerhelm
bei Max Beckmann: Mars/Krieg (s. u. Helm)
Kriegerwitwen
bei Ernst Ludwig Kirchner: »Wahrscheinlich wurden in dieser Zeit [Frühjahr 1914] auch die Bilder 'Zwei Frauen auf der Straße' und 'Potsdamer Platz, Berlin' begonnen. Für ein späteres Datum spräche die Tatsache, daß in jedem der beiden letztgenannten Bilder die Gesichter der Frauen mit schwarzen Schleiern verhüllt sind, die die Verkleidung andeuten, durch die sich die Kokotten in den Berliner Straßen seit August dieses Jahres und noch später als 'Kriegerwitwen' ausgaben.« Donald E. Gordon (1968, S. 100)
Kriegführende
bei Oskar Kokoschka: s. u. Tiere
Kriegsgefangener
bei Alberto Burri: s. u. Säcke mit Farbe
Kriegskrüppel
bei Otto Dix: »Zum Symbol für Zerstörung und Lebenstrieb zugleich wird ihm der Kriegskrüppel ['Kriegskrüppel', 1920], und er malt ihn unerbittlich und gefühllos wie ein verunstaltetes Wrack, das sich mit Hilfe von Federn und Apparaten vorwärtsbewegt.«
Otto Conzelmann (1959, S. 20)
Folgen der Greuel (s. u. Held mit Prothesen); s. u. Hiob
Kriegsmaschinen
bei Renato Guttuso: Rundschilde, → Helme
Kriegspferde
bei Marc Chagall: heraldisches Zeichen für den Stamm Gad (s. u. Schafe)
Kristall
bei Hannah Hoech: Materie und Geist (s. u. Spiegel)
bei Johannes Itten: »Innerhalb des Werkes von I. ist daher der Kristall – ein Zeichen, das als Arkanum für das gilt, was im 'Turm des Feuers' [1918–22] evident wird – die Geburt der Farbe.«
Eberhard Roters (1971, o. S.)
bei Paul Klee: »Kristall und Ei würden sich als Sein und Werden gegenüberstehen« [in: 'Schlange auf der Leiter', 1929].
Max Huggler (1969, S. 109)
bei Jacques Lipchitz: »Das Symbol für diese Zeit, in dem sich Malerei, Relief und Plastik deutlich ihrer Elemente bewußt wurden, ist der 'Kristall' . . . Das Wort 'Kristall' hatte 1915 eine bestimmte Zeit-Bedeutung. Es war für die Künstler unbewußt ein Symbol dessen, was sie suchten. Kristall bedeutet Symmetrie, Gleichgewicht, Klarheit. Es bedeutete die Suche nach einer schematischen Basis der Erscheinungen.«
A. M. Hammacher (1960, S. 31/2)
Kristalle, farbige
bei George Grosz: s. u. Abenteurer
kristalline Formen
bei Oscar Dominguez: »In den Monaten vor dem zweiten Weltkrieg entwickelten die kosmischen Bilder von D. kristalline Formen. Die Zeichen der Unfruchtbarkeit mehrten sich . . . auf den Planeten [wucherte] eine Steppenvegetation, Pflanzen mit scharfen Schneiden, die schließlich das ganze Bild mit einem Dickicht prismatischer

Ernst Ludwig Kirchner: Frauen auf der Straße, 1915

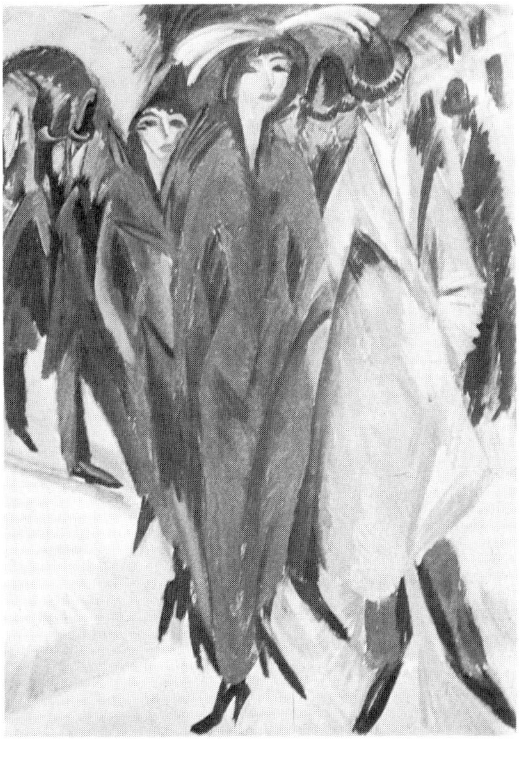

Gebilde, mit einem Netz langer, scharfkantiger Nadeln überzogen – der Tod in kristallinischer Gestalt.« Marcel Jean (1961, S. 269)

Kristallkugel

bei Max Beckmann: »Vielleicht noch merkwürdiger als diese frappierenden Einzelheiten erscheint uns heute der Umstand, daß der Maler das Bild ['Galleria Umberto', 1925] seinerzeit selbst als rätselhafte Zukunftsvision charakterisiert hat. Neben der Leiche hängt nämlich eine große Kristallkugel, in der sich verschwommen irgendwelche Farben und Formen abzeichnen. Es handelt sich hierbei um die sogenannte mantische Kugel, das seit dem Altertum bekannte Werkzeug des Kristallsehers. Dasselbe Motiv kommt, in ähnlichem Zusammenhang, auf dem linken Flügel des Triptychons 'Abfahrt' [1932/33] vor, und 1937 hat sich B., mit der Glaskugel in der Hand, selbst in der Haltung und mit dem Ausdruck eines Unheilsehers dargestellt.«

Friedhelm W. Fischer (1972 b, S. 38/9)

Kristallseher

bei Max Beckmann: s. u. Kristallkugel

Kristallwürfel

bei Jacques Hérold: »Kristallwürfel, der urzeitlich scheinende Kopf eines Fisches, ein Arm, das zerbogene Röhrensystem eines industriellen Gestänges breiten sich neben verwirrten Netzknäueln irgendwelcher Überlandleitungen aus ...

Betrachten wir die Figuren H.s ... und indem der Maler ihnen ein anderes Sein gibt, macht er sie zu Metaphern unserer heutigen Welt.«

Rolf Wedewer (1962, S. 57)

Kritzelei(en)

bei Janez Bernik: Hinweis auf Vergangenes (s. u. Schrift)

bei Antoni Tàpies: s. u. Schrift

Kröte

bei Oskar Kokoschka: Todeszeichen (s. u. Hammel, abgezogener)

Krone

bei Max Beckmann: »Andere Lockmittel sind Macht, Reichtum und irdischer Glanz. Dies wird durch die Krone symbolisiert [in: 'Versuchung', 1936/37], welche der Hotelboy auf dem rechten Flügel herausfordernd auf einem Tablett trägt. Die zerlumpte Gestalt, die der Bursche an der Kandare führt, macht deutlich, wie scharf die Begierde ins Fleisch einschneidet und wie tief der ihr völlig Verfallene sinken kann.«

Friedhelm W. Fischer (1972 a, S. 143)

Lockung durch Macht u. a. (s. u. Angler)

bei Oskar Kokoschka: »Dem beseelenden Hauch des Geistes entwuchsen die Kulturwerke, deren Attribute auf K.s Bild ['Die Prometheussaga', 1950] symbolisch dargestellt sind: die staatliche Ordnung und die Ehre mittels der Krone; die Gerechtigkeit durch die Waage.«

Joseph Paul Hodin (1963, S. 151)

bei Pablo Picasso: Monarchie (s. u. Polyp)

bei Graham Sutherland: s. u. Kopf

Kronen, antennenhafte

bei Hanna Nagel: s. u. Tücher

Kronos

bei Paul Hermann: s. u. Riese, menschenähnlicher

Krücke

bei Max Beckmann: »Der Reisehut mit der Feder [in: 'Begin the Beguine', 1946] ist gewiß ein typisches Attribut Hermes-Merkurs, warum ist aber der Zauberstab des Gottes mit dem Schlüssel vertauscht und vor allem: was hat die Krücke zu bedeuten, auf die sich der Fremde stützt?

Zunächst ist festzustellen: die Krücke ist ein charakteristisches Attribut des Saturn. Auch den Schlüssel und das bisher noch nicht erwähnte Fischnetz, welches der Gott über der Schulter trägt, finden wir auf zahlreichen Saturndarstellungen.

Es wurde schon früher dargelegt, daß B. mit dem Saturnsymbol nicht nur den bekannten Gedankenkomplex von Melancholie, Erwählung und Genialität verbindet. Saturn bedeutet ihm nicht allein Verhängnis, sondern vor allem Geheimnis, magische Beziehung, okkulte Macht, rätselhafte Einwirkung.«

Friedhelm W. Fischer (1972 a, s. 176/77)

bei Salvador Dali: »Um sie [weiche Körper] aufzufangen, um ihre apokalyptische Monstrosität zu demonstrieren, hat D. eine Krücke erfunden, die Körper, Köpfe, Felsen stützt – alles, was plötzlich nicht mehr fest zu sein scheint, keinen Halt mehr besitzt, in sich zusammenzufallen droht. Diese Krücke ist selbst wieder dualistisches Symbol, sich gabelnd in Leben und Tod ...« Wieland Schmied (1973 a, S. 297)

»Die Krücken sind immerwiederkehrende Symbole für ein besonderes Problem D.s, der ... 'immer von der Angst vor dem Versagen verfolgt wurde'.« William S. Rubin (1972, S. 230)

bei Jean-Pierre Raynaud: Amputation (s. u. Psycho-Objekte)

Krücken, Bettler auf

bei Ernst Barlach: menschliche Gebrechlichkeit (s. u. Bettler auf Krücken)

–, fünf

bei Salvador Dali: »Sie ['die Totenfrau'] ...

stützt sich [in: 'Brennende Giraffe', 1937/38] in den fünf Krücken – Symbol der fünf Sinne – auf äußere Wahrnehmungen, dem Rationalismus verfallen.« Doris Wild (1950, S. 245)

Krüppel

bei Heinrich Hoerle: → Mensch; s. u. Roboter

Krug

bei Franz Radziwill: Schönheit der Dinge (s. u. Augenbinde)

– mit Halsöffnung

bei Henry Moore: 'Gefäßweib' (s. u. Weib)

– mit Henkel

bei Salvador Dali: »Das Frauengesicht, das in den 'Erleuchteten Vergnügen' [1929] den Löwenkopf berührt, ist ein Doppelbild: Es ist zugleich ein Krug mit Henkel. (Daß Gefäße weibliche Symbole sind, ist eine Freudsche Binsenwahrheit.)« William S. Rubin (1972, S. 226)

Krustentiere

bei Bernard Meadows: »Bis 1960 modellierte er ausschließlich Krustentiere und Vögel als Symbole des Menschen, als Vorwand, um seine Gefühle den menschlichen Wesen gegenüber kundzutun.« Leopold Zahn (1964, S. 32)

Kruzifix

bei Marc Chagall: »Was hat es zu bedeuten, daß so oft auf C.s religiösen Darstellungen der gekreuzigte Christus erscheint, nicht selten in naher Verbindung mit Gestalten und Symbolen der mosaischen Welt? Einmal ist Christus für ihn der verfolgte Jude schlechthin, stellvertretend für alles spätere Schicksal.« Carl Georg Heise (1960, S. 162)

bei Germaine Richier: »Sinnbild dieser 'letzten Hinopferung des Menschenbildes' ist das Bronzekruzifix von R. in der Kirche 'Notre Dame de toute Grâce' von Assy (1950). Da hängen nur noch Überreste eines verbrannten Christus am Kreuz. 'Er gleicht einer der furchtbaren Phosphorleichen' [L. Schreyer], wie wir sie nach entsetzlichen Brandbombenangriffen gefunden haben.« Max Peter Maass (1965, S. 246)

Kruzifixus

bei Otto Meyer-Amden: Martyrium (s. u. Hirte, guter); s. u. Lehrer

Kuben

bei Otto Freundlich: das Gesetzmäßige des Kosmos (s. u. Kurven)

Kubisten, Mittel der

bei Georges Braque: s. u. Buchstabe

Kubus

bei Salvador Dali: s. u. Nadeln, zwölf diamantene

bei Hannah Hoech: »Beschwört die 1926 vollendete 'Treppe' das Rätselhafte des Daseins, Unausweichliches, Dämonisches und Tödliches –, so steht der 'Kubus' des gleichen Jahres im Zeichen der Hoffnung, des triumphierenden Geistes.« Peter Krieger (1976, S. 18)

s. u. Spiegel

Küchentisch

bei Pablo Picasso: s. u. Leichenhaufen

Künstler

bei Marc Chagall: → Geiger (W. Haftmann)

bei Max Ernst: Herr des Auges (s. u. Auge)

bei Erich Heckel: → Schmerzensmann

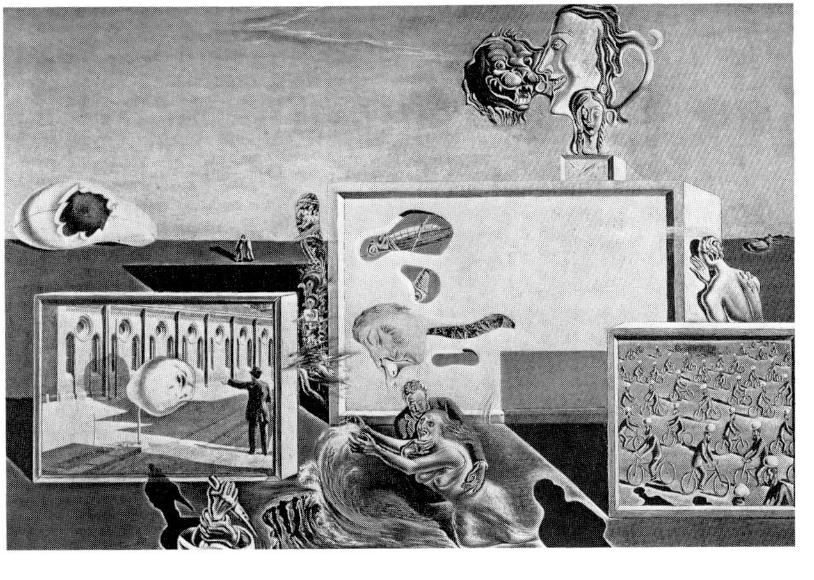

Salvador Dali:
Erleuchtete Vergnügen, 1929

bei Konrad Klapheck: → Schreibmaschine (K. Klapheck); → Schreibmaschine mit fünf Tasten
bei Pablo Picasso: s. u. Spiegel (W. Wiegand)
Künstler, abstrakter
bei Wassily Kandinsky: → Georg, heiliger
–, Bedeutung als
bei Max Beckmann: → Blasinstrumente
Künstlers, Anwesenheit des
bei Joseph Cornell: Puppenkopf (s. u. Ei)
–, Attribute des
bei Max Beckmann: → Musikinstrumente
–, Empfindungen des
bei Karl Hofer: → Menschen, Erscheinung des
–, Existenz des
bei Rudolf Hausner: → Billardspieler
–, Mythos des verkannten
bei Pablo Picasso: s. u. Gaukler (W. Wiegand)
Küste
bei Max Beckmann: »Seine Suche ging in Richtung auf den Sinn der Welt. Er empfand sich wie einer, der am Ufer steht – die Küste als Symbol der Grenzsituation des Menschen –, den Blick und die Sehnsucht in die Ferne jenseits des 'Horizontes der Ewigkeit' gerichtet.«
Ulrich Weisner (1971, S. 31)
bei Konrad Klapheck: s. u. Schellen
bei Ben Shahn: s. u. Wesen, menschliches

Rudolf Hoflehner: Kleines Idol, 1961

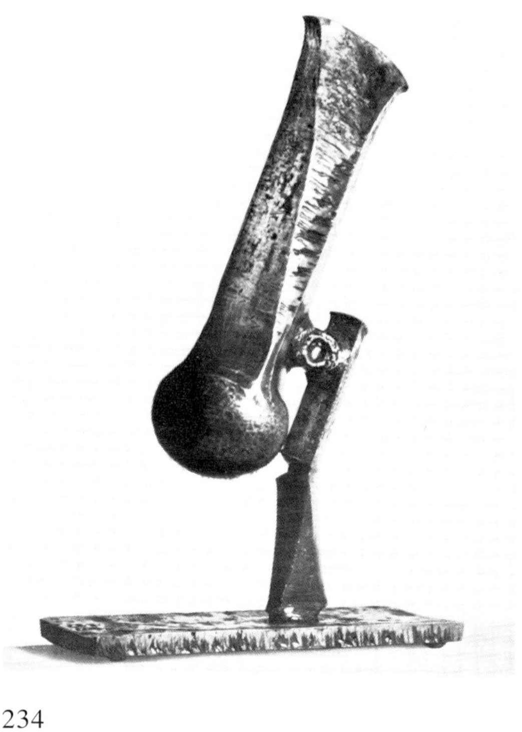

Küsten, unbekannte
bei Giorgio de Chirico: s. u. Enfremdung
Küstenbewohner
bei Marc Chagall: der Stamm Sebulon (s. u. Schafe)
Kugel
bei Rudi Baerwind: »Kreis und Kugel: geheimnisvolles Symbol der Mythologie und Sage, Zauberer und Alchimisten, Symbol für geheimnisvolle Schöpferkraft. So zeigt sich der Maler, 1948, in einem der wenigen Selbstporträts, die er gemacht hat, mit der Kugel: Wissender und Suchender zugleich.«
Gerd-Niels Wötzel (1975, o. S.)
bei Salvador Dali: Kreis (s. u. Muschel)
bei Alberto Giacometti: »Ein anderes 'Spielbrett' aus dieser Epoche scheint das Gegenteil auszudrücken: Das Leben ist wie ein Spiel ohne Ende, ohne Erlösung; ein ewiger Kreislauf. Wenn wir in der Plastik 'Kreislauf' ('Circuit', 1931) die Kugel, die in einer Rinne ihre geschlossene Umlaufbahn nicht verlassen kann, richtig als Metapher für 'Mann' deuten – genauer sogar als männlichen Kopf, wie im 'Modell für einen Platz', in 'Frau, Kopf, Baum' und bei der 'Schwebenden Kugel' –, so ist hier der Mythos vom verlorenen Paradies auf die elementarste Formel gebracht: Nie wird die Kugel die Eintiefung neben der Umlaufrinne ('die Frau') erreichen.«
Reinhold Hohl (1971, S. 83)
bei Rudolf Hausner: »In ihrem 'Leib' (gebenedeit sei dein 'Leib') ruhen noch Symbole des 'absoluten' Seins [in: 'Adam-Triptychon', 1974]: eine Kugel und ein geometrisches Meßgerät.«
Gustav René Hocke (1974, S. 121)
bei Rudolf Hoflehner: »Die Kugel, aus ihrer Verschmelzung mit dem Keil befreit [in: 'Kleines Idol', 1961], wird nun nicht nur zum plastischen Inbegriff gebärender Kräfte, sie wird zur Urzelle aller Formentfaltung. Die Vorstellungskraft konzentriert sich auf die Große Mutter, die Große Runde. Diese Beschwörung der Fruchtbarkeit hat einen triumphierenden Grundton.«
Werner Hofmann (1965 b, S. XV)
bei Johannes Itten: s. u. Feld
bei René Magritte: s. u. Hantel; s. u. Schweben
bei Wolfgang Mattheuer: »Wenn M. diesen Alpträumen in einer frühen Zeichnung einen jungen Arbeiter entgegenstellt, der durch die Kugel auf der Schulter als Atlas charakterisiert ist, gibt er damit zu erkennen, daß die Hoffnung des Künstlers auf die weltentragende Kraft der produktiven Arbeit gegründet ist.«
Heinz Schönemann (1977, S. 15)

bei Henry Moore: s. u. Kopf
bei Arnoldo Pomodoro: »P.s aufklappende Kugelformen zeigen den Prozeß ihres Zerberstens, der sich in hieroglyphenartigen, informellen Innenstrukturen sichtbar verfestigt [Karin Thomas]. Faktisch haben aber diese Kugeln nichts mit Hieroglyphen, 'heiligen Zeichen', zu tun, sondern mit der Zukunftsvision des *Un*heiligen, des Zerberstens der Erde.«
Walther Krüger (1972, S. 31)
bei Paul Thek: s. u. Grabkammer
–, blaue
bei Max Beckmann: s. u. Flügelwesen
–, feuerrote
bei Paul Klee: »So trifft die feuerrote Kugel (als Abstraktion für Lebensgefühl) auf die schon wartende, kaltblaue Gegenfarbe« [in: 'noch heiß, und fremd einher', 1938].
Walter Ueberwasser (1965, o. S., B. 23)
–, gläserne
bei Man Ray: »R. hat 1935 eine Tonpfeife mit der Inschrift versehen: 'Ce qui nous manque tous'; auf dem Pfeifenkopf sitzt eine gläserne Seifenblase. Die leicht zerbrechliche gläserne Kugel bedeutet das weibliche Genital . . .«
Volker Kahmen (1972, S. 21)
–, mantische
bei Max Beckmann: s. u. Kristallkugel
–, rote
bei Rudolf Hausner: »Die Stille ist zerschnitten von der Katastrophe, der Raum schlägt um wie oft auf den Bildern H.s, der in der roten Kugel [in: 'Penelope', 1951] das vollkommene Gebilde, das Glück, die Sonne, das Licht, die Frucht und die Freude sieht.«
Alfred Schmeller (1956, S. 60)
–, schwarze
bei Max Beckmann: Tiefpunkt (s. u. Himmelskörper, rotglühende)
–, stählerne
bei Max Ernst: »Anstatt ihres Antlitzes und Kopfes [in: 'Le Lion de Belfort', B. 21, 1934] trägt sie eine gerahmte, wohl stählerne Kugel, von der ein pfauenfederähnlicher Fächer ausgeht. Der Verlust des menschlichen Antlitzes als Spiegel der göttlichen Herkunft ist der Tribut, den die Psyche den Gewalten der Finsternis, dem Bösen zahlen muß.« Dieter Wyss (1949, S. 71)
Kugelbäume
bei Rudolf Hausner: »Die Billardkugeln [in: 'Adam Billard', 1975/76] rufen die Kugelbäume ins Bild, die wiederum eine Kindheitserinnerung an den Prater darstellen.«
Gottfried Sello (1976, S. 34)
Kugelbaum
bei Werner Tübke: s. u. Widderrelief
Kugelform
bei Yves Klein: s. u. Rundform in Goldfarbe
Kugelformen, aufklappende
bei Arnoldo Pomodoro: Prozeß ihres Zerberstens (s. u. Kugel)
Kugeln
bei Hans-Jürgen Breuste: s. u. Ketten
bei Paul van Hoeydonck: » . . . so wie es H. in trivialem Stuckillusionismus lebensgroß vorführt: 'Triptieck van de Ruimte', 1964; die Kugeln stehen dort als weibliches Symbol, allerdings in dekorativem Arrangement zu belanglosen Spielbällen verkommen.« Volker Kahmen (1972, S. 148)
bei Fernand Léger: s. u. Maschine
bei Mikuláš Medek: »Der Höhepunkt dieses Zyklus [von Bildern um 1966/67] wäre 'Das Große Bankett (Das Abendmahl)' gewesen, aber stattdessen malte M. 'Drei Ereignisse' [1967] mit der symbolträchtigen Zahl von 13 großen und kleinen Kugeln und Kreisen. Dies sind zeitgemäße Porträts, aber Porträts von Dingen, die den Menschen ersetzen.« Bohumír Mráz (1970, S. 55)
–, blau gefärbte
bei Yves Klein: »Die Reliefkarten bestimmter Erdoberflächen, die er blau färbt, zeugen von der Absicht, die ganze Erde verwandeln zu wollen. So entstehen denn auch folgerichtig einige blau gefärbte Kugeln als Symbol für die Erde und den Kosmos.« Paul Wember (1969, S. 20)
–, geschlitzte
bei René Magritte: mütterliches Symbol (s. u. Schellen)
Kugelvenus
bei Rudolf Hausner: s. u. Leuchtturm
Kuh
bei Marc Chagall: »Alle Poesie des Lebens hat sich mir da in der Traurigkeit und Schweigsamkeit meines Vaters verdichtet. Hier war die unerschöpfliche Quelle meiner Träume: mein Vater, vergleichbar der unbeweglichen, verschwiegenen und schweigsamen Kuh, die auf dem Dach der Hütte schläft.« Marc Chagall (1959, S. 10)
» . . . habe ich mich gefragt, ob es für die C.schen Kühe vielleicht so etwas wie einen Hauptnenner gibt, ein Grundmotiv, eine Grundbedeutung, die auf den einzelnen Bildern immer nur als Variation oder in einem Teilaspekt realisiert ist. Ich kam darauf, daß die Kuh bei C. als eine Repräsentation der vegetativen Kräfte, als unbewußtes Symbol der im Kosmos, aber auch auf der Erde und im Menschen tätigen Lebenskräfte empfunden werden kann.« Heinz Demisch (1971, S. 138)

s. u. Kreatur, gekreuzigte; s. u. Mutter, Große; s. u. Ziegenbock
bei Franz Marc: s. u. Ovalformen, liegende
bei Ewald Mataré: »In diesem Sinne [der frühen Kulturen] ist die Kuh bei M. gleichfalls ein Symbol der Fruchtbarkeit und des vollen Lebens, Hathor verschwistert, der kuhgestaltigen Himmelsgöttin der Liebe und der Freude, heilig wie die Kühe heute noch in Indien, Verkörperung göttlicher Ruhe und Ausgewogenheit.«
Hanns Theodor Flemming (1955, S. 21)

Kuh, grüne
bei Marc Chagall: »Eine grüne Kuh – im Himmel! [in: 'Seine-Brücken', 1954]. Daß sie hier 'zufällig' grün ist, ist nicht uninteressant. Grün ist die Typus-Farbe des Pflanzlichen, und das Pflanzliche darf als ein physisches Urbild des Ätherischen bezeichnet werden.
Wir sagten, C.s Kuh habe einen ähnlichen Symbolwert wie die Himmelskuh der alten Ägypter. Diese Interpretation läßt sich mit unzähligen Bildern C.s belegen. In C.s 'Einsamkeit' [1933] dagegen repräsentiert die Kuh keinen speziellen Aspekt des Ätherischen, sie ist Bild des Kosmisch-Ätherischen schlechthin, dessen Realität vom meditierenden Denken erfahren werden kann.« Heinz Demisch (1959, S. 66–71)

–, heilige
bei Tristan Tzara: s. u. Dada (nach Marcel Jean)

–, weiße
bei Marc Chagall: »Neben dieser einsamen, in tiefer Schwermut verharrenden Gestalt findet sich sogleich die sinnbildhafte Verkörperung friedespendender Güte in der Gestalt der hingekauerten weißen Kuh [in: 'Solitude', 1933], der wiederum Geige und Bogen als Attribute zugesellt sind.« Walter Erben (1957, S. 110)

Kulträume
bei Paul Thek: s. u. Pyramide

Kulturträger
bei Pablo Picasso: → Kind mit hochgehaltenem Licht

Kunstblumen
bei Paul Harris: s. u. Frauenfiguren in Lebensgröße

Kunstfigur
bei Horst Antes: archetypisches Götterbild (s. u. Kopffüßler)
bei Jürgen Brodwolf: s. u. Gliederpuppe

Kunstharz, tiefschwarzes
bei Barbara Haeger: »Ihr Material ist tiefschwarzes Kunstharz, das auf Maschendraht, Jute oder ein Eisengerüst gespachtelt wird. Manchmal verwendet sie auch Schlacke, Knochen oder Bronzestücke in diesen 'Epoxi'-Plastiken, die als Chiffren der Verwesung, des Verfalls und der Angst erscheinen, so in ihrer Plastik 'In Verwesung' von 1965.« Walther Krüger (1972, S. 98)

Kunststoff-Apfel mit zerschnittenem Zeitungspapier
bei Jiří Kolář: »Ein weiterer Schritt führt zum lettristisch-poetischen Objekt: Ein Kunststoff-Apfel ['Im Anfang war das Wort', 1969] wird mit zerschnittenem Zeitungspapier beklebt und gewinnt seinen spezifischen Reiz durch die Verbindung der haptischen Objekteigenschaft mit der lesenden Betrachtung, so daß eine neue mixed medial sensitive Buchstabenrezeption jenseits von logischen Zweckvorstellungen entsteht. Zugleich formiert sich eine symbolische Assoziationsmöglichkeit der Bedeutung zwischen dem Apfelessen und dem Buchstabenverschlingen der Konsumliteratur und Zwecktypografie.«
Karin Thomas (1971, S. 146/47)

Kunstwerk
s. Teil III

Kurfürstendamm 1913
bei Ernst Ludwig Kirchner: s. u. Kokotten

Kursbücher
bei Jiří Kolář: »Kursbücher symbolisieren für mich nichtdurchgeführte Reisen, Träume von Fahrten ins Ausland: ja sie sind, diese Kursbuchcollagen, selbst die Reisen . . .«
Jiří Kolář in: M. Lamač/D. Mahlow (1968, S. 16)

Kurvaturen
bei André Masson: Die sich trancehaft hinzeichnenden geheimnisvollen Kurvaturen gaben dem ganzen Bild [um 1924] eine verzweifelte Unruhe. Eine dunkle, sehr leidvolle Pathetik, ein schmerzhaftes, unerlöstes Verwundetsein, eine nächtlich qualvolle Sorge, die Ahnung einer verborgenen Wunde in der Welt schienen diese unruhigen Kurvaturen in Bewegung zu setzen und fanden dunkle, immer wiederkehrende Bildzeichen – steinerne Grabtumben, eingebohrte Messer, Stricke –, Emanationen einer fast masochistischen Einstellung zum Leben.«
Werner Haftmann (1954, S. 399)

Kurven
bei Otto Freundlich: »Diese Kurven, diese Flächen, diese Linien, diese Kuben und Pyramiden sind Symbole, sind Zeichen. Zeichen für das Gesetzmäßige des Kosmos.«
Otto Freundlich in: Günter Aust (1960, o. S.)
bei André Masson: »'Shell' [1928] ist das erste Werk mit dem Versuch, die Vulva mit der Muschel gleichzusetzen, eine Bildvorstellung, die für ihn zentrale Bedeutung bis zum Ende der

nächsten Dekade einnimmt. Die Kurven oben in 'Nudes in Underground Chamber' [1928] sind Symbole für den Hintern ...«

Carolyn Lanchner (1976, S. 126/27)

Kutte, Mönch in roter

bei Werner Tübke: 'ver-rücktes', widervernünftiges, zwiespältiges Erleben der Welt (s. u. Mönch in roter Kutte)

L

Labialrelief

bei Wilhelm Loth: »Wie die Lippen bei allen Lebewesen die zartesten, eindrucks- und ausdrucksempfindlichsten Organe an den Stellen sind, an denen sich das Körperinnere zur Außenhaut und damit zur Außenwelt öffnet, so – und in diesem symbolischen Bezug – bedeuten die Labialreliefs, aber auch die 'mammaeoiden' Schwellformen L.s Sinnbilder des Lebendig-Organischen innerhalb einer strengen und kalten Welt technischer Apparaturen.«

J. A. Schmoll (1969, S. 14)

Laboratorium

bei Marcel Duchamp: s. u. Leuchtgas

bei Roberto Echaurren Matta: »Die industrialisierte Welt wird zum Laboratorium, zur Versuchsstation, der Mensch zum Roboter und Retortenprodukt. Er erscheint symbolisch umschlossen von Maschinen, Röhren und Kapseln, die er selber geschaffen hat. Die Maschinen werden bei M. zu lebendigen Wesen, bedrohlichen und gequälten, je nachdem, verspannt in ein stählernes Gewebe aus Stangen und Hebeln, durchsetzt von unheimlich spitzen, insektenhaften Gebilden.« Karl Ruhrberg (1965, S. 234)

Labyrinth

bei Giorgio de Chirico: s. u. Entfremdung

bei Max Ernst: s. u. Vögel, gefangene

bei Leonor Fini: s. u. Fadenwicklerinnen

bei Rudolf Hausner: s. u. Schneckenhaus

bei Friedensreich Hundertwasser: »Mit der Spirale verwandt ist das Labyrinth. Unter diesem Zeichen steht das Werk von H. Sein Bild 'Sonne über Tibet' [1959] oder 'Der gerade Weg' zeigt außer dem Labyrinth im Zentrum eine weitere typische Wachstumsform in der Baumrindenstruktur des Umrisses. Dazu blähen sich noch die roten und grünen Linien an den Labyrinthausgängen blasenförmig auf.«

→ Spirale Curt Seckel (1967, S. 177)

bei Friedrich Meckseper: »Es ist, als fürchte er die Gegenwart, als habe er sich zur Aufgabe gemacht, die Wirklichkeit hereinzuholen über die Erinnerung, die wahre Zeit wiederzugewinnen wie ein Marcel Proust der visuellen Künste. So radiert er die sieben Weltwunder, zu wiederholten Malen das Labyrinth, alte Bauwerke überhaupt als ein Symbol des Überdauernden und Zeitlosen – oder als Symbol der Flucht aus der Gegenwart?« H. Havard Arnason (1970, S. 638)

bei Mikuláš Medek: »Die Fläche des Spiels ist genau angegeben. Sie mißt 16.000 cm² [in: 'Das Erleiden auf 16.000 roten cm²', 1962]. Ihre kurze Nordgrenze und eine wenig kürzere Südgrenze sind – genau wie die beiden gleichlangen Ost- und Westgrenzen – durch Toleranzschwankungen der Spielbewegung gegeben.

Was aber ist der Sinn des Spiels? Es wurde schon gesagt, daß die Abmessungen, innerhalb derer sich das Spiel vollzieht, eine symbolische Bedeutung haben ... ein Labyrinth, in das wir hoffnungsvoll eintreten, aber ohne Gewißheit, daß wir den Ausgang finden. Das Labyrinth ist ein Symbol für das Leben und stellt die Verflochtenheit der menschlichen Existenz in der Welt dar.«

Jiří Padrta (1965, S. 398/400)

bei Henry Moore: 'Untergrund' der U-Bahn-Stationen (s. u. Mutterleib, der archetypische)

Friedensreich Hundertwasser: Stadt von jenseits der Sonne aus gesehen, 1955

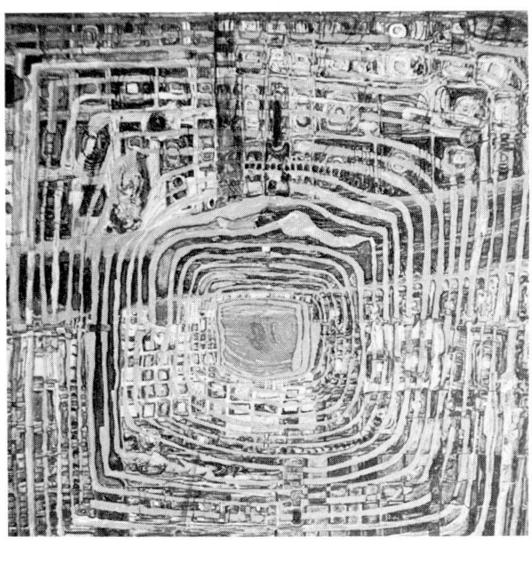

bei Maria Vieira da Silva: s. u. Metro-Stationen

Labyrinth, blaues

bei André Masson: »Einer der besonders verwikkelten Aspekte von Paris waren für M. die Hallen. War er ursprünglich hauptsächlich angezogen von dem Spektakel der Aktivitäten, die der Großmarkt bot, begann M. ihn schrittweise unter dem Aspekt einer Art Lebensmetapher der voneinander abhängigen Schicksalsbestimmungen der Tiere, Pflanzen und Menschen zu sehen. Die emblemhafte Bedeutung, die der 'Bauch von Paris' für ihn annahm, wird von dem Titel des Gemäldes von 1964 'Mythologie der Hallen' bestätigt. Drei Jahre später in den großen, nahezu abstrakten 'Les Halles' malte M. den Markt als ein großes, blaues Labyrinth.«
Carolyn Lanchner (1976, S. 199)

– menschlicher Leidenschaften

bei Pablo Picasso: s. u. Corrida

–, muschelartiges

bei Rudolf Hausner: Kindheitserinnerung (s. u. Seifenblasen)

Labyrinthe

bei Fabrizio Clerici: s. u. Sicherheitsnadel

Labyrinths, Zentrum des

bei André Masson, Georges Bataille u. a.: verborgene Tiefen des Geistes (s. u. Minotaurus)

Lack

bei Fritz Köthe: s. u. Sportwagen, 'rassiger'

Laden, noch nicht geöffneter

bei Edward Hopper: »Für ihn war Amerika ein noch nicht geöffneter Laden am frühen Morgen [in: 'Sieben Uhr morgens', 1948], ein in verlassener Würde dastehendes häßliches altes Haus [in: 'Haus an der Bahn', 1925], eine einsame Tankstelle [in: 'Benzin', 1940], an deren Zapfsäulen ein einzelner, schon älterer Tankwart herumhantiert . . .« Time-Life-Redaktion (1973, S. 84)

Edward Hopper: Sieben Uhr morgens, 1948

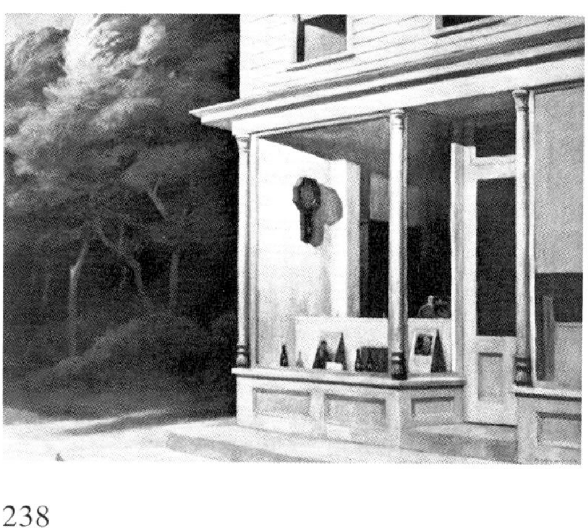

Lagersäle

bei Eberhard G. Willikens: Zimmer der Öffentlichkeit (s. u. Säle)

Laken, blutbeflecktes

bei Francis Bacon: s. u. Ringer

Lamm

bei Jacques Lipchitz: s. u. Bäuerin, hockende

bei Pablo Picasso: Bruder des vereinsamten Menschen (s. u. Mann mit dem Lamm)

–, Hirte und

bei Pablo Picasso: das Bewahrende und Schützende (s. u. Hirte und Lamm)

Lammschädel

bei Daniel Spoerri: »Der Lammschädel [Nummer 20 der archäologischen Objekte, 1968], ein Totenkopf, ist ebenso Zeichen der Vanitas, wie die Perle ein Symbol der in den Gewässern schlummernden Kräfte oder der Zeugungskraft sein kann.«
Klaus-Hartmut Olbricht (1970, S. 412)

Lampe

bei Renato Guttuso: s. u. Hektographiermaschine

bei Pablo Picasso: »Aus einem Fenster zur Rechten [in: 'Guernica', 1937] springt eine Frau mit einem reinen, riesenhaften Profil, in einer Hand hält sie die Lampe der Gerechtigkeit und der Wahrheit.« Jean Leymarie (1971, S. 84)

s. u. Birne, elektrische

bei Franz Radziwill: »Dieselbe Lampe, die auf dem Tisch steht, kehrt auch bei den spukhaften Gestalten wieder, ein Hinweis, daß der Knabe sich ungeheuerlichen Ausgeburten der eigenen Phantasie konfrontiert weiß. Die breiten Farbflächen [in: 'Die Lampen', 1920] aus gebranntem Umbra, verschieden gestuften Rot- und Gelbtönen illustrieren das Unheimliche und Mystische der Situation. Charakteristisch für die Kunst R.s sind die Tür im Hintergrund, die sich zur schwarzen Nacht öffnet, der Fensterrahmen, in dem Sterne blinken, das Bild (oder Fenster) an der Seitenwand, das auf eine phantastische Stadtlandschaft blickt.«
Waldemar Augustiny (1964, S. 10)

–, elektrische

bei Giacomo Balla: »B. malt in einem Bild, das mit Sicherheit aus dem Jahre 1910 stammt, aber das in großen Buchstaben 'AN. 1909' trägt (eine Verbeugung vor dem Jahr der Gründung des Futurismus und der Publikation 'Tod dem Mondschein'), eine elektrische Lampe, die mit ihrer Leuchtkraft den fahlen Mond überstrahlt.
Der Mondschein ist das Symbol des dekadenten

Romantizismus, die heuchlerische Sublimierung des bürgerlichen Quietismus, der laszive Ausdruck seines egozentrischen und sentimentalen Psychologismus und seiner verdorbenen und entnervten Erotik. In Marinettis Fabeln wird der Mondschein ausgelöscht durch einen Wald elektrischer Lampen in den Händen eines Heeres von Verrückten.« Maurizio Calvesi (1975, S. 16, 17)

–, ewige
bei Wassily Kandinsky: s. u. Ecke, rote

Lampen
bei Friedensreich Hundertwasser: s. u. Kasten, schwarzer

Land
s. Teil III

Landarbeiter
bei Renato Guttuso: s. u. Zitronen

Landkarte
bei Peter Brüning: »Die topographischen Zeichen einer Landkarte bieten die ideelle Beschreibung einer Ortssituation mit Höhenlinien und Flußläufen, Eisenbahnlinien, Knotenpunkten und Autobahnen. Ein Konzentrat dieser Zeichen müßte eine Metapher für Landschaft ergeben.«
Juliane Roh (1971, S. 113)

– Siziliens
bei Renato Guttuso: »Als zentrales Emblem [in: 'Sizilien ist eine Insel', 1966] erscheint eine Landkarte Siziliens, die in altertümlicher Kartographie den Schauplatz angibt. Eine rostrote Farbe umrandet sie und bildet eine Art von Wand, auf der die alte Karte erscheint wie ein zu alt gewordenes finsteres Menetekel der unglücklichen, fehlentworfenen Geschichte der Insel. Es ist eine Landkarte bourbonischer Zeit, in der mit der Einrichtung der riesigen Latifundien und der daraus sich ergebenden Feudalstruktur die soziale Fehlentwicklung so verfestigt wurde, daß alle reformerischen Bemühungen bis heute vergeblich blieben.«
Werner Haftmann (1973 a, S. 28)

Landkarten
bei Joseph Cornell: s. u. Glas

Landschaft
s. Teil III

Landschaftsskulptur
bei Jean-Robert Ipoustéguy: Stadt [Ekbatana] (s. u. Alexander)

Landsknechte, moderne
bei Heinz Zander: s. u. Tod

Landsknechtstrommel, rote
bei Max Beckmann: »Man wird in solchem Zusammenhang auch nach der Bedeutung der Husarenuniform fragen, und auf diese Weise zeichnet sich eine Antwort bereits ab. Der Gedanke an Militärisches wird nicht nur durch die fahle, grüngelbe Uniform des jungen Leiermannes [in: 'Der Leiermann', 1935] nahegelegt. Zugleich präsentiert der Maler, als auffälligstes Motiv des symbolischen Stillebens im Vordergrund, eine rote Landsknechtstrommel mit schwarzen, gekreuzten Trommelschlägern.«
Friedhelm W. Fischer (1972 b, S. 58)

Lanze
bei Marc Chagall: heraldisches Zeichen für den Stamm Gad (s. u. Schafe)
bei Fritz Klimsch: s. u. Reiter mit griechischem Helm
bei Giacomo Manzù: s. u. General
bei Pablo Picasso: s. u. Sonne

Laokoon
bei Rudolf Hausner: »Ich muß das Phänomen Technik immer wieder bearbeiten. Ich erinnere mich noch genau an meinen ersten Flug. Wir befanden uns in einem Schlechtwettergebiet. Die Tragflächen unter meinem Fenster fingen an, bedrohlich zu vibrieren und zu schwanken. In diesem Augenblick fiel mir Laokoon ein.
Deswegen habe ich bei meinem 'Laokoon' das Auge als Flugkörper gestaltet. Er wird praktisch in spektrale Farben eingebaut. So habe ich die Eindrücke meines Fluges umzuwandeln versucht: Die Tragflächen mit ihren Nieten wurden zu einem Ellipsoid, zu einer Art von Flugkörper, umgebogen. Mein 'Laokoon' des technischen Zeitalters hat nicht mehr die Schlange sondern einen Plastikschlauch.
Laokoon ist ein Warner. Ich versuche, meine Zeit zu warnen. Ich sehe die Technik als Trojanisches Pferd, als Gefahr und auch als technischen Fort-

Rudolf Hausner: Laokoon in der Umlaufbahn, 1969 (Ausschnitt)

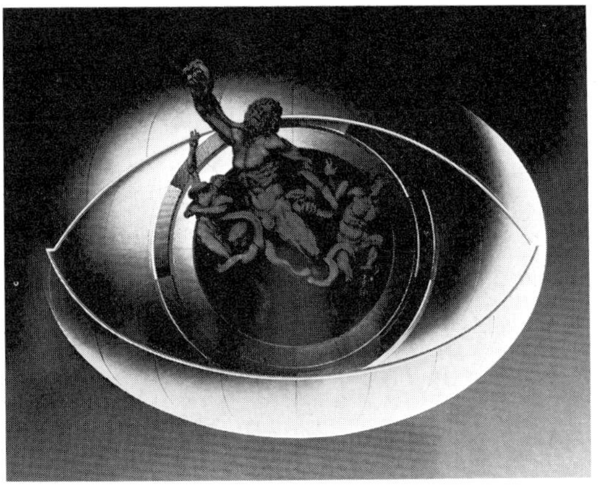

schritt. Sie kann beides bedeuten. Für mich gibt es kein Absentieren, sondern wir müssen die Technik humanisieren.« Rudolf Hausner (1971, o. S.)

»Das Trojanische Pferd, Symbol des Unheils . . . blieb aus! Als sein vollwertiger Ersatz jedoch stellten sich technoide Formen ein, die aus dem Flugzeug bzw. aus jenen Teilen desselben, die ich vorher so interessiert beobachtet hatte, abgeleitet waren . . .

Mit dem Malen verstand ich unser aller trojanische Situation, die darin besteht, daß wir an ein hypertrophes technisches Instrumentarium gefesselt sind, das uns einerseits unentbehrlich geworden ist und andererseits unsere Vernichtung in latenter Bereitschaft hält. Laokoon bedeutet eine Warnung und gleichzeitig eine Aufforderung zur Humanisierung der Technik.«

Rudolf Hausner (1974, S. 102)

»Er denkt und lebt Laokoon [z. B. in: 'Laokoon in der Umlaufbahn', 1969]; das klassische Motiv wird zum allegorischen Sinnbild des eigenen Selbstverständnisses.

Laokoon – das ist die Chiffre für den seit der Antike trotz aller äußeren Fortschritte unveränderten, moralisch überforderten Menschen in den Fesseln gesellschaftlicher Verantwortung.«

Günter Engelhard (1975, o. S.)

»Für H. hat sich der Sinn der Laokoon-Szene grundlegend gewandelt. Das trojanische Pferd, vor dem Laokoon seine trojanischen Bürger warnt, ist die Technik. Aber er selbst sitzt im trojanischen Pferd, das als Flugkörper, als Geminikapsel [in: 'Kleiner Laokoon', 1967] erscheint. Die mythische Schlange, mit der er in der antiken Szene ringt, hat sich in den späteren Laokoon-Fassungen H.s zu einem technischen Gerät, zum Plastik-Schlauch gewandelt, der ihn untrennbar an sein Gefährt fesselt. Er springt auf, er versucht auszusteigen und vermag es nicht. Wir alle sind unlösbar der Welt der Technik verhaftet; mit Antennen und Radarschirmen, Verlängerungen unserer Sinnesorgane, horchen wir in den Weltraum hinaus. Der romantische Protest Laokoons vor den Perspektiven der Zukunft ist heroisch, aber aussichtslos. Sein Sinn kann nur in der Gewinnung einer kritischen Grundhaltung bestehen.« Wieland Schmied (1970, S. 36)

Lapislazuli

bei Salvador Dali: »Der Lapislazuli [in: 'Das Engelskreuz', ca. 1959] vermittelt die Idee des Unbewußten . . .«

Salvador Dali in: Klaus Gallwitz (1971 a, S. 324)

Lappen

bei Robert Rauschenberg: s. u. Kitschkapitell

Larven

bei Germaine Richier: s. u. Menschengebilde, skelettartige

Last

s. Teil III

Lastträger

bei Constantin Meunier: ». . . seine jungen Arbeiter erleben sich stolz als Träger eines neuen Menschenbildes ('Lastträger', 1905). M.s Arbeiter sind die Heldengestalten des technischen Zeitalters – nicht zufällig erinnert der Lastträger an einen Piloten . . .«

Werner Hofmann (1958, S. 49)

Lateinamerika

bei Alejandro Obregón: → Kondor

Lateinamerikas, Aufbruch

bei Joaquin Torrès García: → Schiffe

Laterna magica

bei Friedensreich Hundertwasser: s. u. Kasten, schwarzer

Laterne

bei André Breton: »Dramatischer wirkt wiederum ein Gedichtobjekt von 1941, 'Ces terrains vagues' mit einer Holzbüste, deren Mund ein Schlüsselloch bildet, zwei aneinandergeketteten Fausthandschuhen, einem Porträt in Metallrahmen und einer Laterne, die das 'Haus des Herzens' symbolisiert, das der Text erwähnt. Immer schlagen die poetischen Worte den Faden um die Gegenstände und dämpfen ihre realistische Greifbarkeit.« Herta Wescher (1968, S. 217)

Latten

bei Kurt Schwitters: s. u. Arbeiter

Laub

bei Marcel Duchamp: s. u. Baum

–, verwelktes

bei Torsten Renquist: Freiheit und Selbständigkeit (s. u. Rundfunkgerät, altes)

Lauchstangen

bei Max Beckmann: Vitalität (s. u. Maiglöckchen)

Lauernder

bei Pablo Picasso: s. u. Haupt eines Lauernden

Lauschende

bei Ernst Barlach: »Wir müssen es uns klarmachen, daß natürlich nicht eine im Wind der irdischen Welt stehende Frau [in: 'Frau im Wind', 1932] gemeint ist, sondern eine fast entrückte Gestalt, ergriffen – mehr innen als außen – vom feinen, fast unhörbaren Sausen eines Windes aus überirdischem Bereich. Sie ist eine Lauschende, das Echo der Ewigkeit in sich erweckend.«

s. u. Pilger Carl Georg Heise (1956, S. 14)

Lazarettsäle
bei Eberhard G. Willikens: Zimmer der Öffentlichkeit (s. u. Säle)
Lazarus
bei Georges Rouault: »Der Lazarus von R. [in: 'De profundis', 1927] ist das Abbild der menschlichen Seele, der im Schoß der Nacht eine neue Morgenröte erscheint.«
René Huyghe (1962, S. 545)
Lear, König
bei Werner Gilles: s. u. Wolke, vogelartige
Lebende
bei Pavel Sukdolák: s. u. Steine, drei
Lebensbaum
s. Teil III
Lebensmittelverpackung
bei Claes Oldenburg: »Die Lebensmittelverpakkung, deren Bild durch alle möglichen Reklamemittel eine ungeheure Verbreitung findet, wurde zum Symbol für die unersättliche Gier nach Befriedigung.« Sam Hunter (1966, S. 32)
Lebensrad
s. Teil III
Lebensspender
bei Jean Lurçat: → Sonne
Lebensspenderin
bei Max Beckmann: indische Muttergottheit (s. u. Gesicht, pechschwarzes)
Lebewesen
bei Carlo Carrà: s. u. Tennisspielerin
–, mikrokosmische
bei Wols: s. u. Fragmente, erotische
Leda
bei Constantin Brancusi: »Diese letzte Variation ['Leda', 1924], zum goldenen Liebessymbol geworden, blieb ein Werk, von dem sich B. nie trennen wollte . . .«
Carola Giedion-Welcker (1958, S. 23)
– in der Bodenkammer
bei Max Beckmann: gute Magd (s. u. Geige, große)
Leder
bei Horst Egon Kalinowski: »Das Leder zwingt dem Künstler im Prozeß der Bearbeitung die eigene Bedeutungssprache als magische 'Obsession' seiner Selbstentäußerung auf, da K. durch seine besondere physiologische Empfänglichkeit für den stofflichen Habitus des Leders die gestischen Artikulationen dieses organischen Materials mit seismografischer Präzision registrieren kann: 'Leder-, Haut also, mit seiner Strahlung und unwiderstehlichen Anziehungskraft, Haut auch in dem, was sie ertragen hat; sie trägt davon die Stigmate wie Verbrennungen des Lebens. Sie erduldet ein letztes Mal aufs Äußerste über die Flächen meines 'Caissons' ausgebreitet zu sein. Sie erträgt, dort aufgeklebt zu sein. Sie erträgt, dort aufgeklebt zu werden. Ihre Duldung ist von solcher Art, daß sie nicht mehr unter den Nägeln leidet, von denen sie besetzt und gequält ist.'«
Karin Thomas (1971, S. 282)
Lederharnisch
bei Allen Jones: s. u. Beine in Nylonstrümpfen
Lederkleidung
bei John Steuart Curry: s. u. Präriebrand
Ledermatte, gepolsterte
bei Francis Bacon: s. u. Ringer
Ledersitze, pechschwarze
bei Gerd van Dülmen: Männer, kopflose, nackte
Lehne
bei Henri Matisse: Element der Kurve (s. u. Lothringerstuhl)
Lehrer
bei Otto Meyer-Amden: »Der Kruzifixus, der dem Aufblickenden erschienen ist [in: 'Eintritt in Klasse'/Gesamtfassung I, 1918], hat sich von seinem Kreuz gelöst, seine Stellung verändert, und schwebt nun direkt über der Gruppe, während das Kreuz sich weiter hinten im Raum befindet. Die Erscheinung des Guten Hirten ist verschwunden; die mit ihr verbundene Vorstellung hat sich auf den inzwischen eingetretenen Lehrer übertragen.
Die Annahme, daß sich die Vision des Guten Hirten in der realen Gestalt des Lehrers konkretisiert habe, liegt nahe.«
Carlo Huber (1968, S. 38)
vgl. Klasse, versammelte
bei Emil Nolde: s. u. Daumen, abgespreizter
Lehrmeisterin der Liebe
bei Konrad Klapheck: die Frau (s. u. Badezimmerarmatur)

Horst Egon Kalinowski: Le Signe du Quou, 1967

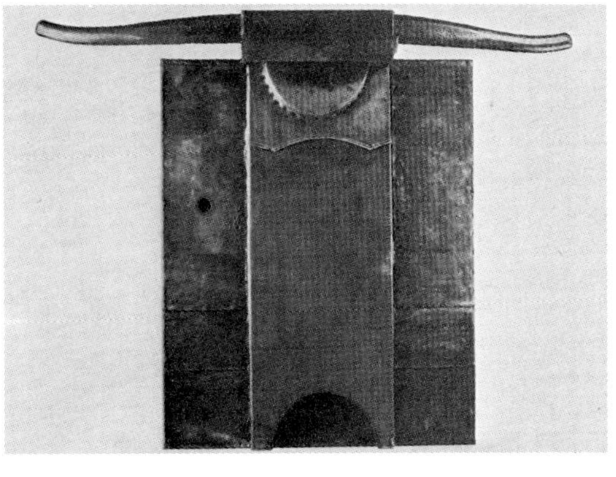

Leib
bei Rudolf Hausner: s. u. Kugel
bei Henri Laurens: s. u. Brüste
bei Walter Wörn: »Bezeichnend ist vor allem, daß diesen Studien [aus den zwanziger und dreißiger Jahren] die intensive Beschäftigung mit dem Akt – zumeist in der Form des Torso – vorausgegangen war. Der Leib als Verkörperung der organisch-sinnlichen Existenz des Menschen erschien W. damals als die primäre Aufgabe.«
Joachim Büchner (1972, S. 70)
bei Fritz Wotruba: Gefängnis (s. u. Hockender)
– [als] Musikinstrument
bei Henri Laurens: Klangkörper (s. u. Musikinstrument)
–, aufgesperrter
bei Max Gubler: s. u. Fische am Haken
– der Göttin
bei Max Beckmann: s. u. Beine, Spreizhaltung der
– des Odysseus
bei Rudolf Hausner: → Arche des Odysseus
–, geplagter
bei Edward Kienholz: s. u. Glaskugel, in der zwei Goldfische schwimmen
–, gespalten
bei Rudolf Hoflehner: »In dem 'Gekreuzigten' (1957, Kirche in Kapfenberg) ist H. die kühne Deutung eines Themas gelungen, mit dem das Formdenken unseres Jahrhunderts nur selten Zwiesprache hält: der Leib besteht aus zwei parallelen Gliedmaßen, er ist, zum Zeichen der Leidenserfahrung, gespalten, senkrecht auseinander getrennt. In der Leere dieses 'Zwischenraumes' steht die Gottessohnschaft des Erlösers, in den Gliedmaßen seine Kreatürlichkeit.«
Werner Hofmann (1958, S. 158)
–, hochgewölbter
bei Edward Kienholz: s. u. Pfeile, sieben
–, leerer
bei Max Ernst: s. u. Geburtsgeheimnis
–, männlicher
bei Ernst Wilhelm Nay: s. u. Mensch
–, physischer
bei Marc Chagall: bekleideter tierköpfiger Mann (s. u. Mensch)
–, schwangerer
bei Alberto Giacometti: → Körper, großer
– seiner Frau
bei Rudolf Hausner: s. u. Patria-Figur
– und Seele, Dualismus von
bei Marc Chagall: s. u. Mensch
Leibe getrennt, Kopf der Frau vom
bei Marc Chagall: 'leibfreie' Seelenverfassung (s. u. Kopf der Frau vom Leibe getrennt)

Leiber
bei Richard Lindner: s. u. Weib, allmächtiges
Leibes, Form des
bei Ernst Wilhelm Nay: s. u. Mensch
Leibesfrucht
bei Marc Chagall: s. u. Schwangerschaft
bei Henri Laurens: s. u. Kopf, auf die Brust gesenkt
Leibhöhle
bei Niki de Saint-Phalle: s. u. Figur, liegende
Leica-Kamera
bei Sarkis: »Im Nachbarraum wird eine deutsche Leica-Kamera, Sinnbild wohl technischer Raffinesse und Überlegenheit, von Tarnfarben umgeben, zu einem Hinterglasgemälde.«
Heinz Ohff (1975, S. 70)
Leiche
bei Max Beckmann: s. u. Kristallkugel
bei Max Ernst: »Die Leiche oder der Schwerverwundete liegen unter dem Billardtisch [in: 'Le Lion de Belfort', B. 14, 1934] und symbolisieren damit das leichtsinnige Handeln der Psyche, für die das Leben nichts als 'Billardspiel' war.«
Dieter Wyss (1949, S. 69)
–, Lage einer
bei Leonor Fini: s. u. Kreideumriß eines Mannes
– mit dem Kopf nach unten
bei Max Beckmann: »Der erstaunlichste Beleg für B.s visionäre Kraft ist das Bild 'Galleria Umberto': 1925 während einer kurzen Italienreise hatte er in der glasgedeckten Galleria Umberto in Neapel die Vision des als schlingende Flut hochsteigenden und die Humanität vernichtenden Faschismus. Er sah Polizisten Ertrinkende retten und eine Leiche mit dem Kopf nach unten von der Decke hängen. Als er von Mussolinis Sturz erfuhr, zeigte er sein grausiges gemaltes Menetekel wieder vor. Und wußte damals noch nicht einmal, daß sich das Schicksal des Diktators Mussolini auf einem Mailänder Platz auf die gleiche Weise erfüllen sollte, wie er es auf seinem Bilde dargestellt hatte.«
Lothar-Günther Buchheim (1959, S. 157)
Leichen, aufgeschichtete
bei Pablo Picasso: s. u. Leichenhaufen
Leichenfeld
bei Ragnvald Blix: s. u. Tod, resigniert zusammengekauerter
Leichenhaufen
bei Renato Guttuso: »G. hatte die mit Schlamm und gelbem Sand verkrusteten Leichenhaufen gesehen, als die nach dem Einmarsch der Alliierten freigelegt wurden. Das von ihm herausge-

zeichnete Fragment [in: 'Rom, Offene Stadt und Gräber in den Flözen an der Via Ardeatina', 1966] steht für das Ganze aus Elend und Tod, das in der offenen Stadt Rom umging, wie das Gewimmel der Beine für die Angst stand. Auch über dieses aus dem Symbolwert der Dinge zusammengefügte Bild eines grauenhaften geschichtlichen Zustandes hätte er schreiben können 'Io lo vi' – 'Ich habe es gesehen', wie er es über das Bild [1966] seines ersten kindlichen Erlebnisses von menschlicher Gewalttätigkeit geschrieben hatte.«

Werner Haftmann (1973 a, S. 35)

bei Pablo Picasso: »Einmal hat P. ein neues Symbol geschaffen: den Leichenhaufen. Freilich kann man sagen, daß die unter dem Eindruck der Napoleonischen Kriege von Gros und Goya gemalten Leichenhaufen schon einen ähnlich anonymen und massenhaften Tod zeigen, doch lagen selbst bei Goya die Toten noch sozusagen in Positur, bezeugten Todesverachtung, riefen nach Rache. Als sich 1944 die Nachricht verbreitete, daß die deutschen Konzentrationslager Todesfabriken gewesen waren, als man die Photographien der zu Tausenden aufgeschichteten Leichen sah, jene unvorstellbaren Bilder einer Masse von Füßen und Köpfen, jene unerträglichen Bilder eines Todes ohne Sinn oder Zeremonie, malte P. den Leichenhaufen [1944/45]: ein Bild des Todes in seiner so kraß noch nie gesehenen ganzen Wahrheit, Bild eines Todes ohne Hoffnung, ohne Metaphysik, eines gottverlassenen Todes, eines Todes, der Gott nicht zuläßt. Um deutlich zu machen, daß er, P., diesen Tod nie vergessen würde, häufte er den Leichenhaufen unter seinen Küchentisch neben die vertraute Kasserolle und den Milchkrug.«

François Ponge/Pierre Descargues (1975, S. 227)

Leichentuch

bei Werner Tübke: → Flagge, chilenische

Leichentücher

bei Leo Breuer: Dreiecksformen (s. u. Kreisform)

Leichname von Kindern

bei Modesto Cuixart: s. u. Puppen

Leidender

bei Marc Chagall: s. u. Christus, weißer

bei Marino Marini: → Gaukler

bei Willi Sitte: s. u. Gekreuzigter

Leier

bei Werner Gilles: s. u. Figur mit der Leier, weibliche

Leierkastenmann

bei Max Beckmann: s. u. Blondine, üppige

Leiermann, junger

bei Max Beckmann: s. u. Landsknechtstrommel, rote

Leinwand

bei Franco Angeli: s. u. Macht, Symbole der

bei René Magritte: »Da die Flammen der brennenden Tuba in der 'Schönen Gefangenen' [1947] einen *Widerschein* auf der 'Leinwand' hinterlassen, wird in uns wieder die Vorstellung erweckt, daß die Leinwand eine Glasscheibe ist, die dem Beobachter erlaubt, durch die Realität 'durchzusehen', und zugleich eine Metapher für die Malerei als Fenster zur Wirklichkeit . . .«

Suzi Gablik (1971, S. 101)

–, Durchstoßen der

bei Lucio Fontana: neue Dimension (s. u. Durchstoßen der Leinwand)

Leiter

bei Horst Antes: s. u. Kopffüßler

bei Max Beckmann: »Das Sinnbild dieses phantastischen kosmischen Evolutionsprozesses ist in der theosophischen Esoterik die Leiter. Man nennt sie 'Lebensleiter' . . . Es handelt sich bei alledem nicht einfach um blanken Unsinn, sondern um die moderne und doktrinäre Auswertung einer uralten Symbolik [in: 'Argonauten', 1950]. Die 'kosmische Leiter', deren sieben Sprossen die Planetenhimmel bedeuten, ist Sinnbild des Aufstiegs über das All. Man kennt sie im Vorderen Orient, in Zentralasien und in Indien.

Mir scheint, hier ergibt sich unversehens eine Erklärung für das suggestiv ins Bild eingeführte Symbol der Leiter, und es ergibt sich vielleicht auch eine Deutung für die höhere Ebene, auf der die Jünglinge stehen.«

Friedhelm W. Fischer (1972 a, S. 225)

s. u. Himmelskörper, rotglühende

bei Constantin Brancusi: s. u. rautenförmige Elemente

bei Marc Chagall: »Einzig der Leiterträger [in: 'Kreuzigung in Gelb', 1943], nun nicht mehr der 'Judas' des Bildes von 1912, sondern eher ein Gehilfe der Kreuzabnahme, vermittelt als Motiv zwischen Gekreuzigtem und Kriegsgeschehen. Er weist mit seiner Hand auf Christus hin, so etwa wie der Täufer unter dem Kreuz auf dem Isenheimer Altar. Aber die Leiter, die er hält, ist nicht nur ein Gerät, sondern darüber hinaus ein Symbol der Verbindung von Himmlischem und Irdischem. Mehr als einzelne Motive jedoch schafft hier im Bilde die Farbe eine enge und schicksalhafte Beziehung von 'unten' und 'oben'.«

Franz Meyer (1961, S. 448)

bei Joan Miró: »Eines der eigensten Motive im

Werk M.s, das wir in den verschiedenartigen Bildern aufspüren können, ist das der Leiter. Es ist, als ob die Leiter in der Bildwelt M.s beide Bereiche verbindet, den bewußten und den unbewußten, und seine Freiheit symbolisiert, nach Belieben hinab- und hinaufzusteigen, den Antrieben des Unbewußten die Führung zu überlassen oder der kritischen Kontrolle durch das Bewußtsein; . . .
Diese Leiter finden wir, noch diesseits aller Symbolik im 'Bauernhof' [1921–22] . . . Wahrscheinlich ist es das Bild dieser höchst realen Leiter aus seiner heimatlichen Umgebung, das sich ihm später suggestiv als einprägsame Chiffre der Freiheit aufdrängt. Im 'Karneval des Harlekin' [1924/25] durchquert die Leiter das ganze Bild . . .« Wieland Schmied (1973a, S. 288)
bei Pablo Picasso: s. u. Mann, bärtiger; s. u. der Weise

Leiter', 'Kosmische
bei Max Beckmann: Aufstieg über das All (s. u. Leiter)

–, Mann auf der
bei Pablo Picasso: s. u. Frau, tot in der Landschaft

Leitermann
bei Reinhard Drenkhahn: ». . . 'Leitermann', einem aus der Distanzierung gewählten Titel für die Darstellung des Gekreuzigten [1957].
Ein Blick auf den (verletzten, gequälten) 'Hängenden Frosch' [1958] stellt die Verbindung her: D. plagt das Leiden und Sterben der Kreatur wie des Menschen, dessen Urheber immer wieder der Mensch ist.« Christoph Wilhelmi (1970, S. 32/3)

Reinhard Drenkhahn: Großer Leitermann, 1957

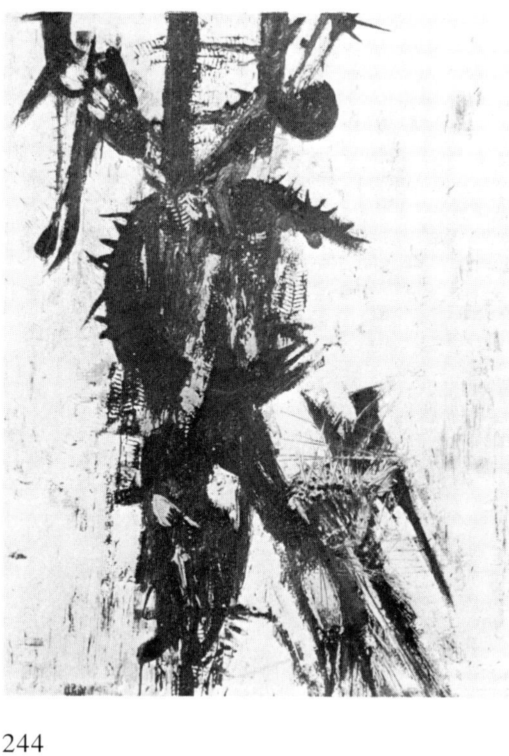

Leitern
bei Marc Chagall: »Leitern werden Symbole der Grausamkeit unter den Menschen auf den Kreuzigungsbildern und der Nähe der Menschen zu den Engeln in Bildern von Jakobs Traum.«
Roy Mac Mullen (1968, S. 158)

Leiterträger
bei Marc Chagall: s. u. Leiter

Leittier
bei Max Beckmann: Fischwesen (s. u. Fische)

Lemuren
bei Germaine Richier: s. u. Menschengebilde, skelettartige

Lenin
bei Carlo Schellemann: s. u. Felsenhaupt

Leninmütze
bei Salvador Dali: »Die Leninmütze [in: 'Das Rätsel Wilhelm Tell', 1933] ist zungenförmig verlängert, ebenfalls ein phallisches Zeichen.«
Günther Metken (1977, S. 253)

Lesezeichen, Buch mit
bei Giorgio de Chirico: Vaters Verlangen und der Mutter Ergebung (s. u. Buch mit Lesezeichen)

Lettern
bei Horst Egon Kalinowski: magische Signa (s. u. Kreis)
bei Hendrik Nicolaas Werkman: »Lettern, Regletten und Ziffern wurden für ihn Gesetzeszeichen eines überpersönlichen geistigen Bereiches und die Medien, erlebte Wirklichkeit zum Bildhaften zu vergeistigen, sie dem persönlichen, intimen Bereich zu entziehen und sie in eine höhere Sphäre absoluter Ordnung und idealer Bildeinheit zu erheben.« Peter Leo (1961, o. S.)

–, tektonische
bei Janez Bernik: Vergangenes (s. u. Schrift)

Letzten', 'die
bei Edgar Ende: → Menschen, eisüberkrustete

Leuchter
bei Max Beckmann: s. u. Zimmerpflanze
bei Marc Chagall: »Der Leuchter hat die Kraft, das Wirken des Zaddik im einzelnen Falle auf die Gemeinde zu übertragen. Seine Darstellung symbolisiert also das einheitsstiftende Element, dessen Tragweite nur aus der Situation des nach-exilischen Judentums heraus zu begreifen ist.«
Curt Grützmacher (1978, S. 78)

–, großer
bei Marc Chagall: »So ist der große Leuchter auf dem Bild 'Verfolgung' [1943] sowohl ein ritueller Gegenstand als auch ein Symbol dafür, daß das Judentum den Zerstörungskräften trotzt, vielleicht aber auch ein Symbol für das Versagen dieser Abwehr, da ja eine der Kerzen dunkel ist und umzufallen droht.«
Roy Mac Mullen (1968, S. 150)

–, roter
bei Max Beckmann: s. u. Kerze, brennende

Leuchtgas
bei Marcel Duchamp: »Das Lustgetriebe ist besonders im Hintergrund tätig [der 'Junggesellenmaschine', 1915–23], im Laboratorium, das von den beweglichen Apparaturen, Quetsche und Gleitgehäuse halb verdeckt ist, und man erkennt sofort – im Zusammenhang mit der Onanie – den Sinn dieser 'Verbesserung des Leuchtgases', dieser 'Reise' der Flüssigkeit, die zunächst sich in Behältern befindet, dann in Röhren ausdehnt, in Nebel verwandelt, der schließlich senkrecht in Richtung auf die Ehefrau spritzt.«
Marcel Jean (1961, S. 103)

Leuchtturm
bei Rudolf Hausner: »H. hat damals bereits [Sommeraufenthalt am Meer während der Schulzeit] geometrisches Zeichnen. Er ist also befähigt, den Leuchtturm nicht nur aus der Erinnerung aufzuzeichnen, sondern ihn auch konstruktiv zu zähmen. Er geht das Problem – sein sexuelles Problem in Gestalt des phallischen Ergänzungsidols zur Kugelvenus – wie ein Ingenieur an, zeichnet den Turm sofort im Schnitt und stattet ihn mit einem Mechanismus aus, der ihn versenkbar macht ... Der Turm soll unter die Erde gefahren werden können.«
Günter Engelhard (1975, o. S.)

Licht
s. Teil III

Lichtbringer
bei Fidus: s. u. Luzifer
bei Pablo Picasso: → Kind mit hochgehaltenem Licht

Lichter an den Enden langer, flexibler Stangen
bei Vassilakis Takis: »Bei dieser Neigung zum Immateriellen war es wohl unvermeidlich, daß T. mit Licht experimentierte. Seine vielgerühmten 'Signale' [um 1966] sind aufblitzende Lichter an den Enden langer, flexibler Stangen – Symbol der Energien, die das Universum bewegen.«
Edward Lucie-Smith (1970, S. 184)

Lichtes, Trägerin eines
bei Pablo Picasso: 'Kind-Weib' (s. u. Luzifer)

Lichtgeist
bei Fidus: »... bzw. die Ausstrahlung des lichthaften Geistes auf das dumpfe, aber fruchtbare erdhafte Leben. Letzteres ist in der Regel bei F. mit dem weiblichen Prinzip verbunden (Mutter Erde, Mutter Nacht), ersteres mit dem männlichen Prinzip (Höhenluft, Sonne, Lichtgeist).«
J. Frecot/J. F. Geist/D. Kerbs (1972, S. 271/72)

Lichtkrone
bei Edward Kienholz: → Pfeile, sieben

Lichtträgerin
bei Pablo Picasso: s. u. Kopf des Pferdes

Liebende
bei Constantin Brancusi: »Die sich umarmenden Liebenden [in: 'Der Kuß', 1908] sind nur so weit unterschieden, um als Mann und Frau erkennbar zu sein. Sie wirken eher als Urform denn 'primitiv' und sind ein zeitloses Symbol keuscher und anonymer Zeugung – das Gegenteil von Rodins Kuß.« Horst W. Janson (1968, S. 533)
bei Marc Chagall: »So werden auch die 'Liebenden von Vence' [1957] eingewirkt in ein von blauen Baumbüschen, roter Sonne und weißem Kälbchen belebtes Grün, in dessen Ferne sich die Konturen der kleinen malerischen Bergstadt lesen lassen, zum Symbol des Immerwährenden, des Bewahrten, eines Verlöbnisses, das über den stillen Einklang dieser Stunde hinausreicht ...«
Horst Keller (1975, S. 124)

Constantin Brancusi: Der Kuß, 1923–25

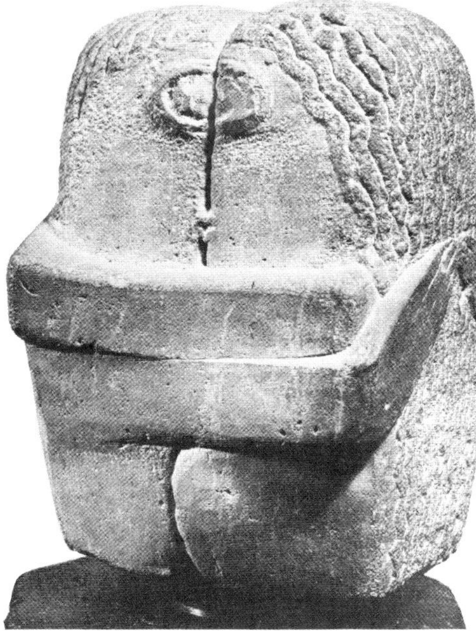

paradiesische Vorstellungen (s. u. Esel); s. u. Callablüten
bei Gustav Klimt: s. u. 'Kuß'
bei Oskar Kokoschka: s. u. Ritter', 'Der Irrende; s. u. Windsbraut (W. Hütt)
bei Edvard Munch: s. u. Linie, gleitende, geschwungene

Liebesbriefe
bei Max Ernst: s. u. Brust, entblößte

Liebespaar
bei Marc Chagall: »Wie ein Attribut legt ihr [in: 'Bildnis Vava', 1966] C. darum ein kleines Liebespaar in den Schoß, seine alte Abbreviatur für familiäres Glück.«
Werner Schmalenbach (1968, S. 144)

'– von Dresden'
bei Conrad Felixmüller: s. u. Fluß

Liebespaare
bei Marc Chagall: »Mit dem Heraustreten des Menschen aus der ursprünglichen paradiesischen Ganzheit, die ihn umfing, erfuhr alles in der Welt eine Spaltung in Gegensätze. Einheit kann nur immer da wieder entstehen, wo das Gespaltene zusammentritt, so wie in der Liebe zwischen Mann und Frau. Die vielen Liebespaare in C.s Bildern haben darum nicht nur einen idyllisch-poetischen Sinn, sondern weisen symbolisch immer auch auf die Vereinigung des Getrennten, die Wiedergewinnung des Ganzen hin. In einem wichtigen Werk . . ., den 'Roten Dächern' von 1953 formt der Künstler aus dem Jüngling und der Braut geradezu *ein* Wesen.«
Franz Meyer (1964, S. 18)

– in spannungsreichem Nebeneinander
bei Marc Chagall: Geschlechtsmysterium (s. u. Urmensch, zweigeschlechtiger)

Liebknecht, Karl
bei Käthe Kollwitz: »Das 'Gedenkblatt für Karl Liebknecht', den ermordeten Spartakistenführer, von 1919 wird zum Symbol für die Tragödie einer verratenen Revolution . . .«
Bernard S. Myers (1957, S. 24)

Lieblingssekt
bei Max Beckmann: → Sekt 'Roi'

Liegende
bei Henry Moore: »Ebenfalls in die mythische Sphäre des Bergens und des höhlenartigen Unterschlupfs gehören die 'Liegenden', Paraphrasen auf den Archetypus der Erdgöttin, in deren trächtiger Leibhaftigkeit alle Vegetation zusammengefaßt ist.«
Werner Hofmann (1959, S. 28)

»Die Terracotta-Figur von 1946 ['Liegende'] mit den dunkel starrenden Augen des mundlosen Hauptes ist eine Göttin der Gräber. Auch sie ist Höhle . . . Auch hier ist deutlich eine archetypische Form der enthaltenden und umfassenden Großen Mutter gestaltet worden, diesmal aber als die Todesmutter der Grabeshöhle, des Sarges, Sarkophages und der Graburne, deren Mysterium darin besteht, daß ihr Todesschoß gleichzeitig der des Lebens und der Wiedergeburt ist und daß der in der Umarmung der Todesmutter Sterbende immer auch von ihr zu neuer Geburt, Wiedergeburt und höherer Geburt erweckt werden kann.«
Erich Neumann (1961, S. 94/95)

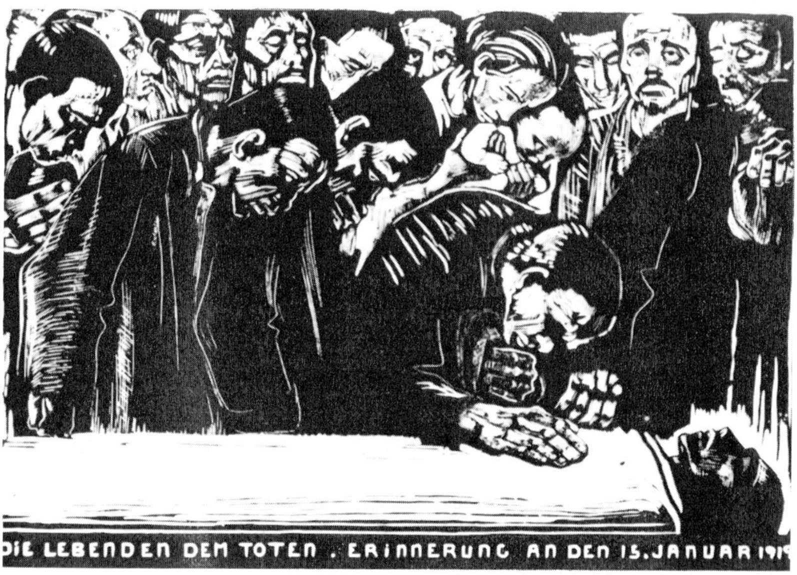

Käthe Kollwitz: Gedenkblatt für Karl Liebknecht, 1919

– Figur
bei Henry Moore: »In der großartigen 'Liegenden Figur' vom Jahre 1940 . . . ist alles Fruchthafte des Weiblichen aufgezehrt und der gespenstische Maschinen- und Todescharakter in den Vordergrund getreten . . .
Zwei Manifestationen der 'Großen Göttin' beginnen jetzt deutlich neben- und gegeneinander sichtbar zu werden. Die Große Göttin als Bergende, Schützende und Enthaltende ist die Herrin der Luftschutzkeller, die Zuflucht und Sicherheit bietet. Sie ist die Göttin der Erde und der Erdhöhle, des überpersönlichen Uterus, der Geborgenheit und des Schlafes, in die hinein alles Lebendige und Bewußte sich flüchten kann . . .
Neben dieser 'guten' Großen Göttin, der Guten Mutter, der positiven Seite des Archetyps, steht die andere . . . So ist die bergende Mutter der Nacht auch die Todesmutter der Gräber und der Unterwelt, des Krieges und der 'Gebombten Gebäude'.« Erich Neumann (1961, S. 81)

– Figuren
bei Henry Moore: »Wenn wir die Liegenden Figuren des Jahres 1933 damit [mit der von 1929] vergleichen, wird diese Verwandlung ins Transpersonale der Erde überaus deutlich. Diese Skulpturen 'sagen nicht aus', 'bezeichnen nicht' und allegorisieren und symbolisieren nicht Erdhaftes wie z. B. eine römische Darstellung der Abundantia oder eine Figur Maillols, sondern sie 'sind' Erde, sie sind eine direkte Inkarnation dessen, was der Archetyp der Erde ist.«
Erich Neumann (1961, S. 17/8)
»So sind die 'Liegenden Figuren' [um 1938] zunächst die Erdgöttin selber, Verwirklichungen ihrer göttlichen Anwesenheit. Deswegen finden wir auf M.s Zeichnungen ihre seltsamen Inkarnationen fast immer in der Landschaft liegend.«
Erich Neumann (1961, S. 72)

–, in Tücher eingewickelt
bei Michael Schoenholtz: »Eine weitere Variation dieses Themas [der 'Liegenden im Wasser', 1969] bedeutete die Reihe der sich Entkleidenden und die in Tücher eingewickelten Liegenden. Fern von jeder Koketterie umspannen dabei die Kleider oder Tücher die Körper eher wie Fesseln, schnüren ihn ein. Und da sich kaum je die Andeutung einer leichten Löslichkeit dieser Fesselungen zeigt, scheint alles Bemühen des Menschen um Selbstbefreiung zum Scheitern verurteilt, werden die Figuren zu Denkmälern eines hoffnungslosen Erleidens.«
Jürgen Morschel (1972, S. 158)

Lilith
bei Bernhard Jäger: »Wesentlich ist Lilith [in: 'Lilith tanzt', 1969] als symbolischer Unordnungsfaktor, der eine bestehende Ordnung zu zerstören droht und gleichzeitig dieser Ordnung zu neuer Stabilität verhelfen kann. Ebenso ist sie ein Symbol jener Imponderabilien, die die psychischen Bedingtheiten des Menschen überschreiten und jede von ihm geschaffene Ordnung in Frage stellen. J. dringt zu den Ursachen dieser Imponderabilien menschlicher Existenz vor, einer rational nicht zu erfassenden menschlichen Hybris . . .« Angela Horbach (1971, S. 490)

Linie
bei Marcel Duchamp: s. u. Kreis
bei Friedensreich Hundertwasser: s. u. Spirale
bei Paul Klee: Bewegung des Punktes (s. u. Bogen)

–, durchlaufende
bei André Masson: s. u. Stern, fünfzackiger

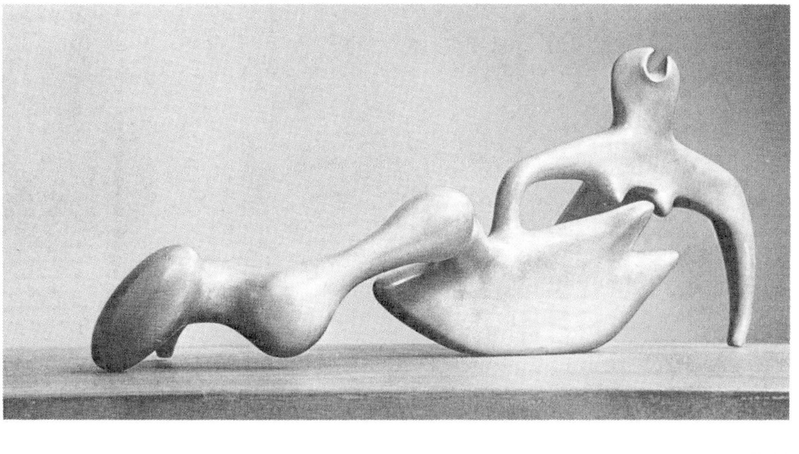

Henry Moore: Liegende Figur, 1938

Linie, gleitende, geschwungene
bei Edvard Munch: »M. läßt oft seine Liebenden am Strande weilen, wo die gleitende, geschwungene Linie zu einem Sinnbild sowohl der Sehnsucht wie des seelischen Rhythmus wird. Dieselbe Strandlinie, mit ihrem ewigen Wellenschlag, dürfte aber auch das Gefühl der Einsamkeit bei 'Zwei Menschen' [1895] verstärken, wenn die Wellenschläge in ihrem eigenen Innern sich gelegt haben.« Arve Moen (1957, S. 23)

–, Halbkreis mit krummer
bei Pavel Sukdolák: Labilität (s. u. Halbkreis mit krummer Linie)

–, nach oben gewölbte
bei Pavel Sukdolák: Stabilität (s. u. Halbkreis mit krummer Linie)

–, waagerechte
bei Hans Arp: »Für A. ist die geometrische Form, und dazu zählen auch die reine senkrechte und waagerechte Linie sowie die symmetrische Anlage, Ausdruck von 'Frieden', 'Ruhe' und 'Geist' (vgl. die Plastik 'Die große Stille' [ca. 1963]). Die an Pflanzenhaftes und Biologisches erinnernde Form steht dagegen für das Werden und Vergehen der sich manifestierenden Welt. Die freie, bewegte Form ist Ausdruck von Leben. An den Plastiken ist sie enthalten im gewellten Kontur, in der schraubenförmigen Windung der Achse und im asymmetrischen Ausbalancieren der Gewichte . . .
Am höchsten bewertet A. die gerundete Form, weil sie für ihn Symbol sowohl für Transformation als auch für Dauer ist.«
Stefanie Poley (1976, S. 9)

–, zackig gebrochene
bei Pablo Picasso: grausames Ende (s. u. Flügel, herabhängender)

Linien
bei Otto Freundlich: das Gesetzmäßige des Kosmos (s. u. Kurven)
bei Gerhard Hoehme: »Während die Linien in den Bildern früher wohl direkte Bewegungsspuren und die Bildoberfläche gleichsam die Struktur einer Landschaft waren, sind jetzt die verschiedenen Linien, Punkte, Richtungspfeile, Winkelzeichen, Kreuze und Rechtecke Symbole wie die Zeichen einer Kartenlegende.«
Heinz Fuchs (1964, o. S.)

– des Meeres
bei Piet Mondrian: s. u. Linie, vertikale

–, drei
bei Joan Miró: »Drei Linien, M.s Symbol der weiblichen Sexualität, wachsen aus dem Kopf dieser Gestalt [in: 'Barcelona', Blatt XLVII, 1944] heraus, und auch eine aus Scheiben und Linien zusammengesetzte Figur, die gleich einem Sperma auf die Hauptfigur zusteuert, ist damit bewehrt.« Riva Castleman (1973, S. 50)

–, drei parallele
bei Marcel Duchamp: 'Gewand der Ehefrau' (s. u. Bekleidung)

–, Gerüst von
bei Francis Bacon: s. u. Käfig

–, Gitterwerk gerader
bei André Masson: s. u. 'Organe', pflanzenartige

–, horizontale
bei Piet Mondrian: Wellen (s. u. Holzpfähle, senkrechte)

–, horizontale/vertikale
bei Piet Mondrian: s. u. Leben

–. miniaturhafte
bei Wols: »Seine miniaturhaft gezeichneten Linien gruppieren sich meist um eine imaginäre Symmetrieachse und lassen blütenhafte Gewächse entstehen, die oft willkürlich vaginale Gestalt annehmen oder wie in Geschwüren aufbrechen oder wie in leprösen Physiognomien Augen, Nase und Mund erkennen lassen, Fruchtbarkeit und Verwesung gegeneinander ausspielen oder plötzlich in verzweifelter Idyllik Segelschiffchen, verwinkelte Treppen und Gäßchen, Fenster und Balkone aus ihrem unheimlichen Blütentraum entlassen.«
Hans H. Hofstätter (1969, S. 219)

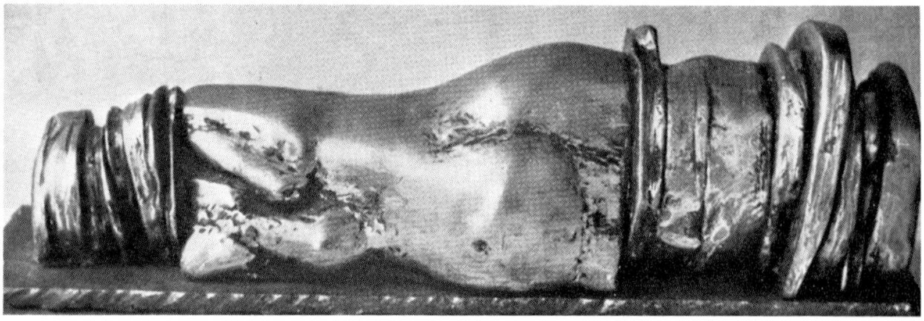

Michael Schoenholtz: Liegende in Tüchern, 1967

–, sich schneidende
bei Paul Klee: s. u. Gitter
–, schwarze
bei Wassily Kandinsky: Streit (s. u. Krakelüren, schwarze); Verhaarung (s. u. Eros)
bei Piet Mondrian: s. u. Rechteck, weißes
–, spitzige
bei Jackson Pollock: »Die Zeichnung von P., braune und schwarze Tusche, zwischen 1934–1938, offenbart den 'Streit' durch spitzige, wie Nadeln stechende Linien, heftige, wirre Durchkreuzungen, spitzwinklig zusammenstoßende Linienzüge, Deformierung eines Gesichtes, zersplitterte Formen und scharfe Kontrastierung von Hell und Dunkel.«
Curt Seckel (1967, S. 161)
–, umschlingende Vereinigung der
bei Jackson Pollock: Eros (s. u. Linienbänder, orangefarbene)
–, vertikale und horizontale
bei Piet Mondrian: »Indem er seine Selbsterlösung zur Metaphysik erhöhte, wurde ihm die Kunst zur Darstellung der Wirklichkeit schlechthin: 'Vertikale und horizontale Linien sind der Ausdruck von zwei gegensätzlichen Kräften, welche überall sind und alles beherrschen. Ihr wechselseitiges Verhältnis macht das Leben aus' – das ist ja nun eine reizende Prüderie der Umschreibung des Männlichen und Weiblichen.«
Arnold Gehlen (1960, S. 123)
vgl. Linie, vertikale
–, weitschwingende
bei Joan Miró: Zirkus, Manege, Peitsche (s. u. Pferd)
–, zwei violette und rote
bei Wassily Kandinsky: »Das Paar von 'Komposition IV' [1911] und 'Komposition V' [1911] erscheint schon in 'Komposition II' [1910], einer Darstellung der Sintflut, und, in Form von zwei violetten und roten Linien, in 'Komposition VII' [1913], zu der das Jüngste Gericht den Maler inspiriert hat. Es soll Adam und Eva darstellen und die Erbsünde symbolisieren. Außerdem ist es ein Symbol für den Glauben an die 'vita nova'.«
Hideho Nishida (1976, S. 27)
Linienbänder, orangefarbene
bei Jackson Pollock: »Unter dem Zeichen der Verwandlung steht hier [in: 'Blue Poles', 1953] besonders das Urbild *Eros.* Es enthüllt sich dem Suchenden vor allem in der umschlingenden Vereinigung der Linien. Dazu gehört auch das umwindende Spiel des weiblichen Eros der orangefarbenen Linienbänder zwischen den männlich, nun fast phallisch wirkenden Pfählen. Beide Elemente zusammen bilden einen polaren Kontrastreiz von männlichem und weiblichem Eros.«
vgl. Pfähle Curt Seckel (1967, S. 195)
Liniengarben
bei Hans Hartung: »H. findet Ausdrucksmittel, die die seelische Ergriffenheit unmittelbar in Formzeichen übertragen; seine in einem unbegrenzten und entmaterialisierten Raum gesetzten Liniengarben sind Träger unvorhergesehener Erlebnisse, in Entwicklung begriffener Zustände.« Oto Bihalji-Merin (1969, S. 60)
Liniengewirr, dschungelhaftes
bei Jackson Pollock: → Wachstum
Lippe
bei Mikuláš Medek: s. u. Rasiermesser
Lippen
bei Ernst Barlach: s. u. Gestalt, schwebende
bei Richard Hamilton: s. u. Auto; s. u. Sexualsymbole
bei Rudolf Hausner: Schamlippen (s. u. Kopf des Odysseus)
bei Paul Klee: s. u. Blätter, spindelartige
bei Wilhelm Loth: s. u. Labialrelief
–, blutleere
bei Pablo Picasso: s. u. Blau (H. Kay)
–, Finger an den
bei Joe Tilson: geschlechtliche Vereinigung u. a. (s. u. Finger an den Lippen)
Loch
bei Hans Arp: s. u. Kreis
bei Henry Moore: Restsymbol für den ganzen Kopf (s. u. Kopf); s. u. Brust
bei Germaine Richier: »Läßt sich das doppelköpfige Gebilde in der Mitte [in: 'Hydra', 1954] in Analogie zur Spaltungs- und Fusionsbombe setzen, so fragt sich, welcher Bedeutungssinn den beiden anderen Köpfen – mit jeweils einem Loch in der Mitte als Chiffre der Leere – zukommt.«
Walther Krüger (1972, S. 21)
– im Rumpf
bei Ossip Zadkine: »Die aus Erz gegossene, überlebensgroße weibliche Gestalt ['Zerstörung der Stadt Rotterdam', 1953] auf hohem Sockel breitet in verzweifeltem Aufschrei die Arme mit gespreizten Fingern zum Himmel, ein klaffendes Loch im Rumpf mag die Zerstörung der Stadtmitte symbolisieren, die Zerfetzung der plastischen Form widerspiegelt die explosive Zerstörung moderner Kriegstechnik.«
Frederik Adama van Scheltema (1960, S. 245)
Locken, lange
bei Carlo Carrà: s. u. Wiese, duftende

Löcher
bei Karl Fred Dahmen: → Leiden, schweres
bei Lucio Fontana: »Unmöglich, diese Anordnung von Einschnitten, Einrissen, Durchstichen zu sehen, ohne sie als Spuren von Handlungen oder Ereignissen zu empfinden . . . Diese Löcher, Schlitze, Verletzungen sind Durchbrüche durch die Malfläche, die zum realen Raum vertieft wird, sie sind Durchbrüche durch die Scheidewände zwischen den Künsten Plastik und Malerei. Daraus ergibt sich ihre Funktion als Gleichnis: sie durchbrechen, durchlöchern, durchdringen in einer fast zeremoniellen Handlung die Wände unserer irdischen Gefängnisse. Die Befreiung des Menschen – von der die Maler heute so gern sprechen – fand hier eine Metapher von simpler Konkretheit.« Kurt Leonhard (1962, o. S.)
s. u. Durchstoßen der Leinwand
–, dunkle
bei Max Beckmann: Funktion des Schoßes (s. u. Knospen, überdimensionale)
– mit Ösen
bei Hugo Schuhmacher: »Ich habe die abgebildete Landschaft [1973/74] durchlöchert, gleichnishaft zerstört, so, wie die Industrie, die Technik die reale Landschaft zerstört. Gleichzeitig habe ich aber auch das traditionelle Naturbild durchlöchert. Ich habe die Löcher mit Ösen eingefaßt, die als Industrieprodukt die Einflußnahme der Industrie auf die Umwelt versinnbildlichen (Tourismus ist ebenfalls Industrie).« Hugo Schuhmacher in: Ursula Perrucchi-Petri (1974, S. 7)

Lucio Fontana: Concetto spaziale, 1963/64

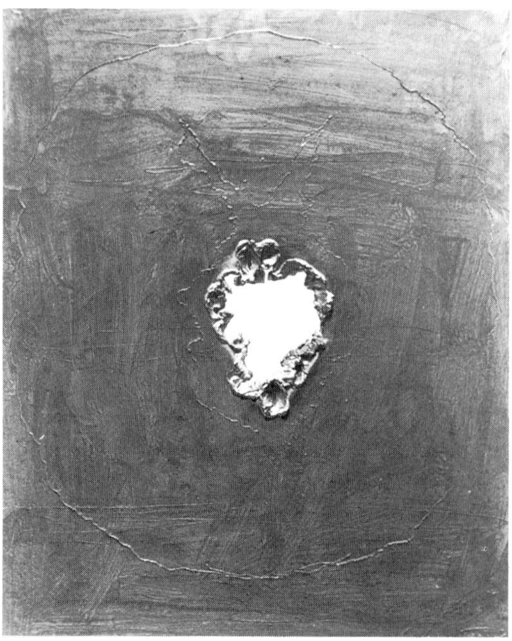

Löffel
bei Meret Oppenheim: männliches Genital (s. u. Tasse, pelzüberzogene)
Löffelfrau
bei Alberto Giacometti: »Von ganz gegensätzlichem Charakter ist das Vorbild der Negerkunst für die Gestaltung der 'Löffelfrau' [1926]. Überspitzt könnte man sagen, sie sei im Unterschied zum 'Torso' vor allem Frau und erst in zweiter Linie Formgestalt. Was immer von allen überlieferten Anekdoten der wirkliche Anlaß zu diesem Werk gewesen sein mag, kein formauslösendes Moment war so wirksam wie die Entdeckung an hölzernen ozeanischen Schöpfkellen, daß ihre Muldenform ja ein Frauenleib ist; nicht: einem Frauenleib *gleicht,* sondern ist . . .« Reinhold Hohl (1971, S. 78)
Löschkörper, fruchtartiger
bei Konrad Klapheck: ungeborener Sohn (s. u. Rad, sonnenartiges)
Löwe
bei Ernst Barlach: »Auf einen Sockel erhoben steht in dogmatischer Strenge das Symbol des Kreuzes [in: 'Geistkämpfer', 1928] auf dem Löwen als dem Symbol des Antichristen.« Claus Virch (1953, S. 11)
bei Marc Chagall: für den Stamm Juda (s. u. Schafe)
–, blinder, betender
bei Friedrich Schröder-Sonnenstern: »In seinen Bildern ist Mitleid mit dem mißbrauchten und verstümmelten Menschen, dessen Leben von Anfang an, von den Schulen an, verbogen und amputiert wird, ist Mitleid mit der geschundenen, gequälten, malträtierten Kreatur – der blinde, betende Löwe, das weinende Pferd stehen für sie.« Wieland Schmied (1975, S. 30)
–, stiller
bei René Magritte: s. u. Schweben
Löwenengel
bei Edgar Ende: »E.s Bilder erlauben, gewissermaßen neuartige 'Mythologische Szenen' darzustellen. Vor allem gestaltet E. die als ewige Aktualität verstandene Ausgesetztheit des Menschen in der Welt. 'Der Löwenengel' [1960] ist gleichsam ein modernes Symbol des Schicksals – im Sinne der Antike als unberührbare und mitleidlose Macht aufgefaßt. Die Bewegung des Engels drückt Absurdität insofern aus, als die beiden Löwenköpfe in entgegengesetzter Richtung kreisen.« Jürgen Beckelmann (1965, S. 255)

Löwenkopf
bei Salvador Dali: »Die 'Anpassung der Wünsche' (1929) wiederholt in schlaffen Formen denselben Löwenkopf als graue und als weiße Silhouette, nach der Natur gemalt, ohne Maul und von Ameisen zerfressen – so werden (wie der Maler behauptet) die sich anpassenden Wünsche symbolisiert.« Marcel Jean (1961, S. 199)

–, romanischer
bei Max Ernst: »Ein romanischer Löwenkopf ['Une semaine de Bonté, 1934] ziert eine Offiziersbrust, von unten drängt sich eine Hündin heran, und rechts oben krönt Napoleon das Ganze. Die ikonographisch orientierte Kombination ohne malerischen Kontext erreicht einen irrealen, einen inhaltlich entzifferbaren Bildsinn, der vielleicht die Trias von Freud exemplifiziert, das Ich, das Es und das Über-Ich, wobei das letzte zu veranschaulichen sicherlich Napoleon übernahm.« Jürgen Wissmann (1970, S. 20/1)

–, zähnefletschender
bei Salvador Dali: »Wie der Sohn, so ist auch der Vater in diesem Bild ['Die erleuchteten Vergnügen', 1929] in zwei verschiedenen Versionen vorhanden, denn der zähnefletschende Löwenkopf mit den vorstehenden Augen oben neben dem lüsternen Frauengesicht ist ebenfalls [vgl. Mann, bärtiger] ein Vatersymbol.«
William S. Rubin (1972, S. 226)

s. u. Krug mit Henkel

Löwenmensch
bei Max Ernst: »Der Löwenmensch trat in mehreren 'Verkleidungen' auf [in: 'Le Lion de Belfort', 1934], die, nach Berufen geordnet, die Universalität der Triebwelt und des über alle sozialen Schranken sich hinwegsetzenden 'Willen zur Macht' symbolisieren.«
Dieter Wyss (1949, S. 68)

s. u. Herz, dornenumkränztes

Löwenzahn
bei Josef Bramer: »Frau 'Vroni' [1971] in einem Einzelporträt hält den Löwenzahn, Symbol der Vergänglichkeit (da er sich ohne Mühe auseinanderpusten läßt), in der leicht erhobenen Hand.«
Johann Muschik (1974, S. 136)

Löwin
bei Max Ernst: »Das erste Bild [von 'Le Lion de Belfort', 1934] schon führt das Thema ein: die Macht. Ein löwenköpfiger General, an dem eine Löwin heraufspringt – gleichsam die zum Raubtier entartete Psyche versinnbildlichend –, blickt mit erstarrten, bronzenen Gesichtszügen zu dem verschwimmenden Bilde Napoleons, dem Repräsentanten der Macht, des Staates, der Autorität, bewundernd auf . . . So trifft schon das erste Bild mit wenigen, ausdrucksvollen Gestalten die Problematik des Machtwillens –, und verbindet diese sowohl mit dem Über-Ich (General) als auch mit der Triebnatur (Löwe).«
Dieter Wyss (1949, S. 65)

Lokal, Amsterdamer
bei Jacques Lipchitz: s. u. Ohren, riesige

Lokomotive
bei Umberto Boccioni: »Die in der Bildmitte ['Gemütszustände I – Der Abschied', 1911] erkennbaren Teile einer Lokomotive bilden im Wirbel der Impressionen Bezugspunkte und symbolisieren zugleich Grundthemen des Futurismus, wie etwa die Gleichsetzung von Fortschritt und Maschine, insbesondere Eisenbahn, und die Verherrlichung der Bewegung . . .«
Rossana Bossaglia (1977, S. 199)

Alberto Giacometti: Löffelfrau, 1926

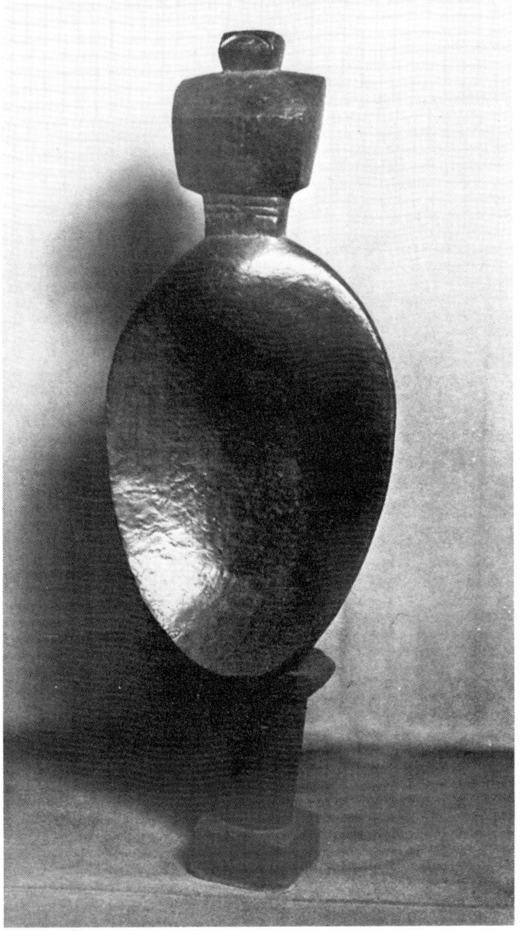

bei Giorgio de Chirico: »Die ersten Jahre seines Lebens verbrachte C. in Griechenland . . ., wo sein Vater den Bau einer Eisenbahnlinie leitete. Fünfundzwanzig Jahre später erscheint zuweilen wie eine quälende Erinnerung vor dem 'unendlichen, von Unsterblichkeit widerhallenden Horizont' der Bilder C.s eine Lokomotive alten Modells von einer Rauchwolke wie einem Federbusch gekrönt. Eine 1926 veröffentlichte Schrift hat bezeichnenderweise den Titel 'Der Sohn des Ingenieurs'.« Marcel Jean (1961, S. 40/1)
vgl. Bahnhof
s. u. Erinnerung an den Vater
bei Max Ernst: sexuelle Dynamik (s. u. Peitsche)

Lokomotive, Schornstein einer
bei Rudolf Hausner: Kindheitserinnerung (s. u. Schornstein einer Lokomotive)

Loplop
bei Max Ernst: »Dieser neue [etwa ab 1931], lokkende Name bezeichnet eine wilde, barbarische Schreckensfigur, halb Mensch, halb Vogel, oder eine lineare Abstraktion, mehr Staffelei als Mensch, mit Vogelkopf.«
Helmut R. Leppien (1970, S. 26)
s. u. Auge; vgl. Vogel

Lorbeerkranz
bei Gerhard Marcks: s. u. Held, schwertzückender
bei Georg Schreyögg: s. u. Helm und Schwert
bei Werner Tübke: Gedenken (s. u. Taube)

Lot der Atmosphäre
bei Paul Klee: → Pfeil, schwarzer (C. Geelhaar)

Lotes, Kraft des
bei Paul Klee: Tod der Eigenbewegung (s. u. Pfeil, schwarzer/C. Geelhaar)

Lothringerstuhl
bei Henri Matisse: »Der Sessel, der gute Sessel, ist bei M. fast immer gepolstert, und zwar aus verschiedenen Gründen. Er bildet meist einen Hintergrund, eine Stütze . . . Lehne und Polster setzen in ihren gerundeten Formen den nackten Rücken des Mädchens fort. Sie repräsentieren das Element der Kurve, das zum Wesen dieser Welt von 'Luxus, Ruhe und Wollust' [Bildtitel von 1869] gehört.
Der einfache Stuhl jedoch, besonders dieser 'Lothringerstuhl' [1916], ist weder Träger des Luxus, noch der Ruhe, noch der Wollust; er stellt eine Art Roßkur gegen jede gesunde Müdigkeit dar . . . Ist der Sessel das Symbol der Verschwendung, so ist er, der Stuhl, ein Symbol der Sparsamkeit.« Maurice Raynal (1950, S. 50)

Lotosblüte
bei Hung Lam: »Das uralte asiatische Glückssymbol der Lotosblüte wird vielfältig einbezogen in die neue Bildsprache [der DVR-Vietnam]. Auf dieser Darstellung ['Beim Pflücken von Lotos', 1968] korrespondieren die lebensverheißenden Blüten mit der von der Fahne der DVR Vietnam überwehten Kontur des Hafens von Hanoi. Eine derart abgekürzte Darstellung der Stadt Hanoi als Festungsturm findet sich auch auf dem volkstümlichen Holzschnitt von Nguyen Dang Khiem. Die bewaffnete Milizionärin auf diesem Bild bricht die Lotosblüte nicht ab, sie hält sie als gutes Zeichen so vor die Menschen, wie sich die bessere Zukunft in der Stadt am Horizont zeigt.«
Richard Hiepe (1973, S. 210)

Love
bei Robert Indiana: »Die Farbe formiert sich [in: 'Love', 1968] als bildästhetischer Interpretationsfaktor des Textes, indem sie ihren Symbolwert in Szene setzt. So versteht sich das aus vier Tafeln bestehende *Love rising* – in Schwarz und Weiß gemalt – . . . als beschwörende Formel für eine Beendigung der permanenten Grausamkeit, für eine friedliche Koexistenz der schwarzen und weißen Bevölkerung in den USA.«
Karin Thomas (1971, S. 146)

Ludwig von Bayern, König
bei Richard Lindner: »Die Haupthandlung indessen [in: 'The Meeting', 1953] besteht in einer dramatischen Gegenüberstellung der alten und der neuen Welt, wo der wahnsinnige König Ludwig von Bayern die prächtige Dekadenz und ästhetische Extravaganz Europas vertritt, und eine korsettierte Versucherin, L.s archetypische Großstadthure, mit ihrer Verheißung verzehrender Vitalität die neue Welt symbolisiert.«
Hilton Kramer (1975, S. 37)

Lüftungsklappe
bei Richard Hamilton: mechanomorphe Erotik (s. u. Auto)

Luft
bei Auguste Herbin: Dreieck (s. u. Kreis)
bei André Masson: s. u. Fisch
bei Mikuláš Medek: Himmel (s. u. Aschenhaufen)

–, Feuer, Erde, Wasser,
bei Paul Thek: → Pyramide

–, Flasche in der
bei Marc Chagall: s. u. Kopf nicht auf dem Rumpf

Luftballon
bei Paul Klee: s. u. Rock
bei Ludwig Meidner: »Erschütternd das mehrfache Auftauchen eines Luftballons, der schon 1913 in seinem Gemälde 'Ich und die Stadt' (eine erdbebenhaft wankende Stadt) stand und der M.

nun zum sprechenden Zeichen der Hoffnung wurde ...«
Max Peter Maass (1965, (1965, S. 146)

Luftballons, bunte
bei Wassily Kandinsky: s. u. Kreis (C. Seckel)

Luftblase
bei Rudolf Hausner: → Ballon

Luftschutzkeller, Herrin der
bei Henry Moore: Große Göttin (s. u. Liegende Figur)

– -Zeichnungen
bei Henry Moore: s. u. Tuch

Luftschutzräume
bei Henry Moore: U-Bahn-Stationen (s. u. Mutterleib, der archetypische)

Luftzugkolben
bei Marcel Duchamp: »Das Erblühen der Entblößten hat oben im Bild ['Junggesellenmaschine', 1915–23] die Form einer großen Wolke, 'einer fleischfarbenen Milchstraße', welche die drei Luftzugkolben umgibt. Diese sind eine konkrete Darstellung des Windes: 'Luftzugkolben' (Pistons de courant d'air), will sagen, vom Luftzug angesaugter und abgestoßener Stoff ...«
Marcel Jean (1961, S. 105)

Luke
bei Giorgio de Chirico: s. u. Reißschienen
bei Jean-Pierre Raynaud: Notausgang (s. u. Psycho-Objekte)

Lumpensammler
bei Max Ernst: s. u. Adler

Lustgarten
bei Rudolf Hausner: s. u. Park

Lutherrose
bei Franz Radziwill: »Doch in all dem Chaos des Krieges behauptet sich vor einem aufgelichteten Himmelsgrund [in: 'Wohin in dieser Welt', 1940] das auf die Lutherrose zurückgehende Blumenemblem, als unerschütterliches Zeichen der Hoffnung auf eine wiederzugewinnende menschliche Ordnung.« Roland März (1975, S. 38)

Luzifer
bei Fidus: »Die Gestalt Luzifers war gegen Ende des 19. Jahrhunderts bei dem religiös-okkultistisch anfälligen Bürgertum in Mode gekommen. Luzifer galt einerseits als der Lichtbringer, andererseits als der Teufel, der Aufrührer, der Empörer ... Zugleich verwies das Vorbild Luzifers, der von vielen Interpreten als der große Verführer und eigentliche Drahtzieher des Sündenfalls dargestellt wurde, auf die uneingelösten sexuellen Sehnsüchte des Bürgertums. Luzifer war also – sowohl von der ökonomischen als auch von der sexuellen Problematik her – einerseits das Sinnbild der kleinbürgerlichen Emanzipationswünsche und zugleich der Schuldgefühle, von denen diese Wünsche begleitet waren, sobald sie mit verinnerlichten Autoritäten in Konflikt gerieten.
Im Werk von F. steht Luzifer zeitlich und thematisch in deutlichem Zusammenhang mit der sexuellen Problematik.« ['Grollender Luzifer', 1904].
J. Frecot/J. F. Geist/D. Kerbs (1972, S. 281, 283)
s. u. Michael
bei Pablo Picasso: »Zwischen dem entfliehenden Christus und dem siegreichen Minotaurus [in: 'Toreromachie', 1935] steht ein kleines Mädchen, das in diesem Abenteuer wohl das letzte Wort spricht: es scheint den surrealistischen Luzifer zu inkarnieren, das 'Kind-Weib', Trägerin eines Lichtes, das Minotaurus blendet und festhält.« Marcel Jean (1961, S. 255)
bei Jean Tinguely: → Maschine, sich selbst zerstörende

Lycanthropos
bei Victor Brauner: s. u. Schlange

Lyncher, maskierter
bei John Steuart Curry: s. u. Bundesmiliz

Lyra
bei Henri Laurens: s. u. Musikinstrument

M

M
bei Ingo Kirchner: »K. möchte mit seiner Kunst dem Betrachter einen freien Raum bieten für die Entwicklung von Vorstellungen. Durch sinnbildhafte Formen, Buchstaben, Ziffern und Beschriftungen umgrenzt er jedoch das Phantasiefeld und vermittelt eine bestimmte Betrachtungsweise. Zeichen der Umwelt werden zu Metaphern eines Sinnbezuges, zu dessen bildlichen Ausdruck. So assoziiert der Buchstabe M im vorliegenden Blatt ['Signatur I', 1971] eine Fülle zeitgenössischer Begriffe, die in der Beschriftung genannt werden« [Manipulierung/Materie/Menge/Methode/Mikro/Molekül/Motorisch]. Christian Dittrich in: Hans-Ulrich Lehmann (1974, S. 120)
bei Paul Klee: »Das große obere 'M' kann als 'Tor zu den Müttern' hier München gelten« [in: 'J. D.', 1917]. Walter Ueberwasser (1963, S. 69)

Maat, Göttin
bei Horst Egon Kalinowski: Ordnung u. a. (s. u. Kasten, erdfarbener, geschlossener)
Machete
bei José Aguilera: »Der Revolution symbolisch verbunden ist dieses Hauptprodukt des kubanischen Volkes [Zucker] durch das Haumesser der Zuckerrohrernte, die Machete . . .
Viele Holzschnitte der kubanischen Revolution behandeln diesen Themenkreis. Auf dem Blatt von A. ['Zuckerrohrernte des Volkes', um 1961] erscheint der Repräsentant der Zuckerrohrarbeiter als Sieger über die dschungelartig wuchernde Pflanze.« Richard Hiepe (1973, S. 88)
Macht-Mensch
bei Otto Dix: Saul (s. u. Saul und David)
Madonna
bei Antonio Calderara: → Mutter
bei Elmar Hillebrand: s. u. Taube
bei Jacques Lipchitz: s. u. Jungfrau, die barmherzige
bei Michail Sowizki: → Partisanenfrau
–, Auferstehung der
bei Salvador Dali: »Ich arbeite seit drei Monaten an einer Auferstehung der Madonna ['Madonna mit Kind', heute: 'Madonna von Port Lligat', 1948, 1950], die als Symbol aller aufbauenden Kräfte den diametralen Gegensatz zur Atombombe verkörpert. In meiner Darstellung strebt die Materie in Form vielfacher Gegenständlichkeit zu einer mystischen Vereinigung in Gott. Diese Vereinigung vollzieht sich symbolisch durch den Körper der Madonna hindurch, dem ich eine nukleare Form machen werde.«
Salvador Dali (1954, S. 66)

Salvador Dali: Madonna von Port Lligat, 1948–50

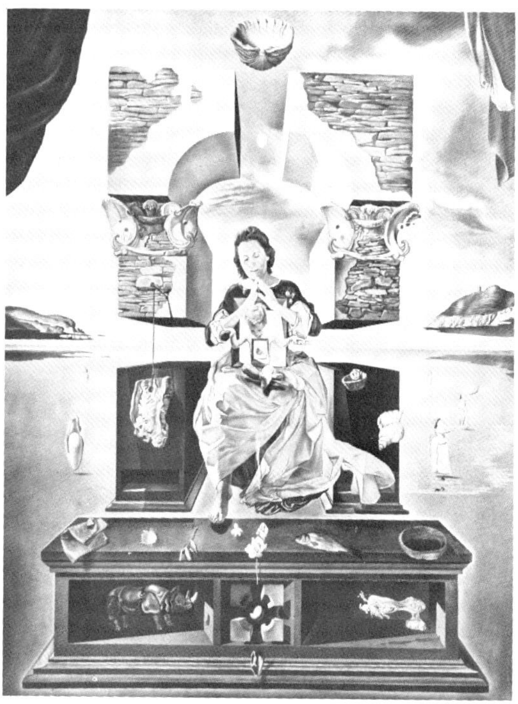

–, Haupt der
bei Salvador Dali: Vollkommenheit (s. u. Ei)
Mädchen
bei Marcel Duchamp: s. u. Halbkreis; s. u. Körper, kopfloser; s. u. Verkleidung
bei Baruch Elron: s. u. Finger, gereckter
bei Leonor Fini: s. u. Kreideumriß eines Mannes
bei Yves Klein: s. u. Abdrücke weiblicher Körper
bei August Macke: »Die großen, zarten Gestalten der jungen Mädchen ragen [in: 'Zwei Mädchen', 1913] aus dem fast abstrakten Vordergrund gegen einen kaleidoskopartigen Hintergrund aus kubistisch-futuristischen Formen auf, der die Stadt oder das Alltagsleben widerspiegelt. Die Mädchen sind in ihrer schlichten Klarheit und Unschuld symbolisch dem lärmenden, durcheinanderwogenden Leben der Stadt gegenübergestellt – Einfachheit gegen Verworrenheit.«
Bernard S. Myers (1957, S. 240)
bei Edvard Munch: s. u. Kinder
bei Francis Picabia: Maschine (s. u. Räderwerk)
'– aus dem Westen'
bei Carlo Carrà: s. u. Tennisspielerin
–', 'Das schöne
bei Hannah Hoech: »Ein Jahr später, 1920, entsteht als Montage aus Maschinenteilen 'Das schöne Mädchen', das inmitten von Autoreifen und Kolbenstangen seinen selbstzufriedenen Charme à la Mode produziert. Sie wird zum Maschinenzwitter mit einer Glühbirne als Kopf. Darüber, gleich einer Gewitterwolke, ein ungeheurer Perücken-Pilz. Selten ist von den Zeitgenossen das erotische Element mit dem Maschinenkult so geistvoll identifiziert, die Verquickung von hektischer Technisierung und standardisierter Sexualität als Zeichen einer schönen neuen Welt im Klebeprozeß so kunstvoll beschworen worden.« Peter Krieger (1976, S. 13)
s. u. Glühbirne
–, die Dichterin flankierend
bei Auguste Rodin: »Goujons berühmte Karyatiden mit glatt abgeschnittenen Armen im nach ihm benannten Saal des Louvre von 1550 sind ein Paradebeispiel. Schon R. ließ sich davon zu seinem Relief 'Sappho' (vor 1908) inspirieren, indem er den die Dichterin flankierenden Mäd-

chen als Sinnbildern der Passivität nur Armstümpfe mit manieristisch glatten Schnittflächen gab.« J. A. Schmoll (1969, S. 13/4)

–', 'Frierendes

bei Ernst Barlach: »Das 'Frierende Mädchen' von 1917 und das erschreckende Gesicht der 'Weinenden Frau' von 1923 versinnbildlichen Not und Elend von Krieg und Nachkriegszeit.«

Bernard S. Myers (1957, S. 79)

–, fünfzehnjähriges

bei Erich Brauer: s. u. Engel

–, griechisches

bei Pablo Picasso: s. u. Spiegel (A. Blunt)

–, hellgekleidetes

bei Edvard Munch: Jugend und Erwartung (s. u. Frauengestalten)

–, hochschwangeres

bei Gustav Klimt: »Die Angst, mit der alles Leben von Anfang behaftet ist, hat K. in einem Bild der 'Hoffnung' [1903] versinnbildlicht: einem nackten, hochschwangeren Mädchen, das schicksalsvertrauend seine Frucht austrägt, auf deren Erscheinen in dieser Welt bereits die Dämonen, Schmarotzer und schließlich der Tod warten. Der sich dem Betrachter aufdrängende Gedanke der Hoffnungslosigkeit aber wird entwaffnet durch den Ausdruck des Weibes, das mit selbstverständlicher Ergebenheit jenseits aller Zweifel zu stehen scheint.«

Hans H. Hofstätter (1965, S. 216/17)

–, kleines

bei Pablo Picasso: → Luzifer

– mit den Blumen

bei Pablo Picasso: »Daß P. in dem kleinen rührenden Mädchen [in: 'Minotauromachie', 1934] mit den Blumen in den Händen, die als einzige den Minotaurus versteht, nicht fürchtet und ihm zu helfen bereit ist, Marie-Thérèse [Walter] sieht, hatte er in den zwei Blättern der Suite Vollard aus dem November 1934 durch Porträtzüge seiner Freundin bereits angedeutet.«

Jürgen Thimme (1974, S. 33)

– mit der Wespentaille

bei Rudolf Hausner: »Aus der Isolation von Elternhaus und Gesellschaft reißt ihn nun das Mädchen mit der Wespentaille: eine so eindrucksvolle Verkörperung seines Ideals, daß noch heute jede anatomische Einzelheit als plastischer Wert im Gedächtnis des Malers haftet [u. a. 'Eva', 1974]. Damals erscheint sie ihm als fleischgewordenes Objekt aller erotischen Sehnsüchte.« Günter Engelhard (1975, o. S.)

– mit feinem Spitzenkragen

bei René Magritte ». . . wie M., der ein Mädchen mit feinem Spitzenkragen malt, das einen lebenden Vogel verzehrt ('Freude', 1926), verbildlicht Bacon in der Kombination von Redner und Kadaver, von Fleisch und Tisch, eine zwar höchst ungewöhnliche, aber noch denkbare Situation. Gerade weil M. und Bacon nichts schlechthin Absurdes, sondern zumindest potentielle Vorgänge schildern, bewirken ihre Vergegenwärtigungen grausamer Vorgänge einen viel höheren Grad von Betroffenheit als jene, denen der Betrachter leicht das Alibi des Traumes zugesteht.« Alexander Dückers (1971, S. 8)

– mit den Schmetterlingsflügeln

bei Pablo Picasso: s. u. Geschöpf, geflügeltes

– mit gespreizten Beinen

bei Tom Wesselmann: s. u. Akt, weiblicher

– mit langen Haaren

bei Leonor Fini: »Knaben und Mädchen mit langen Haaren verkörpern dort ein androgynes Ideal, das im Verschmelzen der Geschlechter einen Gegensatz zu der hermetischen Isolierung bedeutet, in der das Wunschdenken der gleichgeschlechtlichen Erotik mündet.«

Constantin Jelenski (1968, S. 14)

–, musizierende

bei Max Beckmann: » . . . rechts [in: 'Argonauten', 1949/50] die Musik, verkörpert in den singenden, musizierenden Mädchen.«

Erhard Göpel (1976, S. 8)

– ohne Mutter

bei Francis Picabia: Maschine (s. u. Räderwerk)

– unseres Jahrhunderts

bei Allen Jones: Sexualobjekt (s. u. Beine in Nylonstrümpfen)

Mädchenakt

bei Albert Weisgerber: »W. hat 1914 einen liegenden Mädchenakt in überdimensionierter Proportion in eine Berglandschaft gelegt; in unmittelbarer Umgebung bewegen sich daneben winzig kleine Gestalten. Die Überspielung des Aktes mit den Farben der Landschaft – grün und braun – lassen die Deutung berechtigt erscheinen, W. habe die 'Mutter Erde' (wie der nachträgliche Bildtitel lautet) symbolisieren wollen.«

Hans H. Hofstätter (1965, S. 107)

Mädchengestalten

bei Otto Mueller: »Vielmehr bediente er sich in einer pastellartigen . . . Farbgebung, die allen seinen Bildern etwas Lyrisches und Idyllisches verlieh und sie . . . mit dem in seinen gertenschlanken, grazilen, hochbeinigen und spitzbrüstigen Mädchengestalten sich darstellenden freien, naturverbundenen Leben zu Symbolen eines neuen Arkadien werden ließ.« Bodo Cichy (1970, S. 140)

Mädchens, Hals des
bei Rudolf Hausner: Kindheitserinnerung (s. u. Seifenblasen)
Männchen
bei Horst Antes: s. u. Dampedei
–, unrasiertes
bei Friedrich Schröder-Sonnenstern: »Das unrasierte Männchen in zerfetzten Kleidern [in: 'Als alle Mühe vergebens war'] schießt mit einem genau ausgeführten Bogen auf geometrische Symbole, gleichsam ein Sinnbild für die metaphysischen Ambitionen des Autors.«
Alfred Bader (1972, S. 43)
Männer, anwesende
bei Max Beckmann: s. u. Herzsymbol, schwarzes
–', 'Badende
bei Edvard Munch: »In der Bildmitte ['Badende Männer', 1915] treten uns die kräftigen, aufrechten Männer nach dem erfrischenden Bad entgegen. Über ihnen fällt das Licht der Sonne ein, Quell und Erhalter des Lebens, hinter ihnen wogt das Meer in seiner Unendlichkeit. Das Werk versinnbildlicht – neue Zeitströmung damals, neu auch bei M. – Sonnenanbetung und Vitalismus . . . 'Badende Männer' – eine Hymne an die Sonne, die Gesundheit, an die befreiende Weite des Raums . . .«
Johan H. Langaard/Reidar Revold (1963, B. 30)
– begegnen sich, Zwei
bei Paul Klee: »Ähnlich [wie Hodler] bildet auch K. in 'Zwei Männer, einander in höherer Stellung vermutend, begegen sich' [1903] das Symbol der Heuchelei.« Hans H. Hofstätter (1965, S. 39)
–, buntgewandete
bei Erich Brauer: s. u. Vögel
–, ernste
bei Lyonel Feininger: Fremde (s. u. Männer im Zylinder)
–, gleichgültige
bei Paul Delvaux: s. u. Frauengestalten
– im Zylinder
bei Lyonel Feininger: »Die komischen Figuren in F.s Spielzeugwelt sind seine Erinnerungen aus der Kindheit – die Männer im Zylinder [z. B. 'Fin de Seance', 1910] – das sind die Erwachsenen, die dem Kind unverständlich bleiben, sie bewegen sich in der wirklichen Welt, die das Kind bloß bestaunt, aber nicht versteht; die ernsten Männer im Zylinder sind die Fremden, die Passanten, die am Leben des Kindes vorbeigehen. Mit der wirklichen inneren Welt des Kindes haben sie nichts zu tun, sie sind Schatten und Abbilder der Außenwelt.« Hans Hess (1959, S. 86)

–, kopflose, nackte
bei Gerd van Dülmen: »1968 zeichnet D. kopflose, nackte Männer, deren Bauchgegend wie ein Ballon ausgebildet ist, zwischen pechschwarzen Ledersitzen stehend. Auch hier das Klinik-Trauma.« Juliane Roh (1971, S. 243)
–, Leibzeichen der
bei Ernst Wilhelm Nay: Verfolgung (s. u. Rosa, hektisches)
Märchengestalten
bei Max Beckmann: s. u. Zwerg, unangenehmer
Märtyrer
bei Marc Chagall: s. u. Gelb, elfenbeinernes
bei Leslie Thornton: s. u. Armlosigkeit
– Sebastian
bei Albert Weisgerber: geopferte Jugend (s. u. Sebastian)
Magd, gute
bei Max Beckmann: s. u. Geige, große
Magier
bei Max Beckmann: s. u. Schlüssel
Magierin
bei René Magritte: → Frau
'magna mater'
bei Max Beckmann: s. u. Beine, Spreizhaltung der; s. u. Gamma
Magnet
bei Vassilakis Takis: s. u. Nadeln, zitternd in der Luft schwebend
Mahler, Alma
bei Oskar Kokoschka: s. u. Windsbraut (K. Ruhrberg)
–, Gustav
bei Oskar Kokoschka: »So vollendet sich die Tragödie. Das Weib ist in der Pietà-Komposition [in: 'Bachkantate', 1914] tief über den Sterbenden gebeugt und steigt schließlich mit Siegesgeste über den Toten hinweg. Und dazwischen sind apokalyptische Blätter mit Totentanz und aufgebrochenen Gräbern, eine Auferstehung; die berstende Säule des Ruhms symbolisiert Gustav Mahler, und der emporfliegende Hahn ist der sieghaft krähende junge Künstler . . .«
Joseph Paul Hodin (1968, S. 195)
Mahnmal
bei Bernhard Heiliger: → Gefangener
Maiglöckchen
bei Max Beckmann: »Es wird von den Maiglöckchen [in: 'Selbstbildnis mit Saxophon', 1930] und den Lauchstangen – Sinnbilder von Hoffnung und Vitalität – abrupt überdeckt. Vielleicht sind die Nüsse Zeichen für noch uneröffnete Geheimnisse.« Klaus Kowalski (1975, S. 20)

Maiglöcklein
bei Otto Meyer-Amden: »Die Annahme, daß die geistige Situation, die sich im Gärtnerbild [1911] ausdrückt, die des Malers selbst ist, liegt auf der Hand: wie ein Signet setzt M. seine Wappenblume, das Maiglöcklein, in die Rasenbänke zu beiden Seiten des Gärtners . . .
Im . . . Brief an den Vater schreibt M. . . .: 'doch dort habe ich die Blume des Glaubens gesehen und bin froh.'« Carlo Huber (1968, S. 63)

Mailänder Platz
bei Max Beckmann: s. u. Leiche mit dem Kopf nach unten

Maiskolben
bei Max Ernst: »Auf einer Collage von E. [1919/20] sitzt träumend am Fuß einer Treppe ein korrekt gekleideter junger Mann, neben ihm ein Eisbär. In den verschränkten Händen hält er einen überdimensionierten Maiskolben. Dieser Monumentalphallus zielt auf ein Traumgesicht am oberen Ende der Treppe. Ein Pärchen kokettiert vertraulich miteinander unter aufgespanntem Schirm. Der Schirm aber ist ebenfalls ein Symbol für das männliche Genital.«
Volker Kahmen (1972, S. 18)

'make up'
bei Tom Wesselmann: s. u. Akt, weiblicher

'Maler der Bahnhöfe'
bei Pablo Picasso: Giorgio de Chirico (s. u. Bahnhof)

Maleratelier
bei Emilio Scanavino: s. u. Brotlaib

Malers, Platz des
bei Pablo Picasso: s. u. Affe

–, Rolle des
bei Pablo Picasso: s. u. Minotaurus

Maler-Vogel
bei Max Ernst: s. u. Pelikan

Malschwanne
bei Dieter Krieg: »1970 malt K. eine Reihe aufrechter, flacher Wannen (sogenannte 'Malschwannen', wobei der Titel, wie auch in anderen Fällen, nicht hinweist, sondern ablenkt: Malsch ist ein kleiner Ort im Badischen). Die Bilder sind so illusionistisch gemalt – der wulstige Wannenrand ist mit dem Bildrand identisch –, daß sie, am Boden nebeneinander aufgereiht, schlechthin beklemmend wirken. Grau, leer und absolut steril mögen sie als modernes Vanitassymbol den Raum vertreten, der als letzter bleibt.«
Juliane Roh (1971, S. 52)

Maltuben
bei Renato Guttuso: s. u. Widderschädel

Manager
bei Pablo Picasso: »Die *Manager*-Figuren [1917] sind stark vereinfachte Kompositionen, in denen Elemente der Rundplastik (Zylinder) auftauchen . . . Ein ironisches Element, das sonst in den kubistischen Arbeiten fehlt, taucht hier auf: P. unterlegt erstmals der kubistischen Methode, die, wie wir gezeigt haben, einen apsychologischen Sinn hat, eine psychologische Bedeutung. Die kubistische Formzerlegung dient dazu, einen sozialkritischen Popanz zu schaffen. Der mechanisch starre Charakter der Figuren wird psychologisch deutbar.« Werner Spies (1971 c, S. 56)

Mandala
bei Allen Atwell: s. u. Kreis
bei Adolf Wölfli: s. u. Ei-Form

Mandoline
bei Pablo Picasso: »Er verwendet die Mandoline [1912] aus Gründen der formalen Identität mit dem menschlichen Körper, so daß Frau und Musikinstrument zu einer Gesamtform zusammenfließen . . . Er bringt sozusagen die Bedeutung 'weiblicher Körper' in der Form des Musikinstruments unter.«
Werner Spies (1971 c, S. 47)

Mandorla
bei Ernst Wilhelm Nay: s. u. Rund, blaues

Manege
bei Joan Miró: weitschwingende Linien (s. u. Pferd)

manichino
deutsch: Gliederpuppe (s. a. dort)
s. a. mannequini

Mann
bei Leonard Baskin: s. u. Vogel, toter
bei Max Beckmann: s. u. Schwester
bei Paul Delvaux: s. u. Kontaktlosigkeit
bei Marcel Duchamp: Himmel (s. u. Baum); → Schokoladenquetsche
bei Alberto Giacometti: → Kugel
bei Rudolf Hausner: s. u. Hermaphrodit, umgekehrter; s. u. Würfel, medaillonartiger
bei Paul van Hoeydonck: »H.s Statuette ['Kleiner Kosmonaut'] besitzt keine rituelle Funktion und hat keine sozialreligiöse Beziehung. Trotzdem hat auch sie eine symbolische Bedeutung. Sie schildert einen Mann in der Mitte des 20. Jahrhunderts, degeneriert zu einem Wesen, dessen natürliche Funktionen – wie Atmen, Sehen, Hören, Sprechen und Gestikulieren – durch mechanische ersetzt sind.«
Charles Wentinck (1974, B. 35 b)
bei Rudolf Hoflehner: s. u. Messer
bei Jean-Robert Ipoustéguy: s. u. Wasser

bei Helmut Kies: → Doppeldecker
bei Paul Klee: s. u. Unendlichkeits-Zeichen
bei Oskar Kokoschka: s. u. Knochen mit den Flügeln; s. u. Windsbraut (W. Hütt)
bei Richard Lindner: s. u. Banner
bei Hanna Nagel: »Auf einem anderen römischen Blatt ['Das Ziel – Das Kind', nach 1933] erhebt sich das Paar senkrecht in den Nachthimmel: der Mann als schlanker dunkler Mondgott, Verwahrer des ungeborenen Kindes, nach dem die Frau verlangend die Arme ausstreckt.«
Klaus Mugdan (1977, S. 12)
bei Pablo Picasso: → Stier (A. Henze); → Stiermensch
bei Günther Uecker: → Nagel (D. Helms)
bei Munio Weinraub (Gitai): Dreieck (s. u. Halbkreis)

Mann, abgewandter junger
bei Salvador Dali: »Die Vorstellung, beim Geschlechtsakt verschlungen zu werden, läßt in der Masturbation die Sicherheit finden, die vom abgewandten jungen Mann rechts vom mittleren Bildkasten [in: 'Illuminierte Freuden', 1929] symbolisiert wird.«
Uwe M. Schneede (1973 a, S. 84)

– als Büste
bei Alberto Giacometti: Schöpferkraft (s. u. Frauen)

–, alter
bei Otto Dix: s. u. Hiob
bei Jean Tinguely: Okina (s. u. Maschine', 'Traditionszerstörende)

–, archetypischer
bei Francis Bacon: s. u. Röcke, weiße

– auf der Leiter
bei Pablo Picasso: s. u. Frau, tot in der Landschaft

–, ausgemergelter
bei Edvard Munch: s. u. Bett

–, bärtiger
bei Salvador Dali: »Die Deutung dieses bärtigen Mannes als einer Vaterfigur versteht sich bei Bildern wie 'Wilhelm Tell' [1929] von selbst, wird aber auch gestützt, wenn man das Motiv auf die Werke von de Chirico und Ernst zurückverfolgt, denen es entnommen wurde. Der Prototyp ist die drohend aufgerichtete Gestalt in de Chiricos Gemälde 'Das Gehirn des Kindes' [1914]. Diese massige Person mit bloßer Brust und Schnurrbart wird allgemein als Vater des Künstlers gedeutet.«
William S. Rubin (1972, S. 226)
bei Pablo Picasso: ». . . und auf der äußersten Linken [in: 'Minotauromachie', 1935] taucht ein bärtiger Mann auf, Symbol des Künstlers selbst, der aus der Szene zu flüchten versucht, indem er eine Leiter erklimmt.«
→ Weise, der Anthony Blunt (1969, S. 24)

–, bedrängter
bei Alfred Kubin: s. u. Schlangen umgeben, von

–, bekleideter tierköpfiger
bei Marc Chagall: physischer Leib (s. u. Mensch)

–, büßender
bei René Magritte: → Melone, Subjekt unter der

–, der sein Gesicht verbirgt
bei Salvador Dali: Onanie (s. u. Hand, rechte)

–, eine Leiter hinaufkletternd
bei Pablo Picasso: → Weise, der

–, Frau und Kind
bei Pablo Picasso: s. u. Gaukler (A. Henze)

–, geflügelter
bei René Magritte: »'Heimweh' wurde im Jahre 1941 während der deutschen Besetzung Belgiens gemalt; die Beschwörung des belgischen Wappens und der geflügelte Mann, der sehnsüchtig seiner Freiheit nachhängt, all dies ist ein Hinweis auf die Realität des Entstehungszeitpunktes.«
Suzi Gablik (1971, S. 66)
bei Hanna Nagel: Städtebauer (s. u. Bergstädtchen)

–, gekreuzigter
bei Giacomo Manzù: s. u. General

–, hockender
bei Alberto Giacometti: »Wenn beim 'Kleinen hockenden Mann' [1927] der Vergleich mit Hockfiguren aus dem Kongo angebracht ist, so muß man wissen, daß diese für Junggesellen bestimmten Grabfiguren 'die Trauer eines Mannes ausdrücken, der keine Familie hat' – für G. in den ersten Pariser Jahren keine zufällige Beziehung.« Reinhold Hohl (1971, S. 79)

– in einem Boot
bei Marc Chagall: s. u. Boot im Fluß

– in Uniform
bei Francis Bacon: konzessionierter Heuchler (s. u. Uniform)

–, janusköpfiger
bei Marc Chagall: »Man betrachte unter diesem Aspekt [der inneren Erlebnisse] einmal die Darstellung von C., der die gleichgewichtige Bedeutung von Innen- und Außenwelt durch einen janusköpfigen Mann symbolisiert« ['Paris durch das Fenster', 1913]. Kurt Herberts (1966, S. 230)

–, junger
bei Salvador Dali: s. u. Hand, rechte
bei Max Ernst: s. u. Maiskolben

– mit dem Adler
bei Jacques Lipchitz: ». . . dem 'Mann mit dem Adler' [1953–59] für den Fairmont Park in Phil-

adelphia, der als Nationaldenkmal die Initiative darstellen soll.« A. M. Hammacher (1960, S. 66)

– mit dem bärtigen Kopf

bei Pablo Picasso: s. u. Frau, tot in der Landschaft

– mit dem Bowler

bei René Magritte: »Der Mann mit dem Bowler hat manches mit dem Ulrich in Robert Musils Roman 'Der Mann ohne Eigenschaften' gemeinsam: Er hat seine 'Eigenschaften' aufgegeben, so wie jemand die Welt aufgeben kann. M.s Mann mit Bowler ist eher eine Gestalt aus einem Buch als ein menschliches Wesen, aber eine Gestalt, bei der alle unwesentlichen Elemente weggelassen wurden . . .

Und so wird die Kollektivphysiognomie des Mannes mit dem Bowler eine Darstellung der Gruppenseele und Spiegelbild unterdrückter Werte, bei denen es letzten Endes belanglos ist, ob sie nun von M. beabsichtigt waren oder nicht. Der Mann mit dem Bowler ist ein vollkommener Träger für unsere Projektionen.«

s. u. Melone Suzi Gablik (1971, S. 159)

– mit dem Kopf eines Hahns

bei Marc Chagall: »Erst lange Zeit, nachdem mir die Ego-Symbolik des Hahnes klar war, fand ich eine Radierung von C. aus dem Jahre 1927. Sie gehört zu einem Zyklus der sieben Todsünden und stellt den Hochmut dar: als Mann mit dem Kopf eines Hahnes.«

Heinz Demisch (1971, S. 150)

– mit dem Lamm

bei Pablo Picasso: »Im gleichen Jahre [1944] schuf er das Denkmal 'Mann mit dem Lamm', das heute auf dem Marktplatz der Stadt Vallauris steht . . . In einem Bildwerk, das ganz zur bukolischen Küste der Provence zu gehören scheint, tritt das Tier als Bruder des vereinsamten Menschen auf.« Anton Henze (1959, S. 65)

– mit der Messinghose

bei Walter Pichler: kranke Gesellschaft (s. u. Wagen, eiserner)

–, mit einem Hemd bekleideter

bei Alfred Kubin: s. u. Schlangen umgeben, von

– mit Lamm

bei Pablo Picasso: »Das äußere Format und das humanitäre Bekenntnis machen die Gruppe ['Mann mit Lamm', 1944] zu P.s ausdrucksvollstem Werk dieser Zeit: die Ähnlichkeit mit dem Thema 'Christus als guter Hirte' ist in P.s Freundeskreis sofort bemerkt worden. Die Gruppe ist also als Symbol der Friedenssehnsucht während des Zweiten Weltkriegs entworfen worden.«

Wilfried Wiegand (1973, S. 121)

'– mit Gitarre'

bei Jacques Lipchitz: s. u. Öffnung, runde

– mit Pfeife

bei Pablo Picasso: »Aber schon 1915 bedroht die Orthodoxie den 'Mann mit Pfeife': um ihr zu entgehen, vervielfacht P. die gesprenkelten, rechtekkigen Ebenen, die sich übereinanderschichten, sich durchdringen, einander überlappen. Sie lassen einen Raum entstehen, wo einzig das zerstükkelte Sein sich bewegt, Symbol der sozialen und psychologischen Zerrissenheit.«

Robert L. Delevoy (1965, S. 87)

– ohne Eigenschaften

bei René Magritte: → Mann mit dem Bowler

–', 'Panzerbrechender

bei Willi Sitte: »'Zeichnen' meint ursprünglich: ein Zeichen machen. S.s 'Panzerbrechender Mann' [1969] ist ebenso als Zeichen für die Selbstbefreiung des Menschen zu verstehen wie [Heinz] Zanders 'Held' [1965] als Metapher für das Entgleisen ins Unmenschliche oder wie Hans Theo Richters Mutterbilder als sicherer Hort des Guten.« Werner Schmidt

in: Hans-Ulrich Lehmann (1974, S. XIV/XV)

–, ruheloser

bei Oskar Kokoschka: s. u. Windsbraut (K. Ruhrberg)

–, sitzender

bei Tadeusz Kulisiewicz: erschöpfter Bauer (s. u. Arbeiter des Meeres, ewiger)

– und Frau

bei Max Beckmann: 'Reise auf dem Fisch' (s. u. Fische, übergroße); s. u. Frau; s. u. Knospen, überdimensionale

bei Constantin Brancusi: s. u. Liebende; s. u. Tod

bei Marc Chagall: »Eines seiner liebsten, wahrscheinlich kompensatorischen Symbole der Ganzheit im Gefühlsleben ist das Motiv von Mann und Frau, die körperlich eins sind. Zuweilen sind sie als zwei Gesichter auf einem Kopf dargestellt, so auf dem Gemälde 'Selbstbildnis in karierter Jacke' [1957], häufiger aber sind sie körperlich vereint, entweder mit den unteren Körperteilen wie Braut und Bräutigam auf 'Rote Dächer' [1953] oder in vertikalen Hälften wie auf dem Bild 'Der Schauspieler' [1916] . . .«

Roy Mac Mullen (1968, S. 154)

s. u. Liebespaare

bei Alberto Giacometti: Distanz der Geschlechter (u. Frauen); s. u. Hohlkugel, halbe

bei Marino Marini: »Wegen ihrer Namenlosigkeit vertreten die beiden Gestalten ['Das Volk', 1929] zuerst 'Mann und Frau', dann ist ihnen aber gleich noch mehr Bedeutung aufgeladen: sie vertreten die übergreifende Gesamtheit von 'Mann und Frau': das Volk.«

Oskar Bätschmann (1969, S. 10)

bei Henri Rousseau: ewige Helden (s. u. Hund)

bei Munio Weinraub (Gitai): sich nach oben öffnender → Halbkreis und Dreieck

Mann und Frau, Verhältnis zwischen

bei Max Beckmann: s. u. Frau

– und Weib

bei Edvard Munch: s. u. Mörderin

– von Tollund

bei Serge Vandercam: »Auf einer Reise nach Dänemark entdeckte V. schließlich den 'Mann von Tollund' [Moorleiche], der für den Maler zum Sinnbild des gemarterten Angeklagten wird, der seinerseits seinen Henker, eine unmenschliche, kriminelle Gesellschaft, anklagt.«

Jan Dypréau (1966, S. 167/68)

– zur Frau, Brücke vom

bei Henry Moore: Kinder (s. u. Sitzende)

'Mannbarkeitsmaschine'

bei Marcel Duchamp: → Glas

Mannequin

bei Giorgio de Chirico: s. u. Gliederpuppen; s. u. Hektor und Andromache

bei Friedensreich Hundertwasser: »'Der Tod des Mannequins – Die Photographen' [1966] faßt das Schicksal des geliebten Wesens zusammen. Das Gesicht, zuerst rosa, dann braun, dann silbern geschminkt, gehört einem Mannequin, einem künstlichen Geschöpf. Sie ist . . . seelenlos, leblos, und doch voll Faszination, ein Fetisch.«

Wieland Schmied (1967, S. 62)

bei Allen Jones: s. u. Beine in Nylonstrümpfen

-Göttinnen, nackte

bei Maurice Hirshfield: »Mit siebenundsechzig Jahren verlegt er sich aufs Malen und malt, besessen von einem Wunschbild 'Frau', nackte Mannequin-Göttinnen in seltsam heraldischer Gestalt, Tierfriese auch, Katzentiere mit menschlichen Gesichtern. Das Verblüffende ist der orientalische Charakter, der formal an Persisches denken läßt, inhaltlich an das Legendär-Erotische der hebräischen Literatur.«

Werner Haftmann (1954, S. 233)

Mannequinhand

bei Alberto Giacometti: »Die Mannequinhand auf dem Tisch [in: 'Tisch', 1933] ist die extrem gegenständliche Formulierung für menschliche Realität; vielleicht vertritt sie den ganzen Körper des Menschen, so wie die gleich geformte Hand in 'Gefährdete Hand' (1932) den ganzen Menschen als ein Zorn und Schmerz ausdrückendes Tier definierte.« Reinhold Hohl (1971, S. 102)

mannequini

bei Giorgio de Chirico: »Die von James Thrall Soby eingeführte Deutung der *mannequini* als Sohn-Symbole im Kontext mit einer gestörten Vaterbeziehung scheint sich sowohl durch eine Zeichnung und ein Bild von 1918 mit dem Titel 'Die Rückkehr' (Anspielung auf den Verlorenen Sohn) als auch durch Max Ernsts bewußte, sinngemäße Ausdeutung in der 'Pietà [1923] zu bestätigen, die den Vater des 'Rückkehr'-Bildes wiederholt und ins Verhältnis setzt zu einer unbelebten, statuenhaften Sohnfigur.«

Uwe M. Schneede (1973 a, S. 52)

Mannequin-Migof, kopfloser

bei Bernard Schultze: »Der 'Kopflose Mannequin-Migof' [1967] figuralisiert das dialektische Grundthema zu visionären Verbildlichungen des gespaltenen, zerfetzten und doch unendlich wuchernden menschlichen Geistes.«

vgl. Migof Karin Thomas (1971, S. 281)

Mannes, die drei Lebensalter des

bei Franz von Stuck: s. u. Sphinx

–, Feder des

bei Hanna Nagel: s. u. Einhorn

–, Fleisch des

bei Francis Bacon: männliche Wollust (s. u. Fleisch des Mannes)

–, Geistigkeit eines

bei Marc Chagall: s. u. Engel, flammender

–, Kopf eines schlafenden

bei Marc Chagall: s. u. Himmelsziege

–, Kreideumriß eines

bei Leonor Fini: konventionelle Verlogenheit und Schmutz (s. u. Kreideumriß eines Mannes)

–, sexuelle Annäherung des

bei Paul Klee: Tier (s. u. Weib und Tier)

–, Sphäre des

bei Rudolf Hausner: s. u. Kessel

–, Torso eines jungen

bei Constantin Brancusi: s. u. Holz

–, Trauer eines

bei Alberto Giacometti: Grabfiguren (s. u. Mann, hockender)

–, weibliche Seele des

bei Rudolf Hausner: → Anima

Mann-Fisch

bei Ernst Wilhelm Nay: ohne Kopf (s. u. Fisch ohne Kopf)

Mantel

bei Max Ackermann: s. u. Kind

bei Giacomo Manzù: s. u. Figuren der bäuerlichen Wirklichkeit

–, ärmlicher

bei Otto Dix: s. u. Streichholzhändler

Mantis [Flugheuschrecken]
bei Graham Sutherland: »Wann waren die in spitzen Winkeln sich verrenkenden Gliedmaßen der *Mantis* [in: 'Mantis', 1963] je von solchem Zittern erfüllt, vom Symbol des Todeskampfes bei gleichzeitigem verzweifelten Lebenswillen . . .«
Francesco Arcangeli (1974, S. 20)

Mao-Bibel
bei ›Equipo Cronica‹ s. u. Paket, aufgerissenes

Marcus-Platz
bei Paul Flora: s. u. Raben

Maria
bei Ernst Barlach: s. u. Josef
bei Marc Chagall: s. u. Mater Dolorosa
bei Mikuláš Medek: blaue Farbe (s. u. Kreuz)

– Ägyptica
bei Emil Nolde: »Sein Triptychon [1912], das allgemeinen Aufruhr darstellen soll, wird von flammendem Rot und loderndem Gelb beherrscht.«
Walter Winkler (1949, S. 97)

–, Joseph und
bei Marc Chagall: Vater- und Muttergleichnis (s. u. Joseph und Maria)

–, Jungfrau
bei Pablo Picasso: s. u. Polyp

–, zeichnende
bei Hanna Nagel: Selbstgestalt (s. u. Geier)

Marianne
bei Max Beckmann: s. u. Sphinxe (F. W. Fischer)

Marias, Mysterium
bei Ernst Fuchs: s. u. Einhorn

Mariens, sieben Schmerzen
bei Edward Kienholz: s. u. Pfeile, sieben

Marionette
bei George Grosz: s. u. Band Goethe
bei Oskar Schlemmer: s. u. Gliederpuppe
bei Werner Tübke: ». . . die Marionette bzw. Gliederpuppe [in: 'Dr. jur. Schulze III', 1965] . . . bei T. als Zeichen von Fremdbestimmung und Entpersönlichung . . .«
s. u. Mensch Lothar Lang (1977, S. 132)

–, lebendige
bei Paul Klee: s. u. Pfeil, kalligraphischer

Marionetten, sexuelle
bei Rudolf Hoflehner: Krieauer Kreaturen (s. u. Geschlechtsorgan, männliches)

Marmelspiel, kindliches
bei Otto Meyer-Amden: Leben im christlichen Sinne (s. u. Glaskugel)

Marmor
bei Werner Tübke: s. u. Flora; s. u. Tiere, ekelerregende

Marmorkopf
bei René Magritte: s. u. Blut

Marmormensa
bei Jan Koblasa: »Der breite Rahmen des Bildes [Altar in Jedovnice, 1963] ist eine Arbeit des Bildhauers K. Das Relief symbolisiert mehrere Zonen des menschlichen Strebens und Leidens auf dem Wege vom Chaos zur Klarheit. Ebenso hat K. die Marmormensa entworfen als genau situiertes Bedeutungssymbol – das Symbol des engen und schmalen Tores, das ins ewige Leben führt.« Antonín Hartmann (1969, S. 95)

Mars
bei Max Beckmann: s. u. Helm
bei René Magritte: s. u. Keule und Netz

Marterpfahl
bei Max Ackermann: s. u. Rosa

Maschendraht
bei Barbara Haeger: s. u. Kunstharz, tiefschwarzes

Maschine
bei Oscar Dominguez: das einzig Lebendige, hoffnungsvoll Sprießende (s. u. Schreibmaschine)
bei Fernand Léger: »L.s von der Härte der technischen Arbeitswelt erfüllte Handschrift ist voll vitaler Wärme und humanistischer Lebenskraft. Die Maschine als repräsentative Symbolform für unsere Zivilisation, die seltsame Gegenstandswelt aus Kreisen, Zylindern, Würfeln und Kugeln verlieren den Geruch der Anklage und Verfremdung.« Oto Bihalji-Merin (1962, S. 61)
bei Richard Lindner: s. u. Frau in 'Solitaire'
bei Francis Picabia: weibliches Wesen (s. u. Räderwerk); s. u. Kolben
bei Peter Phillips: Partner des Jugendlichen (s. u. Motorrad)
bei Julius Schmidt: »Mechanismus und Organismus sind für mich besonders interessant, weil ich mich mit der Form der Maschine als eines Ausdrucks von verhaltenem Leben, von Wachstum und Energie beschäftigt habe – ein Symbol, das der Mensch in seinem Bestreben nach Wandel und Veränderung aus dem Organischen entwikkelt hat. In den verschiedenen Bedeutungsschichten der maschinellen Form ist noch vieles von den essentiellen Eigenschaften erhalten geblieben (1961).«
Julius Schmidt in: Eduard Trier (1971, S. 163)
bei Jean Tinguely: »In der 'Eos'-Serie (1964) und den 'Chars' (1965–66) sind die vorgestoßenen Kolben aufdringlich erotisch: die Maschine als Kraftprotz und Sisyphos des Sex.«
Günter Metken (1971, S. 35)
bei Ernest Trova: s. u. armloses Grundmodell; s. u. Roboter

Maschine, beseelte
bei Francis Picabia: s. u. Maschinenteile
– des Tötens, seelenlose
bei Werner Tübke: Richter (s. u. Gliederpuppe, robengeschmückte)
–, Gleichsetzung von Fortschritt und
bei Umberto Boccioni: Futurismus (s. u. Lokomotive)
–, hochgezüchtete
bei Jean Tinguely: »Die hochgezüchtete Maschine wird in der Phase ihrer 'Vergeistigung' als Denkmaschine mit Elektronengehirn zum mechanischen Gespenst und zum Sinnbild einer phantomhaften Welt.«
Oto Bihalji-Merin (1962, S. 83)
–, sich selbst zerstörende
bei Jean Tinguely: »T. erstellte im Hof des Museum of Modern Art in New York im Verlauf von fünfeinhalb Wochen eine riesige, sich selbst zerstörende Maschine, *Luzifer* genannt; mit dieser ironischen 'Huldigung an New York' gelang ihm zweifellos das einfallsreichste und überzeugendste aller seither oft so mühsam 'improvisierten' *Happenings*. Ohne ihrendeinen Handelswert

Mikuláš Medek: Gelber Schrei, 1968

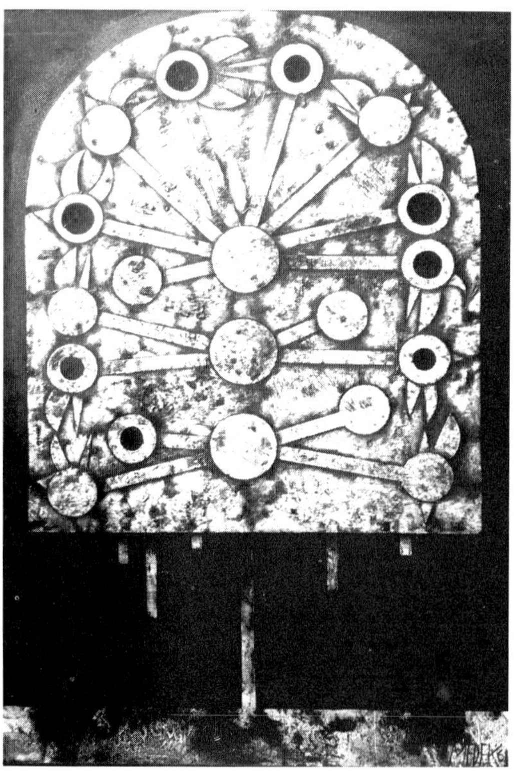

zu haben, kostete die Maschine ihren Schöpfer 1500 Dollar; ihre Selbstzerstörung am 17. März 1960 im Museumshof dauerte 28 Minuten. Sie wirkte in jenen dunklen Tages des Algerienkonfliktes wie die Inversion eines politischen Attentates, wobei die *Explosion* durch die *Inplosion* ersetzt wurde. Ein großer Traum gewann hier Gestalt, und noch heute tragen wir die Spuren dieses symbolischen, dunklen, jedoch entscheidenden *Ereignisses* in uns.«
Alain Jouffroy (1966, S. 68)
–, Stück einer
bei Rudolf Hausner: »'Adam nach dem Sündenfall' [1956]: er ist wissend geworden, er hat die Zusammenhänge verstanden, er weiß, daß er 'verzahnt' ist mit einem Ablauf von Funktionen, das Stück einer Maschine, weiß, daß er eingespannt ist in ein Schema technischer und gesellschaftlicher Verpflichtungen, die er alle erfüllen muß.« Wieland Schmied (1970, S. 32)
s. u. Kopf des Adam
–', 'Traditionszerstörende
bei Jean Tinguely: »Ihr Arbeitstitel, den T. schon vor seiner Reise nach Japan formuliert hatte, war 'Traditionszerstörende Maschine'. Seine Idee war, eine riesige, 'rokokohafte' Konstruktion aus Rädern schrottreifer Motorroller und aus unbrauchbaren Maschinenteilen zusammenzubauen, die unter Erschütterungen und ungeheurem Lärm pro Minute mehrere der traditionellen tönernen Teekannen zertrümmern sollte. Die über den Fußboden zerstreuten Stücke – die zerschmetterte Tradition – sollten dann von einem nachdenklichen alten Mann – wie dem 'Okina' (alter Mann) aus dem traditionellen No-Spiel – weggefegt werden.«
Yoshiaki Tono (1966, S. 175)
Maschinen
bei George Grosz: s. u. Diabolospieler
bei Fernand Léger: s. u. Roboter
bei Roberto Echaurren Matta: lebendige Wesen (s. u. Laboratorium)
bei Mikuláš Medek: »Der 'gefolterten Materie', in Spuren sichtbar als Schrammen und Wunden, die seine Werke durchweg seit dem Anfang der 60er Jahre kennzeichnen, sind in den letzten zwei Jahren [seit 1967] den Folterwerkzeugen selbst gewichen: Modelle von erfundenen Maschinen mit kleinen Rädchen und Zangenkonstruktionen.« Bohumír Mráz (1969, o. S.)
–, funktionslose
bei Eduardo Paolozzi: → Pop-Figuren, tragisch archaische

– in voller Bewegung
bei Marcel Duchamp: »Doch mit der 'Ehefrau' [1912] tritt ein entscheidender Wandel ein: der dynamische Wirbel ist gebremst, Formen und Farben der Gegenstände sind erkennbar. Es ist, als ob anstelle der Funktion das Organ trete – und in diesem Augenblick wird die wahre Natur der früheren Werke deutlich: Akte, Könige, Königinnen, Jungfrauen waren nicht nur neu interpretierte oder neu geschaffene natürliche Formen, sie waren vor allem Maschinen in voller Bewegung.« Marcel Jean (1961, S. 99)
s. a. Motor
–, zweckentbundene
bei Oscar Dominguez: »D. erforscht mit seinen malerischen Experimenten nicht nur die Möglichkeiten einer Verabsolutierung des motorischen Automatismus, sondern er verleiht auch dem symbolischen Automatismus neue Aktivität und Zukunftsperspektivität, indem er ein großes Arsenal von zweckentbundenen Maschinen und Apparaturen zu metaphysisch-funktionalem Eigenleben erweckt, die sich den Normen des Nutzeffektes völlig entziehen und sich damit zu symbolischen Zeichen der unbewußten Wunschvorstellungen des von der Technik bedrängten Menschen vertiefen.« Karin Thomas (1971, S. 163)
-Fetischist
bei Francis Picabia: s. u. Kolben
Maschinengewehr(e)
bei Friedensreich Hundertwasser: s. u. Hase
bei Pablo Picasso: s. u. Soldaten
Maschinenkolben
bei Hannah Hoech: s. u. Glühbirne
Maschinenteile
bei Hannah Hoech: s. u. Mädchen', 'Das schöne
bei Eduardo Paolozzi: s. u. Pop-Figuren, tragisch archaische
bei Francis Picabia: »Erscheint der mechanisierte Mensch – gesichtslos, auf die Stereotypie seiner Gelenkbewegungen reduziert und außengesteuert – als entseelte Figur, so legt die Frage danach, wo denn die Empfindungsenergien geblieben sein mögen, die Umkehrung nahe, die beseelte Maschine. Mit diesem Paradoxon operieren P.s mechanomorphe Bilder [1913 und später]. Den abgebildeten Maschinenteilen, Propellern, Glühlampen, Zündkerzen usw., Insignien der Gleichgültigkeit, der Indifferenz und äußersten Ignoranz unterschiebt er mit seinen Titeln den Effekt der gesteigerten Emotion.«
Eberhard Roters (1977 b, S. 3/45)

–, unbrauchbare
bei Jean Tinguely: s. u. Maschine', 'Traditionszerstörende
Maschinenzeichnung
bei Francis Picabia: s. u. Räderwerk
Maschinenzwitter
bei Hannah Hoech: s. u. Mädchen', 'Das schöne
Maschinerie
s. Teil III
Maschinist
bei Rudolf Hausner: »Adam ... erscheint hier mit seinem anderen Selbst, seinem Ebenbild, seinem Doppelgänger. Adam und sein Maschinist [1963], Adam und sein Unterbewußtsein.«
Wieland Schmied (1970, S. 34)
vgl. Doppelgänger
Maske
bei Max Beckmann: »Die Menschen tragen Masken, sie verbergen ihr Innerstes eher als daß sie es preisgäben. Die Maske ist aber hier [in: 'Abfahrt', 1932/33–35] nicht Symbol der Verstellung, sondern Zeichen der Würde.«
Karl Ruhrberg (1965, S. 269)
bei Marc Chagall: seelische Wirklichkeit (s. u. Maskierte, der)
bei Godwin Ekhard: »Die Vision der Welt kommt mehr aus dem Innern. Das Bild des Geheimnisses, das sich in dieser Vision ergibt,

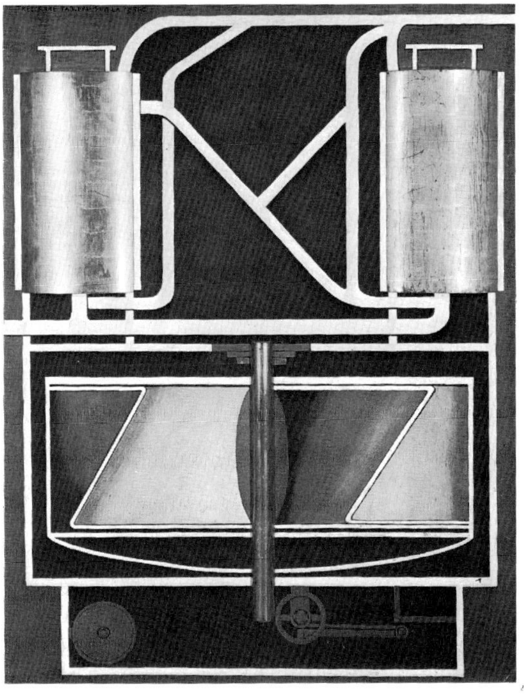

Francis Picabia: Apollo und seine Pferde, ca. 1937

wird – zur Maske, und diese ist ein manieristisches Symbol par excellence. Die neueste Phase im Werk E.s stellt die Maske [in: 'Schlag gut, Schwester', 1971], als geheimnisvolles Sinnbild einer abstrakten Individualität, besser als das Totem, wieder in die Spannung von Erde und Himmel.« Gustav René Hocke (1975, S. 92)

bei Hannah Hoech: »Auf geisterhaft angestrahlter Vorderbühne aus zwei getrennten Podesten [in: 'Die Treppe', 1923–26] . . . begegnen sich eine gierig züngelnde Riesenblüte, wie aus Metall und Feuer, und ein hingestreckter menschlicher Körper mit aufgestülpter Maske: der von dämonischen Mächten einer alles verschlingenden Natur bedrohte, leidende Geist des Menschen. Die Maske scheint Verwandlung anzukündigen – die Erkenntnis verändert den Menschen, so wie sich die Initiation in Afrika und Ozeanien verhüllt unter Masken vollzieht.« Peter Krieger (1976, S. 18)

bei Friedensreich Hundertwasser: s. u. Kasten, schwarzer

bei Paul Klee: »Zunächst wird der Versuch gemacht, solche Symbole in der Maske unterzubringen: die Maske wird verändert, bis sie zu einer Maske des Schreckens oder der Ekstase oder weniger willentlich zu einer Projektion des 'Schattens', jener dunkleren Seite unserer Seele, wird, die wir normalerweise verborgen halten. Diese Entwicklung erreicht ihre Grenze in einem Selbstbildnis wie dem von K. [1919], in dem jede objektive Wiedergabe der Gesichtszüge verlorengegangen ist und das Symbol des Ichs in sich selbst genügender Unabhängigkeit existiert. Das Ich, sagt uns jetzt der Künstler, hat wenig oder nichts mit der traditionellen Maske zu tun, die ich der Welt zeige; es kann ebenso gut nur durch Zeichen oder Symbole dargestellt werden, denen eine formale Gleichwertigkeit gegenüber einer Innenwelt des Fühlens zukommt, die größtenteils unter der Schwelle des Bewußtseins liegt.« Herbert Read (1961, S. 139)

»Das Motiv 'Maske' [in: 'Maske Laus', 1931], hier noch dem Spiel, dem Theater nahe, wird erst im Spätwerk des Malers zum tragisch-dämonischen Bildsymbol.« Werner Schmalenbach (1964, S. 142)

bei Richard Lindner: s. u. Weib, allmächtiges

bei Piet Morell: Seinserfahrung, existentiell deterministische (s.u. Mensch-Apparatur, roboterhafte)

bei Pablo Picasso: s. u. Stiermensch; s. u. Totenkopf (V. Anker)

bei Reiner Schwarz: s. u. Puppe

Maske, böse

bei James S. Ensor: »Auch die bitteren Maskenbilder sind unter anderem eine solche Reaktion auf das Verhalten der Kunstöffentlichkeit. Mit ihnen geißelt E. das stumpfe Bürgertum. Das menschliche Antlitz wird als böse Maske verstanden, die heruntergerissen werden kann und hinter der sich die Scheußlichkeiten dieser Welt verbergen.« Uwe M. Schneede (1972b, S. 8)

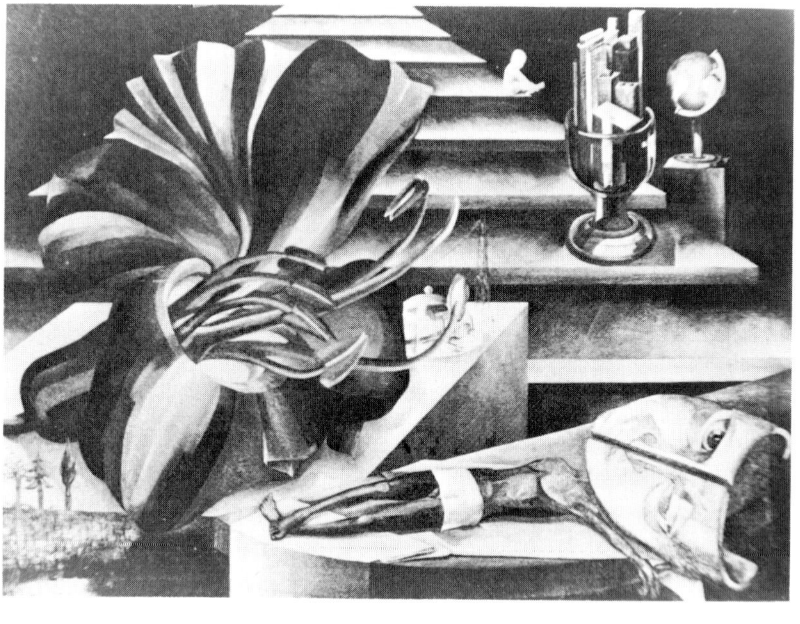

Hannah Hoech: Die Treppe, 1923–26

–, fratzenhafte
bei Karl Hofer: »Alle Gesichter dieser Figuren [in: 'Höllenfahrt', 1947] . . . sie sind zur fratzenhaften Maske entstellt, bezeichnend für die Nichtzugehörigkeit zu dieser Welt. Mit dieser Maske identifiziert sich der Künstler nicht mehr, verbirgt sich nicht mehr hinter ihr . . . Hier wird sie zum Symbol für das Nichtige in der Welt.«
Gerd Köhrmann (1975, o. S.)

–, halbe
bei Max Ernst: s. u. Rot

–, Harlekin mit der
bei Pablo Picasso: absurdes Spiel mit dem Unheimlichen (s. u. Harlekin mit der Maske)

–, tragische
bei Pablo Picasso: s. u. Kopf mit Arm und Lampe

Masken
bei James S. Ensor: »Ab 1885 taucht die Spukwelt der Masken und Skelette auf, die in immer neuen Variationen teils sarkastisch, teils dämonisch ins Bild treten und die für ihn die Laster und Leidenschaften des Menschen symbolisieren.« Anneliese Schröder
in: Wieland Schmied (1973a, S. 384)
bei René Magritte: s. u. Flasche, bemalte
bei André Verlon: »Soweit ich sehe, hat noch niemand auf die zentrale Bedeutung der Maske, der maskenartigen Gesichter V.s hingewiesen. Sie haben einen ganz anderen Sinn als die Masken des unheimlichen Belgiers Ensor. So meine ich, . . . daß es der Sinn dieser Masken ist, in einer Welt der Zerstörung, des Pharisäimus und der bloßen Produktion zu vergegenwärtigen, daß der Mensch in diesen Landschaften des Grauens noch existiert, wenn auch das 'Menschliche' in Produktionsprogrammen des Westens wie des Ostens fehlt. Die Masken zeigen das Antlitz des verzweifelten, aber auch des *zuversichtlichen* Menschen, wenn auch in deformierter Optik.«
Gustav René Hocke (1975, S. 100/01)

–, tragische
bei Georges Rouault: s. u. Zwerg

Maskierte, der
bei Marc Chagall: »Der Maskierte ist in Wirklichkeit 'der Andere', Tier und Mensch zugleich, und hat Anteil an der Sphäre sowohl des Individuellen als des naturhaft Kollektiven. Der Maskierte [in: 'Meiner Braut gewidmet', 1911] und seine Maske symbolisieren seelische Wirklichkeit.«
Franz Meyer (1961, S. 134)

Maßstab
bei Friedrich Meckseper: »M. suchte ein gemeinsames Symbol für das zu finden, was als 'Geist des Abendlandes' unser Bewußtsein bis heute strukturiert hat. Er kam darauf, daß dieses gemeinsame Symbol der *Maßstab* ist, was heißt, daß abendländische Erkenntnis auf Meßdaten beruht: Messend wird die Wirklichkeit entschlüsselt, messend wird eine technische Welt geschaffen (vom Babylonischen Turm über die Montgolfière bis zum Raumschiff), messend werden Zeit und Raum eingefangen, zerlegt und verfügbar gemacht.« Juliane Roh (1971, S. 243)

Masturbator
bei Salvador Dali: s. u. Hand, rechte; s. u. Mund, ohne

Matador
bei Pablo Picasso: »Während 'Guernica' und die Bilder, die ihm vorausgingen, die Verschmelzung der beiden 'Mythen' nur implizieren, wird sie in einer Reihe von Zeichnungen, mit denen P. am 2. und 3. März 1959 sein Skizzenbuch füllte, ganz deutlich – allerdings wird Christus hier eher mit dem Matador als mit dem Pferd des Pikadors identifiziert . . . In der fünften Zeichnung erhebt sich der Matador über dem sterbenden Pferd, in der neunten, die dieses Thema abwandelt, ist er endgültig zum Christusbild geworden; aber obwohl er am Kreuz hängt, hält er mit der rechten Hand die *muleta* fest.«
William S. Rubin (1972, S. 295)

Mater Dolorosa
bei Marc Chagall: »Maria - C.s Mutter – ist auch hier [in: 'Kalvarienberg', 1912] um ein Drittel kleiner an Gestalt als ihr Mann, ihr Gewand kostbar und mit Sternen verziert. Wie bei manchen mittelalterlichen Madonnen ist ihre eine Brust entblößt, die sie mit den Händen dem Kind am Kreuz darreicht. Die linke Gesichtshälfte liegt im Schatten, das andere Auge ist schreckhaft geöffnet. C. schafft mit Hilfe dieser Vereinfachungen eine Mater Dolorosa des Jahres 1912. Der Schrecken, die jüdische Angst, blicken aus den Augen beider. Ihre Hoffnung ist das Kind, das der Drangsal ein Ende bereitet, das vielleicht der Messias sein wird.« Walter Erben (1957, S. 50)

Matrose
bei Rudolf Hausner: »Der Matrose ist für mich eine Person, die den Aspekt der Sicherheit des Hafens aufgibt, der getrieben ist, in die Welt hinauszugehen.
Hinzu kommt der psychoanalytische Aspekt: Der Matrose befindet sich im Schiff im Bereich des Bewußten, welches auf dem Meer d. h. im Bereich des Unbewußten schwimmt. Der Matrose ist daher für mich einer, der mit dem Unbewußten befaßt ist.« Rudolf Hausner (1971, o. S.)
vgl. Matrosenkleidung

bei Oskar Kokoschka: s. u. Weib, gealtertes

Matrosenanzug

bei Rudolf Hausner: »Es war kein Wunder, daß mir die 'einwärtsgewendete Optik' [1948] immer wieder den Matrosenanzug zeigte, denn was auch in jenen Jahren geschah – ich trug das gleiche Kostüm.

Wenn das Matrosenkleid auf meinen Bildern erscheint, so steht es für dreierlei: 1. für meine nie ganz bewältigte Kindheit, für die Aktivität meiner infantilen Reste, 2. für die Ruhelosigkeit des Erwachsenen, für seine Sehnsucht nach Ithaka, die ihn zwingt, jeden Hafen wieder aufzugeben, um das ferne Ziel, Ithaka – die Heimkehr zu sich selbst – zu erreichen, – es steht der Matrosenanzug 3. für die dauernde Beschäftigung seines Trägers mit dem Wasser, Bild des Unbewußten, Reich des Poseidon, das zu bereisen sein Beruf ist, auf dessen ungeheuren Weiten sein räumlich begrenztes Ich schwimmt, manchmal mit günstigem Wind und glatter See vom Unbewußten gefördert, manchmal von seinen aufgeregten Wellen fast verschlungen.

So ist das Matrosenkleid sowohl autobiographisch-historischer Aspekt, als auch Symbol einer Lebensweise, die das Bewußtsein einer permanenten Reise mit dem Risiko des Fahrenden zur Voraussetzung hat.« Rudolf Hausner in: Wieland Schmied (1970, S. 45/6)

s. u. Fabrikschornstein

–, Junge im

bei Salvador Dali: s. u. Knochen, großer

–, Knabe im

bei Richard Lindner: Kindheit (s. u. Knabe im Matrosenanzug)

Matrosenkappe

bei Rudolf Hausner: »Auf der linken Seite [in: 'Die Arche des Odysseus', 1948–56] steht Odysseus, und er trägt wieder die Matrosenkappe . . . Sie ist ein Rest der Kindheit, sie schützt, sie 'behütet'.« Wieland Schmied (1970, S. 28)

Matrosenkleidung

bei Rudolf Hausner: »Das Matrosenkleid zuerst einmal hat etwas Autobiographisches, denn sommers und winters war ich in der Kindheit verpflichtet, diese Bekleidung zu tragen.«

Rudolf Hausner (1971, o. S.)

s. u. Matrosenanzug; vgl. Matrose

Matrosenmütze

bei Rudolf Hausner: s. u. Adam (W. Schmied); s. u. Narrenhut; s. u. Würfel, medaillonartiger

Mauer

bei Julius Bissier: »Die Mauer – mit ihren festen Fundamenten, auch phallisches Symbol« [in Anlehnung an J. J. Bachofen].

Werner Schmalenbach (1974, S. 79)

bei Renato Guttuso: s. u. Helme

bei Ludwig Mies van der Rohe: »Die Grundidee [zum Revolutionsdenkmal, Berlin-Friedrichsfelde, 1926] ist eine Mauer, die erinnern soll an die Mauer der Föderierten [auf dem Friedhof Père Lachaise, Paris] . . . Die Mauer soll symbolisieren, wie viele unserer Genossen von der Bourgeoisie zur Ermordung an die Mauer gestellt wurden . . .« Wilhelm Pieck (1961, S. 74f)

bei Arnulf Rainer: s. u. Übermalungen

bei Antoni Tàpies: »Die Mauer ist eine Metapher des Eingeschlossenseins. Der Täter bringt die Tat in die Gefängniszelle mit, die zum Tat-Ersatzort wird. In die Enge gebannt, gibt er der Eingeschlossenheit seine Signatur: er schürft die Oberflächen ab . . .

Der Künstler als Täter und als Gefangener – diese Metapher ist nicht nur ambivalent . . .«

Werner Hofmann (1968, S. 18)

–, steile

bei Max Ernst: s. u. Person, männliche

Mauern

bei Alfred Kubin: s. u. Vater

bei Gerd Winner: s. u. Feuerleiter

–, kahle

bei Henry Moore: »Anders ist es mit dem Teil der 'Faden-Figuren' [um 1938], die in dem für M.s Zeichnungen charakteristischen 'setting' von kahlen Mauern stehen, in denen streng geometrisch verschieden große rechteckige und quadratische Fensteröffnungen in großer Höhe und in seltsamem Rhythmus angebracht sind. Gerade die Übernahme in ein 'setting' verlebendigt und verunheimlicht diese geheimnisvollen Wesen außerordentlich.«

[Fortsetzung s. u. 'setting' von kahlen Mauern]

Erich Neumann (1961, S. 74/5)

vgl. Faden-Figuren

–, Verfall der

bei Antoni Tàpies: s. u. Schrift

Mauerzüge

bei Paul Klee: »Aus der Tiefe des Farbgrundes und damit der Geschichte zugleich [in: 'Reconstruction', 1926] tauchen Mauerzüge und Bruchstücke auf, die zu geheimnisvollen Chiffren des einst Gewesenen werden.«

Werner Schmalenbach (1964, S. 138)

Maul

bei Salvador Dali: s. u. Löwenkopf

bei Ernst Ludwig Kirchner: s. u. Kopf, fürchterlicher

–, aufgesperrtes
bei Hanna Nagel: s. u. Fisch, großer
–, schreiendes
bei Pablo Picasso: s. u. Pferd, zerrissenes
Maulwurf
bei Werner Tübke: Morbidität und Verfall (s. u. Tiere, ekelerregende)
Mausoleum
bei Peter Ackermann: s. u. Kranz
Medaillon der Herkunft
bei Rudolf Hausner: hilfreiches Ding (s. u. Würfel, medaillonartiger)
Meer
bei Max Beckmann: »Endlich sei noch an die Rolle des Meeres [in: 'Die Barke', 1926] erinnert. Es ist für B. das Symbol der Heilung und der Regeneration.«
Friedhelm W. Fischer (1972a, S. 48)
»Das Meer war ihm das Symbol für das Abenteuer, für unbegrenzte Möglichkeiten des Menschengeistes. In diesem Sinn erscheint die See auch auf mehreren seiner Triptychen.«
Stephan Lackner (1967, S. 104)
Freiheit (s. u. Fisch/A. Kowalski-Plouda); s. u. König; s. u. Schwarm Fische
bei Julius Bissier: s. u. Bohnenschoten
bei Victor Brauner: Einsamkeit (s. u. Kaimauern)
bei Marc Chagall: Blau (s. u. Rot)
bei Max Ernst: ». . . so läßt sich das Meer [in: 'Petite marine', 1926] sowohl als Gefahr als auch als lustvolles Vergessen interpretieren.«
s. u. 'Capricorn' Ulrich Bischoff (1979, S. 261)
bei Rudolf Hausner: Bereich des Unbewußten (s. u. Matrose); s. u. Kinderspielplatz, baumbestandener; s. u. Wasser
bei Paul Klee: s. u. Steuermann
bei Alfred Kubin: s. u. Schicksal
bei René Magritte: »M. hat auch ein Bild in drei Etagen ['Populäres Panorama', 1926] gemalt, sie zerschnitten und geöffnet, wie das Modell eines Hauses – in drei Ebenen, die der Psychologe sogleich in seiner Sprache zu benennen weiß. Oben rollt das Meer ruhig auf den Strand, es ist die Ebene der heiteren Ausgeglichenheit und des Unendlichen. Darunter sieht man das Unterholz, mit dem sich M. so oft beschäftigt, Bäume, die im Halbschatten unerschütterlich stehen. Aber dieses Gehölz ist nur ein Zwischenstock (das Zwischengeschoß des Ichs). Unten wird der Blick auf den Abgrund eines Lebens freigegeben: tote Häuser. Keine Vorhänge an den Fenstern, kein Rauch über den Schornsteinen und niemand im Haus. Liegt es nicht nahe, an diese fremdartige Kindheit zu denken, in der so oft umgezogen wurde . . .?« René Passeron (1971, S. 40)
bei Piet Mondrian: weibliches Element (s. u. Holzpfähle, senkrechte)
bei Robert Motherwell: Blau (s. u. Fenster)
bei Edvard Munch: s. u. Männer, Badende
bei Jackson Pollock: s. u. Flächenmuster
bei Ben Shahn: s. u. Wesen, menschliches
–, die drei Armen am
bei Pablo Picasso: die drei Lebensalter (s. u. Armen am Meer, die drei)
– stehender Wald, im
bei Piet Mondrian: s. u. Holzpfähle, senkrechte
– und Himmel, Erde,
bei Antonio Calderara: dynamische Schichtung menschlicher Existenz (s. u. Erde, Meer und Himmel)
– und Himmel, Weite von
bei Pablo Picasso: s. u. Frau am Meeresufer sitzend
Meeres, Abgrund des
bei Georges Braque: s. u. Fisch
–, ewiger Arbeiter des
bei Tadeusz Kulisiewicz: Fischer aus Burano (s. u. Arbeiter des Meeres, ewiger)
–, Kraft des
bei Lyonel Feininger: → Raddampfer
bei Harald Metzkes: s. u. Schiff, gestrandetes
–, Tiefe des
bei Max Beckmann: s. u. Fisch, großer
Meereshorizont
bei Max Beckmann: »Das Mittelbild ['Abfahrt', 1932/33–35] dagegen stellt, vor azurfarbenem Hintergrund, das Thema des Bildtitels, die Abfahrt dar. Die großartige Linie des Meereshorizontes wird hier für die Geretteten zum Symbol der Freiheit.« Friedhelm W. Fischer (1975, S. 9)
Meereslinie, horizontale
bei Piet Mondrian: weibliche Ergänzung (s. u. Vertikale)
Meeresstrand
bei Edvard Munch: s. u. Frauengestalten
Meeresufer sitzend, Frau am
bei Pablo Picasso: Einsamkeit (s. u. Frau am Meeresufer sitzend)
Meerwesen
bei Max Beckmann: »Dürfen wir das Meerwesen im Zentrum des Bildes ['Abfahrt', 1932/33–35] unter dem Namen Ea, Oannes-Dagon, oder Vishnu-Matsya als fischgestaltigen 'Gott der Weisheit und der Tiefe' ansprechen – oder als dessen Symbol –, so wird der geheimnisvolle König, der die Fischlein als Samen des neuen Lebens ins Weltmeer entläßt, durch die Gestalt

des Fischerkönigs Satyravata oder die des halbgöttlichen Xisuthros und schließlich durch die esoterische Figur des Vaivasvata-Manu hinlänglich erklärt.«

Friedhelm W. Fischer (1972a, S. 108)

s. u. Fisch (F. W. Fischer)

Meister im Gewichtheben

bei René Magritte: s. u. Hantel

Melone, Subjekt unter der

bei René Magritte: »Das beständigere Thema des Doppelgängers ist weniger von Schwermut als von Hohn geprägt. Wer ist denn dieses Subjekt unter der Melone, das sehr oft von hinten, zuweilen als irgendwie ausgefüllte schemenhafte Silhouette im Bild erscheint? . . .

Sie ist rätselhaft und schön. Ihr Körper und ihr Gesicht zeigen oft die gleiche unbewegte Ruhe. Eine Taube auf der Schulter, eine subtile Wendung der Hüfte, die Andeutung einer Geste verwandeln die Frau in eine Magierin. Uns verschweigt sie ihr Geheimnis, nur für uns ist sie Objekt. Vor ihr werden wir schuldig. Der Mann auf M.s Bildern, mit seiner Melone und der Kleidung, die ihn stützt und strafft, ist ein büßender Mann. Oft kehrt er uns den Rücken zu, daß man meinen könnte, er müsse zur Strafe unbeweglich in der Ecke stehen.«

René Passeron (1971, S. 41, 57)

s. u. Brücke; vgl. Mann mit dem Bowler

Mensch

bei Max Ackermann: s. u. Sphinx

bei Joannis Avramidis: → Stelenform, archetypische

bei Francis Bacon: »Der Mensch stellt sich auf diesen Bildern dar als das überflüssige Sein, von dem B. . . . spricht.« Jürgen Claus (1965, S. 183)

potentielles Schlachtfleisch (s. u. Kadaver, blutiger); s. u. Käfig; s. u. Vergitterungen

bei Samuel Bak: → Zielscheibe

bei Joachim Bandau: → Apparatur, emotionsfrei reagierende

bei Ernst Barlach: s. u. Heiliger; s. u. Reiter

bei Max Beckmann: Odysseus (s. u. Kalypso); s. u. Maske

bei Erich Brauer: → Turm

bei Victor Brauner: s. u. Herr K.

bei Carlo Carrà: Tennisspielerin (s. u. Figurine, blinde)

bei Lynn Chadwick: s. u. Gestalten, frierende

bei Marc Chagall: »So erscheint der Mensch in diesem Bilde ['Dorf mit dunkler Sonne', 1950] aufgelöst in physischen Leib (bekleideter tierköpfiger Mann), vegetativen Organismus (Spielmann), Seele (Seelenvogel) und Geist (Fisch). Angesichts unseres heute weithin als allein gültig betrachteten Menschenbildes mit dem Dualismus von Leib und Seele muß eine solche Aufgliederung befremden. Aber meine Interpretation des 'Dorfes mit dunkler Sonne' nimmt sich durchaus sinnvoll aus, wenn wir uns auf die Begriffe der Kabbala einlassen. Diese kennt drei Seelenteile, die sich über dem physischen Körper erheben: die vegetative Seele oder 'Sinnenseele' (Nephesch), zweitens die 'Geist-Seele' (Ruach) und drittens der 'Geist' (Neschamah).«

s. u. Kuh Heinz Demisch (1971, S. 162)

bei Giorgio de Chirico: manichino (s. u. Gliederpuppe/W. Schmied); s. u. Gebäude

bei Dorothee Conrady: Werkzeug Gottes (s. u. Werkzeuge)

bei Fabrizio Clerici: Mittelpunkt der Welt (s. u. Totenstädte, mythische)

bei Salvador Dali: Corpus (s. u. Engels, Gesicht des); s. u. Schlaf

bei Reinhard Drenkhahn: s. u. Leitermann

bei Oscar Dominguez: s. u. Stier

bei Georg Eisler: »Der beobachtete und der verstandene Mensch wird zum Gegenstand künstlerischen Ausdrucks, zum Abbild einer Vorstellung von Leben: von Aktivität und gespannter Verhaltenheit, von Besinnung und Dynamik.«

Helmut Uhlig (1974, o. S.)

bei Max Ernst: s. u. Loplop; s. u. Wald (L. Fischer)

bei Fidus: s. u. Bedeutungsachse, vertikale

bei Ernesto de Fiori: s. u. Soldat

bei Fabius von Gugel: s. u. Gliederpuppen

bei Rudolf Hausner: s. u. Antlitz, gequältes; s. u. Wüste (W. Schmied)

bei Hannah Hoech: s. u. Maske

bei Heinrich Hoerle: »Auch ihm diente der Mensch als Symbolgestalt. Er malte ihn als Krüppel, als mechanisierte Gliederpuppe ohne Gesicht, als Sklaven der Technik. Der Arbeiter wird zum wesenlosen Roboter; seine Körperteile sind zu technischen Funktionsteilen umgedeutet, sie wirken wie Prothesen.«

→ Torso Paul Vogt (1972, S. 228)

bei Rudolf Hoflehner: der Mann (s. u. Messer)

bei Jean-Robert Ipoustéguy: s. u. Bein, drittes

bei Rolf Iseli: schemenhafte Kontur (s. u. Schatten)

bei Johannes Itten: s. u. Feld

bei Alfred Jensen: »Es erwies sich dabei, daß in der Malerei J.s der Mensch nicht anders anwesend sein konnte denn als geistiges Wesen: in den von ihm ersonnenen Zahlen, Ziffern und Zeichen, nicht aber in körperhafter Gestalt.«

Wieland Schmied (1973b, S. 24)

bei Ernst Ludwig Kirchner: s. u. Gestalt, winzige
bei Konrad Klapheck: s. u. Wasserhähne (K. Klapheck)
bei Paul Klee: → Quadrat auf Beinen; s. u. Ecce [homo]; s. u. Engel
bei Fritz Koenig: s. u. Karyatide; s. u. Wagenlenker
bei Käthe Kollwitz: s. u. Bauernkrieg
bei Tetsumi Kudo: s. u. Phallus und Kokon
bei Henri Laurens: s. u. Musikinstrument
bei Jacques Lipchitz: s. u. Harfe
bei René Magritte: s. u. Rose
bei Franz Marc: häßlich (s. u. Tier/P. Vogt)
bei Frans Masereel: s. u. Geschütz mit Tierbeinen
bei André Masson: s. u. Fisch
bei Roberto Echaurren Matta: Roboter (s. u. Laboratorium)
bei Bernard Meadows: → Krustentiere
bei Mikuláš Medek: »Wie einst Arcimboldo Porträts von Personen malte, die aus verschiedenen Gegenständen zusammengesetzt waren, welche die natürliche Umwelt zu seiner Zeit repräsentierten, so sieht M., für den natürliche Umwelt heute die moderne Großstadt ist, den Menschen durch die Stadtarchitektur, durch das Haus, symbolisiert.« Bohumír Mráz (1970, S. 55/6)
s. u. Grab', 'Bewegliches; s. u. Kugeln; s. u. Turmkonstrukteur
bei Ernst Wilhelm Nay: »Die Hieroglyphe, die den Menschen bezeichnet [in: 'Lofotenlandschaft', 1938], ist als Abkürzung aus der natürlichen Form des Leibes entwickelt. Bestimmte Leitformen der Gattung – die Vasenform der Frauenhüften, die spitze Kontur der Brüste, das straffe, vom Skelett durchgegliederte Gerüst des männlichen Leibes – geben die Grundchiffren der Figur ab.« Werner Haftmann (1960, S. 84)
vgl. Gestalt, geometrische
bei Pablo Picasso: s. u. Corrida
bei Germaine Richier: s. u. Christus am Kreuz
bei Mark Rothko: s. u. Farbblöcke
bei Oskar Schlemmer: »In der menschlichen Figur sah S. das Zeichen für die Schnittstelle zwischen dem Rationalen und dem Mystischen.
... damit das Bild als 'apollinische Gestaltung' kühl und gebannt dastand, kristallinisches Gebilde, in dem doch der Mensch das Maß der Dinge blieb: 'dionysisch in seiner Herkunft, apollinisch als Erscheinung, Symbol einer Einheit von Natur und Geist' (Schlemmer).«
Werner Haftmann (1954, S. 342, 344)
Maß der Kunst (s. u. Jünglingsfigur, nach rechts gewendete); s. u. Gliederpuppe
bei Julius Schmidt: s. u. Maschine
bei Karl Schmidt-Rottluff: s. u. Sonne
bei Michael Schoenholtz: s. u. Liegende, in Tücher eingewickelt
bei David Alfaro Siqueiros: s. u. Zentaur
bei Ernest Trova: → Roboter
bei Werner Tübke: »Die frühen Bilder zeigen den Menschen noch mit einer gleichsam akademischen Genauigkeit, doch in den späteren wird er zum Träger von Kraft, Energie, Lebensfreude, aber auch Seelenlosigkeit ('Dr. jur. Schulze als Marionette') [um 1965] ...«
Günther Meißner (1974, S. 8)

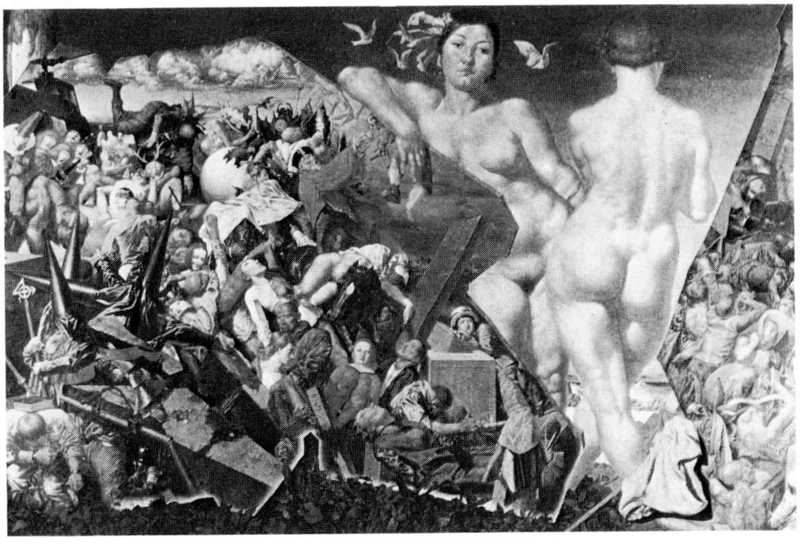

Werner Tübke: Lebenserinnerungen des Dr. jur. Schulze VII, 1967

s. u. Gliederpuppe, robengeschmückte
bei André Verlon: s. u. Masken
bei Walter Wörn: s. u. Leib; s. u. Spieler
Mensch am Scheideweg
bei Rudolf Hausner: Lettera Y (s. u. Hermaphrodit, umgekehrter)
– auf der Wanderschaft
bei Pablo Picasso: → Gaukler; vgl. Fahrender
–, ausgesetzter
bei Bernard Buffet: s. u. Fischgerippe
bei Marino Marini: → Gaukler
–, ausgestoßener
bei Giorgio de Chirico: s. u. Architektur
– der Revolution, neuer
bei Karl Völker: → Führertypus, messianischer
–, der sich dem Offenen zuwendet
bei Oskar Schlemmer: Rückenfigur (s. u. Licht)
–, der uniformierte
bei Francis Bacon: konzessionierter Heuchler (s. u. Uniform)
–, durch die Flammen aufsteigender
bei José Clemente Orozco: »Der im Zentrum des Bildes ['Der Mensch in Flammen', 1939] durch die Flammen aufsteigende Mensch bildet den Gipfelpunkt einer grandiosen Komposition: Er ist Symbol der Überwindung durch Leiden – die Lösung der mexikanischen Geschichte. Die im Kreis um ihn gruppierten Gestalten verkörpern verschiedene innere Haltungen: Reflexion und Passivität, Aktion und Passion.«
Ida Rodriguez Prampolini (1977, S. 289)
– einer Science-Fiction-Welt
bei Ernest Trova: → Roboter
–, Erde und
bei Jean Dubuffet: → Vogel, majestätischer
–, festgewurzelter
bei Wols: → Wurzelwerk
–, flüchtender
bei Alfred Kubin: s. u. Bisons, zwei kämpfende
–, ganzer
bei Alberto Giacometti: s. u. Mannequinhand
–, gemarterter jüdischer
bei Marc Chagall: → Gekreuzigter (W. Schmalenbach)
– im Kosmos
bei Fritz Koenig: → Figur im Rahmen
– in der modernen Zeit
bei Ernest Trova: → Roboter
–, isolierter
bei Edward Kienholz: s. u. Glaskugel, in der zwei Goldfische schwimmen
–, junger
bei Max Beckmann: s. u. Gestalt, gepanzerte
–, kleiner
bei Paul Klee: → Quadrat auf Beinen
–, leidender
bei Rudolf Hausner: → Adam (F. Hacker)
–, Masse
bei Gertrude Degenhardt: → Bündel, schwarzes
–, mechanisierter
bei Francis Picabia: entseelte Figur (s. u. Maschinenteile)
–, mißbrauchter und verstümmelter
bei Friedrich Schröder-Sonnenstern: s. u. Löwe, blinder, betender
– mit ösenartigen Öffnungen
bei Karl Hartung: »In den Jahren 1958/59 gestaltet H. die merkwürdige Plastik 'Thronoi' . . . Stellt H. einen Menschen – mit ösenartigen Öffnungen anstelle des Kopfes – dar, der zugleich Sitz, Thron für jemand anders bietet, oder ein Denkmal? Unbeantwortet bleibt bei allen Deutungsversuchen die Frage, warum dieses Objekt die Merkmale einer Abgewracktheit und Ausgebranntheit zeigt. Diese Frage wird beantwortet, wenn man sich entschließt, die Plastik als Chiffre der Ausgebranntheit nach dem Feuersturm einer Atomkatastrophe zu interpretieren.«
Walther Krüger (1972, S. 158)
–, moderner
bei R. Hausner: s. u. Christuskopf, Holbeinscher
–, mythisch erlebender
bei Max Beckmann: s. u. Kind (F. W. Fischer)
–, nachparadiesischer
bei Marc Chagall: s. u. Ziegenbock
–, nackter
bei Alberto Trevisan: »Wieder [in: 'Wer will den ersten Stein werfen?', ca. 1950] begegnet die Darstellung des nackten Menschen als Chiffre seiner Nullpunktexistenz. Die Atomkatastrophe ist bereits Ereignis geworden.«
Walther Krüger (1972, S. 126)
–, naturhafter
bei HAP Grieshaber: s. u. Raketenmensch
–, neurotischer
bei Marc Chagall: s. u. Messer
–, paradiesischer
bei Marc Chagall: s. u. Ziegenbock
–, prometheischer
bei Silvio Mattioli: → Gestalt, menschliche
–, schlafwandelnder
bei Rudolf Hausner: s. u. Narrenhut
–, Tier und
bei Marc Chagall: → Maskierte, der
–, total beanspruchter
bei Hans-Jürgen Breuste: s. u. Gerätschaften, abgenutzte

–, überforderter
bei Rudolf Hausner: → Laokoon (G. Engelhard)
– und seine Bürde, der
bei Fritz Koenig: → Karyatide
–, unpolitischer
bei Reiner Schwarz: s. u. Puppe
– unserer Zeit
bei Heinrich Altherr: → Schiffbrüchige
–, verlorener
bei Pablo Picasso: → Gaukler (A. Henze); vgl. Fahrender
–, von der Technik bedrängter
bei Oscar Dominguez: s. u. Maschinen, zweckentbundene
–, wurzelloser
bei Marino Marini: → Gaukler
–, zerstörter
bei Pablo Picasso: s. u. Kreuzigungen
–, zwei[ein]dimensionaler
bei Rudolf Hausner: s. u. Nasenöffnung, riesige
Mensch-Apparatur, roboterhafte
bei Piet Morell: »Bei M. wird die existentiell deterministische Seinserfahrung medial durch das Schlüsselbild der Maske und der roboterhaften Mensch-Apparatur symbolisiert.«
Karin Thomas (1971, S. 174)
Menschen
bei Umberto Boccioni: »Er macht aus dem Menschen buchstäblich einen 'Bewegungsträger', der seine zuckende Bewegung wie ein flatterndes Gewand mit sich trägt ('Muskeln in Bewegung', Bronze, 1913). Gerade weil ihnen ihr Schöpfer Unmögliches zumutet, sind diese Gestalten Sinnbilder des Unerlösten: trotz ihrer dymamischen Gestikulation befreien sie sich nicht zur Bewegung hin, sie sind mit ihr beladen.«
Werner Hofmann (1958, S. 107)
bei Marc Chagall: s. u. Leitern
bei Friedrich Gerlach: s. u. Brücke
bei Lea Grundig: s. u. Lichtbahnen
bei Rudolf Hausner: s. u. Ei-Formen
bei Ernst Ludwig Kirchner: »Wo K. Menschen begegnet in der Reihe seiner großen Berliner Straßenzenen, die 1911 beginnt, werden sie zu Hieroglyphen für eine 'durchschaute Wirklichkeit'. Er entdeckt die Schwindsüchtigkeit einer sich pausbäckig präsentierenden Wohlstandsgesellschaft.« Max Peter Maass (1965, S. 78)
bei August Macke: s. u. Figuren, Verdoppelung und Verdreifachung der
bei André Masson: s. u. Labyrinth, blaues
bei Edvard Munch: s. u. Linie, gleitende, geschwungene
bei Eduardo Paolozzi: s. u. Spielzeuge
bei Willi Sitte: »Durch eine realistische Zeichenweise werden die Menschen [in: 'Bauarbeiter', 1959] als die Bauherren und Schöpfer der Technik herausgehoben.«
Hans-Ulrich Lehmann (1974, S. 203)
bei Pavel Sukdolák: s. u. Zirkusmanege
–, Abfall des
bei Ernst Barlach: → Drängen, verführerisches
–, Aggression gegen den
bei Graham Sutherland: → Grille
–, Angst des modernen
bei Maria Vieira da Silva: s. u. Metro-Stationen
–, Anwesenheit von
bei Yves Klein: Schatten (s. u. Körperabdrücke)
–, Aufsplitterung des
bei Ernst Ludwig Kirchner: zersplitterte Form (s. u. Farben)
–, Ausgesetztheit des
bei Edgar Ende: s. u. Löwenengel
–, Ausgesetztsein des
bei Alberto Giacometti: → Geistfiguren, überhöhte
–, Ausweglosigkeit des
bei Edvard Munch: → Fjordinsel, Oval der
–, Bedrängnis des
bei Bernhard Heiliger: → Gefangener
–, Bedrohung des
bei Rudolf Hausner: → Atomwolke
–, Befreiung des
bei Lucio Fontana: → Löcher

Umberto Boccioni: Muskeln in Bewegung, 1913

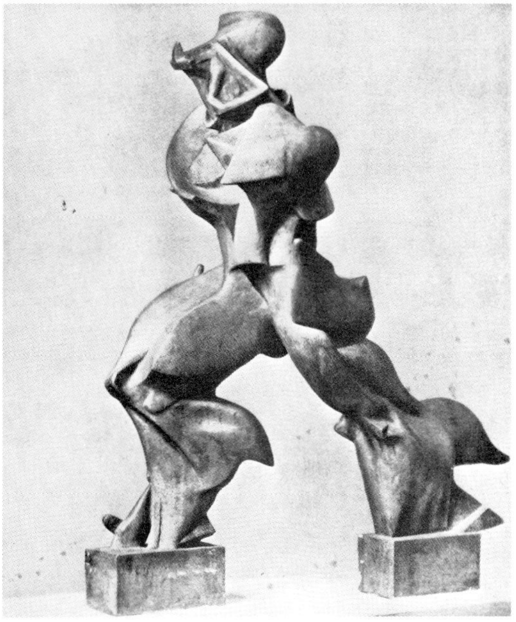

Menschen, Bruder des vereinsamten
bei Pablo Picasso: Tier bzw. Lamm (s. u. Mann mit dem Lamm/A. Henze)
–, das Innere des
bei Paul Klee: s. u. Kampf
–, die sich ängstlich umblicken
bei George Tooker: »T.s traumartige Bilder haben oft die Misere des Großstadtmenschen zum Inhalt – seine Anonymität, seine Isoliertheit, sein Gefühl der Ohnmacht angesichts der Belastungen des Stadtlebens, die nach dem Prinzip geometrischer Reihen zunehmen. Auf seinem Bild 'Die Untergrundbahn' [1950] blicken die Menschen sich ängstlich in ihrer käfigartigen Umwelt um.«
Time-Life-Redaktion (1973, S. 114)
–, Drama des
bei Renato Guttuso: s. u. Zitrone
–, Eingefügtsein des
bei Ernst Wilhelm Nay: s. u. Gestalt, geometrische
–, eisüberkrustete
bei Edgar Ende: »Die Tatsache, daß in der modernen Kunst nach der Jahrhundertmitte neben den zahlreichen Chiffren der Ausgebranntheit auch Chiffren der Vereisung begegnen, wäre aus dieser Perspektive als Manifestation der Sucht zum Wechsel zwischen Extremen zu deuten. Ein charakteristisches Beispiel stellt das Ölbild 'Die Letzten' von E. (1954) dar.
Über diesen schnee- und eisüberkrusteten 'letzten Menschen' schwebt ein merkwürdiger Apparat. Verursacht er die Vereisung . . .?«
Walther Krüger (1972, S. 159)

George Tooker: Die Untergrundbahn, 1950 (Ausschnitt)

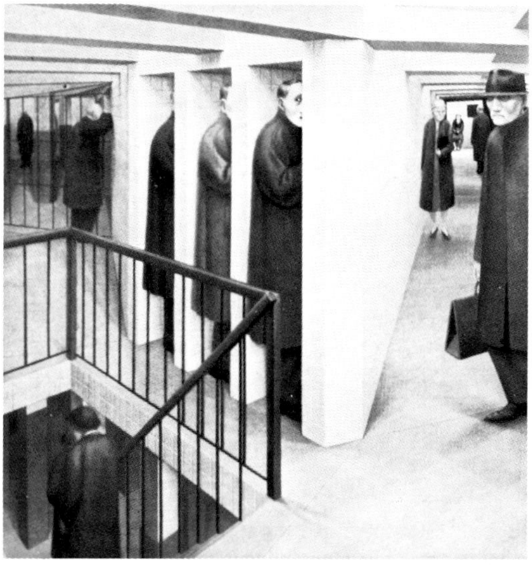

–, Ersatz für den
bei Malte Sartorius: → Gegenstand
–, Erscheinung des
bei Karl Hofer: »Immer noch [während des Dritten Reiches] vertritt die Erscheinung des Menschen symbolisch die Empfindungen des Künstlers vor einer zerbrochenen Welt.«
Paul Vogt (1972, S. 356)
–, fliegende
bei Friedrich Karl Gotsch: »Auch das Bild 'Menschen und Affen', von dem G. seit 1953 verschiedene Varianten in Öl, Tempera und Aquarell malte, bedeutet im Grunde eine Anspielung auf unsere Zeit, ja eine Zeitsatire. Ursprünglich war es wohl nur die 'große Nummer' des Zirkus, die den Maler fesselte, das Thema der 'fliegenden Menschen' an Seil und Trapez, das G. zunächst zum Symbol für das 'Künstlerleben', wie ein anderer Untertitel lautet, erhob.«
Hanns Theodor Flemming (1963, S. 33)
–, Geborgenheit des
bei Franz Radziwill: s. u. Augenbinde
–, Hand des
bei Walter Wörn: s. u. Fisch
– in die Natur, Integration des
bei Alberto Giacometti: s. u. Hohlkugel, halbe
– in Frontalität
bei Henri Rousseau: »In der ägyptischen Plastik findet man es am drastischsten, in der regungslosen Frontalität und Symmetrie ihrer Gestalten als Symbole der unzerstörbar existierenden Seele. Der gleiche Wille zur Loslösung der Erscheinung aus dem Strom der Vergänglichkeit heftete die Menschen in R.s Bildern an die Fläche und stellte sie in symmetrischer Anordnung und Frontalität dar, nicht wie sie vorübergehend erscheinen mochten, sondern wie sie in Wirklichkeit *waren.*«
Paul Ferdinand Schmidt (1952, S. 130)
–, junge
bei Marcel Duchamp: s. u. Halbkreis
–, Lebensgefühl des modernen
bei Pablo Picasso: s. u. Fahrender
–, Körper des
bei Alberto Giacometti: s. u. Mannequinhand
– lehnen über ein Geländer
bei August Macke: Zusammengehörigkeit (s. u. Figuren, Verdoppelung und Verdreifachung der)
–, letzte Vollendung des
bei Pablo Picasso: Frauen und Kinder (s. u. Frauen)

–, Moral der
bei Juan Martinez: s. u. Hühnerfedern
–, Not des
bei Ernst Barlach: → Bettler
–, Raserei des
bei Otto Dix: → Schlachtfeld
–, Reduzierung des
bei George Grosz: → Stockmänner
bei Otto Meyer-Amden: → Puppe
–, schneeüberkrustete
bei Edgar Ende: 'Die Letzten' (s. u. Menschen, eisüberkrustete)
–, schreckliches Traumbild für den ausgestoßenen
bei Giorgio de Chirico: → Architektur
–, Selbstbefreiung des
bei Willi Sitte: → Mann, Panzerbrechender
–, Selbstzerstörung des
bei Wolf Vostell: → Decollagen
–, Spannung des
bei Ernst Barlach: → Dualismus des Menschseins
–, Stellvertreter des
bei Max Ernst: → Vögel
–, Streben des
bei Max Ernst: → Vogel
–, totale Herrschaft des
bei Rudolf Hausner: s. u. Parks, Plan des
–, Überwältigung des
bei Walter Wörn: s. u. Tänzer, dreibeiniger
–, Umriß des
bei Yves Klein: → Körperabdrücke
–, verborgenes Drama des
bei Renato Guttuso: → Zitrone
–', 'Verbrannte
bei Leon Golub: »1954–55 und 1961–62 habe ich die 'Verbrannten Menschen' gemalt: diese Bilder symbolisieren Buchenwald und Dachau, konnten sich aber genauso gut auf 'Napalm' beziehen. Die 'Schlachten' sprechen von der Macht, der Gewalttätigkeit, den Kränkungen und dem Wahnsinn unserer Tage.«
Leon Golub (1970, S. 152)
–, Vereinsamung des
bei Jorge González Mir: → Käfige
– verschlingende Welt
bei Maria Vieira da Silva: s. u. Metro-Stationen
–, Verstrickung des
bei Walter Wörn: → Spielfeld
–, Verwirklichung des
bei Walter Wörn: s. u. Torso
– von seiner 'Ebenbildlichkeit Gottes', Abfall des
bei Rudolf Hausner: → Kopf des Adam
–, Welt des
bei Marc Chagall: s. u. Kopf eines Pferdes, brandroter
–, Zone des
bei Rudolf Hausner: Schönbrunn und Belvedere (s. u. Park)
Menschenaugen
bei Henry Moore: s. u. Augen
Menschengebilde, skelettartige
bei Germaine Richier: »Jetzt [Ende der 40er Jahre] formt sie die gespenstigen, skelettartigen Menschengebilde, die – zerschunden und verdorrt oder ausgelaugt und zersetzt, als wären sie einer chthonischen Unterwelt entlaufen, Lemuren oder Larven, Käfern oder Ameisen gleich – zu harten eckigen Schatten werden des ewigen Don Quijote im nackten, rissigen Kastilien als Sinnbild unserer heutigen Welt schlechthin.«
Konrad Farner (1973, S. 160)
Menschengesicht, von Schmerz aufgelöstes
bei Pablo Picasso: »P.s 'Weinende Frau' [1937] gehört zu den Studien für das Gemälde 'Guernica', Mai 1937. Sie stellt eine Phase des Trauer- und Schreckenserlebnisses dar, das sich in der großen Komposition zur klagenden Mutter verdichtet. Nicht nur ihr Mund weint in schriller Verzerrung, es weint das strähnige Haar unter dem schreienden Hut. Und aus den schwarzumrandeten, schreckerfüllten Augen rollen Tränen. Dieses von Schmerz aufgelöste Menschengesicht, in der aperspektivischen Gleichzeitigkeit der inneren und äußeren Bewegung gesehen, ist kein Einzelportrait, vielmehr Symbolbild mütterlicher Verzweiflung. Mythische Chiffre des Weinens, in einer Weltformensprache ausgesagt.«
Oto Bihalji-Merin (1962, S. 34)
Menschengruppe
bei Jo Jastram: s. u. Aufgerichtete
bei Edvard Munch: s. u. Arbeiter, heimkehrende
Menschenhand
bei Alberto Giacometti: zornige Kreatur (s. u. Hand, gefährdete)
Menschenköpfen, Fische mit
bei Max Beckmann: Seelentiere (s. u. Fische mit Menschenköpfen)
Menschenleiber, winzige
bei Albert Hahn: s. u. General, riesenhafter
Menschenmenge
bei Tatjana Nasarenko: »In der Ferne steht eine Menschenmenge um das Schafott [in: 'Die Hinrichtung der Narodowolzen', 1972]. Diese 'schweigende Menge' ist jedoch hier nicht ein Teil des Ereignisses. Sie symbolisiert – ähnlich wie der Chor in der antiken Tragödie – das historische Milieu, Tradition, Gedächtnis . . .«
Alexander Kamenski (1976, S. 32/4)

Menschenpaar
bei Marc Chagall: s. u. Urmensch, zweigeschlechtiger
bei Paul Klee: →Bäume
bei Werner Tübke: s. u. Mutter mit den vier Knaben

Menschenpaket
bei Dieter Krieg: »Ein absurdes Menschenpaket hängt zusammengesunken im Rahmen eines Röhrenstuhls [in: 'Doppelbildnis', 1966]. Dieses trostlose Ensemble in Grau, weißlich und schmuddlig blassem Grün bezeichnet zwar die Kälte der klinischen Situation in einer allgemeinverständlichen, konzentrierenden Metapher; sie erschien dem Maler aber wohl noch zu literarisch und gefühlsbetont.« Juliane Roh (1971, S. 52)

Menschenporträts, zusammengesetzte
bei Mikuláš Medek: s. u. Mensch

Menschenruine
bei Otto Dix: s. u. Arbeiterbild

Menschenschädel
bei Pablo Picasso: vom Krieg bedrohte Welt (s. u. Schädel/K. Gallwitz)

Menschlein, kleine
bei Alfred Kubin: s. u. Schicksal

Menschwesen, urbildhaftes
bei Joannis Avramidis: → Stelenform, archetypische

Menstruationsblut
bei André Masson: → Granatapfel

Mephisto
bei Edvard Munch: → Figur, dunkelgekleidete

Merkur
bei Marcel Duchamp: s. u. Verkleidung

Merkurs, Zauberkraft
bei Max Beckmann: → Schlüssel

Merz
bei Kurt Schwitters: »Ich fühlte mich frei und mußte meinen Jubel hinausschreien in die Welt. Aus Sparsamkeit nahm ich dazu, was ich fand, denn wir waren ein verarmtes Land [1919]. Man kann auch mit Müllabfällen schreien, und das tat ich, indem ich sie zusammenleimte und nagelte. Ich nannte es Merz, es war aber mein Gebet über den siegreichen Ausgang des Krieges [1914–18], denn noch einmal hatte der Frieden wieder gesiegt. Kaputt war sowieso alles, und es galt, aus den Scherben Neues zu bauen. Das aber ist Merz . . . Es war wie ein Abbild der Revolution in mir, nicht wie sie war, sondern wie sie hätte sein sollen.« Kurt Schwitters [1930]
in: Werner Schmalenbach (1967, S. 32)
»In den 'Merzbildern' [um 1919/20] werden seine Intentionen zum ersten Male faßbar. 'Merz', gefunden und ausgeschnitten für ein Bild aus einer Anzeige 'Commerz- und Privatbank', wurde für den Künstler zum Symbol für die 'Befreiung von jeder Fessel, um künstlerisch formen zu können' und für die Autonomie der Kunst. Die Freiheit, die S. anspricht, heißt nicht Zügellosigkeit, sondern ist das Resultat strenger künstlerischer Zucht.« Paul Vogt (1972, S. 318)

Messer
bei Marc Chagall: » . . . rechts [in: 'Der Trinker', 1911/12] die von den Diagonalen beunruhigte aggressive Zone des neurotischen Menschen, für die als Hinweiszeichen das Aggressionssymbol des Messers steht.« Werner Haftmann (1974, S. 72)
s. u. Kreatur, gekreuzigte
bei Dorothee Conrady: s. u. Werkzeuge
bei Rudolf Hoflehner: »Der Mensch, das ist für H. vor allem der Mann, der gewissermaßen als Messer, als Gewehr, als Beil, als Kanonenrohr, als Phallus auftritt, als Kolbenteil, Dampfhammerteil, als Wesen mit einer klassischen Harmonie in schmalen parallel zueinander stehenden Beinen oder auch als die Aggressivität selber und nicht zuletzt als Sisyphos: ein Sinnbild des Erleidens und der Spannkraft zugleich.«
Johann Muschik (1970, S. 87)
bei André Masson: → Klinge, blaue

–, eingebohrte
bei André Masson: s. u. Kurvaturen

–, schneidende
bei Lambert Maria Wintersberger: »Die schneidenden Messer und Zangen verselbständigen sich zur absolutistischen Gestik der Verletzung und gewinnen gerade durch diese identitätslose Form von Zerstörung und eiskalter Aggressivität in geballter Potenz die figurative Antiposition zur reklameakklamativen Pop Art.«
Karin Thomas (1971, S. 321)

Messers, Opfer des
bei André Masson: s. u. Fisch

Meßgerät, geometrisches
bei Rudolf Hausner: absolutes Sein (s. u. Kugel)

Messias
bei Marc Chagall: s. u. Mater Dolorosa

–, Erweckung des
bei Marc Chagall: s. u. Widderhorn

–, Tier des
bei Marc Chagall: → Esel

Messinghose, Mann mit der
bei Walter Pichler: kranke Gesellschaft (s. u. Wagen, eiserner)

Meßlatte
bei Jean-Pierre Raynaud: Hochwasser (s. u. Psycho-Objekte)

Meßstäbe, rot-weiße
bei Jean-Pierre Raynaud: Psycho-Objekte (s. u. Blumentöpfe mit Beton)
Metall
bei Hannah Hoech: s. u. Maske
Metallring
bei Leslie Thornton: Kopf (s. u. Armlosigkeit)
Metallstangen
bei Oscar Dominguez: Zweige (s. u. Schreibmaschine)
Metropolis
bei John Marin: → Verkehrschaos
Metro-Stationen
bei Maria Elena Vieira da Silva: ». . . ihre Metro-Stationen und Traumstädte . . . Ihre Bilder drükken sehr genau ein Grundgefühl der Epoche aus: die Angst des modernen Menschen, der – im wörtlichen wie im übertragenen Sinn – den Boden unter den Füßen verloren hat und sich verstrickt sieht ins Labyrinth einer unübersehbar und unkontrollierbar gewordenen, lauernden, Menschen verschlingenden Welt, deren Symbol die Großstadt, das zeitgenössische 'Babylon' ist.«
Karl Ruhrberg (1965, S. 310)
Meute, wütende
bei John Steuart Curry: s. u. Bundesmiliz
Mexikos, Kolonisierung
bei David Alfaro Siqueiros: → Zentaur
Michael
bei Fidus: »Eine besondere Rolle spielt von Anfang an die Figur Luzifers, sodann etwas später – in der völkischen Phase – der Michael und die Germania, beide als Verkörperungen des preußisch-deutschen Prinzips.«
J. Frecot/J. F. Geist/D. Kerbs (1972, S. 279)
s. u. Schwert
bei Hans Thoma: »Die Verbindung patriotischer Ideologie mit religiösen Vorstellungen gewährleistete die Möglichkeit der Verinnerlichung derartiger Symbole. Beispiele hierfür liefern die Michaelsdarstellungen T.s, die zunächst ohne Aufträge entstanden sind. Auf einer 1901 datierten Algraphie ['Der heilige Michael'] erscheint der gepanzerte Erzengel mit Schwert und Waage vor bewaldeten fernen Höhenzügen stehend, hinterfangen von einem Strahlennimbus. Zu seinen Füßen liegt der erschlagene Drache. Die heimatliche Landschaft und die Adler-Helmzier, die von der christlichen Bildtradition abweichen, weisen darauf hin, daß er nicht nur als gottgesandter Bekämpfer des Bösen, sondern auch als Schutzpatron der Nation, als Sinnbild der Vaterlandsverteidigung gemeint ist.«
Siegmar Holsten (1976, S. 35/6)

Miethäuser aus den Gründerjahren
bei Friedensreich Hundertwasser: s. u. Fenster
Mietskasernen
bei Joan Sloan: s. u. Frauen, die ihr Haar trocknen
Migof
bei Bernard Schultze: »Die Migofs von S., die aus reliefplastischen Bildanfängen zu bizarren, vollplastischen Wucherwesen des Vegetativ-Animalischen ausarten, präsentieren mit surreal-abstrakten Sprachgebärden das fatalistisch-dialektische Mit- und Ineinander von Wachstum und Zerfall.« Karin Thomas (1971, S. 281)
vgl. Mannequin-Migof, kopfloser
Migof-Gerippe
bei Bernard Schultze: Vanitas-Symbol (s. u. Schaufensterpuppe)
Milch und Honig
bei Erich Brauer: s. u. Honigverkäuferin
Milchkrug
bei Pablo Picasso: s. u. Leichenhaufen
Milchschokolade
bei Marcel Duchamp: s. u. Bajonett
Milchstraße
s. Teil III

Bernard Schultze: Mannequin-Migof, seit 1961

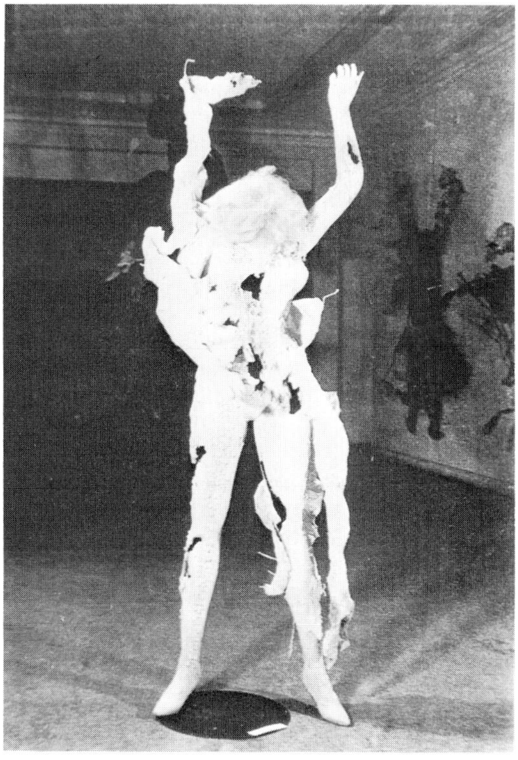

Militärpilot
bei Heinz Zander: s. u. Tod
Milizionärin, bewaffnete
bei Hung Lam: s. u. Lotosblüte
Milizsoldat
bei Max Beckmann: s. u. Wasser
Miniaturen, albumähnliche
bei Rudolf Hausner: hilfreiche Dinge (s. u. Würfel, medaillonartiger)
Minotauros/us
bei Jacques Lipchitz: s. u. Stier (K. Herding)
bei André Masson, Georges Bataille u. a.: »Der Titel 'Minotaure', den M. und B. [für die Zeitschrift der Surrealisten] vorgeschlagen hatten, entsprach dem wachsenden Interesse der französischen Intellektuellen für die tiefenpsychologische Deutung von Mythen. Zentrum des Labyrinths – der verborgenen Tiefen des Geistes – ist der Minotaurus, Symbol der irrationalen Affekte. Theseus, der das Ungeheuer erschlägt, steht für das Ich, das ins Unbewußte vordringt und durch seine Intelligenz – das heißt durch seine Selbsterkenntnis – das Licht des Bewußtseins erreicht; ein für das surrealistische Drama wie auch für das Verfahren der Psychoanalyse paradigmatisches Schema.« William S. Rubin (1972, S. 295)
bei Pablo Picasso: »Die Rolle des Minotaurus in P.s Bildern ist mehrdeutig: Er kann das Symbol der brutalen Gewalt oder ein Symbol Spaniens sein, gelegentlich ist es die Rolle des Malers selbst.« H. Havard Arnason (1970, S. 390)
»Seine persönliche Mythologie entstand auf dem Wege der Verschmelzung mythologischer Themen mit der eigenen Erlebniswelt und vor allem über den Symbolgehalt des Stierkampfes. So kommt jetzt [Mitte der dreißiger Jahre] z. B. die Figur des Minotaurus wieder herauf als Symbol für das drohende Unheil, das über Europa hereinbrechen sollte.«
Hans L. C. Jaffé (1964, S. 130)
»Außer der Gestalt des Weisen haben wir den Minotaurus [in: 'Minotauromachie', 1935], der die dunklen Mächte des labyrinthischen Unterbewußten darstellt.« Herbert Read (1963, S. 78)
Feind und Vernichter des Pferdes (s. u. Frau, tot in der Landschaft); Urbild der Gewalttätigkeit (s. u. Stier/A. Henze); s. u. Blumensträußchen; s. u. Kerze, brennende; s. u. Kind mit hochgehaltenem Licht; s. u. Mädchen mit den Blumen; s. u. Spiegel (A. Blunt); s. u. Stierkampf; vgl. Dolch, doppelschneidiger
–, drohender
bei Pablo Picasso: s. u. Kopf mit Arm und Lampe
–, siegreicher
bei Pablo Picasso: s. u. Luzifer
–, sterbender
bei Pablo Picasso: s. u. Corrida
Mischgewächse
bei Erich Brauer: »Diese zuckenden Formen beleben einen ganzen Kosmos, überspielen Pflanze und Tier und jene Mischgewächse, die sich zwischen ihnen herausmutieren, sie sind Symbole des Tastens, der Fühlfähigkeit, und sie sind Empfangsapparate, jederzeit an den Wellenbereich des Sanften angeschlossen, der die Glühdinge speist. Das Farbenspiel ist erfüllt vom Ruderschlag dieser Geißeln, schwingend, propellernd, schraubend und durchtränkt von schwärmender Unruhe.«
Alfred Schmeller in: Erich Brauer (1963, S. 37)
Mischwesen
bei Silvio Mattioli: »Diese phantastischen, in keinem Zoologiebuch auffindbaren Mischwesen [um 1960] – so führte er weiter aus – kehrten ihre Panzerung nach außen, glichen derart eher dem Käfer als dem Menschen. Denn jener trüge seine harte Kitinschale außen, während der menschliche Körper nach außen hin weich und verletzlich, für Berührungen empfänglich sei. Die gepanzerten, in Zacken und Stacheln starrenden Wesen der erwähnten Plastiker bergen im Inneren einen Hohlraum, den sie gegenüber der Außenwelt schützen und verbergen. Das müsse man auch durchaus psychologisch und symbolisch sehen: derjenige Plastiker, welcher solche Gestaltungen hervorbringe, sei bedacht, sein eigenes, leicht versehrbares Inneres abzuschirmen.«
Fritz Billeter (1975, S. 18)
Mittelmeeres, Perle des
bei W. Tübke: Venedig (s. u. 'Tod in Venedig')
Mittelpfahl, aufragender
bei Max Ernst: Widerstehen (s. u. Wald/H. R. Leppien)
Mobiles
bei Alexander Calder: »Der kleinste Lufthauch, die leichteste Berührung setzt die komplexe und delikate Struktur dieser bezaubernden, wie umgekehrte Pflanzen in der Luft hängenden Apparaturen in Bewegung; 'die Sublimation eines Baumes im Wind, der sich mit faszinierender Grazie sanft bewegt und dreht', sagte Duchamp.« Marcel Jean (1961, S. 252)
Modell eines Hauses
bei René Magritte: s. u. Meer
Modelle für Bewegungsstudien
bei Giorgio de Chirico: 'Mannequins' (s. u. Gliederpuppen)

Möbel
bei Louise Nevelson: s. u. Kasten, isolierter
Mönch
bei Friedrich Gerlach: s. u. Europas, Genius
–, buddhistischer
bei Rudolf Hausner: s. u. Hermaphrodit, umgekehrter
– in roter Kutte
bei Werner Tübke: »Rechts oben [in: 'Tod in Venedig', 1973] neben dem Halbbogenfenster steht ein Mönch in roter Kutte stellvertretend für eine steinerne Statue. Es ist das im wörtlichen Sinn 'ver-rückte', widervernünftige, zwiespältige Erleben dieser Welt . . .«
Günter Meißner (1974, S. 20)
Mörderin
bei Edvard Munch: »Ein anderes Beispiel dieser Entwicklung ist das Bild 'Marats Tod' [1907], obwohl die Thematik hier noch einmal das tragische Verhältnis zwischen Mann und Weib berührt. Sie ist die Mörderin, die Frau, die fünf Jahre zuvor ihn selbst 'getötet' hatte, die Frau, die den Mann immer besiegt . . . Mit einer Selbstgerechtigkeit, die durch nichts erschüttert werden kann, steht sie vor uns; der Mann dagegen liegt hilflos, schräg hingestreckt, leicht perspektivisch gesehen – ein Bildraum voller Spannung.«
Johan H. Langaard/Reidar Revold (1963, B. 29)
Mohn
bei Julius Bissier: »Der Mohn – der den Todesgedanken aus dem dunklen Schoß der Erde in sich trägt« [in Anlehnung an J. J. Bachofen].
Werner Schmalenbach (1974, S. 79)
Moloch
bei Frans Masereel: »Das wichtigste Beispiel des Typus ist M.s im Ersten Weltkrieg entstandene Zeichnung 'Moloch hat Hunger' [um 1914/18]. Sie zeigt einen mit wenigen Strichen angedeuteten, von unten gesehenen Riesenkopf mit weit aufgesperrtem Mund, der im Begriffe ist, wehrlose Menschen mit erschrocken ausgestreckten Armen zu verschlingen. . . . Daß seine Darstellung trotz des Fehlens nationaler Symbole nicht als unverbindliche Schicksalsallegorie gemeint ist, sondern einen Protest gegen den aktuellen Krieg zum Ausdruck bringt, ergibt sich aus der Bildunterschrift: 'Heute morgen begann der feindliche Angriff auf sehr breiter Front (Französischer Heeresbericht)'.« Siegmar Holsten (1976, S. 97)
Mona Lisa
bei Shusaku Arakawa: »In A.s Bild ['Aufspaltung der Bedeutung 1', 1970] ist die Mona Lisa nur als Titel zugegeben, die damit sowohl die moderne Kunst als auch die Renaissance symbolisiert.«
Lawrence Alloway (1971, S. 10)
Mond
bei Carlo Carrà: s. u. Körperstück
bei Marc Chagall: s. u. Mutter, Große
bei Joseph Cornell: Seifenblase (s. u. Ei; s. u. Glas)
bei Marcel Duchamp: s. u. Halbkreis; s. u. Spiegel
bei Max Ernst: »Die gedichtartige Inschrift auf der Rückseite [in: 'Die Menschen werden nichts davon wissen', 1923] deutet die Gestirnlandschaft: Schwebender Akt und Mond versinnbildlichen das weibliche, das Gekröse auf dem Boden und die darauf gerichteten Gestirne das männliche Geschlecht.«
Uwe M. Schneede (1972a, S. 60)
bei Alberto Giacometti: »In 'Boule suspendue' (1930–31) wird der Geschlechterkampf zum kosmischen Gleichnis (Sonne, Mond) ausgeweitet.« Günter Metken (1970, S. 46)
bei Adolph Gottlieb: → Scheibe, ruhige; s.u. Kontrastformen
bei Paul Klee: s. u. Kreis; s. u. Quitten; s. u. Rohre
bei Edvard Munch: »Aus dem Gemälde der dreissiger Jahre ['Jugend und Alter', etwa 1938] sprechen vor allem Kraft und Lebenserwartung der jungen Frau – die vollen Farbklänge von Blau und Rot, Gelb und Grün; der Mond, das Symbol der Sehnsucht und Erotik, als strahlender Überton. Die alte Frau hat auch hier noch die Aufgabe, vom Symbol her den Kontrast zu der jüngeren zu bilden; gelöst wird diese Aufgabe jetzt vorwiegend mit den Mitteln der Farbe: eine schwarze Fläche inmitten kraft- und lebensvoller Farben, erhöht sie deren Klang.«
Johan H. Langaard/Reidar Revold (1963, B. 41)
bei Hanna Nagel: s. u. Fisch, großer
–, fahler
bei Giacomo Balla: s. u. Lampe, elektrische
– und seine Reflexe
bei Piet Mondrian: Senkrechte (s. u. Kreuz)
– verwandt, dem
bei Julius Bissier: s. u. Quitten
Monde
bei Marc Chagall: s. u. Zirkusarena
Mondgott
bei Hanna Nagel: → Mann
Mondkarte
bei Joseph Cornell: s. u. Ei
Mond-Pflug
bei Friedrich Schröder-Sonnenstern: s. u. Pflug
Mondringe
bei Max Ernst: ». . . dunkle Grätenwälder [um

1926] . . ., in deren Vertikalstrukturen sich Sonnen- und Mondringe einnisten, dieselben, welche auch in den horizontal gestreckten Meerbildern als leuchtende magische Kreise rotieren und als kosmische Symbole aufschweben.«

Carola Giedion-Welcker (1963, S. 15)

Mondscheibe

bei Friedrich Schröder-Sonnenstern: s. u. 'Leben selbst'

Mondsichel

bei Paul Klee: »Sternzeichen und Mondsichel erscheinen und verdeutlichen den magischen Grund des Traumes.«

Rolf Wedewer (1963, S. 33)

bei Franz Marc: »In dem bekannten Gemälde 'Turm der blauen Pferde' [1913] soll die Mondsichel auf einem Tierkörper, ebenso wie der Regenbogen am Horizont, die kosmische Verbundenheit des Tieres, sein Aufgehen im Weltall, bedeuten. Auf der gleichnamigen aquarellierten Postkarte, offenbar einer Vorstudie zu dem großen Bild, sind die Pferdeleiber sogar mit zwei Mondsicheln und mehreren Sternen versehen.«

Walter Winkler (1949, S. 95)

bei Henry Moore: Rätselhaftigkeit des Weibes (s. u. Figuren, drei stehende/W. Hofmann)

–, dicke

bei Marc Chagall: s. u. Fisch mit Schnabel, der blaue

'Mondweiber'

bei Friedrich Schröder-Sonnenstern: s. u. Pflugziehen

Mongolfière

bei Friedrich Meckseper: s. u. Maßstab

Monopolisten

bei Pablo Picasso: s. u. Blutegelkopf Francos

Monsieur K.

bei Victor Brauner: »Monsieur K. [1934], ein geistiger Nachfahre von Jarrys Père Ubu, ist als die Verkörperung des Bestialischen dargestellt, das sich ständig von einer obszönen Rolle in die andere verwandelt.«

H. Havard Arnason (1970, S. 369)

Monsterfabeltiere, hohlleibige

bei Niki de Saint-Phalle: s. u. Nana

Monster-Rübe

bei Pablo Picasso: Franco (s. u. Rübe)

Monstranz

bei Fritz Koenig: s. u. Figur im Rahmen

bei René Magritte: »Der Greis [in: 'Le Liberateur', 1947] hält ein durchsichtiges Weiblichkeitssymbol: eine Monstranz mit Mund und Augen, die uns fixieren.«

René Passeron (1975, S. 190)

bei Carlo Schellemann: zerstörte Staatsmacht (s. u. Häupter, geborstene)

Monstren

bei Frits van den Berghe: »Menschliche Figuren

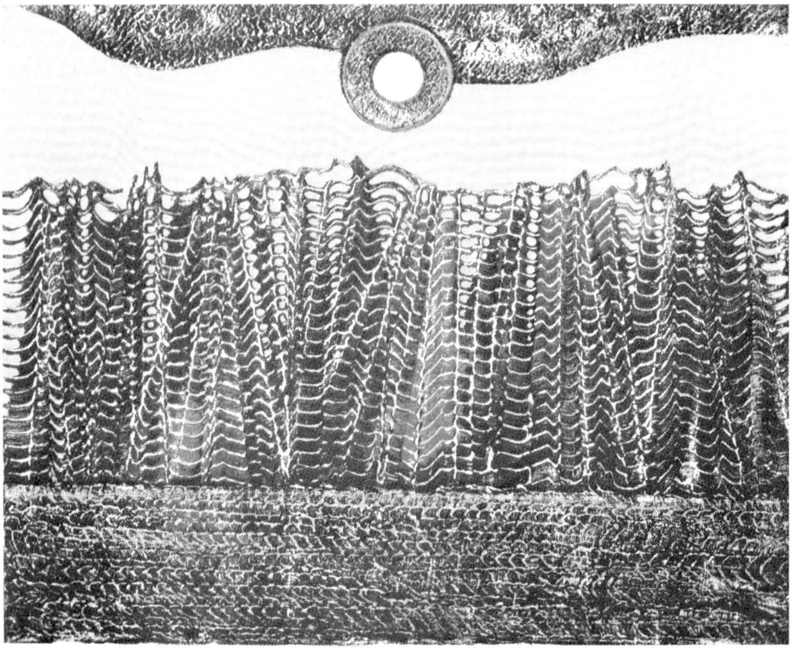

Max Ernst: Grätenwald, 1926

[in: 'Genéalogie', 1929] werden zu Monstren, zu unwirklichen Wesen, die von Furcht und Zwangsvorstellungen zeugen . . . Die teilweise brutal deformierten Körper veranschaulichen Kreatürlichkeit in einer leidenschaftlichen Direktheit.« Bernd Rau (1977, S. 270)
bei Germaine Richier: → Insekten

–, blauhäutige

bei Max Beckmann: »Wir deuteten schon bei der Interpretation des Anglerbildes ['Kinder des Zwielichts', 1939] die Möglichkeit an, in den blauhäutigen Monstren seien Archonten oder Helfershelfer der Archonten dargestellt. Auf Grund der nun dargelegten Zusammenhänge ist das nicht nur möglich, sondern höchst wahrscheinlich [in: 'Versuchung', 1936/37]. Damit wird aber zugleich unser Verdacht begründet, der blauhäutige Schiffer im Hintergrund des linken Flügelbildes habe etwas mit den 'Göttern' zu tun. Mir scheint kein Zweifel daran, es handelt sich bei dem düsteren, brutal aussehenden Wesen um einen Vertreter der archontischen Mächte. Er scheint teilnahmslos, in seiner Physiognomie wie in seiner Haltung kommt aber ein ebenso dumpfes wie rigoroses Machtbewußtsein zum Ausdruck.« Friedhelm W. Fischer (1972a, S. 145)

–, widerliche

bei Max Ernst: »Widerliche Monstren füllen die Bilder aus [u. a. 'Vertraulichkeiten', 1935], Sinnbilder der hirnlosen Macht, der Unmenschlichkeit, deren Intitiatoren nicht aufgehalten wurden, und der Unvernunft.«
Uwe M. Schneede (1972a, S. 135)

Monstrum

bei Friedrich Gerlach: → Panzer
bei Alfred Kubin: → Schicksal

–, hermaphroditisches

bei Friedrich Schröder-Sonnenstern: s. u. Pflugziehen

Montaru

bei Willi Baumeister: »Was bedeutet Montaru, was Monturi? [1953–55]. Diese schwarze Schattenwelt, die in monumentaler Schwere die Bildfläche besetzt? . . . Die makroskopischen Formblüten erscheinen als Sinnbilder des Weltgeistes, kalligraphische Zeichen für das unendlich Große und das unendlich Kleine.«
Oto Bihalji-Merin (1966, o. S.)

'La Montserrat'

bei Julio Gonzalez: »'La Montserrat' [1937/39] ist das Symbol für die katalonische Frau, ihre edle Herkunft, ihre Schreie gegen die Ungerechtigkeit, ihr Dulden. Sie ist das Symbol sowohl für die gute wie für die spanische Seite – analog Picassos Stier.« David Smith (1970, S. 26)
→ Bauersfrau, spanische

Monumentalphallus

bei Max Ernst: → Maiskolben

Monumentalweiber

bei Otto Dix: vitale Weiblichkeit (s. u. Tänzerinnen, korybantische)

Mordmaschine, menschliche

bei Wolfgang Mattheuer: → Kain

Mordwerkzeuge

bei Heinz Zander: s. u. Tod

Morgenstern

bei Klaus Vogelgesang: s. u. Sheriff-Stern

mors imperator

bei Willi Geiger: s. u. Zweihänder

Motor

bei Marcel Duchamp: »Wenn die 'Junggesellenmaschine' [1915–23] eine Instinktfabrik ist, so der Ehefrau-Motor eine Imaginationsmaschine. Das empfindlichste Organ des Motors . . . ist der 'Geschlechtszylinder' oder die 'Wespe'.«
Marcel Jean (1961, S. 104)

Motorrad

bei Richard Pettibone: »P. setzte in 'Pennzoll Eleven' 1963 das Motorrad als Teenagersymbol schräg in eine streifig dargestellte Landschaft, um den Eindruck des Fahrens mit hoher Geschwindigkeit zu erwecken.«
Udo Kultermann (1969, S. 42)
bei Peter Phillips: »Eine wesentlich stärkere Rolle spielt auch heute noch das Motorrad. Es wird von jüngeren Künstlern gern als Symbol des Aufbegehrens der jungen gegen die etablierte Generation benutzt. So hat etwa P. zahlreiche Bilder mit Motorrädern gemalt, in denen die Maschine als verlebendigter Partner des Jugendlichen gesehen ist.« Udo Kultermann (1969, S. 42)
bei Bob Stanley: »Auch S. sah 1967 in seiner Serigraphie 'Motorradfahrer' dieses Vehikel ganz als Statussymbol der jungen Generation.«
Udo Kultermann (1969, S. 42)

Motorroller, schrottreife

bei Jean Tinguely: s. u. Maschine', 'Traditionszerstörende

Muchlage

bei Jiří Kolář: »Bei einer Muchlage wird die Destruktion eines bestimmten Ganzen durch Zerknüllen fixiert.« Miroslav Lamač
in: M. Lamač/D. Mahlow (1968, S. 23)

Mühle

bei Max Beckmann: »In unserem Falle ['Die Mühle', 1947] wurde die Mühle freilich zum symbolischen Requisit. Das wird recht deutlich, der

Maler hat ihr ein Gesicht gegeben . . . Man kann nicht eigentlich von einem menschlichen Gesicht sprechen, wohl aber von einer dämonischen Physiognomie . . .
Freilich drängt sich hier sogleich auch die Vorstellung vom indischen 'Samsara' auf. Diese Vorstellung ist weit plastischer ausgeprägt als die platonische, und der Maler war ihr gleichfalls auf vielerlei Weise verbunden. Ihr zentrales Symbol ist das Rad der Wiedergeburten, es ist zugleich das Zeichen für den sinnlosen Kreislauf des Werdens. In der indischen Literatur findet sich auch alles, was die Konzeption B.s im einzelnen auszeichnet: das Motiv des hoffnungslosen Umgetriebenwerdens durch eine erbarmungslose Mechanik und die grausame Vorstellung, an diese Mechanik gefesselt zu sein. Als Bild hierfür wird nicht nur das Lebensrad, sondern auch speziell die Mühle gewählt. Eine feindifferenzierte Allegorie deutet deren einzelne Teile. Die Leidenschaften, die das Werk immer wieder in Gang halten, werden dabei als Mühlknechte bezeichnet.« Friedhelm W. Fischer (1972a, S. 181/82)
s. u. Ballon
bei Lyonel Feininger: s. u. Kirche (W. Schmied)
Mühlknechte
bei Max Beckmann: Leidenschaften (s. u. Mühle)
Mühlräder
bei Herbert Baumann: s. u. Scheibe
Müllabfälle
bei Kurt Schwitters: s. u. Merz (K. Schwitters)
Münder
bei Lambert Maria Wintersberger: s. u. Bidets
Müßiggängers, Träumereien eines
bei Giorgio de Chirico: Arkaden (s. u. Gliederpuppe)
Mütter
bei Tadeusz Kulisiewicz: → Mutterschaft
bei Pablo Picasso: »Hauptwerk dieser neoklassizistischen Periode sind die 'Drei Frauen am Brunnen', 1921, die P. in Fontainebleau malte, wo sich seine Frau Olga im Sommer 1921 nach der Geburt ihres ersten Sohnes erholte. Der Name des Ortes und das Erlebnis des Urmütterlichen, von alters mit der Vorstellung der lebensspendenden Quelle verbunden, haben ihn veranlaßt, diesen klassischen Gedankengängen eine so glaubhaft klassische Form zu geben: man glaubt den 'Müttern' ihre Fruchtbarkeit auf den ersten Blick.« Hans H. Hofstätter (1969, S. 78)
–, schreckliche
bei Henry Moore: »Seine weiblichen Gestalten verwandeln sich oft in drohende Schicksalsbotinnen, ihre Mutterschaft ist nächtig überschattet und düster. Diesen schrecklichen Müttern stehen die Parzen nahe [in: 'Zwei verhüllte Frauen' (im Luftschutzraum), 1941], auch sie gehören in den Bannkreis des Todes. Wie die schreckliche Mutter das Abgestorbene sich unterwirft, so krönt M. einen riesigen Felsblock mit einer lagernden Gestalt, aus dem Sockel wird eine Totenkammer« [in: 'Zeichnung', 1936].
Werner Hofmann (1959, S. 28)
–', 'Tor zu den
bei Paul Klee: → M
Mütze
bei Rudolf Hausner: s. u. Fabrikschornstein; s. u. Würfel, medaillonartiger
Muldenform
bei Alberto Giacometti: Frauenleib (s. u. Löffelfrau)
muleta
bei Pablo Picasso: s. u. Matador
Mumienschreine aus Stahl
bei Franz Radziwill: → Schiffe
Mund
bei Max Beckmann: s. u. Perseus
bei André Breton: s. u. Laterne
bei Alexej von Jawlensky: Strich (s. u. Kopf)
bei Jacques Lipchitz: s. u. 'Mutter und Kind'
bei René Magritte: s. u. Monstranz
bei Joan Miró: s. u. Kreis
bei Henry Moore: Reduktion des → Kopfes
bei Pablo Picasso: s. u. Menschengesicht, von Schmerz aufgelöstes
bei Man Ray: s. u. Riesenmund
bei Adolf Wölfli: s. u. Vögeli-Ornament
–, aufgerissener
bei Rudolf Hausner: s. u. Kopf des Odysseus
bei Edvard Munch: Angst und Verzweiflung (s. u. Augen, aufgerissene)
–, aufgesperrter
bei Frans Masereel: s. u. Moloch
–', 'die Sonne im
bei René Magritte: → Auge
–, durchkreuzter
bei Henry Moore: s. u. Krieger
–, geöffneter
bei Marc Chagall: Suchen und Erstaunen (s. u. Kopf der Frau vom Leibe getrennt)
bei Peter Klasen: s. u. Spritze
bei Marisol: s. u. Coca-Cola-Flasche
bei Tom Wesselmann: s. u. Akt, weiblicher
–, gespaltener
bei Paul Klee: Charon (s. u. Steuermann)
–, halbgeöffneter
bei Gustav Klimt: Entrückung und Selbstaufgabe (s. u. Augen, geschlossene)

–, hypersinnlicher
bei Rudolf Hausner: Schnüffeln des 'zwei[ein]dimensionalen Menschen' (s. u. Nasenöffnung, riesige)
–, offener
bei Joe Tilson: Stimme (s. u. Auge)
–, ohne
bei Salvador Dali: »Auf der Basis von Sigmund Freuds Analysen stellt D. sich häufig ohne Mund dar ('Der große Masturbator', 1929; 'Die Beständigkeit der Erinnerung', 1931): Symbol der eigenen Impotenz, veranschaulicht an dem mit dem Mund identifizierten, aber geschlossenen weiblichen Geschlechtsorgan.«
Uwe M. Schneede (1973b, S. 68)
–, schreiender
bei Konrad Klapheck: → Öffnung mit Fadenführer
–, vaginaler
bei Pablo Picasso: s. u. Kopf
Mundhöhle
bei Henry Moore: Restsymbol für den ganzen Kopf (s. u. Kopf)
Munitionskisten
bei Heinz Zander: s. u. Tod
Murmel
bei Otto Meyer-Amden: s. u. Marmel
Muschel
bei Salvador Dali: »Über der rechten Hand des Jesus-Knaben [in: 'Madonna von Port Lligat', 1948, 1950] schwebt allerdings eine Kugel, in der linken Hand hält er das Kreuz. Auf seinem rechten Schenkel vereinen sich beide, Kugel und Kreuz, in einem Schattenspiel. Also Ei (Ellipse), Kreis (Kugel) und Muschel (das Irreguläre) – alles ist wie bei Borromini [gemeint: Decke von der S. Carlo alle quattro Fontane, Rom] in einer 'Übergangs-Situation' vereint.«
Gustav René Hocke (1957, S. 142)
s. u. Geborgensein, intrauterines
bei André Masson: Vulva (s. u. Kurven)
–, halbgeöffnete
bei Henry Moore: Geborgenheit (s. u. Sitzende)
– in Spirale
bei Ernst Wilhelm Nay: Vagina (s. u. Fisch ohne Kopf)
Muschelform, braune
bei Ernst Wilhelm Nay: Vagina (s. u. Fisch ohne Kopf)
Muscheln
bei Julius Bissier: das neugeborene Kind, in verschlossenem Kasten dem Meer anvertraut (s. u. Bohnenschoten)
bei Fabrizio Clerici: Botschaften aus dem Jenseits (s. u. Steine); s. u. Sicherheitsnadeln
bei Salvador Dali: s. u. Ornament
Musikant
bei Marc Chagall: → Klesmer
–, ausgehungerter
bei Pablo Picasso: s. u. Blau (H. W. Janson)
–, blinder
bei Max Beckmann: »Am oberen Ende steht ein blinder Musikant mit Drehorgel und Fastnachtstute [in: 'Traum', 1921]. Seinem Eifer nach zu schließen, wähnt er sich in einer sehr wichtigen Position. Tatsächlich gibt er ein Bild sinnlosen Bemühens ab. Es hört ihn entweder niemand, oder es kommt, trotz aller Anstrengung, gar kein Ton aus seiner Tute.
Dies Sinnbild der Behinderung und der Vergeblichkeit hat B. offenbar fasziniert und jedenfalls nicht mehr losgelassen.«
Friedhelm W. Fischer (1972a, S. 27)
Musikergruppe
bei Max Beckmann: s. u. Janusbüste
Musikinstrument
bei Henri Laurens: »In 'Amphion' [1937] und in der 'Großen Musikerin' [1938] wird ein zentrales Thema des Kubismus – der Mensch, dessen Leib sich in ein Musikinstrument verwandelt – in seine mythischen Ursprünge zurückversetzt: einmal unter dem Vorzeichen kraftvoll gespannter, herausfordernder Aktivität, das andere Mal in Gestalt einer weichen Kantilene . . . Die Kanneluren seines Körpers – Hinweis auf die Saiten der Lyra – erinnern an die Wellpappe auf den kubistischen Collagen und Konstruktionen . . .
Das Instrument der 'Großen Musikerin' – der 'Klangkörper', den wir mit einer Muschel und einer Harfe verglichen, ist zugleich ihr eigener Körper: sie musiziert sich selbst.«
Werner Hofmann (1970a, S. 26)
bei Pablo Picasso: weiblicher Körper (s. u. Mandoline)
Musikinstrumente
bei Max Beckmann: »Musikinstrumente gelten B., das kann man aus zahlreichen Bildern ableiten, als Attribute des Künstlers und als Werkzeug der Kunst schlechthin. Flügel und Notenblatt sind in diesem Zusammenhang [in: 'Familienbild', 1920] wohl zugleich als positive Sinnzeichen aufzufassen. Es scheint sogar, als fiele etwas von dieser positiven Bedeutung auch für das zunächst nur als Fastnachtsattribut verständliche, aber energisch gehaltene Horn in der Hand des Künstlers ab. Jedenfalls erscheint das gleiche Instrument 18 Jahre später, in dem berühmten 'Selbst-

bildnis mit Horn', als großartiges und vieldeutiges Zeichen der Künstlerschaft B.s.«
Friedhelm W. Fischer (1972 a, S. 37)
Bestandteil eines Vanitasstillebens (s. u. Kerze, stehende und gestürzte)

Mussolini

bei Max Beckmann: → Leiche mit dem Kopf nach unten

bei Peter Blume: s. S. 62

Mutter

bei Max Ackermann: Nachtseite (s. u. Kind)

bei Antonio Calderara: »Ganz anders noch die symbolische Dimension im Frühwerk etwa im Bildnis der Mutter ['Pittura', 1956] . . . In unserem Bild thront die weißhaarige Mutter vor der mütterlichen Landschaft mit dem See, den Bergen, dem Himmel, der Insel. Das winzige, monumentale Bild in Blau ist erfüllt von Licht. Der Archetyp der Madonna, der heiligen Gebärerin, in deren Verehrung die kindlichen Begierden sublimiert sind, die Beschützerin des Landes und der Fruchtbarkeit; . . .
Der uralte, familiengemeinschaftstiftende Mythos der Muttergöttin hat also bei C. noch einmal eine persönliche, reizende Interpretation gefunden . . .« Reiner Jochims (1972, S. 38, 41)

bei Marc Chagall: s. u. Mater Dolorosa

bei Paul Delvaux: → Frauengestalten

bei Alberto Giacometti: s. u. Palastinsel

bei Gerhard Hoehme: s. u. Schnittmusterbögen

bei Bernhard Hoetger: Gebärende (s. u. Tod)

bei Eugen Hoffmann: »Das Thema Mutter und Kind taucht in H.s Aquarellen in der englischen Spätphase überraschend häufig auf [in: 'Mutter und Tochter', 1948] und wird von ihm auch in der Nachkriegszeit noch mehrfach abgewandelt. Unter dem Eindruck der Schrecken des Krieges sieht H. in der Mutter als Beschützerin des Lebens der Kinder das Lebensprinzip schlechthin.« Hans-Ulrich Lehmann (1974, S. 100)

bei Rudolf Hausner: s. u. Spule; s. u. Stecknadel

bei Konrad Klapheck: → Nähmaschine

bei Issai Kulvianski: s. u. Arm fassen, am

bei Henri Laurens: s. u. Brüste

bei René Magritte: → Holz, gemasertes

bei Giacomo Manzù: s. u. Figuren der bäuerlichen Wirklichkeit

bei Joan Miró: s. u. Kreis

bei Henry Moore: »Die Mutter [in: 'Mutter und Kind', 1931] wird zum Behälter und dieser wieder zum Sinnbild des Keimens und Wachsens.«
Werner Hofmann (1959, S. 16)
s. u. Figuren, drei stehende; s. u. Frau, sitzende; s. u. Liegende; s. u. Liegende Figur; s. u. Mutterleib, der archetypische; s. u. Tuch

bei Wilhelm Morgner: s. u. Eiform

bei Pablo Picasso: »Bei der Mutter links [in: 'Guernica', 1937], die sich wie eine Grabstele emporrichtet, wird für Kopf und Hals die Betonung auf das Profil gelegt, da diese Stellung dem Ausdruck des Schreiens seine größte Stärke sichert. Der Oberkörper wiederum entblößt die eine Brust im Profil, die andre von vorn, damit sie, sich zusammen auf den Leichnam des Kindes senkend, die nährende Quelle erkennen lassen, die der Tod ihm entzogen hat. Da der restliche Körper nicht an der gleichen Ausdrucksgewalt teilnehmen kann, beschränkt er sich auf ein gestreiftes Kleid, das in seiner Flächigkeit und Starrheit die Form eines Sockels annimmt, um den sinnbildlichen Charakter des mütterlichen Leidens zu verdeutlichen.«
René Berger (1960, S. 355)

–, allumfassende

bei Friedrich Schröder-Sonnenstern: → Fledermausdämon

– der Nacht, bergende

bei Henry Moore: Todesmutter (s. u. Liegende Figur)
s. u. Tuch

–, ein Kind an ihre Brust drückend

bei Pablo Picasso: s. u. Paar, entkleidetes

– Erde

bei Fidus: weibliches Prinzip (s. u. Lichtgeist)

bei Albert Weisgerber: → Mädchenakt

–, Ergebung der

bei Giorgio de Chirico: → Buch mit Lesezeichen

–, Erinnerung an die

bei Giorgio de Chirico: Arkaden (s. u. Erinnerung an die Mutter)

–, furchtbare

bei Henry Moore: → Kopf der Frau, der spitzighackige

–, gebärende und schützende

bei Henry Moore: das Große Weibliche (s. u. Figuren, drei stehende/E. Neumann)

– Gottes

bei Jacques Lipchitz: s. u. Jungfrau, die barmherzige

–, Große

bei Marc Chagall: »In den Bildern, für deren Meister und Erfinder C. sich hält, verkünden sie die Botschaft von der ewigen und universellen Menschenliebe. Die Psychoanalyse hat sie mittlerweile entziffern gelernt. Sie läßt uns erkennen, daß die Kuh und die Zwangsvorstellung vom Foetus oder vom Ei, das durch den Leib hindurch

sichtbar ist, ebenso wie das Bild des Monds zum Vorstellungsbereich der Großen Mutter gehören, den C. immer besonders gepflegt hat.«
René Huyghe (1962, S. 169)
bei Max Ernst: s. u. Vogel, entschwebender
bei Rudolf Hoflehner: s. u. Kugel
–, Gute
bei Henry Moore: Große Göttin (s. u. Liegende Figur); s. u. Liegende (E. Neumann)
–, klagende
bei Pablo Picasso: s. u. Menschengesicht, von Schmerz aufgelöstes
–, Mädchen ohne
bei Francis Picabia: Maschine (s. u. Räderwerk)
– mit den Kindern
bei Max Ernst: s. u. Auge
– mit den vier Knaben
bei Werner Tübke: »Es sind der Sieg und Triumph des Humanismus in den drei Hauptepochen europäischer Geschichte, der Antike, der Renaissance und unserer Zeit, dem Jahrhundert des Sozialismus, auf den oberen Tafeln versinnbildlicht [im Polyptychon für den Palast der Republik, 1. Fassung 1975]. Der im Halbrund ionischer Säulen die Jugend lehrende Philosoph, das sich der Möglichkeit menschlicher Befreiung von mittelalterlicher Enge bewußt gewordene Menschenpaar und die Mutter mit den vier Knaben als Sinnbild erlangter Freiheit bilden die Sujets der Bilder.« Günter Meißner (1975, S. 15)
– mit Kind
bei Fritz Skade: »Die madonnenhaft anmutende Mutter mit Kind auf dem Arm sowie der emporsteigende Knabe [in: 'Aufbau des Sozialismus', 1952–53] verkörpern das neu erwachende, optimistische Leben.«
Hans-Ulrich Lehmann (1974, S. 206)
– Nacht
bei Fidus: weibliches Prinzip (s. u. Lichtgeist)
– Natur
bei Max Ernst: s. u. Chimären
–, schreiende
bei Pablo Picasso: s. u. Reiter
–, Tod der
bei René Magritte: → Haus, verlassenes
– und Kind
bei Eugen Hoffmann: s. u. Mutter
bei Käthe Kollwitz: »In der Kalksteingruppe 'Mutter und Kind' (1935) wird der Block zum Symbol des beschützten Daseins, ähnlich wie der 'Turm der Mütter' (Bronze, 1937) die Kräfte instinkthafter Abwehr und behütender Sorge vereint.« Werner Hofmann (1958, S. 69)
bei Wilhelm Lehmbruck: »Das geheimnisreiche Thema Mutter und Kind, das innige Verbundensein und die zarte Zuneigung der beiden Wesen, dem später L. so tief ergreifenden Ausdruck verleihen sollte, hat den jungen Künstler schon früh immer wieder beschäftigt. Zu den drei Fassungen, die 1907 entstehen, hat ihm die Italienreise offenbar starke Anregungen gegeben . . . In 'Mutter und Kind' ist der Formzusammenhang schon mehr Smybol der menschlichen Verbundenheit.« August Hoff (1961, S. 16)
bei Jacques Lipchitz: »In 'Mutter und Kind' [1930] hat die Mutter zwar Füße, aber keine Hände. Das erhobene Antlitz hat keinen Mund, wie bei manchen Negermasken, dafür Augen und Nase von ungestümer Kraft. Das Kind hat überaus schwere Arme. Die Rückenpartie (wie bei 'Le Couple') ist, wie bei einem Tier, muskulös und gespannt. Das Ganze hat etwas von einem drohenden Ungeheuer, von tierischer Verzweiflung. Er erschafft eigentlich ein Fabelwesen, in dem das Dämonische der Lebenstriebe die Beziehung zur Tierwelt wieder herstellt.«
vgl. Stier A. M. Hammacher (1960, S. 50)
bei Henry Moore: Fruchtbüschel des Lebendigen (s. u. Fruchtkugeln); Schaukel (s. u. Sitzende); s. u. Tuch; vgl. Weib
–, unglückliche
bei Pablo Picasso: s. u. Stier (R. Arnheim)

Peter Blume: Die Ewige Stadt, 1934–1937 (Ausschnitt)

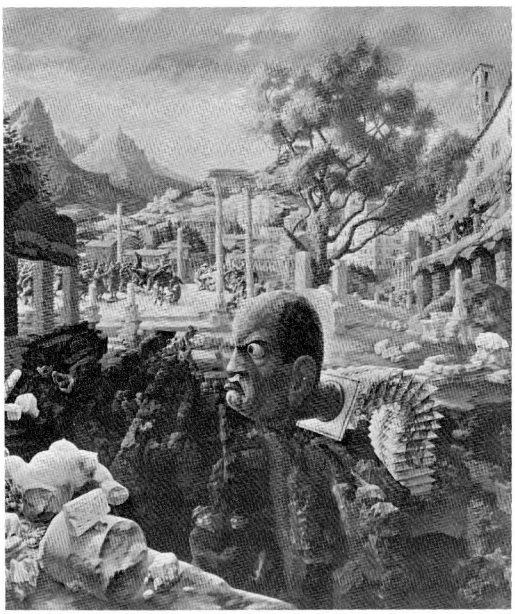

Mutterbild
bei Jacques Lipchitz: s. u. Stier (A. M. Hammacher)
bei Hans Theo Richter: Hort des Guten (s. u. Mann, Panzerbrechender)
Mutterfigur
bei Marc Chagall: s. u. Frau
Muttergöttin
bei Oskar Kokoschka: → Eule
bei André Masson: → Frau
bei Joan Miró: s. u. Nase und Auge, Andeutungen von
Mutter-Göttinnen
bei Leonardo Cremonini: → Frauengestalten, riesige hierarchische
Muttergottheit
bei Max Beckmann: indische Todesgöttin Kali (s. u. Gesicht, pechschwarzes)
– Devi
bei Max Beckmann: s. u. Frauengestalten, rätselhafte
–', 'ungezähmte
bei Max Beckmann: s. u. Beine, Spreizhaltung der
Mutterleib
bei Julius Bissier: → Faß (u. a.)
bei Ernst Ludwig Kirchner: ovale Tischplatte (s. u. Auszehrung, innere)
bei Henry Moore: → Baum, aufrechter
–, der archetypische
bei Henry Moore: » . . . dieses Labyrinth ist der archetypische Mutterleib, die hohle Erde, aus der Leben hervorgegangen ist.
Ich möchte nebenbei noch erwähnen und ohne dieser Tatsache irgendwelche besondere Bedeutung beimessen zu wollen, daß M.s frühe Kindheit von einem wirklichen Labyrinth, dem der Kohlengrube, beherrscht war. M.s Vater war ein Bergarbeiter, der täglich in die Erde hinabstieg, um die Substanz des Feuers, die auch die Substanz des Lebensunterhaltes der Familie war, an die Oberfläche zu bringen. Es war ein mit Gefahr verbundenes Unternehmen und eine stete Sorge im Gemüt der geliebten Mutter. Es bestehen hier Möglichkeiten einer unbewußten Assoziation des Labyrinthes und des Mutterleibes.
Während des Krieges stieg M. selbst in das Labyrinth, den 'Untergrund' der U-Bahn-Stationen, die als Luftschutzräume benützt wurden.«
Herbert Read (1963, S. 87)
–, Schutz im
bei Max Ernst: Rückkehr in die Wälder der Kindheit (s. u. Horde)
–, gebärender
bei Henry Moore: → Baum
Mutterschoß vgl. Schoß
bei Henry Moore: »Die Bunkerzeichnungen umkreisen in ihrer tiefsten, vom aktuellen Anlaß völlig abgelösten Schicht das Höhlenerlebnis des Menschen: die Höhle ist eine Umwandlung des Mutterschoßes, sie ist die Verkörperung des 'Innenseins', sie ist Geborgenheit und Wärme, zugleich auch Grab und Tod: das Zwischenreich, das die aufsteigenden und absterbenden Kräfte einander streitig macht.«
Werner Hofmann (1959, S. 28)
bei Konrad Klapheck: Hohlgang (s. u. Telephon mit Schnur)
Muttervogel
bei Max Ernst: → Pelikan
Myrtenzweig
bei Marc Chagall: s. u. Stuhl der Braut

N

Nabel
bei Hans Arp: »Seine Reliefs sind – wie einige ihrer Titel sagen – 'Näbel' (Nombrils): Organ der Ernährung im warmen Dunkel (Ombre) des vorgeburtlichen Lebens. Solche Konstellationen sind auch dem Gesetz der Zahlen (Nombres) unterworfen und gehören so ganz natürlich zur Milchstraße.« Marcel Jean (1961, S. 172)
→ Kreis; s. u. Ei
bei Paul Klee: » . . . der 'Omphalo-Centrische Vortrag' (1939). Ein schwer zu begreifender Titel. K. war wiederholt auf James Joyce aufmerksam gemacht worden und hat Stücke des 'Ulysses' noch gelesen. Es ist auffallend, wie auch auf K.s Bild der Nabel der Sitz göttlichen Lichts und prophetischer Inspiration ist, zugleich Symbol der Geburt und der Reinkarnation, der endlosen Kette der Generationen. Die Nähe des Todes rückt Geburt und Ewigkeit in das Blickfeld K.s, und die seherhafte weibliche Gestalt, die den Nabel in der Hand zu halten scheint, ist keine Figur, sondern wirklich ein 'Vortrag'; Philosophie schneidet hier in die Kunst K.s ein wie in 'Finnigans Wake'.«
Will Grohmann (1954, S. 342)
Nabelform, kreisende
bei Hans Arp: »Die kreisende Nabelform wird bei A. direkt zum Symbol kreisenden Lebens,

dessen ewige Rhythmen von Wachstum und Sterben, Geburt und Tod ineinanderfließen.«
Carola Giedion-Welcker (1959/60, o. S.)

Nabelschnur
bei Konrad Klapheck: Telephonschnur (s. u. Telephon mit Schnur); s. u. Telephonkabel
bei Paul Klee: »... wie das Rosagebilde die Nabelschnur und den Anfang des irdischen Daseins bedeutet« [in: 'Komposition auf schwarzem Grund', 1939/40].
Max Huggler (1969, S. 219)

Nachtfalter
bei Giuseppe Zigaina: s. u. Falter

Nachtmutter
bei Henry Moore: Todesmutter (s. u. Tuch)

'Nackter in den Dornen'
bei Mikuláš Medek: extreme Anspannung (s. u. Dornen', 'Nackter in den)

Nadel
bei Konrad Klapheck: Bienen- oder Wespenstachel (s. u. Bohrmaschine, große)

–, große
bei Rudolf Hausner: s. u. Adam (W. Schmied); s. u. Stecknadel

–, zitternd in der Luft schwebend
bei Vassilakis Takis: »T. benützt auch einen Magneten dazu, eine Nadel zitternd in der Luft schwebend zu halten. Das Neue an diesen Arbeiten ist, daß sie nicht als Form, sondern als Symbol ihrer fast immateriellen Energie existieren. Nicht die Funktion der sichtbaren Teile ist von Interesse, sondern das Wirken dieser Energie.«
Edward Lucie-Smith (1970, S. 183)

Nadeln
bei Jackson Pollock: s. u. Linien, spitzige

–, scharfkantige
bei Oscar Dominguez: s. u. kristalline Formen

–, Stiche der
bei Hann Trier: s. u. Nähte

–, zwölf diamantene
bei Salvador Dali: »Die zwölf diamantenen Nadeln symbolisieren die Einheit der zwölf Apostel, die Monate des Jahres, und die Zeichen des Tierkreises, die Stämme der Kinder Israels, die Tore des neuen Jerusalems und die Fundamente der Heiligen Stadt. Alle Details [in: 'Das Engelskreuz', ca. 1959] sind auf der Zahl Zwölf aufgebaut. Selbst der Kubus, der das Korallenkreuz umschließt, wiederholt in seiner Struktur die Zahl Zwölf.«
Salvador Dali in: Klaus Gallwitz (1971 a, S. 324)

Nadelspuren
bei Wassily Kandinsky: Streit (s. u. Krakelüren, schwarze)

Nägel
bei Horst Egon Kalinowski: s. u. Leder
bei Man Ray: s. u. Bügeleisen, mit Nägeln bespicktes

–, weiße
bei Günther Uecker: »U. 'malt' mit weißen Nägeln auf Platten, Scheiben, aber auch auf Tische und Stühle. Durch Verdichtung und Auflockerung der senkrechten oder schrägen Nagelfelder erzielt er feine Strukturen und Licht-Schatteneffekte ...
Wie seine Freunde [H. Mack, O. Piene] will er den Triumph des Lichts als Sinneszeichen einer humanen Existenz sichtbar machen.«
Karl Ruhrberg (1965, S. 380)

Nähmaschine
bei Konrad Klapheck: »Das weibliche Gegenstück zur Schreibmaschine ist – ganz selbstverständlich – die Nähmaschine, 'sie erscheint als Braut, Mutter und Witwe' [Klapheck], aber auch mit ihren Charaktereigenschaften als 'gefährliche Partnerin', als 'Superweib', als 'Intrigantin' und 'Soldatenbraut'. Alle Wünsche und Verwünschungen des weiblichen Geschlechts gehen in sie ein; denn sie näht sowohl Brautkleider wie Pulversäckchen.« Juliane Roh (1971, S. 210)

– mit Ornament
bei Konrad Klapheck: »Nähmaschine mit Ornament [in: 'Das Superweib', 1962] Apotheose der Frau.« José Pierre (1970, S. 86)

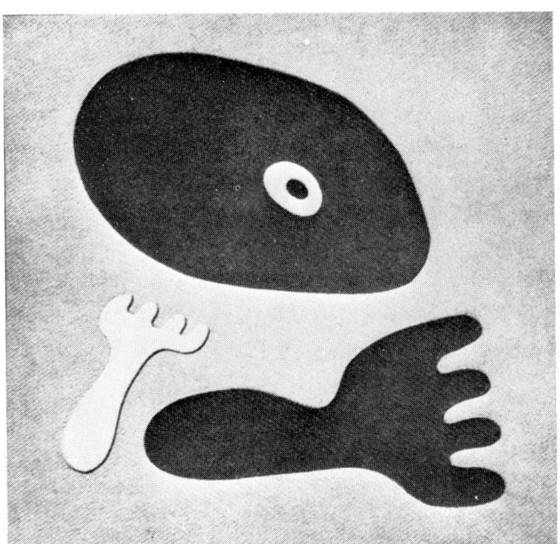

Hans Arp: Teller, Gabel und Nabel, 1923

Nähte

bei Hann Trier: »Reflexen des psychischen Automatismus, des Bilder-'Schreibens' begegnet man in der deutschen Malerei der Nachkriegsjahre. Der Rheinländer T. machte die in menschlicher oder maschineller Tätigkeit wirksamen, aber verborgenen Energien auf eine höchst originelle, oft hintergründig-ironische Weise sichtbar. 'Nähen', 'Maschinenschreiben' ... werden von ihm in einer Art malerisch-graphischer Kurzschrift von dynamischer Rhythmik und explosivem Temperament dargestellt. Das nervöse Geklapper der Schreibmaschinentypen, die Zick-Zack-Linien der Nähte, die Stiche der Nadel übersetzt er in eine Chiffrenschrift, die gegenständliche Bezüge immer noch erkennen läßt.« Karl Ruhrberg (1965, S. 327)

Nagel

bei Pablo Picasso: »Der Nagel [u. a. in: 'Die blühende Gießkanne', 1943] ist ein Wirklichkeitselement, das verschiedenartige Rollen übernehmen kann: Es kann Haar, Staubgefäß, Beine, Federn, Lichtstrahlen, Borsten bedeuten. Wir stoßen hier wieder auf die früh feststellbare Arbeitsweise P.s; mit Grundformen zu komponieren, die im Laufe der Zeit Bedeutungsträger verschiedener Inhalte werden, also permutierbar sind.« Werner Spies (1971c, S. 175)

bei Günther Uecker: »Solche Figur ist dann auch der einzeln aufgestellte auf des Künstlers Körpergröße gebrachte Nagel. Er steht für den Mann. U. hat die Identifikation demonstriert, indem er sich in achsialer Entsprechung und Größenkongruenz zum Nagel zeigte, in einer Pose, die man als Sich-Ausliefern deuten darf. Der wirklichen Tortur aber, die den Menschen umbrächte, wird die Austausch-Person: der Mann-Nagel ausgesetzt, elektrischer Hochspannung, in einem Drahtkäfig gefangen, ihrer Entladung in künstlichen Blitzen. Die Demonstration erregt unsere Mitempfindung, wir erleiden die Tortur mit: den Terror einer technisierten Welt. U. arbeitet daran, ihn uns unausweichlich deutlich zu machen, durch seine Rotations-Maschinen, künstliche Blitze, die hektischen Lichtstöße seiner Raumstrukturen, die Überblendung, auch durch 'Krachmaschinen', mit Nägeln gefüllte rotierende Blechtrommeln.« Dietrich Helms (1970, S. 15)

»So ambivalent wie sein Bildmittel, der Nagel, ist auch U. selbst. Als die Happening-Woge Europa erreichte, bekam der Nagel plötzlich eine andere Funktion ... Der Nagel selbst nahm immer größere Dimensionen an, wurde zum fetischhaften Einzelobjekt ... muß doch wohl als symbolische Chiffre eines viel allgemeineren Geschehens verstanden werden – als die gradlinige Zerstörung des Krieges, die vor nichts Halt macht.« Juliane Roh (1971, S. 168)

»Der Nagel verwandelt sich weiter. Schon früh wird er zum Pfeil und in die Bilder geschossen. Er wird zum tödlichen Pfahl, zum aufgerichteten Speer in der 'Fallgrube' [1959]. Seine scharfen Spitzen starren uns an im 'Hindernis' [1969]. Der Nagel wird zur Waffe. Er dient vielerlei Aggressionen, trägt Angriffe vor, stellt Fallen. Seit 1966 bekommt das Werk U.s zunehmend aggressiven Charakter – immer wieder halten uns seine Bilder die Spitzen der Nägel abweisend entgegen.« Wieland Schmied (1975, S. 27)

Günther Uecker: Nagelbild, ca. 1963

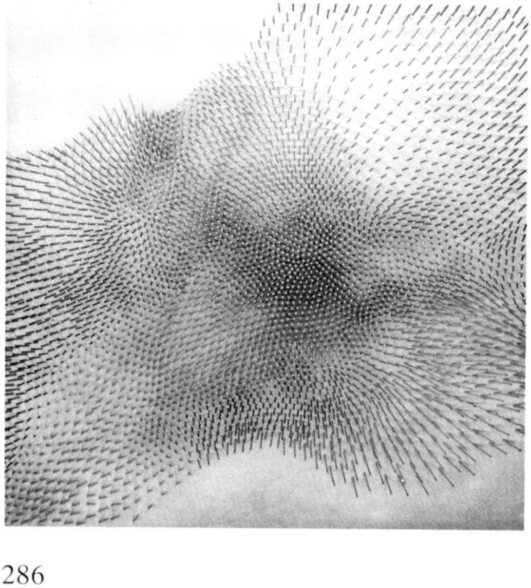

Nagelfelder

bei Günther Uecker: s. u. Nägel, weiße

Nagelrechen

bei Günther Uecker: Falle (s. u. Nagelwände)

Nagelwände

bei Günther Uecker: »Die Nagelobjekte U.s sind allerdings keine ausdrucksneutralen Raumversatzstücke. Sie erweisen sich, räumlich zu uns in eine aktivere Funktion gesetzt, in unserer Vorstellung als Instrumente von Bedrohung, Gefährdung. Ein aufgestellter Nagelrechen wird zur Falle. Nagelbretter, auf dem Boden ausgelegt, scheinen gefährliche Beete. Nagelwände, im Winkel zusammengestellt, ergeben Folterräume« [1968]. Dietrich Helms (1970, S. 16)

Namenschilder

bei Otto Meyer-Amden: s. u. Schlafsaal

Nana
bei Niki de Saint-Phalle: »Die französische Schöpferin liebenswerter, grellbunter Fruchtbarkeitssymbole verwendet in ihren prallbusigen 'Nanas' und harmlosen hohlleibigen Monsterfabeltieren die Möglichkeiten der weichen, leicht formbaren Pappmaché-Masse, um die Poesie der körperlichen Wärme und naiven Liebenswürdigkeit wiederzuentdecken, die in den kühlen Pin-up-Sujets der Pop Art verlorengegangen ist.«
Karin Thomas (1971, S. 314)

Napalm
bei Leon Golub: s. u. Menschen', 'Verbrannte

Napoleon
bei Max Ernst: Repräsentant der Macht und des Staates (s. u. Löwin); Über-Ich (s. u. Löwenkopf, romanischer)

–, fröstelnder
bei Friedrich Schröder-Sonnenstern: s. u. Affe

Narodowolzen
bei Tatjana Nasarenko: »Die Narodowolzen [in: 'Die Hinrichtung der Narodowolzen', 1972] feierlich bewegungslos in ihren schwarzen Todesgewändern, sind nicht so sehr als konkrete Personen aufzufassen, sondern eher als Helden eines historischen Dramas. Noch mehr: sie verkörpern die Selbstaufopferung im Namen einer großen Idee.« Alexander Kamenski (1976, S. 34)

Narr
bei Paul Klee: s. u. Gitter

Narrenhut
bei Rudolf Hausner: »Was der Mensch ohne die bergende Matrosenmütze der Kindheit ist, zeigt H. in seinem einfachsten und vielleicht schönsten Bild: 'Der Narrenhut' [1955]. Das Papierschiffchen lastet wie eine Dornenkrone auf dem Haupt des schlafwandelnden Menschen. Mühselig balanciert er dieses Gebilde, das ein Interpret als 'Kinderspielzeug und Weltraumsegel, Ketzerhut und Priesterkrone' in einem bezeichnete.«
Wieland Schmied (1964, S. 28)

Narrenkleidung
bei Max Beckmann: »Die Darstellung ['Familienbild', 1920] gibt indessen keinen konkreten Vorfall in der Familie B. wieder, sie fordert allegorisches Verständnis. Dabei stehen Fastnacht und Narrenkleidung für weltliches Leben und Treiben.« Friedhelm W. Fischer (1972a, S. 36)

Narrenschelle
bei Mieczysław Berman: satirische Kunst (s. u. Jakobinermütze)

Nase
bei Alexej von Jawlensky: Strich (s. u. Kopf)
bei Konrad Klapheck: Tasten (s. u. Schreibmaschine mit gotischen Buchstaben)
bei Jacques Lipchitz: s. u. 'Mutter und Kind'

–, phallische
bei Pablo Picasso: s. u. Kopf

– und Auge, Andeutungen von
bei Joan Miró: »Aber man muß schon wissen, daß eine im Schwerefeld der Komposition [in: 'Der halbgeöffnete Himmel schenkt uns die Hoffnung', 1954] ruhende größere Form, der Andeutungen von Nase und Auge beigegeben sind, auf vorgeschichtliche Gefäß-Figuren der alten Muttergöttin hindeuten, um zu begreifen, daß M. an Bewahrendes im uralten Mythos der Herrin über Leben und Tod erinnert: eine Metapher, die mehr umschließt als den 'Trost' der immerwährenden Fruchtbarkeit.«
Max Peter Maass (1965, S. 244)

–, weiße
bei Joan Miró: »Bei den 'Fratellini' (1927) steht die weiße Nase für den Clown, das Lineament für Weg oder Geste.« Will Grohmann (1953, S. 196)

Nasenöffnung, riesige
bei Rudolf Hausner: »Die riesige Nasenöffnung [in: 'Adam-Triptychon', 1974] und der hypersinnliche Mund deuten das atemlose (und auch neugierige) Schnüffeln des 'zwei[ein]dimensionalen Menschen' (Marcuse) in der technisierten Konsumgesellschaft an.«
Gustav René Hocke (1974, S. 117)

Nashorns, Horn des
bei Salvador Dali: »Das Bild ['Gänsehaut 'rhinocérotique' ', 1956] wurde in einer Zeit gemalt, in der D. von der mathematischen Perfektion der logarithmischen Spirale fasziniert war. Er suchte und entwickelte alles, was damit in Beziehung stand. Das Horn des Nashorns, das einzige Horn mit logarithmischer Entwicklung (logarithmische Projektion der Oberfläche in eine Ebene) wurde zum Symbol der Schönheit. D. verwendete [es] zur Konstruktion von Figuren, als Attribut in religiösen Szenen ('Anti-protonische Himmelfahrt Mariä', 1956) oder bei dieser von Praxiteles inspirierten Venus, um die Schönheit und Vollkommenheit der Körperformen zu demonstrieren.« Klaus Gallwitz (1971a, S. 179)

Nationalsozialisten
bei Andreas Paul Weber: s. u. Sarg mit Hakenkreuz

Naturgeister
bei Emil Nolde: Gespenster (s. u. Dämonen)

Navahoindianer
bei Jackson Pollock: Stäbe, blaue

Nazifunktionär
bei Werner Tübke: → Goldfasan
Nebel
bei Marcel Duchamp: s. u. Leuchtgas
Nebenfiguren, kostümierte
bei Max Beckmann: s. u. Zwerg, unangenehmer
Neger, muskulöser
bei Salvador Dali: s. u. Knochen, großer
Nerven
bei Arnulf Rainer: s. u. Übermalung
Nest
bei René Magritte: »Das Nest [in: 'La folle du logis', 1948], Hinweis auf weibliche Geborgenheit, beherbergt neben den Eiern noch etwas Fremdes und doch Zugehörendes. Die Dreizahl der Eier verzögert das Verstehen, und doch ist gerade die heilige Zahl drei ein altes Symbol für das männliche Genital. Die Eier sind das Bindeglied, sie machen das Nest verständlich, aber ebenso die brennende Kerze.«
Volker Kahmen (1972, S. 13)
vgl. Kerze, brennende
bei Henry Moore: »Gleichfalls auf der Seite des lebensspendenden, nährenden und umsorgenden Weiblichen findet sich z. B. das Nest ['Vogelbauer', 1939], eine Umsetzung des mütterlichen Schoßes.« Werner Hofmann (1959, S. 28)
Netz
bei Max Beckmann: s. u. Fisch, großer; s. u. Schwarm Fische
bei Heinrich Campendonk: s. u. Fisch
–, Fische aus dem
bei Max Beckmann: Wiedereinsetzung des Lebens (s. u. Fisch im Boot)
–, Keule und
bei René Magritte: übermenschliche Kraft und List (s. u. Keule und Netz)
Neubauten
bei Franz Radziwill: s. u. Säulen, umgekippte
Neugeborenes
bei Max Beckmann: Attribut der indischen Muttergottheit Kali (s. u. Gesicht, pechschwarzes)
bei Constantin Brancusi: → Ei; s. u. Ei, schlafendes
bei Konrad Klapheck: s. u. Telephon mit Schnur
Neuvermählte
bei Marcel Duchamp: s. u. Bajonett
New York
bei Joseph Stella: → Brooklyn Bridge
Nike von Samothrake
bei Bernhard Heiliger: s. u. Flügelformen, durchschluchtete
'Niobe'
bei Ossip Zadkine: s. u. Arme, emporgestreckte

Nixen
bei Salvador Dali: Symbole vom Brunnen der Ewigen Jugend (s. u. Delphine)
Nixenform
bei Max Ernst: s. u. König
Nonne
bei Hanna Nagel: s. u. Falter
–, portugiesische
bei Max Ernst: s. u. Brust, entblößte
Nonnentracht
bei Hannna Nagel: »Nonnentracht und Kreuz [in: 'Chopin-Prélude Nr. 20 c-Moll', 1945/46] lenken Gefühl und Gedanken des Betrachters unweigerlich in den christlich-religiösen Bereich. Vermutlich aber hatten die verwendeten Zeichen in einem allgemeineren Sinn Ausdruckskraft für die Zeichnerin: als Symbole des Leidens und tiefinneren Lebensverzichts.« Klaus Mugdan (1977, S. 24)
No-Spiel
bei Jean Tinguely: s. u. Maschine', 'Traditionszerstörende
Notausgang
bei Jean-Pierre Raynaud: Luke (s. u. Psycho-Objekte)
bei Gerd Winner: Angst (s. u. Feuerleiter)
Notenblatt
bei Max Beckmann: positives Sinnzeichen (s. u. Musikinstrumente)
'Notre Dame de Liesse'
bei Jacques Lipchitz: s. u. Jungfrau, die barmherzige
Nüsse
bei Max Beckmann: uneröffnete Geheimnisse (s. u. Maiglöckchen)
bei Julius Bissier: das neugeborene Kind, in verschlossenem Kasten dem Meer anvertraut (s. u. Bohnenschoten); Früchte mit harten Schalen, dem Mond verwandt (s. u. Quitten)
'Nur-Mann'
bei Rudolf Hausner: s. u. Hermaphrodit, umgekehrter
Nuß
bei Max Ernst: »Die Finger, welche die Nuß, Symbol des weiblichen Geschlechts, berühren, werden zur Strafe durchbohrt« [in: 'Oedipus Rex', 1922]. Günter Metken (1977, S. 246)
Nylonstrümpfen, Beine in
bei Allen Jones: erotische Ausrüstung (s. u. Beine in Nylonstrümpfen)
Nymphen, Fluchtgestik der
bei Ernst Wilhelm Nay: Fliehen (s. u. Rosa, hektisches)
Nymphet
bei Richard Lindner: s. u. Weib, allmächtiges

O

Oannes-Dagon
bei Max Beckmann: → Meerwesen
Obelisk
bei Salvador Dali: »Durch den Raum aufsteigend zum Himmel, die Beine gestreckt und dünn geworden durch die Gewichtslosigkeit der Atmosphäre, trägt der Raum-Elefant [in: 'Der Elefant im Raum', ca. 1959] einen Obelisken, der den Fortschritt der Technologie im Bereich des himmlischen Firmaments symbolisiert.«
Salvador Dali in: Klaus Gallwitz (1971a, S. 329)
bei Robert Delaunay: männliches Symbol (s. u. Turm)
Oberhaupt der Inselrepublik
bei Werner Tübke: s. u. Doge
Oberkörper entblößt
bei Pablo Picasso: s. u. Mutter
–, mächtiger
bei Oskar Schlemmer: »Der Profilkopf [in: 'Homo, Figur T', 1919/20], seit Jahrhunderten Ausdruck hoheitsvoller Distanz, kontrastiert zu dem frontal sich darbietenden mächtigen Oberkörper als Zeichen unerschütterlicher Stärke, wogegen die wieder seitlich abgewinkelten Beine richtungweisende Dynamik andeuten. Mit dieser symbolhaften Kontrapostik nähert sich die *Homo*-Gestalt dem Kanon ägyptischer Darstellungen der Pharaonischen Ära, deren in sich ruhenden 'Strenge und Größe' S. von jeher bewundert hat.« Karin von Maur (1972, S. 74)
–, vorgebeugter
bei Edvard Munch: s. u. Arbeiter, heimkehrende
Oberschenkel
bei Allen Jones: s. u. Beine in Nylonstrümpfen
Oberste der Vögel
bei Max Ernst: Loplop (s. u. Auge)
Objekt
bei Max Beckmann: s. u. Dame auf dem Spieltisch
bei Massimo Campigli: Figur, menschliche
bei Oscar Dominguez: s. u. Stier
– der Liebe und des Hasses
bei Hans Bellmer: s. u. Puppe (S. Alexandrian)
–, sexuelles
bei René Magritte: s. u. Körper, Gesicht und
Objekte
bei Julius Bissier: s. u. Schriftzeichen
bei Horst Egon Kalinowski: Lust an der → Grausamkeit
bei Man Ray: s. u. Bügeleisen, mit Nägeln bespicktes
bei Valeriano Trubbiani: »T. stellt [1971] eine komplexe Aktion vor, die aus symbolischen Gestalten, historischen Figuren (in bruchstückhaften Abdrucken), Tieren (Tauben), Objekten (Eiern, Fallen, Scheren, Kreissägen usw.) besteht, die eine Handlung entwickeln, welche sich ganz auf das Motiv der Aggression, der Verwundung, des Beschneidens des Falls bezieht. Offensichtlich handelt es sich um die Grausamkeit der gegenwärtigen Welt.«
Enrico Crispolti (1971, S. 22)
–, Auflösung greifbarer
bei Umberto Boccioni: s. u. Pferde
–, sanitäre
bei Peter Klasen: Welt der Hygiene (s. u. Spritze)
Objekt-Maschine
bei Oscar Dominguez: s. u. Stier
Ochsen, geschlachtete
bei Chaim Soutine: »In den Bildern geschlachteter Ochsen aus der Mitte der zwanziger Jahre schildert er wie später Bacon die Gewalttätigkeit des Todes in sinnlicher, leuchtender Farbigkeit. Deshalb zeigt sich der Tod in einer das Lebendige beschwörenden Farbenpracht, und deshalb auch konnte Monroe Wheeler S.s 'Geschlachteten Ochsen' [1926] 'weniger als totes Tier denn vielmehr als wildes Phantom der Spezies' empfinden.« Alexander Dückers (1971, S. 8)
Ochsenschädel
bei Pablo Picasso: Tod (s. u. Schädel)
Ocker
bei Robert Motherwell: Erde (s. u. Fenster)
Odaliske
bei Georges Rouault: degenerierte Gesellschaft (s. u. Prostituierte)
Odysseus
bei Max Beckmann: der Mensch (s. u. Kalypso)
bei Rudolf Hausner: »In der Odysseus-Figur steckt für mich ebenso wie beim Adam der Anreiz zur Identifikation. Ithaka bedeutet für Odysseus wie auch für uns das Finden der Reise wie auch zu sich selbst. Die homerische Irrfahrt ist eine introspektive Reise und damit der Versuch einer Beschreibung eines Sublimierungsprozesses.« Rudolf Hausner (1971, o. S.)
s. u. Arche des Odysseus; s. u. Kopf des Odysseus; s. u. Matrosenkappe; s. u. Wasser; vgl. Adam
Öffnung
bei Jean Clareboudt: s. u. 'Tür'
bei Max Ernst: s. u. Schlucht
bei Rudolf Hausner: s. u. Selbstbildnis

bei Paul Klee: s. u. Fläche, schwarze
bei Piet Mondrian: Bild (s. u. Rechteck, weißes)
bei Henry Moore: s. u. Brust

Öffnung mit Fadenführer
bei Konrad Klapheck: »Assoziationen zur Öffnung mit Fadenführer: Weinendes Auge, schreiender Mund, weibliches Genital« [in: 'Witwenschaft', 1959]. José Pierre (1970, S. 35)

–, runde
bei Jacques Lipchitz: »Bei der Plastik, 'Mann mit Gitarre' [1916] bringt L. sogar eine runde Öffnung an, die das geschlossene Volumen der Figur durchbohrt. Vom Standpunkt körperlicher Darstellung aus gesehen, völlig unlogisch, aber ein revolutionärer Schritt, den unbegrenzten Raum in die Begrenztheit der Plastik einzubeziehen und damit zu symbolisieren, daß der Raum nicht allein draußen, sondern auch innerhalb des Bildes ist. Auf diese Weise wird es raum-verbunden.« A. M. Hammacher (1960, S. 34)
vgl. Steine, durchbohrte

–, tote
bei Rolf Escher: → Fenster

Öffnungen, Mensch mit ösenartigen
bei Karl Hartung: Ausgebranntheit (s. u. Mensch mit ösenartigen Öffnungen)

Öllampe
bei Pablo Picasso: » . . . während die Öllampe [in: 'Guernica', 1937], vom weit vorgestreckten Arm gehalten, ein Lichtsymbol der Zeugenschaft ist . . .« Hella Reelfs (1977, S. 279)
s. u. Birne, elektrische

Ösen, Löcher mit
bei Hugo Schuhmacher: s. u. Löcher mit Ösen

Offizier
bei Max Ernst: »Eindeutiger könnte kaum das Wesen des modernen Militarismus präzisiert werden, als in dem Offizier [in: 'Le Lion de Belfort', B. 30, 1934], dessen Kopf eine Kreuzung von Raubtier und nacktem Gehirn ist.«
Dieter Wyss (1949, S. 72)

Offiziersbrust
bei Max Ernst: s. u. Löwenkopf, romanischer

Ohr
bei Paul Klee: → S im Rechteck
bei Adolf Wölfli: s. u. Vögeli-Ornament

Ohren
bei Rainer Wittenborn: s. u. Profilkopf, schematischer

–, abstehende
bei Otto Dix: s. u. Streichholzhändler

–, groteske Wesen mit den langen
bei Max Beckmann: demiurgische Engel (s. u. Wesen mit den langen Ohren, groteske)

–, riesige
bei Max Beckmann: »Auf dem linken Flügel des Triptychons ['Perseus', 1941] werden wir, so scheint es, in ein Amsterdamer Lokal entführt . . . Hinter der Theke steht der indonesische Koch. – Hier ist sicherlich nicht die Bühne der Weltgeschichte, und es geht auch nicht um jene großen Aktionen, von denen Mythologie und Historienwerke berichten. Aber offenbar gewinnt gerade die Bescheidenheit der Szenerie für B. einen tiefen Sinn. Unversehens wird sie ihm transparent für die Erfahrung des Außergewöhnlichen. Der Koch mit den riesigen Ohren macht uns darauf aufmerksam. In der indischen

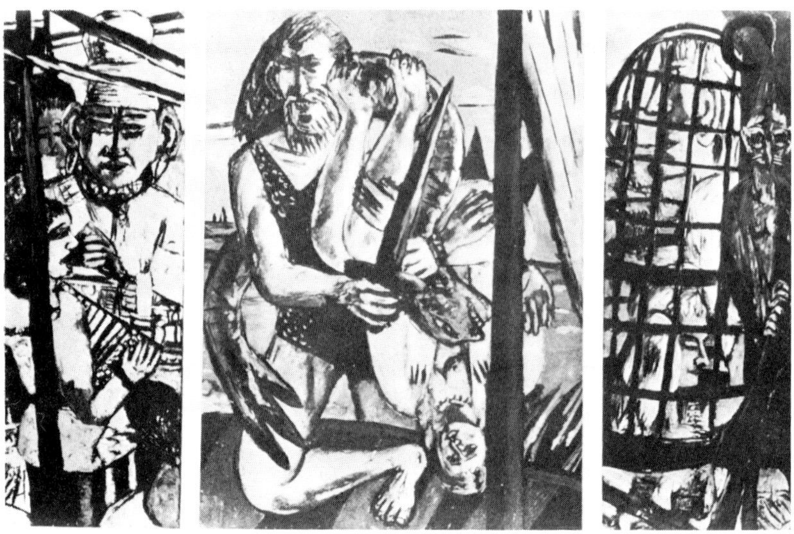

Max Beckmann: Perseus, 1941

und der buddhistischen Überlieferung bedeuten solche Ohren göttliche Kraft. Buddha selbst wird mit diesem Merkmal dargestellt ... deutlich ist ja, daß der Koch buddha-ähnliche Züge trägt.«
Friedhelm W. Fischer (1972b, S. 68)

Okina
bei Jean Tinguely: alter Mann (s. u. Maschine', 'Traditionszerstörende)

Oknos
bei Julius Bissier: »Oknos der Seilflechter – die flechtende Tätigkeit der Erdmütter. Die zwei Schnüre der Geschlechter und Dualismus der beiden Lebenspole« [in Anlehnung an J. J. Bachofen]. Werner Schmalenbach (1974, S. 79)
bei Henri Laurens: Seilflechter (s. u. Band, das)

Olivenbaum
bei Renato Guttuso: s. u. Totenschädel

Olo, Il Signor
bei Enrico Baj: »Mit der entschiedenen Wendung zum Surrealismus, im Jahr 1959, erscheint in seinen Bildern eine sonderbare Figur, 'Il Signor Olo' genannt, die, auf einen Kopf und ein Paar Beine reduziert, nach seinen Worten einen 'Ultrakörper' darstellt. Nachdem B. zunächst die 'Ultrakörper' als Wesen aus interplanetaren Räumen vorgestellt hatte, verwandelte er sie bald in irdische Gestalten, indem er sie zu ebenso bösen wie komischen Generälen weiterentwikkelte, die, jeder sein eigener gestirnter Himmel, bis zur Nasenspitze mit Orden bedeckt sind.«
Sarane Alexandrian (1973a, S. 7)

Olympier
bei Oscar Dominguez: s. u. Stier

Operationstisch
bei Edward Kienholz: s. u. Glaskugel, in der zwei Goldfische schwimmen

Opfer
s. Teil III

Opferpferd
bei Pablo Picasso: s. u. Pferd, sich aufbäumendes

Ophiten
bei Max Beckmann: s. u. Schlangenwesen

Orakeltisch
bei Alfred Jensen: »Immer noch aber steht jener merkwürdige selbstkonstruierte Orakeltisch im Mittelpunkt der Bilder, mit dem J. das delphische Orakel der Griechen mit den Prophezeiungen des chinesischen I Ging vereinigte, zwei übereinander angeordnete bewegliche hölzerne Tafeln, über denen sich als dritte Ebene eine magnetische Fläche mit männlichen und weiblichen Symbolen, Tagseite und Nachtseite und Positiv- und Negativ-Polen direkt, die Himmelsscheibe über dem Quadrat der Erde, J.s private Orakelmaschinerie, die er vor neuen Bilderserien befragt und mit der er in wechselnden Einstellungen und Konstellationen immer aufs neue die Quadratur des Zirkels probiert.«
Wieland Schmied (1973b, S. 26)

Orange
bei Wassily Kandinsky: Ideen der Freude u. a. (s. u. Gelb); s. u. Eros

–, die
bei Pablo Picasso: »Er malt weitere Folgen von Mutterschaften, deren bedeutendste die Szene mit der Orange vom 25. Januar 1951 ['Mutterschaft mit der Orange'] ist. Die Frau, eine Sonnenpflanze, drückt zwei blühende Kinder an sich und hält die im mittelmeerischen Licht gereifte Orange, das Symbol der fröhlichen Fruchtbarkeit, in der Hand.« Jean Leymarie (1971, S. 15)
bei Adolf Wölfli: »Bei W. ist ein subjektiv-konkretes Symbol die Orange als Sexualsymbol.«
Theodor Spoerri (1976, S. 95)

Orangen
bei Renato Guttuso: s. u. Zitronen

Orden
bei Enrico Baj: s. u. Olo, Il Signor

Organ
bei Marcel Duchamp: s. u. Maschinen in voller Bewegung

– der Ernährung
bei Hans Arp: → Nabel

Organe des Wachsens und Greifens
bei Hanna Nagel: Kopfbedeckungen (s. u. Bergstädtchen)

– mit Schlauchleitungen
bei Rudolf Hausner: »Links davon [in: 'Adams Alternative', 1969] kommt aus einer in die Wand eingelassenen Tafel ein Gerüst von Chromstangen hervor, das zwei Organe trägt, an denen eine Operation vorgenommen wird, Herz und Gehirn. Adams Alternative: das sind die beiden Möglichkeiten, die sich dem Menschen mit der fortschreitenden Entwicklung der Technik, der Biologie, der Medizin eröffnen: von den sich anbietenden Manipulationen und operativen Veränderungen des Lebens Gebrauch zu machen; oder sein Schicksal als aus der Transzendenz bestimmtes, metaphysisch unabweisbares Fatum anzunehmen.« Wieland Schmied (1970, S. 38)

'–', pflanzenartige
bei André Masson: »Gegen Ende 1925 waren nur noch Spuren des kubistischen Bildgerüstes übriggeblieben, wie die 'Frau' [1925] zeigt. Die Frauengestalt ist hier nicht in ein Gitterwerk gerader Linien zerlegt, sondern als eine Art Erdmutter rekonstituiert, deren pflanzenartige 'Organe' als

universale Symbole der Zeugung dargestellt sind.« William S. Rubin (1972, S. 174)

Orgelspieler, blinder

bei Max Beckmann: »Der blinde Orgelspieler mit der Tute [in: 'Der Traum', 1921] und der verstümmelte Kletterer mit dem Fisch, beide Gestalten sind Sinnbilder trostloser Vergeblichkeit und Behinderung. So wird die makaber-komische Korrespondenz ihrer Attribute zu einem grotesken Gleichnis törichten Bemühens.«

vgl. Fisch Friedhelm W. Fischer (1972a, S. 84)

Ornament

bei Salvador Dali: »Der Felsen [in: 'Das Bild trägt keinen Titel'] zeigt einen Sprung im Gestein, Möglichkeit des Eindringens. Der Körper glimmt auf, auf der Schulter leuchten einige Muscheln, der Kopf ist bereits in hellbeleuchtete Steine verwandelt, er phosphoresziert wie im Zerfall. Das Ornament in der Felswand ist die Geheimformel für die Metamorphose.«

Alfred Schmeller (1956, S. 30)

–, Nähmaschine mit

bei Konrad Klapheck: Apotheose der Frau (s. u. Nähmaschine mit Ornament)

Ornat, bischöflicher

bei Werner Tübke: s. u. 'Tod in Venedig'

Organismen, lebendige

bei Mikuláš Medek: s. u. Haus

Orpheusgesicht, lorbeerbekränztes

bei Marc Chagall: europäische und semitische Musiktraditionen (s. u. Davidgesicht, bärtiges)

Otages

bei Jean Fautrier: → Geisel

Oval

bei Max Ernst: »Das Oval und der Kreis [in: 'Das innere Gesicht: das Ei', 1929] stehen für die Bannung und die Zähmung des Grauens (Schlange) oder der Lust (Vogel). Das Rund ist zugleich das Auge nach innen.«

Uwe M. Schneede (1979, S. 286)

bei Fidus: s. u. Eiform

bei Werner Heldt: Element zeitloser Urbilder der großen Stadt (s. u. Häuserwände, kahle)

– der Fjordinsel

bei Edvard Munch: Ausweglosigkeit des Menschen (s. u. Fjordinsel, Oval der)

Ovale, bewegliche

bei Hans Arp: Metamorphose (s. u. Holzstücke, angetriebene)

–, bewegte

bei Hans Arp: »In Ascona zeichnete ich [im Rückblick auf die Jahre 1916/17] mit Pinsel und Tusche abgebrochene Äste, Wurzeln, Gräser, Steine, die der See an den Strand gespült hatte. Diese Formen vereinfachte ich und vereinigte ihr Wesen in bewegten Ovalen, Sinnbildern der ewigen Verwandlung und des Werdens der Körper.«

Hans Arp in: Stefanie Poley (1976, S. 9)

Ovalformen, liegende

bei Franz Marc: »Mit den liegenden Ovalformen in Umriß und Binnenzeichnung der Kuh [in: 'Die Weltenkuh', 1913] sowie mit der roten Farbe der feurigen Ur-Materie versinnbildlicht diese Ambivalenz den immerwährenden Schöpfungs- und Zeugungsakt der Natur.«

Klaus Lankheit (1976, S. 122)

Ozean, der große

bei Arnulf Rainer: → Übermalung

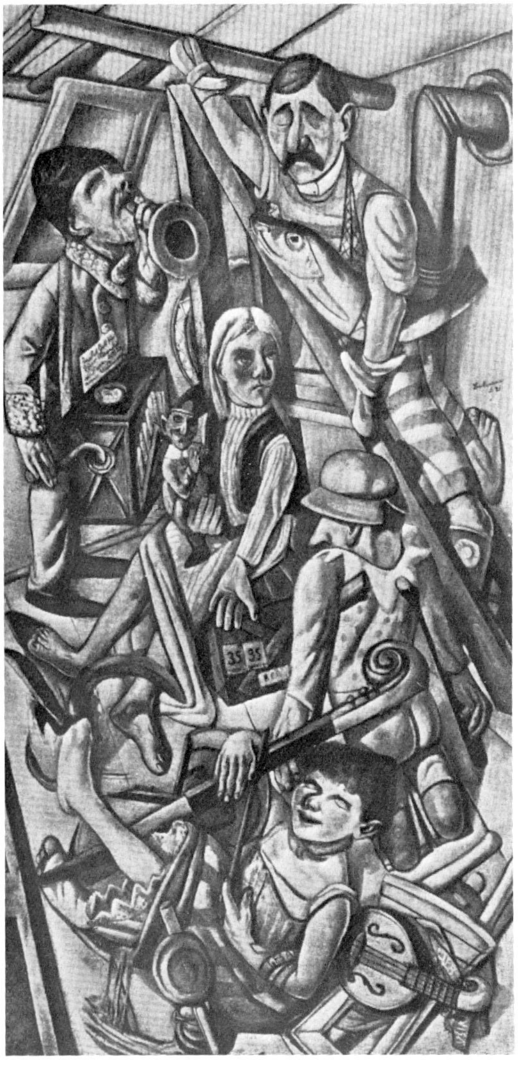

Max Beckmann: Der Traum, 1921

Paar
bei Marc Chagall: s. u. Stier
bei Marcel Duchamp: s. u. Baum
bei Max Ernst: das Animalische (s. u. 'Capricorn')
bei Wassily Kandinsky: s. u. Linien, zwei violette und rote
bei Hanna Nagel: s. u. Mann
–, entkleidetes
bei Pablo Picasso: »Die Gegenüberstellung des verschreckten, entkleideten Paares [in: 'Das Leben', 1903], das die freie Liebe verkörpert, und der Mutter im lang herabfließenden Gewand und mit geschwollenen Füßen, ein Kind an ihre Brust drückend, beschwört eine unauflösbare Problematik herauf.« Jean Leymarie (1971, S. 7)
–, liebendes
bei M. Chagall: s. u. Blumenstrauß (H. Demisch)
Paare
bei Richard Lindner: s. u. Frau in 'Solitaire'
bei Edvard Munch: s. u. Haar (H. H. Hofstätter)
–, mythische
bei Mac Zimmermann: »An den mythischen Paaren, die weit über den Horizont sich erheben, wird die Tragik des kosmogonischen Eros in seiner menschlichen Gestaltung offenbar. Sie versinnbildlichen das schöpferische Erlebnis der natürlichen, notwendigen, jedoch heute gebrochenen und in sich fragwürdig gewordenen Polarität. Es geht ein Riß durch die Schöpfung von einem bis zum anderen Ende.«
Wolfgang Harich (1946, o. S.)
–, schmale
bei Otto Mueller: »Darum sind sich die Zigeuner und die Badenden, die schmalen Paare und die traumverlorenen jungen Geschöpfe in ihrer unerweckten Sinnlichkeit als Symbole eines melancholischen Paradieses so verwandt.«
Paul Vogt (1972, S. 220)
–, tanzende
bei Edvard Munch: s. u. Frauengestalten
Paares, Schlaf des
bei Franz Radziwill: angehaltene Zeit (s. u. Schlaf des Paares)
Pärchen
bei Max Ernst: s. u. Maiskolben
Paket, aufgerissenes
bei ›Equipo Cronica‹ [Manuel Valdes und Rafael Solbes]: »Immer wieder erhält der spanische Künstler Besuch: nicht mehr vom Hofstaat der Infantin, sondern von Geheimdienstlern oder, im Bild eines aufgerissenen an die 'Cronica' adressierten Pakets ['Die Bedrohung', 1970] – die allzu symbolisch verpackte, zensurverschnürte Wahrheit – von einem Mann in Mao-Look mit Mao-Bibel.« Peter Sager (1973 b, S. 203)
–, phallusförmiges
bei Christo: »Das phallusförmige Paket von C. schwebte als geistbestimmendes Wahrzeichen aufrecht über der Documenta 4 [1968]. Dieses Signum von Vitalität und Trieb zeigte eine gewisse Anfälligkeit: die Schwäche an Zeugungsfähigkeit der Künste unserer Tage.«
Oto Bihalji-Merin (1969, S. 71/2)
Palast um 4 Uhr morgens
bei Alberto Giacometti: »'Palais à quatre heures' [1932], G.s halluzinatorischste Konstruktion, den als Alptraum vorgestellten Ablauf eines Liebeserlebnisses.« Günter Metken (1970, S. 46)
Palastinsel
bei Alberto Giacometti: »Wir wollen darin [Selbstäußerung G.'s] denn auch vor allem ein Stück stilisierter Prosa erkennen, dem allerdings einige wertvolle Hinweise zu entnehmen sind: etwa, daß es sich um ein Psychodrama [in: 'Palast um 4 Uhr morgens', 1932] handle; daß die Figur links die Mutter sei, die Wirbelsäule und das Vogelskelett rechts aber das Liebeserlebnis mit jener Frau andeute, die 'das ganze Leben in sich schloß', daß der Künstler die Schotenform in der Mitte mit sich selbst in Zusammenhang bringe, und so weiter. Insofern enthält die Palastinsel auch wieder das Thema von Zeugung und Tod.«
Reinhold Hohl (1971, S. 101)

Alberto Giacometti: Palast um 4 Uhr morgens, 1932

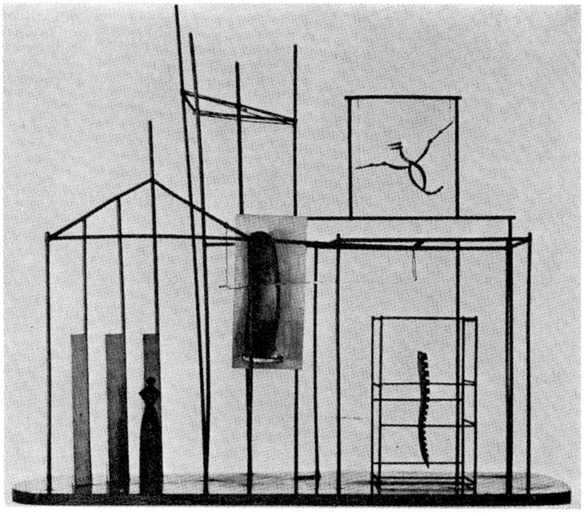

Palette
bei Marc Chagall: s. u. Fisch mit Schnabel, der blaue
Palmen
bei Georges Grosz: s. u. Abenteurer
Palmwedel
bei Marc Chagall: Insignum für das jüdische Laubhüttenfest (s. u. Jude im Gebetsmantel)
Palmzweig
bei Albert Lüthi: s. u. Frauen und Kindern, Zug von
Panzer
bei Friedrich Gerlach: » . . . Monstrum von Panzer . . ., der den Ausgang versperrt [in: 'Die Höhle', 1969]. Hier ist der Ausgang, doch solange die Macht, symbolisiert durch den Panzer, die Galerie versperrt, ist alles umsonst.«
Friedrich Gerlach (1973, o. S.)
bei Jean-Robert Ipoustéguy: s. u. David
bei Konrad Klapheck: s. u. Bügeleisen, bulliges
bei Klaus Vogelgesang: s. u. Sheriff-Stern
Panzermauer
bei Max Ernst: s. u. Gestalt, ummauerte weibliche
Papier
bei Hans Erni: »Das Bild 'Junge Frau im Jahre 1942 n. Chr.' vollendete E. 1943: Papier und Draht, auf welche die einsame Schwangere blickt, sollen Lüge und Knechtung symbolisieren.«
Jürgen Beckelmann (1965, S. 270)

Francis Bacon: Studie nach Velázquez' 'Innozenz X.', 1953

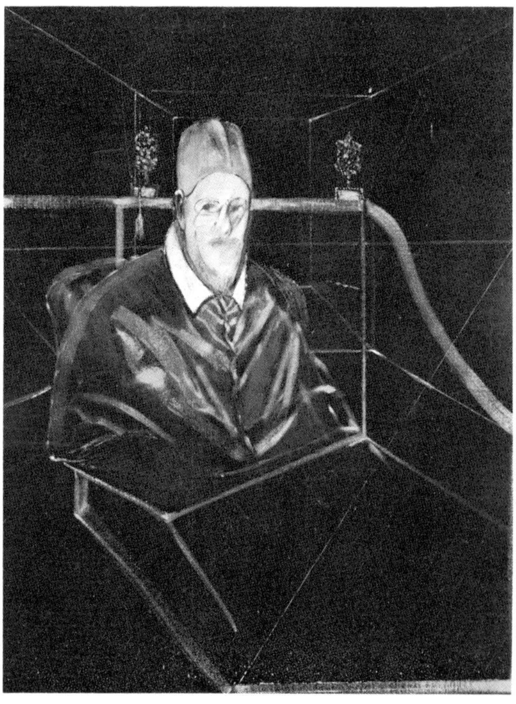

Papiers, Verbrennen des
bei Johannes Schreiter: »So wird also das verwendete Collagematerial zubereitet, wobei sich im Verbrennen des Papiers ein altes Spiel vom Sein und Vergehen, von der Metamorphose des Dinglichen, vollzieht.«
Hans H. Hofstätter (1969, S. 239)
Papierschiffchen
bei Rudolf Hausner: s. u. Narrenhut
Papst
bei Francis Bacon: »Daß Velázquez' Bildnis von Papst Innozenz X. eine geradezu verzaubernde Faszination auf B. ausgeübt haben muß und ihn zu vielen seiner Bilder inspirierte, kommt nicht nur von der Bewunderung für das Bild selbst . . ., sondern auch daher, daß der Papst für ihn ein Symbol von Macht und Autorität ist – auf einem Sessel thronend wie ein tragischer Held. In B.s Variationen [seit 1953] zu diesem Bild erkennt man, wie der Dargestellte seine Selbstkontrolle verliert.« Donald Alley (1965, o. S.)
Erwachsener in Windeln (s. u. Röcke, weiße); s. u. Uniform
bei Ewald Mataré: s. u. Weinrebenmuster
Papstwappen
bei Ewald Mataré: s. u. Friedenstaube
Paradiesbaum
bei Marcel Duchamp: → Baum
Parallelen
bei Max Ernst: s. u. 'Capricorn'
Paravent
bei Jorge Castillo: »In der großen Kohlezeichnung auf Leinwand 'Der Bildhauer' [1970] ist ein solch wucherndes Skulpturenensemble aufgebaut, das der hinter einem Bildschirm hervorsehende 'Bildhauer' nachdenklich betrachtet . . . Die greifende Hand an der linken Kante des Paravents, die zu der hereinblickenden Figur des Bildhauers gehört, verstärkt den Eindruck, daß dieser den 'Paravent' emporhebt und das herausschwebende Skulpturengebilde in seiner Struktur wie in einem Netz einfängt . . . Öffnet ihn dieser artistische Demiurg, wie er es im Bilde tun könnte, so entfaltet sich, wie in den japanischen Papierspielen, eine Wunderwelt phantastischer Formen, die dem Betrachter entgegenschweben – Metapher für die Bildgeometrie, die die reinste Poesie aus sich entläßt.«
Werner Haftmann (1975 a, S. 66/7)

'Parfüm'
bei Luigi Russolo: s. u. Wiese, duftende (bei Carlo Carrà)
Paris
bei André Masson: s. u. Labyrinth, blaues
bei Antoine Pevsner: s. u. Siegessäule
–, Übersiedlung nach
bei Marc Chagall: → Eiffelturm
Park
bei Rudolf Hausner: »Für H. hat der Park eine andere Bedeutung, er ist ihm nicht Lustgarten und Gartenlaube, sondern repräsentiert das Beherrschbare, die geordnete, und, wenn man will, die 'heile' Welt. So sind ihm die Parkanlage Schönbrunns, von der Gloriette aus gesehen, und die Gärten des Belvedere in ihrer konstruktiven Geometrie Sinnbild einer 'Zone des Menschen' geworden, in der die bedrohende Triebwirklichkeit überwunden und humanisiert erscheint.«
Wieland Schmied (1964, S. 6)
–, Schönbrunner
bei Rudolf Hausner: imperiale Machtvollkommenheit (s. u. Schönbrunner Park)
Parks, Plan des
bei Rudolf Hausner: »Der Plan des Parks [in: 'Zwei Kontinente', 1963], seine Einteilung in erlaubte und verbotene Zonen, ist ein ironisches Abbild der Spielregeln, die sich diese Gesellschaft gegeben hat, ihrer Gesetze, ihrer Legislative.
Der Garten ist als Festung angelegt, abgeschlossen gegen den Bereich der Natur, gesichert durch eine hohe Mauer. Einzelne Plätze haben die Grundrisse von Forts, von Bollwerken, von Wachttürmen. Das System der Gehwege, die Begrenzung der baumbestandenen Rasenflächen, das Blumenarrangement wirkt erklügelt, der Schematismus, nach dem die Bäume in Reih und Glied gepflanzt sind, dürftig: die totale Herrschaft des Menschen, die das Leben des einzelnen bis in die Zone seiner Spiele, seiner Erholung hinein reglementiert.«
Wieland Schmied (1970, S. 33)
vgl. Garten, barocker
Partisan
bei Giacomo Manzù: → Christus
Partisanen, Folge von Bildern politischer
bei Ronald B. Kitaj: Banalität des Bösen (s. u. Demagogen, Folge von Bildern politischer)
–, Verstecke für
bei Asela Pérez: s. u. Gewehr, grünes
Partisanenfrau
bei Michail Sowizki: »Die junge Partisanenfrau [in: 'Partisanenmadonna', 1967] wird zur Madonna, die als monumentale Chiffre die Komposition beherrscht. Zusammen mit dem Kind und der Alten symbolisiert sie die schutzbedürftige Heimat, die es gegen die faschistische Aggression zu verteidigen gilt.«
Andreas Franzke (1978, S. 172)
Partner
bei Carlo Carrà: s. u. Tennisspielerin
bei Richard Lindner: s. u. Frau in 'Solitaire'
– des Jugendlichen
bei Peter Phillips: Maschine (s. u. Motorrad)
'Partnerin, gefährliche'
bei Konrad Klapheck: → Nähmaschine
Parzen
bei Henry Moore: s. u. Mütter, schreckliche
Passanten
bei Lyonel Feininger: → Männer im Zylinder
Paternoster
bei Max Beckmann: »Der Paternoster [in: 'Fahrstuhl', 1947] als Symbol für den Kreislauf des Lebens, stets aufs neue simuliert durch die sinnliche Anziehungskraft der Frau . . .«
Ulrich Weisner (1977, S. 74)
Patience
bei Richard Lindner: s. u. Frau in 'Solitaire'
Patient
bei Alfred Hrdlicka: s. u. Brief verkehrt
Patria-Figur
bei Rudolf Hausner: »Die Idee der Familie erscheint in ihrer ganzen Fragilität durch einen akrobatischen Akt verkörpert: auf einer erzenen (oder bronzenen) Patria-Figur [in: 'Zwei Kontinente', 1963] macht ein Mann Handstand, auf seinen Fußspitzen balanciert der Leib seiner Frau, die wiederum eine Stange balanciert, an der ein Kind hochklettert.«
Wieland Schmied (1970, S. 33)
'Patriarch'
bei Konrad Klapheck: → Schreibmaschine (J. Roh)
Patronen
bei Karl Fred Dahmen: Faustrecht (s. u. Seilschlingen)
Paukenspieler
bei Paul Klee: »Der mit zwei Klöppeln schlagende 'Paukenspieler' (1940) taucht im letzten Lebensjahr nochmals als Hieroglyphe von stärkster Dynamik auf, und ich erinnere mich einer Äußerung K.s, er habe eines Abends in der Erregung des Zeichnens das Gefühl gehabt, daß er die Pauke schlage. Paukenschläge sind in der Tat diese presto hingeworfenen Bildzeichen, die wie die Töne der Schlaginstrumente im Umfang der 'Stimmung' begrenzt, aber desto nachdrücklicher sind.« Will Grohmann (1954, S. 347)

Paulus, Bekehrung des Apostel
bei Marino Marini: s. u. Pferd, stürzendes
Pavillon, 'aristokratischer'
bei Marc Chagall: s. u. Genosse, schwarzbärtiger
Pegasus
bei Pablo Picasso: »Man findet in 'Le désir attrapé par la queue' [1941] die Grundtypen des Leidens. 'Pegasus, der seinen Lauf beendet hat, schleppt seine Eingeweide hinter sich her: auf den harten, strahlend-weißen Marmor zeichnen diese sein Bild' . . . Es ist das unschuldige Pferd, dessen Bauch vom Stier in der Arena aufgeschlitzt wird. Es ist das Pferd von 'Guernica' 1937, das mit seinem verdrehten Auge und dem nicht mehr enden wollenden Wiehern den Schmerz der Welt symbolisiert.«
Valentina Anker (1974, S. 21)
Peitsche
bei Max Ernst: »Mit dieser Episode [der fünfjährige Max war von zu Hause im Nachthemd und mit einer Peitsche in der Hand fortgelaufen und hatte sich in der Nähe eines Bahndamms als 'Christkind' bezeichnet] lassen sich mehrere Bilder direkt verbinden, wie 'Die heilige Jungfrau bestraft das Jesuskind vor drei Zeugen: A. B., P. E. und dem Maler' von 1926 und 'Der keusche Joseph' von 1927. Man kann nicht umhin, die Peitsche und die Lokomotive als Symbole der sexuellen Dynamik zu interpretieren.«
Giuseppe Gatt (1969, S. 31)
bei Joan Miró: weitschwingende Linien (s. u. Pferd)
Pelikan
bei Max Ernst: » . . . so verbleibt die Tatsache, daß E. im Insgesamt der gebärenden, nährenden und verschlingenden Instinkte des Muttervogels [Pelikan] ein Gleichnis des Künstlers vorschlägt, der als Erwecker und als Vernichter handelt . . . Einen solchen Maler-Vogel, der mit seinen Jungen ein hybrides Ganzes bildet, zeigt das unheimliche Bild 'Der Surrealismus und die Malerei' (1942).« Werner Hofmann (1970b, S. 15/6)
bei Ewald Mataré: »Ihm [dem Hahn] entspricht auf der Gegenseite [Südportal der Kölner Domtüren, 1948] im rechten Türflügel, und zwar im oberen Teil des mittleren Feldes, die Mosaikfigur des schneeweißen Pelikans, der seine Jungen mit seinem roten Herzblut nährt: Symbol der Liebe.«
Hanns Theodor Flemming (1955, S. 44)
s. u. Jonas
Pelikane
bei Max Beckmann: »Diesen Zitaten [von Mircea Eliade] wollen wir lediglich noch ein Wort zur Bedeutung der Pelikane hinzufügen [in: 'Begin the Beguine', 1946]. Mit ihnen wird vermutlich nicht nur auf die Symbolik des 'magischen Fluges' angespielt. B. war bekannt, daß der Pelikan, ungeachtet seiner christlichen Bedeutung, auch in der Symbolik der Kabbalisten, Hermetiker und Rosenkreutzer eine Rolle spielt und dort ewiges Leben versinnbildlicht.«
Friedhelm W. Fischer (1972a, S. 175)
Pelzbezug
bei Meret Oppenheim: s. u. Tasse, pelzüberzogene
Pendel
bei Marc Chagall: s. u. Uhr
–, gewaltiges
bei Alfred Kubin: → Vater
Penis
bei César: → Daumen
bei René Magritte: Kerze (s. u. Kerze, brennende)
bei André Masson: fliegender Fisch (s. u. Klinge, blaue)
bei Ernst Wilhelm Nay: schräger Stab bzw. → Fisch ohne Kopf
–, künstlicher
bei George Segal: »'Das Kostümfest' [1965] besteht aus einer sitzenden Frau mit gelber Federmaske, einer liegenden, historisch gewandeten Kleopatra, in deren Schoß Antonius mit Uniformhosen, Helm, Pistolenhalfter und Patronengürtel das Haupt bettet, und 'Pussy Galore' (einer motorradfahrenden Räuberbraut, die negative Heldin eines damals laufenden Films). Eine hochgewachsene, mit einer Toga bekleidete Gestalt, die, wie Zettel im 'Sommernachtstraum', einen Eselskopf trägt, fixiert die beiden stehenden Figuren auf der rechten Seite: Pussy Galore und einen jungen, dickbäuchigen Stutzer, der nichts als ein Bild seiner selbst in ovalem Rahmen um den Hals trägt und um die Hüften einen künstlichen Penis – Symbol männlicher Aggressivität. Hier interessieren S. die 'körperlichen Fakten' als eine Möglichkeit, die Komponenten des Subjektiven zu untersuchen – . . .«
William C. Seitz (1972, S. 22)
Peniswagen
bei Walter Pichler: kranke Gesellschaft (s. u. Wagen, eiserner)
Pentagramm
bei Hannah Hoech: s. u. Zahl Fünf
–, Kreuz und
bei Joseph Beuys: »Für B. ist das Pentagramm, über seine mythische, von Pythagoreern und bestimmten gnostischen Sekten gefeierte Bedeutung hinaus, interessant als Zeichen für eine sowohl Statik als auch Dialektik überwiegende

Bewegungsdynamik. In der Gemeinschaft von Kreuz und Pentagramm sieht er das eigentliche Symbol für das Christentum.«

Götz Adriani u. a. (1973, S. 29)

Periskopen

bei Henry Moore: → Augen

Perle

bei Baruch Elron: »Das Geheimnis der Auferstehung wird durch die Perle [in: 'Marina', 1973] verkörpert, auf die mit gespenstischer Beharrlichkeit ein fleischloser Finger hinweist . . .«

Ella Rind in: Gustav René Hocke (1975, S. 50)

s. u. Finger, gereckter

bei Daniel Spoerri: schlummernde Kräfte (s. u. Lammschädel)

– des Mittelmeeres

bei Werner Tübke: Venedig (s. u. 'Tod in Venedig')

Persephone

bei Oskar Kokoschka: mütterliche Erneuerung (s. u. Prometheus)

Perseus

bei Max Beckmann: » . . . und 'Perseus' (1941), wie das schon üblich geworden ist, und B. selbst es bekräftigt hat, als visionäres Symbol der Befreiung durch Invasionstruppen. Die brennenden Häuser wissen wir zu deuten, den ans Land kletternden Perseus, auch das Selbstbildnis links unten: B., wie er sich den Mund zuhält, als wolle er nicht zu viel verlauten lassen.«

Lothar-Günther Buchheim (1959, S. 159)

→ Held, blonder

Person, männliche

bei Max Ernst: »Abbildung 7 [von 'Le Lion de Belfort', 1934] zeigt die männliche Person – in der wir die Selbstidentifizierung des Autors vermuten – sich an einem Seil die steile, wohl zu einem Kanal, Meer oder Fluß führende Mauer herablassend – die 'Nachtmeerfahrt' zu beginnen.« Dieter Wyss (1949, S. 67)

–, massige

bei Salvador Dali: Vater des Künstlers (s. u. Mann, bärtiger)

–, Gespaltenheit der

bei Rudolf Hausner: Adam und sein Maschinist (s. u. Doppelgänger)

Personen

bei Achille Lega: s. u. Zeitungsteil

– des Zirkus

bei Georges Rouault: → Zwerg (und Benito)

Perücke, lange

bei Dorothea Tanning: s. u. Haare, wallende

Perücken-Pilz

bei Hannah Hoech: s. u. Mädchen', 'Das schöne

Petrefakte

bei Karl Rössing: s. u. Schmetterling

Petri, Schlüssel

bei Franco Angeli: → Macht, Symbole der

Petroleumlampe, angezündete

bei Marc Chagall: »Mittelpunkt [in: 'Stilleben mit Lampe', 1910] ist die angezündete Petroleumlampe, jenes wundersame Ding, das abends beim familiären Zusammensein einen Kreis von Helle und Heimeligkeit verbreitete und das einen so festen Platz im Vorstellungsinventar C.s besitzt, daß es in seinem Werk als stellvertretendes Zeichen für Frieden und Häuslichkeit immer wieder auftaucht.« Werner Haftmann (1974, S. 68)

–, verloschene

bei Max Beckmann: » . . . Im 'Stilleben mit brennender Kerze' [1921] wird das Phänomen der Vergänglichkeit dann allgemeiner aufgegriffen und als Vergänglichkeit des Lebens überhaupt, durch die verloschene Petroleumlampe und die brennende Kerze symbolisiert.«

Rüdiger Jorn (1975, S. 10)

Pfähle

bei Piet Mondrian: s. u. Holzpfähle, senkrechte

–, blau-schwarze

bei Jackson Pollock: »Die starren, rücksichtslos

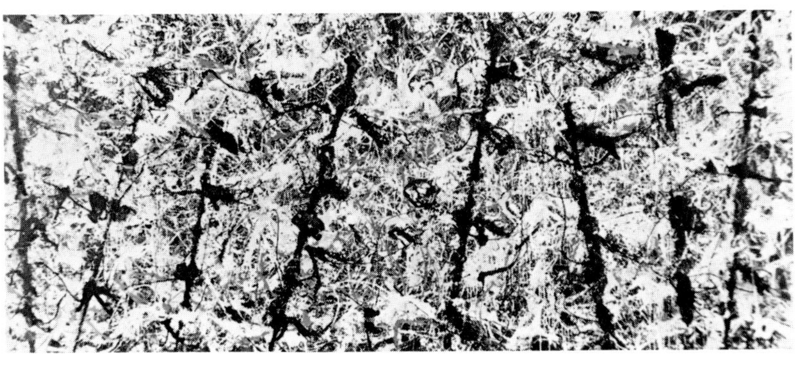

Jackson Pollock: Blue Poles, 1953

über die Flächen stoßenden blau-schwarzen Pfähle [in: 'Blue Poles', 1953] fallen als 'Streit'-Formen wie seltsame Hellebarden auf. Dazu kommen Durchkreuzungen, jähe Steigungen, schroffe Wendungen, zerrissene Formen und heftige Bewegungen in scharfen Kontrasten.«
Curt Seckel (1967, S. 194)
s. u. Linienbänder, orangefarbene; vgl. Stäbe, blaue

Pfahl
bei Willi Sitte: s. u. Gekreuzigter

–, menhirartiger
bei Max Ernst: männliches Sexualsymbol (s. u. Schlucht)

–, tödlicher
bei Günther Uecker: → Nagel (W. Schmied)

Pfarrer, scheinheiliger
bei George Grosz: s. u. Band Goethe

Pfeife
bei René Magritte: phallisches Symbol (s. u. Wasserkran)

–, Mann mit
bei Pablo Picasso: soziale und psychologische Zerrissenheit (s. u. Mann mit Pfeife)

Pfeil
bei Max Ernst: »Durch das Fenster links [in: 'Ödipus rex', 1921] ragen drei Finger einer menschlichen Hand, von denen der eine von einem Instrument durchbohrt ist. Die beiden anderen Finger halten eine etwas geöffnete Walnuß, die außerdem von einem Pfeil durchbohrt ist. Auf der rechten Bildhälfte stellt der Künstler zwei Vogelköpfe dar. Auf dem hinteren Kopf ist ein Instrument befestigt, von dem aus eine Kabelschnur in die Höhe führt. Der Gitterausschnitt vor dem vorderen Kopf deutet chiffrehaft an, daß es sich um Haustiere, Nutztiere, Geflügel handelt. Ist der Pfeil, der die Walnuß durchdringt, Chiffre für die Manipulierung pflanzlicher Fruchtbarkeit, so das Instrument auf dem hinteren Vogelkopf Chiffre für die genetische Tiermanipulierung.« Walther Krüger (1972, S. 134)
bei Alberto Giacometti: erotisch-sadistische Angriffslust (s. u. Keil)
bei Paul Klee: »Der Pfeil repräsentiert im bildnerischen Schaffen das vieldeutigste Symbol. Wo Bewegungsvorgänge im Mittelpunkt der Darstellung stehen, verdeutlicht er deren raumzeitliche Entfaltung . . .
So umfaßt der Pfeil im Tafelbild 'Schwebendes' [1930] Gegenwart und Zukunft, indem er Auftrieb verheißt.« Christian Geelhaar (1972, S. 51)
»Der verwundende Pfeil aus dem Köcher Amors ist ein altbekanntes Attribut der Liebe. In der vorliegenden Federzeichnung ['der Pfeil', 1920] jedoch nähert sich der Pfeil als phallische Metapher dem lockenden Weib.«
Christian Geelhaar (1972, S. 54)
»In dem Bild 'Pfeil im Garten' (1929) hat der Pfeil vierfache Valenz: Er ist Gestalt, Figur vor Grund, Bildschwerpunkt und dynamischer Vektor.« Arnold Gehlen (1960, S. 108)
aktive Kraft (s. u. Sonne); s. u. Dreieck
bei Max Klinger: s. u. Heros, sitzender nackter
bei Otto Meyer-Amden: s. u. Stab
bei Pablo Picasso: s. u. Spiegel (A. Blunt)
bei Günther Uecker: → Nagel (W. Schmied)

–, kalligraphischer
bei Paul Klee: »K. empfindet die Vernichtung als überirdische Dynamik (Licht, Energie, Macht, Kraft), die im Gegensatz steht zur Sehnsucht nach einer Lösung der Dinge, wie sie sich auch im Verhältnis zum natürlichen Tod erweisen. Er zeichnet die Vernichtung [in: 'Auslöschendes Licht', 1919, und 'Vernichtung durch Zauber', 1915] als einen kalligraphischen Pfeil, der die Zerstörung einer lebendigen Marionette verursacht.« Tilman Osterwold (1975, S. 36)

–, schwarzer
bei Paul Klee: »Alle über die Wassergrenze hinausragenden Teile [in: 'Mögliches auf See', 1932] unterstehen indessen dem Lot der Atmosphäre, welches durch den schwarzen Pfeil symbolisiert wird: 'Die absolute Herrschaft dieser Kraft des Lotes ist der Tod der Eigenbewegung.' [P. Klee]«
Christian Geelhaar (1972, S. 152)
»1922 hat K. chiffrehaft visionär die von oben kommende Gefahr als schwarzen Pfeil über einem aus der Vogelperspektive gezeichneten Stadtbild gestaltet und später das Motiv (1936) in einem Bild mit dem Titel: 'Betroffene Stadt' variiert.« Walther Krüger (1972, S. 52)

Pfeile
bei Max Beckmann: »Was die schräg abwärts weisenden Pfeile angeht [in: 'Columbine', 1950], so ist auf die Metapher vom Todespfeil zu verweisen. Pfeile kommen im Spätwerk B.s häufig vor. Sie deuten wohl zugleich auf den Weg ins Jenseits hin.«
Friedhelm W. Fischer (1972a, S. 219)
bei Erich Heckel: s. u. Schmerzensmann

–, sieben
bei Edward Kienholz: »Doch hier [in: 'Tag der Geburt', 1964] erscheint plötzlich – die drastische Detailschilderung durchbrechend – in der Plastikblase ein roter Hahnenkopf und aus dem hochgewölbten Leib der Gebärenden schießen sieben riesige, pulsierend belichtete Pfeile aus

Plexiglas empor. In diesen Motiven durchdringen sich physische und metaphysische Bereiche auf vielschichtige Weise: der Hahn, altes Symbol der Wollust, im Volksglauben aber auch Attribut des Teufels und letztlich christliches Sinnbild des Verrats und der Passion, leitet über zu den Pfeilen, die eine Lichtkrone bilden und an die sieben Schmerzens Mariens erinnern, an Stigmatisierung und himmlische Krönung.«

Karin von Maur (o. J., o. S.)

vgl. Glaskugel, in der zwei Goldfische schwimmen

Pfeilspitzen

bei Paul Klee: s. u. Engel (C. Geelhaar)

Pferd

bei Marc Chagall: s. u. Hahn

bei Salvador Dali: »Das Pferd im Vordergrund [in: 'Die Versuchung des Heiligen Antonius', 1946] stellt die Kraft dar (manchmal ist das Pferd auch Symbol der Wollust).«

Klaus Gallwitz (1971 a, S. 168)

bei Wassily Kandinsky: s. u. Reiter

bei Alfred Kubin: »Dieses Pferd [in: Das 'Kriegspferd', 1952], das inmitten einer nur schwarz-weiß gehaltenen Umgebung über eine zerfallende Stiege nach unten kriecht (. . .), ist blau und rot bemalt, wobei diese Farben zu Symbolen bald einsetzender Verwesung des sterbensmüden, zu Tod geschundenen Kleppers werden; das Pferd ist ein Symbol der Erschütterung, die der zweite Weltkrieg ausgelöst hat.«

Wolfgang Schneditz (1956, S. 36)

bei Franz Marc: »Das Pferd ist ihm ein Sinnbild des Lebens schlechthin (nicht nur des Erotischen).« Hans H. Hofstätter (1965, S. 207)

bei Marino Marini: »M. betrachtet also das Pferd weder als Mittel zur repräsentativen Erhöhung noch als 'Fortbewegungsmittel' . . .; es bedeutet für ihn in formaler Hinsicht Architektur, aber auch mehr als das, nämlich Symbol der animalischen Kräfte, die der Schöpfung noch nahestehen.«

Eduard Trier/Helmut Lederer (1961, S. XV)

s. u. Reiter

bei Ewald Mataré: »Und sein Pferd ist nicht nur Pferd, sondern auch Künder des Künftigen . . .«

Hanns Theodor Flemming (1955, S. 21)

bei Joan Miró: »Das 'Pferd' [in: 'Zirkuspferd (genannt Das Lasso)', 1927] ist eine ideographische Leistung hohen Ranges, ein Bildzeichen für Pferd, die weitschwingenden Linien sind Zirkus, Manege, Peitsche.«

Will Grohmann (1953, S. 196)

bei Pablo Picasso: »Das Pferd als passives Opfer der Stierkämpfe ist die angemessene Verkörperung von Zerfleischung und Schmerz [in: 'Guernica', 1937]. Sein zerrissener Körper bildet die Mitte der Komposition, und seinem Kopf fällt der lauteste Ausdruck des Leidens zu.«

Rudolf Arnheim (1964, S. 33)

»Fassen wir diese Momente zusammen, so vertritt das Pferd [in: 'Guernica', 1937] sinnbildlich die unschuldig leidende Kreatur ohne jeden politischen oder nationalen Bezug.«

Wilhelm Boeck (1955, S. 231)

Frau (s. u. Frau, tot in der Landschaft); Zeichen der spanischen Heimat (s. u. Stier/A. Henze); s. u. Geschöpf, geflügeltes; s. u. Kind mit hochgehaltenem Licht; s. u. Krieger; s. u. Matador; s. u. Polyp; s. u. Stier, drohender

bei Arno Rink: »Das Streben nach vertiefter Aussage führte ihn [in: 'Spanien 1938', 1974] zur Verwendung von Bildmetaphern, z. B. des Pferdes als Freiheitssymbol.«

Renate Hartleb (1976, S. 48)

–, geflügeltes

bei Pablo Picasso: s. u. Vogel (J. Thimme)

–, Reiter auf bleichem

bei Wassily Kandinsky: Tod (s. u. Reiter auf bleichem Pferd)

–, rotes

bei Marc Chagall: »Im Jahre darauf, in dem der große Mitleidende weitere Kreuzigungsbilder schafft, und in dem 'Das rote Pferd' das Dämonische schlechthin symbolisiert, erleidet C. selbst 1944 den härtesten Schicksalsschlag. Bella . . . stirbt . . .« Max Peter Maass (1965, S. 151)

–, sich aufbäumendes

bei Emil Nolde: »Das erste ['Schlachtfeld', 1913] zeigt ein im Gefecht durchgegangenes, sich aufbäumendes Pferd als Leidenssymbol.«

Siegmar Holsten (1976, S. 74)

bei Pablo Picasso: Opferpferd (s. u. Frau, tote); s. u. Kind mit hochgehaltenem Licht

–, sterbendes

bei Pablo Picasso: s. u. Matador; s. u. Vogel (J. Thimme)

–, stürzendes

bei Marino Marini: »Die Figuren mit dem aufgerichteten oder mit dem Reiter niederstürzenden Pferd nannte M. 'Il Miracolo' – Wunder [1953]; er will damit anspielen auf das Geschehnis der Bekehrung des Apostel Paulus auf seinem Wege nach Damaskus. Es ist gewiß, daß der Bildhauer nicht von vornherein die Absicht gehabt hat, diese Begebenheit 'darzustellen', da ein Reiter, der von einer plötzlichen, aus dem Unendlichen herwirkenden Vision betroffen, samt seinem Roß zu Boden geschmettert wird.«

Heinz Fuchs (1961, S. 16)

Pferd, Trojanisches

bei Rudolf Hausner: Technik/Unheil (s. u. Laokoon/R. Hausner)

– und Reiter

bei Marino Marini: »Das Pferd-und-Reiter-Thema begann M. etwa ab 1935 mehr zu interessieren; es wurde für ihn während des Krieges zum Symbol für die leidende und heimatlose Menschheit.« H. Havard Arnason (1970, S. 532)

– und Stier

bei Pablo Picasso: »Das zentrale Thema des Stierkampfes, das er in zahlreichen Abwandlungen immer wieder dargestellt hat und das sich noch in 'Guernica' [1937] finden sollte, besteht für ihn in der unvermeidlichen Auseinandersetzung zwischen dem Pferd und dem Stier. Beide sind Träger von einander entgegengesetzten Symbolwerten, überdies verkörpern sie die zugleich dramatische und sexuelle Polarität des Männlichen und des Weiblichen.«

Jean Leymarie (1971, S. 95)

–, unschuldiges

bei Pablo Picasso: s. u. Pegasus

–, verwundetes

bei Pablo Picasso: s. u. Reiter

–, weinendes

bei Friedrich Schröder-Sonnenstern: Mitleid mit der geschundenen, gequälten, malträtierten Kreatur (s. u. Löwe, blinder, betender)

–, weißes

bei Wassily Kandinsky: Christus der Retter (s. u. Reiter, die durch den Himmel fliegen)

bei Pablo Picasso: s. u. Frau, tot in der Landschaft

–, wendendes

bei Pablo Picasso: »Auch in diesem Bild ['Raub der Sabinerinnen', 1962] steigert das monochrome Grau die wilde und kühne Figur des jählings wendenden Pferdes, das die gelenkte Gewalt sinnfällig symbolisiert.«

Klaus Gallwitz (1971b, S. 150)

–, zerrissenes

bei Pablo Picasso: »Hineinkomponiert in ein liegendes Dreieck, wie in einen Tempelfronton, liegt im Mittelpunkt [in: 'Guernica', 1937] ein zerrissenes Pferd mit schreiendem Maul, eine Hieroglyphe des brüllenden Leides.«

Werner Haftmann (1954, S. 414)

Pferde

bei Umberto Boccioni: » . . . 'Die aufsteigende Stadt', ['La città sale', 1909/10] 1910/11, mit dem er seine erste 'große Synthese von Arbeit, Licht und Bewegung' erzielen wollte. Dieses Bild, das von dem großen, vorwärts strebenden Pferd im Vordergrund geprägt ist, vor dem menschliche Figuren wie Kegel umfallen, ist seine erste große Aussage über die Qualität von ungestümer Handlung, Geschwindigkeit, über die Auflösung greifbarer Objekte durch Lichtwirkung und deren Reintegration durch das genau gleiche Licht. Eine solche Darstellung verdeutlicht einen Aspekt des futuristischen Credos: den Dynamismus der Arbeit in der modernen Industriegesellschaft, wobei die Kraft durch die entlangdonnernden Pferde symbolisiert wird.«

H. Havard Arnason (1970, S. 217)

bei Fritz Koenig: davonstürmende Kraft (s. u. Wagenlenker)

bei Marino Marini: »Daß diese Pferde Hengste sind [u. a. 'Pferd', 1939], daß M. Hengste bildet, ist keineswegs zufällig, dadurch wird die Animalität des Pferdes bestimmt als männliche Animalität. Die Pferde von 1939 sind Verkörperungen des Animalisch-Männlichen.«

Oskar Bätschmann (1969, S. 14)

bei Alfred Stieglitz: »Zu der Zeit, als die uneingeschränkte Anerkennung des Geschlechtslebens durch D. H. Lawrence die Welt der Literatur erschütterte, sah Lewis Mumford in S. den weltlichen Erlöser des Trieblebens in Amerika . . . Unter Lawrences Einfluß sah Mumford die Pferdephotographien von S. als Symbole animalischer Lebenskraft und seine Frauen als Symbole animalischer Geistigkeit.«

Barbara Rose (1969, S. 50)

–, Ritter zu

bei Albert Lüthi: s. u. Frauen und Kindern, Zug von

–, sich verschlingende

bei Max Ernst: s. u. Windsbraut

–, springende

bei Franz Radiziwill: »Springende Pferde [in: 'Wohin in dieser Welt', 1940] versinnbildlichen die unschuldig leidende menschliche Kreatur und die Sehnsucht nach Freiheit.«

Roland März (1975, S. 38)

–, stählerne

bei Werne Tübke: s. u. 'Tod in Venedig'

–', 'Turm der blauen

bei Franz Marc: s. u. Mondsichel

Pferdefrauen

bei Salvador Dali: »Die Pferdefrauen [in: 'Die Erfindung der Ungeheuer', 1937] bedeuten mütterliche Fluß-Ungeheuer.«

Salvador Dali in: Klaus Gallwitz (1971a, S. 129)

Pferdekopf
bei Pablo Picasso: s. u. Kopf des Pferdes
Pferdes, brandroter Kopf eines
bei Marc Chagall: s. u. Kopf eines Pferdes, brandroter
–, Hals und Kopf des
bei Marino Marini: → Geschlechtsbegierde (s. u. Hals und Kopf des Pferdes)
–, Kopf des [nach oben gerichtet]
bei Pablo Picasso: Aufschrei der Verzweiflung (s. u. Kopf des Pferdes)
–, Seele des
bei Pablo Picasso: → Geschöpf, geflügeltes; → Tiergestalt mit Flügeln
Pflanze
bei Karl Schmidt-Rottluff: s. u. Sonne
–, dschungelartig wuchernde
bei José Aguilera: Zuckerrohr (s. u. Machete)
–, knospende
bei Constantin Brancusi: → Eva
–, stilisierte
bei Max Ackermann: »In einer hohen Rechteckstele, wie ein Bild im Bild [Zeichnung, 1933], erscheint die nach links gewendete Konturzeichnung eines nackten Frauenkörpers. Links neben der Stele wiederholt sich der vordere Teil des Körperprofils in vitalerer Form dicht vor einer aufwachsenden, stilisierten Pflanze, Symbol der vegetativen Natur.«
Hans H. Hofstätter (1972, S. 30)
vgl. 'Vogel auf der Stange'
Pflanzen
bei Fabrizio Clerici: Botschaften aus dem Jenseits (s. u. Steine)
bei André Masson: s. u. Labyrinth, blaues
bei Henri Michaux: s. u. Erscheinungen, isolierte
– in der Luft, umgekehrte
bei Alexander Calder: → Mobiles
– mit scharfen Schneiden
bei Oscar Dominguez: s. u. kristalline Formen
Pflanzentiere
bei Henri Michaux: s. u. Erscheinungen, isolierte
Pflasterstein
bei Iwan D. Schadr: »S.s Plastik 'Der Pflasterstein – Waffe des Proletariats' aus dem Jahre 1927 wurde über die Grenzen der Sowjetunion hinaus zu einem Symbol der Arbeiterbewegung.«
Richard Hiepe (1973, S. 27)
Pflegepersonal
bei Alfred Hrdlicka: s. u. Brief verkehrt
Pflüger
bei Käthe Kollwitz: s. u. Gestalt, behelmte
Pflug
bei Jean Carzou: »Der Pflug ist das urtümliche Gerät des Bauern. Gewährleistet erst der Pflug das Umpflügen des Ackers, ein Höchstmaß an Fruchtbarkeit für den in die Erde gesäten Pflanzensamen, so begegnet bei C. vielfältig der Pflug als Chiffre des Sinnlosgewordenseins: der radioaktive Boden nach einem Atomkrieg ist keimfreie, unfruchtbare Wüste. Diese Wüste stellt C. u. a. in seinem Ölbild 'In den Landen' 1948 dar.«
Walther Krüger (1972, S. 130)
bei Friedrich Schröder-Sonnenstern: »Ein weiteres Sinnbild vom transzendental-formalen Typus stellt der Pflug oder vielmehr Mond-Pflug dar. In einem Bild, das den Titel 'Der Fluch des Pfluges'

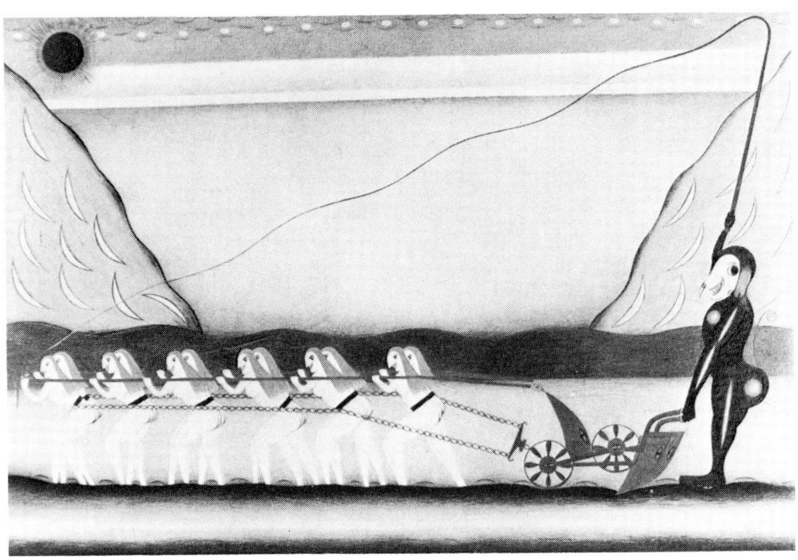

Friedrich Schröder-Sonnenstern: Der Fluch des Pfluges, 1963

[1963] trägt, ist seine phallische, den weiblichen Boden besorgende Bedeutung evident.
Der archetypische Sinngehalt des Pfluges . . . hat immer einen zerstörerischen *und* einen schöpferischen Aspekt. Er bedeutet für das Lebensprinzip nach dem mythischen Vokabular S.s ebensowohl Fluch wie Zeugung.« Peter Gorsen (1968, S. 15)
s. u. Pflugziehen

Pforte

bei Paul Klee: »In 'statisch-dynamisch-gegensätzlich' [1926] gehört das Stufenportal dem nämlichen Bezugssystem an wie das christliche Kreuz. In der Gegenüberstellung von Bewegtem und Starrem wird der eschatologische Gehalt offenbar. Im 25. 'Sonett an Orpheus' nennt Rilke den Tod 'das trostlose offene Tor'. Auch K. versteht das Motiv der Pforte als Vorbote des Todes, wie die beiden Titel 'Das Tor zum Hades', 1921, und 'Das Tor zur Tiefe', 1936, andeuten.«
Christian Geelhaar (1972, S. 106)

bei Emilio Scanavino: s. u. Brotlaib

Phallus

bei Max Beckmann: Kerze (s. u. Grammophon); → Trompete

bei Marcel Duchamp: → Bajonett

bei Max Ernst: → Balustrade

bei Rudolf Hoflehner: der Mann (s. u. Messer); s. u. Keil

–, geflügelter

bei Friedrich Schröder-Sonnenstern: → Fledermausdämon

–, fehlender

bei Salvador Dali: s. u. Knochen, großer

–, riesiger

bei Marino Marini: → Hals und Kopf des Pferdes

– und Kokon

bei Tetsumi Kudo: »Für K. ist die Freiheit des Menschen durch die Technik eingeengt und tödlich bedroht, solange der Mensch selbst nicht diese Freiheit nutzt, um Wege zu finden, die dahin führen, mit der Technik sinnvoll zu leben. Dieses aber setzt eine Änderung des Denkens aus eigener Kraft voraus, gleichbedeutend jener Metamorphose [in: 'Philosophy of impotence', Tokyo 1961], die K. in den Symbolen Phallus und Kokon visualisiert und die eigentlich das zentrale Thema und zugleich die bedrängende Botschaft seiner Kunst ist, ganz im Geiste des Atomphysikers Robert Oppenheimer, der in den Forschern und Künstlern die Ordnungsschaffer im Chaos sieht.« Karl-Heinz Hering (1970, o. S.)

– -Attrappe

bei Richard Lindner: → Banner

Phallusform

bei Dottore: s. u. Tank

Phallusohren

bei Friedrich Schröder-Sonnenstern: »Diese Phallusohren, die fast sämtliche später gemalten Figuren S.s aufweisen werden, sind nach 1952 immer mit einem Auge versehen, wodurch das ursprünglich deutlich phallische Symbol für einen unvorbereiteten Beschauer mehr oder weniger verschleiert wird. Im Gesicht des 'Eselstreibers' [1956] finden wir diese Phallusformen sogar dreifach vor. F., von mir über diese Ohren befragt, antwortete: 'Das sind Männergeschlechtsteile, das bedeutet: hat nur Sinnlichkeit im Kopf'.«
Alfred Bader (1972, S. 51)

Pharisäer

bei Emil Nolde: s. u. Daumen, abgespreizter

Philosoph

bei Werner Tübke: s. u. Mutter mit den vier Knaben

Phönix

bei Bernhard Heiliger: s. u. Flügelformen

bei Ossip Zadkine: »So entstanden 1943 in New York die Bildwerke 'Phönix' und 'Die Gefangenen'. In ersterem wird das Symbol der Erneuerung und Unsterblichkeit zu einem leidenschaftlichen Ausruf des Glaubens an das Wiedererstehen des Lebens aus der gegenwärtigen Vernichtung.« Johannes Langner (1963, S. 5/6)

Phosphorleiche

bei Germaine Richier: s. u. Kruzifix

Photographen

bei Friedensreich Hundertwasser: Tod des Mannequins (s. u. Kasten, schwarzer)

Photos, Wiederholungen des

bei Andy Warhol: s. u. Züge, maskenhafte

Pierrot

bei Max Beckmann: »Die untergründige Todesbezogenheit wird diesmal [in: 'Karneval', 1943] gerade nicht durch das Weib signalisiert. Der unheimliche Pierrot verkörpert sie, und die Tänzerin neben ihm erscheint eher als ein Gegenbild. Gelassenheit und tröstliche Frische gehen von ihr aus.« Friedhelm W. Fischer (1972a, S. 166)
vgl. Weib

bei Alfred Kubin: »In K.s Zeichnung ['Tod als Pierrot', 1922] erscheint der Pierrot als Tod, der einen Mann niedertritt.«
Hans H. Hofstätter (1965, S. 186)

Pik

bei André Masson: weibliches Genital (s. u. Spielkarten)

Pikador

bei Pablo Picasso: s. u. Matador

Pilger
bei Ernst Barlach: »... der Pilger [in: Entwurf 'Bettler – Pilger – Heiliger', 1927] mit breitrandigem Hut und Wanderstab, Symbol des rastlosen Suchens und Irrens, zur Familie der Lauschenden gehörig, der plötzlich von einer inneren Stimme begnadet Verharrenden; ...«
Claus Virch (1953, S. 24)

Pilot
bei Constantin Meunier: s. u. Lastträger

Pinsel
bei Yves Klein: s. u. Blau (J.-P. Talbot); s. u. Farbe, reine

Pinselstriche
bei Mark Tobey: »Wie Künstler des Zen-Buddhismus sind für T. die Pinselstriche 'Symbole des Geistes'.« Sam Hunter (1958, S. 295)

Pioniere, Aufbruch der
bei John Steuart Curry: s. u. Präriebrand

Plätze
bei Giorgio de Chirico: das Weibliche (s. u. Türme)

Plakatfiguren, idealisierte
bei Mimmo Rotella: s. u. Décollage

Plan des Parks
bei Rudolf Hausner: ironisches Abbild der Spielregeln dieser Gesellschaft (s. u. Parks, Plan des)

Planeten
bei Oscar Dominguez: s. u. kristalline Formen

Plastik
bei Joachim-Fritz Schultze: »Die Plastik ['Pulsierende Plastik', 1970] ist jetzt nicht mehr ein Gefüge von Massen, sondern ein spannungsreiches Gefüge von Kräften und Gegenkräften, zugleich Symbol der Entfaltung von Leben aus toter Materie, des Wachstums und des Ausströmens in den offenen Raum.«
Jürgen Morschel (1972, S. 15)

Plastikblase
bei Edward Kienholz: s. u. Pfeile, sieben

Plastikpfeile
bei Edward Kienholz: Wehen (s. u. Glaskugel, in der zwei Goldfische schwimmen)

Plastikröhre, leuchtende
bei Edward Kienholz: s. u. Glasscheibe

Plastikschlauch
bei Rudolf Hausner: s. u. Laokoon

Platten
bei Günther Uecker: s. u. Nägel, weiße

Platzanweiserin
bei Edward Hopper: »H.s eigentliches Thema war die Einsamkeit. Er fand sie überall, sogar in den palastartigen Kinohäusern der 30er Jahre, wo die Menschen in den Leinwandträumen Zuflucht vor der trostlosen Misere der Jahre der Wirtschaftskrise suchten. In 'New Yorker Kino' [1939] scheint jeder einzelne – die Zuschauer in ihren Sesseln ebenso wie die gelangweilte, adrett uniformierte Platzanweiserin – in seine eigenen privaten Gedanken versunken ...«
Time-Life-Redaktion (1973, S. 86)

Plexiglas
bei Louise Nevelson: »Die Verwendung von Plexiglas [ab 1967] als einzigem Material steht für die Überwindung der menschlichen Bedingung und die Beteiligung am göttlichen, transparenten und unangreifbaren 'All'.«
Germano Celant (1973, S. 22)

Pneureifen
bei Hannah Hoech: s. u. Glühbirne

Podest(e)
bei Hannah Hoech: »In dem Gemälde 'Die Treppe' [1923/26] verdichtet sich ein traumhafter Zustand zum symbolischen Zeichen. Auf geisterhaft angestrahlter Vorderbühne aus zwei getrennten Podesten – Merkmal der Isolierung in vielen Werken – begegnen sich eine gierig züngelnde Riesenblüte ... und ein hingestreckter menschlicher Körper ...«
Peter Krieger (1976, S. 18)
bei Paul Thek: s. u. Pyramide

Poet, großer
bei Marc Chagall: → Christus (W. Erben)

Politiker
bei Konrad Klapheck: → Schreibmaschine (K. Klapheck)
bei Georges Rouault: das Böse (s. u. Richter)

Polizei
bei René Magritte: s. u. Keule und Netz

–, angreifende
bei Renato Guttuso: s. u. Helme

–, uniformierte
bei Otto Meyer-Amden: s. u. Nacktheit

Polizist
bei Richard Lindner: »Der Polizist, brutaler Repräsentant von Gesetz und Ordnung, bringt ein fetischistisch gestiefeltes Straßenmädchen erst richtig zur Geltung« [in: 'One Way', 1964].
Sam Hunter (1966, S. 33)
bei Carlo Schellemann: zerstörte Staatsmacht (s. u. Häupter, geborstene)

Polizisten
bei Max Beckmann: s. u. Leiche mit dem Kopf nach unten

Polster
bei Karl Fred Dahmen: s. u. Farbe
bei Henri Matisse: Element der Kurve (s. u. Lothringerstuhl)

Polstergrund
bei Karl Fred Dahmen: s. u. Grün (P. O. Schulz)
Polyeder
bei Alberto Giacometti: »Der Polyeder auf G.s Tischchen [in: 'Tisch', 1933] – eine Vorstufe zu der nur wenig späteren Plastik 'Teil einer Komposition' [1934] – ist die extrem ungegenständliche Formulierung für einen Kopf.«
Reinhold Hohl (1971, S. 102)
Polyp
bei Pablo Picasso: »In der ersten Szene [in: 'Traum und Lüge Francos', 1937] reitet der Polyp in den Krieg und zwar auf einer Karikatur eines Pferdes. Er trägt eine Krone, ein Schwert und ein Banner, versehen mit einem jener kegelförmigen Bilder der Jungfrau Maria, die in spanischen Kirchen so oft anzutreffen ist: Damit sind Monarchie, Armee und Kirche als Verbündete von Anfang an symbolisiert.«
Anthony Blunt (1969, S. 11)
–, vieläugiger
bei Gustav Klimt: s. u. Eumeniden
Polypenarme
bei Edvard Munch: s. u. Haar (H. H. Hofstätter)

Eduardo Paolozzi: Japanese War God, 1958

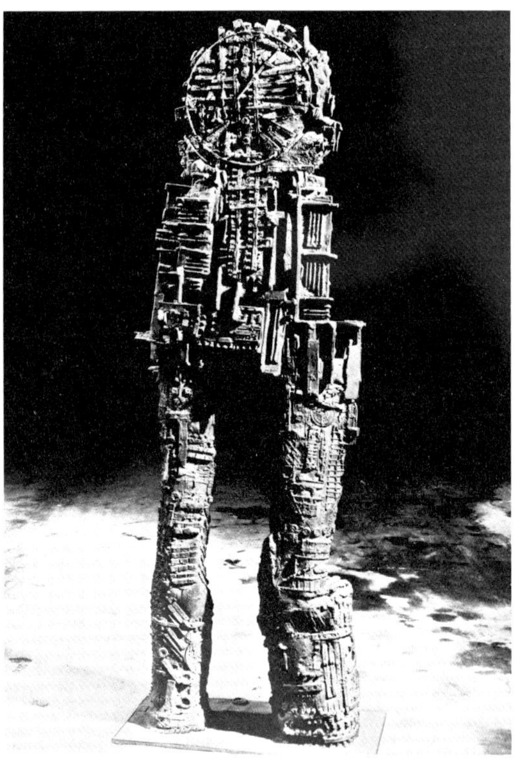

Pomona
bei Marino Marini: »Die 'Pomona' [1941] verleugnet zwar ihren erdhaften Ursprung nicht – der mit dem Sockel verwachsende rechte Fuß deutet darauf –, doch erscheint sie in ihrem Aufrechtsein als freie Göttin der Sinnlichkeit.«
Oskar Bätschmann (1969, S. 16)
Pomonas
bei Marino Marini: »Die 'Pomonas' sind das Symbol der Fruchtbarkeit, Frauen mit breiten Hüften, üppig wie die bäuerlichen Akte Renoirs oder die prähistorischen Venus-Figuren. In dieser Form drückt M., ohne die Werke der Museen zu kopieren, den Sinn der antiken Erde aus, der er entstammte.«
Giuseppe Marchiori (1970, S. 59)
Pontons
bei K. R. H. Sonderborg: »S. Interesse gehört ganz der Bewegung. Er will, daß seine Bilder Zeichen seien und daß diese Zeichen die Struktur und die Charakteristika der heutigen Welt erfassen. 1948 bis 1950 beispielsweise wimmelte die Elbe bei Hamburg von Pontons, die die gesunkenen U-Boote abschleppen sollten. Ehe sie wieder verschwanden, hielt S. die kurze Anwesenheit dieser Brückenschiffe fest, die auf dem Wasser liegend ihm die Epoche zu charakterisieren schienen: metallische Rüstung, die Bewegung und Kraft umschließt und zugleich Symbol ist für Zerstörung und Krieg.« Otto Hahn (1964, S. 28/9)
Pop-Figuren, tragisch archaische
bei Eduardo Paolozzi: »P.s grell bemalte, tragisch archaische Pop-Figuren, Roboter, Ungeheuer, monumentale Kinderspielzeuge, die zuweilen die Namen griechischer Helden und Götter tragen, sind Mischprodukte aus Maschinenteilen und Phantasie. Fetische des Atomzeitalters. Seine Plastiken sind funktionslose Maschinen, Zwitterformen des Mechanischen und Organischen. Sie sind zugleich Gestaltträger des Absurden, bedrohliche Symbole der aus Menschen gewachsenen, sich gegen ihn richtenden Technik.«
Oto Bihalji-Merin (1969, S. 43)
Portier
bei Richard Lindner: s. u. Uniform
Porträt
bei André Breton: s. u. Laterne
bei Mikuláš Medek: »Im Zyklus 'Gäste ohne Gastgeber' [seit 1950] drang M. zu einem neuen Begriff vom Menschenbild vor. Neuerdings malt er [etwa seit 1965] Porträts, jedoch Porträts derjenigen Gegenstände, welche die jeweiligen Menschen symbolisch vertreten . . .
So berührt er im Zyklus der 'Turmkonstrukteure'

[1968] direkt die naturwissenschaftliche Realität von heute, d. h. mit einem dieser Konstrukteure ist Wernher von Braun gemeint, vertreten durch einen Turm [als Plan einer Abschußrampe].«
s. u. Mensch Bohumír Mráz (1969, o. S.)

Porträts parasitärer Insekten
bei Joan Miró: s. u. Kreis
– von Dingen
bei Mikuláš Medek: → Kugeln
Poseidon, Reich des
bei Rudolf Hausner: s. u. Matrosenanzug
Prediger
bei Otto Meyer-Amden: (s. u. Klasse, versammelte)
Presley, Elvis
bei Andy Warhol: s. u. Schuhe
Priester
bei Max Beckmann: s. u. Smoking
Priesterin der Gorgo
bei Jacques Lipchitz: → Bäuerin, hockende
Priesterkrone
bei Rudolf Hausner: → Narrenhut
Primitive Afrikas und Südamerikas
bei Wilfredo Lam: s. u. Gestalten, nächtliche
Prinzessin
bei Wassily Kandinsky: das Geistige in der Kunst (s. u. Georg, heiliger)
– im Berge
bei Aage Storstein: norwegisches Volk (s. u. Fakkelträgerin)
Prismen
bei Oscar Dominguez: Felsküste (s. u. Segel)
Profil
s. Teil III
Profilgestalt, weibliche
bei Salvador Dali: s. u. Daphne
Profilkopf
bei Oskar Schlemmer: hoheitsvolle Distanz (s. u. Oberkörper, mächtiger)
–, schematischer
bei Rainer Wittenborn: »W.s schematischer Profilkopf hat weder Augen noch Ohren; denn für die Zeichen, auf die allein er reagieren soll, genügt die Direktverbindung zum Gehirn. Was dieser Vorstellung vom funktionalen Menschsein zugrunde liegt und sie am schlagendsten symbolisiert, ist das Cockpit eines Flugzeugs.«
Juliane Roh (1971, S. 53)
Programmierer
bei Eduardo Paolozzi: s. u. Daten
Prometheus
bei Oskar Kokoschka: »Der mit den Symbolen der Machtherrschaft und des fühllos kontrollierenden Verstandes gekennzeichnete Prometheus [1950], das Sinnbild der sich im mathematischen Kalkül verhärtenden Zivilisation, stürzt, während Persephone als Prinzip ewig mütterlicher Erneuerung den Armen des Hades – der Erde als Quelle der regenerierenden Kraft – entspringt, um den Menschen den Frühling zu bringen.«
Hans-Maria Wingler (1951, S. 49)
bei Jacques Lipchitz: »Seit Mitte 1930 faszinierte ihn das Thema Prometheus und der Geier. Für die Pariser Weltausstellung 1937 schuf er eine riesige Gipsplastik eines 'Prometheus, der den Geier erwürgt'. Sie galt für ihn als Symbol für den Sieg des Lichtes über die Dunkelheit, des Wissens über die Unkenntnis, ein Thema, das er in vielen verschiedenen Variationen ausschöpfte.«
H. Havard Arnason (1970, S. 194)
Propeller
bei Konrad Klapheck: »Vor allem, wenn man jene Gemälde ['Die Nachfahren', 1959; 'Die Stufen der Ewigkeit', 1960; 'Die Letzten', 1960; 'Die Erben', 1961] aus der Nähe betrachtet, die mehrere regelmäßige Reihen von Fahrradschellen darstellen, wobei jede einzelne ein besonderes Gebilde zeigt. Wird uns nicht, wenigstens in den ältesten dieser Gemälde, jedesmal ein Kata-

Mikuláš Medek: Kleiner Turm, 1969

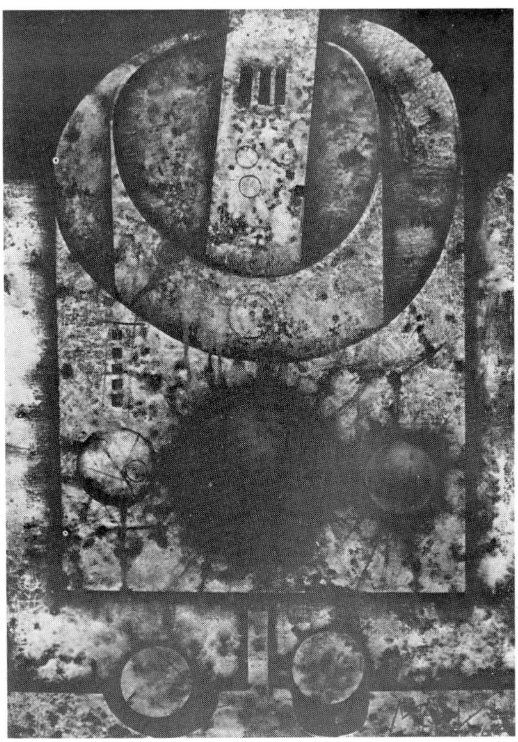

log der Liebespositionen vorgeführt? Der ungestüme Ausdruck des ersten dieser Bilder 'Meine sechzehn Ängste', 1958, läßt keinen Zweifel darüber bestehen: Der Propeller stellt das männliche und der Hebel das weibliche Element dar. Das Zahnrad, Sinnbild der physischen Vereinigung, kann ebensogut den Orgasmus wie das sichtbare Ergebnis der Umarmung, nämlich das Kind, bezeichnen.« José Pierre (1970, S. 16)
s. u. Schellen; vgl. Fahrradschellen
bei Francis Picabia: Gleichgültigkeit (s. u. Maschinenteile)

Prophet
bei Konrad Klapheck: → Schreibmaschine mit fünf Tasten

Propheten
bei Ludwig Meidner: »Nicht immer weiß er die Themen eindeutig zu benennen, aber zweifellos stehen in den 'Symbolischen Kompositionen' [ab 1915] die Seher, Propheten und Sibyllen aus biblischen Fernen wieder auf. Es sind hünenhafte Gestalten, Zeugen alttestamentlichen Heils, aus Zeiten, . . . als die einsamen, gewaltigen Rufer in der Wüste einhergingen – hingekauerte Kolosse von Hünenleibern oder sich furchterregend erhebende Riesen: Zornig, beschwörend, ekstatisch; Anrufer und Zeugen der Allmacht Gottes.«
Thomas Grochowiak (1966, S. 120)
bei Jakob Steinhardt: s. u. Jeremias

Prospekt
bei Fritz Köthe: s. u. Sportwagen, 'rassiger'

Prostituierte
bei Georges Rouault: »Die Prostituierte [in: 'Dirne (Saltimbanque)', 1906] und 'Odaliske' [1907] wurde für ihn zum Symbol der degenerierten

Jacques Lipchitz: Prometheus überwindet den Geier, 1943/44

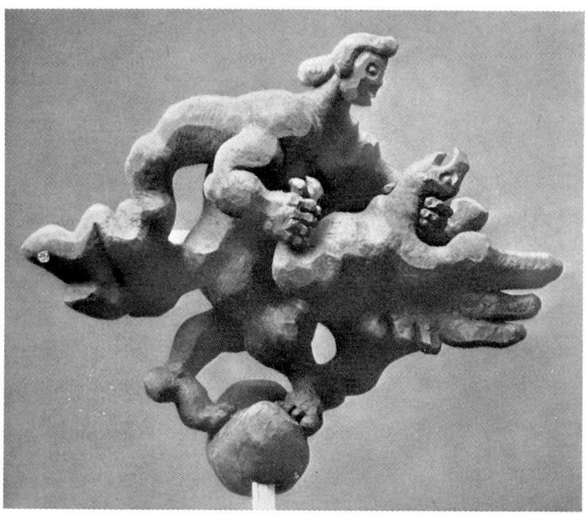

Gesellschaft. Er malte sie nicht objektiv, sondern mit dem Ausdruck der ganzen Verachtung einer Korruption, die sie selbst repräsentierte, aber mit einem Anflug von zynischem Mitgefühl, das an Toulouse-Lautrec erinnert.«
H. Havard Arnason (1970, S. 165)

– Margot
bei Rudolf Schlichter: »S. isoliert seine Figuren nicht aus ihren Zusammenhängen; er versucht, mit direkten Verweisen Interessen- und Arbeitsbereiche der Porträtierten anzudeuten, sie also aus ihrem Kontext zu erläutern. Am weitesten zurückgenommen sind diese Verweise im Bildnis der Prostituierten Margot [1924] (die S. auch in einer ganzen Reihe von Zeichnungen wiedergegeben hat); geblieben sind nur die Straße und die Zigarette.« Uwe M. Schneede (1977 a, S. 257)

Protagonist
bei Paul Klee: s. u. Violett

Prothese
bei Otto Dix: Hohn auf menschliche Hilfsbereitschaft (s. u. Held mit Prothesen)

Prothesen
bei Gerd van Dülmen: Integration des Menschen (s. u. Bienen in der Retorte)
bei Heinrich Hoerle: Körperteile des Menschen (s. u. Mensch); s. u. Roboter; s. u. Torso

Provence
bei Pablo Picasso: s. u. Mann mit dem Lamm (A. Henze)

Prunkgondel
bei Werner Tübke: s. u. 'Tod in Venedig'

Psycho-Objekte
bei Jean-Pierre Raynaud: »Subjektiv ausgewählt, werden sie ['Psycho-Objekte', 1966/67] vom Betrachter als Zeichen verstanden für: Notausgang (Luke), Flucht aus einem gefährdeten Raum (Wandleiter), Amputation (Krücke), Hochwasser (Meßlatte), Einsperrung und Tod (Kasten mit Rundfenstern), Beklemmung (Entlüftungsklappe), Tod (Doppelreihe von verriegelten Eisentüren) oder (in Verbindung mit dem Spaten) gewaltsamer Verbrennungstod.«
s. u. Rot Uwe M. Schneede (1969, S. 6)

Pulversäckchen
bei Konrad Klapheck: s. u. Nähmaschine

Punkt
bei Henry Moore: Restsymbol für den ganzen Kopf (s. u. Kopf)

– im Halbkreis
bei Paul Klee: »Unwillkürlich hat der Maler 'Freudenpunkte' in jenes Dreieck [in: 'darüber und darunter', 1940] gesetzt: Das heißt: Kinder, Enkel, zukünftige Generationen!

So geht die – eigentlich uralte! – geometrische Addition, die K. an die Stelle der fliehend-flüchtig-falschen 'Perspektiven' setzt, zum Schluß in Glückszeichen über: Der 'Punkt im Halbkreis' läßt an die weibliche Geborgenheit denken.«

Walter Ueberwasser (1965, o. S., B. 64)

Punkte

bei Gerhard Hoehme: s. u. Linien

Punktes, Bewegung des

bei Paul Klee: s. u. Bogen

Pupille

bei René Magritte: s. u. Auge

bei Pablo Picasso: → Birne, elektrische

Puppe

bei Hans Bellmer: »Diese Puppe war ein Objekt der Liebe und zugleich des Hasses, ein Symbol für die Verzauberung durch den weiblichen Körper und für die Weigerung gegenüber der bestehenden Welt.«

Sarane Alexandrian (1973b, S. 115)

»Als B. im Alter von dreißig Jahren [1932] zur beunruhigenden Erkenntnis kam, daß die Freiheit seiner Jugend unwiederbringlich verloren war, konstruierte er, der bislang als Werkgraphiker tätig war, eine Puppe, die seine verdrängte Liebe zu einer jungen Kusine verkörpern sollte. Gleichzeitig drückte er damit auf theatralische und symbolische Weise seine antifaschistische Einstellung aus.« Riva Castleman (1973, S. 92)

»B.s erstes und zentrales Thema ist die Puppe, von der in den dreißiger Jahren mehrere Versionen als Objekte entstehen ... Diese Puppe ist – man denke vergleichsweise an Kokoschkas erotisches Verhältnis zu einer solchen Figur – B.s Symbol für die persönlichen psychischen Konflikte sowohl mit der eigenen Kindheit wie mit der aktuellen Erotik der Kind-Frau.«

Uwe M. Schneede (1973a, S. 118)

bei Friedensreich Hundertwasser: s. u. Kasten, schwarzer

bei Otto Meyer-Amden: »Die Reduzierung des Menschen zur Puppe und die Hilflosigkeit des puppenhaften Beieinander, Sinngebung und zugleich Sinnlosigkeit der Gemeinschaft, drücken auch die Bilder des Schweizer M.-A. aus, die einen fast surrealen Zustand zwischen Gestalt und Gestaltlosigkeit beschwören im verängstigten Zusammenstehen der Individuen.«

Hans H. Hofstätter (1969, S. 82)

bei Oskar Schlemmer: »S. sieht seine Figuren durchaus symbolisch und legt der Erfindung seiner Figurinen eine bestimmte Absicht zugrunde: die Puppe wird ihm eine Art Zeitsymbol. 'Der Weg zum Stil führt zur Puppe', sagt er einmal. ... mit dem Symbol für das Individuum zugleich dessen Vereinsamung in einer mechanistisch aufeinander abgestimmten und in sich funktionierenden Gemeinschaft.«

vgl. Figurine Hans H. Hofstätter (1969, S. 81/2)

bei Reiner Schwarz: »Die Puppe oder deren Gesicht, die Maske, gestattet dem desolaten, von Unordnung zerfressenen Menschen die Flucht in eine zirkelhafte, magisch-schützende Umwelt. Die Puppe [in: 'Bildnis einer Puppe', 1965] ist sowohl die klare, rettende Ordnung in formaler Hinsicht, als auch das willenlose, menschlicher Verfügungsgewalt untergeordnete Subjekt. Die Puppe als pathologisches Abbild des Menschen dient letztendlich den frustrierten Machtansprü-

Georges Rouault: Dirne (La Saltimbanque), 1906

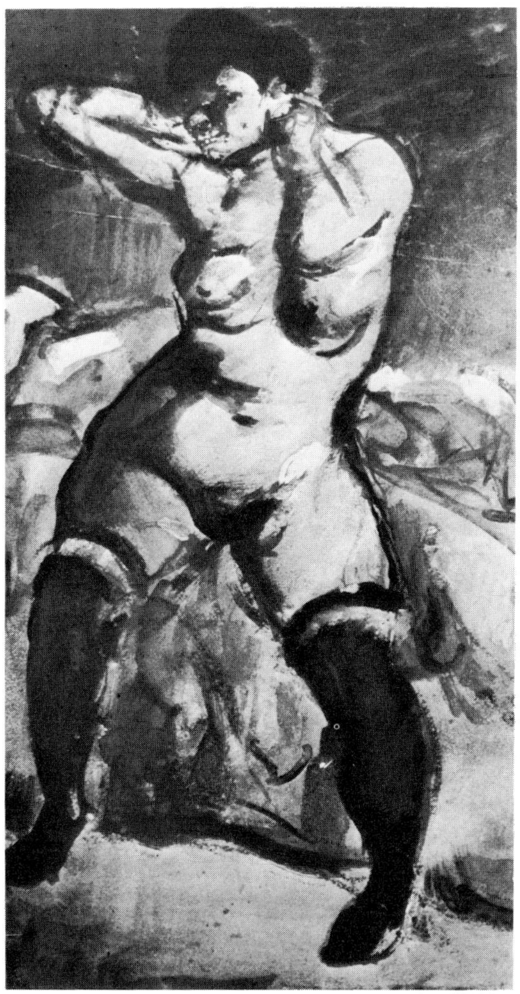

chen des unmündigen und unpolitischen Menschen.« Angela Horbach (1973, S. 94)

Puppen

bei Modesto Cuixart: »Kürzlich haben ... Puppen Eingang gefunden in die informelle Bildgestaltung. In Spanien hat C. [1958] ein besonders dramatisches und profundes Werk dieser Art geschaffen, offenbar eine Symbolisierung, die zu den 'Putti' der Renaissance in Verbindung steht. Aber in der Umkehrung der Bedeutung erscheinen diese Puppen verstümmelt und befleckt, als wenn es Leichname von Kindern seien, von Bomben und anderen Zerstörungswaffen liquidiert.« Juan Eduardo Cirlot (1962, S. 84)

bei Marcel Duchamp: s. u. Körper, kopfloser

Puppenkopf

bei Joseph Cornell: Anwesenheit des Künstlers (s. u. Ei); C. selbst (s. u. Glas)

bei Dorothea Tanning: s. u. Haare, wallende

Purpur-Rot-Violett

bei Mark Rothko: » ... berührt sich mit unserer Vorstellung, daß die letzten Dinge heute nicht mehr verbindlich dargestellt werden, sondern nur noch symbolhaft umschrieben werden können. Und dies vollzog R. durch die einfache Form des die Trinität beschwörenden Triptychons und die Dominanz von Purpur-Rot-Violett, jener Farbe, welche auch die katholische Kirche heute anstelle von Schwarz im Trauergottesdienst trägt: sie symbolisiert Sühne und Leben zugleich.« Hans H. Hofstätter (1971, S. 180)

Pussy Galore

bei George Segal: negative Heldin (s. u. Penis, künstlicher)

Pygmalion

bei Paul Delvaux: s. u. Kontaktlosigkeit

Pyramide

bei Paul Thek: »Die Pyramide, alchemistisches Symbol für die vier Elemente Wasser, Luft, Feuer, Erde, und in den Geheimwissenschaften als der Ort der Weisheit geltend, ist die Bühne fast aller seiner szenischen Aufbauten. Bühne insofern, als T. alle seine Environments, seine Kulträume auf Podeste setzt.« Barbara Catoir (1974a, S. 33)

bei Otto Freundlich: das Gesetzmäßige des Kosmos (s. u. Kurven)

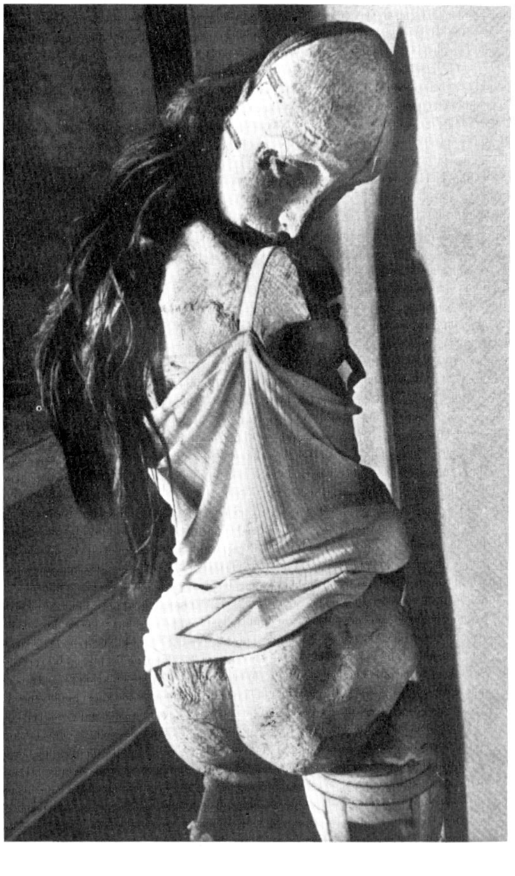

Hans Bellmer: Die Puppe, 1934

Q

Quader
bei Rudolf Hausner: s. u. Fürwörter, persönliche; s. u. Seifenblasen
bei Fritz Wotruba: s. u. Hockender
Quadrat
bei Auguste Herbin: Erde (s. u. Kreis)
bei Alfred Jensen: s. u. Regenbogen
– auf Beinen
bei Paul Klee: »Im späten mehrfarbigen Blatt ['betrachtsam wandernd', 1931] ist das wandernde Figürchen als Quadrat auf Beinen gegeben – ohne Augen, die ringsum in den großen Zeichen, von denen einige sich zu Gesichtern formen, offen stehen: es ist die Natur, die schaut, während der kleine Mensch blind seinen Weg sucht.« Max Huggler (1969, S. 187)
Quadrate
bei Max Ernst: s. u. 'Capricorn'
bei Paul Klee: weiblicher Charakter (s. u. Stäbe)
Quadratformen
bei Max Ackermann: s. u. Blau, Rot und Gelb
Quadriga
bei Fritz Koenig: s. u. Wagenlenker
Quecksilber
bei Armodio: Anfangsmaterie (s. u. Ei)
Quelle
s. Teil III
–, nährende
bei Pablo Picasso: Brust (s. u. Mutter)
Querbalken, janusköpfiger
bei Rudolf Hoflehner: → Stachel
Quetsche
bei Marcel Duchamp: s. u. Leuchtgas
Quichote, Don
bei Salvador Dali: s. u. Zypresse
Quitten
bei Julius Bissier: »Quitten, Nüsse, Granatäpfel – die Früchte mit harten Schalen, dem Mond verwandt« [in Anlehnung an J. J. Bachofen]. Werner Schmalenbach (1974, S. 79)

R

Raben
bei Paul Flora: »Damit ist in seinem Werk aber auch das Vergängliche immer gewärtig. An ihm reibt sich seine Ironie. Sie kreist letzten Endes um diese schwarze Tragik alles Existenten . . .
Hier haben die immer wiederkehrenden Chiffren und Bildmetaphern F.s ihren Ursprung. Die Raben etwa, ob sie nun einen monumentalen Bierseidl-Turm unheilschwanger umschwärmen, Venedigs Marcus-Platz verdunkeln oder Napoleons nach Rußland ausrückende Grande Armée flankieren. Oder die Vogelscheuchen als gespenstische Todesmenetekel . . .« Yvonne Friedrichs (1972, S. 71)
Rachen
bei Oskar Kokoschka: s. u. Weib, gealtertes
Racket
bei Carlo Carrà: s. u. Tennisspielerin
Rad
bei Rudi Baerwind: »Mehr als vierzig Jahre später [1972]: die fernöstliche Glückslehre des Tantra fasziniert B. . . . B. entdeckt eine Wahlverwandtschaft. Der Funke springt über. Die unbewußten formalen Triebkräfte, seine eigenen Vorstellungen von einer kosmischen Glücksharmonie finden ihre Entsprechung und Verwirklichung bei Tantra: das Glück – symbolisiert im Rad« [in: 'Tantra-Triptychon']. Gerd-Niels Wötzel (1975, o. S.)
bei Max Beckmann: s. u. Lebensrad
bei Julius Bissier: »Reif, Rad, Wurfscheibe – Zeichen der Schnelligkeit, der Kreisläufe« [in Anlehnung an J. J. Bachofen]. Werner Schmalenbach (1974, S. 79)
bei HAP Grieshaber: »Oder der gewappnete Tod [in: 'Totentanz von Basel', 1966] geht den ihm spiegelbildlich ähnelnden Ritter wie in Basel als Kämpfer mit der Waffe an, wobei das als Sinnbild des Gerichts zwischen ihnen errichtete Rad freie Erfindung ist.« Wilhelm Boeck (1966, S. III)
bei Jean Tinguely: »Ausdrucksträger der Bewegung, wurde das Rad in seinen Ausformungen zu einer Konstante der Arbeit T.s.« Jürgen Claus (1965, S. 123)
bei Adolf Wölfli: s. u. Lebensbaum
– der Fortuna
bei Marc Chagall: s. u. Adam und Eva
– der Wiedergeburten
bei Max Beckmann: Samsara (s. u. Mühle)
–, sonnenartiges
bei Konrad Klapheck: »Das sonnenartige Rad [in: 'Der Stammhalter', 1964] mit den herabhän-

genden Schläuchen ist die Familie, der fruchtartige Löschkörper darunter der ungeborene Sohn.« Remilde Hammacher-van den Brande (1974, S. 108)

Radarschirm

bei Rudolf Hausner: Sinnesorgane (s. u. Laokoon/W. Schmied)

Raddampfer

bei Lyonel Feininger: »Der 'Raddampfer' [1913] ist nichts anderes als ein Sinnbild der Bewegung und der Kraft des Meeres, das F.s Lieblingsfahrzeug trägt, ungefähr in dem Sinne von Turners 'Schiff auf See' oder 'Schneesturm'.« Bernard S. Myers (1957, S. 246)

–, biedermeierhafte

bei Rudolf Hausner: » . . . die biedermeierhaften Raddampfer H.s als Sinnbilder einer beherrschbar geordneten Welt . . .« Wieland Schmied (1975, S. 62)

Rächer

bei E. Barlach: → Drescher von Masuren', 'Der

Rädchen

bei M. Medek: Folterwerkzeuge (s. u. Maschinen)

Räder

bei Alberto Giacometti: s. u. Frauen

bei Friedrich Schröder-Sonnenstern: »Sollen Rollwerk und Räder [in: 'Poomuchel, der Lebensdauerläufer . . .', 1957] nicht als Symbole einer transzendenten Wesenheit oder womöglich als Psychogramme der kollektiven Menschenseele bagatellisiert werden, müssen sie auch in der Selbständigkeit ihrer Imagination akzeptiert werden, d. h. aber notwendig in der Form ihres Erscheinens als die kreisenden Stenogramme der unerfüllten Sucht.« Peter Gorsen (1962, S. 41)

bei Jean Tinguely: s. u. Maschine', 'Traditionszerstörende

Räderwerk

bei Francis Picabia: »Er bezeichnete die Maschine als 'ein Mädchen, das ohne Mutter geboren, ein weibliches Wesen, das ganz von Männern geschaffen wurde'. Seine Darstellung dieser 'Fille, nées sans mère', 1917, in Zeichnungen und Gemälden besteht aus komplizierten Kolben und Räderwerken in schöner klarer Maschinenzeichnung.« Fritz Neugass (1969, S. 42)

–, drehbares

bei Alberto Giacometti: Getriebe (s. u. Hand, gefährdete)

Räuberbraut, motorradfahrende

bei George Segal: Pussy Galore (s. u. Penis, künstlicher)

Räume, geistige

bei Antoni Tàpies: s. u. 'Tür'

–, unbetretbare

bei Max Beckmann: s. u. Spiegel (S. Kaiser)

Räumen, Wesen aus interplanetaren

bei Enrico Baj: 'Ultrakörper' (s. u. Olo, Il Signor)

Rahmen

bei Giorgio de Chirico: s. u. Reißschienen

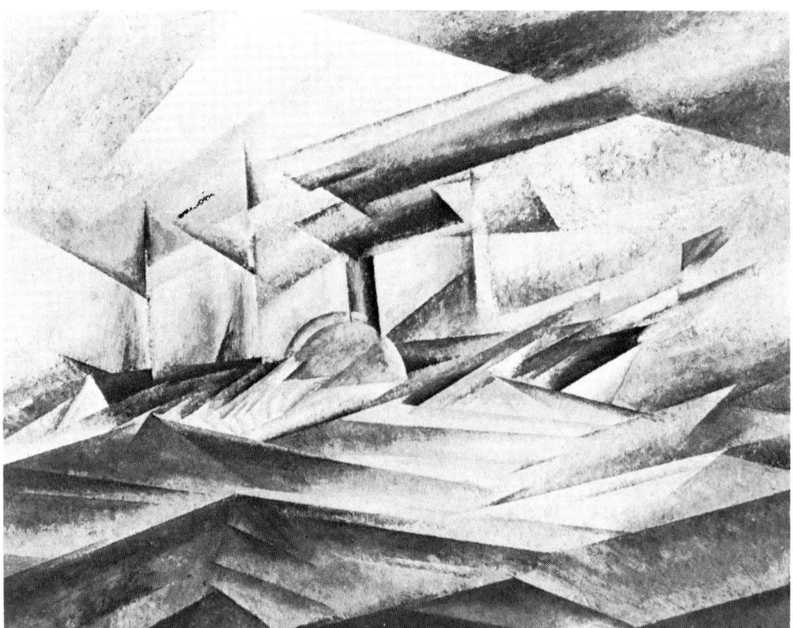

Lyonel Feininger:
Raddampfer II, 1913

bei Louise Nevelson: s. u. Kasten, isolierter

Rakete

bei Etienne Hajdu: → Spindel

bei Johannes Itten: »Unter dem Einfluß des Futurismus entstanden, mutet dieses Bild ['Letzte Wache', 1918] wie eine Vision der Raumfahrt an, eine Rakete in einer spitzwinklig-dynamisch gebrochenen Gloriole, Symbol einer durch Technik dissoziierten Natur.«

Hans Heinz Holz (1971, o. S.)

Raketenmensch

bei HAP Grieshaber: »Würde und Großformigkeit dem naturhaften Menschen Afrikas zuteilend [in: 'Afrikanische Passion', 1960] und das harte Stakkato eckiger, karger Details dem Raketenmenschen, dem Symbol der Zivilisation, im schmalen Mittelteil.« Peter Leo (1969, o. S.)

Ranke, dreigliedrige

bei Henri Laurens: s. u. Brüste

Ranken

bei Georgia O'Keeffe: s. u. Zeugungskraft

Rasenbänke

bei Otto Meyer-Amden: s. u. Maiglöcklein

Rasenflächen

bei Rudolf Hausner: s. u. Garten, barocker; s. u. Parks, Plan des

Rasierapparat

bei Konrad Klapheck: »Rasierapparat der Marke Philips [in: 'Die Terroristin', 1971] mit dreifachem Scherkopf ('Die gnadenlose Drei'). Der Titel spielt auf Leila Khaled, die palästinensische Terroristin an. Die Scherfunktion weist auf den Kastrationskomplex: Dalilah schnitt Samson die Haare ab und raubte ihm dadurch seine Stärke.«

Remilde Hammacher-van den Brande (1974, S. 172)

Rasiermesser

bei Mikuláš Medek: »Das Gemälde 'Geräusch der Stille' ist in Übereinstimmung mit M.s Vorgehen zu der Zeit genau datiert auf den 27. 6. 1950. Es kann daher genau in der Mitte seiner surrealistischen Periode angesiedelt werden . . . 'Das Geräusch der Stille' ist angefüllt mit Symbolisierungen. Das allerdrastischste Motiv ist ein Rasiermesser beim Einschneiden in eine Zunge; es zeigt den Gedanken des Bildes auf: den Kastrationskomplex, ausgedrückt mittels stellvertretender Objekte. Die Lippe ist von einem Haken durchbohrt, und die Schnur dazu endet an dem Rahmen des Spiegels.«

Bohumír Mráz (1970, S. 20)

Ratte

bei Paul Klee: »Für Baudelaire sind die Tiere Verkörperungen der bösen Gedanken der Menschen, die K. etwa auch in seiner Radierung 'Drohendes Haupt' [1905] zeigt: Ein rattenartiges Tier, das in den Hirnwindungen zu hausen scheint, taucht hinter der Stirne auf.«

Hans H. Hofstätter (1965, S. 206)

Raubfisch

bei Oskar Kokoschka: s. u. Weib, gealtertes

Raubfische

bei Silvio Mattioli: »In den Kreis dieses phantastischen Getiers gehören auch die 'Herrscher dunkler Gewässer' [1957], und sie nun stammen aus den unteren Regionen, aus den Meerestiefen, wenn man will: aus dem Unbewußten. Es handelt sich um zwei an Stangen übereinander angeordnete, in Eichenholz geschlagene Raubfische. Beide tragen eine Kopfzier aus Eisen, die sich am unteren Fisch zu einem Zackenkamm herausgebildet hat. Außerdem ist dieser Fisch mit fürchterlichen, ebenfalls eisernen Zähnen bewehrt. Es scheint, daß dieses bedrohliche Exemplar das männliche Prinzip, während das obere großäugige, sanfter dahingleitende das weibliche Prinzip verkörpert. Auffällig ist, daß sie nicht aufeinander bezogen sind – auch nicht in Feindschaft; jeder verfolgt für sich allein seine eigene Bahn.«

Fritz Billeter (1975, S. 23)

Raubtier

bei Marc Chagall: Wolf (s. u. Schafe)

Johannes Itten: Letzte Wache, 1918

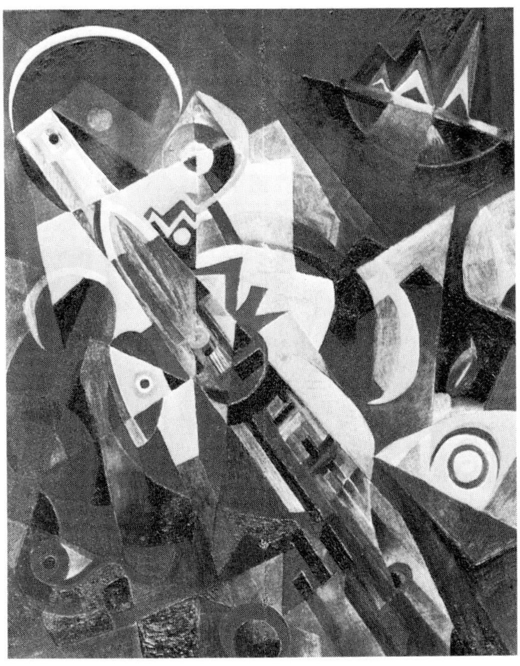

bei Max Ernst: s. u. Löwin; s. u. Offizier
bei Alfred Kubin: gefährliche Macht (s. u. Bisons, zwei kämpfende)
Raubvogel, kreischender
bei Pablo Picasso: s. u. Eule
–, Taube und
bei Theo Balden: Bedrohung des Friedens (s. u. Taube und Raubvogel)
Rauch
bei Rudolf Hausner: s. u. Schornstein einer Lokomotive
bei René Magritte: s. u. Meer
Rauchpilze
bei Werner Knaupp: »Der Ätna 1967 auf Sizilien regte die Vulkan-Serie an: brodelnde Rundkörper überziehen wie Rauchpilze die Leinwände und setzen Chiffren für Licht und Düsternis.
... K. sagt von sich, er habe in extremen Landschaften sein Naturell erkannt. Ob Sahara oder Lofoten, es sei für ihn immer wieder dasselbe Erlebnis von Einsamkeit, Alptraum, Bedrückung und Angst gewesen.« Walter Vitt (1971, S. 81)
Rauchwolke
bei Giorgio de Chirico: s. u. Lokomotive
Raum
bei Georges Braque: s. u. Vogel
bei Massimo Campigli: s. u. Figur, menschliche
bei Oscar Dominguez: s. u. Segel
bei Rolf Escher: s. u. Fenster
bei Lucio Fontana: s. u. Durchstoßen der Leinwand
bei Erich Hauser: s. u. Halbsäulen, stählerne
bei Rudolf Hausner: s. u. Kugel, rote
bei Dieter Krieg: s. u. Malschwanne
bei Marino Marini: s. u. Gaukler
bei Günther Uecker: s. u. Weiß
– der Angst
bei Willibald Kramm: → Röhre der Wartestation
–, grenzenloser
bei Hannah Hoech: s. u. Treppe
–, grenzenloser dimensionaler
bei Raimund Girke: → Weiß
–, heiliger
bei Max Beckmann: s. u. Horizont
–, imaginärer
bei Ernst Wilhelm Nay: → Weiß
– innerhalb des Bildes
bei Jacques Lipchitz: → Öffnung, runde
–, kosmischer
bei Marc Chagall: s. u. Sonnenrad
–, leerer
bei Rolf Escher: s. u. Gardinen, fehlende
–, offener
bei Joachim-Fritz Schultze: s. u. Plastik
–, quadratischer
bei Salvador Dali: s. u. Johannes
–, schwebend im
bei Paul Thek: 'Fishman' (s. u. Unterwasserwelt)
–, sonniger
bei Edvard Munch: s. u. Bett
–, Überantwortung an den
bei Max Beckmann: → Figur des Stürzenden
–, unbegrenzter
bei Jacques Lipchitz: → Öffnung, runde
–, unendlicher
bei Max Beckmann: s. u. Fernrohr
–, Verhalten zum
bei Max Beckmann: Element des Geheimnisses (s. u. Fernrohr, astronomisches)
–, Volumen und
bei Erich Hauser: → Stahlplatte, elastische, gewölbte
–, Zeit und
bei Friedrich Meckseper: s. u. Maßstab
Raum-Elefant
bei Salvador Dali: s. u. Obelisk
Raumes, Abstraktion des
bei Karl Bohrmann: s. u. Formeln, mathematische
–, Druck und Sog des
bei Erich Hauser: → Stahlplatten, elastische
–, Entfaltung des
bei Jackson Pollock: s. u. Flächenmuster
Raumgrund, magischer
bei Yves Tanguy: s. u. Gebilde von pilziger Wucherung
Raumkörper
bei Rudolf Belling: s. u. Basisschale
Raumkuppel
bei Henry Moore: s. u. Sitzende
Raums, Geborgenheit des
bei Otto Meyer-Amden: angstlose → Nacktheit
Raumschiff
bei Friedrich Meckseper: s. u. Maßstab
Rauten
bei Piet Mondrian: »Seit 1921 sind seine Bilder Fenster; die Rautenbilder [z. B. 'Das Hilversumer Bild', 1931] gleichen Dachluken, durch die wir auf eine Figur blicken, von der wir nur den wichtigsten Teil wahrnehmen.
Was zeigt sich unserem Blick durch dieses 'Schlüsselloch'? Zunächst ein Resümee der holländischen Landschaft.«
Michel Butor (1970, S. 73)
vgl. Rechteck, weißes
rautenförmige Elemente
bei Constantin Brancusi: »Die Zickzackbewegung miteinander verketteter, rautenförmiger

Elemente [in: 'Endlose Säule', 1937] repräsentiert hier ein Motiv, welches schon in der Prähistorie als Leitersymbol existierte und die Bewegungsfolge der Generationen verkörperte.«
Carola Giedion-Welcker (1973a, S. 93)

Rebis
bei Marcel Duchamp: s. u. Spiegel

Rechte, abgeschlagene
bei Ernst Ludwig Kirchner: »1915 malt er sich als Soldat, symbolisch mit einer abgeschlagenen Rechten.« Will Grohmann (1958b, S. 68)

–, erhobene
bei Fritz Klimsch: s. u. Reiter mit griechischem Helm

Rechteck
bei Allen Atwell: Einheit der Welt (s. u. Kreis)
bei Fidus: s. u. Eiform

–, S im
bei Paul Klee: → Ohr

–, weißes
bei Piet Mondrian: » . . . daß in Wirklichkeit das weiße, leere Rechteck das Bild ist, reine Öffnung, Versprechen eines zukünftigen Zimmers, nicht Beschreibung, und daß die es umgebenden Farben, die Rechtecke, die Einrahmung sind, deren das Bild bedarf, um sich in dem gegenwärtigen Milieu zu behaupten; die Seiten, die wir zunächst als Wände interpretieren, stellen den Übergang dar von den Wänden des wirklichen Raumes zu jenen der uns erwartenden Wohnstatt. Es ist nun nicht schwer zu verstehen, warum ursprünglich die schwarzen Linien nicht ganz bis zum Rand der Leinwand reichten.«
Michel Butor (1970, S. 70)

Rechtecke
bei Gerhard Hoehme: s. u. Linien

Rechteckformen
bei Leo Breuer: Disput (s. u. Kreisform)

Redners, Aggressivität des
bei Francis Bacon: s. u. Kadaver, blutiger

Regen, strömender
bei Conrad Felixmüller: s. u. 'Fabrikarbeiter im Regen'

Regenbogen
bei Giacomo Balla: »Es handelt sich um zweifellos von den sezessionistischen Bestrebungen inspirierte, völlig abstrakte Kompositionen, in denen dreieckige Formen zu regelmäßigen Bewegungen verknüpft werden. Die Idee der 'Durchdringung' verweist auf die für das hermetisch-theosophische Denken grundlegende Vorstellung der 'merkurischen Integration oder Konjunktion', die dann im Motiv des Regenbogens [in: 'Irisierende Durchdringungen', 1913/14], dem Symbol der Zusammengehörigkeit und Harmonie der Farben, indirekt in Erscheinung tritt. Hierin versinnbildlicht sich eine poetische Idee der Totalität, zugleich als Gesetz der Liebe und als Mechanismus der Abstraktion verstanden . . .« Maurizio Calvesi (1975, S. 11)
bei Alfred Jensen: »Überall öffnen sich ihm Analogien, die diesen Prozeß in immer neuen Facetten spiegeln: der dunkle – weibliche – Regenbogen (von Blau über Purpur, Violett und Rot zu Gelb) und der helle – männliche – Regenbogen (von Purpur über Blau, Grün und Gelb zu Rot), Systole und Diastole im Goetheschen Sinn, Zirkel und Quadrat, die verschiedenen Systeme der Zeitmessung, der topographischen und astrologischen Orientierung.«
Wieland Schmied (1973b, S. 26)
bei Franz Marc: kosmische Verbundenheit des Tieres (s. u. Mondsichel); s. u. Blau
bei Ewald Mataré: »Neben ihm [Noah] 'hängt' gleichsam das 'Instrument' seiner Rettung aus den Fluten [in: Südportal des Kölner Domes, 1953]: das zu einem winzigen Zeichen reduzierte Attribut der Arche. Und über ihm wölbt sich als goldglänzendes Mosaik der Regenbogen, ein weiteres Symbol der Errettung und des Endes der Sintflut.«
Hanns Theodor Flemming (1955, S. 49)
bei Walter Wörn: »Der Regenbogen [in: 'Mensch und Regenbogen' 1958] ist nicht nur optische Sensation, Phänomen eines Naturereignisses. Es wird für W. Zeichen einer das Ganze umspannenden, naturhaft kosmischen Erscheinung, und er ist Zeichen seiner Hoffnungen.«
Joachim Büchner (1972, S. 82)

–, strahlender
bei Hannah Hoech: s. u. Katze

– tragende Figur, den
bei Horst Antes: »Die den Regenbogen tragende Figur [in: 'Januskopf mit Regenbogen', 1975] bedeutet im Mythos primitiver Völker Fruchtbarkeit und mag hier die Fruchtbarkeit geistiger Anregungen versinnbildlichen.«
Jürgen Thimme (1976, S. 30)

Regenschirm
bei Philipp C. Curtis: Schutzsuche (s.u. Feuerwehrhelm)

Regenwälder, tropische
bei Wilfredo Lam: s. u. Elegua

Regletten
bei Hendrik Nicolaas Werkman: s. u. Lettern

Reh
bei Franz Marc: »Eines seiner berühmtesten Bilder, die 'Tierschicksale' [1913], bringt als Motiv

das sich täglich wiederholende Drama des Untergangs lebendiger Substanz. Der steil in die Höhe geworfene Kopf des Rehes drückt die grenzenlose Opferbereitschaft des todgeweihten Tieres aus.« Walter Winkler (1949, S. 192)

Reif

bei Julius Bissier: Zeichen der Schnelligkeit, der Kreisläufe (s. u. Rad)

Reifen

bei Rudolf Hausner: Kindheitserinnerung (s. u. Seifenblasen)

bei Konrad Klapheck: »Die Reifen schließlich beschreiben den unwiderruflichen Lauf des Schicksals« ('Lauf der Welt', 1968; 'Die Gewalt der Dinge', 1968). José Pierre (1970, S. 20)

–, Hand im

bei Rudolf Hausner: s. u. Farbspektrum, dreieckiges

Reiher

bei Alfred Kubin: »Seine Federzeichnung 'Morgenlicht' [1940] gibt in sparsamen Andeutungen das Inbild eines glashellen Morgens über einem Strome. Da ist die menschenleere Einsamkeit, in der sich der Reiher, Herr des Kahnes, seinen Fisch holt. Wird er nicht mit dem Fisch, der sich schlangenartig in seinem Schnabel windet, zum schwarzen, erschreckend abgekürzten Sinnzeichen ungründiger Grausamkeit und der Verlorenheit der Kreatur?« Anton Henze (1946, S. 49)

Giorgio de Chirico: Metaphysisches Interieur, 1916

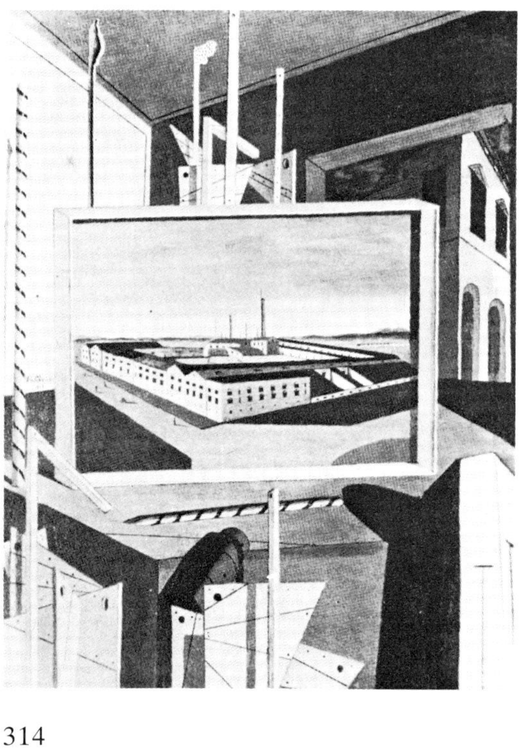

Reisehut mit der Feder

bei Max Beckmann: Attribut des Hermes-Merkur (s. u. Krücke)

Reißschienen

bei Giorgio de Chirico: »C. malte jetzt [1916] metaphysische Interieurs statt städtischen Landschaften; man kann diese hin und wieder noch durch Fenster oder besser Luken in den Zimmern sehen, in denen sich vom Fußboden bis zu den Deckengesimsen ungewöhnliche Trophäen aufhäufen, wie sie in dieser Gegend Geschäfte für Vermessungsingenieure anbieten: Feldmessermaße, Reißschienen, Rahmen und Winkeldreiecke . . . Der Ingenieur aus Thessalien [der Vater des Malers] ist in den zahllosen wissenschaftlichen Utensilien symbolisch gegenwärtig. . .«

Marcel Jean (1961, S. 47/8, 53)

Reißverschluß

bei Mikuláš Medek: »Zum malerischen Grundmaterial wird [1961/62] die synthetische Emaille, zum technischen Hauptverfahren die Perforation – farbige Massen schlagen durch –; gleichzeitig ein charakteristisches Zeichen oder Symbol: der Reißverschluß (Stoff-Verbindung und -Trennung).« Bohumír Mráz (1970, S. 42)

Reißverschluß-Zähne

bei Lee Bontecou: »B. war mehrere Jahre lang vom Vorstellungsbild einer Vagina wie besessen; er verwendete für seine Arbeiten oft furchterregende Reißverschluß-Zähne aus geschweißtem Stahl und Leinwand.«

H. Harvard Arnason (1970, S. 579)

Reiter

bei Ernst Barlach: »Erst vor dem Hintergrund dieser Quellen [Li-Tai-Pe] wird der mehrschichtige Gehalt des Blattes 'Mors Imperator' [1919] begreiflich. Danach symbolisiert der Reiter die mit dem Krieg verbundenen todbringenden Schrecken Pest, Cholera und Hunger, denen gegenüber der Mensch als ohnmächtig charakterisiert ist.« Siegmar Holsten (1976, S. 76)

bei Wassily Kandinsky: »Das Bild des Pferdes beschäftigte K. seit seiner frühesten Jugend. Das Motiv des Reiters zieht sich als romantischer Talisman des galoppierenden Helden, als Rosenkreuzritter und als Siegfried, den weder Tod noch Teufel aufhalten können, durch das gesamte Schaffen des Künstlers, von der eigentlich symbolistischen Periode bis zur abstrakten. Seine Symbole können von der Kartenlesekunst und von der Volksepik des 'Roman de geste' her als Triumph über die Materie gelesen werden: man

denke vor allem an die Scheibe, die die Sonne symbolisiert, und an das gesamte Bild des Reiters, das auf das schicksalhafte und dunkle Wirken der kosmischen Kräfte hinweist. In Hinsicht auf die graphisch-malerische Sprache drückte K. eine derartige Symbolik in den Skizzen für den Blauen Reiter (1911) aus, ganz besonders in ihren Übergängen vom Figurativen zum Abstrakten . . .« Arturo Bovi (1972, S. 28)
Kraft und Kampf (s. u. Sonne, Kraft ausstrahlende)
bei Bruno Krauskopf: Krieg (s. u. Sonne)
bei Marino Marini: » . . . ein Reiter, den ich erst 1947 vollendete. Er steht jetzt in Pittsburg, im Garten des Hauses, das Frank Lloyd Wright für Edgar Kaufmann gebaut hat. Ich nannte diese Statue 'Auferstehung'. Sie stellt einen Reiter dar, der, den Blick geradeaus gerichtet, mit weit geöffneten Armen auf seinem Pferd sitzt. Es war ein Symbol der Hoffnung und der Dankbarkeit, die mich kurz nach dem Ende des Krieges erfüllten.« Marino Marini
in: Edouard Roditi (1960, S. 93/4)
»Der Reiter ist für M. eine unzeitgemäße und daher tragische Figur. Er sieht ihn stellvertretend für ein Drama der Menschheit – als leidenden Helden eines Mythos, den spätere Epochen vielleicht erkennen werden.«
Eduard Trier/Helmut Lederer (1961, S. XIV)
s. u. Pferd, stürzendes
bei Otto Meyer-Amden: s. u. Stab
bei Emil Nolde: »Auch N. hat die Reiter, deren Zahl auf zwei reduziert ist [in: 'Krieg', 1913], nicht als göttliche Wesen, sondern, wie die Uniformen und Säbel erkennen lassen, als Soldaten gekennzeichnet. Ebenso sind die Gefallenen, deren Verstümmelung durch maskenartig fragmentierte Köpfe veranschaulicht ist, in militärischer Kleidung gegeben.
Die Grundstruktur der Darstellung ist die gleiche: Wieder erscheinen die Reiter, betont durch die Nah- und Untersicht, als bedrohliche, unaufhaltsam vernichtende Gewalt, wobei der Betrachter in die fiktive Rolle der Opfer einbezogen ist.« Siegmar Holsten (1976, S. 74)
bei Pablo Picasso: »Das hilflos der Vernichtung Preisgegebensein stellt P. [in: 'Guernica', 1937] in wenigen Figuren dar: eine anklagend schreiende Mutter mit dem toten Kind im Arm, ein unter seinem tödlich verwundeten Pferd liegender, zerschmetterter Krieger – als Reiter und in der statuenhaften Zerbrochenheit vielleicht Hinweis auf eine von unsichtbaren Feinden und unheimlichen Waffen überholte ritterliche Kampfesweise . . .« Hella Reelfs (1977, S. 279)

– auf bleichem Pferd
bei Wassily Kandinsky: »Auf dem Bild 'Apokalyptische Reiter' [1914] sind vier Reiter dargestellt. Der letzte von ihnen – er sitzt auf einem 'bleichen Pferd' – ist der Tod.«
Hideho Nishida (1976, S. 27)

– auf dem Stier
bei Jackson Pollock: »Die 'Landschaft mit Reiter' [um 1934–1938] gehört zwar als Variation des Themas 'Reiter in der Wildnis' dem Regionalismus zu, zeigt aber mit dem Memento-mori-Motiv – der Reiter auf dem Stier blickt auf ein Skelett – eine unheroische Hoffnungslosigkeit, so daß eher P. selbst als der Regionalismus zu Wort kommt.« Oskar Bätschmann (1970, S. 12)

–, der kämpft
bei Wassily Kandinsky: »Der Reiter, der davonrennt, der kämpft oder als religiöse Figur im Zusammenhang mit Vernichtung und Umsturz erscheint, symbolisiert ein historisches Ereignis, nämlich K.s Vorstoß in den Bereich der abstrakten Kunst. Der Reiter strebt dem Himmel, dem Spirituellen zu.«
Kenneth C. Lindsay (1976, S. 67)

–, die durch den Himmel fliegen
bei Wassily Kandinsky: »Der Sinn der Bilder [Umschlagentwürfe für den Almanach 'Der Blaue Reiter', 1911] könnte auch so abgewandelt werden, daß z. B. das weiße Pferd [Abb. 12] Christus den Retter darstellt, während die Reiter, die durch den Himmel fliegen, ein Symbol für die

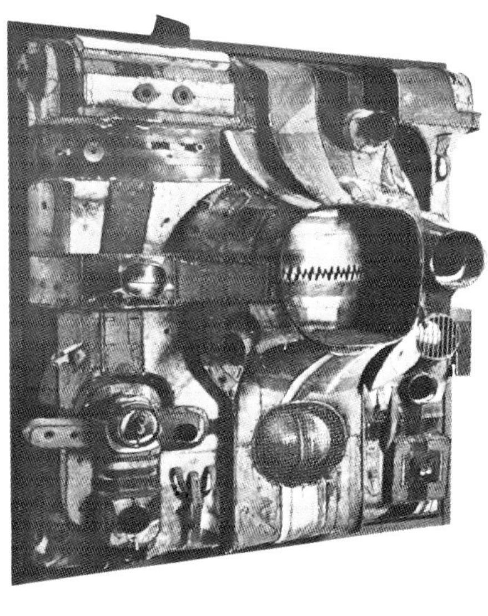

Lee Bontecou: Ohne Titel, 1962

Engel sind. Wie man die Bilder auch interpretiert, alle Deutungen haben eines gemeinsam: die Figuren symbolisieren eine 'Verkündigung', das Kommen einer neuen Welt, das 'Reich Gottes'.«

Hideho Nishida (1976, S. 25)

Reiter mit griechischem Helm

bei Fritz Klimsch: »Besonders charakteristisch ist das ehemalige Denkmal 'Zur Erinnerung an die treue Wacht des 7. Ulanenregiments 1870' von K., das die Stadt Saarbrücken 1913 errichten ließ. K. symbolisierte die siegreiche Wehrkraft als Reiter mit griechischem Helm, einem Eichenzweig in der triumphierend erhobenen Rechten und einer Lanze in der Linken.«

Siegmar Holsten (1976, S. 22/3)

–, Pferd und

bei Marino Marini: leidende und heimatlose Menschheit (s. u. Pferd und Reiter)

–, sensenschwingender

bei Georges Redon: »Die Verwendung der Todespersonifikation, im Sinne einer bejahten Schicksalsgröße, läßt sich auch bei einigen patriotischen Beispielen des Ersten Weltkrieges nachweisen, die nicht auf Deutschland beschränkt waren. Auf einer 1916 datierten Lithographie des Franzosen R. ist der Tod ähnlich wie bei Vogel als sensenschwingender Reiter in den Lüften dargestellt, ihm zu Füßen ein schießender französischer Soldat in einem Schützengraben. Zwar fehlen Symbole einer Jenseits- und Unsterblichkeitsverheißung, aber aus dem Titel 'Aux héros de la défense de Verdun' und dem Begleittext geht hervor, daß die aus der Zuordnung der beiden Motive entstehende Bildaussage nicht der Kriegstod als gefürchtete, sondern als heroisch bejahte Macht lautet.«

Siegmar Holsten (1976, S. 79)

Reiterfigur

bei Marino Marini: → Angst, tiefere

Reittiere

bei Marino Marini: »M. beobachtet auch selbst die Entwicklung in seinem Werk zu jener apokalyptischen Vision des 'Miracolo' [1953] und schließlich Gebilden, die, so meint er, wie fossile Reste des in Sodom und Pompeji vernichteten Lebens erscheinen: 'Reiter und Reittiere sind in meinen letzten Arbeiten zu seltsamen Fossilien geworden, zu Sinnbildern einer verschwundenen Welt oder vielmehr einer Welt, der es bevorsteht, auf immer zu verschwinden.' Während mit dem alten Standbild Unsterblichkeit des Dargestellten erstrebt wird, kündet die Plastik jetzt die Sterblichkeit alles Lebendigen.«

Heinz Fuchs (1961, S. 15/6)

Relieffigur, gnomhafte

bei Horst Antes: totale Isolation (s. u. gnomhafte Relieffigur)

Reliefkarten

bei Yves Klein: s. u. Kugeln, blau gefärbte

Reliquie

bei Werner Scholz: »Ein Bild wie die 'Reliquie' [1932] hat etwas Entsetzliches durch den Abstand, mit dem das Auge des Malers hier einen Kultgegenstand sieht. Und doch ist auch hierin etwas Affirmatives. Was dargestellt ist und wie es dargestellt ist, ist freilich mehr ein Symbol der Vergänglichkeit als des Seelentrostes, eine erstarrte Grimasse des Menschseins, die einen weniger glauben als schaudern macht.«

Hans-Georg Gadamer (1968, S. 31)

Reliquien einer vernichteten Welt

bei Jean Dubuffet: → Gegenstände

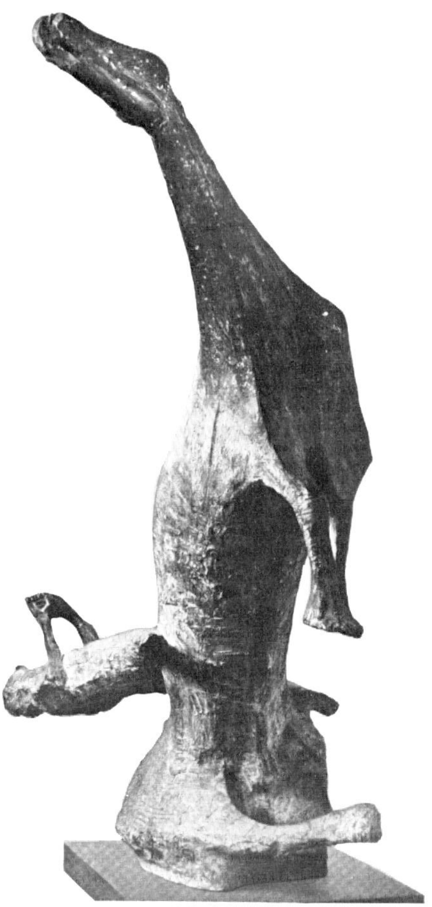

Marino Marini: Il Miracolo, 1953

Reliquienschrein
bei Walter Pichler: kranke Gesellschaft (s. u. Wagen, eiserner)
Rennwagen
bei Renato Guttuso: böses Insekt (s. u. Helme)
Repräsentant von Gesetz und Ordnung, brutaler
bei Richard Lindner: → Polizist
Repräsentantin chthonischer Mächte
bei Max Beckmann: → Columbine
Restaurant
bei Mikuláš Medek: s. u. 'Hühner-Esser'
bei Edvard Munch: s. u. Selbstbildnis
Retortenprodukt
bei Roberto Echaurren Matta: Mensch (s. u. Laboratorium)
Retter
bei Wassily Kandinsky: Christus (s. u. Reiter, die durch den Himmel fliegen)
Retterin, jungfräuliche
bei Pablo Picasso: Personifikation der 'Anima' (s. u. Kopf mit Arm und Lampe)
Reuse
bei Heinrich Campendonk: s. u. Fisch
Revolver
bei George Grosz: s. u. Flasche und Glas
bei Renato Guttuso: s. u. Widderschädel
bei Tetsumi Kudo: s. u. Thermometer
bei Jacques Monory: »Die Wiedergabe eines Revolvers [z. B. in: 'Regards'/'Blicke', 1964] diente ihm zunächst dazu, sich von der Angst zu befreien, in der ihn die abstrakte Malerei jahrelang gefangengehalten hatte.«
Alain Jouffroy (1966, S. 73)
»Um 1968 tritt der Revolver in den Mittelpunkt von M.s 'Mord-Serie', phallisches Symbol und Zeichen einer libidinösen und daher um so tödlicheren Aggressivität . . .
Und das mit dem symbolischen Zeichen der Anonymität – der schwarzen Binde – über den Augen.« Wolfgang Sauré (1974b, S. 158)
–, Griff nach dem
bei Roy Lichtenstein: »'Fastest gun' [1963], der schnellste Schütze, reduziert auf eine Detailaufnahme vom Griff nach dem Revolver, heißt 'Show-down', und 'Show-down' heißt in der Sprache der konstantesten Hollywood-Gattung, dem Western, letztes Gefecht, abschließende Schießerei, dramatischer Endpunkt. Die Detailaufnahme ist zudem herausgenommen aus einer simulierten Kamerafahrt, einem Zoom.«
Werner Jehle (1973, o. S.)
–, zwei
bei George Grosz: s. u. Abenteurer

Rhetoriker, politische
bei Leherb: s. u. Uhren, surrealistisch verfremdete
Richtengel
bei Heinrich Altherr: in rote Gewänder gekleidete Gestalten (s. u. Engel)
Richter
bei John Steuart Curry: s. u. Bundesmiliz
bei Georges Rouault: »R.s moralische Entrüstung wurde auch, wie bei Daumier, in bösartigen Karikaturen von Richtern und Politikern deutlich. Sie waren für ihn das Symbol des Bösen in der juristischen und politischen Maschinerie.«
H. Havard Arnason (1970, S. 165)
bei Werner Tübke: eine seelenlose Maschine des Tötens (s. u. Gliederpuppe, robengeschmückte)
–, deutsche
bei John Heartfield: s. u. Schlange
Richtstätte, käfigartige
bei Reginald Butler: »Mit seinem Entwurf einer käfigartigen Richtstätte für das Denkmal des unbekannten politischen Gefangenen [1951–53] fand er eine Symbolkonstruktion, die aus Technik und Sensibilität eine Vision von Grausamkeit und Tyrannei projiziert. Unter dem gespenstischen Turm der Massenvernichtung stehen drei Frauengestalten, drei schweigend-beobachtende Zeugen, die für die Zukunft das Geheimnis des Leidens bewahren.«
Oto Bihalji-Merin (1962, S. 61)

Jacques Monory: Regards/Blicke, 1964

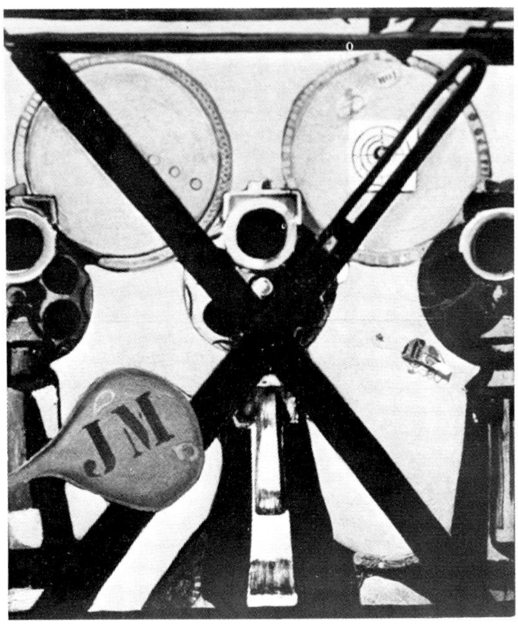

Richtungspfeile
bei Gerhard Hoehme: s. u. Linien
Riemen, mürbe
bei Karl Fred Dahmen: »Diese 'Gräben' [in den Polsterbildern vor 1969] enthalten rustikale Materialassemblagen: Reste von Zaumzeug, von mürben Riemen, rostigen Zugketten, Schnallen, Seilen.
Die Gegenstände, die neben ihrer formalen Komponente eine reale Eigenständigkeit bewahren, assoziieren Kraft, kreatürliche Angst, Ausweglosigkeit. Ursprünglich dazu bestimmt, zu verbinden, zusammenzuhalten, sind sie ihrer dynamischen oder auch statischen Funktion für immer enthoben, werden selbst gehalten, sind solitär.« Paul Otto Schulz (1969, S. 75)
Riese, menschenmähender
bei Paul Hermann: »Das Motiv des menschenmähenden Riesen, in dem die ikonographischen Typen Kronos und Schnitter Tod verschmolzen sind, hat H. von dem zwischen 1900 und 1902 entstandenen Gemälde 'The Mower' von Walter Crane entlehnt [für: 'Zeit', 1913]. Auch dort erscheint eine Personifikation des gnadenlos zerstörenden Schicksals, die mit den gleichen formalen Mitteln – Untersicht und Größenkontrast – in das Bildgefüge eingespannt ist.«
Siegmar Holsten (1976, S. 59)
Riesen, furchterregende
bei Ludwig Meidner: s. u. Propheten
Riesenblüte
bei Hannah Hoech: s. u. Maske; s. u. Podeste
Riesenhand
bei Pablo Picasso: s. u. Kerze, brennende
Rieseninsekten
bei Graham Sutherland: s. u. Grille
Riesenkopf
bei Frans Masereel: s. u. Moloch
Riesenmund
bei Man Ray: »Eines seiner Bilder, 'Zur Stunde der Sternwarte, die Verliebten' (1932–1934), stellt auf zweieinhalb Meter Breite einen Riesenmund dar, der im Himmel über dem Jardin du Luxembourg dahinschwebt – ein symbolisches Werk: Für R. war die Photographie ein Kuß, den die Zeit dem Licht gibt.«
Sarane Alexandrian (1973 b, S. 90)
Riesenspielzeug
bei Hannah Hoech: Globus (s. u. Treppe)
Riesenzelt
bei Paul Klee: → Rock
Ring
bei Marc Chagall: »Überraschend ist ein anderer Zug dieser Bilder [um 1909], die allegorische Symbolik. So bedeutet der Ring [in: 'Das Paar', 1909] offensichtlich Bindung und Treue . . .«
Franz Meyer (1961, S. 72)
Ringe
bei Peter Brüning: »Die Ringe [in: 'Autobahndenkmal', 1967] symbolisieren die unendliche Fortsetzung des Verkehrsbandes. Die nach oben zeigenden Winkel bedeuten in der Sprache der Autokarten ein Ansteigen der Straße. Hier unterstreichen sie zeichenhaft die Bewegung, die in der Form liegt.« Peter Brüning
in: Rolf-Gunter Dienst (1973, S. 23)
Ringer
bei Francis Bacon: »Das Motiv der Verzerrung setzt auch B. zur Aufschlüsselung hingenommener Tatbestände ein: seine Ringer, die er ihren Kampf statt auf einer gepolsterten Ledermatte auf einem blutbefleckten Laken austragen läßt, enthüllen in ihren Verrenkungen und ihrem Sich-selbst-Zerfleischen die masochistische Untiefe der idolisierten Massenvorstellungen der Sportplätze.« Hans H. Hofstätter (1969, S. 282)
Rinne
bei Alberto Giacometti: geschlossene Umlaufbahn (s. u. Kugel)
Rippen
bei Erich Brauer: s. u. Turm
Rippenspangen
bei Alberto Giacometti: s. u. Keule, phallische
Ritter
bei Lovis Corinth: »Der Ritter [in: 'Im Schutze der Waffen', 1915] ist nicht als Eroberer, sondern als Bewacher charakterisiert und versinnbildlicht die schützende nationale Wehrkraft, während die Frau nicht nur als Verkörperung erotischen Glücks, sondern auch der bedrohten Heimat bzw. des Friedens zu verstehen ist.«
Siegmar Holsten (1976, S. 25)
bei HAP Grieshaber: s. u. Rad
–', 'Der Irrende
bei Oskar Kokoschka: »Wie die 'Windsbraut' [1914] ist auch 'Der Irrende Ritter' [1915] Symbol eines realen Geschehens. Dieses Gegeneinander von romantischer Wirklichkeitsüberhöhung und naturalistischer Wirklichkeitsschilderung zieht sich durch sein gesamtes Lebenswerk. Wie der Liebende in der 'Windsbraut' von der Liebe besiegt wurde, so der gewappnete Ritter von den Mächten des Krieges und der Zerstörung zu Boden gezwungen worden. In beiden Fällen unterwirft sich der Künstler Kräften, die er nicht zu bändigen vermag.«
Bernard S. Myers (1957, S. 63)
Selbstbildnis in Rüstung (s. u. Krieger)

– zu Pferde
bei Albert Lüthi: wehrhafter Friede (s. u. Frauen und Kindern, Zug von)
Rittergestalt, übergroße
bei Franz Wacik: »Eine übergroße Rittergestalt [in: 'Der Rächer', 1915], die mit erhobenem Schwert über Menschen und Häuser hinwegschreitet, verkörpert den Krieg als gerechten Rachekampf, wobei die Heroisierung noch durch das Motiv der niedergetretenen Besiegten unterstrichen ist.« Siegmar Holsten (1976, S. 50)
Roboter
bei George Grosz: → Diabolospieler
bei Heinrich Hoerle: »Es besteht bei H. oft eine merkwürdige Affinität zwischen diesen Robotern und den Prothesen und künstlichen Gliedern der Invaliden und Krüppel, zwischen Kriegswelt und Maschinenwelt, in der ja immer noch Materialschlachten geführt werden.«
Wieland Schmied (1969 a, S. 59)
bei Bruce Lacey: »Von Tinguelys Maschinen ist es nur ein kurzer Schritt zu so absichtlich wackligen Robotern wie sie L. und Nam June Paik schufen. L. sagt z. B. von seinen Robotern, sie sollten die mißliche Lage, in der sich die Menschheit inmitten der modernen technischen Umwelt befindet, symbolisieren.«
Edward Lucie-Smith (1970, S. 180)
bei Fernand Léger: »Unter L.s Händen wurde das Thema ['Akte im Wald', 1909/10] zu einer nicht mehr erdhaften Ansammlung von Maschinen und Robotern. In diesem Werk wollte L. offenbar versuchen, ausschließlich aus Zylindern und Kegeln ein Kunstwerk zu schaffen. Die Sparsamkeit der Farben und die wilde Betriebsamkeit der Roboter lösen eine dämonische Wirkung aus, die symbolisch sein sollte für eine neue, enthumanisierte Welt. Die Darstellung nahm vorweg, was die italienischen Futuristen aufs Bild bannen wollten: das Verhängnisvolle dieser Welt, die es der Hoffnung und dem Fortschritt so schwer machte.« H. Havard Arnason (1970, S. 200)
→ Figuren, menschliche
bei Roberto Echaurren Matta: Mensch (s. u. Laboratorium)
bei Eduardo Paolozzi: s. u. Gestalten, anthropomorphe; s. u. Pop-Figuren, tragisch archaische
bei Ernest Trova: »T. hat ein sehr beunruhigendes Symbol für den Menschen in der modernen Zeit gefunden: anonym, menschlich und doch maschinell wirkend; ein Roboter, der fällt, kerzengerade steht, schreitet oder ruht. Ganz gleich, welche Haltung er einnimmt, man glaubt immer, er werde sich gleich in eine Maschine verwandeln. Er ist der Mensch einer Science-Fiction-Welt, in die er unversehens stolpert« [z. B. 'Studie für den fallenden Mann', 1966].
H. Havard Arnason (1970, S. 608)
–, grellfarbige
bei Richard Lindner: »Seine voluminösen Figuren sind von anonymer Bedrohlichkeit, grellfarbige Roboter charakterisieren ein Menschenbild, das von Gewalt und Erotik bestimmt wird.«
Edward Lucie-Smith (1970, S. 162)
–, unpersönliche
bei Marcel Duchamp: s. u. König und Königin
–, wesenloser
bei Heinrich Hoerle: Arbeiter (s. u. Mensch)

Heinrich Hoerle: Maschinenmänner, 1930

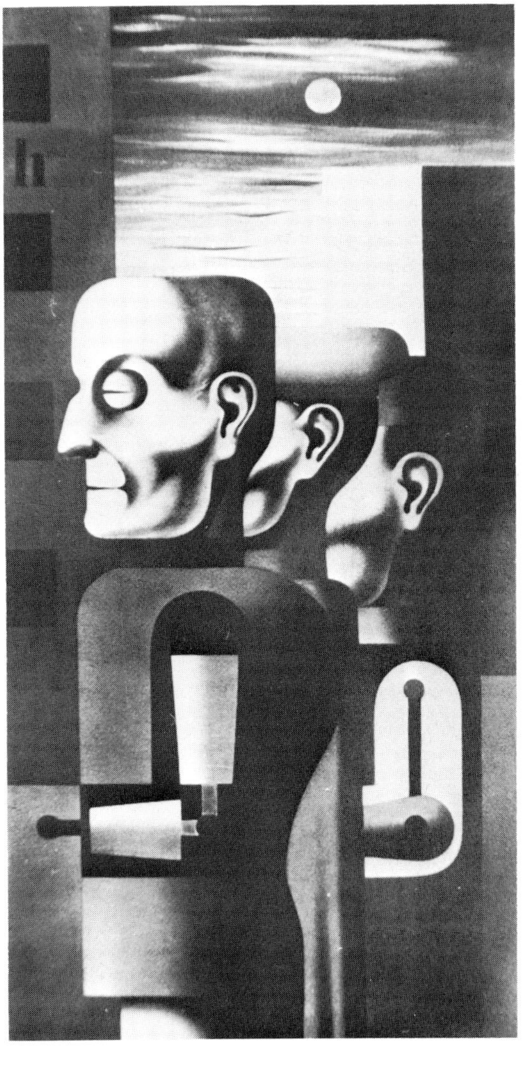

Rock
bei Paul Klee: »Schritt für Schritt zieht der ZIRKUSMANN in clownisch guter Laune seines Wegs bis zum nächsten Ort. So zeigt sie [die Gattin] denn, daß eigentlich sie selbst das ZELT sei [in: 'Circusleute wandern', 1937]! Ihr Rock erweitert sich zum Riesenzelt, in dem sich der Zirkusmann und alle Welt verkriechen und erholen wollen. Die 'Frau als Zelt' wird zum Schicksal der Heimatlosen.
Ein Thema, das die Franzosen und Picasso seit langem entwickelt haben, gewinnt durch K. eine neue Wendung. Bereits die Zeichnung des 'Großen Zirkus' rückte 1928 mit Karussell und Luftballon das Zelt-Symbol in die Mitte. Der 'Clown' von 29 trägt die Zelt-Mütze als seine Kappe. Die 'Zirkusleute' bekommen im 'Wanderzirkus' des Baltimore-Museums eine unheimliche Variante.«
Walter Ueberwasser (1963, S. 89)

–, blumenübersäter
bei Marc Chagall: s. u. Frau

Rockes, Falten des
bei Hanna Nagel: s. u. Schlangen

Röcke, weiße
bei Francis Bacon: »So sind die spitzenbesetzten weißen Röcke des Papstes [z. B. 'Papst', Nr. 2, 1960] die Röcke eines archetypischen Mannes, der sich in Schwierigkeiten befindet, vielleicht auch eines Mannes, der sich nur zu gern in den Zustand eines Säuglings zurückentwickelt hat und der der Welt den Anblick eines Erwachsenen in Windeln bietet.« John Russell (1971, S. 38)

Rune Mields: 46/70, 1970

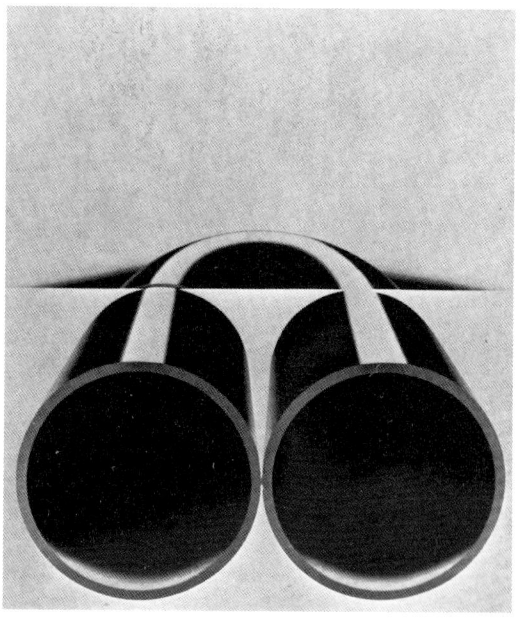

Röhre
bei Fritz Wotruba: »Jahre später [in: 'Torso', 1959] taucht bei W. ein frühes Formmodell in verdichteter Weise wieder auf. Die Grundform der Röhre, die menschliche Gestalt als etwas Durchschossenes, als aus pflanzlichen Zylindern sich Aufbauendes, verfestigt sich zum einfachen Symbol des Stehens, zu einer Säule mit zwei Beinen: Der Mensch wird zur aufrechtstehenden Hülse. Der Mensch ist ein schwankendes Rohr, eine zerbrechliche Hülle, durch die Geist, Atem und Feuer fahren.«
Alfred Schmeller (1977, S. 152)

– der Wartestation
bei Willibald Kramm: »Das Motiv trat für eine Zeit machtvoll in den Mittelpunkt seines Schaffens: Ein Raum der Angst, die jäh sich fürs Auge bildeinwärtsverengende Röhre der Wartestation [in: 'Die Wartenden', 1962] mit ihrem Tiefensog . . . In anderen Bildern erscheinen die Tunnelkreuzungen, labyrinthische Orte der Verirrungen, mit lautlos dahinhuschenden, versteinerten Angstfiguren.« Klaus Mugdan (1971, S. 15)

Röhren
bei Marcel Duchamp: s. u. Leuchtgas; s. u. Spund
bei Roberto Echaurren Matta: s. u. Laboratorium

– und Kegel
bei Rune Mields: »Scharf konturierte Röhren und Kegel stoßen jäh aus dem Bildhintergrund hervor und zwingen ihre raumdurchschneidende Gestik dem Betrachter auf, indem sie scheinbar über die Bildfläche hinaus in den realen Raum einbrechen. Die Beschränkung der Lichtmodulation auf die Nuancierungen der Nichtfarben Schwarz und Weiß verleiht den gezeichneten Volumina ihre harte, aggressive Präsenz als Symbole der latenten explosiven Bedrohung durch die technische Perfektion, deren Verselbständigung die unausweichliche Totalverletzung zur Folge hat« [z. B. in: 'Ohne Titel', 6/69].
Karin Thomas (1971, S. 320/21)

Röhrenstuhl
bei Dieter Krieg: s. u. Menschenpaket

Röhrensystem, rotfarbenes
bei Oskar Schlemmer: »Die in Kopf und Schild eingelegten Glaskreise [in: 'Relief in Gips und Glas', 1923] durchbrechen und beleben den weißen Gipsleib, den überdies ein gläsernes, rotfarbenes Röhrensystem mit kugelförmigen und zylindrischen Glaskolben durchzieht – eine schematische Formerfindung für Pulsschlag und

Kreislauf, in der die inneren Funktionen des Körpers gleichnishaft bloßgelegt werden.«
Karin von Maur (1972, S. 29)

Rohr, schwankendes
bei Fritz Wotruba: Mensch (s. u. Röhre)

Rohre
bei Rudolf Hausner: s. u. Kessel
bei Paul Klee: »Die beiden Rohre [in: 'Um den Fisch', 1926] verkörpern Transmissions- und Transzendentaltunnel, das rechte durch das Kreuz als Tunnel des Todes gekennzeichnet, das linke durch Zweig, Kopf und Fahne als Tunnel der Auferstehung und Wiedergeburt, dazu die Doppelgestalt des Mondes.«
Eberhard Roters (1977 a, S. 223)

Rohrstücke
bei Friedrich Gräsel: »Später [nach 1968] tritt an die Stelle der zeichenhaften Figur der würfelförmige Block, bei dem nun die Verläufe der ineinandergreifenden Rohrstücke einerseits den Block als Konstruktion sichtbar machen, andererseits jetzt auch zum Sinnzeichen für Verbindung, für Transport, für Kommunikation im weitesten Sinn werden.« Jürgen Morschel (1972, S. 189)

Rolandsfigur
bei Ernst Barlach: städtische Freiheit (s. u. Engel)

Rollage
bei Jiří Kolář: »Die großen multiplizierten Rollagen, bei denen in der beschriebenen Methode ein Bild in der Höhe und in der Breite vielfach vergrößert ist, erinnern an die phantastischen Gebilde manieristischer Anamorphosen. Sie konfrontieren nicht mehr in einer bestimmten genauen Anordnung zwei Bilder, zwei Realitäten, sondern sie multiplizieren eine Realität und verschieben sie dadurch in eine ganz andere Dimension.« Miroslav Lamač
in: M. Lamač/D. Mahlow (1968, S. 24)

Rolle
bei Yves Klein: s. u. Farbe, reine

Rollstuhl
bei Max Beckmann: s. u. Drehorgelspieler, blinder

Rollwerk
bei Friedrich Schröder-Sonnenstern: unerfüllte Sehnsucht (s. u. Räder)

Rom
bei Joseph Beuys: West (s. u. Kreuzteilung)
bei Renato Guttuso: s. u. Fallschirmjäger, deutscher; s. u. Leichenhaufen; s. u. Wolke, rote

–, Karte von
bei Renato Guttuso: s. u. Hektographiermaschine

Roms, Untergang
bei Godwin Ekhard: → insektenartiger Wesen, Invasion

Rosa
bei Max Ackermann: »Rosa ist eine von A. sehr geliebte Farbe, sie ist arkadisch, und er hat sie in seiner Bodenseezeit oft gebraucht. Nun sehen wir die zärtliche Farbe Rosa [in: 'Marterpfahl', 1967] plötzlich als Marterpfahl: gepeinigter Eros.«
Dieter Hoffmann (1969, S. 48)
bei Wassily Kandinsky: s. u. Eros
bei Henri Laurens: »'Rosa' [1935] ist ein geistreicher Einfall voll surrealistischer Ambivalenz: ein Fruchtbarkeitsidol, das sein eigener Geschlechtspartner ist. Brüste und Arme umfassen den phallischen Kopf, der in einen verlangend geöffneten Schnabel endet. Partner dieses Begehrens ist das Bein, das von außen auf den umschlossenen Kopf zielt. In dem Maße, in dem es sich seiner herkömmlichen anatomischen Funktion entfremdet, wird es zu einem Stoßkeil, zu einem Signal männlicher Erregung.«
Werner Hofmann (1970, S. 22)

–, hektisches
bei Ernst Wilhelm Nay: »Rufzeichen des Erotischen, immer wiederkehrende Hieroglyphen des Geschlechts bringen einen faunischen Klang ins Spiel. Auch die Farbe antwortet darauf. Sie wird scharf und zeigt oft eine gewisse halluzinierte Grelle [in den Bildern um 1938]. Ein hektisches Rosa stellt sich als neuer Klang ein. Im Rosa der Frauenleiber und im dunklen Erdbraun der Männer vibriert der elementare Gegensatz des Weiblichen und des Männlichen. Oft drücken die Zeichen der Frauen das Fliehen aus, die archaische Fluchtgestik der Nymphen, die Leibzeichen der Männer die Verfolgung, die archaische Gestik der Faune.« Werner Haftmann (1960, S. 84)

Rosagebilde
bei Paul Klee: s. u. Nabelschnur

Rosarot
bei Mikuláš Medek: Zärtlichkeit (s. u. Schwarz)

Rose
bei René Magritte: »Die Rose neben dem Spaziergänger [in: 'Die Büchse der Pandora', 1951] besagt, daß der Mensch, wohin sein Schicksal ihn auch führt, unter dem ständigen Schutz eines Elements der Schönheit steht. Der Maler möchte, daß dieser Mensch sich an den schönsten Ort seines Lebens begibt. Die Pracht der Rose entspricht ihrer wichtigsten Rolle (ein Element der Schönheit zu sein). Die aufziehende Nacht verweist auf eine gewisse Andacht, und die Brücke läßt daran denken, daß etwas überschritten, überwunden werden muß . . .« René Magritte
in: Harry Torczyner (1977, S. 129)
s. u. Schlüssel, schwebender

bei Alfredo Rostgaard: »Sein erstes, weltberühmt gewordenes Plakat für den Protestsong 'Cancion Protesta', 1967, zeigt im Bild der Rose, die sich mit ihren Stacheln der Feinde zu wehren weiß, das vollkommene Symbol der aufblühenden humanistischen und zugleich parteilichen Kunst der Revolution.« Richard Hiepe (1973, S. 91)

Rosen, blühende

bei Walter Wörn: »Was in den frühen Jahren W.s sich unmittelbar in der Wiedergabe von Landschaft und Natur niederschlug, ist nun, in späterer Zeit, reduziert auf die abgekürzte, chiffrenhaft komprimierte Angabe der Elemente des Wachsenden und des Gewachsenen, des vegetabil Belebten, Baum und Strauch, Blüte [in: 'Mensch und Blüten' 1949] und Blatt – und immer wieder blühende Rosen – bilden kraftvolle, farbig aufleuchtende Zeichen der Natur.«

Joachim Büchner (1972, S. 82)

Rosenkreuzritter

bei Wassily Kandinsky: s. u. Reiter

Rosette

bei Marc Chagall: s. u. Schafe

bei Georg Meistermann: »Hier [in der verglasten Rückwand der Heiligkreuz-Kirche, Bottrop, 1957], von M. entworfen und ausgeführt, wird die Spiralensonne vielfach als Rosette gewertet, als'Erde', die 'wahrhaft in Blüte und Glut steht'. Die Rosette ist nicht mehr, wie in den mittelalterlichen Kathedralen, höchster Ausdruck mühevoller Überwindung der Erdenschwere, sondern vielmehr einer dynamischen Bewegung, die sich dem Versperrten und Beharrenden, dem hart Umrissenen und Statischen entgegensetzt.«

Rainer Volp (1966, S. 147)

Roß

bei Marino Marini: s. u. Pferd, stürzendes

Rot

bei Max Ackermann: s. u. Blau, Rot und Gelb

bei Marc Chagall: »Rot, Weißgrün und Blau, die das Feuer, die Erde und das Meer bedeuten« [in: 'Zu Ehren Apollinaires', 1911–13].

Lionello Venturi (1956, S. 38/9)

exotische Faszination (s. u. Akt, weiblicher); des Kuhkopfes (s. u. Dorf); nährender Lebenssaft (s. u. Frau); vgl. Adam und Eva

bei Max Ernst: »Es bietet sich an, das Rot der halben Maske [in: 'Frühling in Paris', 1950] als symbolische, Liebe, Passion bezeichnende Farbe zu lesen. Die Passion bezieht sich auf die Malerei und auf die junge, neu in sein Leben getretene Frau [Dorothea Tanning].«

Werner Spies (1975, S. 74)

bei Wassily Kandinsky: Ideen der Freude u. a. (s. u. Gelb); s. u. Eros

bei Paul Klee: »Die gefährliche Spannung zwischen Violett und dem zum Kadmium anwachsenden Rot [in: 'Revolution des Viaduktes', 1937] macht die Drohung in der Symbolkraft der Farbe sichtbar.«

Werner Haftmann (1957, S. 170)

Gefahr (s. u. Gelb)

bei Yves Klein: »Blau ist inK.s bereits erläuterten Weise Geist; Gold steht für das Absolute, für das Höchste schlechthin; Rot ist in K.s wie auch in der historischen Aufschlüsselung das Leben. Alle drei sind das innere Leben, das durch diese monochrome Trilogie in den Besitz des Menschen gelangen soll . . .«

Paul Wember (1969, S. 21)

Liebe u. a. (s. u. Gold)

bei Franz Marc: »Rot [ist] die Materie, brutal und schwer.« Franz Marc an August Macke in: Werner Haftmann (1954, S. 182)

bei Otto Meyer-Amden: »Umgekehrt verhält es sich mit dem Rot, das M. offenbar als die Farbe des Irdischen betrachtet: im eigenen irdischen Bereich rein, trübt es sich himmelwärts durch Mischung mit Blau zu Rotviolett.«

Carlo Huber (1968, S. 77)

bei Joan Miró »Bei M. vollzieht sich zu Beginn der dreißiger Jahre eine Wandlung. Das Clownhafte weicht einer runischen Zeichenkunst, die sich den Spätwerken von Klee annähert. In beiden tauchen Schwarz und Rot als Symbole der Blut-, Feuer- und Todessphäre auf.«

Alfred Neumeyer (1961, S. 144)

bei Pablo Picasso: »Aber es wäre verfehlt, wollte man die hellroten Hintergründe [nach 1904] seiner Bilder als Symbole ungebrochener Lebensfreude verstehen. Das Rot läßt sich, wenn man es symbolisch deutet, als Farbe des Blutes und somit als Symbol des Lebens verstehen.«

Wilfried Wiegand (1973, S. 54)

bei Markus Prachensky: »Rot ist eine Farbe pulsierenden Lebens, der feurigen Bewegtheit, ein Anzeichen des schäumenden Flusses von inneren Ereignissen, eine explosive Farbe, die Gefahr aus der Rasanz der Lebensvorgänge signalisiert.
Rot ist aber auch der Ausdruck der feurigen Natur des Geistes selbst. Geist ist Bewegung auf die Welt zu, die er zu durchdringen, zu umarmen trachtet. Geist ist die Strebung, Tendenz, Begehren nach dem Höchsten . . .«

Otto Mauer (1960, o. S.)

bei Jean-Pierre Raynaud: »Er sieht in seinen Objekten eine Signalsprache. Psycho-Objekte

nennt er sie, weil sich in ihnen Reaktionen auf seine Erfahrungen, auf die Ängste und Depressionen seiner Umwelt ausdrücken und 'objektivieren'.
'Wenn ein Element eine sehr direkte Funktion hat, greift man zu Rot und Weiß', sagt R. Rot als die Farbe für Gewalt und für Verbot, auch als die Farbe für alle Feuermelder, Gefahrenanzeiger und Warnschilder, mit denen wir im täglichen Leben umgeben sind ... Soundsoviel rote Fläche, soundsoviel weiße: das Verhältnis beider zueinander bestimmt die Aggressivität der intendierten Geste.« Lothar Romain (1969, S. 76)

–, bedrohliches
bei César Klein: s. u. Gasse, schachtartige

–, brandiges
bei Pablo Picasso: chthonische Bereiche (s. u. Braun, erdhaftes)

–, dunkles
bei Wassily Kandinsky: Erlösungshoffnung (s. u. Ecke, rote)

–, flammendes
bei Emil Nolde: s. u. Maria Ägyptica

–, Masse von
bei Marc Chagall: Blut (s. u. Engelssturz)

– und Blau, Gold,
bei Otto Herbert Hajek: die Heilige Dreifaltigkeit (s. u. Gold, Rot und Blau)

– und Gold, Blau,
bei Yves Klein: strahlende Mächtigkeit (s. u. Blau, Rot und Gold)

– - und Gelbtöne
bei Franz Radziwill: s. u. Lampe

Rotations-Maschinen
bei Günther Uecker: Terror (s. u. Nagel/D. Helms)

Rübe
bei Pablo Picasso: »Im Januar 1937 schuf er eine Radierung, die eine Reihe von Episoden mit einem Poem umfaßte: 'Traum und Lüge Francos'. Franco wird als Monster-Rübe dargestellt, der Stier als Symbol des sich erhebenden Spaniens. Im Sommer 1937 malte P. sein großes Gemälde 'Guernica'. . .«
H. Havard Arnason (1970, S. 390)

Rücken
bei René Margritte: s. u. Melone, Subjekt unter der

– einreiben
bei Henry Moore: s. u. Frau, sitzende

–, nackte
bei Henri Matisse: s. u. Lothringerstuhl

Rückenakt, nacktes Weib als
bei Alfred Kubin: Frau Welt (s. u. Weib als Rükkenakt, nacktes)

Rückenfigur
bei Oskar Schlemmer: Mensch, der sich dem Offenen zuwendet (s. u. Licht)

Rückennummern
bei Fritz Genkinger: »Die den Körper zernierenden Farbstreifen und Rückennummern auf den Tricots der Fußballspieler verdeutlichen die Sehnsucht des Sportlers, aus seiner Körperlichkeit herauszuwachsen und in einem anderen, übergeordneten Zusammenhang aufzugehen.«
Ottmar Bergmann (1969, o. S.)

Rückgrat
bei Alberto Giacometti: Kante in eckigen Stufen (s. u. Körper, großer); s. u. Keule, phallische

Rümpfe ohne Arme
bei Alberto Giacometti: »Rümpfe ohne Arme [in: 'Komposition mit drei Figuren und einem Kopf', 1950], Arme ohne Rümpfe – Chiffren der Zerstörung und zugleich Lähmung der menschlichen Handlungsfreiheit.«
Walther Krüger (1972, S. 26)

Rüstung
bei Oskar Kokoschka: s. u. Krieger

–, metallische
bei K. R. H. Sonderborg: Zerstörung und Krieg (s. u. Pontons)

Jean-Pierre Raynaud: Psycho-Objekt, 1966

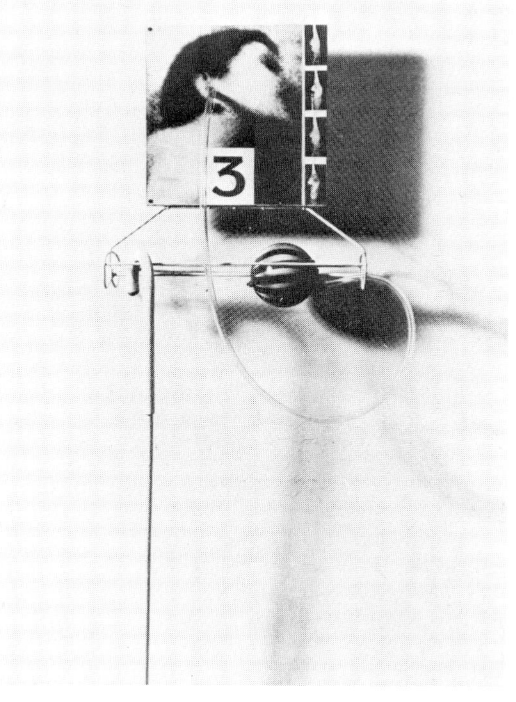

Rufer in der Wüste
bei Erich Heckel: Künstler (s. u. Schmerzensmann)
bei Ludwig Meidner: s. u. Propheten
Ruhelose, der
bei Rudolf Hausner: Odysseus (s. u. Wasser)
'Ruheraum'
bei Oskar Schlemmer: s. u. Licht
Ruine
bei Rudolf Belling: s. u. Blüte, kelchförmige
bei Rolf Escher: s. u. Treppe
bei Franz Radziwill: Vergänglichkeit (s. u. Hafen)
–, menschliche
bei Pablo Picasso: → Büglerin
Ruinen von Tempeln
bei Franz Radziwill: Memento-mori-Symbol (s. u. Säulen, umgekippte)
Rumpelkammer
bei Giorgio de Chirico: s. u. Entfremdung
Rumpf
bei Ernst Ludwig Kirchner: s. u. Auszehrung, innere
bei René Magritte: s. u. Körper, Gesicht und
bei Harald Metzkes: s. u. Schiff, gestrandetes
– eines Bootes
bei Pavel Sukdolák: s. u. Halbkreis mit krummer Linie
–, gekrümmter
bei Max Ernst: s. u. Kreisel
–, Kopf nicht auf dem
bei Marc Chagall: Entthronung der Vernunft (s. u. Kopf nicht auf dem Rumpf)
–, Loch im
bei Ossip Zadkine: Zerstörung der Stadtmitte (s. u. Loch im Rumpf)
Rund, das
bei Max Ernst: das Auge nach innen (s. u. Oval)
–, blaues
bei Ernst Wilhelm Nay: »Aber es gab auch andere Definitionen. Eine uralte kam aus der Geschichte: der Kreis als Mandorla, als Zeichen eines erscheinenden Mythischen. In diesem Zeichen hatte das blaue Rund in 'Blau, Orange und dunkles Rot' [1958] seine evokative Kraft erhalten. Eine andere hatte C. G. Jung in der Erforschung der Symboldeutung der Kreisform im Menschheitsgedächtnis gefunden; da stand die runde Scheibe für die Bannung der Angst. N. selbst hält es für wahrscheinlich, daß gerade dieser ganze psychische Komplex der Bannung der Angst bei der Setzung der Scheibe im Unbewußten mitgewirkt haben könnte . . . Die runde Scheibe war ihm im Bereich der reinen formalen Gestaltung das Zeichen der Ganzheit. Damit aber wuchs sie zu einer besonderen Bedeutungsfigur empor, sie wurde Bannzeichen für das Sich-Zerstreuende . . ., für das unfaßbar Diffuse der uns umgebenden Leere, aus der die Angst kommt. Durch ihre Ganzheit und durch ihre Funktion als Bannzeichen war sie Heilmittel. Unter ihrem Zeichen 'kann Heil und Unheil miteinander toben'.«
Werner Haftmann (1960, S. 206)
Rundbogen
bei Giorgio de Chirico: s. u. Bogen
Runde, das
s. Teil III
–, das fruchthaft
bei Henry Moore: das Weibliche (s. u. Fruchtkugeln)
–, die Große
bei Rudolf Hoflehner: s. u. Kugel
Rundfenstern, Kasten mit
bei Jean-Pierre Raynaud: Einsperrung und Tod (s. u. Psycho-Objekte)
Rundform in Goldfarbe
bei Yves Klein: »Die pastos aufgetupfte Rundform in Goldfarbe mit ihren Durchbrüchen wird dabei zur transparenten Kugelform und stellt so etwas wie ein Kontemplationszentrum dar.«
Hans H. Hofstätter (1969, S. 228)
Rundfunkgerät, altes
bei Torsten Renquist: »In seinen graphischen Blättern und Zeichnungen griff er auf Gegenstände des Alltags zurück [vor 1955], mit Vorliebe auf abgenutzte, weggeworfene und verschlissene: auf alte Rundfunkgeräte, verwelktes Laub. Geladen mit Energie und Aggressivität, werden sie zu Sinnbildern der Freiheit und Selbständigkeit.«
Pontus K. G. Hultén (1966, S. 156)
Rundschilde
bei Renato Guttuso: absurde Zeichen für Kriegsmaschinen (s. u. Helme)
Rundung des Gesichtes
bei Fernand Léger: Kreis (s. u. Doppelwelle)
Runen
bei Fidus: s. u. Kreuz
runenhafte Zeichen
bei Paul Klee: »Die letzten vier Jahre, 1937–1940, aber scheiden sich deutlich von allen früheren. Schwere Balken verdrängen das zierliche Linienwesen, das man als K.s eigenste Handschrift zu lesen und zu lieben gelernt hatte. In vereinzelte, dunkle, runenhafte Zeichen zerfallen die innigen Verschlingungen von früher. Sehr viel Skeletthaftes und Angsthaftes tritt auf.

Es bedürfte der Bildtitel nicht: 1938 – 'Zerbrochener Schlüssel' und 'Tänze vor Angst', 1939 – 'Zerstörtes Labyrinth' und 'Angstausbruch', 1940 – 'Tod im Feuer', 'Charon', 'Der Todesengel'. Auch ohne das wüßten wir: Hier häufen sich die Symbole des Schluß-Strichs, die Symbole der Unausweichlichkeit, die Symbole des Zerfallens ins Fragmentarische, in die uranfänglichen Elemente – sagen wir's geradeheraus: die Symbole des Todes.« Georg Schmidt (1966, S. 223)

Runenzeichen
bei Fidus: s. u. Hagal-Rune
Russe Burljuk
bei Marc Chagall: s. u. Dorf
–, orthodoxer
bei Alexej von Jawlensky: s. u. Doppelkreuz, slawisches
Russenmützen, altmodische
bei Marc Chagall: unvergessene Heimat (s. u. Dächer)

S

S im Rechteck
bei Paul Klee: »Das S in einem Rechteck [in: 'Rausch', 1939] verwendete K. in dieser Zeit regelmäßig für das Ohr.«
Max Huggler (1969, S. 203)
Sack
bei Alberto Burri: ». . .versetzt der Sack B.s nicht die Farbe, sind das verbrannte Holz und die plastischen Stoffe, die manchmal wie eine offene Wunde wirken, keineswegs Symbole oder Anspielungen auf das Unbewußte.
Diese Materien haben, wenn auch keine symbolische, so doch eine sittliche Bedeutung, sind nicht raffiniert und auch nicht gewöhnlich, sondern bewußt ausgewählt zwischen vergessenen und vernachlässigten Dingen, die keine praktische Funktion mehr haben, die im Gegenteil verlumpt, zerrissen und verbrannt sind, und doch hat ihre Wahl, wie Argan bemerkt, 'nichts Krankhaftes oder Korruptes, sondern in ihnen lebt der Gedanke, daß sie selbst, in ihrer Verlassenheit und Wertlosigkeit, noch kein Ende bedeuten, nicht unwiderruflich das Bewußtsein der Existenz aufheben.'« Nello Ponente (1960b, S. 171/73)
bei Marc Chagall: s. u. Hausierer
–, Jude mit dem
bei Marc Chagall: ahasverische Existenz (s. u. Jude, der seine Thora umarmt)
Säbel
bei Emil Nolde: s. u. Reiter
Säcke mit Farbe
bei Alberto Burri: »B. war von Beruf Arzt und begann mit dem Malen, als er als Kriegsgefangener in den USA war. Weil ihm die richtigen Materialien fehlten, nahm er alte, zusammengenähte Säcke, die er dick mit Farbe bestrich. Man wird deshalb oft an blutgetränkte und zerrissene Bandagen erinnert – sein Kommentar zu den Erlebnissen des Todes und der Zerstörung eines Krieges.« H. Havard Arnason (1970, S. 563)

Säge
bei Dorothee Conrady: menschliche Problematik (s. u. Werkzeuge)
bei Graham Sutherland: s. u. Grille
Säle
bei Eberhard G. Willikens: »Säle sind der Alptraum von der Preisgabe des Intimsten, die Verwaltung des Privaten. Internatssäle, Spitalsäle, Asylsäle, Kasernensäle, Lazarettsäle, Lagersäle, Schlafsäle (die Zelle des Gefängnisses ist ein Saal im Kleinen). Säle sind die Zimmer der Öffentlichkeit, ihre Farben die Farben der Öffentlichkeit.« Eberhard G. Willikens (1971, o. S.)

Alberto Burri: Sacco B 53, 1953

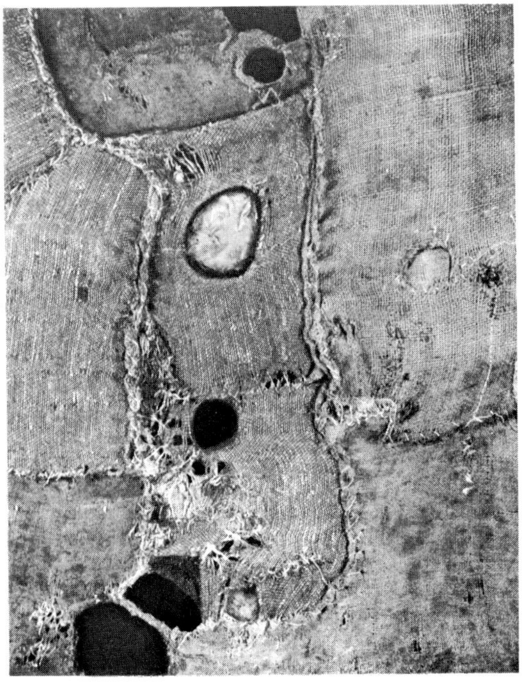

Sänger der Angst
bei Giorgio de Chirico: → Troubadour
Säugetiere, intelligenteste
bei Salvador Dali: → Delphine
Säugling
bei Francis Bacon: s. u. Röcke, weiße
bei John Steuart Curry: s. u. Präriebrand
bei Joan Miró: Parasit seiner Mutter (s. u. Kreis)
Säule, berstende
bei Oskar Kokoschka: Ruhm (s. u. Mahler, Gustav)
– der Vergänglichkeit
bei César: → Buick, alter
–, endlose
bei Constantin Brancusi: »Das Atelier ist ein großer Raum mit einem hohen Gewölbe aus Oberlichtern, das von drei oder vier seiner *endlosen Säulen,* die vom Boden in die Höhe streben, gestützt scheint. Diese Säulen sind Holzskulpturen, gestaltet aus abstrakten, sich ständig wiederholenden Formen – Ursäulen, die in den Himmel ragen, rituelle Bäume, liturgische Gestalten, Symbol des Wachsens – organisches Wachstum und geistiges Streben.« David Lewis (1958, S. 9)
»Aber der Traum von B.s universellen Symbolen wird mit der 'Endlosen Säule' [seit 1916 bzw. 1935–38] Wirklichkeit. Es ist das ursprünglichste und wesentlichste Symbol des rumänischen Dorfes, ein Symbol der Verbindung von Himmel und Erde, ein Mittel, auf das ideale menschliche Streben, die Aufwärtswoge, hinzuweisen . . . Durch ihr Aufbrechen in den Raum wird sie zu einem eindrucksvollen Zeichen des kosmischen Beginns, einem Symbol der Zeugungskraft.« Mircea Deac (1976, S. 75)
– mit zwei Beinen
bei Fritz Wotruba: Stehen (s. u. Röhre)
'– ohne Ende'
bei Constantin Brancusi: ». . . vor allem die aus Prismen gebildete, in regelmäßigem Rhythmus aufsteigende 'Säule ohne Ende', die ihr Vorbild in Grabsäulen auf rumänischen Friedhöfen hat. Im Werk B.s taucht das Motiv zuerst als Sockel auf, der schließlich selbständig wird und seine großartigste Fassung im 1938 vollendeten Gefallenendenkmal von Tirgu Jiu als Symbol des Aufsteigens, der Verbindung von Erde und Himmel, bekam.« Jürgen Morschel (1971, S. 55)
Säulen
bei Giorgio de Chirico: das Männliche (s. u. Türme)
–, glatte
bei Graham Sutherland: »So entsteht die Folge der berühmten 'Dornenbäume', die aus glatten Säulen – Sinnbildern für Stützen des antiken Weltbildes – die Folterstacheln hervorschießen lassen (1946).« Max Peter Maass (1965, S. 157)
–, ionische
bei Werner Tübke: s. u. Mutter mit den vier Knaben
–, umgekippte
bei Franz Radziwill: ». . . so fügt der listige Pessimist aus Dangast oft Memento-mori-Symbole in seine Kompositionen ein. Das können umgekippte Säulen, zersprungene antike Figuren, zum zweitenmal lädierte Torsi sein, zerschellte Schiffsrümpfe, Ruinen von Tempeln, Kirchen, Neubauten in allen Stadien ihrer Rückverwandlung in gleichgültiges Gestein.«
Peter Winter (1975, S. 9)
Säulenreihe
bei Otto Dix: »Nur im Bildnis Theodor Däublers [1927] wird die D.sche Verbissenheit durch die Jovialität des Dichters überwunden. In der Fülle seiner Leiblichkeit ist der Epiker des Expressionismus vor einer Säulenreihe – Symbol seiner geliebten Mittelmeerwelt – gesetzt.«
Ludwig Grote (1954, S. 49)
Säulentrommel, zerborstene
bei Giorgio de Chirico: Vergänglichkeit (s. u. Tempel, zerbröckelter)
Sahara
bei Heinz Mack: Zero (s. u. Kreuz)
Saiteninstrumente
bei Max Beckmann: Gesang und Spiel bzw. Ausdruck vergänglicher Lebensfreude (s. u. Kerze, stehende und gestürzte)
Salome
bei Salvador Dali: Erotik (s. u. Johannes)
Salomons, Braut
bei Marc Chagall: s. u. Gesichter, sich ineinander küssend
Salz
bei Armodio: Anfangsmaterie (s. u. Ei)
Samaritermensch
bei Germaine Richier: s. u. Christus am Kreuz
Samen, glühende
bei Rudolf Hausner: Zeugung (s. u. Fabrikschornstein)
Samenfäden, gefiederte
bei Fidus: s. u. Blume, geöffnete
Samenkapsel
bei Paul Klee: »In dem anfangs desselben [1927] Jahres gemalten 'Stilleben' stehen die kleinen Samenkapseln links außen und die orangerote Frucht in inhaltlicher Beziehung. Sie versinnbildlichen den Kreislauf der Natur.«
Christian Geelhaar (1972, S. 107)

Samenkorn
bei Hans Arp: Identität (s. u. Ei)
Sand
bei Heinz Mack: s. u. Kreuz
–, gelber
bei Renato Guttuso: s. u. Leichenhaufen
Sandfläche
bei Yves Tanguy: »Die Sandfläche ist hier [in: 'Jours de Lenteur', 1937] nur ein anderes Wort für die Landschaft des Unbewußten, Traumhaften, Irrealen, und das Strandgut gemächlicher Ausdruck dessen, was sich unserem bewußten Willen entzieht.« Alfred Schmeller (1956, S. 34)
Sanduhr
bei Werner Tübke: »... nach links zu [in: 'Lebenserinnerungen des Dr. jur. Schulze III', 1965] in die furchtbare Zone eines Konzentrationslagers übergeht. Dort werden die Opfer gepeinigt und getötet (Sanduhr neben der Henkerszene als Symbol verlöschenden Lebens).«
Günter Meißner (1974, S. 15)
Vergänglichkeit (s. u. Friedenstaube)
'Sappho'
bei Auguste Rodin: s. u. Mädchen, die Dichterin flankierend
Sarajewo, Bahnhof von
bei Rudolf Hausner: s. u. Schornstein einer Lokomotive
Sarg
bei Henry Moore: s. u. Liegende (E. Neumann)
bei Franz Radziwill: »... und verlassen liegt die Baugrube [in: 'Der Streik', 1931], die mit dem Vanitas-Symbol des Sarges den Dialog auf die Vergänglichkeit der 'ewigen Werte' moderner Technik eingegangen ist.«
Roland März (1975, S. 36)
–, Grab und
bei Alberto Giacometti: s. u. Gräberfeld
– mit Hakenkreuz
bei Andreas Paul Weber: »Aber den Lemmingen gleich, die sich von einer Anhöhe ins Meer stürzen und dort ertrinken, läßt W. die bereits auf der Anhöhe angelangten Nationalsozialisten [in: 'Das Verhängnis', 1932] in einen Abgrund stürzen und in einen dort aufgestellten riesigen Sarg mit Hakenkreuz (Chiffre für die Katastrophe des Kriegsendes) fallen.«
Walther Krüger (1972, S. 50)
Sarkophag
bei Henry Moore: s. u. Liegende (E. Neumann)
Satan
bei Ernst Fuchs: s. u. Einhorn
Satansflügeln, Tod mit
bei Werner Tübke: Verderben (s. u. Doge)
Saturn
bei Max Beckmann: vor allem Geheimnis, magische Beziehung, okkulte Macht, rätselhafte Einwirkung (s. u. Krücke)
–, Macht des
bei Max Beckmann: → Schlüssel
Satyravata
bei Max Beckmann: Fischerkönig (s. u. Meerwesen)
Satyrn
bei Franz von Stuck: »... Figurengruppen erscheinen als Symbole menschlicher Empfindungen und verdeckter Leidenschaften, in Satyrn, Faunen und Kentauren verkörpern sich ungezügelte Kräfte und elementare Natur. Das alles wirkt aus heutiger Sicht mehr allegorisch als symbolisch ...« Paul Vogt (1972, S. 25)
Saul und David
bei Otto Dix: »Saul und David werden schlechthin zum Symbol der Menschheit. Gierig sieht der Neid auf die Verkörperung des Geistes ... Saul wird zum Sinnbild des machtgewordenen Menschen, und nirgends findet D. dieses so unglaublich beschrieben wie in der Bibel.«
Herbert Minte (1946, S. 103/04)
Saxophon
bei Max Beckmann: »Will man das Attribut des Saxophons auf dem Selbstbildnis von 1930 in einer Weise verstehen, die dem Grad der Darstellungsintensität und der ungewöhnlichen Ausdrucksmacht des wieder zum Attribut gewordenen Dingsymbols entspricht, so wird man zunächst alle bisher erörterten Gesichtspunkte in eins zusammenfassen müssen: das Grundmotiv der Lebenskraft und das Prinzip des Ursprungs unter den Aspekten von Lingam und Yoni, das Moment der Kunst unter dem Aspekt des Musikinstrumentes, das Element der Macht im Sinne der Beherrschung von Vitalität und das Phänomen der Einheit unter dem Gesichtspunkt der Vereinigung gegensätzlicher Aspekte in einem Symbol.« Friedhelm W. Fischer (1972a, S. 86)
s. u. Knospen, überdimensionale
Schachfelder
bei Victor Brauner: »Der Boden des Raumes [in: 'Kabiline en mouvement', 1933] ist in schwarzweiße Schachfelder aufgeteilt – es ist die Welt der Ratio ...« Dieter Wyss (1949, S. 82)
Schachspiel
bei Samuel Bak: »Aber im Schachspiel B.s ist die Ordnung zusammengefallen ... B. spricht auch vom Schachspiel als dem Spiel des Krieges. Vielleicht ist es der Krieg, mit dem er immer leben mußte, und die Erinnerungen an andere vergan-

gene Kriege, die ihn nie verlassen haben, die das Schachspiel zu einer solch symbolhaften und bedeutungsstarken Metapher werden ließen« [z. B. 'Erwartung', 1970].

Rolf Kallenbach (1977, S. 23)

bei Max Ernst: s. u. König

Schachteln

bei Louise Nevelson: s. u. Kasten, isolierter

Schächte

bei Louise Nevelson: s. u. Schwarz

Schädel

bei Alberto Giacometti: s. u. Keule, phallische

bei Rudolf Hausner: s. u. Selbstbildnis; s. u. Staffelei

bei Ludwig Meidner: »Was man an diesem unruhigen Bild ['Revolution' (Barrikadenkampf), um 1913] . . . nicht vergessen wird, . . . das sind die beiden 'Angst' gewordenen Schädel am Bildrand unten, in denen auf knappste Art das Signum einer verlorenen Generation Ausdruck gefunden hat. Der da fragend und schlotternd herausschaut, ist M. selbst, so wie wir ihn auch in dem Antlitz des mutvoll die Fahne umklammernden Barrikadenkämpfers zu erkennen glauben, obgleich ein Arbeiter hierzu Modell gestanden hat.« Thomas Grochowiak (1966, S. 72/3)

bei Pablo Picasso: »Der Schädel – zuerst der eines Stieres oder eines Hammels, später der Menschenschädel – wird zum Leitmotiv [um 1952] dieser Bilder, die in asketischer Strenge und Deutlichkeit eine vom Krieg bedrohte Welt symbolisieren.« Klaus Gallwitz (1971 b, S. 47)

»P. hat das Bild ['Stilleben mit Ochsenschädel', 1942] eine Woche nach dem Tod des Bildhauers Julio Gonzalez gemalt, mit dem er seit langer Zeit befreundet war und der ihm beigestanden hatte, als er um 1929/31 selbst eine Reihe von Eisenplastiken schuf. Das Stilleben war von P. als Requiem auf den in der Nähe von Paris gestorbenen Freund gedacht. Feierlich, gleichsam aufgebahrt, ruht auf dem 'kubistisch' gesehenen dunklen Tuch der Schädel eines Stiers; der Schädel als Symbol des Todes, der Stier – wie so oft bei P. – als Symbol des spanischen Volkes, dem beide Künstler angehören.«

Werner Schmalenbach (1968, S. 21)

Schädelhäuser

bei Walter Pichler: kranke Gesellschaft (s. u. Wagen, eiserner)

Schaf

bei Karl Rössing: 'stilles Tier' (s. u. Schmetterling)

Schafe

bei Marc Chagall: »Er baute [jedes Fenster der Universitätsklinik, Jerusalem, 1959–62] wie einen flächigen Landschaftsraum auf. In diesen schreiben sich in heraldischer Abkürzung die Gegenstandszeichen ein, die die einzelnen Stämme und ihren Auftrag innerhalb der Weissagung symbolisieren. Da stehen für den Stamm Reuben, der als Hirtenvolk galt, vor dem Blau des Meeres und des Himmels Schafe, Fische, Vögel und Gestirne als Symbolzeichen für die große Natur. Der Stamm Levi, der die Tempeldiener stellte, die das Gesetz lehrten, wird gekennzeichnet durch die von Tieren umgebene

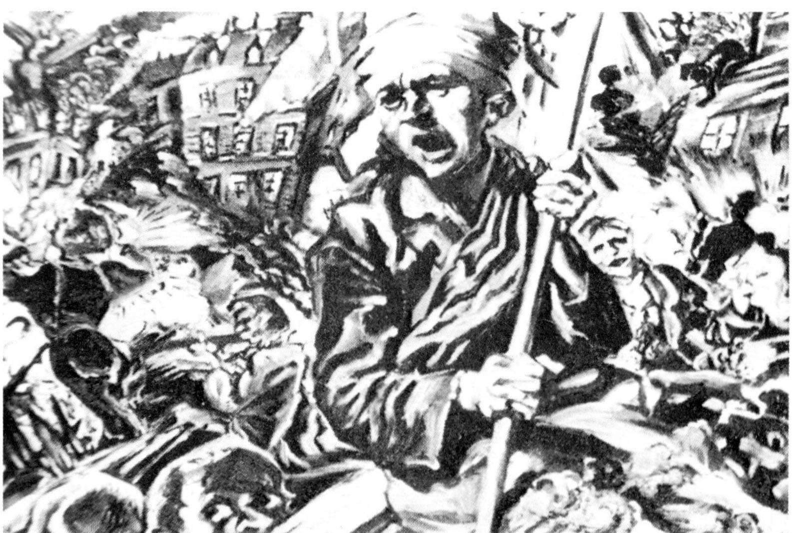

Ludwig Meidner: Revolution (Barrikadenkampf), um 1913

Gebotstafel, durch Altar und Kerzen, von denen ein goldenes Licht durch das ganze Fenster strahlt. Für Juda, das die politischen Führer stellte, steht der Löwe, für die Küstenbewohner des Stammes Sebulon das Schiff und zwei Fische. Das Fenster für den Bauernstamm Issakar ist mit Weinranken gefüllt, deren Grün das ganze Feld durchleuchtet. Der Kriegerstamm Gad erhält als heraldische Zeichen Kriegspferde, Lanzen, Speere und Schilde; der Stamm Benjamin wieder, den Jakob in seinem Segen mit einem 'reißenden Wolf' vergleicht ... zeigt das Raubtier vor Jerusalem unter einer großen Rosette, über der zwei heraldische Tiere als Vertreter der anderen Stämme erscheinen.«

Werner Haftmann (1974, S. 33/5)

Schafott
bei Tatjana Nasarenko: s. u. Menschenmenge

Schaftes, Kürze des
bei Max Beckmann: s. u. Kerze, brennende

Schale
bei Baruch Elron: s. u. Finger, gereckter
bei Max Ernst: → Kleidung
bei Rudolf Hausner: s. u. Staffelei
bei Gustav Klimt: s. u. Hygieia
bei Franz Marc: Sichelform (s. u. Dreieck)

–, abgezogene
bei Renato Guttuso: s. u. Zitronen

– und Schlange
bei Gustav Klimt: Medizin (s. u. Hygieia)

Schalen, Früchte mit harten
bei Julius Bissier: Quitten, Nüsse, Granatäpfel (s. u. Quitten)

Schalloch
bei Henri Laurens: »So entsteht eine scharfkantige Kernzone [in: 'Die Gitarre', 1919, und 'Die Gitarre', 1920], um die sich – nicht frei von dekorativer Schmiegsamkeit – die abgerundeten Gliedmaßen legen. Dieser Vergleich wirft auch Licht auf die weibliche Gitarre, indem er dazu auffordert, sie als ein Gebilde zu sehen, dessen Kernzone – vom Schalloch ausdrücklich markiert – von Schwellungen bereichert und körperhaft abgerundet wird ...
'Kern' legt die Assoziation mit organischem Wachstum nahe. Ein Schritt weiter und wir stehen vor einer Metapher des Weiblichen. Es besteht kein Grund, diese Beziehungen zurückzuweisen: tatsächlich sind im Körper der polychromen Gitarre bereits die sitzenden weiblichen Gestalten präfiguriert ...«

Werner Hofmann (1970a, S. 15)

Schalltrichter, riesiger
bei Jorge Castillo: s. u. Kind, lauschendes

Schalter
bei Peter Klasen: medizinische Apparatewelt (s. u. Spritze)

Schaltern, Hebel mit
bei Konrad Klapheck: Brust (s. u. Bohrmaschine, große)

Schamhaare
bei Joan Miró: s. u. V-Form

Schamlippen
bei Rudolf Hausner: Lippen seines Mundes (s. u. Kopf des Odysseus)
bei Paul Klee: s. u. Blätter, spindelartige

Schattenspielfiguren
bei Louis Soutter: s. u. Körper, schemenhafte

Schaufelrad
bei Rudolf Hausner: beherrschbare technische Welt (s. u. Kinderspielplatz, baumbestandener)

Schaufensterpuppe
bei Bernard Schultze: »Gleichzeitig [um 1968] verbindet sich das abstrakte Migof-Gerippe mit der Schaufensterpuppe als modernem Vanitas-Symbol zum theatralischen Memento mori.«

Juliane Roh (1971, S. 39)

Schaukel
bei Henry Moore: Mutter-und-Kind-Thema (s. u. Sitzende)

Schaum der Fluten
bei Pablo Picasso: s. u. Armen am Meer, die drei

Schaumgummi-Jetstreifen
bei Konrad Schulz: »Den deutlichen Hinweischarakter dieser Materialien [Fiberglas, Stahlblech, Schaumgummi] hat S. sehr bald aufgegriffen und genutzt: Ab 1968 entstanden mächtige, die Welt des Verkehrs repräsentierende, eindrucksvoll knappe Transportsymbole, wie die Plastik mit den weichen Schaumgummi-Jetstreifen, die auf einer Achse einen Metallkasten tragen, oder die 'Kurve mit Jetstreifen' [1969], bei der 12 mit Spikes beschlagene Schaumgummireifen eine Stahlblechkurve tragen, ein Objekt, in dem sozusagen Transportweg und Transportmittel verschmelzen.« Jürgen Morschel (1972, S. 152)

Schauspieler
bei Max Beckmann: s. u. Zwerg, unangenehmer
bei Pablo Picasso: Symbol des Künstlertums (s. u. Harlekin/W. Wiegand)

Schechina
bei Marc Chagall: doppelgeschlechtliches Wesen (s. u. Schwangerschaft)

Scheibe
bei Herbert Baumann: »B. schafft Scheiben, die wie Mühlräder mit konzentrischen Einkerbungen aussehen, Sonnenscheiben.«

Will Grohmann (1966, S. 273)

bei Wassily Kandinsky: Sonne (s. u. Reiter)
bei Ernst Wilhelm Nay: »Dies alles scheint nun die Erfindung der Scheibe als Elementarform des Farbformsatzes bewirkt zu haben [1955]. Denn wir sahen, daß erst, als sich in einem langen Prozeß ständiger formaler Reduktion als Endform die runde Scheibe einstellte, das Bild in diese neue räumliche Dimension geriet. Tatsächlich ist ja unser Bild in seinem formalen Aufbau allein auf die Grundform der runden Scheibe gestellt. 'Symphonie in Weiß' bezeichnet etwa den Augenblick, in dem die Scheibe für den Maler den Charakter einer besonderen Formfigur der Geometrie und der Physik verlor und als Urform artistischer Gestaltung erkannt wurde.
. . . die runde Scheibe. Sie ist Elementarteil, allgemeines 'Energie-Quant' des allgemeinen Gestaltungsfeldes der Fläche. Als bildnerische Elementarform der Flächengestaltung einmal erkannt, wird N. sie nun dem ganzen folgenden Bilderkreis als Urform zugrunde legen.«
Werner Haftmann (1960, S. 170/73)
vgl. Rund, blaues
bei Odilon Redon: »Entscheidend ist, daß hier [in: 'Vision', 1879] zum erstenmal in der Kunst R.s der Durchbruch zu der ihm eigenen graphischen Gestaltung erfolgt: eine geometrische Grundform, als Scheibe hier, als Spirale später, symbolisch auf eine zweite abstrakte, geistige Welt hindeutend.« Klaus Berger (1964, S. 44)

Scheibe, ruhige
bei Adolph Gottlieb: »Die Symbole der 'Pictographs' [z. B. 'Die gefrorenen Töne, Nummer I', 1951] wurden immer einfacher und unbestimmter und schließlich auf zwei Grundformen reduziert: eine ruhige Scheibe für Sonne oder Mond und eine wilde Explosion undifferenzierter Materie für Erde.« Barbara Rose (1969, S. 205)

–, runde
bei Ernst Wilhelm Nay: Ganzheit (s. u. Rund, blaues)

–, schwarze
bei Paul Klee: »Ihn [turmartiger Mast] tangiert eine schwarze Scheibe [in: 'vor den Toren von Kairuan', 1914], Zeichen der Sonne in der Farbe der Trauer.«
Rolf Linnenkamp (1965, Bd. III, S. 619)

–, tellerrunde
bei Otto Mueller: s. u. Kreuz und Schlange

Scheiben
bei Joan Miró: s. u. Linien, drei
bei Günther Uecker: s. u. Nägel, weiße

–, zerschlagene
bei R. Escher: Vanitas (s. u. Teller, zerbrochene)

Scheide, querverlaufende
bei Paul Klee: s. u. Tisch

Scheinwerfer
bei Richard Hamilton: mechanomorphe Erotik (s. u. Auto)
bei Friedensreich Hundertwasser: s. u. Kasten, schwarzer

Schellen
bei Konrad Klapheck: »Die Schellen [in: 'Hundert Hoffnungen', 1960] sind stark vereinfacht, vom Mechanismus ist nur der Propeller übriggeblieben. Für K. sind die runden Formen die Bullaugen eines Schiffes, die den Blick auf die Küste eines ersehnten Landes freigeben.« Remilde Hammacher-van den Brande (1974, S. 70)
bei René Magritte: ». . . der andere betrachtet [in: 'Auf dem Weg zum Vergnügen', 1950] ein unbestimmtes Gelände, in dessen Mitte etwa eine jener (immer horizontal) geschlitzten Kugeln liegt, die in M.s gesamtem Werk wiederkehren, eine Art stummer Schellen, Gebärmutter und Sparbüchse zugleich, räumlicher Gegenstand und mütterliches Symbol.«
René Passeron (1971, S. 41)

Schenkel
bei Max Beckmann: s. u. Beine, Spreizhaltung der
bei Yves Klein: s. u. Abdrücke weiblicher Körper

–, rechter
bei Salvador Dali: s. u. Muschel

Schenkelrundungen
bei Pablo Picasso: s. u. Kopf

Scherbenhaufen
bei Carlo Schellemann: Geschichte (s. u. Häupter, geborstene)

Schere
bei Salvador Dali: »D. interpretiert in verschiedenen Versionen die Wilhelm-Tell-Erzählung als Ausdruck der Kastrationsangst. In 'Wilhelm Tell' von 1929 bedroht der bärtige, lüstern blickende Vater, dessen Geschlechtsorgan entblößt ist, mit einer Schere den Sohn, der sich ängstlich abwendet; sein Geschlechtsteil ist durch ein Blatt ersetzt.« William S. Rubin (1972, S. 226)
bei Marcel Duchamp: »Im Spiel der Schere [in: 'Junggesellenmaschine', 1915–23] ist die Idee der Kastration zu finden, wenn sie sich schließt, unterbricht sie das Spritzen.«
vgl. Bajonett Marcel Jean (1961, S. 103)

Scheren
bei Valeriano Trubbiani: s. u. Objekte

Schergen
bei HAP Grieshaber: apokalyptische Wesen (s. u. Gesicht, gerädertes)

Schicksalsbotinnen
bei Henry Moore: → Mütter, schreckliche
Schicksalsfigur
bei Ernst Barlach: s. u. Gestalt, schwebende menschliche
Schicksalsfrauen
bei Henry Moore: Figuren, drei stehende (E. Neumann)
Schicksalsgöttin(nen)
bei Max Beckmann: s. u. Spielkarten
bei Henry Moore: → Figuren, drei stehende (E. Neumann)
Schieblehre
bei Dorothee Conrady: menschliche Problematik (s. u. Werkzeuge)
Schiff
bei Marc Chagall: Stamm Sebulon (s. u. Schafe)
bei Lyonel Feininger: »Noch einmal hebt die 'Schwarze Welle' [1937] das stolze Schiff empor ... Die Farbe ist kühl, bunt und ohne Transparenz. So bekommt das Schiff etwas Spielzeughaftes, halb Monumentales ... Und zum Zeichen erhoben, heraldisch in die Fläche gebannt als ein Sinnbild des Vorüber und des Abschieds. 'Letzte Fahrt' [1940] hat F. ein ähnliches Bild genannt. Hier wird das Symbol der vergangenen zum Symbol der vergehenden Zeit.«
Johannes Langner (1962, S. 17/8)
vgl. Segelboot
bei Rudolf Hausner: Bereich des Bewußten (s. u. Matrose); s. u. Schlachtschiffe, untergehende
bei Paul Klee: »Schiffe sind bei K. Chiffren der Bewegung, des Wagemuts, der Fahrt ins Ungewisse.« Will Grohmann (1954, S. 326)
vgl. Hafen
bei Franz Wilhelm Seiwert: unmenschliche Arbeitswelt (s. u. Fabrik)
–, düsteres
bei Max Beckmann: »In dem Bild von 1934 ['Die Reise auf dem Fisch'] deutet nicht viel auf solche Hoffnung ['Vielleicht werden wir einmal erwachen ...']. Die im graublauen Licht weithin sich dehnende Szenerie wirkt wie ein trostloses Zwischenreich. Wohl kann man sich vorstellen, die irisierende Helligkeit auf dem Meer sei ein ferner Widerschein jenes unbekannten, riesigen Leuchtens, aber gewiß bleibt doch nur die Metapher des Todes, das düstere Schiff vor dem schwarzen Strand und die bleigraue Leere hinter dem Horizont.« Friedhelm W. Fischer (1972a, S. 122)
–, gestrandetes
bei Konrad Klapheck: s. u. Schuh
bei Harald Metzkes: »Die Zeichnung ['Gestrandetes Schiff', 1957] entstand im Jahr der China-Reise. Mit spitzer Feder wird der überdimensional große Rumpf und die kleine Takelage gezeichnet. M. ... kennt die urtümliche Kraft des Meeres. Außerdem dürfte das Blatt auch als Gleichnis stehen für das 'Hineingeworfensein' in die Widersprüche des Lebens.«
Hans-Ulrich Lehmann (1974, S. 148)
–, taumelndes
bei Otto Dix: »... 'Das Geschütz' (1915), in dem ihm der Krieg zum taumelnden Schiff wird, mit Kanonen bestückt, von Explosionen erschüttert,

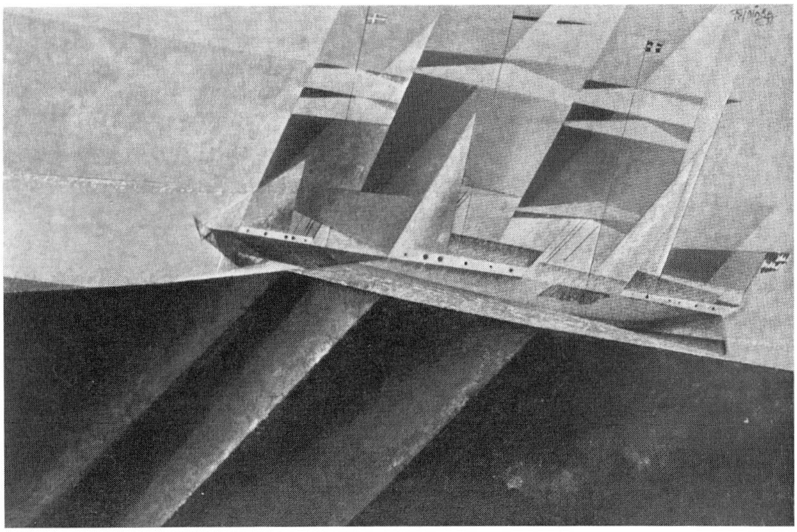

Lyonel Feininger:
Schwarze Welle, 1937

ein Chaos simultaner Eindrücke, zeigen D. im Rausche eines orgiastischen Futurismus.«
Otto Conzelmann (1971, S. 15)

Schiff, torpediertes
bei Oskar Kokoschka: s. u. Weib, gealtertes

Schiffbrüchiger
bei Heinrich Altherr: »A. hat mit seinen 'Schiffbrüchigen' [1. Fassung 1928] als Symbol der Hoffnung ein unvergleichlich ermutigendes Blatt in sie eingefügt. In diesem großformatigen Bild ist das Schicksal des Menschen in unserer Zeit mit dramatischer Gebärde wiedergegeben. Der heutige Mensch ist auch ein Schiffbrüchiger, der auf einem Wrack dahintreibt und vor dem sich die Frage der Rettung riesengroß erhebt.«
Walter Nigg (1961, S. 310)

Schiffchen
bei Johannes Itten: Spielzeug (s. u. Strauch, blühender)

Schiffe
bei Paul Klee: das Abenteuerlich-Wunderbare (s. u. Boote)
bei Alfred Kubin: s. u. Schicksal
bei Franz Radziwill: »Wenn er Schiffe malt, sind sie weniger Vehikel für Fernweh als Zeichen der Bedrohung, des Eingeschlossenseins: düstere, sargähnliche Behältnisse, abweisende vernietete Mumienschreine aus Stahl.«
Peter Winter (1975, S. 2)
bei Joaquin Torrès García: »Schiffe waren für T., seit er sich in der großen Hafenstadt Montevideo niedergelassen hatte, ein häufiges Motiv [u. a. in: 'Konstruktives Schiff 'America'', 1943] als Symbol für den Aufbruch Lateinamerikas in eine neue Zeit.« Ida Rodriguez Prampolini (1977, S. 286)

Schiffer, blauhäutiger
bei Max Beckmann: Vertreter archontischer Mächte (s. u. Monstren, blauhäutige)

Schiffsrümpfe
bei Franz Radziwill: Memento-mori-Symbol (s. u. Säulen, umgekippte)

Schild
bei Henry Moore: »Auch der Schild, mit dem der Krieger sich beschützt, ist ein Überrest aus einer Welt der Geborgenheit.«
Werner Hofmann (1959, S. 29)
Verteidigung (s. u. Krieger)

Schilde
bei Marc Chagall: heraldisches Zeichen für den Stamm Gad (s. u. Schafe)

Schimmelbild
bei Diter Rot: »Auch R. demonstriert mit der Formensprache des Neo-Dada in seinen Schimmelbildern die wesentliche Kennzeichnung von phänomenaler Realität als Veränderung, wobei der Verschimmelungsvorgang zum provokativ-satirischen und ästhetischen Zeitdokument der Lebensmetamorphose wird.«
Karin Thomas (1971, S. 316)

Schirm, aufgespannter
bei Max Ernst: männliches Genital (s. u. Maiskolben)

–, baldachinartiger
bei Francis Bacon: »Der baldachinartige Schirm ist im Sinne der alten Ikonographie Attribut des Herrschenden und birgt hier doch auch schützend ein leidendes Subjekt« [in: 'Painting 1946'].
Alexander Dückers (1971, S. 26)

Schirmherrin
bei Erich Brauer: → Honigverkäuferin

Schlachtfeld
bei Otto Dix: »Dieses Schlachtfeld [in: 'Der Krieg', 1929–32] ist Sinnbild aller Raserei des Menschen gegen sich selbst: als sei es stets gegenwärtig, wartet es immer auf neue Generationen von Opfern.« Max Peter Maass (1965, S. 86)
bei André Masson: s. u. Granatapfel
bei Gino Severini: s. u. Kanone

Schlachtfleisch, potentielles
bei Francis Bacon: Mensch (s. u. Kadaver, blutiger)

Schlachtschiffe, untergehende
bei Rudolf Hausner: »Mit diesem Schiff ['Die Arche des Odysseus', 1948–56] fährt er durch das Meer zeitgenössischer Ereignisse, an dessen Horizont untergehende Schlachtschiffe Kriegskatastrophen versinnbildlichen, während explodierende Weltenkörper für kosmische Katastrophen stehen.« Johann Muschik (1974, S. 74)

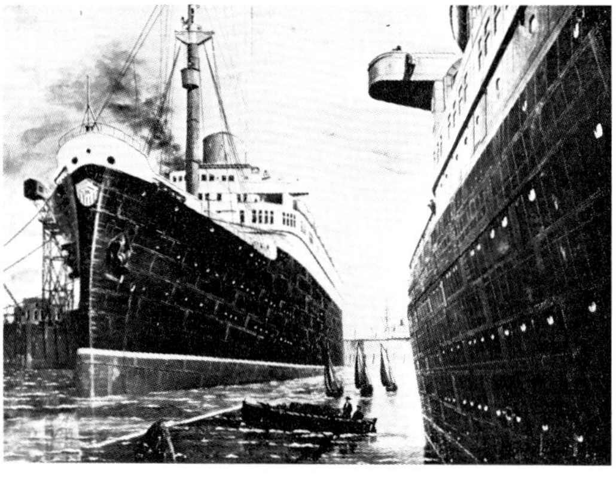

Franz Radziwill: Der Hafen II, 1930

Schlacke
bei Barbara Haeger: Verfall u. a. (s. u. Kunstharz, tiefschwarzes)
Schläfe
bei René Magritte: s. u. Blut; s. u. Blutfleck
Schläuche
bei Joachim Bandau: s. u. Installationsteile
bei Hans-Jürgen Diehl: »Manipulationen geschehen direkt am Menschen, dessen Körper oft auf grausige Weise an ein System von Schläuchen und Apparaturen angeschlossen erscheint, die ihn durchbohren und zerlegen. Anregungen hierzu stammen aus der Apparatewelt der modernen Medizin, die in D.s Bildern Symbolcharakter annimmt.« Juliane Roh (1971, S. 207)
bei Corsin Fontana: ». . . F. s Schläuche [1971] als sich selbständig machende stumpfe Wesen von unbestimmter Form . . . Damit sind diese Schläuche endgültig zu Organischem geworden, zu Eingeweiden, was im Gegenspiel zum Techniksymbol Auto einen humoristischen Nebeneffekt erzielt . . . Assoziation Eingeweide oder gar Sexualsymbol.« Peter F. Althaus (1971, o. S.)
bei Konrad Klapheck: s. u. Wasserhähne (J. Roh)
–, herabhängende
bei Konrad Klapheck: s. u. Rad, sonnenartiges
Schlafende
bei Henry Moore: auch Tote (s. u. Tuch)
Schlafenden weckt, Geräusch, das den
bei Julius Bissier: → Tuba
Schlafsaal
bei Otto Meyer-Amden: »Die große Reihe der Themen aus dem Waisenhaus beginnt mit dem 'Schlafsaal im Waisenhaus' [um 1918]: die gereihten Betten mit ihren rotgestreiften blauen Kissenüberzügen, mit ihren Nummern und Namenschildern, und dazwischen die blauen Uniformen. Im Schlaf jedoch ist jeder ganz bei sich allein, und im Traum kann er dem Gefängnis des Schlafsaals entfliehen: Zum ersten Mal taucht hier das Motiv der Flucht des Individuums in die Nacktheit als den Zustand des letzten, intimsten Bei-sich-selber-Seins auf.«
Georg Schmidt (1966, S. 242)
Schlafsäle
bei Eberhard G. Willikens: Zimmer der Öffentlichkeit (s. u. Säle)
Schlafzimmer
bei Edvard Munch: s. u. Bett
Schlaginstrumente
bei Paul Klee: s. u. Paukenspieler
Schlamm
bei Renato Guttuso: s. u. Leichenhaufen
–, Landschaft aus
bei Rudolf Hoflehner: s. u. Kreaturen, vegetierende
Schlange
bei Ernst Barlach: Teuflisch-Irdisches (s. u. Taube)
bei Max Beckmann: »Die Schlange erscheint als Sinnbild des Verführens, aber direkt und wirklich« [in: 'Odysseus und Kalypso', 1943].
Hans Platte (1957, S. 232)
Erkenntnis (s. u. Schlangenwesen)
bei Julius Bissier: »Ei und Schlange – tellurische Symbole« [in Anlehnung an J. J. Bachofen].
Werner Schmalenbach (1974, S. 79)
bei Victor Brauner: »Die Gestalt im Hintergrund [in: 'Mythomanie', 1942], ein Lycanthropus, hält in der Hand eine Schlange, das okkulte Zeichen der Erdkräfte des Geschlechts, in der anderen das ägyptische Lebenssymbol.«
Werner Hofmann (1965 a, S. 53)
bei Max Ernst: Grauen (s. u. Oval); s. u. Vogel/Schlange
bei Alberto Giacometti: → Zickzackband
bei Rudolf Hausner: s. u. Laokoon (R. Hausner)
bei John Heartfield: »Das Motiv der Schlange, in der bisherigen Kunst Symbol für den Verführer oder das Falsche schlechthin, verwendet H. bereits auf einer Fotomontage für die AIZ mit der Überschrift 'Zum Brandstifter-Prozeß in Leipzig' und der Unterschrift 'Sie winden sich und drehen sich und nennen sich deutsche Richter vom 19. 10. 1933« [auch in: 'Raubtierfreiheit', 1959]. Hans-Ulrich Lehmann (1974, S. 85)
bei Paul Klee: »Die Schlange [in: 'Schlange auf der Leiter', 1929] ist altes Symbol für Zeit und Ewigkeit.« Max Huggler (1969, S. 109)
bei Alfred Kubin: »So taucht in vielen Zeichnungen die Schlange als Phallus-Symbol auf. Daß ihr bei K. wirklich diese Symbolbedeutung zukommt, läßt sich nach dem Inhalt der letzten Kapitel des Romanes ['Die andere Seite'] nicht bestreiten: Dort wird in drastischen Bildern die tatsächliche Verwandlung des Phallus in eine Schlange von riesenhaften Ausmaßen beschrieben.« Walter Winkler (1949, S. 233)
bei Bohumil Kubišta: »In einem am 28. März 1915 an Jan Zrzavý gerichteten Brief aus Pola schreibt K., daß er im Fakir '. . . die Macht der Askese über die gefährlichsten Tiere, wie die Schlange, ausdrücken wollte. Die Schlange ist grün (der Tod), aus dem Bauch des Fakirs, dem Zentrum der Macht, kommen orangefarbene fluide Wellen hervor (die positive Kraft gegen die Schlange, die von ihnen beherrscht wird).' Bohu-

mil Kubišta: Korrespondence a úvahy (Korrespondenz und Betrachtungen), Prag 1960.«

Miroslav Lamač (1967, S. 110, 114)

bei Franz Metzner: s. u. Heros, nackter

bei Hanna Nagel: s. u. Fisch

bei Henri Rousseau: »... doch Eva und die Schlange, Sünde und Versuchung (mit den traditionellen Symbolen leicht ablesbar), sind anwesend [in: 'Der Traum der Yadwigha', 1910] und breiten sich üppig vor dem Betrachter aus.«

Hans H. Hofstätter (1969, S. 60)

bei Yves Tanguy: Tierwelt (s. u. Turm)

bei Adolf Wölfli: archetypisches Symbol (s. u. Lebensbaum)

Schlange, Frau und

bei Alfred Kubin: wilde, arglistige, tierische Natur des Weibes (s. u. Frau und Schlange)

–, goldene

bei Gustav Klimt: s. u. Hygieia

–, Kreuz und

bei Otto Mueller: sei glücklich – ohne Feinde (s. u. Kreuz und Schlange)

–, mythische

bei Rudolf Hausner: s. u. Laokoon (W. Schmied)

– Zeit

bei Marc Chagall: s. u. Kreis

Schlangen

bei Fidus: s. u. Bedeutungsachse, vertikale

bei Hanna Nagel: »Schlangen, für N. 'das was Angst macht, das Häßlichste überhaupt', gleiten in einem tänzerisch bewegten Knäuel hinter der ihnen ausweichenden und zugleich zugewandten Frau ins Bild ['Chopin-Prélude Nr. 10 cis-Moll', 1945/46]. Die schwingenden Leiber der Tiere finden ein helles Echo in den großen, beweglich gehaltenen Falten des Rockes, der den Leib der Knienden bedeckt und über dem sie sich mit geschlossenen Augen seitwärts neigt, als lausche sie der Bewegung, die das ganze Bild erfüllt.«

Klaus Mugdan (1977, S. 24)

– umgeben, von

bei Alfred Kubin: »Ein tastender, nur mit einem Hemd bekleideter Mann [in: 'Schlangensteig', 1932] ist von allen Seiten von Schlangen umgeben. Man geht nicht fehl, darin eine Darstellung des von seiner Sexualität bedrängten Mannes zu sehen – ein eindringliches Bild der Bedrohung der menschlichen Existenz durch triebhafte Mächte.« Günter Rombold (1978 b, S. 84)

Schlangenhälsen, Ungeheuer mit mehreren

bei Hugo Behr: s. u. Bellona

Schlangenpriesterin

bei Massimo Campigli: s. u. Figur, menschliche

Schlangenwesen

bei Max Beckmann: »Das Schlangenattribut [in: 'Schlangenbändigerin und Clown', 1948] könnte zudem auf Eva hindeuten, doch ist im vorliegenden Zusammenhang vor allem an die Schlangenverehrung der Ophiten zu denken. Wir wissen, daß B. sich deren Schlangensymbolik gelegentlich zu eigen machte. Das Schlangenwesen aber bedeutet in der ophitischen Gnosis Erkenntnis, denn die Schlange des Gartens Eden – so ist die gnostische Deutung des Paradiesgeschehens –

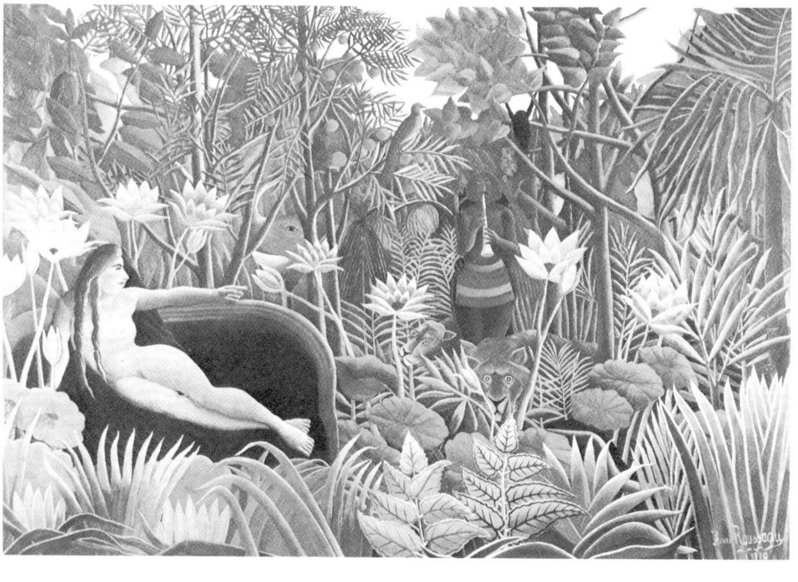

Henri Rousseau:
Der Traum
der Yadwigha, 1910

brachte das Wissen von der Göttlichkeit des Menschen in die vom Demiurgen Jehova geknechtete Welt.«
Friedhelm W. Fischer (1972a, S. 202)

Schlauch, schlaffer
bei Konrad Klapheck: Impotenz (s. u. Gabel)

Schleier, blutbefleckter
bei Max Beckmann: Attribut der indischen Todesgöttin Kali (s. u. Gesicht, pechschwarzes)

–, roter
bei Hanna Nagel: »Der phantastische rote Schleier, der hier [in: 'Chopin-Prélude Nr. 9 E-Dur', 1945/46] über dem Kopf der Frau aufsteigt und wie ein spitzes Dach geschlossen ist, wird wahrgenommen, als gehöre er in die Reihe der dunklen Häuser im Hintergrund. Dieser Schleier aber ist sichtbar gewordene Figur des Traumes, in den die Frau versunken ist.«
Klaus Mugdan (1977, S. 29)

–, schwarzer
bei Max Beckmann: Attribut der indischen Todesgöttin Kali (s. u. Gesicht, pechschwarzes)
bei Ernst Ludwig Kirchner: s. u. Kriegerwitwen

Schleife
bei Ernst Wilhelm Nay: »Sie [die Bilder von 1951] zeigen noch da und dort jene Symbolform der Bewegungsformung, die Schleife, graphisch fest bestimmte Voluten und feste Grundordnungen, die die Farbe fassen. Aber schon wird die Farbe frei . . .« Werner Haftmann (1960, S. 147)

–, mathematische
bei Rudolf Hausner: »In der obersten Zone die reine Formel [in: 'Adam und seine Richter', 1965] die Abstraktion des Intellekts in einer mathematischen Schleife . . .«
Wieland Schmied (1970, S. 37)

Schleuder, gespannte
bei Alberto Giacometti: »Die ganze Potenz, die in einem solchen 'wesentlichen Moment' [nach G. W. F. Hegel] steckt, bringt G. mit der gespannten Schleuder zum Ausdruck, die in 'Gefährdete Blüte' (1933) eine Blume bedroht; das surrealistische Schaumodell eines Krisenmomentes wird bei G. auch hier zum Weltmodell.«
Reinhold Hohl (1971, S. 83)

Schlinge
bei John Steuart Curry: s. u. Bundesmiliz

Schlingen
bei Wladimir E. Tatlin: s. u. Konter-Reliefs

Schlips
bei Allen Jones: »Auf eine in seinen Arbeiten immer wiederkehrende Form hat J. ausdrücklich hingewiesen: 'Ein Kopf mit einem Schlips darunter' als 'phallisches Totem-Symbol' und damit nicht als Teil 'einer populären Ikonographie'.«
Lucy R. Lippard (1968, S. 65)

Schlitze
bei Lucio Fontana: Befreiung des Menschen (s. u. Löcher)

Schlucht
bei Max Beckmann: s. u. Fische mit Menschenköpfen
bei Max Ernst: »Auch E. gestaltet Landschaften, die der realen Erfahrung unzugänglich, dem Unterbewußten jedoch vertraut sind. Der Blick durch die Öffnung einer engen Felsenschlucht auf einen menhirartig aufgerichteten Pfahl wird im Freudschen Sinne eindeutig als weibliches (Schlucht) und männliches (Pfahl) Sexualsymbol verstanden.« Hans H. Hofstätter (1965, S. 166)
bei Henry Moore: das Weibliche (s. u. Brust)

Schlüssel
bei Max Beckmann: »Wir möchten folgende Schlüsse daraus ziehen: die Konzeption eines 'numen mixtum' aus Hermes und Saturn ist sinnvoll nur denkbar, wenn Hermes Trismegistos als Bindeglied angenommen wird [in: 'Begin the Beguine', 1946]. Das heißt aber: wir haben es in dem vorliegenden Falle nicht nur mit dem klassischen Seelenführer, sondern zugleich, und vermutlich vor allem, mit dem dreimalgroßen Magier zu tun. Der Schlüssel in der Hand des Gottes bedeutet dann nicht nur die Zauberkraft Merkurs oder die Macht des Saturns, er ist zugleich Zeichen und Symbol des hermetischen Geheimnisses.«
Friedhelm W. Fischer (1972a, S. 178)
s. u. Krücke
bei Konrad Klapheck: »So stellen die Schlüssel [z. B. in: 'An der Schwelle zur Freiheit', 1965] das Problem der Freiheit in gebieterischer Weise dar.« José Pierre (1970, S. 20)
bei Fernand Léger: »In der Periode der Objekte scheint ein Element das beobachtende Auge L.s angezogen und fasziniert zu haben: der Schlüssel [z. B. in: 'La Joconde aux Clés', 1930]. Schlüssel nähren seine Phantasie und treten konkret in seine antimetaphysische Umwelt. Ohne Zweifel sind sie auch unterbewußte Symbole, die positiv als 'Sesam, öffne dich' im Geist des schaffenden Künstlers wirken.« André Verdet (1969, S. 28)

– Petri
bei Franco Angeli: s. u. Macht, Symbole der

–, schwebender
bei René Magritte: »Die letzte der M.-Zeichnungen [ca. 1940] zeigt die Rose am nächtlichen Himmel als Komet mit langem Schweif, darüber in analoger Kombination als Kopf eines schwe-

benden Schlüssels. Der Schlüssel, der das Schloß aufsperrt, ist ein vertrautes männliches Symbol. Auf eine weitere Eigenschaft des Gliedes, die Erektion, wird angespielt: der Schlüssel fliegt durch die Luft, optisch veranschaulicht das der Komet.« Volker Kahmen (1972, S. 14)

Schlüsselloch
bei André Breton: s. u. Laterne

Schlüsselträger, langbeiniger
bei Max Beckmann: »Selbstverständlich hat der langbeinige Schlüsselträger [in: 'Begin the Beguine', 1946] mit dem heiligen Petrus aus der christlichen Bildtradition nichts zu tun. Es handelt sich vielmehr um eine legendäre Gestalt der spätantiken gnostischen Literatur: um Hermes Trismegistos, von dem sich alle Hermetik herleitet und der insbesondere als Verwalter jener Geheimnisse angesehen wurde, mit deren Hilfe der Mensch die Fesseln der natürlichen Existenz sprengen und auf ekstatische Weise zur Erkenntnis seiner geistigen Freiheit gelangen könne.«
Friedhelm W. Fischer (1972b, S. 76)

Schlund des Grammophons, roter
bei Max Beckmann: Unheil (s. u. Grammophon)

Max Beckmann: Begin the Beguine, 1946

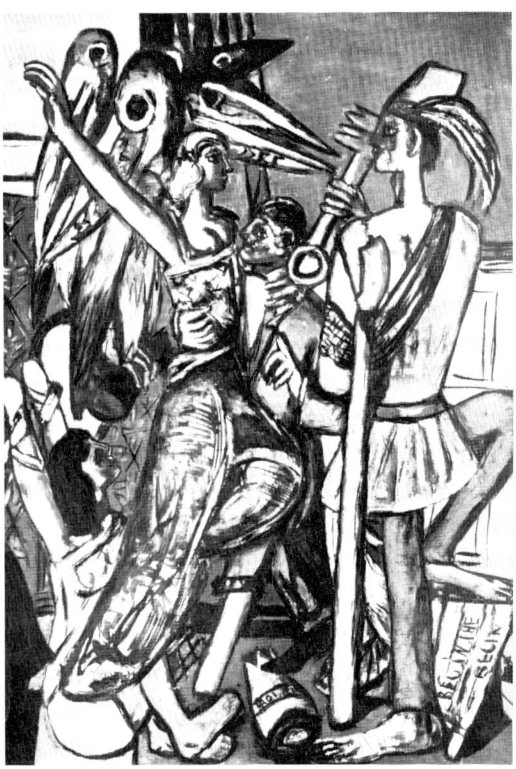

– des Walfischs
bei Ewald Mataré: Erbarmen (s. u. Jonas)

Schluß-Strich
bei Paul Klee: Symbol des Todes (s. u. runenhafte Zeichen)

Schmarotzer
bei Gustav Klimt: s. u. Mädchen, hochschwangeres

Schmelzfarben, leuchtende
bei Atsuko Tanaka: s. u. Kreis

Schmerzensmann
bei Erich Heckel: »Schon bei Dostojewski ist das Bild des Schmerzensmannes mit dem Bild des Künstlers identifizierbar. Der gegen Gott Aufbegehrende und doch gleichzeitig Gott Suchende, der Rufer in der Wüste, der sich nach dem verlorenen Paradies Sehnende und der unter den Pfeilen zusammenbrechende Sebastian sind in der Fragestellung, in der Konfrontation mit dem Absoluten mit dem Künstler identifizierbar« [in: 'Zwei Männer am Tisch', 1913].
Hans H. Hofstätter (1969, S. 43/4)

Schmetterling
bei Hanna Nagel: »Sodann der Schmetterling [in: 'Bücher werden zu Schmetterlingen', o. J., und 'Aus den Préludes von Chopin', o. J.] der leichten, unfaßbaren Träume, substanzlos, immer bedroht, aber paradoxerweise auch selbst eine Bedrohung, Geschöpf eines Angsttraums, das den übersensiblen Menschen geisterhaft schreckt.«
Eberhard Ruhmer (1965, S. 31)
bei Karl Rössing: »Es ist die Lautlosigkeit der Petrefakte, die von R.s Arbeit ausgeht, in der die 'stillen Tiere', das Schaf, der Schmetterling gegen die Brutalität der Zeit stehen, der sie ohnedies zum Opfer fallen, deren Zugriff sie wehrlos preisgegeben sind. Der Schmetterling, der in R.s Drucken eine solch dominierende Rolle spielt, bedeutet für ihn die 'lautlose, ausgelieferte, gefährdete' Gestalt schlechthin – er bildet seine zentrale Metapher.«
s. u. Flügel Kristian Sotriffer (1974, S. 15)

Schmetterlingsflügeln, Mädchen mit den
bei Pablo Picasso: s. u. Geschöpf, geflügeltes

Schmuck
s. Teil III

Schmuckkästchen, geöffnetes
bei Max Ernst: Weiblichkeit (s. u. Blütenkelch)

Schnabel
bei Paul Klee: s. u. Vogel mit einem Pfeil im Schnabel
bei Alfred Kubin: s. u. Reiher

–, aufgesperrter
bei Henry Moore: s. u. Kind, vogelhaftes

–, der blaue Fisch mit
bei Marc Chagall: s. u. Fisch mit Schnabel, der blaue
–, geöffneter
bei Henri Laurens: s. u. 'Rosa'
Schnabeltiere, vogelartige
bei Max Ernst: s. u. Ei
Schnallen
bei Karl Fred Dahmen: Ausweglosigkeit u. a. (s. u. Riemen, mürbe)
Schnapsflasche
bei Wols: »Einen abstrus erotischen Charakter enthüllt die Zeichnung von W. 'Die Flasche' 1940.
Was sich dem unbefangenen Auge als die für W. bezeichnende Schnapsflasche auf einem Tisch bietet, sind kaum verhüllte sexuelle Zeichen. Dazu gehören die Genitalien in der Flasche sowie die ganze Flasche selbst als weibliche Form. Weiter zeigt sich hier der 'Eros' in der betonten 'Verhaarung der Linien'. Sie ist ein formales Element, das auch in abstrakten Bildern untrüglich Erotisches bedeutet.«
Curt Seckel (1967, S. 172)
Schneckenhaus
bei Rudolf Hausner: »Das Schneckenhaus [in: 'Ich bin Es', 1948] ist in zwölf Sektionen eingeteilt: ein Bild des Labyrinths, mathematisch exakt definiert und zugleich Mathematik labyrinthisch begreifend. Die Krümmungen der Schnecke suggerieren einen Gehörgang, aber auch Hirnwindungen: Wege der Erkenntnis.«
Wieland Schmied (1970, S. 25)
Schnee
bei Joseph Beuys: s. u. Eisenplatte
bei Marc Chagall: s. u. Wolke, sahnige
bei René Magritte: → Hut
bei Edvard Munch: »Er steht am Fenster [in: 'Am Fenster, Selbstbildnis', 1942], wie früher so oft seine Porträtmodelle seitlich im Bild, einem mehr oder weniger symbolischen Begleitmotiv Raum gewährend . . . trotz der Todeskälte, die ihn erwartet – von der Natur draußen schon mit dem Leichentuch des Schnees symbolisiert –, ist er noch ganz da.«
Johan H. Langaard/Reidar Revold (1963, B. 44)
–, russischer
bei Marc Chagall: s. u. Wolke, sahnige
Schneidbrenner
bei Rudolf Hoflehner: s. u. Gebilde, kugelartige
Schneiden, Pflanzen mit scharfen
bei Oscar Dominguez: s. u. kristalline Formen
Schneiderin
bei Rudolf Hausner: seine Mutter (s. u. Spule)

Schnitter
bei Paul Hermann: s. u. Riese, menschenähnlicher
'– des Todes'
bei Max Beckmann: s. u. Bäuerinnen
Schnittmusterbögen
bei Gerhard Hoehme: »Schnittmusterbögen: schon als kleiner Junge haben sie mich fasziniert, jene geheimnisvollen Papierbögen mit den vielen Linien, auf denen meine Mutter mit einer mir unverständlichen Sicherheit mit einem Rädchen hin und her fuhr, um eine Form zu finden . . . Labyrinthische Wege meiner kindlichen Fantasie. Heute habe ich sie wiederentdeckt. Noch immer ist es schwer sie zu entwirren. Aber ich will sie nicht entwirren. Sie verwandeln sich unter meinen Augen in ein Feld voller Bewegung . . . Exakt durchgezogen und vermessenes Feld, irrationale Topologie . . . Ausdruck einer strukturellen Gliederung unserer heutigen Welt.
Von ihr habe ich mir ein Bild zu machen versucht.« Gerhard Hoehme (1964, o. S.)
Schnittpunkt der Achsen
bei Manfred Graef: »Der Mittelpunkt, der Schnittpunkt der Achsen in solch einem Muster [z. B. 'Ordnung aus Ordnung' Nr. 1, 1971]

Wols: 'La Bouteille' Camp des Milles, 1940

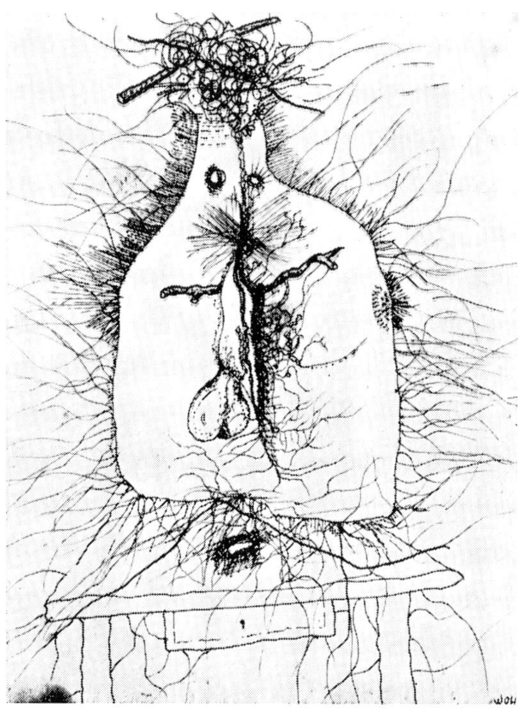

bedeutet immer: Ich. Deshalb wollen wir dorthin, denn es handelt sich um das Symbol unserer Identität. Die Peripherie bedeutet Horizont, und der Raum zwischen Mittelpunkt und Peripherie bedeutet das Verhältnis zwischen dem Ich und der Welt.« Eberhard Roters (1976, S. 14)

Schnittpunkt von Horizontaler und Vertikaler
bei Piet Mondrian: »Die Horizontale und Vertikale, rechtwinklig sich schneidend, symbolisieren den 'absoluten Gegensatz', das Männliche und Weibliche, aber in 'Reinheit' übersetzt und ins Gleichgewicht gebracht, obschon in ein prekäres, dynamisch-labiles; doch so lange es dauert, ist Friede.« Arnold Gehlen (1960, S. 124)

Schnüre
bei Henry Moore: dynamische Kraftströme (s. u. Faden-Figuren)

–, zwei
bei Julius Bissier: Dualismus der beiden Lebenspole (s. u. Oknos)

Schnur, Telephon mit
bei Konrad Klapheck: Mutterschoß und Neugeborenes (s. u. Telephon mit Schnur)

Schnurrbart
bei Salvador Dali: s. u. Mann, bärtiger
bei Max Ernst: s. u. Kreisel

Schönbrunn
bei Rudolf Hausner: Zone der Menschen (s. u. Park); s. u. Würfel, medaillonartiger

Piet Mondrian: Komposition mit Gelb, 1938

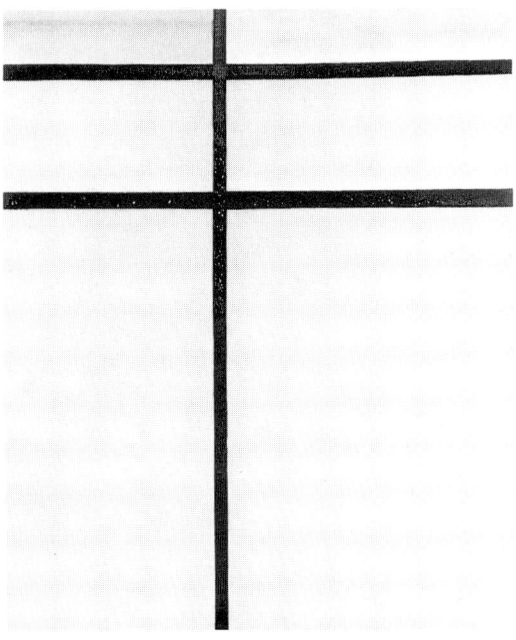

Schönbrunner Park
bei Rudolf Hausner: »Die geometrisch abgezirkelte Symmetrie des Schönbrunner Parks [in: 'Die Arche des Odysseus', 1948–56] Symbol imperialer Machtvollkommenheit und Ordnung, sowie die barock-wunderschöne Karlskirche hat der wandernde und seefahrende Suchende hinter sich gelassen.« Friedrich Hacker (1974, S. 8)

Schöne, die
bei Pablo Picasso: s. u. Affe; s. u. Hut

–, junge
bei Max Beckmann: s. u. Janusbüste

–, üppige
bei Konrad Klapheck: → Armatur

Schöpfer der Technik
bei Willi Sitte: → Menschen

Schöpfkelle, ozeanische
bei Alberto Giacometti: s. u. Löffelfrau

Schöpflöffel
bei Pablo Picasso: Unersättlichkeit (s. u. Harkenhände)

Schofar
bei Marc Chagall: → Widderhorn

Schokolade
bei Marcel Duchamp: s. u. Bajonett

Schokoladenquetsche
bei Marcel Duchamp: »Die 'Schokoladenquetsche' [in: 'Junggesellenmaschine', 1915–23], deren Vorgänger die 'Kaffeemühle' von 1912 [1911] ist, funktioniert als vollkommener Automat absolut spontan ohne jede äußere Kraft – der Junggeselle quetscht seine Schokolade selbst . . . Wie Jean Suquet feststellte, quetscht sie etwas Schwarzes (Schokolade oder Kaffee). Gleichzeitig mit der horizontalen Pendelbewegung . . .rezitiert das Gleitgehäuse seine 'Litaneien': 'Träges Leben – circulus vitiosus – Onanie – Hin und Her bis zum Puffer – Ausverkauf des Lebens – horizontal – billige Konstruktion – Blech, Kordel, Draht – monotones Lenkrad – Bierprofessor' usf. . . . wie der Lebensmechanismus des Junggesellen, einsam, mittelmäßig, mit mißmutigen Vergnügungen, automatischen Gesten und Gewohnheiten.« Marcel Jean (1961, S. 102)

Schornstein
bei Giorgio de Chirico: »Mit dem Thema des Vaters sind jedoch auch noch einige Nebenmotive verknüpft: ein mächtiger Schornstein, durch seinen Schlagschatten mit der Statue verbunden [in: 'Freude', 1913], symbolisiert des Vaters Männlichkeit und Autorität.«
František Šmejkal (1974, S. 19/20)

bei Rudolf Hausner: »Darüber, in der obersten Zone [in: 'Adam und seine Richter', 1965] die Spule, die hier zum Schornstein wird, glühend, eine Ejakulation vollzieht sich.«

Wieland Schmied (1970, S. 36)

das Männliche am Mann (s. u. Anima); vgl. Spule
bei René Magritte: s. u. Meer
bei Franz Wilhelm Seiwert: unmenschliche Arbeitswelt (s. u. Fabrik)

– einer Lokomotive
bei Rudolf Hausner: »Der Schornstein [in: 'Adam gut getroffen', 1961–64] ist der einer Lokomotive – Kindheitserinnerung an den Bahnhof von Sarajewo – der Rauch quillt kompakt wie die Masse eines Hirns hervor.«

Wieland Schmied (1970, S. 35)

–, roter
bei Giorgio de Chirico: »Der Hintergrund von 'Hirn des Kindes' ['Il cervello del fanciullo', 1914] ist in einem tiefen Schwarz gemalt, auf der Rechten von einem hohen, offenen Fenster aufgelöst, in dem ein leuchtend roter Schornstein (phallische Parallele zum Lesezeichen), ein graues Gebäude vor blauem Himmel.«

James Thrall Soby (1966, S. 75)

Schornsteine
bei Giorgio de Chirico: das Männliche (s. u. Türme)
bei John Sloan: s. u. Frauen, die ihr Haar trocknen

Schoß vgl. Mutterschoß
bei Max Beckmann: der rote Schlund des Grammophons (s. u. Grammophon); → Trompete; s. u. Bäuerinnen; s. u. Kerze; s. u. Knospen, überdimensionale; vgl. Trichter
bei Marc Chagall: s. u. Liebespaar
bei Max Ernst: s. u. Wald
bei Henry Moore: → Nest

– der Erde, dunkler
bei Julius Bissier: s. u. Mohn

– der Frau
bei Marc Chagall: s. u. Blumenstrauß (H. Demisch)
bei Hanna Nagel: s. u. Bergstädtchen

– der Mutter- und Todesgöttin
bei Max Beckmann: s. u. Beine, Spreizhaltung der; s. u. Gamma

–, verschlingender oder aufnehmender
bei Max Beckmann: s. u. Beine, Spreizhaltung der

–, weiblicher
bei Max Ernst: → Wald (J. Russell)
bei Fidus: → Blume, geöffnete

Schoßes, Funktion des
bei Max Beckmann: dunkle Löcher (s. u. Knospen, überdimensionale)

Schotenform
bei Alberto Giacometti: Selbstdarstellung (s. u. Palastinsel)

Schränke, schwarze
bei W. Knoebel: s. u. Nichtausstellung von 250 000 Zeichnungen

Schrammelbaß
bei Max Beckmann: s. u. Geige, große

Schraube
bei Konrad Klapheck: Auge (s. u. Schreibmaschine mit gotischen Buchstaben); s. u. Bohrmaschine, große

Schreckensfigur, wilde, barbarische
bei Max Ernst: → Loplop

Schreibmaschine
bei Oscar Dominguez: »... die menschliche Maschinerie [kann] eine lebendige Idee in einen anorganischen Komplex verwandeln. Das noch unklare Symbol wird deutlicher durch die kleine Schreibmaschine, die einsam auf der riesigen Klippe steht [in: 'Das Andenken der Zukunft', 1939]. Sie schlägt aus: aus den Metallstangen der Tastatur wachsen Zweige wie im Frühjahr. In einer Landschaft gleichsam in der Morgenröte der Zeit ist das einzig Lebendige, hoffnungsvoll Sprießende eine Maschine.«

Marcel Jean (1961, S. 269)

bei Konrad Klapheck: »Die Schreibmaschine, dieses Instrument, auf dem die wichtigsten Entscheidungen unseres Lebens gefällt werden, ist bei mir männlichen Geschlechtes. Sie ist stellvertretend für den Vater, den Politiker, den Künstler.«

Konrad Klapheck in: José Pierre (1970, S. 18)

»Wie beim Werkzeugfetisch der Primitiven werden in den besten dieser Still-Leben die Dinge zu Zauberinstrumenten und Stellvertretern ihrer menschlichen Benutzer. Bei K. übernehmen Apparate des täglichen Lebens diese Rolle. Die Schreibmaschine, die so viele Diktate entläßt, wird zum Symbol der Männlichkeit schlechthin; sie repräsentiert nicht nur ihren Partner, den Maler K., sondern auch dessen geheime Wunschbilder; den 'Supermann', den 'Herrscher', den 'Gesetzgeber', aber auch den 'Patriarchen', der auf eine Hierarchie von Tasten väterlich herabschaut. Das weibliche Gegenstück zur Schreibmaschine ist – ganz selbstverständlich – die Nähmaschine.« Juliane Roh (1971, S. 210)

s. u. Nähmaschine

Schreibmaschine mit dem breiten Wagen
bei Konrad Klapheck: »Die Schreibmaschine mit dem breiten Wagen ['Athletisches Selbstbildnis', 1958] ist der Ausdruck eines neugewonnenen Selbstbewußtseins.« Remilde Hammacher-van den Brande (1974, S. 52)
– mit fünf Tasten
bei Konrad Klapheck: »Die Schreibmaschine [in: 'Berufung', 1959] ist fast unkenntlich geworden, eine Abstraktion mit fünf Tasten. Der Steinchenhintergrund wurde ein Jahr später hinzugefügt. In der wie von innen erleuchteten Form sieht K. einen Propheten oder Künstler, der sich in schlafloser Nacht berufen fühlt. Dieses Bild ist in einer Zeit entstanden, als das innere Hochgefühl in größtem Gegensatz zur äußeren Erfolglosigkeit stand, und der Künstler mag sich mit dem Bild selbst gemeint haben.« Remilde Hammacher-van den Brande (1974, S. 64)
– mit gotischen Buchstaben
bei Konrad Klapheck: »Schreibmaschine mit gotischen Buchstaben auf viereckigen Tasten. Weiterführung von 'Der Diktator'. Assoziationen: Sitzender Herrscher, Kopf (Schraube = Auge, Tasten = Nase)« [in: 'Der Gesetzgeber', 1969]. José Pierre (1970, S. 94)
– mit halbkreisförmiger Tastatur
bei Konrad Klapheck: »Schreibmaschine mit halbkreisförmiger Tastatur [in: 'Triumph der Erinnerung', 1963]. Die Macht des Personalgedächtnisses.« José Pierre (1970, S. 87)
Schreibmaschinentypen
bei Hann Trier: s. u. Nähte
Schrein, geöffneter
bei Henri Laurens: s. u. Flasche
–, heiliger
bei Emilio Scanavino: Tür (s. u. Brotlaib)
Schreine
bei Walter Pichler: kranke Gesellschaft (s. u. Wagen, eiserner)
'Schreitender'
bei Rudolf Hoflehner: s. u. Stachel
Schrift
bei Janez Bernik: »Schrift und Buchstabe als Metapher des ordnenden Geistes gegen Chaos, Dunkel und Leere gesetzt, als Medium der Verständigung, aber auch als Träger des Mysteriösen, Poetischen, als Hinweis auf Vergangenes: kompakte tektonische Lettern, undeutbare Hieroglyphen, kyrillische Texte, Kritzeleien, Fragmente . . .« Yvonne Friedrichs (1973, S. 77)
bei Rudolf Hausner: s. u. Fürwörter, persönliche
bei Antoni Tàpies: »Die Schrift gehört zu jenen Elementen und Kräften, welche den Verfall der Mauern noch steigern. Sie ist manchmal nur Kritzelei und Verwitterung, eine Durchlöcherung der Oberfläche, der Anfang ihrer Zerfressenheit. Ihr Erscheinen ist nur vorübergehend . . .
Der Schrift – die wir trotz allem versucht sind, als Ausdrucksträger von Ideen oder wenigstens von geistiger Aktivität auszulegen – ist der ungeformte Gegenstand, der sich allein durch sein schweigendes, unerklärliches und doch geheimnisvolleres Dasein aufdrängt, diametral entgegengesetzt.« Věra Linhartová (1972b, S. 16)
–, embryonale
bei René Magritte: unvollständiger Kommunikationsversuch (s. u. Kreis)
–, Urbild einer
bei Paul Klee: → Buchstabe
Schriftrolle der fünf Bücher Mose
bei Marc Chagall: → Thora, blaue
Schriftzeichen
bei Janez Bernik: »Die geistige Ordnung wurde schon bald durch ihr Symbol, das Schriftzeichen, ausgedrückt [z. B. in: 'Der große Brief', 1964]. Den Sieg des Geistes über die Materie, die Kommunikationsmöglichkeit durch ein dem Menschen vorbehaltenes Zeichen, bringt B. immer wieder in seinen Bildern oder Graphiken zum Ausdruck.« Zoran Kržišnik (1966, S. 233/34)
bei Julius Bissier: »Aus dieser Zeit (1930) stammen die ersten, fast in Abwesenheit entstandenen Psychogramme, Zeichen des bipolaren Lebens. Im Laufe der Jahre ab 1933 verdichteten sich diese wie zum Spiel zu gänzlich privaten Zeichen – aber ihr Tröstliches lag darin, daß ich diese Zeichen ausschreiben mußte unter einer Art innerem Befehl, ausschreiben bis zur eindeutig lesbaren Schrift, ja zum allgemein gültigen Symbol . . .
. . . und mir war, als ob ich damit in eine neue Welt von Objekten geraten sei – Objekte, die ausschließlich der Malerei angehören, ausschließlich von ihr herkommen können. Diese Objekte haben nichts mit der äußeren Erscheinung der Natur zu tun, nichts mit Wasser, Erde, Luft, und doch enthalten sie dies alles irgendwie in geheimnisvoller Weise.«
Julius Bissier in: Friedrich Bayl (1960, S. 78)
–, wirbelnde chinesische
bei Zao Wou-ki: »Das ewige Fließen aller Dinge, hier [z. B. in Lithos um 1959] an wirbelnden chinesischen Schriftzeichen versinnbildlicht, wird in einem Schaffensprozeß realisiert, der sich genauso energisch, ja explosiv ergoß.«
Kurt Herberts (1966, S. 100)
Schrunden
bei Karl Fred Dahmen: → Leiden, schweres

Schütze, der schnellste
bei Roy Lichtenstein: → Revolver, Griff nach dem
Schützende
bei Henry Moore: Große Göttin (s. u. Liegende Figur)
'Schützengraben'
bei José Clemente Orozco: s. u. Kämpfer, drei
bei Georges Redon: s. u. Reiter, sensenschwingender
Schuh
bei Konrad Klapheck: »Nicht die geometrische Aufteilung des Bildes 'Die gescheiterte Hoffnung' [von Caspar David Friedrich] hat 'Die Pleite', 1967, beeinflußt, sondern vielmehr die Analogie zwischen dem gestrandeten Schiff und dem auf der Seite liegenden Schuh als gemeinsame Darstellung des Scheiterns.«
s. u. Bügeleisen José Pierre (1970, S. 10)
Schuhe
bei Andy Warhol: »W. scheint diese Wahrheit [gemeint ein Zitat von F. Schiller] in ein ironisches Beziehungsspiel zu bringen, als er – ständig Schuhe für Anzeigen entwerfend – schließlich versuchte, Schuhen den individuellen Charakter 'berühmter' Leute, von Filmschauspielern oder von Freunden zu geben. Er personalisierte den Gegenstand: Mae Wests oder Elvis Presleys Persönlichkeit durch Schuhe erfaßt; dies ist zwar subtile, ironische Erkenntnis, aber sie wirkt um so deutlicher, je glänzender das Blattgold die nur oberflächliche Pracht widerspiegelt: die Ware als Person, die Persönlichkeit als Ware.«
Rainer Crone (1970, S. 12, 21)
– mit unnatürlich hohen Absätzen
bei Allen Jones: s. u. Beine in Nylonstrümpfen
Schuhspanner
bei Konrad Klapheck: »Die Schuhspanner beschwören durch ihre Zweiheit die Freuden und Mißlichkeiten der Ehe.«
Konrad Klapheck in: José Pierre (1970, S. 19)
s. u. Bügeleisen
Schulfenster
bei Salvador Dali: s. u. Zypresse
Schulmeister
bei George Grosz: s. u. Band Goethe
Schulraum
bei Otto Meyer-Amden: s. u. Bänke, Ordnung der
Schulter
bei Wolfgang Mattheuer: s. u. Kugel
–, Taube auf der
bei René Magritte: s. u. Melone, Subjekt unter der
Schultern, schmale
bei Wilhelm Lehmbruck: Welt des Mystischen (s. u. Jüngling', 'Emporsteigender)
Schulze, Dr. jur.
bei Werner Tübke: Marionette (s. u. Mensch); s. u. Gliederpuppe, robengeschmückte; s. u. Goldfasan; s. u. Widderrelief
Schutt, Leben aus
bei Giuseppe Zigaina: s. u. Falter
Schutzmantel
bei Friedensreich Hundertwasser: → Strahlengürtel
Schutzpatron der Nation
bei Hans Thoma: → Michael
Schwachen, die
bei HAP Grieshaber: s. u. Fäuste, riesige
Schwänzchen
bei Werner Gilles: s. u. Schwein
Schwan
bei Friedrich Schröder-Sonnenstern: »Dies um so mehr, als der Schwan bei S. immer ein ausgesprochen sinnliches Tier ist [in: 'Der Schwanenpuppentanz', 1967], das in bipolarer hermaphroditischer Symbolgestalt die gesamte Geschlechtlichkeit verkörpert.« Alfred Bader (1972, S. 74)
bei Paul Thek: »Auch der Schwan, in vielen Mythen und Religionen als Zeichen des Lichts und der Reinheit verstanden, scheint hier [in: 'Flying Dwart', 1969] unter anderem mit dem Mythos der Lohengrin-Sage verknüpft zu sein. Es ist anzunehmen, daß zum Beispiel die Flügel, die sich T. in der Porträtbüste an den Kopf gemalt hat, auf diesen Schwanenritterhelm zurückzuführen sind.« Barbara Catoir (1974a, S. 33)
Schwangere
bei Pablo Picasso: »1950 schuf er die Bronzefigur einer schwangeren Frau, Symbol der Fruchtbarkeit.« H. Havard Arnason (1970, S. 394)
s. u. Ziege
–, einsame
bei Hans Erni: s. u. Papier
Schwanz
bei Marc Chagall: s. u. Kreis
Schwarm Fische
bei Max Beckmann: »... und mit feierlicher Geste vollzieht der König [in: 'Abfahrt', 1932/33] den Akt der Wiedereinsetzung des Lebens: aus seinem Netz entläßt er einen Schwarm Fische ins Meer!«
Friedhelm W. Fischer (1972a, S. 104)
s. u. König; vgl. Fisch im Boot
Schwarz
bei Francis Bacon: s. u. Vergitterungen
bei Max Beckmann: das Böse u. a. (s. u. Weiß)

bei HAP Grieshaber: Tod (s. u. Gesicht, gerädertes)
bei Wassily Kandinsky: »*Und wie ein Nichts ohne Möglichkeit, wie ein totes Nichts nach dem Erlöschen der Sonne, wie ein ewiges Schweigen ohne Zukunft und Hoffnung klingt innerlich das Schwarz.*
Nicht umsonst wurde Weiß als reiner Freude Gewand gewählt und unbefleckter Reinheit. Und Schwarz als Gewand der größten, tiefsten Trauer und als Symbol des Todes. Das Gleichgewicht dieser beiden Farben, welches durch mechanische Mischung entsteht, bildet *Grau.*«
Wassily Kandinsky (1952, S. 98)
bei Paul Klee: Tod (s. u. Gelb)
bei Franz Kline: »Wenn er ein schwarzes Zeichen verwendet, ist es wahrlich eine Kraftlinie, der Ausdruck von Energien, die sich begegnen, sich überstürzen, unbekümmert fast um den Raum, den die Beziehungen von Schwarz und Weiß erzeugen.« Nello Ponente (1960b, S. 79)
bei Mikuláš Medek: »So entstanden [seit 1963] M.s Visionen seiner 'sensitiven Signale', Gefühlsvorgänge, die sich auf einem streng abgegrenzten Feld abspielen: mit dem schwebenden Rosarot der Zärtlichkeit, dem Gelb der Trauer und mit dem tiefgründigen Schwarz der Hoffnungslosigkeit und Niedertracht umrahmt.«
Jiří Padrta (1965, S. 398)
bei Joan Miró: Todessphäre u. a. (s. u. Rot)
bei Robert Motherwell: »Die Farbe des Leidens, der Bedrohung, der Gewalt und der Trauer ist schwarz. Mächtige dunkle Balken und schwere Ovale füllen M.s überdimensionale Bildtafeln, die schon fast Wandgemälde sind und die der Besinnung auf den spanischen Bürgerkrieg oder dem Todeskampf der chilenischen Revolution gewidmet sind.« Marie Luise Syring (1977, S. 9)
bei Louise Nevelson: »Die Erde als das Reich verschwiegener Orte, die dem Licht verborgen sind, wie durch das Schwarz symbolisiert, das Schwarz der Grotten, das Schwarz der Schächte. Beiläufig und nur im Westen wurde das Schwarz zum Emblem der Verneinung und des Nichts. Chthon verkörpert die fruchtbare Erde und, im Geheimen, bedeutet Schwarz eine Veränderung des Wesens.« George Mathieu
in: Udo Kultermann (1969, S. 53)
s. u. Kasten, isolierter
bei Arnulf Rainer: s. u. Übermalungen
bei K. R. H. Sonderborg: »Er führt sie fort, er belädt sie mit Schwarz, um so unzählige kurze, sich überlagernde Rhythmen anzubringen. Das Bild verwandelt sich dann in eine Mauer aus Angst, Angst davor, die sich abschließende Welt nicht darstellen zu können.«
Otto Hahn (1964, S. 9)
Schwarz, Gelb und
bei Ernst Fuchs: Blindenfarben (s. u. Flugzeug)
–, tiefes
bei Giorgio de Chirico: s. u. Schornstein, roter
– und Weiß
bei Rune Mields: aggressive Präsenz (s. u. Röhren und Kegel)
– - Grau-Skala
bei Fritz Winter: s. u. Grau
– - Weiß-Bilder
bei Louis Soutter: s. u. Körper, schemenhafte
Schwebende
bei Max Beckmann: »Wir können hier kurz zusammenfassen und folgern: die Gestalt der schwebenden Frau [in: 'Begin the Beguine', 1946] vermittelt uns nicht nur ein Bild mystischer Ekstase. In ihr wird zugleich die beharrliche Sehnsucht des Menschen nach Freiheit und Ewigkeit anschaulich. Der Gegensatz zwischen der am Boden hockenden Blinden und der gen Himmel weisenden Tänzerin meint offenbar nicht nur einen Unterschied der seelischen Verfassung. Der Maler stellt die Erfahrung des Verhaftetseins und der Behinderung gegen das Erlebnis der Freiheit. Es geht, um noch einmal Eliade zu zitieren, um die 'Aufhebung der natürlichen Bedingtheit des Menschen'.
... Dort gab der Maler dem Martyrium der Seele in der am Boden hockenden Frau erschütternden Ausdruck, setzte aber dagegen ein Zeichen der Freiheit: das Bild der Schwebenden.«
Friedhelm W. Fischer (1972a, S. 175, 185)
Schwefel
bei Armodio: Anfangsmaterie (s. u. Ei)
Schwein
bei Salvador Dali: »'Ich bin ein Superschwein', sagt er inspiriert durch sein Publikum. 'Das Symbol der Vollkommenheit ist das Schwein. Das Symbol ist durch Kaiser Karl V. persönlich ins Leben gerufen, alle anderen Symbole der Vollkommenheit zu ersetzen. Das Schwein geht jesuitisch vorwärts, aber geht, zwischen den Auswürfen unserer Zeit, niemals einen Schritt zurück. Ich füttere die Dalianen mit meinem Auswurf. Jedermann ist sehr zufrieden. Alles ist von äußerster Gediegenheit.'«
Salvador Dali in: Gerrit Komrij (1971, S. 38)
bei Werner Gilles: »Ein voluminöses, seinem Umfang entsprechend fast reliefartig, mit pastosem Farbauftrag hingestrichenes Schwein hängt [in: 'Les Fleurs du Mal', 1927/28] an schwerer

Kette von einer wuchtigen Balkendecke herab. Das kokett geringelte Schwänzchen korrespondiert mit den massiven Kettenringen: ein ironisch-sarkastisches, doppelsinniges Symbol des Glücks und des Bösen, der 'bösen Lust'.«

Karl Ruhrberg (1962, S. 10)

bei Pablo Picasso: s. u. Sonne

Schweineherde

bei Alfred Kubin: »Die Verworfenheit dieser Welt, für die 'der da droben' stirbt, wird durch die Schweineherde symbolisiert« [in: 'Golgatha', 1915–1920]. Günter Rombold (1978b, S. 84)

Schweinehirt

bei Alfred Kubin: s. u. Weib als Rückenakt, nacktes

Schwelle

s. Teil III

Schwellformen, 'mammaeoide'

bei Wilhelm Loth: das Lebendig-Organische (s. u. Labialrelief)

Schwert

bei Ernst Barlach: s. u. Gestalt mit angezogenen Knien

bei Emile Bourdelle: s. u. Kämpfer, voranstürmender

bei Fidus: »Eine solche Schwertwächtermannschaft [erste 'Schwertwache' 1895] steht auch hinter dem 'Warnenden Michael' von 1915, schon damals mit Hakenkreuzgürteln geschmückt. Privatistisch zurückgewendet in die Eheproblematik dient das gleiche Schwert als phallisches Drohsymbol auf der Schlußzeichnung des 'Fiduswerkes' von Rentsch. Die Aussage aller erwähnten Blätter ist die gleiche: Friede ist nur möglich als Verteidigung des Besitzes.«

J. Frecot/J. F. Geist/D. Kerbs (1972, S. 288)

bei Max Heilmaier: s. u. Tod. reitender

bei Georg Kolbe: s. u. Kriegergestalt

bei Henry Moore: s. u. Krieger

bei Pablo Picasso: Armee (s. u. Polyp)

bei Hans Thoma: s. u. Michael

–, aufgestütztes

bei Hugo Behr: s. u. Bellona

–, blutiges

bei Max Beckmann: Attribut der indischen Todesgöttin Kali (s. u. Gesicht, pechschwarzes)

–', 'Des Reiches

bei Ernst Müller: »Sie trägt den Titel 'Des Reiches Schwert' [Figurenschmuck für die östliche Stadtgrabenbrücke in Braunschweig, 1902] und stellt eine mit langem Gewand und Brünne bekleidete junge Frau dar, die mit einem Schwert in der Rechten einen sich unter ihrem Fuß windenden Drachen niedersticht. Diese Allegorie der Überwindung der Zwietracht und des Bösen durch militärische Gewalt bezieht sich insbesondere auf den gewonnenen Krieg Deutschlands gegen Frankreich und die durch ihn ermöglichte Reichsgründung und Kaiserkrönung ... Des Reiches Schwert, eine Metapher für den historischen Sieg und die militärische Macht, wird als Voraussetzung für die Neugründung des Reiches und der Monarchie sowie als Bedingung des Friedens glorifiziert.«

Siegmar Holsten (1976, S. 19/20)

–, erhobenes

bei Ernst Barlach: s. u. Geistkämpfer; s. u. Tier (K. Badt)

bei Franz Wacik: s. u. Rittergestalt, übergroße

–, flammendes

bei Heinrich Altherr: s. u. Engel

–, geschultertes

bei Julius Diez: s. u. Gestalt, geflügelte

–, Helm und

bei Georg Schreyögg: Wehrkraft (s. u. Helm und Schwert)

Schwerter

bei Max Beckmann: »Und der Mann, der das Weib als leuchtende und sengende Gestalt des Lebens erfahren hat, der sich umstellt weiß [in: 'Messingstadt', 1944] von den Schwertern und Speeren der eigenen Begierde ... wendet sich ab und birgt sein Gesicht ins Dunkle.«

Günter Busch (1960, S. 70)

Schwertwächtermannschaft

bei Fidus: s. u. Schwert

Schwertzieher', 'Der

bei Ernst Barlach: »In den gleichen Zusammenhang gehört seine Skulptur 'Der Schwertzieher' von 1911, die einen ähnlich sprungbereiten Kämpfer [wie 'Der Berserker'], im Begriffe, die Waffe zu zücken, darstellt. Auch sie symbolisiert Kampfbereitschaft, entschlossenes Sich-zur-Wehr-Setzen.« Siegmar Holsten (1976, S. 49)

Schwerverwundeter

bei Max Ernst: leichtsinniges Handeln der Psyche (s. u. Leiche)

Schwiegermutter

bei Konrad Klapheck: → Bügeleisen, bulliges

Schwimmbäder

bei Jacques Monory: Kälte (s. u. Fingernägel, lackierte)

Schwimmerinnen', 'die

bei Carlo Carrà: s. u. Wiese, duftende

Schwurhand

bei Carlo Schellemann: zerstörende Staatsmacht (s. u. Häupter, geborstene)

Scout
bei John Steuart Curry: s. u. Präriebrand
Sebastian
bei Erich Heckel: Künstler (s. u. Schmerzensmann)
bei Albert Weisgerber: »Von Ahnungen eines frühen Todes gequält, wurde ihm die Gestalt des Märtyrers Sebastian [in: 'Sebastian mit Reiter', 1913] zur Symbolfigur geopferter Jugend.«
Wilhelm Weber (1968, S. 741)
bei Ossip Zadkine: nach Erlösung Strebender (s. u. Gestalten, männliche)
–, Heiliger
bei Willi Sitte: s. u. Gekreuzigter
See
bei Max Beckmann: unbegrenzte Möglichkeiten des Menschengeistes (s. u. Meer/St. Lackner)
bei Antonio Calderara: s. u. Mutter
bei André Masson: s. u. Fisch
Seefahrer
bei Rudolf Hausner: Odysseus (s. u. Wasser)
Seefrüchte
bei Baruch Elron: Tod und Verfall (s. u. Wüste, mondhafte)
Seegetier
bei Paul Thek: s. u. Unterwasserwelt
Seehund
bei Werner Tübke: Morbidität und Verfall (s. u. Tiere, ekelerregende)
Seekarten
bei Giorgio de Chirico: s. u. Entfremdung
Seelenbegleiter
bei Ewald Mataré: → Hahn
Seelenführer
bei Max Beckmann: Hermes Trismegistos (s. u. Schlüssel)
Seelentiere
bei Max Beckmann: → Fische mit Menschenköpfen
Seelenträger
bei Max Beckmann: → Flügelwesen
Seelenvögel
bei Max Beckmann: s. u. Flügelwesen
Seelenvogel
bei Julius Bissier: »Der Seelenvogel (auch Flügel und Ei) – die vom Leib befreite Seele« [in Anlehnung an J. J. Bachofen].
Werner Schmalenbach (1974, S. 79)
bei Marc Chagall: Seele (s. u. Mensch)
Seemann
bei Paul Klee: s. u. Steuermann
Segel
bei Oscar Dominguez: »Die gleichen Merkmale weist 'Tanz in Saint-Tropez' [1942] auf, der Raum ist hier sehr konstruiert, die Felsküste wird durch Prismen angedeutet, die Erde ist wie ein scharfkantiger Balken und steht der abgerundeten und sinnlichen Kurve des Segels gegenüber,

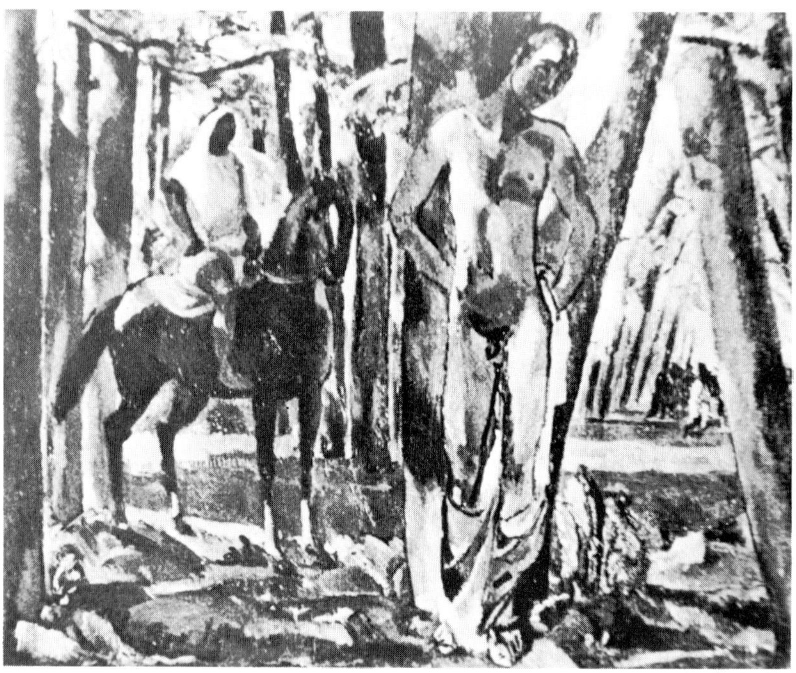

Albert Weisgerber: Sebastian mit Reiter, 1913

das die Weiblichkeit symbolisiert im Gegensatz zu den männlichen Winkeln und Kanten.« Gerard Xuriguera (1973, S. 149)

–, gestraffte
bei Willi Baumeister: s. u. Han-i

–, weiße
bei Lyonel Feininger: »Er kehrte zu seinen schwerelosen Farbvisionen zurück [nach 1927], zu den Architekturen aus geistigem Licht als Prinzip der Ordnung und des Maßes, zu dem augenbeglückenden Thema der Yachten, die ihre weißen Segel wie Symbole unsichtbarer Gesetze von Kraft und Bewegung vor dem durchleuchteten Grunde entfalten.« Paul Vogt (1972, S. 256)

Segelboot
bei Lyonel Feininger: »In den Jahren 1929–30 entsteht eine Reihe wunderbarer Bilder mit Segelbooten und Jachten. Das Segelboot wird bei F. zum Wegweiser natürlicher Kräfte. Es unterliegt bestimmten Gesetzen, die seine Richtung, seine Lage und Geschwindigkeit beeinflussen. Die Summe dieser widerstreitenden Kräfte wird in der Bewegung des Bootes sichtbar. Das Boot interpretiert die Kraft und verändert seine Lage im Raum.« Hans Hess (1959, S. 123)
bei James Rosenquist: »Ein Boot ist Thema der Darstellung in R.s 'TV Boat I' (1966), mit dem aber nicht das Segelboot gemeint ist, sondern eher die Prestigefunktion seines Image im Massenmedium Fernsehen.« Udo Kultermann (1969, S. 44)

Segelschiffchen
bei Wols: s. u. Linien, miniaturhafte

Segelschiffe
bei Giorgio de Chirico: »Überdies ist da [in: 'Freude', 1913] noch der Hafen mit den Segelschiffen, dem Symbol der Reisen und Abenteuer. Und tatsächlich machte C. nach des Vaters Tod unaufhörlich Reisen . . .« František Šmejkal (1974, S. 19)

Segmente
bei Miguel Berrocal: s. u. Torsi, aus Segmenten gebaute

Seher
bei Ludwig Meidner: s. u. Propheten
bei Jakob Steinhardt: s. u. Jeremias

'Sehers', doppelte Blickrichtung des
bei Victor Brauner: → Auges, Gegensatz des offenen und geschlossenen

Sehnender
bei Erich Heckel: s. u. Schmerzensmann

Seifenblase
bei Joseph Cornell: Mond (s. u. Ei); s. u. Glas

–, gläserne
bei Man Ray: s. u. Kugel, gläserne

Seifenblasen
bei Rudolf Hausner: »Daneben [Spule in: 'Ich bin Es', 1948] verstreut andere Kindheitserinnerungen und -symbole. Der Ball, das Diabolo, der Reifen. Im Skelett eines Quaders, einem seltsamen Gehäuse ohne plastisches Volumen, erscheint ein kindlicher Kopf und läßt Seifenblasen steigen; der Hals des Mädchens entwindet sich einem muschelartigen Labyrinth. Erinnerung an die Kindheit, an kindliche Spiele – 'Seifenblasen'.« Wieland Schmied (1970, S. 25)

Seil
bei Max Ernst: s. u. Person, männliche
bei Friedrich Karl Gotsch: s. u. Menschen, fliegende
bei Henri Laurens: s. u. Band, das

Seile
bei Hans-Jürgen Breuste: s. u. Ketten
bei Karl Fred Dahmen: Ausweglosigkeit u. a. (s. u. Riemen, mürbe)
bei Werner Tübke: s. u. Gliederpuppe, robengeschmückte

Seilflechter
bei Julius Bissier: → Oknos

Seilnetz, Uhrenzeiger an einem
bei Jiří Kolář: stehengebliebene Zeit (s. u. Uhrenzeiger an einem Seilnetz)

Seilschlingen
bei Karl Fred Dahmen: ». . . Dinge, wie die Seilschlingen und Patronen der 'Bonanza'-Serie [um 1968], vormals der Exekutive oder dem Terror dienstbar, sind nunmehr schlaffe, hohle, nutzlose Schaustücke, dennoch Zeugen des Faustrechts.« Paul Otto Schulz (1969, S. 75)

'Seiltänzer'
bei Paul Klee: s. u. Kreuz, weißes
bei Pavel Sukdolák: »Als S. den Seiltänzer darstellte, wollte er nicht nur diese visuelle Erkenntnis verzeichnen. Er wollte das Lebensgefühl eines Menschen des gegenwärtigen unruhigen Zeitalters aussprechen, dessen ewigen Kampf ums Gleichgewicht.« Jan Baleka (o. J., S. 5/6)

Seiten, zusammengeklebte
bei Jiří Kolář: totgeschwiegenes Buch (s. u. Buch mit zusammengeklebten Seiten)

Sekt 'Roi'
bei Max Beckmann: »Eine zerbrochene Flasche auf dem Fußboden [in: 'Begin the Beguine', 1946] deutet darüberhinaus auf B.s spezielle Vorliebe für Champagner, mit der befreundete Gastgeber vertraut waren. Die Aufschrift 'Roi' auf der Flasche stellt das klar; so hieß der Lieb-

lingssekt des Malers. Tanz und Champagnerrausch werden nun in B.s Bildidee zum Gleichnis für die Stimmung der Inspiration, der Entrückung und der traumhaften Schwerelosigkeit.«
Friedhelm W. Fischer (1972 b, S. 76)

Selbstbildnis
bei Ernst Barlach: → Engel; Geistkämpfergruppe (s. u. Tier/C. Virch)
bei Rudolf Hausner: »Schon in den frühen Bildern stand H. immer sich selbst gegenüber, beherrschte aber nicht das Zentrum. Jetzt setzt er sich in die Mittelachse. Einst überwältigten die Erinnerungsströme die Krusten der Materie, blickte man, selber preisgegeben, in die aufgerissenen Narben des Bewußtseins, voll von überquellenden Erlebnisrequisiten. Das ist jetzt anders. Dem Sich-Öffnen, der Entblößung tritt ein abweisendes schroffes Pathos entgegen. Die Schale schließt sich, der prüfend Geprüfte kapselt sich ab, verbirgt sich, errichtet Mauern und Abwehrgerüste.
Auf die Öffnung folgt der Versuch, sich abzusichern, die Analyse schlägt in Behauptung um, die Preisgabe in Selbstbehauptung. Von einer harten Schale umschlossen, wölbt sich der Schädel schroff dem Betrachter entgegen« [in: 'Adam nach dem Sündenfall', 1956]. Werner Hofmann in: Wieland Schmied (1970, S. 7)
s. u. Staffelei
bei Erich Heckel: → Schmerzensmann
bei Paul Klee: s. u. Auge
bei Edvard Munch: »In dem Selbstbildnis von 1906 stellte er sich dar in einem Restaurant sitzend, eingeklemmt zwischen den leeren Tischreihen, in furchtbarer Vereinsamung vor sich hinbrütend. Das Gefühl der Verlassenheit inmitten des Weltalls war auch von ihm kaum je mit solcher Eindringlichkeit versinnlicht worden: als der von Gott und den Menschen verratene Einsame, der vergebens Trost beim Wein sucht.«
Paul Ferdinand Schmidt (1952, S. 110)

–, imaginäres
bei Mikuláš Medek: → Grab', 'Bewegliches

– in Rüstung
bei Oskar Kokoschka: → Krieger

Selbstporträt
bei Wilhelm Lehmbruck: s. u. Steinroller
bei Pablo Picasso: Symbol des Künstlertums (s. u. Harlekin/W. Wiegand)

Seraphim, stehender
bei Ernst Barlach: »Dann erwägt B., die Engelserscheinung [in: 'Geistkämpfer', 1927] durch einen stehenden Seraphim mit vor dem Leib übereinandergelegten Flügeln zu ersetzen (27. 3. 27), einen von B. bevorzugten Typus, der, schon vorgeformt in den Illustrationszeichnungen zu Schillers 'Lied an die Freude' . . ., strenger stilisiert bei späteren Denkmalsplänen Überirdisches symbolisiert.« Claus Virch (1953, S. 13/4)

Sessel
bei Francis Bacon: s. u. Papst
bei Henri Matisse: Verschwendung (s. u. Lothringerstuhl)

Sexmobiliar
bei Allen Jones: »Das Zum-Objekt-Werden der Frau ist in den 1969 entstandenen Figuren, die Sexmobiliar genannt werden könnten, am krassesten ausgedrückt. Einerseits soll die dargestellte Frau durch provozierende Posen und entsprechende Be- und Entkleidung reizen, zugleich wird der Reiz aber aufgehoben durch die pure Dienlichkeitsfunktion, die er als Teil eines Gebrauchsgegenstandes erfüllt (Stuhl, Tisch).«
Walter Biemel (1971, S. 202)

Sextanten
bei Giorgio de Chirico: s. u. Entfremdung

Sheriff-Stern
bei Klaus Vogelgesang: ». . . etwa dem Sheriff-Stern, der immer wieder auftaucht, als Tätowierung, als kriegerisches Zeichen auf Panzern, aber auch als Morgen- und Abendstern am Firmament.« Heinz Ohff (1970, S. 72)

Sibyllen
bei Ludwig Meidner: s. u. Propheten

Sichel
bei Franz Marc: Schale (s. u. Dreieck)

–, Hammer und
bei Antoni Tàpies: schwarze Zeichen (s. u. Tuch)

Sicherheitsnadel
bei Fabrizio Clerici: »In den letzten Jahren wählt er 'Sicherheitsnadeln' als Symbole für spannungsreiche Klammern, die Chaotisches verbinden [z. B. 'Das runde Ufer', 1967], aber auch Muscheln, Labyrinthe, Spiralen, die spiralförmige Bewegung, die Goethe so liebte, weil er sie für eine ursprüngliche Bewegungsart des Lebendigen hielt, das aus dem Chaos in den Kosmos drängt.« Gustav René Hocke (1968, S. 10)

Sieche
bei Gustav Klimt: Bestandteil im Gleichnis alles Geschehens (s. u. Hygieia)

Siedler
bei John Steuart Curry: s. u. Präriebrand

Sieger
bei Max Beckmann: → Apache
bei Johannes Molzahn: egoistisches Prinzip (s. u. Adler)
bei Pablo Picasso: s. u. Corrida

– über die dschungelartig wuchernde Pflanze
bei José Aguilera: Zuckerrohrarbeiter (s. u. Machete)
'Siegessäule'
bei Antoine Pevsner: »Wenn seine 'Colonne développable de la victoire' (1947) aus der großen Emotion der Befreiungsstunde von Paris entstand, so erweitert er diese moderne 'Siegessäule' geistig zu einem vieldeutigen Symbol des Aufschwungs . . .«
Carola Giedion-Welcker (1961, S. 9)
Siegfried
bei Wassily Kandinsky: s. u. Reiter
Silberfolie
bei Lambert Maria Wintersberger: s. u. Daumennagel, Kerbe im
Silhouetten, nackte
bei Richard Lindner: s. u. Banner
Simorgh
bei Max Beckmann: wissender Vogel eines persischen Heldengedichts (s. u. Vogel, wissender), verkörpert das Weltgeheimnis
Sinnende, der
bei Oskar Schlemmer: ». . . der 'Sinnende' [1925] wird zur Meditation schlechthin.«
Will Grohmann (1953, S. 158)
–, trostlos
bei Hanna Nagel: s. u. Geier
Sirene
bei Wolfgang Mattheuer: ». . . so kritisiert er den Mythos der bürgerlichen Freiheit als bloße Konsumfreiheit, als Sirene« [in: 'Hinter den sieben Bergen', 1973]. Peter Sager (1975, S. 44)
Sirenen
bei Konrad Klapheck: »K. hat mehrere Serien zu einzelnen Motiven gemalt: . . . die Telephone und Sirenen (Verweis auf schlechtes Gewissen und moralische Imperative) . . .«
Sarane Alexandrian (1973 a, S. 33)
bei Henri Laurens: »In seinen letzten Jahren ist L. immer souveräner mit dem menschlichen Körper umgegangen. Da gibt es Sirenen, deren Lockruf ganz in die Kantilene ihres pflanzenhaften Wuchses eingeschmolzen ist, vom Meer blank gespülte Verführerinnen, deren Leib auf Umarmung hofft, Sinnfiguren der Tages- und Jahreszeiten, steinerne oder bronzene Orakel der Fruchtbarkeit.« Werner Hofmann (1958, S. 112)
Sisyphos
bei Rudolf Hoflehner: »Die Ikonograhie ist denkbar reduziert, überschaubar: Einzelformen, Formen in Beziehung unter sich, Formen in Beziehung zum Raum, In einem Buch, 'Sisyphos – Hommage à Albert Camus' [1966], hat H. bis zu einem gewissen Maße erstmals die Deutung seines Werkes vollzogen. Sie kreist um die Figur des Sisyphos, so wie sie Albert Camus als stoisch-akzeptierendes Lebenssymbol gefaßt hat.«
Werner Spies (1971 b, S. 13)
Sinnbild des Erleidens und der Spannkraft zugleich (s. u. Messer)
bei Wolfgang Mattheuer: »In 'Die Flucht des Sisyphos' (1972) läuft die Hauptfigur dem herabrollenden Stein davon; sie entflieht der sinnlosen Arbeit. In 'Sisyphos behaut den Stein' (1974) wird aus dem Stein eine Faust geschlagen: Sisyphos befreit sich von der Plage; er wird produktiv tätig, sei es durch künstlerische Selbstverwirklichung, sei es durch die in der Faust ausgedrückte Kampfansage. In 'Der übermütige Sisyphos und die Seinen' (1975) stoßen die Figuren jubelnd einen versteinerten Kopf den Hang hinunter: sie befreien sich von der Plage, vom Alten und Erstarrten.« Uwe M. Schneede (1977 b, S. 10)
'– als Bildhauer'
bei Wolfgang Mattheuer: »'Sisyphos als Bildhauer' [in: 'Sisyphos behaut den Stein', 1974] kehrt das Sujet des klassischen Mythos um. Sisyphos hat sich zum Herren der Situation gemacht und ist auf die Folgen seines Tuns bedacht. Er behaut den Stein – auch um die Aktivität der anderen auszulösen.« Heinz Schönemann (1977, S. 16)

Wolfgang Mattheuer: Hinter den sieben Bergen, 1973

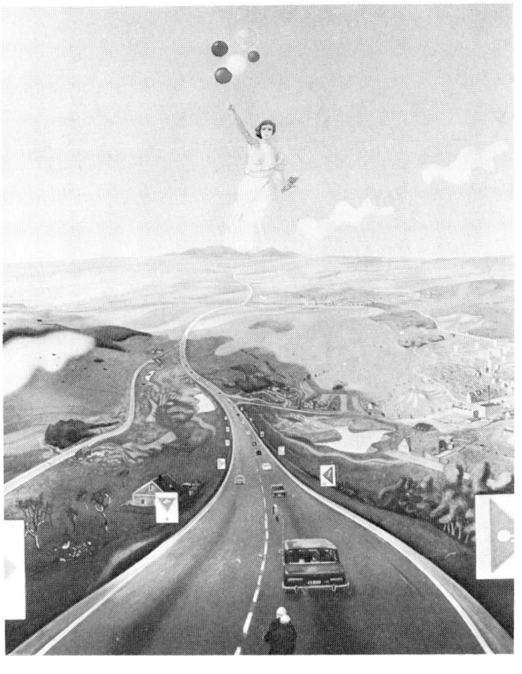

Sisyphos des Sex
bei Jean Tinguely: → Maschine
Sitzende
bei Henry Moore: »Die beiden Sitzenden [in: 'Familiengruppe', 1947] sind die Hälften eines eiförmigen Körpers, sie bilden – ähnlich wie der Helm – eine Raumkuppel, in der sich die beiden Kinder aufhalten. Bei diesen ist der abschnürende Prozeß der Zellenteilung noch nicht abgeschlossen: ihre Körper hängen in einer Mulde zusammen und bilden die physische Brücke vom Mann zur Frau. Das Elternpaar umschließt die Kinder wie eine halbgeöffnete Muschel. Jedes Detail dieser atmenden Formgebilde trägt zum Sinnbild der Geborgenheit bei. Sogar der eiförmige Raum zwischen den Beinen der Eltern erlangt bei längerer Betrachtung Symbolwert. Die zur Schaukel verschmolzenen Kinder sind vielleicht der erste Gedanke zu einer späteren Neufassung des Mutter-und-Kind-Themas.«
Werner Hofmann (1959, S. 84)
Sitztrommel
bei Max Beckmann: s. u. Beine, Spreizhaltung der
Sizilien
bei Renato Guttuso: s. u. Landkarte Siziliens; s. u. Zitronen
Skelett
bei Alberto Giacometti: s. u. Keule, phallische
bei Ernst Wilhelm Nay: s. u. Mensch
bei Jackson Pollock: s. u. Reiter auf dem Stier
bei Georges Rouault: ». . . und neben den Lebendigen stehen die Skelette wie Symbole des Brudermordes, der im Namen des alten Spruches 'homo homini lupus' begangen wurde (ein Thema, das R. nach dem zweiten Weltkrieg wiederaufnahm, wobei er aber das Skelett durch einen Erhängten ersetzte).«
Giuseppe Marchiori (1966, S. 21)
–, entkleidetes
bei Henry Moore: tödlich-zerstörender Gegensatz zu → Decke
–, lorbeerbekränztes
bei Alfred Kubin: »Wohl das bedeutendste Beispiel ist die um 1918 entstandene Zeichnung 'Das Ende des Krieges' von K. K. hat den Krieg als lorbeerbekränztes, vermoderndes Skelett personifiziert, das bäuchlings mit angezogenem Bein, gewinkelten Armen und aufruhendem Schädel auf einem Hügel liegt. Aus dieser Haltung sprechen schlaffe Reglosigkeit und völlige Erschöpfung.« Siegmar Holsten (1976, S. 86)
Skelettblume
bei Max Gubler: s. u. Distel
Skelette
bei Reinhard Drenkhahn: s. u. Strandläufer
bei James S. Ensor: Laster und Leidenschaften (s. u. Masken)
–, menschliche
bei André Masson: s. u. Landschaft
Skelettleib
bei Julio Gonzalez: s. u. Foltergerät
Sklave(n)
bei Otto Dix: s. u. Arbeiterbild
bei Ossip Zadkine: nach Erlösung Strebender (s. u. Gestalten, männliche)
– der Technik
bei Heinrich Hoerle: → Mensch
– bei der Zuckerrohrernte
bei Diego Rivera: »Das hier wiedergegebene Fresko ['Sklaverei bei der Zuckerrohrernte', 1929/30] zeigt Indios als Sklaven bei der Zuckerrohrernte, angetrieben von bewaffneten Aufsehern. Das Geschehen spielt sich auf verschiedenen Bildebenen ab, die gleichzeitig die Zeitebenen vertreten und so die lange, über Jahrhunderte reichende Dauer der Sklaverei symbolisieren. Der zwischen den Säulen des Herrscherhauses träge in seiner Hängematte liegende, von Bewaffneten umgebene Großgrundbesitzer wird in eindeutig agitatorischer Absicht als Gegensatzfigur zitiert.«
Ida Rodriguez Prampolini (1977, S. 287)
Skulptur
bei Paul Delvaux: s. u. Kontaktlosigkeit
–, antike
bei Filippo Tommaso Marinetti: überholte, statische Wertvorstellungen (s. u. Auto)
Smoking
bei Max Beckmann: »Es handelt sich darum, eine elegante Beherrschung des Metaphysischen zu erreichen . . . Die neuen Priester dieses neuen Kulturzentrums haben im schwarzen Anzug oder bei festlichen Zeremonien im Frack zu erscheinen . . . Und zwar, was wesentlich ist, soll auch der Arbeiter im Smoking [vgl. 'Selbstbildnis im Smoking', 1927] oder im Frack erscheinen. Das soll heißen: wir wünschen eine Art aristokratischen Bolschewismus. Einen sozialen Ausgleich, dessen Grundgedanke aber nicht die Genugtuung des reinen Materialismus ist, sondern der bewußte und organisierte Trieb, selbst Gott zu werden.« Max Beckmann (1927, S. 199)
Sockel
bei Salvador Dali: »Als Berühmtheit steht er [in: 'Bildnis Picasso', 1947] auf einem Sockel, dem Symbol der Berühmtheit.«
Robert Descharnes (1974, S. 142)

bei Marino Marini: s. u. Pomona

Sodom

bei Renato Guttuso: s. u. 'Tilgung Sodoms'

Sofa

bei Paul Harris: s. u. Frauenfiguren in Lebensgröße

'Sohlen nach oben', Fliegen

bei Käthe Kollwitz: s. u. Figur, über die wehenden Fahnen hinwegfliegende männliche

Sohn

bei Giorgio de Chirico: → mannequini

bei Salvador Dali: s. u. Löwenkopf, zähnefletschender; s. u. Schere

bei Bernhard Hoetger: s. u. Tod

bei Giacomo Manzù: s. u. Figuren der bäuerlichen Wirklichkeit

–, der Verlorene

bei Giorgio de Chirico: s. u. mannequini

– des Ingenieurs

bei Giorgio de Chirico: s. u. Lokomotive

– des Vaivasvatu-Manu

bei Max Beckmann: → Gestalt, behelmte

– Gottes

bei Giacomo Manzù: s. u. Gekreuzigter

–, junger

bei John Steuart Curry: s. u. Präriebrand

–, ungeborener

bei Konrad Klapheck: fruchtartiger Löschkörper (s. u. Rad, sonnenartiges)

Sohnfigur, statuenhafte

bei Giorgio de Chirico: s. u. mannequini

Soldat

bei Ernesto de Fiori: ». . . dessen 'Soldat' (1918), in einen metallischen Hautpanzer eingeschlossen, die Ratlosigkeit des letzten, wissenden Menschen verkörpert.« Werner Hofmann (1958, S. 63)

bei Ernst Ludwig Kirchner: Selbstporträt (s. u. Rechte, abgeschlagene)

–, schießender französischer

bei Georges Redon: s. u. Reiter, sensenschwingender

–, schlotteriger

bei Alfred Kubin: ». . . und neben großen Szenen der Bibel, der Geschichte und der Sage entstehen Zeichnungen . . .; in jedem dieser Blätter ist der ganze K. zugegen, und wenn er einen schlotterigen Soldaten zeichnet, der zwei todmüde Klepper durch ein Bergtal führt [in: 'Abrüstung', 1918], so spüren wir die Auflösung einer ganzen Armee.« Paul Raabe (1957, S. 57)

–, toter

bei Willy Jaeckel: »Im Zusammenhang mit der allgemeinen Entwicklung des Expressionismus sind J.s religiöse Darstellungen interessant. Sie symbolisieren häufig Not und Qual der Kriegszeit. Als Beispiele seien der 'Sebastian', die 'Pietà' aus seiner Lithographien-Mappe 'Memento' von 1914–1915, bei der ein toter Soldat das Leiden Christi symbolisiert, und die Radierung 'Kreuzigung' von 1919 genannt.«

Bernard S. Myers (1957, S. 91)

Soldaten

bei Zlatko Burek: »Seine Soldaten in Paradeschritt oder während einer kurzen Rast sind Repräsentanten der Menschheit, die ihrer Persönlichkeit beraubt, in ihrem eintönigen Alltag gefangen, sich in den seltenen Augenblicken der Entspannung in jene Vergnügungen stürzen, die . . . ihre Sinne befriedigen . . .«

Zoran Kržišnik (1963, S. XIII)

bei Emil Nolde: s. u. Reiter

bei Pablo Picasso: »Auf diese Weise bewirkt das Bild 'Massaker in Korea', das P. 1951 malte, fast das Gegenteil von dem, was er damit beabsichtigte. Die Soldaten sind, trotz ihrer Maschinengewehre, zu heraldisch und archaisch dargestellt: entweder entgeht uns dadurch, daß es sich um ein modernes Massaker handelt, oder aber wir betrachten die Soldaten als Symbol der ewigen, sich immer gleichbleibenden Macht des Unmenschlichen und Bösen.«

John Berger (1965, S. 136/7)

Salvador Dali: Bildnis Picasso, 1947

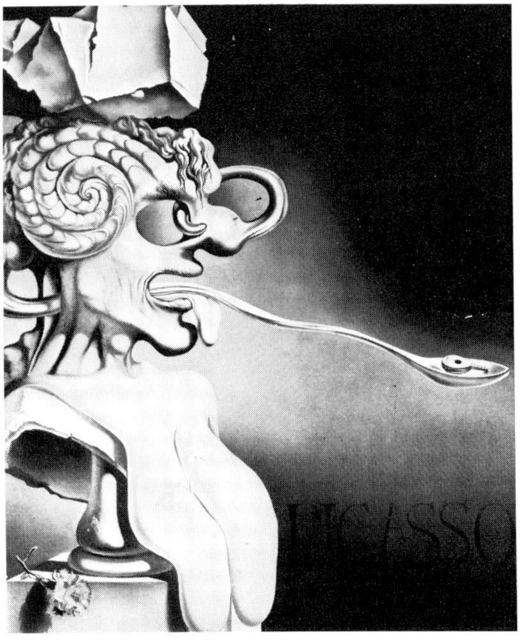

Soldaten, hockende
bei Marcel Gromaire: »G. symbolisiert das Grauen in einer kleinen Gruppe von hockenden Soldaten [in: 'Der Krieg', 1925], die er im Pathos des Barbarischen erstarren läßt.«
Max Peter Maass (1965, S. 109)

–, tote
bei Ragnvald Blix: s. u. Tod, resigniert zusammengekauerter

'Soldatenbraut'
bei Konrad Klapheck: → Nähmaschine

Soldatengräber
bei Franz Radziwill: Tod (s. u. Gestalt, von einem Reif umgeben)

Soldatenkopf
bei André Masson: → Granatapfel

Sonne
bei Giacomo Balla: s. u. Dreiecke
bei Ernst Barlach: »Bei B. ist die Sonne unverkennbar Gottessymbol: 'Die Wandlungen Gottes', Holzschnitte von 1920f.: 'Der erste Tag': Gott mit lichtbringenden, strahlenden Händen; 'Der göttliche Bettler': Das Haupt des Bettlers weist diesen durch eine deutliche Sonnenglorie als Gott aus.« Rainer Volp (1966, S. 143)
bei Constantin Brancusi: s. u. Hahn
bei Marc Chagall: s. u. Fisch (R. Volp); s. u. Hahn (F. Meyer)
bei Marcel Duchamp: s. u. Halbkreis; s. u. Spiegel
bei Fidus: männliches Prinzip (s. u. Lichtgeist); s. u. Bedeutungsachse, vertikale; s. u. Kreuz
bei Adolph Gottlieb: → Scheibe, ruhige; s. u. Kontrastformen
bei Rudolf Hausner: → Kugel, rote
bei Friedensreich Hundertwasser: → Spirale (W. Grohmann)
bei Horst Egon Kalinowski: → Kreis
bei Wassily Kandinsky: s. u. Reiter

Friedrich Meckseper: Sonnenuhr und Berge, 1965

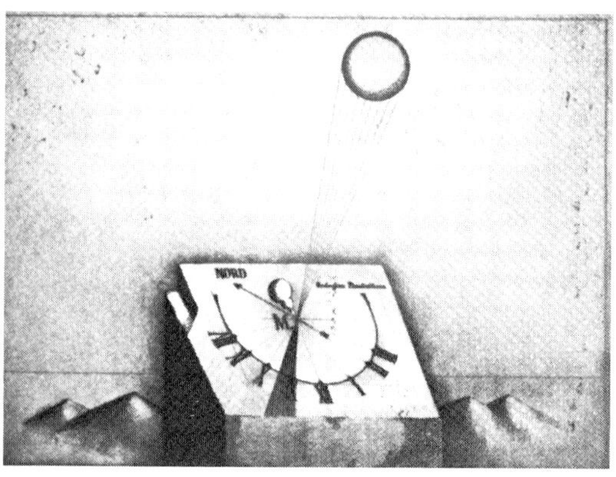

bei Paul Klee: »Pfeil und Sonne, zwei Zeichen, das eine als aktive Kraft auf den Platz führend [in: 'Der L-Platz im Bau', 1923], das andere als ständig wiederkehrendes Symbol des Kosmischen, setzen gewichtige Akzente.«
Werner Schmalenbach (1964, S. 136)
→ Scheibe, schwarze; s. u. Kreis
bei Bruno Krauskopf: »Den von links in das hochformatige Bildfeld ['Der Krieg', um 1914/15] hineinragenden Reitern, die wieder von den Vorbildern Dürers und Cornelius' inspiriert sind, ist rechts eine Sonne gegenübergestellt. Die Reiter, die durch begleitende Flammen und einen an die Stelle der üblichen Attribute gesetzten Speer als Kriegspersonifikationen gekennzeichnet sind, stoßen als dunkle, wolkenartige Masse vor, im Begriff, das Licht zu verfinstern. Die Strahlen der ebenfalls auf Dürers Holzschnitt zurückgehenden und als Symbol des Himmels zu verstehenden Sonne dringen nicht minder dynamisch von der Gegenseite in das Bildgefüge ein, wodurch der Krieg als Kampf der Mächte des Bösen gegen die des Guten charakterisiert ist.«
Siegmar Holsten (1976, S. 74)
bei Heinz Kreutz: → Licht, ewiges
bei Jean Lurçat: »J. hat in vielfältigen Variationen immer wieder das Thema der Sonne gemalt und gewebt. Sie ist ihm Lebensspender und Schöpfungsmitte.« Rainer Volp (1966, S. 146)
bei René Magritte: s. u. Baum
bei Friedrich Meckseper: »In einer anderen, außerordentlichen Komposition 'Sonnenuhr und Berge' [1965] laufen die Sonnenstrahlen – Sonne ist ein Symbol für Gottheit – in einer phantastischen Sonnenuhr zusammen, die am Fuße mehrerer Berge liegt.« William Varley (1972, o. S.)
bei Joan Miró: Lebensprinzip (s. u. V-Form)
bei Johannes Molzahn: s. u. Adler
bei Edvard Munch: s. u. Frauengestalten
bei Eduardo Paolozzi: → Spirale
bei Pablo Picasso: »Das 9. Feld ist noch verwirrender [in: 'Traum und Lüge Francos', 1937]. Es zeigt den Caudillo rittlings auf einem Schwein, sein Banner in eine Lanze verwandelt. Damit ist er im Begriff, die Sonne zu stürmen, vielleicht wieder einmal ein Symbol für Licht und Wahrheit.« Anthony Blunt (1969, S. 12)
s. u. Birne, elektrische
bei Karl Schmidt-Rottluff: »Mensch, Tier und Pflanze fügen sich so, trotz aller schicksalhaften Gebundenheit ihrer Existenz, einer großen Ordnung der Schöpfung ein, in der die Sonne den bewunderten Ursprung des Lebens verkörpert [in: 'Die Sonne', 1914]. S.-R. hat weniger ihre

reflektierende Erscheinung als vielmehr die Vollkommenheit ihrer kreisrunden Urform immer wieder als ein Symbol des Kosmischen in seine Graphik aufgenommen.«
Gerhard Wietek (1972, S. 120)

bei John Sloan: s. u. Frauen, die ihr Haar trocknen

bei Pavel Sukdolák: s. u. Kreis

–, aufgehende

bei Julius Diez: s. u. Gestalt, geflügelte

bei Otto Meyer-Amden: Jugend (s. u. Jünglingsgestalt, nackte)

–, Erlöschen der

bei Wassily Kandinsky: s. u. Schwarz

– im Mund', 'die

bei René Magritte: → Auge

–, kalte

bei Carlo Schellemann: s. u. Häupter, geborstene

–, Kraft ausstrahlende

bei Wassily Kandinsky: »Daß der Kreis an die Stelle des Reitermotivs trat, scheint eine logische Folge zu sein: der Reiter ist ein Sinnbild der Kraft und des Kampfes, der in der Zeit des 'Blauen Reiters' notwendig war. Nachdem er den Künstler von den nebensächlichen Dingen dieser Welt befreit hatte, verwandelte er sich in eine Kraft ausstrahlende Sonne.«
Kenneth C. Lindsay (1976, S. 68)

–, Kraft der

bei Marc Chagall: s. u. Hahn

–, leuchtende

bei Odilon Redon: »R. wird die leuchtende Sonne zur mystischen Imagination des erhöhten Christus.« Rainer Volp (1966, S. 148)

–, Licht der

bei Edvard Munch: Erhalter des Lebens (s. u. Männer, Badende)

–, rote

bei Marc Chagall: s. u. Liebende

Sonnen

bei Marc Chagall: s. u. Zirkusarena

– des Seins

bei Roberto Echaurren Matta: kataklysmische Erfahrungen (s. u. Spiralnebel)

Sonnenblume(n)

bei Max Ackermann: s. u. Kind

bei Max Ernst: hochsommerliche Üppigkeit (s. u. Bauch)

bei Emil Nolde: »Blumen konnten ihm noch etwas anderes sagen als bloße Schönheit, wenn wir uns an die riesigen Räder der Sonnenblumen halten, die er häufig gemalt hat. Nicht die Stengel der Blume, der Weg ihres Wachsens, die Klarheit der Blütenform wird gezeigt, sondern das mächtige dunkle Auge des Fruchtbodens und, wie das Wallen einer überlaufenden Quelle, die gelbe Blütenmasse. Sammlung ist gegeben und warme Ausstrahlung, gleichsam ein Symbol der Macht des Weiblichen, wofür die Antike den kraftvollen Leib einer Juno gesetzt haben würde.«
Martin Gosebruch (1957, S. 28)

Sonnenpflanze

bei Pablo Picasso: Frau (s. u. Orange)

Sonnenrad

bei Marc Chagall: »Der Kreis ganz rechts [in: 'Die Quellen der Musik', 1966], ein glitzerndes Sonnenrad, das gelbe Flammen halb über den kosmischen Raum schießt und den Hahn über dem blauen Baum golden färbt, ist offensichtlich der Brennpunkt der Energie; übereinstimmend mit den kabbalistischen und chassidischen Theorien kann es als Symbol des göttlichen Wesens, des schöpferischen Gotteshauptes im Universum gedeutet werden.«
Roy Mac Mullen (1968, S. 253)

bei Joan Miró: »Die Fläche der Wüste [in: 'Les flammes du soleil rendent hystérique la fleur du désert', 1938] mit ihrer dünenartigen Erhebung in der Mitte der Horizontlinie erzeugt die Vorstellung von Weite, die in all ihren Partikeln vibriert. Von rechts rollt das Sonnenrad mit seinen Flammenspitzen heran, das Sinnbild einer sich stets erneuernden Elementargewalt.«
Walter Erben (1959, S. 139)

bei Wilhelm Schwaner: → Hakenkreuz, goldenes

–, großes

bei Marc Chagall: → Kreis

Sonnenringe

bei Max Ernst: kosmische Symbole (s. u. Mondringe)

Sonnenscheibe

bei Herbert Baumann: → Scheibe

Sonnenstern

bei Friedrich Schröder-Sonnenstern: »Das Sonnenemblem [in: 'Der Fluch des Pfluges', 1963] scheint mir nach meinen bisherigen Erfahrungen bei S. extrem selten vorzukommen, weil es einen eigentlich unsichtbaren 'utopischen' Bereich des paradiesischen Lebens symbolisiert, der unverwirklicht ist . . .«
Peter Gorsen in: Alfred Bader (1972, S. 68)

Sonnenuhr

bei Friedrich Meckseper: s. u. Sonne

–, alte

bei Alberto Trevisan: s. u. Auge

Sowjetunion, dynamischer Aufstieg der

bei Wladimir E. Tatlin: → Spiralen, zwei sich umeinander hochschraubende

Spachtel
bei Yves Klein: s. u. Farbe, reine
Spalt
bei Rudolf Hoflehner: s. u. Stachel
Spaltungsbombe
bei Germaine Richier: s. u. Loch
Spanien
bei Pablo Picasso: → Minotaurus (H. H. Arnason); s. u. Blinder; s. u. Stier (R. Arnheim)
–, modernes
bei Robert Motherwell: s. u. Zeichen, schwarze
–, sich erhebendes
bei Pablo Picasso: Stier (s. u. Rübe)
Spanier
bei Pablo Picasso: s. u. Stier (J. Larrea)
Spanischer Platz
bei Alberto Trevisan: s. u. Auge
Spannungsmesser
bei Victor Grippo: s. u. Kartoffeln
Sparbüchse
bei René Magritte: mütterliches Symbol (s. u. Schelle)
Spaßmacher
bei Marc Chagall: Badchen (s. u. Klesmer)
Spaten
bei Jean-Pierre Raynaud: s. u. Psycho-Objekte
Spaziergänger, einsamer
bei René Magritte: s. u. Brücke
Specht
bei Armodio: s. u. Ei
Speer
bei Bruno Krauskopf: s. u. Sonne
–, aufgerichteter
bei Günther Uecker: → Nagel (W. Schmied)
Speere
bei Max Beckmann: Begierde (s. u. Schwerter)
bei Marc Chagall: heraldische Zeichen für den Stamm Gad (s. u. Schafe)
Spektralfarben
bei Max Ackermann: s. u. Blau, Rot und Gelb
Sperma
bei Joan Miró: s. u. Linien, drei
Spermas, Sekretion des
bei Marcel Duchamp: s. u. Bajonett
Spermatropfen
bei Konrad Klapheck: → Fahrradschellen
Sperrhahn
bei René Magritte: s. u. Wasserkran
Sphinx
bei Max Ackermann: »Für A. ist die 'kleine Sphinx' [in: 'Überbrückte Kontinente', 1954] eingebunden in das Thema 'Überbrückte Kontinente', das ihn durch viele Jahre hindurch immer wieder beschäftigt hat . . .
Unsere Auffassung stimmt aber auch zur inneren Logik des Themas: alle Sphinge, die verehrungswürdigen wie die todbringenden, postulieren einen Schwellenbereich – zwischen Wissen und unlösbaren Rätseln, zwischen Leben und Tod, zwischen Diesseits und Jenseits, zwischen Mensch und Gott. Wer, wie einst die Antike und das christliche Mittelalter, nicht nur die eine der jeweils korrespondierenden Zonen, sondern beide als reale Welten empfindet, wird die Sphinx als eine numinose Erscheinung verstehen, die geistige Kontinente verbindet.«
Heinz Demisch (1972, S. 113/14)
bei Gustav Klimt: s. u. Kopf, klarer
bei Oskar Kokoschka: »In der Mitte [eines Fächers für Alma Mahler-Werfel, zwischen 1912 und 1914] die Frau, eine Sphinx in den Armen haltend, vor einem brennenden Dornbusch. Ihr zur Seite der Künstler, wieder als hl. Georg. Die

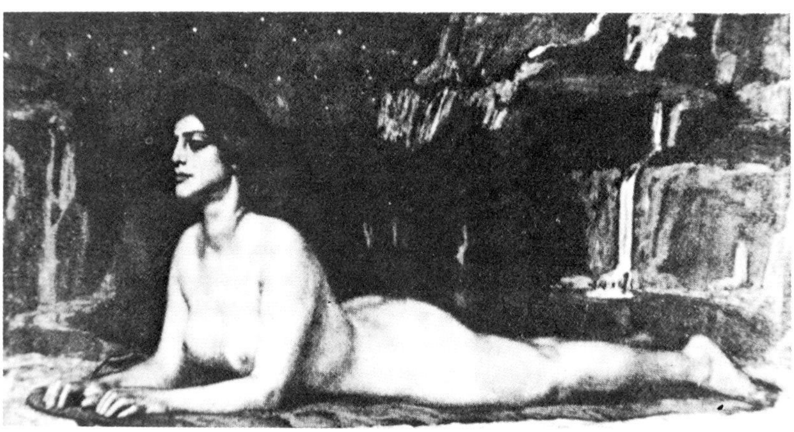

Franz von Stuck: Sphinx, 1902

Sphinx als Symbol des Geheimnisvollen, der 'Femme fatale' . . .«

Joseph Paul Hodin (1968, S. 352)

bei Henry Moore: s. u. Figuren, drei stehende (W. Hofmann)

bei Franz von Stuck: »Einmal behandelt S. das Motiv als Zweifelsbild ['Sphinx', 1902]: im predellartigen Unterbild die drei Lebensalter des Mannes; im Hauptbild darüber lagert ein nacktes Weib mit aufgestütztem Oberkörper. Haltung und Beischrift weisen sie als Sphinx aus, aber gemeint ist sie als das ewige Weib im Leben des Mannes . . .« Hans H. Hofstätter (1965, S. 190)

–, Passivität der

bei Pablo Picasso: → Frau', 'Brütende

Sphinxe

bei Max Beckmann: »Die beiden Sphinxe auf der Plattform des Triumphbogens [in: 'Abtransport der Sphinxe', 1945] sind sicher als Verkörperungen Frankreichs anzusehen . . . Was nun aber mit ihren Kopfbedeckungen gemeint sei, wird nicht recht klar. Erinnert die rechte an die Jakobinerhaube der Marianne, so mag die linke eher auf die Generalsmütze des siegreichen Charles de Gaulle anspielen.«

Friedhelm W. Fischer (1972b, S. 74)

»Das nachdenklichere Werk 'Abtransport der Sphinxe', 1945, ist eine Allegorie der falschen Götter, die durch die deutsche Niederlage entthront worden waren.«

Bernard S. Myers (1957, S. 305)

Spiegel

bei Max Beckmann: »Hinter diesen Spiegeln [in: 'Selbst im Hotel', 1922] verbirgt sich keine Tür in vertrautes Gelände – sie sind die Wände eines Käfigs, 'hinter dem die Geister rumoren oder auch das Nichts', Wände vor unbetretbaren Räumen, die auf das Opfer einstürzen . . .«

Stephan Kaiser (1962, S. 10)

»Sie [die Hyazinthe] wird hinterfangen von Emblemen des Lebensgenusses und überragt von einem Spiegel [in: 'Stilleben mit brennender Kerze', 1921], der für mich wegen des Fehlens eines Spiegelbildes zum Zeichen eitlen, leeren Wahns wird, dem sich die Lebenden hingeben.«

Klaus Kowalski (1975, S. 20)

das klassische Attribut der Eitelkeit (s. u. Kerze, stehende und gestürzte); s. u. Janusbüste

bei Joseph Cornell: s. u. Glas

bei Marcel Duchamp: »In einer großen Zahl von Anmerkungen betont D. die Wichtigkeit des Spiegels in seinem Werk. Der Spiegel [in: 'Schlitten mit Wassermühle aus verwandten Metallen', 1913–15] trägt eine komplexe und ambivalente Symbolik in sich. Als erstes ist er Symbol der Vorstellung bzw. des Bewußtseins. Zum zweiten ist er Teil der Symbolwelt des Mondes, denn das passive Widerspiegeln ist vergleichbar der passiven Leuchtkraft des Mondes, der sein Licht von der Sonne erhält. Dann ist der Spiegel Sinnbild des Zwillingspaares, das in der Chemie dem *Rebis* entspricht (dem doppelten Ding), denn im Spiegel finden wir neben *Luna* auch das, was reflektiert, nämlich *Sol.*«

Arturo Schwarz (1973, S. 16)

bei Hannah Hoech: »In der Gestalt des Kubus [in: 'Kubus', 1926], wie er hier erscheint, überlagern sich drei alte Symbolfiguren: Kubus, Kristall und Spiegel. Steckt im Kubus seit je die Vorstellung vom Zusammenschluß der vier Elemente

Michelangelo Pistoletto: Sitzende, die Tee trinkt, 1971

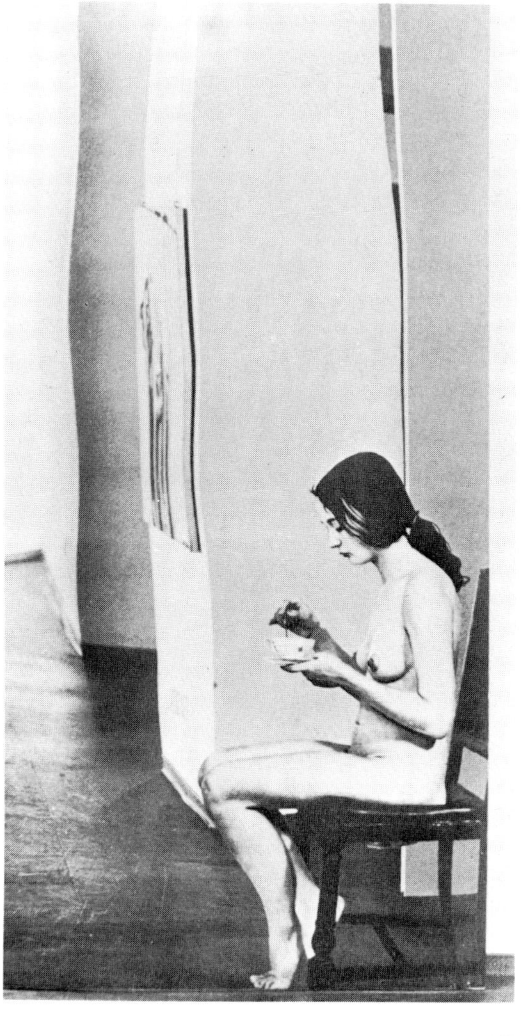

der materiellen Welt und die Idee der Dauer, so ist das Kristall – von den Surrealisten verehrt – ein Symbol, worin Existenz und Nicht-Existenz, Materie und Geist zusammenfallen, nicht länger mehr Gegensätze sind. Im Spiegel aber, worin visionär eine Völker und Rassen versöhnende Zukunft aufscheint, liegt unter anderen Bedeutungen auch die Assoziation von Reflektieren und Reflexion. War doch der Spiegel schon immer Sinnbild des Denkens und der Imaginationskraft.« Peter Krieger (1975, o. S.)

bei Mikuláš Medek: s. u. Rasiermesser

bei Louise Nevelson: »Der Spiegel [in: 'Silent Motion', 1964] symbolisiert die Notwendigkeit der Helligkeit und des Selbstbewußtseins, um der Welt die eigenen spezifischen Existenzgründe, das Holz als Sicherheit für eine gelebte Geschichte, entgegensetzen zu können.«

Germano Celant (1973, S. 20)

bei Pablo Picasso: »Die Absicht der ganzen Serien [von Gouachen zum Stierkampf Anfang der 30er Jahre] bekommt wahrscheinlich von einer Zeichnung Klarheit, zugestandenermaßen späterer Datierung (1937). In ihr ['Tod des Minotauros'] ist der Minotauros am Sterben, nicht so sehr infolge des Pfeils, der ihn getroffen hat, sondern durch den Blick auf seine eigene Häßlichkeit. Diese wirft ihm der Spiegel zu, gehalten von einem griechischen Mädchen, welche das Emblem der Wahrheit aufnimmt, den Spiegel.« Anthony Blunt (1969, S. 23)

»Bei Goncourt [in seinem Zirkus-Roman 'Die Brüder Zemganno'] findet sich auch die verbreitete Vorstellung, der wahre Künstler müsse sexuell enthaltsam leben, da eine Frau ihn nur von seinem Schaffen ablenke. Auch noch in P.s Bildern der Rosa Periode begegnet diese Vorstellung, etwa in dem Bild 'Die Familie des Harlekins' aus dem Jahre 1905, auf dem die Frau mit dem alten Eitelkeitssymbol des Spiegels ausgestattet ist, sowie in einer 'Gauklerfamilie', ebenfalls 1905, wo zur Seite der Frau ein Affe sitzt, ein altes Symbol sexueller Triebhaftigkeit.«

s. u. Hut Wilfried Wiegand (1973, S. 56)

bei Michelangelo Pistoletto: »Der Blick in den Spiegel, im Alltag gedankenlose oder eitle Selbstbestätigung, wird hier [u. a. in: 'Sitzende, die Tee trinkt', 1971] zur Selbstverunsicherung, zur irritierenden ästhetischen Konfrontation mit der eigenen und fremden Gegenständlichkeit.«

Peter Sager (1973 b, S. 104)

Spiegel mit Horizont

bei Max Beckmann: »Was aber bedeutet der Spiegel mit der Meeres- und Himmelszone, dem Tiefe und Unendlichkeit suggerierenden Horizont [in: 'Stilleben mit rotem Pferdeschwanz', 1944]? Es gibt ein bedeutendes kabbalistisches Symbol, welches dem merkwürdigen Spiegel-Emblem genau entspricht. Es handelt sich um das Zeichen 'En-Soph', den 'Horizont der Ewigkeit'. En-Soph bedeutet auch 'reines Sein, das Absolute, das Höchste, die Gottheit, das Unendliche'. Man stellt es dar als einen Kreisring, dessen Inneres durch eine Horizontlinie halbiert wird. Die untere Hälfte ist waagerecht schraffiert und dunkel, die obere hell. In der Hierarchie kabbalistischer Zeichen nimmt En-Soph die höchste Stellung ein; als Emblem bildet es die Spitze aller kabbalistischen Erkenntnis-Schemata.«

Friedhelm W. Fischer (1972 a, S. 67)

–, ovaler

bei Max Beckmann: s. u. Helm

bei René Magritte: s. u. Schweben

Spiegelei

bei Renato Guttuso: s. u. Widderschädel

Spielbälle

bei Paul van Hoeydonck: s. u. Kugeln

'Spielbrett'

bei Alberto Giacometti: Spiel ohne Ende (s. u. Kugel)

Spieler

bei Fritz Genkinger: s. u. 8 (acht)

bei Walter Wörn: »Bei dem ersten Ölbild, dem 'Jo-Jo-Virtuosen' von 1952, komprimiert sich der Vorgang des equilibristischen Spiels in den schwingenden Kurvenlinien, die die Jo-Jo-Kugel beschreibt . . . Nur die Gliedmaßen und das Gesicht tauchen als Lichthöhungen lebhaft bewegt aus dunklem Grunde auf. Der Spieler und der von ihm ausgelöste Spielprozeß sind damit formal – identisch. Das Bild wird zur Chiffre einer den Menschen und sein Tun gleichermaßen erfassenden Aktion.«

Joachim Büchner (1972, S. 78)

Spielfeld

bei Walter Wörn: »Gibt Beckmanns Bild [1929] den entscheidenden – dramatischen – Moment des Ballabstoßes wieder, so befindet sich der Ball bei W. inmitten des ringenden Knäuels der Spieler [in: 'Amerikanisches Fußballspiel', 1957/58]. Der einzelne geht in der Hektik sich überlagernder, überkreuzender Aktionen unter. Das in die Vertikale projizierte Spielfeld wird zur Ausdruckschiffre für die kämpferische Bewegung und die Verstrickung des Menschen.«

Joachim Büchner (1972, S. 74)

Spielkarten

bei Max Beckmann. »Die Spielkarten können

sowohl als Zeichen der Vanitas wie als Attribute der Schicksalsgöttin aufgefaßt werden. In zwei Bildern begegnete uns bisher das Motiv ['Traum von Monte Carlo', 1939/43, und 'Stilleben mit Totenköpfen', 1945]. In beiden Fällen bedeutete es nicht nur Eitelkeit oder Verhängnis, sondern wies auf den Tod hin. In dem Bild 'Traum von Monte Carlo' war die Herzkarte in der Hand der 'femme fatale' auf dem Spieltisch Mittelpunkt eines makabren Todesreigens der Begierde. In dem Vanitasstilleben von 1945 begegnete die gleiche Karte im Zusammenhang mit drei Totenschädeln.« Friedhelm W. Fischer (1972a, S. 215)
Schicksal (s. u. Kreuze, schwarze)
bei André Masson: »Die Reihenfolge der Spielkarten [in: 'Card Trick', 1923] mag als Symbol des Todes, des Lebens und der Sexualität [Herz, Kreuz, Pik, Caro] gelesen werden; eine wächst sozusagen aus der anderen heraus und ihre Verbindung ist ein quälendes Thema in M.s Kunst ... Die ähnlichen Formen von Herz und Pik finden sich oft, nicht nur in M.s Oeuvre, sondern in der Bildwelt der Surrealisten überhaupt, als Symbole des weiblichen Genitals – das Herz bedeutet natürlich Liebe genauso wie Sexualität.« Carolyn Lanchner (1976, S. 99)

Spielmann
bei Marc Chagall: → Klesmer; vegetativer Organismus (s. u. Mensch)

Spieltisch, Dame auf dem
bei Max Beckmann: Einsatz des Spiels (s. u. Dame auf dem Spieltisch)

Spielzeug
bei Louise Nevelson: s. u. Kasten, isolierter
bei K. R. H. Sonderborg: s. u. Spirale

Spielzeuge
bei Eduardo Paolozzi: »Bald verfügte er über eine Sammlung aus Wachsfolien [von Spielzeugen, Uhrwerken, Klavierteilen u. a.], die er als Rohmaterial verwenden konnte, um den Skulpturen eine lebendige Oberfläche zu verleihen.
Diese Skulpturen (z. B. 'Cyclops', 1950), die oft wie Ungeheuer von einem fremden Planeten oder wie Opfer eines Atomkrieges wirken, haben auf Grund ihrer Oberflächenbehandlung eine symbolische Bedeutung. Sie sind wie Menschen, die die Zeichen ihrer Zivilisation an sich tragen.
Daß P. in Spielzeugen und anderen beiläufigen Objekten Symbole für unsere Kultur suchte, ist signifikant.« Frank Whitford (1975, S. 11)

–, ultrazivilisierte
bei Giorgio de Chirico: s. u. Arkaden

Spielzeugsoldaten
bei Jean-Robert Ipousteguy: s. u. U-Boot

Spieße
bei Raoul Michau: s. u. Kartoffel

Spikes
bei Konrad Schulz: s. u. Schaumgummi-Jetstreifen

Spindel
bei Etienne Hajdu: »Von der Seite gesehen erinnert uns das Werk [Constantin Brancusis 'Maiastra'-Vogel, 1909–12] an die bäuerliche Spindel. Auf gleiche Weise benutzte der in Turda, Rumänien, geborene Bildhauer H. die Spindel in seinen Reliefs als Symbol der Rakete.«
Mircea Deac (1976, S. 75)

Spiralblumen
bei Paul Klee: Bäume der Erkenntnis und des Lebens (s. u. Spirale/M. Huggler)

Spirale
bei Alexander Calder: »So erscheint es auch durchaus nicht zufällig, daß gerade die Spirale, als Symbol ewiger zeitlicher Wiederkehr, in C.s Malereien ... ständig in Erscheinung tritt.«
Carola Giedion-Welcker (1973b, o. S.)
bei Friedensreich Hundertwasser: »Die Spirale, dieses Wiener Jugendstilmotiv, ist neben dem Haus sein Lieblingsthema. 'Gib mir eine Falte

Johannes Itten: Aufsteigende Spirale, 1966

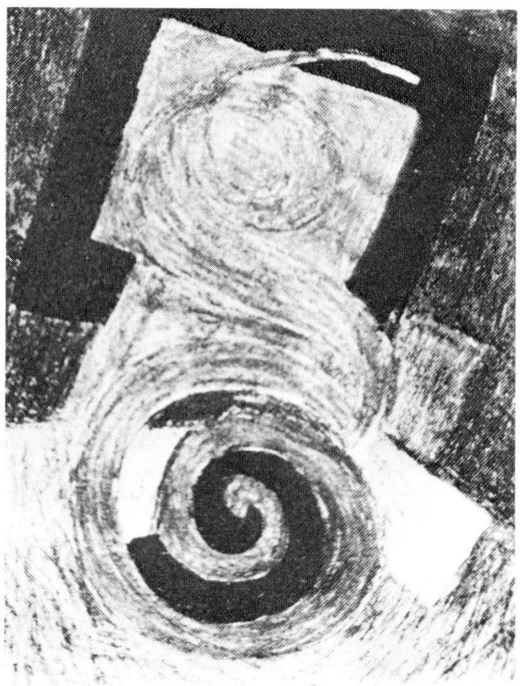

jeden Tag', betet er – eine Falte, die er im Leben und die das Leben in ihm prägt, spiraloide Falten eines Bildes. Sinnbild des Labyrinths, des Chaos und Irrsinns, Sinnbild zugleich des Helden und des Opfers, dort auf Leben oder Tod ausgesetzt, so ist die Spirale, die nie vollkommene noch vollendete Figur, für H. Form wie Inhalt und doch ohne Selbstwert, sich der Perfektion verweigernd.« Friedrich Bayl (1966f, Bd. III, S. 369)
»Das Schema eines großen Teiles seiner Bilder ist die Spirale, äußerlich zu lesen als Labyrinth, Baum oder Sonne, innerlich als 'das Blut, das im Kreise fließt'.« Will Grohmann (1966a, S. 256)
s. u. Labyrinth
bei Johannes Itten: »Für I. ist daher die Spirale das Symbol einer unmittelbaren Energie im Sinne biodynamischer Transzendenz. Spiralformen als Zentren sich gegeneinander durchsetzender Kräfte erscheinen bereits 1915/16 . . . So wird sie, in Parenthese, zum Zeichen des Kreuzes, Gleichnis der Überwindung des Todes.«
Eberhard Roters (1971, o. S.)
→ Turm, schräg aufsteigender
bei Paul Klee: »Die Spiralen sind Beginn aller Blüten, die sich aus dieser anfänglichen Bewegung entfalten werden, und das große verriegelte Tor [in: 'Tor im Garten', 1926] ist der Eingang zum Paradies. Bevor der Mensch erschaffen war, wartete der Garten Eden auf ihn, mit den Spiralblumen – Fragezeichen gleich – für die beiden Bäume der Erkenntnis und des Lebens. Die christliche Symbolik hat Christus als zweiten Adam gesehen, so erhielt das Paradies Gethsemane zur Parallele: das Kreuz mit dem langen aufwärtsgerichteten Arm findet seine Erklärung.« Max Huggler (1969, S. 97)
»Die Spirale ist ihm das individuelle Lebenszeichen und das geschichtliche Bewegungssymbol, wie sie es für Jarry, Brancusi und Joyce war. Sie ist ihm Lebens- und Todeszeichen . . .«
Carola Giedion-Welcker (1973a, S. 353)
s. u. Steuermann; vgl. Frucht
bei Eduardo Paolozzi: »Oben rechts [in: 'Wittgenstein in New York', 1965] erscheint eine Spirale, die als Sonne oder als geistiges Symbol gedeutet werden kann.«
Riva Castleman (1973, S. 112)
bei Odilon Redon: zweite abstrakte, geistige Welt (s. u. Scheibe)
bei K. R. H. Sonderborg: »Ganz selbstverständlich gelangt S. zur Spirale. Tatsächlich handelt es sich dabei um ein Spielzeug, das er lange in seinem Atelier bewahrt hat. Aber die Spirale interessiert S. nicht nur, weil sie ganz allein die Treppe hinunterlaufen kann, sondern weil sie die gleichen Eigenschaften besitzt wie seine Zeichnungen: plötzlich befreite Energie, die dennoch auf eine ihr eigentümliche Weise organisiert ist, die das gleiche Nachlassen der Spannung in identischen Serien wiederholt.«
Otto Hahn (1964, S. 11)
bei Wladimir E. Tatlin: »An und für sich bedeutet die Anwendung der Spirale für den Monumentalbau eine Bereicherung der Komposition. Genau so, wie das Dreieck als Sinnbild allgemeinen Gleichgewichtes der beste Ausdruck der Renaissance ist, ebenso liegt in der Spirale die wirksamste Symbolisierung modernen Zeitgeistes . . . Während die Bewegungslinie der bürgerlichen, nach dem Besitz von Grund und Boden strebenden Gesellschaft die Horizontale gewesen ist, bildet die Spirale, die, von der Erde aufsteigend, sich von allen tierischen, irdischen und niederdrückenden Interessen loslöst, den reinsten Ausdruck der durch die Revolution befreiten Menschheit . . .« Wladimir E. Tatlin
in: Konrad Farner (1960, S. 80)
bei Adolf Wölfli: s. u. Lebensbaum

Spirale, logarithmische
bei Salvador Dali: s. u. Nashorns, Horn des

Wladimir E. Tatlin: Modell für das Monument der III. Internationale, Petrograd 1920

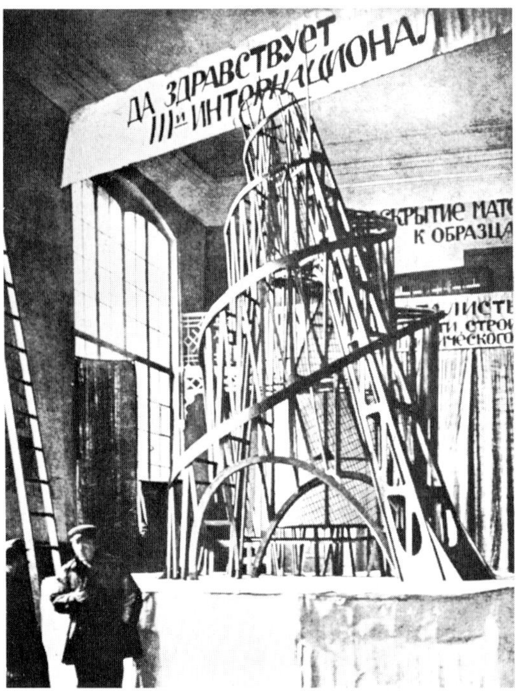

–, Muschel in
bei Ernst Wilhelm Nay: Vagina (s. u. Fisch ohne Kopf)
Spiralen
bei Fabrizio Clerici: s. u. Sicherheitsnadel
–, zwei sich umeinander hochschraubende
bei Wladimir E. Tatlin: »Denn auch ohne die sich drehenden Einbauten waren die zwei sich umeinander hochschraubenden Spiralen [Denkmal der III. Internationale, 1919–20] in ihrem schrägen Vorstoß in den Himmel ein eindrucksmächtiges Symbol für den dynamischen Aufstieg der Sowjetunion.« Juliane Roh (1970, S. 82)
Spiralensonne
bei Georg Meistermann: s. u. Rosette
Spiralnebel
bei Roberto Echaurren Matta: »Bei M. dagegen sind kataklysmische Erfahrungen von heute mit Herzen von Spiralnebeln und Sonnen des Seins ausgedrückt.« Marcel Jean (1961, S. 299)
Spitalsäle
bei Eberhard G. Willikens: Zimmer der Öffentlichkeit (s. u. Säle)
Spitze
bei Alberto Giacometti: erotisch-sadistische Angriffslust (s. u. Keil)
bei Paul Klee: s. u. Dreieck
Spitzen, scharfe
bei Günther Uecker: s. u. Nagel (W. Schmied)
Spitzenkragen, Mädchen mit feinem
bei René Magritte: Vergegenwärtigung grausamer Vorgänge (s. u. Mädchen mit feinem Spitzenkragen)
Splitterformen
bei Ernst Ludwig Kirchner: das Dramatische (s. u. Farben)
Sportler
bei Fritz Genkinger: s. u. Rückennummern
Sportplätze
bei Francis Bacon: s. u. Ringer
Sportwagen, ›rassiger‹
bei Fritz Köthe: »In einer späteren Phase [um 1968] hat K. sich an die Darstellung ›rassiger‹ Sportwagen [u. a. in: 'Sebring', 1969] als Inbegriff unserer überhitzten Wunschwelt gemacht, deren Lack und Chrom, verführerisch poliert wie in den Prospekten, konfrontiert wird mit dem Dreck der Straße, mit Zigarettenkippen oder weggeworfenen Colaflaschen.«
Wieland Schmied (1975, S. 38)
Sprachrohr
bei Konrad Klapheck: s. u. Telephone
Spritze
bei Peter Klasen: »Neben Wasserhähnen und sanitären Objekten sind es jetzt [ab 1966] Schalter, Glühbirnen und Steckkontakte, die einem Frauenantlitz gegenüberstehen . . . Die sterile Welt der Hygiene rückt in die unheimliche Nachbarschaft der Medizin, wenn eine Reihe Spritzen neben einem weich geöffneten Mund aufgereiht werden oder eine einzelne Injektionsnadel über dem Ausschnitt eines bis zum Nabel geöffneten Hemdes schwebt. Die medizinische Apparatewelt ist inzwischen zu einem traumatischen Symbol geworden.« Juliane Roh (1971, S. 193)
Sprossen
bei Marc Chagall: der Lebenskräfte → Blumenstrauß (H. Demisch); s. u. Callablüten
–, sieben
bei Max Beckmann: Planetenhimmel (s. u. Leiter)
Spukgestalt
bei Giorgio de Chirico: s. u. Troubadour
Spule
bei Rudolf Hausner: »[In: 'Adam und seine Richter', 1965] . . . die phallische Form der Spule, die für das Geschlechtliche steht.«
Wieland Schmied (1970, S. 37)
»Wichtig ist die Spule [in: 'Ich bin Es', 1948] – die Mutter H.s arbeitete als Schneiderin, Abfallspulen waren sein erstes Kinderspielzeug –, erstes Objekt der Identifikation. Die Spulen konnten, im Spiel, alles sein: Vater, Mutter, ein Flugzeug – und waren es dann wirklich.«
s. u. Schornstein
Wieland Schmied (1970, S. 25)
Spulen
bei Rudolf Hausner: »Auch diese Spulen erscheinen jetzt [in: 'Forum der einwärts gewendeten Optik', 1948] als Denkmäler, als Bedeutungsträger des Intellekts, konstruktiv verfremdet zu Kombinationen aus Zylinderform und Kegelstumpf.« Günter Engelhard (1975, o. S.)
Spund
bei Marcel Duchamp: »Im Mittelpunkt [von: 'Übergang von der Jungfrau zur Ehefrau', 1912] erregt ein eigenartiges Detail die Aufmerksamkeit, eine kleine Röhre im Längsschnitt, eine Art Spund mit konischem Ende, das unübersehbar an eine anatomische Darstellung des weiblichen Geschlechtsapparats erinnert.«
Marcel Jean (1961, S. 99)
Spur
bei Georg Meistermann: »So ist es mit der 'Fußspur' [1950]. Wie heftig und kompakt ist diese Spur! Sie steht da als ein Unheilssymbol . . .«
Carl Linfert (1958, S. 13)

Spur, lange weiße
bei Jackson Pollock: Hingabe (s. u. Farbspuren, weiße und silbrige)
Sputnik
bei Norbert Kricke: s. u. Form, spitzwinklige
Staatsfelsen
bei Carlo Schellemann: s. u. Felsenhaupt
Stab
bei Salvador Dali: »Der Gebrauch der Stab-Symbolik sowohl bei den alten Ägyptern als auch bei einem modernen Künstler wie D. zeigt ein elementares Prinzip der Symbolik auf: Die Wechselbeziehung und Austauschbarkeit des Materials und spiritueller Aspekte einer gegebenen Situation.« Juan Eduardo Cirlot (1962, S. 308)
bei Otto Meyer-Amden: »Dennoch spielt das Geschlecht eine Rolle in diesem Bild ['Gekreuzigte Figuren', um 1911], denn es ist der Angelpunkt des Figurenkreuzes, auf den ein Pfeil – er bezeichnet die Blickrichtung des 'Reiters' – noch besonders hinweist. Eine aufsteigende Diagonale (gegenständlich könnte sie als Stab gelesen werden) betont den Kreuzungspunkt noch einmal, kann aber zugleich als Durchkreuzung, als Negation des Geschlechtes verstanden werden.«
Carlo Huber (1968, S. 64)
bei Antoni Tàpies: s. u. Tuch
–, schräger
bei Ernst Wilhelm Nay: Penis (s. u. Fisch ohne Kopf)
Stachel
bei Rudolf Hoflehner: »Im 'Schreitenden', 1957, ist auch schon die Wechselbeziehung ausgesprochen, auf der später die Geschlechtssymbolik basieren wird: der Stachel, als januskopfiger Querbalken seitwärts gewendet, und der eingekerbte Spalt, der dazwischen aufklafft.«
vgl. Keil Werner Hofmann (1965b, S. XII)
'– ins Auge'
bei Alberto Giacometti: s. u. Keule, phallische
Stacheldraht
bei Ragnvald Blix: s. u. Tod, resigniert zusammengekauerter
Stacheln
bei Silvio Mattioli: s. u. Mischwesen
bei Man Ray: s. u. Bügeleisen, mit Nägeln bespicktes
bei Alfredo Rostgaard: s. u. Rose
bei Graham Sutherland: s. u. Dornen (H. Read)
Stadt
bei Giorgio de Chirico: s. u. Entfremdung
bei Max Ernst: Einigelung (s. u. Festung)
bei Albert Gleizes: s. u. Kathedrale
bei Ludwig Meidner: s. u. Luftballon
–, antike
bei Giorgio de Chirico: s. u. Gliederpuppen
–, brennende
bei Albert Hahn: s. u. General, riesenhafter
– [Ekbatana]
bei Jean-Robert Ipoustéguy: Landschaftsskulptur (s. u. Alexander)
–, Fundamente der Heiligen
bei Salvador Dali: s. u. Nadeln, zwölf diamantene
–, im Tal liegende
bei Wolfgang Mattheuer: s. u. Kain
–, Leben der
bei August Macke: Verworrenheit (s. u. Mädchen)
–, leere
bei Werner Heldt: Vergänglichkeit (s. u. Baum, kahler)
–, Melancholie der großen
bei Werner Heldt: → Häuserwände, kahle
–, versteinerte
bei Max Ernst: Einigelung (s. u. Festung)
Stadtplan
bei Renato Guttuso: Rom (s. u. Hektographiermaschine)
Stäbe
bei Paul Klee: »Wir stehen vor einem Fragment, das zuoberst mit einem finstern, unten mit einem Purpurstreifen nächtlicher Lust ergänzt ist. Prüfen wir die ZEICHEN [in: 'Gräberfeld bei N.', 1924], so treffen wir Stäbe als Ausdruck männlichen Charakters an, und Quadrate als weiblichen Hinweis.« Walter Ueberwasser (1963, S. 75)
bei Oskar Schlemmer: s. u. Köpfe
–, blaue
bei Jackson Pollock: »Die archetypische Bedeutung der blauen Stäbe [in: 'Blue Poles', 1953] als indianische Totempfähle klingt an. Der Maler hat aus seiner Vorliebe für die Kultur der Navahoindianer mehrere Bilder mit dem Titel 'Totem' gemalt. Er hatte außerdem in seinem Atelier auf Long Island einen von der Flut angetriebenen Anker aufgehängt. Auch er kehrt hier in den Pfählen als Zeichen einer schwankenden Verfestigung in den Spuren seiner Farben versteckt wieder.« Curt Seckel (1967, S. 196)
vgl. Pfähle, blau-schwarze
Städte, amerikanische
bei George Grosz: s. u. Abenteurer
–, Architekturen erstorbener
bei Fabrizio Clerici: s. u. Ei (W. Schmied)
–, verlassene
bei Paul Delvaux: s. u. Frauengestalten

Städtebauer
bei Hanna Nagel: geflügelter Mann (s. u. Bergstädtchen)
Stämme eines Waldes
bei Piet Mondrian: s. u. Vertikale
–, vertikale
bei Piet Mondrian: männliches Prinzip (s. u. Holzpfähle, senkrechte)
Staffelei
bei Rudolf Hausner: »Die Schale schließt sich, der prüfend Geprüfte kapselt sich ab, verbirgt sich, errichtet Mauern und Abwehrgerüste. Am deutlichsten verrät sich diese Haltung in H.s Selbstbildnissen.
Von einer harten Schale umschlossen, wölbt sich der Schädel schroff dem Betrachter entgegen. An der Wurzel dieses Bildgedankens steht die Enthauptung: daß die Staffelei an ein Henkersgerüst und an die Guillotine erinnert, ist kein Zufall. Solcherart wird auf die selbstzerstörerischen Dimensionen der schöpferischen Tätigkeit hingewiesen.« Werner Hofmann
in: Wieland Schmied (1970, S. 7)
vgl. Selbstbildnis
bei Max Ernst: s. u. Loplop
bei Pablo Picasso: s. u. Affe
Stahl
bei Erich Hauser: beliebtes Material für die Aktionen der Macht (s. u. Halbsäulen, stählerne)
bei Wladimir E. Tatlin: s. u. Turm, spiralenförmiger
–, Mumienschreine aus
bei Franz Radziwill: → Schiffe
Stahlblechkurve
bei Konrad Schulz: s. u. Schaumgummi-Jetstreifen
Stahlhelm
bei Jorge Castillo: »Rechts [in: 'Alptraum', 1968] die Zone der Aggression, deren Systematik die straffe geometrische Rahmung, die ein Stahlhelm krönt, symbolisiert.«
Werner Haftmann (1975 a, S. 50)
Stahlplatten, elastische
bei Erich Hauser: »Das Material selbst sollte Träger dieser Spannung sein [1966]. Es mußte Druck und Sog des Raumes glaubhaft machen, nicht nur versinnbildlichen. Geblähte Segel geben wohl am besten die plastische Konzeption wieder, die H. zunächst vorschwebte. Elastische Stahlplatten, in sphärische Dreiecke gespannt, übersetzen nicht nur das Widerspiel der Kräfte in eine bleibende Gestalt, sind nicht nur 'Kraftsymbole', sondern selbst Träger von Kräften und Spannungen.«
Juliane Roh (1968, S. 16)
Stahlrahmen, schräggestellter
bei Alf Lechner: »L. wartet mit einem großen, schräg gestellten Stahlrahmen auf, der sich auf eine senkrecht postierte Glasscheibe stützt, ein überzeugend einfaches Symbol für das Gleichgewicht sichtbarer und unsichtbarer Kräfte.«
Juliane Roh (1976 a, S. 63)
Stahlwerker
bei W. A. Serow: »S. hat dem genrehaften Motiv des Stahlwerkers [in: 'Stahlwerker', 1966] beim Überlegen des Produktionsplanes eine geradezu mythische Überhöhung gegeben. ... Dieser Koloß symbolisiert die Arbeiterklasse als Herrscher der neuen Gesellschaft.«
Richard Hiepe (1973, S. 47)
Stamm
bei Hanna Nagel: s. u. Baum
bei Ossip Zadkine: s. u. Baumstumpf
Standhafte, der
bei Heinrich Altherr: »A. gehörte nicht zu den ängstlichen Naturen und schwächlichen Mitläufern, der einsame und unbestechliche Widerstandskämpfer zog seinen Weg und schuf den 'Standhaften' [1942–46], mit dem er vielen Menschen in dunkler, schwerer Zeit ein tröstliches Vorbild schenkte.« Walter Nigg (1961, S. 315)
Standuhr
bei Edvard Munch: Tod (s. u. Bett)
Stange, Vogel auf der
bei Max Ackermann: animalische Natur (s. u. Vogel auf der Stange)
Stangen
bei Rudolf Hausner: s. u. Kessel; s. u. Patria-Figur
bei Roberto Echaurren Matta: s. u. Laboratorium
bei Raoul Michau: s. u. Kartoffel
–, Lichter an den Enden langer, flexibler
bei Vassilakis Takis: Energien, die das Universum bewegen (s. u. Lichter an den Enden langer, flexibler Stangen)
Starlet
bei Allen Jones: s. u. Beine in Nylonstrümpfen
Statue
bei Pablo Picasso: »Erinnern wir uns, in 'Guernica' [1937] wird der Tod durch eine Statue repräsentiert – durch ein Kunstwerk!«
s. u. Krieger Rudolf Arnheim (1964, S. 98)
–, antike
bei Giorgio de Chirico: s. u. Ariadne
–, archaische
bei Pablo Picasso: s. u. Athenekopf, herabgeschlagener
–, steinerne
bei Werner Tübke: s. u. Mönch in roter Kutte

Staubgefäß
bei Pablo Picasso: s. u. Nagel
Stechginsterlabyrinthe
bei Graham Sutherland: »Es [in: 'Paraphrasen', 1939] sind phantastische Baumformen, Wurzelgebilde, Stechginsterlabyrinthe, die animalisch und aggressiv nicht nur sie selbst, sondern zugleich auch Metaphern einer allgemeinen naturhaften, hinterhältigen Bosheit sind.«
Friedrich Bayl (1966f, Bd. V, S. 461)
Stecker, schußbereiter
bei Konrad Klapheck: s. u. Bügeleisen, bulliges
Steckkontakte
bei Peter Klasen: medizinische Apparatewelt (s. u. Spritze)
Stecknadel
bei Rudolf Hausner: »Adam selbst ist es [in: 'Adam selbst', 1960], der sich quält. Ihm ist die Büste Evas eingeschrieben, die weibliche Komponente seines Wesens. Evas Hand hält die große Nadel, die sie sich in ihre Brust, die zugleich Adams Herzzone ist, stößt. Es ist, ins Ungeheure vergrößert, die Stecknadel aus der Werkstatt der Mutter ... Adam muß mit diesem weiblichen Element in sich selbst, der Anima seines Unbewußten, leben ...
Dem aggressiven männlichen Bewußtsein scheint ein masochistisches weibliches Unterbewußtsein zu entsprechen. 'Manchmal kommt es mir so vor, als ob mein Unbewußtes masochistisch wäre', sagt H. selbst, 'es setzt an Stelle notwendiger Selbstkritik die gnadenlose Selbstzerfleischung'.«
Wieland Schmied (1970, S. 32/3)

David Alfaro Siqueiros: Unser gegenwärtiges Antlitz, 1947

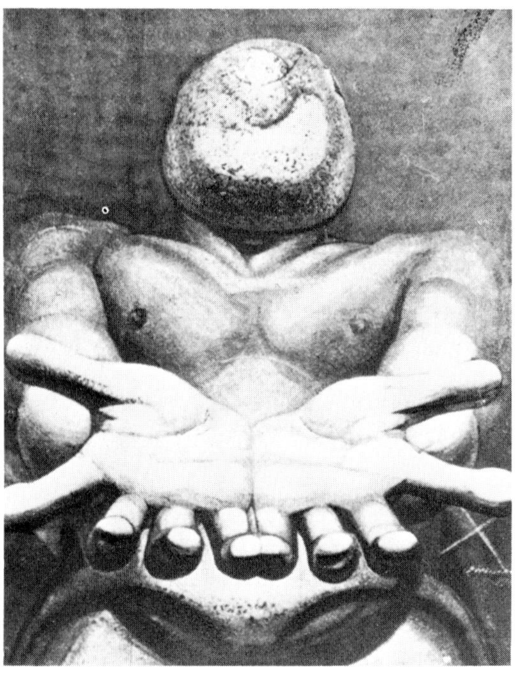

Stege
bei Ernst Ludwig Kirchner: das Dramatische (s. u. Farben)
bei Wladimir E. Tatlin: s. u. Konter-Reliefs
Stehender
bei Waldemar Grzimek: Sieg über den Terror u. a. (s. u. Stürzender, zu Boden)
Stein
bei Constantin Brancusi: »Die Steinskulpturen jedoch sind Meditation. Die Art des Behauens der Steine wandelte sich mit dem Fortschreiten der Werke, vom Physischen zur Verfeinerung und Meditation, bis Stein, Raum, Licht und Bildhauer eins wurden im Bemühen um plastisches und geistiges Gleichgewicht.«
David Lewis (1958, S. 27/8)
– anstelle des Kopfes
bei David Alfaro Siqueiros: »Ein muskulöser Koloß reckt uns seine riesigen Pranken in einer überdimensionalen Gebärde gewalttätiger Forderung [in: 'Unser gegenwärtiges Antlitz', 1947] und zugleich ungeheuerlicher Bettelei entgegen. Anstelle des Kopfes sitzt ein Stein, ein Klumpen vulkanischen Tuffs aus den Hochgebirgen Mexikos, auf seinen Schultern. Versteinert unter dem unablässigen Zwang nach privater Aneignung, so könnte man dieses Symbol nach den Marxschen Analysen des Kapitalismus und der Entfremdung des Menschen von seinem eigentlichen Wesen beschreiben.« Richard Hiepe (1973, S. 71)
–, herabrollender
bei Wolfgang Mattheuer: sinnlose Arbeit (s. u. Sisyphos)
–, phallischer
bei Paul Klee: schwerer Block (s. u. 'Fußsohle')
–, toter
bei Werner Tübke: s. u. Tiere, ekelerregende
Steinberg, Saul
bei Richard Lindner: neues Leben (s. u. Knabe im Matrosenanzug)
Steinblock
bei Wilhelm Lehmbruck: s. u. Steinroller
Steinbock
bei Max Ernst: → König
Steine
bei Hans Arp: s. u. Holzstücke, angetriebene; s. u. Ovale, bewegte
bei Fabrizio Clerici: »Er grübelt über Steinen,

Pflanzen, Knochen, Muscheln, Eiern, geologischen Schichten. Er sieht sie als Chiffren für Botschaften aus dem Jenseits an . . .«
Gustav René Hocke (1968, S. 12)
bei Friedrich Gerlach: Fakten (s. u. Bögen); Möglichkeiten (s. u. Europas, Genius)
bei René Magritte: »Die Gleichgültigkeit der Steine und die des Nichts ist ohne Zweifel dieselbe.« René Magritte
in: Wieland Schmied (1969 b, S. 47)

–, drei
bei Pavel Sukdolák: »Auf einem anderen Blatt ist eine tatsächliche Begebenheit in eine Legende verwandelt dargestellt, mithin eine poetische Begebenheit in ihrer Bedeutung verwandelt. Es handelt sich hier um den Tod einer Zigeunerin, darum, wie alljährlich in das Tal, an die Stelle ihres Todes die Überlebenden ihres Stammes kamen. Sie ließen hier Blumensträuße zurück, oder nur zwei, drei Steine in ein Zeichen gelegt, das symbolisch beweisen sollte, daß das Bewußtsein gegenseitiger Zusammengehörigkeit besteht, daß die Tote, weil sie nicht vergessen, ständig mit den Lebenden ist, und daß die Lebenden durch ihre symbolische Geste über sich selbst hinausreichen, die Zeit überragen, die sie noch leben, und sich mit jenen verbinden, die schon gestorben sind.« Jan Baleka (o. J., S. 6)

–, durchbohrte
bei Jacques Lipchitz: »Das Publikum war vom Durchbohren einer Figur [z. B. in: 'Mann mit Gitarre', 1916], ohne körperliche Motivierung, und sei die Figur auch kubistisch, sehr befremdet. In der Tat handelte es sich um eine Steigerung des räumlichen Eindrucks als zum Bildwerk gehörig. Doch bedeutete es mehr als ein ästhetisch-künstlerisches Erlebnis. Unbewußt wiederholte sich darin ein kosmisches Symbol. Schon in vorgeschichtlicher Zeit hatten durchbohrte Steine die Bedeutung der göttlichen Gebärmutter. Es bedeutete Wiedergeburt, den Stein zu durchbohren und durch die Öffnung zu gehen.«
A. M. Hammacher (1960, S. 34)

–, hellbeleuchtete
bei Salvador Dali: s. u. Ornament

Steinhaufen
bei Oton Gliha: s. u. Grenzscheiden, steinerne

Steinmetzwerkstatt
bei Jacob Lawrence: s. u. Grabsteine

Steinmonumente
bei Pablo Picasso: s. u. Frau am Meeresufer sitzend

Steinroller
bei Wilhelm Lehmbruck: »Es entsteht ein 'Steinwälzer' [nach 1902], den er bald darauf nochmals als 'Steinroller' oder 'Die Arbeit' formt. Es ist wie ein Selbstporträt, als habe er sich persönlich in dem Mann gesehen, der sich da gegen die übermenschliche Last des Steinblockes stemmt. Es ist wie Symbol und Ahnung der schweren Aufgabe, die auf seinem künstlerischen Wege lag.« August Hoff (1961, S. 14/5)

Steins, Starre des
bei Paul Delvaux: s. u. Frau

Steinwälzer
bei Wilhelm Lehmbruck: schwere Aufgabe (s. u. Steinroller)

Stele, aufragende
bei Alberto Giacometti: Baum (s. u. Hohlkugel, halbe)

Stelenform, archetypische
bei Joannis Avramidis: »Der Wotruba-Schüler A. entwickelt eine sehr eigenwillige archetypisch anmutende Stelenform, die ein ähnliches urbildhaftes Wesen Mensch verbildlicht, wie es sich in den reliefplastischen Bildern von Oskar Schlemmer darstellt.« Karin Thomas (1971, S. 293)

Stellvertreter
bei Karol Broniatowski: s. u. Zeitungspapier

– des Menschen
bei Max Ernst: → Vögel

Stempel
bei Max Ernst: Weiblichkeit (s. u. Blütenkelch)

Stengel
bei Max Ernst: s. u. Hand, blumengeschmückte
bei Pablo Picasso: Körperformen (s. u. Arabeske, pflanzenhafte)

– mit Fingerhutblüten
bei Max Beckmann: s. u. Weib, lässig dasitzendes

Sterbender
bei Oskar Kokoschka: s. u. Mahler, Gustav
bei Henry Moore: s. u. Liegende (E. Neumann)

Stern
bei Paul Klee: magischer Grund des Traumes (s. u. Mondsichel)
bei Klaus Vogelgesang: s. u. Sheriff-Stern

–, fünfzackiger
bei André Masson: »Der fünfzackige Stern [in: 'The Number Five', 1938] – eine Figur, die von einer durchlaufenden Linie ausgeführt werden kann – symbolisiert den endlosen Knoten, den ewigen Kreislauf von Geburt und Tod. Und Fünf, die Summe seiner Zacken, ist die Einheit der Gegensätze . . .«
Carolyn Lanchner (1976, S. 156)

–, sechszackiger
bei Pavel Sukdolák: Weltall (s. u. Dreieck)

Sterne
bei Franz Radziwill: s. u. Lampe
–, Geburt der
bei Wilhelm Morgner: s. u. Eiform
Sternen, Gewand mit
bei Marc Chagall: s. u. Mater Dolorosa
Sternenbanner
bei Leo Haas: s. u. Hand, weiße behandschuhte
Steuer
bei Rudolf Hausner: s. u. Doppelgänger
–, Dame am
bei Richard Hamilton: s. u. Auto
Steuermann
bei Paul Klee: »*Steuermann* und *Charon* gehören zur allgemein bekannten Todessymbolik, und nicht, ob K. diese Gestalten ebenso verstand, ist die Frage, sondern in welcher Art er sie aus seiner eigenen Situation sah: für den *Steuermann* – ein Gesicht, durch ein Steuerrad gekennzeichnet – ist es der gespannte, in die Ferne gerichtete Blick, für *Charon* das aus einer Spirale gewonnene knochige Gesicht mit gespaltenem Mund. Meer und Schiffahrt waren schon früher in diesen Bedeutungskreis eingetreten: 'ein Seemann fühlt sein Ende' heißt die Zeichnung eines Gesichtes von 1938.« Max Huggler (1969, S. 224)
Stiche, alte
bei Joseph Cornell: s. u. Ei
Stiefel, dunkelrote
bei Allen Jones: s. u. Beine in Nylonstrümpfen
–, schneidende
bei Joan Miró: s. u. Frauengestalten
Stiefkinder des Schicksals
bei Otto Mueller: → Zigeuner (K. Ruhrberg)
Stiege, zerfallene
bei Alfred Kubin: s. u. Pferd
Stiel
bei Joan Miró: s. u. Harke
Stier
bei Marc Chagall: »Neben dem Paar [in: 'Seine-Brücken', 1954] wacht ein grün aufleuchtendes Kälbchen, mit dem die alte Bildvokabel des Stieres, die bei C. wiederholt die Dämonie des Erotischen ausdrückt, auf eine Vokabel der Unschuld zurückgeführt wird.«
Max Peter Maass (1965, S. 245)
bei Oscar Dominguez: »D. schafft ein erregendes Porträt des Stiers, mit dem er sich zu identifizieren scheint . . . Es geht ihm weniger darum, das Schauspiel in der Arena darzustellen, sondern vielmehr sucht er uns den Stier unter vielfältigen Aspekten zu zeigen. Dieser wird zu einem stummen Zeugen seiner besessenen Welt, genau wie in den jeweiligen Perioden seines Schaffens die Telefone, die Revolver, die Pfeile, die Prismen oder die Maschinen. Dieser Stier ist ein triumphierendes oder tragisches, manchmal auch humoriges Symbol, das auf die Leinwand gebannt worden ist. Er verwandelt sich und wird mal Mensch oder Idee, mal Objekt oder Objekt-Maschine. Wenn dieser Stier zuweilen als Olympier, machtvoller Engel, als Beherrscher dargestellt ist, oder wenn er sich von seiner fast wahnsinnigen Aggressivität befreit, so ist er häufig in der Haltung des Todes mit allen ihn begleitenden Attributen dargestellt.«
Gerard Xuriguera (1973, S. 18)
bei Jacques Lipchitz: »Der Kampf zwischen dem 'Stier und Condor', 1932, wurde zum Symbol der irrsinnigen Brutalität einer vom Faschismus beherrschten Welt.«
H. Harvard Arnason (1970, S. 194)
». . . 1941–45 entwickelt sich das ergreifende Bild der Verkrüppelten [in: 'Mutter und Kind'] . . . Hier erst erfindet er den Torso, der durch die Kraft der Verwandlung einem Stierkopf zu gleichen beginnt. Das dämonische Ungeheuer und das Mutterbild treten ineinander über. Der Stier wird zum Symbol, in das L. seine Ängste vor der Auflösung Europas projiziert.«
A. M. Hammacher (1960, S. 55)
»L. deutet den Mythos ['Raub der Europa I', 1938, II, 1941] um in ein Bild der Hoffnung: Der Stier, zugleich als Kentaur und Minotauros gegeben, steht für den Europa bedrohenden Nationalsozialismus, doch bricht er mit verdrehtem Haupte zusammen, denn der Kontinent hat sich erhoben und stößt dem Ungetüm die Waffe ins Herz.« Klaus Herding (1970, S. 23)
bei Franz Marc: »Der Stier gilt bei einigen Völkern als heiliges Tier; im Mithraskult wird die Entstehung der Pflanzen und Tiere auf die Opferung des geheiligten Urstieres zurückgeführt. Zu ihm gehört das Weiß als Farbe der Reinheit [in: 'Der Stier', 1911]. Um dieses Weiß in seiner gleichsam kultischen Qualität zu steigern, ist es in lebhaftes Blau und Grün gebettet, die ihrerseits durch ein Rot auf der Haut des Körpers aktiviert sind. So wird nicht das naturalistische Abbild eines beliebigen Tieres auf bäuerlicher Weide gegeben, sondern der Gattungsbegriff oder die ideale Vorstellung: Heiliger Stier.«
Klaus Lankheit (1976, S. 77)
bei Ewald Mataré: »Und sein Stier ist zugleich auch Sinnbild männlicher Kraft, Korngeist und Gottheit zwischen Sonne und Mond, Apis verwandt, dem lichtstrahlgezeugten schwarzen Stier von Memphis.« H. Th. Flemming (1955, S. 21)

bei Pablo Picasso: »Der Stier [in: 'Guernica', 1937] steht außerhalb dieser Katastrophe, angefleht, doch unberührt. Er schützt die unglückliche Mutter wie ein Dach, aber er zeigt keinerlei Reaktion . . . Außerhalb der Episode des Unheils stehend, doch wichtig für sie und darum 'im Bilde', ist er die unerschütterliche Verkörperung Spaniens, aufragend wie der Baum von Guernica und die Casa de Juntas, denen Bomben und Feuer nichts anhaben konnten.«

Rudolf Arnheim (1964, S. 28)

»Das Bild der Hl. Jungfrau erscheint noch [in: 'Traum und Lüge Francos', 1937], aber jetzt auf dem Fächer, der von der Dame getragen wird. Ihr eleganter Aufzug wird durch den plötzlichen Angriff eines Stieres gestört, wahrscheinlich ein Symbol der Republikanischen Truppen, denn der Stier – wie wir später sehen werden – spielt eine wechselhafte Rolle in P.s Vorstellungen: Immer steht er für Energie, aber nur manchmal mit dem Guten im Bündnis, manchmal auch mit dem Bösen.« Anthony Blunt (1969, S. 12)

»Leitgestalt im Schaffen P.s wird im Jahrzehnt von 1933 bis 1943 der Stier. Mit seinem Widerpart, dem Pferd, tritt er schon früh auf. Wir kennen eine Zeichnung vom Jahre 1901, die Stier und Pferd darstellt. Eine Serie von Zeichnungen dramatisiert 1917 das Thema im Überfall des Stieres auf das Pferd. Das Thema läßt P. nicht los, er lebt in allen Stufen seines Schaffens in einer Tauromachie. Stier und Pferd sind ihm elementare Zeichen der spanischen Heimat, die sich im Stierkampf mit einer besonderen Seite ihres Wesens darstellt. Der Stier kommt als Symbol für den Mann ins Bild, das Pferd als Symbol für die Frau. Seit 1935 sieht er den Stier als Gefäß des Unbändigen, des Bösen und der Dämonie, er verwandelt ihn in den Minotaurus, das sagenhafte Unwesen im Labyrinth der Insel Kreta. In fünf Kupferstichen, die er im April 1933 schuf, tritt dieses Urbild der Gewalttätigkeit und tierischen Lust in die Welt, der Stier enthüllt seinen schrecklichen Kern, hinter dem Pferd tritt unverhüllt die Frau ins Bild.«

Anton Henze (1959, S. 41/2)

»Der Stier [in: 'Guernica', 1937] wirkt wie ein Symbol des Volkes, und das um so mehr, als dieses Tier eine Art Totem der Halbinsel darstellt und die Spanier seiner Opferung mit leidenschaftlicher Inbrunst beiwohnen.«

Juan Larrea in: Rainer Volp (1966, S. 30)

»So besitzt der Stier in 'Traum und Lüge Francos' [1937] vorwiegend eine positive Bedeutung als Symbol der zeugenden Kraft des Geschlechts und dient zugleich als Sinnbild des spanischen Volkes, das einen gerechten nationalrevolutionären Krieg gegen die faschistischen Ursupatoren führt. Dagegen wandelt sich seine Rolle von den Vorstudien bis zur Ausführung im Guernica-Bild vom bösen Prinzip blind triebhafter Brutalität, das das aus allen Mündern schreiende Leid verursacht, zum mehrdeutigen Symbol der Gewalt wie der Hoffnung und des Volkswiderstandes.«

Diether Schmidt (1968, S. 36)

»Für das spanische Volk ist der Stier eine Art Hoheitszeichen seines Wesens, eine Tiergottheit

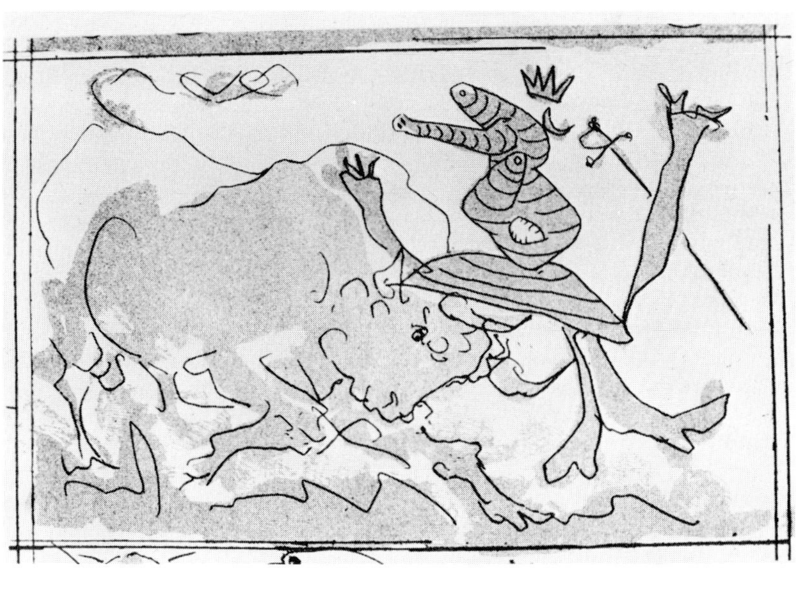

Pablo Picasso, Blatt 5 der Radierfolge 'Traum und Lüge Francos', 1937

mit doppelter Bedeutung, eine finstere, als Brutalität und Vernichtung, und eine strahlende, als Verkörperung der Macht, Fruchtbarkeit und Herrlichkeit der spanischen Nation. P. selbst hat in 'Guernica' [1937] den Stier in seinen ersten Skizzen als machtvoll rettendes Symbol empfunden, zugleich aber sollte er, wie sich später zeigt, auch als vernichtende Gewalt auftreten.«

Curt Seckel (1967, S. 288)

Spanien, sich erhebendes (s. u. Rübe); s. u. Faust, geballte; s. u. Kind mit hochgehaltenem Licht; s. u. Kopf des Pferdes; s. u. Kopf mit Arm und Lampe; s. u. Pegasus; s. u. Schädel; s. u. Vogel (J. Thimme)

Stier als Sternzeichen

bei Jean Clareboudt: s. u. Stier, Kampf mit dem

–, der erschöpfte

bei René Auberjonois: »'Die gelbe Arena' (um 1950) ist die Darstellung einer im Schatten liegenden Stierkampfarena, an deren Barriere der getroffene, erschöpfte Stier lehnt, bereit zum letzten Angriff. Er wird erwartet von der unpersönlichen, zur Miniaturgröße zusammengeschrumpften Figur des Toreros, der verloren wie ein Wanderer in der Wüste inmitten der deprimierenden Leere eines aufgewühlten Arenabodens steht. Die Einsamkeit alles Kreatürlichen gewinnt in dieser unkonventionellen, entgegen sonstigem Brauch höchst unpathetischen Stierkampfdarstellung bedrängende Gegenwärtigkeit.« Karl Ruhrberg (1965, S. 410)

–, drohender

bei Pablo Picasso: »P. ist ein Kind unseres Jahrhunderts, und wenn er schreckliche, abstoßende Stiere malt, so bringt er damit eine Wahrheit über die geschichtliche Epoche zum Ausdruck, in der wir alle leben müssen. In 'Guernica' [1937] beherrscht ein drohender Stier mit gewundenem Schwanz die ganze Komposition; sein Maul scheint auf dem Kopf einer verzweifelten Mutter zu liegen . . . (und) im Grunde genommen (ist P.s Konzeption des Tieres die) der mythischen Gestalt des Stieres, der Europa vergewaltigt. (Im Gegensatz dazu) wirken (seine Pferde) niemals im geringsten abstoßend oder furchtbar. Sie haben wohl etwas Unbezähmbares, aber auch etwas von Unschuld, eine Art Reinheit, die Ruhe eines Pferdes, das zwischen Lebensgefahr und Sporn nobel seinen Weg geht. Weiß ist die bevorzugte Farbe dieser Pferde.« Vicente Marrero

in: Rudolf Arnheim (1964, S. 27)

–, Kampf mit dem

bei Jean Clareboudt: »Der Kampf mit dem Stier, unter anderem Mythos des Mithraskultes, bedeutet C. nicht nur Sieg über das 'Mächtige', durch den eine Übertragung der Kräfte versinnbildlicht wird. Für ihn verbindet sich das Symbol ebenso mit dem Sternzeichen, das seinen Aszendenten bildet. Darüber hinaus scheint der 'Stierkampf' bei C. aber auch jene in der bildenden Kunst und Literatur so weit verbreitete Rolle des mentalen Widerstandes zu spielen. Zur künstlerischen Aktivität gehöre das 'imaginäre Stierhorn', schrieb zum Beispiel Michel Leiris. 'Literatur' versteht er als 'Stierkampf'.« Barbara Catoir (1974 a, S. 34)

–, Pferd und

bei Pablo Picasso: sexuelle Polarität des Männlichen und des Weiblichen (s.u. Pferd und Stier)

–, Reiter auf dem

bei Jackson Pollock: unheroische Hoffnungslosigkeit (s. u. Reiter auf dem Stier)

– und großer Fisch

bei Hanna Nagel: »Eros und Sexus sind sicherlich mit ihnen im Bildraum gegenwärtig. Aber ebenso gewiß sind der Stier und der große Fisch [in: 'Geburt der Venus', 'Europa und der Stier', nach 1933] Träger des Lichts wie vielleicht keine andere Gestalt in N.s Bildern. Ihre Existenz wird sinnfällig als Vollkommenheit und geheimnisvoll leuchtende Schönheit des Lebens schlechthin.«

Klaus Mugdan (1977, S. 19)

Stiere

bei Pablo Picasso: »Er malt das Fresko 'Joie de Vivre' [1946] in Antibes und zeichnet eine heitere Welt von Faunen und Kentauren. Selbst die Stiere scheinen ungefährlich geworden zu sein. Sie stehen [1946] nicht mehr für die brutale Gewalt, die die Guernica-Periode bestimmte. Sie werden zu fadenförmigen Symbolen der Männlichkeit.« Valentina Anker (1974, S. 30)

Stier[gehörn]

bei Heinz Trökes: »In 'Barbaropa' [1947] tritt die Stier-Imagination folgerichtig mit Symptomen der Leblosigkeit auf – ein komprimiertes Bild jener vom menschlichen Intellekt entfesselten Todesgewalten, die die moderne Zivilisation beherrschen.« Heinz Demisch (1959, S. 119)

Stierhorn', 'imaginäres

bei Jean Clareboudt: s. u. Stier, Kampf mit dem

Stierkampfarena

bei René Auberjonois: s. u. Stier, der erschöpfte

Stierkopf

bei Jacques Lipchitz: s. u. Stier (A. M. Hammacher)

–, Frau und

bei Jacques Lipchitz: teils verzweifeltes, teils hoffendes, teils besiegtes Europa (s. u. Frau und Stierkopf)

Stiermensch
bei Pablo Picasso: »Der Mann [in: 'Frau, Jüngling mit Stiermaske und Faun', 7. 3. 1934] spielt die Rolle des Stiers und des Stiermenschen. Die Maske verbirgt und offenbart zugleich sein eigentliches Wesen. Der Stier und der Stiermensch vertreten für P. die Potenz, die dionysisch ist und einen dionysischen wie einen erotischen Aspekt besitzt.
Die Gestalt des Minotauros oder die des Stiermenschen, für sich selber sprechend, ist auch eine Chiffre für den Maler und aus dem Geist dieser Jahre und seinen Freundschaften nicht mehr zu lösen.« Jürgen Thimme (1974, S. 29, 40)

Stiers, Haupt des
bei Pablo Picasso: s. u. Blutegelkopf Francos

Stiers, Haupt eines
bei Alejandro Obregón: s. u. Kondor

Stierschädel
bei Pablo Picasso: »Die beiden mit einem Tag Zwischenraum gemalten Stilleben mit dem Stierschädel [1942], der vor einem geschlossenen Fenster auf dem Tisch liegt, stellen in ihren Farbharmonien von Schwefel und Trauer beängstigende Vanitas-Bilder dar, die sich an die große pathetische spanische Überlieferung anschließen.«
Jean Leymarie (1971, S. 105)
Tod (s. u. Schädel)

Stilett
bei Heinz Zander: s. u. Tod

Stilleben
bei Friedrich Meckseper: »Die Stilleben können als Symbole der totalen Zeit gelten; nicht des Kosmos, sondern der Erde und der Menschheit von den Anfängen bis heute, (teleskopisch) in einem Bild festgehalten.« Friedrich Meckseper
in: William Varley (1972, o. S.)

Stirn
bei Paul Klee: s. u. Ratte

–, Unterentwicklung der
bei Rudolf Hausner: s. u. Kopf des Adam

Stirne, Hand vor die
bei Marino Marini: Gebärde der Erschöpfung (s. u. Gaukler)

Stockmänner
bei George Grosz: »Die 'Stockmänner' [in: 'Sie haben etwas entdeckt', 1946] sind für G. Chiffren der Reduzierung des Menschen auf die Nullpunktexistenz in den ersten Jahren nach dem zweiten Weltkrieg.«
Walther Krüger (1972, S. 124)

Stockrose
bei Oskar Kokoschka: »Einheit und Gleichgewicht werden durch das Mauve der Stockrose [in: 'Die Macht der Musik', 1918] gesichert, die die weibliche Gestalt hält und die gleichsam aus der Beziehung der beiden Farbgruppen emporwächst, wobei die Blume gleichzeitig als Symbol des Verlangens dient.«
Joseph Paul Hodin (1968, S. 246)

Stoffbündel, vier aus rotem Stoff gerissene
bei Antoni Tàpies: »Der Titel 'Gran Esquinçal' [1971] vermöchte den Schlüssel zu liefern für das sogenannt unverständliche Werk – jedenfalls für denjenigen, der mit den historisch-politischen Verhältnissen Spaniens vertraut ist und zugleich begreift, daß ein Künstler wohl von konkreter persönlicher Erfahrung ausgeht, aber trotzdem Allgemeingültiges aussagt. 'Esquinçal' – 'das Zerrissene' bezieht sich auf ein Gedicht des katalanischen Dichters Josep Carner, das von der zerschlissenen, beschmutzten Fahne Kataloniens spricht. Diese Fahne weist vier rote vertikale Balken vor gelbem Grund auf; es ist zur Zeit untersagt, sie auszuhängen. In T.s Werk setzen vier aus rotem Stoff gerissene, mit grauem Kasernen-Wolldeckenstoff unterlegte Stoffbündel den Hauptakzent . . . Sie sind freischwebend an jedem Strick aufgeknüpft, der von Schmalseite zu Schmalseite vor der gewinkelten Bildfläche durchgezogen ist. Selbstverständlich stellt sich die Assoziation zu Erhängten ein . . .«
Dorothea Christ (1971, o. S.)

Stoffgesichter
bei Paul Harris: s. u. Frauenfiguren in Lebensgröße

Antoni Tàpies: Gran Esquinçal, 1971

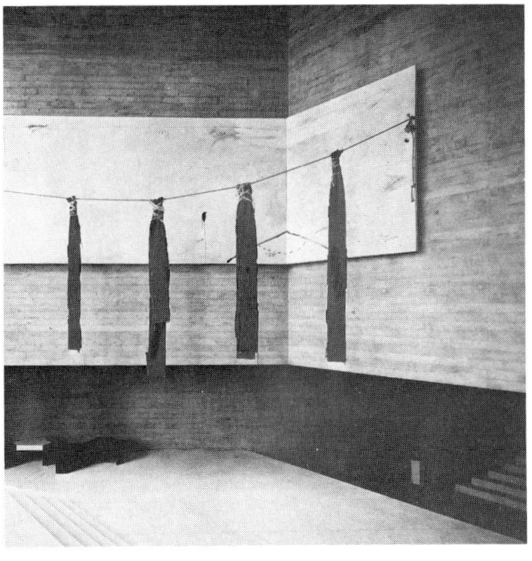

Stoßkeil
bei Henri Laurens: Bein (s. u. 'Rosa')
Strahl
bei Franz Marc: → Dreieck
–, weißer
bei Lothar Quinte: »Einer seiner Leitformen in dieser Phase ist ein schmaler weißer Strahl, der senkrecht, diagonal oder waagerecht durch ein meist dunkelfarbiges Feld gezogen ist [u. a. in: 'Kreis, Blau-Schwarz', 1967]. Mit der Vergleichsform 'Strahl' sind aber bereits einige Assoziationsmomente angesprochen: einmal ein raumzeiterfüllendes Bewegungsmoment, das hohe Geschwindigkeiten einschließt, zum anderen das Motiv des Ausstrahlens, sich Ausbreitens des Anfangsimpulses in großen Distanzen.«
Hans H. Hofstätter (1969, S. 242)
Strahlen
s. Teil III
Strahlengürtel
bei Friedensreich Hundertwasser: »Beide Gesichter sind umflossen von einer Art Schutzmantel oder wie von einem Strahlengürtel. Diese Aura, die die Personen umgibt, verbirgt sie zugleich voreinander, macht sie unerreichbar. 'Ich glaube, daß jeder Mensch so eine Aura hat, die ihn schützt, und die ihn zugleich einsam macht.'«
Wieland Schmied (1967, S. 61)
vgl. Gesichter, zwei
Strahlenstamm
bei Marc Chagall: s. u. Joseph und Maria
Strahlenstern
bei Fidus: → Hagal-Rune
Strand
bei Hans Arp: s. u. Ovale, bewegte
bei Salvador Dali: s. u. Zypresse
bei Roger Loewig: s. u. Wirbelsäulenwälder
bei René Magritte: s. u. Meer
–, schwarzer
bei Max Beckmann: s. u. Schiff, düsteres
Strandgut
bei Hans Arp: s. u. Holzstücke, angetriebene
bei Yves Tanguy: s. u. Sandfläche
Strandläufer
bei Reinhard Drenkhahn: »Mit Strandläufern ['Strandläufer', 1956] sind nicht die harmlosen Vögel gemeint, sondern aus Bojen, Wracks, Skeletten geformte Gestalten. Ihre Ungeheuerlichkeit steigert sich bis zu den 'Drachenmaschinen' [1956/57].« Christoph Wilhelmi (1970, S. 33)
Strandlinie
bei Edvard Munch: Einsamkeit (s. u. Linie, gleitende, geschwungene); s. u. Farbe, Kontrastverhältnis der

Straße
bei Friedrich Gerlach: s. u. Bögen
bei Rudolf Schlichter: s. u. Prostituierte Margot
–, Ansteigen der
bei Peter Brüning: Winkel (s. u. Ringe)
–, Dreck der
bei Fritz Köthe: s. u. Sportwagen, 'rassiger'
Straßenbahnzug
bei Paul Delvaux: »Manchmal wird das männliche Prinzip nur symbolisch dargestellt, etwa als Straßenbahnzug [in: 'Der blaue Zug', 1946], der die Ruhe der Frauen stört.«
William S. Rubin (1972, S. 315)
Straßenfiedler, jüdischer
bei Marc Chagall: Die Flächen zwischen den Fenstern [im Staatlichen Jüdischen Kammer-Theater, 1919] hatten als Thema: die Ahnen der vier Künste, die im Theater zur Darstellung gelangen sollten ... Die Musik wurde vorgestellt durch einen jüdischen Straßenfiedler und der Tanz schließlich durch jene dralle Weibsperson, die den Hochzeitszug anführte.«
Walter Erben (1957, S. 74)
Straßenkehrer
bei Marc Chagall: »Am Ende der Straße [in: 'Der Tote', 1908] beugt sich ohne jede perspektivische Verkürzung, ein Straßenkehrer – der Tod – über seinen Besen.« Walter Erben (1957, S. 29)
Straßenmädchen, gestiefeltes
bei Richard Lindner: s. u. Polizist
Straßenmal
bei Peter Brüning: »Zur gleichen Zeit [1966] machen sich Verkehrswege und Verkehrszeichen selbständig. Sie werden als bewegliche Farbobjekte auf eine grüne Wiese verlegt. 1967 vereinigt B. Verkehrsembleme zu monumentalen Großzeichen, die als Straßenmal (documenta 1967) und Autobahndenkmal (1967) den alles beherrschenden Verkehr symbolisieren.«
Juliane Roh (1971, S. 114)
Straßenzüge, leere
bei Gerd Winner: s. u. Feuerleiter
Strauch
bei Walter Wörn: Natur (s. u. Rosen, blühende)
–, blühender
bei Johannes Itten: »Der Weltanschauung I.s gemäß ist das Bild ['Kinderbild', 1921/22] mit Emblemen einer gnostischen Bildsymbolik besetzt, deren genau überlegte Anordnung den strengen Aufbau der Komposition den Sinn bestätigt. Das Kind steht in hieratischer En-face-Position vor einem blühenden Strauch, dem Baum des Lebens. In der Linken hält es einen Würfel als Symbol des Irdischen, in der Rechten

eine Uhr als Symbol der Zeitlichkeit. Der Boden symbolisiert mit der Wellenbewegung seiner Farben den Strom des Schicksals, dort liegen als Spielzeug ein Schiffchen – Lebensschiff – und ein Ball . . .« Eberhard Roters (1977a, S. 220)

Strauß

bei Marc Chagall: s. u. Fisch mit Schnabel, der blaue

– Feuerlilien

bei Max Beckmann: s. u. Blütenkelche

Strauß-Ball

bei Hans-Jürgen Diehl: »Gezeigt werden, in Chiffren und provokativen Entblößungen, die politischen und sexuellen Manipulationen, eingepaßt in ein strenges Farb- und Formregulativ. Manipulationen und Gegenmanipulation: wenn Brungs und Sangulin den Strauß-Ball treten [in: 'Empfehlung', 1970], so ist dieses Aggressions-Syndrom aus Sport und Politik zugleich eine aggressive Polit-Montage.« Peter Sager (1973b, S. 193)

Straußennest

bei Fabrizio Clerici: s. u. Ei (W. Schmied)

Streichholzhändler

bei Otto Dix: »Mit den geweiteten, angstvollen Augen, den abstehenden Ohren und dem zu weiten ärmlichen Mantel mit den übergroßen Knöpfen, der seinen ausgemergelten Körper umhüllt, steht er ['Der Streichholzhändler I', 1926] als ausschnitthaftes Beispiel der Armut, die im Schatten des schnellebigen Reichtums leicht übersehen wird.« Hans Platte (1957, S. 226)

Strich

bei Alexej von Jawlensky: s. u. Kopf

Striche, kleine

bei Paul Thek: »Ähnliche Beobachtungen [wie bei Jean Clareboudt s. u. 'Tür'] lassen sich auch bei T. anstellen. Es gibt mehrere Zeichnungen, die mit einem Muster von kleinen Strichen übersät sind. Diese Striche stehen für Gebete, sie bedeuten Meditationsübung.«

Barbara Catoir (1974a, S. 35)

–, kurze

bei Gino Severini: Bewegung (s. u. Tupfen)

–', 'Schwarze

bei Wassily Kandinsky: s. u. Eros; s. u. Krakelüren, schwarze

Strichmännchen

bei Victor Brauner: Mensch (s. u. Herr K.)

Strick

bei John Steuart Curry: s. u. Bundesmiliz

bei André Masson: s. u. Kurvaturen

–, hängender

bei Karl Fred Dahmen: »Dadurch charakterisiert sich das Verhältnis der Kirche zur Kunst als eine Frage der Interpretation: . . . der hängende Strick (D.), werden zu Symbolen der Hilflosigkeit und des menschlichen Ausgeliefertseins und rufen zum Erbarmen auf.«

Hans H. Hofstätter (1971, S. 175)

Stricke

bei Leslie Thornton: Wehrlosigkeit gegen die Versehrung (s. u. Armlosigkeit)

Striptease-Girl

bei Allen Jones: s. u. Beine in Nylonstrümpfen

Strumpfhaltergürtel, grausame

bei Richard Lindner: s. u. Weib, allmächtiges

Strunk, verstümmelter

bei Ossip Zadkine: grausame Verletzung und Zerstörung (s. u. Baumstumpf)

Studenten, griechische

bei HAP Grieshaber: s. u. Fäuste, riesige

–, Pariser

bei Renato Guttuso: s. u. Helme

Studentin, tänzerisch bewegte

bei Werner Tübke: »Die tänzerisch bewegte Studentin im festlich-rosafarbenen Kleid [in: 'Arbeiterklasse und Intelligenz', 1972/73], die durch ihre hervorgehobene, annähernd achsiale Stellung im Gesamtbild die Bedeutung einer Ausdrucksfigur der Lebensfreude erhält, leitet zur nächsten Gruppe . . . über.«

Günther Meißner (1974, S. 18)

Stühle

bei Günther Uecker: s. u. Nägel, weiße

Stürzenden, Figur des

bei Max Beckmann: Überantwortung an den Raum (s. u. Figur des Stürzenden)

Stürzender

bei Max Beckmann: »Eine Doppelbedeutung der Figur ['Der Stürzende', 1950] ist somit mehr als wahrscheinlich. Wie verhielte sich aber das Motiv des Sturzes zur Symbolik des indischen Lebensrades oder zu einschlägigen gnostischen Vorstellungen? Eine direkte ikonographische Beziehung ist da zunächst nicht zu erkennen, zumindest keine, die es an Anschaulichkeit mit der abendländischen Version aufnehmen könnte. Andererseits muß man bedenken: B. verwandte das Motiv des Sturzes generell als Todesmetapher. Eine Kombination dieses Themas mit der Vorstellung vom Kreislauf des Werdens wäre leicht denkbar, sie bietet sich sogar an. Welche spezielle Aussage bezweckte sie aber im vorliegenden Falle?

Die einfachste Aussage wäre diese: ein Umlauf des Lebensrades ist beendet, andere werden kommen! Der Sturz als Zeichen für das Ende einer Lebensrunde wäre so verstanden nur eine Episode innerhalb des über Millionen von Jahren

sich erstreckenden Wiederverkörperungsprozesses.« Friedhelm W. Fischer (1972a, S. 210)
bei Wilhelm Lehmbruck: s. u. Krieger', 'Sterbender

Stürzender, zu Boden
bei Waldemar Grzimek: »Die hier noch auf zwei Figuren beschränkte Anlage zwang zu symbolhafter Konzentration. Um die menschliche Tragödie sichtbar zu machen, zeichnet G. [im Entwurf für das Denkmal in Sachsenhausen, 1959] einen zu Boden Stürzenden, der die Ermordung Zehntausender symbolisiert, während ein Stehender das innere Aufrechtbleiben, den Sieg über Terror, das letztlich nicht Tötbare verbildlicht.« Hans-Ulrich Lehmann (1974, S. 77)

Stütze
s. Teil III

Stufen, Kante in eckigen
bei Alberto Giacometti: Rückgrat (s. u. Körper, großer)

Stufenportal
bei Paul Klee: s. u. Pforte

Stuhl
bei Renato Guttuso: Gefühl von menschlicher Wärme (s. u. Hektographiermaschine)
bei Allen Jones: s. u. Sexmobiliar
bei Henri Matisse: s. u. Lothringerstuhl
bei Pablo Picasso: s. u. Totenkopf (V. Anker)
bei Robert Rauschenberg: »Der Stuhl in der linken oberen Bildecke ['Brennkammer (Booster)', 1967] spielt auf R.s Tätigkeit für eine Tanzgruppe an (er diente in einem Tanz Steve Paxtons als Stütze und wurde später zu einem der wichtigsten, oft wiederholten Elemente in R.s Ton-Wandbild 'Soundings' von 1968).«
Riva Castleman (1973, S. 124)

– der Braut
bei Marc Chagall: ... müssen auch C.s Bilder mit der religiösen Brautsymbolik in Verbindung gebracht werden, die in Israel verborgene Bedeutung hat ... Sie sind voll von geheimnisvollen Anspielungen auf die Brautmystik, freilich enthüllen sie sich nur dem Menschen, der um den Gleichnischarakter der ehelichen Liebe Bescheid weiß. Man erinnere sich nur an C.s Bild vom leeren 'Stuhl der Braut' [1934], der in weißer Verhüllung dasteht und auf dem ein Myrtenzweig voller Blüten liegt. Es ist wohl kaum möglich, das Unfaßliche und Erregende einer Hochzeit faszinierender zu malen. Dieses gehobene Fest ist doch ein einziges, großes Symbol für die heilige Vereinigung von Seele und Gott.«
Walter Nigg (1961, S. 407/08)

–, elektrischer
bei Andy Warhol: Mißbrauch staatlicher Autorität (s. u. elektrischer Stuhl)

–', 'Lila
bei Wim T. Schippers: »Sein über jede menschliche Proportion hinaus aufgebauschter, abscheulicher weicher 'Lila Stuhl', der von ihm im Sommer 1965 im Amsterdamer Vondelpark aufgestellt wurde, war dennoch ein nicht zu übersehendes Monument sowohl in räumlichem Sinn als auch symbolisch, ein Thron für einen riesenhaften König Ubu, in dem die Trivialität einer ganzen Epoche zusammengefaßt ist.«
R. W. D. Oxenaar (1966, S. 142)

–, roher
bei Renato Guttuso: s. u. Hektographiermaschine

Stuhlrumpf
bei Stefan Wewerka: »Bestes Beispiel für diese Prägnanz im Fragmentarischen ist der verstümmelte Stuhlrumpf 'Krieg' [1969]. Hier gelingt es W., sich von der manieristischen Methode anonymer Abstraktheiten zu lösen, zu deformieren nicht um des Witzes, sondern der Pointierung willen. Geborsten, verkrüppelt steht der Stuhlrumpf als Chiffre für die Verwüstung, die zerstörerische Kraft des Krieges.«
Barbara Catoir (1974b, S. 82)

Stutzer, junger
bei George Segal: s. u. Penis, künstlicher

Subjekt
s. Teil III

Suchender
bei Rudi Baerwind: Selbstporträt mit der → Kugel

–, seefahrender
bei Rudolf Hausner: s. u. Schönbrunner Park

Sumpf
bei Julius Bissier: »Das Sumpf-Symbol – Verehrung des weiblichen Naturprinzips« [in Anlehnung an J. J. Bachofen].
Werner Schmalenbach (1974, S. 79)
bei Roger Loewig: s. u. Wirbelsäulenwälder

Sumpfengel
bei Max Ernst: »Der 'Sumpfengel' [1940] ist ein Todesengel über dem alles verschlingenden Wildwuchs des Urschlamms, der kein animalisches Lebewesen mehr trägt ...«
Max Peter Maass (1965, S. 136)

Sumpflandschaften
bei Max Ernst: »1940, nach der Kapitulation Frankreichs, die E. zur Emigration nach Amerika zwingt, setzt die zweite Reihe seiner apokalyptischen Bilder ein. Ihre Symbolik deutet in moderstrotzenden Sumpflandschaften [u. a. 'Europa

nach dem Regen', 1940/41] die europäische Kulturlandschaft als ausgeliefert an den erstickenden Dschungel todbringender Leidenschaften und Instikte.« Max Peter Maass (1965, S. 136)

Sumpfpflanzen
bei Henri Laurens: s. u. Band, das

Superfrüchte, verwesungsnahe wäßrige
bei Fernando Botero: Blasphemie einer degenerierten Kolonialbourgeoisie (s. u. Fleischmonstren, dickleibig-blasse)

'Superman'
bei Konrad Klapheck: → Schreibmaschine (J. Roh)

'Superweib'
bei Konrad Klapheck: → Nähmaschine

T

T
bei Julius Bissier: »Oft treten Buchstaben auf in klarer typografischer Gestalt, sei es mit Bedeutung wie das große T (Tao), sei es – in der Regel – ohne Bedeutung, als reine Bildakzente.«
Werner Schmalenbach (1974, S. 121)

Tabernakel
bei Otto Herbert Hajek: s. u. Gold, Rot und Blau

Tabernakeltür
bei Georges Braque: s. u. Fisch

Tablett
bei Max Beckmann: s. u. Krone

Tänzer
bei Marc Chagall: »Die Flächen zwischen den Fenstern [im Staatlichen Jüdischen Kammer-Theater, 1919] hatten als Thema: die Ahnen der vier Künste, die im Theater zur Darstellung gelangen sollten. Die Poesie wurde durch einen Thoraschreiber, die Schauspielkunst durch einen Vorsänger und Tänzer, wie er bei jüdischen Hochzeiten auftrat, versinnbildlicht.«
Walter Erben (1957, S. 74)

–, dreibeiniger
bei Walter Wörn: »Die Leitgestalt für W.s Tanz-Bilder, der dreibeinige Tänzer [z. B. in: 'Tanz um Aphrodite', 1958] mit hochgeworfenen Armen, dem ekstatisch verdrehten Kopf, läßt die Macht von Tanz und Musik als totale Überwältigung des Menschen begreifen. Bewegung, Gestik und Gefühlsausdruck sind völlig identisch. Die dargestellte körperliche Aktion ist mehr als bloße Darstellung des konventionellen Tanzes. Sie wird zur Ausdruckschiffre für eine den Menschen in seiner ganzen Existenz ergreifenden, dem Mythischen nahen Verzückung.«
Joachim Büchner (1972, S. 80)

–, dynamische
bei Atsuko Tanaka: s. u. Kreis

Tänzerin
bei Max Beckmann: Erlebnis der Freiheit (s. u. Schwebende); Gelassenheit und tröstliche Frische (s. u. Pierrot)
bei Marino Marini: s. u. Gaukler

–, gen Himmel weisende
bei Max Beckmann: s. u. Schwebende

Tänzerinnen, korybantische
bei Otto Dix: »Von Anfang an steht in seinen expressionistischen Zeichnungen [von 1909] das Weib im Mittelpunkt. In korybantischen Tänzerinnen und ekstatischen Monumentalweibern verkörpert er kosmische, strotzend vitale Weiblichkeit. Sie erreicht ihren Höhepunkt im 'Heiligen Dreieck' von 1919, der gebärenden Erdmutter, mit der D. das Geschlecht des Weibes totemistisch zum göttlichen Symbol erhebt.«
Otto Conzelmann (1971, S. 14)

Täter
bei Antoni Tàpies: s. u. Mauer

Tafel
bei Robert Rauschenberg: s. u. Kitschkapitell

Tafeln, ausgebrannte
bei Ossip Zadkine: »Oberhalb der Explosion [in: 'Die atomare Kraft', 1950] stellt Z. gleichsam ausgebrannte Tafeln dar, Chiffren menschlicher Kultur, zerstörte Gesetzestafeln.«
Walther Krüger (1972, S. 23)

–, bewegliche
bei Alfred Jensen: s. u. Orakeltisch

Takelage
bei Harald Metzkes: s. u. Schiff, gestrandetes

Tal liegende Stadt, im
bei Wolfgang Mattheuer: s. u. Kain

Tampons
bei Yves Klein: s. u. Blau (J.-P. Talbot)

Tank [eines Motorrades]
bei Dottore: » . . . während der Tank als Phallusform noch einmal sexuelle Gewalttaten und Brutalität verdeutlicht« [in: 'Rocker', 1973].
Hans-Ulrich Lehmann (1974, S. 54)

Tankstelle, einsame
bei Edward Hopper: Amerika (s. u. Laden, noch nicht geöffneter)

Tannen, junge
bei Otto Meyer-Amden: Jugend (s. u. Jünglingsgestalt, nackte)
Tanzgruppe
bei Robert Rauschenberg: s. u. Stuhl
Tarnfarben
bei Sarkis: s. u. Leica-Kamera
Tasse, pelzüberzogene
bei Meret Oppenheim: »Die pelzüberzogene Tasse von O., 1936, gewinnt einen erotischen Aspekt, nicht nur durch die Form der Tasse, die auf das weibliche Genital anspielt, sondern vor allem durch den haarigen Pelzbezug; hinzu tritt noch als männliches Gegengewicht der pinselartige Löffel. Die Vorliebe für Pelz ist häufig partialfetischistisch bedingt. Der Fetisch liegt dann im Material, und das steht lustbetont als Teilvorstellung für die Gesamtvorstellung.«
Volker Kahmen (1972, S. 153)
Tastatur
bei Oscar Dominguez: s. u. Schreibmaschine
–, Schreibmaschine mit halbkreisförmiger
bei Konrad Klapheck: Macht des Personalgedächtnisses (s. u. Schreibmaschine mit halbkreisförmiger Tastatur)
Tasten
bei Konrad Klapheck: s. u. Schreibmaschine (J. Roh)
–, Schreibmaschine mit fünf
bei Konrad Klapheck: Prophet oder Künstler (s. u. Schreibmaschine mit fünf Tasten)
–, viereckige
bei Konrad Klapheck: s. u. Schreibmaschine (J. Roh)
Taube
bei Ernst Barlach: »'Seid klug wie die Schlangen und ohne Falsch wie die Tauben' (Matth. 10, 16). Dieses Bibelwort mochte B. angeregt haben in der ihm gemäßen Deutung; denn die Taube als Symbol der Reinheit und des göttlichen Geistes und die Schlange als Verkörperung des Teuflischen-Irdischen sind die beiden extremen Möglichkeiten, zwischen die der Mensch ausgesetzt ist, wie Embleme des Guten und des Bösen, wie Wappentiere in heraldischer Symmetrie [in: Zeichnung vom 20. 4. 1927] stehen sie zu beiden Seiten des Mannes.« Claus Virch (1953, S. 28/9)
bei Max Ernst: s. u. Geburtsgeheimnis
bei Elmar Hillebrand: »Die Madonna im rechten Flügel [in: 'Portal im Campo Santo Teutonico', 1959/61] bietet das offene Buch des Lebens dar, und über ihr schwebt die Taube des Heiligen Geistes, hier als Symbol für die wissenschaftliche Tätigkeit des Campo.«
Gustav René Hocke (1975, S. 158)
bei René Magritte: s. u. Frau
bei Ewald Mataré: Heiliger Geist (s. u. Friedenstaube)
bei Pablo Picasso: Leben (s. u. Hund/1); s. u. Kopf mit Arm und Lampe
bei Werner Tübke: »Der Maler hat symbolische Elemente [in: 'Requiem', 1965] eingefügt, die den Tod nicht als sinnlos erscheinen lassen: über der trauernd gebeugten Frau schwebt die Taube des Friedens heran, und an der Gefängnismauer hängt der Lorbeerkranz des Gedenkens.«
Günter Meißner (1974, S. 14)
– auf der Schulter
bei René Magritte: s. u. Melone, Subjekt unter der
– und Raubvogel
bei Theo Balden: »Durch Picasso ist das ursprünglich christliche Bild der Taube als Friedensbringerin zu dem populärsten Symbol der internationalen Friedensbewegung geworden. So ist auch die symbolische Bedeutung dieser Zeichnung mit dem Titel 'Taube und Raubvogel' [1968] jedem ohne weiteres verständlich. Mit diesem schlichten symbolischen Bild sucht B. die Bedrohung des Friedens darzustellen.«
Hans-Ulrich Lehmann (1974, S. 30)
Tauben
bei Max Ernst: »Manchmal sind die Vögel näher benannt, heißen Tauben, als ob E. uns auf eine Spur bringen wollte: Tauben stehen in der barokken Emblematik für die sexuelle Lust. So sind die Vögel im Käfig wohl auch mehr von ihren Trieben gefangen als von der Außenwelt.«
Helmut R. Leppien (1970, S. 26)
bei Valeriano Trubbiani: s. u. Objekte

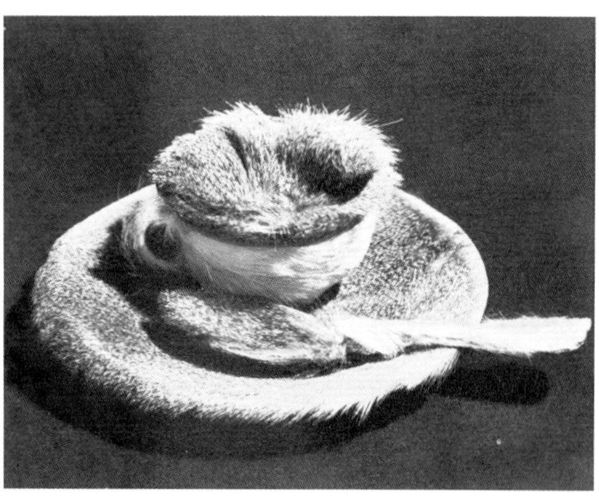

Meret Oppenheim: Frühstück im Pelz, 1936

–, Falken und
bei Rainer Wittenborn: Macht (s. u. Falken und Tauben)
Taucher
bei Paul Thek: s. u. Unterwasserwelt
Teekannen, tönerne
bei Jean Tinguely: s. u. Maschine', 'Traditionszerstörende
Teilstücke
bei Egon Schiele: »Die organische Einheit des Körpers [in: 'Poldi Lodzinsky', 1908] geht durch solche Kontraste verloren und wird zerrissen in einander widerstrebende und bekämpfende Teilstücke. Sie werden Spiegelbild und sichtbarer Ausdruck innerer seelischer Kräfte und Vorgänge. Welche Bedeutung der Sprache des Körpers als vermittelndem Ausdrucksmedium zukommt, geht auch aus einigen Studien hervor . . .«
Erwin Mitsch (1974, S. 28)
Telephon mit Schnur
bei Konrad Klapheck: »Telephon mit Schnur im Hohlgang [in: 'Die Stimme des Gewissens', 1965]. Assoziationen: Mutterschoß und Neugeborenes durch Nabelschnur verbunden. Die Nabelschnur beschreibt eine weibliche Gestalt.
José Pierre (1970, S. 80)
Telephone
bei Salvador Dali: »Daneben sind es vor allem in den 30er Jahren die Telephone, die von D. zum Symbol erhoben werden, womit er deutlich auf die Münchener Konferenz von 1938 anspielt, in der noch einmal der Krieg verhindert wurde, und wo das Telephon eine ausschlaggebende Rolle spielte.« Diether Rudloff (1971, S. 12)
bei Konrad Klapheck: schlechtes Gewissen (s. u. Sirenen)
Telephonkabel
bei Konrad Klapheck: ». . . erinnert die Abhängigkeit des Telephonkabels häufig an die Nabelschnur ('Die Stimme des Gewissens', 1965).«
Konrad Klapheck in: José Pierre (1970, S. 19)
Tell', 'Wilhelm
bei Salvador Dali: bärtiger Vater/Kastrationsangst (s. u. Schere); inzestuöse Verstümmelung (s. u. Hostie, Profanierung der); s. u. Mann, bösartiger
Teller
bei Hanna Nagel: s. u. Falter
–, zerbrochene
bei Rolf Escher: »E.s Gegenstände werden damit Zeichen für etwas. Dieser Symbolgehalt kann, teilweise aus der Geschichte vertraut, als Memento-mori-Motiv, als Vanitas-Symbol vor uns treten, wie in zerbrochenen Tellern [in: 'Restbestände', 1974], zerschlagenen Scheiben und fleischlosen Gerippen.«
Klaus Ertz (1977, S. 12)
Tempel
bei Paul Klee: s. u. 'Fußsohle'
bei André Masson: »Der Zusammenbruch der griechisch-lateinischen Geisteswelt wird an diesem Tempel [in: 'Der Fluß des Heraklit', 1940], den entfesselte Naturgewalten mit sich fortreißen, symbolhaft verdeutlicht.«
René Huyghe (1962, S. 489)
–, im Walde
bei Fidus: »Soweit Architektur als Bildbestandteil auftaucht, etwa als Tempel im Walde [in: 'Die fordernde Schwester', 1936] oder als Tempelinsel [in: 'Die Brautinsel', 1923], stellt sie das symbolische Endziel der Wege dar und ist auf dem Kreuzungspunkt des Horizonts mit der zentralen Bildachse lokalisiert.«
J. Frecot/J. F. Geist/D. Kerbs (1972, S. 274)
–, zerbröckelter
bei Giorgio de Chirico: »Eine gespenstische Stille, die aus den Formen, dem Licht und den

Rolf Escher: Restbestände, 1974

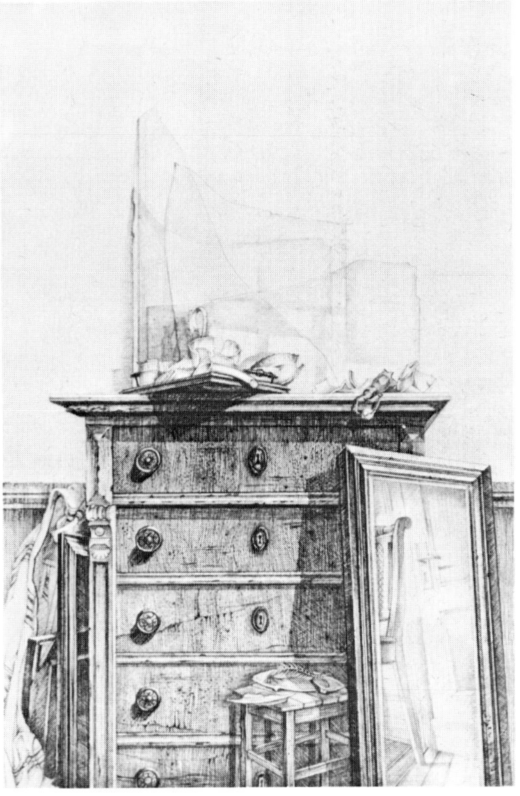

zum neutralen Grau tendierenden Farben lebt, erfüllt das ganze Bild ['Zwei Pferde am Meer', 1925–30], in dem selbst die Symbole der Vergänglichkeit, der zerbröckelte Tempel, die zerborstene Säulentrommel, anmuten, als seien sie von ewiger Dauer in einer dem Zeitlichen entrückten Welt.« Bodo Cichy (1970, S. 146)

Tempeldiener
bei Marc Chagall: der Stamm Levi (s. u. Schafe)

Tempelinsel
bei Fidus: Endziel der Wege (s. u. Tempel im Walde)

Tempeln, Ruinen von
bei Franz Radziwill: Memento-mori-Symbol (s. u. Säulen, umgekippte)

Tempelraum, archaischer
bei Fritz Wotruba: s. u. Hockender

Tennisspielerin
bei Carlo Carrà: »1919 malt C. sein 'Mädchen aus dem Westen': eine Tennisspielerin ohne Partner mit Racket und Ball, in sinnentleerter, aber traumerfüllter Szenerie. Greifbar und unbegreiflich der Mensch auch hier, nicht denkendes, sehendes Lebewesen, sondern blinde Figurine als Inbegriff der Rätselhaftigkeit menschlicher Existenz.« Werner Schmalenbach (1968, S. 16)

Carlo Carrà: Die metaphysische Muse, 1917

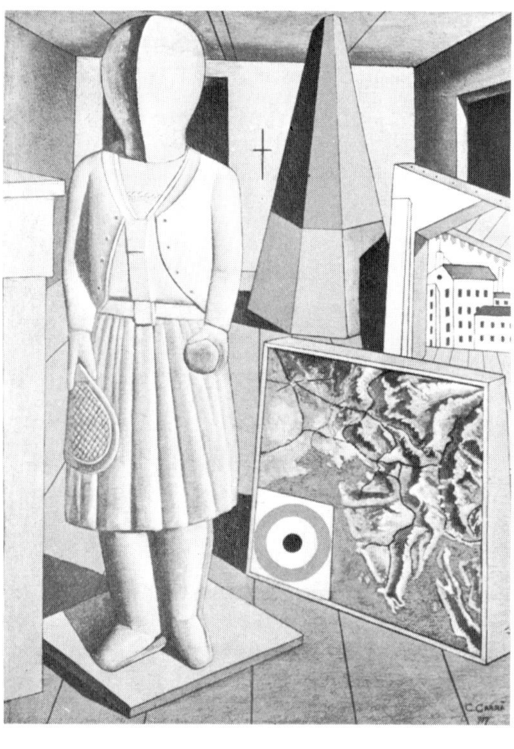

Teufel
bei Fidus: s. u. Luzifer
bei Edward Kienholz: Hahn (s. u. Pfeile, sieben)
bei Ewald Mataré: s. u. Hahn

Teufelshühner
bei Erich Brauer: s. u. Vögel

Texte, kyrillische
bei Janez Bernik: Hinweis auf Vergangenes (s. u. Schrift)

Thannhäuser
bei Alfred Kubin: s. u. Höllentor

Theaterlogen
bei Leonor Fini: s. u. Eisenbahnwagen

Theodoliten
bei Giorgio de Chirico: s. u. Entfremdung

Thermometer
bei Tetsumi Kudo: »Thermometer, Wecker, Revolver, Injektionsnadeln, Kreuzworträtsel, Babies aus Kautschuk in Marmeladegläsern werden zu Symbolen der Zeit, des Glücks, des Todes, der künstlichen Befruchtung und der Geburt.« Wolfgang Sauré (1966, S. 26)

Thermosflasche
bei Renato Guttuso: menschliche Wärme und Kameradschaft (s. u. Hektographiermaschine)

Theseus
bei André Masson, Georges Bataille u. a.: Ich (s. u. Minotaurus)

Thora, blaue
bei Marc Chagall: »Die blaue Thora, die die bärtige Gestalt in der oberen rechten Ecke von 'Rote Dächer' [1953] im Arm hält, ist eine echte Thora, eine Schriftrolle der fünf Bücher Mose; sie kann aber auch als Symbol für Leiden, Austreibung und Zerstörung von Witebsk verstanden werden, denn in ihrer ganzen Geschichte nahmen die Juden die Thora mit, wenn sie zur Flucht gezwungen waren.« Roy Mac Mullen (1968, S. 150)

– umarmt, Jude, der seine
bei Marc Chagall: Selbstbildnis (s. u. Jude, der seine Thora umarmt)

Thoraschreiber
bei Marc Chagall: Poesie (s. u. Tänzer)

Thoraträger
bei Marc Chagall: »Das Männliche, das sich im Thoraträger verkörpert, ist geprägt von fester, klarer Geistigkeit. In Gestalt und Gesicht spüren wir den Willen zur Ordnung, beruhend auf der Herrschaft der Vernunft und der Überlieferung. Für den Bewahrer von Gesetz und Überlieferung bedeutet die Erscheinung des Engels [in: 'Engelssturz', 1923–33/1947] Unheil und Aufruhr. Das vernünftig Geordnete seiner Welt steht in

Gefahr, vom Irrationalen erschüttert und zerstört zu werden.« Franz Meyer (1964, S. 19, 18)
vgl. Engel, flammender

Thron

bei Karl Hartung: s. u. Mensch mit ösenartigen Öffnungen

– für König Ubu

bei Wim T. Schippers: → Stuhl', 'Lila

Tier

bei Francis Bacon: s. u. Käfig

bei Ernst Barlach: »Dargestellt ist der Engel des Geistes [in: 'Der Geistkämpfer', 1928], der mit erhobenem Schwerte auf dem Tier steht, dem Tier der Lust, des Mordes, der Beutegier, dem Symbol des furchtbar reißenden Willen zur Macht . . .« Kurt Badt (1959, S. 36)
»So ist die Geistkämpfergruppe [1928] in höherem Sinne Selbstbildnis . . ., indem das Tier seine menschlichen Gesichtszüge verliert und so zum absoluten Symbol des Bösen und Ungeistigen wird.« Claus Virch (1953, S. 17)

bei Lynn Chadwick: s. u. Gestalten, frierende

bei Alberto Giacometti: s. u. Mannequinhand

bei Friedensreich Hundertwasser: s. u. Hase

bei Paul Klee: »Flucht vor sich selbst, den inneren Ängsten, der inneren und äußeren Gefangenschaft, den äußeren Bedrohungen, Flucht als ungewisser Zeitfaktor, als eigene menschliche geahnte Bewegung, ist ein immer wiederkehrendes Motiv in der Selbstreflexion K.s. Es ist zum Teil mit tierischer Symbolik verbunden; das Tier als Spiegel der Ängste [div. Zeichnungen zwischen 1928 und 1932] und der eigenen Unsicherheit und Unzulänglichkeit, eine Negation des Ich ['Flucht vor sich', 1931]. Flucht symbolisiert den Dualismus der eigenen persönlichen Veranlagung.« Tilman Osterwold (1975, S. 40)
dämonisches Symbol (s. u. Kind); sexuelle Annäherung des Mannes (s. u. Weib und Tier)

bei Franz Marc: »Der Mensch ist nur scheinbar ausgeschlossen. M. empfand ihn 'schon sehr früh . . . als häßlich.' Aber der Versuch, das Tier als Symbol unschuldsvoller Frömmigkeit und schöpfungsnahen Seins zu malen, nicht 'wie es unserer Netzhaut erscheint', sondern 'wie sie selbst diese Welt ansehen', dieser pantheistische Zug seiner Kunst ist zutiefst menschlich.«
Paul Vogt (1972, S. 182)
»Das Lenggrieser Thema hat seine Erfüllung gefunden, das Tier ist zum Symbol von M.s Naturverbundenheit und zum Ausdruck seiner Vorstellung von Welt und Universum geworden. Die Darstellung des Menschen tritt ganz zurück.«
Will Grohmann (1953, S. 145)
»Das Tier ist ihm ein Symbol der Unberührtheit und Keuschheit. Er sieht in ihm nicht das Individuum, sondern schlechthin das Wesen, das sich den Lebensgesetzen in der Natur und dem Gesamtrhythmus des Kosmos ohne Reflexion unterordnet.« Walter Winkler (1949, S. 185)
s. u. Mondsichel; vgl. Weib

bei Pablo Picasso: Bruder des vereinsamten Menschen (s. u. Mann mit dem Lamm/A. Henze)

bei Karl Schmidt-Rottluff: s. u. Sonne

– des Messias

bei Marc Chagall: → Esel

'–', großes

bei Ernst Fuchs: → Einhorn

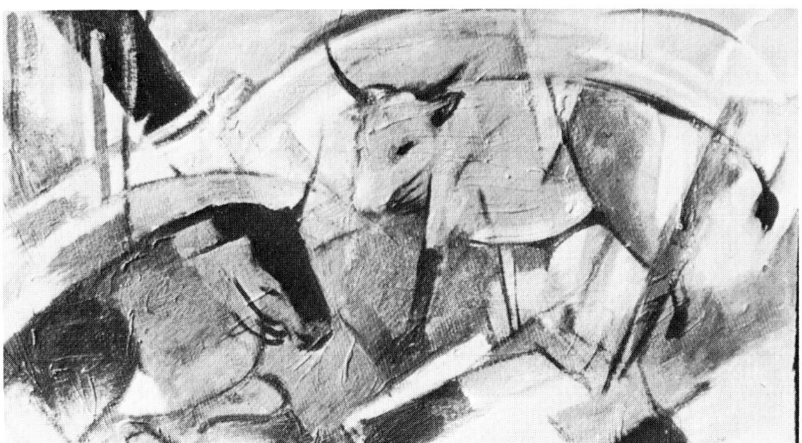

Franz Marc:
Kleines Bild
mit Rindern, 1913

Tier, heiliges
bei Franz Marc: s. u. Stier
–, löwenartiges
bei Ernst Barlach: liegender Unmensch (s. u. Gestalt mit angezogenen Knien)
–, rattenartiges
bei Paul Klee: böse Gedanken (s. u. Ratte)
–, sagenhaftes
bei Pablo Picasso: Minotaurus (s. u. Dolch, doppelschneidiger)
–, todgeweihtes
bei Franz Marc: s. u. Reh
– und Mensch zugleich
bei Marc Chagall: → Maskierte, der
–, wildes
bei Man Ray: → Bügeleisen, mit Nägeln bespicktes
Tierbeinen, Geschütz mit
bei Frans Masereel: Krieg (s. u. Geschütz mit Tierbeinen)
Tiere
bei Oskar Kokoschka: »Tiere spielen zum Teil eine symbolisierende Rolle in den politischen Allegorien, mit denen der Maler keineswegs einseitig Partei ergreift. In 'Private Property' [1939] zum Beispiel attackiert er den Kapitalismus, der mit den Augen einer Katze seinen Blick auf alle Objekte richtet, um in 'Wofür kämpfen' ['What are we fighting for', 1943] alle Kriegführenden der Lüge zu zeihen, wenn sie sich auf humanitäre Ideale berufen.« Max Peter Maass (1965, S. 91)
bei Alfred Kubin: s. u. Bisons, zwei kämpfende
bei André Masson: s. u. Labyrinth, blaues
bei Henri Michaux: s. u. Erscheinungen, isolierte
bei Hanna Nagel: s. u. Fledermäuse, große
bei Pablo Picasso: Bedrohung (s. u. Hahn); s. u. Hund (1)
bei Werner Scholz: »Das gilt für die Landschaften [das Figürliche], die man kaum nach Lokalitäten ordnen, das gilt für Blumen und Tiere, die man zwar als Spezies benennen, doch nicht als Schilderungen aus dem Dasein betrachten kann. Sie sind wie Symbole für den mächtigen Atem der Schöpfung, für die Zeugungskraft der Natur.«
Paul Vogt (1972, S. 325)
bei Valeriano Trubbiani: s. u. Objekte
–, ekelerregende
bei Werner Tübke: »Aus den Schatten des Marmors [in: 'Sizilianische Flora', 1972] wachsen nämlich in irritierender Metamorphose von totem Stein und organischem Leben ekelerregende Tiere heraus: links unten ein spinnen- oder krebsähnliches Wesen, rechts ein Hahn und darüber ein Phantasieprodukt von Maulwurf und Seehund. Getier dieser Art hat in T.s Symbolwelt fast immer eine negative Bedeutung, und auch hier sind diese Lebewesen die unübersehbaren Menetekel von Morbidität und Verfall einer schönen Körperhülle . . .«
Günter Meißner (1974, S. 19)
–, erschlagene
bei Thomas Theodor Heine: Gegner (s. u. Georg, reitender)
–, Gefangenschaft der
bei Jorge González Mir: → Käfige
–, heraldische
bei Marc Chagall: s. u. Schafe
–', 'stille
bei Karl Rössing: Schaf und → Schmetterling
–, verwundete
bei André Masson: Mißklang der Welt (s. u. Fische, kämpfende)
Tieres, Sehnsucht des eingesperrten
bei Pablo Picasso: s. u. Vogelkäfig
–, Urbild des
bei Marc Chagall: → Esel
Tierfriese
bei Maurice Hirshfield: s. u. Mannequin-Göttinnen
Tiergestalt, Dämon in
bei Ernst Barlach: s. u. Geistkämpfer
– mit Flügeln
bei Pablo Picasso: »Ein seltsamer Zug an der früheren der beiden Vorstudien [zu 'Guernica', vom 2. Mai 1937] ist die mit Flügeln versehene Tiergestalt, die aus der Flankenwunde des Pferdes herauskommt. Wahrscheinlich symbolisiert sie die Seele des Pferdes. Sie verläßt sie im Augenblick des Todes.« Anthony Blunt (1969, S. 31)
Tiergottheit
bei Pablo Picasso: s. u. Stier (C. Seckel)
Tiermenschen
bei Henri Michaux: s. u. Erscheinungen, isolierte
Tisch
bei Alberto Giacometti: s. u. Mannequinhand
bei Allan Jones: s. u. Sexmobiliar
bei Paul Klee: »Der Tisch mit seiner querverlaufenden Scheide ließe sich somit [in: 'ein Tisch mit seltsamer Flora besetzt', 1921] als ein der Natur und der Fruchtbarkeit errichteter Altar verstehen.« Christian Geelhaar (1972, S. 65)
bei Pablo Picasso: s. u. Hund, dunkler
bei Franz Radziwill: s. u. Lampe
Tische
bei Günther Uecker: s. u. Nägel, weiße
Tischplatte
bei Werner Scholz: s. u. Hut

–, ovale
bei Ernst Ludwig Kirchner: Form des Mutterleibes (s. u. Auszehrung, innere)
Tischreihen, leere
bei Edvard Munch: s. u. Selbstbildnis
Tod
s. Teil III
–, knöcherner
bei Gustav Klimt: Bestandteil im Gleichnis alles Geschehens (s. u. Hygieia)
– mit Satansflügeln
bei Werner Tübke: Verderben (s. u. Doge)
–, reitender
bei Max Heilmaier: »Als Personifikation des Krieges hat er, zurückgreifend auf Dürers 'Memento mei' von 1505 [1503], einen bekrönten, reitenden Tod gewählt. Zur näheren Kennzeichnung der Bedeutung 'Weltkrieg' hat H. den Tod mit einem Schwert versehen und zu seinen Füßen ähnlich wie Lindl einen Erdball hinzugefügt« [in: ehem. Kriegergedächtnismal für die Nürnberger Heiliggeistkirche, 1917–18].
Siegmar Holsten (1976, S. 44)
Todesanzeigen
bei Antoni Tàpies: s. u. Kreuz aus Zeitungspapier
Todesbeil, rotes
bei Paul Klee: s. u. Kanne
Todesengel
bei Max Ernst: → Sumpfengel
bei Renato Guttuso: → Fallschirmjäger, deutscher
Todesgewänder, schwarze
bei Tatjana Nasarenko: s. u. Narodowolzen
Todesgöttin
bei Max Beckmann: → Columbine; Kali (s. u. Gesicht, pechschwarzes)
bei Henry Moore: Liegende Figur (s. u. Decke)
–, indische
bei Max Beckmann: s. u. Gesicht, pechschwarzes
Todesmutter
bei Henry Moore: die bergende Mutter der Nacht (s. u. Liegende Figur); → Liegende (E. Neumann); s. u. Tuch
Todespfeil
bei Max Beckmann: s. u. Pfeile
Todesschlinge
bei Edvard Munch: → Haar (R. Biedrzynski)
Töpfe, knallrote
bei Jean-Pierre Raynaud: Psycho-Objekte (s. u. Blumentöpfe mit Beton)
Toga
bei George Segal: s. u. Penis, künstlicher
Tollund, Mann von
bei Serge Vandercam: gemarterter Angeklagter (s. u. Mann von Tollund)
Tonkrug
bei Gerhard Altenbourg: »'Penisamphora' [1966] hält ihr Urheber für einen Tonkrug, dessen steile Henkel ihm den Eindruck des Phallischen gemacht hätten. Aber der Besitzer und Sammler, der schon eine Weile mit dem Bild lebt, ist der Meinung, daß eine recht genaue Abbildung sexueller Selbstbeglückung vorliege. Er findet gut, daß die Szene in einer Gefangenschaft stattfinde, jenes Gefäßes nämlich. Er meint ferner, daß hier nicht Zuschauerlust erregt werde, wie es bei solchen Bildern gewöhnlich der Fall ist, daß das Blatt eher Geständnisrang habe.«
Erhart Kästner (1971, S. 14)
Tonpfeife
bei Joseph Cornell: s. u. Ei; s. u. Glas
bei Man Ray: s. u. Kugel, gläserne
Topfpflanze
bei Max Beckmann: s. u. Trompete
Tor
bei Erich Brauer: s. u. Turm
bei Alfred Kubin: s. u. Höllentor
bei Christian Rohlfs: Rahmen als Paradiespforte (s. u. Engel mit dem Flammenschwert)
–', 'dunkles
bei Max Beckmann: s. u. Gamma
– im Garten
bei Paul Klee: Eingang zum Paradies (s. u. Spirale)
–, schmales
bei Jan Koblasa: ewiges Leben (s. u. Marmormensa)
–, verriegeltes
bei Paul Klee: Eingang zum Paradies (s. u. Spirale/M. Huggler)
'– zu den Müttern'
bei Paul Klee: → M
– zum Hades', 'Das
bei Paul Klee: s. u. Pforte
Tore des neuen Jerusalems
bei Salvador Dali: → Nadeln, zwölf diamantene
Torero
bei René Auberjonois: s. u. Stier, der erschöpfte
–, weiblicher
bei Pablo Picasso: s. u. Stierkampf (M. Jean)
Torsi, aus Segmenten gebaute
bei Miguel Berrocal: »B.s aus Segmenten gebaute Torsi in glänzendem, glatt poliertem Metall demonstrieren mit magischer Assoziation an klassische Gestik die Brutalität der physischen und geistigen Personalitätsvergewaltigung, die in der modernen Zeit unter geschickten Verhüllungen verborgen wird.«
Karin Thomas (1971, S. 324)

Torsi, lädierte
bei Franz Radziwill: Memento-mori-Symbol (s. u. Säulen, umgekippte)
Torso
bei Giorgio de Chirico: s. u. Buch mit Lesezeichen
bei Paul Delvaux: s. u. Frau
bei Heinrich Hoerle: »Der Mensch [in: 'Denkmal der unbekannten Prothesen', 1930] erscheint als Torso mit amputierten oder durch Prothesen ersetzten Händen. In der Zeichensprache der 'Progressiven' [Gruppe ab 1920 in Köln] ist dies nicht nur gegenständlich (Verlust von Gliedern durch Krieg oder Arbeitsunfall), sondern auch metaphorisch (Persönlichkeitsverlust im Arbeitsprozeß) zu verstehen.«
Uwe M. Schneede (1977 a, S. 262)
bei Jacques Lipchitz: s. u. Stier (A. M. Hammacher)
bei Silvio Mattioli: s. u. Macht
bei Rolf Szymanski: »Der Torso als bewußt gewähltes Gestaltzeichen [in: 'Madonna von Ephesos', 1967] und Symbol immanenter, selbstbezogener Natur plastischen Gestaltens . . .«
Ekkehard Mai (1975, S. 85)
bei Walter Wörn: »Die Verwirklichung des Menschen aber vollzieht sich im Spannungsfeld zwischen Natur – hier [in: 'Tanz um Aphrodite', 1958] dem Symbol des Baumes – und antikem Ideal – hier dem Symbol des Torsos.«
Joachim Büchner (1972, S.88)
–, bekleideter
bei Malte Sartorius: »Bei S. findet sich das Endprodukt aller surrealistischen Traumexkurse, der bekleidete Torso, dessen Organe krebsartig wuchern und zu magisch grotesker Monumentalität erstarren [z. B. in 'Zwei Figuren', 1967]. Die äußeren Umhüllungen der menschlichen Existenz vertreten als Teile das Ganze und demonstrieren die absolute Abhängigkeit der Figur vom Kontext ihres Umraumes. Bei S. wird die beflügelte Vision des Traumes als Symbol der psychischen Relation Individuum – gesellschaftliche Konvention zum minutiösen Destillat der latenten, aber eigentlich wirksamen Realitätsdeterminante, die sich als entscheidende Ursachen der seelischen Angst und traumatischen Beklemmung herauskristallisieren.«
Karin Thomas (1971, S. 175)
'– eines jungen Mannes'
bei Constantin Brancusi: s. u. Holz
–, menschlicher
bei Gotthard Graubner: s. u. Kissen, farbiges
–, weiblicher
bei Hans Arp: s. u. Kreis

Torwächter, auftrumpfende
bei Silvio Mattioli: s. u. Ikarus
Torwart, kleiner
bei Dieter Asmus: s. u. Fußball, gigantischer
Tote
bei Henry Moore: Schlafende (s. u. Tuch)
bei Pavel Sukdolák: s. u. Steine, drei
bei Werner Tübke: s. u. Gefängniswand
Totem
bei Godwin Ekhard: s. u. Maske
bei André Masson: s. u. Katzenkopf
bei Pablo Picasso: → Stier (J. Larrea)
Totempfähle, indianische
bei Jackson Pollock: → Stäbe, blaue
'Totemtier'
bei Max Ernst: Loplop (s. u. Auge)
bei Jackson Pollock: s. u. Wölfin
Toten, Reich der
bei Horst Egon Kalinowski: → Kasten, erdfarbener, geschlossener
Totenbett
bei Käthe Kollwitz: s. u. Barlach, Ernst
Totengerippe
bei Max Beckmann: »Charakteristisch zugespitzt wird die Aussage der Parabel [in: 'Der Angler', 1949(?)] durch ein Totengerippe, welches zwischen die Frauen gesetzt ist. B. deutet mit der Symbolgestalt des Todes auf die Eitelkeit aller irdischen Begierden hin und bringt den Verhängnischarakter des fortwährenden Kreislaufs von Geburt und Tod in Erinnerung.«
Friedhelm W. Fischer (1972 a, S. 128)
Totenhemden
bei Walter Pichler: kranke Gesellschaft (s. u. Wagen, eiserner)
Totenkammer
bei Henry Moore: s. u. Mutter, schreckliche
Totenkopf
bei Max Beckmann: Bestandteil eines Vanitasstillebens (s. u. Kerze, stehende und gestürzte)
bei Gustav Klimt: »Zur Linken [in: 'Tod und Leben', 1908 und 1911] der Totenkopf als Sinnbild des Todes, dessen Körper in einem flachen Muster aus Kreuzen und Kreisen dargestellt ist.«
H. Havard Arnason (1970, S. 257)
bei Pablo Picasso: »Die hier reproduzierten Skizzen [vom Februar 1946] gehören zu einer längeren Studienreihe: ein Totenkopf, zur Maske schematisiert, liegt neben einer Vase auf einem Stuhl, dessen Stangen als Koordinatensystem dem Gemälde die verstrebende Kraft verleihen . . .
Das Endergebnis ist wie in allen Memento-mori-Darstellungen P.s ein Triumph des Tragischen . . .«
Valentina Anker (1974, S. 32)

»Eine dieser Plastiken, der 'Totenkopf' [1944], auch 'Geschundener Kopf' genannt, beschwört die dunkelsten Tage der Besetzung Frankreichs durch die Deutschen ... Die unerbittliche Härte der halbpolierten Oberfläche und die leeren Höhlungen, die das Fehlen von Augen und Nase anzeigen, machen es zu einem Symbol dessen, das toter ist als der Tod.«

Roland Penrose (1961, o. S.)

bei Georges Rouault: Clown der Clowns (s. u. Clown)

bei Daniel Spoerri: s. u. Lammschädel

Totenmal

bei Ernst Barlach: s. u. Schwebende

Totenmaske

bei Pablo Picasso: »Die zwar negroid überbetonten, aber geschlossenen Augen mit dem dunklen Wimpernrand ... lassen den Kopf zu einer Totenmaske werden, in der die ursprünglich negroiden Züge allgemein-menschliche symbolhafte Bedeutung annehmen« [in: 'Demoiselles d'Avignon', 1907]. Hans H. Hofstätter (1969, S. 63)

vgl. Vorhang aufreißende Gestalt

Totenschädel

bei Max Beckmann: s. u. Spielkarten

bei Willi Geiger: s. u. Zweihänder

bei Renato Guttuso: »Im Vordergrund [in: 'Die Ebene von Bargheria blickt auf die Bucht von Palermo', 1966], der sich wie eine isolierende Fläche vor die Landschaft legt, sind einige Dinge von starker emblematischer Kraft eingezeichnet: das pathetische, animalisch sich windende Geäst eines Olivenbaumes, in dessen Schatten ein riesiger Totenschädel liegt, der die Anwesenheit von Gewalt und Tod anzeigt.«

Werner Haftmann (1973 a, S. 50)

bei Franz Radziwill: Vanitas (s. u. Vögel, schwarze)

–, lebender

bei Werner Tübke: s. u. Affengesicht, fanatisiertes

'Totenschiff'

bei Jürgen Brodwolf: letzte Fahrt (s. u. Figur, bandagierte)

Totenstädte, mythische

bei Fabrizio Clerici: »Wieder steht also der Mensch im Mittelpunkt der Welt: gerade dann, wenn er völlig zu vereinsamen droht. C.s mythische Totenstädte [in: 'Minerva Phlegraea', 1956/57] sind auch Symbole aller Menschen, die mit ihrem Gerechtigkeits- und Rechtsempfinden, mit ihrem 'Perfektionismus' isoliert sind, aber die Hoffnung selbst als 'mirage' nicht aufgegeben haben.« Gustav René Hocke (1975, S. 23)

Toter

bei Marc Chagall: s. u. Geiger

bei Oskar Kokoschka: s. u. Mahler, Gustav

bei Heinz Zander: Sterben (s. u. Tod)

–, erhabener

bei René Magritte: s. u. Brücke

Träger

bei Constantin Meunier: s. u. Lastträger

– der Existenz

bei Max Beckmann: → Fische

– eines höheren Bewußtseins

bei Pablo Picasso: → Kind mit hochgehaltenem Licht

– für Projektionen

bei René Magritte: → Mann mit dem Bowler

–, menschliche

bei Ernst Barlach: s. u. Gestalt mit angezogenen Knien

Trägerin eines Lichtes

bei Pablo Picasso: 'Kind-Weib' (s. u. Luzifer)

Trägerteile

bei Jo Jastram: s. u. Aufgerichtete

Tränen

bei Pablo Picasso: s. u. Menschengesicht, von Schmerz aufgelöstes

–, strömende

bei Pablo Picasso: »Die strömenden Tränen haben sich zu ausdrucksvollen Objekten konsolidiert. Sie teilen dem unbeweglichen Kopf [in den Kompositionsskizzen zu 'Guernica', 1937] Spuren einer Abwärtsbewegung mit, wie das Thema es verlangt. Auch reißen sie erschreckende Furchen in die heile Haut. Nicht der schwache realistische Vorwand, sondern ihre Fähigkeit, den Sinn des Gegenstandes sichtbarer zu machen, rechtfertigt das Dasein dieser Feldzeichen des Grauens.« Rudolf Arnheim (1964, S. 90)

Tragbalken

bei Marc Chagall: s. u. Wasserträger

Tragflächen

bei Rudolf Hausner: s. u. Laokoon (R. Hausner)

Transmissionstunnel

bei Paul Klee: s. u. Rohre

'Trapez'

bei Max Beckmann: s. u. Weib

bei Friedrich K. Gotsch: s. u. Menschen, fliegende

– aus leprösem Gebein

bei Salvador Dali: »D.s schauerlichstes Bild ist 'Die Vorahnung des Bürgerkrieges' (1936), mit dem er in eine offene Landschaft das schändliche Symbol der Entmenschlichung setzt: ein Trapez aus leprösem Gebein, Geschwüren, Exkrementen und wilden Fleischwucherungen ...«

Max Peter Maass (1965, S. 138)

Traube
bei Ewald Mataré: s. u. Weinrebenmuster
Trauernde
bei Rolf Szymanski: → Frau
Traumfuchs
bei Horst Janssen: »Die makabre Berührung erogener Zonen von skelettierten, spinnendünnen Fingern oder die Bedrohung des weiblichen Körpers durch einen Traumfuchs, der mit 'Morgen Älpchen' empfangen wird, erzeugt jene wohldosierte Mischung aus Lust und Grauen, die das Gespenstische so anziehend macht.«
Juliane Roh (1971, S. 241)
Traumtier, blaues
bei Hanna Nagel: Todesbedrohung (s. u. Falter)
Treibrad
bei Franz Wilhelm Seiwert: unmenschliche Arbeitswelt (s. u. Fabrik)
Treppe
bei Max Ernst: s. u. Maiskolben
bei Rolf Escher: »Das können aber vor allem jene Treppen sein, die nur noch Treppen sind [in: 'Die Treppe', 1975], die ins Nirgendwo führen, die aus dem Nirgendwo kommen. Sie sind, ihrem einzigen Zweck beraubt, nur noch Ruine, Zeichen für die Vergangenheit.« Klaus Ertz (1977, S. 17)
bei Hannah Hoech: »Auf einer Treppe [in: 'Die Treppe', 1923/26] im undefinierbaren Raum – Stufen des Seins – verloren ein kleines Kind. Menschliche Erfindungen – Holzhäuser, ein Flugzeug, ein eiserner Turm – versteckt wie Spielzeug in Gläsern und Glasglocken. Fern ein Globus – die Erde –, auch sie nur ein Riesenspielzeug im grenzenlosen Raum.«
Peter Krieger (1976, S. 18)
bei Juan Martinez: s. u. Hühnerfedern
bei Karl Völker: s. u. Masse Mensch
–, Gehen über eine
bei Marcel Duchamp: Liebesakt (s. u. 'Akt, eine Treppe hinabsteigend')
Treppen, verwinkelte
bei Wols: s. u. Linien, miniaturhafte
Treppenwange
bei Werner Tübke: s. u. Widderrelief
Trichter
bei Max Beckmann: Schoß (s. u. Grammophon)
Triumphbogen
bei Max Beckmann: s. u. Sphinxe
Troja
bei Lovis Corinth: das Vergängliche irdischer Königreiche (s. u. Veste Troja)
Trojanisches Pferd
bei Rudolf Hausner: Flugkörper/Geminikapsel (s. u. Laokoon/R. Hausner); Technik (s. u. Laokoon); Unheil (s. u. Laokoon/R. Hausner)
Trommelschläger, schwarze, gekreuzte
bei Max Beckmann: Militärisches (s. u. Landsknechtsstrommel, rote)
Trompete
bei Max Beckmann: ». . . daß das Kind [in: 'Mutter mit spielendem Kind', 1946] eine Trompete in der Hand hält. Denn nicht selten verwendet B. das Blasinstrument als ein Symbol für Phallus und Schoß. Durch die Stellung der Trompete, welche die Öffnung des Schalltrichters verdeckt, ist auf diesem Bild allein der phallische Aspekt des Symbols angesprochen. Auch die beiden steil aufragenden stengelförmigen Blätter der Topfpflanze scheinen Phallussymbole zu sein.«
Rüdiger Jorn (1975, S. 11)
unbeständiger Ruhm der historischen Persönlichkeit (s. u. Blasinstrumente)
Trompetengeister
bei Max Beckmann: s. u. Wesen mit den langen Ohren, groteske
Troubadour
bei Giorgio de Chirico: »In den klassischen Raum hineingestellt, mit der ewigen, pathetischen Geste ausgestattet, erweist sich der Troubadour [1917] als eine seltsam-dämonische Vereinigung von Gliederpuppe und Spukgestalt: ein Sänger der Angst, des Rätselhaften, der unbegriffenen und unheimlich gewordenen Welt.«
Oto Bihalji-Merin (1962, S. 36)
Trümmer
bei Otto Dix: s. u. Hiob
bei Werner Heldt: s. u. Baum, kahler
bei Jakob Steinhardt: s. u. Jeremias
– der alten Welt
bei El Lissitzky: s. u. Keil, roter
– einer Kirche
bei Albert Hahn: s. u. General, riesenhafter
– seines Hauses
bei Otto Dix: s. u. Hiob
Trümmern, Weg aus den
bei Wolfgang Mattheuer: s. u. Vordergrundfiguren
Truppen, Republikanische
bei Pablo Picasso: s. u. Stier (A. Blunt)
Tuba
bei Julius Bissier: »Tuba – Geräusch, das den Schlafenden weckt« [in Anlehnung an J. J. Bachofen]. Werner Schmalenbach (1974, S. 79)
bei René Magritte: s. u. Feuer; s. u. Leinwand
Tubenfigur
bei Jürgen Brodwolf: → Gliederpuppe; menschliche Figur (s. u. Zinntube)

Tuch
bei Henry Moore: »Schon in den Luftschutzkeller-Zeichnungen [1940/41] und der einhüllenden Bedeutung des Tuches und des Schlafes war das unheimliche Zwischenreich deutlich geworden, in dem Geborgenheit und Tod ineinander übergehen. Fast schienen die Schlafenden auch Tote, fast die Geborgenen Begrabene und geisterhaft Ungeborene im Schoße der Nachtmutter. So ist die bergende Mutter der Nacht auch die Todesmutter der Gräber und der Unterwelt, des Krieges und der 'Gebombten Gebäude'.
. . . das weiche Tuch [übernimmt] die gleiche formale Rolle der Vereinigung von Mutter und Kind, die früher der Stein gehabt hatte. Das einhüllende Tuch führt die Schlafenden tiefer an die Erde heran, es bildet eine Mutterhöhle, in die der Schlafende sich einschmiegt wie in den 'Rosa und Grünen Schlafenden' vom Jahre 1941.«
vgl. Decke Erich Neumann (1961, S. 81, 63)
bei Antoni Tàpies: »Ein weißes Tuch, in der Mitte aufgehängt, so daß es pyramidenförmig fällt [in: 'Couverture et bambou', 1971]: im unteren Teil von einem waagerechten spitzen Bambusstab durchbohrt; an einer Stelle über dem Weiß hellrote Flecken, darüber schwarze Zeichen (Hammer und Sichel). Stab und Tuch sind sowohl rote Fahne wie blutiges Symbol einer Verwundung wie – auf einer dritten Ebene – eine eigentliche Vergewaltigung.« Peter F. Althaus (1977, o. S.)
– zwischen Holzblöcken
bei Wolfgang Gäfgen: »1976 ein neues Thema: ein stark geknittertes Tuch, straff zwischen zwei Holzblöcke gespannt. Absurde Zerreißprobe stofflicher Existenz, Metapher für namenlose Folter.« Juliane Roh (1976b, S. 84)
Tücher
bei Hanna Nagel: »Sie steht oder sitzt wie ein Medium, geschieden von dem, was im Bild geschieht, und doch eins damit. Eben zu dieser ihrer medialen Existenz im Bild gehören die bewegten antennenhaften Kronen über ihrem Kopf [in: 'Die Schleppe', 40er Jahre], und eine ähnliche Funktion können auch die in den Raum ausgreifenden oder sich über dem Kopf faltenden Tücher annehmen [in: 'Ein Baum kann ja nicht zeichnen', nach 1947], wo sie nicht anderes, ein beginnendes, endgültiges Verhüllen und Verdecktwerden – Bereitung fürs Grab – bedeuten.«
Klaus Mugdan (1977, S. 31)
bei Michael Schoenholtz: s. u. Liegende, in Tücher eingewickelt
–, blutgetränkte
bei Joseph Beuys: s. u. Blut

'Tür'
bei Jean Clareboudt: »Dieses Phänomen, mit der Konzentration des Malers zum Beispiel eine Schwelle zu überschreiten, äußert sich bei C. auch in den monochromen Bildern. Er nennt sie 'Portes', weil er die 'Tür' sowohl als Trennung zwischen dem Rationalen und dem Irrationalen begreift, durch die man sich anderen Bewußtseinsschichten zuwenden kann, wie andererseits als Möglichkeit der Öffnung.«
Barbara Catoir (1974a, S. 35)
bei René Magritte: Grenze zwischen innen und außen (s. u. Fenster)
bei Franz Radziwill: s. u. Lampe
bei Emilio Scanavino: heiliger Schrein (s. u. Brotlaib)
bei Antoni Tàpies: ». . . ein 1970 datiertes Bild 'Porte oblique' ausgestellt, in dem das Türmotiv das Öffnen, ja Sprengen der Bildfläche veranschaulicht. Auch in 'Porte oblique' geht es um Aufbruch von einer Vorstellungsebene in die andere, um das Öffnen und Schließen der Sicht in geistige Räume.« Dorothea Christ (1971, o. S.)
Türgriff
bei Ewald Mataré: s. u. Jonas
Türkis
bei Paul Klee: Mondschein (s. u. Violett)
Türme
bei Giorgio de Chirico: »Es ist kaum ein Zufall, daß diese Archaik der Symbole vorwiegend um das Männliche in den immer wieder auftauchenden Türmen, Schornsteinen, Säulen und Denkmälern und das Weibliche, in den dunklen Höfen, Gängen, Plätzen, Brunnen, Hallen kreist – das Männliche und Weibliche in ihrer mythischen Prägung . . . begegnen und durchdringen sich hier in noch ungeschwächter Potenz.«
Dieter Wyss (1949, S. 62)
u. a. Mächte des Unbewußten (s. u. Gebäude)
– und Arkaden, Spiel der
bei Giorgio de Chirico: Beziehungen des männlichen Geschlechts zum weiblichen (s. u. Arkaden)
Tuff, vulkanischer
bei David Alfaro Siqueiros: s. u. Stein anstelle des Kopfes
Tulpe
bei Piet Mondrian: s. u. Blume
Tunnel des Todes
bei Paul Klee: s. u. Rohre
Tunnelkreuzung
bei Willibald Kramm: Verirrung (s. u. Röhre der Wartestation)
Tupfen
bei Gino Severini: »Der Divisionismus Seurats

dient ihm dazu, die Wahrnehmbarkeit alles Getriebenen und Vorübergehenden und die dauernde Veränderung in der Umwelt darzustellen. In Tupfen und kurzen Strichen drückt er symbolhaft eine Welt der Bewegung und des schönen Scheins aus, wenn er eine 'Ruhelose Tänzerin' (1913) oder den 'Bal Tabarin' (1912) malt.«
Hans Tintelnot (1964, S. 92)
bei Louis Soutter: s. u. Körper, schemenhafte

Turm

bei Erich Brauer: »Seit aber das Antlitz und der Körper meiner Frau [etwa seit 1959] mein ständiges Vis-à-vis waren, begann ich große bildbeherrschende Gestalten zu malen. Der Mensch wurde ein Turm, die Kopfkugel mit ihren Öffnungen, die Rippen in ihrer vielfachen Wiederholung, die Rinnen der Kleiderfalten wurden für mich die Grundelemente meiner Architekturen, Flugkörper und Gebilde. Der Turm wurde ein Mensch. Ein Fenster ohne Augenbrauen ist ein leeres Loch, in dem zu stehen eine Schande ist. Ein Tor, das keine Lippen und Wangen hat, ist ein Tor zur Hölle, durch das zu gehen man sich hüten sollte.«
Erich Brauer (1963, S. 24)
bei Reginald Butler: »Es ['Unknown Political Prisoner', 1951–53] besteht aus drei Elementen: der *natürlichen Felsunterlage,* die ein grundsätzlich 'natürliches' Fundament bildet, auch

Yves Tanguy: Genesis, 1926

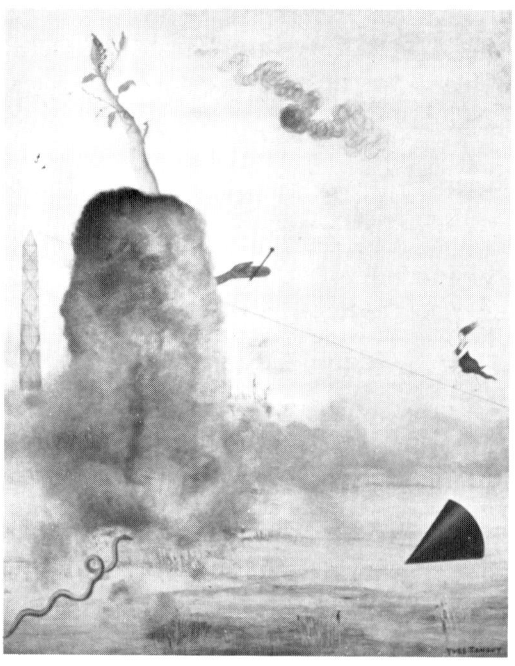

wenn das Denkmal im Zentrum einer Stadt aufgestellt werden mag; den *drei Frauen,* in deren Erinnerung der unbekannte Gefangene lebt und die den ganzen dramatischen Zusammenhang des Denkmals deutlich machen; und dem *Turm,* der als leicht zu erkennendes Symbol gedacht ist, das sowohl die Tyrannei der Verfolgung als auch die Fähigkeit des Menschen, sich über sie zu erheben, zum Ausdruck bringen soll.«
Reginald Butler in: Herbert Read (1958a, S. 230)
bei Giorgio de Chirico: »Die von ihm bevorzugten Objekte . . . kommen immer wieder und in den verschiedensten Zusammenhängen vor, und der Betrachter kann mit der Zeit einige ihrer nicht so offenkundigen Aspekte intuitiv erfassen, so wie die Traumsymbole durch ihre Zusammenhänge für uns Bedeutung gewinnen.
Die moderne Psychologie wird Symbole wie Turm und Artischocke zweifellos als phallisch und vaginal interpretieren. Es läßt sich nicht leugnen, daß C.s Bilder aus dem Zeitraum zwischen 1911 und 1917 von unterschwelliger (und weitgehend passiver) Sexualität erfüllt sind.«
William S. Rubin (1972, S. 131/32)
bei Robert Delaunay: »Der Turm ist aber auch, wie der Obelisk, ein männliches Symbol . . .
Von D. wissen wir, daß er in dem Turm wie alle seine Zeitgenossen, ein Symbol der Modernität sah . . .« Michael Hoog (1976, S. 110)
vgl. Eiffelturm
bei Rudolf Hausner: »Unten [in: 'Adam und seine Richter', 1965] erscheint der Kopf Adams eingemauert in den Turm, der Maler als Gefangener der Gesellschaft . . .«
Wieland Schmied (1970, S. 37)
phallisches Symbol (s. u. Leuchtturm)
bei Mikuláš Medek: Wernher von Braun (s. u. Porträt)
bei Yves Tanguy: »Auf farbig getönten Gründen, die eher einen flächigen Fond als eine Landschaftsdarstellung bilden, werden die in den Zeichnungen entwickelten Kürzel eingetragen, die – etwa in 'Genesis' [1926] – für Zivilisation (Turm), Landschaft (Hügel), Pflanzen- (Ast) und Tierwelt (Schlange) stehen. Einzelne Figuren schweben unvermittelt in dieser diffusen Bildwelt . . .« Uwe M. Schneede (1973a, S. 72)

–, Babylonischer

bei Friedrich Meckseper: 'Geist des Abendlandes' (s. u. Maßstab)

'– der blauen Pferde'

bei Franz Marc: s. u. Mondsichel

– der Massenvernichtung

bei Reginald Butler: s. u. Richtstätte, käfigartige

– des Feuers
bei Johannes Itten: s. u. Kristall
–, eiserner
bei Hannah Hoech: s. u. Treppe
–, schräg aufsteigender
bei Johannes Itten: »Der schräg aufsteigende Turm [in: 'Roter Turm', 1918] erscheint als Symbol einer pfeilartig aufwärtsstrebenden Kraft . . . Das Zeichen des Turmes ist mit dem der Spirale eng verbunden. Der Turm ist die dreidimensionale Verkörperung der Spirale.«
Eberhard Roters (1971, o. S.)
–, spiralenförmiger
bei Wladimir E. Tatlin: »T.s Monument [Denkmal der III. Internationale, 1919–20] sollte, fast 800 m hoch, in Stahl und Glas ausgeführt werden. Der aus einem gläsernen Zylinder, Kegel und Würfel bestehende Baukörper sollte von einem Metallgehäuse getragen werden, das sich spiralenförmig um eine schräge Achse nach oben schraubte . . .
Von dem Projekt kam nur ein Modell in Holz und Stahl zur Ausführung. Es wurde zu einem Symbol der utopischen Welt, die diese Künstler errichten wollten . . .«
Camilla Gray (1963, S. 206)
–, spitzer
bei Lyonel Feininger: »Zusammen mit dem romantischen Traum-Blau symbolisiert der spitze Turm der Dorfkirche [in: 'Umpferstedt I', 1914] jene 'gotische' Emotionalität, die den klassischen Kubisten und auch Delaunay gänzlich fremd war.« Werner Schmalenbach (1968, S. 46)
–, zusammenbrechend
bei Robert Delaunay: »Schließlich liefert D. selbst, allerdings in einem späteren Text, eine weitere Idee. Dieser in einer tiefen Erschütterung wie zusammenbrechend gezeigte Turm [1910], so sagt er (in flüchtig abgefaßten Notizen), ist 'die Synthese einer zerstörerischen Epoche . . .'«
Michael Hoog (1976, S. 110)
Turmkonstrukteur
bei Mikuláš Medek: »Das Hauptthema von M.s sechster Periode enthält der Zyklus mit dem Titel 'Turmkonstrukteur' [1968]. Dieser steht für die wissenschaftliche und technische Realität von heute. M. häuft hierin viele ironische Anspielungen an, welche eine kritische Distanzierung von der über-technisierten Zivilisation bedeuten, die den Menschen bedroht.«
s. u. Porträt Bohumír Mráz (1970, S. 56/7)
Tute
bei Max Beckmann: s. u. Orgelspieler, blinder

U

U-Bahn-Röhren
bei Gerd Winner: s. u. Feuerleiter
–-Stationen
bei Henry Moore: Labyrinth (s. u. Mutterleib, der archetypische)
U-Boot
bei Jean-Robert Ipoustéguy: »'Discours zu Mistra' [1964/66] ist nicht nur ein Titel . . . In den Höhlungen zum Beispiel bemerkt man Abgüsse von Spielzeugsoldaten, schließlich ein U-Boot. Hier manifestieren sich Eindrücke des Künstlers, der 1944 in einer unterirdischen Marinebase arbeitete. Während eines Bombardements drang er tief in die Kavernen ein . . . Hier enträtselt sich uns das U-Boot als modernes Gleichnis für die antike Metamorphose.«
Bernd Krimmel (1969, S. 7)
bei Michael Sandle: »Die Zeichnungen von S. aus den beiden letzten Jahren [1973/74] kreisen im wesentlichen um ein Thema, das er mit der Bezeichnung 'Submarine' mehr als Metapher denn als Motiv interpretiert . . . 'Das U-Boot steht', so kommentiert S., 'als Analogie . . . für das Verborgene und – letzten Endes – für Tod. Als Monument für unsere Zivilisation vielleicht.'« Barbara Catoir (1975, S. 86)
U-Boote, gesunkene
bei K. R. H. Sonderborg: s. u. Pontons
Ubu, König/Roi
bei Victor Brauner: s. u. Monsieur K.
bei Silvio Mattioli: s. u. Ikarus
bei Wim T. Schippers: s. u. Stuhl', 'Lila
Überlandleitungen
bei Jacques Hérold: s. u. Kristallwürfel
Überlebende
bei Pavel Sukdolák: s. u. Steine, drei
'Überweib'
bei Gaston Lachaise: athletische Fruchtbarkeitsidole (s. u. Frauenkörper, hohle)
Ufer
bei Max Beckmann: s. u. Küste
–, ärmliches
bei Carlo Schellemann: s. u. Felsenhaupt
– eines Flusses
bei Max Beckmann: s. u. Fische mit Menschenköpfen

Uhr

bei Marc Chagall: »In den Bildern, wo sie [von 1930 an] als 'Symbol' auftritt, behielt sie die Aura des Außerordentlichen, die ihr seit der Kindheit anhaftet. Das unerklärliche Leben jedoch, das der Junge in ihr gespürt hatte, bekam jetzt einen Namen: die Zeit. So betont die Anwesenheit der Uhr im Bilde beim 'Engelssturz' [1923–33/1947] den schicksalhaften, unausweichlichen Charakter dessen, was sich ereignet. Der Engel *muß* stürzen, Schrecken und Zerstörung *müssen* über die Welt kommen, wenn die Stunde dafür reif ist. Jedoch wirkt das Symbol nicht nur in dieser direkten und einfachen Weise ... Weil der Uhrkasten nämlich im freien Raum des Bildes schwebt, selbst zum Pendel geworden und angerührt von der Bewegung, die das Bild erfüllt, verliert die Uhr als Zeitmesser ihr festes Bezugssystem. Der Fluß der Zeit scheint aufgehoben, als breche zwischen zwei Pendelschlägen die Ewigkeit herein. So bezeichnet die Uhr, die einen so hervorragenden Platz im Bilde einnimmt, die Nahtstelle zwischen dem zeitlichen und dem überzeitlichen Charakter des Ereignisses und damit zwischen dem Diesseitigen und dem Jenseitigen.« Franz Meyer (1964, S. 7)

bei Johannes Itten: Zeitlichkeit (s. u. Strauch, blühender)

bei Edvard Munch: Tod (s. u. Bett)

– der neueren Zeit

bei Marcel Duchamp: → Akt

–, Zifferblatt einer

bei Edward Kienholz: entseelte und mechanisierte Zeit (s. u. Zifferblatt einer Uhr)

Uhren

bei Marc Chagall: »Uhren als Symbole der kosmischen Geschichte, als Erinnerungsstücke aus einer verlorenen Kindheit oder einfach nach C.s Worten 'außergewöhnliche, mystische Dinge' hängen, schweben oder fliegen auf zahlreichen Gemälden.« Roy Mac Mullen (1968, S. 155)

bei Giorgio de Chirico: s. u. Bahnhof; s. u. Erinnerung an den Vater

–, alte

bei Fernandez Arman: »Eine Anhäufung alter Uhren wie in 'Paradoxe du temps' [1960] drückt dieselbe Furcht vor der Zeit und dieselbe Enttäuschung beim Gebrauch menschlicher Instrumente zur Kontrolle und zum Verständnis der Zeit aus, wie man sie 1962 feststellte« [in: 'colère-or 'vage' – Le Temps eclate' (Exploded Time)].

Henry Martin (1973, S. 41)

–, surrealistisch verfremdete

bei Leherb: »Vor allem folgten ganze Serien von 'Zeitzerstörern', surrealistisch verfremdete Uhren aus altmanieristischer Zeit, die wie liturgische Geräte für eine Schwarze Messe aussahen, ergänzt durch 'objets trouvés' aller Art. Den Zifferblättern entströmte beim Stundenschlag der Glocke Blut; Todesschreie erklangen.

L. hat in seinen 'Zeittötern' symbolisch auch die Veränderung aller unserer Zeitverhältnisse bloßgelegt, und zwar höchst bewußt. Seine Zeitmaschinen erinnern daher, auf aktueller paranoischer Ebene, an das Schicksal, das für uns alle geschmiedet wird, auch wenn die politischen Rhetoriker aller Nationen uns mit flachen Redensarten stets darüber hinwegtäuschen wollen.« Gustav René Hocke (1975, S. 112, 116)

–, weiche

bei Salvador Dali: »Das Wort 'montre' ist ein Wortbild mit doppeltem Sinn: es ist einmal Imperativ des Verbs 'montrer' (zeigen) und zum anderen der Name des Apparats, der die Zeit 'montre' (zeigt). Dazu kommt das wohlbekannte Kindheitserlebnis: der Arzt fordert das kranke Kind auf, seine Zunge zu 'montrer' (zeigen), die natürlich weich ist. Das Kind, so könnte man sagen, 'la montre molle' (zeigt sie weich – aber auch: die weiche Uhr) ... Die Uhren der 'Beständigkeit des Gedächtnisses' [1931] gleichen eher Zungen als irgend etwas anderem.«

Marcel Jean (1961, S. 217)

Uhrenzeiger an einem Seilnetz

bei Jiří Kolář: »... die stehengebliebene Zeit, symbolisiert durch Uhrenzeiger, die in einem Seilnetz hängenblieben.« Miroslav Lamač in: M. Lamač/D. Mahlow (1968, S. 27)

Uhrturm

bei Alfred Kubin: »... täglich treten die Männer in den großen Uhrturm [1909] ein, 'einer nach dem anderen verschwindet, will ein bis zwei Minuten da drin bleiben. Die Heraustretenden haben dann sämtlich tiefbefriedigte, fast glückliche Mienen ...'

Kaum ein Detail fehlt: die beiden Eingänge für Männer und Frauen, die Wasserspülung, die bekritzelten Wände – kein Zweifel, daß es sich um den Exkretionsakt handelt, täglich zur gewohnten Stunde ... Der Eindruck drängt sich gleichsam auf, es nähmen hier frühkindliche Impressionen, etwa die nötigende 'Erziehung zur Reinlichkeit' – tiefenpsychologisch formuliert: anale Fixierungen –, bildhafte Gestalt an.«

Wolfgang K. Müller-Thalheim (1970, S. 40/1)

'Ultrakörper'

bei Enrico Baj: → Olo, Il Signor

'Ulysses'
bei Paul Klee: s. u. Nabel
Umbra, gebrannte
bei Franz Radziwill: s. u. Lampe
Umlaufrinne
bei Alberto Giacometti: ewiger Kreislauf (s. u. Kugel)
Unendlichkeits-Zeichen
bei Paul Klee: »Das Unendlichkeits-Zeichen (als 'Brillenform') feiert [in: 'darüber und darunter', 1940] die tägliche Rückkehr des Mannes in sein 'Haus'. 'Drunter und drüber' wäre noch viel zu sagen, K. ist im letzten Jahr auf das Haus als additive Glücksform oft zurückgekommen.« Walter Ueberwasser (1965, o. S., B. 64)
Unentschlossene
bei Roger Loewig: s. u. Wirbelsäulenwälder
Unerwünschte, der
bei Salvador Dali: André Breton (s. u. Ameisenbär)
UN-Gebäude
bei Richard Hamilton: s. u. Auto
Ungeborene
bei Henry Moore: s. u. Tuch
Ungeheuer
bei Max Beckmann: s. u. Held, blonder
bei Salvador Dali: → Schlaf
bei Max Ernst: → Chimären; → Dämon; → Loplop
bei Friedrich Gerlach: Atomzeitalter (s. u. Europas, Genius)
bei Franz Masereel: Krieg (s. u. Geschütz mit Tierbeinen)
bei André Masson, Georges Bataille u. a.: s. u. Minotaurus
bei Joan Miró: → Frauengestalten
bei Hanna Nagel: s. u. Fisch, der durch das Blatt stößt
bei Eduardo Paolozzi: s. u. Pop-Figuren, tragisch archaische; s. u. Spielzeuge
–, allesfressende
bei Max Ernst: s. u. Horde
–, dämonisches
bei Jacques Lipchitz: s. u. Stier (A. M. Hammacher)
– der Apokalypse, das männliche kosmische
bei Salvador Dali: → Giraffe, brennende
–, drohendes
bei Jacques Lipchitz: s. u. 'Mutter und Kind'
–, göttliches heterosexuelles
bei Salvador Dali: → Katzenengel
– mit mehreren Schlangenhälsen
bei Hugo Behr: s. u. Bellona
–, siebenköpfiges
bei Franz von Stuck: »Daß hier ['Feinde ringsum', 1915] wieder, wie schon der Titel sagt, der Kampf der eigenen Nation als heroische Verteidigung symbolisiert ist, bestätigt der Vergleich mit der ein Jahr später entstandenen Variante 'Herkules und die Hydra', auf der die Gegner als siebenköpfiges Ungeheuer, Symbol des Bösen, dargestellt sind.« Siegmar Holsten (1976, S. 50)
Ungetüm
bei Jacques Lipchitz: s. u. Stier (K. Herding)
Unheilseher
bei Max Beckmann: s. u. Kristallkugel
Uniform
bei Francis Bacon: »In den späten dreißiger und frühen vierziger Jahren wurde Innozenz X. [in B.s Bildern] zu einem weiteren Mann in Uniform, einem konzessionierten Heuchler, für den die Uniform ein zweites Ich bedeutete, das sich nach Belieben an- und ausziehen ließ. Dieses zweite Ich gewährte so gut wie jede Immunität: Der uniformierte Mensch kann lügen und betrügen, er wird sogar noch dafür gefeiert, wenn er einen nicht uniformierten solcher Handlungen wegen verhaftet.« John Russell (1971, S. 38)
bei Richard Lindner: »Der in der prachtvollen Uniform seiner Dienstbarkeit steckende Portier auf dem Blatt 'Fifth Avenue' [1968] ist ein Knabe: Er führt Befehle einer üppigen Dame aus, deren grotesker Putz gleichfalls als Uniform erscheint, als Uniform der Macht und des sexuellen Prestiges.« Hilton Kramer (1975, S. 22)

Richard Lindner: Fifth Avenue, 1968

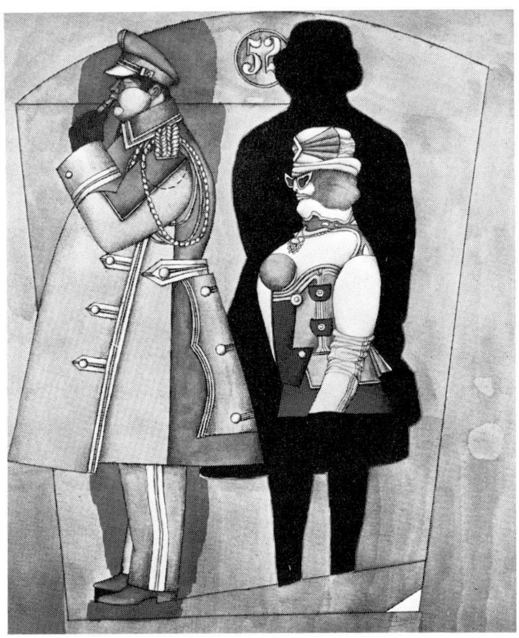

bei Emil Nolde: s. u. Reiter
bei Heinz Zander: s. u. Tod
Uniform, grüngelbe
bei Max Beckmann: Militärisches (s. u. Landsknechtstrommel, rote)
Uniformen, blaue
bei Otto Meyer-Amden: s. u. Schlafsaal
–, napoleonische
bei Friedensreich Hundertwasser: s. u. Hase
Unmensch, liegender
bei Ernst Barlach: löwenartiges Tier (s. u. Gestalt mit angezogenen Knien)
Unruh
bei Harry Kramer: »... die deutschen Kinetiker Günter Haese und K. im Rückgriff auf Calders Mobile-Arrangements fragile Vibrationsgebilde aus Drahtgitter und Unruhen konstruieren, die in ihrer kinetischen Reizwirkung zugleich figurative Assoziationshinweise auf menschliche Psycho-Sensibilität und menschlich soziales Verhalten vermitteln. Die einzelne Unruh [in: 'Hantel', 1963] wird zum Symbol des menschlichen Marionettenwesens im großen gesellschaftsfunktionellen Getriebe.« Karin Thomas (1971, S. 294)
'Untergrundbahn'
bei George Tooker: s. u. Menschen, die sich ängstlich umblicken
Unterholz
bei René Magritte: Zwischengeschoß des Ichs (s. u. Meer)
Unterrock
bei Max Beckmann: s. u. Beine, Spreizhaltung der
Urinoir
bei H. R. Giger: »Daß der Platz Gottes [in: 'Ein Fressen für den Psychiater', 1965] als Urinoir gestaltet ist, das in eine Rinne ausläuft, könnte psychoanalytisch als Kastration des Vaterbildes gedeutet werden – könnte aber auch (mit gleichem Recht) Symbol des abgetakelten, sabbernden Gottes sein ...«
Horst Albert Glaser (1976, o. S.)
Urmensch, zweigeschlechtiger
bei Marc Chagall: »... ein Wesen, zur Hälfte zweigeschlechtiger Urmensch, zur Hälfte erstes Menschenpaar. Dieses Sinnbild führt tief ins Wesen von C.s Kunst hinein.
Schon in der russischen Epoche malte C. Liebespaare in spannungsreichem Nebeneinander. Aber Adam und Eva unseres Bildes ['Hommage à Apollinaire', 1911/12] sind anderer Art, aller Anekdote entledigt. Auf das 'Eines und doch Zwei', das sie zur Darstellung bringen, gehen alle anderen Paarbilder der Zukunft zurück. Denn immer handelt es sich bei diesen Darstellungen um das Einswerden der Auseinandergefallenen, um die Überwindung der Trennung in der Liebe ... Aber auch die Liebesbeziehung unter den Menschen ist von Bedeutung für den Gang der Erlösung, weil sich im Mysterium geschlechtlicher Vereinigung "die 'heilige Verbindung' ... des himmlischen Bräutigams und der himmlischen Braut" mit vollzieht [lurianische Kabbala].
Das Geschlechtsmysterium – Einheit und Zweiheit – wird zum Gleichnis alles Wirklichen. So formulierte es der Künstler als Symbol in 'Hommage à Apollinaire'.«
Franz Meyer (1961, S. 161/62)
Urmutter
bei Alfred Kubin: »Das Weib, die große Hure Babylon, bedeutet ihm Urmutter ('Urschlamm' [1904]) und gleichzeitig Dienerin des Bösen, ausgestattet mit übermenschlichen Vollmachten.«
Wolfgang K. Müller-Thalheim (1970, S. 33)
bei Henri Laurens: s. u. Band, das
Urne
bei Julius Bissier: Mutterleib (s. u. Faß)
USA
bei Leo Haas: s. u. Hand, weiße behandschuhte
Uterus, überpersönlicher
bei Henry Moore: s. u. Liegende Figur
Uterusform
bei Marc Chagall: erotisches Symbol (s. u. Akt, weiblicher)

V

Vagina
bei Lee Bontecou: → Reißverschluß-Zähne
bei Marcel Duchamp: → Spund
bei Ernst Wilhelm Nay: braune Muschelform (s. u. Fisch ohne Kopf)
Vaivasvata-Manu
bei Max Beckmann: s. u. Meerwesen
Vampir, blutsaugender
bei Willem de Kooning: → Frau
Vase
bei Pablo Picasso: s. u. Totenkopf (V. Anker)
Vasenform
bei Ernst Wilhelm Nay: s. u. Mensch

Vermessungsingenieure
bei Giorgio de Chirico: s. u. Reißschienen
Vermittler zwischen Erde und Himmel
bei Marcel Duchamp: → Baum
'– zwischen zwei Welten'
bei Heinrich Heuer: → Vogel
Vernichter
bei Max Ernst: → Pelikan
– des Pferdes
bei Pablo Picasso: Minotaurus (s. u. Frau, tot in der Landschaft)
Verpackung
bei Claes Oldenburg: s. u. Lebensmittelverpakkung
bei Richard Smith: »Er verwendet vor allem die Verpackung als wichtigstes Symbol der Kommunikation; sie ist das Mittel, den Verbraucher für die Ware zu interessieren, und für Kunst und Reklame gleichermaßen gültig.« Alan Bowness (1966, S. 89)
Verrückten, Heer von
bei Giacomo Balla bzw. Marinetti: s. u. Lampe, elektrische
Verschwörergruppe
bei Renato Guttuso: s. u. Hektographiermaschine
Verstorbenen, Herz des
bei Horst Egon Kalinowski: s. u. Kasten, erdfarbener, geschlossener
Verstümmelter
bei Henry Moore: → Krieger
Versucherin
bei André Masson: → Frau
–, korsettierte
bei Richard Lindner: die neue Welt (s. u. Ludwig von Bayern, König)

Max Ernst: Vögel, Fische, Schlange, 1919–20

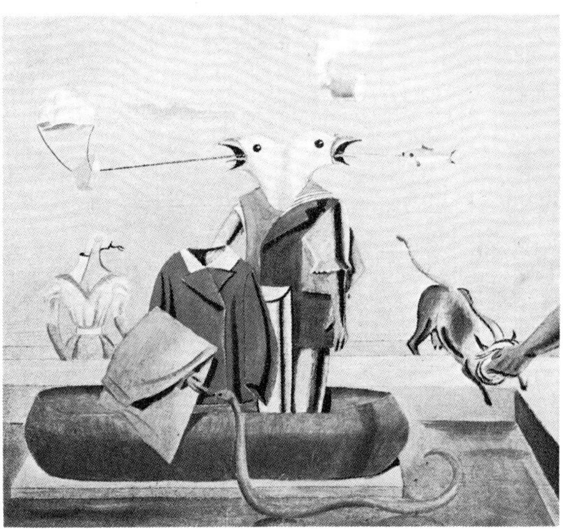

Versuchsstation
bei Roberto Echaurren Matta: industrialisierte Welt (s. u. Laboratorium)
Vertraute des Physischen
bei Konrad Klapheck: → Wasserhähne (K. Klapheck)
Vertriebene, der
bei Max Beckmann: s. u. Frau
Verwundete
bei Max Klinger: s. u. Heros, sitzender nackter
Verzweifelnde
bei Gustav Klimt: s. u. Kopf, klarer
Veste Troja
bei Lovis Corinth: »C. machte zum Hauptakteur [in: 'Das Trojanische Pferd', 1924] die im Morgenglast noch einmal aufleuchtende Veste Troja, wie sie turmbewehrt über dem blauen Meer steht, um in der Nacht für immer unterzugehen. – Gleichnis für die nur durch List und Betrug Besiegbare, für das Vergängliche irdischer Königreiche.« Hella Reelfs (1977, S. 271)
V-Form
bei Joan Miró: »In 'Sourire de ma blonde' [1924] geht er von dem Volkslied 'Auprès de ma blonde, qu'il fait bon dormir, dormir' aus. Er ordnet erotische Symbole um eine Symmetrieachse, gebildet durch das Zentralmotiv, dessen V-Form auf das weibliche Geschlecht mit Schamhaaren hinweist. Es ist mit Armen und Beinen fest in der Erde verankert und schickt lange Haarsträhnen in den Raum aus, an denen Zeichen der Erotik um die Frau als Sonne und Lebensprinzip kreisen.« Günter Metken (1977, S. 250)
Vibrationsgebilde, fragile
bei Harry Kramer: s. u. Unruh
Viereck
bei Julius Bissier: »Das Viereck – saatenempfangendes Ackerland« [in Anlehnung an J. J. Bachofen]. Werner Schmalenbach (1974, S. 79)
bei Kasimir Malewitsch: »Das Viereck auf der Fläche war nicht nur spontanes Symbol der 'Erfahrung der Gegenstandslosigkeit', es erwies sich auch als der erste Baustein einer absoluten Malerei.« Werner Haftmann (1954, S. 267)
Viergespann
bei Emil Pottner: s. u. Hand, ausgreifende
Vietnam
bei Hung Lam: s. u. Lotosblüte
bei Heinz Zander: s. u. Tod
Viola-Form
bei Hans Arp: s. u. Kreis
Violett
bei Paul Klee: »Violett ist Dämmerung, Türkis ist Mondschein [in: 'Garten im Orient', 1937]; der

Garten ist der Protagonist, besser der ausschließliche Akteur. Wie oft bei K. hat man das Gefühl, daß jemand erwartet wird, daß etwas bevorsteht.« Will Grohmann (1966b, S. 138)
gefährliche Spannung (s. u. Rot)
bei Edvard Munch: s. u. Blau, dunkles
Vishnu
bei Max Beckmann: → Fisch im Boot
Vishnu-Matsya
bei Max Beckmann: → Meerwesen
Vlies eines Fuchses
bei Fabrizio Clerici: List (s. u. Fuchses, Vlies eines)
Vögel
bei Samuel Bak: »Ein weitere wichtige Gruppe stellen die Vögel dar . . . sie erscheinen in B.s Malerei im Licht eines gewissen Sarkasmus. Symbole der Freiheit, werden sie doch nicht fliegen können.« Rolf Kallenbach (1977, S. 23)
bei Erich Brauer: Unter allem, was da kreucht und fleucht, erhebt sich fast nie eine einzige Gattung in die Höhe: die Vögel. Ein riesiger Vogel Roch versucht plump zu entkommen [in: 'Vogel', 1962], doch eine aufgeregte Gruppe von vier buntgewandeten Männern hält ihn in winzigen Händen am Faden. Immer übermächtig, feindlich, bedrohlich für Mensch und Insekt, torkeln Vögel gleich schwerfälligen Flugapparaten, flugbehindert im vollgesogenen Medium, Teufelshühner – während die Schwebe- und Schwirrwesen aus der Gravitation entlassen sind.«
Alfred Schmeller
in: Erich Brauer (1963, S. 38/9)
bei Marc Chagall: die große Natur (s. u. Schafe)
bei Jean Dubuffet: »Einige der Vögel wie z. B. 'The Beards of Uncertain Returns' [1959] sehen aus wie Flußkies und verfügen über ein erdhaftes Aussehen, wie es oft in D.s Arbeiten vorkommt . . . Ihre Formen erinnern an die Menhire von Stonehenge und die geflügelten Stiere assyrischer Paläste. Der Vogel ist das alterslose Symbol der Menschheit, und die meisten Kulturen verehrten bärtige Gottheiten, vergleichbar den griechischen Erdgöttern, auch Titanen und Zyklopen . . . Damit erinnert D. wieder an diese Archetypen.« Peter Selz (1966, S. 149)
bei Max Ernst: »Sehr vereinfacht ausgedrückt sind die Vögel die Stellvertreter des Menschen, sie sind aber auch die Symbole menschlicher Möglichkeiten, Embleme für Grausamkeit so gut wie Unabhängigkeit und Freiheit.«
Lothar Fischer (1969, S. 77)
bei Werner Gilles: s. u. Harpyen
bei Paul Klee: »Vögel stehen für Flug und Zwischenreich« [in: 'Schlagende Nachtigall', 1917, 'Mit der herabfliegenden Taube', 1918].
Will Grohmann (1954, S. 149)
bei Bernard Meadows: → Krustentiere
–, der Oberste der
bei Max Ernst: Loplop (s. u. Auge)
–, gefangene
bei Max Ernst: »Meist stellte er während dieser Zeit [1924] gefangene Vögel dar, die paarweise in Käfigen und Labyrinthen leben, Gleichnisse der in Gleichförmigkeit und Gewöhnung des Stadtlebens gefangenen Seelen.«
Lothar Fischer (1969, S. 69)
–, gerupfte
bei Bernard Buffet: Verlust (s. u. Fischgerippe)
–, harmlose
bei Reinhard Drenkhahn: s. u. Strandläufer
–, schwarze
bei Franz Radziwill: »Überall [in: 'Der britische Winter', 1947] finden sich symbolische Hinweise auf den Tod: in den schwarzen Vögeln, die am Himmel kreisen, im spitzen Wegestein im Vordergrund, der wie eine reduzierte Formel des Hünengrabes von [C. D] Friedrich anmutet, und ein ausgesprochenes Vanitas-Zitat ist der Totenschädel zu Füßen der Eiche.«
Roland März (1973, S. 153)
–, verwirrende
bei Max Beckmann: »Die verwirrenden Vögel im Hintergrund [in: 'Begin the Beguine', 1946] mögen in diesem Zusammenhang als Symbole der Freiheit zu verstehen sein.«
Friedhelm W. Fischer (1972b, S. 78)
Vögeli-Ornament
bei Adolf Wölfli: »Bei W. ist . . . ein subjektiv

Franz Radziwill: Der britische Winter, 1947

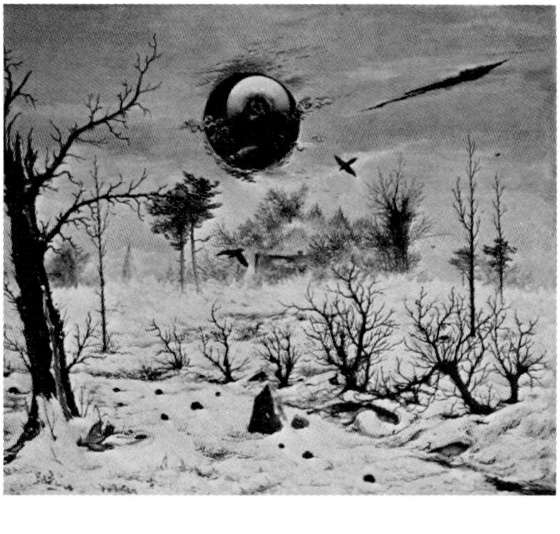

abstraktes Symbol das 'Vögeli-Ornament', ein Muster von Auge, Ohr und Mund, das als eine Art 'Ur-Tier' der Baustein der verschiedenartigen Formen ist.« Theodor Spoerri (1976, S. 95)

Vogel

bei Armodio: »Was den Vogel anbelangt, eine weitere vertraute Gestalt der Arche A.s, so symbolisiert er die flüchtigen Materien der Kunst und beinhaltet das Prinzip des Goldes.«
Patrick Waldberg (1972, S. 16)

bei Constantin Brancusi: »Die lebendige Kreatur, der 'Vogel' [1940], der körperhaft im Element der Luft schwebt und von ihm getragen wird, wurde für B. zum Symbol dieser Flugsehnsucht, die die Menschen, bis in die mythischen Zeiten hinab, immer wieder erfaßt hat.«
Carola Giedion-Welcker (1958, S. 43)

»So entwickelte sich das *Vogel*-Thema, das altbekannte Thema der Einheit, der Harmonie und der Befreiung. 'Der Gelbe Vogel', zirka 1921, ist eine Plastik, die noch mit mehr Spannung als die 'Maiastra' [1910–1912] von ihrem schweren Sockel emporstrebt, in den Raum. Ein neues Vogel-Thema wurde 1917–1940 entwickelt, reines Symbol der Sehnsucht, des Strebens, des Aufsteigens, der Befreiung, des Friedens, im Rhythmus einzigartig auf den Ausdruck des Emporstrebens abgestimmt.«
David Lewis (1958, S. 19/20)

bei Georges Braque: »... Sinnbild alles dessen ist der Vogel [in: 'L'oiseau dans le Paulownia', 1957]. Er verkörpert das organische Prinzip der Bewegung in einem im Flug erfahrbaren Raum, der sich verwandelt und ausdehnt. Zugleich ist der Vogel Metapher des Mysteriums und der Poesie.« Ursula Prinz (1978, S. 143)

bei Max Ernst: »Der Vogel hat für E. eine genaue symbolische Bedeutung: Er ist die geflügelte Kreatur, die sich wie die Phantasie über das Schreckliche der irdischen 'Horden' erhebt. Es ist das immerwährende Streben des Menschen zum Übernatürlichen, Metaphysischen.«
Giuseppe Gatt (1969, S. 41)

»Im Bild des Vogels, der Vogel-Vermengung äußert sich E. über Freiheit, Befreiung, gefesselte Freiheit. Manchmal sind die Vögel näher benannt, heißen Tauben ...«
Helmut R. Leppien (1970, S. 26)

»Die alte Vorliebe für das Vogelmotiv bricht hier wieder durch. Grundsätzlich als Symbol für Liebe und Tod angesehen, steht es hier [in: 'Vogel im Käfig', 1925]für das nicht zum Austrag kommende Liebesverlangen: Der Käfig verhindert die freie Entfaltung.« U. M. Schneede (1972a, S. 81)

Freiheit (s. u. Hand, blumengeschmückte); Lust (s. u. Oval); Raub und Verlust (s. u. Auge); s. u. Loplop; s. u. Tauben

bei Renato Guttuso: s. u. Katze, die einen Vogel reißt

bei Heinrich Heuer: »Er schafft idolartige, heraldische Bilder ..., in denen das Motiv des Vogels als auffallendstes Kennzeichen immer wieder auftritt: das Symbol der Transzendenz, der 'Vermittler zwischen zwei Welten', ein Symbol der Befreiung, als solches bekannt und verwendet seit der Antike.«
Kristian Sotriffer (o. J., o. S.)

bei Paul Klee: »Das Motiv des Vogels [in: 'Der Häuserbaum', 1918] ist reine dynamische Kraft innerhalb einer Ebene ...«
Nello Ponente (1960a, S. 61)

bei André Masson: s. u. Fisch; vgl. Fische, sich mordende

bei Pablo Picasso: »Der Vogel [in: 'Guernica', 1937] steht vermutlich mit der Friedenstaube in Beziehung und ist – wie wir den Skizzen entnehmen werden – ein Sinnbild der fortlebenden Seele; er ist vielleicht eine weitere Verkörperung der von Verfinsterung heimgesuchten Klage.«
Rudolf Arnheim (1964, S. 33)

»... und schließlich zwischen Stier und Pferd der Vogel, dem offenbar das kleine geflügelte Pferd [in: Studie für 'Guernica', 2. 5. 1937] vorausgegangen war, das in der Skizze vom 2. Mai aus der Wunde des sterbenden Pferdes heraussprang, was konnte er anderes als Hoffnung bedeuten?«
Jürgen Thimme (1974, S. 43)

s. u. Eule; s. u. Katze

– auf der Stange

bei Max Ackermann: »In umgekehrter Blickrichtung [Zeichnung, 1933] [vgl. Pflanze, stilisierte] wird das weibliche Körperprofil, jedoch in schmächtigerer Gestalt auch rechts neben der Stele reflektiert, diesmal als Gegenüber eines dreifach wiederholten Motivs animalischer Natur: dem Vogel auf der Stange, der im Volumen anzuschwellen scheint.«
Hans H. Hofstätter (1972, S. 30)

–, auffliegender

bei Pablo Picasso: »... auffliegender Vogel [in: 'Guernica', 1937] als Symbol der Erneuerung zugeordnet ...« Hella Reelfs (1977, S. 279)

–, doppelter

bei Max Ernst: »Über dem Wasser schwebt ein janusköpfiger Vogel [in: 'Ohne Titel', ca. 1921]. Berücksichtigt man, daß auch im Collageroman *Rève d'une petite fille qui voulut entrer au Carmel* von 1930 die Verdoppelung der Identität ein zentrales Thema ist, dann läßt sich der doppelte Vogel auch als Symbol für Bewußtseinsspaltung interpretieren.« Ulrich Bischoff (1979, S. 227)

–, entschwebender
bei Max Ernst: »Übrigens: das Bild 'Nach uns die Mutterschaft' (1927) bezieht sich auf die Überwindung der matriarchalischen Geborgenheit, wobei der entschwebende Vogel als 'heiliger Geist-Vogel' auf die höchste Stufe der Geistwandlung der Großen Mutter hinweist.«
Werner Hofmann (1970b, S. 15)

–, fremdartiger
bei Armodio: aus der Familie der Spechte (s. u. Ei)

–, goldener
bei Constantin Brancusi: »Für B. bringt der goldene Vogel [1919] eine menschliche Botschaft, Symbol des Strebens aller Menschen nach Höherem ...« Mircea Deac (1976, S. 75)

–, großer
bei Hanna Nagel: dunkle Bedrohung (s. u. Geier)

–, janusköpfiger
bei Max Ernst: s. u. Vogel, doppelter

–, lebender
bei René Magritte: s. u. Mädchen mit feinem Spitzenkragen

–, majestätischer
bei Jean Dubuffet: »Der Vogel wird zur Quintessenz. Der ganze Bereich von Geologie und Mythologie – Erde und Menschheit – scheint in dem großen, majestätischen Vogel von 'Beard Map' [1959] enthalten zu sein. Diese riesigen Flächen gleichen Schilden, Schurzen, Abdachungen. Sie sind wie Abschirmungen, in ihrem Maßstab geradezu absolut.«
Peter Selz (1966, S. 149)

– mit einem Pfeil im Schnabel
bei Paul Klee: »Und man beachte, mit welch außerordentlicher Subtilität der Ton des Bildes ['Zwitscher-Maschine', 1922] angedeutet wird. Der Vogel mit einem Ausrufezeichen im Schnabel repräsentiert die ganze Fülle des Gezwitschers; der andere mit einem Pfeil im Schnabel symbolisiert eine begleitende Schrillheit – einen horizontalen Vorstoß durchdringenden Gesangs.«
James Thrall Soby
in: A. H. Barr jr./W. S. Liebermann (1956, S. 128)

– Roch
bei Erich Brauer: s. u. Vogel

–/Schlange
bei Max Ernst: »Eine riesige, gewundene, knochenlose Gestalt, halb Vogel, halb Schlange, vermag gleichzeitig sich mit ihren Kindern zu beschäftigen und ein Bild zu malen [in: 'Der Surrealismus und die Malerei', 1942].
Die Rolle des Vogels in E.s Gesamtwerk und die Tatsache, daß die Hand, die in 'Surrealismus und Malerei' den Pinsel führt, auch einem Vogelkopf gleicht, lassen den Schluß zu, daß das merkwürdige Wesen mit der Hausratkiste und den organischen Figurationen auf diesem Sockel, die Einbildungskraft bedeutet, die hinter den Bildern von E. steht ...
Die Kreatur in 'Surrealismus und Malerei' verkörpert also tatsächlich den Instinkt, der blind, aber sicher, hinter dem automatischen Malen steht. Der Automatismus galt in den vierziger und fünfziger Jahren in New York als einer der bestimmenden Faktoren des abstrakten Expressionismus.« John Russell (1966, S. 126)

–, schreiender
bei Jacques Lipchitz: s. u. Bäuerin, hockende

–, schwebender
bei Georges Braque: »Im Alter kam bei B. noch der für die 'Hingabe' bezeichnende, sanft durch die Luft schwebende Vogel hinzu.«
Curt Seckel (1967, S. 167)

–, toter
bei Leonard Baskin: »Hier [in: 'Man of Peace', 1952] hält der Mann den toten Vogel als ein Symbol menschlicher Grausamkeit in die Höhe ...« Riva Castleman (1973, S. 98)

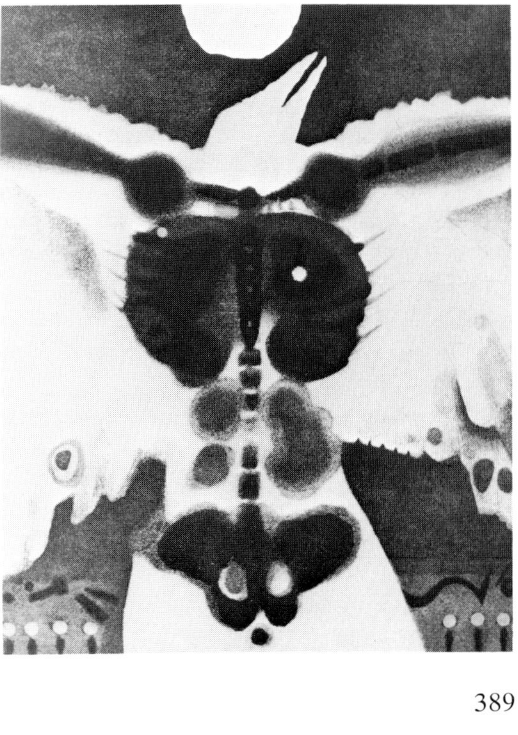

Heinrich Heuer: Durchleuchtung, 1970

bei Werner Heldt: Vergänglichkeit (s. u. Baum, kahler)

Vogel, transparenter

bei Mark Tobey: »Sein zerbrechlicher, transparenter 'Vogel im Geiste' [1940/41] scheint eine Metapher für die Flüchtigkeit menschlichen Daseins.« Barbara Rose (1969, S. 135)

–, wissender

bei Max Beckmann: »Es wird auffallen, daß hier wieder von der Flut und den Zyklen die Rede ist... Wichtig ist das Phänomen des wissenden Vogels [in: 'Versuchung', 1936/37], der aus Urzeiten herstammt, Zyklus um Zyklus überdauert und das Geheimnis des Kreislaufs kennt ... Angesichts uralter Weisheit und Erfahrung verblaßt das Leid des Augenblicks. Simorgh [im persischen Heldengedicht von Simorgh Anke wird dieser als wunderbarer Vogel, verständig, viele Sprachen sprechend und sogar religiös bezeichnet] kennt nicht nur die Ursprünge, er weiß auch von einem Ende. So verkörpert er selbst das Weltgeheimnis.«

Friedhelm W. Fischer (1972a, S. 148/49)

Vogel-Bilder

bei Max Ernst: »Verstrickung und Befreiung, Bindung und Lösung, Freiheit durch und in Lust – so ließen sich die Vogel-Bilder der Jahre 1924 bis 1930 umschreiben. Sexus und Eros, Leibeslust und Geisteslust, Innenwelt und Außenwelt vermengen sich, werden eins« [u. a. in: 'Vogelhochzeit', 1925]. Helmut R. Leppien (1970, S. 26)

'Vogeldenkmal'

bei Max Ernst: s. u. Auge

Vogelkäfig

bei Pablo Picasso: »Aber auch in einem weiteren Sinne wirkt die Thematik von Guernica fort, so wenn noch im selben Jahr 1937 in dem Gemälde des 'Vogelkäfigs' das Leid der vom Schicksal gefangenen Kreatur durch die schmerzliche Sehnsucht des eingesperrten Tieres sinnbildlich ausgedrückt ist ...«

Wilhelm Boeck (1955, S. 232)

Vogelkopf

bei Max Ernst: s. u. Loplop; s. u. Pfeil; s. u. Vogel/Schlange

Vogelmenschen, blonde

bei Max Beckmann: »... zwei blonde Vogelmenschen [in: 'Perseus', 1941] in einem Käfig, hoch über der Erde an einen Baum gehängt als Symbol des eingesperrten Geistes, im weiteren Sinn wohl des unterjochten Europas.«

Manfred Schneckenburger (1977, S. 168)

Vogelnest

bei René Magritte: s. u. Kerze, brennende

Vogelobere Hornebom, der

bei Max Ernst: s. u. Auge

Vogels, Auffliegen des

bei Max Ernst: Widerstehen (s. u. Wald/H. R. Leppien)

Vogelscheuchen

bei Paul Flora: Todesmenetekel (s. u. Raben)

Vogelskelett

bei Alberto Giacometti: s. u. Palastinsel

Volk

s. Teil III

Vordergrundfiguren

bei Wolfgang Mattheuer: »Die beiden Vordergrundfiguren [in: 'Der Anfang', 1971] – durch eine Bedeutungsperspektive nachdrücklich hervorgehoben – symbolisieren den bewußten Teil der Arbeiterklasse, der der Bevölkerung den Weg aus den Trümmern wies.«

Lothar Lang (1975c, S. 40)

Vorhänge, keine

bei René Magritte: s. u. Meer

Vorhang aufreißende Gestalt, den

bei Pablo Picasso: Tod (s. u. Gestalt, den Vorhang aufreißende)

Vorsänger

bei Marc Chagall: Schauspielkunst (s. u. Tänzer)

Vulkan

bei René Magritte: s. u. Keule und Netz

Vulva

bei André Masson: Muschel (s. u. Kurven)

W

Waage

bei Oskar Kokoschka: Gerechtigkeit (s. u. Krone)

bei René Magritte: s. u. Kreis

bei Hans Thoma: s. u. Michael

–, kreuzförmige

bei Horst Egon Kalinowski: Gott Anubis (s. u. Kasten, erdfarbener, geschlossener)

Waagschale des Todes

bei Werner Tübke: s. u. Baum, verdorrter

Wachsfolien

bei Eduardo Paolozzi: s. u. Spielzeuge

Wachttürme

bei Rudolf Hausner: s. u. Parks, Plan des

Wächter

bei E. Barlach: s. u. Gestalt mit angezogenen Knien

Wälder der Kindheit
bei Max Ernst: s. u. Horde
Wände
bei Rudolf Hausner: 'Außen' bzw. 'Innen' (s. u. Arche)
–, bekritzelte
bei Alfred Kubin: s. u. Uhrturm
– eines Käfigs
bei Max Beckmann: → Spiegel (S. Kaiser)
– mit Inschriften
bei Julián Pacheco: »Im Mai-Salon 1963 der A. A. A. in Barcelona sah man Wände mit Inschriften von P., Sinnbilder ärmster Vorstadtviertel mit politischer und sozialkritischer Absicht.«
Alexandre Cirici-Pellicer (1966, S. 130)
–, nackte
bei Rolf Escher: Verlassenheit (s. u. Gardinen, fehlende)
– unserer irdischen Gefängnisse
bei Lucio Fontana: s. u. Löcher
'Wärmeflaschenfenster'
bei Friedensreich Hundertwasser: s. u. Fenster
Waffe
s. Teil III
Wagen, eiserner
bei Walter Pichler: »Besonders das Motiv des eisernen Wagens, mit dem sich der Mystagoge P., der Brancusi und Giacometti verehrt, nun schon seit Jahren beschäftigt, aber auch die Schreine und Bahren, Schädelhäuser und Rampen, die Kreuze, Totenhemden und Flammenpulte, der Peniswagen, die militanten Fundstücke und Altäre, der Mann mit der Messinghose und der Mann mit dem Futteral für Messer und Penis, das Hemd mit Zinnplatten und der Reliquienschrein mit dem Blut des Künstlers, all dies sind weniger Äußerungen privater, masochistischer Obsessionen, als Metaphern für unsere kranke Gesellschaft.« Peter Winter (1974, S. 25)
–, Schreibmaschine mit dem breiten
bei Konrad Klapheck: Selbstbewußtsein (s. u. Schreibmaschine mit dem breiten Wagen)
Wagenlenker
bei Fritz Koenig: »An das Thema 'Reiter' [1959] schloß sich, angeregt durch einen Aufenthalt in Rom, die Reihe der 'Quadriga' [1960–73] an. Der Wagenlenker bedeutet dem modernen Gestalter ein Kraftsymbol: der Mensch, eingespannt zwischen zwei Pole, die bremsende Masse des Wagens und die davonstürmende Kraft der Pferde. Wieder das Schwache im Kraftfeld widerstrebender Gewalten.«
Juliane Roh (1967, S. 26)
Wahrsagerin
bei Max Beckmann: s. u. Katze
Waisenhaus
bei Otto Meyer-Amden: s. u. Schlafsaal
Wald
bei Max Ernst: »Der Wald verkörpert jene Natur, in der der Mensch nicht Herrscher und König ist, eine mächtige Natur, vor der die menschlichen Nützlichkeitsbegriffe versagen oder der Lächerlichkeit preisgegeben sind. Für E. war der Wald eine Wand, hinter der sich eine andere Welt verbarg.« Lothar Fischer (1969, S. 78)
»Der Wald steht für die Natur oder doch für ihre Nachtseiten: das Düstere und das Undurchdringliche, das Wuchern und das Verwesen, die Zerstörung, doch auch das Widerstehen (der aufragende Mittelpfahl, das Auffliegen des Vogels [in: 'La foresta imbalsamata', 1933]). Aber die Natur im zeichenhaft verdichteten Bild des Waldes wird erhoben in den Bereich des Kosmischen. Waldbild wird Weltbild.«
Helmut R. Leppien (1967, S. 6)
»Symbol für die äußere Welt war für E. seit seiner Kindheit der Wald. Dieser konnte Schutz, Ursprung des Lebens und Gleichnis des weiblichen Schoßes bedeuten. Er konnte aber auch etwas Unheimliches sein, das sich endlos ausbreitet, über das man die Gewalt verliert und das am Ende über alle menschlichen Geschehnisse hinweggeht und sie verschlingt. In dieser Bedeutung erscheint der Wald in den Bildern von 1926 und 1927.
Hätte E. seine Kindheitserinnerungen nur als persönliche Alpträume verarbeitet, so hätte ihnen allgemeine Bedeutung gefehlt. Tatsächlich aber gab er in seinen verschiedenen Ausdeutungen des *Waldes* das zwingende Bild dessen, was der westeuropäischen Gesellschaft bevorstand: sie ging ihrem Untergang entgegen. Der Wald steht in diesen Bildern für die gierige, undifferenzierte große Masse, die unaufhörlich die Oberhand über Ordnung, Stabilität und individuelle Entscheidung gewinnt.«
John Russell (1966, S. 88, 97)
bei Robert Motherwell: Grün (s. u. Fenster)
bei Richard Oelze: »Für O. bedeutet Wald soviel wie Abend. Fast immer, wenn ein Waldrand oder eine Lichtung erscheint, ist Abend.«
Wieland Schmied (1965, S. 24)
– elektrischer Lampen
bei Giacomo Balla bzw. Marinetti: s. u. Lampe, elektrische
–, im Meer stehender
bei Piet Mondrian: s. u. Holzpfähle, senkrechte

Walde, Tempel im
bei Fidus: Endziel der Wege (s. u. Tempel im Walde)
Waldes, Stämme eines
bei Piet Mondrian: s. u. Vertikale
Walfänger
bei Theodore J. Roszak: »'Der Walfänger' ['Moby Dick', 1952/53], eine mythische Paraphrase auf Melvilles 'Moby Dick', verschmilzt den Verfolger mit dem Verfolgten zu einem Gestaltzeichen des Aufbäumens, der Besessenheit und der tragischen Schicksalsverklammerung.«
Werner Hofmann (1958, S. 159)
Walfisch, Schlund des
bei Ewald Mataré: Erbarmen (s. u. Jonas)
Walnuß, geöffnete
bei Max Ernst: s. u. Pfeil
Walzen
bei Marcel Duchamp: s. u. Bajonett
bei Yves Klein: s. u. Blau (J.-P. Talbot)
Wand
bei Max Ernst: → Wald (L. Fischer)
bei Marino Marini: s. u. Gaukler
bei Mikuláš Medek: Erde (s. u. Aschenhaufen)
–, brüchige
bei Peter Ackermann: s. u. Kranz
–, flüssige
bei Oscar Dominguez: Erdbeben (s. u. Bananen)
–, Hinwendung zur
bei Alfred Kubin: völlige Unterwerfung (s. u. Vater)
Wandelnde, der
bei Otto Pankok: s. u. Füße, blutüberkrustete
Wanderer, einsamer
bei Alberto Giacometti: »Der einsame Wanderer in den Bildern G.s, Astralleib, Erscheinung, Gespenst, ist die Emanation des Wesensgeheimnisses dessen, der ihn geschaffen, zugleich aber auch der Bote einer höheren Welt.«
Marcel Brion (1958, S. 33)
Wanderprediger, bettelnder
bei Marc Chagall: Gottesmann (s. u. Hausierer)
Wanderstab
bei Ernst Barlach: s. u. Pilger
Wanderzirkus
bei Peter Weiss: s. u. Jahrmarkt
Wandleiter
bei Jean-Pierre Raynaud: Flucht aus einem gefährdeten Raum (s. u. Psycho-Objekte)
Wanduhr, altmodische
bei Marc Chagall: »Über dem rechten ausgestreckten Arm [in: 'Der Jongleur', 1943] hängt wie ein schlapper Lappen eine altmodische Wanduhr, das alte Zeichen C.s für die rinnende Zeit.« Werner Schmalenbach (1968, S. 124)
Wannen, flache
bei Dieter Krieg: Vanitassymbol (s. u. Malschwanne)
Wappen, belgisches
bei René Magritte: s. u. Mann, geflügelter

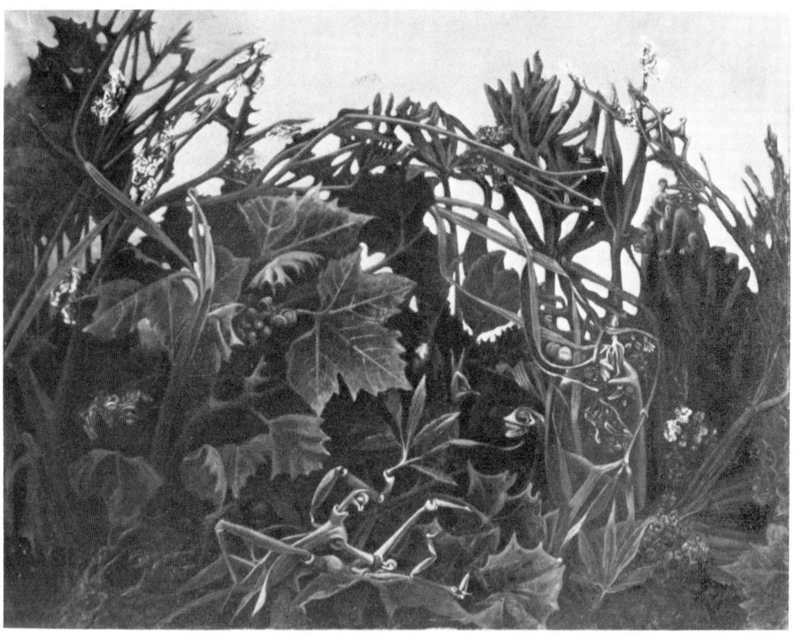

Max Ernst: Die Lust am Leben, 1936

Wappenblume
bei Otto Meyer-Amden: → Maiglöcklein
Warner
bei Heinrich Altherr: s. u. Felsblöcke, herabrollende
bei Rudolf Hausner: → Laokoon (R. Hausner)
Wartesäle
bei Paul Delvaux: s. u. Frauengestalten
Wartestation, Röhre der
bei Willibald Kramm: Raum der Angst (s. u. Röhre der Wartestation)
Wasser
bei Max Beckmann: »In der Vision von 1925 ['Galleria Umberto'] symbolisiert es den Untergang des Regimes. Wie beim Beginn einer Sintflut dringt das Element in die überdachten Räume der Galerie ein. Eine Fahne und ein Milizsoldat werden die ersten Opfer der Katastrophe. Auf dem Triptychon ['Abfahrt'/'Departure', 1932/33–35] gewinnt das Element eine ganz andere Qualität. In der großartigen Szenerie des Mittelteils wird die blaue, nur vom Horizont begrenzte Wasserfläche zum Symbol der Befreiung und der Freiheit. Trotz solcher Unterschiede liegt eine direkte Beziehung vor . . .«
Friedhelm W. Fischer (1972, S. 50)
bei Rudolf Hausner: Odysseus, der Ruhelose, der Seefahrer, der Irrfahrer. Sein Medium der Realisierung ist das Meer, beinahe grenzenlos und kaum beherrschbar. Nicht ohne Sinn gilt uns das Wasser als Symbol des Unbewußten. Auf diesem unauslotbaren Meer ist das kleine Ich der Arche unterwegs, betrieben von günstigen Winden und zugleich preisgegeben den ungünstigen. Seit seiner Odysseus-Erfahrung ist die Wasser-Symbolik ein Leitmotiv der Kunst.«
Wieland Schmied (1970, S. 28)
Bild des Unbewußten (s. u. Matrosenanzug); vgl. Arche des Odysseus
bei Auguste Herbin: Halbkreis (s. u. Kreis)
bei Jean-Robert Ipoustéguy: »Interessanterweise ist auf einer Zeichnung aus dem Jahr 1960 [Studie zu 'Mann'], der *Mann* – in seiner Haltung bereits konzipiert – als Aus-dem-Meer-Heraussteigender dargestellt. Das Wasser ist Poseidons Element, als zeugende Substanz Symbol für Männlichkeit . . .« Bernd Krimmel (1969, S. 8)
bei Paul Klee: das Unbewußte (s. u. Fisch); → Wellenband
bei Mikuláš Medek: Angelschnur (s. u. Aschenhaufen)
bei Pavel Sukdolák: Dreieck auf der Spitze stehend (s. u. Dreieck)
– auf Urlaub
bei Hans Arp: Wolke (s. u. Ei)
–, Beschäftigung mit dem
bei Rudolf Hausner: → Matrosenanzug
–, Luft, Feuer, Erde
bei Paul Thek: → Pyramide
Wasserbecken
bei Walter Wörn: s. u. Fisch
Wasser-Fisch
bei Marc Chagall: lunares Sinnbild (s. u. Hahn/F. Meyer)
Wasserfläche, blaue
bei Max Beckmann: Befreiung und Freiheit (s. u. Wasser)
–, unendliche
bei Max Beckmann: s. u. Fisch im Boot
Wasserhähne
bei Konrad Klapheck: »Wasserhähne und Duschen, seit jeher die Vertrauten des Physischen im Menschen, werden zu Geschöpfen, die ganz dem Eros leben.«
Konrad Klapheck in: José Pierre (1970, S. 19)
»Wasserhähne und Duschen sind Partner zurückgestauter Liebesenergie, durch Schläuche verkuppelt und oft eng verschlungen.«
Juliane Roh (1971, S. 210/11)
bei Peter Klasen: Welt der Hygiene (s. u. Spritze)
Wasserkran
bei René Magritte: »Eine Zeichnung M.s [ca. 1940] versieht das Mundstück der Pfeife mit einem Sperrhahn, die Pfeife mündet in einen Wasserkran. Nach Freud ersetzen gerade Gegenstände, aus denen Wasser fließt, das männliche Glied. Der phallische Symbolcharakter der Pfeife wird somit potenziert.«
Volker Kahmen (1972, S. 23)
Wassers, Tiefe des
bei Paul Klee: s. u. Fisch, goldener
Wasserträger
bei Marc Chagall: »Ganz links [in: 'Die Hochzeit', 1910] stehen zwei eigenartige Figuren: der Kopflose im grünen Haus und der Wasserträger, den das Joch des Tragbalkens ans 'Untere' bindet, beide Sinnbilder erdbezogenen und vegetativen Lebens.« Franz Meyer (1961, S. 125)
Wassertropfen
bei Konrad Klapheck: s. u. Fahrradschellen
Weberschiffchen
bei Jürgen Brodwolf: s. u. Figur, bandagierte
Wechsel
bei Max Beckmann: s. u. Herzsymbol, schwarzes
Wecker
bei Tetsumi Kudo: s. u. Thermometer

bei Francis Picabia: »Für ihn und seinen Kollegen Man Ray ist – wie heute für den Franzosen Armand – der Wecker das 'Symbol vollkommenen Humors'.« Karl Ruhrberg (1965, S. 215)

Weg vgl. Teil III

bei Max Beckmann: »Der Weg [in: 'Frühlingslandschaft', 1924] zum Beispiel steht für etwas; er ist ein Symbol, das des Lebens.«

Rüdiger Jorn (1975, S. 9)

Wege

bei Paul Klee: Zweige (s. u. Blätter, spindelartige)

Wegestein

bei Franz Radziwill: Tod (s. u. Vögel, schwarze)

Weib vgl. Frau

bei Cuno Amiet: »A. hat in einem Symbolbild in Form eines Triptychons die Sendung des Weibes als Bindeglied zwischen Lebenserweckung und Verwesung dargestellt – er nannte das Bild 'Die Hoffnung' (1902). Die Gebärde des jungen Weibes zeigt ihre Bereitschaft, solches Schicksal zu erfüllen.« Hans H. Hofstätter (1965, S. 200)

bei Max Beckmann: »Ein willenloses Bündel – wie eine Gliederpuppe – hängt ihm das Weib über die Schulter [in: 'Apachentanz', 1938] . . . ein Motiv, das aus etlichen früheren und späteren Bildern B.s bekannt ist: mit Varianten der Komposition, der formalen und der geistigen Zusammenfügung, tritt es u. a. im 'Trapez' von 1923 oder im 'Europa'-Aquarell von 1933 auf, im rechten Flügel der 'Abfahrt' von [1932/33–] 1935 oder vor allem in der 'Reise auf dem Fisch' von 1934. Es ist – in den überraschendsten Übergänglichkeiten von Bedeutung – Symbol für Hingabe und Vereinigung, für Raub und Gewalt, Hörigkeit und unausweichliches Geschick, für die Bodenlosigkeit aber auch aller menschlichen Existenz und für den Traum. B.s Ikonographie entzieht sich den sauberen Kategorien.«

Günther Busch (1960, S. 64)

sengende Gewalt des Lebens (s. u. Schwester); s. u. Pierrot

bei Lovis Corinth: »Für Empfängnis und Mutterschaft bestimmt, vertritt das Weib das Leben schlechthin und wird zur Antagonistin des Todes. Doch als Verführerin zum Sündenfall [in: 'Der geblendete Simson', 1912] wird es zur Ursache irdischer Not und des Lebenskampfes mit seinen Grenzsituationen von Leiden und Tod (WK 520).« Peter Hahn (1964, S. 91)

bei John Steuart Curry: s. u. Präriebrand

bei Otto Dix: s. u. Tänzerinnen, korybantische

bei Gustav Klimt: s. u. Mädchen, hochschwangeres

bei Oskar Kokoschka: s. u. Knochen mit den Flügeln; s. u. Mahler, Gustav

bei Alfred Kubin: → Urmutter (vgl. Weib, verführerisches)

bei Franz Marc: »Bei M. sind Weib und Tier in enger Verbindung Symbole des ungebrochenen Naturinstinkts . . . weil man das Weib noch im Stand der Naivität, Ursprünglichkeit und selbstloser Liebesfähigkeit glaubte.

M. hat in seinem Holzschnitt der 'Schlafenden Hirtin' ['Hirtin, schlafend', 1912] den Gleichklang der Animalität im Weib und Tier gestaltet.« Hans H. Hofstätter (1965, S. 198, 204)

bei Henry Moore: »Die Vorstellung, in der alle mythischen Erlebnisse ihr Leitmotiv haben, ist das Weib als Gefäß, als Behälter des ganzen Weltinhaltes. Daraus sondert sich allmählich, auf einer höheren Differenzierungstufe, das Mutter-und-Kind-Thema ab. Bei M. kommt das 'Gefäßweib' in verschiedenen Metamorphosen vor, manchmal schon an der Grenze zum Anthropomorphen, einmal sogar – in der Art der peruvianischen Keramik – als Krug mit Halsöffnung und zwei Brüsten.« Werner Hofmann (1959, S. 28)

–, allmächtiges

bei Richard Lindner: »Das allmächtige Weib erscheint in L.s Bildern in vielen Gestalten: als Hure, Kindermädchen, Erdmutter, Nymphet, Ingénue, Femme fatale. Doch welche Maske sie auch trägt – und ihr Gesicht ist stets eine verführerische, aber undurchsichtige Maske –, immer ist sie mit gefräßiger erotischer Energie geladen. Immer hat sie das Kommando, gibt sie die Befehle: Ihr Auftreten hat etwas unverkennbar Militärisches. Jedes ihrer Kostüme strahlt Macht aus, besonders die berühmten Dessous, die verzwickten Korsetts und grausamen Strumpfhaltergürtel, die die Trägerin nackter als nackt erscheinen lassen und wie phantastisches Kriegsgerät zur Herbeiführung bedingungsloser Kapitulation aussehen. In L.s legendären Frauen ist eine fast grauenhafte, verzehrende Vitalität. Ihre Leiber schwellen zu grotesken Proportionen, drohen aus den verzwickten Kleidungsstücken zu bersten; dabei strahlen sie vor Gesundheit und Wohlbefinden, sind Verkörperungen unerschöpflicher Lebenskraft.« Hilton Kramer (1975, S. 18)

– als Rückenakt, nacktes

bei Alfred Kubin: »Im Mittelgrund [in: 'Golgatha', 1915–20] steht ein großes, nacktes Weib als Rückenakt, vorn ein Schweinehirt mit seiner Herde. Das Weib ist als Anspielung auf 'Frau Welt' zu verstehen.«

Günter Rombold (1978b, S. 84)

–, altes
bei Ernst Ludwig Kirchner: → Frau
–, ausgebeutetes
bei Pablo Picasso: → Büglerin (E. Steingräber)
–, blondes
bei Max Beckmann: 'Frau Welt' (s. u. Jüngling, nackter)
–, ewiges
bei Franz von Stuck: → Sphinx
–, gealtertes
bei Oskar Kokoschka: »Hier [in: 'Loreley', 1942] dringt K. ins Mythische vor: Einem sinkenden torpedierten Schiff den Rücken kehrend, reitet ein gealtertes Weib – sei's Britannia, sei's die Germania, jedenfalls ein Symbol der Macht – auf einem riesigen Raubfisch davon, dem es gelassen einen Matrosen in den spitzzähnigen Rachen drückt.« Max Peter Maass (1965, S. 91)
–, lässig dasitzendes
bei Max Beckmann: »Das lässig dasitzende Weib [in: 'Der Leiermann', 1935], dem ein dicker Stengel mit Fingerhutblüten zugeordnet ist, verkörpert wohl das Prinzip unreflektierter Sinnlichkeit. Es entspricht einem im Werk B.s öfter wiederkehrenden Typus.«
Friedhelm W. Fischer (1972a, S. 133)
–, lockendes
bei Paul Klee: s. u. Pfeil (C. Geelhaar)
–, Mann und
bei Edvard Munch: tragisches Verhältnis (s. u. Mörderin)
–, nacktes
bei Ernst Ludwig Kirchner: »K. hat im Titelblatt zu einem frühen, nicht erschienenen Holzschnitt-Zyklus 'Triumph der Liebe' (nach Petrarca) [1917] – ein nacktes Weib, zwischen tropischer Vegetation ruhend und den Betrachter mit einladenden Gebärden festhaltend –, durch eine Inschrift die sinnbildhafte Bezogenheit ausgedrückt. Man könnte eine Fülle von Beispielen für die symbolisch gemeinte und zu einer Gesamtgebärde vereinfachten Einzelfigur im Expressionismus aufführen.«
Hans H. Hofstätter (1965, S. 40/1)
bei Franz von Stuck: → Sphinx
bei Tom Wesselmann: s. u. Akt, weiblicher
–/Pferd
bei Pablo Picasso: s. u. Frau, tot in der Landschaft
– und Tier
bei Paul Klee: »So stehen 'Weib und Tier' [1904] für die sexuelle Annäherung des Mannes zur Frau.« Max Huggler (1969, S. 32)
'–, Unkraut säend'
bei Paul Klee: s. u. 'Jungfrau im Baum'
–, verführerisches
bei Alfred Kubin: »Viel häufiger ist das verführerische, gefährliche Weib. Die Annäherung wird zum 'Todessprung' [um 1900], zur venerischen Infektion, zur ekstatischen Ansaugung und Ausstoßung.«
Wolfgang K. Müller-Thalheim (1970, S. 33)
Weibes, männliche Seele des
bei Rudolf Hausner: Animus (s. u. Anima)
–, Natur des
bei Alfred Kubin: → Frau und Schlange
–, Rätselhaftigkeit des
bei Henry Moore: Mondsichel (s. u. Figuren, drei stehende/W. Hofmann)
Weibsperson, dralle
bei Marc Chagall: Tanz (s. u. Straßenfiedler, jüdischer)
Wein
bei Ewald Mataré: s. u. Weinrebenmuster
–, Trost beim
bei Edvard Munch: s. u. Selbstbildnis
Weinglas
bei Joseph Cornell: s. u. Ei
Weinranken
bei Marc Chagall: für den Stamm Issakar (s. u. Schafe)
Weinrebenmuster
bei Ewald Mataré: »Anders als auf den übrigen

Richard Lindner: Leoparden-Lily, 1966

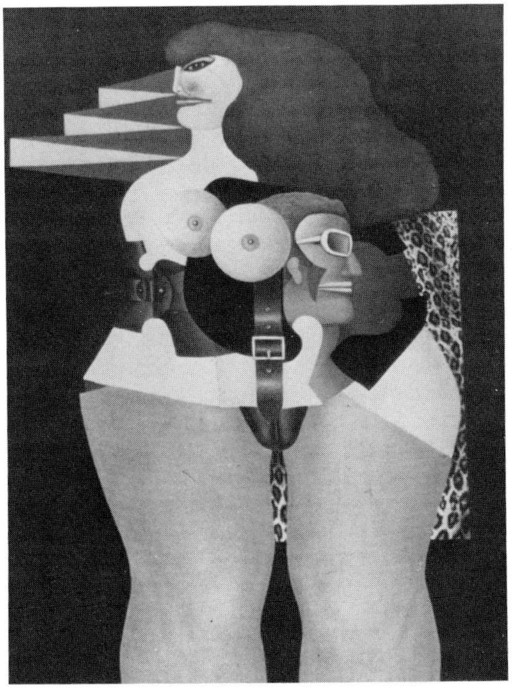

Portalen [der Kölner Domtüren, 1948] werden die Felder von Supraporte und Türflügeln von einem ziselierten abstrakten Weinrebenmuster aus Stock, Blatt und Traube in vertikaler Schräge rinnend durchzogen – Sinnbild der heiligen Wandlung von Wein und Blut, zugleich auch ein Hinweis auf den betont spirituellen Umkreis des Papstes.«
Hanns Theodor Flemming (1955, S. 45)

Weise, der
bei Pablo Picasso: »In dem späteren Bild ['Guernica', 1937] ist eine bezeichnende Auslassung festzustellen – die Gestalt des bärtigen Mannes, der in der 'Minotauromachie' [1935] am linken Rand des Bildes eine Leiter hinaufklettert, als ob er vom Schauplatz entweichen wolle. Es ist das archetypische Bild des Weisen – 'des Hilfreichen und Erlösenden', das, wie Jung sagt, 'dem Unbewußten seit Urzeiten eingegraben ist, wo es schläft, bis die Ungunst der Zeit es weckt, nämlich dann, wenn ein großer Irrtum das Volk vom richtigen Wege lenkt'.«
Herbert Read (1963, S. 78)
s. u. Kind mit hochgehaltenem Licht

Weiß
bei Max Beckmann: »Es ist ein Weiß, die lichte Farbe des Guten, gelagert und überragt von Schwarz, der grundlosen Farbe des Unheimlichen und Bösen . . .« [in: 'Großes Fischstilleben', 1927]. Klaus Kowalski (1975, S. 23)
bei Raimund Girke: »Weiß ist Ruhe und Bewegung, ist Aktivität und Passivität. Weiß ist Reinheit und Klarheit. Weiß ist grenzenloser dimensionaler Raum. Weiß ist reine Energie.«
Raimund Girke (1970, S. 28)
bei Wassily Kandinsky: »Bei der näheren Bezeichnung ist das *Weiß,* welches oft für eine *Nichtfarbe* gehalten wird, wie ein Symbol einer Welt, wo alle Farben, als materielle Eigenschaften und Substanzen, verschwunden sind. Diese Welt ist so hoch über uns, daß wir keinen Klang von dort hören können. Es kommt ein großes Schweigen von dort, welches, materiell dargestellt, wie eine unübersteigliche, unzerstörbare, ins Unendliche gehende kalte Mauer uns vorkommt. *Deswegen wirkt auch das Weiß auf unsere Psyche als ein großes Schweigen,* welches für uns absolut ist.« Wassily Kandinsky (1952, S. 85/6)
vgl. Schwarz
bei Franz Kline: s. u. Schwarz
bei Franz Marc: Reinheit (s. u. Stier)
bei Ernst Wilhelm Nay: »Das Weiß in den Ecken erscheint uns als 'Ferne', als imaginärer Raum.«
Hans Platte (1957, S. 284)
bei Pablo Picasso: Farbe der Pferde (s. u. Stier, drohender)
bei Jean-Pierre Raynaud: s. u. Rot
bei Günther Uecker: »Daß die Objekte sich entmaterialisieren, Raum, Licht und reine Bewegung sichtbar werden. Darum spritzt U. fast alle seine Arbeiten weiß. Weiß – keine Farbe und Synthese aller Farben, Symbol der Reinheit und Unberührtheit.« Hans Strelow (1965, S. 60)

–, gegenstandsloses
bei Kasimir Malewitsch: »Alles muß überwunden werden in einer Art vertikaler Kommunion, in einer absoluten Loslösung, wo dieses gegenstandslose Weiß Ende und Anfang aller Dinge ist [in den Werken nach 1914]. Ein zusätzliches Element, das im geistigen Sinne alles vollendet und rettet und in jenem Momente auftaucht, da alles andere zum Schweigen verurteilt wurde: Das Pleroma.« Michel Seuphor (1967, S. 38)

–, silbriges
bei Marcel Duchamp: Mond (s. u. Halbkreis)

–, ungebrochenes
bei Norbert Kricke: s. u. Form, spitzwinklige

Weißer, friedlicher
bei Sidney Tillim: Graf Zinzendorf (s. u. Giftschlangenwunder)

Weißgrün
bei Marc Chagall: Erde (s. u. Rot)

Welle
bei Ernst Wilhelm Nay: s. u. Acht, liegende

Wellen
bei Piet Mondrian: Waagerechte (s. u. Holzpfähle, senkrechte)

–, aufgeregte
bei Rudolf Hausner: s. u. Matrosenanzug

–, fluide
bei Bohumil Kubišta: positive Kraft (s. u. Schlange)

–, wogende
bei Edvard Munch: s. u. Haar (H. H. Hofstätter)

Wellenband
bei Paul Klee: »Ein Wellenband [in: 'Mögliches auf See', 1932] vertritt das Wasser, wo andere statische Gesetze gelten als zu Land: 'Die Anziehungskraft des Bodens ist nicht nur aufgehoben, sondern ins Gegenteil verkehrt: es zieht uns nach oben' [Paul Klee].«
Christian Geelhaar (1972, S. 152)

Wels
bei Max Beckmann: s. u. Fisch

Welt-Ei
bei Paul Klee: »Das Welt-Ei kommt auf Bildern von Hieronymus Bosch und Pieter Breughel vielfach vor – für K. [in: 'Komposition auf schwarzem

Grund', 1939/40] ist es die Trächtigkeit der schöpferischen Allnatur, der Inbegriff des Werdens, Geschehens und Wachsens – der Genesis unendlicher Möglichkeiten, die das geistige Prinzip ins Dasein bringt.«
Max Huggler (1969, S. 219)

Weltenkörper, explodierende
bei Rudolf Hausner: kosmische Katastrophen (s. u. Schlachtschiffe, untergehende)

Weltenuhr
bei Marc Chagall: »Es [eine Regenbogenbrücke] ist das gleiche Motiv, das er auch seinem Apollinaire gewidmeten Bild [1911/12] mit der, über dem Grundthema von Adam und Eva kreisenden Weltenuhr hinterlegte, das nichts anderes ist als eine bildnerische Metapher für die mit dem Sündenfall einsetzende Zeitlichkeit, die seitdem dem Menschen die Stunde schlägt.«
Werner Haftmann (1975 b, S. 32)

Weltraumraketen
bei Norbert Kricke: s. u. Form, spitzwinklige

Weltraumsegel
bei Rudolf Hausner: → Narrenhut

Wendeltreppe
bei Renato Guttuso: Stimmung der Konspiration (s. u. Hektographiermaschine)

Werkzeug der Kunst
bei Max Beckmann: → Musikinstrumente

– des Verderbens
bei Franz Radziwill: → Flugzeuge; Kriegsmaschinerie (s. u. Gestalt, von einem Reif umgeben)

–, tödliches
bei René Magritte: s. u. Kreis

Werkzeuge
bei Dorothee Conrady: »Anregung für ihre eigenwilligen Symbole war 1968/69 die Sammlung alter Werkzeuge eines Bildhauers. Werkzeuge – Bohrer, Zange, Zirkel, Schieblehre, Säge, Messer – erscheinen, ihres materiellen, praktischen Zweckes entkleidet, in dieser asketisch-strengen und geheimnisvoll zarten Bildwelt personifiziert und zugleich spiritualisiert als Zeichen fundamentaler menschlicher Problematik. Sie sind nicht zuletzt auch verschlüsselte Hinweise auf erotische Beziehungen und Polarisationen, stehen für das männliche und weibliche Prinzip, markieren spannungsvolle und schmerzhafte Situationen der Aggression und des Erleidens, auch Stationen sinnenhafter Verstrickung und geistiger Läuterung. Alle sind sie letztlich Symbole für den als Werkzeug Gottes begriffenen Menschen.« Yvonne Friedrichs (1975, S. 74)

– der Vernichtung
bei Fabius von Gugel: s. u. Gliederpuppen

bei Rudolf Schoofs: → Köpfe, skelettierte

–, mechanische
bei Mario Mafai: s. u. Fähnchen

Wesen vgl. Gebilde; vgl. Gestalten

– anderer Herkunft
bei Ernst Wilhelm Nay: → Gestalt, geometrische

–, androgynes
bei Marcel Duchamp: s. u. Alembicum

–, apokalyptische
bei HAP Grieshaber: Schergen (s. u. Gesicht, gerädertes)

– aus interplanetaren Räumen
bei Enrico Baj: 'Ultrakörper' (s. u. Olo, Il Signor)

–, bedrohliche
bei Roberto Echaurren Matta: Maschinen (s. u. Laboratorium)

–, brutal aussehende
bei Max Beckmann: archontische Mächte (s. u. Monstren, blauhäutige)

–, dämonisches
bei Ernst Ludwig Kirchner: → Frau

–, degeneriertes
bei Paul van Hoeydonck: → Mann

–, geflügelte
bei Max Beckmann: Seelenträger (s. u. Flügelwesen)

–, geheimnisvolle
bei Henry Moore: s. u. Mauern, kahle

–, geistiges
bei Alfred Jensen: s. u. Mensch

–, geliebtes
bei Friedensreich Hundertwasser: s. u. Mannequin

–, gequälte
bei Roberto Echaurren Matta: Maschinen (s. u. Laboratorium)

–, göttliches
bei Marc Chagall: → Sonnenrad

–, hybride
bei Wilfredo Lam: s. u. Elegua

–, inferiore
bei Max Beckmann: s. u. Wesen mit den langen Ohren, groteske

–, kreatürliches
bei Georges Braque: → Fisch

–, künstliche
bei Paul Wunderlich: s. u. Frauentorsi, posierende

–, lebendige
bei Roberto Echaurren Matta: Maschinen (s. u. Laboratorium)

–, menschliches
bei Francis Bacon: s. u. Blumenbouquet
bei Ben Shahn: »Diese Einsamkeit findet in dem Bild 'Pazifik-Landschaft' [1945] ein dramatisches

Ausmaß. Zwischen der sich unendlich weit erstreckenden Küste, dem Mosaik der graugelben Kieselsteine und der flüssigen Wüste des Meeres, liegt ausgestreckt, wie an den Strand gespült, ein Wesen, Symbolzeichen des hilflosen Menschseins.« Oto Bihalji-Merin (1962, S. 56)

Wesen mit den langen Ohren, groteske
bei Max Beckmann: »Auf eine Beziehung der Trompetengeister zum gnostischen 'Pantheon' deutet schon deren blauviolette Gesichtsfarbe. Diese ist im Werk B.s immer ein Erkennungszeichen für tyrannische Geister archontischer oder demiurgischer Art. Offenbar handelt es sich bei den grotesken Wesen [in: 'Jupiter (Das Gewitter)', 1949] mit den langen Ohren um demiurgische Engel oder Elohim. Wie ihr Aussehen zeigt, sind es inferiore und doch zugleich selbstherrliche Wesen. Durch ihre Trompetenstöße können sie Welten ins Leben rufen und zerstören.« Friedhelm W. Fischer (1972a, S. 197)

–, stumpfe
bei Corsin Fontana: s. u. Schläuche

–, sylphidenhafte
bei Leonor Fini: s. u. Frauen als Hüterinnen

–, übernatürliches
bei Luigi Spazzapan: s. u. Einsiedler

–, urbildhaftes
bei Joannis Avramidis: Mensch (s. u. Stelenform, archetypische)

–, weibliches
bei Francis Picabia: Maschine (s. u. Räderwerk)

Wesens, Veränderung des
bei Louise Nevelson: → Schwarz

'Wespe'
bei Marcel Duchamp: s. u. Motor

Wespenstachel
bei Konrad Klapheck: Nadel (s. u. Bohrmaschine, große)

Wespentaille, Mädchen mit der
bei Rudolf Hausner: fleischgewordenes Objekt aller erotischen Sehnsüchte (s. u. Mädchen mit der Wespentaille)

West, Mae
bei Andy Warhol: s. u. Schuhe

Widderhorn
bei Marc Chagall: »Auch die häufige Darstellung eines widderähnlichen Ziegenbocks ist unter Heranziehung des damit verbundenen Symbols zu erschließen, spielt doch das Widderhorn – 'Schofar' genannt – eine liturgische Rolle im Ablauf des jüdischen Kirchenjahres. Am 'Roschha-schana' (wörtlich: Haupt des Jahres), dem im September liegenden Neujahrstag, wird es zur Mahnung an das Endgericht, zur Erwekkung der Seelen und in Erwartung des kommenden Messias geblasen.«
Curt Grützmacher (1978, S. 78)

Widderrelief
bei Werner Tübke: »Direkt zu seinen Füßen [in: 'Lebenserinnerungen des Dr. jur. Schulze', III, 1965], in einem bastionähnlichen Teil der typisch faschistischen Repräsentationsarchitektur, mit dem Widderrelief als Sinnbild brutaler Gewalt an der Treppenwange und dem ironisch hinweisenden 'Zirkusplakat', ist die Privatsphäre zu sehen, aus der er kam: In spießerlich verklemmter Plüschatmosphäre mit Pfeilkreuzemblem im Kugelbaum wurde in ihm der 'Wille zur Macht' gepflanzt.« Günther Meißner (1974, S. 14)

Widderschädel
bei Renato Guttuso: »Auf dem schmalen Bord des geöffneten Atelierfensters reihen sich mehrere Gegenstände, wie sie sich zufällig im Arbeitsraum eines Malers ansammeln und dann durch ihre tägliche Anwesenheit eine besondere Bedeutung annehmen können [in: 'Eine rote Wolke', 1966]: eine elektrische Heizplatte, auf der ein Spiegelei brät, ein Brot, Maltuben, Bücher, ein Revolver, ein Widderschädel, der als bizarres Requisit schon in den frühen Stilleben als Schreckform und Vergänglichkeitszeichen aufgetaucht war. In der Erinnerung erscheint er jetzt als mahnendes Zeichen des spanischen Bürgerkriegs . . .« Werner Haftmann (1973a, S. 27)

Widerstandsgruppe, römische
bei Renato Guttuso: s. u. Hektographiermaschine

Widerstandskämpfer, einsamer
bei Heinrich Altherr: s. u. Standhafte, der

Widerstrebende, der
bei Henry Moore: → Krieger

Wiege des Lebens
bei Joseph Cornell: → Glas

Wiese, duftende
bei Carlo Carrà: »Jeder der Unterzeichner (außer Severini, wie es scheint) malt danach [Gründungsmanifest des Futurismus] ein Bild im Geist von Marinettis Mondschein-Fabel: Russolo das Gemälde mit dem Titel 'Parfüm', Boccioni ein fast gleiches Bild, dessen ursprünglichen Titel wir nicht kennen, und C. 'Die Schwimmerinnen' [1910]. Sie alle lassen sich also inspirieren von jenen Geschöpfen, die mit ihren langen Locken im wogenden Blau der duftenden Wiese schwimmen, in denen die laszive Untergangsstimmung der Bourgeoisie symbolisiert war . . .«
Maurizio Calvesi (1975, S. 17)

Wiesen
bei Robert Motherwell: Grün (s. u. Fenster)
Windeln, Erwachsener in
bei Francis Bacon: Papst (s. u. Röcke, weiße)
Windsbraut
bei Max Ernst: »Technisch wie die 'Horden' entstanden, symbolisieren die 'Windsbräute' [1925/26] mit den durch die Luft jagenden, sich ineinander verschlingenden Pferden die Vermählung.« Uwe M. Schneede (1972a, S. 95)
s. u. Chimären
bei Oskar Kokoschka: »K. hat sich auf diesem Bilde ['Die Windsbraut', 1914] mit seiner Geliebten dargestellt. In Anlehnung an das Gleichnis von Paolo und Francesca fahren sie in einem Boot dahin, wie von apokalyptischen Winden getrieben. Die Frau lehnt an der Schulter des Mannes, der sich seiner Machtlosigkeit in der trostlosen Lage bewußt ist. Dieses Gemälde ist 'eines jener großen symbolischen Werke, in denen sich das Wesen eines ganzen Zeitalters ausdrückt' (Edith Hoffmann). So trieben in jenen Jahren Millionen von Liebenden in die Katastrophe hinein ...« Wolfgang Hütt (1969, S. 135)
»Das tragische Resultat dieser Freundschaft hat K. gemalt: er hat es verdichtet zum Symbol des Geschlechterkampfes. Das Bild heißt 'Die Windsbraut' [1914]. Die Frau, die – porträtähnlich – die Züge Alma Mahlers trägt, liegt schlafend neben, halb über dem ruhelosen Mann ...«
Karl Ruhrberg (1965, S. 133)
s. u. Ritter', 'Der Irrende
Windschutzscheibe
bei Richard Hamilton: s. u. Auto
Windung, schraubenförmige
bei Hans Arp: Leben (s. u. Linie, waagerechte)
Winkel
bei Peter Brüning: Ansteigen der Straße (s. u. Ringe)
bei Oscar Dominguez: männlich (s. u. Segel)
Winkeldreiecke
bei Giorgio de Chirico: s. u. Reißschienen
Winkelmaß
bei Giorgio de Chirico: »Die Vieldeutigkeit des Gegenständlichen [in: 'Der Große Metaphysiker', 1917] in diesem Sinne erlebt man am ständig wiederkehrenden Winkelmaß: Erinnerungsappell an das väterliche Ingenieurmilieu und Zeichen des rationalen Denkens, gleichzeitig aber auch – und darüber hinaus Symbol mystischer Kontemplation.«
Carola Giedion-Welcker (1973a, S. 133)
Wirbelsäule
bei Marcel Duchamp: s. u. Alembicum
bei Alberto Giacometti: s. u. Palastinsel
Wirbelsäulenwälder
bei Roger Loewig: »Dahinter beginnen die Wirbelsäulenwälder [Folge von 10 Zeichnungen, 1966], ein Streifen Zwischenland zwischen Strand und Sumpf, wenig geeignet für den Aufenthalt ... Durchgangsstation, Wartehalle der Unentschlossenen, Selbstmörderdistrikt, dem einen oder anderen in der Mitte, zwischen den großen Reichen gelegenes Asyl. Sie stehen zerfasert, bis auf die Wirbel entblättert selbst heimatlos ...« Roger Loewig (1975, S. 24)
Wissender
bei Rudi Baerwind: Selbstporträt mit der → Kugel
Witebsk
bei Marc Chagall: jenseitige Vision (s. u. Hausierer); Schauplatz aller Leiden (s. u. Engelssturz); s. u. Dächer; s. u. Gekreuzigter (F. Meyer)
–, Zerstörung von
bei Marc Chagall: → Thora, blaue
Witebsker Hering
bei Marc Chagall: s. u. Fisch mit Schnabel, der blaue
Witwe
bei Konrad Klapheck: → Nähmaschine
Wladimir
bei Alberto Giacometti: s. u. Baum
Wölbung, Höhlung und
bei Henry Moore: einheitliches Familiengefüge (s. u. Höhlung und Wölbung)
Wölfe
bei Franz Marc: »Das Bild ['Wölfe/Balkankrieg', 1913] ist ja in Farbe und Form ein eindringliches Sinnbild kreatürlicher Getriebenheit. Wie aber der Wolf in Mythos und Märchen als die Imagination der Lichtfeindlichkeit, des Bösen und Räuberischen erscheint, so hat hier M. ein bestimmtes Tierisches zur Imagination menschlicher Affekte gesetzt. Das sagt der Untertitel mit nicht mißzuverstehender Deutlichkeit. Natürlich hat der Maler nicht einzelne in den Balkankrieg verwickelte Staaten als Wölfe darstellen wollen. Was hier entstand, das ist eine der gar nicht so seltenen Visionen M.s, die blitzartig vor seinem inneren Auge auftauchen konnten: Die 'Wölfe' geben eine Imagination der politischen Raubgesinnungen, die sich mit den Balkankriegen von 1912/13 über Südosteuropa ergossen.«
Heinz Demisch (1959, S. 56)
»M. selbst gab den 'Wölfen' den Untertitel 'Der Balkankrieg' [1913]. Das 'reine' Tier wird plötzlich zum Unheilssymbol. Welch ein Schmerzensvorgang vollzieht sich im Schaffensprozeß des Malers, der nun die Unschuld der Schöpfung

geschändet sieht im Ausbruch instinktgetriebener Gier. In somnambuler Bereitschaft zu morden, und sei es, um dabei gemordet zu werden, durchhetzen die Wölfe eine gewittrige Landschaft, Vollzugsorgane göttlichen Zorns und Aufrührer wider die Friedensbotschaft.«

Max Peter Maass (1965, S. 74)

Wölfin

bei Jackson Pollock: »So ist dieses Bild ['Die Mondfrau zerschneidet den Kreis', 1943] zu verstehen als Teil einer Unternehmung, die darauf zielte, mit Hilfe einer erfundenen Hieroglyphik der Zeichen, der eindrucksvollen Arabeske und der suggestiven Kraft der Farben eine persönliche Mythologie zu schaffen. Dies gilt auch für das berühmte Bild der *Wölfin* von 1943, das eine Art Totemtier darstellt, ein Wesen persönlicher Mythologie, das die Triebströme der Aggressivität und der Erotik in sich versammelt.«

Werner Haftmann (1970, S. 23)

–, kapitolinische

bei Franco Angeli: s. u. Macht, Symbole der

Wolf', 'reißender

bei Marc Chagall: für den Stamm Benjamin (s. u. Schafe)

Wolke

bei Hans Arp: Wasser auf Urlaub (s. u. Ei)

bei Marcel Duchamp: Erblühen (s. u. Luftzugkolben)

– einer Explosion

bei Henry Moore: s. u. Atompilz

–, grüne

bei Marcel Duchamp: Laub des Lebensbaumes (s. u. Baum)

–, rote

bei Renato Guttuso: »Oben und über den größten Teil der Fläche [in: 'Eine rote Wolke', 1966] schiebt sich die brennend rote Wolke. Gegenständlich wäre die rote Fläche zu lesen als Widerschein des Sonnenunterganges über Rom, der abends durch das offene Fenster ins Maleratelier drang. Aber auch hier erhält die Farbe metaphorische Qualität, wird zur Erscheinung einer Wolke, assoziiert die rote Fahne als 'Flagge der Hoffnung und der Freiheit', die ihre revolutionäre Botschaft ins Atelier trägt und jene einfachen Dinge [vgl. Widderschädel] für ihre Sache rekrutiert.« Werner Haftmann (1973a, S. 27)

–, sahnige

bei Marc Chagall: »Die sahnige Wolke, die den größten Teil des Bildes ['Das grüne Pferd', 1956] einnimmt, kann als Erinnerung an den russischen Schnee gedeutet werden; auf einigen früheren, detaillierteren Bildern stellt sie unbestreitbar Schnee dar.« Roy Mac Mullen (1968, S. 14)

–, vogelartige

bei Werner Gilles: »Ihm erscheint der Wahnsinn des Königs Lear [1933–35] auf der Heide in der

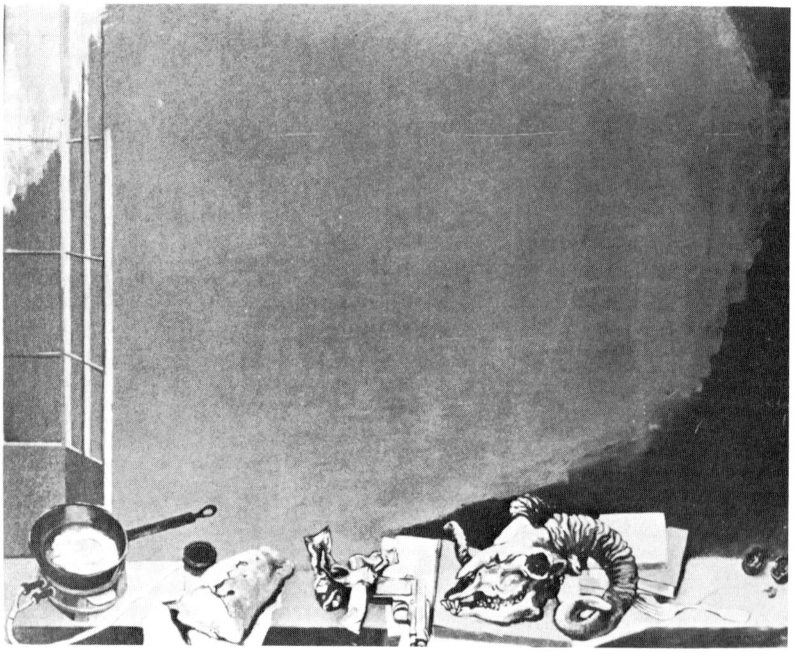

Renato Guttuso: Eine rote Wolke, 1966

Form einer vogelartigen Wolke und neben dem Würgeengel und seinem Opfer erscheinen auf der Wand runenartige Zeichen, die wie die Formel für das Würgen gelesen werden müssen.«

Alfred Hentzen in: Wieland Schmied (1966, S. 131/32)

Wolken

bei Max Ernst: s. u. 'Capricorn'

bei Renato Guttuso: s. u. Fallschirmjäger, deutscher

–, Figuren in den

bei Marc Chagall: Flucht aus der harten Realität (s. u. Figuren über den Dächern)

Wolkenkratzer

bei George Grosz: s. u. Abenteurer

Wolle

bei Mikuláš Medek: s. u. Gefühllosigkeit

Wollknäuels, Aufwickeln eines

bei Mikuláš Medek: »Aufwickeln eines Wollknäuels ['Vorgang II – Die Wolle', 1956] – Symbol menschlicher Tätigkeit, der Arbeit schlechthin . . .« Bohumír Mráz (1970, S. 34)

Wrack(s)

bei Heinrich Altherr: s. u. Schiffbrüchige

bei Reinhard Drenkhahn: s. u. Strandläufer

Würfel

bei Johannes Itten: das Irdische (s. u. Strauch, blühender)

bei Fernand Léger: s. u. Maschine

bei Wladimir E. Tatlin: s. u. Turm, spiralförmiger

–, harter

bei Renato Guttuso: organisierte Gewalt (s. u. Helme)

–, medaillonartiger

bei Rudolf Hausner: »An seine Brust drückt der Mann [in: 'Die Arche des Odysseus', 1948–56] mit der Matrosenmütze einen medaillonartigen Würfel, auf dessen drei dem Betrachter zugewandten Seiten das Elternpaar des Irrfahrers und er selbst als Knabe, wiederum mit der Matrosenkappe, als albumähnliche Miniaturen, aufgemalt sind. Diese drei Dinge halfen früher: das Medaillon der Herkunft, die mitgegebene Mütze (man denke an die Hut-Symbolik bei Samuel Beckett), das Wissen, daß Ordnung Gestalt werden kann, wie einmal in Schönbrunn.«

Wieland Schmied (1970, S. 28)

–, übergroße

bei Tetsumi Kudo: »Seine Objekt-Skulpturen [um 1966] bestehen meistens aus übergroßen Würfeln (Signum des Glücks, des Zufalls und des Verderbens), in deren Innenraum das Zubehör zu einer apokalyptischen Menschenklinik angehäuft ist.« Wolfgang Sauré (1966, S. 26)

Würgeengel

bei Werner Gilles: »So ist das Bild des 'Würgeengels' [1945], der sich von dem weiblichen Wesen, das er getötet hat, abwendet, ein Gleichnis für die Schrecken des Krieges und der Vernichtung. Schwere, dunkle Todesrunen setzen die tragischen Akzente.« Karl Ruhrberg (1962, S. 17)

s. u. Wolke, vogelartige

Wüste

bei Jean Carzou: Boden nach einem Atomkrieg (s. u. Pflug)

bei Rudolf Hausner: »Deswegen liebt es H., das, was man Naturlandschaft nennt, als *Wüste,* als Todeslandschaft, darzustellen. Wieder ein Symbol, jetzt für die moralisch wertfreie Natur« [in: 'Zwei Kontinente', 1962].

Gustav René Hocke (1974, S. 119)

»Die Bildebene [in: 'Ich bin Es', 1948] definiert sich als Wüste – Metapher der Kargheit, der Einsamkeit, des Ortes auch, in dem der Mensch zu sich selbst zu finden vermag.«

Wieland Schmied (1970, S. 25)

bei René Magritte: → Hammer

bei Joan Miró: s. u. Sonnenrad

bei Ben Shahn: s. u. Wesen, menschliches

–, mondhafte

bei Baruch Elron: »Die Vorstellung von Tod und Verfall wird durch die mondhafte Wüste [in: 'Marina', 1973] hinter ihr symbolisiert, aber auch durch die Seefrüchte, die an ihr emporzuklettern scheinen.«

Ella Rind in: Gustav René Hocke (1975, S. 50)

–, Rufer in der

bei Erich Heckel: Künstler (s. u. Schmerzensmann)

bei Ludwig Meidner: s. u. Propheten

Wüsten

bei Baruch Elron: s. u. Kornfrucht

Wulst

bei Karl Fred Dahmen: horizontale Bewegung (s. u. Grün/P. O. Schulz)

Wunde der Erinnerung

bei René Magritte: → Blutfleck

– in der Welt, verborgene

bei André Masson: s. u. Kurvaturen

–, offene

bei Alberto Burri: s. u. Sack

bei Franz Ringel: → Fleisch

Wunden

bei Karl Fred Dahmen: → Leiden, schweres

bei Friedensreich Hundertwasser: s. u. Kasten, schwarzer

bei Mikuláš Medek: s. u. Maschinen

bei Graham Sutherland: s. u. Dornen

Wunden, entzündete
bei Franz Ringel: s. u. Fleisch
Wurfscheibe
bei Julius Bissier: Zeichen der Schnelligkeit, der Kreisläufe (s. u. Rad)
Wurzelgebilde
bei Graham Sutherland: naturhafte hinterhältige Bosheit (s. u. Stechginsterlabyrinthe)
Wurzeln
bei Hans Arp: s. u. Ovale, bewegte
bei Marcel Duchamp: s. u. Baum
bei Hanna Nagel: s. u. Baum
Wurzelschößlinge
bei Raoul Michau: s. u. Kartoffel
Wurzelwerk
bei Wols: »Mit dem Wurzelwerk seiner Beine im Erdreich verwachsen [in den Blättern von 1933], schwingt er einen Blütenzweig als Zeichen seines Strebens nach Höherem. Dieser Metapher vom festgewurzelten Menschen läßt sich im Werk von W. immer wieder begegnen.«
Werner Haftmann (1970, S. 31)

X Y

Xisuthros
bei Max Beckmann: s. u. König; s. u. Meerwesen
Yachten
bei Lyonel Feininger: s. u. Segel, weiße; vgl. Jacht
Yama
bei Max Beckmann: → Gestalt, behelmte
Y[psilon]
bei Rudolf Hausner: neuplatonisches Symbol des Menschen am Scheidewege (s. u. Hermaphrodit, umgekehrter)

Z

Zacken
bei Ernst Ludwig Kirchner: das Dramatische (s. u. Farben)
bei André Masson: s. u. Stern, fünfzackiger
bei Silvio Mattioli: s. u. Mischwesen
bei Graham Sutherland: s. u. Grille
Zackenkamm
bei Silvio Mattioli: s. u. Raubfische
Zackenreihe
bei Paul Klee: s. u. 'Fußsohle'
Zaddik
bei Marc Chagall: s. u. Leuchter
Zähne, eiserne
bei Silvio Mattioli: s. u. Raubfische
Zahl vgl. Ziffer
bei Fernandez Arman: s. u. Akkumulationen
– Drei
bei Rene Magritte: männliches Genital (s. u. Nest)
– 13
bei Mikuláš Medek: s. u. Kugeln
– Fünf
bei Hannah Hoech: »So entsteht eine heute in alle Welt verstreute Serie von Aquarellen [um 1920], in denen H., die stets von Ziffern und Buchstaben fasziniert wurde, die kühle Magie der Zahl 5 erkundet. Eine erstaunlich frühe, eigenständige Erfindung, der Zeit auch hier vorauseilend. Die Wahl gerade der Fünf dürfte kaum Zufall gewesen sein in ihrer Beziehung zur Symmetrie des Pentagramms, jenem Gleichnis für die organische Natur und ihrer Bedeutung für den Goldenen Schnitt.« Peter Krieger (1976, S. 16)
– Zwölf
bei Salvador Dali: s. u. Nadeln, zwölf diamantene
Zahlen
bei Alfred Jensen: s. u. Mensch
bei Horst Egon Kalinowski: magische Signa (s. u. Kreis)
–, Gesetz der
bei Hans Arp: s. u. Nabel
–, umrandete
bei Anton Heyboer: Gott und die Unschuld (s. u. Ziffern 2 und 3)
Zahlenzeug, konfuses
bei Rudolf Hausner: s. u. Anima
Zahnrad
bei Konrad Klapheck: physische Vereinigung (s. u. Propeller)
Zange(n)
bei Dorothee Conrady: menschliche Problematik (s. u. Werkzeuge)
bei Lambert Maria Wintersberger: Verletzung (s. u. Messer, schneidende)
Zangenkonstruktionen
bei Mikuláš Medek: Folterwerkzeuge (s. u. Maschinen)

Zapfsäule
bei Edward Hopper: s. u. Laden, noch nicht geöffneter
Zauberer, böser
bei Max Beckmann: s. u. Zwerg, unangenehmer
Zauberstab
bei Max Beckmann: s. u. Krücke
Zaumzeug
bei Karl Fred Dahmen: Ausweglosigkeit u. a. (s. u. Riemen, mürbe)
Zehntausender, Ermordung
bei Waldemar Grzimek: → Stürzender, zu Boden
Zeichen, schwarze
bei Robert Motherwell: »Oft ist, wie in den 'Spanischen Elegien' [seit 1954], das schwarze Zeichen der Träger dieser Wirklichkeit. Im Katalog einer seiner Ausstellungen heißt es: "Die 'Spanischen Elegien' sind der Versuch, ein subjektives Bild des modernen Spaniens zum Symbol zu machen. Alle Bilder sind nur schwarz und weiß: es sind barbarische und herbe Begräbnisstimmungen, Beweinungen, Klagen und Elegien."«
Nello Ponente (1960 b, S. 77)
bei Antoni Tàpies: Hammer und Sichel (s. u. Tuch)
Zeichenbrett
bei Hanna Nagel: s. u. Geier
Zeichnungen
bei W. Knoebel: s. u. Nichtausstellung von 250 000 Zeichnungen
Zeigefinger
bei Rudolf Hausner: s. u. Hermaphrodit, umgekehrter
–, warnender
bei Rudolf Hausner: s. u. Christuskopf, Holbeinscher
Zeitgenosse, amputierter
bei Gottfried Brockmann: → Gliederpuppe
Zeitmaschinen
bei Leherb: s. u. Uhren, surrealistisch verfremdete
Zeitungen
bei Karol Broniatowski: menschliche Existenz (s. u. Zeitungspapier)
Zeitungskiosk
bei Renato Guttuso: ». . . so sind die Kiosk-Gemälde [u. a. 'Nachrichten', 1971] Beleg für die intelligente Gesellschafts- und Kulturkritik G.s: Der Zeitungskiosk, Paradehäuschen der 'Pressefreiheit', als Umschlagplatz für Nachrichten und Meinungsmache, für Sex- und Gruselgeschichten, für Werbung und Pseudokultur. G. machte durch heftige Farbigkeit und durch verwirrende Flächenordnung das Manipulieren von Meinungen glaubhaft.« Lothar Lang (1975 a, S. 9)
Zeitungslettern
bei Kurt Schwitters: »Die Zeitungslettern als solche, damals Symbole einer kompromittierten Sprache und eines korrumpierten Geistes, tun das ihre . . . Sie erzeugen das Gefühl einer bedrängenden Realität – der Realität jenes hektischen, politisch überhitzten, von Revolte beunruhigten, auf Inflation und Arbeitslosigkeit zusteuernden Klimas im Deutschland der ersten Nachkriegsjahre, dem sie entstammen und das in Werken wie dem 'Arbeiterbild' [1919] oder dem 'Sternenbild' seinen künstlerisch gültigsten Ausdruck gefunden hat.«
Werner Schmalenbach (1967, S. 120)
Zeitungsmaterial
bei Herbert Kaufmann: »Die unruhige Bewegung in K.s 'Weißer Stadt' [1961/62] entspricht der Nervosität sowohl der Großstadt und des Boulevard-Blattes wie seiner Leser: eine Momentaufnahme des Zeitungsbewußtseins, das in seiner Mischung aus Sensationshungrigkeit und Abgestumpftheit, Gleichgültigkeit und Verarbeitung, durch das Filter einer Form gegangen ist, die allein aus dem Material stammt.«
Dietrich Mahlow (1963, S. 86)
Zeitungspapier
bei Karol Broniatowski: »Er klebte Zeitungspapier über die Tonform. Diese Wahl ist nicht nur ein äußerlicher Effekt, sie hat auch inhaltliche Bedeutung. B.s Figuren sind anonym . . . sie sind 'Masse' und 'Stellvertreter' zugleich. Das weiche Material weist auf Vergänglichkeit. Die Zeitungen, die 'Lettern von nichts als unserem Vergehen' (Emil Barth) geben ihnen, in verschiedenen Sprachen, den konkreten zeitlichen Bezug, sie stellen sie hinein in eine bestimmte Situation, während sie als Sinnbilder menschlicher Existenz

Robert Motherwell: Elegy to the Spanish Republic No. 58, 1961

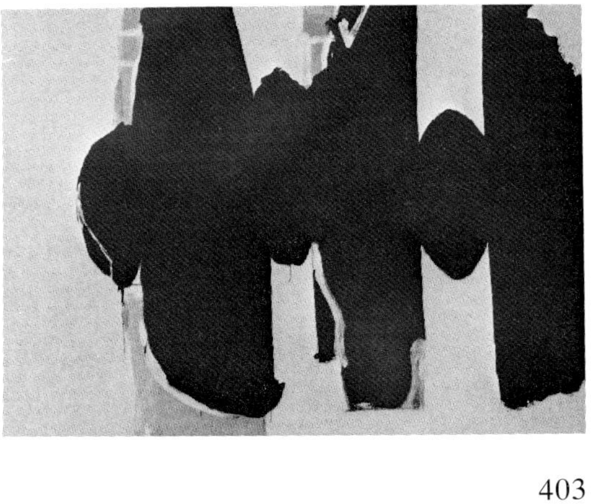

über sich hinausweisen. . . .Mit anderen Worten: B.s Figuren sind Symbole; aber die Phantasie ist an Erfahrung, die Symbolform an die Wirklichkeit gekoppelt.« Karl Ruhrberg (1976, o. S.)

Zeitungspapier, Kreuz aus
bei Antoni Tàpies: Ursymbol menschlicher Orientierung (s. u. Kreuz aus Zeitungspapier)

–, zerschnittenes
bei Jiří Kolář: s. u. Kunststoff-Apfel mit zerschnittenem Zeitungspapier

Zeitungsschrift, rote
bei Kurt Schwitters: s. u. Arbeiter

Zeitungsstreifen
bei Carlo Schellemann: zerstörte Staatsmacht (s. u. Häupter, geborstene)

Zeitungsteil
bei Achille Lega: »Die Personen werden aufgefächert, die Anstrengungen der Sorge und des Denkens sichtbar; aber zugleich sind Zeitungsteile oder das Wort Futurismus programmatisch hineingeklebt [in: 'Ritratto della Madre', 1917] Manifestation des Willens. Diese Leute denken alle und wollen die Welt bewegen, deren Sinn sie suchen.« Dietrich Mahlow (1963, S. 74)

Zelle
bei Edward Kienholz: s. u. Glasscheibe

– des Gefängnisses
bei Eberhard G. Willikens: Saal im kleinen (s. u. Säle)

Zelt
bei Paul Klee: s. u. Rock

Zement
bei Max Ernst: Capricorn (s. u. König)

Zentaur
bei David Alfaro Siqueiros: ». . . wenn er . . . einen ikonographischen Gedanken wie den Zentaur [in: 'Cuauhtémoc gegen den Mythos', 1944] faßt, der halb Bestie, halb Mensch, für ihn die Kräfte der Vernichtung verkörpert: die Kolonialisierung Mexikos, den Faschismus, den Dollar-Imperialismus.« Günter Metken (1976, S. 37)

Zepter
bei Pablo Picasso: s. u. Dolch, doppelschneidiger

Zerberus
bei Pablo Picasso: → Hund, dunkler

Zerrissene, das
bei Pablo Picasso: Gesicht, im Profil und frontal

Zerstörer von Hoffnung
bei Paul Klee: → Kreuz

Zertretene
bei Käthe Kollwitz: »Im Blatt 'Zertretene' [1900] wird die Thematik von 'Aus vielen Wunden blutest Du, oh Volk' [1896] variiert. Das Motiv des Mittelfeldes ist gleich, die [gefesselte] Figur rechts wird als die Not der Frau angesehen, die zweite Figur mit der Geste des Überredens als 'Versuchung' oder 'Prostitution'.«
Georg Bussmann u. a. (1973, S. 31)

Zeuge, stummer
bei Oscar Dominguez: s. u. Stier

Zeugen
bei Reginald Butler: Frauen (s. u. Richtstätte, käfigartige)

– der Allmacht Gottes
bei Ludwig Meidner: → Propheten

– einer inszenierten Scheinwelt
bei George Segal: → Gipsroboter

Zeugungsmaschinen
bei Marcel Duchamp: s. u. König und Königin

Zickzackband
bei Alberto Giacometti: »Das Zickzackband als die Schlange zu interpretieren ist doppelt sinnvoll, weil sie hier [in: 'Modell für einen Platz', 1932] so dargestellt ist, wie Michel Leiris oder Georges-Henri Rivière dem Bildhauer im Musée de l'Homme den Schlangenfetisch gezeigt hatten.« Reinhold Hohl (1971, S. 79)

Zickzacklinie, rote
bei Pablo Picasso: s. u. Flügel, herabhängender

Zick-Zack-Linien
bei Hann Trier: s. u. Nähte

Ziege
bei Marc Chagall: »Ziege und Esel – das Bild der stumm leidenden Kreatur –.«
Georg Schmidt (1966, S. 235)
bei Pablo Picasso: »Der 'Ziege' [1946] und der 'Schwangeren Frau' [1950], den Archetypen der Fruchtbarkeit, eignet dieselbe urwüchsige, zeitlose Kraft.« Jean Leymarie (1971, S. 120)

–, lustige
bei Marc Chagall: ». . . und eine lustige Ziege [in: 'Komposition mit Kreisen und Ziege', 1920] mit einem Glöckchen um den Hals, ein immer wiederkehrendes C.sches Emblem animalischer Fröhlichkeit.« Werner Haftmann (1974, S. 100)

Ziegenbock
bei Marc Chagall: »Wie die C.sche Kuh immer etwas mit dem paradiesischen Menschen zu tun [hat], so der Ziegenbock mit dem nachparadiesischen, in Schuld verstrickten Menschen, mit dem Menschen, wie er nun einmal ist.«
Heinz Demisch (1971, S. 150)

–, widderähnlicher
bei Marc Chagall: s. u. Widderhorn

Zielscheibe
bei Samuel Bak: »Die verrückten Geschehnisse unserer Zeit haben den Menschen zur Ziel-

scheibe der Vernichtung gemacht« [in: 'Stilleben mit Zielscheibe', 1974].

Rolf Kallenbach (1977, S. 22)

Ziffer 8 vgl. Zahl

bei Fritz Genkinger: s. u. 8 (acht)

Zifferblätter

bei Leherb: s. u. Uhren, surrealistisch verfremdete

Zifferblatt einer Uhr

bei Edward Kienholz: »'Zeit' bedeutet für den Menschen [in: 'The Beanery', 1965] tote Zeit, Zeit, die im wahrsten Sinne des Wortes totgeschlagen werden muß. Darum tragen sie auch statt eines Gesichtes das Zifferblatt einer Uhr, die hier als Symbol für entseelte und mechanisierte Zeit steht . . .«

Wolfgang Wunderlich (1970, S. 476)

Ziffern

bei Hannah Hoech: s. u. Zahl Fünf

bei Alfred Jensen: s. u. Menschen

bei Paul Klee: das Rätselhafte des Weltzusammenhangs (s. u. Buchstaben)

bei Ingo Kirchner: s. u. M

bei Graham Sutherland: verzweifelter Lebenswille (s. u. Mantis)

bei Hendrik Nicolaas Werkman: s. u. Lettern

– 2 und 3

bei Anton Heyboer: »H.s System gründet sich auf den Haß, den er für seine Eltern empfand und der sich nach seiner Verschleppung ins Konzentrationslager gegen den Menschen überhaupt richtet:

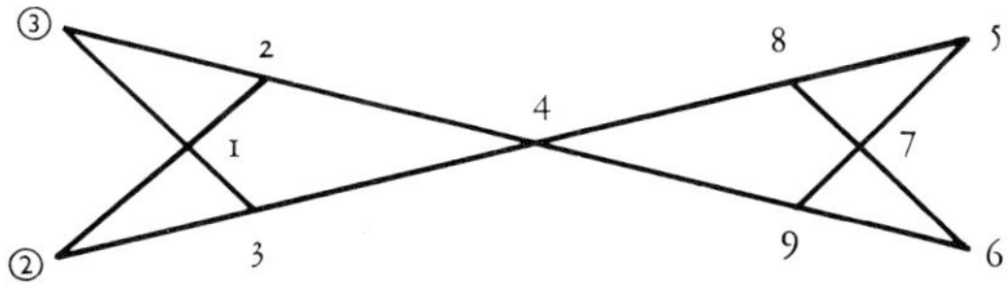

In seinem Diagramm ['Komposition mit drei Winkeln und Figuren', 1957] bezeichnen die Ziffern 2 und 3 seine Eltern; die umrandeten Zahlen, die Gott und die Unschuld vorstellen, versinnbildlichen ihre Gegenpole. Die Kräfte des Hasses kreuzen sich im Schnittpunkt 1, Symbol des Künstlers zur Zeit seines Zusammenbruches. Aus seiner Erfahrung im Krankenhaus leitete er den Kreuzungspunkt 4 ab, die Leidensfähigkeit. Doch da er sein Leiden nicht allein bekämpfen konnte, projizierte er seinen Haß in 5 und 6. Die Ziffer 5 bedeutet die weibliche und 6 die männliche Kraft. Der dritte Kreuzungspunkt, Ziffer 7, bedeutet sein Schuldgefühl, in 8 projizierte er seinen Geist und in 9 die Versuchung. H. bezeichnete die Punkte 7-8-9 als seine Persönlichkeit, und als solche kommt ihnen nur geringe Bedeutung zu.« Riva Castleman (1973, S. 88)

Ziffernblatt

bei Edvard Munch: s. u. Bett

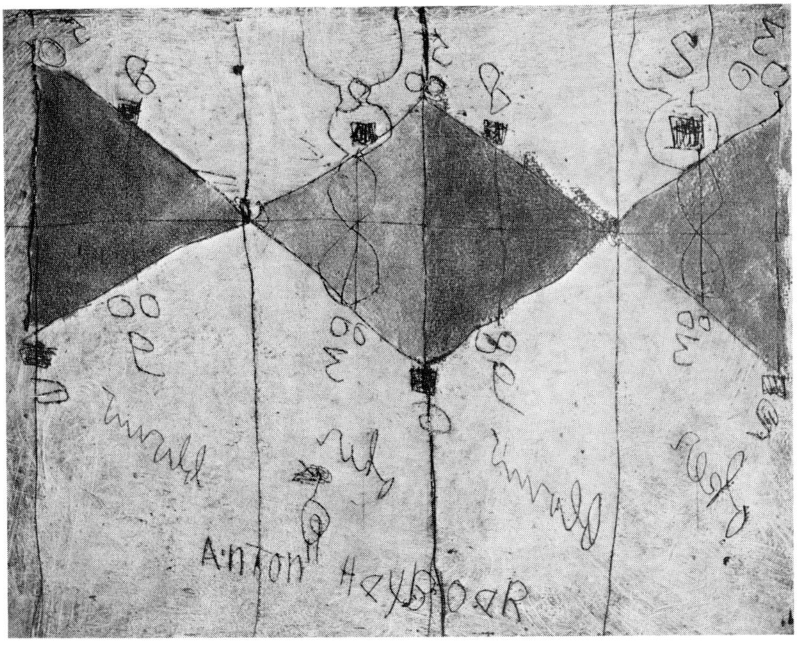

Anton Heyboer: Komposition mit drei Winkeln und Figuren, 1957

Zigarette
bei George Grosz: s. u. Flasche und Glas
bei Rudolf Schlichter: s. u. Prostituierte Margot
Zigarettenkippen
bei Fritz Köthe: s. u. Sportwagen, 'rassiger'
Zigeuner
bei Otto Mueller: »Die geliebten Zigeuner waren für M. Symbole einer fremdartigen Welt; wie im Traum bewegen sie sich in der Landschaft, mit der ihre Körper verschmelzen . . .
. . seine oft degoutanten Zigeuner symbolisieren oft ebenso wie die Straßenszenen Kirchners oder die Kleineleutetypen Heckels die Gefühle, die der Künstler gegenüber der Gesellschaftsordnung hegt.« Bernard S. Myers (1957, S. 172, 174)
»Er malte seine Zigeuner [um 1925] nun als Ausgestoßene und Entrechtete, als Stiefkinder des Schicksals und der Gesellschaft.«
Karl Ruhrberg (1965, S. 129)
melancholisches Paradies (s. u. Paare, schmale)
Zigeunerin
bei Pavel Sukdolák: s. u. Steine, drei
Zigeunermadonna
bei Otto Mueller: s. u. Karrenrad
Zikaden, grausame
bei Germaine Richier: Monstren (s. u. Insekten)
Zimmer
bei Julius Bissier: Ort der Zeugung (s. u. Haus)
bei Jean Carzou: intakte Kultur (s. u. Gitarre)
– der Öffentlichkeit
bei Eberhard G. Willikens: → Säle
Zimmerpflanze
bei Max Beckmann: »Auf dem Tisch vor der Schwiegermutter [in: 'Familienbild', 1920] steht ein Leuchter mit hellflammenden Kerzen. In der rechten Zimmerecke, über den Hausangestellten, deutet eine Zimmerpflanze auf die Beharrlichkeit des Lebens – auch in der Enge.«
Friedhelm W. Fischer (1972a, S. 36)
Zinken, fünf gewellte
bei Joan Miró: schütterer Kinnbart (s. u. Harke)
Zinnober
bei Otto Dix: s. u. Arbeiterbild
Zinnplatten, Hand mit
bei Walter Pichler: kranke Gesellschaft (s. u. Wagen, eiserner)
Zinntube
bei Jürgen Brodwolf: »Die Tubenfigur: B.s Entdeckung der Tubenfigur ist unschwer nachzuvollziehen: Die schlauchartige Zinntube, während der Malarbeit allmählich und zufällig leergequetscht, vermag die Assoziation an eine menschliche Figur zu erwecken . . .«
Willy Rotzler (1976, o. S.)
Zinzendorf, Graf
bei Sidney Tillim: friedlicher Weißer (s. u. Giftschlangenwunder)
Zirkel
bei Dorothee Conrady: menschliche Problematik (s. u. Werkzeuge)
bei Alfred Jensen: s. u. Regenbogen
Zirkus
bei René Auberjonois: Ungebundenheit (s. u. fahrendes Volk)
bei Friedrich Karl Gotsch: s. u. Menschen, fliegende
bei Joan Miró: weitschwingende Linien (s. u. Pferd)
–, Personen des
bei Georges Rouault: → Zwerg (und Benito)
Zirkusarena
bei Marc Chagall: »Oft [im Spätwerk] weitet sich die Zirkusarena und wird zur Metapher der Welt, trägt Gestirne, Monde und Sonnen über sich.«
Werner Haftmann (1975b, S. 153)
Zirkusmanege
bei Pavel Sukdolák: »Ebenso offenbart die Zirkusmanege metaphorisch die allgemeine Vorstellung vom Leben, den Gedanken an das Bestreben von Menschen, die in einen Kreis eingeschlossen sind, dessen Grenzen vorherbestimmt waren.« Jan Baleka (o. J., S. 6)
Zirkusmann
bei Paul Klee: s. u. Rock
'Zirkusplakat'
bei Werner Tübke: s. u. Widderrelief
Zirkustruppe
bei Pablo Picasso: s. u. Akrobatenfamilie
Zisudra
bei Max Beckmann: s. u. König
Zitadelle
bei Max Ernst: s. u. Festung
Zitrone
bei Renato Guttuso: »Daneben [in: 'Die Ebene von Bagheria blickt auf die Bucht von Palermo', 1966] liegt eine übergroße Zitrone mit ihrer abgezogenen Schale, die kraft der Gewalttätigkeit ihrer Zeichnung wie von fluchender Hand zur Erde geschleudert scheint. Noch vor kurzer Zeit wurden die Landarbeiter Siziliens in Naturalien bezahlt, mit Körben von Orangen und Zitronen, und mußten selbst zusehen, wie sie diese absetzen und in Geld verwandeln konnten. 'Verfluchte Orangen! Keiner will sie!' läßt Elio Vittorini einen verhungerten sizilianischen Landarbeiter in seiner 'Conversazione' schreien. Mit diesen wenigen evokativen Details trägt G. das

in der Idyllik der Landschaft verborgene Drama des Menschen ein.«

Werner Haftmann (1973 a, S. 30)

Zitrusfrucht

bei Marc Chagall: Insignum für das jüdische Laubhüttenfest (s. u. Jude im Gebetsmantel)

Zivilisationsmensch, moderner

bei Giorgio de Chirico: s. u. Entfremdung

Zivilisationsschirm

bei Max Ernst: → Hut

Zuckerrohrarbeiter

bei José Aguilera: Sieger über die dschungelartig wuchernde Pflanze (s. u. Machete)

Zündkerzen

bei Francis Picabia: Gleichgültigkeit (s. u. Maschinenteile)

Zug

bei Leonor Fini: kindliche Erinnerung (s. u. Eisenbahnwagen)

Zugketten, rostige

bei Karl Fred Dahmen: Ausweglosigkeit u. a. (s. u. Riemen, mürbe)

Zugpferde

bei Umberto Boccioni: »Doch tritt das alles zurück vor wild galoppierenden, offenbar scheu gewordenen Zugpferden [in: 'Die Stadt erhebt sich', 1909/10], die von den Arbeitern – wenn überhaupt – nur mit Mühe gebändigt werden. Chthonische Kräfte durchbrechen die Front des Berechneten, Geplanten, Gewollten, des Geistigen.« Max Peter Maass (1965, S. 65/6)

Zunge

bei Mikuláš Medek: s. u. Rasiermesser

Zungen

bei Salvador Dali: → Uhren, weiche

Zuschauer

bei Edward Hopper: s. u. Platzanweiserin

Zweig(e)

bei Oscar Dominguez: Metallstangen (s. u. Schreibmaschine)

bei Marcel Duchamp: s. u. Baum

bei Paul Klee: Weg (s. u. Blätter, spindelartige); s. u. Rohre

bei Fernand Léger: s. u. 'La Branche'

Zweihänder

bei Willi Geiger: »Die hier [in: 'Der Krieg', 1903] unmittelbar im Vordergrund stehende Symbolfigur, die die gesamte Höhe der hochformatigen Darstellung einnimmt, ist als hagere, spärlich bekleidete Gestalt gegeben. Sie erscheint im Rechtsprofil in leicht vorgebeugter Haltung und mit gesenktem Kopf. Daß sie den Krieg verkörpert, zeigen folgende Attribute an: ein großer Zweihänder, auf den die seitlich ausgestreckte Rechte gestützt ist, und ein im Verhältnis zum Körper mächtiger griechischer Helm mit Helmbusch, unter dessen Visier die Zähne eines Totenschädels erkennbar sind. Die hieraus ablesbare Bedeutung der Kriegspersonifikation im Sinne des siegreichen mors imperator ist unterstrichen durch zwei Motive in der unteren Bildzone . . . Das Sinnlose des Krieges wäre als Schicksalsmacht symbolisiert, die an ihrem eigenen Wirken zweifelt.«

Siegmar Holsten (1976, S. 85)

Zwerg

bei Georges Rouault: »Die anderen Werke aus demselben Jahre [1948], 'Der Zwerg' und 'Benito', sind zwei tragische Masken, die im Bildvordergrund den ganzen Raum einnehmen. Er wird von den großen Augen beherrscht, aus denen Schmerz und Leid sprechen. Es sind die Personen des Zirkus, die zum Symbol eines Lebens ohne Hoffnung geworden sind.«

Giuseppe Marchiori (1966, S. 22)

–, unangenehmer

bei Max Beckmann: »Schwer ist bei alledem die Position der kostümierten Nebenfiguren zu bestimmen. Der unangenehme Zwerg und die fatale Alte links [in: 'Schauspieler', 1942] scheinen eine Fronde zu bilden; man gewinnt den Eindruck, als hätten sie die Reaktion des Königs erwartet. Vielleicht repräsentieren diese Figuren eine Schicht der Darstellung, die weder dem Spiel noch der subjektiven Wirklichkeit des Schauspielers entspricht. Man wird an Märchengestalten erinnert, etwa an eine schlimme Zwischenträgerin und einen bösen Zauberer. Es handelt sich wohl um uralt-zeitlose Verkörperungen des Feindlichen.«

Friedhelm W. Fischer (1972 a, S. 161/62)

Zwillingsbruder

bei Rudolf Hausner: s. u. Adam (W. Schmied)

Zwillingspaar

bei Marcel Duchamp: → Spiegel

Zwischenträgerin

bei Max Beckmann: s. u. Zwerg, unangenehmer

Zwitschermaschine

bei Paul Klee: »Die 'Zwitschermaschine' [1922] veranschaulicht das Einzigartige von Kunst; mit wenigen einfachen Linien schuf er einen geisterhaften Apparat, der Vogelstimmen nachahmt, und verspottet damit unseren Glauben an die Wunder des Maschinenzeitalters und zugleich unsere sentimentale Begeisterung am Vogelgezwitscher.« Horst W. Janson (1968, S. 528)

Zwitterformen des Mechanischen und Organischen
bei Eduardo Paolozzi: → Pop-Figuren, tragisch archaische
Zwitterwesen
bei Ernst Fuchs: s. u. Einhorn
Zwölf
bei Salvador Dali: s. u. Nadeln, zwölf diamantene
Zylinder
bei Fernand Léger: s. u. Maschine; s. u. Roboter
–, gläserner
bei Wladimir E. Tatlin: s. u. Turm, spiralenförmiger
–, Männer im
bei Lyonel Feininger: Erwachsene (s. u. Männer im Zylinder)
–, pflanzliche
bei Fritz Wotruba: s. u. Röhre
–, vier
bei Joseph Cornell: die Familie des Künstlers (s. u. Ei; s. u. Glas)
Zypresse
bei Salvador Dali: »Das Bild ['Erscheinung meiner Kusine Carolinetta am Strand von Rosas', 1934] gehört in eine Reihe von mehreren Strandszenen.Es ist eine Jugenderinnerung an den Strand von Rosas, wo der junge D. seine Ferien verbrachte, und an eine Zypresse, den Baum, der seine Träume beschäftigte, wenn er ihn aus dem Schulfenster betrachtete. Unter ihr habe er zum erstenmal den 'Don Quichote' von Cervantes gelesen.« Klaus Gallwitz (1971 a, S. 79)

III Begriffe und Vorgänge

A

Askese
bei Bohumil Kubišta: s. u. Schlange
Aspekt des Lebens, zerstörerischer
bei Max Beckmann: indische Kali (s. u. Frauen, rätselhafte)
–, männlicher und weiblicher
bei Max Beckmann: s. u. Fastnachtstute
Aspekte, Vereinigung gegensätzlicher
bei Max Beckmann: s. u. Saxophon
Astralleib
bei Alberto Giacometti: s. u. Wanderer, einsamer
Asyl
bei Roger Loewig: s. u. Wirbelsäulenwälder
Asymmetrie
bei Karl Georg Pfahler: »Die in seinen Bildern der Übergangszeit um 1959 sichtbare Verschmelzung von Symmetrie (als Gleichnis für Konzentration) und Asymmetrie (als Symbol für ihre Offenheit) bei strenger Reduzierung der Farben auf zwei oder drei Töne . . .« [z. B. in: 'Formativ-Formativ', 1959/60].
Paul Vogt (1972, S. 496)
Atavismus
bei Mikuláš Medek: Suchen nach der Brust (s. u. 'Hühner-Esser')
Atem
bei Fritz Wotruba: s. u. Röhre
– der Schöpfung
bei Werner Scholz: → Tiere u. a.
Atmen
bei Paul van Hoeydonck: s. u. Mann
Atmosphäre, Gewichtslosigkeit der
bei Salvador Dali: s. u. Obelisk
–, Lot der
bei Paul Klee: s. u. Pfeil, schwarzer (C. Geelhaar)
Atomkatastrophe
bei Karl Hofer: s. u. Kopf des Fabelwesens
bei Alberto Trevisan: s. u. Mensch, nackter
–, Feuersturm einer
bei Karl Hartung: s. u. Mensch mit ösenartigen Öffnungen
Atomkraft
bei Yves Klein: s. u. Körperabdrücke
Atomkrieg, Boden nach einem
bei Jean Carzou: Wüste (s. u. Pflug)
Atomkrieges, Opfer eines
bei Eduardo Paolozzi: s. u. Spielzeuge
Atomtod
bei Marino Marini: s. u. Reiter/Reittiere
Atomzeitalter
bei Friedrich Gerlach: Ungeheuer (s. u. Europas, Genius)
Atomzeitalters, Fetische des
bei Eduardo Paolozzi: → Pop-Figuren, tragisch archaische
Attentats, Inversion eines politischen
bei Jean Tinguely: → Maschine, sich selbst zerstörende
Attribute des Künstlers
bei Max Beckmann: → Musikinstrumente
Aufbäumen
bei Theodore J. Roszak: → Walfänger
Aufbegehren
bei Erich Heckel: → Schmerzensmann
bei Peter Phillips: → Motorrad
Aufbruch
bei Jackson Pollock: s. u. Flächenmuster
bei Antoni Tàpies: s. u. Tür
– der Pioniere
bei John Steuart Curry: s. u. Präriebrand
– Lateinamerikas
bei Joaquin Torrès Garcia: → Schiffe
–, revolutionärer
bei Othmar Zechyr: → Brand
Auferstehung
bei Baruch Elron: → Ei; → Perle
bei Rudolf Hausner: s. u. Augen, durchdringende
bei Paul Klee: Transzendentaltunnel (s. u. Rohre)
bei Oskar Kokoschka: aufgebrochene Gräber (s. u. Mahler, Gustav); → Knochen mit den Flügeln
bei Marino Marini: → Reiter (M. Marini)
bei Werner Scholz: → Grabkreuz
– der Madonna
bei Salvador Dali: aufbauende Kräfte (s. u. Madonna, Auferstehung der)
Auffassung, erotische
bei Max Ernst: s. u. Brust, entblößte
Auffliegen des Vogels
bei Max Ernst: Widerstehen (s. u. Wald/H. R.Leppien)
Aufgabe, schwere
bei Wilhelm Lehmbruck: → Steinroller
Aufgehen im Weltall
bei Franz Marc: → Mondsichel
Aufleben und Vergehen
bei Joan Miró: s. u. Arabeske, biomorphe
Auflehnung
bei Käthe Kollwitz: s. u. Bauernkrieg
Auflockerung
bei Günther Uecker: s. u. Nägel, weiße
Auflösung des Körpers
bei Käthe Kollwitz: → Barlach, Ernst
– des Lebens
bei Francis Bacon: s. u. Blumenbouquet
– einer ganzen Armee
bei Alfred Kubin: → Soldat, schlotteriger
– Europas, Ängste vor der
bei Jacques Lipchitz: → Stier (A. M. Hammacher)
– greifbarer Objekte
bei Umberto Boccioni: s. u. Pferde
Aufrechtbleiben, inneres
bei Waldemar Grzimek: Stehender (s. u. Stürzender, zu Boden)
Aufrechtsein
bei Marino Marini: s. u. Pomona
Aufruf, rebellischer
bei Kurt Schwitters: s. u. Arbeiter
Aufruhr
bei Marc Chagall: Erscheinung des Engels (s. u. Thoraträger)
–, allgemeiner
bei Emil Nolde: → Maria Ägyptica
Aufschrei der gequälten Kreatur
bei Bernhard Heiliger: → Gefangener
– der Verzweiflung
bei Pablo Picasso: Pferd mit dem Kopf nach oben (s. u. Kopf des Pferdes)
–, verzweifelter
bei Ossip Zadkine: s. u. Loch im Rumpf
Aufschwung
bei Antoine Pevsner: → Siegessäule
Aufsichnehmen der totalen Ungeborgenheit
bei Marc Chagall: → Gekreuzigter (F. Meyer)
– des Leidens
bei Marc Chagall: s. u. Kind am Kreuz
Aufsplitterung des Menschen
bei Ernst Ludwig Kirchner: zersplitterte Form (s. u. Farben)
Aufstand
bei Renato Guttuso: s. u. Helme
– der Hexe
bei Leonor Fini: Empörung gegen alles, was im Mann in gesellschaftlicher Hinsicht steckt (s. u. Kreideumriß eines Mannes)
Aufsteigen
bei Max Ackermann: s. u. Blau, Rot und Gelb

C

bei Pablo Picasso: »Hier ist nur wichtig festzuhalten, daß die Corrida den uralten Kampf zwischen der Naturkraft und dem Menschen anschaulich symbolisiert. In P.s Abwandlungen dieses Kampfes wird sogar sichtbar, daß dabei zugleich ein Kampf der Geschlechter, oder genauer der Kampf entgegengesetzter Triebe stattfindet. Einige Blätter (vom 29. und 30. Mai 1933) zeigen nicht den niedergestochenen Stier, sondern den sterbenden Minotaurus. Der Sieger, der 'Töter' (Mata-dor) ist unsichtbar, dafür sieht man die Gesichter von Frauen, die weniger Mitleid widerspiegeln als eher Bedauern, daß diese männliche Kraft dahinschwindet und sie nun nicht mehr erobern kann. Denn dieser Minotaurus, der Bewacher des Labyrinths auf Kreta, stammt bei P. aus einem anderen Labyrinth her, aus dem Labyrinth menschlicher Leidenschaften, aus der Tiefe der doppelgeschlechtlichen Seele.«
Alexander Gosztonyi (1970, S. 84/5)

D

Durchkreuzung
bei Otto Meyer-Amden: → Stab
Durchkreuzungen
bei Alfred Manessier: → Dornen
bei Jackson Pollock: Streit-Formen (s. u. Pfähle, blau-schwarze); Streit (s. u. Linien, spitzige)
Durchstiche
bei Lucio Fontana: Befreiung des Menschen (s. u. Löcher)
Durchstoßen der Leinwand
bei Lucio Fontana: »Diese 'Buchi' ('Löcher') sind eine Innovation [seit 1949] innerhalb der Malerei . . . Durchlöchert worden ist sie [die Leinwand] bis zu F. noch nie. F.s Durchstoßen der Leinwand bedeutete für ihn die Zerstörung der traditionellen Bildebene, zugleich aber auch die Schaffung einer neuen Dimension. Durch das Öffnen der Leinwand suchte er den Raum – der bisher nur durch illusionistische Mittel auf die Bildfläche gebracht worden war – als Realität einzusetzen.«
Erika Gysling-Billeter (1976, S. 5)
Dynamik
bei Georg Eisler: → Mensch
bei Paul Klee: Paukenschläge (s. u. Paukenspieler)
–, Ausgeliefertsein an die wilde
bei Walter Wörn: s. u. Gestalten
– des Automobils
bei Giacomo Balla: s. u. Dreiecke
–, sexuelle
bei Max Ernst: → Peitsche u. a.
–, überirdische
bei Paul Klee: Licht, Energie, Macht, Kraft (s. u. Pfeil, kalligraphischer)
– und Ganzheit
bei Ernst Wilhelm Nay: → Acht, liegende
Dynamische, das
bei Alfred Kubin: das Erotische (s. u. Körper, entblößter)
Dynamismus der Arbeit
bei Umberto Boccioni: s. u. Pferde

E

Ebbe
bei Joseph Cornell: s. u. Glas
'Ebenbildlichkeit Gottes', Abfall des Menschen von seiner
bei Rudolf Hausner: → Kopf des Adam
Ebene, höhere
bei Max Beckmann: s. u. Leiter
Ebenen der Realität
bei Marcel Duchamp: s. u. Glas', 'Großes
Ecce[homo]
bei Paul Klee: »Vier Wochen vor seinem Tode [1949] schreibt er mit Bleistift sein 'Ecce' (Z) auf als Hieroglyphe dieses Transzendierens in die letzte Offenheit.«
Will Grohmann (1954, S. 358)
Echo der Ewigkeit
bei Ernst Barlach: s. u. Lauschende
Echtheit, lichtreflexive
bei Gerhard Richter: s. u. Fotografie, abgemalte
Eckiges
bei Friedrich Schröder-Sonnenstern: → 'Leben selbst'
Eden, Garten
bei Max Beckmann: s. u. Schlangenwesen
bei Paul Klee: s. u. Spirale (M. Huggler)
Ego
bei Marc Chagall: s. u. Mann mit dem Kopf eines Hahns
Egoismus
bei Marc Chagall: → Hahn
Ehe
bei Edvard Munch: s. u. Haar (R. Biedrzynski)
–, Mißlichkeiten/Freuden der
bei Konrad Klapheck: → Schuhspanner
Eheproblematik
bei Fidus: s. u. Schwert
Ehre
bei Oskar Kokoschka: → Krone
Eifersucht
bei Edvard Munch: »Oder aber, er läßt ein leuchtend grünes Gesicht den stummen Schmerz der Eifersucht ausdrücken, so daß die grüne Farbe [in: 'Leidenschaft', 1913] sich als Sinnbild der Eifersucht für immer ins Gedächtnis eingräbt.«
Arve Moen (1957, S. 34)
Eigenbewegung, Tod der
bei Paul Klee: absolute Herrschaft der Kraft des Lotes (s. u. Pfeil, schwarzer/C. Geelhaar)
Eigenleben, metaphysisch-funktionales
bei Oscar Dominguez: s. u. Maschinen, zweckentbundene
Eigenschaften, essentielle
bei Julius Schmidt: s. u. Maschine
–', 'Mann ohne
bei René Magritte: s. u. Mann mit dem Bowler
Eigenständiges
bei Max Beckmann: → Fische
Eigentliche, das
bei Fritz Wotruba: Innen (s. u. Hockender)
Einbildungskraft
bei Max Ernst: → Vogel/Schlange
Einbruch aus der Tiefe
bei Marc Chagall: s. u. Fisch (R. Volp)
Eindringen
bei Salvador Dali: s. u. Ornament
– in den Kopf
bei Henry Moore: Loch (s. u. Kopf)
Einfachheit
bei August Macke: → Mädchen
Eingänge
bei Alfred Kubin: s. u. Uhrturm
Eingang zum Paradies
bei Heinrich Altherr: s. u. Engel
bei Paul Klee: verriegeltes Tor (s. u. Spirale/M. Huggler)
Eingebundensein
bei Edvard Munch: s. u. Blau, dunkles
Eingeengtheit unseres Bewußtseins
bei Henry Moore: → 'setting' von kahlen Mauern
Eingefügtsein des Menschen
bei Ernst Wilhelm Nay: → Gestalt, geometrische
Eingeschlossensein
bei Jackson Pollock: Schiffahrt (s. u. Flächenmuster)
bei Franz Radziwill: → Schiffe
bei Antoni Tàpies: → Mauer
Eingespanntsein in den Mechanismus des erotischen Triebes
bei Paul Wunderlich: → Frauentorsi, posierende
Eingesperrtsein
bei Gerd Winner: s. u. Feuerleiter
Eingeständnis gesellschaftlicher Fehlentwicklungen
bei Andy Warhol: s. u. elektrischer Stuhl
Eingriffe, genetische
bei Rudolf Hausner: s. u. Christuskopf, Holbeinscher
Einhalt
bei John Steuart Curry: s. u. Bundesmiliz

Form von unerhörter Heftigkeit. Eine riesige Masse von Rot – das Blut – fällt auf die Erde ... unten, im Hintergrunde, sieht man Witebsk, den Schauplatz aller Leiden.«
Lionello Venturi (1956, S. 84/5)

En-Soph
bei Max Beckmann: kabbalistisches Symbol (s. u. Spiegel mit Horizont)

Entblößen
bei Marcel Duchamp: → Uhrzeiger

Entblößung
bei Hans-Jürgen Diehl: s. u. Strauß-Ball
bei Rudolf Hausner: s. u. Selbstbildnis
bei Christian Schad: → Bekleidung

Entfaltung des Raumes
bei Jackson Pollock: s. u. Flächenmuster

–, freie
bei Max Ernst: s. u. Vogel (U. M. Schneede)

–, raumzeitliche
bei Paul Klee: → Pfeil (C. Geelhaar)

– von Leben
bei Joachim-Fritz Schultze: → Plastik

Entfesseltes
bei Paul Klee: s. u. Garten

Entfremdetsein
bei Eward Hopper: psychische Erstarrung (s. u. Figuren, männliche)

Entfremdung
bei Giorgio de Chirico: »Das Problem C.s ... ist aus der Entfremdung des modernen Zivilisationsmenschen von der Wirklichkeit seiner eigenen Erinnerungen entstanden ... C. unternahm seine Reisen, um sein eigenes Labyrinth zu erforschen: das innere Labyrinth eines Menschen im zwanzigsten Jahrhundert. Im Laufe der Reise sammelte er eine ungewöhnliche Ausbeute, mit der er nach und nach die ehedem fast leere Szene füllte ... Die Stadt existiert immer noch – einige Kabellängen entfernt ist sie durch die Luken der Rumpelkammer zu sehen, die mit überzivilisierten Fetischen, mit Seekarten unbekannter Küsten, mit Sextanten und Theodoliten für neue Dimensionen vollgestopft sind.«
Marcel Jean (1961, S. 55)
bei David Alfaro Siqueiros: s. u. Stein anstelle des Kopfes

Entgleisen ins Unmenschliche
bei Heinz Zander: Held (s. u. Mann, Panzerbrechender – bei Willi Sitte)

Enthalten
bei Henry Moore: s. u. Fruchtkugeln

Enthaltendes
bei Henry Moore: das Weibliche (s. u. Brust); s. u. Liegende Figur

Enthaltsamkeit
bei Pablo Picasso: s. u. Spiegel

Enthauptung
bei Rudolf Hausner: s. u. Staffelei

Enthemmung, sexuelle
bei Christian Schad: → Bekleidung

–, totale
bei Franz Ringel: s. u. Fleisch

Enthüllung des wahren Bildes der Herrschaft
bei Francis Bacon: → Kadaver, blutiger

Enthumanisierung
bei Emil Nolde: → Dämonen

Entindividualisierung
bei Oskar Schlemmer: → Figurine
bei Franz Wilhelm Seiwert: schematisierte Köpfe (s. u. Fabrik)

Entkleidung
bei Allan Jones: s. u. Sexmobiliar
bei Otto Meyer-Amden: Bedrohung bzw. Befreiung (s. u. Knabe, entkleideter)

– Christi
bei Otto Meyer-Amden: Martyrium (s. u. Kleider)

Entkommen
bei Rudolf Hausner: s. u. Antlitz, gequältes

Entladung
bei Günther Uecker: s. u. Nagel (D. Helms)

–, elektrische
bei Mikuláš Medek: Bedrohung (s. u. Dornen', 'Nackter in den)

Entmenschlichung
bei Salvador Dali: → Trapez aus leprösem Gebein

Entpersönlichung
bei Werner Tübke: → Marionette

Entrücktheit
bei Ernst Barlach: → Gestalt, schwebende

Entrückung
bei Ernst Barlach: → Frau im Wind
bei Max Beckmann: Tanz und Champagnerrausch (s. u. Sekt 'Roi')
bei Marc Chagall: → Kopf der Frau vom Leibe getrennt
bei Gustav Klimt: → Augen, geschlossene

Entrüstung, moralische
bei Georges Rouault: s. u. Richter

Entsagung
bei Pablo Picasso: s. u. Gitarrenspieler

Entscheidung
bei Max Beckmann: s. u. Kreuze, schwarze

–, individuelle
bei Max Ernst: s. u. Wald (J. Russell)

Entscheidungen unseres Lebens, wichtigste
bei Konrad Klapheck: s. u. Schreibmaschine (K. Klapheck)

Entschleierung des Weltgeheimnisses
bei Max Beckmann: Forschung (s. u. Himmelsfernrohr)

Entschwinden in die Unendlichkeit
bei Pablo Picasso: → Frau, mit einem Bein sich abstoßend

Entsetzen
bei Joan Miró: Formwiderlinge obszöner Prägung (s. u. Gebilde, böse)

Entspannung
bei Zlatko Burek: s. u. Soldaten

Entstehen
bei Marcel Duchamp: s. u. Baum

Enttäuschung
bei Conrad Felixmüller: niedergedrückte Massen (s. u. 'Fabrikarbeiter im Regen')

Entthronung der Vernunft
bei Marc Chagall: → Kopf nicht auf dem Rumpf

Enttrümmern
bei Bert Heller: Ziegelreichen (s. u. Hände, zugreifende)

Entwicklung
bei Max Ackermann: → Kind

– der Technik
bei Rudolf Hausner: s. u. Organe mit Schlauchleitungen

– einer Planeten-Kette
bei Max Beckmann: s. u. Himmelskörper, rotglühende

–, fortschreitende
bei Rudolf Hausner: s. u. Christus-[Kopf] des Holbein

Environment, neuzeitliches
bei Roy Lichtenstein: → Flugzeug

Environments
bei Joseph Beuys: »B.s Environments gleichen geheimnisvollen Ritualen der Heimkehr in den Urschlamm, in gestocktes Blut, in die schwarze mütterliche Erde.«
Oto Bihalji-Merin (1969, S. 8/9)

Epoche, Trivialität einer
bei Wim T. Schippers: → Stuhl', 'Lila

–, zerstörerische
bei Robert Delaunay: → Turm, zusammenbrechend

Erbarmen
bei Karl Fred Dahmen: s. u. Strick, hängender

G

bei Oton Gliha: s. u. Grenzscheiden, steinerne
bei Roberto Echaurren Matta: → Labyrinth
bei Werner Tübke: s. u. Gefängniswand
bei Albert Weisgerber: → Absalom
–, äußere/innere
bei Paul Klee: s. u. Tier
– der Tiere
bei Jorge González Mir: → Käfige
Gefangensein
bei Paul Klee: → Verschlingung, labyrinthische
bei Henry Moore: s. u. 'setting' von kahlen Mauern
Gefecht, letztes
bei Roy Lichtenstein: → Revolver, Griff nach dem
Gefoltertsein
bei Max Beckmann: s. u. Nacktheit
Geformtes
bei Paul Klee: s. u. Garten
Gefressenwerden
bei Salvador Dali: → Heuschrecke
Gefüge, soziales
bei Henry Moore: s. u. Höhlung und Wölbung
Gefühl
bei Pablo Picasso: → Gitarre
bei Walter Wörn: → Farben, lodernde
– für Gemeinsamkeit
bei August Macke: ruhige Unterhaltung (s. u. Figuren, Verdoppelung und Verdreifachung der)
Gefühle
bei Marc Chagall: s. u. Callablüten
bei Bernard Meadows: s. u. Krustentiere
bei Otto Mueller: s. u. Zigeuner (B. S. Myers)
–, tiefe, andächtige
bei Lyonel Feininger: s. u. Kirche
Gefühllosigkeit
bei Mikuláš Medek: ». . . Die Umkehrung der Funktion [Wolle wikkeln] (die Strickerin hält die Wolle, der Junge wickelt auf) [in: 'Vorgang II – Die Wolle', 1956] – Symbol der Gefühllosigkeit, mit der ein solcher Vorgang abläuft.«
Bohumír Mráz (1970, S. 34)
Gefühlsausdruck
bei Walter Wörn: s. u. Tänzer, dreibeiniger
Gefühlscharakter der Farben
bei Wassily Kandinsky: s. u. Gelb
Gefühlsleben, Ganzheit im
bei Marc Chagall: → Mann und Frau
Gefühlsmonstrum
bei Salvador Dali: → Gala und Dali
Gefühlsregungen
bei Georgia O'Keeffe: s. u. Zeugungskraft
Gefühlsvorgänge
bei Mikuláš Medek: s. u. Schwarz
Gefühlswerte, Exhibitionismus amerikanischer
bei Andy Warhol: → Gesicht einer Frau [Jackie]
Gegenkräfte
bei Joachim-Fritz Schultze: s. u. Plastik
Gegensätze
bei Pavel Sukdolák: s. u. Kreis
–, Einheit der
bei André Masson: → Diamant
–, Spaltung in
bei Marc Chagall: s. u. Liebespaare
Gegensatz, absoluter
bei Piet Mondrian: → Schnittpunkt von Horizontaler und Vertikaler
– des offenen und geschlossenen Auges
bei Victor Brauner: doppelte Blickrichtung des 'Sehers' (s. u. Auges, Gegensatz des offenen und geschlossenen)
– des Weiblichen und Männlichen
bei Ernst Wilhelm Nay: s. u. Rosa, hektisches
– zwischen Männlichem und Weiblichem
bei Edvard Munch: kontrastierende Gruppen von Knaben und Mädchen (s. u. Kinder)
Gegensatzpaare der menschlichen Psyche
bei Rudolf Hausner: Adam und sein Maschinist (s. u. Doppelgänger)
Gegenstandslosigkeit, Erfahrung der
bei Kasimir Malewitsch: → Viereck
Gegenüberstellung
bei Richard Lindner: s. u. Ludwig von Bayern, König
Gegenwart
bei Friedrich Gerlach: → Bögen; s. u. Europas, Genius
bei Käthe Kollwitz: s. u. Bauernkrieg
bei Pablo Picasso: Glühbirne (s. u. Kerze)
bei Friedrich Meckseper: s. u. Labyrinth
– der naturhaften seelischen Kräfte
bei Marc Chagall: → Huhn und Fisch
–, unchristliche
bei Germaine Richier: s. u. Christus am Kreuz
– und Zukunft
bei Paul Klee: → Pfeil (C. Geelhaar)
Gegenwartsbezug
bei Max Beckmann: s. u. Kalypso
Gegenwelt
bei Henri Michaux: s. u. Erscheinungen, isolierte
– der Dinge
bei Konrad Klapheck: s. u. Hintergrund, schwarzer
Gegenzeit
bei Friedensreich Hundertwasser: s. u. Gesichter, zwei
'Geheimlehre'
bei Max Beckmann: s. u. Himmelskörper, rotglühende
Geheimnis
bei Max Beckmann: Saturn (s. u. Krücke); s. u. Schlüsselträger, langbeiniger
bei Paul Klee: → Blätter, spindelartige
bei Henri Laurens: s. u. Flasche
bei Joe Tilson: → Finger an den Lippen
–, Abhängigkeit vom
bei Max Beckmann s. u. Fernrohr, astronomisches
– des Leidens
bei Reginald Butler: s. u. Richtstätte, käfigartige
– des Weges
bei Max Beckmann: s. u. Himmelskörper, rotglühende
–, hermetisches
bei Max Beckmann: → Schlüssel
–, wichtigstes
bei Max Beckmann: Weltall (s. u. Himmelsfernrohr)
Geheimnisse, große
bei Hans Arp: Unwahrheiten (s. u. Ei)
–, uneröffnete
bei Max Beckmann: Nüsse (s. u. Maiglöckchen)
Geheimnisses, Bild des
bei Godwin Ekhard: s. u. Maske
–, Element des
bei Max Beckmann: s. u. Fernrohr, astronomisches
–, Hüterin des
bei Ewald Mataré: → Katze
Geheimnisvolles
bei Marc Chagall: s. u. Geiger (W. Haftmann)
bei Oskar Kokoschka: → Sphinx

H

Hingabe
bei Max Beckmann: → Weib
bei Georges Braque: → Vogel, schwebender
bei Marc Chagall: fliegendes, entschwebendes Element (s. u. Figuren über den Dächern)
bei Walter Wörn: → Farben, lodernde
–, leidende
bei Alfred Kubin: weibliches Sexualprinzip (s. u. Affe)
–, restlose
bei Gustav Klimt: → 'Kuß'
–, sexuelle
bei Pablo Picasso: → Kopf, zurückgebogener
Hinopferung
bei Germaine Richier: → Kruzifix
Hintergründigkeit
bei Franz Marc: → Blau (W. Grohmann)
Hintergrund, gesellschaftlicher
bei Werner Tübke: s. u. Doge
–, schwarzer
bei Konrad Klapheck: »Man kann K.s Gegenstände, die sich schön und mächtig vor uns aufrichten am ehesten mit gewissen Stilleben des Manierismus vergleichen, in denen die Gegenwelt der Dinge ähnlich suggestiv erfahren wird. Sie symbolisieren häufig die fünf Sinne und stehen als Mittler unserer Sinneserfahrungen auf die Folie der Vergänglichkeit, d. h. vor dem schwarzen Hintergrund des Todes.« Juliane Roh (1971, S. 210)
Hinweis, sozialkritischer
bei Hans-Jürgen Breuste: s. u. Gerätschaften, abgenutzte
Hinwendung zur Wand
bei Alfred Kubin: völlige Unterwerfung (s. u. Vater)
Hippie-Manier
bei Yves Klein: s. u. Abdrücke weiblicher Körper
Hirtenvolk
bei Marc Chagall: der Stamm Reuben (s. u. Schafe)
Historie, italienische
bei Carlo Carrà: s. u. Haus, leeres
Hitlerdiktatur
bei Franz Radziwill: s. u. Augenbinde
Hitler-Krieg
bei Giacomo Manzù: s. u. 'General'
Hochgefühl
bei Konrad Klapheck: s. u. Schreibmaschine mit fünf Tasten
Hochmut
bei Marc Chagall: → Mann mit dem Kopf eines Hahns
Hochwasser
bei Jean-Pierre Raynaud: Meßlatte (s. u. Psycho-Objekte)
Hochzeit
bei Marc Chagall: Vereinigung von Seele und Gott (s. u. Stuhl der Braut); s. u. Klesmer
–, alchemistische
bei Marcel Duchamp: Vereinigung des Bruder-Schwester-Paares (s. u. Flüssigkeitsstrahl, feiner)
Hochzeiten, jüdische
bei Marc Chagall: s. u. Tänzer
Höchste, das
bei Max Beckmann: En-Soph (s. u. Spiegel mit Horizont)
Höchsten, Begehren nach dem
bei Markus Prachensky: Geist (s. u. Rot)
Höhe
bei Oskar Schlemmer: s. u. Figur
–, Illusion der
bei Paul Klee: s. u. Kreuz, magisches
Höhenluft
bei Fidus: männliches Prinzip (s. u. Lichtgeist)
Höherem, Streben nach
bei Constantin Brancusi: → Vogel, goldener
bei Wols: Blütenzweig (s. u. Wurzelwerk)
Höhlenerlebnis
bei Henry Moore: s. u. Mutterschoß
Hölle der Leidenschaften
bei Edward Kienholz: → Auto
Hören
bei Paul von Hoeydonck: s. u. Mann
Hörigkeit
bei Max Beckmann: → Weib
Hoffnung
bei Heinrich Altherr: → Schiffbrüchige
bei Cuno Amiet: s. u. Weib
bei Max Beckmann: → Ballon; → Kind (L.-G. Buchheim); → Knabe, weißgoldener; → Maiglöckchen; s. u. Schiff, düsteres
bei Marc Chagall: das Kind (s. u. Mater Dolorosa)
bei Fabrizio Clerici: s. u. Totenstädte, mythische
bei Rolf Escher: → Fenster
bei Conrad Felixmüller: → Ähren
bei Lea Grundig: → Lichtbahnen
bei Renato Guttuso: rote Fahne (s. u. Wolke, rote)
bei Hannah Hoech: → Kubus
bei HAP Grieshaber: s. u. Fäuste, riesige
bei Wassily Kandinsky: s. u. Schwarz
bei Paul Klee: → Engel (C. Geelhaar)
bei Yves Klein: s. u. Körperabdrücke
bei Gustav Klimt: → Mädchen, hochschwangeres; → Schwangere
bei Heinz Kreutz: grüne Farbe (s. u. Licht, ewiges)
bei Fernand Léger: s. u. Roboter
bei Jacques Lipchitz: s. u. Stier (K. Herding)
bei Marino Marini: → Reiter (M. Marini)
bei Wolfgang Mattheuer: s. u. Kugel
bei Ludwig Meidner: → Luftballon
bei Pablo Picasso: → Stier (D. Schmidt); → Vogel (J. Thimme)
bei Franz Radziwill: → Lutherrose
–, auf das Jenseits gerichtete
bei Pablo Picasso: s. u. Gaukler (W. Wiegand)
–, Leben ohne
bei Georges Rouault: → Zwerg
–, Tod ohne
bei Pablo Picasso: → Leichenhaufen
–, träumerische
bei Max Beckmann: → Jüngling mit den verbundenen Augen
–, Wiederherstellung der
bei Max Beckmann: lichtvolles und unbefangenes → Kind (F. W. Fischer)
–, Zerstörer von
bei Paul Klee: → Kreuz
Hoffnungen
bei Walter Wörn: → Regenbogen
Hoffnungslosigkeit
bei Gustav Klimt: s. u. Mädchen, hochschwangeres
bei Mikuláš Medek: → Schwarz
bei Edvard Munch: dunkelgekleidete Frau (s. u. Frauengestalten)
bei Pablo Picasso: s. u. Blau (H. W. Janson)
–, unheroische
bei Jackson Pollock: → Reiter auf dem Stier
Hohe, das
bei Yves Klein: → Gold
Hoheitszeichen des spanischen Wesens
bei Pablo Picasso: → Stier (C. Seckel)
Hohlgang
bei Konrad Klapheck: Mutterschoß (s. u. Telephon mit Schnur)
Hohn auf menschliche Hilfsbereitschaft
bei Otto Dix: Prothese (s. u. Held mit Prothesen)
Honigmond, roter
bei Marc Chagall: s. u. Gesichter, sich ineinander küssend

I

J

Jagd nach dem Glück
bei Edvard Munch: »Von den Figuren im Vordergrund [in: 'Tanz des Lebens', 1899/1900] springt die Darstellung auf die von Unruhe erfüllten Gestalten in der Tiefe des Bildes, welche die beständige Jagd nach dem Glück symbolisieren.«
Bernard S. Myers (1957, S. 34)
– nach Geld und Gewinn
bei Max Beckmann: Faszination durch ein Idol (s. u. Dame auf dem Spieltisch)
Jahre des Schreckens
bei Alberto Giacometti: → Frauengestalten
Jahres, Monate des
bei Salvador Dali: → Nadeln, zwölf diamantene
Jahreszeiten
bei Max Ernst: s. u. 'Capricorn'
Jahrhundert des Sozialismus
bei Werner Tübke: s. u. Mutter mit den vier Knaben
Jahrmarkt
bei Max Beckmann: s. u. Jahrmarktstreiben
bei Peter Weiss: »Für mich war der Jahrmarkt [in: 'Hausierer', 1940] das Freiheitssymbol. Ich wollte als Kind mit einem Wanderzirkus los.«
Peter Weiss
in: Peter Sager (1976, S. 56)
Jahrmarktstreiben
bei Max Beckmann: »In dieser Folge ['Jahrmarkt', 1921] wird deutlich, daß das Jahrmarktstreiben als Gleichnis für unser Leben verstanden wird.«
Friedhelm W. Fischer (1978, S. 61)
Jenseitigen, Nahtstelle zwischen dem Diesseitigen und dem
bei Marc Chagall: → Uhr
Jenseitigkeit
bei Paul Klee: → Fläche, schwarze
Jenseits
bei Max Beckmann: s. u. Stürzender
–, Beziehung zum
bei Marc Chagall: s. u. Hahn (R. Huyghe)
–, Botschaften aus dem
bei Fabrizio Clerici: → Steine u. a.
–, Diesseits und
bei Max Ackermann: → Sphinx
– gerichtete Hoffnung, auf das
bei Pablo Picasso: s. u. Gaukler (W. Wiegand)
–, Weg ins
bei Max Beckmann: → Pfeile
Jenseitsmächte
bei Marc Chagall: s. u. Geiger (W. Haftmann)
Jovialität
bei Otto Dix: s. u. Säulenreihe
Jubel
bei Kurt Schwitters: s. u. Merz
Juda
bei Marc Chagall: entstammen die politischen Führer (s. u. Schafe)
Judentum
bei Marc Chagall: s. u. Leuchter, großer
–, nach-exilisches
bei Marc Chagall: s. u. Leuchter
Judenverfolgung
bei Marc Chagall: → Kruzifix
Jüngstes Gericht
bei Wassily Kandinsky: s. u. Linien, zwei violette und rote
Jugend
bei Marcel Duchamp: s. u. Kreis
bei Wolfgang Mattheuer: »*Diese* parteiliche Eindeutigkeit der Malerei kommt aus der Idee, die Jugend als Symbol der Zukunft [u. a. in: 'Horizont', 1970] den Bildzeichen von der spießerhaften Enge entgegenzusetzen . . .«
Lothar Lang (1975a, S. 13)
bei Otto Meyer-Amden: die aufgehende Sonne, der Frühling, die jungen Tannen der Baumschule (s. u. Jünglingsgestalt, nackte)
bei Edvard Munch: hellgekleidetes Mädchen (s. u. Frauengestalten)
–, Brunnen der Ewigen
bei Salvador Dali: s. u. Delphine
–, ewige
bei Marcel Duchamp: s. u. Gestalt, zentrale
–, Freiheit der
bei Hans Bellmer: s. u. Puppe (R. Castleman)
–, geopferte
bei Albert Weisgerber: → Sebastian
Jugenderinnerung
vgl. Kindheitserinnerung
bei Salvador Dali: s. u. Zypresse
Jugendstilmotiv
bei Friedensreich Hundertwasser: s. u. Spirale (F. Bayl)

K

Kabbala
bei Marc Chagall: s. u. Mensch
Kälte
bei Joseph Beuys: s. u. Eisenplatte
bei Max Beckmann: s. u. 'femme fatale'
bei Jacques Monory: → Fingernägel, lackierte u. a.
– der klinischen Situation
bei Dieter Krieg: → Menschenpaket
–, messende
bei Max Beckmann: s. u. Herz-As
Kämpfe
bei Carlo Schellemann: s. u. Häupter, geborstene
Käuflichkeit
bei Werner Tübke: Dukatenfalter (s. u. Goldfasan)
Kahlheit
bei Henry Moore: Skelett (s. u. Decke)
Kalkül, mathematisches
bei Oskar Kokoschka: → Prometheus
Kameraauge
bei Friedensreich Hundertwasser: s. u. Kasten, schwarzer
Kameradschaft
bei Renato Guttuso: vertraute Geräte (s. u. Hektographiermaschine)
Kampf
bei Francis Bacon: s. u. Ringer
bei HAP Grieshaber: → Fäuste, riesige
bei Wassily Kandinsky: Reiter (s. u. Sonne, Kraft ausstrahlende)
bei Paul Klee: »K. hat im Inneren des Menschen und der Schöpfung sehr früh Dualismen aufgespürt, die miteinander im Kampf liegen. Diese Auseinandersetzung ist ein Gestaltungspol der Schöpfungsgeschichte und der menschlichen Entwicklung. Der Kampf wird für K. zum Symbol des Übergangs zwischen Abstraktion und Realität auf einer ganz bestimm-

Kindheit, verlorene
bei Marc Chagall: s. u. Uhren
–, Wälder der
bei Max Ernst: embryonales Leben (s. u. Horde)
Kindheitserinnerung
bei Max Ernst: Vogel (s. u. Auge)
bei Rudolf Hausner: → Kugelbäume; s. u. Narrenhut; s. u. Schornstein einer Lokomotive; s. u. Seifenblasen
bei Friedensreich Hundertwasser: s. u. Hase
bei Jiří Kolář: s. u. Apfel
bei Henry Moore: s. u. Frau, sitzende
Kindheitserlebnis
bei Salvador Dali: s. u. Uhren, weiche
Kindheitsphantasie
bei Salvador Dali: 'Grashüpferkind' (s. u. Heuschrecke)
Kindheitswelt
bei Marc Chagall: s. u. Gekreuzigter (F. Meyer)
Kindliches, gierig
bei Henry Moore: s. u. Kind, vogelhaftes
Klage
bei Pablo Picasso: s. u. Vogel (R. Arnheim)
–, stumme
bei Ernst Barlach: → Gestalt, schwebende
Klagen
bei Robert Motherwell: s. u. Zeichen, schwarze
'Klammer'
bei Rudolf Hoflehner: → Beine
Klang, faunischer
bei Ernst Wilhelm Nay: s. u. Rosa, hektisches
Klangjubel
bei Jacques Lipchitz: s. u. Harfe
Klangkörper
bei Henri Laurens: Leib des Menschen (s. u. Musikinstrument)
bei Henry Moore: s. u. Drähte
Klarheit
bei Jan Koblasa: s. u. Marmormensa
bei Jacques Lipchitz: → Kristall
bei August Macke: → Mädchen
–, Reinheit und
bei Raimund Girke: → Weiß
Klasse, herrschende
bei Leo Haas: s. u. Hand, weiße behandschuhte
–, versammelte
bei Otto Meyer-Amden: »Die vor dem Lehrer versammelte Klasse [in: 'Eintritt in Klasse', 1918/19] wird zum Symbol der christlichen Gemeinde, in der das vom Prediger vermittelte göttliche Wort die Erleuchtung auslöst.«
Carlo Huber (1968, S. 51)
Klaustrophobie
bei Gerd Winner: s. u. Feuerleiter
Kleiderstaffage
bei Dieter Krieg: »Bei K. wird die Kleiderstaffage zum beherrschenden Bildfaktor, da sie durch ihre ausschließliche Selbstinszenierung den bekleideten Figuren eine untergeordnete Haltung abzwingt. K.s Figuration symbolisiert die Selbstverstümmelung der menschlichen Individualität durch den Drang zum uniformen Kleidungsklischee, das sich als entleerte konsummechanische Selbstbestätigungsform des Menschen absolutistisch veräußert.«
Karin Thomas (1971, S. 341/42)
Kleine, das unendlich
bei Willi Baumeister: kalligraphische Zeichen (s. u. Montaru)
Klima, soziales
bei Pablo Picasso: s. u. Frau', 'Brütende
Klinik-Trauma
bei Gerd van Dülmen: s. u. Männer, kopflose, nackte
Knabenzeit
bei Henry Moore: s. u. Frau, sitzende
Knechtung
bei Hans Erni: Draht (s. u. Papier)
Königreiche, irdische
bei Lovis Corinth: s. u. Veste Troja
Körperabdrücke vgl. Teil II
bei Yves Klein: »Jene fürchterlichen Zeugnisse münzt K. um in Zeugnisse der Hoffnung auf das immaterielle Leben. Seine Körperabdrücke, die er Anthropometrien nannte, werden so zu Zeichen des geistigen Lebens.«
Dieter Mahlow (1969, o. S.)
s. u. Umriß des Menschen
Körperlichkeit
bei Fritz Genkinger: s. u. Rückennummern
–, freudige Bejahung der eigenen
bei Otto Meyer-Amden: unbefangene Nackheit (s. u. Jünglingsgestalt, nackte)
–', 'scheußliche vegetative
bei Max Beckmann: → Columbine
Körperlose, das
bei Adolph Gottlieb: s. u. Kontrastformen
Koexistenz, friedliche
bei Robert Indiana: → LOVE
Koitus
bei Marcel Duchamp: → 'Akt, eine Treppe hinabsteigend'
Kollektiv
bei Rudolf Hausner: s. u. Arche
Kollektiven, Sphäre des
bei Marc Chagall: s. u. Maskierte, der
Kollektivität
bei Otto Meyer-Amden: s. u. Kleider
bei Franz Wilhelm Seiwert: s. u. Fabrik
Kollektivphysiognomie
bei René Magritte: s. u. Mann mit dem Bowler
Kolonialbourgeoisie, degenerierte
bei Fernando Botero: → Fleischmonstren, dickleibig-blasse
Kolonisierung Mexikos
bei David Alfaro Siqueiros: → Zentaur
Kombination des männlichen und weiblichen Aspekts
bei Max Beckmann: Saxophon (s. u. Fastnachtstute)
Komik
bei Paul Klee: s. u. Musik
Kommando
bei Richard Lindner: s. u. Weib, allmächtiges
Kommende, das
bei Paula Modersohn-Becker: s. u. Camelienzweig
Kommerzialisierung, Revolte gegen die allgemeine
bei Mimmo Rotella: → Decollage
Kommunikation
bei Friedrich Gräsel: → Rohrstücke
bei Richard Smith: → Verpackung
bei Joe Tilson: s. u. Auge
–, entrückte
bei Marc Chagall: s. u. Geiger (W. Haftmann)
Kommunikationslosigkeit, menschliche
bei Pierre Dimitrienko: → Formen, lemurenartige
Kommunikationsmöglichkeit
bei Janez Bernik: → Schriftzeichen
Kommunikationsversuchs, Bild eines zögernden, stotternden und unvollständigen
bei René Magritte: embryonale Schrift (s. u. Kreis)
Konflikte, persönliche psychische
bei Hans Bellmer: → Puppe (U. M. Schneede)
Konfrontation
bei Michelangelo Pistoletto: → Spiegel

L

Labile, das
bei Maxime van de Woestijne: s. u. Kiste
Labilität
bei Pavel Sukdolák: → Halbkreis mit krummer Linie
Lachen, ewiges
bei Georges Rouault: s. u. Clown
Lähmung der menschlichen Handlungsfreiheit
bei Alberto Giacometti: → Rümpfe ohne Arme
Lärm, ungeheurer
bei Jean Tinguely: s. u. Maschine', 'Traditionszerstörende
Läuterung
bei Dorothee Conrady: s. u. Werkzeuge
bei Paul Klee: → Engel (C. Geelhaar)
bei Otto Meyer-Amden: s. u. Kleider
Lage des Fötus
bei Marc Chagall: s. u. Halbmond
– einer Leiche
bei Leonor Fini: s. u. Kreideumriß eines Mannes
–, mißliche
bei Bruce Lacey: inmitten der modernen technischen Umwelt (s. u. Roboter)
–, trostlose
bei Oskar Kokoschka: s. u. Windsbraut (W. Hütt)
Land, ersehntes
bei Konrad Klapheck: s. u. Schellen
–, gelobtes
bei Marc Chagall: s. u. Boot im Fluß
–, kultiviertes
bei John Steuart Curry: s. u. Präriebrand
Landes, Beschützerin des
bei Antonio Calderara: → Mutter
Landschaft
bei Peter Brüning: Konzentrat topographischer Zeichen (s. u. Landkarte)
bei Karl Fred Dahmen: → Grün (J. Roh)
bei Renato Guttuso: s. u. Totenschädel; s. u. Zitrone
bei Gerhard Hoehme: s. u. Linien
bei André Masson: »Die Landschaft ist freilich für M. nicht nur die Wiege, sondern auch das Grab allen Lebens, wie einige ältere Zeichnungen aus dem spanischen Bürgerkrieg (1937) beweisen, in denen die einzige, aus dem kahlen und verdorrten Boden sprießende Vegetation aus abgenagten Knochen menschlicher Skelette besteht.«
František Šmejkal (1974, S. 25)
bei Piet Mondrian: → Kreuz
bei Henry Moore: s. u. Liegende Figuren
bei Georgia O'Keefe: s. u. Zeugungskraft
bei Jackson Pollock: s. u. Flächenmuster
bei Hugo Schuhmacher: s. u. Löcher mit Ösen
bei Yves Tanguy: Hügel (s. u. Turm)
–, apokalyptische
bei Oskar Kokoschka: s. u. Krieger
–, arkadische
bei Werner Tübke: s. u. Flora
– aus Schlamm
bei Rudolf Hoflehner: s. u. Kreaturen, vegetierende
– des Untergangs
bei Rudolf Hausner: »Zunächst wird in diesem Bild [in: 'Die Arche des Odysseus', 1948–1956] die Landschaft des Untergangs zum Symbol für die Katastrophen-Lage unserer Epoche.«
Gustav René Hocke (1963, S. 19)
–, Farben der
bei Albert Weisgerber: s. u. Mädchenakt
–, Frau, tot in der
bei Pablo Picasso: s. u. Frau, tot in der Landschaft
–, gespenstische
bei Darrel Austin: s. u. Fluß, dunkler
–, holländische
bei Piet Mondrian: s. u. Rauten
–, klein wimmelnde
bei Erich Brauer: s. u. Honigverkäuferin
–, kosmisch-anthropomorphe
bei Wilhelm Morgner: s. u. Eiform
–, männliche
bei Rudolf Hausner: s. u. Anima
–, mütterliche
bei Antonio Calderara: s. u. Mutter
–, streifige
bei Richard Pettibone: s. u. Motorrad
–, unbegrenzte
bei Karl Fred Dahmen: → Grün (P. O. Schulz)
–, weite
bei William Theo Browns: s. u. Hund
Landschaften
bei Aristide Maillol: s. u. Frau, Körper der
bei Werner Scholz: s. u. Tiere
– des Grauens
bei André Verlon: s. u. Masken
–, weite
bei Robert Motherwell: 'Open'-Bilder (s. u. Fenster)
Landschaftsausschnitt
bei René Magritte: »Ich stellte innen vor ein Fenster ein Bild [in: 'La belle captive', 1931, und 'La condition humaine I', 1933], das genau den Ausschnitt der Landschaft draußen enthielt, der von ihm verdeckt war . . . So war für den Betrachter der Baum gleichzeitig außen – in der Landschaft – und innen – im Bild. Auch die Welt sehen wir so: außerhalb von uns selbst und doch haben wir ein Bild von ihr in uns. In gleicher Weise verlegen wir manchmal eine gegenwärtige Situation in die Vergangenheit. Zeit und Raum verlieren damit ihre vordergründige Bedeutung, die einzige, die ihnen sonst im täglichen Leben zuerkannt wird.«
René Magritte
in: Wieland Schmied (1969b, S. 51)
Langsamkeit
bei Arnulf Rainer: s. u. Übermalung
Last
bei Max Beckmann: s. u. Frau
bei Jo Jastram: s. u. Aufgerichtete
bei Maxime van de Woestijne: → Kiste
–, Stütze und
bei Fritz Koenig: → Karyatide
–, übermenschliche
bei Wilhelm Lehmbruck: schwere Aufgabe (s. u. Steinroller)
Lastende, das
bei Henry Moore: s. u. Akt, sitzender
Laster
bei James S. Ensor: Masken und Skelette (s. u. Masken)
Latifundien, riesige
bei Renato Guttuso: s. u. Landkarte Siziliens
Laubhüttenfest, jüdisches
bei Marc Chagall: Zitrusfrucht und Palmwedel (s. u. Jude im Gebetsmantel)
Lauf des Schicksals
bei Konrad Klapheck: → Reifen

M

bei Paul Klee: Türkis (s. u. Violett)

Mondschein-Fabel
bei Carlo Carrà: s. u. Wiese, duftende

Monolog, innerer
bei Rudolf Hausner: s. u. Adam (R. Hausner)

Monotonie
bei Marcel Duchamp: s. u. Schokoladenquetsche

– des Lebensliedes
bei Max Beckmann: → Drehorgelspieler, blinder

Monstrosität, apokalyptische
bei Salvador Dali: s. u. Krücke (W. Schmied)

Monument
bei Man Ray: → Bügeleisen, mit Nägeln bespicktes

Monumentalität, groteske
bei Malte Sartorius: s. u. Torso, bekleideter

Moral der Menschen
bei Juan Martinez: s. u. Hühnerfedern

Morbidität
bei Werner Tübke: → Tiere, ekelerregende

Mord
bei Ernst Barlach: → Tier (K. Badt)

Morde, anonyme
bei Jacques Monory: s. u. Fingernägel, lackierte

Morgen, früher
bei Edward Hopper: s. u. Laden, noch nicht geöffneter

'Morgenlicht'
bei Alfred Kubin: s. u. Reiher

Morgenröte der Zeit
bei Oscar Dominguez: s. u. Schreibmaschine

Morgenstunde, Stille der
bei Max Beckmann: Meditation u. a. (s. u. Fernrohr)

Motorisch
bei Ingo Kirchner: → M

Müdigkeit, gesunde
bei Henri Matisse: s. u. Lothringerstuhl

Mühsal der täglichen Fronarbeit
bei Pablo Picasso: s. u. Büglerin (E. Steingräber)

Münchener Konferenz
bei Salvador Dali: s. u. Telephone

Mütterlichen, Prinzip des
bei Leonor Fini: → Frauen als Hüterinnen

Mütterlichkeit
bei Julius Bissier: s. u. Haus

Musik
bei Max Beckmann: → Mädchen, musizierende
bei Marc Chagall: → Straßenfiedler, jüdischer; s. u. Geiger (H. Keller)
bei Werner Gilles: → Figur mit der Leier, weibliche
bei Paul Klee: »Musik als Zwischenglied zwischen Realität und Abstraktion, als formal gereinigtes assoziatives Symbol blieb für ihn immer eine Ebene zwischen Komik und Tragik, Ironie und Ernst, für formale Auseinandersetzungen« [z. B. in: 'Kunst-Musik', 1938].
Tilman Osterwold (1975, S. 110)

–, Macht von Tanz und
bei Walter Wörn: → Tänzer, dreibeiniger

Musiktraditionen
bei Marc Chagall: → Davidgesicht, bärtiges

Mutterbild
bei Jacques Lipchitz: s. u. Stier
bei Henry Moore: → Frau, sitzende

Mutterbilder
bei Hans Theo Richter: sicherer Hort des Guten (s. u. Mann, Panzerbrechender – bei Willi Sitte)

Muttergleichnis
bei Marc Chagall: Maria (s. u. Joseph und Maria)

Mutterhöhle
bei Henry Moore: einhüllendes Tuch (s. u. Tuch)

Mutteridol
bei Niki de Saint-Phalle: s. u. Figur, liegende

Mutterkomplex
bei Giorgio des Chirico: s. u. Arkaden

Mutterschaft
bei Max Beckmann: → Bäuerinnen
bei Lovis Corinth: s. u. Weib
bei Leonardo Cremonini: → Frauengestalten, riesige hierarchische
bei Max Ernst: s. u. Auge
bei Tadeusz Kulisiewicz: »Die Mütter des indischen Dorfes Mahpalpur [1956] sind im Grunde den bäuerlichen Müttern des mexikanischen Bergdorfes der Gegend von Chamula [1958] und den Müttern aus Szlembark ähnlich: sie alle verschmelzen miteinander im symbolischen Bild der 'Mutterschaft'.«
Irena Jakimowicz (1977, S. 9)
→ Frau, abgearbeitete
bei Henry Moore: »Die Mutterschaft ist für M. keine zärtliche Idylle, sondern Symbol der Fruchtbarkeit. Besonders zwei Arbeiten ['Mutter und Kind', 1922 und 1924] versuchen eine neue Lösung des Themas.«
Werner Hofmann (1959, S. 67)
s. u. Formen', 'Innere und äußere'; s. u. Mutter, schreckliche; vgl. Weib
bei Wilhelm Morgner: s. u. Eiform
bei Pablo Picasso: s. u. Orange

Mutterscholle
bei Werner Peiner: s. u. Bauer, pflügender

Mutterschoß
s. Teil II

Mysteriöse, das
bei Janez Bernik: → Schrift

Mysterium
bei Georges Braque: → Vogel

– der Eucharistie
bei Emilio Scanavino: → Brotlaib

–, kosmisches
bei René Magritte: → Feuer

– Marias
bei Ernst Fuchs: s. u. Einhorn

Mystische, das
bei Franz Radziwill: breite Farbflächen (s. u. Lampe)
bei Oskar Schlemmer: s. u. Mensch

Mystischen, Welt des
bei Wilhelm Lehmbruck: s. u. Jüngling, emporsteigender

Mythen
bei Henri Michaux: s. u. Erscheinungen, isolierte

– der Frühmenschlichkeit
bei Marc Chagall: s. u. Kind am Kreuz

–, Deutung von
bei André Masson, Georges Bataille u. a.: s. u. Minotaurus

–, neue
bei Francis Picabia: s. u. Kolben

Mythische, das
bei Ernst Wilhelm Nay: s. u. Rund, blaues
bei Walter Wörn: s. u. Tänzer, dreibeiniger

Mythologie, persönliche
bei Pablo Picasso: s. u. Minotaurus (H. L. C. Jaffé)

Mythos des verkannten Künstlers
bei Pablo Picasso: s. u. Gaukler (W. Wiegand)

– und Antike, verlorenes Paradies von
bei Giorgio de Chirico: → Ariadne

N

O

P

Q

R

Rätselhafte, das
bei Giorgio de Chirico: → Troubadour; s. u. Arkaden
– des Daseins, das
bei Hannah Hoech: Treppe (s. u. Kubus)
– des Weltzusammenhangs, das
bei Paul Klee: → Buchstaben (R. Wedewer)
Rätselhaftigkeit
bei Marc Chagall: s. u. Himmelsziege
– des Weibes
bei Henry Moore: Mondsichel (s. u. Figuren, drei stehende/W. Hofmann)
–, Gefangene ihrer eigenen
bei Pablo Picasso: → Frau', 'Brütende
– menschlicher Existenz
bei Carlo Carrà: blinde Figurine (s. u. Tennisspielerin)
Räuberische, das
bei Franz Marc: s. u. Wölfe (H. Demisch)
Raffgier
bei Pablo Picasso: Schöpflöffel und → Harkenhände
Raffinesse, technische
bei Sarkis: → Leica-Kamera
Raptus
bei Max Beckmann: s. u. Apache
Rasanz der Lebensvorgänge
bei Markus Prachensky: s. u. Rot
Raserei
bei Jacques Lipchitz: s. u. Form, aufgerissene
– des Menschen
bei Otto Dix: → Schlachtfeld
–', 'sexuelle
bei Francis Picabia: s. u. Kolben
Rassen, außereuropäische
bei Hannah Hoech: s. u. Gesichtsfragmente
Rassenunruhen
bei Othmar Zechyr: s. u. Brand
Rassismus
bei Joan Miró: s. u. Frauengestalten
Ratio
bei Victor Brauner: → Schachfelder
bei Rudolf Hausner: → Garten, barocker
– und Emotion
bei Rudolf Hausner: Gegensatzpaar der menschlichen Psyche (s. u. Doppelgänger)
Rationalen und Irrationalen, Trennung zwischen dem
bei Jean Clareboudt: → 'Tür'
Rationales
bei Marc Chagall: s. u. Gliederpuppe
bei Oskar Schlemmer: s. u. Mensch
Rationalismus
bei Salvador Dali: s. u. Krücken, fünf
Rationalität
bei Rudolf Hausner: → Formen, geometrische
Ratlosigkeit
bei Max Beckmann: s. u. Raumtiefe
bei Ernesto de Fiori: → Soldat
Raub
bei Max Beckmann: → Weib
– und Verlust
bei Max Ernst: s. u. Auge
Raubgesinnungen, politische
bei Franz Marc: → Wölfe (H. Demisch)
Raum
s. Teil II
'Raum'-Erfahrung
bei Rudolf Hausner: → Arche
– der Astronauten
bei Norbert Kricke: s. u. Form, spitzwinklige
Raumfahrt
bei Johannes Itten: s. u. Rakete
Raumgefühl
bei Paul Klee: s. u. Kreuz, weißes
Raumperspektive
bei Albert Mertz: von Drohung und Schreck geladen (s. u. Hand)
Raumtiefe
bei Max Beckmann: »Fast alle Bilder, die in B.s letzten Lebensjahren entstanden, lassen solche Fragen [weshalb wohl dies Welttheater überhaupt aufgeführt wird und was sich dahinter verbirgt] in irgendeiner Weise anklingen. Dabei macht der Maler aus seiner Ratlosigkeit keinen Hehl. Die Raumtiefe, seit langem Symbol für das Unbekannte, wird immer häufiger schwarz ausgefüllt, ja es entsteht nun eine Neigung, Buntfarben auf schwarzen Grund zu setzen oder Gegenstände so erscheinen zu lassen, als seien sie nur farbige Phantome im dunklen Raum.« Friedhelm W. Fischer (1972 b, S. 81)
Raumwerte
bei Fritz Winter: s. u. Gold
Reaktion
bei El Lissitzky: s. u. Keil, roter
Reales
bei Georges Braque (und den Kubisten): → Buchstabe
bei Franz Radziwill: s. u. Schlaf des Paares
Realismus', 'ideistischer
bei Gino Severini: s. u. Kanone
Realität
bei Karl Bohrmann: s. u. Formeln, mathematische
bei Georges Braque (und den Kubisten): → Buchstabe
bei Hans-Jürgen Breuste: s. u. Gerätschaften, abgenutzte
bei Paul Klee: s. u. Kampf; s. u. Musik; s. u. Traum
bei Jiří Kolář: s. u. Rollage
bei Germaine Richier: s. u. Gestalt, männliche
–, bedrängende
bei Kurt Schwitters: → Zeitungslettern
– des Blickes
bei Paul Klee: s. u. Fläche, schwarze
–, Ebenen der
bei Marcel Duchamp: s. u. Glas', 'Großes
–, Flucht aus der harten
bei Marc Chagall: → Figuren über den Dächern
–, höhere
bei Giorgio de Chirico: s. u. Dreieck
–, irdische
bei Julius Bissier: Blau, Grün oder Braun (s. u. Gold)
–, menschliche
bei Alberto Giacometti: → Mannequinhand
–, moderne kapitalistische
bei Gerhard Richter: → Fotografie, abgemalte
–, ungeheure
bei Paul Klee: s. u. Kreuz
–, wissenschaftlich/technische
bei Mikuláš Medek: → Turmkonstrukteur
Realitätsdeterminanten
bei Malte Sartorius: Ursachen der seelischen Angst und traumatischen Beklemmungen (s. u. Torso, bekleideter)
Realitätsverschiebung
bei Jiří Kolář: → Rollage
Recht
bei John Steuart Curry: s. u. Bundesmiliz
– des Geistes über die Sinnlichkeit
bei Ernst Barlach: → Engel
Rechthaberei
bei Emil Nolde: → Daumen, abgespreizter
Rechtsempfinden
bei Fabrizio Clerici: s. u. Totenstädte, mythische
Redensarten
bei Leherb: s. u. Uhren, surrealistisch verfremdete

Ziel ['l'équité absolue'] ist B. mit wachsender Intensität nachgegangen, vor allem in seinen Vogel-Variationen durch mehr als dreißig Jahre hindurch (1910–1941), in Marmor und hochpolierter Bronze. Immer mehr gereinigt von aller, ins Detail gehenden Naturnähe sollte hier der animalische Organismus aus seiner Kerngestalt sprechen. In wachsender Straffung und Konzentration, als Symbol seelischer Résurrection, zu universaler Form geprägt.« Carola Giedion-Welcker (1976, S. 56)

S

Sacramentum
bei Fritz Koenig: s. u. Figur im Rahmen
Sättigung
bei Henri Laurens: s. u. Körper, weiblicher
Säuglingszustand
bei Francis Bacon: s. u. Rock, weißer
'salud'
bei Pablo Picasso: Gruß der Anhänger der Republik (s. u. Faust, geballte)
'Samen des Lebens'
bei Max Beckmann: Schwarm kleiner Fische (s. u. König); s. u. Meerwesen
Samen[erguß]
bei Rudolf Hausner: s. u. Fabrikschornstein
'Samsara'
bei Max Beckmann: s. u. Lebensrad; s. u. Mühle
Sanften, Wellenbereich des
bei Erich Brauer: s. u. Mischgewächse
Sarkasmus
bei Samuel Bak: s. u. Vögel
Satire
bei Fabius von Gugel: s. u. Gliederpuppe
Schändung
bei René Magritte: s. u. Körper, Gesicht und
bei Niki de Saint-Phalle: → Gerinnsel
Schamgegend
bei Friedrich Schröder-Sonnenstern: s. u. Auge, 'anstößiges'
Scharbildung
bei Max Ernst: Verwandtschaft (s. u. Formen, Unmasse gleicher und ähnlicher)
Schatten
bei Bernhard Hoetger: → Tod
bei Rolf Iseli: »I. zeigt den Menschen meist [um 1974] als schemenhafte Kontur, als Schatten seiner selbst. Den Schatten verwendet er als Zeichen, das die körperliche Präsenz des Menschen relativiert, Bedingtheit, Fragilität, Vergänglichkeit sinnfällig macht.« Peter Killer (1975, S. 60)
bei Yves Klein: s. u. Körperabdrücke
bei René Magritte: s. u. Brücke
bei Wolfgang Mattheuer: s. u. Kain
bei Karl Rössing: s. u. Flügel
bei Werner Tübke: s. u. Tiere, ekelerregende
– der Außenwelt
bei Lyonel Feininger: → Männer im Zylinder
–, nächtlicher
bei Giuseppe Zigaina: → Falter
Schattendasein der Seele
bei Max Beckmann: s. u. Flügelwesen
Schattenprofil
bei Pablo Picasso: »Tatsächlich hat P. darüber berichtet, daß ihn die Nachricht vom Tod eines Jugendfreundes veranlaßt habe, dieses Schattenprofil zu setzen. Mit einem solchen Todessymbol erweitert sich 'Der Tanz' [1925] um eine weitere Dimension.«
László Glózer (1974, S. 95/6)
'Schattens', Projektion des
bei Paul Klee: → Maske
Schattenspiel
bei Salvador Dali: s. u. Muschel
Schaumodell, surrealistisches
bei Alberto Giacometti: gefährdete Blüte (s. u. Schleuder, gespannte)
Schauplatz aller Leiden
bei Marc Chagall: Witebsk (s. u. Engelssturz)
Schauspielerei der Gesellschaft, kollektive
bei Ernst Ludwig Kirchner: Mode (s. u. Kokotten)
Schauspielkunst
bei Marc Chagall: → Tänzer
Schaustücke, nutzlose
bei Karl Fred Dahmen: s. u. Seilschlingen
Scheidelinie
bei Marc Chagall: Fluß (s. u. Boot im Fluß)
Scheideweg, Mensch am
bei Rudolf Hausner: s. u. Hermaphodit, umgekehrter
Scheidung
bei Christian Rohlfs: → Blau
Schein, schöner
bei Gino Severini: s. u. Tupfen
Scheinwelt, makabre
bei Christian Schad: s. u. Bekleidung
Scheitern
bei Konrad Klapheck: → Schuh (auf der Seite liegender)
bei Silvio Mattioli: → Ikarus
bei José Clemente Orozco: → Kämpfer, drei
bei Michael Schoenholtz: s. u. Liegende, in Tücher eingewickelt
Schema, geometrisches
bei Alexej von Jawlensky: menschliches Antlitz (s. u. Kopf)
Schematismus
bei Rudolf Hausner: s. u. Parks, Plan des
Scheußlichkeiten dieser Welt
bei James S. Ensor: s. u. Maske, böse
Schichten, höhere, übermenschliche
bei Paul Klee: s. u. Dreieck
Schicklichkeit, bürgerliche
bei Marc Chagall: s. u. Blumenstrauß (H. Demisch)
Schicksal
bei Max Beckmann: Kartenwurf (s. u. Kreuze, schwarze)
bei Marc Chagall: s. u. Kopf eines Pferdes, brandroter
bei Julius Diez: → Gestalt, geflügelte
bei Edgar Ende: → Löwenengel
bei Rudolf Hausner: s. u. Christus-[kopf] des Holbein; s. u. Organe mit Schlauchleitungen
bei Johannes Itten: Boden (s. u. Strauch, blühender)
bei Paul Klee: → Hafen
bei Alfred Kubin: »Als zentrales Thema erweist sich die Übermacht des Schicksals. Sie wird durch verschiedene Motive veranschaulicht. In einigen Blättern wird das Schicksal selbst allegorisch dargestellt: als übergroße Gestalt, die die kleinen Menschlein mit dem Besen vom Schauplatz des Geschehens fegt, als Monstrum, das Schiffe mit ihren Insassen im Meer ersäuft, als riesiger Fuß, der alles auf Erden zertritt.«
Günter Rombold (1978b, S. 82)
bei Leherb: s. u. Uhren, surrealistisch verfremdete
bei André Masson: s. u. Fisch; s. u. Labyrinth, blaues
bei Henry Moore: s. u. Figuren, drei stehende (E. Neumann)
bei Pablo Picasso: s. u. Gitarrenspieler
bei Franz Radziwill: s. u. Bleistift, spitzer
bei Giuseppe Zigaina: s. u. Falter
– der Kreatur
bei Fabius von Gugel: s. u. Gliederpuppen
– des Menschen
bei Heinrich Altherr: → Schiffbrüchige

T

bei Wassily Kandinsky: → Reiter auf bleichem Pferd; → Schwarz
bei Konrad Klapheck: s. u. Hintergrund, schwarzer
bei Paul Klee: → runenhafte Zeichen; → schwarz (s. u. Steuermann; Gelb); s. u. Beil; s. u. Ecce [homo]; s. u. Nabel
bei Gustav Klimt: → Totenkopf; s. u. Mädchen, hochschwangeres
bei Oskar Kokoschka: s. u. Knochen mit den Flügeln
bei Alfred Kubin: »Diese Deutung im Sinne einer fatalistischen Grundauffassung bestätigt sich beim Vergleich der wenig späteren Zeichnung 'Epidemie' [um 1903], die ebenfalls eine verhängnisbringende Schicksalsmacht mittels einer von unten gesehenen, riesigen Gestalt symbolisiert, in diesem Fall den Tod, der Gift über kleine verschneite Häuser zu seinen Füßen streut.«
Siegmar Holsten (1976, S. 59)
→ Pierrot
bei Tetsumi Kudo: s. u. Thermometer
bei Bohumil Kubišta: grün (s. u. Schlange)
bei Jacques Lipchitz: s. u. Befruchtung; s. u. Jungfrau, barmherzige
bei Giacomo Manzù: s. u. Figuren der bäuerlichen Wirklichkeit
bei André Masson: s. u. Spielkarten
bei Silvio Mattioli: → Ikarus
bei Mikuláš Medek: s. u. Grab', 'Bewegliches
bei Henry Moore: Höhle (s. u. Mutterschoß); unheimliches Zwischenreich (s. u. Tuch); s. u. Figuren, drei stehende (E. Neumann)
bei Edvard Munch: schmale Standuhr (s. u. Bett)
bei Pablo Picasso: → Gestalt, den Vorhang aufreißende; → Schädel (W. Schmalenbach); → Schattenprofil; → Statue; s. u. Mutter; s. u. Tiergestalt und Flügeln; s. u. Totenkopf (R. Penrose)
bei Franz Radziwill: Friedhof (s. u. Hafen); verschneite Küstenlandschaft u. a. (s. u. Gestalt, von einem Reif umgeben); → Vögel, schwarze u. a.
bei Arnulf Rainer: s. u. Übermalungen
bei Jean-Pierre Raynaud: s. u. Psycho-Objekte
bei Georges Redon: → Reiter, sensenschwingender; → Weib
bei Michael Sandle: → U-Boot
bei Chaim Soutine: s. u. Ochsen, geschlachtete
bei Pavel Sukdolák: s. u. Steine, drei
bei Rolf Szymanski: s. u. Frau
bei Werner Tübke: s. u. Taube
bei Albert Weisgerber: s. u. Sebastian
bei Heinz Zander: »Den Text, den Z. häufig in die Gestaltung der Zeichnung einbezieht [in: 'Der Held'. Nach Brecht 'Mann ist Mann', 1965], ist für den Künstler der Ausgangspunkt, um mit detailreichen Bildelementen einen bestimmten Typ von 'Helden' oder 'Supermännern' zu enlarven: Uniform und Atmungsschlauch gehören zu einem Militärpiloten, dazu werden Munitionskisten und Granaten sowie ein Stilett als Mordwerkzeuge hinzugefügt. In einer Kammer ein Toter und darunter ein Frauenbildnis verkörpern das Sterben und das Leben. Der 'Held' selbst verwandelt sich fortwährend. Der rechte Arm ist nur noch skelettartig da - es ist der Tod. Der linke Arm und Oberkörper werden als kräftig und brutal gekennzeichnet.
Z. charakterisiert und entlarvt mit dieser Figur die modernen Landsknechte, die von ihren Flugzeugen den Tod über friedliche Landschaften und Bewohner in Vietnam gebracht haben.«
Hans-Ulrich Lehmann (1974, S. 238)
bei Giuseppe Zigaina: → Falter

Tod, anonymer und narrenhafter
bei Pablo Picasso: s. u. Leichenhaufen

– Christi
bei Leo Breuer: s. u. Kreisform

– der Eigenbewegung
bei Paul Klee: absolute Herrschaft der Kraft des Lotes (s. u. Pfeil, schwarzer / C. Geelhaar)

– der Mutter
bei René Magritte: → Haus, verlassenes

– des Mannequins
bei Friedensreich Hundertwasser: Photographen (s. u. Kasten, schwarzer)

–, Furcht vor dem
bei Edvard Munch: s. u. Blau, dunkles

–, Geburt und
bei Max Beckmann: mythische Gestalten (s. u. Gesicht, pechschwarzes)
bei André Masson: → Stern, fünfzackiger

–, gewappneter
bei HAP Grieshaber: s. u. Rad

–, Herrin über Leben und
bei Joan Miró: s. u. Nase und Auge, Andeutungen von

– ihrer eigenen Kinder, grausamer
bei Ossip Zadkine: 'Niobe' (s. u. Arme, emporgestreckte)

– in kristallinischer Gestalt
bei Oscar Dominguez: → kristalline Formen

'– in Venedig'
bei Werner Tübke: »Oder es signalisiert der 'Tod in Venedig' [1973] in Gestalt eines satansgeflügelten Knochenmannes in bischöflichem Ornat, der die Prunkgondel mit den stählernen Pferden im Angesicht einer nichtssehenden Menge in den höhlentorähnlichen dunklen Brückenbogen lenkt, den allgemein bekannten möglichen Untergang dieser Perle des Mittelmeeres.«
Günter Meißner (1975, S. 27)

–, Kampf mit dem
bei Jacques Lipchitz: s. u. Jakob

–, Kreislauf von Geburt und
bei Max Beckmann: s. u. Totengerippe

–, Leben und
bei Max Ackermann: → Sphinx
bei Max Beckmann: → Kerzen
bei Julius Bissier: s. u. Kreis
bei Salvador Dali: → Krücke (W. Schmied)
bei André Masson: → Granatapfel
bei Henry Moore: s. u. Figuren, drei stehende (E. Neumann)

–, Liebe und
bei Jacques Lipchitz: Ambivalenz (s. u. Jakob)

–, Mahnung an den
bei Jacob Lawrence: → Grabsteine

–, massenhafter
bei Pablo Picasso: s. u. Leichenhaufen

–, Nähe zum
bei Paul Klee: → Engel (T. Osterwold)

–, natürlicher
bei Paul Klee: s. u. Pfeil, kalligraphischer

– ohne Hoffnung, ohne Metaphysik
bei Pablo Picasso: → Leichenhaufen

– ohne Sinn, ohne Zeremonie
bei Pablo Picasso: s. u. Leichenhaufen

–, resigniert zusammengekauerter
bei Ragnvald Blix: »Charakteristisch hierfür [Ende des Ersten Weltkrieges] ist das Blatt 'Der Tod von Flandern', das B. 1917 für den 'Simplicis-

simus' gezeichnet hat. Die Personifikation des Krieges in Gestalt des mit aufgestütztem Kopf resigniert zusammengekauerten Todes hat B. als das einzige Wesen dargestellt, das den Krieg überdauert. Deutlicher als bei Kubin sind die Anspielungen auf den realen Bezug: Der Tod sitzt auf einem Hügel, der aus toten Soldaten, zerstörten Kanonen und Stacheldraht besteht, und ist umgeben von einem Leichenfeld mit brennenden Häusern im Hintergrund.«

Siegmar Holsten (1976, S. 86)

Totem-Symbol, phallisches
bei Allen Jones: → Schlips
Totenbestattung
bei Max Beckmann: s. u. Beine, Spreizhaltung der
Totenklage
bei Max Beckmann: s. u. Grammophon
Totentanz
bei Max Gubler: s. u. Distel
bei Oskar Kokoschka: s. u. Mahler, Gustav
Tourismus
bei Hugo Schuhmacher: s. u. Löcher mit Ösen
Tradition
bei Tatjana Nasarenko: → Menschenmenge
–, zerschmetterte
bei Jean Tinguely: zertrümmerte Teekannen (s. u. Maschine', 'Traditionszerstörende)
Trächtigkeit
bei Paul Klee: → Welt-Ei
Träume
bei Salvador Dali: s. u. Zypresse
bei Paul Delvaux: s. u. Frauengestalten
–, leichte, unfaßbare
bei Hanna Nagel: s. u. Schmetterling
– von Fahrten ins Ausland
bei Jiří Kolář: → Kursbücher
Träumen, entspanntes
bei Giacomo Manzù: → Frau, junge
Träumerei, sehnsüchtige
bei William Baziotes: → Gebilde, totemistische
Träumereien eines Müßiggängers
bei Giorgio de Chirico: Arkaden (s. u. Gliederpuppen)
Tragik
bei Paul Flora: s. u. Raben
bei Alexej von Jawlensky: → Gesicht, menschliches
bei Paul Klee: s. u. Musik
bei Mac Zimmermann: s. u. Paare, mythische
Tragischen, Triumph des
bei Pablo Picasso: Memento-mori (s. u. Totenkopf / V. Anker)
Tragödie
bei Käthe Kollwitz: s. u. Liebknecht, Karl
Transaktionen, erotische
bei Richard Lindner: s. u. Frau in 'Solitaire'
Transformation
bei Hans Arp: gerundete Form (s. u. Linie, waagerechte)
Transparenz
bei Oskar Schlemmer: Wunschvorstellung des Menschen (s. u. Gliederpuppe)
– der irdischen Welt, geistige
bei Paul Klee: → Fische
Transpersonale der Erde, das
bei Henry Moore: → Liegende Figuren
Transport
bei Friedrich Gräsel: → Rohrstücke
bei Konrad Schulz: Plastik mit weichen → Schaumgummi-Jetstreifen
Transzendentaltunnel
bei Paul Klee: Auferstehung und Wiedergeburt (s. u. Rohre)
Transzendenz
bei Antonio Calderara: s. u. Erde, Meer und Himmel
bei Marc Chagall: → Kreis
bei Rudolf Hausner: s. u. Organe mit Schlauchleitungen
bei Heinrich Heuer: → Vogel
bei Oskar Schlemmer: → Licht
– bestimmtes Schicksal, aus der
bei Rudolf Hausner:
s. u. Christus[kopf] des Holbein
–, biodynamische
bei Johannes Itten: s. u. Spirale
–, Element der
bei René Magritte: → Feuer
Transzendieren
bei Paul Klee: → Ecce [homo]
Trauer
bei Renato Guttuso: Grün (s. u. Apfel)
bei Wassily Kandinsky: → Schwarz
bei Paul Klee: s. u. Scheibe, schwarze
bei Mikuláš Medek: Gelb (s. u. Schwarz)
bei Pablo Picasso: s. u. Stierschädel
bei Andy Warhol: s. u. Gesicht einer Frau [Jackie]
– eines Mannes
bei Alberto Giacometti: Grabfiguren (s. u. Mann, hockender)
–, lautlose
bei Ossip Zadkine: s. u. Arme, emporgestreckte
Trauererlebnis
bei Pablo Picasso: s. u. Menschengesicht, von Schmerz aufgelöstes
Traum
bei Max Beckmann: s. u. Weib
bei Paul Klee: »So wie K. sein Verhältnis zum Traum schildert und künstlerisch umsetzt, ist der Traum ein symbolisches Zwischenspiel zwischen Realität und Abstraktion« [in: 'Ist es noch Traum?', 1933].
Tilman Osterwold (1975, 48)
s. u. Mondsichel und Stern
bei Otto Meyer-Amden: Flucht in die Nacktheit (s. u. Schlafsaal)
bei Hanna Nagel: → Schleier, roter
–, Jakobs
bei Marc Chagall: s. u. Leitern
–', 'mein
bei Joan Miró: → Fleck, blauer
–, Tag und
bei Franz Radziwill: s. u. Schlaf des Paares
'– und Lüge Francos'
bei Pablo Picasso: s. u. Rübe; s. u. Stier (D. Schmidt)
– vom Gehen
bei Marcel Duchamp: s. u. Akt, eine Treppe hinabsteigend
'– von Monte Carlo'
bei Max Beckmann: s. u. Spielkarten
Traumbild
bei Friedrich Gerlach: s. u. Brücke
– für den ausgestoßenen Menschen, schreckliches
bei Giorgio de Chirico: → Architektur
Traum-Blau, romantisches
bei Lyonel Feininger: s. u. Turm, spitzer
Traumes, Alibi des
bei René Magritte: s. u. Mädchen mit feinem Spitzenkragen
–, magischer Grund des
bei Paul Klee: → Mondsichel
–, Vision des
bei Malte Sartorius: psychische Relation Individuum – gesellschaftliche Konvention (s. u. Torso, bekleideter)
Traumgesicht
bei Max Ernst: s. u. Maiskolben
Traumhafte, das
bei Yves Tanguy: → Sandfläche
Traumland
bei Joseph Stella: Vereinigte Staaten (s. u. Brooklyn Bridge)
Traumphysiologie
bei Mac Zimmermann: s. u. 'Kopfuhr'
Traums, Freiräume des
bei Marc Chagall: s. u. Fenster, aufgehendes
Traumsphäre
bei Marc Chagall: s. u. Gesicht seiner Frau
Traumstädte
bei Maria Elena Vieira da Silva: s. u. Metro-Stationen
Traurigkeit
bei Marc Chagall: s. u. Kuh (M. Chagall)
–, hoffnungslose
bei Pablo Picasso: → Büglerin (E. Steingräber)

U

Unheil
bei Max Beckmann: u. a. gestürztes Lebenslicht (s. u. Grammophon)
bei Marc Chagall: Erscheinung des Engels (s. u. Thoraträger)
bei Rudolf Hausner: Trojanisches Pferd (s. u. Laokoon/R. Hausner)
bei Franz Marc: das 'reine' Tier (s. u. Wölfe/M. P. Maass)
bei Georg Meistermann: → Spur
bei Pablo Picasso: s. u. Stier (R. Arnheim)
–, drohendes
bei Pablo Picasso: → Minotaurus (H. L. C. Jaffé)
–, Heil und
bei Ernst Wilhelm Nay: s. u. Rund, blaues
Unheiligen, Zukunftsvision des
bei Arnoldo Pomodoro: s. u. Kugel
Unheils, Mechanik des
bei Max Beckmann: s. u. Lebensrad
Unheilsdrohung
bei César: s. u. Autowrack
Unheimliche, das
bei Max Beckmann: Schwarz (s. u. Weiß)
bei Max Ernst: → Wald (J. Russell)
bei Pablo Picasso: s. u. Harlekin mit der Maske
bei Franz Radziwill: breite Farbflächen (s. u. Lampe)
Universalharmonie
bei Pablo Picasso: s. u. Gitarre
Universalität der Triebwelt
bei Max Ernst: → Löwenmensch
Universalsymbol
bei Max Beckmann: Saxophon (s. u. Fastnachtstute)
Universum
bei Marc Chagall: s. u. Sonnenrad
bei Marcel Duchamp: → Kreis
–, Vorstellung von
bei Franz Marc: → Tier (W. Grohmann)
– bewegen, Energien, die das
bei Vassilakis Takis: s. u. Lichter an den Enden langer, flexibler Stangen
Universums, Formensprache des
bei Auguste Herbin: s. u. Kreis
–, Gestirn des
bei Constantin Brancusi: kosmisches Ei (s. u. Ei/M. Deac)
Unkenntnis
bei Jacques Lipchitz: Geier (s. u. Prometheus)
Unkraut säend', 'Weib
bei Paul Klee: s. u. 'Jungfrau im Baum'
Unmasse gleicher u. ähnlicher Formen
bei Max Ernst: Verwandtschaft (s. u. Formen, Unmasse gleicher und ähnlicher)
Unmenschliche, das
bei Pablo Picasso: → Soldaten
–, Entgleisen ins
bei Heinz Zander: Held (s. u. Mann, Panzerbrechender – bei Willi Sitte)
Unmenschlichkeit
bei Max Ernst: → Monstren, widerliche
bei Willi Sitte: s. u. Gekreuzigter
Unnahbare, das
bei Yves Klein: → Gold
Unnahbarkeit, introvertierte
bei Max Beckmann: → Katze, getigerte
Unordnung
bei Marcel Duchamp: s. u. Körper, kopfloser
bei Bernhard Jäger: → Lilith
bei Reiner Schwarz: s. u. Puppe
Unrecht
bei Mieczysław Berman: Schellen (s. u. Jakobinermütze)
Unruhe
bei Erich Brauer: s. u. Mischgewächse
–, verzweifelte
bei André Masson: → Kurvaturen
Unschuld
bei Marc Chagall: Kindergestalt (s. u. Kind am Kreuz); s. u. Stier
bei Leonor Fini: s. u. Fadenwicklerinnen
bei Anton Heyboer: umrandete Zahlen (s. u. Ziffern 2 und 3)
bei August Macke: → Mädchen
bei Pablo Picasso: Pferd (s. u. Stier, drohender)
– der Schöpfung
bei Franz Marc: s. u. Wölfe (M. P. Maass)
Unsicherheit
bei Constantin Brancusi: → Holzskulpturen
bei Paul Klee: → Tier
bei Franz Radziwill: »Das Verschanzen hinter verhärteter Mimik, das sich Zurückziehen hinter Hofecken, das Verbergen in der kleinen, backsteingefügten Behaustheit, hinter die Scheinsicherheit von Herd und Hof ist Zeichen der Unsicherheit, Flucht vor der unverstandenen Welt draußen, Symbol für die versteinerten menschlichen Beziehungen, für die allgegenwärtige Fremdheit.«
Peter Winter (1975, S. 3/4)
Unsinn, militanter
bei Gertrude Degenhardt: → Bündel, schwarzes
Unsterblichkeit
bei Marc Chagall: → Lebensbaum
bei Julius Diez: → Gestalt, geflügelte
bei Marcel Duchamp: s. u. Gestalt, zentrale; s. u. Verkleidung
bei Marino Marini: s. u. Reittiere
bei Louise Nevelson: → Gold
bei Ossip Zadkine: → Phönix
– des Geistes
bei Käthe Kollwitz: → Barlach, Ernst
Unterbewußte, das
vgl. Unbewußte, das
bei Max Ernst: s. u. Hut
bei Paul Klee: s. u. Maske
Unterbewußtsein
bei Rudolf Hausner: → Doppelgänger; → Maschinist; s. u. Kontinente, zwei
–, masochistisches weibliches
bei Rudolf Hausner: → Stecknadel
Unterbrechungen
bei Joseph Beuys: s. u. Eisenplatte
Unterdrückung
bei Hans-Jürgen Breuste: → Ketten
bei Leo Haas: → Hand, weiße behandschuhte
bei René Magritte: s. u. Kanone
'Untere', das
bei Marc Chagall: s. u. Wasserträger
Unterentwicklung der Stirn
bei Rudolf Hausner: s. u. Kopf des Adam
Untergang
bei Max Ernst: s. u. Wald (J. Russell)
bei Paul Klee: schwarz (s. u. Gelb)
bei Pablo Picasso: s. u. Geschöpf, geflügeltes
bei David Šterenberg: s. u. Bauer, alter
– des Regimes
bei Max Beckmann: → Wasser
–, flammender
bei Rolf Nesch: s.u. Gottvater
– lebendiger Substanz
bei Franz Marc: 'Tierschicksale' (s. u. Reh)
–, möglicher
bei Werner Tübke: → 'Tod in Venedig'
– Roms
bei Godwin Ekhard: → insektenartiger Wesen, Invasion
– Westeuropas
bei Max Ernst: s. u. Wald
Untergangs, Landschaft des
bei Rudolf Hausner: Katastrophen-Lage (s. u. Landschaft des Untergangs)
Untergangsstimmung, laszive
bei Carlo Carrà: → Wiese, duftende

'Untergrund'
bei Henry Moore: U-Bahn-Station (s. u. Mutterleib, der archetypische)
Unterhaltung
bei August Macke: Gefühl für Gemeinsamkeit (s. u. Figuren, Verdoppelung und Verdreifachung der)
Unterkunft
bei René Magritte: s. u. Haus
Unterreich
bei Paul Thek: → Grabkammer
Unterschlupf, höhlenartiger
bei Henry Moore: s. u. Liegende (W. Hofmann)
Unterwasserwelt
bei Paul Thek: »Bei T. kehren als Sinnbilder sowohl die Unterwasserwelt wie die Höhle oder Grotte wieder, beides Motive, die eng mit der Idee des Refugiums wie der Vergänglichkeit verknüpft sind. Die Tauchermetapher hat er unter anderem in seinem 'Fishman' [1971/72] realisiert, einer Nachbildung seiner Person, die von Seegetier beschuppt, wie schwebend im Raum hängt.«
Barbara Catoir (1974 a, S. 33)
vgl. Grabkammer
Unterwelt
bei Henry Moore: s. u. Liegende Figur; s. u. Tuch
–, chthonische
bei Germaine Richier: s. u. Menschengebilde, skelettartige
Unterwerfung, völlige
bei Alfred Kubin: Hinwendung zur Wand bzw. Präsentieren des Genitals (s. u. Vater)
Untiefe, masochistische
bei Francis Bacon: s. u. Ringer
Unveränderlichkeit
bei Marino Marini: äußere Ruhe (s. u. Ersilia)
Unverderbtheit, kosmische
bei Salvador Dali: → Engel u. a.
Unvernunft
bei Max Ernst: → Monstren, widerliche
–, politische
bei Reiner Schwarz: → Krakeeler
Unverstand
bei Mieczysław Berman: s. u. Jakobinermütze
Unvertraute, das
bei Joseph Beuys: s. u. Fahrrad-Rad
Unwahrheiten
bei Hans Arp: Geheimnisse (s. u. Ei)
Unzerstörbarkeit der Kirche
bei Ewald Mataré: → Dom
– des Lebens
bei Christian Rohlfs: → Canna indica
–, traurige
bei Dieter Tucholke: → Auge, geometrisches
Unzulänglichkeit
bei Paul Klee: → Tier
–, physische
bei Carlo Carrà: → Körperstück
– sozialer u. persönlicher Beziehungen
bei Edward Hopper: psychische Erstarrung (s. u. Figuren, männliche)
Urbeziehung, negative
bei Henry Moore: → Kopf der Frau, der spitzig-hackige
Urbild des Tieres
bei Marc Chagall: → Esel
– einer Schrift
bei Paul Klee: → Buchstabe
Urbilder
bei Wassily Kandinsky: s. u. Eros
Urform aller Substanz
bei Hans Arp: → Gestalten, flaschenförmige
– artistischer Gestaltung
bei Ernst Wilhelm Nay: → Scheibe
'Urgrund der Schöpfung'
bei Fritz Winter: s. u. Feuer
Urkraft, weibliche
bei Marc Chagall: Lebensbaum (s. u. Kind am Kreuz)
Ur-Materie
bei Franz Marc: s. u. Ovalformen, liegende
bei Henry Moore: → Körper, nackter weiblicher
Urmütterlichen, Erlebnis des
bei Pablo Picasso: s. u. Mütter
Ursäulen
bei Constantin Brancusi: rituelle Bäume (s. u. Säulen, endlose/D. Lewis)
Urschlamm
bei Joseph Beuys: s. u. Environments
bei Max Ernst: s. u. Sumpfengel
bei Alfred Kubin: → Urmutter
Ursprünglichkeit
bei Constantin Brancusi: → Eiform (W. Hofmann)
bei Walter Gropius: → Form, kristalline
bei Franz Marc: s. u. Weib
–, zeitlose, göttliche
bei Max Beckmann: s. u. Horizont
Ursprung
bei Max Beckmann: s. u. Saxophon; s. u. Vogel, wissender
bei Marc Chagall: s. u. Boot im Fluß
bei Fabrizio Clerici: → Ei (W. Schmied)
bei Man Ray: s. u. Bügeleisen, mit Nägeln bespicktes
– der Welt
bei Constantin Brancusi: → Ei (M. Deac)
– des Lebens
bei Max Beckmann: Helligkeit, Licht und Schönheit (s. u. Fisch/A. Kowalski-Plouda)
bei Marc Chagall: → Bäuerin mit Kopftuch
bei Max Ernst: → Wald (J. Russell)
bei Karl Schmidt-Rottluff: → Sonne
–, erdhafter
bei Marino Marini: mit dem Sockel verwachsender rechter Fuß (s. u. Pomona)
Ursprungs, Prinzip des
bei Max Beckmann: → Saxophon
Ursprungskraft
bei Paul Klee: → Kind
Ursymbole
bei Max Beckmann: s. u. Grammophon
Urweibliche, das
bei Ewald Mataré: → Eva
Urzelle
bei Rudolf Hoflehner: → Kugel
Urzellen-Theoretiker
bei Paul Klee: s. u. Bäume
U.S.-Regierung, wachsende Macht der
bei John Steuart Curry: → Bundesmiliz
Utensilien, wissenschaftliche
bei Giorgio de Chirico: → Erinnerung an den Vater; Ingenieur aus Thessalien (s. u. Reißschienen)
Utopie
bei Yves Klein: Umriß des Menschen (s. u. Körperabdrücke)
bei Pablo Picasso: → Artisten (s. u. Gaukler/W. Wiegand)

V

Vagina s. Teil II
Vaginalsymbolismus
bei Giò Pomodoro: s. u. Bronzeplatten, wellenförmige
Vanitas
bei Peter Ackermann: → Kranz
bei Max Beckmann: Eitelkeit (s. u. Kerze, stehende und gestürzte); → Frau beim Kämmen; → Spielkarten; s. u. Eitelkeit
bei Karl Fred Dahmen: s. u. Grün (P. O. Schulz)

W

Waagerechte
bei Paul Klee: s. u. Kreuz, weißes
bei Piet Mondrian: Horizont (s. u. Kreuz); weibliches Element bzw. Meer (s. u. Holzpfähle, senkrechte)
Wachsamkeit
bei Rudolf Hoflehner: → Keil
bei Ewald Mataré: → Hahn
– der bedrohten Schlange
bei Konrad Klapheck: → Feuerlöschschlauch
–, geistige
bei Alexander Calder: → Blütengeschöpfe, technische
–, Kraft der
bei Ewald Mataré: Heiliger Geist (s. u. Friedenstaube)
Wachsen
bei Constantin Brancusi: → Säulen, endlose (D. Lewis)
bei Paul Klee: → Welt-Ei
bei Henri Laurens: s. u. Körper, weiblicher
bei Henry Moore: → Mutter
bei Hanna Nagel: s. u. Bergstädtchen
bei Paul Schmithals: → Arabesken, vegetabile
Wachsendes
bei Marc Chagall: s. u. Frau
bei Walter Wörn: s. u. Rosen, blühende
Wachsens und Bewahrens, Kräfte des
bei Tom Wesselmann: s. u. Körper, weiblicher
Wachstum
bei Samuel Bak: Frucht (s. u. Birne)
bei Constantin Brancusi: → Holz
bei Marc Chagall: s. u. Halbmond
bei Wassily Kandinsky: → Kreis u. a. (C. Seckel)
bei Paul Klee: abgewandelter Kreis (s. u. Frucht); → Kanne
bei Hanna Nagel: → Baum
bei Pablo Picasso: s. u. Nabelform, kreisende
bei Jackson Pollock: »'Wachstum' verkörpert exemplarisch das dschungelhafte Liniengewirr auf P.s Gemälden . . .« Curt Seckel (1967, S. 178)
bei Julius Schmidt: → Maschine
bei Joachim-Fritz Schultze: → Plastik
bei Jaroslav Serpan: »'Wachstum' verkörpert . . . das flechtenhaft Wuchernde in den Bildern von S.« Curt Seckel (1967, S. 178)
–, organisches
bei Constantin Brancusi: → Säulen, endlose (D. Lewis)
bei Henri Laurens: 'Kern' (s. u. Schalloch)
–, pflanzenhaftes
bei Salvador Dali: → Daphne
– und Zerfall
bei Bernard Schultze: → Migof
Wachstumsform
bei Friedensreich Hundertwasser: s. u. Labyrinth
bei Wassily Kandinsky: → Kreis u. a.
Wachtraum der Kindheit
bei Paul Delvaux: s. u. Frauengestalten
bei Pablo Picasso: Farbnebel (s. u. Frau', 'Brütende)
Wärme
bei Marc Chagall: → Kerze, brennende; s. u. Himmelsziege
bei Henry Moore: Höhle (s. u. Mutterschoß)
–, menschliche
bei Renato Guttuso: vertraute Geräte (s. u. Hektographiermaschine)
–, Poesie der körperlichen
bei Niki de Saint-Phalle: s. u. Nana
Waffe
bei Ernst Barlach: s. u. Schwertzieher', 'Der
bei HAP Grieshaber: s. u. Rad
bei Max Klinger: s. u. Heros, sitzender nackter
bei Jacques Lipchitz: s. u. Stier (K. Herding)
bei Franz Radziwill: → Bleistift, spitzer
bei Günther Uecker: → Nagel (W. Schmied)
– des Proletariats
bei Iwan D. Schadr: s. u. Pflasterstein
Waffen der Vernunft
bei Man Ray: s. u. Bügeleisen, mit Nägeln bespicktes
–, unheimliche
bei Pablo Picasso: s. u. Reiter
Wagemut
bei Paul Klee: → Schiff
Wahn, leerer
bei Max Beckmann: → Spiegel (K. Kowalski)
Wahnbild
bei Graham Sutherland: s. u. Kopf
Wahnsinn
bei Werner Gilles: → Wolke, vogelartige
bei Leon Golub: s. u. Menschen', 'Verbrannte
bei Man Ray: s. u. Bügeleisen, mit Nägeln bespicktes
bei Jakob Steinhardt: s. u. Jeremias
Wahrheit
bei Marc Chagall: s. u. Kind am Kreuz
bei Horst Egon Kalinowski: Göttin Maat (s. u. Kasten, erdfarbener, geschlossener)
bei Pablo Picasso: → Frau, tot im Gelände; → Lampe; → Sonne; → Spiegel (A. Blunt)
bei Andy Warhol: s. u. Schuhe
–, zensurverschnürte
bei ›Equipo Cronica‹: → Paket, aufgerissenes
Wahrnehmungen
bei Salvador Dali: s. u. Krücken, fünf
Wahrzeichen der Revolution
bei Wladimir E. Tatlin: → Turm-Monument
–, geistbestimmendes
bei Christo: s. u. Paket, phallusförmiges
Waldrand
bei Richard Oelze: Abend (s. u. Wald)
Wandel
bei Julius Schmidt: s. u. Maschine
Wandelns, Ende des
bei Otto Pankok: s. u. Füße, blutüberkrustete
Wanderschaft
bei Pablo Picasso: s. u. Gaukler (A. Henze)
Wandersucht
bei Otto Mueller: → Karrenrad
Wandlung
bei Karl Rössing: → Flügel
–, heilige
bei Ewald Mataré: → Weinrebenmuster
Wandlungen Gottes', 'Die
bei Ernst Barlach: s. u. Sonne
Ware
bei Max Beckmann: s. u. Dame auf dem Spieltisch
– als Person
bei Andy Warhol: s. u. Schuhe
Warnung
bei Rudolf Belling: s. u. Freiheit
bei Rudolf Hausner: → Laokoon (R. Hausner)
Warnungen
bei Konrad Klapheck: s. u. Telephone

Y

Z

IV Anhang

LITERATURVERZEICHNIS

Adriani, Götz/Winfried Konnertz/Karin Thomas (1973): Beuys-Monographie. DuMont, Köln

Alexandrian, Saran (1973 a): Surrealistische Maler. Rembrandt, Berlin

Alexandrian, Sarane (1973 b): Surrealismus. Praeger, München

Alley, Donald (1965): Francis Bacon 1945–64. In: Katalog Kunstverein Hamburg

Alloway, Lawrence (1971): Einführung. In: Arakawa. Mechanismus der Bedeutung. Bruckmann, München

Althaus, Peter F. (1971): Reportage über Corsin Fontanas Aktion mit Schläuchen. In: KunstNachrichten 11/12, Luzern

Althaus, Peter F. (1972): Nochmals zu den »individuellen Mythologien« an der d 5. In: KunstNachrichten 4/5, Luzern

Althaus, Peter F. (1977): Neue Aspekte der Ikonographie im Werk von Antoni Tàpies. In: Katalog Antoni Tàpies. Handzeichnungen. Aquarelle. Gouachen. Collagen 1944–1976. Kunsthalle Bremen u. a.

Anker, Valentina (1974): Picasso für Maia. In: Du (Juni), Zürich

Arcangeli, Francesco (1974): Graham Sutherland. Praeger, München

Arco, Manuel del (1959) Hrsg: Salvador Dali. ICH und die Malerei. Arche, Zürich

Arnason, H. Havard (1970): Geschichte der Modernen Kunst. Schünemann, Bremen

Arnheim, Rudolf (1964): Picassos Guernica. Rütten & Loening, München

Augustiny, Waldemar (1964): Franz Radziwill. Musterschmidt, Göttingen

Aust, Günter (1960): Otto Freundlich. DuMont, Köln

Baacke, Rolf-Peter/Michael Nungesser (1977): Ich bin, ich war, ich werde sein! In: Katalog »Wem gehört die Welt?« Neue Gesellschaft für Bildende Kunst, Berlin

Bader, Alfred (1972): Geisteskranker oder Künstler. Huber, Bern

Badt, Kurt (1959): Ernst Barlach der Bildhauer. Wachholtz, Neumünster

Bätschmann, Oskar (1969): Marino Marini. Kunstkreis, Luzern

Bätschmann, Oskar (1970): Jackson Pollock. Kunstkreis, Luzern

Bahr, Hans-Eckehard (1965): Theologische Untersuchung der Kunst. Poiesis. Siebenstern, München

Baleka, Jan (o. J.). In: Katalog Pavel Sukdolák. Art Centrum, Praha

Ballo, Guido (1971): Lucio Fontana. Phaidon, Köln

Barr jr., A. H./William S. Liebermann (1956): Gemälde, Skulpturen, Handzeichnungen, Graphik. In: Meister der modernen Kunst. Das Museum of Modern Art. Desch, München

Baumeister, Willi (1967): Zimmer- und Wandgeister. In: Jahrbuch der Hamburger Kunstsammlungen Nr. 12

Bayl, Friedrich (1960): Bilder unserer Tage. DuMont, Köln

Bayl, Friedrich (1966 f). Beiträge in Kindlers Malerei-Lexikon. Kindler, Zürich

Beckelmann, Jürgen (1965). Beiträge in Kindlers Malerei-Lexikon. Kindler, Zürich

Beckmann, Max (1927): Der Künstler im Staat. In: Europäische Revue (Juli), Leipzig

Berger, John (1973): Glanz und Elend des Malers Picasso. Rowohlt, Reinbek

Berger, Klaus (1964): Odilon Redon. DuMont, Köln

Berger, René (1960): Die Sprache der Bilder. DuMont, Köln

Bergius, Hanne (1977): Der Da-Dandy – Das »Narrenspiel aus dem Nichts«. In: Katalog »Tendenzen der zwanziger Jahre«. Reimer, Berlin

Bergmann, Ottmar (1969): Bilder der Wandlung. In: Katalog Fritz Genkinger. Bilder, Pastelle, Graphik. Kunstverein Braunschweig

Bergmann, Rudij (1978): Die Sehnsüchte des Lebens wider die gespreizte Angst montiert. In: Sammlung 1. Röderberg, Frankfurt/M.

Biedrzynski, Richard (1965): Ein Lebensfries. In: Stuttgarter Zeitung (6.4.)

Biemel, Walter (1971): Pop-Art und Lebenswelt. In: Aachener Kunstblätter, Bd. 40

Bihalji-Merin, Oto (1962): Abenteuer der modernen Kunst. DuMont, Köln

Bihalji-Merin, Oto (1966): Willi Baumeister. Gemälde und Zeichnungen. In: Katalog Museum Allerheiligen, Schaffhausen

Bihalji-Merin, Oto (1969): Das Ende der Kunst im Zeitalter der Wissenschaft. Kohlhammer, Stuttgart

Billeter, Fritz (1971): Heinrich Eichmann. In: KunstNachrichten 6, Luzern

Billeter, Fritz (1975): Mattioli. ABC, Zürich

Birolli, Zeno (1974). In: Katalog Osvaldo Licini. Museum am Ostwall, Dortmund

Bischoff, Ulrich (1979). In: Katalog Max Ernst Retrospektive 1979. Haus der Kunst, München

Blanckenhagen, Peter H. von (1951): Rilke und »La Famille des Saltimbanques« von Picasso. In: Kunstwerk 5, Baden-Baden

Blunt, Anthony (1969): Picasso's Guernica. Oxford University Press, London

Boeck, Wilhelm (1955): Picasso. Kohlhammer, Stuttgart

Boeck, Wilhelm (1966): Nachwort zu 'HAP Grieshaber. Totentanz von Basel'. Verlag der Kunst, Dresden
Börsch-Supan, Helmut (1976). In: Katalog Klaus Fußmann. Neuer Berliner Kunstverein
Bossaglia, Rossana (1977): Futurismus und Pittura Metafisica. In: Propyläen-Kunstgeschichte Bd. 12. Propyläen, Berlin
Bourmiquel, Camille (1975). In: Hommage à Chagall. Kunstkreis, Luzern
Bovi, Arturo (1972): Wassily Kandinsky. Kunstkreis, Luzern
Bowness, Alan (1964). Beiträge in Kindlers Malerei-Lexikon. Kindler, Zürich
Bowness, Alan (1966): Englische Kunst heute. In: Kunst unserer Zeit. DuMont, Köln
Brauer, Erich (1963): Brauer. Malerei des Phantastischen Realismus. Langen-Müller, München
Brest, Jorge Romero (1978): Lateinamerika. In: Propyläen-Kunstgeschichte Suppl. Bd. II. Propyläen, Berlin
Breton, André (1967): Der Surrealismus und die Malerei. Propyläen, Berlin
Brion, Marcel (1958): Frankreich und Ecole de Paris. In: Neue Kunst nach 1945. DuMont, Köln
Broch, Hermann (1974): Die Schuldlosen. Suhrkamp, Frankfurt/M.
Buchheim, Lothar-Günther (1959): Max Beckmann. Buchheim, Feldafing
Buchheim, Lothar-Günther (1963): Otto Müller. Buchheim, Feldafing
Büchner, Joachim (1972): Walter Wörn. DuMont, Köln
Busch, Günter (1960): Max Beckmann. Piper, München
Busch, Günter (1968). In: Katalog Max Beckmann. Musée Nat. d'Art Moderne, Paris
Bussmann, Georg u. a. (1973). In: Katalog Käthe Kollwitz. Frankfurter Kunstverein
Butor, Michel (1970): Aufsätze zur Malerei. Biederstein, München
Calvesi, Maurizio (1975): Futurismus. Schuler, München
Canetti, Elias (1977): Wie es da ist. In: Wotruba. Figur als Widerstand. Welz, Salzburg
Carls, Carl Dietrich (1968): Ernst Barlach. Rembrandt, Berlin
Cassirer, Ernst (1956): Wesen und Wirkung des Symbolbegriffs. Wiss. Buchgesellschaft, Darmstadt
Castleman, Riva (1973): Moderne Graphik seit 1945. Hirmer, München
Catoir, Barbara (1974 a): Individuelle Mythologien. In: Kunstwerk 2, Baden-Baden
Catoir, Barbara (1974 b): Stefan Wewerka. In: Kunstwerk 1, Baden-Baden
Catoir, Barbara (1975): Michael Sandle. In: Kunstwerk 6, Baden-Baden
Catoir, Barbara (1976): W. Knoebel, Ted Stamm, Louis Cane. In: Kunstwerk 1, Baden-Baden
Catoir, Barbara (1977): Zu den Zeichnungen von Antoni Tàpies. In: Katalog Antoni Tàpies. Handzeichnungen. Aquarelle. Gouachen. Collagen 1944–1976. Kunsthalle Bremen u. a.
Celant, Germano (1973): Louise Nevelson. Praeger, München
Chagall, Marc (1959). In: Katalog Marc Chagall. Hamburg, München, Paris
Chalupecký, Jindřich (1978): Sowjetunion, Tschechoslowakei und Polen. In: Propyläen-Kunstgeschichte. Suppl. Bd. II. Propyläen, Berlin
Chevalier, Denis (1971): Maillol. Südwest, München
Christ, Dorothea (1971): 'Gran Esquinçal' – ein zeitgenössisches Historienbild. In: KunstNachrichten 7, Luzern
Cichy, Bodo (1970) Hrsg.: Moderne Malerei von Renoir bis Buffet. Schuler, München
Cirici-Pellicer, Alexandre (1966): Die Entwicklung der Kunst Spaniens bis zur Gegenwart. In: Kunst unserer Zeit. DuMont, Köln
Cirlot, Juan Eduardo (1962): A Dictionary of Symbols. Routledge & Kegan Paul, London
Claus, Jürgen (1965): Kunst heute. Rowohlt, Reinbek
Conzelmann, Otto (1959) Hrsg.: Otto Dix. Fackelträger, Hannover
Conzelmann, Otto (1971): Mißverständnis und Wahrheit um Otto Dix. In: Katalog Galerie der Stadt Stuttgart
Crispolti, Enrico (1971): Neue Skulpturen von Trubbiani. In: Kunstwerk 3, Baden-Baden
Crispolti, Enrico (1974): Surrealismus. Schuler, München
Crone, Rainer (1970): Andy Warhol. Hatje, Stuttgart
Dali, Salvador (1954). In: Gespräche mit spanischen Malern. Sonderausgabe 'Abstrakte Kunst'. Querschnitt 1953. Kunstwerk, Baden-Baden
Dali, Salvador (1972): Dali über Dali. Propyläen, Berlin
Deac, Mircea (1976): Der Sinn des Werkes von Constantin Brancusi. In: Katalog Constantin Brancusi. Plastiken – Zeichnungen. W. Lehmbruck-Museum, Duisburg
Degenhardt, Bernhard (1956): Italienische Zeichner der Gegenwart. Gebr. Mann, Berlin
Delevoy, Robert L. (1965): Die Gestalt des 20. Jahrhunderts. Skira, Genf
Demisch, Heinz (1959): Vision und Mythos in der modernen Kunst. Freies Geistesleben, Stuttgart
Demisch, Heinz (1971): Mythische Motive bei Marc Chagall. In: SYMBOLON Bd. 7. Schwabe, Basel
Demisch, Heinz (1972): Die kleine Sphinx. In: Max Ackermann. Kohlhammer, Stuttgart
Descharnes, Robert (1974): Salvador Dali. DuMont, Köln
Dienst, Rolf-Gunter (1962): Eduardo Paolozzi. In: Kunstwerk 4, Baden-Baden
Dienst, Rolf-Gunter (1970): Deutsche Kunst: eine neue Generation. DuMont, Köln

Dienst, Rolf-Gunter (1973): Peter Brüning. Bongers, Recklinghausen
Dückers, Alexander (1971): Francis Bacon. Painting 1946. Reclam, Stuttgart
Dypréau, Jean (1966): Belgien. In: Kunst unserer Zeit. DuMont, Köln
Eliade, Mircea (1958): Ewige Bilder und Sinnbilder. Walter, Olten
Eliade, Mircea (1975): Marc Chagall und die Liebe zum Kosmos. In: Hommage à Chagall. Kunstkreis, Luzern
Emmrich, Irma (1976): Werner Tübke. Union, Berlin
Engelhard, Günter (1975): Adam, der Seefahrer. In: Brusberg Dokumente Nr. 6: Rudolf Hausner. Das Adam-Bewußtsein. Brusberg, Hannover
Erben, Walter (1957): Marc Chagall. Prestel, München
Erben, Walter (1959): Joan Miró. Prestel, München
Ertz, Klaus (1977): Zur Kunst Rolf Eschers. In: Katalog Rolf Escher. Thoma-Gesellschaft, Reutlingen
Farese-Sperken, Christine (1969): Der Tanz als Motiv in der bildenden Kunst des 20. Jahrhunderts. Schulte & Lehmann, Hagen
Farner, Konrad (1960): Der Aufstand der Abstrakt-Konkreten. Dobbeck, München
Farner, Konrad (1973): Kunst als Engagement. Luchterhand, Darmstadt
Fezzi, Elda (1972): Henry Moore. Kunstkreis, Luzern
Fierz, Heinrich K. (1976): Das Mandala-Motiv in Adolf Wölflis Werken. In: Katalog Adolf Wölfli. Kunstmuseum, Bern
Fischer, Friedhelm W. (1972 a): Max Beckmann. Fink, München
Fischer, Friedhelm W. (1972 b): Der Maler Max Beckmann. DuMont, Köln
Fischer, Friedhelm W. (1975): Max Beckmann. In: Katalog Max Beckmann. Kunsthalle Bielefeld
Fischer, Friedhelm W. (1978): Zeit, Raum und Transzendenz bei Max Beckmann. In: Kunst und Kirche 2, Linz
Fischer, Lothar (1969): Max Ernst. Rowohlt, Reinbek
Flemming, Hanns Theodor (1955): Ewald Mataré. Prestel, München
Flemming, Hanns Theodor (1962): Bernhard Heiliger. Rembrandt, Berlin
Flemming, Hanns Theodor (1963): F. K. Gotsch. Christians, Hamburg
Flemming, Hanns Theodor (1975). In: Katalog Bernhard Heiliger. Skulpturen und Zeichnungen 1960–75. Akademie der Künste, Berlin
Forberg, Gabriele (1972): Metropolis. In: Die Kunst und das schöne Heim 2, München
Fraenger, Wilhelm (1977): Von Bosch bis Beckmann. Verlag der Kunst, Dresden
Franck, Hans (1961): Ernst Barlach. Leben und Werk. Kreuz, Stuttgart
Franzke, Andreas (1978). Beiträge zur Propyläen-Kunstgeschichte. Suppl. Bd. II. Propyläen, Berlin
Frecot, J./J. F. Geist/D. Kerbs (1972): Fidus. Rogner & Bernhard, München
Friedrichs, Yvonne (1972): Paul Flora. In: Kunstwerk 2, Baden-Baden
Friedrichs, Yvonne (1973): Janez Bernik. In: Kunstwerk 2, Baden-Baden
Friedrichs, Yvonne (1975): Dorothee Conrady. In: Kunstwerk 2, Baden-Baden
Fuchs, Heinz (1961): Marino Marini. Il Miracolo. Reclam, Stuttgart
Fuchs, Heinz (1964). In: Katalog Gerhard Hoehme. Kunsthalle Mannheim
Gabler, Karlheinz (1968). In: Katalog Fritz Winter. Marbach, Bern
Gablik, Suzi (1971): Magritte. Praeger, München
Gadamer, Hans-Georg (1968): Werner Scholz. Bongers, Recklinghausen
Gadamer, Hans-Georg (1977): Die Aktualität des Schönen. Reclam, Stuttgart
Gärtner, Hannelore (1976): Menschheitsgeschichte. In: Bildende Kunst 4, Berlin
Gallwitz, Klaus (1971 a). In: Katalog Dali. Kunsthalle Baden-Baden
Gallwitz, Klaus (1971 b): Picasso Laureatus. Bucher, Luzern
Gatt, Giuseppe (1969): Max Ernst. Kunstkreis, Luzern
Gatt, Giuseppe (1970): Oskar Kokoschka. Kunstkreis, Luzern
Gaudiberti, Pierre (1970): Cremonini. In: Katalog Leonardo Cremonini. Meister der ital. Moderne IX. Kunsthalle Darmstadt
Geelhaar, Christian (1972): Paul Klee und das Bauhaus. DuMont, Köln
Geelhaar, Christian (1975): Klee-Zeichnungen. DuMont, Köln
Gehlen, Arnold (1960): Zeit-Bilder. Athenäum, Frankfurt/M.
Geist, Hans-Friedrich (1948): Paul Klee. Hauswedell, Hamburg
Gerlach, Friedrich (1973): Zu Friedrich Gerlach. In: Katalog Friedrich und Ludwig Gerlach. Kunsthalle Recklinghausen
Giedion-Welcker, Carola (1958): Constantin Brancusi. Schwabe, Basel.
Giedion-Welcker, Carola (1959/60): Hans Arp. In: Katalog Hans Arp. Museum Folkwang, Essen
Giedion-Welcker, Carola (1961): Die Raumphantasien Antoine Pevsners. In: Antoine Pevsner. Editions du Griffon, Neuchâtel
Giedion-Welcker, Carola (1963): Max Ernst. In: Katalog Max Ernst. Wallraf-Richartz-Museum, Köln

Giedion-Welcker, Carola (1973 a): Schriften 1926–1971. DuMont, Köln
Giedion-Welcker, Carola (1973 b). In: Alexander Calder Retrospektive. Maeght, Zürich
Giedion-Welcker, Carola (1976): Geistige Hintergründe der Formgestaltung Brancusis. In: Katalog Constantin Brancusi. Plastiken – Zeichnungen. W. Lehmbruck-Museum, Duisburg
Gillen, Eckhart (1977): Die Sachlichkeit der Revolutionäre. In: Katalog »Wem gehört die Welt?« Neue Gesellschaft für Bildende Kunst, Berlin
Gilot, Françoise/Carlton Lake (1965): Leben mit Picasso. Kindler, München
Girke, Raimund (1970): WEISS – Meine Farbe. In: Kunstwerk 9/10, Baden-Baden
Glaser, Horst Albert (1976): Intrauterine Technologie fürs Jahr 2000. In: Katalog H. R. Giger. Sydow-Zirkwitz, Frankfurt/M.
Gleisberg, Dieter (o. J.): Conrad Felixmüller – Leben und Werk. In: Katalog Conrad Felixmüller. Gemäldegalerie Neue Meister, Dresden
Glózer, László (1974): Picasso und der Surrealismus. DuMont, Köln
Göpel, Erhard (1976): Max Beckmann 1884–1950. In: Max Beckmann. Katalog der Gemälde I. Kornfeld, Bern
Golub, Leon (1970). In: Katalog Gaetano Marzotto1967. Zitiert in: Seit 45. La Connaissance, Brüssel
Gordon, Donald E. (1968): Ernst Ludwig Kirchner. Prestel, München
Gorsen, Peter (1962): Friedrich Schröder-Sonnenstern. Sydow-Zirkwitz, Frankfurt/M.
Gorsen, Peter (1968): Friedrich Schröder-Sonnenstern – Beitrag für eine kritische Monographie. In: Katalog Friedrich Schröder-Sonnenstern. Farbkartons. Städt. Kunsthalle Düsseldorf
Gosebruch, Martin (1957): Einführung. In: Nolde – Aquarelle und Zeichnungen. Bruckmann. München
Gosztonyi, Alexander (1970): Der Mensch in der modernen Malerei. Beck, München
Gottschalk, Herbert (1963): Reich der Träume. Bertelsmann. Gütersloh
Gray, Camilla (1963): Die russische Avantgarde der modernen Kunst 1863–1922. DuMont, Köln
Grochowiak, Thomas (1966): Ludwig Meidner. Bongers, Recklinghausen
Grohmann, Will (1926): Das Werk Ernst Ludwig Kirchners. Wolff, München
Grohmann, Will (1953): Bildende Kunst und Architektur. Suhrkamp, Frankfurt/M.
Grohmann, Will (1954): Paul Klee. Kohlhammer, Stuttgart
Grohmann, Will (1958 a): Deutschland, Österreich, Schweiz. In: Neue Kunst nach 1945. DuMont Köln
Grohmann, Will (1958 b): E. L. Kirchner. Kohlhammer, Stuttgart
Grohmann, Will (1963): Willi Baumeister. Leben und Werk. DuMont, Köln
Grohmann, Will (1966 a): Deutschland, Österreich, Schweiz. In: Kunst unserer Zeit. DuMont, Köln
Grohmann, Will (1966 b): Paul Klee. DuMont, Köln
Grote, Ludwig (1954): Deutsche Kunst im zwanzigsten Jahrhundert. Prestel, München
Grützmacher, Curt (1978): Die »Chassidische Botschaft« im Werk Marc Chagalls. In: Kunst und Kirche 2, Linz
Gutfreund, Oto (1912/13). In: Umělecký měsíčník 9, Praha
Gysling-Billeter, Erika (1976). In: Katalog Lucio Fontana. Kunsthaus Zürich
Hacker, Friedrich (1974): Adam. Vom ersten mündigen Menschen. In: Rudolf Hausner. Adam. Belser, Stuttgart
Haftmann, Werner (1954): Malerei im 20. Jahrhundert. Prestel, München
Haftmann, Werner (1957): Paul Klee. Prestel, München
Haftmann, Werner (1960): E. W. Nay. DuMont, Köln
Haftmann, Werner (1965): André Masson. In: Katalog André Masson. Gemälde und Zeichnungen aus den Jahren 1923–1964. Hertz, Bremen
Haftmann, Werner (1970): Die großen Meister der lyrischen Abstraktion und des Informel. In: Seit 45. La Connaissance, Brüssel
Haftmann, Werner (1973 a): Guttuso. Propyläen, Berlin
Haftmann, Werner (1973 b). In: Katalog Giuseppe Zigaina. Galerie G, Berlin
Haftmann, Werner (1974): Marc Chagall. DuMont, Köln
Haftmann, Werner (1975 a): Jorge Castillo. Gemälde. Aquarelle. Zeichnungen. Propyläen, Berlin
Haftmann, Werner (1975 b): Marc Chagall. Gouachen, Zeichnungen, Aquarelle. DuMont, Köln
Hahn, Otto (1964): Sonderborg. Hatje, Stuttgart
Hahn, Peter (1975): Das literarische Figurenbild. In: Katalog Lovis Corinth. Gemälde und Druckgraphik. Städt. Galerie im Lenbachhaus, München
Hamilton, Richard (1974). In: Katalog Richard Hamilton. Städt. Galerie im Lenbachhaus, München
Hammacher, Abraham Marie (1954): Zadkine. Kiepenheuer & Witsch, Köln
Hammacher, Abraham Marie (1960): Lipchitz. DuMont, Köln
Hammacher, Abraham Marie (1973): Die Entwicklung der modernen Skulptur. Propyläen, Berlin
Hammacher, Abraham Marie (1975): René Magritte. DuMont, Köln
Hammacher-van den Brande, Remilde (1974). In: Katalog Konrad Klapheck. Museum Boymans-van Beuningen, Rotterdam
Harich, Wolfgang (1946). In: Katalog Mac Zimmermann. Rosen, Berlin

Hartleb, Renate (1976): Künstler in Leipzig. Henschel, Berlin
Hartmann, Antonin (1969): Der Altar in Jedovnice. In: Christliche Kunstblätter 4, Linz
Hausenstein, Wilhelm (1949): Was bedeutet die moderne Kunst? Die Werkstatt, Leutstetten
Hausner, Rudolf (1971). Mitgeschriebene Äußerungen nach der ARD-Sendung vom 20. 11. (Skript wurde vom NDR nicht zugänglich gemacht)
Hausner, Rudolf (1974): Die Arche des Odysseus. In: Rudolf Hausner. Adam. Belser, Stuttgart
Heise, Carl Georg (1956): Ernst Barlach. Der Figurenschmuck von St. Katharinen zu Lübeck. Reclam, Stuttgart
Heise, Carl Georg (1960): Der gegenwärtige Augenblick. Gebr. Mann, Berlin
Helle, Horst Jürgen (1971): Zur Soziologie des Symbols. In: Kunst und Kirche 4, Linz
Helms, Dietrich (1970): Günther Uecker. Bongers, Recklinghausen
Hentzen, Alfred (1960): Werner Gilles. DuMont, Köln
Henze, Anton (1946): Fibel der modernen Malerei. Klein, Baden-Baden
Henze, Anton (1959): Pablo Picasso. Colloquium, Berlin
Herberts, Kurt (1966): Offenbarungen in der Malerei des 20. Jahrhunderts. Econ, Düsseldorf
Herding, Klaus (1970): Das Barocke im Werk von Jacques Lipchitz. In: Katalog Jacques Lipchitz. Skulpturen und Zeichnungen 1911–1969. Neuer Berliner Kunstverein
Hering, Karl-Heinz (1970). In: Katalog tetsumi kudo. Kunstverein für die Rheinlande, Düsseldorf
Hess, Hans (1959): Lyonel Feininger. Kohlhammer, Stuttgart
Hielscher, Peter (1977): George Grosz in der Turnhalle. In: Katalog »Wem gehört die Welt?« Neue Gesellschaft für Bildende Kunst, Berlin
Hiepe, Richard (1970): Zu Staat und Revolution. Kürbiskern, München
Hiepe, Richard (1973): Die Kunst der Neuen Klasse. Bertelsmann, München
Hildebrandt, Hans (1924): Die Kunst des 19. und 20. Jahrhunderts. Athenaion, Potsdam
Hocke, Gustav René (1957): Die Welt als Labyrinth. Rowohlt, Hamburg
Hocke, Gustav René (1963): Esoterische Symbolik. In: Katalog »Zeugnisse der Angst in der modernen Kunst«. Darmstadt
Hocke, Gustav René (1968): Fabrizio Clerici – Mysterium des Absurden. In: Katalog Fabrizio Clerici. Kunstamt Tempelhof, Berlin
Hocke, Gustav René (1974): Hausner als Medium. In: Rudolf Hausner. Adam. Belser, Stuttgart
Hocke, Gustav René (1975): Malerei der Gegenwart. Der Neo-Manierismus. Limes, München
Hodin, Joseph Paul (1954): Munch als Vorläufer des Surrealismus. In: Kunstwerk 6, Baden-Baden
Hodin, Joseph Paul (1963): Die Prometheussaga. In: Bekenntnis zu Kokoschka. Kupferberg, Berlin/Mainz
Hodin, Joseph Paul (1968): Oskar Kokoschka. Kupferberg, Berlin/Mainz
Hoehme, Gerhard (1964). In: Katalog Gerhard Hoehme. Franke, München
Hoff, August (1961): Wilhelm Lehmbruck. Rembrandt, Berlin
Hoffmann, Dieter (1969): Max Ackermann. In: Katalog Max Ackermann. The Renaissance Society at the University of Chicago
Hofmann, Werner (1958): Die Plastik des 20. Jahrhunderts. Fischer, Frankfurt/M.
Hofmann, Werner (1959): Henry Moore. Fischer, Frankfurt/M.
Hofmann, Werner (1964) Hrsg.: Paul Klee. Traumlandschaft mit Mond. Insel, Wiesbaden
Hofmann, Werner (1965 a): Oedipus victor. In: Katalog Victor Brauner. Kestner-Gesellschaft, Hannover
Hofmann, Werner (1965 b): Hoflehner. Hatje, Stuttgart
Hofmann, Werner (1966 a): Grundlagen der modernen Kunst. Kröner, Stuttgart
Hofmann, Werner (1966 b): Aquarelle des Expressionismus. DuMont, Köln
Hofmann, Werner (1967): Grenzerfahrungen. In: Kunstwerk 11/12, Baden-Baden
Hofmann, Werner (1968): Intra Muros. In: Katalog Antoni Tàpies. Museum des 20. Jahrhunderts, Wien
Hofmann, Werner (1970 a): Henri Laurens. Das plastische Werk. Hatje, Stuttgart
Hofmann, Werner (1970 b): Max Ernst und die Tradition. In: Katalog Max Ernst. Frankfurter Kunstverein u. a.
Hofstätter, Hans H. (1965): Symbolismus und die Kunst der Jahrhundertwende. DuMont, Köln
Hofstätter, Hans H. (1969): Malerei und Graphik der Gegenwart. Holle, Baden-Baden
Hofstätter, Hans H. (1971): Wiedergeburt der Symbole? In: Kunst und Kirche 4, Linz
Hofstätter, Hans H. (1972): Vom Bild zum Zeichen. Das graphische Werk Max Ackermanns bis zum Ende des Zweiten Weltkriegs. In: Max Ackermann. Kohlhammer, Stuttgart
Hohl, Reinhold (1971): Alberto Giacometti. Hatje, Stuttgart
Holsten, Siegmar (1976): Allegorische Darstellungen des Krieges. Prestel, München
Holz, Hans Heinz (1971): »Farbe ist Leben«. Zum Werk Johannes Ittens. KunstNachrichten 4/5, Luzern
Hoog, Michael (1976). In: Katalog Robert Delaunay. Staatl. Kunsthalle, Baden-Baden
Horbach, Angela (1971): Bernhard Jäger (1971). In: Die Kunst und das schöne Heim 8, München
Horbach, Angela (1973): Reiner Schwarz. In: Die Kunst und das schöne Heim 2, München
Hrdlicka, Alfred (1973): Graphik. Propyläen, Berlin

Huber, Carlo (1968): Otto Meyer-Amden. Büchler, Wabern
Hütt, Wolfgang (1969): Deutsche Malerei und Graphik im 20. Jahrhundert. Henschel, Berlin
Hütt, Wolfgang (1976): Wegzeichen in unserem Jahrhundert. In: Bildende Kunst 3, Berlin
Huggler, Max (1969): Paul Klee. Huber, Frauenfeld
Hultén, Pontus K. G. (1966): Skandinavien. In: Kunst unserer Zeit. DuMont, Köln
Hunter, Sam (1958): USA, Kanada. In: Neue Kunst nach 1945. DuMont, Köln
Hunter, Sam (1966): Amerika. In: Kunst unserer Zeit. DuMont, Köln
Hunter, Sam (1978): Nordamerika. In: Propyläen-Kunstgeschichte Suppl. Bd. II. Propyläen, Berlin
Huyghe, René (1962): Kunst und Seele. Droemer, München
Jaffé, Aniela (1968): Bildende Kunst als Symbol. In: Der Mensch und seine Symbole. Walter, Olten
Jaffé, Hans L. C. (1964): Picasso. DuMont, Köln
Jakimowicz, Irena (1977): Tadeusz Kulisiewicz. Henschel, Berlin
Janson, Horst W. (1968): DuMonts Kunstgeschichte unserer Welt. DuMont, Köln
Janson, Horst W./Dore J. Janson (1957): Malerei unserer Welt. DuMont, Köln
Janus (1973): Man Ray. Praeger, München
Jean, Marcel (1961): Geschichte des Surrealismus. DuMont, Köln
Jehle, Werner (1973): Die Mythologie Hollywoods. In: KunstNachrichten 3, Luzern
Jelenski, Constantin (1968): Leonor Fini. Keller, Starnberg
Jens, Walter (1974): Emil Nolde – der Hundertjährige. In: Emil Hansen aus NOLDE. Flensburger Studienkreis
Jochims, Reiner (1972): Der Maler Antonio Calderara. Keller, Starnberg
Jones, Ernest (1978): Die Theorie der Symbolik und andere Aufsätze. Ullstein, Berlin
Jorn, Rüdiger (1975): Ein Rückblick. In: Katalog Max Beckmann. Kunsthalle Bielefeld
Jouffroy, Alain (1966): Die internationale Avantgarde von Paris. In: Kunst unserer Zeit. DuMont, Köln
Jung, Carl Gustav (1960): Bewußtes und Unbewußtes. 3. Aufl. Fischer, Frankfurt/M.
Jung, Carl Gustav (1967): Psychologische Typen. 10. Aufl. Rascher, Zürich
Jung, Carl Gustav (1972): Symbolik des Geistes. Walter, Olten
Kästner, Erhart (1971): ALTENBOURG ICH-GESTEIN. Propyläen, Berlin
Kahmen, Volker (1972): Erotik in der Kunst. Wasmuth, Tübingen
Kahnweiler, Daniel-Henry (1968): Juan Gris. Leben und Werk. Hatje, Stuttgart
Kaiser, Stephan (1962): Max Beckmann. Fink, Stuttgart
Kallenbach, Rolf (1977): Bak. Limes, Wiesbaden
Kambartel, Walter (1977): Der gesellschaftliche Standort der Kunstkritik. Zur Rezeptionsproblematik der Kunst des 20. Jahrhunderts. In: Kunstchronik (März), Nürnberg
Kamenski, Alexander (1976): Blick ins Atelier. Tatjana Nasarenko. In: Bildende Kunst 1, Berlin
Kandinsky, Wassily (1952): Über das Geistige in der Kunst. Benteli, Bern
Kandinsky, Wassily (1955): Leere Leinwand undsoweiter. In: Essays über Kunst und Künstler. Hatje, Stuttgart
Kay, Helen (1966): Picassos Welt der Kinder. Droemer, München
Keiser, Herbert Wolfgang/Rainer W. Schulze (1975): Franz Radziwill. Thiemig, München
Keller, Horst (1975): Marc Chagall. DuMont, Köln
Killer, Peter (1975): Rolf Iseli. In: Du (August), Zürich
Köhrmann, Gerd (1975): Der Maler des Menschen und des Menschlichen. In: Katalog Karl Hofer. Baukunst, Köln
Kolakowski, Leszek (1973): Die Gegenwärtigkeit des Mythos. Piper, München
Komrij, Gerrit (1971): Über das literarische Werk von Salvador Dali. In: Katalog Dali. Kunsthalle Baden-Baden
Kowalski, Klaus (1975). In: Katalog Max Beckmann. Kunsthalle Bielefeld
Kowalski-Plouda, Almut (1975). In: Katalog Max Beckmann. Kunsthalle Bielefeld
Krahmer, Catherine (1974): Der Fall Yves Klein. Piper, München
Kramer, Hilton (1975): Richard Lindner. Propyläen, Berlin
Krieger, Peter (1976): Hannah Höch, ihr Werk und Dada. In: Katalog Hannah Höch. Nationalgalerie, Berlin
Krimmel, Bernd (1969): Versuch über eine Bilderwelt. In: Katalog Ipoustéguy. Kunsthalle Darmstadt
Krimmel, Bernd (1974): Pierre Alechinsky. In: Magazin Kunst 3, Mainz
Krimmel, Elisabeth (1973): Jetzt. In: Katalog Scanavino. Malerei. Zeichnungen. Graphik. Magistrat der Stadt Darmstadt
Kronjäger, Jochen (1978): CAYC – Die Gruppe der Dreizehn. In: KUNST-Magazin 1, Mainz
Krüger, Walther (1972): Das Gorgonenhaupt. Gebr. Mann, Berlin
Kržišnik, Zoran (1963): Zeitgenössische jugoslawische Graphik. Aries, München
Kržišnik, Zoran (1966): Jugoslawien. In: Kunst unserer Zeit. DuMont, Köln
Kudielka, Robert (1971): Mark Rothko. In: Kunst und Kirche 4, Linz
Kultermann, Udo (1969): Neue Formen des Bildes. Wasmuth, Tübingen
Lachmann, Claire (1970): Israelische Künstler – ehemalige Bauhausschüler. In: EMUNA 3, Frankfurt/M.
Lackner, Stephan (1956): Das Welttheater des Max Beckmann. In: Kunstwerk 4, Baden-Baden

Lackner, Stephan (1967): Max Beckmann als Landschaftsmaler. In: Christliche Kunstblätter 4, Linz
Lamač, Miroslav (1967): moderne tschechische malerei. Artia, Praha
Lamač, Miroslav/Dietrich Mahlow (1968): Jiří Kolář. DuMont, Köln
Lanchner, Carolyn (1976): Origins and Development. In: Katalog André Masson. Museum of Modern Art, New York
Lang, Lothar (1975 a): Renato Guttuso. Henschel, Berlin
Lang, Lothar (1975 b): Expressionistische Buchillustration. Edition, Leipzig
Lang, Lothar (1975 c): Wolfgang Mattheuer. Henschel, Berlin
Lang, Lothar (1977). Bildlegende in Katalog documenta 6, I, Kassel
Langaard, Johan H./Reidar Revold (1963): Edvard Munch. Belser, Stuttgart
Langer, Susanne K. (1965): Philosophie auf neuem Wege. Fischer, Frankfurt/M.
Langner, Johannes (1962): Lyonel Feininger. Segelschiffe. Reclam, Stuttgart
Langner, Johannes (1963): Ossip Zadkine. Mahnmal für Rotterdam. Reclam, Stuttgart
Langner, Johannes (1977): Der Kubismus. In: Propyläen-Kunstgeschichte Bd. 12. Propyläen, Berlin
Lankheit, Klaus (1961): Einführung. In: Franz Marc. Der Turm der blauen Pferde. Reclam, Stuttgart
Lankheit, Klaus (1976): Franz Marc. DuMont, Köln
Laub, Gabriel (1978): Samuel Bak. In: Westermanns Monatshefte 4, Braunschweig
Lebel, Robert (1962): Marcel Duchamp. DuMont, Köln
Lehmann, Hans-Ulrich (1974): Zeichnungen in der Kunst der DDR. Kupferstichkabinett, Dresden
Lenz, Christian (1976): Max Beckmann und Italien. Deutsch-Italienische Vereinigung, Frankfurt/M.
Leo, Peter (1961): Vorwort. In: Katalog Hendrik Nicolaas Werkman. Städt. Kunstgalerie, Bochum
Leo, Peter (1969). In: Katalog Grieshaber 60. Württ. Kunstverein, Stuttgart
Leonhard, Kurt (1962). In: Katalog Lucio Fontana. Schloß Morsbroich/Städt. Museum, Leverkusen
Leonhard, Kurt (1967): Michaux. Hatje, Stuttgart
Leppien, Helmut R. (1967): Max Ernst. Der große Wald. Reclam, Stuttgart
Leppien, Helmut R. (1970): Die Themen der Bilder. In: Katalog Max Ernst. Württ. Kunstverein, Stuttgart
Leuner, Barbara (1976): Psychoanalyse und Kunst. DuMont, Köln
Lewis, David (1958): Constantin Brancusi. Niggli, Teufen
Leymarie, Jean (1971): Picasso. Metamorphosen. Skira, Genf
Limbour, Georges (1965). Beiträge in Kindlers Malerei-Lexikon. Kindler, Zürich
Linfert, Carl (1958): Georg Meistermann. Bongers, Recklinghausen
Linhartová, Věra (1972 a): René Magritte – La confidence capitale. Akzente 1, München
Linhartová, Věra (1972 b): Tàpies. Hatje, Stuttgart
Linnenkamp, Rolf (1965). Beiträge in Kindlers Malerei-Lexikon. Kindler, Zürich
Lippard, Lucy R. (1968): Pop-Art. Droemer, München
Lippard, Lucy R. (1976): Zwischen Wort und Bild. In: Hommage à Max Ernst. Ebeling, Wiesbaden
Loewig, Roger (1975). In: Katalog Roger Loewig. Baukunst, Köln
Lorenzer, Alfred (1970): Kritik des psychoanalytischen Symbolbegriffs. Suhrkamp, Frankfurt/M.
Lorenzer, Alfred (1973): Über den Gegenstand der Psychoanalyse. Suhrkamp, Frankfurt/M.
Lucie-Smith, Edward (1970): Kunstrichtungen seit 1945. Molden, Wien
Maass, Max Peter (1965): Das Apokalyptische in der modernen Kunst. Bruckmann, München
Mac Mullan, Roy (1968): Marc Chagalls Welt. Belser, Stuttgart
März, Roland (1973): Radziwill und Caspar David Friedrich. In: Forschungen und Berichte. Staatl. Museen zu Berlin. Akademie, Berlin
März, Roland (1975): Franz Radziwill. Henschel, Berlin
Mahlow, Dietrich (1963) Hrsg.: Schrift und Bild. Typos, Frankfurt/M.
Mahlow, Dietrich (1969): Yves Klein. Saarländischer Rundfunk 12. 5.
Mai, Ekkehard (1975): Rolf Szymanski. In: Kunstwerk 6, Baden-Baden
Marchiori, Giuseppe (1966): Georges Rouault. Kohlhammer, Stuttgart
Marchiori, Giuseppe (1970): Die figurative Plastik seit 1945. In: Seit 45. La Connaissance, Brüssel
Martin, Henry (1973): Arman. Abrams, New York
Mauer, Otto (1960). In: Katalog Markus Prachensky. St. Stephan, Wien
Maur, Karin von (o. J.). Bildlegende in der Staatsgalerie Stuttgart
Maur, Karin von (1972): Oskar Schlemmer. Das plastische Werk. Hatje, Stuttgart
Maur, Karin von (1978): Oskar Schlemmer und »die Bindung des Metaphysischen«. In: Kunst und Kirche 2, Linz
Meißner, Günter (1974): Werner Tübke. Seemann, Leipzig
Meißner, Günter (1975): Die Kunst Werner Tübkes. In: Katalog Werner Tübke. Dresden/Leipzig/Berlin
Melville, Robert (1970): Pop Art in England. In: Seit 45. La Connaissance, Brüssel
Metken, Günter (1968): Malen im optischen Zeitalter. In: Kunstwerk 6, Baden-Baden
Metken, Günter (1970): Alberto Giacometti. In: Kunstwerk 5/6, Baden-Baden

Metken, Günter (1971): Jean Tinguely. In: Kunstwerk 4, Baden-Baden
Metken, Günter (1976): Flammenwerfer der Kunst. In: ZEIT 51, Hamburg
Metken, Günter (1977): Surrealismus. In: Propyläen-Kunstgeschichte Bd. 12. Propyläen, Berlin
Meyer, Franz (1961): Marc Chagall. DuMont, Köln
Meyer, Franz (1964): Marc Chagall. Der Engelssturz. Reclam, Stuttgart
Minte, Herbert (1946): Otto Dix und sein Werk. In: Almanach zu den Kunstwochen Tübingen Reutlingen, Wunderlich, Tübingen
Mitsch, Erwin (1974): Egon Schiele. Residenz, Salzburg
Möbius, Helga (1976): Denken in Symbolen. In: Bildende Kunst 5, Berlin
Möbius, Helga (1977): Vom Sinn des Sinnbildes. In: Bildende Kunst 9, Berlin
Moen, Arve (1957): Edvard Munch. Der Künstler und die Frauen. Bruckmann, München
Molzahn, Johannes (1929). In: Breslauer Neueste Nachrichten 189
Moore, Henry (1957). König und Königin. Reclam, Stuttgart
Morschel, Jürgen (1971): Constantin Brancusi. In: Kunstwerk 1, Baden-Baden
Morschel, Jürgen (1972): Deutsche Kunst der 60er Jahre. Plastik, Objekte, Aktionen. Bruckmann, München
Mráz, Bohumir (1969): Projektanti věží. In: Katalog Mikuláš Medek. Hradec Králové
Mráz, Bohumir (1970): Mikuláš Medek. Obelisk, Praha
Mucchi, Gabriele (1960). In: Katalog Giacomo Manzù. Skulpturen. Zeichnungen. Staatl. Museen, Berlin
Müller, Hans-Jürgen (1976): Kunst kommt nicht von können. Belser, Stuttgart
Müller, Walther (1954): Das Rathaus zu Oslo. In: Kunstwerk 5, Baden-Baden
Müller-Thalheim, Wolfgang K. (1970): Erotik und Dämonie im Werk Alfred Kubins. Nymphenburger, München
Mugdan, Klaus (1971). In: Katalog Willibald Kramm 1891–1969. Kurpf. Museum, Heidelberg
Mugdan, Klaus (1977): Einführung. In: I. Fischer-Nagel/K. Mugdan: Hanna Nagel. Braun, Karlsruhe
Muschik, Johann (1970): Rudolf Hoflehner. In: Kunstwerk 7/8, Baden-Baden
Muschik, Johann (1974): Die Wiener Schule des Phantastischen Realismus. Jugend und Volk, Wien
Myers, Bernard S. (1957): Malerei des Expressionismus. DuMont, Köln
Neugass, Fritz (1969): Die Maschine in der Kunst. In: Kunstwerk 5/6, Baden-Baden
Neumann, Erich (1961): Die archetypische Welt Henry Moores. Rascher, Zürich
Neumeyer, Alfred (1961): Die Kunst in unserer Zeit. Versuch einer Deutung. Goverts, Stuttgart
Nigg, Walter (1961): Maler des Ewigen. Bd. II Moderne Ikonen. Artemis, Zürich
Nishida, Hideho (1976): Die Geschichte des Blauen Reiters. In: Hommage à Kandinsky. Ebeling, Luxembourg
Ohff, Heinz (1970): Klaus Vogelgesang. In: Kunstwerk 11/12, Baden-Baden
Ohff, Heinz (1975): Sarkis. In: Kunstwerk 4, Baden-Baden
Olbricht, Klaus-Hartmut (1970): Zu den Zimtzauberkonserven und Fallenbilden Daniel Spoerris. In: Die Kunst und das schöne Heim 7, München
Oldenburg, Claes (1971): Object into Monument. Los Angeles
Osterwold, Tilman (1975) Hrsg.: Paul Klee. Die Ordnung der Dinge. Hatje, Stuttgart
Outin, Jacques (1970): Edward Kienholz. In: Kunstwerk 7/8, Baden-Baden
Oxenaar, R. W. D. (1966): Holland. In: Kunst unserer Zeit. DuMont, Köln
Pack, Claus (1969): Moderne Graphik in Österreich. Fackelträger, Hannover
Padrta, Jiři (1965): Mikuláš Medek. In: Vytvarné umeni 9, Praha
Paolozzi, Eduardo (1975): Die Ikonographie der Gegenwart. In: Katalog Eduardo Paolozzi. Nationalgalerie, Berlin
Passeron, René (1971): René Magritte. Rembrandt, Berlin
Passeron, René (1975): Lexikon des Surrealismus. v. Nottbeck, München
Pauseback, Wolf-Michael (1975). In: Katalog Max Beckmann. Kunsthalle Bielefeld
Penrose, Roland (1961): Picasso. Kiepenheuer & Witsch, Köln
Perrucchi-Petri, Ursula (1974): Zur Ausstellung Ambiente 74. In: KunstNachrichten 11/12, Luzern
Pfefferkorn, Rudolf (1962): Cesar Klein. Rembrandt, Berlin
Pfefferkorn, Rudolf (1967): Jakob Steinhardt. Stapp, Berlin
Picard, Lil (1967): Joseph Cornell. In: Kunstwerk 9/10, Baden-Baden
Pieck, Wilhelm (1961): Ehrt die proletarischen Helden der Revolution. In: Ges. Reden und Schriften Bd. 3. Berlin
Pierre, José (1970): Konrad Klapheck. DuMont, Köln
Pirchan, Emil (1956): Gustav Klimt. Bergland, Wien
Platte, Hans (1957): Malerei. In: Die Kunst des 20. Jahrhunderts. Standard, Hamburg
Poley, Stefanie (1976). In: Katalog Hans Arp in der Hamburger Kunsthalle
Ponente, Nello (1960a): Klee. Skira, Genf
Ponente, Nello (1960b): Moderne Malerei. Zeitgenössische Strömungen. Skira, Genf
Ponente, Nello (1966): Italien. In: Kunst unserer Zeit. DuMont, Köln
Ponente, Nello (1977): Voraussetzungen. In: Propyläen-Kunstgeschichte Bd. 12. Propyläen, Berlin
Ponge, Francis/Pierre Descargues (1975): Picasso. Propyläen, Berlin

Prawda (1968). In: Kunstwerk 5, Baden-Baden
Prinz, Ursula (1978). Beiträge zur Propyläen-Kunstgeschichte Suppl. Bd. II. Propyläen, Berlin
Quasimodo, Salvatore (1969): Giacomo Manzù. In: Katalog Giacomo Manzù. Bildwerke und Handzeichnungen. Dt. Akademie der Künste, Berlin
Raabe, Paul (1957): Alfred Kubin. Leben. Werk. Wirkung. Rowohlt, Hamburg
Rau, Bernd (1977): Die Grossen Meister. In: Propyläen-Kunstgeschichte Bd. 12. Propyläen, Berlin
Raynal, Maurice (1950): Henri Matisse. In: Matisse. Munch. Rouault. Skira, Genf
Read, Herbert (1958 a): England. In: Neue Kunst nach 1945. DuMont, Köln
Read, Herbert (1958 b): Lynn Chadwick. Bodensee, Amriswil
Read, Herbert (1959): Geschichte der modernen Malerei. Droemer, München
Read, Herbert (1961): Bild und Idee. DuMont, Köln
Read, Herbert (1963): Formen des Unbekannten. Rhein, Zürich
Read, Herbert (1964 f). Beiträge in Kindlers Malerei-Lexikon. Kindler, Zürich
Read, Herbert (1966 a): Für Rupprecht Geiger. In: Katalog Rupprecht Geiger. Haus am Waldsee, Berlin
Read, Herbert (1966 b): Geschichte der modernen Plastik. Droemer, München
Read, Herbert (1967): Henry Moore. Droemer, München
Reelfs, Hella (1977). Beiträge zum Kapitel »Große Meister« von Bernd Rau. In: Propyläen-Kunstgeschichte Bd. 12. Propyläen, Berlin
Reuther, Hanno (1964): Kunstbrief aus der Rhein-Main-Region. In: Kunstwerk 4, Baden-Baden
Rewald, John (1966): Giacomo Manzù. Welz, Salzburg
Rhode, Werner (1975): Ansichten, Einsichten, Ausschnitte, Auswege. In: Gerd Winner. Bilder und Graphik 1970–75. Kunsthalle Bremen
Roditi, Edouard (1960): Dialoge über Kunst. Insel, Wiesbaden
Rodriguez Prampolini, Ida (1977): Lateinamerika. In: Propyläen-Kunstgeschichte Bd. 12. Propyläen, Berlin
Roh, Juliane (1964): Kunstbrief aus München. In: Kunstwerk 8, Baden-Baden
Roh, Juliane (1967): Karyatiden und Kreuze. In: Kunstwerk 1/2, Baden-Baden
Roh, Juliane (1968): Zu neuen Arbeiten von Erich Hauser. In: Kunstwerk 5, Baden-Baden
Roh, Juliane (1970): Wladimir Tatlin 1885–1953. In: Kunstwerk 7/8, Baden-Baden
Roh, Juliane (1971): Deutsche Kunst der 60er Jahre. Bruckmann. München
Roh, Juliane (1973): Dieter Asmus. In: Kunstwerk 1, Baden-Baden
Roh, Juliane (1976 a): Große Kunstausstellung München 1976. In: Kunstwerk 5, Baden-Baden
Roh, Juliane (1976 b): Wolfgang Gäfgen. In: Kunstwerk 5, Baden-Baden
Romain. Lothar (1969): Jean-Pierre Raynaud. In: Kunstwerk 5/6, Baden-Baden
Romain, Lothar/Rolf Wedewer (1972): Über Beuys. Droste, Düsseldorf
Rombold, Günter (1967): Die Passion nach Max Beckmann. In: Christliche Kunstblätter 4, Linz
Rombold, Günter (1978 a): Ein unendliches Thema. In: Kunst und Kirche 2, Linz
Rombold, Günter (1978 b): Schicksal als Verhängnis. In: Kunst und Kirche 2, Linz
Rose, Barbara (1969): Amerikas Weg zur modernen Kunst. DuMont, Köln
Roters, Eberhard (1971): Zum Werk von Johannes Itten. In: Katalog Johannes Itten. Kunsthalle Bern
Roters, Eberhard (1973): Peter Ackermann. In: ZET 2. Rothe, Heidelberg
Roters, Eberhard (1974): Zur Ausstellung. In: Katalog Issai Kulvianski. Haus am Waldsee, Berlin
Roters, Eberhard (1976). In: Katalog Manfred Graef. Neuer Berliner Kunstverein
Roters, Eberhard (1977 a): Maler am Bauhaus. In: Propyläen-Kunstgeschichte Bd. 12. Propyläen, Berlin
Roters, Eberhard (1977 b): Mechanomorphosen, Mechanomannequins, Metamaschinen. In: Katalog »Tendenzen der zwanziger Jahre«. Reimer, Berlin
Rothe, Wolfgang (1976): Stolberg 1957–1964: Donnerberg und Gedautal. Neun Sätze. In: Dahmen. Objekte. Bilder. Landschaften. Belser, Stuttgart
Rotzler, Willy (1976). In: Katalog Jürgen Brodwolf – Figurenräume. Kunstverein, München
Rubin, William S. (1972): Dada und Surrealismus. Hatje, Stuttgart
Rubin, William S. (1976): André Masson and the Twentieth Century Painting. In: Katalog André Masson. Museum of Modern Art, New York
Rudloff, Diether (1971): Des Kaisers neue Kleider. In: Die Kommenden 10, Freiburg
Ruhmer, Eberhard (1965): Hanna Nagel. Bruckmann, München
Ruhrberg, Karl (1962): Werner Gilles. Bongers, Recklinghausen
Ruhrberg, Karl (1965): Der Schlüssel zur Malerei von heute. Econ, Düsseldorf
Ruhrberg, Karl (1973): Rolf Nesch. In: ZET 4. Rothe, Heidelberg
Ruhrberg, Karl (1976): Fußnote zu Karol Broniatowski. In: Katalog Broniatowski. Big Man. Neuer Berliner Kunstverein
Russell, John (1966): Max Ernst. Leben und Werk. DuMont, Köln
Russell, John (1971): Francis Bacon. Propyläen, Berlin

Sager, Peter (1973 a): Paul Delvaux. In: Kunstwerk 3, Baden-Baden
Sager, Peter (1973 b): Neue Formen des Realismus. DuMont, Köln
Sager, Peter (1975): Wolfgang Mattheuer. In: Kunstwerk 3, Baden-Baden
Sager, Peter (1976): Gemalt von Peter Weiss. In ZEITmagazin 47, Hamburg
Sandberg, Herbert (1973): Photomontagen von Mieczysław Berman. In: Katalog Berman Fotomontaggi. Schwarz, Milano
Sandberg, W./H. L. C. Jaffé (1961): Ein Museum für moderne Kunst. Stedelijk Amsterdam. DuMont, Köln
Sandler, Irving H. (1970): Der Abstrakte Expressionismus. In: Seit 45. La Connaissance, Brüssel
Sauré, Wolfgang (1966): Ausstellungen in Paris. In: Kunstwerk 8, Baden-Baden
Sauré, Wolfgang (1974 a): Jean-Pierre Raynaud. In: Kunstwerk 2, Baden-Baden
Sauré, Wolfgang (1974 b): Jacques Monory. In: Kunstwerk 5/6, Baden-Baden
Sauré, Wolfgang (1975): Pierre Dimitrienko. In: Kunstwerk 1, Baden-Baden
Scharfenberg, Joachim (1974): Symbol. In: Psychologie für Nichtpsychologen. Kreuz, Stuttgart
Scheltema, Frederik Adama van (1960): Die Kunst der Moderne. Kohlhammer, Stuttgart
Schifner, Kurt (1963). In: Otto Pankok. Verlag der Kunst, Dresden
Schiwy, Günther (1971): Zeichen der Freiheit. In: Kunst und Kirche 4, Linz
Schlemmer, Oskar (1930): Vortrag 28. 10. 1930. In: J. E. v. Borries. Oskar Schlemmer. Reclam, Stuttgart 1960
Schmalenbach, Fritz (1973): Die Malerei der »Neuen Sachlichkeit«. Gebr. Mann, Berlin
Schmalenbach, Werner (1958): Paul Klee. Fische. Reclam, Stuttgart
Schmalenbach, Werner (1959). In: Katalog Bissier. Kestner-Gesellschaft, Hannover
Schmalenbach, Werner (1964). In: Katalog Klee. Kunstsammlung Nordrhein-Westfalen, Düsseldorf
Schmalenbach, Werner (1967): Kurt Schwitters. DuMont, Köln
Schmalenbach, Werner (1968): Malerei des zwanzigsten Jahrhunderts. DuMont, Köln
Schmalenbach, Werner (1970): Die Kunstsammlung Nordrhein-Westfalen. DuMont, Köln
Schmalenbach, Werner (1971): Kurt Schwitters - Kunst und Politik. In: Katalog Kurt Schwitters. Württ. Kunstverein, Stuttgart
Schmalenbach, Werner (1974): Julius Bissier. DuMont, Köln
Schmeller, Alfred (1956): Surrealismus. Rosenbaum, Wien
Schmeller, Alfred (1977): Figur als Widerstand. In: Wotruba. Figur als Widerstand. Welz, Salzburg
Schmidt, Diether (1968): Pablo Picasso. Traum und Lüge Francos. Insel, Leipzig
Schmidt, Georg (1948). In: Katalog Paul Klee-Stiftung. Basler Kunsthalle
Schmidt, Georg (1966): Umgang mit Kunst. Walter, Olten
Schmidt, Paul Ferdinand (1950): Klassizistische Neigungen in der Malerei der Gegenwart. In: Kunstwerk 4, Baden-Baden
Schmidt, Paul Ferdinand (1952): Geschichte der modernen Malerei. Kohlhammer, Stuttgart
Schmied, Wieland (1964): Woher kommt und was ist »Die Wiener Schule«? In: Die Wiener Schule. Buchheim, Feldafing
Schmied, Wieland (1965): Notizen zu Richard Oelze. In: Katalog Richard Oelze. Württ. Kunstverein, Stuttgart
Schmied, Wieland (1966): Wegbereiter zur modernen Kunst. Fackelträger, Hannover
Schmied, Wieland (1967): Hundertwasser. Der Weg zu Dir. Insel, Frankfurt/M.
Schmied, Wieland (1969 a): Neue Sachlichkeit und magischer Realismus in Deutschland 1918–1933. Fackelträger, Hannover
Schmied, Wieland (1969 b). In: Katalog René Magritte. Kestner-Gesellschaft, Hannover
Schmied, Wieland (1970): Rudolf Hausner. Welz, Salzburg
Schmied, Wieland (1973 a): 200 Jahre phantastische Malerei. Rembrandt, Berlin
Schmied, Wieland (1973 b): Notizen zu Alfred Jensen. In: Katalog Alfred Jensen. Kestner-Gesellschaft, Hannover
Schmied, Wieland (1975): Malerei nach 1945. Propyläen, Berlin
Schmoll, J. A. gen. Eisenwerth (1969): Fragmente polarer Existenz. In: Kunstwerk 3/4, Baden-Baden
Schmoll, J. A. gen. Eisenwerth (1971): Rudolf Belling. Erker, St. Gallen
Schneckenburger, Manfred (1975): Herausforderung der »Primitiven«. Antwort der Moderne. In: Westermanns Monatshefte 2, Braunschweig
Schneckenburger, Manfred (1977): Deutscher Expressionismus. In: Propyläen-Kunstgeschichte Bd. 12. Propyläen, Berlin
Schneditz, Wolfgang (1956): Alfred Kubin. Rosenbaum, Wien
Schneede, Uwe M. (1969): Über Jean-Pierre Raynaud. In: Katalog Jean-Pierre Raynaud. Württ. Kunstverein, Stuttgart
Schneede, Uwe M. (1972 a): Max Ernst. Hatje, Stuttgart
Schneede, Uwe M. (1972 b): Ensor – ein Maler aus dem späten 19. Jahrhundert. In: Katalog James Ensor. Württ. Kunstverein, Stuttgart
Schneede, Uwe M. (1973 a): Malerei des Surrealismus. DuMont, Köln

Schneede, Uwe M. (1973 b): René Magritte. DuMont, Köln
Schneede, Uwe M. (1977 a): Neue Sachlichkeit, Verismus, Figurativer Konstruktivismus. In: Propyläen-Kunstgeschichte Bd. 12. Propyläen, Berlin
Schneede, Uwe M. (1977 b): Wolfgang Mattheuer. In: Katalog Wolfgang Mattheuer. Kunstverein, Hamburg
Schneede, Uwe M. (1979). In: Katalog Max Ernst Retrospektive 1979. Haus der Kunst, München
Schneider, Helmut (1975): Frankenstein, Marx und Coca-Cola. In: Katalog Eduardo Paolozzi. Nationalgalerie, Berlin
Schönemann, Heinz (1977): Wolfgang Mattheuer. In: Katalog Wolfgang Mattheuer. Kunstverein, Hamburg
Schreyer, Lothar (1954): Ein Jahrtausend deutscher Kunst. Wegner, Hamburg
Schulz, Paul Otto (1969): K. F. Dahmen. In: Kunstwerk 11/12, Baden-Baden
Schulz, Walter (1972): Philosophie in der veränderten Welt. Neske, Pfullingen
Schwarz, Arturo (1973): Marcel Duchamp. Kunstkreis, Luzern
Seckel, Curt Georg (1950): Picasso und die Insel des Minotaurus. In: Kunstwerk 5, Baden-Baden
Seckel, Curt (1967): Maßstäbe der Kunst im 20. Jahrhundert. Econ, Düsseldorf
Seitz, William C. (1972): Segal. Hatje, Stuttgart
Sello, Gottfried (1976): Billard mit Adam. In: ZEIT 47, Hamburg
Selz, Peter (1966): The Recent Work. In: Peter Selz, The Work of Jean Dubuffet. Museum of Modern Art, New York
Seuphor, Michel (1962): Ein halbes Jahrhundert Abstrakte Malerei. Droemer, München
Seuphor, Michel (1967): Gestaltung und Ausbruch in der modernen Kunst. Walter, Olten
Severini, Gino (1916). In: Mercure de France. Zitiert in Katalog Gino Severini. Museum am Ostwall, Dortmund
Šmejkal, František (1974): Die surrealistische Zeichnung. Dausien, Hanau
Smith, David (1970). In: Katalog Julio Gonzalez. Tate Gallery, London
Soby, James Thrall (1966): Giorgio de Chirico. Museum of Modern Art, New York
Sotriffer, Kristian (o. J): Heinrich Heuer. Radierungen. Galerie Ariadne, Wien
Sotriffer, Kristian (1974): Karl Rössing. Tusch, Wien
Spagnulo, Giuseppe (1978): Skulpturen. Kunsthalle Bielefeld
Sperber, Dan (1975): Über Symbolik. Suhrkamp, Frankfurt/M.
Spies, Werner (1971 a): Max Ernst 1950–1970. DuMont, Köln
Spies, Werner (1971 b): Rudolf Hoflehner. Schroll, Wien
Spies, Werner (1971 c): Pablo Picasso. Das plastische Werk. Hatje, Stuttgart
Spoerri, Theodor (1976): Identität von Abbildung und Abgebildetem in der Kunst Adolf Wölflis. In: Katalog Adolf Wölfli. Kunstmuseum Bern
Steingräber, Erich (1974): 'La repasseuse'. Pantheon I, München
Strelow, Hans (1965): Günther Uecker. In: Junge Künstler 65/66. DuMont, Köln
Sutherland, Graham (1953): Thougths on Painting. The Arts Council of Great Britain, London. In: Seit 45. La Connaissance, Brüssel
Syring, Marie Luise (1977): Leiden, Landschaft und die Erinnerung. In: Du (November), Zürich
Takis, Vassilakis (1966). In: Katalog »Kunst Licht Kunst«. Stedelijk von Abbemuseum, Eindhoven
Tàpies, Antoni (1975). In: Barbara Catoir, Interview mit Antoni Tàpies. Kunstwerk 2, Baden-Baden
Tàpies, Antoni (1977): Nichts ist gering. In: Katalog Antoni Tàpies. Handzeichnungen. Aquarelle. Gouachen. Collagen 1944–1976. Kunsthalle Bremen u. a.
Thimme, Jürgen (1974): Einführung. In: Katalog Picasso und die Antike. Badisches Landesmuseum, Karlsruhe
Thimme, Jürgen (1976): Zur Deutung der Kopfskulpturen von Antes für die Karlsruher Universität. In: Horst Antes. Metallplastik. Bruckmann, München
Thomas, Karin (1971): Bis heute. DuMont, Köln
Thwaites, John Anthony (1964): Kricke. Hatje, Stuttgart
Time-Life-Redaktion (1973): Amerikanische Malerei 1900–1970. Time-Life, Amsterdam
Tintelnot, Hans (1964): Vom Klassizismus zur Moderne II. Ullstein, Berlin
Tono, Yoshiaki (1966): Japanische Kunst heute. In: Kunst unserer Zeit. DuMont, Köln
Torczyner, Harry (1977): René Magritte. Zeichen und Bilder. DuMont, Köln
Trier, Eduard (1971): Bildhauertheorien im 20. Jahrhundert. Gebr. Mann, Berlin
Trier, Eduard/Helmut Lederer (1961): Marino Marini. Plastik. Hatje, Stuttgart
Ueberwasser, Walter (1963): Bildtexte im Katalog Klee. Beyeler, Basel
Ueberwasser, Walter (1965). In: Klee-Spätwerke. Beyeler, Basel
Uhlig, Helmut (1974): Die Wirklichkeit des Raumes in den Zeichnungen von Georg Eisler. In: Katalog Georg Eisler. Grafik. Berlin
Urban, Martin (1970): Emil Nolde. Figuren in Bildern. Stiftung Seebüll
Vallier, Dora (1961): Henri Rousseau. DuMont, Köln
Vallier, Dora (1975). In: Hommage à Chagall. Kunstkreis, Luzern

Varley, William (1972): Jenseits der Wirklichkeit: eine Reise durch Mecksepers Labyrinth. In: Katalog Friedrich Meckseper. Gemälde. Ausgewählte Druckgraphik. Kunstverein für die Rheinlande, Düsseldorf

Velte, Maria (1967): Max Ackermann zum 80. Geburtstag. Gemälde 1908–1967. In: Katalog Mittelrhein-Museum, Koblenz

Velte, Maria (1968): Leo Breuer – Leben und Werk. In: Katalog Leo Breuer – Gemälde. Gouachen 1919–68. Mittelrhein-Museum, Koblenz

Venturi, Lionello (1956): Chagall. Skira, Genf

Verdet, André (1969): Fernand Léger. Kunstkreis, Luzern

Virch, Claus (1953): Ernst Barlachs Entwürfe zum Kieler 'Geistkämpfer'. Hirt, Kiel

Vitt, Walter (1971): Werner Knaupp. In: Kunstwerk 1, Baden-Baden

Vogt, Paul (1967): Chr. Rohlfs. DuMont, Köln

Vogt, Paul (1972): Geschichte der deutschen Malerei im 20. Jahrhundert. DuMont, Köln

Volp, Rainer (1966): Das Kunstwerk als Symbol. Mohn, Gütersloh

Volp, Rainer (1971): Auf dem Weg zu einem neuen Symbolverständnis. In: Kunst und Kirche 4, Linz

Vriesen, Gustav (1967): Robert Delaunays Leben und Werk von den Anfängen bis zum Orphismus. In: Gustav Vriesen/Max Imdahl: Robert Delaunay – Licht und Farbe. DuMont, Köln

Waldberg, Patrick (1972): Armodio. Fischinger, Stuttgart

Waldberg, Patrick (1976 a): Max Ernst in Arizona. In: HOMMAGE à Max Ernst. Ebeling, Wiesbaden

Waldberg, Patrick (1976 b): Max Ernst. Schuler, München

Weber, Werner (1975): Fisch – Distel – Nacht. In: Katalog Max Gubler. Kunsthaus Zürich

Weber, Wilhelm (1966): Zur Kunst von Albert Weisgerber. In: Katalog Albert Weisgerber. Spendhaus, Reutlingen

Weber, Wilhelm (1968). Beiträge zu Kindlers Malerei-Lexikon. Kindler, Zürich

Wedewer, Rolf (1962): Anmerkungen zu Jacques Hérold. In: blätter und bilder, Bd. 1, H. 2

Wedewer, Rolf (1963): Bildbegriffe. Kohlhammer, Stuttgart

Wedewer, Rolf (1972): Joachim Bandau. In: Kunstwerk 5, Baden-Baden

Weiler, Clemens (1970): Alexej Jawlensky. Peters, Hanau

Weisner, Ulrich (1971): Hajeks Farbwege für die Heilig Geistkirche in Lemgo. In: Farbwege 1963–71. Apfelbaum, Karlsruhe

Weisner, Ulrich (1977). In: Katalog Max Beckmann. Aquarelle und Zeichnungen. Kunsthalle Bielefeld

Wember, Paul (1966): Johan Thorn Prikker. Scherpe, Krefeld

Wember, Paul (1969): Yves Klein. DuMont, Köln

Wentinck, Charles (1974): Moderne und primitive Kunst. Herder, Freiburg

Wescher, Herta (1968): Die Collage. DuMont, Köln

Whitford, Frank (1975): Eduardo Paolozzi: Innenansicht eines Außenseiters. In: Katalog Eduardo Paolozzi. Nationalgalerie Berlin

Wiegand, Wilfried (1973): Pablo Picasso. Rowohlt, Reinbek

Wiese, Stephan von (1978): Max Beckmanns zeichnerisches Werk 1903–1925. Droste, Düsseldorf

Wietek, Gerhard (1963): Karl Schmidt-Rottluff. Bilder aus Nidden. Reclam, Stuttgart

Wietek, Gerhard (1972): Schmidt-Rottluff Graphik. Thiemig, München

Wild, Doris (1950): Moderne Malerei. Büchergilde Gutenberg, Zürich

Wilhelmi, Christoph (1970): Leitermann und Ofenstein. In: Artis 4, Konstanz

Willikens, Eberhard G. (1971): Willikens über Willikens. Niedlich, Stuttgart

Wingler, Hans Maria (1951): Kokoschkas Pädagogische Konzeption. In: Kunstwerk 3, Baden-Baden

Winkler, Walter (1949): Psychologie der modernen Kunst. Alma Mater, Tübingen

Winter, Peter (1973): Heinrich Maria Davringhausen. In: Kunstwerk 4, Baden-Baden

Winter, Peter (1974): Magische Dinglandschaften oder die Negative Utopie. In: Kunstwerk 4, Baden-Baden

Winter, Peter (1975): Protokolle aus einer möglichen Wirklichkeit. In: Katalog Franz Radziwill. Thoma-Gesellschaft, Reutlingen

Winter, Peter (1976): Gottfried Brockmann. In: Kunstwerk 6, Baden-Baden

Wissmann, Jürgen (1970): Robert Rauschenberg. Black Market. Reclam, Stuttgart

Wötzel, Gerd-Niels u. a. (1975): Rudi Baerwind. Ich bin Maler – und basta. o. O.

Wunderlich, Wolfgang (1970): Kienholz' verfremdete Welt. In: Die Kunst und das schöne Heim 8, München

Wunderlich, Wolfgang (1973): Zur Konzeption des Raumes in den Bildern von Karl Bohrmann. In: Die Kunst und das schöne Heim 7, München

Wyss, Dieter (1949): Der Surrealismus. Schneider, Heidelberg

Xuriguera, Gerard (1973): Oscar Dominguez. Rembrandt, Berlin

Zahn, Leopold (1964): Biennale 1964. In: Kunstwerk 1, Baden-Baden

Zweite, Armin (1977): Notizen zu Arnulf Rainers frühen Arbeiten. In: Arnulf Rainer Retrospektive 1950–1977. Kestner-Gesellschaft, Hannover